Großkommentare der Praxis

STAUB

Handelsgesetzbuch

Großkommentar

Begründet von Hermann Staub

5., neu bearbeitete Auflage

herausgegeben von

Claus-Wilhelm Canaris
Mathias Habersack
Carsten Schäfer

Siebenter Band
§§ 316–342e
Zweiter Teilband:
§§ 331–342e

Bearbeiter:

§§ 331–335b, 340m–o, 341m–p: Gerhard Dannecker
§§ 336–338: Rainer Hüttemann
§ 339: Christian Kersting
§§ 340–340o: Peter Balzer/Stefan Kröll
§§ 341–341p: Jochen Axer/Andrej Cepuran
§§ 342, 342a: Martin Schwab
§§ 342b–342e: Peter Hommelhoff
Sachregister: Thomas Vetter

De Gruyter

Bearbeitungsstand: 1. Januar 2012

Zitiervorschlag: *Dannecker* in Großkomm. HGB, 5A, § 331 Rdn. 8

Bandherausgeber: Professor Dr. *Mathias Habersack*, München

Sachregister: Rechtsanwalt *Thomas Vetter*, Berlin

ISBN 978-3-11-025425-9
eISBN 978-3-11-025427-3

Bibliografische Information der Deutschen Nationalbibliothek

Die Deutsche Nationalbibliothek verzeichnet diese Publikation in der Deutschen Nationalbibliografie; detaillierte bibliografische Daten sind im Internet über http://dnb.d-nb.de abrufbar.

Satz/Konvertierung: Werksatz Schmidt & Schulz GmbH, Gräfenhainichen
Druck: Strauss GmbH, Mörlenbach

∞ Gedruckt auf säurefreiem Papier

Printed in Germany

www.degruyter.com

Verzeichnis der Bearbeiter der 5. Auflage

Professor Dr. **Jochen Axer**, Rechtsanwalt, Wirtschaftsprüfer, Steuerberater, Axer Partnerschaft, Köln
Dr. **Peter Balzer**, Rechtsanwalt, Balzer Kühne Lang, Bonn
Dr. **Benjamin B. von Bodungen**, LL.M. (Auckland), Rechtsanwalt, Freshfields Bruckhaus Deringer, Frankfurt am Main
Professor Dr. **Ulrich Burgard**, Otto-von-Guericke-Universität Magdeburg
Professor Dr. Dr. h.c. mult. **Claus-Wilhelm Canaris**, Ludwig-Maximilians-Universität München
Professor Dr. **Matthias Casper**, Westfälische Wilhelms-Universität Münster
Dipl.-Kfm. **Andrej Cepuran**, AXIS Beratungsgruppe, Köln
Professor Dr. **Gerhard Dannecker**, Ruprecht-Karls-Universität Heidelberg
Dr. **Raimond Emde**, Rechtsanwalt, Graf von Westphalen, Hamburg
Professor Dr. **Florian Faust**, LL.M. (Univ. of Michigan), Bucerius Law School, Hamburg
Professor Dr. **Mathias Habersack**, Ludwig-Maximilians-Universität München
Dr. **Stephan Harbarth**, LL.M. (Yale), Rechtsanwalt, SZA Schilling, Zutt & Anschütz, Mannheim
Professor Dr. **Joachim Hennrichs**, Universität zu Köln
Professor Dr. Dres. h.c. **Peter Hommelhoff**, Ruprecht-Karls-Universität Heidelberg, Partner bei KPMG, Frankfurt am Main
Professor Dr. **Rainer Hüttemann**, Dipl.-Volksw., Rheinische Friedrich-Wilhelms-Universität Bonn
Professor Dr. **Detlev Joost**, Universität Hamburg
Professor Dr. **Christian Kersting**, LL.M. (Yale), Heinrich-Heine-Universität Düsseldorf
Professor Dr. **Peter Kindler**, Universität Augsburg
Professor Dr. **Detlef Kleindiek**, Universität Bielefeld
Professor Dr. **Jens Koch**, Universität Konstanz
Professor Dr. **Ingo Koller**, Universität Regensburg
Dr. **Ernst-Thomas Kraft**, Rechtsanwalt, Hengeler Mueller, Frankfurt am Main
Dr. **Stefan Kröll**, LL.M. (London), Rechtsanwalt, Köln
Daniela Mattheus, KPMG AG Wirtschaftsprüfungsgesellschaft, Frankfurt am Main
Professor Dr. **Hartmut Oetker**, Universität zu Kiel
Professor Dr. **Karsten Otte**, M.J.C. (Austin), Direktor bei der Bundesnetzagentur, Bonn
Professor Dr. **Carsten Schäfer**, Universität Mannheim
Professor Dr. **Patrick Schmidt**, Universität Mannheim
Professor Dr. **Jan Schürnbrand**, Eberhard-Karls-Universität Tübingen
Professor Dr. **Martin Schwab**, Freie Universität Berlin
Professor Dr. **Jan Thiessen**, Eberhard-Karls-Universität Tübingen
Professor Dr. **Christoph Weber**, Julius-Maximilians-Universität Würzburg
Professor Dr. **Jens Wüstemann**, Universität Mannheim

Vorwort zur 5. Auflage

Die fünfte Auflage des von Hermann Staub begründeten Großkommentars zum HGB fällt in eine Epoche, die das Handelsrecht – und mit ihm seine Kommentatoren – vor große Herausforderungen stellt. Sah sich das HGB, vom Bilanzrichtliniengesetz abgesehen, über Jahrzehnte nur punktuellen und überwiegend marginalen Änderungen ausgesetzt, so haben Tempo und Intensität der Reformen während der vergangenen zehn Jahre ganz erheblich zugenommen. Das Handelsrechtsreformgesetz 1998, die Schuldrechtsreform, das Bilanzkontroll- und das Bilanzrechtsreformgesetz, das EHUG und zuletzt das MoMiG und das BilMoG – all diese und weitere Änderungsgesetze haben, vielfach gemeinschaftsrechtlichen Vorgaben Rechnung tragend, tiefgreifende Änderungen des Textes und der Systematik des HGB bewirkt, die es in der Neuauflage aufzubereiten und in ihren praktischen Folgen zu würdigen gilt.

Anspruch und inhaltliche Konzeption des Kommentars haben gegenüber der Vorauflage keine Änderungen erfahren: Nach wie vor soll der Kommentar in einer sowohl wissenschaftlichen Ansprüchen genügenden als auch die Belange und Gepflogenheiten der Praxis berücksichtigenden Art und Weise über den Stand der Diskussion informieren und Entwicklungslinien aufzeigen. Im Unterschied zur Vorauflage erscheint die Neuauflage freilich nicht mehr in Einzellieferungen, sondern in Bänden. Fünfzehn Bände sind vorgesehen, und damit liegt die Gesamtzahl über derjenigen der Vorauflage, was aber vor allem auf eine neue Bandeinteilung zurückzuführen ist. Diese wiederum soll es ermöglichen, einzelne Bände je nach Bedarf und unabhängig von andern Bänden in neuer Bearbeitung vorzulegen, ohne dass damit eine Neuauflage des Gesamtwerkes verbunden sein müsste. Mit der Neuauflage des Staub soll also eingeführt werden, was für die dreizehnte Auflage des Staudinger längst bewährte Realität ist. Der Abschluss der fünften Auflage ist für das Jahr 2015 vorgesehen.

Unter den Autoren sind *Claus-Wilhelm Canaris*, der bereits – zusammen mit *Wolfgang Schilling* und *Peter Ulmer* – Mitherausgeber der vierten Auflage war, *Mathias Habersack* und *Carsten Schäfer* mit der Herausgeberaufgabe betraut worden. Die wissenschaftliche Verantwortung der Bearbeiter für den von ihnen jeweils übernommenen Teil der Kommentierung bleibt unberührt.

Der jetzt vorgelegte Teilband umfasst die Kommentierung der §§ 331 bis 342e HGB. Die Kommentierung der Straf- und Bußgeldvorschriften der §§ 331 bis 335b ist erneut von *Gerhard Dannecker* besorgt worden. Für §§ 336 bis 338 zeichnet erneut *Rainer Hüttemann* verantwortlich; die Zuständigkeit für § 339 ist von *Daniel Zimmer* auf *Christian Kersting* übergegangen. Die Sondervorschriften für Kredit- und Finanzdienstleistungsinstitute sowie für Versicherungsunternehmen und Pensionsfonds werden nur überblicksartig kommentiert, und zwar §§ 340 ff. von *Peter Balzer* und *Stefan Kröll*, §§ 341 bis 341p von *Jochen Axer* und *Andrej Cepuran*. *Martin Schwab* – in der Vorauflage noch Co-Autor von *Peter Hommelhoff* – zeichnet nun für die Kommentierung der §§ 342, 342a betreffend das private Rechnungslegungsgremium und den Rechnungslegungsbeirat allein verantwortlich. *Peter Hommelhoff* schließlich hat die Kommentierung der §§ 342b bis 342e betreffend die Prüfstellung für Rechnungslegung besorgt.

Januar 2012 Herausgeber und Verlag

Inhaltsübersicht

DRITTES BUCH

Handelsbücher

Abkürzungsverzeichnis

aA	anderer Ansicht
aaO	am angegebenen Ort
abl.	ablehnend
ablehn.	ablehnend
Abs.	Absatz
Abschn.	Abschnitt
abw.	abweichend
AcP	Archiv für civilistische Praxis
ADAC	Allgemeiner Deutscher Automobil-Club
ADHGB	Allgemeines Deutsches Handelsgesetzbuch v. 1861
aE	am Ende
a.F.	alte(r) Fassung
AG	1. Amtsgericht 2. Aktiengesellschaft 3. Die Aktiengesellschaft
AGB	Allgemeine Geschäftsbedingungen
AGG	Allgemeines Gleichbehandlungsgesetz
AiB	Arbeitsrecht im Betrieb
AktG	Aktiengesetz
Aktz.	Aktenzeichen
allg.	allgemein
allgM	allgemeine Meinung
a.M.	andere(r) Meinung
amtl. Begr.	Amtliche Begründung
AnfG	Anfechtungsgesetz
Anh.	Anhang
Anl.	Anleitung
Anm.	Anmerkung(en)
AO	1. Amtsordnung (Schleswig Holstein) 2. Abgabenordnung
AöR	Archiv des öffentlichen Rechts
AP	Arbeitsrechtliche Praxis
ApothekenBetrO	Apothekenbetriebsordnung
ApothekenG	Apothekengesetz
ArbG	Arbeitsgericht
ArbGG	Arbeitsgerichtsgesetz
AR-Blattei	Arbeitsrecht-Blattei
ArbR	Arbeitsrecht
ArbstättVO	Arbeitsstättenverordnung
ArbZG	Arbeitszeitgesetz
ArchBürgR	Archiv für Bürgerliches Recht
Art.	Artikel
AÜG	Arbeitnehmerüberlassungsgesetz
Aufl.	Auflage
AV	Ausführungsverordnung
AWD	Allgemeiner Wirtschaftsdienst
AZR	Gesetz über das Ausländerzentralregister

Baden-Württ.	Baden-Württemberg
BaFin	Bundesfinanzaufsicht
BAnz	Bundesanzeiger
BauspG	Gesetz über Bausparkassen
BayERVV	Bayerische Verordnung über den elektronischen Rechtsverkehr und elektronische Verfahren (E-Rechtsverkehrsverordnung – ERVV)
BaWüNotZ	Baden-Württembergische Notarzeitung
BayObLG	Bayerisches Oberlandesgericht
BayZ	Bayerische Zeitung
BAG	Bundesarbeitsgericht
BAO	Bundesabgabenordnung
BÄO	Bundesärzteordnung
BB	Der Betriebs-Berater
BBiG	Berufsbildungsgesetz
Bd.	Band
Bek. v.	Bekanntmachung vom
Begr.	Begründung
Beschl.	Beschluss
BetrAVG	Gesetz zur Verbesserung der betrieblichen Altersversorgung (Betriebsrentengesetz)
BetrVG	Betriebsverfassungsgesetz
BeurkG	Beurkundungsgesetz
BfA	Bundesversicherungsanstalt für Angestellte
BFH	Bundesfinanzhof
BFHE	Entscheidungen des Bundesfinanzhofes
BGB	Bürgerliches Gesetzbuch vom 18.8.1896
BGBl.	Bundesgesetzblatt
BGH	Bundesgerichtshof
BGHR	BGH-Rechtsprechung, hrsg. von den Richtern des Bundesgerichtshofes
BGHZ	Entscheidungen des Bundesgerichtshofes in Zivilsachen
BiRiLiG	Bilanzrichtliniengesetz
BKartA	Bundeskartellamt
BKR	Zeitschrift für Bank- und Kapitalmarktrecht
Bl.	Blatt
BMJ	Bundesministeriums der Justiz
BNotO	Bundesnotarordnung
BörsG	Börsengesetz
BörsZulV	Börsenzulassungsverordnung
BPatG	Bundespatentgericht
BPatGE	Entscheidungen des Bundespatentgerichts
BRAGO	Bundesgebührenordnung für Rechtsanwälte
BRAK-Mitt	Mitteilungen der Bundesrechtsanwaltskammer
BT	Bundestag
BT-Drucks.	Bundestagsdrucksache
BUrlG	Bundesurlaubsgesetz vom 8.1.1963
BVerfG	Bundesverfassungsgericht
BVerfGE	Entscheidungen des Bundesverfassungsgerichts
BVK	Bayerische Versicherungskammer
BWNotZ	Zeitschrift für das Notariat in Baden-Württemberg
bzgl.	bezüglich
bzw.	beziehungsweise
CDH	Centralvereinigung Deutscher Wirtschaftsverbände für Handelsvermittlung und Vertrieb e.V.
cic	culpa in contrahendo

CISG	United Nations Convention on Contracts for the International Sale of Goods, UN-Kaufrecht
DAR	Deutsches Autorecht
DAV	Deutscher Anwaltsverein
ders.	derselbe
DB	Der Betrieb
d.h.	das heißt
dies.	dieselbe(n)
DIHT	Deutscher Industrie- und Handelstag
Dipl.	Diplom
Diss	Dissertation
DJT	Deutscher Juristentag
DNotZ	Deutsche Notarzeitung
DR	Deutsches Recht
DStR	1. Deutsche Steuerrundschau 2. Deutsches Strafecht
DV	1. Durchführungsverordnung 2. Deutsche Verwaltung
DZWIR	Deutsche Zeitschrift für Wirtschafts- und Insolvenzrecht
E	Entscheidung
EBE/BGH	Eildienst Bundesgerichtliche Entscheidungen
EBJS	Ebenroth/Boujong/Joost/Strohn
EDV	elektronische Datenverarbeitung
EFG	Entscheidungen der Finanzgerichte
EFZG	Entgeltfortzahlungsgesetz
EG	Europäische Gemeinschaft
EGBGB	Einführungsgesetz zum Bürgerlichen Gesetzbuch
EGHGB	Einführungsgesetz zum Handelsgesetzbuch
EGInsO	Einführungsgesetz zur Insolvenzordnung
EGVP	Elektronisches Gerichts- und Verwaltungspostfach
EGVVG	Einführungsgesetz zum Versicherungsvertragsgesetz
ehem.	ehemalige
EHUG	Gesetz über elektronische Handelsregister und Genossenschaftsregister sowie das Unternehmensregister
einh.	Einheitlich
Einl.	Einleitung
e.K.	Eingetragener Kaufmann/Eingetragene Kauffrau
Entsch.	Entscheidung
ErbStG	Erbschaftsteuer- und Schenkungsteuergesetz
E-Register	elektronisches Register
ERJuKoG	Gesetz über elektronische Register und Justizkosten für Telekommunikation
Erl.	Erläuterung
EStG	Einkommenssteuergesetz
etc.	et cetera
EU	Europäische Union
EuGH	Europäischer Gerichtshof
EuGHE	Entscheidungen des Europäischen Gerichtshofs
EuG	Europäisches Gericht Erster Instanz
EuGVVO	Verfahrensverordnung des Europäischen Gerichts Erster Instanz vom 1.3.2002
EuGVÜ	Übereinkommen über die gerichtliche Zuständigkeit und die Vollstreckung von Entscheidungen in Zivil- und Handelssachen,

	vom 27.9.1968, seit dem 1.3.2002 weitgehend durch die EuGVVO ersetzt
EuInsVO	Europäische Insolvenzverordnung
EuLF	European Law Forum
EuZVO	Europäische Zustellungsverordnung
EuZW	Europäische Zeitung für Wirtschaftsrecht
EuroEG	Euro- Einführungsgesetz
EWiR	Entscheidungen zum Wirtschaftsrecht
EWIV	Europäische wirtschaftliche Interessenvereinigung
EWR	Europäischer Wirtschaftsraum
EWS	1. Europäisches Währungssystem 2. Europäisches Wirtschafts- und Steuerrecht
EV	1. Eigentumsvorbehalt 2. Einführungsverordnung
EzA	Entscheidungssammlung zum Arbeitsrecht
f	folgende
FamFG	Gesetz über das Verfahren in Familiensachen und die Angelegenheiten der freiwilligen Gerichtsbarkeit
FAZ	Frankfurter Allgemeine Zeitung
FeiertagslohnzahlungsG	Feiertagslohnzahlungsgesetz
ff	fortfolgende
FG	Finanzgericht
FGG	Gesetz über die Freiwillige Gerichtsbarkeit
FGPrax	Praxis der freiwolligen Gerichtsbarkeit
Fn	Fußnote
FS	Festschrift
GBO	Grundbuchordnung
GbR	Gesellschaft bürgerlichen Rechts
gem.	gemäß
GenG	Genossenschaftsgesetz
GewO	Gewerbeordnung
GesRZ	Der Gesellschafter
GG	Grundgesetz
ggf.	gegebenenfalls
GK	Großkommentar
GmbH	Gesellschaft mit beschränkter Haftung
GmbHG	Gesetz betreffend die Gesellschaften mit beschränkter Haftung
GmbHR	GmbH-Rundschau
GenG	Genossenschaftsgesetz
GewO	Gewerbeordnung
GewStG	Gewerbesteuergesetz
GoA	Geschäftsführung ohne Auftrag
GOÄ	Gebührenordnung für Ärzte
GOZ	Gebührenordnung für Zahnärzte
GREStG	Grunderwerbsteuergesetz
GRUR	Gewerblicher Rechtsschutz und Urheberrecht
GRUR-RR	Gewerblicher Rechtsschutz und Urheberrecht/Rechtsprechungsreport
GSG	Gerätesicherheitsgesetz
GV	Gebührenverzeichnis
GVG	Gerichtsverfassungsgesetz
GVO	Gerichtsvollzieherordnung
GWB	Gesetz gegen Wettbewerbsbeschränkungen

hA	herrschende Ansicht
HAG	1. Heimarbeitsgesetz 2. Hessisches Ausführungsgesetz
Halbbd.	Halbband
HansGZ	Hanseatische Gerichtszeitschrift
HandelsR	Handelsrecht
Hdb.	Handbuch
HGB	Handelsgesetzbuch
HK	Handelskammer
HKO	Haager Landkriegsordnung
hL	herrschende Lehre
hM	herrschende Meinung
HOAI	Honorarordnung für Architekten und Ingenieure in der Bekanntmachung vom 4.3.1991
HRefG	Handelsrechtsreformgesetz vom 22.6.1998
HRegGebV	Verordnung über Gebühren in Handels, Partnerschafts- und Genossenschaftsregistersachen Handelsregistergebührenverordnung)
HRegGebNeuOG	Handelsregistergebühren-Neuordnungsgesetz
HRR	Höchstrichterliche Rechtsprechung
Hrsg.	Herausgeber
HRV	Verordnung über die Einrichtung und Führung des Handelsregisters
Hs./Hs	Halbsatz
HSG	Hochschulgesetz
HV	Handelsvertreter
HVR	Humanitäres Völkerrecht
HVuHM	Der Handelsvertreter und Handelsmarker
HWK	Handwerkskammer
IAS	International Accounting Standards
ICC	1. Intergovernmental Copyright Committee 2. International Chamber of Commerce
i.d.F.	in der Fassung
i.d.R.	in der Regel
i.E.	im Ergebnis
i.e.S.	im engeren Sinne
IFRS	International Finance Reporting Standards
IHR	Internationales Handelsrecht
insbes.	insbesondere
Ind.- u. Handelsk.	Industrie- und Handelskammer
InsO	Insolvenzordnung
InsoBekV	Verordnung zu öffentlichen Bekanntmachungen in Insolvenzverfahren im Internet
InvG	Investmentgesetz
InvStG	Investmentsteuergesetz
IPRax	Praxis des Internationalen Privat- und Verfahrensrechts
IPRsp.	Die Deutsche Rechtsprechung auf dem Gebiet des internationalen Privatrechts
i.S.d.	im Sinne des
i.S.v.	im Sinne von
i.V.m.	in Verbindung mit
i.w.S.	im weiteren Sinne
IZPR	Das Internationale Zivilprozess
JA	Juristische Arbeitsblätter
jew.	jeweils

JMBl.	Justizministerialblatt
JR	Juristische Rundschau
JRPV	Juristische Rundschau für Privatversicherung
JURA	Juristische Ausbildung
JuS	Juristische Schulung
JVKostO	Justizverwaltungskostengesetz
JW	Juristische Wochenschrift
JZ	Juristenzeitung
KapCoRiLiG	Kapitalgesellschaften- und Co-Richtlinie-Gesetz
Kart	Kartell
Kfm.	Kaufmann
KFR	Kommentierte Finanzrechtsprechung
Kfz	Kraftfahrzeug
KG	1. Kammergericht 2. Kommanditgesellschaft
KGaA	Kommanditgesellschaft auf Aktien
KGJ	Jahrbuch für Entscheidungen des Kammergerichts in Sachen der freiwilligen Gerichtsbarkeit und Kosten-, Stempel- und Strafsachen
KO	1. Kassenordnung 2. Konkursordnung
KOM	Kommissionsdokumente
Königl.	Königlich
KostG	Kostengesetz
KostO	Kostenordnung
krit.	kritisch
KSchG	Kündigungsschutzgesetz in der Bekanntmachung vom 25.8.1969
KTS	Konkurs-, Treuhand- und Schiedsgerichtswesen
KWG	1. Kommunalwahlgesetz 2. Kreditwesengesetz
LAG	Landesarbeitsgericht
LG	Landgericht
lit.	litera
LM	Nachschlagewerk des Bundesgerichtshofes, hrsg. v. Lindemaier
LS	1. Landessatzung 2. Leitsatz
Ltd.	Private Company Limited by Shares
LVA	Landesversicherungsanstalt
LZ	Leipziger Zeitschrift für Deutsches Recht
m.	mit
M.	Meinung
MarkenG	Markengesetz
m.a.W.	mit anderen Worten
m. Bespr.	mit Besprechung
mglw.	möglicherweise
MitbestG	Mitbestimmungsgesetz
MittRhNotK	Mitteilungen Rheinische Notar-Kammer
MittBayNot	Mitteilungen der Bayerischen Notarkammer
MiZi	Mitteilungen in Zivilsachen
mN	mit Nachweisen
MoMiG	Gesetz zur Modernisierung des GmbH-Rechts und zur Bekämpfung von Missbräuchen

MuW	Markenschutz und Wettbewerb
mwN	mit weiteren Nachweisen
m.W.v.	mit Wirkung vom
Nachw.	Nachweise
NaStraG	Gesetz zur Namensaktie und zur Erleichterung der Stimmrechtsausübung
NdsRpfl.	Niedersächsische Rechtspflege
n.F.	neue Fassung
NJOZ	Neue Juristische Online Zeitschrift
NJW	Neue Juristische Wochenschrift
NJW-RR	Neue Juristische Wochenschrift, Rechtssprechungsreport
NotBZ	Zeitschrift für die notarielle Beurkundungspraxis
Nr.	Nummer
NRW	Nordrhein-Westfalen
n.v.	nicht veröffentlicht
NZA	Neue Zeitschrift für Arbeits- und Sozialrecht
NZA-RR	Neue Zeitschrift für Arbeits- und Sozialrecht, Rechtsprechungsreport
NZG	Neue Zeitschrift für Gesellschaftsrecht
NZI	Neue Zeitschrift für das Recht der Insolvenz und Sanierung
NZM	Neue Zeitschrift für Miet- und Wohnungsrecht
o.	oben
o.ä.	oder ähnliches
österr.	Österreichisches
(ö)OGH	Oberster Gerichtshof (Österreich)
OGHZ	Entscheidungen des Obersten Gerichtshofs für die Britische Zone in Zivilsachen
OHG	Offene Handelsgesellschaft
OLG	Oberlandesgericht
OLGR	OLG-Report: Zivilrechtsprechung der Oberlandesgerichte
OWiG	Ordnungswidrigkeitengesetz
PartGG	Partnerschaftsgesellschaftsgesetz
PflegeVG	Pflege-Versicherungsgesetz
ppa.	per procura (in Vollmacht)
ProdHaftG	Produkthaftungsgesetz
PublG	Publizitätsgesetz
PucheltsZ	Zeitschrift für französisches Zivilrecht
RabelsZ	Zeitschrift für ausländisches und internationales Privatrecht
RAG	Reichsarbeitsgericht
RAG ARS	Reichsarbeitsgericht, Arbeitsrechts-Sammlung (Entscheidungen des Reichsarbeitsgerichts und des Reichsehrengerichts, der Landesarbeitsgerichte, Arbeitsgerichte und Ehrengerichte, 1928 ff)
RBerG	Rechtsberatungsgesetz
RdA	Recht der Arbeit
Rdn	Randnummer
Rdsch.	Rundschau
RdW	Das Recht der Wirtschaft
RegBegr	Regierungsbegründung
RegE	Regierungsentwurf
RG	1. Reichsgericht 2. Reichsgesetz
RGSt	Entscheidungen des Reichsgerichts in Strafsachen

RGZ	Entscheidungen des Reichsgerichts in Zivilsachen
RIW	Recht der Internationalen Wirtschaft
RJA	Entscheidungen in Angelegenheiten der freiwilligen Gerichtsbarkeit und des Grundbuchrechts, zusammengestellt im Reichsjustizamt
RKS	Rechtsprechung kaufmännischer Schiedsgerichte
RL	Richtlinie
RNotZ	Rheinische Notar-Zeitschrift
Rn	Randnummer
ROHG	Reichsoberhandelsgericht
ROHGE	Entscheidungen des Reichsoberhandelsgerichts
Rpfleger	Rechtspfleger
RPflG	Rechtspflegergesetz
Rs.	Rechtssache
Rspr.	Rechtsprechung
RuS	Recht und Schaden
Rz	Randziffer
s.	siehe
S.	Seite
s.a.	siehe auch
SAE	Sammlung arbeitsgerichtlicher Entscheidungen
Sächs.	Sächsisch
ScheckG	Scheckgesetz vom 14.8.1933
SE	Societas Europaea – Europäische Gesellschaft
SEAG	Gesetz zur Ausführung der Verordnung des Rates über das Statut der Europäischen Gesellschaft (SE)
Sg	Sozialgericht
SGB	Sozialgesetzbuch
SigG	Signaturgesetz
Slg.	Sammlung
sog.	Sogenannte
SpruchG	Gesetz über das gesellschaftsrechtliche Spruchverfahren – Spruchverfahrensgesetz
st.	ständige
std. Rspr.	ständige Rechtsprechung
StGB	Strafgesetzbuch
str.	strittig
s.u.	siehe unten
TB-Merkmale	Tatbestandsmerkmale
TDG	Gesetz über die Nutzung von Telediensten – Teledienstegesetz
teilw.	teilweise
TranspR	Transportrecht
TUG	Transparenzrichtlinie-Umsetzungsgesetz
TVG	Tarifvertragsgesetz
Tz	Teilziffer
TzBfG	Teilzeit- und Befristungsgesetz
u.a.	unter anderem
u.ä.	und ähnliches
UG	Unternehmergesellschaft
umf.	umfassend
UmwG	Umwandlungsgesetz
unstr.	unstrittig
Unterabs.	Unterabsatz

UrhG	Urheberrechtsgesetz
Urt.	Urteil
URV	Verordnung über das Unternehmensregister
usf.	und so fort
UWG	Gesetz gegen den unlauteren Wettbewerb
u.U.	unter Umständen
v.	von/vom
VAG	Versicherungsaufsichtsgesetz
VerBAV	Veröffentlichungen des Bundesaufsichtsamtes für das Versicherungswesen
VerkprospG	Verkaufsprospektgesetz
VersVerm	Versicherungsvermittlung
Vertikal-GVO	Die Gruppenfreistellungsverordnung für vertikale Vereinbarungen
VertriebsR	Vertriebsrecht
VGA	Bundesverband der Geschäftsstellenleiter und Assekuranz
Vgl.	Vergleiche
v.H.	von Hundert
VO	Verordnung
Vorаufl.	Vorauflage
Vorb.	Vorbemerkung
VRS	Verkehrsrechts-Sammlung
VvaG	Versicherungsverein auf Gegenseitigkeit
VVG	Gesetz über den Versicherungsvertrag
VW	Versicherungswirtschaft
VwVfG	Verwaltungsverfahrensgesetz
WarnRprs	1. Rechtsprechung des Reichsgerichts auf dem Gebiete des Zivilrechts, soweit sie nicht in der amtlichen Sammlung der Entscheidungen des RG abgedruckt ist, hrsg. v. Warnmeyer 2. Sammlung zivilrechtlicher Entscheidungen des Reichsgerichts hrsg. von Buchwald (Begründet von Warnmeyer)
WechselG	Wechselgesetz
weit.	weitere(n)
WG	1. Wassergesetz 2. Wechselgesetz 3. Wohnwirtschaftliche Gesetzgebung
WM	1. Wertpapier Mitteilungen, Zeitschrift für Wirtschafts- und Bankrecht 2. Wohnwirtschaft und Mietrecht
wN	weitere Nachweise
WpAIV	Wertpapierhandelsanzeige- und Insiderverzeichnisverordnung
WpHG	Wertpapierhandelsgesetz
WPO	Gesetz über eine Berufsordnung der Wirtschaftsprüfer. (Wirtschaftsprüferordnung)
WpÜG	Wertpapiererwerbs- und Übernahmegesetz
WRP	Wettbewerb in Recht und Praxis
WuW	Wirtschaft und Wettbewerb
WuW-E	Wirtschaft und Wettbewerb, Entscheidungen zum Kartellrecht
WVK	Wiener Vertragsrechtskonvention
Z	(in Zusammenhängen) Zeitschrift, Zeitung, Zentralblatt
z.B.	zum Beispiel
ZBH	Zentralblatt für Handelsrecht
ZBR	Zeitschrift für Beamtenrecht

ZErb	Zeitschrift für die Steuer- und Erbrechtspraxis
ZEuP	Zeitschrift für Europäisches Privatrecht
ZEV	Zeitschrift für Erbrechts- und Vermögensnachfolge
ZfA	Zeitschrift für Arbeitsrecht
ZfgG	Zeitschrift für das gesamte Genossenschaftswesen
ZfLR	Zeitschrift für Immobilienrecht
ZfV	1. Zeitschrift für Versicherungswesen 2. Zeitschrift für Verwaltung
ZGR	Zeitschrift für Unternehmens- und Gesellschaftsrecht
ZHR	Zeitschrift für das gesamte Handelsrecht und Wirtschaftsrecht
ZIP	Zeitschrift für Wirtschaftsrecht
ZInsO	Zeitschrift für das gesamte Insolvenzrecht
ZPO	Zivilprozessordnung
ZR	Zivilrecht
ZRP	Zeitschrift für Rechtspolitik
ZS	Zivilsenat
ZSR	1. Zeitschrift für Schweizerisches Recht 2. Zeitschrift für Sozialrecht
z.T.	zum Teil
zust.	zustimmend
ZustErgG	Zuständigkeitsergänzungsgesetz
zutr.	zutreffend
ZVersWiss	Zeitschrift für Versicherungswissenschaft
ZVglRWi(ss)	Zeitschrift für vergleichende Rechtswissenschaft
zwh.	zweifelhaft

Verzeichnis der abgekürzt zitierten Literatur

zu

Staub, Handelsgesetzbuch
Großkommentar

Abkürzungen der 5. Aufl.

Soweit andere als im nachfolgenden Verzeichnis angegebene Auflagen zitiert werden, sind diese mit einer hochgestellten Ziffer gekennzeichnet.

Adler	Das Handelsregister, seine Öffentlichkeit und sein öffentlicher Glaube, 1908
ADS	Adler/Düring/Schmaltz Rechnungslegung und Prüfung der Unternehmen, Stuttgart, 6. Aufl. 1995–2000
ADS International	Adler/Düring/Schmaltz (Hrsg.), Rechnungslegung nach Internationalen Standards, Stuttgart 2002 (Loseblatt)
AnwKommBGB	Dauner-Lieb/Heidel/Ring (Hrsg.), Anwaltkommentar BGB, 5 Bd., Bonn, 2005 ff
Assmann/Schütze/*Bearbeiter*	Assmann/Schütze (Hrsg.), Handbuch des Kapitalanlagerechts, München, 3. Aufl. 2007
Baetge et al./*Bearbeiter*	Baetge/Wollmert/Kirsch/Oser/Bischof (Hrsg.), Rechnungslegung nach IFRS, Stuttgart, 2. Aufl. 2011 (Loseblatt)
Baetge/Kirsch/Thiele/*Bearbeiter*	Baetge/Kirsch/Thiele (Hrsg.) Bilanzrecht, Bonn/Berlin 2002 (Loseblatt)
Ballwieser et al./*Bearbeiter*	Ballwieser/Beine/Hayn/Peemöller/Schruff/Weber (Hrsg.), Wiley IFRS-Handbuch 2010, Weinheim, 7. Aufl. 2011
Bamberger/Roth	Kommentar zum Bürgerlichen Gesetzbuch, 3 Bd., München, 2. Aufl. 2008
Bassenge/Roth FamFG/RPflG	Bassenge/Roth, Gesetz über die Angelegenheiten der freiwilligen Gerichtsbarkeit. Rechtspflegergesetz, Kommentar, Heidelberg, 12. Aufl. 2009
Bauer/Diller Wettbewerbsverbote	Bauer/Diller, Wettbewerbsverbote, München, 5. Aufl. 2009
Baumbach/Hefermehl/Casper WechselG u. ScheckG	Baumbach/Hefermehl/Casper, Wechselgesetz, Scheckgesetz, Recht der kartengestützten Zahlungen: WG, ScheckG, Kartengestützte Zahlungen, München, 23. Aufl. 2008
Baumbach/Hueck/*Bearbeiter* GmbHG	Baumbach/Hueck, GmbH-Gesetz, München, 19. Aufl. 2010
Baumbach/Hopt/*Bearbeiter*	Baumbach/Hopt, Handelsgesetzbuch, München, 34. Aufl. 2010
Baumbach/Lauterbach/Albers/*Bearbeiter*	Baumbach/Lauterbach/Albers/Hartmann, Zivilprozessordnung: ZPO, München, 69. Aufl. 2011
Baums	Eintragung und Löschung von Gesellschafterbeschlüssen, 1981
Beck-HdR-*Bearbeiter*	Beck'sches Handbuch der Rechnungslegung, Castan/Böcking/Heymann/Pfitzer/Scheffler (Hrsg.), München 36. Aufl. 2011 (Loseblatt)

Beck IFRS-Hdb-*Bearbeiter*	Beck'sches IFRS-Handbuch, Bohl/Riese/Schlüter (Hrsg.), München, 3. Aufl. 2009
BeckRS	Beck Rechtsprechung
Beck'scher Bilanzkommentar/*Bearbeiter*	Ellrott/Förschle/Hoyos/Winkeljohann (Hrsg.), Beck'scher Bilanz-Kommentar, München, 7. Aufl. 2010
BoHdR-*Bearbeiter*	Hofbauer/Kupsch, Bonner Handbuch der Rechnungslegung, Loseblatt, Stand 2009
Bohl/Riese/Schlüter/*Bearbeiter*	Bohl/Riese/Schlüter (Hrsg.), Beck'sches IFRS-Handbuch, München, 3. Aufl. 2009
Bohnert OWiG	Bohnert, OWiG, Kommentar zum Ordnungswidrigkeitenrecht, München, 3. Aufl. 2010
Bokelmann Firmenrecht	Das Recht der Firmen- und Geschäftsbezeichnungen, Freiburg, 5. Aufl. 2000
Boos/Fischer/Schulte-Mattler/ *Bearbeiter* KWG	Boos/Fischer/Schulte-Mattler (Hrsg.), Kreditwesengesetz: KWG, München, 3. Aufl. 2008
Bork	Bork, Der Vergleich, Berlin 1988
Braun, InsO	Braun (Hrsg.), Insolvenzordnung: InsO, München, 4. Aufl. 2010, zitiert: *Bearbeiter* in: Braun, InsO
Brox/Henssler	Brox/Henssler, Handelsrecht mit Grundzügen des Wertpapierrechts, München, 21. Aufl. 2011
Brox/Walker	Brox/Walker, Allgemeiner Teil des BGB, Berlin, 35. Aufl. 2011
Bruck/Möller	Baumann, Horst/Beckmann, Roland Michael/Johannsen, Katharina/Johannsen, Ralf (Hrsg.), Großkommentar zum Versicherungsvertragsgesetz, Berlin, 9. Aufl. 2008 ff
Bürgers/Körber/*Bearbeiter* AktG	Bürgers/Körber (Hrsg.), Heidelberger Kommentar zum Aktiengesetz, Heidelberg, 2. Aufl. 2011
Bumiller/Harders FamFG	Kommentar zum Gesetz über das Verfahren in Familiensachen und in den Angelegenheiten der freiwilligen Gerichtsbarkeit, München, 10. Aufl. 2011
Busse von Colbe/Ordelheide Konzernabschlüsse	Busse von Colbe, Walther/Ordelheide, Dieter, Konzernabschlüsse, 9. Aufl. 2009
Canaris Handelsrecht	Canaris, Claus-Wilhelm, Handelsrecht, München, 24. Aufl. 2006
Canaris Vertrauenshaftung	Canaris, Claus-Wilhelm, Die Vertrauenshaftung im deutschen Privatrecht, München 1971
Christ/Müller-Helle	Veröffentlichungspflichten nach dem neuen EHUG, Freiburg 2007
Deloitte iGAAP 2011	Deloitte (Hrsg.), iGAAP 2011, London, 4. Aufl. 2010
Düringer/Hachenburg	Düringer, Adelbert/Hachenburg, Max, Das Handelsgesetzbuch vom 10. Mai 1897 (unter Ausschluß d. Seerechts) auf d. Grundlage d. Bürgerl. Gesetzbuchs, Mannheim 1935
Ebenroth/Boujong/Joost/Strohn/ *Bearbeiter*; EBJS	Ebenroth/Boujong/Joost/Strohn (Hrsg.), Handelsgesetzbuch: HGB, Band 1 §§ 1–342e, München, 2. Aufl. 2008, Band 2 §§ 343–475h, München, 2. Aufl. 2009
Ehrenbergs Hdb	Ehrenbergs Handbuch des gesamten Handelsrechts, 5. Band, I. Abteilung, 1. Hälfte, 1. Lieferung, 1926
Eidenmüller	Ausländische Kapitalgesellschaften im deutschen Recht, München 2004
Emmerich/Habersack KonzernR	Konzernrecht, München, 9. Aufl. 2008

Ensthaler	Ensthaler (Hrsg.), Gemeinschaftskommentar zum Handelsgesetzbuch: HGB, Neuwied, 7. Aufl. 2007, zitiert: *Bearbeiter* in: Ensthaler
Erman/*Bearbeiter*	Erman, Bürgerliches Gesetzbuch, Kommentar, Köln, 13. Aufl. 2011
Ernst & Young International GAAP 2011	Ernst & Young (Hrsg.), International GAAP 2011, Chichester 2011
Fezer MarkenG	Markenrecht, Kommentar, München, 4. Aufl. 2009
FK-InsO/*Bearbeiter*	Wimmer (Hrsg.), Frankfurter Kommentar zur Insolvenzordnung, München, 6. Aufl. 2011
Fleischhauer/Preuß	Handelsregisterrecht – Verfahren – Anmeldemuster – Erläuterungen, Berlin, 2. Aufl. 2010
Frankfurter Kommentar zum Kartellrecht/*Bearbeiter*	Jaeger, u.a. (Hrsg.), Frankfurter Kommentar zum Kartellrecht, 65. Lieferung Juni 2008 (Loseblatt)
Gesetzgebungsmaterialien zum ADHGB	Lutz, Protokolle der Kommission zur Berathung eines allgemeinen deutschen Handelsgesetzbuches 1858 ff
Geßler/Hefermehl	Geßler/Hefermehl/Eckardt/Kropff, Aktiengesetz, 1973 ff
v. Gierke/Sandrock Handels- und Wirtschaftsrecht	v. Gierke/Sandrock, Handels- und Wirtschaftsrecht, Berlin, 9. Aufl. 1975
Goldmann	Der Schutz des Unternehmenskennzeichens, Berlin, 2. Aufl. 2005
Großkommentar AktG/*Bearbeiter*	Hopt/Wiedemann (Hrsg.), Aktiengesetz Großkommentar, Berlin, 4. Aufl. 1992 ff
Großkomm/*Bearbeiter*	Staub, Hermann, Handelsgesetzbuch: Großkommentar, Berlin, 5. Aufl. 2008 ff
GroßkommUWG/*Bearbeiter*	Jacobs/Lindacher/Teplitzky (Hrsg.), Großkommentar zum UWG, Berlin, 1991 ff
Grüll/Janert Die Konkurrenzklausel	Grüll/Janert, Die Konkurrenzklausel, Heidelberg, 5. Aufl. 1993
Habersack/Verse	Habersack, Europäisches Gesellschaftsrecht, München, 4. Aufl. 2011
Hachenburg/*Bearbeiter* GmbHG	Ulmer (Hrsg.), Hachenburg, GmbHG – Gesetz betreffend die Gesellschaften mit beschränkter Haftung, Kommentar, 3 Bd., Berlin, 8. Aufl. 1992/1997
Hahn ADHGB	von Hahn, Friedrich, Das Handelsgesetzbuch vom 10. Mai 1897 (mit Ausschluss des Seerechts) auf der Grundlage des Bürgerlichen Gesetzbuchs, Braunschweig, 4. Aufl. 1894
Handbuch des Außendienstrechts I	Küstner/Thume, Handbuch des gesamten Außendienstrechts, Band I: Das Recht des Handelsvertreters. Ohne Ausgleichsrecht, Heidelberg, 3. Aufl. 2000
Heidel/*Bearbeiter* AktienR	Heidel (Hrsg.), Aktienrecht und Kapitalmarktrecht, Kommentar, Baden-Baden, 3. Aufl. 2011
Hefermehl/Köhler/Bornkamm/*Bearbeiter*	Gesetz gegen den unlauteren Wettbewerb: UWG – PAngV – UKlaG, München, 29. Aufl. 2011
Herrmann/Heuer/Raupach/*Bearbeiter*	Einkommensteuer- und Körperschaftsteuergesetz mit Nebengesetzen, Köln 2009 (Loseblatt)
Hess/Binz/Wienberg Gesamtvollstreckungsordnung	Hess/Binz/Wienberg, Gesamtvollstreckungsordnung, Neuwied, 4. Aufl. 1998
Hess/Weis/Wienberg InsO	Hess/Weis/Wienberg (Hrsg.), Insolvenzordnung, Heidelberg, 2. Aufl. 2001zitiert: *Bearbeiter* in: Hess/Weis/Wienberg InsO
Heuser/Theile/*Bearbeiter*	Heuser/Theile (Hrsg.), IFRS-Handbuch, Köln, 4. Aufl. 2009

Heymann/*Bearbeiter* HGB	Horn (Hrsg.), Heymann, Handelsgesetzbuch (ohne Seerecht), Kommentar, 4 Bd., Berlin, 2. Aufl. 1995 ff
HuRB	Leffson/Rückle/Großfeld (Hrsg.), Handwörterbuch unbestimmter Rechtsbegriffe im Bilanzrecht des HGB, Köln 1986
Hirte/Bücker	Grenzüberschreitende Gesellschaften, Berlin, 2. Aufl. 2006
HK-HGB	Glanegger/Kirnberger/Kusterer u.a., Heidelberger Kommentar zum Handelsgesetzbuch, Heidelberg, 7. Aufl. 2007, zitiert: *Bearbeiter* HK-HGB
Hoeren/Sieber/*Bearbeiter*	Handbuch Multimediarecht – Rechtsfragen des elektronischen Geschäftsverkehrs, Loseblatt, München 2009 ff
Hopt/Mössle/*Bearbeiter* Handelsrecht	Hopt/Mössle, Handelsrecht, München, 2. Aufl. 1999
Hueck/Canaris Recht der Wertpapiere	Hueck/Canaris, Recht der Wertpapiere, München, 12. Aufl. 1986
Hueck/Nipperdey Arbeitsrecht	Hueck, Alfred, Lehrbuch des Arbeitsrechts, Band 2: Kollektives Arbeitsrecht, Berlin, 7. Aufl. 1967/1970
A. Hueck OHG	Alfred Hueck, Das Recht der offenen Handelsgesellschaft, Berlin, 4. Aufl. 1971
Hüffer AktG	Hüffer, Aktiengesetz, München, 9. Aufl. 2010
Ingerl/Rohnke	Markengesetz, Kommentar, München, 3. Aufl. 2010
Jansen/*Bearbeiter*	von Schuckmann/Sonnenfeld (Hrsg.), Großkommentar zum FGG, 3. Aufl., 3 Bd., Berlin 2005/2006
Kallmeyer/*Bearbeiter*	Kallmeyer u.a., Umwandlungsgesetz, Köln, 4. Aufl. 2009
Keidel/Krafka/*Bearbeiter* RegisterR	Keidel/Krafka (Hrsg.), Registerrecht, München, 8. Aufl. 2010
Keidel/*Bearbeiter* FamFG	FamFG, Kommentar, München, 17. Aufl. 2011
Köhler BGB, Allgemeiner Teil	Köhler, Helmut, BGB Allgemeiner Teil, München, 34. Aufl. 2010
Koller/Roth/Morck/*Bearbeiter*	Koller/Roth/Morck, Handelsgesetzbuch: HGB, München, 7. Aufl. 2011
KölnKomm-AktG/*Bearbeiter*	Claussen/Zöllner (Hrsg.), Kölner Kommentar zum Aktiengesetz, Köln, 2. Aufl. 1988 ff; 3. Aufl. 2004 ff
KK/*Bearbeiter*	Claussen/Scherrer (Hrsg.), Kölner Kommentar zum Rechnungslegungsrecht 2011
KK-OWiG/*Bearbeiter*	Senge (Hrsg.), Karlsruher Kommentar zum Gesetz über Ordnungswidrigkeiten: OWiG, München, 3. Aufl. 2006
KPMG Insights into IFRS	KPMG (Hrsg.), Insights into IFRS, London, 7. Aufl. 2010
Küstner/Thume	Küstner/Thume, Handelsvertreterverträge, Frankfurt am Main, 2. Aufl. 2011
Küstner/Thume I	Küstner, Thume (Hrsg.), Handbuch des gesamten Außendienstrechts, Band 1: Das Recht des Handelsvertreters. Ohne Ausgleichsrecht, Heidelberg, 3. Aufl. 2000
Küstner/Thume II	Küstner, Thume (Hrsg.), Handbuch des gesamten Außendienstrechts, Band 2: Der Ausgleichsanspruch des Handelsvertreters. Warenvertreter, Versicherungs- und Bausparkassenvertreter, Heidelberg, 8. Aufl. 2008
Küstner/Thume III	Küstner/Thume, Handbuch des gesamten Außendienstrechts, Band 3: Vertriebsrecht. Reisende, Vertragshändler, Kommissionsagenten, Versicherungsmakler, Franchising und Direktvertrieb, Heidelberg, 3. Aufl. 2009
Küting/Weber/*Bearbeiter*	Küting/Weber (Hrsg.), Handbuch der Rechnungslegung – Einzelabschluss, Stuttgart, 5. Aufl. 2011 (Loseblatt)

Küting/Weber/*Bearbeiter*	Küting/Weber (Hrsg.), Handbuch der Konzernrechnungslegung, Stuttgart, 2. Aufl. 1998
Lettl	Handelsrecht, München, 2. Aufl. 2011
Loewenheim/Meessen/Riesenkampff/*Bearbeiter*	Loewenheim/Meessen/Riesenkampff (Hrsg.), Kartellrecht, München, 2. Aufl. 2009
Lohmüller/Beustien/Josten	Lohmüller u.a., Handels- und Versicherungsvertreterrecht, 2. Aufl. 1970/71, Loseblatt
Lüdenbach/Hoffmann/*Bearbeiter*	Lüdenbach/Hoffmann (Hrsg.), Haufe IFRS-Kommentar, Freiburg, 9. Aufl. 2011
Lutter/*Bearbeiter* UmwG	Lutter/Winter (Hrsg.), Umwandlungsgesetz, 2 Bd., Köln, 4. Aufl. 2009
Lutter/Hommelhoff/*Bearbeiter* GmbHG	Lutter/Hommelhoff u.a., GmbH-Gesetz, Köln, 17. Aufl. 2009
Manigk	Manigk, Alfred, Willenserklärung und Willensgeschäft, Berlin 1907
Martinek Franchising	Martinek, Michael, Franchising, Heidelberg 1987
Martinek/*Bearbeiter*	Martinek, Michael (Hrsg.), Handbuch des Vertriebsrechts, München, 3. Aufl. 2010
Medicus AT	Allgemeiner Teil des BGB, Heidelberg, 10. Aufl. 2010
Meilicke/von Westphalen PartGG	Meilicke/Graf von Westphalen/Hoffmann/Lenz/Wolff, Kommentar, Partnerschaftsgesellschaftsgesetz: PartGG, Gesetz über Partnerschaftsgesellschaften Angehöriger Freier Berufe, München, 2. Aufl. 2006
Michalski/*Bearbeiter* GmbHG	Michalski (Hrsg.), Kommentar zum Gesetz betreffend die Gesellschaften mit beschränkter Haftung (GmbH-Gesetz), 2 Bd., München, 2. Aufl. 2010
MünchHdbGesR/*Bearbeiter*	Münchener Handbuch des Gesellschaftsrechts, 6 Bd., München, 3. Aufl. 2007 ff
MünchKommAktG/*Bearbeiter*	Goette/Habersack (Hrsg.), Münchener Kommentar zum Aktiengesetz, 3. Aufl., München 2008 ff
MünchKommBGB/*Bearbeiter*	Rebmann/Säcker/Rixecker (Hrsg.), Münchener Kommentar zum Bürgerlichen Gesetzbuch, München, 5. Aufl. 2006 ff, 6. Aufl. 2011 ff
MünchKommBilR/*Bearbeiter*	Hennrichs/Kleindiek/Watrin (Hrsg.), Münchener Kommentar zum Bilanzrecht, Band 1 IFRS, München 2009
MünchKommGmbH/*Bearbeiter*	Fleischer/Goette (Hrsg.), Münchener Kommentar zum Gesetz betreffend die Gesellschaften mit beschränkter Haftung – GmbHG, München 2010 ff
MünchKommHGB/*Bearbeiter*	Schmidt, Karsten (Hrsg.), Münchener Kommentar zum Handelsgesetzbuch: HGB, München, 3. Aufl. 2010 ff
MünchKommInsO/*Bearbeiter*	Kirchhof/Lwowski/Stürner (Hrsg.), Münchener Kommentar zur Insolvenzordnung, 3 Bd., München, 2. Aufl. 2007 f
MünchKommZPO/*Bearbeiter*	Rauscher/Wax/Wenzel (Hrsg.), Münchener Kommentar zur Zivilprozessordnung, 4 Bd., München, 3. Aufl. 2007 ff
Musielak/*Bearbeiter* ZPO	Musielak (Hrsg.), Kommentar zur Zivilprozessordnung: ZPO, München, 8. Aufl. 2011
Noack/*Bearbeiter*	Noack (Hrsg.), Das neue Gesetz über elektronische Handels- und Unternehmensregister – EHUG, 2007
Oetker Handelsrecht	Handelsrecht, Heidelberg, 6. Aufl. 2010
Oetker/*Bearbeiter*	HGB, Kommentar, München, 2. Aufl. 2011
Oppenländer/*Bearbeiter*	Praxishandbuch der GmbH-Geschäftsführung, München, 2. Aufl. 2011

Palandt/*Bearbeiter*	Palandt, Bürgerliches Gesetzbuch: BGB, München, 70. Aufl. 2011
Prölss/Martin/*Bearbeiter* VVG	Prölss/Martin, Versicherungsvertragsgesetz: VVG, München, 28. Aufl. 2010
PwC IFRS Manual of Accounting 2011	PricewaterhouseCoopers (Hrsg.), IFRS Manual of Accounting 2011, London 2010
PWW/*Bearbeiter*	Prütting/Wegen/Weinrich (Hrsg.), BGB Kommentar, Köln, 6. Aufl. 2011
Raiser/Veil	Recht der Kapitalgesellschaften, München, 5. Aufl. 2010
Reithmann/Martiny/*Bearbeiter*	Reithmann/Martiny (Hrsg.), Internationales Vertragsrecht Internationales Vertragsrecht, Köln, 7. Aufl. 2010
RGRK/*Bearbeiter* BGB	Das Bürgerliche Gesetzbuch mit besonderer Berücksichtigung der Rechtsprechung des Reichsgerichts und des Bundesgerichtshofes, Berlin, 12. Aufl. 1975–1999
RGRK-HGB/*Bearbeiter*	Kommentar zum Handelsgesetzbuch, Berlin, 1. Aufl. 1939 ff
Richardi Wertpapierrecht	Richardi, Reinhard, Wertpapierrecht, Heidelberg 1987
Ritter HGB	Ritter, Kommentar zum HGB, 2. Aufl. 1932
Röhricht/v. Westphalen/*Bearbeiter*	Röhricht/Westphalen (Hrsg.), Handelsgesetzbuch: HGB, Kommentar zu Handelsstand, Handelsgesellschaften, Handelsgeschäften und besonderen Handelsverträgen (ohne Bilanz-, Transport- und Seerecht), Köln, 3. Aufl. 2008
Roth/Altmeppen	GmbHG-Gesetz betreffend die Gesellschaften mit beschränkter Haftung, Kommentar, München, 6. Aufl. 2009
Rowedder/Schmidt-Leithoff/*Bearbeiter* GmbHG	Rowedder/Schmidt-Leithoff (Hrsg.), Gesetz betreffend die Gesellschaften mit beschränkter Haftung: GmbHG, München, 4. Aufl. 2002
Schlegelberger/*Bearbeiter*	Schlegelberger/Geßler, Handelsgesetzbuch Kommentar, München, 5. Aufl. 1973
K. Schmidt Gesellschaftsrecht	Schmidt, Karsten, Gesellschaftsrecht, Köln, 4. Aufl. 2002
K. Schmidt Handelsrecht	Schmidt, Karsten, Handelsrecht, Köln, 5. Aufl. 1999
K. Schmidt/Lutter AktG	Schmidt, Karsten/Lutter, Marcus, Kommentar zum Aktiengesetz, Köln, 2. Aufl. 2010
Scholz/*Bearbeiter* GmbHG	Scholz (Hrsg.), Kommentar zum GmbHG, 3 Bd., Köln, 10. Aufl. 2006 ff
Schönke/Schröder/*Bearbeiter* StGB	Schönke/Schröder (Hrsg.), Strafgesetzbuch: StGB, Kommentar, München, 28. Aufl. 2010
Schubert/Schmiedel/Krampe	Schubert, Werner/Schmiedel, Burkhard/Krampe, Christoph (Hrsg.), Quellen zum Handelsgesetzbuch von 1897, Frankfurt am Main 1988, zitiert: *Schubert/Schmiedel/Krampe* Bd. / Seitenzahl
Schultze/Wauschkuhn/Spenner/Dau	Schultze/Wauschkuhn/Spenner/Dau, Der Vertragshändlervertrag, Frankfurt am Main, 4. Aufl. 2008, zitiert: *Bearbeiter* in: Schultze/Wauschkuhn/Spenner/Dau
Schwark/Zimmer/*Bearbeiter*	Schwark/Zimmer (Hrsg.), Kapitalmarktrechts-Kommentar, München, 4. Aufl. 2010
Soergel/*Bearbeiter*	Soergel/Siebert (Hrsg.), Bürgerliches Gesetzbuch mit Einführungsgesetz und Nebengesetzen, Stuttgart, 13. Aufl. 2001 ff
Spindler/Stilz/*Bearbeiter* AktG	Spindler/Stilz (Hrsg.), Aktiengesetz, Kommentar, 2 Bd., München, 2. Aufl. 2010
Staub ADHGB	Staub, Hermann: Kommentar zum Allgemeinen Deutschen Handelsgesetzbuch, Berlin, 5. Aufl. 1897

Staub/*Bearbeiter*	Staub, Großkommentar zum Handelsgesetzbuch, HGB, Berlin, 1.–15. Aufl.; 5. Aufl. neuer Zählung Canaris/Habersack/Schäfer (Hrsg.), Berlin 2008 ff
Staudinger/*Bearbeiter*	J. von Staudingers Kommentar zum Bürgerlichen Gesetzbuch mit Einführungsgesetz und Nebengesetzen, 13. Bearbeitung, Berlin 1993 ff
Stolterfoht	Stolterfoht, Joachim N., Handelsrecht, Berlin 1973
Straatmann/Ulmer	Straatmann/Ulmer, Handelsrechtliche Schiedsgerichts-Praxis (HSG), 1975 ff
Straube/*Bearbeiter*	Straube (Hrsg.), Kommentar zum Handelsgesetzbuch, Wien, 3. Aufl. 2003 ff
Ströbele/Hacker	Markengesetz, Kommentar, Köln, 8. Aufl. 2006; 10. Aufl. 2011
Stumpf/Jaletzke/*Bearbeiter*	Stumpf/Jaletzke, Der Vertragshändlervertrag, Heidelberg, 3. Aufl. 1997
Stüsser	Stüsser, Rolf, Die Anfechtung der Vollmacht nach Bürgerlichem Recht und Handelsrecht, Berlin 1986
Thiele/von Keitz/Brücks/*Bearbeiter*	Thiele/von Keitz/Brücks (Hrsg.), Internationales Bilanzrecht, Bonn/Berlin 2008 (Loseblatt)
Thomas/Putzo/*Bearbeiter*	Thomas/Putzo, Zivilprozessordnung: ZPO, München, 32. Aufl. 2011
Uhlenbruck/*Bearbeiter*	Uhlenbruck/Hirte/Vallender (Hrsg.), Insolvenzordnung: InsO, Kommentar, München, 13. Aufl. 2010
Ulmer/Brandner/Hensen/*Bearbeiter* AGB-Recht	Ulmer/Brandner/Hensen, AGB-Recht Kommentar, Köln, 11. Aufl. 2011
Ulmer/Habersack	Ulmer/Habersack, Verbraucherkreditgesetz, München, 2. Aufl. 1995
Ulmer/Habersack/Winter/*Bearbeiter* GmbHG	Ulmer/Habersack/Winter (Hrsg.), GmbH-Gesetz, Kommentar, 3 Bd., Tübingen, 2005 ff
Ulmer/Schäfer	Ulmer/Schäfer, Gesellschaft bürgerlichen Rechts und Partnerschaftsgesellschaft, München, 5. Aufl. 2009
Vater et al./*Bearbeiter* IFRS Änderungskommentar 2009	Vater/Ernst/Hayn/Knorr/Mißler (Hrsg.), IFRS Änderungskommentar 2009, Weinheim 2009
von Godin/Wilhelmi	Aktiengesetz, Kommentar, Berlin, 4. Aufl. 1971
von Wysocki et al./*Bearbeiter*	von Wysocki/Schulze-Osterloh/Hennrichs/Kuhner (Hrsg.), Handbuch des Jahresabschlusses, Köln 1984 (Loseblatt)
Wessel/Zwernemann/Kögel Firmengründung	Wessel/Zwernemann/Kögel, Firmengründung, Heidelberg, 7. Aufl. 2001
Wiedemann	Bilanzrecht, Kommentar zu den §§ 238 bis 342a HGB, 2. Aufl. 2003
Zöller/*Bearbeiter* ZPO	Zöller, Richard, Zivilprozessordnung: ZPO, Kommentar, Köln, 28. Aufl. 2010
Zöllner Wertpapierrecht	Zöllner, Wolfgang, Wertpapierrecht, München, 14. Aufl. 1987

ZWEITER ABSCHNITT

Ergänzende Vorschriften für Kapitalgesellschaften (Aktiengesellschaften, Kommanditgesellschaften auf Aktien und Gesellschaften mit beschränkter Haftung) sowie bestimmte Personenhandelsgesellschaften

Sechster Unterabschnitt

Straf- und Bußgeldvorschriften. Ordnungsgelder

Vorbemerkungen

Vor § 331

Schrifttum

Kommentare zum Aktiengesetz: *Baumbach/Hueck* Aktiengesetz, 19. Aufl. 2010; *Geßler/Hefermehl/Eckardt/Kropff* Aktiengesetz, Band VI, §§ 291–410 AktG, 1994; *v. Godin/Wilhelmi* Aktiengesetz, 1965, Band 2, §§ 179–410 AktG, 4. Aufl. 1972; *Hopt/Wiedemann* Großkommentar zum Aktiengesetz, 4. Aufl. 1997, 8. Lieferung, §§ 399–410 AktG; *Hüffer* Aktiengesetz, Kommentar, 9. Aufl. 2010; *Biedenkopf/Zöllner* Kölner Kommentar zum Aktiengesetz, Band 3 1985; *Kropff/Bayer/Bachner/Altmeppen* Münchener Kommentar zum Aktiengesetz, 3. Aufl. 2011; *Otto* Aktienstrafrecht, 1997 (Sonderausgabe der Kommentierung der §§ 399–410 AktG aus: Großkommentar zum Aktiengesetz); *Zöllner/Mertens/Claussen* Kölner Kommentar zum Aktiengesetz, Band 3/1, 3. Aufl. 2010, Band 4, 2. Aufl. 1991, Band 5/3, 2. Aufl. 2004, Band 6, 3. Aufl. 2004.

Kommentare zum GmbH-Gesetz: *Achilles/Ensthaler/Schmidt* Kommentar zum GmbH-Gesetz, 2005; *Baumbach/Hueck* GmbH-Gesetz, 19. Aufl. 2010; *Goutier/Seydel* GmbH-Gesetz, Loseblatt, 1981; *Gummert/Weipert* Münchener Handbuch des Gesellschaftsrechts, Band 3, 3. Aufl. 2009; *Hachenburg* GmbH-Gesetz, §§ 53–85, 8. Aufl. 1997; *Lutter/Hommelhoff* GmbH-Gesetz, 17. Aufl. 2009; *Meyer-Landrut/Miller/Niehus* GmbH-Gesetz, 1987; *Michalski* Gesetz betreffend die Gesellschaften mit beschränkter Haftung (GmbH-Gesetz), Band 2, 2. Aufl. 2010; *Müller/Winkeljohann*, Beck'sches Handbuch der GmbH, 4 Aufl. 2009; *Rowedder/Schmidt-Leithoff* GmbH-Gesetz, 4. Aufl. 2002; *Roth/Altmeppen* Gesetz betreffend die Gesellschaften mit beschränkter Haftung, 6. Aufl. 2009; *Scholz* Kommentar zum GmbH-Gesetz, Band 2, 10. Aufl. 2007, Band 3, 10. Aufl. 2010; *Wicke* Gesetz betreffend die Gesellschaften mit beschränkter Haftung, 2008.

Kommentare zum Handelsgesetzbuch *Baumbach/Hopt* Handelsgesetzbuch, 34. Aufl. 2010; *Bertram/Brinkmann/Kessler/Müller* Haufe HGB Kommentar, 2. Aufl. 2011; *Ensthaler* Gemeinschaftskommentar zum Handelsgesetzbuch, 7. Aufl. 2007; *Horn* Heymann, Handelsgesetzbuch, 2. Aufl. 1999; *Krumnow/Sprißler/Bellavite-Hövermann/Kemmer/Alves/Brütting/Lauinger/Löw/Naumann/Paul/Pfitzer/Scharpf*, Rechnungslegung der Kreditinstitute: Kommentar zum deutschen Bilanzrecht unter Berücksichtigung von IAS/IFRS, 2. Aufl. 2004; *Wiedmann*, Bilanzrecht, Kommentar zu den §§ 238 bis 342a HGB, 2. Aufl. 2003.

Kommentare zum Insolvenzrecht: *Dannecker/Knierim/Hagemeier* Insolvenzstrafrecht, 2. Aufl. 2012; *Kirchhof/Lwowski/Stürner* Münchener Kommentar zur Insolvenzordnung, 2. Aufl. 2008; *Waza/Uhländer/Schmidtmann* Insolvenzen und Steuern, 7. Aufl. 2007.

Kommentare zum Umwandlungsgesetz: *Kallmeyer* Umwandlungsgesetz, 4. Aufl. 2010; *Lutter/Winter* Umwandlungsgesetz, Kommentar, 4. Aufl. 2009; *Widmann* Umwandlungsgesetz, Loseblatt, Stand 119. Lieferung 2011.

Kommentar zum Wettbewerbsrecht: *Baumbach/Hefermehl* Wettbewerbsrecht, 23. Aufl. 2004.

Zu Fragen des allgemeinen Straf- und Strafprozessrechts: *Appel* Verfassung und Strafe (1998); *Baumann/Weber/Mitsch* Strafrecht. Allgemeiner Teil, 11. Aufl. 2003; *Erbs/Kohlhaas* Strafrechtliche Nebengesetze, Loseblatt, Stand April 2011; *Fischer* Strafgesetzbuch, 58. Aufl. 2011; *Graf/Jager/Wittig* Wirtschafts- und Steuerstrafrecht 2011; *Jakobs* Strafrecht. Allgemeiner Teil, 2. Aufl. 1991; *Jescheck/Weigend* Lehrbuch des Strafrechts. Allgemeiner Teil, 5. Aufl. 1996; *Joecks* Studienkommentar StGB, 9. Aufl. 2010; *Kindhäuser/Neumann/Päffgen* Nomos-Kommentar zum Strafgesetzbuch, 3. Aufl. 2010; *Kühl* Strafrecht. Allgemeiner Teil, 6. Aufl. 2008; *Lackner/Kühl* Strafgesetzbuch, 27. Aufl. 2011; *Laufhütte/Rissing-van Saan/Tiedemann* (Hrsg.) Leipziger Kommentar, Großkommentar, Band 1, 12. Aufl. 2007; *Maurach/Zipf* Strafrecht, Allgemeiner Teil, Teilband 1, 8. Aufl. 1992; *Meyer-Goßner* Strafprozessordnung, 54. Aufl. 2011; *Otto* Grundkurs Strafrecht. Allgemeine Strafrechtslehre, 7. Aufl. 2004; *ders.* Grundkurs Strafrecht. Die einzelnen Delikte, 6. Aufl. 2002; *Schönke/Schröder* Strafgesetzbuch, 28. Aufl. 2010; *Rudolphi/Horn/Günther/Samson* Systematischer Kommentar zum StGB, Band 2 Besonderer Teil (§§ 80–358), Loseblatt, Stand April 2010; *Wessels/Beulke* Strafrecht. Allgemeiner Teil, 41. Aufl. 2011.

Kommentare zum Ordnungswidrigkeitenrecht: *Boujong* Karlsruher Kommentar zum Gesetz über Ordnungswidrigkeiten, 3. Aufl. 2006; *Göhler/Gürtler/Seitz* Gesetz über Ordnungswidrigkeitengesetz, 15. Aufl. 2009; *Lemke* Heidelberger Kommentar zum Ordnungswidrigkeitengesetz, 1999.

Zu Fragen des ausländischen/internationalen Rechts: *Ambos* Internationales Strafrecht. Strafanwendungsrecht – Völkerstrafrecht – Europäisches Strafrecht, 2. Aufl. 2008; *Bloomenthal* Sarbanes-Oxley Act, 2005, § 1, 5 ff; *Brickey* Enron's Legacy, 8. Buff. L. Rev. 2004, 221 ff; *Hecker* Europäisches Strafrecht, 3. Aufl. 2010; *Hefendehl* Enron, Worldcom und die Folgen: Das Wirtschaftsstrafrecht zwischen kriminalpolitischen Erwartungen und dogmatischen Erfordernissen, JZ 2004, 18 ff; *Jennings* A Primer on Enron: Lessons From A Perfect Storm of Financial Reporting, Corporate Governance and Ethical Culture Failures, 39 Cal. W. L. Rev. 2003, 163 ff; *Keller/Staelin* Effects of qualitiy and quantity of information on decision and effectiveness, 14 J. Consumer Res. 1987, 200 ff; *Niewerth* Strafrechtliche Verantwortlichkeit der Wirtschaftsprüfer (2004); *Safferling* Europeas Transnational Law. A Criminal Law for Europe: Between National Heritage and Transnational Necessities, in German Law Journal IOC (2009), 1383 ff; *ders.* Internationales Strafrecht: Strafanordnungsrecht – Völkerstrafrecht – Europäisches Strafrecht, (2011); *Satzger* Die Europäisierung des Strafrechts, 2001; *ders.* Internationales und Europäisches Strafrecht, 3. Aufl. 2009; *Schröder* Europäische Richtlinien und deutsches Strafrecht, 2002; *Shleifer* Inefficient Markets, 2004, 28 ff; *Sieber/Brüner/Satzger/v. Heintschel-Heinegg* Europäisches Strafrecht (2011); *Weis* Rechnungslegungspflichten von EU-Scheinauslandsgesellschaften im Land ihrer tatsächlichen wirtschaftlichen Betätigung: Insbesondere im Hinblick auf in Deutschland tätige englische Limiteds, 2009; *Widen* Enron at the Margin, 58 Bus. Law 2003, 961 ff.

Zu Fragen der Rechnungslegung, des Bilanzrechts und des Bilanzstrafrechts: *Altgeld* Verschleierung von Aktienbilanzen (1921); *Ammon* Gesell-schaftsrechtliche und sonstige Neuerungen im Handelsrechtsreformgesetz, DStR 1998, 1474 ff; Arbeitskreis *„Externe und Interne Überwachung der Unternehmen" der Schmalenbach-Gesellschaft für Betriebswirtschaft e.V.* Auswirkungen des Sarbanes-Oxley Act auf die Interne und Externe Unternehmensüberwachung, BB 2004, 2399 ff; *Arnhold* Auslegungshilfen zur Bestimmung der Geschäftslagetäuschung im Rahmen der §§ 331 Nr. 1 HGB, 400 Abs. 1 Nr. 1 AktG, 82 Abs. 2 Nr. 2 GmbHG (1993); *Baetge/Apelt* Konsequenzen des Verstoßes gegen die Offenlegungsvorschriften des HGB, DB 1988, 170 ff; *Baetge/Kirsch/Thiele* Bilanzrecht – Handelsrecht mit Steuerrecht und den Regelungen des IASB, 2002. Kommentierung zu § 331, Stand September 2007; *Bäumer* Handelsstrafrecht (1989); *Bansemer* Steuerhinterziehung im Beitreibungsverfahren, wistra 1994, 327 ff; *Barth* Entwicklung des Bilanzrechts, Bd. 1 (1953); Beckscher Bilanzkommentar, 8. Aufl. 2012; *Beisse* Grundsatzfragen der Auslegung des neuen Bilanzrechts, BB 1990,

2007 ff; *Bertram/Brinkmann/Kessler/Müller* (Hrsg.) Haufe HGB-Kommentar (2009) §§ 238–342e; *Bertsch* Konzernrechnungslegung von Konzernunternehmen (1995); *Biener/Bernecke* Bilanzrichtlinien-Gesetz (1986); *Binding* Die Normen und ihre Übertretung (1965); *Bittmann* BiLMoG: Bilanzrechtsmodernisierung oder Gesetz zur Erleichterung von Bilanzmanipulationen, wistra 2008, 441 ff; *Blumers* Bilanzierungstatbestände und Bilanzierungsfristen im Handelsrecht und Strafrecht (1983); *ders.* Strafbare Verletzung von Bilanzierungspflichten, DStR 1983, 707 ff; *Böcking/Orth* Segmentberichterstattung – Ein Baustein zur Beurteilung der Lage des Konzerns durch Dritte, in Dörner et al (Hrsg.) Reform des Aktienrechts, der Rechnungslegung und der Prüfung, 2. Aufl. 2003, 761 ff; *Bongertz* IAS-Verordnung (2008); *Böse* Strafen und Sanktionen im Europäischen Gemeinschaftsrecht (1996); *ders.* Verweisungen auf das EU-Recht und das Bestimmtheitsgebot (Art. 103 Abs. 2 GG), Festschrift Krey (2010), S. 7 ff; *Brinkmann* Zum Aufbau und Einsatz des Risikomanagementsystems als Instrument zur Verhinderung von Bilanzdelikten und dolosen Handlungen, in Freidank (Hrsg) Bilanzreform und Bilanzdelikte (2005), S. 241 ff; *Brunner* Der Täterkreis bei Kartellordnungswidrigkeiten (1986); *Bruns* Anforderungen an die handelsrechtliche Rechnungslegung im europäischen und internationalen Kontext, WPg-Sonderheft 2001, 567 ff; *Buchheim/Gröner/Kühne* Übernahme von IAS/IFRS in Europa: Ablauf und Wirkung des Komitologieverfahrens auf die Rechnungslegung, BB 2004, 1783 ff; *Budde/Steuber* Der Bilanzpolizist und seine Rechte – Eine Rolle für die Abschlussprüfer? Festschrift Lück (2003), S. 134 ff; *Bücklers* Bilanzfälschung nach § 331 Nr. 1 HGB (2002); *Bydlinski* Zentrale Änderungen des HGB durch das Handelsrechtsreformgesetz, ZIP 1998, 1169 ff; *Castan* Vorschriften des HGB und der handelsrechtlichen Nebengesetze bei Verstößen gegen die Rechnungslegungsvorschriften, in Castan/Böcking/Heymann/Pfitzer/Scheffler Becksches Handbuch der Rechnungslegung – HGB und IFRS –, Band 3 D.10, Stand September 2007; *Cerny* § 264a StGB – Kapitalanlagebetrug – Gesetzlicher Anlegerschutz mit Lücken, MDR 1987, 271 ff; Christ/Müller-Helle/*Müller-Helle* Veröffentlichungen nach dem neuen EHUG (2007); *Clausen* Zum Stellenwert des § 164 Abs. 2 HGB, Festschrift Goerdeler (1987), S. 79 ff; *Cobet* Fehlerhafte Rechnungslegung (1991); *Dannecker* Die Verfolgungsverjährung bei Submissionsabsprachen und Aufsichtspflichtverletzungen in Betrieben und Unternehmen, NStZ 1985, 49 ff; *ders.* Die neuere Rechtsprechung des Bundesgerichtshofs zur Bedeutung der Grundsätze „nullum crimen sine lege“ und „ne bis in idem“ für das Wirtschaftsstraf- und Wirtschaftsordnungswidrigkeitenrecht, Rivista Trimestrale di Diritto Penale dell'Economia (1990), 449 ff; *ders.* Das intertemporale Strafrecht (1992); *ders.* Bilanzstrafrecht, in Blumers/Frick/Müller (Hrsg.) Betriebsprüfungshandbuch, Abschnitt K, Stand 2009; *ders.* Strafrecht in der Europäischen Gemeinschaft, JZ 1996, 869 ff; *ders.* Kartellstraf- und -ordnungswidrigkeitenrecht, in Wabnitz/Janovsky (Hrsg.) Handbuch des Wirtschafts- und Steuerstrafrechts 3. Aufl. 2007; *ders.* Bilanzdelikte im internationalen Kontext, in Keppert/Brandstetter (Hrsg.) Bilanzdelikte, 2008, S. 97; *Dietmeier* Blankettstrafrecht. Ein Beitrag zur Lehre vom Tatbestand (2002); *Döllerer* Grundsätze ordnungsmäßiger Bilanzierung, deren Entstehung und deren Ermittlung, BB 1959, 1217 ff; *ders.* Grundsätze ordnungswidriger Bilanzierung – Systematische Fehler in Bilanzen, BB 1982, 777 ff; *Dörner* Berichterstattung durch den Abschlußprüfer und Auswirkungen auf die Abschlußprüfung, in Baetge (Hrsg.) Aktuelle Entwicklungen in Rechtsprechung und Wirtschaftsprüfung: Reformbedarf, Perspektiven, internationale Einflüsse (1997), S. 13 ff; *Doralt* (Hrsg.) Probleme des Steuerbilanzrechts (1991); *Doster* Verspätete beziehungsweise unterlassene Bilanzierung im Insolvenzstrafrecht, wistra 1998, 326 ff; *Ebenroth/Boujong/Joost* Kommentar zum Handelsgesetzbuch, §§ 1–342a, 2. Aufl. 2008; *Eibelshäuser* Rückstellungsbildung nach neuem Handelsrecht, BB 1987, 860 ff; *Enderle* Blankettstrafgesetze (2000); *Ernst* BB-Gesetzgebungsreport: Auswirkungen des 10-Punkte-Programms „Unternehmensintegrität und Anlegerschutz“ auf das Bilanzrecht, BB 2003, 1487 ff; *ders.* KonTraG und KapAEG sowie aktuelle Entwicklungen zur Rechnungslegung und Prüfung in der EU, WPg 1998, 1025 ff; *ders.* Bilanzrecht: quo vadis? WPg 2001, 140 ff; *ders./Naumann* Das neue Bilanzrecht (2009); *Faller* Das Analogieverbot im Wirtschaftsstrafrecht, DB 1972, 1757 ff; *Fischer* Der Mißbrauch einer marktbeherrschenden Stellung (§ 22 GWB) in der Rechtsprechung des Bundesgerichtshofes, ZGR 1978, 235 ff; *Fleischer* Der deutsche „Bilanzeid“ nach § 264 Abs. 2 Satz 3 HGB, ZIP 2007, 97 ff; *Forster* Rechnungslegung und Prüfung im Wandel – Bemerkungen aus der Sicht des Wirtschaftsprüfers –, in Bericht über die Fachtagung, Bonn – 19. Oktober 1978; *Franzen/Gast/Joecks* Steuerstrafrecht mit Zoll- und Verbrauchssteuerstrafrecht, 7. Aufl. (2009); *Freidank*, Bilanzreform und Bilanzdelikte (2005); *Freund* Urkundenstraftaten (1996); *Fuhrmann* Die Bedeutung des „faktischen Organs“ in der Rechtsprechung des Bundesgerichtshofs, in Festschrift Tröndle

(1989), S. 139 ff; *Gelhausen/Honsch* Das neue Enforcementverfahren für Jahres- und Konzernabschlüsse, AG 2005, 511 ff; *dies./Fey/Kämpfer* Rechnungslegung und Prüfung nach dem Bilanzrechtsmodernisierungsgesetz (2009); *Geroldt* Par. 314 Absatz I, Ziffer 1 HGB (1927); *Glanegger/Kirnberger/Kusterer/Ruß/Selder/Stuhlfelner* (Hrsg.) Heidelberger Kommentar zum Handelsgesetzbuch 7. Aufl. 2007; *Gössweiner* Wesen und Probleme der Bilanzdelikte (1970); *ders./Seiko* Bilanzdelikte und andere Straftaten im kaufmännischen Rechnungswesen (1981); *Göthel* Europäisches Bilanzrecht im Umbruch, DB 2001, 2057 ff; *Gramich* Die Strafvorschriften des Bilanzrichtliniengesetzes, wistra 1987, 157 ff; *Graw/Keller* Bilanzmanipulation – Risiko und Krisenfrüherkennung durch Jahresabschlussanalysen, Kredit & Rating Praxis (2004); *Großfeld* Bilanzrecht für Juristen – Das Bilanzrichtliniengesetz vom 19.12.1985, NJW 1986, 955 ff; *ders.* Bilanzrecht (1997); *ders./Dickmann* Gemeinsame Grundlagen des europäischen Bilanzrechts, WPg 1988, 419 ff; *Gübel* Die Auswirkungen der faktischen Betrachtungsweise auf die strafrechtliche Haftung faktischer GmbH-Geschäftsführer (1994); *Gustavus* Die Sanktionen bei unterlassener Offenlegung des Jahresabschlusses, ZIP 1988, 1429 ff; *Hagedorn* Bilanzstrafrecht im Lichte bilanzrechtlicher Reformen (2009); *Hagenau/Hauser* Die Publizität des Jahresabschlusses – Eine nicht zwingende Vorschrift?, BB 1989, 180 ff; *Haller* Rechnungslegung für den Mittelstand – BilMoG versus Exposure Draft „IFRS for Small and Medium-sized Entities“, 223 ff; *Hammerl* Die Bankrottdelikte – Zur strafrechtlichen und kriminologischen Problematik des einfachen und schweren Bankrotts (§§ 239, 240 KO) (1970); *Hartung* Insolvenzbedrohte und insolvente Mandanten (1990); *ders.* Der Steuerberater und seine Berührungspunkte mit dem Insolvenzstrafrecht, Stbg 1991, 331 ff, 384 ff, 431 ff, 476 ff, 524 ff; *Hauck* Rechnungslegung und Strafrecht unter besonderer Berücksichtigung der konkursrechtlichen Bilanzdelikte (1987); *Hauser* Jahresabschlußprüfung und Aufdeckung von Wirtschaftskriminalität (2000); *Hefendehl* Vermögensgefährdung und Exspektanzen (1994); *ders.* Enron, Worldcom und die Folgen: Das Wirtschaftsstrafrecht zwischen kriminalpolitischen Erwartungen und dogmatischen Erfordernissen, JZ 2004, 18 ff; *Hellmann/Beckemper* Wirtschaftsstrafrecht, 3. Aufl. 2010, § 4: Bilanzdelikte des Handels- und Gesellschaftsrechts; *Helmrich* (Hrsg.) Bilanzrichtliniengesetz, amtliche Texte und Entwürfe – Begründungen, Stellungnahmen und Protokolle (1986); *Helmschrott/Buhleier* Die Konsequenzen einer GoB-widrigen Anwendung internationaler Rechnungslegungsnormen aus der Perspektive des Handelsrechs und des Strafrechts, WPg 1997, 10 ff; *Henzler* Bilanzmaipulation (2006); *Herschel* Zivilrechtliche Bedeutung des strafrechtlichen Analogieverbotes, NJW 1968, 533 ff; *Hennrichs/Kleindiek/Watrin* Münchener Kommentar zum Bilanzrecht, Band 1: IFRS, 2009; *Herzberg* Zur Eingrenzung des vorsatzausschließenden Irrtums, JZ 1993, 1017 ff; *Herzig* Modernisierung des Bilanzrechts und Besteuerung, DB 2008, 1 ff; *Heuser/Theile* Auswirkungen des Bilanzrechtsreformgesetzes auf den Jahresabschluß und Lagebericht der GmbH, GmbHR 2005, 201 ff; *Hildesheim* Die strafrechtliche Verantwortung des faktischen Mitgeschäftsführers in der Rechtsprechung des BGH, wistra 1993, 166 ff; *Höffner* Wirtschaftsethik und Monopole (1941); *Hofmann* Handbuch Anti-Fraud-Management – Bilanzbetrug erkennen – vorbeugen – bekämpfen (2008); *Hommelhoff* Zum Ersatz des deutschen durch den internationalen Konzernabschluß, in Baetge (Hrsg.) Aktuelle Entwicklungen in Rechtsprechung und Wirtschaftsprüfung: Reformbedarf, Perspektiven, internationale Einflüsse (1997), S. 109ff; *Horn, Norbert* (Hrsg.), Heymann, Handelsgesetzbuch (ohne Seerecht), 3. Buch, 2. Aufl. 1999; *Hucke/Ammann* Bilanzvergleichbarkeit und Sicherstellung der Bilanzwahrheit durch eine Internationalisierung der Rechnungslegung, StuB 2004, 407 ff; *Hugger* Zur strafbarkeitserweiternden richtlinienkonformen Auslegung deutscher Strafvorschriften, NStZ 1993, 421 ff; *van Hulle* Die Zukunft der europäischen Rechnungslegung im Rahmen einer sich ändernden internationalen Rechnungslegung, WPg 1998, 138 ff; *ders./Laufermann* Entwicklungen zur Abschlussprüfung vor dem Hintergrund des Sarbanes-Oxley-Act, WPg-Sonderheft 2003, 102 ff; *Ihrig/Wagner* Das Gesetz zur Einführung der Europäischen Gesellschaft (SEEG) auf der Zielgeraden, BB 2004, 1749 ff; *Jansen* Der Bestätigungsvermerk des Abschlußprüfers nach neuem Recht, in Dörner/Menold/Pfitzer (Hrsg.) Reform des Aktienrechts, der Rechnungslegung und Prüfung (1999), S. 679 ff; *Jenny/Niedermeyer* Fälschung und Verschleierung in der Buchhaltung früher: Die Hintertüren der Buchhaltung 6. Aufl. 1963; *Joerden* Grenzen der Auslegung des § 84 Abs. 1 Nr. 2 GmbH-Gesetz, wistra 1990, 1 ff; *Ihrig/Wagner* Das Gesetz zur Einführung der Europäischen Gesellschaft (SEEG) auf der Zielgeraden – Die gesellschafts- und mitbestimmungsrechtlichen Regelungen des Regierungsentwurfs, BB 2004, 1749 ff; *Kessler* Buchführungs- und Kapitaldelikte (1928); *Kienapfel* Urkunden im Strafrecht (1967); *Kiethe* Strafrechtlicher Anlegerschutz durch § 400 Abs. 1 Nr. 1

AktG – Zugleich Besprechung von LG München I, Urteil vom 8.4.2003 – 4 KLss 305 Js 52 373/00 (EM.TV), NStZ 2004, 73 ff; *Kloos* Die Transformation der 4. EG-Richtlinie (Bilanzrichtlinie) in den Mitgliedstaaten der Europäischen Gemeinschaft (1993); *Klussmann* Strafbarkeit sog. Geschäftslagetäuschungen nach § 400 AktG 65, AG 1973, 221 ff; *ders.* Geschäftslagetäuschungen nach § 400 AktG (1974); *Knierim* Bilanzstrafrecht-Ausweitung durch das KapCoRiLiG, PStR 2001, 246 ff; *Knobbe-Keuk* Bilanz- und Unternehmenssteuerrecht, 9. Aufl. 1993; *Kohl* Wirtschaftskriminalität – Wirtschaftsdelikte im Rechnungswesen der Unternehmungen und ihre Bekämpfung (1993); *Kohlmann* Die strafrechtliche Verantwortlichkeit des GmbH-Geschäftsführers (1990); *ders.* Steuerstrafrecht, Loseblatt Stand 45. Ergänzungslieferung 2011; *Kratzsch* Das faktische Organ im Gesellschaftsrecht – Grund und Grenzen einer strafrechtlichen Garantenstellung, ZGR 1985, 506 ff; *Krieger* Der Grundsatz der Maßgeblichkeit der Handelsbilanz für die steuerliche Gewinnermittlung, Festschrift Döllerer (1988), S. 327 ff; *Küting* Das deutsche Bilanzrecht im Spiegel der Zeiten – Zugleich eine Einordnung des Bilanzrechtsmodernisierungsgesetzes in das aktuelle und historische Bilanzrecht, DStR 2009, 288 ff; *ders.* Europäisches Bilanzrecht und Internationalisierung der Rechnungslegung, BB 1993, 30 ff; *ders.* Die Bilanzierung im Umbruch, StuB 2004, 683 ff; *ders./Kaiser* Aufstellung oder Feststellung: Wann endet der Wertaufhellungszeitraum? – Implikationen für die Anwendung des Wertaufhellungsprinzips bei Berichtigung, Änderung und Nichtigkeit des handelsrechtlichen Jahresabschlusses, in WPg 2000, 577 ff; *ders./Hütten* Der befreiende Konzernlagebericht nach internationalen Vorschriften, WPg 1999, 12 ff; *ders./Weber* Die Bilanzanalyse, 9. Aufl. 2009; *ders./Weber/Ellerich* Handbuch der Rechnungslegung (1990); *ders./Zwirner* Bilanzierung nach HGB – ein Auslaufmodell?, StuB 2002, 785 ff; *Kuhlen* Die Unterscheidung von vorsatzausschließendem und nicht vorsatzausschließendem Irrtum (1987); *Kumm/Müller* Drei Jahre Fehlerveröffentlichung im Enforcementverfahren. Von der Fehlerfeststellung zur Fehlerveröffentlichung, IRZ 2009, 77 ff; *Laaths* Das Zeitgesetz gemäß § 2 Abs. 4 StGB unter besonderer Berücksichtigung des Blankettgesetzes (1998); *Langenbeck* Folgen der Vorlage unrichtiger Bücher und Jahresabschlüsse, BBK (Buchführung, Bilanz, Kostenrechnung) (1987) Fach 8, 1053; *Laufermann/Maul* Auswirkungen des Sarbanes Oxley Acts in Deutschland, DB 2002, 1725 ff; *Lenz/Ostrowski* Kontrolle und Transparenz im Unternehmensbereich durch die Institution Abschlußprüfung, BB 1997, 1523 ff; *Lenckner* Wertausfüllungsbedürftige Begriffe im Strafrecht und der Satz „nullum crimen sine lege“, JuS 1968, 249 ff, 304 ff; *Liebl* Die Bundesweite Erfassung von Wirtschaftsstraftaten nach einheitlichen Gesichtspunkten (1984); *Lohmeyer* Steuerliche Bilanzdelikte und ihre strafrechtliche Würdigung, GA 1972, 302 ff; *ders.* Steuerliche Bilanzdelikte und deren strafrechtliche Folgen, WPg 1990, 314 ff; *Löffeler* Strafrechtliche Konsequenzen faktischer Geschäftsführung, wistra 1989, 121 ff; *Louis* Die Falschbuchung im Strafrecht (2002); *Lück* Anforderungen an die Redepflicht des Abschlußprüfers, BB 2001, 404 ff; *Ludewig* Die Einflüsse des „true and fair view“ auf die zukünftige Rechnungslegung, AG 1987, 12 ff; *Lüdenbach/Freiberg* Flächendeckende Auswirkungen der Finanzmarktkrise auf den IFRS-Abschluss 2008, PiR 2008, 385 ff; *Lüdenbach/Hoffmann* Der Übergang von der Handels- zur IAS-Bilanz gemäß IFRS 1, DStR 2003, 1498 ff; *dies.* Die langen Schatten der IFRS über der HGB-Rechnungslegung, DStR 2007, Beiheft zu Heft 50, S. 1 ff; *dies.* Finanzmarktkrise und HGB-Abschluss 2008, StuB 2009, 3 ff; *Marcus* Bilanzfälschung und Bilanzverschleierung (1968); *Marker* Bilanzfälschung und Bilanzverschleierung (1970); *Marschdorf* Möglichkeiten, Aufgaben und Grenzen des Jahresabschlußprüfers zur Aufdeckung von Wirtschaftsstraftaten im Rahmen der Jahresabschlußprüfung, DStR 1995, 111 ff, 149 ff; *Maul* Artikel Bestätigungsvermerk, in Krekeler/Tiedemann/Ulsenheimer/Weinmann (Hrsg.) Handwörterbuch des Wirtschafts- und Steuerstrafrechts (HdWiStR) (1986); *ders.* Artikel Buchführungspflicht, in Krekeler/Tiedemann/Ulsenheimer/Weinmann (Hrsg.) Handwörterbuch des Wirtschafts- und Steuerstrafrechts (HdWiStR) (1986); *ders.* Geschäfts- und Konzernlagetäuschungen als Bilanzdelikte, DB 1989, 185 ff; *Mayer-Wegelin* Kriterien der Wesentlichkeit bei den Entscheidungen im Enforcement, in BB-Spezial 4/2006, Beilage zu Heft 17/2006, 8 ff; *Merkt* Unternehmenspublizität: Offenlegung als Korrelat der Marktteilnahme (2001); *Meyer* Die Strafvorschriften des neuen Aktiengesetzes, AG 1966, 109 ff; *ders.* Die Bedeutung der aktienrechtlichen Jahresabschlußprüfung für die Bekämpfung von Buchhaltungs- und Bilanzdelikten (1980); *Meyer-Meisenbacher* Bilanzpolitik auf der Basis von IAS/IFRS, insbesondere in Zeiten der Krise, DStR 2004, 567 ff; *Moxter* Zum Verhältnis von Steuer- und Handelsbilanz, BB 1997, 195 ff; *ders.* Grundsätze ordnungsgemäßer Rechnungslegung, 2003; *Möller* Die Berichtigungspflicht nach § 153 Abs. 1 AO und die strafrechtlichen Folgen einer Pflichtverletzung (1996); Müller-Gugenberger/Bieneck (Hrsg.) Wirtschaftsstrafrecht, 5. Aufl. (2011); *W. Müller* Zur Kapitalmarktrechnungslegung, Festschrift Priester (2007) S. 505; *Naumann/Tielmann* Überwachung der Ordnungsmäßigkeit der Rechnungslegung – Zukunft des Enforcement in Deutschland, Festschrift Lück (2003), S. 160 ff; *Nelles* Aktienrechtliche Bilanzdelikte (1974); Münchener Kommentar zum Handelsgesetzbuch, 2. Aufl. 2008; *Neuhäuser* Bilanzdelikte als Deckungshandlungen für zeitlich vor- bzw. nachgelagerte Betrugs- und Insolvenzdelikte (1973); *Neumann* Rückwirkungsverbot bei belastenden Rechtsprechungsänderungen der Strafgerichte, ZStW 103 (1991), 331 ff; *Niehaus* Blankettnormen und Bestimmtheitsgebot vor dem Hintergrund zunehmender europäischer Rechtsetzung, wistra 2004, 206 ff; *Niewerth* Die Strafrechtliche Verantwortung des Wirtschaftsprüfers (2004); *Noack* Neue Publizitätspflichten und Publizitätsmedien für Unternehmen – eine Bestandsaufnahme nach EHUG und TUG, WM 2007, 377 ff; *Oberbrinkmann* Statische und dynamische Interpretation der Handelsbilanz (1990); *Oehmichen* Abgrenzungsschwierigkeiten zwischen Bilanzfälschung und Bilanzverschleierung, in Belke/Oehmichen (Hrsg.) Wirtschaftskriminalität (1983), S. 234 ff; *Otto* Die Auslegung ambivalenter Normen und ihre Bedeutung für die Strafbarkeit der verdeckten Sacheinlage, Festschrift Gitter (1995), S. 715 ff; *ders.* Die Lehre vom Tatbestand und der Deliktsaufbau, Jura 1995, 468 ff; *Park/Heinz* Kapitalmarktstrafrecht, 2. Aufl. 2008; *Peemüller/Hofmann* Bilanzskandale (2005); *Peemöller/Finsterer/Neubert* Bilanzierung von Unternehmen des Neuen Marktes nach IAS und US-GAAP, BB 1999, 1103 ff; *Pellens/Fülbier/Gassen/Sellhorn* Internationale Rechnungslegung, 7. Aufl. 2008; *Petersen/Zwirner* BilMoG – Gesetze Materialien Erläuterungen (2009); *Pfitzer* Aufbau und Inhalt des Prüfungsberichts nach neuem Recht, in Dörner/Menold/Pfitzer (Hrsg.) Reform des Aktienrechts, der Rechnungslegung und Prüfung (1999), S. 649 ff; *Pfitzer/Oser/Orth* Offene Fragen und Systemwidrigkeiten des Bilanzrechtsreformgesetzes (BilReG), DB 2004, 2593 ff; *Pieroth/Schlink* Grundrechte Staatsrecht II, 24. Aufl. (2008); *Pottgießer* Die Zukunft der deutschen Rechnungslegung, StuB 2004, 166 ff; *Puppe* Tatirrtum, Rechtsirrtum, Subsumtionsirrtum, GA 1990, 145 ff; *Quink* Die Haftung des handelsrechtlichen Abschlußprüfers BB 1992, 1675 ff; *Rabenhorst* Neue Anforderungen an die Berichterstattung des Abschlussprüfers durch das TransPuG, DStR 2003, 436 ff; *Ransiek* Gesellschaftsrechtliche Bilanzdelikte, in Achenbach/Wannenmacher (Hrsg.) Beraterhandbuch zum Steuer- und Wirtschaftsstrafrecht, 3. Aufl. 2012, § 23; *ders.* Gesellschaftsrechtliche Straftatbestände, in Achenbach/Wannenmacher (Hrsg.) Beraterhandbuch zum Steuer- und Wirtschaftsstrafrecht, 3. Aufl. 2012, § 23; *ders.* Unternehmensstrafrecht (1996); *ders.* ABS und Strafrecht, WM 2010, 869 ff; *Rebmann/Roth/Hermann* Gesetz über Ordnungswidrigkeiten, Loseblatt Stand April 2000; *Reisner* Die Strafbarkeit von Schein- und Umgehungshandlungen in der EG (1995); *Renaud* Das Recht der Actiengesellschaften (1875); *Richter* Der Konkurs der GmbH aus der Sicht der Strafrechtspraxis, GmbHR 1984, 113 ff; *Rittner* Die sogenannte wirtschaftliche Betrachtungsweise in der Rechtsprechung des Bundesgerichtshofs (1975); *Rixen* Jahresabschlußpublizität von Zweigniederlassungen ausländischer Banken, WH 1989, 905 ff; *Robbers* Rückwirkende Rechtsprechungsänderung, JZ 1988, 481 ff; *Roxin* Die Verhinderung der Vollendung als Rücktritt vom beendeten Versuch, Festschrift Hirsch (1999), S. 327 ff; *Rückle* Artikel Vorsicht, in Leffson/Rückle/Großfeld (Hrsg.) Handwörterbuch unbestimmter Rechtsbegriffe (HdWbURB) (1986), S. 408 ff; *Ruhnke* Rechnungslegung nach IFRS und HGB, 2. Aufl. 2008; *Schäfer* Die Verletzung der Buchführungspflicht in der Rechtsprechung des BGH, wistra 1986, 200 ff; *Schedelbauer* Die Gefährdung der Bestandskraft von Jahresabschlüssen durch Bewertungsfehler, DB 1992, 2097 ff; *Scheffler* Kann der Aufsichtsrat Bilanzdelikte und andere Unregelmäßigkeiten verhindern? in Freidank (Hrsg.) Bilanzreform und Bilanzdelikte (2005), S. 185; *Scheu* Das Börsenstrafrecht und seine Reform (1974); *Schlauß* Über 90 % Publizität – nachhaltiger Wandel der Offenlegungskultur, DB 2010, 153; *Schmedding* Unrichtige Konzernrechnungslegung (1991); *Schmidt/Drenseck* Einkommenssteuergesetz, Kommentar, 27. Aufl. 2008; *Schmidt-Busemann* Entstehung und Bedeutung der Vorschriften über Handelsbücher (1977); *Schmidt-Hieber* Verfolgung von Subventionserschleichungen nach Einführung des § 264 StGB, NJW 1980, 322 ff; *Schmidt* Konkursverschleppungshaftung und Konkursverursachungshaftung, ZIP 1988, 1497 ff; *Schmidt-Versteyl* Durchsetzung ordnungsgemäßer Rechnungslegung in Deutschland (2008); *Schmitt* Ordnungswidrigkeitenrecht (1970); *Schneider* Entwicklungsstufen der Bilanztheorie, WiSt 1974, 158 ff; *ders.* Geschichte betriebswirtschaftlicher Theorie (1981); *Schnellenbach* Die vorgesehenen Änderungen des Aktienstrafrechts im Regierungsentwurf zum Aktiengesetz 1960 (1963); *Schön* Kompetenzen der Gerichte zur Auslegung von IAS/IFRS, BB 2004, 763 ff; *Schruff* Zur Aufdeckung von Top-Management-Fraud durch den Wirtschaftsprüfer im Rahmen der Jahresabschlussprüfung,

WpG 2003, 901 ff; *Schubert/Hommelhoff* Hundert Jahre modernes Aktienrecht (1985); *dies.* Die Aktienrechtsreform am Ende der Weimarer Republik (1986); *Schüppen* Systematik und Auslegung des Bilanzstrafrechts (1993); *Schulze-Osterloh* Jahresabschluß, Abschlußprüfung und Publizität der Kapitalanlagegesellschaften nach dem Bilanzrichtlinien-Gesetz, ZHR 150 (1986), 532 ff; *ders.* Vorschläge für ein Bilanzrechtsmodernisierungsgesetz, ZIP 2004, 1128 ff; *Schürmann* Die Bilanztrickser (2003); *Sieben/Matschke/Neuhäuser* Bilanzdelikte (1974); *Siegmann/Vogel* Die Verantwortlichkeit des Strohmanngeschäftsführers einer GmbH, ZIP 1994, 1821 ff; *Sorgenfrei* „Bilanz“-Strafrecht und IFRS, StuB 2006, Beil. PiR 3/2006, 38 ff; *Spatscheck/Wulf* Straftatbestände der Bilanzfälschung nach dem HGB – Ein Überblick, DStR 2003, 173 ff; *Stahlschmidt* Schlafende Straftatbestände des HGB, StuB 2003, 107 ff; *Stapelfeld* Die Haftung des GmbH-Geschäftsführers für Fehlverhalten in der Gesellschaftskrise (1990); *Stark* Strafbare Handlungen auf dem Gebiete des Aktienrechts (1910); *Stein* Das faktische Organ (1983); *dies.* Die Normadressaten der §§ 64, 84 GmbHG und die Verantwortlichkeit von Nichtgeschäftsführern wegen Konkursverschleppung, ZHR 148 (1984), 207 ff; *Steindorff* Politik des Gesetzes als Auslegungsmaßstab im Wirtschaftsrecht, Festschrift Larenz (1973) S. 217 ff; *Steiner/Gross* Auswirkungen des Bilanzrechtsreformgesetzes auf die Rechnungslegung, StuB 2004, 551 ff; *Steinmetz* Die verschleierte Sacheinlage im Aktienrecht aus zivil- und strafrechtlicher Sicht (1990); *Stratenwerth* Strafrechtliche Unernehmenshaftung? Festschrift R. Schmitt (1992) S. 295 ff; *Sünner* Folgen der Verletzung von Rechnungslegungs- und Berichtspflichten durch eine Aktiengesellschaft – Auswirkungen des Bilanz-Richtlinien-Gesetzentwurfs, AG 1984, 16 ff; *Teufel* Geister, Kriminalistik 1969, 624 ff; *ders.* Der Buchhaltungs-Defraudant, Kriminalistik 1971, 575 ff, 630 ff; *Theile* Erstmalige Anwendung der IAS/IFRS, DB 2003, 1745 ff; *Tiedemann* Zur legislatorischen Behandlung des Verbotsirrtums im Ordnungswidrigkeiten- und Steuerstrafrecht, ZStW 81 (1969), 879 ff; *ders.* Der Wechsel von Strafnormen und die Rechtsprechung des Bundesgerichtshofes, JZ 1975, 692 ff; *ders.* Wirtschaftsstrafrecht und Wirtschaftskriminalität (1976); *ders.* Handelsgesellschaften und Strafrecht: eine vergleichende Bestandsaufnahme, Festschrift Würtenberger (1977) S. 241 ff; *ders.* Strafrechtliche Grundprobleme im Kartellrecht, NJW 1979, 1849 ff; *ders.* Strafbare Erschleichung von Investitionszulagen durch Aufhebung und Neuabschluß von Lieferverträgen? NJW 1980, 1557 ff; *ders.* Konkursstrafrecht (1985); *ders.* Die Bekämpfung der Wirtschaftskriminalität durch den Gesetzgeber, JZ 1986, 865 ff; *ders.* Artikel Auslegung, in Krekeler/Tiedemann/Ulsenheimer/Weinmann (Hrsg.) Handwörterbuch des Wirtschafts- und Steuerstrafrechts, Loseblatt Stand 1990; *ders.* Artikel Bilanzstrafrecht, in Krekeler/Tiedemann/Ulsenheimer/Weinmann (Hrsg.) Handwörterbuch des Wirtschafts- und Steuerstrafrechts (HdWiStR), Loseblatt Stand 1990; *ders.* Artikel Blankettstrafgesetz, in Krekeler/Tiedemann/Ulsenheimer/Weinmann (Hrsg.) Handwörterbuch des Wirtschafts- und Steuerstrafrechts, Loseblatt Stand 1990; *ders.* Artikel Irrtum über Rechtsfragen, in Krekeler/Tiedemann/Ulsenheimer/Weinmann (Hrsg.) Handwörterbuch des Wirtschafts- und Steuerstrafrechts, Loseblatt Stand 1990; *ders.* Artikel Konkursstrafrecht, in Krekeler/Tiedemann/Ulsenheimer/Weinmann (Hrsg.) Handwörterbuch des Wirtschafts- und Steuerstrafrechts (HdWiStR), Loseblatt Stand 1990; *ders.* Grundgesetz und Strafrecht, in 40 Jahre Grundgesetz (1990) S. 155 ff; *ders.* Zum Stand der Irrtumslehre, insbesondere im Wirtschafts- und Nebenstrafrecht, Festschrift Geerds (1995), S. 195 ff; *ders./Cosson* Straftaten und Strafrecht im deutschen und französischen Bank- und Kreditwesen (1973); *ders.* Insolvenzstrafrecht, 2. Aufl. (1996); *ders.* Wirtschaftsstrafrecht, Besonderer Teil, 2. Aufl. (2008); *Ulmer* Überlegungen zur wirtschaftlichen Betrachtungsweise im Kartellrecht, WuW 1971, 878 ff; *Unkelbach* Umsatzrealisation und Bilanzmanipulation aus der SEC-Fundgrube, PiR 2006, 196 ff; *ter Vehn* Die Entwicklung der Bilanzauffassungen bis zum HGB, ZfB 1929, 161 ff, 241 ff, 329 ff, 431 ff; *Vortmann* Neues Recht der Bankbilanzierung durch das Bankbilanzierungs-Richtlinie-Gesetz, NJW 1991, 2399 ff; *Waclawik* Der Referentenentwurf des Gesetzes zur Einführung der Europäischen (Aktien-)Gesellschaft, DB 2004, 1191 ff; *Wahle* Die sogenannte „Handlungseinheit durch Klammerwirkung“, GA 1968, 97 ff; *Wabnitz/Janovsky* (Hrsg.) Handbuch des Wirtschafts- und Steuerstrafrechts, 3. Aufl. 2007; *Weber* Artikel „Unrichtige Wiedergabe und Verschleierung“, in Leffson/Rückle/Großfeld (Hrsg.) Handwörterbuch unbestimmter Rechtsbegriffe (HdWbURB) (1986) S. 319 ff; *ders.* Ist die angelsächsische Rechnungslegung im deutschen Strafrecht angekommen? wistra 2007, 284 ff; *de Weerth* Die Bilanzordnungswidrigkeiten nach § 334 HGB (1994); *Wimmer* Die zivil- und strafrechtlichen Folgen mangelhafter Jahresabschlüsse bei GmbH und KG, DStR 1997, 1931 ff; *Winkelbauer* Artikel Buchprüfer, in Krekeler/Tiedemann/Ulsenheimer/Weinmann (Hrsg.) Handwörterbuch des Wirtschafts- und Steuerstrafrechts, Loseblatt Stand 1990; *ders.* Artikel Wirtschaftsprüfer, in Krekeler/Tiedemann/Ulsenheimer/Weinmann (Hrsg.) Handwörterbuch des Wirtschafts- und Steuerstrafrechts, Loseblatt Stand 1990; Wirtschaftsprüfer-Handbuch, Bd. I, 12. Aufl. (2000), Bd. II, 10. Aufl. 1992; *Wittig* Wirtschaftsstrafrecht 2. Auflage 2011; *WPK* Entwurf eines Gesetzes zur Kontrolle und Transparenz im Unternehmensbereich, WPg 1997, 100 ff; *Wojcik* Die internationalen Rechnungslegungsstandards IAS/IFRS als europäisches Recht (2008); *Wolf* Entwicklungen im Enforcement unter Berücksichtigung des Referentenentwurfs für ein Bilanzkontrollgesetz (BilKoG), DStR 2004, 244 ff; *ders.* IAS/IFRS und Strafrecht: Konvergenz oder Differenz? StuB 2003, 775 ff; *Worms* Anlegerschutz durch Strafrecht (1987); *Wulf* Strafrechtliche Haftungsrisiken bei Abschlusserstellung und Abschlussprüfung, in Freidank (Hrsg.) Bilanzreform und Bilanzdelikte (2005), S. 211; *Würthwein* Anmerkung zu BGH wistra 1986, 172, wistra 1986, 258 ff; *Zaczyk* Der verschuldete Verbotsirrtum, JuS 1990, 894 ff; *Zimmerer* Die Bilanzwahrheit und die Bilanzlüge (1981); *Zirpins/Terstegen* Wirtschaftskriminalität (1963); *Zülch/Hoffmann* Die Modernisierung des deutschen Handelsbilanzrechts durch das BilMoG: Wesentliche Alt- und Neuregelungen im Überblick, DB 2009, 745 ff; *Zybon* Wirtschaftskriminalität und Rechnungswesen, ZfB 1968, 889 ff.

Übersicht

A. Begriff des Bilanzstrafrechts und Überblick über die Straf- und Ordnungswidrigkeitentatbestände der §§ 331 ff HGB

I. Begriff des Bilanzstrafrechts

1 Das Strafrecht kennt keine geschlossene Konzeption des „Bilanzstrafrechts“, das treffender als „Rechnungslegungsstrafrecht“ bezeichnet werden müsste. Dennoch wird, ausgehend von kriminalistischen und kriminologischen Besonderheiten, das Bilanzstrafrecht als eigenständige, das Handels-, Insolvenz- und Betrugsstrafrecht übergreifende Kategorie verstanden, die „Bilanzmanipulationen“, „Bilanzfälschungen“ und „Bilanzverschleierungen“ sowie Geschäftslagetäuschungen umfasst.[1] Kennzeichnend für das **Bilanzstrafrecht im eigentlichen Sinne** sind die unrichtige, unvollständige oder verschleiernde Bilanzaufstellung sowie das Unterlassen der Aufstellung und das verspätete Aufstellen einer Bilanz. Als **Bilanzstrafrecht im weiteren Sinne** kann das gesamte Strafrecht zum Schutz der kaufmännischen Rechnungslegung bezeichnet werden.[2] Dieses umfasst zusätzlich zur Verletzung der Bilanzierungspflicht Verstöße gegen die der Bilanzierung vorausgehende und zugrunde liegende Buchführungs- und Inventarisierungspflicht und erstreckt sich über die Bilanz hinaus auch auf die Gewinn- und Verlustrechnung, die zusammen mit der Bilanz den Jahresabschluss bildet, sowie auf den Lagebericht als ergänzende Darstellung

[1] Vgl. dazu *Tiedemann* Artikel Bilanzstrafrecht, in HdWiStR, S. 1; *Knierim* in Volk § 25 Rn 31; *Dannecker* in Keppert/Brandstetter Bilanzdelikte S. 97, 99; *Schüppen* S. 15 ff mwN.

[2] Siehe dazu auch *Bongertz* S. 230 ff.

des Geschäftsverlaufs und der Lage des Unternehmens. Einzubeziehen sind weiterhin unrichtige Angaben gegenüber dem Abschlussprüfer und unrichtige Feststellungen durch die Prüfer sowie die Verletzung der Grundsätze der Bilanzwahrheit (Bilanzfälschung) und der Bilanzklarheit (Bilanzverschleierung).[3] Das Bilanzstrafrecht betrifft durchgehend die **Handelsbilanz.** Die Steuerbilanz ist nicht als Tatobjekt erfasst.[4] Die Straf- und Bußgeldtatbestände der §§ 331, 332 und 334 HGB werden durch subsidiäre Tatbestände in § 400 Abs. 1 Nr. 1 AktG, § 82 Abs. 2 Nr. 2 GmbHG, § 147 Abs. 2 GenG, § 143 VAG und durch § 313 Abs. 1 Nr. 1 UmwG sowie der Straftatbestand des § 333 HGB durch § 403 AktG, § 85 GmbHG, § 150 GenG, § 315 UmwG ergänzt. Auf die Handelsbücher und die Handelsbilanz beziehen sich auch die Strafbestimmungen der §§ 283 Abs. 1 Nrn. 5 bis 7, 283b StGB, die jedoch nur eingreifen, wenn es zur Eröffnung des Insolvenzverfahrens gekommen ist oder die Eröffnung mangels Masse abgelehnt worden ist (§§ 283 Abs. 6, 283b Abs. 3 StGB; näher dazu Rn 118 ff).

II. Überblick über die Straf-, Ordnungswidrigkeiten- und Ordnungsgeldtatbestände der §§ 331 ff HGB

Bilanzdelikte sind außerhalb des Insolvenzstrafrechts, also unabhängig von Unterneh- **2**
menskrisen und Insolvenzeintritt, nur für vertretungsberechtigte Organe und Aufsichtsratsmitglieder von Kapitalgesellschaften strafbar (§ 331 HGB). Hierin spiegelt sich wider, dass der historische Gesetzgeber den aus der Haftungsbeschränkung drohenden Gefahren von Kapitalgesellschaften Rechnung tragen wollte.[5] Der als § 331 Nr. 3a HGB durch das Transparenzrichtlinie-Umsetzungsgesetz (Rn 57 ff) neu eingeführte Straftatbestand des „Bilanzeids" hat eine andere Zielrichtung (§ 331 Rn 162 ff) und stellt deshalb in der Systematik der §§ 331 ff HGB einen Fremdkörper dar. Die §§ 331 bis 335 HGB enthalten Sanktionsvorschriften für die Verletzung der in §§ 242 ff HGB geregelten gesetzlichen Pflichten. Diese Sanktionsvorschriften betreffen zunächst nur die Rechnungslegung von **Kapitalgesellschaften,** werden aber über die Vorschriften der §§ 340m bis 340o HGB und §§ 341m bis 341o HGB für in anderen Rechtsformen geführte **Kreditinstitute, Finanzdienstleistungsinstitute, Zahlungsinstitute und E-Geldinstitute** (Anhang nach § 335, Vor §§ 340m Rn 1 ff) sowie **Versicherungsunternehmen und Pensionsfonds** (Anhang nach § 335b, Vor §§ 341m, Rn 1 ff) erweitert.

Die Sanktionsvorschriften des HGB beinhalten Straftatbestände (§§ 331 bis 333, **3**
340m, 341m HGB), Ordnungswidrigkeitentatbestände (§§ 334, 340n, 341n HGB) und die Festsetzung eines Ordnungsgeldes (§§ 335, 340o, 341o HGB). Diese Sanktionsvorschriften sind nach § 335b HGB auch auf die OHG und KG im Sinne des § 264a Abs. 1 HGB anwendbar.

1. Straftatbestände

a) § 331 HGB: Unrichtige Darstellung. § 331 Nr. 1 HGB: Unrichtige Wiedergabe **4**
oder Verschleierung der Verhältnisse der Kapitalgesellschaft in der Eröffnungsbilanz, im Jahresabschluss, im Lagebericht oder im Zwischenabschluss nach § 340a Abs. 3 HGB (§ 331 Rn 19 ff).

---

[3] *Tiedemann* Artikel Bilanzstrafrecht in HdWiStR, S. 1; vgl. auch *Schüppen* S. 41 ff.

[4] *Tiedemann* Artikel Bilanzstrafrecht, in HdWiStR, S. 1; MünchKommStGB/*Sorgenfrei* Rn 1; *Schmedding* S. 106 f.

[5] *Tiedemann* Wirtschaftsstrafrecht BT Rn 446.

§ 331 Nr. 1a HGB: Vorsätzliche oder leichtfertige Offenlegung eines nach den in § 315a Abs. 1 HGB genannten internationalen Rechnungslegungsvorschriften erstellten Einzelabschlusses, in dem die Verhältnisse der Kapitalgesellschaft unrichtig wiedergegeben oder verschleiert worden sind (§ 331 Rn 90 ff).

§ 331 Nr. 2 HGB: Unrichtige Wiedergabe oder Verschleierung der Verhältnisse des Konzerns im Konzernabschluss, Konzernlagebericht oder im Konzernzwischenabschluss nach § 340i Abs. 4 HGB (§ 331 Rn 112 ff).

§ 331 Nr. 3 HGB: Offenlegung eines unrichtigen Konzernabschlusses oder Konzernlageberichts, der nach international anerkannten Rechnungslegungsgrundsätzen erstellt wurde zum Zweck der Befreiung von der Pflicht, einen nationalen Konzernabschluss oder Konzernlagebericht aufzustellen (§ 331 Rn 140 ff).

§ 331 Nr. 3a HGB: Nicht richtige Abgabe einer Versicherung entgegen § 264 Abs. 2 Satz 3, § 289 Abs. 1 Satz 5, § 297 Abs. 2 Satz 4 oder § 315 Abs. 1 Satz 6 HGB, dass der (Konzern-)Jahresabschluss und der (Konzern-)Lagebericht ein zutreffendes Bild der Vermögens-, Finanz- und Ertragslage eines kapitalmarktorientierten Unternehmens bzw. Konzerns vermitteln (sog. Bilanzeid; siehe dazu unten Rn 58 ff sowie § 331 Rn 162 ff).

§ 331 Nr. 4 HGB: Unrichtige Angaben, unrichtige Wiedergabe oder Verschleierung der Verhältnisse der Kapitalgesellschaft, eines Tochterunternehmens oder des Konzerns in Aufklärungen oder Nachweisen gegenüber einem Abschlussprüfer (§ 331 Rn 185 ff).

5 b) **§ 332 HGB: Verletzung der Berichtspflicht.** Verletzung der Berichtspflicht im Prüfungsbericht oder Erteilung eines inhaltlich unrichtigen Bestätigungsvermerks durch Abschlussprüfer der Kapitalgesellschaft oder durch deren Gehilfen (§ 332 Rn 25 ff).

6 c) **§ 333 HGB: Verletzung der Geheimhaltungspflicht.** Verletzung der Geheimhaltungspflicht durch Abschlussprüfer oder deren Gehilfen sowie durch Beschäftigte der Prüfstelle für Rechnungslegung im Sinne des § 342b HGB.

7 d) **§ 335b HGB: Anwendung der Straf- und Bußgeld- sowie der Ordnungsvorschriften auf bestimmte offene Handelsgesellschaften und Kommanditgesellschaften.** Erweiterung des Geltungsbereichs der §§ 331 bis 333 HGB auf offene Handelsgesellschaften und Kommanditgesellschaften, bei denen kein persönlich haftender Gesellschafter eine natürliche Person ist (§ 264a Abs. 1 HGB).

8 e) **§ 340m HGB: Strafvorschriften für nicht in der Rechtsform der Kapitalgesellschaft betriebene Sonderinstitute.** Anwendung der §§ 331 bis 333 HGB auf nicht in der Rechtsform einer Kapitalgesellschaft betriebene Kredit-, Finanzdienstleistungs-, Zahlungs- und E-Geldinstitute und Erstreckung der Anwendbarkeit des § 331 HGB auf die Verletzung von Pflichten durch den Geschäftsleiter (§ 1 Abs. 2 Satz 1 KWG) eines nicht in der Rechtsform einer Kapitalgesellschaft geführten Kreditinstituts, durch den Inhaber eines in der Rechtsform eines als Einzelkaufmann betriebenen Kredit- oder Finanzdienstleistungsinstituts oder durch den Geschäftsleiter im Sinne des § 53 Abs. 2 Nr. 1 KWG (näher dazu Anhang zu § 335b, § 340m Rn 1 f).

9 f) **§ 341m HGB: Strafvorschriften für nicht in der Rechtsform einer Kapitalgesellschaft betriebene Versicherungsunternehmen und Pensionsfonds.** Erstreckung der §§ 331 bis 333 HGB auf nicht in der Rechtsform einer Kapitalgesellschaft betriebene Versicherungsunternehmen und Pensionsfonds (§ 341p HGB) und Erstreckung der Anwendbarkeit des § 331 HGB auf die Verletzung von Pflichten durch den Hauptbevollmächtigten (§ 106 Abs. 3 VAG; näher dazu Anhang nach § 335b, § 341m Rn 1 ff).

2. Ordnungswidrigkeitentatbestände

a) **§ 334 HGB. § 334 Abs. 1 HGB:** Ordnungswidrigkeiten durch Mitglieder des vertretungsberechtigten Organs oder des Aufsichtsrats einer Kapitalgesellschaft mit Ausnahme von Kreditinstituten im Sinne des § 340 Abs. 1 HGB und Versicherungsunternehmen im Sinne des § 341 Abs. 1 HGB bei der Aufstellung und Feststellung oder Offenlegung, Veröffentlichung oder Vervielfältigung bestimmter Abschlüsse und Berichte. 10

§ 334 Abs. 2 HGB: Erteilung eines Bestätigungsvermerks zu einem Jahresabschluss oder Konzernabschluss durch eine Person oder eine für eine Wirtschafts- oder Buchprüfungsgesellschaft tätige Person, obwohl diese oder die Gesellschaft nicht Abschlussprüfer sein darf (§ 319 Abs. 2, 3, 5, § 319a Abs. 1 Satz 1, Abs. 2, § 319b Abs. 1 Satz 1, 2, § 319 Abs. 4 iVm § 319a Abs. 1 Satz 2, § 319a Abs. 1 Satz 4, 5, § 319b Abs. 1 HGB).

b) **§ 340n HGB. § 340n Abs. 1 HGB:** Ordnungswidrigkeiten durch Geschäftsleiter im Sinne des § 1 Abs. 2 S. 1 KWG, des § 1 Abs. 8 S. 1, 2 ZAG oder des § 53 Abs. 2 Nr. 1 KWG oder durch Inhaber eines in der Rechtsform des Einzelkaufmanns betriebenen Kredit- oder Finanzdienstleistungsinstituts oder als Mitglied des Aufsichtsrats bei der Aufstellung und Feststellung bestimmter Abschlüsse und Berichte (Anhang nach § 335b, § 340n Rn 6 ff). 11

§ 340n Abs. 2 HGB: Erteilung eines Bestätigungsvermerks zu einem Jahresabschluss oder Konzernabschluss durch eine Person, eine Wirtschaftsprüfungsgesellschaft oder einen Prüfungsverband, obwohl die Person, die Gesellschaft oder der Verband nicht Abschlussprüfer dieses Kredit- oder Finanzdienstleistungsinstituts sein darf (Anhang nach § 335b, § 340m Rn 31 ff).

c) **§ 341n HGB. § 341n Abs. 1 HGB:** Ordnungswidrigkeiten durch Mitglieder des vertretungsberechtigten Organs des Aufsichtsrats oder des Hauptbevollmächtigten (§ 106 Abs. 3 VAG) eines Versicherungsunternehmens bei der Aufstellung und Feststellung bestimmter Abschlüsse und Berichte (Anhang nach § 335b, § 341 Rn 12 ff). 12

§ 341n Abs. 2 HGB: Erteilung eines Bestätigungsvermerks zu einem Jahresabschluss oder Konzernabschluss durch eine Person oder eine Wirtschaftsprüfungsgesellschaft, obwohl die Person oder die Gesellschaft nicht Abschlussprüfer dieses Versicherungsunternehmens sein darf (Anhang nach § 335b, § 341 Rn 35 ff).

3. Festsetzung eines Ordnungsgeldes

a) **§ 335 HGB:** § 335 HGB regelt die Durchführung eines Ordnungsgeldverfahrens, wenn die in §§ 325, 325a HGB vorgesehenen Offenlegungen nicht erfolgt sind. Dieses Verfahren kann entweder gegen die Mitglieder des vertretungsberechtigten Organs oder gegen die Kapitalgesellschaft selbst durchgeführt werden. Dadurch soll die Einhaltung der im HGB geregelten Offenlegungspflichten nach § 325 HGB des Jahresabschlusses, des Lageberichts, des Konzernabschlusses, des Konzernlageberichts und anderer Unterlagen der Rechnungslegung bzw. nach § 325a HGB der Rechnungslegungsunterlagen der Hauptniederlassung erzwungen werden. Andere Pflichten können nicht durch die Verhängung eines Ordnungsgeldes erzwungen werden. Das Ordnungsgeld beträgt mindestens 2.500 Euro und höchstens 25.000 Euro, wobei es im Falle der Nicht-Befolgung mehrfach festgesetzt werden kann (§ 335 Abs. 3 Satz 4 HGB). Das Ordnungsgeldverfahren ist – im Gegensatz zu den §§ 335, 335a HGB a.F., die einen Antrag voraussetzten – von Amts wegen einzuleiten. Damit ist eine leichtere Ahndung von Gesetzesverstößen möglich und die Rechtslage nunmehr hinreichend europarechtskonform 13 ausgestaltet.[6] Die Möglichkeit der Festsetzung eines Zwangsgeldes (§ 335 HGB a.F.) wurde durch das EHUG vom 10.11.2006 abgeschafft (Rn 55 f).

14 b) **§§ 340o, 341o HGB:** Die Regelungen der §§ 340o, 341o HGB erstrecken die Möglichkeit, ein Ordnungsgeld nach § 335 HGB anzudrohen, auf Kreditinstitute und Versicherungsunternehmen (Anhang nach § 335b, § 340o, § 341o).

B. Historische Entwicklung des Bilanzstrafrechts und Bilanzordnungswidrigkeitenrechts

15 Das betriebliche Rechnungswesen ist zentraler Bestandteil des Informationssystems einer Unternehmung. Es dient dabei der systematischen Erfassung und Auswertung aller quantifizierten und quantifizierbaren Vorgänge. Einen wesentlichen Bestandteil der Rechnungslegung stellt die handelsrechtlich normierte Rechnungslegung dar, die in dem durch das Bilanzrichtlinien-Gesetz (BiRiLiG) vom 19.12.1985 (BGBl. 1985 I, S. 2355) neu gefassten Dritten Buch des HGB (§§ 238 bis 342a HGB) geregelt ist. Das BilanzrechtsreformG hat die Möglichkeit eines Einzelabschlusses nach internationalen Rechnungslegungsstandards eingeführt. Die Verletzung dieser Vorschriften ist in §§ 331, 332, 334 HGB unter Straf- bzw. Bußgeldandrohung gestellt. Bis zum Inkrafttreten des BiRiLiG waren die Strafvorschriften über das Strafgesetzbuch und das Nebenstrafrecht verteilt. Durch dieses Gesetz wurden sie im Jahre 1985 für Kapitalgesellschaften und Genossenschaften weitgehend vereinheitlicht und um Ordnungswidrigkeitentatbestände ergänzt. Parallele straf- und bußgeldrechtliche Regelungen finden sich insbesondere im Aktien- und GmbH-Gesetz sowie im Umwandlungsgesetz, denen die §§ 331 ff HGB vorgehen (näher dazu § 331 Rn 201, §§ 332 Rn 82, § 333 Rn 83 f).

I. Die Entwicklung bis zum 19. Jahrhundert

16 **1. Mittelalter.** Schon im 14. Jahrhundert entstand ein differenziertes System von Handelsgesellschaften mit dem Ziel der Risikoverteilung. Insbesondere der aufstrebende Handel der oberitalienischen Städte führte im späten Mittelalter dazu, dass die Zünfte die Pflicht zur Buchführung verallgemeinerten. Allerdings war das Bilanzrecht noch nicht auf eine periodische Erfolgsrechnung ausgerichtet; vielmehr diente die „Schlussbilanz" allein der **Saldenkontrolle** bei der Übertragung von einem vollgeschriebenen Hauptbuch in ein neues Hauptbuch. Jedoch lässt sich bereits ab dem 14. Jahrhundert in den Handelsgesellschaften eine gewisse Tendenz zu **regelmäßigen Abrechnungen** erkennen. So weist *Bartolus de Sassoferator* auf den Handelsbrauch hin, dass jeder Gesellschafter auf Abrechnungen am Ende des Jahres dringen könne.[7] Vereinzelt gab es auch Überlegungen zur Publizität der Rechnungslegung, denen die Kaufleute jedoch entgegentraten. So kam *Konrad Preutinger* in einem Rechtsgutachten von 1530 für die Augsburger Großkaufleute zu dem Ergebnis, dass eine jährliche Rechnungslegung schlecht sei, weil niemand verpflichtet sei, sein Vermögen öffentlich bekannt zu geben.[8] Auch Strafdrohungen lassen sich im Zusammenhang mit Rechnungslegungsvorschriften vereinzelt feststellen. So sah die „*constitutio del commune di Siena*" von 1262 Rechenschaftspflichten unter Gesell-

---

[6] Vgl. *Noack* S. 42.
[7] *Schneider* Geschichte S. 442.
[8] *Höffner* Wirtschaftsethik und Monopole S. 59.

schaftern vor und drohte Gefängnisstrafe für diejenigen an, die sich weigerten, dieser Verpflichtung nachzukommen.[9]

2. Erste Handelsgesetzgebungen: „Ordonnance de Commerce" und Allgemeines Landrecht für die Preußischen Staaten. Als das erste Handelsgesetzbuch der Welt gilt die französische **„Ordonnance de Commerce"** von 1673, die infolge einer mit zahlreichen Konkursen einhergehenden Wirtschaftskrise erlassen wurde und als Geburtsstunde der externen Rechnungslegung gilt.[10] Anlass und Motiv des Gesetzeswerks waren die durch unvollständige und unordentliche Buchführung hervorgerufenen Missstände im Kreditverkehr und in Konkursverfahren.[11] *Jacques Savary*, auf den die Ordonnance im wesentlichen zurückgeht, setzte sich in seinem für die nächsten 150 Jahre führenden Lehrbuch,[12] das zugleich als Kommentar der Ordonnance anerkannt war,[13] eingehend mit dem „Bilanzzweck" auseinander und forderte eine jährliche Inventaraufstellung, damit die Einzelhandelskaufleute vollständige Kenntnis ihrer Geschäfte erhalten und sich über ihre Vermögenslage informieren konnten.[14] Neben der jährlichen Bilanz, die dem Zweck der Gewinnermittlung diente, kannte er die Vermögensbilanz bei Zahlungsunfähigkeit, bei der auch die Waren mit Schätzpreisen bewertet werden mussten.[15] Die Ordonnance griff zwar im Wesentlichen das damals bestehende Recht auf, brachte allerdings durch die verbindlich vorgeschriebene zweijährige Inventarerrichtung und die Verpflichtung, den Gläubigern die Handelsbücher im Konkursfall zugänglich zu machen, eine erhebliche Verschärfung der Rechtslage mit sich. Durch die Unterrichtung des Kaufmanns über seinen Gewinn oder Verlust sollte zur Verhinderung von Konkursen beigetragen werden.[16] Ein Verstoß hiergegen konnte im Konkursfall als betrügerischer Bankrott angeklagt und sogar mit Todesstrafe geahndet werden.[17] **17**

18 Die französische Rechtstradition der gesetzlichen Normierung der Rechnungslegung wurde im deutschen Raum durch das **Allgemeine Landrecht für die Preußischen Staaten** (ALR) von 1794 übernommen. Es enthielt eine Kodifikation des gesamten Handelsrechts unter Einschluss der Buchführungspflicht.[18] Das ALR brachte insofern einen Wendepunkt in der Entwicklung der Rechnungslegung, als die Bilanz den Zweck hatte, den ausschüttbaren Periodengewinn zu ermitteln.[19] Außerdem waren Bewertungsregeln vorgegeben, die allerdings nur im Zweifel anzuwenden waren.[20] So waren bspw. das Niederstwertprinzip und Abschreibungen auf uneinbringliche bzw. zweifelhafte Forderungen vorgesehen.[21] Das ALR enthielt auch bereits bilanzstrafrechtliche Vorschriften, die im Falle des Konkurses zur Strafbarkeit führten, wenn der Kaufmann es unterlassen hatte, jährlich eine Bilanz zu erstellen und sich infolgedessen in „Unwissenheit über die Lage seiner Umstände" befand (§ 1468 ALR). Diese Strafvorschrift sollte Konkurse verhindern.[22]

---

9 *Schneider* Geschichte S. 441.
10 *Barth* Entwicklung S. 65.
11 *Barth* Entwicklung S. 65; *ter Vehn* ZfB 1929, 241, 243, 245; *Schneider* WiSt 1974, 158, 159.
12 *Savary* Le parfait négociant ou instruction générale pour ce qui regarde le commerce des Marchandises de France & des Pays Etrangers (1675).
13 *ter Vehn* ZfB 1929, 241, 243 ff.
14 *Schneider* Geschichte S. 444 f, 447.
15 *Schneider* Geschichte S. 446 f.
16 *ter Vehn* ZfB 1929, 241, 243, 248.
17 *Schmidt-Busemann* Handelsbücher S. 25; *Schneider* Geschichte S. 96.
18 *Oberbrinkmann* Interpretation S. 17 ff; *Schmidt-Busemann* Handelsbücher S. 38 ff, *ter Vehn* ZfB 1929, 329, 336; jeweils mwN.
19 *Schneider* Geschichte S. 96.
20 *ter Vehn* ZfB 1929, 329, 337.
21 *Schneider* WiSt 1974, 158, 159.
22 *Hammerl* Bankrottdelikte S. 35 f.

II. Die Entwicklung im 19. Jahrhundert bis zur Aktienrechtsreform 1884

19 In Frankreich löste der **„Code de Commerce"** im Jahre 1807 die „Ordonnance de Commerce" von 1673 ab und übernahm die Vorschriften über die Handelsbücher.[23] Nunmehr musste jährlich ein Inventar errichtet werden. Der Begriff der Bilanz wurde nach wie vor nur mit den Konkursvorschriften in Verbindung gebracht. Die Strafvorschriften unterschieden zwischen betrügerischem und einfachem Bankrott.[24] Der Einfluss des Code de Commerce auf die Handelsgesetze in Europa war weitreichend. Zahlreiche deutsche Partikularstaaten übernahmen die darin enthaltenen Regelungen. So bedrohte das **Preußische StGB von 1851** Kaufleute im Falle der Zahlungseinstellung mit Strafe, wenn Manipulationen der Buchführung festgestellt wurden.

20 Als das **ADHGB im Jahre 1861** verabschiedet und in den Folgejahren in den Staaten des Deutschen Bundes übernommen wurde, wurden die Pflicht zur jährlichen Inventar- und Bilanzerstellung sowie eine Bewertungsvorschrift eingeführt, nach der sämtliche Vermögensstücke und Forderungen nach dem Wert anzusetzen waren, der ihnen zur Zeit der Aufstellung der Bilanz beizulegen war. In den aktienrechtlichen Regelungen wurde am staatlichen Konzessionssystem festgehalten, das im Falle von Rechtsverstößen zum Entzug der Konzession führen konnte. Strafbestimmungen waren deshalb nicht vorgesehen.[25] Allerdings konnten die Landesgesetzgeber aufgrund eines Vorbehalts Strafbestimmungen erlassen. Hiervon machten einige Länder Gebrauch und führten erstmals bilanzstrafrechtliche Normen außerhalb des Konkursstrafrechts ein, so das Großherzogtum Hessen, das Landgrafentum Hessen und das Königreich Württemberg.[26]

21 Die **Aktiennovelle von 1870** brachte für die Aktiengesellschaft und die Kommanditgesellschaft auf Aktien einen grundlegenden Wandel, indem das Konzessionssystem aufgegeben und eine Registrierung der Aktiengesellschaft und der Kommanditgesellschaft auf Aktien nach Erfüllung bestimmter gesetzlicher Bestimmungen eingeführt wurde (System der Normativbestimmungen). Diese Änderung war mit der Einführung handelsstrafrechtlicher Normen verbunden.[27] Für die persönlich haftenden Gesellschafter und die Aufsichtsratsmitglieder der KGaA sowie für die Mitglieder des Aufsichtsrats und des Vorstands der AG wurde die unwahre oder verschleiernde Darstellung der Gesellschaftsverhältnisse mit Strafe bedroht (Art. 206, 249 ADHGB), um einen Ausgleich für die mit dem Konzessionszwang entfallende unmittelbare Staatskontrolle zu schaffen.

22 Das **Reichsstrafgesetzbuch von 1871** übernahm in seinen §§ 281 ff die Straftatbestände des Preußischen StGB von 1851 und schuf damit ein für das gesamte Deutsche Reich einheitliches Konkursstrafrecht.[28] Diese Strafbestimmungen wurden mit der Schaffung der **Konkursordnung von 1877** aus dem Strafgesetzbuch herausgenommen und, verbunden mit einigen Verschärfungen, in der Konkursordnung geregelt.[29] Strafbar waren der betrügerische und der einfache Bankrott, die sich durch das Merkmal der Absicht der Gläubigerbenachteiligung unterschieden. Beide Varianten konnten auch durch Unterlassen, Vernichten oder Unrichtigkeiten in der Führung der Handelsbücher begangen werden.

---

[23] *Oberbrinkmann* Interpretation S. 23 ff; *Schmidt-Busemann* Handelsbücher S. 33 ff; *Großfeld/Dieckmann* WPg 1988, 419, 422; *Krieger* FS Döllerer S. 327, 329.

[24] *ter Vehn* ZfB 1929, 329, 345 f.

[25] *Marker* S. 3; *Geroldt* S. 9.

[26] *Schüppen* S. 70 f.

[27] *Altgeld* Verschleierung S. 7 f; *Geroldt* S. 9; *Renaud* S. 620 ff; *Stark* S. 11; *Schnellenbach* Vorgesehene Änderungen S. 2 f.

[28] *Schmidt-Busemann* Handelsbücher S. 68.

[29] *Tiedemann* Insolvenzstrafrecht, Vor § 283 Rn 36 mwN; *Hammerl* Bankrottdelikte S. 37 f; *Schmidt-Busemann* Handelsbücher S. 69 ff.

Mit der **Aktienrechtsreform von 1884** verfolgte der Gesetzgeber unter anderem die Ziele, die Geschäftslage der Gesellschaft sachgemäßer erkennbar zu machen, die Verantwortlichkeit der mit der Verwaltung und Beaufsichtigung betrauten Personen zivil- und strafrechtlich zu verschärfen und den Aktionären und dem Publikum durch Straf- und Ordnungsvorschriften einen größeren Schutz zu verleihen.[30] Deshalb wurde für die Strafbestimmungen ein gesonderter „Vierter Titel“ vorgesehen, der die Regelungen für die KGaA und die AG zusammenfasste. Nach Art. 249b AktG wurde die Geschäftslagetäuschung durch persönlich haftende Gesellschafter der KGaA und Vorstandsmitglieder der AG sowie durch Aufsichtsratsmitglieder und Abwickler beider Gesellschaftsformen unter Strafandrohung gestellt. In der Gesetzesbegründung wurde darauf verwiesen, dass die Vorschriften des Gemeinen Strafrechts auf diesem Gebiete nicht ausreichend gewesen seien, obwohl schon damals zum Teil falsche Angaben ohne Rücksicht darauf, ob dadurch ein Irrtum erregt wurde oder ein Schaden entstanden ist, strafbar waren. 23

Nachdem sich die Aktiengesellschaft nach der Verschärfung der Anforderungen in der Reform von 1884 zu einer relativ komplizierten und kostenaufwendigen Rechtsform entwickelt hatte, bestand Bedarf für die Einführung einer „kleinen“ Kapitalgesellschaft. Mit dem **GmbH-Gesetz von 1892** (RGBl. 1892 S. 477) wurde deshalb die „Gesellschaft mit beschränkter Haftung“ geschaffen. Auch in diesem Gesetz wurden strafrechtliche Vorschriften aufgenommen; so wurde in § 82 GmbHG (a.F.) die unwahre Darstellung oder Verschleierung der Vermögenslage in „öffentlichen Mitteilungen“ mit Strafe bedroht. 24

Im **HGB von 1897** (RGBl. 1897 S. 219) ging es vor allem um eine Anpassung des Handelsrechts an das BGB und weniger um eine Reform des Rechts. Dennoch wurde die Gelegenheit zur Änderung einiger Vorschriften genutzt: Die für alle Kaufleute geltenden Vorschriften über die Handelsbücher wurden mit wenigen Änderungen aus dem ADHGB in das HGB überführt. Im bilanzstrafrechtlichen Bereich beschränkten sich die Änderungen jedoch auf gesetzestechnische Fragen.[31] Eine Bilanzstrafvorschrift fand sich in § 314 HGB (a.F.), der eine Täuschung voraussetzte und ebenso auf eine Vermögensschädigung verzichtete. 25

III. Die Entwicklung im 20. Jahrhundert bis zur Gründung der Bundesrepublik Deutschland

In der Folgezeit traten zahlreiche, von Unternehmensleitern durch Scheingeschäfte, Bilanzmanipulationen etc. mitverursachte Unternehmenszusammenbrüche auf, bei denen die Eigner häufig ihr gesamtes Kapital verloren. Diese Entwicklung nahm in der Gesamtheit volkswirtschaftlich bedrohliche Dimensionen an. Unter dem Einfluss der Weltwirtschaftskrise wurde die **„Verordnung des Reichspräsidenten über Aktienrecht, Bankenaufsicht und über eine Steueramnestie“** vom 19.9.1931 (RGBl. I S. 493) erlassen. Diese Verordnung brachte besonders in bilanz- und bilanzstrafrechtlicher Hinsicht einschneidende Veränderungen der aktienrechtlichen Bestimmungen des HGB mit sich. So wurde der Begriff des Geschäftsberichts eingeführt und sein Mindestinhalt detailliert vorgeschrieben. Die Bewertungsvorschriften des § 261 HGB a.F. wurden modifiziert, und in neuen Regelungen wurden für die Bilanz und die Gewinn- und Verlustrechnung Gliederungsvorschriften eingeführt. Eine grundlegende Systemänderung bedeutete die verbind- 26

30 *Schubert/Hommelhoff* Aktienrechtsreform S. 416.

31 *Schüppen* S. 77.

liche Normierung einer Jahresabschlussprüfung durch unabhängige Bilanzprüfer. Die externe Pflichtprüfung trat zur Prüfungspflicht des Aufsichtsrats hinzu und versprach damit eine verbesserte Aufdeckung von Unregelmäßigkeiten. Die Richtigkeit und Geheimhaltung des Prüfungsergebnisses wurde durch einen neuen Straftatbestand (§ 318a HGB a.F.) gesichert. Die Strafandrohung des § 314 HGB a.F. für unrichtige Darstellungen im Jahresabschluss wurde erheblich angehoben, indem ein „besonders schwerer Fall" der unwahren Darstellung oder Verschleierung geschaffen wurde, der mit bis zu fünf Jahren Zuchthaus statt zuvor mit bis zu einem Jahr Zuchthaus bestraft werden konnte.

27 Unter dem Einfluss der Weltwirtschaftskrise und der Bankenkrise wurde das **Kreditwesengesetz von 1934** erlassen, das eine allgemeine Bankenaufsicht einführte und auch Strafbestimmungen enthielt. Durch § 50 KWG 1934 war die Vorlage eines unwahren Jahresabschlusses bei einem Kreditinstitut zur Erlangung und Erweiterung eines Kredits – unabhängig vom Zustandekommen des Kreditvertrages – mit Gefängnisstrafe bedroht. Hierbei handelte es sich um eine Vorläufervorschrift des § 265b StGB (Kreditbetrug).[32]

28 Durch das **Aktiengesetz vom 30.1.1937** (RGBl. 1937 I S. 107) wurde das Recht der Aktiengesellschaft aus dem HGB herausgelöst und in einem eigenen Gesetz geregelt. In bilanzrechtlicher Hinsicht wurden im Wesentlichen die bereits durch die Notverordnung vom 19.9.1931 eingeführten Änderungen, einschließlich der externen Pflichtprüfung des Jahresabschlusses, übernommen. Der Bilanzstraftatbestand der Geschäftslagetäuschung in § 296 Abs. 1 AktG 1937 entsprach der bisherigen Regelung in § 314 HGB a.F. Der durch die Notverordnung eingeführte „besonders schwere Fall" wurde in § 296 Abs. 2 AktG 1937 normiert, die Strafandrohung von fünf auf zehn Jahre Zuchthaus verschärft.

IV. Das Bilanzstrafrecht der Bundesrepublik Deutschland

29 **1. Das Aktiengesetz von 1965.** Das Aktiengesetz von 1965 (BGBl. 1965 I S. 1089) führte in bilanzrechtlicher Hinsicht zu keinen sachlichen Änderungen.[33] Die nunmehr in § 400 AktG 1965 geregelte Strafbarkeit der Geschäftslagetäuschung ergänzte den Bezugspunkt der Berichterstattung um die **„Beziehung zu verbundenen Unternehmen"**, entsprach aber ansonsten der Vorgängerregelung des § 296 AktG 1937. Allerdings wurde der „besonders schwere Fall" wieder abgeschafft und die Strafandrohung mit bis zu drei Jahren auf einen „mittleren Wert" herabgestuft (dazu Rn 26, 28).

30 **2. Das Publizitätsgesetz von 1969.** Das im Jahre 1969 verabschiedete „Gesetz über die Rechnungslegung von bestimmten Unternehmen und Konzernen" (Publizitätsgesetz; BGBl. 1969 I S. 1189) verpflichtete Unternehmen einer bestimmten Größe, unabhängig von ihrer Rechtsform und den Eigentumsverhältnissen, zur **Offenlegung von Jahresabschlüssen.** Die Richtigkeit des veröffentlichten Jahresabschlusses sollte durch einen dem § 400 AktG 1965 nachgebildeten Straftatbestand in § 17 PublG gesichert werden. § 17 PublG wurde zwischenzeitlich an das Bilanzrichtlinien-Gesetz angepasst und durch eine Bußgeldvorschrift in § 20 PublG ergänzt, die sich weitgehend an § 334 HGB orientiert.

31 **3. Die GmbH-Novelle von 1980.** Mit der Neufassung des GmbH-Gesetzes durch die GmbH-Novelle 1980 war für die einschlägige Strafvorschrift des § 82 GmbHG keine Änderung der materiellen Voraussetzungen verbunden. Lediglich die Strafandrohung wurde derjenigen des Aktiengesetzes angeglichen.

---

32 Zur Entwicklung vgl. *Schüppen* S. 80 f.

33 *Schneider* WiSt 1974, 158, 162.

4. **Neugestaltung des Bilanzstrafrechts und Bilanzbußgeldrechts.** In der Folgezeit machten insbesondere **Vorgaben des Gemeinschaftsrechts** Änderungen des Bilanzstrafrechts erforderlich. Zu nennen sind die vierte Richtlinie des Rates der Europäischen Gemeinschaften vom 25.7.1978, 78/660/EWG,[34] die siebte Richtlinie des Rates der Europäischen Gemeinschaften vom 13.6.1983, 83/349/EWG,[35] die achte Richtlinie des Rates der Europäischen Gemeinschaften vom 10.4.1984, 84/253/EWG,[36] die Richtlinie des Rates über den Jahresabschluss und den konsolidierten Abschluss von Banken und anderen Finanzinstituten (86/635/EWG; Bankbilanz-Richtlinie),[37] die Richtlinie des Rates über die Pflichten der in einem Mitgliedstaat eingerichteten Zweigniederlassungen von Kreditinstituten und Finanzinstituten mit Sitz außerhalb dieses Mitgliedstaates zur Offenlegung von Jahresabschlussunterlagen (89/117/EWG; Bankzweigniederlassungs-Richtlinie),[38] die Richtlinie des Rates der Europäischen Gemeinschaften vom 19.12.1999 über den Jahresabschluss und den konsolidierten Abschluss von Versicherungsunternehmen (91/674/EWG; Versicherungsbilanz-Richtlinie[39]), die Richtlinie des Rates der Europäischen Union zur Änderung der Bilanz- und der Konzernbilanzrichtlinie hinsichtlich ihres Anwendungsbereichs (90/605/EWG),[40] die Richtlinie des Rates der Europäischen Union zur Verbesserung der Offenlegung von Jahresabschlüssen und zur Änderung anderer handelsrechtlicher Bestimmungen (Kapitalgesellschaften- und Co-Richtlinien-Gesetz – KapCoRiLiG[41]), die Richtlinie zur Änderung der Richtlinien 78/660/EWG, 83/349/EWG, 86/635/EWG und 91/674/EWG über den Jahresabschluss und den konsolidierten Abschluss von Gesellschaften bestimmter Rechtsformen, von Banken und anderen Finanzinstituten sowie den Versicherungsunternehmen (2003/51/EG; Modernisierungsrichtlinie[42]), die Richtlinie des Europäischen Parlaments und des Rates vom 15. Dezember 2004 zur Harmonisierung der Transparenzanforderungen in Bezug auf Informationen über Emittenten, deren Wertpapiere zum Handel auf einem geregelten Markt zugelassen sind (2004/109/EG; Transparenzrichtlinie[43]), die Richtlinie zur Änderung der Richtlinie 68/151/EWG des Rates in Bezug auf die Offenlegungspflichten von Gesellschaften bestimmter Rechtsformen (2003/58/EG; Änderungsrichtlinie[44]), die Richtlinie über die Zulassung von Wertpapieren zur amtlichen Börsennotierung und über die hinsichtlich dieser Wertpapiere zu veröffentlichenden Informationen (2001/34/EG[45]), die Richtlinie über die Aufnahme, Ausübung und Beaufsichtigung der Tätigkeit von E-Geld-Instituten (2009/110/EG; 2. EGeldRL); die Richtlinie über Abschlussprüfungen von Jahresabschlüssen und konsolidierten Abschlüssen (2006/43/EG; Abschlussprüferrichtlinie) und die Richtlinie zur Änderung der Richtlinie 78/660/EWG, 83/349/EWG, 86/635/EWG und 91/674/EWG (2006/46/EG; Änderungsrichtlinie). 32

a) **Das Bilanzrichtliniengesetz (BiRiLiG) 1985.** Das Gesetz zur Durchführung der vierten, siebten und achten Richtlinie des Rates der Europäischen Gemeinschaften zur Koordinierung des Gesellschaftsrechts vom 19.12.1985 (BiRiLiG; BGBl. 1985 I S. 2355) hat die vierte,[46] siebte[47] und achte Richtlinie[48] des Rates der Europäischen Gemeinschaf- 33

34 ABl. EG Nr. L 222 vom 14.8.1978, S. 11 ff.
35 ABl. EG Nr. L 193 vom 18.7.1983, S. 1 ff.
36 ABl. EG Nr. L 126 vom 12.5.1984, S. 20 ff.
37 ABl. EG Nr. L 372 vom 31.12.1986, S. 1 ff.
38 ABl. EG Nr. L 44, vom 13.02.1989 S. 4–40 ff.
39 ABl. EG Nr. L 374, vom 19.12.1991 S. 7 ff.
40 ABl. EG Nr. L 317 vom 16.11.1990, S. 60 ff.
41 BGBl. I S. 154.
42 ABl. EG Nr. L 178 vom 17.07.2003 S. 16–22.
43 ABl. EG Nr. L 390 vom 31.12.2004 S. 38 ff.
44 ABl. EG Nr. L 221 vom 04.09.2003 S. 13–16.
45 ABl. EG Nr. L 184 vom 06.07.2001 S. 1–66.
46 ABl. EG Nr. L 222 vom 14.8.1978, S. 11 ff.
47 ABl. EG Nr. L 193 vom 18.7.1983, S. 1 ff.
48 ABl. EG Nr. L 126 vom 12.5.1984, S. 20 ff.

ten zur Koordinierung des Gesellschaftsrechts in das deutsche Recht übertragen und das gesamte Recht der Bilanzierung und Rechnungslegung durch **Einfügung eines neuen Dritten Buches in das Handelsgesetzbuch** zusammenfassend geregelt. Im Hinblick darauf, dass sich das Bilanzrecht nunmehr im Wesentlichen aus dem Handelsgesetzbuch ergab, hat der Gesetzgeber auch die Straf- und Bußgeldvorschriften, die im Zusammenhang mit der Aufstellung, Prüfung und Offenlegung der Bilanzen der Kapitalgesellschaften stehen, **in das Handelsgesetzbuch** eingefügt (§§ 331, 332, 333, 334 HGB).[49] Die Straf- und Bußgeldvorschriften finden sich im 6. Unterabschnitt des 2. Abschnitts und gelten dementsprechend für alle Kapitalgesellschaften. Dadurch wurden die Regelungen aus den Spezialgesetzen – Aktiengesetz, GmbH-Gesetz und Publizitätsgesetz – in das Handelsgesetzbuch überführt. Die Strafvorschriften spielten bei den Diskussionen um die Umsetzung der EG-Richtlinien keine zentrale Rolle. Die Materialien sprechen vielmehr davon, dass die Vorschrift des **§ 400 AktG Vorbild für den Straftatbestand des § 331 HGB** („unrichtige Darstellung") sei.[50] Da Jahresabschluss und Lagebericht künftig überwiegend im Handelsgesetzbuch geregelt seien, erscheine es sachgerecht, auch die Strafvorschrift, „die die nach dem Handelsrecht zu verlangende Aussagekraft für Unterlagen gewährleisten soll", nicht in Spezialgesetzen zu belassen; dort könnten die Strafvorschriften entfallen oder vereinfacht werden.[51]

34 Neu eingeführt wurden mit § 334 HGB **Ordnungswidrigkeitentatbestände**, die Verstöße gegen im Einzelnen aufgezählte Bilanzierungsvorschriften mit Bußgeldandrohung belegen. Diese für das deutsche Recht neue Regelung beruht auf den Verpflichtungen des Art. 51 Abs. 3 der vierten EG-Richtlinie.

35 Außerdem wurde mit **§ 335 HGB** eine (inzwischen weggefallene) **Zwangsgeldvorschrift** in Anlehnung an die bereits bestehende Vorschrift des § 407 Abs. 1 AktG eingeführt und auf alle Kapitalgesellschaften ausgedehnt, um die Möglichkeit zu schaffen, durch Androhung und Festsetzung eines Zwangsgeldes die Erfüllung bestimmter bilanzrechtlicher Verpflichtungen zu erzwingen. § 335 HGB wurde durch das Gesetz vom 22.7.1993 (BGBl. 1993 I S. 1282) um die Nr. 7 ergänzt, die die Offenlegung von Unterlagen der Rechnungslegung der Hauptniederlassung durch für die Zweigniederlassung handelnde Personen regelt. Auch durch diese Vorschriften sollte den einschlägigen Vorgaben der vierten, siebten und achten EG-Richtlinie Rechnung getragen werden.[52] Die Möglichkeit der Verhängung eines Zwangsgeldes wurde durch das Gesetz über elektronische Handelsregister und Genossenschaftsregister sowie das Unternehmensregister (EHUG) vom 10.11.2006 (BGBl. I 2006, S. 2553; dazu Rn 55 f) aufgehoben.

36 b) **Das Bank-Bilanzrichtliniengesetz 1990.** Weitere Reformen des Bilanzrechts betreffen die **Bilanzen der Kreditinstitute** (dazu Anhang nach § 335b, Vor § 340m Rn 1 ff). Das Gesetz zur Durchführung der Richtlinie des Rates der Europäischen Gemeinschaften über den Jahresabschluss und den konsolidierten Abschluss von Banken und anderen Finanzinstituten vom 30.11.1990 (Bankbilanzrichtlinien-Gesetz; BGBl. 1990 I S. 2570) hat das Sonderbilanzrecht der Kreditinstitute nach den EG-rechtlichen Vorgaben der

---

49 BT-Drucks. 10/317, S. 100; 10/3440, S. 46.

50 MünchKommHGB/*Quedenfeld* Rn 4; *Südbeck* in Park/Heinz § 331 HGB Rn 4; *Schüppen* S. 85 Fn 2.

51 Dazu *Geßler* Aktiengesetz § 400 Rn 2; MünchKommHGB/*Quedenfeld* Rn 37; *Otto* Aktienstrafrecht, Vor § 399 AktG Rn 94; § 400 Rn 1; Scholz/*Tiedemann* GmbHG[9] Vor § 82 ff Rn 63; *Helmrich* S. 311; *Gramich* wistra 1987, 157 f.

52 *Helmrich* S. 311.

Bankbilanz-Richtlinie vom 8.12.1986[53] neu geregelt und die vierte und siebte EG-Richtlinie auf Kreditinstitute, unabhängig von Rechtsform und Größe des Unternehmens unter Berücksichtigung branchenspezifischer Besonderheiten, ausgedehnt und die Bankzweigniederlassungs- Richtlinie vom 13.2.1989,[54] nach der ausländische Zweigniederlassungen zur Offenlegung der von der Hauptniederlassung aufzustellenden Rechnungsunterlagen verpflichtet sind, in nationales Recht umgesetzt. Rechtsverstöße gegen diese Pflichten sind durch die §§ **340m bis 340o HGB** unter Sanktionsandrohung gestellt.

In diesem Zusammenhang wurden auch die Strafvorschriften des § **331 Nrn. 1 und 2 HGB** erweitert, so dass nunmehr auch die **unrichtige Wiedergabe der Verhältnisse der Kapitalgesellschaft im Zwischenabschluss** gemäß § 340a Abs. 3 HGB (§ 331 Rn 43) bzw. im **Konzernzwischenabschluss** gemäß § 340i Abs. 4 HGB (§ 331 Rn 126) erfasst wird und unter Strafandrohung gestellt ist. Außerdem verweist § **340m Satz 1 HGB** (Anhang nach § 335b, 340m Rn 1) auf die Strafvorschriften der §§ 331 bis 333 HGB und erklärt diese Strafvorschriften auf **nicht in der Rechtsform einer Kapitalgesellschaft betriebene Kreditinstitute** für anwendbar. Nach § **340m Satz 2 HGB** findet die Strafvorschrift des § 331 HGB nunmehr auch auf **Geschäftsleiter von Kredit-, Finanzdienstleistungs-, Zahlungs- und E-Geld-Instituten und Inhaber von Kredit- und Finanzdienstleistungsinstituten** Anwendung (Anhang nach § 335b, § 340m Rn 4 ff). **37**

§ **340n HGB** (Anhang nach § 335b, § 340n) enthält für Kreditinstitute **Bußgeldvorschriften**, die inhaltlich § 334 HGB entsprechen.[55] Dadurch wird den Besonderheiten des Bilanzrechts bei Finanzinstituten Rechnung getragen; die Bußgeldvorschrift des § 334 HGB findet daher auf Finanzinstitute keine Anwendung (Zur Begründung vgl. § 334 Abs. 5 HGB sowie Anhang nach § 335b, § 340n Rn 43). **38**

Außerdem wurde durch § **340o HGB** (Anhang nach § 335b, § 340o) die Geltung der **Zwangsgeldvorschrift** des §335 HGB auch für die nicht in der Rechtsform der Kapitalgesellschaft betriebenen Kreditinstitute angeordnet. Die Zwangsgeldvorschrift des § 335 HGB wurde inzwischen durch das EHUG vom 10.11.2006 (BGBl. I 2006 S. 2553; dazu Rn 55 f) aufgehoben. **39**

Durch Art. 2 BegleitG vom 22.10.1997 (BGBl. 1997 I S. 2567) wurden die Regelungen der §§ **340m bis 340o HGB** auf **Finanzdienstleistungsinstitute** im Sinne des § **340 Abs. 4 Satz 1 HGB** erstreckt (Rn 189; Anhang nach § 335b, Vor §§ 340m Rn 10 f).[56] **40**

c) **Das Kreditwesengesetz-Änderungsgesetz (KWG-Änderungsgesetz) 1992.** Im Kreditwesengesetz (KWG) finden sich heute nur noch Rechnungslegungsvorschriften, die in unmittelbarem Zusammenhang mit der Bankenaufsicht stehen. Im Rahmen der „vierten KWG-Novelle" erhielten die Straftatbestände der § 331 Nrn. 1 und 2 HGB durch das Gesetz zur Änderung des Gesetzes über das Kreditwesen und anderer Vorschriften über Kreditinstitute vom 21.12.1992 (BGBl. 1992 I S. 2211) ihre heutige Fassung, indem die **41**

[53] Richtlinie des Rates über den Jahresabschluss und den konsolidierten Abschluss von Banken und anderen Finanzinstituten (86/635/EWG), ABl. 1986 L 372, 1 ff.

[54] Richtlinie des Rates über die Pflichten der in einem Mitgliedstaat eingerichteten Zweigniederlassungen von Kreditinstituten und Finanzinstituten mit Sitz außerhalb dieses Mitgliedstaates zur Offenlegung von Jahresabschlussunterlagen (89/117/EWG), ABl. 1989 L 44, 40 ff; dazu *Häuselmann* WM 1995, 1049 ff; *Rixen* WM 1989, 905 ff; *Vortmann* NJW 1991, 2399 f.

[55] Dazu *Krumnow,* Rechnungslegung der Kreditinstitute, § 340n HGB Rn 1 ff; MünchKommHGB/*Quedenfeld* Rn 13 f.

[56] BT-Drucks. 11/6275, S. 26.

Straftatbestände um den **Zwischenabschluss nach § 340a Abs. 3 HGB** und den **Konzernabschluss nach § 340i Abs. 4 HGB** erweitert wurden.

42 Außerdem wurden **Bußgeldvorschriften für Kreditinstitute** (Anhang nach § 335b, § 340n HGB Rn 10 ff) eingeführt.

43 d) **Das Versicherungsbilanzrichtlinien-Gesetz 1994.** Das Versicherungsbilanzrichtlinien-Gesetz 1994 (BGBl. 1994 I S. 1377) hat die Versicherungsbilanz-Richtlinie[57] in nationales Recht umgesetzt, indem die §§ 341m bis 341o HGB eingeführt wurden.[58] **§ 341m Satz 1 HGB** (Anhang nach § 335b, § 341m Rn 1) verweist auf die Strafvorschriften der §§ 331 bis 333 HGB und erweitert ihren Anwendungsbereich auf **nicht in der Rechtsform einer Kapitalgesellschaft geführte Versicherungsunternehmen.** Nach **§ 341m Satz 2 HGB** (Anhang nach § 335b, § 341m Rn 3) ist § 331 HGB auf die **Verletzung von Pflichten durch den Hauptbevollmächtigten** (§ 106 Abs. 3 VAG) anwendbar.[59]

44 **§ 341n HGB** (Anhang nach § 335b, § 341n) enthält für **Organe und Hauptbevollmächtigte eines Versicherungsunternehmens** Bußgeldvorschriften, die inhaltlich § 334 HGB entsprechen. Dadurch wird den Besonderheiten des Bilanzrechts bei Versicherungsunternehmen Rechnung getragen; die Bußgeldvorschrift des § 334 HGB findet daher auf Versicherungs-unternehmen keine Anwendung (§ 334 Abs. 5 HGB); zu den Regelungen für Pensionsfonds vgl. Anhang nach § 335b, § 341n Rn 3.

45 Durch **§ 341o HGB** (Anhang nach § 335b, § 341o) wurde die in § 335 HGB für Kapitalgesellschaften vorgesehene **Zwangsgeldfestsetzung** für Versicherungsunternehmen rechtsformunabhängig eingeführt. Die Zwangsgeldvorschrift des § 335 HGB wurde inzwischen durch das EHUG vom 10.11.2006 (BGBl. I 2006 S. 2553; dazu Rn 55 f) aufgehoben.

46 e) **Das Begleitgesetz zur Umsetzung von EG-Bankaufsichtsrechts-Richtlinien 1997.** Durch das Begleitgesetz zur Umsetzung von EG-Richtlinien zur Harmonisierung bank- und wertpapieraufsichtsrechtlicher Vorschriften[60] wurden die EG-Bankaufsichtsrechts-Richtlinien 1997 in nationales Recht umgesetzt und der Anwendungsbereich des § 340m HGB auf **Finanzdienstleistungsinstitute im Sinne des § 340 Abs. 4 Satz 1 HGB** erweitert (Anhang nach § 335b, Vor §§ 340m Rn 10 ff).

47 f) **Das Kapitalgesellschaften- und Co-Richtlinien-Gesetz (KapCoRiLiG) 2000.** Durch das Gesetz zur Durchführung der Richtlinie des Rates der Europäischen Union zur Änderung der Bilanz- und der Konzernbilanzrichtlinie hinsichtlich ihres Anwendungsbereichs (90/605/EWG), zur Verbesserung der Offenlegung von Jahresabschlüssen und zur Änderung anderer handelsrechtlicher Bestimmungen (Kapitalgesellschaften- und Co-Richtlinien-Gesetz – KapCoRiLiG) vom 24.2.2000 (BGBl. 2000 I S. 154) wurde **§ 335 HGB** neu gefasst und um **§ 335a HGB** ergänzt, weil die bisherige Regelung nach Auffassung des EuGH hinter den EG-rechtlichen Anforderungen zurückgeblieben war (§ 335 Rn 4 ff). § 335a HGB sah die Festsetzung eines Ordnungsgeldes mit einem erhöhten Ordnungs-

---

[57] Richtlinie des Rates der Europäischen Gemeinschaften vom 19.12.1991 über den Jahresabschluss und den konsolidierten Abschluss von Versicherungsunternehmen, 91/674/EWG, ABl. 1991 L 374, 7 ff.

[58] Zu den Überlegungen auf EG-Ebene, eine Ermächtigungs-Richtlinie einzuführen, die die EG-Kommission unter Einschaltung von Ausschüssen zum Erlass unmittelbar geltender Bilanzrechtsvorschriften ermächtigt, vgl. *Küting* BB 1993, 30.

[59] MünchKommHGB/*Quedenfeld* Rn 17 ff; MünchKommStGB/*Sorgenfrei* Rn 10.

[60] vom 22.10.1997, BGBl. 1997 I S. 2567.

geldrahmen von 2.500 bis 25.000 Euro statt 5 bis 10.000 DM vor. Weiterhin wurde **§ 335b HGB** eingeführt, der die §§ 335, 335a HGB auch auf die in § 264a HGB genannten **offenen Handelsgesellschaften und Kommanditgesellschaften** für anwendbar erklärte (§ 335b Rn 1). Schließlich wurden die §§ **340o und 341o HGB** auf die damalige Neufassung der §§ 335, 335a HGB abgestimmt.

g) **Das Altersvermögensgesetz** (**AVmG**) **2001.** Durch das Altersvermögensgesetz vom 26.6.2001 (BGBl. 2001 I S. 1310) wurde der **Anwendungsbereich der Strafvorschriften** der §§ 331, 332, 333 HGB, **der Bußgeldvorschriften** des § 334 HGB sowie **der Zwangs- und Ordnungsgeldvorschriften** in §§ 335, 335a HGB **auf Pensionsfonds** nach § 112 Abs. 1 VAG erweitert. Die Zwangsgeldvorschrift des § 335 HGB wurde inzwischen durch das EHUG vom 10.11.2006 (BGBl. I 2006 S. 2553; dazu Rn 55 f) aufgehoben. **48**

h) **Das Bilanzrechtsreformgesetz** (**BiLReG**) **2004.** Das Gesetz zur Einführung internationaler Rechnungslegungsstandards und zur Sicherung der Qualität der Abschlussprüfung vom 4.12.2004 (BGBl. 2004 I S. 3166) bezieht den **Einzelabschluss nach** den Regeln des **§ 315a HGB** in den strafrechtlichen Schutz ein. Aus diesem Grund wurde der Straftatbestand des **§ 331 Nr. 1a HGB** eingefügt. Hiernach wird bestraft, wer als Mitglied des vertretungsberechtigten Organs einer Kapitalgesellschaft zum Zwecke der Befreiung nach § 325 Abs. 2a Satz 1, Abs. 2b HGB einen Einzelabschluss nach den in § 315a Abs. 1 HGB genannten **internationalen Rechnungslegungsstandards**, in dem die Verhältnisse der Kapitalgesellschaft unrichtig wiedergegeben oder verschleiert worden sind, vorsätzlich oder leichtfertig offenlegt (§ 331 Rn 90 ff). Auch wurde § 315a HGB über § 325 Abs. 2a HGB durch die Strafvorschriften der §§ 332 Abs. 1 und 333 Abs. 1 HGB (§ 332 Rn 31 ff, § 333 Rn 19) sowie durch die Bußgeldvorschriften des § 334 Abs. 2 HGB (§ 334 Rn 93 ff) und der §§ 340n Abs. 2, 341n Abs. 2 HGB (Anhang nach § 335b, § 340n Rn 31 ff, § 341n Rn 35) in Bezug genommen. Weiterhin wurden die Strafvorschriften des § 17 PublG, § 82 Abs. 2 Nr. 2 GmbHG, § 147 GenG, § 313 UmwG und des § 143 VAG angepasst. In § 321 Abs. 2 Satz 3 HGB wurden „sonstige maßgebliche Rechnungslegungsgrundsätze" neben die Grundsätze ordnungsmäßiger Buchführung aufgenommen, so dass sich die Strafbarkeit auch auf diese erstreckt (§ 332 Rn 31). Des Weiteren wurde in §§ 334 Abs. 2, 340n Abs. 2, 341n Abs. 2 HGB der neue § 319a HGB einbezogen. **49**

Die **Aufhebung des § 292a HGB a.F.** führte zu einer notwendigen Neugestaltung des § 331 Nr. 3 HGB, so dass in diesem Straftatbestand nur noch auf §§ 291, 292 HGB verwiesen wird und eine Bilanzierung nach anderen internationalen Rechnungslegungsnormen – wie beispielsweise US-GAAP – nicht mehr zulässig ist. Durch diese Änderungen wurde dem Umstand Rechnung getragen, dass die **IAS/IFRS** für kapitalmarktorientierte Unternehmen ab dem 1.1.2005 verpflichtend wurden, da der Handelsverkehr internationaler ausgerichtet ist:[61] Nach § 325 Abs. 2a HGB können **mittelgroße und große Kapitalgesellschaften und gleichgestellte Personenhandelsgesellschaften einen Einzelabschluss nach IFRS** aufstellen. Die Pflicht zur Aufstellung eines Jahresabschlusses nach HGB-Vorschriften entfällt dann, damit das Wahlrecht nach Art. 5 der IAS-Verordnung eine möglichst große Flexibilität für die Unternehmen entfaltet. Für **kleine Unternehmen** existiert hingegen keine Möglichkeit, eine Befreiung von der Offenlegung des HGB-Abschlusses **50**

---

[61] Vgl. zur Übergangsregelung für Jahresabschlüsse in den Jahren 2005–2007 (§ 315a HGB iVm Art. 57 EGHGB) *Lüdenbach/Hoffmann* DStR 2003, 1498; *Theile* DB 2003, 1745.

zu erlangen. Neben der Größe ist weitere Voraussetzung für eine Befreiung nach § 325 Abs. 2a HGB, dass der Einzelabschluss nach den in § 315a Abs. 1 HGB bezeichneten internationalen Rechnungslegungsstandards, die auf einem Rechtsetzungsakt auf EU-Ebene beruhen und vollständig befolgt werden müssen, aufgestellt worden ist. Eine Aufstellung teilweise nach HGB-Vorschriften und teilweise nach IFRS ist nicht zulässig. Damit ist die Anwendung der internationalen Rechnungslegungsstandards im Rahmen des § 331 HGB (§ 331 Rn 127 ff) – im Gegensatz zu der Vorgängernorm des § 292a HGB a.F. – verfassungsrechtlich unbedenklich.[62]

51 Weiterhin wurden die **Anforderungen an den Lagebericht** in § 289 Abs. 1 HGB in Umsetzung der Modernisierungsrichtlinie 2003/51/EG[63] erweitert, so dass nunmehr weitergehende prognostische Angaben zur voraussichtlichen Entwicklung des Unternehmens mit ihren wesentlichen Chancen und Risiken aufgenommen werden müssen (§ 331 Rn 47, 58 f).

52 i) **Das Bilanzkontrollgesetz (BilKoG) 2004.** Das Gesetz zur Kontrolle von Unternehmenszusammenschlüssen (BilKoG) vom 15.12.2004 (BGBl. 2004 I S. 3408) betrifft die Veränderungen im Zusammenhang mit der **Einführung der Deutschen Prüfstelle für Rechnungslegung** und die **Ausweitung der Strafbarkeit auf deren Angehörige i.S.d. § 342b Abs. 1 HGB.** Zwar wurde der Schutzbereich des § 331 Abs. 1 HGB nicht auf diesen Personenkreis erweitert (§ 331 Rn 5), jedoch wurde § 333 HGB ergänzt um Geheimnisse und Erkenntnisse, die der Täter als Beschäftigter der Prüfstelle erfahren hat (§ 333 Rn 24).

53 Weiterhin wurde ein neuer **Bußgeldtatbestand** (**§ 342e HGB**) eingeführt, der auf das verschärfte zweistufige Prüfungsverfahren, das sog. **Enforcementverfahren** der §§ 342b–342d HGB, zugeschnitten ist: Die deutsche Prüfstelle für Rechnungslegung (§ 342b HGB) wird seit dem 1.7.2005 sowohl stichprobenartig als auch dann, wenn Anhaltspunkte für Verstöße gegen Rechnungslegungsvorschriften vorliegen, als „Vorprüfungsstelle" tätig:[64] Wenn hierbei Probleme auftreten, insbesondere wenn das betroffene Unternehmen einen festgestellten Rechnungslegungsfehler nicht anerkennt, wird die **Bundesanstalt für Finanzdienstleistungsaufsicht** (BaFin) auf einer zweiten Stufe nachgeschaltet und ggf. die Prüfung des Unternehmens nach § 37 WpHG hoheitlich angeordnet. Durch diese Maßnahmen soll das Vertrauen der Anleger in die Kapitalmärkte wiederhergestellt und nachhaltig gestärkt werden.[65] Tatsachen, die den Verdacht einer Straftat im Zusammenhang mit der Rechnungslegung begründen, können sowohl von der Prüfstelle als auch von der BaFin bei der Strafverfolgungsbehörde, der Wirtschaftsprüferkammer oder der Börsenaufsichtsbehörde angezeigt werden (§ 342 Abs. 8 HGB, § 37r WpHG).

54 j) **Das Gesetz zur Einführung der Europäischen Gesellschaft (SEEG) 2004.** Die Strafvorschriften der §§ 331–333 HGB sind auch auf die Europäische Gesellschaft, die durch die Verordnung (EG) Nr. 2157/2001 des Rates vom 8.10.2001 über das Statut der Europäischen Gesellschaft (SE)[66] und deren Umsetzung in nationales Recht durch das

---

62 Dazu Voraufl. vor §§ 331 ff Rn 46 ff; § 331, Rn 91 ff.

63 ABl. EG Nr. L 178.vom 17.07.2003 S. 16–22.

64 MünchKommStGB/*Sorgenfrei* Rn 16; *Kumm/Müller* IRZ 2009, 77; *Naumann/Tielmann* FS Lück S. 160, 166.

65 BR-Drucks. 325/04, S. 18; dazu auch MünchKommStGB/*Sorgenfrei* Rn 16. Im Jahr 2009 war jede fünfte geprüfte Bilanz fehlerhaft, so dass die DPR auch als „Bilanzpolizei" bezeichnet wird, vgl. Wirtschaftswoche 28/2010, S. 77, 78.

66 ABl. EG Nr. L vom 10.11.2001, S. 1 ff; kritisch dazu *Hefendehl* JZ 2004, 18, 22 f.

SEEG[67] eingeführt wurde, anwendbar (§ 331 Rn 25).[68] Soweit in den §§ 331–333 HGB die Mitglieder des Vorstands, des Aufsichtsrats oder des vertretungsberechtigten Organs eine Kapitalgesellschaft als Normadressaten genannt sind, beanspruchen diese Vorschriften bei der **SE mit dualistischem System** für die Mitglieder des Leitungsorgans (Mitglieder des Vorstands bzw. des vertretungsberechtigten Organs) und für die Mitglieder des Aufsichtsorgans (Aufsichtsrats) Geltung (§ 53 Abs. 1 Satz 2 SEAG) und bei der **SE mit monistischem System** für die als geschäftsführende Direktoren tätigen Mitglieder des Vorstands bzw. des vertretungsberechtigten Organs sowie für Aufsichtsratsmitglieder in ihrer Eigenschaft als Mitglieder des Verwaltungsrats (§ 53 Abs. 1 Satz 3 SEAG).[69]

k) Das Gesetz über elektronische Handelsregister und Genossenschaftsregister sowie das Unternehmensregister (EHUG) 2006. Durch das EHUG vom 10.11.2006[70] wurde das **Registerwesen** umfassend reformiert. Dadurch sollten die Vorgaben der Richtlinie 2004/109/EG des Europäischen Parlaments und des Rates vom 15. Dezember 2004 zur Harmonisierung der Transparenzanforderungen in Bezug auf Informationen über Emittenten, deren Wertpapiere zum Handel auf einem geregelten Markt zugelassen sind (Transparenzrichtlinie),[71] sowie der Richtlinie 2003/58/EG zur Änderung der Richtlinie 68/151/EWG des Rates in Bezug auf die Offenlegungspflichten von Gesellschaften bestimmter Rechtsformen (Änderungsrichtlinie)[72] umgesetzt werden. Die Hauptziele waren dabei die Umstellung des Handels-, Genossenschafts- und Partnerschaftsregisters auf den elektronischen Betrieb sowie die **Einrichtung eines elektronischen Unternehmensregisters.**[73] Durch diese Umorganisationen ist lediglich eine Bekanntmachung und keine Registereintragung mehr erforderlich, so dass nicht mehr das Registergericht, sondern der Betreiber des elektronischen Bundesanzeigers zuständig ist. Übergeordnete Behörde ist das neu eingerichtete **Bundesamt für Justiz** (§ 334 Rn 106). Dadurch werden die Register kostengünstiger und transparenter. 55

In diesem Zusammenhang wurde **§ 335 HGB** reformiert, indem das **Zwangsgeld abgeschafft** und § 335a HGB gestrichen wurde. § 335 HGB lässt nunmehr nur noch die **Verhängung eines Ordnungsgeldes** zu, während die Zwangsgeldfestsetzung ersatzlos gestrichen wurde. Auch ist nun von Amts wegen zu prüfen, ob die Offenlegungspflichten (§§ 325, 340l, § 341 Abs. 1 HGB) erfüllt wurden. Mit dieser Maßnahme wurde die Quote der tatsächlich erfolgten Offenlegungen von unter 10 % auf über 90 % erhöht und die Rechtslage und die Unternehmenssituation bedeutend transparenter.[74] Dem Vorschlag, die Nicht-Offenlegung als Ordnungswidrigkeit auszugestalten, wie es noch in der Beschlussempfehlung des Rechtsausschusses gefordert worden war,[75] folgte der Gesetzgeber letztlich nicht. Zudem wurde in den § 340 Abs. 1 HGB, auf den in § 340m HGB verwiesen wird, der Begriff der Zweigstelle durch den engeren Begriff der Zweigniederlassung ersetzt (Anhang nach § 335b, § 340m Rn 7). 56

l) Übernahmerichtlinie-Umsetzungsgesetz (ÜbernRLG) 2006. Durch das Gesetz zur Umsetzung der Richtlinie 2004/25/EG des Europäischen Parlaments vom 21.4.2004 57

---

67 Gesetz zur Einführung der Europäischen Gesellschaft vom 22.12.2004, BGBl. I, S. 3675.

68 Dazu *Ihrig/Wagner* BB 2004, 1749, 1758; *Waclkawik* DB 2004, 1191.

69 MünchKommStGB/*Sorgenfrei* Rn 22.

70 BGBl. I 2006 S. 2553.

71 ABl. EG Nr. L 390 vom 31.12.2004 S. 38 ff.

72 ABl. EG Nr. L 221 vom 04.09.2003 S. 13–16.

73 www.unternehmensregister.de.

74 *Schlauß* DB 2010, 153.

75 Beschlussempfehlung und Bericht des Rechtsausschusses v. 27.9.2006, BT-Drucks. 16/2781.

betreffend Übernahmeangebote wurden § 289 Abs. 4 HGB und § 315 Abs. 4 HGB angefügt, die weitergehende Transparenzanforderungen an den Lagebericht und den Konzernlagebericht aufstellen und sich auf Angaben beziehen, die insbesondere bei Unternehmensübernahmen Bedeutung erlangen. Die Zuwiderhandlung ist in die Bußgeldtatbestände der §§ 334 Abs. 1 Nrn. 3, 4; 340n Abs. 1 Nrn. 3, 4, 341n Abs. 1 Nrn. 3, 4 HGB eingefügt worden.

58 m) **Das Transparenzrichtlinie-Umsetzungsgesetz (TUG) 2007.** Das Gesetz zur Umsetzung der Richtlinie 2004/109/EG des Europäischen Parlaments und des Rates vom 15. Dezember 2004 zur Harmonisierung der Transparenzanforderungen in Bezug auf Informationen über Emittenten, deren Wertpapiere zum Handel auf einem geregelten Markt zugelassen sind, und zur Änderung der Richtlinie 2001/34/EG (Transparenzrichtlinie-Umsetzungsgesetz – TUG)[76] führte nach dem US-amerikanischen **Vorbild des Sarbanes-Oxley-Acts 2002** (SOX)[77] als Reaktion auf weltweite Finanzskandale weitere Verpflichtungen für gesetzliche Vertreter einer Kapitalgesellschaft, eines Mutterunternehmens bzw. eines Konzerns ein. Dadurch sollte das Vertrauen in die Kapitalmärkte gestärkt und Anlegern eine bessere Grundlage für Investitionsentscheidungen gegeben werden. Nach § 264 Abs. 2 HGB müssen die gesetzlichen Vertreter einer Kapitalgesellschaft nunmehr versichern, dass nach bestem Wissen der Jahresabschluss ein den tatsächlichen Verhältnissen entsprechendes Bild vermittelt, und nach § 289 Abs. 1 HGB, dass nach bestem Wissen im Lagebericht der Geschäftsverlauf (inkl. des Geschäftsergebnisses und der Lage der Kapitalgesellschaft) so dargestellt ist, dass das vermittelte Bild den tatsächlichen Verhältnissen entspricht. In § 297 Abs. 2 HGB und in § 315 Abs. 1 HGB treffen diese Pflichten in Bezug auf den Konzernabschluss und Konzernlagebericht die gesetzlichen Vertreter des Mutterunternehmens.

59 Die nicht richtige Abgabe einer dieser Versicherungen wird nun in **§ 331 Nr. 3a HGB** unter Strafe gestellt (§ 331 Rn 162 ff). Dieser an Section 302 Sarbanes Oxley-Act 2002[78] angelehnte **Straftatbestand des „Bilanzeides"**[79] soll die Aktionärsrechte stärken und den Schutz Dritter verbessern, um das Vertrauen der europäischen Anleger nach der Welle der Corporate Governance-Skandale (insbesondere Parmalat und Ahold, Enron und WorldCom[80]) wiederherzustellen.[81] Nach der Vorstellung des Gesetzgebers erfüllt dieser Straftatbestand eine Vertrauensbildungsfunktion, eine Signalfunktion, eine Appel- und Warnfunktion sowie eine Abschreckungsfunktion.[82] Der Gesetzgeber verfolgte mit der Verabschiedung des TUG das Ziel einer „Eins-zu-eins"-Umsetzung der Richtlinie.[83] Die Transparenzrichtlinie verpflichtete jedoch nur zur Einführung von Sanktionen, die wirksam, verhältnismäßig und abschreckend sind, so dass die Schaffung des Straftatbestandes

[76] BGBl. I Nr. 1 vom 10. Januar 2007, S. 10.
[77] 107 P. L. 204; 116 Stat. 745, 777 f; 2002 Enacted H. R. 3763; 107 Enacted H. R. 3763.
[78] Hierzu *Lanfermann/Maul* DB 2002, 1725 ff.
[79] Zum widersprüchlichen Begriff vgl. MünchKommHGB/*Reiner* § 264 Rn 86 ff.
[80] Eingehend dazu *Bloomenthal* Sarbanes-Oxley Act, § 1, 5 ff; *Brickey* 8. Buff. L. Rev. 2004, S. 221 ff; *Jennings* 39 Cal. W. L. Rev. 2003, S. 163 ff; *Niewerth* S. 234 ff; *Widen* 58 Bus. Law 2003, S 961; siehe auch *Hefendehl* JZ 2004, 18 ff. Als weitere US-amerikanische Skandale sind zu nennen: Typco, Adelphia Communications, Tite Aid, Symbol Technologies, Qwest Communications, Dynergy, HealthSouth; näher dazu *Brickey* 8. Buff. L. Rev. 2004, S. 221 ff.
[81] Mitteilung der EG-Kommission an den Rat und das Europäische Parlament, Modernisierung des Gesellschaftsrechts und Verbesserung der Corporate Governance in der Europäischen Union – Aktionsplan, KOM 2003, 284 endg., S. 3.
[82] Siehe dazu *Fleischer* ZIP 2007, 97, 103 ff.
[83] Begr. RegE TUG, BT-Drucks. 16/2498, S. 26.

des „Bilanzeides" durch den nationalen Gesetzgeber über die Verpflichtung in der Richtlinie hinausgeht. Die Einfügung dieses Straftatbestandes in die Systematik der §§ 331 ff HGB ist unglücklich gewählt, da diese Regelung das Kapitalmarktrecht betrifft und deshalb wohl besser im WpHG loziert worden wäre (§ 331 Rn 164). Des Weiteren wurden die **§§ 340a Abs. 3, 340i Abs. 4 HGB** neu gefasst, die sich auf die **Rechnungslegungsvorschriften der (Konzern-)Zwischenabschlüsse bei Kreditinstituten** beziehen (Rn 43, 126).

V. Änderungen des Bilanzstrafrechts durch Änderung von in Bezug genommenen außerstrafrechtlichen Gesetzen

Weiterhin wurde das Bilanzstrafrecht maßgeblich durch außerstrafrechtliche Gesetzes- **60**
änderungen beeinflusst, auf die die Strafnormen im Wege der Blankettverweisung (dazu Rn 134 ff) Bezug nehmen. Zu nennen ist zunächst das Gesetz zur Verbesserung der Wettbewerbsfähigkeit deutscher Konzerne an Kapitalmärkten und zur Erleichterung der Aufnahme von Gesellschafterdarlehen (**KapAEG**) vom 20.4.1998 (BGBl. 1998 I S. 707), das dem Ziel dient, die Wettbewerbsbedingungen deutscher Unternehmen an ausländischen Kapitalmärkten zu verbessern. Zu diesem Zweck wurden die Konzernrechnungslegungsvorschriften an international anerkannte Grundsätze wie den *International Accounting Standard* (IAS) und die *US-General Accepted Accounting Principles* (US-GAAP) angepasst. Das Gesetz zur Kontrolle und Transparenz im Unternehmensbereich (**KonTraG**) vom 27.4.1998 (BGBl. I S. 786; Rn 63 ff) stellt eine Reaktion des Gesetzgebers auf spektakuläre Unternehmenskrisen dar und dient der Öffnung und internationalen Neuausrichtung der Kapitalmärkte.[84] Diese Zielsetzung wurde durch das Transparenz- und Publizitätsgesetz (**TransPUG**) vom 19.7.2002 (BGBl. I, S. 2681) weiterverfolgt (Rn 73 ff). Schließlich ist das Gesetz zur Durchführung der EG-Richtlinie zur Änderung der vierten und siebten EG-Richtlinie, zur Verbesserung der Offenlegung von Jahresabschlüssen und zur Änderung anderer handelsrechtlicher Bestimmungen (**KapCoRiLiG**) vom 13.8.1999 (BGBl. I S. 154) zu nennen, das eine Ausweitung der Bilanz-, Bilanzstraf- und Bilanzordnungswidrigkeitenvorschriften für Personengesellschaften, deren persönlich haftender Gesellschafter eine Kapitalgesellschaft ist, vorsieht (Rn 72). Die bilanzrechtlichen Vorschriften werden durch die Straftatbestände der §§ 331, 332 HGB in Bezug genommen, so dass mit den bilanzrechtlichen Gesetzesänderungen auch Änderungen des Strafrechts einhergehen, deren Umfang allerdings im Detail zu bestimmen ist (Rn 136 ff).

1. Das Kapitalaufnahmeerleichterungsgesetz (KapAEG) 1998

a) Freistellung der Mutterunternehmen von der Pflicht zur Aufstellung eines deut- **61**
schen Konzernabschlusses und Konzernlageberichts für ab dem 1. Januar 2005 beginnende Geschäftsjahre. Das Gesetz zur Verbesserung der Wettbewerbsfähigkeit deutscher Konzerne an Kapitalmärkten und zur Erleichterung der Aufnahme von Gesellschafterdarlehen vom 20.4.1998 (BGBl. I S. 707) sollte die Wettbewerbsbedingungen deutscher Unternehmen an ausländischen Kapitalmärkten verbessern. Bestimmte Mutterunternehmen wurden von der Pflicht befreit, einen deutschen Einzelabschluss bzw. Konzernabschluss und Konzernlagebericht nach §§ 290, 315 HGB aufzustellen (zur heute geltenden Rechtslage § 331 Rn 90 ff, 140 ff). Die Voraussetzungen für eine Befreiung durch einen IFRS-Abschluss werden seit dem Bilanzrechtsreformgesetz von 2004 in den §§ 315a, 325 Abs. 2a, b HGB geregelt (§ 331 Rn 92 f). § 315a HGB ersetzt und erweitert den bis-

[84] *Lenz/Ostrowski* BB 1997, 1523.

herigen Anwendungsbereich des § 292a HGB für nach international anerkannten Rechnungslegungsgrundsätzen aufgestellte Konzernabschlüsse. Für § 292a HGB findet sich in Art. 58 Abs. 3 Sätze 4 und 5 EGHGB eine Übergangsregelung.[85] Damit bleibt § 292a HGB letztmals für das vor dem 1. Januar 2005 beginnende Geschäftsjahr anwendbar. Die Neuregelung ist deshalb für ab dem 1. Januar 2005 beginnende Geschäftsjahre anzuwenden.

62 **b) Freistellung der Mutterunternehmen von der Pflicht zur Aufstellung eines deutschen Konzernabschlusses und Konzernlageberichts für vor dem 1. Januar 2005 beginnende Geschäftsjahre.** Die Voraussetzungen für die **Befreiung von der Konzernrechnungslegungspflicht** nach § 292a Abs. 1 HGB waren die Erstellung eines Konzernabschlusses und Konzernlageberichts im Sinne des § 292a Abs. 2 HGB, die Abfassung in deutscher Sprache und in Euro sowie die Offenlegung nach §§ 325, 328 HGB. Bei der Offenlegung musste ausdrücklich auf die Anwendung nicht-deutscher Rechnungslegungsgrundsätze hingewiesen werden (§ 292a Abs. 1 Satz 3 HGB). Die weiteren Voraussetzungen fanden sich in § 292a Abs. 2 HGB. Dieser ist in Verbindung mit § 331 Nr. 3 HGB a.F. ein **Zeitgesetz im Sinne des § 2 Abs. 4 StGB**, das am 31.12.2004 außer Kraft getreten ist. Vor diesem Zeitpunkt begangene Straftaten sind deshalb auch nach dem Außerkrafttreten des § 292a HGB nicht straflos geworden (zum Milderungsgebot Rn 180).[86] Die angewandten Rechnungslegungsgrundsätze mussten international anerkannt sein (Nr. 2 lit. a).[87] Nach Ansicht des Gesetzgebers genossen die IAS/IFRS und die US-GAAP diese internationale Anerkennung.[88] Auf eine formelle Anerkennung durch Börsenzulassungsbehörden wurde verzichtet und allein eine faktische Anerkennung als ausreichend angesehen.[89] Wegen der mangelnden Befreiungsmöglichkeit des nationalen Gesetzgebers von der **Einhaltung der EG-Richtlinien** musste der nach IAS/IFRS oder US-GAAP erstellte Abschluss insbesondere mit den zwingenden Vorschriften der vierten und siebten Richtlinie in Einklang stehen (Nr. 2 lit. b).[90] Die Richtlinienkonformität umfasste sowohl die Wertansätze als auch deren Darstellung. Weiterhin musste eine **Gleichwertigkeit** des gewählten Rechnungslegungssystems **mit den HGB-Regelungen** vorliegen (Nr. 3).[91] Das Erfordernis der Gleichwertigkeit ging über die Vorgaben der Richtlinien hinaus, da das nationale Recht Anforderungen enthielt, die in den EG-Richtlinien nicht vorgesehen waren.[92]

---

[85] Dazu *Pfitzer/Oser/Orth* DB 2004, 2593 ff.

[86] Zur Vereinbarkeit des § 292a HGB mit nationalem Verfassungsrecht und Gemeinschaftsrecht vgl. Voraufl. § 331 Rn 40 ff.

[87] MünchKommHGB[1]/*Busse von Colbe* § 292a Rn 13 weist zutreffend auf die Einführung eines neuen unbestimmten Rechtsbegriffs durch diese Formulierung hin.

[88] BT-Drucks. 13/9909, S. 12; aA *Peemöller/Finsterer/Neubert* BB 1999, 1103, 1107, die diese Anerkennung nur für die US-GAAP bejahen. Die IAS hätten diese Anerkennung in der Vergangenheit wegen qualitativer Mängel nicht erhalten.

[89] ADS § 292a HGB 22; BeckBilKomm[5]/*Hoyos/Lechner* § 292a HGB Rn 16; *Küting/Hütten* WPg 1999, 12, 15.

[90] BT-Drucks. 13/7141, S. 11; Heymann/*Henssler* Vor § 290 HGB Rn 17; § 290 HGB Rn 1, 8; *van Hulle* WPg 1998, 138, 143.

[91] MünchKommHGB[1]/*Busse von Colbe* § 292a HGB Rn 27.

[92] So z.B. die Kapitalflussrechnung und die Segmentberichterstattung nach § 297 Abs. 1 HGB; dazu MünchKommHGB[1]/*Busse von Colbe* § 292a HGB Rn 27; aA Ebenroth/Boujong/Joost[1]/*Wiedmann* § 292a HGB Rn 18.

2. Das Gesetz zur Kontrolle und Transparenz im Unternehmensbereich (KonTraG) 1998

a) **Neuregelungen der Prüfungspflicht sowie der Form und des Inhalts des Prüfungsberichts.** Durch das KonTraG wurden die **Prüfungspflicht** sowie **Form und Inhalt des Prüfungsberichts** (Rn 65 ff) neu geregelt. Die Trennung zwischen dem Prüfungsbericht als einer unternehmensinternen und dem Bestätigungsvermerk als einer unternehmensexternen Berichterstattung wurde beibehalten.[93] Aufgrund der Änderungen des KonTraG ist die Prüfung so anzulegen, dass Unrichtigkeiten und Verstöße gegen gesetzliche Vorschriften und sie ergänzende Bestimmungen des Gesellschaftsvertrags oder der Satzung, die sich auf die Darstellung der Vermögens-, Finanz- und Ertragslage des Unternehmens (§ 264 Abs. 2 HGB) wesentlich auswirken, erkannt werden (§ 317 Abs. 1 Satz 3 HGB) (§ 332 Rn 30). 63

Die Prüfung wurde ferner durch die **Pflicht des Abschlussprüfers** erweitert, den **Lagebericht** und den **Konzernlagebericht** darauf zu prüfen, ob die nach § 289 Abs. 1 HGB darzustellenden **Risiken der künftigen Entwicklung** zutreffend wiedergegeben sind (§ 317 Abs. 2 Satz 2 HGB). Hinzugekommen ist außerdem die Pflicht des Abschlussprüfers bei Aktiengesellschaften, die Aktien mit amtlicher Notierung ausgegeben haben, im Rahmen der Prüfung zu beurteilen, ob der Vorstand die ihm nach § 91 Abs. 2 AktG obliegenden Maßnahmen in geeigneter Form getroffen hat und ob das danach einzurichtende Überwachungssystem (Risikomanagementsystem) seine Aufgaben erfüllen kann (§ 317 Abs. 4 HGB). 64

Entsprechend den Änderungen der Prüfungspflichten wurden auch die Anforderungen an **Inhalt und Form des Prüfungsberichts** neu geregelt: **§ 321 HGB** wurde vollständig neu gefasst, weil sich der Bericht in der Praxis häufig auf eine Aufgliederung und Erläuterung der einzelnen Posten des Jahresabschlusses beschränkt hatte und damit der Aufgabe des Abschlussprüfers, den Aufsichtsrat bei der Überwachung des Vorstandes zu unterstützen, nicht gerecht geworden war.[94] Nach **§ 321 Abs. 1 Satz 1 HGB** wird unter besonderer Betonung des risikoorientierten Prüfungsansatzes gefordert, dass der Bericht auch sprachlich eindeutiger verfasst werden muss und damit nicht nur von sachkundigen Aufsichtsratsmitgliedern zu verstehen ist;[95] erstmals enthält die Norm auch Hinweise zur Gliederung des Prüfungsberichts. Hiermit ist eine Ausweitung des Anwendungsbereichs des § 332 HGB verbunden (§ 332 Rn 29). 65

Die erhöhten Anforderungen an die Berichterstattung spiegeln sich auch in der Verpflichtung zur „**Vorabstellungnahme**" nach **§ 321 Abs. 1 Satz 2 HGB** wider, in der der Prüfer in einem Eingangsteil zum Prüfungsbericht zur Lage des Unternehmens, insbesondere zum Fortbestand und zur künftigen Entwicklung, Stellung nehmen muss, sofern die geprüften Unterlagen eine solche Beurteilung erlauben.[96] Die in § 321 Abs. 1 Satz 4 HGB a.F. enthaltene sog. „**kleine Redepflicht**" bezüglich nicht unwesentlicher nachteiliger Veränderungen der Vermögens-, Finanz- und Ertragslage des Unternehmens ist entfallen, weil eine Beurteilung der Unternehmenslage auf der Basis vergangenheitsbezogener Zahlen den zukunftsbezogenen Erwartungen der Adressaten des Berichts nicht gerecht wer- 66

---

93 MünchKommHGB/*Ebke* § 321 HGB Rn 2.

94 Begründung des Regierungsentwurfs zu § 321 HGB, abgedruckt bei *Ernst/Seibert/Stuckert* S. 101.

95 Dieses Gebot findet sich bereits in dem FG 2/88, WPg 1989, 20; vgl. auch *Pfitzer* in Dörner/Menold/Pfitzer (Hrsg) S. 649, 654; MünchKommHGB/*Ebke* § 321 HGB Rn 4 f.

96 Begründung des Regierungsentwurfs zu § 321 HGB, abgedruckt bei Ernst/Seibert/Stuckert S. 102; Ebenroth/Boujong/Joost/Strohn/*Wiedmann* § 321 Rn 15.

den konnte.[97] Dadurch wurde die sog. Erwartungslücke der Anleger mit verursacht (§ 332 Rn 40). Dennoch kann hieraus nicht der Schluss gezogen werden, eine Darstellung von Veränderungen der Vermögens-, Finanz- und Ertragslage dürfe zukünftig unterbleiben. Aussagefähige Prüfungsberichte setzen nach wie vor eine **Gesamtdarstellung der Lage des Unternehmens** voraus, wobei auch auf die Vermögens-, Finanz- und Ertragslage einzugehen ist.[98] Jedoch ist der Prüfer nicht verpflichtet, eigene Prognoserechnungen durchzuführen.[99]

67 Dagegen sind die Anforderungen und der Umfang der sog. **„großen Redepflicht" des § 321 Abs. 1 Satz 3 HGB** ausgeweitet worden. Nunmehr ist nicht nur über Tatsachen, die für das Unternehmen eine Bestandsgefährdung oder eine erhebliche Beeinträchtigung der Entwicklung darstellen könnten, zu berichten, sondern auch über Unrichtigkeiten und Verstöße der gesetzlichen Vertreter und Arbeitnehmer gegen gesetzliche Vorschriften, die bei der Durchführung der Prüfung festgestellt wurden.[100] Zusätzliche Prüfungshandlungen werden allerdings nicht verlangt.[101] Der Prüfer hat nun nicht nur über schwerwiegende, sondern **über alle Verstöße gegen gesetzliche Vorschriften zu berichten.**[102] Ausgeweitet wurde die Berichtspflicht auf die (durch das TransPUG inzwischen allerdings wieder abgeschaffte; vgl. Rn 73 ff) „Negativerklärung", die besagte, dass im Rahmen der Prüfung nichts festgestellt wurde. Die erweiterten Anforderungen an die Prüfungs- und Berichtspflicht führten zu einer Ausweitung des Anwendungsbereichs des § 332 HGB, da dieser § 321 HGB in Bezug nimmt (§ 332 Rn 46 ff). Jedoch wird in § 332 HGB noch immer verlangt, dass erhebliche Umstände verschwiegen worden sind, damit Strafbarkeit vorliegt (§ 332 Rn 50). Dadurch wird der Straftatbestand des § 332 HGB auf schwerwiegende Verstöße gegen die „große Redepflicht" begrenzt. Im Gegensatz zum Bestätigungsvermerk ist der **Prüfungsbericht vertraulich**[103] und unterfällt damit dem Straftatbestand des Geheimnisschutzes nach § 333 HGB (zu den Ausnahmen § 333 Rn 60).

68 **b) Ausweitung der Angaben im Anhang und im Lagebericht.** Durch das KonTraG wurden weiterhin die Pflichten, die sich auf die Angaben im Anhang beziehen, ausgeweitet. So verlangt § 285 Nr. 11 HGB weitergehende **Angaben zum Beteiligungsbesitz** und § 285 Nr. 9 HGB weitergehende Angaben **zu den aktiven und ehemaligen Mitgliedern des Geschäftsführungsorgans, eines Aufsichtsrats, eines Beirats oder einer ähnlichen Einrichtung.** Außerdem wird die Pflicht des § 289 Abs. 1 HGB, im Lagebericht zumindest den Geschäftsverlauf und die Lage der Kapitalgesellschaft so darzustellen, dass ein den tatsächlichen Verhältnissen entsprechendes Bild vermittelt wird, durch das KonTraG dahingehend ergänzt, dass dabei auch auf die **Risiken der künftigen Entwicklung** einzugehen ist. Durch diese Änderungen wird der Anwendungsbereich des § 331 HGB erweitert (§ 331 Rn 47, 58 ff).

69 **c) Anforderungen an den Bestätigungsvermerk.** Was den Bestätigungsvermerk anbetrifft, so unterscheidet sich dieser durch die Abkehr vom Formeltestat in § 322 HGB materiell deutlich von der früheren Rechtslage, nach welcher der Wortlaut des Bestätigungsvermerks im Wesentlichen einheitlich vorgegeben war. Damit wurde auch der Straftatbestand des § 332 HGB verändert, der die Erteilung eines inhaltlich unrichtigen

---

[97] *Dörner* in Baetge (Hrsg) Aktuelle Entwicklungen, S. 13, 21; *Lück* BB 2001, 404, 405.
[98] MünchKommHGB/*Ebke* § 321 HGB Rn 30 ff.
[99] MünchKommHGB/*Ebke* § 321 HGB Rn 33.
[100] ADS § 321 HGB Rn 65.
[101] Begr. RegE, BRDrucks. 872/97, S. 76.
[102] *Hauser* S. 108.
[103] ADS § 321 Rn 22; *Hauser* S. 102; *WPK* WPK-Mitt. 1997, 100, 103.

Bestätigungsvermerks unter Strafandrohung stellt (§ 332 Rn 58 ff). Obwohl der Bestätigungsvermerk jetzt eher **Berichtscharakter** besitzt, ist es bei dessen technischer Bezeichnung als Vermerk geblieben. Dadurch hat sich der Bestätigungsvermerk an den international eher üblichen Bestätigungsbericht angeglichen.[104] Die gesetzlich vorgegebene Kernaussage des Testats ist deutlich reduziert und die Formulierung im einzelnen zur Aufgabe des Abschlussprüfers geworden. Gleichwohl empfiehlt das IDW aus Gründen der Rechtssicherheit im Rechtsverkehr die Verwendung des Formulierungsvorschlags nach IDW PS 400, Anhang 1 (WPg 1999, 641, 653). Nach der Neufassung des § 322 HGB soll der Bestätigungsvermerk auch dem nicht fachkundigen Bilanzleser deutlich machen, dass die gesetzlichen Vorschriften zu erheblichen Einschränkungen der Aussagekraft führen oder solche zumindest ermöglichen können.[105] Deshalb hat auch der Abschlussprüfer zu erklären, inwieweit der Jahres- oder Konzernabschluss aufgrund der bei der Prüfung gewonnenen Erkenntnisse unter Beachtung der Grundsätze ordnungsmäßiger Buchführung und anderer relevanter Rechnungslegungsgrundsätze ein den tatsächlichen Verhältnissen entsprechendes Bild der Vermögens-, Finanz- und Ertragslage vermittelt (§ 322 Abs. 1 Satz 3 HGB).[106] Zusätzliche Ausführungen sind in der Regel nicht erforderlich, da der Bestätigungsvermerk die einzelnen Prüfungsergebnisse in sachgerechter Form zusammenfassen soll.[107] Auf Risiken, die den **Fortbestand des Unternehmens gefährden**, ist gesondert einzugehen. Eine Darstellung nur im Prüfungsbericht genügt in diesem Fall nicht.[108] Denn der Bestätigungsvermerk soll zur Schließung der sog. Erwartungslücke der Anleger beitragen (§ 332 Rn 40, 58).[109]

d) **Einschränkungen und Versagung des Bestätigungsvermerks.** Entsprechend der früheren Rechtslage erfordern Einwendungen gegen den Bestätigungsvermerk, dass **Einschränkungen vorgenommen** werden oder der **Bestätigungsvermerk versagt** wird (§ 322 Abs. 4 HGB). Die unzureichende Ergänzungsregelung findet sich in der Neufassung nicht mehr; die eine Ergänzung auslösenden Sachverhalte sind jetzt von dem erweiterten Aussagegegenstand erfasst. **70**

e) **Änderungen der Straftatbestände durch die Inbezugnahme durch Blankettverweisungen.** Obwohl das KonTraG selbst das Strafrecht nicht geändert hat, nimmt § 332 HGB durch **Verweisungen** ausdrücklich Bezug auf die außerstrafrechtlichen Vorschriften der §§ 321, 322 HGB, so dass im Einzelnen zu klären ist, inwieweit die handelsrechtlichen Regelungen Auswirkungen auf den Straftatbestand des § 332 HGB haben (§ 332 Rn 27 ff, 38 ff). **71**

3. **Das Gesetz zur Durchführung der EG-Richtlinie zur Änderung der vierten und siebten EG-Richtlinie, zur Verbesserung der Offenlegung von Jahresabschlüssen und zur Änderung anderer handelsrechtlicher Bestimmungen (KapCoRiLiG) 2000.** Das KapCoRiLiG vom 24.2.2000 (BGBl. I S. 154 ff) brachte dahingehende Neuerungen, dass es im Bereich der Konzernrechnungslegung insbesondere die **GmbH bzw. AG & Co. KG** wie **72**

---

104 Näher BeckBilKomm/*Förschle/Küster* § 322 Rn 2 f.

105 Begr. RegE, BRDrucks. 872/97, S. 78; *Jansen* S. 685.

106 Dies soll zur Verringerung der Erwartungslücke beitragen, ADS § 322 Rn 145; Ebenroth/Boujong/Joost/*Wiedmann* § 322 Rn 19.

107 ADS § 322 Rn 135.

108 ADS § 322 Rn 5; Ebenroth/Boujong/Joost/*Wiedmann* § 322 Rn 27; MünchKomm-HGB/*Ebke* § 322 Rn 46 f.

109 ADS § 322 Rn 168; Ebenroth/Boujong/Joost/*Wiedmann* § 322 Rn 29.

eine Kapitalgesellschaft als Mutterunternehmen der **Konzernrechnungslegung** unterworfen und den Kreis der Muttergesellschaften, die den Konzernabschluss nach international anerkannten Grundsätzen aufstellen dürfen (§ 292a HGB a.F.), erweitert hat. Weiterhin wurden die Größenschwellen für Konzerne zur Befreiung von der Pflicht zur Konzernrechnungslegung herabgesetzt (§ 293 Abs. 1 HGB) und der Kreis der Unternehmen, die die Befreiung nicht beanspruchen können (§ 293 Abs. 5 HGB), wurde dem des § 292a HGB a.F. angepasst. § 335b HGB erweiterte damit den gesamten strafrechtlichen (§§ 331 bis 333 HGB), bußgeldrechtlichen (§ 334 HGB) sowie zwangs- und ordnungsgeldrechtlichen Schutz (§§ 335, 335a HGB), der für die Kapitalgesellschaften gilt, auf die **offenen Handelsgesellschaften und Kommanditgesellschaften** im Sinne des § 264a Abs. 1 HGB. Die Verpflichtung hierfür bestand, weil der EuGH[110] beanstandet hatte, dass §§ 335, 335a HGB a.F. nicht auf Personengesellschaften anwendbar war, bei denen ein persönlich haftender Gesellschafter keine natürliche Person war (Vor §§ 335 ff Rn 4 ff).

73 **4. Das Transparenz- und Publizitätsgesetz (TransPUG) 2002.** Das Gesetz zur weiteren Reform des Aktien- und Bilanzrechts, zu Transparenz und Publizität (TransPUG) vom 19. Juli 2002[111] führte die eingeschlagene Richtung des KonTraG fort. Der **Prüfungsbericht** sollte die wesentlichen Prüfungsergebnisse problemorientierter darstellen, indem nach § 321 Abs. 1 Satz 2 HGB und dem durch das TransPuG neu gefassten § 321 Abs. 1 Satz 3 HGB die wesentlichen Feststellungen in einem so genannten **Vorwegbericht** an den Anfang gestellt werden müssen. Somit sollte die Aufmerksamkeit auf die wichtigsten Ergebnisse gelenkt werden.[112]

74 Durch das TransPUG wurde weiterhin der Hauptteil des Prüfungsberichtes entschlackt. Nach § 321 Abs. 2 Satz 1 HGB ist nur noch eine **„Feststellung" der Prüfungsergebnisse** gefordert. Die frühere „Darstellung" umfasste hingegen sämtliche Teile und somit auch die unproblematischen des Jahresabschlusses, die nicht geeignet waren, dem Aufsichtsrat bei seiner Überwachungs- und Kontrollfunktion Hilfe zu leisten.[113] Zur verbesserten Nachvollziehbarkeit soll auch der neu geschaffene § 321 Abs. 2 Satz 4 HGB beitragen, nach dem der Prüfer nun auch auf die **wesentlichen Bewertungsgrundlagen** und die **Ausnutzung von Ermessensspielräumen** eingehen soll.[114] Die Neufassung kehrt sich ab von dem zuvor vorherrschenden objektiven Maßstab, der durch den alten Wortlaut „darstellen" impliziert war. Damit wurde die Unsicherheit, was in den Prüfungsbericht mit einbezogen werden soll, zwar verringert; jedoch stellt die genaue Abwägung und Bestimmung für die Praxis noch immer ein Problem dar.[115] Der Prüfer genügt seinen Pflichten nur, wenn er die erkannten Sachverhalte klar und übersichtlich darstellt und die möglichen Konsequenzen aufzeigt.[116]

75 Der besseren Tranzparenz dient ebenfalls die **Erweiterung der Angaben im Anhang** sowie die Bestimmung, dass nach § 297 Abs. 1 Satz 2 HGB alle **kapitalmarktorientierten Unternehmen** einen **Konzernabschluss** zu erstellen haben.

76 Zur Übersichtlichkeit soll weiterhin beitragen, dass die Negativerklärung, die erst durch das KonTraG eingeführt worden war (Rn 67), wieder abgeschafft wurde; nunmehr muss der Prüfer nur noch berichten, wenn er **berichtspflichtige Tatsachen** festgestellt

---

110 EuGH BB 1999, 1485.

111 BGBl. I S. 2681.

112 Vgl. IDW PS 450.26; dazu auch MünchKommHGB/*Ebke* § 321 Rn 28; *Neumann* BuW 2000, 853, 858.

113 MünchKommHGB/*Ebke* § 321 Rn 7.

114 Zur Kritik *Schüppen* ZIP 2002, 1269, 1275.

115 *Rabenhorst* DStR 2003, 436.

116 Vgl. IDW PS 450.40.

hat,[117] damit keine Informationsüberflutung entsteht, die dazu führen kann, dass der Adressat Fehlentscheidungen trifft, die wiederum die Markteffizienz behindern.[118] Jedoch greift die Berichtspflicht des Prüfers schon dann ein, wenn sich **substanzielle Verdachtsmomente** eines Verstoßes gegen Gesetz, Gesellschaftsvertrag oder Satzung verdichten.

Obwohl das TransPUG selbst die strafrechtlichen Tatbestände nicht geändert hat, nimmt der Straftatbestand **§ 332 HGB** durch **Verweisungen** ausdrücklich Bezug auf die außerstrafrechtlichen Vorschriften der **§§ 321, 322 HGB**, so dass dessen Anwendungsbereich wesentlich erweitert worden ist. **77**

5. **Das Bilanzrechtsmodernisierungsgesetz (BilMoG) 2009.** Das Gesetz zur Modernisierung des Bilanzrechts[119] vom 27.5.2009 wurde am 21. Mai 2008 vom Bundeskabinett beschlossen und am 3.4.2009 vom Bundesrat gebilligt. Die Grundsätze der bisher geltenden Buchführung wurden an mehreren Stellen an die **internationalen Entwicklungen angepasst**, so dass es zu einem bedeutsamen Wandel des Bilanzrechts gekommen ist. Diese Neuerungen, Entlastungen und Bewertungsunterschiede beeinflussen das Strafrecht angesichts des Blankettcharakters der Bilanzdelikte erheblich (Rn 134 ff). Die Gläubigerschutzfunktion, die insbesondere im Vorsichtsprinzip und in der Betonung der Anschaffungs- und Herstellungskosten zum Tragen kommt, kollidiert häufig mit der auf Anlegerinteressen basierenden Informationsfunktion, die eine Momentaufnahme der wirtschaftlichen Situation des Unternehmens fordert, um optimale Anlageentscheidungen treffen zu können. Während die HGB-Bilanz vor dem BilMoG hauptsächlich durch eine vorsichtige Bilanzierung geprägt war, wird durch eine Bilanzierung nach IFRS versucht, den aktuellen Wert des Unternehmens besser abzubilden, um so hauptsächlich den (potentiellen) Anleger zu schützen. Durch das BilMoG sollte eine teilweise Angleichung des HGB stattfinden, um die Aussagekraft und damit die internationale bzw. europäische Wettbewerbsfähigkeit des HGB-Abschlusses zu stärken und den Unternehmen eine kostengünstigere, aber ebenso flexible Alternative zur Bilanzierung nach IFRS zu geben.[120] **78**

Auf das ursprüngliche Vorhaben, eine Fair-Value-Bewertung einzuführen, die auf Marktwerten beruht und die aktuelle Situation des Unternehmens genauer abbilden kann, wurde angesichts der Erfahrungen in der Finanzkrise verzichtet;[121] die Bewertung nach *Fair Value*[122] dürfen nun nur Kredit- und Finanzdienstleistungsinstitute für Finanzinstrumente des Handelsbestandes (§ 340e Abs. 3 Satz 1 HGB) vornehmen. Die Bewertung zu aktuellen Kursen statt der herkömmlichen historischen Anschaffungskosten führte zu einem Aufblähen der Bilanzen gerade im Investmentbankenbereich und verstärkte so die Konsequenzen der Krise.[123] Dadurch entstehen im Rahmen der §§ 340 ff HGB erhebliche Bewertungsprobleme, insbesondere bei der Bewertung der fehlerhaften **79**

---

117 Näher dazu MünchKommHGB/*Ebke* § 321 Rn 6, 43 ff.

118 Vgl. *Keller/Staelin* 14 J. Consumer Res. 1987, 200, 202; zu den wirtschaftlichen Vorgängen *Merkt* Unternehmenspublizität S. 328; *Shleifer* Inefficient Markets S. 28 ff.

119 BGBl. I, S. 1102 ff.

120 Pressemitteilung des BMJ vom 21.5.2009, S. 1; *Petersen/Zwirner* S. 163.

121 *Lüdenbach/Freiberg* PiR 2008, 385; *Lüdenbach/Hoffmann* PiR 2009, 3 zu IAS 39.

122 Vgl. Richtlinie 2001/65/EG (Fair-Value-Richtlinie), ABl. EG Nr. L 283 vom 27.09.2001 S. 28; MünchKommStGB/*Sorgenfrei* Rn 33; *Schulze-Osterloh* ZIP 2004, 1128 ff; *Steiner/Gross* StuB 2004, 551, 555; ausführlich *Lüdenbach/Hoffmann* DStR 2007, Beiheft zu Heft 50, S. 1 ff; krit. *Küting* DStR 2009, 288 ff.

123 MünchKommStGB/*Sorgenfrei* Rn 33; *Lüdenbach/Freiberg* PiR 2008, 385; *Lüdenbach/Hoffmann* PiR 2009, 3.

Darstellung und Verschleierung (Anhang nach § 335b, § 340m HGB) sowie im Rahmen des § 340n Abs. 1 Nr. 1 lit b HGB (Anhang nach § 335b, § 340n Rn 15 f). Außerdem wurde die **Bußgeldregelung des § 334 HGB** durch das BilMoG geändert (§ 334 Rn 16).

80 a) **Ziele des BilMoG.** Vorrangiges Ziel des BilMoG war es, die **Informationsfunktion** einer Bilanz im handelsrechtlichen Jahresabschluss abgestuft nach den Schwellenwerten in § 267 Abs. 1 HGB **aufzuwerten.**[124] Aus dieser ratio ergab sich die Notwendigkeit eines flexibleren Umgangs mit den Bilanzierungsmöglichkeiten, die eine größere Anzahl von Ansatz- und Bewertungswahlrechten nach sich ziehen (näher dazu § 331 Rn 58 ff). Aus Gründen der Information muss jedoch die jeweils gewählte Bilanzierungsmethode im Anhang erläutert und diese Bewertung im Zeitablauf beibehalten werden (**Grundsatz der Bilanzstetigkeit**).[125] Nur in Ausnahmefällen darf von den auf den vorhergehenden Jahresabschluss angewandten Ansatz- und Bewertungsmethoden abgewichen werden, wobei Abweichungen zu erläutern sind (vgl. § 285 Nr. 25 HGB). Dieser Grundsatz wurde in § 246 HGB kodifiziert und seine Bedeutung dadurch aufgewertet. Demgegenüber wird das **Vorsichtsprinzip** noch bei der Unterscheidung zwischen nichtausschüttungs- und ausschüttungsrelevanten Bilanzposten deutlich.[126]

81 Ein weiteres Ziel des BilMoG war die **Stärkung des im HGB geregelten Bilanzrechts** gegenüber den internationalen Rechnungslegungsstandards, um es dadurch insbesondere in der Diskussion um internationale **Rechnungslegungsstandards für kleine und mittlere Unternehmen** als Vorbild zu etablieren und konkurrenzfähiger auszugestalten.[127] Vor allem diese Unternehmen sollen durch eine Deregulierung entlastet werden.[128] Eine Vereinfachung für Unternehmen tritt insofern ein, als durch die erhöhten Schwellenwerte des § 267 Abs. 2, 3 HGB mehr Unternehmen als bisher in den Genuss der Erleichterungen kommen, die für kleine und mittelgroße Kapitalgesellschaften gelten. Die Informationspflichten **kleiner Kapitalgesellschaften** sind insofern eingeschränkt, als keine Pflicht zur Prüfung ihres Jahresabschlusses besteht und sie lediglich die Bilanz und nicht die Gewinn- und Verlustrechnung offenlegen müssen. **Mittelgroße Kapitalgesellschaften** dürfen Bilanzposten zusammenfassen und auf einige Angaben verzichten. Dadurch soll der Druck von diesen Unternehmen genommen werden, internationale Standards anzuwenden, um diese vor vermeidbarem Bilanzierungsaufwand zu bewahren.[129] Dadurch wird dem Umstand Rechnung getragen, dass die internationalen Vorschriften hauptsächlich auf den Kapitalmarkt zugeschnitten sind, die Mehrzahl der bilanzierenden Unternehmen diesen jedoch nicht in Anspruch nehmen.

82 b) **Neuerungen bei der Bewertung von Vermögen und Schulden sowie bei den Auswahlrechten.** Wesentliche Neuerungen ergeben sich auch bei der **Bewertung von Vermögen und Schulden** sowie bei den **Ansatzwahlrechten.** Beispielsweise wurde das wirtschaftliche Eigentum neu geregelt (§ 246 HGB) und ein Wahlrecht geschaffen, selbst geschaffene immaterielle Vermögenswerte zu bilanzieren (§ 248 Abs. 2 HGB). Dadurch können die Entwicklungskosten für ein Patent, eine neue Technologie oder Know-how, die bisher das Eigenkapital verminderten, als Wert des Anlagevermögens bilanziert werden, um so

---

124 *Herzig* DB 2008, 1.
125 *Küting/Weber* Bilanzanalyse S. 22.
126 *Bittmann* wistra 2008, 441, 441.
127 Pressemitteilung des BMJ vom 21.5.2009, S. 1; vgl. zur Diskussion zwischen BilMoG und IFRS für KMU *Haller* S. 223 ff.
128 BMJ, Wesentliche Änderungen des Bilanzrechtsmodernisierungsgesetzes im Überblick, S. 2.
129 BMJ, Eckpunkte der Reform, S. 1.

einen Anreiz für weitere industrielle Forschung zu schaffen.[130] Problematisch daran ist jedoch, dass sich der bilanzielle Wert einer solchen Entwicklung erst im Laufe der Jahre zeigen wird und somit insbesondere die Höhe schwierig zu bewerten ist und der Abschätzung ein hohes prognostisches Element innewohnt. Insbesondere bei solchen Bewertungen können angesichts der großen Einschätzungsbandbreite nur unvertretbare Ergebnisse zu einer Strafbarkeit führen (§ 331 Rn 61). Rückstellungen von Unternehmen, wie zum Beispiel Pensionsrückstellungen (§ 253 Abs. 1 HGB), sind realistisch und dynamisch zu bewerten, da die Belastung der Unternehmen vor dem BilMoG nicht aus der Bilanz ablesbar war. Um dieses Problem zu vermeiden, sollen künftige Entwicklungen, insbesondere der Löhne und Preise, stärkere Berücksichtigung finden.[131] Andere Wahlrechte, wie zum Beispiel die Möglichkeit, Rückstellungen für zukünftige Instandsetzungen zu bilden, wurden abgeschafft. Bis dato nicht bilanzierungspflichtige Geschäfte, wie z.B. *Off-shore* oder *Sale and lease back*, die die Intransparenz erhöhten und somit ebenfalls zur Finanzkrise beigetragen haben, müssen nun in die Bilanz aufgenommen werden. Ebenso dürfen Geschäfte mit nahestehenden Personen nicht mehr außerbilanziell abgewickelt werden (§ 285 Nr. 21 HGB). Dadurch wird die Rechnungslegung transparenter und auch für nicht-unternehmensinterne Personen nachvollziehbarer. Latente Steuern können zukünftig auf Basis eines Vergleichs von Handels- und Steuerbilanz bilanziert werden. Dabei ist ein Ansatzwahlrecht bezüglich des Überhangs der aktiven über die passiven latenten Steuern vorgesehen, während ein Überhang der passiven über die aktiven latenten Steuern passivierungspflichtig ist. Das vor dem BilMoG geltende, an der GuV orientierte *Timing*-Konzept wurde durch das *Temporary*-Konzept abgelöst, so dass nun auch quasi-permanente Differenzen von der Bilanzierung erfasst werden.[132] Dabei werden alle Bilanzposten separat analysiert, inwieweit eine Differenz zwischen handels- und steuerrechtlichen Wertansätzen vorhanden ist, wobei nur diejenigen Differenzen berücksichtigt werden, die in späteren Jahren voraussichtlich wieder abgebaut werden (vgl. §§ 274 f HGB). Angesichts der mannigfaltigen Änderungen sind insbesondere in den ausführlich gestalteten Ordnungswidrigkeitstatbeständen einige Fehlverweisungen und Inkonsistenzen entstanden. So gehen beispielsweise die Verweisungen des § 340n Abs. 1 Nr. 1 lit. a HGB sowie des § 341n Abs. 1 Nr. 1 lit. a HGB auf die vor dem BilmoG bestehende Vorschrift des § 247 Abs. 3 HGB an steuerbedingten Passivposten fehl. Ebenso fehlt es in § 341n Abs. 1 Nr. 1 lit. a HGB an einer Wortlautänderung, nachdem die Vorschrift des § 285 Nr. 3 HGB in § 285 Nr. 3a HGB übernommen wurde (Anhang nach § 335b, § 341n Rn 22).

Die Bilanzierung zum Marktwert ist nun für **Kreditinstitute** bei Aktien, Schuldver- **83**
schreibungen, Fondsanteilen und Derivaten vorgeschrieben (§ 340e HGB). Dadurch wird der Jahresabschluss im Hinblick auf jederzeit realisierbare Gewinne und Verluste transparenter, wobei die Kreditinstitute einen antizyklisch wirkenden Sonderposten schaffen müssen, der als Risikopuffer dient. Zudem sind die Bewertungsmethoden im Anhang zu erläutern und Abweichungen von dem Grundsatz der Bilanzstetigkeit darzustellen, um eine Vergleichbarkeit zwischen den bilanzierenden Kreditinstituten sicherzustellen.

Die **verstärkte Anlegerausrichtung** spiegelt sich auch in der stärkeren Differenzierung **84**
zwischen kapitalmarktorientierten (§ 264d HGB) und anderen Unternehmen wider.

---

130 BMJ, Wesentliche Änderungen des Bilanzrechtsmodernisierungsgesetzes im Überblick, S. 3.

131 BMJ, Wesentliche Änderungen des Bilanzrechtsmodernisierungsgesetzes im Überblick, S. 3.

132 *Petersen/Zwirner* S. 224 f; *Küting/Seel* in Küting/Pfitzer/Weber (Hrsg) Das neue deutsche Bilanzrecht S. 499, 501 ff.

85 c) **Neuerungen zur Stärkung der Konzerntransparenz.** Im Hinblick auf die Konzernrechnungslegung enthält das BilMoG zahlreiche Neuerungen, um die Konzerntransparenz zu stärken, die sich damit insbesondere auf § 331 Nrn. 2, 3 HGB auswirken. Die Schwellenwerte, die zur Aufstellung eines Konzernabschlusses verpflichten, wurden angehoben (§ 293 Abs. 1 Nr. 1 HGB), so dass die Anzahl der Verpflichteten sank. Aus den Erfahrungen mit dem Zusammenbruch von ENRON und der Finanzkrise wurde deutlich, dass die Rechnungslegung von Konzernen unter Transparenzgesichtspunkten verbesserungsbedürftig war. Durch die Verwendung sogenannter **special purpose entities** (SPEs) und **special purpose vehicles** (SPVs) war es möglich gewesen, Transaktionen innerhalb des Konzerns so zu verschleiern, dass die Rechnungslegung diese nicht mehr auswies und die Lage des Unternehmens verschleiert werden konnte. Durch deren Einbeziehung soll Bilanzkosmetik durch die Auslagerung von Schulden in andere Gesellschaften vermieden werden.[133] Als Reaktion darauf sind nach § 290 Abs. 1 HGB Tochterunternehmen schon dann in den Konzernabschluss einzubeziehen, wenn die Muttergesellschaft auf diese einen beherrschenden Einfluss ausüben kann, wobei es gleichgültig ist, ob dieser Einfluss auf mittelbare oder unmittelbare Weise möglich ist. Dabei wird nunmehr auf eine wirtschaftliche Betrachtungsweise abgestellt (§ 290 Abs. 2 Nr. 4 HGB), nach der ein beherrschender Einfluss vorliegt, wenn das Mutterunternehmen die Mehrheit der Chancen und Risiken der Zweckgesellschaft trägt.[134]

86 Des Weiteren wird die bisher zugelassene **Buchwertmethode abgeschafft**, so dass die Kapitalkonsolidierung nur noch nach der **Neubewertungsmethode** durchgeführt werden darf (§ 301 Abs. 1 Satz 2 HGB). Dies gilt ab dem Zeitpunkt, zu dem das Unternehmen Tochterunternehmen wurde (§ 301 Abs. 2 HGB). Hingegen ist für die Kapitalkonsolidierung assoziierter Unternehmen nur noch die Buchwertmethode nach § 312 Abs. 1 HGB und nicht mehr die vor dem BilMoG alternativ mögliche Kapitalanteilsmethode zulässig.[135] Weiterhin sollen durch das BilMoG die Bewertungen einzelner Geschäfte und Risiken transparenter für die Beurteilung der Finanzlage des Konzerns werden. Daher müssen die Unternehmen, falls dies für die Beurteilung der Finanzlage relevant ist, im **Anhang über Art, Zweck und finanzielle Auswirkungen von außerbilanziellen Geschäften berichten** (§ 285 Nrn. 3, 3a HGB) und darlegen, auf welche Überlegungen sich ihre (Ausfall-)Risikoeinschätzung bezüglich bestehender Verbindlichkeiten stützt.[136]

87 In Bezug auf die Einbeziehung internationaler Abschlüsse und die gegenseitige Anerkennung wurden die Voraussetzungen festgelegt, unter denen ein Konzernabschluss eines Mutterunternehmens mit Sitz in einem Drittstaat befreiende Wirkung entfaltet (§ 292 Abs. 2 HGB). Notwendig ist hier unter anderem, dass der Abschlussprüfer aus dem Drittstaat entweder bei der Wirtschaftsprüferkammer in Deutschland eingetragen (§ 134 Abs. 1 WPO) oder die Gleichwertigkeit der Abschlussprüfung anerkannt ist (§ 134 Abs. 4 WPO).

88 d) **Vereinheitlichung der Abschlussprüfung.** Neben der Feststellung der Gleichwertigkeit für Abschlussprüfer wurde der Weg für eine europäische Vereinheitlichung der Abschlussprüfung bzw. deren Standards bereitet. Nach § 317 Abs. 5 HGB werden Abschlussprüfer verpflichtet, nach **internationalen Prüfungsstandards**, die von der EU-Kom-

---

133 *Pellens/Fülbier/Gassen/Sellhorn* S. 150.

134 BMJ Wesentliche Änderungen des Bilanzrechtsmodernisierungsgesetzes im Überblick S. 3.

135 Zu den einzelnen Bewertungsmethoden vgl. *Pellens/Fülbier/Gassen/Sellhorn* S. 697 ff.

136 Näher *Petersen/Zwirner* S. 229.

mission festgelegt werden, zu prüfen.[137] Eine weitere Überprüfung soll nach § 317 Abs. 2 Satz 3 HGB erfolgen, da der **Konzernabschlussprüfer** nun alle **Prüfungen der Tochterunternehmen zu dokumentieren und zu überprüfen** hat, um Inkonsistenzen innerhalb des Konzernabschlusses zu vermeiden.

Zur Stärkung der Unabhängigkeit und der damit verbundenen Problematik der Verschleierung von Abhängigkeiten wurden des Weiteren die **Ausschlussgründe für Abschlussprüfer** überarbeitet, so dass es beispielsweise nach § 319 Abs. 1 Nr. 4 HGB nicht mehr auf den unterzeichnenden, sondern auf den verantwortlichen Wirtschaftsprüfer ankommt. Dieses Ziel kommt auch darin zum Ausdruck, dass nach § 320 Abs. 4 HGB der **bisherige Abschlussprüfer dem neuen Abschlussprüfer auf Verlangen Auskunft zu erteilen** hat, sowie darin, dass er nach § 321 Abs. 4a HGB im Prüfungsbericht **seine Unabhängigkeit zu bestätigen** hat, unabhängig davon, ob das Unternehmen kapitalmarktorientiert ist. Diese Änderung ist eine überobligatorische Umsetzung der Abschlussprüferrichtlinie, die diese Bestätigung nur für Unternehmen von öffentlichem Interesse fordert.[138] **89**

6. Das 2. E-Geld-Richtlinienumsetzungsgesetz (2. EGeldRLUG) 2011. Durch das **Gesetz zur Umsetzung der zweiten E-Geld-Richtlinie** vom 1.3.2011 (BGBl. I, S. 288) (Vor § 340 Rn 3) wurden Vorstands- und Aufsichtsratsmitglieder sowie Geschäftsleiter von Instituten i.S.v. § 1 Abs. 2a ZAG (Zahlungsinstitute und E-Geld-Institute) in den Normadressatenkreis der §§ 340m ff HGB einbezogen. Bis zum Inkrafttreten des Umsetzungsgesetzes fehlte in den Straf-, Bußgeld- und Ordnungsvorschriften eine Verweisung auf Zahlungsdienstinstitute i.S.v. § 1 Abs. 2 lit. a ZAG, obwohl diese schon durch das Gesetz über die Beaufsichtigung von Zahlungsdiensten (ZAG) vom 25.6.2009 (BGBl. I, S. 1506) in § 340 Abs. 5 HGB aufgenommen sind. Wegen des Rückwirkungsverbots des Art. 103 Abs. 2 GG (Rn 174) können Handlungen, die vor Inkrafttreten der Neuregelung von Sonderpflichtigen in Zahlungsdienstinstituten begangen oder unterlassen wurden, nicht bestraft oder geahndet werden. Gleiches gilt für die Androhung und Festsetzung eines Ordnungsgeldes, da es sich hierbei um eine Sanktion handelt, der inhaltlich Strafcharakter zukommt, so dass die speziellen strafrechtlichen Rechtsgrundsätze gelten (§ 335 Rn 12). **90**

C. Praktische Bedeutung der Bilanzdelikte und Bilanzordnungswidrigkeiten

I. Ausmaß und Ursachen der Bilanzdelikte

1. Ausmaß. Trotz der zentralen Bedeutung der Bilanzen für Gesellschafter, Gläubiger und Kapitalanleger kommt den Bilanzdelikten in der strafrechtlichen Praxis nur **untergeordnete Bedeutung** zu.[139] Die Suche nach Gerichtsentscheidungen, die auf §§ 331 ff HGB beruhen, verläuft nahezu ergebnislos. Statistische Untersuchungen zur Verbreitung und Häufigkeit von Bilanzdelikten fehlen.[140] Auch ein Blick auf die im Jahre 1974 einge- **91**

---

137 Jedoch wurde bisher noch kein International Standard of Accounting (ISA) übernommen; *Melcher* S. 361, 367; vgl. auch die Diskussion um das Grünbuch zur Abschlussprüfung vom 13.10.2010 KOM 2010 561 endg.

138 Vgl. Art. 42 Abs. 1 lit a RL 2006/43 EG.

139 Dazu näher: *Dannecker* in Keppert/Brandstetter S. 97; *Janssen* in Park/Heinz § 332 HGB Rn 15 ff; vgl. auch *Bücklers* S. 161 ff, 209 ff, 225 ff.

140 *Tiedemann* Artikel Bilanzstrafrecht S. 1.

führte und 1984 abgeschlossene „Bundesweite Erfassung von Wirtschaftsstraftaten nach einheitlichen Gesichtspunkten“ lässt auf eine geringe Bedeutung der Bilanzdelikte schließen. So wurden in den Jahren 1974 bis 1981 insgesamt nur 507 Strafverfahren – mit jährlich steigender Tendenz: 1974 36, 1984 101 Verfahren – gegen verantwortliche Personen von **Aktiengesellschaften** durchgeführt.[141] Die überwiegende Anzahl der Verfahren erfolgte wegen Betruges, Bankrotts, Gläubigerbegünstigung, Untreue, Steuerhinterziehung, unlauteren Wettbewerbs usw.[142] Hierbei ist zu berücksichtigen, dass Aktiengesellschaften generell eine sehr viel geringere Kriminalitätsbelastung aufweisen als die Rechtsform der **GmbH**, die an Wirtschaftsstraftaten im Sinne des § 74c GVG in ca. 50 % aller bekannt gewordenen Fälle beteiligt ist; hierzu ist noch eine erhebliche Dunkelziffer hinzuzurechnen.[143] Rückschlüsse auf den Umfang der Bilanzkriminalität sind nur dadurch möglich, dass auf die Straftaten nach dem StGB zurückgegriffen wird, die typischerweise mit Bilanzstraftaten verbunden sind (Rn 105 ff). In diesen Fällen werden die Verstöße gegen die Straftatbestände des HGB in der Regel eingestellt.[144] Als Straftaten nach dem StGB sind die Untreue, der Betrug, der Kredit- und Subventionsbetrug, die Insolvenzdelikte, die Urkunden- und die Sozialversicherungsdelikte zu nennen; weiterhin werden Bilanzdelikte häufig zusammen mit Steuerhinterziehungen begangen.[145] Bilanzfälschungen und unrichtige Wiedergaben der Verhältnisse der Gesellschaft in anderen Darstellungen werden der Öffentlichkeit oftmals nur bekannt, wenn es zur Insolvenz der Gesellschaft kommt und eine nachträgliche systematische Überprüfung auch und gerade im Hinblick auf die Buchführung vorgenommen wird.[146] Inzwischen werden zwar Bilanzdelikte von den Ermittlungsbehörden verstärkt aufgegriffen.[147] Gleichwohl finden sich nur wenige Verurteilungen, weil es angesichts der Wahlrechte und prognostischen Elemente im Bilanzrecht in der Regel schwierig ist, den Nachweis eines solchen Delikts zu führen (Rn 96).[148]

92 2. **Spektakuläre Fälle.** Gerade bei der Rechtsform der Aktiengesellschaft sind grobe Bilanzfälschungen anzutreffen, wie ein Blick auf die besonders spektakulären Fälle zeigt; dabei sind jedoch keine Verurteilungen nach §§ 331, 332 HGB erfolgt:

93 a) **Vorwurf der Bilanzfälschung.** Aktiengesellschaft für Beteiligungen an Telekommunikationsunternehmen (AGFB)[149], Balsam AG[150], Beteiligungsgesellschaft für Gemein-

---

141 *Liebl* S. 143, 257.

142 *Liebl* S. 474 ff; *Maul* DB 1989, 185, 190 f.

143 Siehe dazu Scholz/*Tiedemann* GmbHG[9] Vor §§ 82 ff Rn 2.

144 *Dannecker* in Keppert/Brandstetter S. 97; *Otto* Aktienstrafrecht Vor § 399 AktG Rn 12.

145 Zu verdeckten Gewinnausschüttungen *Dannecker* FS Samson S. 274.

146 *Sorgenfrei* in Park/Heinz § 283b StGB Rn 6; *Knierim* in Volk § 25 Rn 153 ff; *Tiedemann* FS Würtenberger S. 241, 253.

147 *Fleischer* ZIP 2007, 97, 104; krit. HWSt-*Ransiek* VIII 1 Rn 27.

148 Vgl. auch MünchKommStGB/*Sorgenfrei* Rn 25.

149 Handelsblatt v. 11.9.1996, Nr. 176, S. 17.

150 Handelsblatt v. 12.10.1994, Nr. 197, S. 25; v. 6.10. 1994, S. 1; v. 12.6.1996, Nr. 111, S. 9; FAZ v. 21.4. 1995, Nr. 93, S. 16; v. 25.4.1996, Nr. 97, S. 16; SZ v. 24.11. 1994, S. 31; http://www.spiegel.de/wirtschaft/0,1518,70874,00.html; http://www.spiegel.de/wirtschaft/0,1518,29438,00.html; http://www.spiegel.de/wirtschaft/0,1518,70881,00.html, http://www.spiegel.de/wirtschaft/0,1518,70874,00.html.

wirtschaft (BGAG)[151], Bremer Vulkan Verbund AG[152], Coop AG[153], Conergy AG[154], Comroad AG[155], FlowTex[156], HypoVereinsbank AG[157], IKB AG[158], Klöckner/Humbold/Deutz AG[159], Metallgesellschaft AG[160], MLP AG[161], Phenomedia AG[162] Sachsen LB[163], Sachsenring Automobiltechnik Schieß AG[164], Sektkellerei Schloß Wachenheim

---

151 Handelsblatt v. 6.9.1990, Nr. 172, S. 1; 7./8.9. 1990, Nr. 173, S. 17.

152 Handelsblatt v. 20.6.1996; Nr. 127, S. 1, 27; v. 21./22.6.1996, Nr. 118, S. 13; v. 23.9. 1996, Nr. 184, S. 21; v. 25./26.10.1996, Nr. 207, S. 22; FAZ v. 21.6.1996; Nr. 142, S. 17; http://www. spiegel.de/spiegel/ 0,1518,102252,99.html.

153 Handelsblatt v. 6.10.1994, S. 4; v. 5.12. 1989, Nr. 234, S. 8; v. 10.11.1992; Nr. 218, S. 7; FAZ v. 13.4. 1991, Nr. 86; S. 15; v. 10.11.1992, Nr. 262, S. 15.

154 Handelsblatt v. 19.6.2009.

155 http://www.manager-magazin.de/geld/ artikel/0,2828,223854,00.html; http://www.spiegel.de/wirtschaft/0,1518, 226105,00.html; http://www.spiegel.de/wirtschaft/0,1518, 222798,00.html; http://www.spiegel.de/wirtschaft/0,1518, 193297,00.html; http://www.spiegel.de/wirtschaft/0,1518, 191914,00.html; http://www.spiegel.de/wirtschaft/0,1518, 191189,00.html; http://www.faz.net/s/RubC9401175958F4D E28E143E68888825F6/Doc~EC1DE970D6 D444466B524AF167B79E835~ATpl~Ecom mon~Scontent.html?rss_googlefeed_wirtschaft; http://www.sueddeutsche.de/thema/ Comroad.

156 http://www.spiegel.de/wirtschaft/0,1518, 113638,00.html; http://www.spiegel.de/wirtschaft/0,1518, 65680,00.html; http://www.spiegel.de/wirtschaft/0,1518, 65046,00.html; http://www.spiegel.de/wirtschaft/0,1518, 64706,00.html; http://www.spiegel.de/wirtschaft/0,1518, 64379,00.html; http://www.spiegel.de/spiegel/0,1518, 64393,00.html; http://www.spiegel.de/wirtschaft/0,1518, 173357,00.html; http://www.spiegel.de/spiegel/vorab/0,1518, 171826,00.html; http://www.spiegel.de/wirtschaft/0,1518, 171036,00.html; http://www.spiegel.de/spiegel/0,1518, 171700,00.html; http://www.spiegel.de/wirtschaft/0,1518, 159644,00.html; http://www.spiegel.de/wirtschaft/0,1518, 152487,00.html; http://www.spiegel.de/ spiegel/ 0,1518,150578,00.html; http://www.spiegel.de/wirtschaft/0,1518, 135912,00.html; http://www.spiegel.de/spiegel/vorab/0,1518, 128163,00.html.

157 http://www.spiegel.de/wirtschaft0,1518, 49846,00.html; http://www.spiegel.de/spiegel/vorab/0,1518, 19170,00.html.

158 Handelsblatt v. 2.7.2009.

159 Handelsblatt v. 29.5.1996, Nr. 102, S. 11; v. 30.5.1996, Nr. 103, S. 9; 7./8.5.1996, Nr. 108, S. 9; FAZ v. 29.5.1996, Nr. 123, S. 15; v. 4.6.1996, Nr. 128, S. 21; v. 7.6.1996, Nr. 130, S. 20; v. 22.8.1996, Nr. 195, S. 17.

160 Handelsblatt v. 3.3.1994, Nr. 44, S. 17, v. 4./5.3.1994, Nr. 45, S. 21; v. 21.3.1994, Nr. 56, S. 21; v. 12.8.1996, Nr. 154, S. 10.

161 http://www.welt.de/print-welt/article359353/ Anklage_gegen_Ex_MLP_Chef.html; http://www.spiegel.de/wirtschaft/0,1518, 200512,00.html; http://www.manager-magazin.de/ unternehmen/artikel/0,2828,496357,00. html; das Strafverfahren gegen Termühlen wurde gegen Zahlung von 100.000 € eingestellt, http://www.manager-magazin.de/ koepfe/personalien/0,2828,485591,00.html.

162 FAZ v. 14.2.2009; http://www.manager-magazin.de/geld/artikel/0,2828,192057,00. html.

163 FAZ v. 7.8.2008.

164 FAZ v. 11.3.2009.

AG[165], Stumpf AG[166], Südmilch AG/Sachsenmilch AG[167], Telekom AG[168], VK Mühlen AG[169], Schieder Möbel GmbH[170], Vanguard AG[171].

94 b) **Vorwurf der unrichtigen Darstellung.** Berliner Bankgesellschaft[172], Daimler-Benz AG[173], Holzmann AG[174], EM TV AG[175], Alexander Falk[176], Infomatec AG[177].

95 c) **Vorwurf der Untreue.** Aktiengesellschaft für Beteiligungen an Telekommunikationsunternehmen (AGFB)[178], Bremer Vulkan Verbund AG[179], Coop AG[180], Holzmann AG[181], Mannesmann AG,[182] Metallgesellschaft AG[183], MVG Aktiengesellschaft für inter-

165 Handelsblatt v. 13.10.1994, Nr. 198, S. 20; FAZ v. 14.10.1994, Nr. 239, S. 20; 16.11.1995, Nr. 267, S. 29.

166 FAZ v. 14.2.1996, Nr. 38, S. 22; 27.7.1996, Nr. 173, S. 14; Handelsblatt v. 23.7.1996, Nr. 140, S. 9.

167 FAZ v. 13.3.1995, Nr. 61, S. 20; v. 10.6. 1996, Nr. 132, S. 19; v. 20.6.1996, Nr. 141, S. 16; v. 10.10.1996, Nr. 236, S. 22; v. 29.11.1996, Nr. 279, S. 25; Handelsblatt v. 12.6.1996, Nr. 111, S. 15; v. 2.7.1996, Nr. 125, S. 18; 29./30.11.1996, Nr. 1996, Nr. 232, S. 14.

168 http://www.spiegel.de/spiegel/vorab/0,1518,123128,00.html; http://www.spiegel.de/spiegel/vorab/0,1518,143972,00.html; http://www.spiegel.de/spiegel/0,1518,143998,00.html.

169 FAZ v. 14.6.1996, Nr. 136, S. 19; Handelsblatt v. 17.6.1996, Nr. 114, S. 19; 19./20.7. 1996, Nr. 138, S. 11.

170 Spiegel online vom 4.6.2007 http://www.spiegel.de/wirtschaft/0,1518,486671,00.html; http://www.n-tv.de/815125.html.

171 Handelsblatt v. 6.7.2009.

172 Welt am Sonntag v. 10.6.2001; http://www.spiegel.de/politik/deutschland/0,1518,135861,00.html; http://www.berlin.de/sen/justiz/gerichte/kg/presse/archiv/20080417.1155.98685.html.

173 Handelsblatt v. 11.6.1996, Nr. 110, S. 13; v. 12.8.1996, Nr. 154, S. 13; 23.12.1996, Nr. 248, S. 14; FAZ v. 11.6.1996, Nr. 133, S. 18; v. 5.7.1996, Nr. 154, S. 17; 21.12.1996, Nr. 298, S. 15.

174 http://www.spiegel.de/spiegel/0,1518,89651,00.html; http://www.spiegel.de/spiegel/0,1518,53247,00.html; http://www.spiegel.de/wirtschaft/0,1518,59719,00.html; http://www.spiegel.de/spiegel/vorab/0,1518,53228,00.html; http://www.spiegel.de/spiegel/vorab/0,1518,90824,00.html; http://www.spiegel.de/wirtschaft/0,1518,64130,00.html; http://www.spiegel.de/spiegel/0,1518,54218,00.html; http://www.spiegel.de/wirtschaft/0,1518,59946,00.html.

175 http://www.manager-magazin.de/unternehmen/artikel/0,2828,131238,00.html; http://www.manager-magazin.de/koepfe/artikel/0,2828,166351,00.html; http://www.manager-magazin.de/geld/artikel/0,2828,195719,00.html; http://www.spiegel.de/wirtschaft/0,1518,333137,00.html; http://www.spiegel.de/wirtschaft/0,1518,231512,00.html; http://www.spiegel.de/wirtschaft/0,1518,224324,00.html.

176 http://www.spiegel.de/spiegel/print/d-57038092.html; http://www.spiegel.de/wirtschaft/soziales/0,1518,703678,00.html.

177 http://www.manager-magazin.de/geld/artikel/0,2828,159057,00.html; http://www.manager-magazin.de/geld/artikel/0,2828,195076,00.html; http://www.spiegel.de/wirtschaft/0,1518,160364,00.html; http://www.heise.de/newsticker/Infomatec-Prozess-Richter-ermuntert-Angeklagte-zur-Aussage–/meldung/35854; http://www.heise.de/newsticker/Ehemalige-Infomatec-Manager-wegen-Kursbetrugs-vor-Gericht–/meldung/35791.

178 Siehe Rn 149.

179 Siehe Rn 152.

180 Siehe Rn 153.

181 Siehe Rn 174.

182 Handelsblatt v. 20.8.1996, Nr. 160, S. 9; v. 3.9.1996, Nr. 170, S. 12; FAZ v. 19.8. 1996, Nr. 192, S. 17.

183 Siehe Rn 160.

nationale Mode[184], Sektkellerei Schloß Wachenheim AG[185], Standard Elektrik Lorenz AG (SEL),[186] Südmilch AG/Sachsenmilch AG[187], Thyssen AG[188].

3. Ursachen für die geringe praktische Bedeutung der Bilanzstraftatbestände und der Bilanzordnungswidrigkeiten

a) **Unrichtige Darstellung nach § 331 HGB.** Die untergeordnete praktische Bedeu- **96**
tung der Bilanzdelikte liegt darin begründet, dass die Strafverfolgungsorgane immer dann, wenn das deliktische Verhalten zur Verdeckung vorausgehender oder nachfolgender Straftaten verwirklicht wird, den rechtlich schwierigen Straftatbestand der unrichtigen Darstellung gemäß § 331 HGB außer Betracht lassen. Die häufig gleichzeitig einschlägigen **Vermögens- oder Insolvenzdelikte** sind allgemeiner und in der Regel leichter zu beweisen. Eine Verurteilung erfolgt dann aus der gleichzeitig verwirklichten Norm des Strafgesetzbuchs, während die reinen Bilanzdelikte ganz überwiegend eingestellt werden.[189] Hinzu kommt, dass auf dem Gebiet der Abschreibung, der Bewertung und der stillen Reserven nur in eindeutigen Fällen Strafbarkeit gegeben ist (Rn 159; § 331 Rn 61).

b) **Unrichtiges Berichten nach § 332 HGB.** Bislang findet sich kein veröffentlichtes **97**
Urteil, in dem ein Abschlussprüfer wegen einer Straftat nach § 332 HGB verurteilt worden ist.[190] Der zentrale Grund für die untergeordnete praktische Bedeutung des unrichtigen Berichtens nach § 332 HGB liegt darin, dass sich das Tatbestandsmerkmal des „Ergebnisses der Prüfung" ausschließlich auf eine **Abweichung von den subjektiv gefundenen Prüfungsergebnissen** bezieht und nicht auf die objektive Unrichtigkeit des Prüfungsberichts (§ 332 Rn 7, 47);[191] außerdem muss dem Abschlussprüfer Vorsatz nachgewiesen werden. Beide Gesichtspunkte schränken den Anwendungsbereich dieses Straftatbestandes erheblich ein; denn der Wirtschaftsprüfer ist straffrei, solange er das berichtet, was seine Prüfung an Ergebnissen hervorgebracht hat. Wie fundiert diese Ergebnisse sind, ist strafrechtlich irrelevant. Soweit ersichtlich, wurde insbesondere bei zwei großen Unternehmenszusammenbrüchen auch gegen die Abschlussprüfer Anklage erhoben.[192] Bei dem *Balsam*-Verfahren sei ihm beim Unterlaufen des Kontrollsystems der Kreditgeber eine „herausragende Funktion" bei der Begehung des schweren Betruges zugekommen. Das Verfahren gegen ihn endete jedoch mit einem Freispruch. Der zum Sachverständigen bestellte Wirtschaftsprüfer konnte die ineinander verwobenen Geschäfte nur schwer durchschauen und musste deshalb seine Stellungnahme nachträglich in der Hauptverhandlung mehrfach revidieren.[193] Das Verfahren gegen die Abschlussprüfer der *Berliner Bankgesellschaft*

---

184 Handelsblatt v. 26.10.1992, Nr. 207, S. 17.

185 Siehe Rn 165.

186 FAZ v. 21.12.1996, Nr. 298, S. 15; v. 14.11.1990, Nr. 266, S. 22; v. 22.5.1991, Nr. 116, S. 21.

187 Siehe Rn 167.

188 FAZ v. 9.8.1996, Nr. 184, S. 15; Handelsblatt v. 13.8.1996, Nr. 155, S. 11; v. 2.9.1996, Nr. 169, S. 13.

189 *Otto* Aktienstrafrecht, Vor § 399 AktG Rn 12; *Tiedemann* Wirtschaftsstrafrecht BT Rn 476.

190 Ebenso hat die zivilrechtliche Rechtsprechung bislang keinen Abschlussprüfer nach vertraglichen oder vertragsähnlichen Grundsätzen haften lassen. Bei freiwilligen Prüfungen oder anderen Prüfungsanlässen stellte sich die Situation allerdings anders dar; *Quink* BB 1992, 1675, 1681.

191 BeckBilKomm/*Kozikowski*/*Gutman* § 332 Rn 11; MünchKommHGB/*Quedenfeld* § 332 Rn 17 f; *Tiedemann* Artikel Bilanzstrafrecht in HdWiStR, S. 2.

192 Zur Beteiligung von Wirtschaftsprüfern *Niewerth* S. 102 f.

193 KK-AktG/*Geilen* § 400 AktG Rn 7; vgl. die Fundstellen zum *Balsam*-Verfahren in Fn 72.

wurde im Zwischenverfahren vom Landgericht Berlin mit Beschluss vom 31.3.2008 wegen mangelnden hinreichenden Tatverdachts nicht eröffnet.[194] Hierin spiegelt sich wider, dass es für die Staatsanwaltschaften und Strafgerichte selbst bei sorgfältiger Arbeitsweise außerordentlich schwierig ist, komplexe Fälle der Wirtschaftskriminalität aufzuklären. Die Geschädigten vermeiden selbst die Durchführung von zivilrechtlichen Schadensersatzverfahren. Strafanträge werden in der Regel nicht gestellt und außergerichtliche Vergleiche bevorzugt, da der Schaden, der durch einen Prozess entstünde, von den Beteiligten meist als schwerwiegender als der bereits eingetretene Schaden eingestuft wird. Hinzu kommt, dass freiwillige Prüfungen nicht von § 332 HGB erfasst werden (§ 332 Rn 15).

98 c) **Geheimnisverrat nach § 333 HGB.** Die geringe praktische Bedeutung des Geheimnisverrats nach § 333 HGB liegt vor allem darin begründet, dass es sich hierbei um ein **Strafantragsdelikt** handelt. Der betroffenen Gesellschaft soll dadurch die Möglichkeit gegeben werden, selbst über die Einleitung eines Strafverfahrens zu entscheiden und gegebenenfalls eine (Ruf-)Schädigung der Gesellschaft zu vermeiden.[195] Erfahrungsgemäß sind die geschädigten Gesellschaften bei der Stellung eines Strafantrages äußerst zurückhaltend. Zum einen wird die Strafanzeige als nutzlos angesehen, weil sie oft keine hinreichenden Erfolgsaussichten verspricht. Zum anderen scheut man das Eingeständnis der Schädigung aus Prestigegründe, sowie die Öffentlichkeit des Verfahrens und damit die Gefahr der weitergehenden Preisgabe des Geheimnisses.

99 d) **Bilanzordnungswidrigkeiten nach § 334 HGB.** Auch die Bilanzordnungswidrigkeiten spielen in der Praxis eine nur untergeordnete Rolle, da in den schwerwiegenderen Fällen eine Straftat vorliegt (§ 334 Rn 14, 55, 58, 68) und die Ordnungswidrigkeit dann nach § 20 OWiG hinter diese zurücktritt. Obwohl durch die Einführung des Enforcement-Verfahrens (Rn 53) Verstöße nun den Behörden häufiger bekannt werden, werden keine Ordnungswidrigkeitenverfahren eingeleitet und durchgeführt, weil die Verfolgung einer Ordnungswidrigkeit dem **Opportunitätsprinzip** unterliegt, so dass es im Ermessen der für die Ahndung zuständigen Behörde steht, ein Bußgeld zu verhängen (§ 334 Rn 112).

II. Typische Fallgestaltungen und Begehungsformen der Bilanzdelikte

100 **1. Typische Fallgestaltungen.** Typische Fallgestaltungen der Bilanzdelikte, die zusammen mit anderen Delikten begangen werden, sind **Falschbewertungen**, die begangen werden, um erhebliche Über- und Unterbewertungen von Vermögensgütern, um entstandene oder drohende Verluste und Zusammenbrüche zu verheimlichen oder um stille Reserven zu bilden. Auch die **Überbewertung**, insbesondere von Forderungen zum Zwecke der Kreditierung und die **Fiktion von Aktiva**, die sich vor allem bei Angaben über Vorräte finden, die je nach der Art der Lagerhaltung oft unübersichtlich und schwer zu kontrollieren sind, ist eine häufig auftretende Fallgestaltung.[196] Daneben wird die Bilanz als allgemeine Kreditbasis für Zwecke des **Gründungs- und Beteiligungsschwindels** manipuliert. Neben formellen Mängeln, die auch in der heutigen Bilanzierungspraxis vorkommen, spielt das **Verheimlichen drohender Verluste** und Zusammenbrüche eine Rolle.

---

[194] LG Berlin 31.03.2008, (526) 2 StB Js 3/03 KLs (2/2005); Beschluss vom 11.02.2010, 2 AR 67/03-1 Ws 2/2/08.

[195] KK-AktG/*Geilen* § 404 AktG Rn 6.

[196] *Tiedemann* Artikel Bilanzstrafrecht in HdWiStR S. 2; *ders.* Wirtschaftsstrafrecht BT Rn 473.

Folgende kriminelle Verhaltensweisen bestimmen das tatsächliche **Erscheinungsbild der Bilanzdelikte:** *Verfälschen von Belegen und Buchungen*: falsche Angaben über Geschäfte oder die Person des Gläubigers[197]; *erdichtete Buchungsfälle*: Scheinsachverhalte, nicht-buchungsfähige Geschäftsvorfälle, private Entnahmen als Lohnfortzahlungen, willkürliche Abschreibungen[198]; *Nichtverbuchungen*: nicht verbuchte Entnahmen[199], Nichtbuchung von Ansprüchen, Unterlassen von Abschreibungen und Wertberichtigungen, Verheimlichen oder Vernichten von Belegen und Büchern[200], Buchungen ohne Belege[201], nicht zeitgerechte Verbuchungen und die unrichtige Erfassung der Bestände in Inventuren[202]. 101

2. **Begehungsformen der Bilanzdelikte.** Bilanzdelikte können alle Bestandteile und jede einzelne Position eines Jahresabschlusses betreffen.[203] Was die systematische Erfassung der Bilanzdelikte anbetrifft,[204] so kann in Anlehnung an die Tathandlungen des § 331 HGB zwischen **„Bilanzfälschung" und „Bilanzverschleierung"** unterschieden werden,[205] jedoch ist diese Unterscheidung nicht trennscharf.[206] Ein weitere Differenzierungsmöglichkeit besteht darin, nach der Art der Bilanzfehler zwischen ergebnisverändernden Falschdarstellungen in Bilanz und GuV einerseits und ergebnisneutralen Falschdarstellungen in der Bilanz und GuV sowie im Geschäftsbericht (Anhang oder Lagebericht) andererseits zu unterscheiden.[207] Zu den **ergebnisverändernden Falschdarstellungen in Bilanz und GuV** gehören das Einstellen fiktiver Beträge, das Weglassen von Posten, bewusst falsche Wertansätze und die Bilanzierung erfolgswirksamer Umgehungshandlungen. **Ergebnisneutrale Falschdarstellungen** in der Bilanz und der GuV sind falsche und ungenaue Bezeichnungen und die Vermischung von Posten, die Bilanzierung erfolgsneutraler Umgehungshandlungen wie Scheingeschäfte und Verschiebungen zum Zweck der falschen Darstellung der Risikoverhältnisse, ungerechtfertigte Saldierungen und die Unterlassung notwendiger Kompensationen, unberechtigte und sinnwidrige Gruppenbildungen und mangelhafte Erläuterungen. Ergebnisneutrale Falschdarstellungen im Anhang und Lagebericht sind falsche und unklare Angaben sowie völliges oder teilweises Weglassen gesetzlich geforderter oder sonst notwendiger Angaben. 102

In Ergänzung hierzu wird eine Einteilung der Bilanzdelikte nach der **Art ihrer Begehung** vorgenommen in: *Beurkundung*, d.h. Manipulationen betreffend den Dokumentationsvorgang, *Bewertung*, d.h. Schätzungen, Prognosen, Umgehungs- und Scheingeschäfte, *Benennung*, d.h. unrichtige Bezeichnung der Posten, Nichteinhaltung von Gliederungsvorschriften und Nichtvornahme gebotener Kompensierungen, *Beurteilungsverstöße*, d.h. unrichtige und verschleiernde schriftliche Angaben im Anhang oder Lagebericht.[208] 103

Orientiert man sich an den **Vorgaben der Straftatbestände**, so kann danach unterschieden werden, ob es sich um Straftaten handelt, deren Begehung sich in der mangel- 104

---

197 BGH GA 1961, 358.

198 RGSt 39, 223 ff.

199 BGH MDR 1981, 100.

200 BGH NJW 1954, 1010.

201 BGH GA 1961, 358.

202 Vgl. dazu *Gössweiner-Saiko* Wirtschaftskriminalität S. 58; *Zirpins/Terstegen* S. 282 ff.

203 *Döllerer* BB 1982, 777 ff; *Kessler* S. 21 ff, 49 ff, 11 ff, 126 ff.

204 Eingehend dazu *Marker* S. 66 ff; *Nelles* S. 15 ff.

205 Kritisch dazu *Marker* S. 40 ff; vgl. auch *Schüppen* S. 20 ff.

206 *Marker* S. 177 ff.

207 So *Marker* S. 177 ff; ähnlich GoB/*Leffson* S. 243.

208 *Schüppen* S. 23 ff; ausführlich dazu *Peemöller/Hofmann* S. 21 ff, 127 ff.

haften Erstellung des Jahresabschlusses erschöpft (**„reine Bilanztatbestände“**), zu deren Begehung die Erstellung eines mangelhaften Jahresabschlusses notwendigerweise oder doch typischerweise neben anderen Tatbestandsmerkmalen gehört (**„Bilanzdelikte als notwendige oder typische Tatbestandselemente“**), deren Begehung auch durch Erstellung oder Verwendung eines mangelhaften Jahresabschlusses möglich ist (**„Bilanzdelikte als mögliche Tatbestandselemente“**) oder deren Begehung in der Praxis häufig mit der Erstellung oder Verwendung eines mangelhaften Jahresabschlusses verdeckt wird oder die als Mittel zur Bilanzmanipulation eingesetzt werden („Bilanzdelikte als Verdeckungshandlungen oder Ergebnisse anderer Straftaten“).[209] Zu den „reinen Bilanztatbeständen“ gehören § 331 Abs. 1 Nr. 1 HGB und die entsprechenden Vorschriften im Aktien- und GmbH-Strafrecht (§ 400 Abs. 1 Nr. 1 AktG, § 82 Abs. 2 Nr. 2 GmbHG) sowie die Insolvenzstraftatbestände (§§ 283 Abs. 1 Nr. 7, 283b Abs. 1 Nr. 3 StGB). Zu den „Bilanzdelikten als notwendige oder typische Tatbestandselemente“ zählen §§ 283 Abs. 1 Nr. 7, 265b StGB und § 88 BörsenG. Zur Gruppe der „Bilanzdelikte als mögliche Tatbestandselemente“ gehören die §§ 263, 264, 264a, 267 StGB und zur Gruppe der „Bilanzdelikte als Verdeckungshandlungen oder Ergebnisse anderer Straftaten“ die §§ 246, 263, 266 StGB und § 370 AO sowie die über das Bilanzdelikt hinausgehenden Insolvenzdelikte der §§ 283 ff StGB.

III. Straftaten außerhalb des HGB

105 Bilanzstraftaten werden häufig zusammen mit oder in der Folge von sonstigen Straftaten begangen, die unter die Vorschriften des Strafgesetzbuchs fallen. In diesen Fällen führt die unrichtige oder verschleiernde Buchführung auch zu unrichtigen Bilanzen, die damit Gegenstand des Straftatbestandes des **§ 331 HGB** sind. Wenn ein Abschlussprüfer Straftaten aufdeckt und hierüber nicht berichtet, macht er sich nach **§ 332 HGB** wegen **Verletzung der Berichtspflicht** strafbar; gegebenenfalls kommt auch eine Beteiligung an der Straftat Dritter in Betracht, sofern die Tat noch nicht beendet ist.

106 **1. Untreue.** Wenn unrichtige Handelsbilanzen erstellt werden, ist häufig neben den Straftatbeständen der §§ 331, 332 HGB auch der Straftatbestand der Untreue gemäß § 266 StGB in der Form des **Treubruchstatbestandes** erfüllt,[210] wenn dem Täter fremdnützige Dispositionsbefugnisse eingeräumt sind.[211] Dieser Straftatbestand ist nach h.M. verfassungskonform, da Rechtsprechung und Strafrechtswissenschaft der Vermögensbetreuungspflicht durch eine fallgruppenorientierte Systematisierung hinreichend scharfe und feste Konturen verliehen haben.[212] Allerdings ist eine restriktive Auslegung geboten,[213] wenn auch nicht um jeden Preis.[214] Nach der seit der Entscheidung BGHSt 24, 386 h.M. setzt der Treubruchstatbestand (§ 266 Abs. 1, 2. Alt. StGB) ebenso wie der

---

209 So *Schüppen* S. 28 f.

210 Vgl. dazu *Teufel* Kriminalistik 1969, 624; *ders.* Kriminalistik 1971, 575, 630.

211 Schönke/Schröder/*Perron* § 266 StGB Rn 2; *Dannecker* FS Samson S. 281.

212 BVerfGE, Beschluss vom 23. Juni 2010, 2 BvR 2559/08, 2 BvR 105/09, 2 BvR 491/09; *Fischer* § 266 StGB Rn 5; LK/*Schünemann* § 266 StGB Rn 29 ff; Schönke/Schröder/*Perron* § 266 StGB Rn 22; SSW/*Saliger* § 266 StGB Rn 4; *Ransiek* ZStW 116 (2004) 634, 640 ff, 678; *Rönnau* ZStW 119 (2007) 887, 892 f.

213 BVerfGE, Beschluss vom 23. Juni 2010, 2 BvR 2559/08, 2 BvR 105/09, 2 BvR 491/09; Schönke/Schröder/*Perron* § 266 StGB Rn 22; *Saliger* HRRS 2006, 10, 17 ff; *Waßmer* in Graf/Jäger/Wittig § 266 StGB Rn 17.

214 *Saliger* JA 2007, 334.

Missbrauchstatbestand (§ 266 Abs. 1, 1. Alt. StGB) voraus, dass der Täter verpflichtet ist, fremde Vermögensinteressen wahrzunehmen.[215] Bei § 266 StGB handelt es sich somit bei beiden Tatbestandsalternativen um Sonderdelikte, die nur von dem Vertretungsberechtigten oder Betreuungspflichtigen begangen werden können. Nach der Rechtsprechung weist das gesetzliche Tatbestandsmerkmal der **Wahrnehmung fremder Vermögensinteressen** auf Vorgänge von einem gewissen Gewicht und einer gewissen Bedeutung hin; „einfache schuldrechtliche Verpflichtungen"[216] reichen hierfür nicht aus. Anhaltspunkte für das Vorliegen dieses Tatbestandsmerkmals sollen sich aus dem Grad der Selbständigkeit, der Bewegungsfreiheit und der Verantwortlichkeit des Verpflichteten ergeben. Rein mechanische Tätigkeiten erfüllen die Voraussetzungen des Treubruchstatbestands in der Regel nicht.[217] Wenngleich die Rechtsprechung den Täterkreis des Treubruchstatbestands sehr weit ausdehnt,[218] wird einschränkend gefordert, dass die Pflicht zur Wahrnehmung fremder Vermögensinteressen der typische und wesentliche Inhalt des den Täter mit dem Vermögensinhaber verbindenden Verhältnisses sein muss. Die Orientierung an Gesamtwürdigung und Indizienkatalog ermöglicht der Rechtsprechung, die einzelnen Beweiszeichen für eine Vermögensbesteuerungspflicht fallbezogen zu gewichten.[219]

Weitere Voraussetzung der Untreue ist, dass die Tathandlung, z.B. die unrichtigen Buchungen, eine Beeinträchtigung des zu betreuenden Vermögens zur Folge haben.[220] **107**
Zum Untreuetatbestand gehört nämlich, dass das betreute Vermögen durch eine Untreuehandlung **geschädigt** oder in einer der Schädigung gleichkommenden Weise gefährdet wird.[221] Dies ist nicht nur dann der Fall, wenn durch die unrichtige oder unterlassene Buchung die Geltendmachung begründeter Ansprüche unterbleibt, sondern auch, wenn die Ansprüche, auf die sich die Fehlbuchungen beziehen, mit hinreichender Sicherheit hätten geltend gemacht werden können.[222] Durch dieses Erfordernis wird die reichsgerichtliche Rechtsprechung, die schon in einer unübersichtlichen Buchführung eine schadensgleiche Vermögensgefährdung gesehen hat,[223] auf adäquate Weise eingeschränkt. Selbst dann, wenn eine Buchung mit den Grundsätzen eines ordentlichen Kaufmanns unvereinbar ist, muss noch kein Vermögensschaden vorliegen. So sind z.B. bei der GmbH **einverständliche Entnahmen** bereits **erzielter Gewinne** an sich erlaubt, bilden also in der Regel keinen rechtswidrigen Nachteil für die Gesellschaft,[224] da die Gesellschafter einen Anspruch auf den Jahresüberschuss oder den Bilanzgewinn haben. Zwar gibt erst der Feststellungs- oder Gewinnverteilungsbeschluss dem einzelnen Gesellschafter einen klagbaren Anspruch. Doch ist auch die Zahlung von Gewinnvorschüssen zulässig, soweit dies im Gesellschaftsvertrag vorgesehen ist oder von der Gesellschafterversammlung

---

215 Vgl. nur *Fischer* § 266 StGB Rn 6; Lackner/*Kühl* § 266 StGB Rn 2; LK/*Schünemann* § 266 StGB Rn 9, 17, 24; jeweils mwN; aA Schönke/Schröder/*Perron* § 266 StGB Rn 2.

216 BGHSt 28, 20, 23.

217 RGSt 69, 58, 61 f; 146, 148; 279, 280 f; 72, 194; 77, 393; BGHSt 3, 289, 293 f; 13, 315, 317; 41, 224, 229; BGH NStZ 1983, 455; NJW 1991, 2574; vgl. auch die Übersicht bei *Otto* JZ 1993, 660 f.

218 Kritisch zur Rechtsprechung Schönke/Schröder/*Perron* § 266 StGB Rn 24 mwN sowie HWSt-*Seier* V 2 Rn 18 ff.

219 Näher dazu SSW/*Saliger* § 266 StGB Rn 10.

220 BGHR StGB § 266 Abs. 1, Nachteil 31 Verhinderung von Schadensersatzansprüchen; Schönke/Schröder/*Perron* § 266 StGB Rn 36.

221 Grundlegend BGHSt 44, 376, 384. Nach hM ist der Schaden wie beim Betrug zu bestimmen; *Waßmer* in Graf/Jäger/Wittig § 266 StGB Rn 161 mwN.

222 BGHSt 20, 304; BGH NStZ 1996, 543; NStZ 2001, 432; NStZ 2004, 559; eingehend *Louis* S. 114 ff; siehe dazu auch HWSt-*Seier* V 2 Rn 204 ff.

223 RGSt 73, 283, 286 f; 77, 228.

224 BGHZ 31, 278; BGH NJW 1984, 1037.

beschlossen wird. Für die strafrechtliche Beurteilung kommt es jedoch nicht darauf an, ob ein förmlicher Beschluss über die Verwendung des Ergebnisses vorliegt. Ein Nachteil liegt selbst dann nicht vor, wenn die entnommenen Beträge zu Tarnungszwecken falsch gebucht werden.[225] Schädliche Folgen im Sinne eines Vermögensnachteils liegen demgegenüber vor, wenn in den Fällen unordentlicher Buchführung die **Durchsetzung berechtigter Ansprüche erheblich erschwert oder verhindert** worden ist[226] oder wenn durch die an sich mögliche Entnahme der Gewinne die **Existenz der Gesellschaft gefährdet** wird. So ist in der Rechtsprechung wiederholt anerkannt worden, dass Entnahmen aus dem Gesellschaftsvermögen trotz Zustimmung aller Gesellschafter als Nachteilszufügung anzusehen sind, wenn sie die Existenz der Gesellschaft durch Entzug der Produktionsgrundlage, deren Liquidität oder sonstige besondere Gesellschaftsinteressen gefährden.[227] Einschränkend bleibt allerdings festzuhalten, dass der BGH nicht fordert, dass sich bei der Aufstellung einer Überschuldungsbilanz ein negativer Saldo ergibt. Dadurch werden erhebliche Probleme, die bei dem für Insolvenzdelikte (§§ 283 ff StGB) erforderlichen Überschuldungsnachweis auftreten, zu Lasten des Täters vermieden. Insbesondere wenn Bewertungsfragen anstehen, muss nämlich im Insolvenzstrafrecht, soweit mehrere Ansichten vertretbar sind, die dem Täter günstigste Entscheidung bei der Feststellung der Überschuldung getroffen werden. Dies bedeutet aber, dass der günstigste Wert anzusetzen ist, so dass häufig eine Überschuldung nicht mit an Sicherheit grenzender Wahrscheinlichkeit festgestellt werden kann.[228] Diese Einschränkung gilt bei § 266 StGB nicht.

108 Die Rechtsprechung hat bei folgenden **Fallkonstellationen** den Untreuetatbestand bejaht: Nach ständiger Rechtsprechung des BGH und des RG[229] begründet eine mit den Grundsätzen eines ordentlichen Kaufmanns unvereinbare unordentliche, lückenhafte oder falsche Buchführung nicht bereits als solche einen Vermögensnachteil in Gestalt einer schadensgleichen Vermögensgefahr, sondern erst dann, wenn die **Durchsetzung berechtigter Ansprüche verhindert oder erheblich erschwert** wird,[230] wenn z.B. durch eine große Anzahl unrichtiger Buchungen oder durch eine unterlassene Buchhaltung die Unmöglichkeit einer klaren Auskunft über den Vermögensstand entstanden ist, so dass eine wirtschaftlich richtige Entscheidung nicht getroffen werden konnte.[231] Die Vermögensgefährdung kann hierbei sowohl durch **einzelne Buchungsvorgänge**[232] als auch durch eine **insgesamt unordentliche**, den Vermögensstand verschleiernde **Buchführung**[233] entstehen. Ebenso liegt ein Vermögensnachteil vor, wenn der Geschäftsführer Umsätze des Unternehmens auf ein **verdecktes Konto** umleitet.[234] Sodann sind Manipulationen der Buchhaltung zur **Verschleierung von unberechtigten Entnahmen**, um Ersatzansprüche zu unterbinden, als Untreue zu qualifizieren. Gleiches gilt für das pflichtwidrige Ausnutzen eines ohne Zutun des vertretungsberechtigten Organs oder Buchhalters entstandenen Buchungsfehlers, z.B. wenn der geschäftsführende Gesellschafter einer GmbH eine auf

---

[225] So ausdrücklich BGH wistra 1989, 25.
[226] BGH, NStZ 2004, 559 f.
[227] Vgl. die Nachweise bei Schönke/Schröder/*Perron* § 266 StGB Rn 21 ff.
[228] Schönke/Schröder/*Heine* § 283 StGB Rn 51.
[229] RG JW 1936, 2319 Nr. 15; RGSt 77, 228; RG JW 1935, 2963; aA RGSt 73, 228; dazu *Louis* S. 114 ff mit weit. Nachw.
[230] BGH GA 1965, 121, 122 und 154, 155; BGHSt 20, 304, 305; 47, 8, 11; *Fischer* § 266 StGB Rn 152a; Schönke/Schröder/*Perron* § 266 StGB Rn 45b; SSW/*Saliger* § 266 StGB Rn 73.
[231] BGHSt 20, 304 f.
[232] Vgl. RG NJW 1926, 586; BGHSt 6, 115, 117; BGHSt 40, 287, 295 f; siehe auch *Louis* S. 127 ff.
[233] BGHSt 20, 304; BGH NStZ 1996, 543; NStZ 2001, 432; GA 1956, 121; vgl. dazu Schönke/Schröder/*Perron* § 266 StGB Rn 45b mwN.
[234] BGH wistra 2000, 136.

sein Darlehenskonto verbuchte Kundenzahlung stehen lässt, so dass der Eindruck entsteht, er habe sein Darlehen zurückgezahlt; in der dadurch verursachten Vermögensgefährdung liegt ein Nachteil der GmbH.[235] Das ist außerdem der Fall, wenn durch eine vorübergehende Nichtverbuchung einer Entnahme ein eventueller Rückforderungsanspruch unbekannt bleibt oder zu Unrecht ein voller Anspruch auf Ausschüttung des Gewinnanteils in der Buchhaltung ausgewiesen wird. Schließlich kann die **Vernichtung von Buchhaltungsunterlagen** durch ein vertretungsberechtigtes Organ der Gesellschaft eine Untreue darstellen, wenn infolge dieser Handlung Ansprüche der Gesellschaft nicht mehr geltend gemacht werden können.[236] Auch die **Einrichtung schwarzer Kassen** oder eines „Sonderfonds", durch den ein Teil des zu betreuenden Vermögens abgesondert und so eine ordnungsgemäße Überwachung der Kassenführung durch den Geschäftsherrn verhindert und ihm die freie Verfügung über das Vermögen entzogen wird, führt zur Strafbarkeit nach § 266 StGB.[237] Nach der neueren Rechtsprechung des 2. Strafsenats des BGH in den Fällen „Kanther" und „Siemens" soll bereits die Bildung und Unterhaltung einer schwarzen Kasse als Unterlassen einer gebotenen Offenlegung regelmäßig zu einem Vermögensnachteil führen.[238] Wenn durch die vorübergehende Nichtverbuchung einer Entnahme ein Vermögensschaden eintritt, weil ein Rückforderungsanspruch unbeachtet bleibt (§ 93 Abs. 3 Nr. 3 AktG) oder zu Unrecht ein voller Anspruch auf Ausschüttung des Gewinnanteils in der Buchführung ausgewiesen ist, kommt § 266 StGB zur Anwendung.[239] Gleiches gilt für die Vermischung der Buchhaltung zweier rechtlich selbständiger Gesellschaften, wenn dadurch Ansprüche beeinträchtigt werden.[240] Auch die **Entnahme von Beträgen und deren Verschleierung** durch einen Vermögensfürsorgepflichtigen ist als Untreue strafbar, wenn dadurch die Geltendmachung von Schadensersatzansprüchen verhindert wird.[241] Eine schadensgleiche Vermögensgefährdung soll schließlich bereits dann vorliegen, wenn auf Grund der Umstände des Einzelfalles mit einer ungerechtfertigten Doppelinanspruchnahme zu rechnen und wegen der unzulänglichen Buchführung eine **wesentliche Erschwerung der Rechtsverteidigung** zu besorgen ist.[242]

Weiterhin spielt die Untreue im Zusammenhang mit **verdeckten Gewinnausschüttungen** eine Rolle. Im Gesellschaftsrecht versteht man unter der verdeckten Gewinnausschüttung „jede außerhalb der förmlichen Gewinnverwendung vorgenommene Leistung der Gesellschaft aus ihrem Vermögen an einen ihrer Gesellschafter, der keine gleichwertige Leistung gegenübersteht".[243] Die in der Praxis bedeutsamsten Fälle der verdeckten **109**

235 BGH GA 1955, 363.

236 Vgl. dazu auch LK/*Schünemann* § 266 StGB Rn 146.

237 BGH GA 1955, 121; BGHSt 20, 304; vgl. auch BGHSt 40, 287.

238 BGHSt 51, 100, 112; mit Bespr *Bernsmann* GA 2007, 229 ff; *Beukelmann* NJW-spezial 2008, 600 ff; *Perron* NStZ 2008, 517 ff; *Ransiek* NJW 2007, 1727 ff; BGHSt 52, 323 ff mit zust. Anm. *Ransiek* NJW 2009, 95 ff; *Saliger* NStZ 2007, 545 ff; *Selle/Wietz* ZIS 2008, 471 ff; abl *Jahn* JuS 2009, 173 ff; *Knauer* NStZ 2009, 151 ff; *Maxen/Tascher* EWiR § 266 StGB 1/09; *Rönnau* StV 2009, 246 ff; *Satzger* NStZ 2009, 297 ff; *Schlösser* NRRS 2009, 19 ff.

239 Zu Entnahmen des GmbH-Geschäftsführers BGH NStZ 1984, 118; BGHSt 30, 127; 28, 371; vgl. aber auch BGHSt 34, 379 bei Einwilligung aller Gesellschafter.

240 BGH GmbHR 1960, 203.

241 BGHR StGB § 266 Abs. 1, Nachteil 31, Verhinderung von Schadensersatzansprüchen.

242 BGHSt 47, 8, 11; OLG Frankfurt NStZ-RR 2004, 244, 245 f; Schönke/Schröder /*Perron* § 266 StGB Rn 45b; *Louis* S. 127 f; einschr. MünchKommStGB/*Dierlamm* § 266 Rn 186, 240; ablehnend SSW/*Saliger* § 266 StGB Rn 73: Die Vermögensgefahr ist noch nicht konkret, weil es einer eigenmächtigen Handlung Dritter bedarf.

243 BGH, Urt. v. 13.11.1995, DStR 1996, 271 zu §§ 30 ff GmbHG.

Gewinnausschüttung sind dabei fingierte Austauschverträge, nicht vollwertige Gegenleistungen, wie etwa überhöhte Geschäftsführervergütung[244], Pensionszusagen[245], Überstundenvergütungen, überhöhte Mietzinszahlungen[246], nicht geschuldete Übernahme von Kosten, fingierte Beschäftigungsverhältnisse[247], Angebot oder Inanspruchnahme von Leistungen zu überhöhten oder verbilligten Preisen[248], Kauf oder Verkauf auch eigener Geschäftsanteile zu überhöhtem oder verbilligtem Preis[249], Erhebung überhöhter Konzernumlagen bei einer Tochter-GmbH[250], der Verzicht auf Ersatz- oder andere Rechte wie auch die Versorgung des Gesellschafters zum Selbstkostenpreis, wenn der marktübliche Preis höher anzusetzen ist.[251]

110 Entscheidend bei der Ermittlung der Vorteilsgewährung ist, ob ein ordentlicher und gewissenhafter Geschäftsführer das Geschäft in der gleichen Weise mit einem gesellschaftsfremden Dritten abgeschlossen hätte (**Fremdvergleich** unter Einbeziehung eines objektivierten Sorgfaltsmaßstabs).[252] Dabei muss keine Begünstigungsabsicht gegeben sein. Allerdings beseitigt auch der gute Glaube nicht die Tatbestandsmäßigkeit.[253] Ebenfalls als verdeckte Gewinnausschüttung einzuordnen sind entferntere Begünstigungen, wie etwa Geschäfte, die eine Kursbeeinflussung zugunsten der Gesellschafter zum Gegenstand haben, oder die Abwälzung von Verlusten aus Spekulationsgeschäften an die Gesellschaft selbst.

111 Bei der Zulässigkeit der verdeckten Gewinnausschüttung im Gesellschaftsrecht ist zwischen der Rechtslage nach dem Aktiengesetz und dem GmbH-Gesetz strikt zu trennen. Das **Aktienrecht** verbietet verdeckte Gewinnausschüttungen nach den §§ 57, 58 Abs. 5 AktG. Danach ist vor Auflösung der Gesellschaft nur die Verteilung des Bilanzgewinnes zulässig.[254] Im **GmbH-Recht** werden Gewinnausschüttungen – unabhängig von den spezifischen steuerrechtlichen Wirkungen – unter folgenden Voraussetzungen anerkannt, die kumulativ vorliegen müssen. Zunächst sind die allgemeinen Zulässigkeitsvoraussetzungen einzuhalten: der Kapitalerhaltungsgrundsatz des § 30 GmbHG, das Verbot des Rechtsmissbrauchs, und die Beachtung von Gleichbehandlungsgrundsatz, Treuepflicht und innerer gesellschaftlicher Kompetenzverteilung.[255] Weiterhin muss ein Beschluss des Organs, das für die Feststellung des Jahresabschlusses und für den Beschluss über die Gewinnverwendung zuständig ist (Ergebnisverwendung, § 29 GmbHG), vorliegen.[256] Sodann müssen alle Gesellschafter, deren Gewinnbezugsrecht durch diese Gestaltungsform potentiell gefährdet wird, zustimmen.[257] Abweichend von diesen Voraussetzungen hat der BGH eine verdeckte Gewinnausschüttung auch unter der weiteren

---

[244] FG München, Beschl. v. 10.2.2009, 7 V 4032/08.
[245] BFH, Urt. v. 14.3.2006, I R 38/05, BeckRS 2006, 25010020.
[246] OLG Oldenburg, Urt. v. 27.10.2006, 1 U 29/04, BeckRS 2007 01722; FG Sachsen, Urt. v. 10.1.2008, 2 K 2196/06, BeckRS 2008, 26025405.
[247] BGHZ 111, 224; OLG Düsseldorf ZIP 1989, 1485; einschr. OLG Karlsruhe NZG 1999, 1231.
[248] BGH NJW 1987, 1194; OLG Celle NJW 1993, 739.
[249] FG Berlin Urt. v. 16.6.2009, 6 K 959/05, GmbH-StB 2009, 275 f; *Rose* GmbHR 1999, 373.
[250] BGHZ 65, 15; siehe auch NJW 1999, 1706.
[251] Baumbach/Hueck/*Fastrich* GmbHG § 29 Rn 68.
[252] Siehe FG Berlin-Brandenburg, Urt. v. 16.01.2008, BeckRS 2008, 26024778; siehe auch *Kohlhepp* DStR 2009, 357, 358.
[253] *Roth/Altmeppen* GmbHG § 29 Rn 60.
[254] Vgl. MünchKommAktG/*Bayer* § 57 Rn 7 ff.
[255] BGH Urt.v. 7.4.2003, DStR 2003, 1309.
[256] *Wicke* GmbHG § 29 Rn 15.
[257] So schon BGH NJW 1984, 1036, 1037; BGH GmbHR 2002, 902; BGH ZIP 2001, 1874; BGH ZIP 2002, 848; BGH BB 2005, 286.

Voraussetzung zugelassen, dass diese aus dem nicht gebundenen Vermögen geleistet wird (näher dazu Rn 113).[258] Sind diese Voraussetzungen nicht gegeben, so liegt ein Ausschüttungsverbot vor, das für alle Gesellschafter, gesellschafterähnliche und nahe stehende Personen, nicht jedoch für Dritte gilt.

Wenn vorsätzlich verdeckte Gewinnausschüttungen vorgenommen werden, die gesellschaftsrechtlich unzulässig sind, kann darin eine **Untreue zu Lasten der Gesellschaft** liegen, sofern der Gesellschaft dadurch ein Vermögensnachteil entsteht. Wird die Existenz der Gesellschaft sogar gefährdet, so kommt weiterhin eine Strafbarkeit wegen einer **Insolvenzstraftat** in Betracht. Zudem kommt eine Untreue in Betracht, wenn die Gesellschaft im eigenen Namen verlustträchtige Risikogeschäfte tätigt, die völlig unüblich, mit hohen Risiken verbunden und nur mit privaten Spekulationsabsichten des Gesellschafter-Geschäftsführers zu erklären sind.[259] **112**

Eine gesellschaftsrechtlich unzulässige verdeckte Gewinnausschüttung stellt in der Regel einen **Verstoß des Organs gegen die** strafbewehrte **Vermögensfürsorgepflicht** dar, sofern es sich um eine eindeutig unzulässige Vermögensverfügung handelt. Dies ist insbesondere bei der Aktiengesellschaft der Fall, da dort verdeckte Gewinnausschüttungen generell unzulässig sind (Rn 111).[260] Bei der GmbH kommt es demgegenüber darauf an, ob alle Gesellschafter bzw. der Alleingesellschafter zugestimmt haben bzw. hat. Wenn nicht alle Gesellschafter zugestimmt haben, liegt auch bei der GmbH eine Untreue vor, sofern die Organmitglieder vorsätzlich gehandelt haben.[261] Wenn der **Alleingesellschafter einer GmbH** eine Entnahme tätigt, die nicht den Grundsätzen einer ordnungsgemäßen Gewinnverteilung entspricht bzw. der Buchführung eines ordentlichen Kaufmanns entsprechend festgehalten wird, liegt darin – entgegen der früheren Rechtsprechung[262] – keine Untreue, wenn nicht zusätzlich das Stammkapital angegriffen wird oder es zu einer besonderen Gefährdung der Gesellschaft kommt.[263] Der Kapitalabzug muss für sich alleine genommen oder als Teil einer Gesamtstrategie geeignet sein, das Stammkapital[264] oder die Existenz der Gesellschaft konkret zu gefährden.[265] Dies ist beim Entzug der Produktionsgrundlagen oder bei einer Gefährdung der Liquidität[266] der Fall sowie dann, wenn die Tendenz einer „Aushöhlung“[267] der Kapitalgesellschaft erkennbar ist.[268] Das Verhalten des Geschäftsführers ist nur dann strafbar, wenn er nicht nur die Umstände, die die verdeckte Gewinnausschüttung begründen, kennt, sondern darüber hinaus auch die schwerwiegenden Folgen, nämlich die Existenzgefährdung der GmbH,[269] zumindest **billigend in Kauf** nimmt.[270] **113**

---

258 BGH GmbHR 1997, 790, 791.

259 Dazu BMF BStBl. 2003, 333.

260 Eingehend dazu *Rönnau* FS Amelung (2009) S. 247, 253 ff; zustimmend *Fischer* § 266 StGB Rn 102; vgl. auch *Brand* AG 2007, 681, 684 ff.

261 *Zacher* DStR 1994/4, 138, 143.

262 Siehe BGHSt 34, 379 ff; BGHSt 32, 39 f.

263 BGHSt 35, 333 ff.

264 BGH NJW 2000, 154, 155; StV 2003, 558, 560; NStZ 2009, 153, 154 f; vgl. auch den Überblick zur Rechtsprechung bei *Hanft* S. 51 ff.

265 BGHSt 49, 147, 158; BGH NJW 2009, 2225, 2227; vgl. auch BGH NStZ 2009, 153 f mit Anm. *Maurer* JR 2008, 389; *Bittmann* wistra 2009, 102.

266 BGH NStZ 1996, 540, 542.

267 BGH NStZ 1996, 540, 542.

268 Für GmbH & Co.KG umstr., siehe OLG München, NJW 1994, 3112 (bejahend) und BGH NStZ 1991, 432 (verneinend).

269 BGHSt 35, 333, 337; BGH NJW 2000, 154, 155 m. Anm. *Gehrlein* NJW 2000, 1089; BGH NZG 2000, 307, 308; BGH NJW 2003, 2996, 2999; BGH NStZ-RR 2004, 2; MünchKomm/*Dierlamm* § 266 Rn 134.

270 *Busch/Wrede* in Münchener Handbuch des Gesellschaftsrechts, Bd. 3, Gesellschaft mit beschränkter Haftung § 60 Rn 58.

114 Eine Untreue kann auch durch **Nichtgeltendmachung zivilrechtlicher Rückgewähransprüche** oder durch **Verzicht auf einen solchen Anspruch** begangen werden. Wenn im Falle einer unvorsätzlich begangenen verdeckten Gewinnausschüttung nachträglich klar wird, dass es sich um eine solche gehandelt hat, müssen die zivilrechtlich bestehenden Rückgewähransprüche zugunsten der Gesellschaft geltend gemacht werden. Bei einer Aktiengesellschaft ergibt sich dieser Anspruch aus §§ 62 Abs. 1, 57 Abs. 1 AktG. Für sonstige Körperschaften wird ein solcher Anspruch häufig durch Satzungsklauseln begründet. Ausnahmsweise kommt ein Anspruch auf Grund der gesellschaftsrechtlichen Treuepflicht in Betracht. Die Nichtgeltendmachung solcher Rückgewähransprüche durch die Gesellschaftsorgane erfüllt den Tatbestand der Untreue. Jedoch liegt keine Vermögensfürsorgepflichtverletzung vor, wenn die Geschäftsleitung wirksam auf den zivilrechtlichen Rückgewähranspruch ausdrücklich oder konkludent verzichtet hat, sofern dieser Verzicht wirksam war. Dies setzt wiederum voraus, dass er wirtschaftlich vertretbar und nicht in einer existenzgefährdenden Situation der Gesellschaft vorgenommen worden ist und die Vorschriften über die Erhaltung des Stammkapitals eingehalten worden sind.[271] Wenn diese Grenzen nicht eingehalten werden, liegt in dem Verzicht auf den Rückforderungsanspruch das treuwidrige Verhalten. Bei der Aktiengesellschaft ist dies ein Fall der „Sicherungsuntreue", da bereits die (vorsätzliche) verdeckte Gewinnausschüttung eine Untreue war, wohingegen bei der GmbH erstmalig eine Untreue begangen wird, wenn die verdeckte Gewinnausschüttung entweder zunächst zulässig oder zwar unzulässig war, aber unvorsätzlich begangen worden ist, durch den Verzicht das Stammkapital der Gesellschaft angegriffen und für sie dadurch eine existenzgefährdende Situation geschaffen wurde.

115 **2. Betrug.** Wenn in Handelsbüchern unrichtige Buchungen oder in Bilanzen Verschleierungen vorgenommen werden, können solche **Täuschungen** zu einem **Vermögensschaden** in Form einer Vermögensgefährdung führen, wenn der entstandene Rechtsschein für den davon betroffenen Vermögensbestandteil die konkrete Gefahr des endgültigen Verlusts verursacht.[272] Wenn aus den Handelsbüchern Vermögenswerte ausgetragen werden, bedeutet dies in der Regel einen endgültigen Verlust, wenn nicht besondere Umstände für die Entdeckung des Fehlers sprechen. Daher kann auch in einem solchen Verhalten ein strafbarer Betrug liegen.[273] Ferner kann durch eine fehlerhafte Buchung bei einem Kreditinstitut der Anschein einer Schuldentilgung erzeugt werden. Hat der Täter dies beabsichtigt, um sich oder einen Dritten zu bereichern, so liegen die Voraussetzungen des § 263 StGB vor.[274]

116 Wenn Gelder oder Vermögenswerte durch betrügerische Handlungen erlangt und als Aktiva der Gesellschaft bilanziert wurden, liegen zwar keine falschen Angaben i.S.v. § 399 Abs. 1 Nr. 4 AktG vor, da das Geld der Gesellschaft tatsächlich zur Verfügung steht; jedoch werden die wirtschaftlichen Verhältnisse der Gesellschaft unrichtig wiedergegeben, so dass eine Strafbarkeit nach § 331 Nr. 1 HGB in Betracht kommt.[275]

117 **3. Kredit- und Subventionsbetrug.** Im Falle einer **unrichtigen Buchführung** können auch die tatbestandsmäßigen Voraussetzungen des Kredit- und Subventionsbetruges im

---

271 Vgl. dazu BGH NJW 2001, 3622, 3623; BGH NJW 2002, 1803, 1805; BGH NZG 2005, 214.

272 BGHSt 6, 115, 117; 21, 112; 34, 394; BGH NStZ 1995, 232; 1996, 203; 1998, 570.

273 RG JW 1926, 586.

274 Müller-Gugenberger/Bieneck/*Wagenpfeil* § 40 Rn 10.

275 BGH, Beschluss vom 6. Januar 2004, 5 StR 521/03.

Sinne der §§ 264, 265b StGB vorliegen. Beispiele bilden die Erschleichung zinsgünstiger Kredite für mittel- und langfristige Exportfinanzierungen sowie Investitionszulagenbetrügereien, die durch Angabe falscher Bestelldaten[276] oder einer falschen Investitionshöhe begangen werden. Nach § 4 SubventionsG sind Scheingeschäfte und Scheinhandlungen unerheblich. Häufig finden sich in Subventionsverfahren fiktive Exporte mit fingierten Unterlagen zur Erlangung von EU-Erstattungen und Mehrwertsteuererstattungen; auch spielen Scheinfirmen und Scheinstandorte in diesem Zusammenhang eine wichtige Rolle.[277]

4. **Insolvenzdelikte.** Weiterhin ist auf die Insolvenzstraftatbestände der §§ 283 Abs. 1 Nrn. 5, 7 lit. a und b, 283b Abs. 2 Nrn. 1, 3 lit. a und b StGB hinzuweisen, die eine Verletzung der Pflicht zur Aufstellung von Bilanz oder Inventar unter Strafandrohung stellen, wenn der Täter seine Zahlungen eingestellt hat oder das Insolvenzverfahren eröffnet oder die Eröffnung mangels Masse abgelehnt wird (§ 283 Abs. 6 StGB; objektive Strafbarkeitsbedingung).[278] In diesem Rahmen sind als **typische Buchhaltungsmanipulationen**, die zu einer unrichtigen Gewinnermittlung führen, zu nennen: die falsche Führung von Geschäftsbüchern, das Verheimlichen von Geschäftseinnahmen, das Verschweigen von Einkünften aus strafbaren Handlungen, die unvollständige Aufzeichnung von Erlösen, die falsche Verbuchung von Geschäftseinnahmen, wenn Gewinne als Darlehen oder Geschäftseinlagen verbucht werden, die Verschleierung von „Schwarzgeschäften" durch fingierte Rechnungen und gefälschte Belege, die Begehung von Schein- und Umgehungsgeschäften im Zusammenhang mit unvollständigen Angaben. Von praktischer Relevanz sind diesbezüglich auch verdeckte Gewinnausschüttungen, die durch sachlich unzutreffende Buchungen verschleiert wurden (Verbuchung der Gewinnanteile eines Dritten als Geschäftskosten). 118

§ 283 Abs. 1 Nrn. 5, 6 und 7 StGB betreffen das **kaufmännische Rechnungswesen**, nämlich die Grundlagen und Mittel der handelsrechtlichen Rechnungslegung. Nach § 238 Abs. 1 HGB ist jeder Kaufmann verpflichtet, Bücher zu führen und in diesen seine Handelsgeschäfte und die Lage seines Vermögens nach den Grundsätzen ordnungsmäßiger Buchführung ersichtlich zu machen. Hierbei gilt zunächst das **Vollständigkeits- und Richtigkeitsprinzip**, nach dem die Buchführung alle Geschäftsvorfälle fortlaufend und lückenlos erfassen muss. Die Buchführung muss Aufschluss geben über die den Buchungen zugrundeliegenden Geschäfte. Die rein rechnerische Richtigkeit reicht nicht aus. Außerdem muss die **Verbuchung zeitgerecht, klar und übersichtlich** erfolgen und **aufgrund von Belegen nachprüfbar** sein. Deshalb stellt auch die Anfertigung falscher Belege eine unordentliche Buchführung dar und ist somit im Falle des Eintritts der objektiven Strafbarkeitsbedingung strafbar.[279] Durch § 283 Abs. 1 Nrn. 5, 6 und 7 StGB wird dem Umstand Rechnung getragen, dass durch die Selbstinformation des Kaufmanns und durch die damit ermöglichte Kontrolle und Steuerung der Gläubigerschutz gewährleistet wird. Entsprechend dieser Einschätzung der handelsrechtlichen Buchführung als klassischem Prognosemittel zur Vermeidung von Fehlentwicklungen betrifft der Straftatbestand des § 283 Abs. 1 Nr. 5 StGB (Nichtführen oder mangelhaftes Führen von Handelsbüchern) nur die **gesetzliche Verpflichtung zur Führung von Handelsbüchern**, nicht auch die freiwillige Buchführung, die jedoch nach wohl h.M. – entgegen dem Gesetzeswortlaut – 119

276 *Schmidt-Hieber* NJW 1980, 322.
277 *Reisner* S. 5 f, 24 f.
278 Vgl. *Dannecker/Hagemeier* in Dannecker/Knierim/Hagemeier Rn 1063; zu § 283 Abs. 6 StGB *Hagemeier* in Steinberg/Valerius/Popp S. 129, 134 mwN.
279 BGH GA 1956, 348.

Gegenstand von § 283 Abs. 1 Nr. 6 StGB sein soll.[280] Wer buchführungspflichtig ist und welche Bücher als Handelsbücher anzusehen sind, ergibt sich aus dem Handelsrecht und den handelsrechtlichen Einzelgesetzen (§§ 238 ff HGB). Die Nichtführung oder unordentliche Führung sonstiger Bücher (steuerrechtliche Buchführung) wird durch den Bußgeldtatbestand des § 379 Abs. 1 Nr. 2 AO als Ordnungswidrigkeit erfasst. Als Abschluss der Buchführung sind Bilanz und Inventar zwar Teil der Buchführung, jedoch unterliegen sie nicht § 283 Abs. 1 Nr. 5 StGB, sondern allein § 283 Abs. 1 Nr. 7 StGB (mangelhafte oder nicht rechtzeitige Bilanzaufstellung).[281]

120 § 283 Abs. 1 Nr. 5 StGB stellt das **Nichtführen oder mangelhafte Führen von Handelsbüchern** unter Strafandrohung. Eine gesetzliche Pflicht zum Führen von Handelsbüchern obliegt nur dem Kaufmann, der damit tauglicher Täter ist. Im Falle einer Kapitalgesellschaft wird diese Pflicht nach § 14 Abs. 1 StGB auf die Mitglieder des vertretungsberechtigten Organs übergewälzt. Der Kaufmann braucht seine Buchführungspflicht nicht höchstpersönlich zu erfüllen. Er kann die Pflichterfüllung auf Unternehmensangestellte oder Dritte, insbesondere Steuerberater, übertragen. Im letzteren Fall können sich die Angestellten und Dritten unter den Voraussetzungen des § 14 Abs. 2 Satz 1 Nr. 2 StGB selbst als Täter strafbar machen. Daneben bleibt der Unternehmensinhaber selbst als Täter nach § 283 Abs. 1 Nr. 5 StGB strafbar, wenn er vorsätzlich die beauftragte Person nicht ordentlich ausgewählt hat oder sie nicht gehörig überwacht.[282] Strafbarkeit liegt sowohl vor, wenn der Täter die ihm obliegende Buchführung ganz unterlässt (1. Alt.)[283], als auch dann, wenn er die Buchführung so führt oder verändert, dass die Übersicht über seinen Vermögensstand erschwert wird (2. Alt.). Die mangelhafte Buchführung steht der Nichtführung von Handelsbüchern lediglich dann gleich, wenn die Übersicht nur unter erheblichen Schwierigkeiten und unter Aufwendung besonderer Mühen erreicht werden kann.[284] Dieses zusätzliche Erfordernis bezieht sich darauf, ob die Mängel ein im Wesentlichen falsches Bild vom Gesamtzustand des Vermögens vermitteln. Entscheidend ist daher, ob ein sachverständiger Dritter sich den erforderlichen Überblick über die Vermögenslage des Schuldners nicht oder nur mit erheblichen Schwierigkeiten beschaffen kann.[285] Die verbreitete Vernachlässigung der Buchführung in der Unternehmenskrise führt in der strafrechtlichen Praxis zur häufigen Anwendung von § 283 Abs. 1 Nr. 5 StGB, wobei dieser Straftatbestand nicht selten auch als Auffangtatbestand wirkt, wenn andere Insolvenzdelikte nicht nachweisbar sind.

121 § 283 Abs. 1 Nr. 6 StGB stellt das **Entziehen von Handelsbüchern oder sonstigen Unterlagen** unter Strafandrohung. Als Tathandlungen sind das Beiseiteschaffen, Verheimlichen, Zerstören und Beschädigen von Handelsbüchern oder sonstigen Unterlagen erfasst. Bei allen Tathandlungen genügt es, dass sie sich auf einen Teil der Handelsbücher erstrecken. Der Tatbestand schützt auch die freiwillige, tatsächlich erstellte Buchführung und die entsprechenden Unterlagen gegen Vernichtung und Entziehung vor Ablauf der gesetzlichen Aufbewahrungsfristen. Damit kommen auch freiwillig Buchführende als Täter in Betracht.[286] Durch die Tathandlung muss wiederum die Übersicht über den Ver-

---

[280] Schönke/Schröder/*Heine* § 283 StGB Rn 39; aA *Fischer* § 283 StGB Rn 24; *Dannecker/Hagemeier* in Dannecker/Knierim/Hagemeier Rn 1077; LK/*Tiedemann* § 283 StGB Rn 122.

[281] LK/*Tiedemann* § 283 StGB Rn 93 mwN; Schönke/Schröder/*Heine* § 283 StGB Rn 30.

[282] RGSt 58, 305; BGH bei *Herlan* GA 1953, 75.

[283] Zur Konstellation der finanziellen Unmöglichkeit der Buchführung *Hagemeier* NZWiSt 2012, 105 ff.

[284] *Fischer* § 283 StGB Rn 23.

[285] RGSt 47, 312.

[286] Krit. *Fischer* § 283 StGB Rn 24; *Dannecker/Hagemeier* in Dannecker/Knierim/Hagemeier Rn 1077.

mögensstand des Täters erschwert worden sein. Die Pflicht zur Aufbewahrung schließt nicht ohne weiteres eine Pflicht zur Erneuerung zufällig untergegangener Bücher und Belege ein.[287]

§ 283 Abs. 1 Nr. 7 StGB stellt die **mangelhafte oder nicht rechtzeitige Bilanzaufstellung** unter Strafandrohung. Dieser Straftatbestand regelt – ähnlich wie § 283 Abs. 1 Nr. 5 StGB – die mangelhafte Bilanzaufstellung des Kaufmanns, wenn dadurch die Übersicht über seinen Vermögensstand erschwert wird (§ 283 Abs. 1 Nr. 7 lit. a StGB), und das Unterlassen der Aufstellung der Bilanz seines Vermögens oder des Inventars[288] in der vorgeschriebenen Zeit (§ 283 Abs. 1 Nr. 7 lit. b StGB). Dieser Tatbestand wendet sich nur an Personen, die nach dem Handelsrecht bilanzierungs- und inventarpflichtig sind. Die steuerrechtliche Buchführungspflicht ist für § 283 Abs. 1 Nr. 7 lit. a und b StGB ohne Bedeutung. Außerdem wird nur die Bilanz im engeren Sinne erfasst, wenn nicht das Gesellschaftsrecht auch zur Aufstellung einer Gewinn- und Verlustrechnung verpflichtet. Die Fehlerhaftigkeit der Bilanz kann sich sowohl aus der Unrichtigkeit als auch aus einer Verschleierung ergeben.[289] Hat ein Berater die Aufgabe übernommen, die handelsrechtlichen Bilanzierungspflichten durchzuführen, so muss er auch die Bilanzerstellungsfristen einhalten. Verstößt der Berater hiergegen, so macht er sich strafbar, wenn das Unternehmen bereits in einer Krise ist (Abs. 1) oder in die Krise gerät (Abs. 2) und die objektive Strafbarkeitsbedingung nach § 283 Abs. 6 StGB eintritt. **122**

§ 283b Abs. 1 Nrn. 1, 2 und 3 StGB stellen die **Verletzung der Buchführungspflicht** unter Strafandrohung. Während der Straftatbestand des Bankrotts (§ 283 StGB) Handlungen bei Überschuldung oder bei drohender oder eingetretener Zahlungsunfähigkeit (Abs. 1) oder solche, die zur Überschuldung oder Zahlungsunfähigkeit führen (Abs. 2), betrifft, stellen § 283b Nrn. 1, 2 und 3 lit. a und b StGB bestimmte Buchführungs- und Bilanzverstöße unabhängig vom Vorliegen einer Unternehmenskrise unter Strafe. Die Tathandlungen des § 283b Abs. 1 Nrn. 1, 2 und 3 lit. a und b StGB sind identisch mit den Tathandlungen des § 283 Abs. 1 Nrn. 5, 6 und 7 lit. a und b StGB, wobei die Tat nach § 283b Abs. 1 Nr. 2 – anders als die nach § 283 Abs. 1 Nr. 6 StGB (Rn 121) – **nicht** von Nicht-Kaufleuten begonnen werden kann.[290] Besteht ein nachweisbarer Zusammenhang zwischen dem deliktischen Verhalten und der wirtschaftlichen Krise, so tritt § 283b StGB hinter § 283 StGB zurück.[291] Trotz des fehlenden Erfordernisses einer Unternehmenskrise ist es auch für § 283b StGB erforderlich, dass es – ebenso wie bei § 283 StGB – schließlich zum Unternehmenszusammenbruch kommt, also die Zahlungen eingestellt werden, das Insolvenzverfahren eröffnet oder der Eröffnungsantrag mangels Masse abgewiesen wird (§§ 283b Abs. 3, 283 Abs. 6 StGB).[292] Zwar sind die Buchführungs- und Bilanzverstöße unabhängig vom späteren Unternehmenszusammenbruch rechtswidrig und strafwürdig, jedoch verzichtet der Gesetzgeber auf eine Bestrafung, wenn es dem Täter gelingt, dem wirtschaftlichen Ruin zu entgehen. Die Nichterstellung der Eröffnungs- oder Jahresabschlussbilanz oder die verspätete Erstellung wird nicht von § 331 HGB erfasst. Auch hier greifen lediglich die Insolvenzstraftatbestände der §§ 283 ff StGB ein. Wenn es nicht zu einem Unternehmenszusammenbruch kommt, kann lediglich ein Ordnungsgeld gemäß § 335 HGB festgesetzt werden (§ 335 Rn 6 f). **123**

---

287 RG JW 1899, 804.

288 Zur finanziellen Unmöglichkeit der Bilanzierung *Hagemeier* NZWiSt 2012, 105 ff.

289 Schönke/Schröder/*Heine* § 283 StGB Rn 44 iVm § 283 StGB Rn 63.

290 *Fischer* § 283b StGB Rn 4 mwN.

291 Vgl. *Dannecker/Hagemeier* in Dannecker/Knierim/Hagemeier Rn 992.

292 Schönke/Schröder/*Heine* § 283b StGB Rn 7.

124 Bei den Buchführungsdelikten nach § 283 Abs. 1 Nr. 5 und 7 StGB und nach § 283 Abs. 1 Nr. 1 und 3 StGB führt nicht nur **vorsätzliches Verhalten**, sondern auch die **fahrlässige Tatbegehung** zur Strafbarkeit (§§ 283 Abs. 5, 283b Abs. 2 StGB). Die fahrlässige Begehung bei Mängeln der Buchführung und Bilanzierung hängt dabei unmittelbar mit den dem Berater im Einzelnen obliegenden Prüfungspflichten zusammen: Hat er die Führung einer Buchhaltung eigenverantwortlich übernommen, so muss er auch die umfangreichen Prüfungs- und Kontrollaufgaben wahrnehmen, die nach den Grundsätzen ordnungsmäßiger Buchführung geboten sind. Übernimmt der Berater die Erstellung der Bilanzen, so ist zu beachten, dass die Bankrottdelikte sich nur auf die Handelsbilanzen beziehen. Wird eine reine Steuerbilanz unrichtig erstellt, so kommt eine Bestrafung nur aufgrund der steuerstrafrechtlichen Tatbestände der Abgabenordnung in Betracht (Rn 127). Regelmäßig werden in der Praxis bei Bilanzierung nach HGB Bilanzen erstellt, die zugleich Steuer- und Handelsbilanzen darstellen. Ein Berater, der die Erstellung einer solchen Bilanz übernimmt, kann sich sowohl wegen Beihilfe zu den Bilanzstraftatbeständen der §§ 331, 332 HGB als auch nach § 370 AO (Rn 127) strafbar machen.

125 **5. Urkundendelikte.** Das **Handelsbuch des Kaufmanns** stellt eine **Gesamturkunde** dar.[293] Da die Führung der Handelsbücher nicht nur im eigenen Interesse des Kaufmanns erfolgt, entfällt mit der Eintragung eines Geschäftsvorfalls in ein Handelsbuch die Dispositionsbefugnis des Eintragenden, so dass spätere Eintragungen regelmäßig den Straftatbestand der Urkundenfälschung erfüllen.[294] Irrtümliche Eintragungen sind mittels Stornierungen zu bereinigen. Keine Urkundenfälschung liegt dagegen vor, wenn in Geschäftsbüchern hinter den früheren Eintragungen ohne deren Veränderung nachträglich inhaltlich falsche Eintragungen vorgenommen werden.[295] Dies gilt jedoch nicht für Fälle, in denen keine Änderungen in den Geschäftsbüchern angebracht werden dürfen.

126 **6. Sozialversicherungsdelikte.** Die unrichtige Buchführung über die Anzahl der Arbeitnehmer kann zunächst eine Vorbereitungshandlung für einen **unrichtige Beitragsnachweis** gegenüber der AOK als zuständiger Einzugsstelle sein. Kommt es zur Abgabe unrichtiger Nachweise, so stellt dies bezüglich der **Arbeitnehmeranteile** zur Gesamtsozialversicherung ein Vergehen nach § 266a Abs. 1 StGB oder einen Betrug gemäß § 263 StGB dar.[296] Die Nichtabführung der **Arbeitgeberanteile**, die vormals nicht nach § 266a StGB strafbar war, ist durch die Änderung der Vorschrift durch das Gesetz zur Intensivierung der Schwarzarbeit vom 23.07.2004 (BGBl. I S. 1842) nun nach § 266a Abs. 2 StGB mit Strafe bedroht.[297]

127 **7. Steuerhinterziehung.** Die Straftatbestände der §§ 331, 332 HGB betreffen ausschließlich Handelsbilanzen, während unrichtige und unvollständige Angaben in Steuerbilanzen durch den Tatbestand der Steuerhinterziehung (§ 370 AO) erfasst werden, soweit unrichtige Erklärungen abgegeben werden. Die Grundsätze ordnungsmäßiger Buchführung gelten auch für die **Steuerbilanz.**[298] Das BiRiLiG betont den eindeutigen Vorrang der Handels- vor der Steuerbilanz: Die handelsrechtliche Gewinnermittlung ist Grundlage der steuerlichen Gewinnermittlung. Dieses Verhältnis wird durch den **Maß-**

---

[293] RG JW 1936, 1538; RGSt 50, 421; RGSt 69, 398; BGHSt 6, 251; BGHSt 19, 188; OLG Stuttgart GA 1960, 93.
[294] *Kienapfel* S. 95 f, 207 f; *Freund* Rn 292.
[295] RG JW 1935, 2966.
[296] BGH wistra 1984, 66; BGH NStZ 1984, 317.
[297] Vgl. hierzu *Fischer* § 266a StGB Rn 19; *Rönnau/Kirch-Heim* wistra 2005, 321.
[298] Schmidt/*Weber-Grellet* § 5 Rn 28.

geblichkeitsgrundsatz bestimmt.[299] Nach der Abschaffung des Grundsatzes der umgekehrten Maßgeblichkeit durch das BilMoG (Rn 78 ff), der besagte, dass steuerliche Wahlrechte sich schon in der Handelsbilanz niederschlagen mussten, besteht eine weitgehende Unabhängigkeit der Steuerbilanz von der Handelsbilanz. Es bleibt jedoch bei der Maßgeblichkeit der Handelsbilanz nach § 5 Abs. 1 EStG, wobei insbesondere die Einbeziehung des IFRS-Einzelabschlusses problematisch ist.[300] Die Konnexität zwischen Handelsbilanz und Steuerbilanz ist hingegen dann noch gegeben, wenn die Handelsbilanz zugleich als Steuerbilanz dient (Einheitsbilanz). Jedoch erfüllt eine unrichtige Bilanzierung als solche regelmäßig den Tatbestand der Steuerhinterziehung noch nicht, da die Tathandlung des § 370 AO erst die Abgabe einer falschen bzw. die unterlassene Abgabe der Steuererklärung ist.

Eine **unrichtige Buchhaltung** ist in der Regel lediglich **Vorbereitungshandlung für eine** **128**
Steuerhinterziehung,[301] es kann bereits durch leichtfertige Fehler bei Buchungsvorgängen eine Steuerordnungswidrigkeit nach § 379 Abs. 1 Nr. 3 AO gegeben sein.[302] Die Ausführung der Tathandlung beginnt bei der Steuerhinterziehung erst mit der Vorlage der unrichtigen Buchhaltung bei der Steuerbehörde.[303] Hierdurch können z.B. falsche Zahlen Gegenstand des Prüfungsberichts eines Außenprüfers und des Steuerbescheids werden. In Fällen, in denen die Steuerbehörde zur Ausübung der Steueraufsicht jederzeit Zutritt und der Steuerpflichtige die Bücher zur Einsicht bereit zu halten hat, liegt ein Anfang der Ausführung der Tathandlung schon im Bereithalten der unrichtigen Buchhaltung.[304] Eine Steuerhinterziehung ist auch dann gegeben, wenn ein Steuerpflichtiger es unterlässt, eine Steuererklärung (fristgerecht) abzugeben.[305] Wenn ein verantwortlicher Mitarbeiter keine Aufzeichnungen über die von ihm durchgeführten Vorhaben führt, ohne die der ordentliche Geschäftsführer der GmbH den steuerlichen Verpflichtungen nicht nachkommen kann, kommt Beihilfe zur Steuerhinterziehung in Betracht.[306] In Bezug auf das Unterlassen ergibt sich eine Garantenstellung im Rahmen des §370 Abs. 1 Nr. 2 AO zur Berichtigung gemäß § 153 Abs. 1 AO aus den Buchführungs- und Aufzeichnungspflichten nach § 140 AO.[307]

Durch **Manipulationen in der Buchhaltung** können Umsatzsteuervoranmeldungen **129**
bzw. Umsatzsteuerjahreserklärungen unrichtig sein. Dies ist der Fall, wenn Umsätze in der Buchführung bewusst unvollständig erfasst werden; durch Scheinrechnungen wird das Vorliegen einer Vorsteuer nur fingiert.[308] Zwischen der Herstellung von Scheinrech-

299 Schmidt/*Weber-Grellet* § 5 Rn 26 ff.

300 Ausführlich dazu Köhrle, IFRS-Einzelabschluss – Folgen für die steuerliche Gewinnermittlung auf Grundlage des Maßgeblichkeitsgrundsatzes (§ 5 Abs. 1 S. 1 EStG), passim.

301 Franzen/Gast/*Joecks* Steuerstrafrecht § 370 AO Rn 261; *Kohlmann* Steuerstrafrecht § 370 AO Rn 779, 1205; vgl. aber BGH BB 1980, 1032; Müller-Gugenberger/Bieneck/*Wagenpfeil* § 40 Rn 35.

302 Vgl. Franzen/Gast/*Joecks* Steuerstrafrecht § 370 AO Rn 261; *Kohlmann* Steuerstrafrecht § 370 AO Rn 1205.

303 Vgl. Franzen/Gast/*Joecks* Steuerstrafrecht § 370 AO Rn 261; *Kohlmann* Steuerstrafrecht § 370 AO Rn 779; Müller-Gugenberger/Bieneck/*Wagenpfeil* § 40 Rn 34.

304 So Müller-Gugenberger/Bieneck/*Wagenpfeil* § 40 Rn 34; a.A. *Höser*, Vorbereitungshandlung Versuch im Steuerstrafrecht, 1984, S. 33.

305 Vgl. zu den Einzelheiten Franzen/Gast/*Joecks* Steuerstrafrecht § 370 AO Rn 166 ff.

306 BGH MDR 1983, 422; wistra 1997, 186.

307 *Kohlmann* Steuerstrafrecht § 370 AO Rn 92 ff; *Möller* S. 109 f.

308 BGH DB 1975, 1588; BGH wistra 1994, 268; wistra 1986, 172 mit Anm. *Würthwein* wistra 1986, 258; vgl. insbesondere zur Problematik der Umsatzsteuerkarusselle *Bülte* in Graf/Jäger/Wittig § 370 AO Rn 394 ff mwN.

nungen und der von dem beauftragten Steuerberater erstellten und beim Finanzamt eingereichten unrichtigen Umsatzsteueranmeldung besteht keine Tateinheit. Eine Steuerhinterziehung im Beitreibungsverfahren[309] kann z.B. durch Verstecken von Geschäftsbüchern, aus denen sich pfändbare Forderungen ergeben können, begangen werden.

D. Strafrechtliche Grundsatzfragen

I. Dogmatische Einordnung der Straf- und Ordnungswidrigkeitentatbestände

130 Die Straftatbestände der §§ 331 bis 333, 340m, 341m HGB sowie die Ordnungswidrigkeitentatbestände der §§ 334, 340n, 341n HGB setzen keinen Eintritt eines Schadens voraus. Es handelt sich daher durchgängig um **abstrakte Gefährdungsdelikte**, bei denen bereits die bloße Handlung zur Strafbarkeit bzw. Ahndbarkeit führt (§ 331 Rn 11, § 332 Rn 12, § 333 Rn 12; § 334 Rn 23).

131 Außerdem handelt es sich durchgängig um **echte Sonderdelikte**, die nur von den im Gesetz abschließend genannten Personen begangen werden können (§ 331 Rn 12 f; § 332 Rn 13; § 333 Rn 13; zur Problematik bei § 334 Abs. 2 HGB siehe § 334 Rn 25; ebenso Anhang nach § 335b, § 340n Rn 4, § 341n Rn 7). Die Straftatbestände der §§ 331 bis 333 HGB können von dritten Personen nicht als Täter (Allein-, Neben-, Mit- oder mittelbarer Täter), sondern nur als **Teilnehmer** – Anstifter oder Gehilfe (§§ 26, 27 StGB) – begangen werden (§ 331 Rn 13; § 332 Rn 93; § 333 Rn 15).

132 Im **Ordnungswidrigkeitenrecht** gilt nach **§ 14 OWiG** der Einheitstäterbegriff, so dass auch dritte Personen Täter sein können, sofern wenigstens eine sonderpflichtige Person an der Ordnungswidrigkeit beteiligt war (§ 334 Rn 27).

133 Wenn eine **Straftat** und eine **Ordnungswidrigkeit tateinheitlich** begangen werden, ist gemäß § 21 OWiG grundsätzlich nur das Strafrecht anzuwenden. Treffen eine Ordnungswidrigkeit und eine Straftat **tatmehrheitlich** zusammen, so ist gemäß § 82 Abs. 1 OWiG die Verurteilung wegen der Straftat und Ordnungswidrigkeit nebeneinander möglich (§ 334 Rn 109).

II. Blankettgesetzcharakter der Straf- und Ordnungswidrigkeitentatbestände

134 Die Straftatbestände der §§ 331, 332 HGB verweisen auf außerstrafrechtliche Normen des HGB und nehmen diese dadurch in Bezug. Damit handelt es sich bei diesen Tatbeständen um (unechte) Blankettstraftatbestände. Dasselbe gilt für die Bußgeldtatbestände des § 334 HGB. Angesichts zahlreicher Divergenzen in Rechtsprechung und Literatur[310] verdient es der Hervorhebung, dass der verbreitete und insbesondere für die strafrechtliche Irrtumslehre bedeutsame Begriff des Blankett(straf)gesetzes vieldeutig ist.

135 **1. Blankettgesetz im staatsrechtlichen Sinne?** Unter einem **Blankettstrafgesetz** werden im Anschluss an *Bindings* Strafgesetze unter staatsrechtlichem Blickwinkel meist solche Strafgesetze verstanden, bei denen die Ausfüllung des „offenen" Tatbestandes einer ande-

---

309 Vgl. *Franzen/Gast/Joecks* Steuerstrafrecht § 370 AO Rn 226 ff, insb. 229; *Bansemer* wistra 1994, 327.

310 Vgl. dazu nur *Enderle* S. 79 ff mwN.

ren Instanz (z.B. dem Landesgesetzgeber oder der Verwaltung) überlassen wird,[311] wie dies nach § 331 Nr. 3 HGB und nach § 334 Abs. 1 Nr. 6 HGB der Fall ist, da diese Vorschriften auf Rechtsverordnungen des Bundesministeriums der Justiz nach § 292 bzw. § 330 Abs. 1 Satz 1 HGB verweisen (§ 331 Rn 147 ff; § 334 Rn 76). Bei den übrigen Normen der §§ 331, 332, 334 HGB wird auf Vorschriften des HGB und damit desselben Gesetzes verwiesen, so dass der vollständige Straftatbestand ohne Weiteres durch **„Zusammenlesen"** innerhalb ein und desselben Gesetzes zu bilden ist.[312] Daher handelt es sich um keine echten Blankettgesetze im staatsrechtlichen Sinne, sondern um **unechte Blankettgesetze**, die verfassungsrechtlich unbedenklich sind.[313] Soweit die IFRS-Regeln in Bezug genommen werden, handelt es sich um Blankettverweisungen im staatsrechtlichen Sinn, die zulässig sind (Rn 138 ff). Die Blankettvorschrift und das ausfüllende Ge- oder Verbot ergeben zusammen die Vollvorschrift.[314] Das Zusammenlesen von Ver- oder Gebot und Tatbestandsrahmen stellt letztlich bereits eine Interpretation und Sinnänderung dar, da der Normbefehl in die Beschreibung seiner Übertretung umgewandelt werden muss, sodass sich der Vorsatz des Täters auch hierauf beziehen muss (Rn 168 ff).

2. Rechtscharakter und Auslegung der in Bezug genommenen außerstrafrechtlichen Normen. Die durch die §§ 331, 332, 334 HGB in Bezug genommenen außerstrafrechtlichen Normen erlangen durch das Zusammenlesen mit der strafrechtlichen Regelung nicht die Rechtsqualität einer Straf- oder Bußgeldnorm.[315] Nur soweit die außerstrafrechtlichen Vorschriften herangezogen werden, um eine straf- oder bußgeldrechtliche Verantwortung zu begründen, nehmen sie an der Rechtsnatur der verweisenden (Straf- bzw. Bußgeld-)Norm teil und müssen in diesem Rahmen an den **strafrechtlichen Maßstäben der Auslegung** und des **Analogieverbots** gemessen werden (Rn 194 f). Die Berücksichtigung strafrechtlicher Besonderheiten bei der Auslegung im Straf- und Bußgeldrecht hat zur Folge, dass in zivilrechtlichen Entscheidungen andere Anforderungen an die Erfüllung der in Bezug genommenen Ver- und Gebote gestellt werden können als in Straf- und Bußgeldentscheidungen. Die strafbewehrten Ge- und Verbote können also enger als die handelsrechtlichen bestimmt werden. Dabei ist eine Orientierung an den Maßstäben und Bewertungen des Bilanzrechts insofern notwendig, als nur evident unrichtige und erhebliche Angaben überhaupt eine Strafbarkeit begründen können.[316] Dies ist insbesondere bei der Beurteilung von Bewertungs- und Prognosefragen in der Rechnungslegung von großer Bedeutung.[317] **136**

311 *Tiedemann* Artikel Blankettstrafgesetz in HdWiStR S. 1; *Dannecker* in Zipfel/Rathke Lebensmittelstrafrecht Vor §§ 58 ff LFGB Rn 25 ff; *Tiedemann* Wirtschaftsstrafrecht AT Rn 99 ff; *R. Schmitt* Ordnungswidrigkeitenrecht S. 25; *Tiedemann* Tatbestandsfunktionen S. 94 u. 239 ff, weitergehend KK-OWiG/*Rogall* Vor § 1 Rn 16; ausführlich *Enderle* S. 173 ff, 205 ff.

312 *Brunner* S. 25, 27; *Enderle* S. 12 ff, 24 ff, 54 ff; *R. Schmitt* Ordnungswidrigkeitenrecht S. 24; *Tiedemann* Tatbestandsfunktionen S. 88 ff mwN; aA KK-OWiG/*Rogall* Vor § 1 Rn 16.

313 Vgl. BVerfG vom 15.08.2006, 2 BvR 822/06, NJW-RR 2006, 1627; BVerfGE 75, 329, 342; 110, 33, 62 ff; LK/*Dannecker* § 1 StGB Rn 150; *Dannecker* in Wabnitz/Janovsky Kapitel 15 Rn 31; *Schüppen* S. 130.

314 *Fischer* § 1 StGB Rn 5a; offen gelassen von BGHSt 37, 266, 272.

315 Vgl. nur *Dannecker* Das intertemporale Strafrecht S. 476 f mwN.

316 BVerfGE 105, 135, 153 ff; MünchKomm-StGB/*Sorgenfrei* Rn 33; MünchKomm-HGB/*Quedenfeld* Rn 40, 49; *Enderle* S. 131 ff, 152 ff, 160; *Schüppen* S. 140

317 MünchKommStGB/*Sorgenfrei* Rn 33; MünchKommHGB/*Quedenfeld* Rn 40.

137 Problematisch ist daher bei Blankettstrafgesetzen, dass eine unterschiedliche Auslegung des Bilanzrechts im strafrechtlichen und außerstrafrechtlichen Kontext zu einem Auseinanderfallen des strafrechtlichen und des bilanzrechtlichen Norminhalts führen kann. Es ist ungeklärt, ob eine solche **Normspaltung** zulässig oder die strafrechtliche Auslegung auf das Bilanzrecht zu übertragen ist. Der BGH[318] hat diese Frage in anderem Zusammenhang ausdrücklich offengelassen. Die Praxis plädiert im Interesse der Rechtsklarheit und damit der Rechtssicherheit für eine **einheitliche** und damit eine einheitlich **„enge" Rechtsanwendung.**[319] Ausgangspunkt bleiben die Wertungen des Handels- und Gesellschaftsrechts. Die in Bezug genommene Norm muss gleichwohl an den strafrechtlichen Maßstäben des Art. 103 Abs. 2 GG gemessen werden.[320] Für eine einheitlich restriktive Auslegung spricht, dass der Strafaspekt für den Norminhalt auch dann mit prägend ist, wenn ein Strafverfahren nicht durchgeführt wird. Die interpretatorische Annahme einer „Normspaltung"[321] sollte daher nach Möglichkeit vermieden werden, obwohl die Normentheorie den Vorrang der außerstrafrechtlichen Norm behauptet und damit die Annahme verschiedener Norminhalte durchaus nahe legen könnte.[322] Eine solche Annahme wird auch durch die rechtstheoretische Unterscheidung von Verhaltens- und Sanktionsnorm, also durch die Postulierung der Existenz mehrerer Normen mit unterschiedlichen Adressaten, gestützt. Allerdings weisen die einzelnen Verfahrensarten und Sanktionen Funktionsunterschiede auf, denen Unterschiedlichkeiten des materiellen Rechts entsprechen. Die Differenzierung zwischen strafrechtlichem und außerstrafrechtlichem Norminhalt erscheint daher letztlich unumgänglich, auch wenn eine Normspaltung unter dem Gesichtspunkt der Rechtssicherheit in der Praxis nach Möglichkeit vermieden werden sollte.

138 **3. Inbezugnahme der IFRS des International Accounting Standards Board und der Prüfungsstandards und Empfehlungen weiterer privatrechtlicher Institutionen: Vereinbarkeit mit dem Gesetzlichkeitsprinzip des Art. 103 Abs. 2 GG.** Im Bilanzstrafrecht werden neben den HGB-Vorschriften zum einen die IFRS sowie, angesichts des komplexen Charakters der Rechnungslegung, zum anderen Prüfungsstandards und Empfehlungen weiterer Institutionen wie bspw. die Prüfungsstandards des IdW für Abschlussprüfungen, die Empfehlungen des Deutschen Rechnungslegungs Standards Committee e.V. (DRSC) und des Deutschen Standardisierungsrats (DSR) sowie die Fehlerfeststellungen durch die Deutsche Prüfstelle für Rechnungswesen (DPR) in Bezug genommen. Diesbezüglich stellt sich die Frage, inwieweit das Strafrecht auf Normen, die von einem privatrechtlichen Normgeber erlassen wurden, verweisen darf.

139 a) **IFRS des International Accounting Standards Board.** Durch die Einführung des verpflichteten Konzernabschlusses und des befreienden Einzelabschlusses nach § 315a HGB wird den internationalen Normen eine hohe Bedeutung beigemessen. Die IFRS werden durch das International Accounting Standards Board (IASB) erlassen.[323] Im Gegensatz zu

318 So BGHSt 24, 54, 61 f; dazu *Dannecker* Rivista Trimestrale 1990, 449 ff.

319 BGH NJW 1978, 1856; *Fischer* ZGR 1978, 235, 239; vgl. auch BVerfGE 21, 292, 305; eingehend dazu auch *Otto* FS Gitter S. 715 ff.

320 BVerfGE 48, 60 f; 41, 314, 319; HWSt-*Ransiek* VIII 1 Rn 11; MünchKommHGB/*Quedenfeld* Rn 40; MünchKommStGB/*Sorgenfrei* Rn 32; *Otto* Aktienstrafrecht Vor § 399 AktG Rn 113.

321 Vgl. *Tiedemann* Wirtschaftsstrafrecht AT Rn 220 ff.

322 Vgl. *Binding* S. 160; *Herschel* NJW 1968, 533 f.

323 BilReG, Regierungsbegründung, BT-Drucks. 15/3419, S. 22; MünchKommStGB/*Sorgenfrei* Rn 35; ausführlich MünchKommBilR/

der Vorgängerregelung des § 292a HGB a.F., der auf „international anerkannte Rechnungslegungsgrundsätze" verwies, ist es nach § 315a HGB nunmehr notwendig, dass die von dem IASB herausgegebenen Normen nach Art. 5a Komitologie-Beschluss nach Vorlage durch die EU-Kommission an den Rat und das EU-Parlament durch die EU-Kommission erlassen werden, so dass die **Übernahme im Rang einer EU-Verordnung** erfolgt.[324] Daher werden lediglich diejenigen IAS/IFRS bindend, die von der Kommission anerkannt werden. Zuständig für die (Vor-)Prüfung ist hierbei neben der (ebenfalls) privatwirtschaftlichen Expertengruppe (EFRAG) der Regelungsausschuss für Rechnungslegung (ARC), in dem die einzelnen Mitgliedstaaten vertreten sind und denen die EU-Kommission vorsitzt.[325] Durch die Möglichkeit des Nicht-Erlasses einzelner IFRS[326] verlieren diese ihren Charakter als Normen eines privatrechtlichen Normgebers und können somit grundsätzlich als europarechtliche Vorgaben zur Ausfüllung der Blankettstrafgesetze herangezogen werden. Dennoch bleibt primärer Regelungssetzer das private Gremium, das nicht den üblichen (gesetzlichen) Kontrollmöglichkeiten unterworfen ist und dem es an Transparenz der Entscheidungsfindung und an Mitwirkungsmöglichkeiten der Nationalstaaten mangelt.[327] Problematisch ist dabei, inwieweit auf die mit Hilfe dieses Verfahrens erlassenen IFRS Bezug genommen werden kann, ohne nicht mehr als „gesetzlich bestimmt" i.S.d. Art. 103 Abs. 2 GG zu gelten.[328] Es handelt sich dabei um eine **dynamische Verweisung,**[329] die dem Einfluss des nationalen Gesetzgebers entzogen ist, weil dieser keinen oder nur sehr wenig Einfluss auf die Normgebung durch das International Accounting Standards Committee (IASC) und das Financial Accounting Standards Board (FASB) und die Übernahme durch die EU-Kommission hat.[330] Deshalb wird in dieser Verweisung teilweise ein Verstoß gegen das **Demokratie- und Gewaltenteilungsprinzip** (Art. 20 Abs. 1 und 2 GG) gesehen.[331] Für die Verfassungsmäßigkeit dieser Regelung

---

Watrin IFRS Einf. Rn 15 ff, 17, 40 ff; *Bongertz* S. 56 ff; *Wojcik* S. 215.

324 Vgl. Art. 6 IAS Verordnung, Fn 67, iVm Beschluss des Rates 1999/468/EG v. 28.6.1999 zur Festlegung der Modalitäten für die Ausübung der der Kommission übertragenen Durchführungsbefugnisse (sog. Komitologiebeschluss), ABl. EG Nr. L 184 vom 17.07.1999 S. 23 iVm Beschluss des Rates v. 17.7.2006 (2006/512/EG), ABl. EG Nr. L 200 vom 22.7.2006, S. 11 ff, zuletzt geändert durch Verordnung (EG) Nr. 297/2008 des Europäischen Parlaments und des Rates, ABl. EU vom 9.4.2008 Nr. L 92, S. 62; MünchKommHGB/*Ballwieser* Vor § 238 Rn 21 ff; MünchKommHGB/*Sorgenfrei* Rn 35; *Buchheim/Gröner/Kühne* BB 2004, 1783 ff; *Lanfermann/Röhricht* BB 2008, 826; *Schön* BB 2004, 763, 764; *Sorgenfrei* PiR 2006, 38, 39; ausführlich *Bongertz* S. 147 ff, 161 ff.

325 Näher zur technischen und politischen Ausgestaltung *Peilens/Fükbier/Gassen/Sellhorn* S. 96 ff.

326 Zur teilweisen Übernahme MünchKommBilR/*Hennrichs* IFRS Einf. Rn 58 ff, 60 ff; *Bongertz* S. 170 f; *Wojcik* S. 263 ff; *Pellens/D. Jödicke/R. Jödicke* BB 2007, 2503; *Weber* wistra 2007, 284, 287.

327 Auch wenn die Reform des Komitologieverfahrens nach der Reform 2006 nunmehr gewisse Kontrollmöglichkeiten vorsieht, bleiben diese weit hinter den üblichen Möglichkeiten zurück, vgl. MünchKommStGB/*Sorgenfrei* Rn 35; siehe auch Erwägungsgründe (10, (14) sowie Art. 6 IAS-Verordnung, Fn 19; *Lanfermann/Röhricht* BB 2008, 826; vgl. auch sog. Radwan-Bericht (Initiativbericht des EU-Parlamentsausschusses für Wirtschaft und Währung über die IFRS und die Leitung des IASB v. 5.2.2008 (2006/2248 (INI), S. 5.

328 MünchKommStGB/*Sorgenfrei* vor § 331 Rn 35 mwN.

329 Näher dazu *Satzger* Internationales und Europäisches und Internationales Strafrecht § 9 Rn 69, 75.

330 MünchKommStGB/*Sorgenfrei* Rn 35 mwN; *Bongertz* S. 147 ff, 167 f; *Hommelhoff* Konzernabschluß S. 119 mwN; *Wojcik* S. 145.

331 MünchKommStGB/*Sorgenfrei* Rn 35.

spricht jedoch, dass der Verweis dadurch inhaltlich eingeschränkt ist, dass die Konzernrechnungslegung im Einklang mit dem Gemeinschaftsrecht steht[332] und mit dem nationalen System gleichwertig sein muss. Dadurch hat der nationale Gesetzgeber selbst die wesentlichen Grundentscheidungen getroffen[333] und lediglich die Ausgestaltung des Inhalts an die EU und damit mittelbar an den IASB delegiert und sich eine Opt-out-Möglichkeit vorbehalten, indem kein Zwang zur Übernahme sämtlicher IFRS besteht (§ 331 Rn 96 ff).

140 Weitere Bestimmtheitsprobleme folgen aus der Natur der internationalen IFRS-Rechnungslegungsstandards. Im Wesentlichen ergeben sich dabei drei Problembereiche: die häufigen Änderungen der IFRS, die Übersetzungsunzulänglichkeiten (Rn 141) und die fehlerhafte Annahme, alle Vorstände seien Experten auf dem Gebiet der Rechnungslegung (Rn 142). Zum ersten birgt die **hohe Volatilität und flexible Anpassung** an neue Gegebenheiten die Gefahr, dass auf Grund der Fülle der Informationen nicht hinreichend klar ist, welches die aktuell anzuwendenden Vorschriften sind.[334] Dabei ist zu beachten, dass zum einen die IFRS durch das IASB selbst zumindest jährlich aktualisiert und an neue Entwicklungen angepasst werden.[335] Diese Entwicklungen sind jedoch nur sekundär für die Bilanzierung relevant. Allerdings unterliegt auch die IAS-Verordnung, also die Übernahme der IFRS in das EU-Recht, sehr häufigen Veränderungen und Anpassungen.[336] Auf diese Besonderheiten ist bei der Bestimmung der möglichen Rechnungslegung zu achten (vgl. insb. zum Milderungsgebot Rn 176 ff).

---

332 MünchKommHGB[1]/*Busse von Colbe* § 292a Rn 5; im Ergebnis ebenso *Niewerth* S. 42.

333 Näher zu Blankettgesetzen und Europäischen Rechtsakten LK/*Dannecker* § 1 StGB Rn 145 ff; zur fehlenden Strafbarkeit wegen Bilanzfälschung allein auf Grund einer EU-Richtlinie vgl. EuGH v. 3.5.2005 – C – 387, C – 391/02, C – 403/02 (Berlusconi u.a.), ABl. EU Nr. C 171 vom 9.7.2005, S. 2 ff = EuZW 2005, 369 ff m. krit. Anm. *Gross*; s. auch *Dannecker* FS Schroeder S. 765 ff.

334 Übersicht bei *Zülch* StuB 2004, 692, 737; *Zülch/Fischer* StuB 2005, 719; *Zülch/Burghardt* PiR 2007, 168; Änderungen belaufen sich auf ca. 4 bis 5 im Jahr; MünchKommStGB/*Sorgenfrei* Rn 33 mwN.

335 Sog. *Annual Improvement Process*; vgl. *Fink* PiR 2008, 281 (zum ersten Verbesserungsvorschlag); *ders.* PiR 2008, 400 (zum Entwurf eines zweiten Verbesserungsvorschlags); siehe auch MünchKommStGB/*Sorgenfrei* Rn 33; sowie *Zülch/Hoffmann* PiR 2008, 342.

336 Vgl. nur Verordnung (EG) v. 19.11.2004 Nr. 2086/2004, ABl. EG Nr. L 363/2004 v. 29.12.2004 Nr. 2236/2004, ABl. EG Nr. L 392/2004; Nr. 2237/2004 v. 29.12.2994, ABl. EG Nr. L 393/2004; v. 29.12.2004 Nr. 2238/2004, ABl. EG Nr. L 394/2004; v. 11.2.2005 Nr. 211/2005, ABl. EG. Nr. L 41; v. 4.2.2005 Nr. 211/2005, ABl. EG Nr. L 41/2005; v. 7.7.2005 Nr. 1073/2005, ABl. EG Nr. L 175/2005; v. 25.10.2005 Nr. 1751/2005, ABl. EG Nr. L 282/2005; v. 8.11.2005 Nr. 1910/2005, ABl. EG Nr. L 305/2005; v. 15.11.2005 Nr. 1864/2005, ABl. EG Nr. L 299/2005; v. 21.12.2005 Nr. 2106/2005, ABl. EG Nr. L 337/2005 sowie zuletzt v. 1.6.2007 Nr. 610 und 611/2007, ABl. EU Nr. L 141/2007; v. 21.11.2007 Nr. 1358/2007, ABl. EU L 304/2007; v. 16.10.2008 Nr. 1004/2008, ABl. EU, S. 37; v. 10.12.2008 Nr. 1260/2008, ABl. EU 338 S. 10; v. 16.12.2008 Nr. 1260, 1261, 1262 und 1263, ABl. EU Nr. 338, S. 10, 17, 21 und 25; v. 17.12.2008 Nr. 1274/2008, ABl. EU Nr. 339, S. 3; v. 21.1.2009, Nr. 53/2009, ABl. EU L 17/23; v. 23.1.2009, Nr. 70/2009, ABl. EU, L 21/16; v. 23.1.2009, Nr. 69/2009, ABl. EU L 21/10; v. 25.2.2009, Nr. 254/2009, ABl. EU L 80/5; v. 4.6.2009, Nr. 460/2009, ABl. EU L 139/6; v. 3.6.2009, Nr. 494/2009, ABl. EU L 149/6; v. 3.6.2009, Nr. 495/2009, ABl. EU L 149/22; v. 22.7.2009, Nr. 636/2009, ABl. EU L 191/5; v. 9.9.2009, Nr. 824/2009, ABl. EU L 239/48; v. 15.9.2009, Nr. 839/2009, ABl. EU L 244/6; v. 25.9.2009, Nr. 1136/2009, ABl. EU 311/6; v. 26.11.2009, Nr. 1142/2009, ABl. EU L

Zum Zweiten ergeben sich Unzulänglichkeiten der IFRS aus **unterschiedlichen Varianten** in den jeweiligen **Sprachfassungen.**[337] Durch diese teilweise abweichenden, sich teilweise sogar widersprechenden Standards ist es den Rechtsanwendern oft nicht möglich zu erkennen, nach welcher Version die Bilanzierung erfolgen soll. Angesichts des Gebots, nur eindeutig falsche Rechnungslegungen zu sanktionieren, sind diese fehlerhaft übersetzten Normen nur dann sanktionierbar, wenn die gewählte Methode erheblich gegen alle Sprachfassungen verstößt. **141**

Der dritte Problemkreis ergibt sich daraus, dass bei der Erstellung der IFRS davon ausgegangen wird, alle **Adressaten** seien **Rechnungslegungsexperten.**[338] Aus diesem Grunde ist es möglich, dass der Empfängerhorizont an einem solchen ausgerichtet wird und dadurch Missverständnisse bei nur gelegentlich mit der Materie befassten Personen auftreten können. Das Strafrecht hat diese Lücke zwischen den Kenntnissen des idealtypischen, vom Gesetzgeber vorgesehenen und des realistischen Vorstandes zu beachten, indem diese Verständnisabweichung bei der Beurteilung der möglichen Rechnungslegungsstandards bzw. der Wesentlichkeit und Erheblichkeit der Fehler in Betracht gezogen wird. **142**

b) **Prüfungsstandards und Empfehlungen privater Institutionen.** Neben den IFRS enthalten auch die Prüfungsstandards des IdW für Abschlussprüfungen, Empfehlungen des Deutschen Rechnungslegungs Standards Committee e.V. (DRSC) bzw. des Deutschen Standardisierungsrats (DSR) sowie Fehlerfeststellungen durch die Deutsche Prüfstelle für Rechnungswesen (DPR) rechtlich relevante Vorgaben, so dass sich die Frage nach der strafrechtlichen Relevanz der Verletzung dieser Prüfungsstandards und Empfehlungen stellt. **143**

Die **Prüfungsstandards des IdW für Abschlussprüfungen**[339] bieten lediglich Auslegungshilfen und sind daher nicht geeignet, im Falle der Abweichung hiervon die Unrichtigkeit der Wiedergabe zu begründen; es handelt sich lediglich um Indizien. **144**

Einen noch geringeren Verbindlichkeitsgrad weisen die **IdW-Rechnungslegungshinweise** auf, die lediglich Empfehlungscharakter haben.[340] **145**

312/8; v. 27.11.2009, Nr. 1164/2009, ABl. EU L 314/15; v. 27.11.2009, Nr. 1165/2009, ABl. EU L 314/21; v. 30.11.2009, Nr. 1171/2009, ABl. EU L 314/43; v. 23.12.2009, Nr. 1293/2009, ABl. EU L 347/23; v. 23.3.2010, Nr. 243/2010; ABl. EU L 77/33; v. 23.3.2010, Nr. 244/2010; ABl. EU L 77/42; v. 23.6.2010 Nr. 550/2010, ABl. EU L 157/3; v. 30.6.2010, Nr 574/2010, Abl. EU L 166/6; v. 19.7.2010, Nr. 632/2010, ABl. EU L 186/1; v. 19.7.2010, Nr. 633/2010, ABl. EU L 186/10; v. 23.7.2010, Nr. 662/2010, ABl. EU L 193/1; v. 18.2.2011, ABl. EU Nr. 149/2011, L 46/1 sowie die Berichtigung zu IAS 1 ABl EU 347/32 v. 24.12.2009, abrufbar unter www.drsc.de; dazu *Bongertz* S. 97; konsolidierte Fassung Verordnung (EG) Nr. 1126/2008 der Kommission v. 3.11.2008, ABl. EU v. 29.11.2008 Nr. L 320, S. 1 ff.

337 Vgl. MünchKommStGB/*Sorgenfrei* Rn 33; *Ballwieser/Zimmermann* WPg 2004, Sonderheft, 78 ff; *Ballwieser* FS Röhricht S. 727, 739; *Hauck/Prinz* BB 2007, 2434, 2435 f; *Niehus* DB 2005, 2477; *Sorgenfrei* PiR 2006, 38, 40; krit. auch *Satzger* Internationales und Europäisches Strafrecht § 8 Rn 75 ff; zum Bestimmtheitsgebot bei Umsetzung von Gemeinschaftsrecht BVerwG v. 16.9.2004 – 3 C 35/03.

338 MünchKommStGB/*Sorgenfrei* Rn 33.

339 Grundsätze ordnungsgemäßer Abschlussprüfung, IdW, PS 450, WPg 2003, 1127 ff; dazu *Gross/Möller* Wpg 2004, 317 ff; *Niemann* DStR 2003, 1454 ff.

340 IdW Prüfungsstandard EPS 201, WPg 2002, 109, 110; BeckBilKomm/*Förschle* § 342 Rn 16.

146 Besonders problematisch sind die **„Empfehlungen zur Anwendung der Grundsätze über die Konzernrechnungslegung“** nach § 342 Abs. 1 Nr. 1 HGB, bei denen es sich um durch den Deutschen Rechnungslegungs Standards Committee e.V.[341] (DRSC) bzw. den Deutschen Standardisierungsrat (DSR) beschlossene Empfehlungen handelt. Auch wenn diese Empfehlungen vom Bundesministerium der Justiz gemäß § 342 Abs. 2 HGB bekannt gemacht werden, handelt es sich weder um förmliche Gesetze noch um Verwaltungsvorschriften.[342] Die in § 342 Abs. 2 HGB vorgesehene gesetzliche Vermutung, dass eine Konzernrechnungslegung im Falle der Beachtung dieser Empfehlungen den Grundsätzen ordnungsmäßiger Konzernbuchführung entspricht, ist mit Art. 80 GG und den Mindestanforderungen an die Gesetzmäßigkeit der Verwaltung nicht vereinbar.[343] Deshalb hat die Nichtbeachtung der DRSC-Empfehlungen **keine** unmittelbaren **strafrechtlichen Konsequenzen.**[344] Jedoch ist die Einhaltung dieser Vorgaben insofern zu berücksichtigen, als eine nach den Empfehlungen der DPR aufgestellte Rechnungslegung zumindest nicht unvertretbar ist, so dass eine Strafbarkeit äußerst selten in Betracht kommen wird. Dennoch wäre es wünschenswert, die Kompetenzen des DRSC und die Rechtswirkungen der Empfehlungen auf eine gesetzliche Grundlage zu stellen.[345]

III. Auslegung und Analogie im Straf- und Ordnungswidrigkeitenrecht

147 Da das Bilanzstrafrecht nicht ohne offene Tatbestands- und Generalklauseln auskommt, nimmt die Auslegung einen zentralen Stellenwert ein. Dennoch kann und soll hier keine allgemeine Auslegungslehre für das Straf-[346] und Ordnungswidrigkeitenrecht[347] gegeben werden, sondern nur auf für die Auslegung des Bilanzstrafrechts wichtige Aspekte eingegangen werden.

148 **1. Geltung des Art. 103 Abs. 2 GG für Straf- und Ordnungswidrigkeitentatbestände.** Die h.M. wendet auf Ordnungswidrigkeiten strafrechtliche Grundsätze, insbesondere Art. 103 Abs. 2 GG[348] an, die allerdings im Hinblick auf die nur quasi-strafrechtlichen Rechtsfolgen nicht mit der gleichen Stringenz wie im Strafrecht gehandhabt werden müs-

---

341 Vgl. MünchKommHGB/*Ebke/Paal* § 342 Rn 2 ff, 8.

342 Baumbach/Hopt/*Merkt* § 342 Rn 2; MünchKommHGB/*Ebke/Paal* § 342 Rn 21; MünchKommStGB/*Sorgenfrei* Rn 34; Ulmer/*Hommelhoff/Schwab* § 342 Rn 89; *Claussen* S. 814; Küting/Weber/*Baetge/Krumnow/Löw/Nölle* Kap. 1 Rn 497; Müller-Gugenberger/Bieneck/*Wolf* § 26 Rn 147; *Beisse* BB 1999, 2180, 2185; *Budde/Steuber* DStR 1998, 1181, 1183 ff; *Spanheimer* WPg 2000, 997, 1004; ebenso *Taupitz* BB 1990, 2367 für *IdW*-Fachgutachten und -Stellungnahmen.

343 *Beisse* BB 1999, 2180, 2185; zustimmend MünchKommStGB/*Sorgenfrei* Rn 34; siehe auch *Ballwieser* FS Röhricht S. 727, 743; *Scherff/Willeke* StuB 2004, 809.

344 MünchKommStGB/*Sorgenfrei* Rn 34 mwN.

345 Vgl. DRSC, Pressemitteilung v. 19.2.2007, abrufbar unter www.drsc.de.

346 Eingehend dazu LK/*Dannecker* § 1 StGB Rn 291 ff; MünchKommStGB/*Schmitz* § 1 StGB Rn 67; Schönke/Schröder/*Eser/Hecker* § 1 StGB Rn 37 ff; *Simon* Gesetzesauslegung im Strafrecht, 2004, passim.

347 Zur Auslegung von Bußgeldvorschriften und zu den Methoden der Auslegung im Ordnungswidrigkeitenrecht KK-OWiG/*Rogall* § 3 Rn 67 ff mwN.

348 Ständige Rechtsprechung; vgl. nur BVerfGE 38, 348, 371 f; BVerfGE 42, 261, 263; BVerfGE 71, 108, 114; BGHSt 42, 79; BayObLG NStZ-RR 1996, 340; KK-OWiG/*Rogall* § 3 Rn 2 mwN.

sen.[349] Denn nach der Rechtsprechung des BVerfG hat der Gesetzgeber die Strafbarkeitsvoraussetzungen umso genauer und präziser zu bestimmen, je schwerer die von ihm angedrohte Strafe bzw. Sanktion ist.[350]

2. **Analogieverbot.** Nach dem Analogieverbot des Art. 103 Abs. 2 GG ist es im **Strafrecht** unzulässig, den Rechtsgedanken von Normen auf vom Gesetzeswortlaut nicht mehr gedeckte Sachverhalte zu Lasten des Täters anzuwenden. Das Analogieverbot lässt eine Auslegung nur innerhalb des Wortlauts der einschlägigen Rechtsnormen zu. Die Grenze des möglichen Wortsinns darf nicht überschritten werden;[351] sie ist auch bei der verfassungskonformen Auslegung einzuhalten.[352] Bei Blankettstrafgesetzen unterliegen sowohl die verweisenden Strafgesetze als auch die das Strafgesetz ausfüllenden Normen dem Analogieverbot.[353] **149**

Nach Art. 103 Abs. 2 GG ist auch im **Ordnungswidrigkeitenrecht** eine Analogie zu Ungunsten des Betroffenen jedenfalls im Besonderen Teil (§ 3 OWiG) unzulässig.[354] Hierbei handelt es sich um eine Konkretisierung des verfassungsrechtlich garantierten Gesetzlichkeitsprinzips. **150**

3. **Auslegung**

a) **Grammatische Auslegung.** Nach h.M. ist Ausgangspunkt der Auslegung der **Gesetzeswortlaut,**[355] mit dem der Gesetzgeber einen Regelungsrahmen schafft. Diesen hat der Rechtsanwender konkretisierend auszufüllen.[356] Der Rechtsanwender darf allerdings nicht bei der Bedeutung des für sich betrachteten Wortes stehen bleiben, sondern hat mittels der **grammatischen Auslegung** zu ermitteln, welcher Sinn nach dem Sprachgebrauch der Sprachgemeinschaft und nach der Sprachregelung des Gesetzgebers den Gesetzesworten zukommen kann. Grundsätzlich gilt: Die Bestimmung des „noch möglichen Wortsinns" ist aus der **Sicht des Bürgers als Normadressaten** zu bestimmen, weil Art. 103 Abs. 2 GG die Vorhersehbarkeit staatlichen Strafens für ihn garantieren will.[357] Für ihn muss daher der rechtliche Sinngehalt erkennbar und damit verstehbar sein.[358] Dies bedeutet, dass der „noch mögliche Wortsinn" **alltagssprachlich** zu bestimmen und zu **151**

---

349 Göhler/Gürtler/Seitz/*Gürtler* § 3 OWiG Rn 1; KK-OWiG/*Rogall* § 3 Rn 1 ff; *Tiedemann* Tatbestandsfunktionen S. 197 f; zust. *Steindorff* FS Larenz S. 238 f, jeweils mwN.

350 BVerfGE 75, 329, 342.

351 BVerfGE 81, 228, 237; OLG Köln wistra 1993, 116, 117; OLG Koblenz NZV 1994, 83, eingehend dazu LK/*Dannecker* § 1 StGB Rn 247 ff.

352 KK-OWiG/*Rogall* § 3 Rn 82.

353 BVerfGE 14, 174, 185; 75, 329, 342; 48, 48, 57 ff; LK/*Dannecker* § 1 Rn 257; *Schmidt-Aßmann* in Maunz/Dürig Art. 103 Abs. 2 GG Rn 234; *Tiedemann* Artikel Auslegung, HdWiStR S. 1, 4 ff mwN; aA *Gribbohm* LK[11] Rn 82; *Höpfel* JurBl 1979, 575, 585.

354 BVerfGE 25, 269, 285; Göhler/Gürtler/Seitz/*Gürtler* § 3 OWiG Rn 9; KK-OWiG/*Rogall* § 3 Rn 51 ff.

355 BVerfGE 71, 108, 115; 73, 206, 235; 92, 1, 12; BGHSt 26, 95, 96; 28, 224, 230; 29, 129, 133; 35, 390, 395; *Nolte* in v. Mangoldt/Klein/Starck Art. 103 Abs. 2 GG Rn 158; NK/*Hassemer/Kargl* § 1 StGB Rn 78 ff; *Baumann/Weber/Mitsch* AT § 9 Rn 84; *Jescheck/Weigend* Strafrecht AT, § 17 IV 5; *Roxin* Strafrecht AT I § 5 Rn 26 ff.

356 *Roxin* Strafrecht AT I § 5 Rn 28; *Krey* Studien S. 113 ff; *ders.* ZStW 101 (1989) 838.

357 BVerfGE 71, 108, 115; 82, 236, 269; 92, 1, 12; OLG Düsseldorf NJW 2000, 1129; AG Münster NStZ 1999, 574; ebenso *Schmidt-Aßmann* in Maunz/Dürig Art. 103 Abs. 2 GG Rn 227; Schönke/Schröder/*Eser/Hecker* § 1 StGB Rn 37.

358 BVerfGE 73, 206, 235; 87, 209, 224.

begrenzen ist.[359] Auch in wirtschafts(straf)rechtlichen Sondermaterien darf sich der Wortsinn nicht gänzlich vom allgemeinen Sprachgebrauch lösen, sondern muss für den Bürger erkennbar bleiben.[360]

152 Die **Fachsprache** gehört nicht zur Alltagssprache.[361] Deshalb ist bei der Auslegung wie folgt vorzugehen: Zunächst ist der Wortsinn nach dem besonderen gesetzlichen Sprachgebrauch zu ermitteln, soweit ein allgemeiner **juristischer Sprachgebrauch** existiert oder eine **Legaldefinition** vorhanden ist. Sowohl der gesetzliche Sprachgebrauch im engeren Sinne (Legaldefinitionen, Fiktionen, Verweisungen) als auch der Sprachgebrauch der juristischen Fachsprache genießen nämlich grundsätzlich Vorrang vor dem allgemeinen Sprachgebrauch.[362] Somit ist im Bilanzstrafrecht, das auf rechtlich geprägte Begriffe verweist, vom juristischen Sprachgebrauch auszugehen und nicht auf die allgemeinsprachliche Bestimmung des Begriffs abzustellen. Wenn die bilanzrechtlichen Straf- und Bußgeldtatbestände auf **bilanzrechtlich geprägte Begriffe** verweisen, hat dies zur Folge, dass die strafrechtliche Auslegung nicht über den Anwendungsbereich der bilanzrechtlichen Regelung hinausgehen darf.[363]

153 Der juristische Sprachgebrauch findet seine **Grenze** darin, dass er nicht weiter sein darf als die **alltagssprachliche Bedeutung.**[364] Deshalb ist in einem zweiten Schritt zu überprüfen, ob der juristische Sprachgebrauch, wie er sich im Bilanzrecht findet, mit der allgemeinsprachlichen Bedeutung noch vereinbar ist.[365] Aus dem alltäglichen Sprachgebrauch können sich Grenzen für die Auslegung ergeben, die nicht überschritten werden dürfen; insoweit kommt dem allgemeinsprachlichen Wortsinn begrenzende Bedeutung zu.

154 **b) Systematische Auslegung.** Die systematische Auslegung knüpft an der Erkenntnis an, dass ein Gesetz eine Einheit bildet. Deshalb müssen die einzelnen Normen im Gesetzeskontext gesehen werden. Der Wille des Gesetzgebers, der zur Geltung gebracht werden soll, ergibt sich aus der Systematik und dem Gesamtinhalt des Rechtssatzes, im Bilanzrecht auch aus dem Zusammenhang des Rechtssatzes mit sonstigen Rechtssätzen, sowie aus seiner Stellung in der Kodifikation. Neben dem **Gesamtzusammenhang innerhalb des Normgefüges** kann sich die Systematik weiterhin aus der **Stellung der Regelungen im Gesetz** ergeben. Die Stellung der Strafvorschriften im HGB bedeutet, dass bei mehreren nach dem Wortsinn möglichen Bedeutungen diejenige den Vorzug erhalten muss, die sich am besten in den Gesetzeszusammenhang des Bilanzrechts einpassen lässt.

---

[359] *Fischer* § 1 StGB Rn 12; *Pieroth* in Jarass/Pieroth Art. 103 GG Rn 47; *Lackner/Kühl* § 1 StGB Rn 6; *Schmidt-Aßmann* in Maunz/Dürig Art. 103 Abs. 2 GG Rn 227; MünchKomm-StGB/*Schmitz* § 1 StGB Rn 68; *Degenhart* in Sachs, Art. 103 GG Rn 70; *Herzberg* JuS 2005, 1, 2 f; *Schlehofer* JuS 1992, 572, 573 mwN.

[360] BVerfGE 73, 206, 244 f; *Schulze-Fielitz* in Dreier, GG, Bd. III, Art. 103 Abs. 2 GG Rn 39; *Scheffler* Jura 1996, 505 ff.

[361] LK/*Dannecker* § 1 StGB Rn 303; aA *Bringewat* Grundbegriffe des Strafrechts, Rn 285; vgl. auch *Herzberg* JuS 2005, 1, 2 f.

[362] *Bydlinski* S. 439; *Engisch* Einführung; S. 93 f; *Fikentscher* Bd. III S. 670 f; *Larenz/Canaris* Methodenlehre der Rechtswissenschaft S. 142 f; *Vogel* S. 114 f; *Hassold* in FS Larenz S. 211, 223.

[363] *D. Felix* Die Einheit der Rechtsordnung S. 317 f.

[364] BVerfGE 92, 1, 18 f; MünchKommStGB/*Schmitz* § 1 StGB Rn 68; NK/*Hassemer/Kargl* § 1 StGB Rn 106.

[365] Vgl. BVerfGE 92, 1, 18 f.

c) **Wirtschaftliche Betrachtungsweise.** Wegen des engen Bezugs zum Bilanzrecht verdient die wirtschaftliche Betrachtungsweise besondere Beachtung. Sie ist keineswegs auf das Steuerrecht beschränkt, wo sie ihren Ursprung hat,[366] sondern auch im Strafrecht ist sie als „tatsächliche" oder „faktische" Betrachtungsweise anerkannt.[367] Unter straf- und ordnungswidrigkeitenrechtlichem Blickwinkel ist diese Betrachtungsweise **keineswegs unbedenklich**, da sie mit der grundsätzlich zu befürwortenden Zielsetzung einer Erfassung des „wahren", eigentlichen Gehalts wirtschaftlicher Vorgänge tendenziell die formal-rechtsstaatlichen Sicherungen unterläuft, die vor allem in der Tatbestandsbindung des Straf- und Ordnungswidrigkeitenrechts, aber auch in der (teilweisen) Bindung seiner Begriffe an das Zivilrecht liegen. Die wirtschaftliche Betrachtungsweise sucht insbesondere Normumgehungen und andere, durch „normale" Auslegung nicht oder nur schwer fassbare Erscheinungen in den Griff zu bekommen. Sie findet insbesondere bei der Bestimmung des faktischen Organs einer Kapitalgesellschaft Anwendung (§ 331 Rn 35 ff). Im Straf- und im Ordnungswidrigkeitenrecht ist die wirtschaftliche oder faktische Betrachtungsweise nur im Rahmen der allgemeinen strafrechtlichen Auslegungsgrenzen, also **innerhalb des Wortlauts** der einschlägigen Rechtsnorm (Rn 151 ff), zulässig. Sie ist daher stets darauf zu überprüfen, ob nicht die Grenze des möglichen Wortsinns zu Lasten des Täters überschritten wird.[368] 155

Sodann gilt, dass immer dann, wenn eine rechtliche Vorprägung des Sachverhalts vorhanden ist und diese nicht auf Wertungen beruht, die denen des Strafrechts zuwiderlaufen, grundsätzlich die **Maßgeblichkeit der rechtlichen Form** die Regel ist und die wirtschaftliche Betrachtung die Ausnahme bleiben muss. Nur wenn die Voraussetzungen eines Formenmissbrauchs vorliegen, ist ein Durchgriff durch eine rechtliche Regelung oder Form in Erwägung zu ziehen.[369] Diese Frage wird sich weniger im Besonderen Teil des Bilanzstrafrechts als im Allgemeinen Teil stellen, wenn die straf- oder bußgeldrechtliche Verantwortung einzelner Personen im Unternehmen bestimmt werden muss. Wenn man die Vorgaben des Bundesgerichtshofs ernst nimmt, dass der Gesetzgeber mit den Rechtsmissbrauchsklauseln für deren Anwendungsbereich gerade zum Ausdruck gebracht habe, dass rechtliche Formen grundsätzlich verbindlich sind, muss der Gesetzgeber ausdrückliche Umgehungsklauseln einführen, die einem Formenmissbrauch entgegenwirken. Deshalb ist einer streng bilanzakzessorischen Auslegung Vorrang vor der faktischen Betrachtungsweise einzuräumen. Die Rechtsprechung trägt diesen Anforderungen nicht immer Rechnung, wie ein Blick auf die Entscheidungen zum **faktischen Geschäftsführer** zeigen, denen eine gezielt faktische Auslegung zugrunde liegt, die sich von einer formalen, am Gesellschaftsrecht orientierten Betrachtungsweise löst. Es wird nämlich der Begriff des vertretungsberechtigten Organs nicht auf wirksam bestellte und im Handelsregister eingetragene Mitglieder dieses Organs beschränkt, sondern unter Rückgriff auf tatsächliche Kriterien wie das tatsächliche Wahrnehmen der Geschäftsführung ein „Handeln als Organ" bejaht.[370] Damit kommt es für das Handeln als Geschäftsführer nicht mehr auf die Wirksamkeit der Bestellung als solcher an.[371]

---

366 Vgl. *Rittner* Wirtschaftliche Betrachtungsweise S. 13 f; *Ulmer* WuW 1971, 878, 879 ff.

367 Hierzu und zum folgenden auch *Tiedemann* Wirtschaftsstrafrecht AT Rn 124 ff sowie *ders.* NJW 1979, 1849, 1850 f und NJW 1980, 1557 ff, jeweils mwN.

368 Zutr. *Faller* DB 1972, 1757, 1759.

369 So *Tiedemann* in FS Delitala S. 2149, 2155.

370 BGHSt 3, 32, 37 f; BGH GmbHR 1955, 61; BGH bei *Herlan* GA 1971, 36 und bei *Holtz* MDR 1980, 453.

371 BGHSt 3, 32, 37 f; 6, 314, 316; MünchKommStGB/*Radtke* § 14 Rn 118; Scholz/*Tiedemann* GmbHG § 84 Rn 27 ff; mwN für die Genossenschaft RGSt 16, 269, 270 ff; für die AG RGSt 64, 81, 84.

156 d) **Historische Auslegung.** Bei der historischen Auslegung ist in erster Linie auf die **gesetzgeberische Zweckvorstellung** abzustellen. Hierbei kommt es nicht auf die Vorstellungen der an der Gesetzgebung beteiligten Personen an (so aber die sog. *subjektiv-historische Methode*),[372] sondern auf den vom Gesetzgeber verfolgten Zweck (sog. *objektiv-historische Methode*).[373] Erkenntnisquelle für die gesetzgeberischen Zweckvorstellungen sind die **Gesetzesmaterialien** (Bundestags- und Bundesratsdrucksachen, stenographische Berichte des Bundestags und des Bundesrats). Diese sind im Hinblick auf bestimmte Regelungsziele heranzuziehen, welche der Strafrichter als den wahren Willen des Gesetzgebers seiner Entscheidung zugrunde zu legen hat, sofern diese Ziele im Wortlaut der Norm selbst ihren Niederschlag gefunden haben[374] und zudem auf die Gesetzgebungsorgane – Bundestag und Bundesrat – zurückgeführt werden können.[375] Hingegen kann auf die historische Auslegung nicht zurückgegriffen werden, wenn Gesetzesänderungen erst während einer laufenden Gesetzesberatung in Ausschüssen vorgenommen werden, von denen das Parlament keine Kenntnis mehr genommen hat.

157 e) **Teleologische Auslegung.** Im Vordergrund der Auslegung des Bilanzstrafrechts steht die **teleologische Auslegung**, die auf den Sinn und Zweck der Norm abstellt. Im Strafrecht ist die **objektiv-teleologische Auslegungsmethode** vorherrschend,[376] mit der im Wege einer umfassenden Situations- und Folgenanalyse versucht wird, den „dem Gesetz innewohnenden Zweckgedanken“,[377] „den heute gültigen objektiven Sinn des Gesetzes“ festzustellen.[378] Es geht um die Bestimmung des Gegenwartssinns des Rechtssatzes. Angesichts einer unter Umständen erheblich veränderten sozialen Situation seit Erlass eines Gesetzes wird der Bedarf gesehen, einem Gesetz einen anderen Sinn zu geben, als es der historische Gesetzgeber getan hat.[379] Dabei ist unstreitig, dass der mögliche Wortsinn des Begriffs wiederum die Möglichkeiten teleologischer Interpretation begrenzt.[380]

Die Zwecke, die mit einem Gesetz verfolgt werden, müssen keineswegs ausschließlich gegenwartsorientiert gewesen sein, sondern können auch *in die Zukunft weisen*, in der sich das Gesetz als beständig und verlässlich erweisen soll.[381] Deshalb ist das Gesetz bei der Beurteilung neuer Probleme so zu interpretieren, wie es dem **mutmaßlichen Willen des Gesetzgebers** entspricht.[382] Wenn allerdings neu auftretende Fallkonstellationen außerhalb der Vorstellung des historischen Gesetzgebers lagen, ist es nicht Aufgabe des Rechtsanwenders, sondern der Legislative, die Gesetzeslage gegebenenfalls den neuen gesellschaftlichen Bedürfnissen anzupassen. Diese Einschränkung der teleologischen Auslegung führt nicht zu deren Bedeutungslosigkeit, da der Gesetzgeber häufig die Entwicklung und Konkretisierung bestimmter Begriffe bewusst der Rechtsprechung und Lehre überlassen will und damit einen entsprechenden gesetzlichen Rahmen zur Verfügung stellt.

---

372 *Naucke* Zur Lehre vom strafbaren Betrug (1964), S. 191 ff; *Krahl* S. 40 ff, *Schroth* S. 37 ff; *Naucke* in FS Engisch S. 274 ff.

373 Eingehend dazu *Schroth* S. 37 ff mwN; vgl. auch *Rüthers* JZ 2006, 53, 58.

374 BGHSt 1, 74, 76; 8, 295, 298; MünchKommStGB/*Schmitz* § 1 Rn 72; SK/*Rudolphi* § 1 StGB Rn 31; *Jescheck/Weigend* AT § 17 IV 2.

375 BVerfGE 54, 297; NK/*Hassemer/Kargl* § 1 StGB Rn 108; *Bleckmann* JuS 2002, 942, 943.

376 Vgl. nur SK/*Rudolphi* § 1 StGB Rn 32; *Baumann/Weber/Mitsch* AT § 9 Rn 68 ff; *Maurach/Zipf* AT/1, § 9 Rn 21 ff.

377 BGHSt 4, 303, 305.

378 SK/*Rudolphi* § 1 StGB Rn 32.

379 BVerfG wistra 2002, 175, 179; BGHSt 10, 157, 159.

380 Vgl. nur Schönke/Schröder/*Eser/Hecker* § 1 StGB Rn 43 mwN.

381 Schönke/Schröder/*Eser/Hecker* § 1 StGB Rn 44.

382 KK-OWiG/*Rogall* § 3 Rn 80.

f) **Verfassungskonforme Auslegung.** Die Auslegung muss sich stets an den **Wertvorgaben des Grundgesetzes** orientieren (sog. verfassungskonforme Auslegung). Dies bedeutet, dass der semantische Gehalt des Gesetzes nur so festgesetzt werden darf, dass sich kein Widerspruch zu den Normen und Wertentscheidungen der Verfassung ergibt.[383] Wenn eine Auslegung möglich ist, die der Verfassung entspricht, und die Vorschrift auch bei dieser Auslegung noch sinnvoll bleibt, ist diese Auslegung zu wählen.[384] Die verfassungskonforme Auslegung dient daher der Erhaltung einer ansonsten verfassungswidrigen Norm.[385] Allerdings darf die verfassungskonforme Auslegung den „eindeutigen gesetzgeberischen Willen" weder überspielen[386] noch das „gesetzgeberische Ziel in einem wesentlichen Punkt verfehlen oder verfälschen",[387] darf also keine Rechtsfindung contra legem darstellen.[388] 158

Art. 103 Abs. 2 GG gebietet eine enge Handhabung unbestimmter Gesetzesbegriffe im Strafrecht. Dies bedeutet bei Bewertungs- und Prognoseentscheidungen, dass Strafbarkeit nur angenommen werden kann, wenn über das Vorliegen der Strafbarkeitsvoraussetzungen vernünftigerweise nicht mehr gestritten werden kann, die Tatbestandsmäßigkeit also **eindeutig** gegeben ist.[389] Dies wird im Bilanzstrafrecht insoweit relevant, als diffuse **Randbereiche** der Bilanznorm nicht als straf- und bußgeldbewehrt angesehen werden können.[390] Somit wird den Unternehmen ein weiter Bewertungs- und Beurteilungsspielraum zugestanden, so dass nicht lediglich umstrittene Bilanzierungsmethoden, sondern nur eindeutig unvertretbare Methoden verboten sind.[391] Es ist dabei im Hinblick auf Art. 103 Abs. 2 GG denkbar, dass die in Bezug genommenen Normen des Bilanzrechts im Strafrecht enger auszulegen sind.[392] Zwar mag es rechtstheoretisch zutreffend sein, dass es nur eine richtige, aber keine restriktive oder extensive Auslegung gibt. Wenn aber der Sinn des Bestimmtheitsgebotes des Art. 103 Abs. 2 GG nicht nur in einem bloßen Willkürverbot gegenüber der Rechtsprechung gesehen, sondern mit der h.M. als Grundrecht des einzelnen Rechtsunterworfenen verstanden wird, kann die Vorhersehbarkeit und Berechenbarkeit des Auslegungsergebnisses nicht irrelevant sein. 159

Weiterhin können sich aus der Entscheidung des Gesetzgebers, welche Verhaltensweisen er unter Sanktionsandrohung stellt, Rückwirkungen auf die Auslegung der strafrechtlichen und der außerstrafrechtlichen Normen ergeben. Durch straf- und bußgeldrechtliche Normen darf nämlich der Schutz von Rechtsgütern nur verfolgt werden, wenn dabei der **Verfassungsgrundsatz der Verhältnismäßigkeit** beachtet wird. Dieser Maßstab wird bei einer verfassungsrechtlichen Überprüfung auf zwei Ebenen relevant. Zum einen geht es um die Frage, ob bestimmte Verhaltensweisen zum Schutz des Rechtsguts unter Sanktionsandrohung gestellt werden dürfen, weil es sich um tatsächlich **strafwürdige und strafbedürftige Verhaltensweisen** handelt. Zum anderen geht es darum, ob die **Art und Höhe der angedrohten Strafe** den verfassungsrechtlichen Anforderungen entspricht.[393] Der Einsatz der Sanktion muss geeignet und erforderlich sein, um das Rechtsgut zu 160

---

383 Göhler/Gürtler/Seitz/*Gürtler* § 3 OWiG Rn 8; KK-OWiG/*Rogall* § 3 Rn 82; *Rebmann/Roth/Hermann* § 3 OWiG Rn 14.
384 BVerfGE 67, 70, 88 f.
385 Vgl. BVerfGE 33, 52, 70.
386 BVerfGE 67, 299, 329.
387 BVerfGE 8, 28, 34.
388 *Krey* Blankettstrafgesetze, 1981, S. 176 ff.
389 BGHSt 4, 24, 32; HWSt-*Ransiek* VIII 1 Rn 11; MünchKommStGB/*Sorgenfrei* Rn 32; *Tiedemann* Wirtschaftsstrafrecht AT Rn 129; *Lenckner* JuS 1968, 304, 308 ff; *Tiedemann* NJW 1980, 1557, 1559 mwN.
390 Vgl. näher *Tiedemann* Artikel Auslegung HWiStR S. 1 ff; *ders.* in 40 Jahre Grundgesetz S. 155, 168.
391 LG Berlin 31.03.2008, (526) 2 StB Js 3/03 KLs (2/2005).
392 LK/*Dannecker* § 1 StGB Rn 253.
393 Vgl. BVerfGE 37, 201, 212.

schützen. Außerdem muss die Sanktion angemessen sein; durch dieses Kriterium können insbesondere offensichtlich unhaltbare Ergebnisse korrigiert werden.[394] Diesem Gesichtspunkt muss vor allem bei § 331 Nrn. 1a und 3 HGB durch eine restriktive Auslegung in Grenzbereichen Rechnung getragen werden, weil dieser Straftatbestand neben vorsätzlichem auch leichfertiges Verhalten unter Sanktionsandrohung stellt. Daher muss es sich um besonders strafwürdiges und strafbedürftiges Verhalten handeln.

161 g) **Europarechtskonforme Auslegung.** Der Vorrang des Europarechts gebietet es den Mitgliedstaaten, dem Europarecht bei der Auslegung des relevanten nationalen Rechts Rechnung zu tragen.[395] Dies gilt auch für das Strafrecht.[396] So vertritt der **EuGH** in ständiger Rechtsprechung die Auffassung, dass nationales Recht stets **richtlinienkonform** auszulegen ist.[397] Der **BGH** hat die gemeinschaftsrechtskonforme Auslegung in den Kanon der Auslegungsmethoden aufgenommen, ohne diese Methode allerdings als solche zu benennen.[398]

162 Ziel der Bilanzrechtsänderungen (Rn 32 ff, 60 ff) war häufig die Anpassung des deutschen Bilanzrechts an EG-Richtlinien. Daher sind die nationalen Regelungen, wenn sie einen Beurteilungsspielraum eröffnen, richtlinienkonform auszulegen, um dem **Vorrang des Gemeinschaftsrechts** bei der Auslegung des nationalen Rechts Rechnung zu tragen.[399] Dabei muss sich die gemeinschaftsrechtliche Auslegung (§ 331 Rn 18) innerhalb der anerkannten Auslegungsmethoden bewegen und insbesondere die innerstaatlichen verfassungsrechtlichen Anforderungen berücksichtigen.[400]

163 Darüber hinaus sind aber auch sämtliche sonstigen Rechtsakte der EG bzw. EU im Wege der **europarechtskonformen Auslegung** zu beachten. So forderte der EuGH bereits im Jahre 1989, dass Empfehlungen gemäß Art. 249 EG bei der Auslegung des nationalen Rechts zu berücksichtigen seien, obwohl diese Rechtsform keine Verbindlichkeit hatte.[401] Im Urteil *„Marleasing"* kam der Gerichtshof erstmalig zu dem Ergebnis, dass sich das Gebot der gemeinschaftsrechtskonformen Auslegung nicht auf Umsetzungsakte beschränke, sondern – gleich, ob es sich um vor oder nach der Richtlinie erlassene Vorschriften handele – die Auslegung so weit wie möglich am Wortlaut und Zweck der

---

394 So *Pieroth/Schlink* Rn 294.

395 Vgl. dazu BGHSt 37, 168, 174 ff; 37, 333 ff; 43, 219, 224 ff; *Dannecker* JZ 1996, 869, 872 f; *ders.* FS BGH 50, 364 ff; *ders.* Jura 2005, 173, 175 f; *Eisele* JZ 2001, 1157 ff; *Hecker* S. 303 ff; *Hugger* NStZ 1993, 421 ff; KK-OWiG/*Rogall*³ § 3 Rn 83; *Tiedemann* FS Roxin S. 1401, 1403 mwN.

396 Näher dazu *Tiedemann* Wirtschaftsstrafrecht BT Rn 23; *Satzger* Europäisierung S. 518 ff; *Chr. Schröder* Europäische Richtlinien S. 355 ff; *Dannecker* JZ 1996, 869, 873; *Hugger* NStZ 1993, 421 ff.

397 EuGH Slg. 1984, 1909 (*von Colson* und *Kamann*); Slg. 1984, 1942 (*Harz*); Slg. 1991 I, 4159 (*Marleasing*).

398 BGHSt 37, 333 ff m. Anm. *Sack* JR 1991, 337 ff und *Horn* JZ 1991, 885 ff.

399 BGHSt 37, 168, 174 ff; BGHSt 37, 333 ff; BGH HFR 2009, 171; KK-OWiG/*Rogall* § 3 OWiG Rn 83; LK/*Dannecker* § 1 StGB Rn 342; MünchKommBilR/*Watrin* IFRS Einf Rn 65 ff; MünchKommHGB/*Quedenfeld* Rn 40; MünchKommStGB/*Sorgenfrei* Rn 37; *Satzger* Europäisches und Internationales Strafrecht § 8 Rn 101 ff; *Bongertz* S. 174 ff; *Bücklers* S. 28 ff; *Chr. Schröder* Europäische Richtlinien S. 321 ff, 331 ff; *Dannecker* JZ 1996, 869, 872 f; *Hauck/Prinz* BB 2007, 2434, 2435 f; *Hugger* NStZ 1993, 421 ff; *Stibi/Fuchs* DB 2009, 9.

400 *Streinz* EUV/AEUV Art. 288 AEUV Rn 128; *Satzger* Europäisches und Internationales Strafrecht § 8 Rn 100; *Böse* S. 431 ff; *Satzger* Europäisiserung S. 549 ff; *Dannecker* in Wabnitz/Janowsky (Hrsg) Kap. 2 Rn 117 ff; *Dannecker* JZ 1996, 869, 873.

401 EuGH Slg. 1989, 4421 *(Grimaldi)*.

Richtlinie auszurichten sei, um das mit der Richtlinie verfolgte Ziel zu erreichen.[402] Auch wenn es sich um eine vor der Richtlinie erlassene nationale Vorschrift handelt, muss das nationale Recht richtlinienkonform ausgelegt werden. Daher ist davon auszugehen, dass nach Auffassung des EuGH das gesamte nationale Recht im Lichte des Wortlauts und Zwecks einer Richtlinie auszulegen ist, sofern es nur in deren Regelungsbereich fällt; dies ist insbesondere bei normativen Tatbestandsmerkmalen geboten, die einer entsprechend ausweitenden Auslegung zugänglich sind.[403]

Der **EuGH** geht davon aus, dass gemeinschaftsrechtliche Normen stets gleich auszulegen sind, sei es im Rahmen eines außerstrafrechtlichen Verfahrens oder im Rahmen des Strafrechts, wenn dieses außerstrafrechtliche Regeln des Gemeinschaftsrechts in Bezug nimmt.[404] Demgegenüber wird in Deutschland im Strafrecht eine Begrenzung der Sanktionsvorschriften auf tatbestandsmäßig zweifelsfreie Verstöße gefordert, da nur so dem verfassungsrechtlich garantierten Bestimmtheitsgebot Rechnung getragen werden kann (Rn 159). Dies gilt jedoch nicht für auf EG/EU-Richtlinien beruhende Sanktionsvorschriften, da nur allgemeine Rechtsgrundsätze zu einer Begrenzung der gemeinschaftsrechtskonformen Auslegung führen können, das Gebot einer restriktiven Auslegung im Strafrecht jedoch kein solcher Grundsatz ist. Problematisch wird die Reichweite der europarechtskonformen Auslegung erst dann, wenn ein klar erkennbarer Widerspruch zwischen nationalem Gesetz und Richtlinie oder zwischen einer an einer EU-Richtlinie orientierten Auslegung und nationalem Verfassungsrecht besteht. Hierbei geht es um die Frage, ob die Richtlinie oder Verordnung ein imperatives, andere Auslegungsregeln überspielendes Interpretationsgebot enthält[405] oder ob Art. 103 Abs. 2 GG als nationale Verfassungsnorm eine bei der Berücksichtigung des Europarechts zu beachtende Grenze statuieren kann.[406] Gegen eine Anerkennung der europarechtskonformen Auslegung als ranghöchstes Auslegungsprinzip spricht, das auch der Europäische Gerichtshof die Ansicht vertritt, dass die gemeinschaftsrechtskonforme Auslegung „ihre Grenzen in den allgemeinen Rechtsgrundsätzen, die Teil des Gemeinschaftsrechts sind, und insbesondere in dem Grundsatz der Rechtssicherheit und im Rückwirkungsverbot" findet.[407] In den Entscheidungen *„von Colson und Kamann"* und *„Harz"* erklärte der Europäische Gerichtshof den eindeutigen Wortlaut des Gesetzes zur Grenze der Auslegung.[408] Der Wortlaut des Gesetzes, aber auch der erkennbar andere Wille des Gesetzgebers muss daher im Strafrecht eine **Grenze für die gemeinschaftsrechtskonforme Interpretation** bilden, die zu einer Ausweitung des Anwendungsbereichs einer Strafnorm führen würde. Hingegen bestehen gegen eine die Strafbarkeit einschränkende europarechtskonforme Auslegung keine verfassungsrechtlichen Bedenken.[409] Allerdings geht der EuGH bei gemeinschaftsrechtlichen Normen davon aus, dass diese stets gleich auszulegen sind, sei es im Rahmen eines außerstrafrechtlichen Verfahrens oder im Rahmen von Strafverfahren, wenn das 164

402 EuGH Slg. 1990 I, 4159.

403 *Tiedemann* Wirtschaftsstrafrecht BT Rn 26; *Schroeder* NJW 1990, 1406 f; *Tiedemann* FS Roxin S. 1401, 1405; *ders.* ZStW 116 (2004) 945, 950.

404 EuGH Slg. 1986, 805 ff (*Gemeinsame Marktorganisation für Wein*); näher dazu *Dannecker* ZStW 117 (2005) 697, 738 f.

405 So z.B. *Everling* RabelsZ 50 (1986) 193, 225.

406 So *Heise* Europäisches Gemeinschaftsrecht und nationales Strafrecht (1998) S. 109 ff.

407 EuGH Slg. 1987, 3986 [*Kolpinghuis Nijmegen* BV]; vgl. dazu auch *Zuleeg* JZ 1992, 761, 765.

408 EuGH Slg. 1984, 1909; EuGH Slg. 1984, 1942.

409 *Dieblich* S. 148 ff; *Gröblinghoff* Die Verpflichtung des deutschen Strafgesetzgebers S. 51 f; *Heise* Europäisches Gemeinschaftsrecht und nationales Strafrecht S. 151 ff.

Strafrecht auf gemeinschaftsrechtliche Regeln Bezug nimmt, und statuiert für das Strafrecht keine erhöhten Anforderungen. Damit bleibt er hinter den Anforderungen zurück, die im nationalen Recht gelten. Da der Anwendungsvorrang grundsätzlich auch für das Verfassungsrecht Geltung beansprucht, kann nicht auf die nationalen Verfassungsgarantien, sondern nur auf das gemeinschaftliche Verfassungsrecht als einzuhaltende Schranke zurückgegriffen wird. Dies bedeutet, dass bei blankettausfüllenden gemeinschaftsrechtlichen Normen geringere Anforderungen an die Bestimmtheit gelten als beim Verweis auf nationale Regelungen.

165 Die dargestellten Auslegungsmethoden gelten nicht nur für **Blankettgesetze**, die außerstrafrechtliche Normen in Bezug nehmen (Rn 134 ff), sondern auch für „eigenständige" Straf- und Bußgeldnormen, die selbst den Normbefehl enthalten wie die Straftatbestände des § 333 HGB (§ 333 Rn 1).

IV. Vorsatz und Irrtum

166 **1. Vorsatzformen.** Vorsatz setzt die aktuelle Kenntnis aller objektiven Tatbestandsmerkmale und den Willen zur Tatbestandsverwirklichung voraus. Mit Hilfe dieser beiden Vorsatzelemente können die verschiedenen Vorsatzformen gegeneinander und Vorsatz zu bewusster Fahrlässigkeit abgegrenzt werden. Soweit das Gesetz keine besondere Vorsatzform voraussetzt, reicht **dolus eventualis** aus. Weitere Vorsatzformen betreffen die Wissentlichkeit und die Absicht. **Absicht** setzt ein zielgerichtetes Handeln voraus.[410] Überwiegend reicht bei den §§ 331 bis 333 HGB dolus eventualis aus. Wenn jedoch die bilanzrechtlichen Normen spezielle **subjektive Merkmale erfordern**, wie z.B. § 331 Nrn. 1a, 3 HGB: „zum Zweck der Befreiung", muss in dieser Hinsicht Absicht vorliegen, damit eine Ahndung möglich ist (§ 331 Rn 108, 158). Ist dies nicht der Fall, so kommt auch keine leichtfertige Begehung in Betracht (§ 331 Rn 107, 157).

167 **2. Vorsatz bei Rechtsfragen.** Hinsichtlich der Grundlagen und zahlreicher Einzelheiten der Vorsatz- und Irrtumslehre wird auf die allgemeinen wirtschaftsstrafrechtlichen Darstellungen verwiesen.[411] Unter dem Blickwinkel der Beziehung des **Vorsatzes auf Rechtsfragen** ist folgendes hervorzuheben:

168 a) **Vorsatz bei außerstrafrechtlichen Ge- und Verbotsnormen.** Der Vorsatz des Täters muss alle objektiven Tatbestandsmerkmale umfassen. Anders als bei **normativen Tatbestandsmerkmalen**, bei denen eine Parallelwertung des Täters in der Laiensphäre gefordert wird, muss der Täter bei **Blankettgesetzen** nur die Verwirklichung der Tatbestandsmerkmale der außerstrafrechtlichen Norm kennen und wollen, nicht hingegen Kenntnis vom sozialen Bedeutungsgehalt seines Verhaltens haben. Dies führt dazu, dass durch die Technik des „Zusammenlesens" Blankettvorschrift und außerstrafrechtliche Norm zu einem weitgehend deskriptiven Tatbestand verschmelzen.[412] Entsprechend weist die Rechtsprechung die Berücksichtigung von Fehlvorstellungen über die Verbotsmaterie generell dem Verbotsirrtum zu. Damit bedarf es keiner Kenntnis des Täters von der rechtlichen Rele-

---

410 BGHSt 20, 333, 339 ff.

411 Gesamtübersicht bei *Dannecker* in Graf/Jäger/Wittig Vor § 32 ff Rn 1 ff, § 32 Rn 1 ff, § 34 Rn 1 ff; *Tiedemann* Artikel Irrtum über Rechtsfragen in HdWiStR S. 1 ff; *ders.* Wirtschaftsstrafrecht AT, Rn 95 ff.

412 *Dannecker* in Zipfel/Rathke Lebensmittelrecht Vor §§ 58 ff LFGB Rn 61 mwN.

vanz der Umstände, um ihn bestrafen zu können. Es reicht vielmehr aus, dass er den Irrtum vermeiden konnte. Die **h.M. in der Literatur** geht also davon aus, dass die Kenntnis der Verhaltensnormen, die sich an den Täter richten, durch § 17 StGB den Regeln des Verbotsirrtums unterstellt ist. Für den Vorsatz des Täters genüge die Kenntnis des Sachverhalts, der den Tatbestand der strafbewehrten Verhaltensnorm erfüllt.[413] Auch nach der **Rechtsprechung** würde die Unkenntnis von außerstrafrechtlichen Rechtsnormen stets nur zu einem Verbotsirrtum im Sinne des § 17 StGB führen,[414] der in aller Regel vermeidbar ist. Damit könnte der Täter wegen der vorsätzlichen Begehung der Straftat verfolgt und bestraft werden. Insbesondere die neuere Rechtsprechung im Bereich des Lebensmittelstrafrechts weist die Unkenntnis von außerstrafrechtlichen Rechtsnormen, also die Fehlvorstellungen über die Verbotsmaterie, generell dem Verbotsirrtum zu, so dass es keiner Kenntnis des Täters von der rechtlichen Relevanz der Umstände bedarf,[415] sondern die Kenntnis des Sachverhalts ausreichend ist.[416] Diese Auffassung berücksichtigt jedoch nicht, dass ebenso wie bei normativen Tatbestandsmerkmalen die zu Grunde liegenden rechtlichen Bewertungen Bezugspunkt des Vorsatzes sein müssen, so dass es notwendig ist, dass er zumindest die Wertungsergebnisse nachvollzogen hat.[417] Ohne eine vollständige **Erfassung des sozialen Bedeutungsgehaltes** fehlt es an einer Entscheidung des Täters gegen das geschützte Rechtsgut und damit an einer Empfindung seines Verhaltens als sozialethisch wertwidrig.[418] Ansonsten werden die dogmatischen Grundlagen der Irrtumsregelungen relativ willkürlich verwendet, nur um zu den gewünschten Ergebnissen zu kommen.[419] Daher ist es notwendig, dass der Täter Kenntnis von Inhalt und Gültigkeit der blankettausfüllenden Norm hat; ansonsten liegt ein Tatbestandsirrtum gemäß § 16 StGB vor, der das Entfallen des Vorsatzes zur Folge hat.[420] Schon das **Reichsgericht** hat Normbefehle, die nicht dem Strafrecht angehören, von diesem aber in Bezug genommen werden, als Tatsachen und den Irrtum darüber als einen den Vorsatz ausschließenden außerstrafrechtlichen „Rechtsirrtum" behandelt.[421] Diese Auffassung des Reichsgerichts hat in den letzten Jahrzehnten im Schrifttum eine deutliche Wiederbelebung erfahren,[422] weil sonst bei den Verweisungs- und Blankettbegriffen des Strafrechts die Möglichkeit geschaffen wird, außertatbestandliche Bewertungsmaßstäbe in nahezu willkürlicher Weise mit einzubeziehen, um den Straftatbestand in der Weise zu verändern, dass die erwünschte Irrtumsregelung greift. Eine vorsätzliche Zuwiderhandlung wird nur dann bejaht, wenn der Täter die Verbotsmaterie der Zuwiderhandlung kennt. Er muss **Kenntnis von Inhalt und Gültigkeit der blankettausfüllenden Norm**

---

[413] Vgl. nur den Überblick bei Schönke/Schröder/*Cramer/Sternberg-Lieben* § 15 Rn 99 ff.

[414] BGHSt 9, 164, 172; 14, 223, 228.

[415] Vgl. BGHSt. 9, 164, 172; 14, 223, 228; zum Lebensmittelstrafrecht BGH, LRE 1, 105; OLG Stuttgart LRE 6, 287, aA BGH, GA 1962, 25 – „*Kakaopulver*"; ausführliche Diskussion bei *Dannecker* in Zipfel/Rathke Lebensmittelrecht Vor §§ 58 ff LFGB Rn 102 ff.

[416] Überblick in Schönke/Schröder/*Sternberg-Lieben* § 17 StGB Rn 12.

[417] *Dannecker* in Zipfel/Rathke Lebensmittelrecht Vor §§ 58 ff LFGB Rn 103; *Tiedemann* FS Geerds S. 95, 108.

[418] *Dannecker* in Zipfel/Rathke Lebensmittelrecht Vor §§ 58 ff LFGB Rn 105; *Otto* Jura 1995, 475 mwN.

[419] *Dannecker* in Zipfel/Rathke Lebensmittelrecht Vor §§ 58 ff LFGB Rn 103.

[420] *Dannecker* in Zipfel/Rathke Lebensmittelrecht Vor §§ 58 ff LFGB Rn 104; *Kuhlen* Die Unterscheidung von vorsatzausschließendem und nicht vorsatzausschließendem Irrtum (1987) S. 369 ff; *Herzberg* JZ 1993, 1017 ff; *Puppe* GA 1990, 145 ff; *Tiedemann* FS Geerds S. 95 ff.

[421] Zur Behandlung des § 59 RStGB durch das Reichsgericht vgl. BGHSt 2, 194.

[422] Näher dazu *Tiedemann* FS Geerds S. 95, 99 ff.

haben. Dies bedeutet für das Bilanzstrafrecht, dass der Täter außer der Kenntnis der Tatsachen selbst, die dem Rechtsbegriff zu Grunde liegen, auch Kenntnis der bilanzrechtlichen Bewertung haben muss.[423] Auf die richtige Subsumtion unter den rechtlichen Begriff kommt es hingegen nicht an.

169 Auch die **höchstrichterliche Rechtsprechung** hat insbesondere im Bereich des **Steuerstrafrechts**, das ebenso wie das Bilanzstrafrecht auf außerstrafrechtliche Normen verweist, gewisse Durchbrechungen der eigenen Auffassung vorgenommen und Kenntnis der Steuerrechtsnormen gefordert, um vorsätzliches Handeln bejahen zu können. Damit gehört hier die Kenntnis der fraglichen Steuernormen zum Vorsatz.[424] Die Behandlung der Delikte des Bilanzstrafrechts ist wegen der sachlichen Nähe von Steuer- und Bilanzstrafrecht daran anzulehnen. Bei Verhaltensnormen, die erst kraft positiven Rechts entstehen, kann deren Kenntnis nicht schon deshalb erwartet werden, weil der Gesetzgeber sie mit Strafe bewehrt hat. Wenn der Gesetzgeber sich dabei eines Blankettstrafgesetzes bedienen muss, weil er die Verhaltensnorm nicht bündig und in einfachen Ausdrücken formulieren kann, ist dies „das beste Indiz dafür, dass es sich nicht mehr um jenen Grundbestand allgemein anerkannter Verhaltensnormen handelt".[425] Daher muss bei den nicht zum Kernstrafrecht gehörenden Delikten, deren Verbot erst durch den Gesetzgeber geschaffen werden muss (delicta mere prohibita), das **Bewusstsein der materiellen Rechtswidrigkeit** ausdrücklich festgestellt werden, um Vorsatz bejahen zu können.

170 **b) Verbotsirrtum und Vermeidbarkeit. Verbotskenntnis**, d.h. Kenntnis des generellen Verbotenseins der Handlung, und das Unrechtsbewusstsein sind nach h.M. nicht Bestandteil des Vorsatzes. Der **Irrtum über das Verbotensein** des Verhaltens ist nur dann schuldausschließend, wenn der Irrtum **unvermeidbar** war. Diesbezüglich hat der Bundesgerichtshof[426] dargelegt, dass „der Irrtum unüberwindlich (ist), wenn der Täter trotz der ihm nach den Umständen des Falles, seiner Persönlichkeit sowie seinem Lebens- und Berufskreis zuzumutenden Anspannung des Gewissens die Einsicht in das Unrechtmäßige seines Handelns nicht zu gewinnen vermochte. Das setzt voraus, dass er alle seine geistigen Erkenntniskräfte einsetzt und etwa auftauchende Zweifel durch Nachdenken und erforderlichenfalls durch Einholung von Rat beseitigt hat. (…) Hätte der Täter bei gehöriger Anspannung seines Gewissens das Unrechtmäßige seines Tuns erkennen können, so ist sein Verbotsirrtum verschuldet". Wenn der Täter Zweifel hat oder solche für ihn erkennbar sind, entsteht eine **Prüfungs- und Erkundigungspflicht.**[427] Dies gilt insbesondere für vertretungsberechtigte Organe und Betroffene, die geschäftsführende Tätigkeiten ausüben. Im Bereich des Bilanzrechts müssen insbesondere auf diesem Gebiet **qualifizierte Rechtskundige um Rat gefragt** werden. Insoweit muss sich der Täter an kompetente, sachverständige Personen oder Stellen wenden, welche die Gewähr für eine objektive, sorgfältige, pflichtgemäße und verantwortungsbewusste Auskunftserteilung bieten.[428] Die Vermeidbarkeit richtet sich auch im **Ordnungswidrigkeitenrecht** nach diesen zum strafrechtlichen Verbotsirrtum entwickelten Grundsätzen. An die Vermeidbarkeit des Verbotsirrtums stellt die Rechtsprechung meist so scharfe Anforderungen, dass die Vorwerfbarkeit (Schuld) nur ganz ausnahmsweise entfallen wird.[429] An die **Erkundi-**

---

[423] Vgl. *Tiedemann* NJW 1979, 1849, 1854.

[424] BGHSt 5, 90, 92; näher dazu *Tiedemann* ZStW 81 (1969) 879 ff.

[425] *Puppe* GA 1990, 181.

[426] BGHSt 21, 18, 20.

[427] OLG Düsseldorf NStZ 1981, 444; näher dazu KK-OWiG/*Rengier* § 11 Rn 63 ff.

[428] BGHSt 40, 257, 264; BayObLG NJW 1989, 1744, 1745; krit. dazu *Zaczyk* JuS 1990, 894.

[429] Zutr. Kritik hierzu bereits bei *R. Schmitt* Ordnungswidrigkeitenrecht S. 34 f.

gungspflicht werden noch höhere Anforderungen gestellt als an die Vorhersehbarkeit und Vermeidbarkeit bei den Fahrlässigkeitsdelikten.[430]

In der Rechtsprechung ist noch nicht abschließend geklärt, inwieweit die **Nichterkundigung** für den Irrtum **kausal** sein muss, d.h. ob die pflichtgemäße Erkundigung auch zu der Einsicht, Unerlaubtes zu tun, hätte führen müssen. Während der Bundesgerichtshof[431] es zunächst als gleichgültig angesehen hat, welche Auskunft der Täter erhalten hätte, haben sich die Oberlandesgerichte ganz überwiegend für das Kausalitätserfordernis ausgesprochen.[432] Hierfür spricht, dass nur so das potenzielle Unrechtsbewusstsein des Täters bezüglich der verfolgten Tat nachgewiesen werden kann. Es wird vermieden, dass jemand lediglich deshalb bestraft oder geahndet wird, weil er etwas objektiv Sinnloses unterlassen hat.[433] **171**

Ist der Verbotsirrtum durch Gewissensanspannung oder durch Einholung von Erkundigungen **vermeidbar,** so wird die Zuwiderhandlung als vorsätzlich, jedoch mit der (vom Gesetzeswortlaut nicht erwähnten, aber allgemein anerkannten) Möglichkeit der **Milderung der Strafhöhe,** geahndet.[434] Von dieser Milderungsmöglichkeit sollte **stets** Gebrauch gemacht werden, da auch der vermeidbare Irrtum die Schuld mindert, weil der Täter sich gerade nicht bewusst gegen das Recht entscheidet.[435] **172**

V. Rückwirkungsverbot- und Milderungsgebot bei Gesetzesänderungen

Die zeitliche Geltung der Strafgesetze bestimmt sich nach **§ 2 StGB,** der in Abs. 1 vorsieht, dass sich die Strafe nach dem Gesetz bestimmt, das zur Zeit der Tat gilt. Unter dem Begriff des Gesetzes ist dabei der **gesamte sachliche Rechtszustand** zu verstehen. Das Milderungsgebot betrifft auch die ein Blankett ausfüllenden Normen.[436] Damit nimmt die Vorschrift des § 2 Abs. 1 StGB das in Art. 103 Abs. 2 GG verankerte Rückwirkungsverbot auf. Eine nachträgliche Verschärfung der Rechtslage darf dem Täter nicht angelastet werden. Wenn die Rechtslage jedoch infolge der Gesetzesänderung für den Täter milder wird, muss ihm diese Milderung grundsätzlich zu Gute kommen (§ 2 Abs. 3 StGB; Grundsatz der lex mitior). Für Ordnungswidrigkeiten enthält **§ 4 OWiG** eine § 2 StGB entsprechende Vorschrift.[437] **173**

1. Rückwirkungsverbot

a) **Änderungen des materiellen Rechts.** Das Rückwirkungsverbot erfordert, dass die Tat mit Strafe bedroht war, bevor der Täter die Tat begangen hat. Unstreitig ist, dass sich das Rückwirkungsverbot auf **alle Voraussetzungen der Strafbarkeit,** auch auf Rechtfertigungs- und Schuldausschließungsgründe, sowie auf die **Ausfüllungsnormen von Strafblanketten** bezieht; die Änderung einer Ausfüllungsnorm ändert materiell stets auch die **174**

---

[430] BGHSt 4, 236, 243; BGHSt 21, 18, 20; krit. dazu KK-OWiG/*Rengier* § 11 Rn 62.

[431] BGHSt 21, 18, 21.

[432] OLG Celle NJW 1977, 1644; OLG Köln wistra 1984, 119, 120; BayObLG NJW 1989, 1744, 1745; OLG Celle wistra 1989, 355, 357; OLG Düsseldorf NuR 1993, 179, 181 f; OLG Hamburg JR 1996, 521, 523 f.

[433] KK-OWiG/*Rengier* § 11 Rn 100; Schönke/Schröder/*Sternberg-Lieben* § 17 StGB Rn 22 mwN.

[434] Vgl. nur KK-OWiG/*Rengier* § 11 Rn 125; Schönke/Schröder/*Sternberg-Lieben* § 17 StGB Rn 24 ff mwN.

[435] *Roxin* FS Hirsch S. 81 ff.

[436] LK/*Dannecker* § 2 StGB Rn 78.

[437] Vgl. dazu KK-OWiG/*Rogall* § 4 Rn 1.

Sanktionsnorm.[438] Die durch die verschiedenen Gesetzesänderungen herbeigeführten Verschärfungen des Bilanzrechts (Rn 32 ff) dürfen daher nicht zu Lasten eines Täters gehen, der vor Inkrafttreten der Neuregelungen ein strafbares Verhalten beendet hat. Wenn die Verschärfung während der Begehung der Handlung eintritt, ist das bei Beendigung geltende Gesetz anzuwenden (§ 2 Abs. 2 StGB, § 4 Abs. 2 OWiG).[439] Im Falle einer Verschärfung einer Sanktionsdrohung muss das zuvor mildere Gesetz bei der Strafzumessung in der Weise berücksichtigt werden, dass den Tatteilen, die vor der Sanktionsverschärfung lagen, kein größeres Gewicht zukommt, als sie früher hatten.[440]

Eine **Änderung der höchstrichterlichen Rechtsprechung** in einer Auslegungsfrage unterliegt nach h.M. nicht Art. 103 Abs. 2 GG und auch nicht § 2 Abs. 1 StGB bzw. § 4 Abs. 1 OWiG.[441]

175 b) **Änderungen prozessrechtlicher Vorschriften.** Auch **prozessuale Normen**, so z.B. Vorschriften, die das Strafantragsrecht betreffen, unterliegen nach h.M. nicht dem Rückwirkungsverbot des § 2 Abs. 1 StGB. Diese Normen gelten mit ihrem Inkrafttreten auch für Verfahren, die bereits eingeleitet sind,[442] sofern keine speziellen Übergangsbestimmungen getroffen worden sind.

2. Milderungsgebot

176 a) **Rückwirkungsgebot für das mildere Gesetz.** Wird das Gesetz, das bei Beendigung der Handlung gilt, vor der Entscheidung geändert, so ist das **mildeste Gesetz** anzuwenden (§ 2 Abs. 3 StGB, § 4 Abs. 3 OWiG). Diese Vorschriften enthalten ein Rückwirkungsgebot für das mildere Gesetz. Dadurch wird den Anforderungen des Rechtsstaatsprinzips sowie dem Prinzip des Vertrauensschutzes, dem Willkürverbot und dem Verhältnismäßigkeitsgrundsatz Rechnung getragen.[443] Außerdem wird das Milderungsgebot in Art. 49 Abs. 1 Satz 3 GRCh garantiert. Wenn die Tat nach dem späteren Recht nicht mehr strafbar ist, ist das spätere Recht das mildere, und es darf keine Sanktionierung mehr erfolgen.[444] Ob die Änderung auf einer geläuterten Rechtsauffassung beruht, ist ohne Bedeutung. Zu vergleichen sind nicht die abstrakten Tatbestände des früheren und des späteren Rechts, vielmehr ist das konkrete Verhalten unter den in Betracht kommenden Tatbestand des früheren und den des späteren Rechts zu subsumieren, um festzustellen, ob eine Bestrafung zulässig ist.[445] Hierbei sind auch die **blankettausfüllenden Normen** zu berücksichtigen.[446] Entsprechendes gilt im Ordnungswidrigkeitenrecht.

---

438 BGHSt 34, 272, 282 f; Schönke/Schröder/*Eser/Hecker* § 2 Rn 8 ff; *Dannecker* Das intertemporale Strafrecht S. 461 ff, 471 ff, 492 ff.

439 Näher dazu Lackner/*Kühl* § 2 StGB Rn 4; *Dannecker* Das intertemporale Strafrecht S. 540.

440 Vgl. BVerfG NStZ 1996, 192.

441 BVerfGE 18, 224, 240 f; 32, 311, 319; vgl. auch LK/*Dannecker* § 1 StGB Rn 432 ff, 444; *Neumann* ZStW 103 (1993) 331 ff; *Robbers* JZ 1988, 481 ff; *Dannecker* Das intertemporale Strafrecht S. 364 ff mwN.

442 BGHSt 21, 367, 369.

443 *Dannecker* Das intertemporale Strafrecht S. 407 ff.

444 Vgl. BGHSt 20, 116, 119.

445 Vgl. nur Göhler/Gürtler/Seitz/*Gürtler* § 4 Rn 5a; KK-OWiG/*Rogall* § 4 Rn 26; Lackner/*Kühl* § 2 StGB Rn 3 f; Schönke/Schröder/*Eser/Hecker* § 2 StGB Rn 33, jeweils mwN.

446 OLG Düsseldorf NJW 1991, 710; Göhler/Gürtler/Seitz/*Gürtler* § 4 OWiG Rn 5a; *Lackner/Kühl* § 2 StGB Rn 4; Schönke/Schröder/*Eser/Hecker* § 2 Rn 24 f, 35.

Besondere **praktische Bedeutung** erhält das Rückwirkungsgebot bei milderen Gesetzen wegen der erheblichen Änderungen der Bilanzierungsmöglichkeiten, die durch Gesetzesänderungen oder Änderungen der Bilanzierungsstandards eintreten (Rn 60 ff). So wurden aus Bilanzierungsverboten Wahlrechte oder sogar Gebote, und umgekehrt. Aus dem Verbot der Bilanzierung selbstgeschaffener immaterieller Vermögensgegenstände wie bspw. Patente wurde ein Wahlrecht. Allerdings entfiel zum Beispiel das Wahlrecht, Rückstellungen für eigene zukünftige Instandsetzungen zu bilanzieren. Des Weiteren gelten unterschiedliche Bewertungsansätze, so dass nun Kredit-, Finanzdienstleistungs-, Zahlungs- und E-Geld-Institute teilweise Finanzinstrumente zum Marktwert und Rückstellungen realistischer bewerten müssen (§ 340e Abs. 3 Satz 1 HGB). Diesem Ziel soll auch die Pflicht zu erweiterten Angaben im Anhang Rechnung tragen, die die Erklärung der verwendeten sowie Änderungen zu früheren Bewertungsmethoden mit umfasst. Unproblematisch ist die strafrechtliche Rechtslage lediglich, wenn die Bilanz zum Zeitpunkt der Erstellung richtig war oder die Bilanzierung zu beiden Zeitpunkten aus denselben Gründen fehlerhaft ist. Ist der Jahresabschluss aus jeweils anderen Gründen fehlerhaft, kann man die Fehler isoliert oder den Jahresabschluss insgesamt betrachten. Wenn man auf den Jahresabschluss insgesamt abstellt, war dieser zu keinem Zeitpunkt richtig und gab nie ein wahres Bild über die wirtschaftliche Situation des Unternehmens ab. Wenn die Fehler jedoch einzeln betrachtet werden, sind sie in einer der Bilanzen jeweils richtig und unterliegen somit dem Milderungsgebot. Stellte man eine Gesamtbetrachtung an, würde jedoch eine zuvor richtige Bilanzierung durch eine Änderung der Gesetzeslage unzulässigerweise zu einer Strafbarkeit führen. Deshalb ist eine **Einzelbetrachtung** geboten. Die Erstellung eines fehlerhaften Jahresabschlusses ist dann nicht mehr strafwürdig, wenn die vorgenommene Bilanzierungsweise später als dem Gebot des *true and fair view* entsprechend erkannt und die Gesetzeslage dementsprechend geändert wurde. Dabei muss das Vertrauen des Rechtsverkehrs in die Vergleichbarkeit der Bilanzen zum Aufstellungszeitpunkt zurückstehen. Dies gilt jedoch nur insoweit, als nach der neuen Rechtslage keine Angaben im Anhang, die entweder die Bilanzierung selbst erklären oder auf eine Änderung der Bilanzierungsmethode hinweisen, notwendig sind. Wegen der Zugehörigkeit des Anhangs zum Jahresabschluss (§ 331 Rn 46) ist dieser noch immer falsch, jedoch ist der Unrechtsgehalt im Ergebnis als niedriger einzustufen. **177**

Der konkrete Vergleich ist jedoch nur zulässig, wenn feststeht, dass überhaupt ein vergleichbares milderes Gesetz vorliegt. Dies ist nach h.M. nur dann der Fall, wenn die Änderung der einschlägigen Vorschriften die **„Kontinuität des Unrechtstyps"** wahrt.[447] Die Rechtsprechung stellt auf den „Wesenskern" des Delikts ab[448] und bejaht Unrechtskontinuität jedenfalls dann, wenn dasselbe Rechtsgut oder wenigstens übereinstimmende wesentliche Komponenten des Rechtsguts geschützt werden.[449] Die Literatur nimmt diesbezüglich teilweise zu Recht eine restriktivere Position ein und fordert sowohl **Identität des Schutzgutes** als auch **der jeweiligen Angriffsmodalität.**[450] Ist die Kontinuität des Unrechtstyps nicht gegeben, so steht das Rückwirkungsverbot einer Bestrafung entgegen. **178**

b) Mehrfache Änderungen des Gesetzes. Wenn sich die Rechtslage zwischen der Handlungszeit und dem Zeitpunkt der Entscheidung mehrfach geändert hat, sind auch **179**

---

447 Vgl. nur KK-OWiG/*Rogall* § 4 Rn 25; *Lackner/Kühl* § 2 StGB Rn 5; Schönke/Schröder/*Eser/Hecker* § 2 StGB Rn 22 mwN.

448 BGHSt 26, 167; näher dazu *Dannecker* Das intertemporale Strafrecht S. 503 ff, 511 ff; *Tiedemann* JZ 1975, 692 ff.

449 BGHSt 39, 54, 68.

450 Lackner/*Kühl* § 2 StGB Rn 5; *Jescheck/Weigend* § 15 IV 5 Fn 49.

die zum Ahndungszeitpunkt außer Kraft getretenen **Zwischengesetze** zu berücksichtigen, wenn sie zu einer milderen Beurteilung des Tatgeschehens führen.

180 c) **Zeitgesetz.** § 2 Abs. 4 StGB regelt für Gesetze, die nur für eine bestimmte Zeit gelten sollen, dass diese auf während ihrer Geltung begangene Handlungen auch dann noch anzuwenden sind, wenn sie schon außer Kraft getreten sind.[451] Durch diese Regelung soll erreicht werden, dass Zeitgesetze gegen Ende ihrer Geltungszeit ihre Wirksamkeit nicht verlieren und Beschuldigte nicht dem Versuch unterliegen, das Verfahren zu verzögern.[452] Ein Zeitgesetz liegt vor, wenn der Gesetzgeber entweder einen bestimmten Zeitpunkt oder ein sonstiges in der Zukunft liegendes Ereignis bestimmt hat, an dem das Gesetz außer Kraft treten soll (**Zeitgesetz im engeren Sinn**),[453] oder wenn das Gesetz für sich ändernde wirtschaftliche oder sonstige zeitbedingte Verhältnisse gedacht ist (**Zeitgesetz im weiteren Sinn**).[454] Wenn ein Zeitgesetz aufgehoben wird, weil sich die **Rechtsüberzeugung des Gesetzgebers** gewandelt hat, entfällt jeder Grund für die Sanktionierung der Altfälle. Daher greift in diesen Fällen nicht § 2 Abs. 4 StGB, sondern § 2 Abs. 3 StGB ein.[455] Gleiches gilt, wenn ein Zeitgesetz durch ein **anderes Zeitgesetz ersetzt** wird, so dass sich der Betroffene auf das mildeste Zeitgesetz berufen kann.[456] § 4 Abs. 4 OWiG entspricht der Regelung des § 2 Abs. 4 StGB. Die Ausführungen zum Strafrecht gelten entsprechend im **Ordnungswidrigkeitenrecht.**

181 Ein Zeitgesetz im engeren Sinne stellte **§ 331 Nr. 3 HGB in Verbindung mit § 292a HGB a.F.** dar (§ 331 Rn 144), weil letztere Vorschrift am 31.12.2004 außer Kraft trat. Dies bedeutet, dass hiernach zu beurteilende Straftaten, soweit sie vor dem 31.12.2004 begangen worden sind, auch nach dem Außerkrafttreten des § 292a HGB a.F. nicht straflos geworden sind. Vielmehr ist die Tat weiterhin gemäß § 2 Abs. 4 StGB nach § 331 Nr. 3 HGB zu bestrafen. Hingegen liegt kein Zeitgesetz vor, wenn das neue Gesetz erst ab einem bestimmten Zeitpunkt anwendbar ist.

VI. Bußgeldverhängung gegen juristische Personen und Personenvereinigungen (§ 30 OWiG)

182 § 30 OWiG sieht die Verhängung einer Geldbuße gegen juristische Personen und Personenvereinigungen vor. Der Sanktionsgrund ist im Wesentlichen das Vorliegen eines eigenen Organisationsverschuldens des Verbandes.[457] Die Vorschrift des § 300 WiG setzt voraus, dass das vertretungsberechtigte Organ, eine Person in leitender Stellung oder eine sonstige verantwortlich handelnde Person eine Straftat oder Ordnungswidrigkeit begangen hat, durch die die Pflichten, welche die juristische Person oder Personenvereinigung treffen, verletzt werden oder die juristische Person oder die Personenvereinigung bereichert worden ist oder werden sollte.

183 **1. Sanktionsfähige Verbände.** § 30 OWiG sieht die Verhängung von Geldbußen gegen **juristische Personen** – AG, KGaA, GmbH, Genossenschaft, eingetragener Verein,

---

[451] Eingehend zu Zeitgesetzen *Hagedorn* S. 207 ff, 212 ff; *Laaths* passim.
[452] BGHSt 6, 30, 38.
[453] BGHSt 6, 30, 38.
[454] Schönke/Schröder/*Eser/Hecker* § 2 StGB Rn 35 ff.
[455] Vgl. nur Schönke/Schröder/*Eser/Hecker* § 2 StGB Rn 39 f mwN.
[456] Schönke/Schröder/*Eser/Hecker* § 2 StGB Rn 38.
[457] Grundlegend *Tiedemann* NJW 1988, 1169, 1171 ff.

selbständige Stiftung – und diesen **gleichgestellte Personen** – nicht rechtsfähige Vereine und rechtsfähige Personengesellschaften (OHG, KG) – vor. Auch eine BGB-Gesellschaft kann geahndet werden.

2. Für den Verband handelnde Personen. Als natürliche Personen, deren Handlungen der juristischen Person oder dem Personenverband zugerechnet werden, kommen **vertretungsberechtigte Organe** einer juristischen Person oder ein Mitglied eines solchen Organs, der Vorstand eines nicht rechtsfähigen Vereins oder ein Mitglied des Vorstands eines nicht rechtsfähigen Vereins oder der vertretungsberechtigte Gesellschafter einer Personenhandelsgesellschaft sowie **Prokuristen** und **Handlungsbevollmächtigte in leitender Position** in Betracht. Bei einer GmbH & Co. KG ist der Geschäftsführer der GmbH das Organ, das für die GmbH & Co. KG handelt.[458] Bei der OHG ist grundsätzlich jedem Gesellschafter Vertretungsmacht eingeräumt (§ 125 Abs. 1 HGB), so dass bereits die Zuwiderhandlung eines einzelnen Gesellschafters die bußgeldrechtliche Verantwortung der Personenvereinigung auslösen kann. Da es sich bei den Normen des Bilanzstrafrechts und -ordnungswidrigkeitenrechts um Sonderdelikte handelt, kommt nur eine Berücksichtigung der dort aufgeführten Personengruppen in Betracht. 184

Der Begriff „vertretungsberechtigt" kennzeichnet lediglich die **Organstellung.** Auf den Umfang der rechtsgeschäftlichen Vertretungsmacht im Einzelfall kommt es nicht an, weil die straf- und ordnungswidrigkeitenrechtlich relevanten Handlungen regelmäßig außerhalb der rechtsgeschäftlichen Vertretung liegen. Hieraus folgt, dass als möglicher Täter auch ein in seiner rechtsgeschäftlichen Vertretungsmacht beschränktes Organmitglied in Betracht kommt.[459] Für die Organstellung ist es unerheblich, ob der Bestellungsakt wirksam ist; diesbezüglich ist die faktische Betrachtungsweise maßgeblich.[460] Gleiches gilt für eine fehlerhafte Prokuraerteilung. 185

3. Anknüpfungstaten. § 30 OWiG setzt voraus, dass das **Organ oder** der **Vorstand** usw. eine **Straftat oder Ordnungswidrigkeit** begangen hat, an die angeknüpft werden kann. Diese muss schuldhaft und vorwerfbar, also volldeliktisch begangen sein. Weiterhin ist notwendig, dass das Organ oder der Vorstand entweder dadurch eine Pflicht verletzt hat, welche die juristische Person oder Personenvereinigung trifft, oder aber dass die juristische Person oder Personenvereinigung bereichert ist oder dass ihre Bereicherung wenigstens beabsichtigt war.[461] 186

4. Handeln als Organ, Vertreter oder Bevollmächtigter. Der Täter muss „als Organ" oder „als Vorstand" usw. gehandelt haben, d.h. in Wahrnehmung der Angelegenheiten der juristischen Person oder Personenvereinigung. Durch dieses Erfordernis sollen Handlungen des Organs als Privatperson als Bezugstaten ausgeschlossen werden. Nicht erforderlich ist es hingegen, dass das Organ im Rahmen des ihm übertragenen Aufgabenkreises tätig wird. Es reicht aus, dass seine Handlungen in einem **inneren Zusammenhang mit der Organstellung** stehen. Wenn **mehrere Organe** an einer Ordnungswidrigkeit oder Straftat beteiligt sind, kann gleichwohl nur *eine* Geldbuße gegen die juristische Person oder Personenvereinigung festgesetzt werden, weil nur *eine* Handlung vorliegt. Hat hingegen ein Organ mehrere real konkurrierende Straftaten oder Ordnungswidrigkeiten begangen, so können mehrere Geldbußen gegen die juristische Person oder Personenvereinigung verhängt werden. 187

---

458 BGH NStZ 1986, 79.

459 Göhler/Gürtler/Seitz/*Gürtler* § 30 Rn 12b.

460 BGHSt 21, 101.

461 KK-OWiG/*Rogall* § 30 Rn 71.

188 **5. Isolierte (selbständige) und anonyme Verbandsgeldbuße.** Im Einzelnen erfordert § 30 OWiG zwar eine schuldhafte (vorwerfbare) Verwirklichung der Straftat oder Ordnungswidrigkeit durch das Organ oder den Vertreter, lässt aber eine **selbständige Festsetzung der Geldbuße** gegen den Verband zu, wenn wegen der Straftat oder Ordnungswidrigkeit eine natürliche Person nicht verfolgt wird oder das Verfahren insoweit eingestellt wird (§ 30 Abs. 4 Satz 1 OWiG).[462] Aus welchen Gründen die natürliche Person nicht verfolgt wird, ist unerheblich, es sei denn, dass dieselben rechtlichen Gründe (wie z.B. die Verjährung der Anknüpfungstat) zur Nichtverfolgbarkeit des Organs führen (§ 30 Abs. 4 Satz 2 OWiG). Weiterhin ist die Verhängung einer **anonymen Verbandsgeldbuße** möglich, wenn die Identität der natürlichen Person nicht festgestellt werden kann, sofern nur sicher ist, dass einer der Organmitglieder oder Vertreter vorsätzlich oder fahrlässig gehandelt hat.[463]

E. Sanktionsvorschriften für bestimmte Gesellschaften

I. Sondervorschriften der §§ 340m ff HGB

189 Der Gesetzgeber erweiterte durch das **BankbilanzrichtlinienG** vom 30.11.1990 (BGBl. I, S. 2570) den Anwendungsbereich der §§ 331 bis 335 HGB auf **Kreditinstitute i.S.d. § 1 Abs. 1 KWG.** Diese Pflichten wurden durch Art. 2 BegleitG vom 22.10.1997 (BGBl. I, S. 2567) auf Finanzdienstleistungsinstitute im Sinne des § 340 Abs. 4 Satz 1 HGB erstreckt. Durch das **Gesetz zur Umsetzung der zweiten E-Geld-Richtlinie** (2. EGeld-RLUG) vom 1.3.2011 (BGBl. I, S. 288) wurde der Anwendungsbereich auf Zahlungs- und E-Geld-Institute i.S.d. § 1 Abs. 2a ZAG erweitert.

190 Dementsprechend sind die §§ 340m bis 340o HGB auf Kreditinstitute i.S.d. § 1 Abs. 1 KWG und auf Finanzdienstleistungsinstitute i.S.d. § 1 Abs. 1a KWG sowie auf Zahlungs- und E-Geld-Institute i.S.d. § 1 Abs. 1 ZAG anzuwenden (§ 340 Abs. 1, 4, 5 HGB). Dabei ist die Anwendung der Straf-, Bußgeld- und Ordnungsgeldnorm **unabhängig von der Rechtsform und der Größe des Instituts.** Während in § 340m HGB die Strafvorschriften der §§ 331 bis 333 HGB und in § 340o HGB die Ordnungsgeldvorschrift des § 335 HGB für anwendbar erklärt werden, sind die Ordnungswidrigkeitentatbestände des § 340n HGB wegen der bankrechtlichen Besonderheiten gesondert ausgestaltet. In personaler Hinsicht werden die Pflichten auf die in § 340m HGB genannten Geschäftsleiter sowie den Inhaber eines Kredit- oder Finanzdienstleistungsinstituts in der Form des Einzelkaufmanns ausgeweitet (im Einzelnen vgl. Anhang nach § 335b, Vor §§ 340m, § 340m, § 340n, § 340o).

II. Sondervorschriften der §§ 341m ff HGB

191 Der Anwendungsbereich der Vorschriften der §§ 331 bis 335 HGB wurden auf Versicherungsunternehmen im **Versicherungs-Bilanzrichtlinien-Gesetz** vom 24.6.1994 (BGBl. I, S. 1377) rechtsform- und größenunabhängig erweitert. Ebenso sind seit dem Altersvermögensgesetz (BGBl. I S. 1310) die Bilanzierungsvorschriften für Versicherungsunterneh-

---

462 KK-OWiG/*Rogall* § 30 Rn 101.

463 Göhler/Gürtler/Seitz/*Gürtler* § 30 OWiG Rn 40; KK-OWiG/*Rogall* § 30 OWiG Rn 102 ff, jeweils mwN.

men auch auf **Pensionsfonds** anzuwenden, so dass konsequenterweise der Anwendungsbereich der §§ 331 bis 335 HGB durch die §§ 341m bis 341o HGB auf diese erweitert wurde. Zur Anwendung auf Pensionsfonds ist § 341p HGB zu berücksichtigen, der die Strafvorschriften für anwendbar erklärt (Anhang nach § 335b, § 341p Rn 2).

Die §§ 341m bis 341o HGB sind damit auf **Versicherungsunternehmen** nach § 341 **192**
Abs. 1 HGB sowie auf **Pensionsfonds** nach § 341 Abs. 4 HGB i.V.m. § 341p HGB anzuwenden. Dabei ist die Anwendung der Straf- und Bußgeldvorschriften und die der Ordnungsgeldnorm unabhängig von der Rechtsform und der Größe des Instituts. Während § 341m HGB die Strafvorschriften und § 341o HGB die Ordnungsgeldvorschrift für anwendbar erklärt, sind die Ordnungswidrigkeitentatbestände des § 341n HGB wegen der versicherungsspezifischen Rechnungslegungsbesonderheiten gesondert ausgestaltet (im Einzelnen vgl. Anhang nach § 335b, Vor §§ 341m, § 341m, § 341n, § 341o).

§ 331
Unrichtige Darstellung

Mit Freiheitsstrafe bis zu drei Jahren oder mit Geldstrafe wird bestraft, wer

1. als Mitglied des vertretungsberechtigten Organs oder des Aufsichtsrats einer Kapitalgesellschaft die Verhältnisse der Kapitalgesellschaft in der Eröffnungsbilanz, im Jahresabschluß, im Lagebericht oder im Zwischenabschluß nach § 340a Abs. 3 unrichtig wiedergibt oder verschleiert,

1a. als Mitglied des vertretungsberechtigten Organs oder des Aufsichtsrats einer Kapitalgesellschaft zum Zwecke der Befreiung nach § 325 Abs. 2a Satz 1, Abs. 2b einen Einzelabschluss nach den in § 315a Abs. 1 genannten internationalen Rechnungslegungsstandads, in dem die Verhältnisse der Kapitalgesellschaft unrichtig wiedergegeben oder verschleiert worden sind, vorsätzlich oder leichtfertig offenlegt,

2. als Mitglied des vertretungsberechtigten Organs oder des Aufsichtsrats einer Kapitalgesellschaft die Verhältnisse des Konzerns im Konzernabschluß, im Konzernlagebericht oder im Konzernzwischenabschluß nach § 340i Abs. 4 unrichtig wiedergibt oder verschleiert,

3. als Mitglied des vertretungsberechtigten Organs einer Kapitalgesellschaft zum Zwecke der Befreiung nach den §§ 291 Abs. 1 und 2 oder einer nach § 292 erlassenen Rechtsverordnung einen Konzernabschluß oder Konzernlagebericht, in dem die Verhältnisse des Konzern unrichtig wiedergegeben oder verschleiert worden sind, vorsätzlich oder leichtfertig offen legt,

3a. entgegen § 264 Abs. 2 Satz 3, § 289 Abs. 1 Satz 5, § 297 Abs. 2 Satz 4 oder § 315 Abs. 1 Satz 6 eine Versicherung nicht richtig abgibt

oder

4. als Mitglied des vertretungsberechtigten Organs einer Kapitalgesellschaft oder als Mitglied des vertretungsberechtigten Organs oder als vertretungsberechtigter Gesellschafter eines ihrer Tochterunternehmen (§ 290 Abs. 1, 2) in Aufklärungen oder Nachweisen, die nach § 320 einem Abschlußprüfer der Kapitalgesellschaft, eines verbundenen Unternehmens oder des Konzerns zu geben sind, unrichtige Angaben macht oder die Verhältnisse der Kapitalgesellschaft, eines Tochterunternehmens oder des Konzerns unrichtig wiedergibt oder verschleiert.

Schrifttum zu § 331

Siehe auch Schrifttum zu Vorbemerkungen

Abendroth Der Bilanzeid – sinnvolle Neuerung oder systematischer Fremdkörper?, WM 2008, 1147 ff; *Achenbach* Aus der 1987/1988 veröffentlichten Rechtsprechung zum Wirtschaftsstrafrecht, NStZ 1989, 497 ff; *Altenhain* Der strafbare falsche Bilanzeid, WM 2008, 1141 ff; Beck'sches IFRS-Handbuch, 2. Aufl. 2006; *Beiersdorf/Buchheim* Entwurf des Gesetzes zur Umsetzung der EU-Transparenzrichtlinie: Ausweitung der Publizitätspflichten, BB 2006, 1674 ff; *Bertsch* Rechnungslegung von Konzernunternehmen (1995); *Bieneck* Artikel Wirtschaftsprüfer, in Krekeler/Tiedemann/Ulsenheimer/Weinmann (Hrsg.), Handwörterbuch des Wirtschafts- und Steuerstrafrechts, Loseblatt, 1985 ff, Stand 1990; *Bittmann* BilMoG – Bilanzrechtsmodernisierung oder Gesetz zur Erleichterung von Bilanzmanipulationen, wistra 2008, 441 ff; *Bleckmann* Artikel „Die Richtlinie im Europäischen Gemeinschaftsrecht und im Deutschen Recht", in Leffson/Rückle/Großfeld (Hrsg.), S. 11 ff; *Bosse* Wesentliche Neuregelungen ab 2007 auf Grund des Transparenzrichtlinie-Umsetzungsgesetz des für börsennotierte Unternehmen, DB 2007, 39 ff; *Brandes* Die Rechtsprechung des Bundesgerichtshofes auf dem Gebiet des Aktienrechts, WM 1992, 465 ff; *Bruns* Grundprobleme der strafrechtlichen Organ- und Vertreterhaftung, GA 1982, 1 ff; *ders.* Die sog. „tatsächliche" Betrachtungsweise im Strafrecht, JR 1984, 133 ff; *Cadus* Die faktische Betrachtungsweise, (1984); *Cerny* § 264a StGB – Kapitalanlagebetrug, Gesetzlicher Anlegerschutz mit Lücken, MDR 1987, 271 ff; *Clemm* Zur Problematik einer wahren Rechnungslegung, Festschrift Röhricht, 2005, S. 767 ff; *Cobet* Fehlerhafte Rechnungslegung, 1991; *Dannecker* Das intertemporale Strafrecht, 1992; *ders.* Der Einfluß des Gemeinschaftsrechts auf das nationale Strafrecht, in Gropp (Hrsg.), Wirtschaftskriminalität und Wirtschaftsstrafrecht in einem Europa auf dem Weg zur Demokratie und Privatisierung, 1998, S. 161 ff; *ders.* Der Allgemeine Teil eines europäischen Strafrechts als Herausforderung für die Strafrechtswissenschaft, Festschrift Hirsch (1999) S. 141 ff; *ders.* Kapitel 8 Die Entwicklung des Wirtschaftsstrafrechts unter dem Einfluß des Europarechts, in Wabnitz/Janovski Handbuch des Wirtschafts- und Steuerstrafrechts, 3. Aufl., 2007; *ders./Biermann* in Blumers/Frick/Müller, Betriebsprüfungshandbuch, Abschnitt K Rn 600 ff, Loseblatt, Stand 2009; *Dierlamm* Der faktische Geschäftsführer im Strafrecht – Ein Phantom?, NStZ 1996, 153 ff; *Ebke* Gesellschaften aus nicht privilegierten Drittstaaten im internationalen Privatrecht; Utopia Limited oder Blüten des Fortschritts, Festschrift Hellwig (2011), S. 117 ff; *Erchinger/Melcher* Fehler in der internationalen Rechnungslegung, KoR 2008, 616 ff (Teil 1), KoR 2008, 679 ff (Teil 2); *Ernst/Seibert/Stuckert* KonTraG, KapAEG, StückAG, EuroEG (1998); *Fleischer* Buchführungsverantwortung des Vorstands und Haftung der Vorstandsmitglieder für fehlerhafte Buchführung, WM 2006, 2021 ff; *Florstedt* Grundzüge der Unternehmensbewertung für das Strafrecht, wistra 2007, 441 ff; *Gahlen/Schäfer* Bekanntmachung von fehlerhaften Rechnungslegungen im Rahmen des Enforcementverfahrens: Ritterschlag oder Pranger?, BB 2006, 1619 ff; *Gratopp* Bilanzdelikte nach § 331 Nr. 1, Nr. 1a HGB (2008); *Gröblinghoff* Die Verpflichtung des deutschen Strafgesetzgebers zum Schutz der Interessen der Europäischen Gemeinschaften (1996); *Hamann* Der Bilanzmeineid nach § 331 Nr. 3a HGB, Der Konzern 2008, 145 ff; *Hefendehl* Außerstrafrechtliche und strafrechtliche Instrumentarien zur Eindämmung der Wirtschaftskriminalität, ZStW 119, 816 ff; *Heise* Europäisches Gemeinschaftsrecht und nationales Strafrecht – Die Auswirkungen des Vorrangs des Gemeinschaftsrechts und der gemeinschaftsrechtskonformen Rechtsanwendung auf das deutsche materielle Strafrecht (1998); *Heldt/Ziemann* Sarbanes-Oxley in Deutschland?, NZG 2006, 652 ff; *Henn* Handbuch des Aktienrechts, 8. Aufl., 2008; *Himmelskamp/Schmittmann* Der faktische Geschäftsführer – Strafrechtliche Verantwortlichkeit, StuB 2006, 406 ff; *Hofmann* Bilanzierungsfehler, BC 2005, 1 ff; *Hoyer* Urteilsanmerkung zu OLG Düsseldorf, NStZ 1988, 368 ff; *Hutter/Kaulamo* Transparenzrichtlinie-Umsetzungsgesetz: Änderungen der Regelpublizität und das neue Veröffentlichungsregime für Kapitalmarktinformationen, NJW 2007, 550 ff; *Hüttche* Der deutsche IAS-Einzelabschluss: Wolf im Schafspelz oder Papiertiger?, DStR 2004, 1189 ff; *Joerden* Grenzen der Auslegung des § 84 Abs. 1 Nr. 2 GmbH-Gesetz, wistra 1990, 1 ff; *Kaligin* Anm. zu BGH, 22.9.1982 – 3 StR 287/82, BB 1983, 788 ff; *Kirsch* Erstellung eines IAS-Jahresabschlusses auf Basis eines HGB-Jahresabschlusses (Fallstudie) – Teil II: Erstellung von Bilanz und GuV des ersten laufenden IAS-Abschlusses – Teil III: IAS-Kapitalflussrechnung nach der direkten Methode, BC 2003, 169 ff; *ders.* Moderate Annäherung des HGB-Konzernabschlusses i.d.F. des BilMoG an den IFRS-Konzernabschluss? IRZ 2009, 237 ff; *Knierim* § 25 Publizität und Rechnungswesen in Volk (Hrsg.), MAH, Verteidigung in Wirtschafts- und Steuerstrafsachen (2006); *Krause* Strafrechtliche Haftung des Aufsichtsrats, NStZ 2011, 57 ff; *Kruse* Grundsätze ordnungsmäßiger Buchführung, 3. Aufl. 1978; *Kuntze-Kaufhold* Verschärfung der Jahresabschlusspublizität und Publizitätswegfall bei Einbeziehung in den Konzernabschluss eines gebietsfremden Mutterunternehmens, BB 2006, 428 ff; *Kühl* Der Beitrag der Strafrechtswissenschaft zur Europäisierung des Strafrechts, Festschrift Söllners (2000), S. 613 ff; *Küting* Der Stellenwert der Bilanzanalyse und Bilanzpolitik im HGB- und IFRS-Bilanzrecht, DB 2006, 2753 ff; *ders.* Der Wahrheitsgehalt deutscher Bilanzen, DStR 1997, 84 ff; *ders./Pfitzer/Weber* Handbuch der Rechnungslegung – Einzelabschluss, Stand Februar 2011; *ders./Gattung/Keßler* Zweifelsfragen zur Konzernrechnungslegungspflicht in Deutschland, DStR 2006, 529 ff (I), 579 ff (II); *ders./Weber/Keßler/Metz* Der Fehlerbegriff in IAS 8 als Maßstab zur Beurteilung einer regelkonformen Normanwendung, DB 2007, Beilage Nr. 7 zu Heft 45, 1 ff; *Lang* Grundsätze ordnungsgemäßer Buchführung, in Leffson/Rückle/Großfeld (Hrsg.), Handwörterbuch unbestimmter Rechtsbegriffe im Bilanzrecht (1986), S. 221 ff; *Lange*, Berichterstattung in Lagebericht und Konzernlagebericht nach dem geplanten Bilanzrechtsreformgesetz, ZIP 2004, 981 ff; *Leffson* Die Grundsätze ordnungsgemäßer Buchführung, 7. Aufl. 1987; *Lüderssen* Aufsichtsräte der GmbH und Bilanzstrafrecht, Festschrift Otto, (2007), 689; *Lutter* Europäisches Unternehmensrecht, 4. Aufl., 1996; *Luttermann* Bilanzwahrheit international. Die Rechtsanbindung von Rechnungslegung und Wirtschaftsprüfung, ZVglRWiss 103 (2004), 18 ff; *Mekat* Der Grundsatz der Wesentlichkeit in Rechnungslegung und Abschlussprüfung (2009); *Montag* Die Anwendung der Strafvorschriften des GmbH-Rechts auf faktische Geschäftsführer, (1994); *Moxter* Das System der handelsrechtlichen Grundsätze ordnungsmäßiger Bilanzierung, Festschrift Wysocki (1985), S. 17 ff; *Müller-Jacobsen* Zu den Möglichkeiten einer einschränkenden Auslegung des § 331 Nr. 1 HGB, Festschrift Egon Müller (2008), S. 511 ff; *Neudecker* Die strafrechtliche Verantwortlichkeit der Mitglieder von Kollegialorganen (1995); *Neuhäuser* Bilanzkriminalität (1974); *Ordelheide* Internationalisierung der Rechnungslegung deutscher Unternehmen, WPg 1996, 545 ff; *Otto* Bankentätigkeit und Strafrecht (1983); *ders.* Urteilsanmerkung zu BGH StV 1984, 461 StV 1984, 462 f; *Park* Der strafbare Bilanzeid gem. § 331 Nr. 3a HGB, Festschrift Egon Müller (2008), S. 531 ff; *Pfleger* Bilanzlifting, 2. Aufl. 2001; *Ransiek* Unternehmensstrafrecht (1996); *ders.* Gesellschaftsrechtliche Bilanz-, Prüfer- und Falschangabedelikte, in Achenbach/Ransiek (Hrsg.), Handbuch Wirtschaftsstrafrecht, 2. Aufl. 2008, Kapitel VIII; *Reck* Unrichtige Darstellung der Vermögensverhältnisse im Jahresabschluss und Lagebericht BuW 2001, 617 ff; *Rodewald/Unger* Zusätzliche Transparenz für die europäischen Kapitalmärkte – die Umsetzung der EU-Transparenzrichtlinie in Deutschland, BB 2006, 1917 ff; *Schäfer* Zur strafrechtlichen Verantwortlichkeit des GmbH-Geschäftsführers, GmbHR 1993, 717 ff; *Scheffler* Aufgaben und erste Erfahrungen des Enforcements, IRZ 2006, 13 ff; *ders.* Auslegungs- und Ermessensfragen beim Enforcement, BB 2006, BB-Special 4 zu Heft 17, 2 ff; *K. Schmidt* Die Strafbarkeit „faktischer Geschäftsführer“ wegen Konkursverschleppung als Methodenproblem, Festschrift Rebmann (1989), S. 419; *Schüppen* Aktuelle Fragen der Konkursverschleppung durch den GmbH-Geschäftsführer, DB 1994, 197 ff; *Sieber* Computerkriminalität und Strafrecht, 2. Aufl. 1980; *Sorgenfrei* Zweifelsfragen zum „Bilanzeid“, wistra 2008, 329 ff; *Strohn* Faktische Organe – Rechte, Pflichten, Haftung, DB 2011, 158 ff; *Thiel/Lüdtke-Handjery* Bilanzrecht, 5. Aufl. 2005; *Tiedemann* Straftatbestand und Normambivalenz – am Beispiel der Geschäftsberichtsfälschung, Festschrift Schaffstein (1975), S. 195 ff; *ders.* Die strafrechtliche Vertreter- und Unternehmenshaftung, NJW 1986, 1842 ff; *ders.* Gründungs- und Sanierungsschwindel durch verschleierte Sacheinlagen, Festschrift Lackner (1987), S. 737 ff; *ders.* Auslegungs- und Methodenprobleme im neuen Wirtschaftsstrafrecht, in Belke/Oemichen (Hrsg.), Aktuelle Fragen des Wirtschaftsstrafrechts in Theorie und Praxis (1983), S. 26 ff; *Van Venrooy* Haftung der Mitglieder eines fakultativen GmbH-Aufsichtsrates, GmbHR 2009, 449 ff; *Weimar* Grundprobleme und offene Fragen um den faktischen GmbH-Geschäftsführer, GmbHR 1997, 473 ff, 538 ff; *Wohlgemuth* Überblick über das System der verbundenen Unternehmen nach dem AktG und nach dem HGB, DStR 1991, 1495 ff, 1529 ff; *Wollmert/Oser* Befreiender internationaler Konzernabschluß (§ 292a HGB), DB 2000, 729 ff; *Worm* Die Strafbarkeit eines directors einer englischen Limited nach deutschem Strafrecht (2008); *Zielinski* Zur Verletzteneigenschaft des einzelnen Aktionärs im Klageerzwingungsverfahren bei Straftaten zum Nachteil der Aktiengesellschaft, wistra 1993, 6 ff; *Ziemann* Der strafbare „Bilanzeid“ nach § 331 Nr. 3a HGB, wistra 2007, 292 ff; *Zülch/Hoffmann* Voraussetzungen der Fehlerfeststellung und Fehlerveröffentlichung im Enforcement-Verfahren, StuB 2009, 209 ff.

Übersicht

A. Allgemeines

I. Entstehungsgeschichte

1 § 331 HGB wurde in Anlehnung an § 400 AktG durch das **Bilanzrichtliniengesetz** (BiRiLiG) vom 19.12.1985[1] eingeführt. Der Gesetzgeber hat mit dem Gesetz zur Änderung des Gesetzes über das Kreditwesen und anderer Vorschriften über Kreditinstitute (4. KWG-Änderungsgesetz)[2] § 331 HGB dahingehend ergänzt, dass der von **Kreditinstituten** vorzulegende Zwischenabschluss § 340a Abs. 3 HGB, § 10 Abs. 3 KWG und Konzernzwischenabschluss nach § 340i Abs. 4 HGB, § 10a Abs. 10 KWG in gleicher Weise wie der Jahresabschluss und der Konzernabschluss geschützt werden (Anhang nach § 335b; Vor § 340 Rn 4; Vor §§ 331 Rn 41).[3] Weiterhin wurde § 331 Nr. 3 HGB durch das **Kapitalaufnahmeerleichterungsgesetz** (KapAEG)[4] geändert und § 292a HGB eingeführt, wonach die Konzernrechnungslegung börsennotierter Unternehmen nach international anerkannten Rechnungslegungsgrundsätzen erfolgen durfte (Vor § 331 Rn 62). Durch das **Bilanzrechtsreformgesetz** (BilReG)[5] wurde § 292a HGB abgeschafft und die Möglichkeit der Rechnungslegung nach international anerkannten Grundsätzen in §§ 315a, 325 Abs. 2a HGB geregelt, mit der Folge, dass ein Abschluss nach internationalen Kriterien nur noch nach International Financial Reporting Standards (IFRS) und nicht mehr nach US-General Accepted Accounting Principles (US-GAAP) erfolgen darf. Auf §§ 315a, 325 Abs. 2a HGB verweist nunmehr der neu eingeführte § 331 Nr. 1a HGB, so dass die Offenlegung eines solchen IFRS-Abschlusses für den Fall der Unrichtigkeit oder Unvollständigkeit unter Strafandrohung gestellt ist. Eine weitere Ergänzung der Strafbarkeit erfolgte durch das **Transparenzrichtlinie-Umsetzungsgesetz** (TUG)[6] mit der Einführung des in § 331 Nr. 3a HGB geregelten sogenannten Bilanzeides. Strafbewehrt ist dabei die Abgabe einer falschen Versicherung entgegen § 264 Abs. 2 Satz 3, § 289 Abs. 1 Satz 5, § 297 Abs. 2 Satz 4 oder § 315 Abs. 1 Satz 6 HGB (Rn 164 ff).

II. Aufbau der Strafvorschrift

2 **§ 331 HGB** erfasst die unrichtige Wiedergabe oder Verschleierung der Verhältnisse der Aktiengesellschaft, der Kommanditgesellschaft auf Aktien und der GmbH bzw. des Konzerns, nicht hingegen diejenige der Personengesellschaften, Stiftungen und Genossenschaften. Für diejenigen **Nichtkapitalgesellschaften**, bei denen keine natürliche Person oder offene Handelsgesellschaft, Personengesellschaft oder Kommanditgesellschaft mit

[1] BGBl. I, S. 2355.
[2] Vom 21.12.1992, BGBl. I, S. 2211.
[3] BT-Drucks. 12/3377, S. 48.
[4] Vom 20.4.1998, BGBl. I, S. 707.
[5] Vom 4.12.2004, BGBl. I 2004, S. 3166.
[6] Vom 20.1.2007, BGBl. I 2007, S. 10.

einer natürlichen Person als persönlich haftendem Gesellschafter, persönlich haftender Gesellschafter ist, verweist **§ 335b HGB** auf die Straftatbestände des § 331 HGB.[7] Dieser Erweiterung liegt der Gedanke zu Grunde, dass die in der Haftung beschränkten (Kapital-)Gesellschaften eine erhöhte Gefahr für den Rechtsverkehr bedeuten.[8] Diese Gefahr besteht auch, wenn der einzige persönlich haftende Gesellschafter eine in der Haftung beschränkte Kapitalgesellschaft ist. § 331 HGB umfasst sechs Konstellationen, die voneinander unabhängig sind. § 331 Nrn. 1 und 3 HGB stellen dabei die **unrichtige Wiedergabe** und **Verschleierung der Rechnungslegung** unter Strafdrohung, während § 331 Nrn. 1a und 2 HGB die **unrichtige Offenlegung**, die sich aus den §§ 325 ff HGB ergibt, mit Strafe bedrohen. Die Ergänzung des § 331 HGB um den Straftatbestand des sog. **Bilanzeides** in § 331 Nr. 3a HGB ist dogmatisch und rechtspolitisch fragwürdig (Rn 164).

III. Geschütztes Rechtsgut und Schutzbereich

1. Geschütztes Rechtsgut. Während das Reichsgericht noch das „öffentliche Interesse an gesunder Entwicklung des Aktienwesens" als durch den Straftatbestand der Bilanzfälschung geschütztes Rechtsgut angesehen hat,[9] sieht die heute hM das geschützte Rechtsgut im **Vertrauen in die Richtigkeit und Vollständigkeit der Informationen** über die Verhältnisse der Gesellschaft. Dies gilt für das Vertrauen in die gesamte Rechnungslegung von Kapitalgesellschaften bzw. Konzernen,[10] die nach §§ 325 ff HGB offenzulegen ist, wobei über §§ 335b, 340m, 341m HGB auch die Rechnungslegung bestimmter Nichtkapitalgesellschaften in diesen Schutzbereich einbezogen ist. Die Gegenansicht[11] sieht allein das Vermögen als geschütztes Rechtsgut an und übersieht dabei die grundlegende Bedeutung der in der Bilanz enthaltenen Informationen für den Wirtschaftsverkehr. Der **Bilanzeid** schützt hingegen das **Kollektivvertrauen der Kapitalanleger in die Redlichkeit** bestimmter öffentlich verlautbarter und besonders bekräftigter **Finanzinformationen kapitalmarktorientierter Unternehmen.**[12] 3

2. Schutzbereich des § 331 Nrn. 1–4 HGB

a) **Schutz der Gesellschafter, Gläubiger und Kapitalanleger.** Der Schutzbereich ist teilweise abhängig von der gewählten Bilanzierungsmethode zu bestimmen (zum Schutzbereich des Bilanzeides Rn 8, 164). Eine **nach den HGB-Vorschriften aufgestellte Bilanz** 4

7 Für Nichtkapitalgesellschaften vgl. weiterhin die Vorschriften der §§ 340m, 341m HGB, die ebenso wie § 335b HGB auf § 331 HGB verweisen.

8 *Tiedemann* Wirtschaftsstrafrecht BT § 9 Rn 439, 446.

9 RGSt 38, 198; 41, 301.

10 BeckBilKomm/*Kozikowski/Gutman* Rn 6; Bertram/Brinkmann/Kessler/Müller/*Münster/Meier-Behringer* Rn 2; Erbs/Kohlhaas/*Schaal* (Stand 179. Ergänzungslieferung 2010) § 400 AktG Rn 2; Heymann/*Otto* Rn 1; MünchKommHGB/*Quedenfeld* Rn 1; MünchKommStGB/*Sorgenfrei* Rn 1; *Bücklers* S. 54 ff; *Schüppen* S. 105; *Tiedemann* Wirtschaftsstrafrecht BT Rn 450; *Wittig* Wirtschaftsstrafrecht § 29 Rn 3; Leffson/Rückle/Großfeld/*Weber* S. 320; *Tiedemann* JZ 1986, 867, 868; zum Aktienstrafrecht: Geßler/*Fuhrmann* § 400 AktG Rn 2; GKAktG/*Otto* § 400 AktG Rn 3; zum GmbH-Strafrecht: Rowedder/*Fuhrmann/Schaal* Vor §§ 82–85 GmbHG Rn 22.

11 Hellmann/*Beckemper* Rn 384.

12 Vgl. Begr. RegE, TUG/Allgemeiner Teil, BT-Drucks. 16/2498, S. 26; aA MünchKommHGB/*Quedenfeld* Rn 1; MünchKommStGB/*Sorgenfrei* Rn 1; *ders.* wistra 2008, 329, 331; *Altenhain* WM 2006, 1141, 1147.

dient auch nach der Annäherung an die IAS/IFRS durch das Bilanzrechtsmodernisierungsgesetz (Vor §§ 331 ff Rn 78 ff) neben der **Selbstinformation des Kaufmanns** weiterhin als Grundlage für die Bemessung der Ausschüttung und der Beweissicherung (Dokumentation) und damit hauptsächlich dem **Gläubigerschutz.**[13] Demgegenüber haben die nach den **internationalen Rechnungslegungsvorschriften IFRS**[14] aufgestellten Bilanzen primär die Interessen (**potenzieller Anleger**) im Blick (Vor §§ 331 ff Rn 78; zu den Problemen mit IFRS Vor § 331 Rn 105 ff, § 331 Rn 92).[15] Durch diese Unterschiede in der Ausrichtung der Zieladressaten einer Bilanz[16] verschiebt sich zugleich der primäre Schutzbereich der strafrechtlichen Vorschriften. Jedoch dehnt sich der Schutzbereich bei der HGB-Bilanz auch auf die Anleger und derjenige der IFRS-Bilanz auch auf Gläubiger aus.

5 Geschützt werden durch die Strafvorschriften sowohl die **Gesellschafter**[17] als auch die aktuellen und potenziellen **Gläubiger** der Gesellschaft, die sich ein Bild über die Zuverlässigkeit der Gesellschaft machen wollen. Letztlich sollen alle Personen, die zu der Gesellschaft in rechtlicher Beziehung stehen oder in eine solche Beziehung zu ihr treten wollen, in den Schutzbereich einbezogen werden.[18] Hierzu gehören auch die **Arbeitnehmer** der Gesellschaft, die den sonstigen Gläubigern gleichzustellen sind.[19] Hingegen ist die Bundesagentur für Arbeit nicht geschützt.[20] Ebenso werden die Beschäftigten der Prüfstelle i.S.v. § 342b HGB sowie die Prüfstelle selbst nicht vom Schutzbereich umfasst (Vor §§ 331 Rn 52). Bei den potenziellen Gesellschaftern liegt ein Schwerpunkt auf dem Bemühen um die Wahrung des Wertes der Publizität, wodurch in erster Linie auch die Funktionsfähigkeit des Kapitalmarktes gesichert werden soll.[21] Hiermit ist nicht vereinbar, wenn teilweise die Auffassung vertreten wird, dass Kreditinstitute nicht zum geschützten Personenkreis gehörten, weil sie Zugang zu unveröffentlichten Jahresabschlüssen hätten und darüber hinaus regelmäßig zusätzliche Informationen verlangten und deshalb an der veröffentlichten Information lediglich ein geringes Interesse bestünde.[22] Das allein faktisch geringere Interesse an der Rechnungslegung einer Kapitalgesellschaft rechtfertigt es jedoch nicht, diesen Personenkreis vollständig aus dem Schutzbereich des Straftatbestandes auszuschließen, zumal § 331 HGB im Bereich der Kreditbeobachtung einen eigenständigen Anwendungsbereich hat.[23] Ebenso wird der **Fiskus**, wie jeder andere Gläubiger, durch § 331 HGB geschützt, auch wenn es in der Praxis äußerst selten vorkommen

---

13 *Knierim* in Volk § 25 Rn 50 ff, 60.

14 Eingehend zur Entwicklung der IAS/IFRS-Rechnungslegung *Bongertz* S. 24 ff; *Wojcik* S. 53.

15 Begr. REgE BilReG, BT-Drucks. 15/3419, S. 23; IAS 1 Ziff. 5 Verordnung (EG) Nr. 1606/2002 des Europäischen Parlaments und des Rates vom 19.7.2002 betreffend die Anwendung internationaler Rechnungslegungsstandards (IAS-Verordnung), ABl. EG Nr. L 243, S. 1.

16 Zu den unterschiedlichen Zwecken von HGB- und IAS/IFRS-Rechnungslegung *Mekat* S. 33 ff.

17 Hierbei kann nicht zwischen den Gesellschaftern der einzelnen Gesellschaftsformen differenziert werden; *Cobet* S. 23.

18 So schon RGSt 41, 293, 297 f; 43, 407, 415; 64, 422, 424; 66, 425, 426; 67, 345, 351; BGH wistra 1996, 348; Baumbach/Hueck[18]/*Schulze-Osterloh*/*Servatius* Anh. § 82 GmbHG Rn 3; Bertram/Brinkmann/Kessler/Müller/*Münster*/*Meier-Behringer* Rn 3; Heymann/*Otto* Rn 2; MünchKomm-HGB/*Quedenfeld* Rn 2; MünchKommStGB/*Sorgenfrei* Rn 2; Blumers/Frick/Müller/*Dannecker* Betriebsprüfungshandbuch Rn 637; *Bücklers* S. 75 ff; *Schüppen* S. 105 f; *Schäfer* wistra 1986, 200.

19 Vgl. nur BeckBilKomm/*Kozikowski*/*Gutman* Rn 40; Erbs/Kohlhaas/*Schaal* § 400 AktG Rn 2; Heymann/*Otto* Rn 2.

20 Noch zur Bundesanstalt für Arbeit, *Bücklers* S. 75; *Cobet* S. 25.

21 *Schüppen* S. 114.

22 So *Schüppen* S. 115.

23 *Cobet* S. 21.

dürfte, dass sich dieser Informationen aus der Handelsbilanz verschafft. Der Fiskus kann nicht darüber entscheiden, ob er Gläubiger werden will oder nicht, so dass für ihn Schäden aufgrund unrichtiger oder unvollständiger Information nur aus unterlassener oder verspäteter Geltendmachung bestehender Ansprüche entstehen können.[24]

Bei Abschlüssen nach den internationalen Rechnungslegungsstandards gemäß § 315a HGB ist die Schutzbereichsbestimmung problematischer. Anders als der HGB-Abschluss dient der **IFRS-Abschluss** hauptsächlich dem **Informationsinteresse der Kapitalmarktteilnehmer.**[25] Im Übrigen benennt IASB Framework F.9 den Kreis der Adressaten. Zu diesen zählen vor allem (gegenwärtige und potenzielle) Investoren, Arbeitnehmer, Kreditgeber, Lieferanten und andere Gläubiger, Kunden, Regierungen und ihre Institutionen sowie die Öffentlichkeit. Durch den Fokus auf die Individualverantwortung sollen – nach dem US-Amerikanischen Grundsatz des „buyer beware" – alle Personen außerhalb des Kapitalmarkts dabei über Individualverträge ihre Rechte absichern.[26] Als Kapitalmarktteilnehmer haben trotz fehlender rechtlicher Beziehung zur Gesellschaft **Analysten** und **Ratingagenturen** ein schützenswertes Interesse und fallen daher in den Schutzbereich der Strafnorm.[27] 6

b) **Fehlender Schutz der Gesellschaft.** Die Gesellschaft selbst gehört nicht zum Kreis der Schutzadressaten, da sie nicht nur Informationsempfängerin, sondern hauptsächlich Informationsgeberin ist.[28] Dies gilt insbesondere im Hinblick auf die IFRS, da die Bilanz nur bedingt der Selbstinformation, sondern der Fremdinformation dient. Die Gesellschaft kann durch eine falsche Darstellung nur bei (drohender) Insolvenz selbst geschädigt werden. Die Richtigkeit der Rechnungslegung ist jedoch institutionell gesichert, indem eine interne Kontrolle durch den Aufsichtsrat gesetzlich verlangt ist. Daher ist die **Kapitalgesellschaft als Institution** in den Schutzbereich des § 331 HGB Abs. 1 Nr. 1 einzubeziehen.[29] Gleiches gilt für den Konzern. 7

c) **Schutz der Anleger durch den Bilanzeid (§ 331 Nr. 3a HGB).** Fraglich ist, ob sich für die Abgabe einer falschen Versicherung nach § 331 Nr. 3a HGB ein engerer Schutzbereich ergibt. Sowohl die EU-Transparenzrichtlinie[30] als auch der nationale Gesetzgeber[31] stellen lediglich auf den **Schutz der Anlegerschaft** ab.[32] Dies gründet sich auf die starke Anlehnung des Bilanzeides an s. 302 Sarbanes-Oxley-Act 2002 (SOX) und damit an die US-amerikanische Rechtstradition. Die Anleger sollen auf besonders bekräftigte Finanzinformationen vertrauen dürfen. Der Bilanzeid richtet sich als externe Versicherung gerade **nicht** an **Arbeitnehmer, Abschlussprüfer und Aufsichtsratsmitglieder**, so dass diese aus dem Schutzbereich des § 331 Nr. 3a HGB herauszunehmen sind. 8

3. Schutzgesetz im Sinne des § 823 Abs. 2 BGB. Der Schutz aller aktuellen und potenziellen Gläubiger der Gesellschaft ist vor allem unter dem Gesichtspunkt des zivil- 9

---

24 *Cobet* S. 26 f.

25 *Sorgenfrei* wistra 2008, 329, 331.

26 *Bongertz* S. 63; *Ruhnke* S. 19.

27 Heymann/*Otto* Rn 2; aA MünchKomm-StGB/*Sorgenfrei* Rn 2; MünchKommHGB/*Quedenfeld* Rn 2.

28 *Bongertz* S. 235; *Bücklers* S. 78 ff; *Cobet* S. 21 ff; *Gramich* wistra 1987, 158; *Hauck* S. 78 ff; vgl. auch Scholz[9]/*Tiedemann* § 82 GmbHG Rn 11; aA Erbs/Kohlhaas/*Schaal* § 400 AktG Rn 2; Heymann/*Otto* Rn 2; MünchKommHGB/*Quedenfeld* Rn 2; MünchKommStGB/*Sorgenfrei* Rn 3.

29 Scholz/*Tiedemann* § 82 GmbHG Rn 11; *Cobet* S. 23.

30 Vgl. Erwägungsgründe (2), (10) und (11) der Richtlinie.

31 Begr. RegE TUG, BT-Drucks. 16/2498, S. 26.

32 Vgl. dazu *Sorgenfrei* wistra 2008, 329, 331.

rechtlichen Schadensersatzes von Bedeutung. Denn bei § 331 HGB handelt es sich um ein Schutzgesetz im Sinne des § 823 Abs. 2 BGB, so dass jeder (bei den Nrn. 1, 2 und 4 zwingend vorsätzliche) **Verstoß gegen § 331 HGB**, der zu einem Schaden geführt hat, den durch den Straftatbestand geschützten Personen zu einem Schadensersatzanspruch verhilft.[33] Angesichts des Charakters des § 331 HGB als abstraktes Gefährdungsdelikt ist für den zivilrechtlichen Schadensersatzanspruch über die Erfüllung der Voraussetzungen der Strafbarkeit hinaus ein **konkret eingetretener Schaden** erforderlich; der Geschädigte muss durch sein Handeln im Vertrauen auf die Richtigkeit der relevanten Angaben einen Schaden erlitten haben.[34] Dabei kommen ihm keine Darlegungs- oder Beweiserleichterungen zu Gute.[35] Die konkrete Gesellschaft kann jedoch trotz ihres Schutzes als Rechtsinstitution (Rn 7) wegen des sonst widersprüchlichen Verhaltens keinen Schadensersatzanspruch aus § 823 Abs. 2 BGB in Verbindung mit § 331 HGB geltend machen.[36]

10 **4. Nichtigkeit des Jahresabschlusses.** Der Jahresabschluss einer Aktiengesellschaft ist unter den Voraussetzungen des § 256 AktG nichtig. Wenn eine Straftat nach § 331 HGB begangen worden ist, liegen in der Regel die Voraussetzungen des § 256 Abs. 1 Nr. 1, Abs. 4 oder 5 AktG vor.[37] Auch hierbei wird eine **Wesentlichkeit des Verstoßes gegen die Rechnungslegungsvorschriften** vorausgesetzt.[38] Für die GmbH kommt § 256 AktG analog zur Anwendung,[39] während für den Konzernabschluss § 256 AktG nicht analog angewendet werden kann.[40]

IV. Dogmatische Einordnung der Straftatbestände

1. Deliktsnatur

11 a) **Abstraktes Gefährdungsdelikt.** Die Tatbestände des § 331 HGB sind bereits vollendet, wenn der Täter die Verhältnisse der Gesellschaft unrichtig wiedergibt, verschleiert, offenlegt oder einen unrichtigen Bilanzeid abgibt. Ein Schaden oder auch nur eine konkrete Vermögensgefährdung ist für die Vollendung des Delikts nicht erforderlich.[41] Es muss daher auch keine konkrete Täuschungsabsicht gegenüber einem Bilanzleser vorliegen.[42] Für die Verwirklichung des Tatbestandes reicht bereits die Möglichkeit aus, dass generell jemand getäuscht werden könnte.[43] Es handelt sich daher um ein abstraktes Gefährdungsdelikt,[44] bei dem die **potenzielle Gefährlichkeit** die Vorverlagerung der Straf-

[33] BeckBilKomm/*Kozikowski/Gutman* Rn 40; Heymann/*Otto* Rn 2; MünchKommHGB/*Quedenfeld* Rn 2.

[34] Vgl. zur Kausalität LG Bonn, Urt. v. 15.5.2001, AG 2001, 484, 486 f; *Brandes* WM 1992, 477.

[35] LG Bonn, Urt. v. 15.5.2001, AG 2001, 484, 486 f.

[36] *Wimmer* DStR 1997, 1931, 1933.

[37] BeckBilKomm/*Kozikowski/Gutman* Rn 40.

[38] LG München, Urteil vom 12.4.2007, Az 5 HK O 23424/06 Rn 19.

[39] BGHZ 83, 341.

[40] LG München vom 12.4.2007, Az 5 HK O 23424/06 Rn 26.

[41] Heymann/*Otto* Rn 3; Scholz[9]/*Tiedemann* Vor § 82 ff GmbHG Rn 65.

[42] MünchKommStGB/*Sorgenfrei* Rn 6; vgl. auch KK-AktG/*Geilen* § 400 AktG Rn 5.

[43] *Maul* DB 1989, 186.

[44] So die ganz h.M.; vgl. nur Erbs/Kohlhaas/*Schaal* § 400 AktG Rn 4; Heymann/*Otto* Rn 3; Küting/Weber/*Pfennig* Rn 4; MünchKommHGB/*Quedenfeld* Rn 3; MünchKommStGB/*Sorgenfrei* Rn 6; Scholz/*Tiedemann* § 82 GmbHG Rn 16; *Wittig* Wirtschaftsstrafrecht § 29 Rn 5; Blumers/Frick/Müller/*Dannecker* Betriebsprüfungshandbuch Rn 638; *Schüppen* S. 174; *Gramich* wistra 1987, 158; *Maul* DB 1989, 185; aA *Tiedemann* Wirtschaftsstrafrecht BT Rn 450; *Schmedding* S. 15 f.

barkeit rechtfertigt und es somit auf die Gefährlichkeit der konkreten Verfälschung oder Verschleierung im Einzelfall nicht ankommt.[45] Selbst wenn im Einzelfall eine Gefährdung des Informationsinteresses des geschützten Personenkreises ausgeschlossen ist, liegen die Voraussetzungen des § 331 HGB vor.[46] Um ein Korrektiv zu der weiten Vorverlagerung der Strafbarkeit durch die Ausgestaltung der Norm als abstraktes Gefährdungsdelikt zu schaffen, hat die Rechtsprechung die Tathandlungen auf **wesentliche Verstöße gegen die Grundsätze der Wahrheit und Klarheit der Rechnungslegung** begrenzt (näher dazu Rn 63 f).[47]

b) **Sonderdelikte.** § 331 HGB normiert in allen Tatbestandsalternativen **echte Sonderdelikte**,[48] denn tauglicher Täter kann nicht jedermann, sondern nur der im Tatbestand jeweils ausdrücklich genannte Personenkreis – nämlich ein Mitglied des vertretungsberechtigten Organs oder Aufsichtsrats einer Kapitalgesellschaft, ein Mitglied des vertretungsberechtigten Organs oder ein vertretungsberechtigter Gesellschafter eines Tochterunternehmens (Rn 20 ff, 95, 113 f; 141 ff, 165 f, 185) – sein.[49] Für den **Bilanzeid** können wegen der Voraussetzungen in §§ 264 Abs. 2 Satz 3, 289 Abs. 1 Satz 5, 297 Abs. 2 Satz 4 oder 315 Abs. 1 Satz 6 HGB nur die gesetzlichen Vertreter einer Kapitalgesellschaft, die **Inlandsemittent** im Sinne des § 2 Abs. 7 WpHG und keine Kapitalgesellschaft im Sinne des § 327a HGB sind, taugliche Täter sein. 12

Andere als die im gesetzlichen Tatbestand genannten Personen können lediglich **Anstifter** oder **Gehilfe** sein, auch wenn sie mit der Bilanzerstellung für die Kapitalgesellschaft beauftragt sind.[50] § 14 Abs. 2 StGB kommt nicht zur Anwendung, da es sich bei der Pflicht zur Bilanzerstellung um eine höchstpersönliche Organpflicht handelt.[51] Bei der Sonderdeliktseigenschaft handelt es sich um ein besonderes persönliches Merkmal, so dass die Strafe beim Teilnehmer gemäß § 28 Abs. 1 StGB zu mildern ist.[52] Steuerberater sowie Abschlussprüfer können, da sie nicht zum tauglichen Täterkreis gehören, nicht als Täter, sondern allenfalls als Teilnehmer eine Tatbestandsvariante des § 331 HGB verwirklichen.[53] 13

c) **Täterkreis.** Eine täterschaftliche Verantwortung kommt nur für die im Gesetz ausdrücklich genannten Personen in Betracht, die für die Rechnungslegung zuständig sind. § 331 HGB nennt als mögliche Täter die **Mitglieder des vertretungsberechtigten Organs** einer Kapitalgesellschaft, die **Mitglieder des Aufsichtsrats** einer Kapitalgesellschaft (§ 331 Nrn. 1 und 2 HGB; Rn 23, 27, 29 f, 113), die **vertretungsberechtigten Gesellschafter des Tochterunternehmens** einer Kapitalgesellschaft (§ 331 Nr. 4 HGB; Rn 185) und die ge- 14

45 Zur Problematik, dass der Kreis derjenigen, die von einer Rechnungslegung Kenntnis nehmen, ausnahmsweise bestimmt ist, vgl. *Cerny* MDR 1987, 271, 277.

46 *Schmedding* S. 15.

47 RGSt 29, 308 zu § 314 a.F.; BGH 1 StR 625/80, Urt. V. 10.2.1981; zit. nach *Tiedemann* in Belke/Oehmichen (Hrsg.) S. 35.

48 Baumbach/Hueck[18]/*Schulze-Osterloh*/*Servatius* Anh. § 82 GmbHG Rn 2; BeckBilKomm/*Kozikowski*/*Gutman* Rn 3; Heymann/*Otto* Rn 3; MünchKommHGB/*Quedenfeld* Rn 4; MünchKommStGB/*Sorgenfrei* Rn 7; Scholz/*Tiedemann* § 82 GmbHG Rn 18; *Wittig* Wirtschaftsstrafrecht § 29 Rn 6; Blumers/Frick/Müller/*Dannecker* Betriebsprüfungshandbuch Rn 641; *Schmedding* S. 16; *Schüppen* S. 174; aA *Biener*/*Berneke* Bilanzrichtlinien-Gesetz S. 470. Für den Straftatbestand des „Bilanzeides" *Ziemann* wistra 2007, 292, 293.

49 Ebenroth/Boujong/Joost/*Wiedmann* Rn 2.

50 Scholz/*Tiedemann* § 82 GmbHG Rn 21.

51 MünchKommStGB/*Sorgenfrei* Rn 8.

52 Bertram/Brinkmann/Kessler/Müller/*Münster*/*Meier-Behringer* Rn 5; MünchKommStGB/*Sorgenfrei* Rn 8; *Bongertz* S. 236.

53 AA aber *Biener*/*Bernecke* S. 470, in Bezug auf Steuerberater.

setzlichen Vertreter einer Kapitalgesellschaft, die Inlandsemittent im Sinne des § 2 Abs. 7 WpHG ist (§ 331 Nr. 3a HGB; Rn 165).

15 Auch wenn das Tochterunternehmen eine **Personengesellschaft** (OHG, KG und GbR) ist, können deren vertretungsberechtigte Gesellschafter nach § 331 Nr. 4 HGB Täter sein.[54] Entscheidend ist allein, dass es sich bei dem Mutterunternehmen um eine Kapitalgesellschaft handelt.

16 In der Insolvenz einer Kapitalgesellschaft gehen die Verwaltungs- und Verfügungsbefugnisse auf den **Insolvenzverwalter** gemäß § 80 InsO über. Nach § 155 Abs. 1 InsO hat er damit auch die handelsrechtlichen Buchführungs- und Rechnungslegungspflichten zu erfüllen.[55] Der Insolvenzverwalter ist verpflichtet, eine **Schlussbilanz des alten und eine Eröffnungsbilanz des neuen Geschäftsjahres** anzufertigen, das gemäß § 155 Abs. 2 Satz 1 InsO am Tag der Eröffnung des Insolvenzverfahrens beginnt, während das laufende Geschäftsjahr als Rumpfgeschäftsjahr endet.[56] Somit hat der **Insolvenzverwalter** die Pflicht, sowohl Schlussbilanz, GuV, Anhang und Lagebericht als auch – im Fall des § 264 Abs. 1 Satz 2 HGB – Kapitalflussrechnung und Eigenkapitalspiegel zu veröffentlichen (§§ 238, 242 Abs. 1, 264 HGB iVm § 80 InsO). Bei der Bewertung des Vermögens müssen die Besonderheiten der Insolvenz berücksichtigt werden, beispielsweise wenn Betriebsteile nur unter ungünstigen Bedingungen veräußert werden können.[57] Grundsätzlich sind daher die Liquidationswerte anzusetzen. Eine Ausnahme ist nur dann gegeben, wenn der Insolvenzverwalter von einer Fortführung des Unternehmens ausgehen darf.[58] Gerade in der Situation der Krise ist eine genaue Information der beteiligten Personen unerlässlich. Daher sind die Strafbestimmungen des § 331 HGB grundsätzlich auch auf den zum Jahresabschluss verpflichteten Insolvenzverwalter anwendbar.[59] Jedoch existiert eine (gerichtliche) Möglichkeit der **Befreiung von der Aufstellung eines Jahresabschlusses** nach § 270 Abs. 3 AktG,[60] wenn sonst nur solches Geld verwendet werden würde, das aus Sicht der Gläubiger, die geschützt werden sollen, besser anderweitig eingesetzt werden könnte. Der Jahresabschluss wäre nur noch bloße Formalität.[61] So ist insbesondere bei kurz bevorstehender Auflösung des Unternehmens keine Handelsbilanz durch den Insolvenzverwalter mehr notwendig.[62] Für die Strafbarkeit des Insolvenzverwalters mangelt es zudem an der Organqualität, die der Sonderdeliktscharakter des § 331 HGB fordert, so dass ihm die Sonderdeliktseigenschaft fehlt.

17 **2. Vereinbarkeit des § 331 HGB mit Art. 103 Abs. 2 GG.** Bis zum Beschluss des BVerfG vom 15.08.2006[63] war streitig, ob § 331 Nr. 1 HGB in der Variante der unrichtigen Darstellung bzw. Verschleierung von Verhältnissen einer Kapitalgesellschaft hinreichend bestimmt ist. Die Begriffe „Verhältnis", „unrichtige Darstellung" und „Verschleierung" sind zwar weit gefasst, jedoch angesichts ihres Blankettcharakters und der

---

54 *Wittig* Wirtschaftsstrafrecht § 29 Rn 7.

55 *Grashoff* NZI 2008, 65, 66; *Untritz/Zak/Vogel* DZWIR 2008, 353, 355 ff kritisieren diese Verpflichtung des Insolvenzverwalters als kostenintensiv und unwirtschaftlich, vgl. auch *Eisolt/Schmidt* BB 2009, 654, 656.

56 MünchKommInsO/*Füchsl/Weishäupl* § 155 Rn 5.

57 *Eisolt/Schmidt* BB 2009, 654, 656.

58 WpG 2006, 40.

59 IDW, WP Handbuch 2008, Bd. II, 13. Aufl. 2007, Kap. L, Rn 425, aA (nur bezüglich Ordnungsgeld) *Untritz/Zak/Vogel*, DZWIR 2008, 353, 357.

60 *Waza/Uhländer/Schmittmann* Insolvenzen und Steuern, Rn 695, 719 empfiehlt dies aus Aufwandsgesichtspunkten.

61 *Ries* ZinSo 2008, 536, 539.

62 So *Ries* ZinSo 2008, 536, 540.

63 BVerfG-Beschluss vom 15.8.2006 Az. 2 BvR 822/06, WM 2006, 1839 mit krit. Anm. *Kutzner* WuB 2007; s. auch *Bücklers* S. 119.

Ausfüllungsnormen noch ausreichend bestimmt (Vor § 331 Rn 134 ff).[64] Die Diskussion, ob es angemessen ist, Falschangaben über sämtliche Verhältnisse einer Kapitalgesellschaft unter Strafe zu stellen, oder ob nicht der Bereich strafbaren Verhaltens auf die unrichtige Darstellung oder Verschleierung der wirtschaftlichen Verhältnisse beschränkt werden sollte, betrifft eine rechtspolitische Frage. Auch die Verweisungen der § 331 Nrn. 1a, 3 HGB auf IAS/IFRS-Vorschriften sind im Gegensatz zu der früheren Inbezugnahme des § 292a a.F. hinreichend bestimmt (Vor § 331 Rn 138 ff).

3. **Vereinbarkeit des § 331 HGB mit den gemeinschaftsrechtlichen Vorgaben der vierten EG-Bilanzrichtlinie.** Nach **Art. 51 Abs. 3 der vierten EG-Richtlinie zur Angleichung des Gesellschaftsrechts**[65] nehmen die Mitgliedstaaten in ihre Rechtsvorschriften geeignete Sanktionen für den Fall auf, dass der Jahresabschluss oder der Lagebericht der dort geregelten Gesellschaften nicht entsprechend dieser Richtlinie erstellt worden ist. Sanktionen werden also nur für den Fall der Befreiung von der Prüfungspflicht gefordert. Demgegenüber hat der deutsche Gesetzgeber in **§ 331 Abs. 1 Nr. 1 HGB Strafandrohungen für alle** und nicht nur für kleine, befreite **Kapitalgesellschaften** vorgesehen (zum Täterkreis siehe Rn 20 ff). Außerdem wird die Verletzung bestimmter Vorschriften zur Aufstellung oder Feststellung des Jahresabschlusses durch **§ 334 Abs. 1 Nr. 1 HGB** als Ordnungswidrigkeit erfasst (§ 334 Rn 40 ff). Hieraus zieht *Schüppen*[66] den Schluss, dass § 331 Abs. 1 Nr. 1 HGB nicht richtlinienkonform sei,[67] zumal die Inkriminierung das verfassungsrechtliche Verhältnismäßigkeitsprinzip verletze. Gegen diese Auslegung spricht jedoch, dass in den Erwägungsgründen der Richtlinie deren Bedeutung für den Schutz der Gesellschafter und Dritter ausdrücklich hervorgehoben und in Art. 51 Abs. 4 der vierten Richtlinie das Erfordernis betont wird, dass der Jahresabschluss ein den tatsächlichen Verhältnissen entsprechendes Bild der Vermögens-, Finanz- und Ertragslage der Gesellschaft vermitteln muss. Wenn aber das Ziel der Richtlinie ist, die Vergleichbarkeit und inhaltliche Richtigkeit der Jahresabschlüsse herzustellen, ist nicht ersichtlich, weshalb § 331 HGB, der die Manipulation des Jahresabschlusses unter Strafe stellt und damit das gemeinschaftsrechtliche Interesse in besonderer Weise schützt, gegen eben dieses gemeinschaftsrechtliche Interesse verstoßen soll. Die bloße Prüfungspflicht bei großen Gesellschaften stellt keine hinreichende Gewähr für die Wahrheit und Vollständigkeit der Informationen dar und ist deshalb kein Äquivalent für strafrechtliche Sanktionen, die für den Fall einer Verfälschung oder Verschleierung angedroht sind. Der Gesetzgeber hat vielmehr der aus Art 4 EUV abgeleiteten gemeinschaftsrechtlichen Verpflichtung entsprochen, gemeinschaftsrechtliche Interessen ebenso wie nationale Interessen durch wirksame, verhältnismäßige und abschreckende Sanktionen zu schützen[68] und § 331 Abs. 1 Nr. 1 HGB vergleichbar mit § 400 Abs. 1 Nr. 1 und 4 AktG a.F. und § 82 Abs. 2 Nr. 2 GmbHG a.F. ausgestaltet. Außerdem kommt der Tatsache, dass Verletzungen im Wesentlichen formeller Bilanzierungsvorschriften mit Geldbuße bedroht sind, keine Aussagekraft für die Rechtsfolgen schwerwiegender Verletzungen des materiellen Bilanzrechts zu.[69] 18

---

64 Ebenso BGH wistra 2006, 465; MünchKommHGB/*Quedenfeld* Rn 5; *Bongertz* S. 234 f; *Schüppen* S. 130 ff; *Weber* Handwörterbuch, S. 320.

65 ABl. 1978 Nr. L 222, S. 28.

66 *Schüppen* S. 185 ff.

67 Zur Notwendigkeit der gemeinschaftsrechtlichen Auslegung des Bilanzrechts vgl. Leffson/Rückle/Großfeld/*Bleckmann* S. 11, 28; zur richtlinienkonformen Auslegung des Bilanzstrafrechts vor §§ 331 Rn 88; vgl. auch *Cobet* S. 4 f.

68 Grundlegend EuGHE 1989, 2965 ff – Griechischer Mais; *Dannecker* in Gropp, S. 161, 171; *Gröblinghoff* S. 19 f, 34 ff; *Kühl* S. 613 f; *Satzger* Die Europäisierung des Strafrechts S. 172 ff, jeweils mwN.

69 So zutreffend Heymann/*Otto* Rn 4.

Schließlich enthält § 331 HGB auch kein strengeres Bilanzrecht als die Richtlinie, da das von der Europäischen Gemeinschaft vorgegebene materielle Bilanzrecht nur durch Strafsanktionen flankiert, nicht aber in sachlich-rechtlicher Hinsicht verschärft wird.

B. Unrichtige Wiedergabe oder Verschleierung der Verhältnisse der Kapitalgesellschaft (§ 331 Nr. 1 HGB)

19 § 331 Nr. 1 HGB bedroht mit Strafe, wer als Mitglied des vertretungsberechtigten Organs oder des Aufsichtsrats einer Kapitalgesellschaft die Verhältnisse der Kapitalgesellschaft in der Eröffnungsbilanz, im Jahresabschluss, im Lagebericht oder im Zwischenabschluss nach § 340a Abs. 3 HGB unrichtig wiedergibt oder verschleiert.

I. Täterkreis

20 Eine täterschaftliche Verantwortung kommt nur für die in § 331 Nr. 1 HGB im Gesetz ausdrücklich genannten Personen in Betracht, die für die Rechnungslegung zuständig sind: Mitglieder des vertretungsberechtigten Organs einer Kapitalgesellschaft und Mitglieder des Aufsichtsrats einer Kapitalgesellschaft.

21 **1. Mitglieder vertretungsberechtigter Organe und des Aufsichtsrats.** Täter des § 331 Nr. 1 HGB kann nur eine **natürliche Person** sein, die entweder Mitglied des vertretungsberechtigten Organs oder des Aufsichtsrats ist. Wer zu dem jeweiligen Personenkreis gehört, bestimmt sich nach den gesetzlichen Regelungen für die in Frage stehende Art der Kapitalgesellschaft.

22 **a) Aktiengesellschaft.** Mitglieder des vertretungsberechtigten Organs der Aktiengesellschaft sind die **Mitglieder des Vorstands** (§ 76 Abs. 2, 3 AktG) einschließlich der **stellvertretenden Vorstandsmitglieder** (§ 94 AktG), sofern diese die Vorstandsgeschäfte wahrnehmen.[70]

23 Auch die **Mitglieder des Aufsichtsrats** sind Normadressaten des § 331 Nr. 1 HGB. Ihre Bestellung richtet sich nach §§ 95 ff AktG. Diesem Personenkreis kommt nicht lediglich eine Überwachungstätigkeit zu; ihm ist vielmehr ein gestalterischer Spielraum eingeräumt.[71] Die Bestellung **stellvertretender Aufsichtsratsmitglieder** ist bei der AG nach § 101 Abs. 3 Satz 1 AktG **ausgeschlossen. Ersatzmitglieder** (§ 101 Abs. 3 Satz 2 AktG) sind erst dann taugliche Täter, wenn das bisherige Mitglied ausgeschieden ist und das Ersatzmitglied die Funktion als Aufsichtsratsmitglied tatsächlich ausübt.[72]

24 Die Vorstands- und Aufsichtsratsmitglieder bleiben auch im Falle einer **Verlegung des Verwaltungssitzes ins Ausland**, die nach dem Gesetz zur Modernisierung des GmbH-Rechts und zur Bekämpfung von Missbräuchen (MoMiG)[73] nach der Streichung des § 5

---

[70] BeckBilKomm/*Kozikowski/Gutman* Rn 18; Erbs/Kohlhaas/*Schaal* § 400 AktG Rn 7; Heymann/*Otto* Rn 6; MünchKommHGB/*Quedenfeld* Rn 9; MünchKommStGB/*Sorgenfrei* Rn 12; Blumers/Frick/Müller/*Dannecker* Betriebsprüfungshandbuch Rn 642; *Schmedding* S. 75; *Maul* DB 1989, 185, 188.

[71] MünchKommAktG/*Kropff* § 171 AktG, Rn 6; *Krause* NStZ 2011, 57, 63.

[72] Heymann/*Otto* Rn 15.

[73] Vom 1.11.2008, BGBl. I 2008, 2026.

Abs. 2 AktG nun möglich ist, taugliche Täter, wenn der Ort der Registereintragung in Deutschland verbleibt.[74]

b) **Europäische Aktiengesellschaft/SE.** Auch die **Mitglieder des Leitungs- und des Aufsichtsorgans** einer europäischen Aktiengesellschaft/SE mit Sitz in Deutschland können gemäß der Verweisung des § 53 Abs. 1 SEAG Täter sein, soweit die SE dualistisch strukturiert ist (§§ 15 f SEAG).[75] Bei einer monistischen Struktur (§§ 20 ff SEAG),[76] wenn also das Organ „Verwaltungsrat" die Funktionen der Geschäftsleitung und der Kontrolle vereint, sind die **geschäftsführenden Direktoren** (§§ 40 Abs. 2 Satz 1, 41 Abs. 1 SEAG) bzw. der **Verwaltungsrat** taugliche Täter.[77] 25

c) **Kommanditgesellschaft auf Aktien.** Bei der Kommanditgesellschaft auf Aktien sind Mitglieder des vertretungsberechtigten Organs die **persönlich haftenden Gesellschafter** (§§ 278 Abs. 2, 283 AktG).[78] 26

Weiterhin sind die **Mitglieder des Aufsichtsrats** (§§ 278 Abs. 3, 95 ff AktG) Normadressaten des § 331 Nr. 1 HGB. **Ersatzmitglieder** (§§ 278 Abs. 3, 101 Abs. 3 Satz 2 AktG) müssen nach Ausscheiden des bisherigen Aufsichtsratsmitglieds die Funktion als Aufsichtsratsmitglied tatsächlich ausüben, um taugliche Täter zu sein. 27

d) **GmbH.** Bei der GmbH sind Mitglieder des vertretungsberechtigten Organs die **Geschäftsführer** (§ 35 Abs. 1 GmbHG) und die **stellvertretenden Geschäftsführer** (§ 44 GmbHG).[79] 28

Bei der GmbH ist nur in den durch §§ 1 Abs. 1, 6 Abs. 1 MitBestG, §§ 3, 4 MontanmitbestimmungsG, §§ 3, 5 MitbestimmungsErgG vorgeschriebenen Fällen von Gesetzes wegen ein **Aufsichtsrat** erforderlich. Die Mitglieder des **obligatorischen Aufsichtsrats** sowie die **Ersatzmitglieder**, die die Funktion als Aufsichtsrat tatsächlich ausüben, sind taugliche Täter des § 331 Nr. 1 HGB. Auch **stellvertretende Aufsichtsratsmitglieder** der GmbH[80] sind taugliche Täter, wenn sie in der Stellvertretereigenschaft tätig geworden sind.[81] Bei Verlegung des Verwaltungssitzes ins Ausland bleiben die Vorstands- und Aufsichtsratsmitglieder – nach dem Wegfall des § 4a Abs. 2 GmbHG – taugliche Täter (vgl. Rn 24, § 334 Rn 38). 29

Bei einer GmbH, die weniger als 500 Arbeitnehmer beschäftigt, gibt es häufig freiwillige Aufsichtsorgane, die als Aufsichtsrat, Beirat, Verwaltungsrat u.ä. bezeichnet werden. In- 30

---

74 Müller-Gugenberger/Bieneck/*Wagenpfeil* § 40 Rn 72.

75 Vgl. Art. 39 ff SE-VO, Fn 1; Art. 1 SEEG, Fn 1; Müller-Gugenberger/Bieneck/*Wagenpfeil* § 40 Rn 69.

76 Vgl. Art. 43 ff SE-VO, Fn 1; Art. 1 SEEG, Fn 1.

77 Vgl. Begr. RegE BT-Drucks. 15/3405, S. 35; MünchKommStGB/*Sorgenfrei* Rn 13; *Ahrens/Schmittmann* StuB 2005, 93 ff; *Brand* BB 2005, 1 ff; *Hentschel* Beck HdR B 101 Rz. 19, 71; *Hirte* DStR 2005, 700, 702; *Horn* DB 2005, 147, 150; *Ihrig/Wagner* BB 2004, 1749, 1757 f; *Waclawik* DB 2004, 1191, 1195 f (zum RefE).

78 MünchKommHGB/*Quedenfeld* Rn 11; MünchKommStGB/*Sorgenfrei* Rn 14; *Bücklers* S. 98.

79 BeckBilKomm/*Kozikowski*/*Gutman* Rn 18; Erbs/Kohlhaas/*Schaal* § 82 GmbHG Rn 6; Heymann/*Otto* Rn 6; MünchKommHGB/*Quedenfeld* Rn 12; MünchKommStGB/*Sorgenfrei* Rn 15; Blumers/Frick/Müller/*Dannecker* Betriebsprüfungshandbuch Rn 642; *Schmedding* S. 75; *Maul* DB 1989, 185, 188.

80 Zur Bestellung von (stellvertretenden) Aufsichtsratsmitgliedern vgl. Baumbach/Hueck/*Zöllner/Noack* § 52 GmbHG Rn 41 ff, insbes. Rn 44.

81 Heymann/*Otto* Rn 16.

wieweit **freiwillige Aufsichtsräte**[82] der Strafvorschrift des § 331 Nr. 1 HGB unterliegen, ist danach zu bestimmen, ob diesen die im Aktiengesetz (§§ 90, 105, 110 ff, 170 ff AktG) vorgesehenen Aufgaben eines Aufsichtsrats übertragen und die hierfür erforderlichen Kontrollrechte eingeräumt worden sind.[83] Jedoch fehlt gerade die Verweisung des § 52 GmbHG auf § 172 AktG und damit auf die Feststellung des Jahresabschlusses, sodass den Aufsichtsrat diese Pflicht nur dann trifft, wenn der Gesellschaftsvertrag dies ausdrücklich bestimmt. Ist dies der Fall, so können auch Mitglieder des fakultativen Aufsichtsrates Täter des § 331 HGB sein. In dieser Auslegung liegt kein Fall einer verbotenen Analogie, da das Gesetz nur vom Aufsichtsrat und nicht vom obligatorischen Aufsichtsrat spricht.[84] Hingegen können die **Mitglieder des Verwaltungsrats oder Beirats**, obwohl diese auch Aufsichtsaufgaben wahrnehmen, wegen des Analogieverbots (Art. 103 Abs. 2 GG) **keine tauglichen Täter** sein.[85] Dennoch kommt eine Strafbarkeit nach § 82 Abs. 2 Nr. 2 GmbHG in Betracht.

31 e) **Ausländische Gesellschaften, insbesondere die Limited.** Fraglich ist, inwieweit die gesetzlichen Vertreter ausländischer Gesellschaften in den Täterkreis des § 331 Nr. 1 HGB einbezogen sind. Der Zuzug ausländischer Gesellschaften und die Verlegung des Verwaltungssitzes nach Deutschland sind für Gesellschaften innerhalb der EU bzw. des EWR möglich.[86] Wenn eine ausländische Gesellschaftsform gewählt wird, die mit der GmbH vergleichbar ist, handelt es sich zumeist um eine englische Limited, da deren Gründungsvoraussetzungen gering und unbürokratisch sind.[87] Bei einer **Private Company Limited by Shares** (Ltd.) sind die Mitglieder des verantwortlichen Leitungsorgans die **directors.** Für die Beurteilung deren Täterqualität muss unterschieden werden, ob es sich um eine Hauptniederlassung oder um eine Zweigniederlassung handelt.[88] Bei einer Tätigkeit ausschließlich in Deutschland entspricht dies zwar faktisch einer echten Hauptniederlassung,[89] jedoch lässt das britische Recht eine Verlegung des Satzungssitzes (noch) nicht zu,[90] sodass die deutsche Niederlassung rechtlich als Zweigniederlassung zu behandeln ist, selbst wenn die Hauptniederlassung in England nur formal besteht.[91] Die deutsche Niederlassung muss lediglich in das deutsche Handelsregister nach §§ 13d–13g HGB eingetragen werden. Der Jahresabschluss ist daher wie das gesamte Innenrecht grundsätzlich nach dem Recht der Hauptniederlassung aufzustellen (im Falle der Limited: annual accounts nach den englischen Rechnungslegungsregeln)[92] und nach § 325a HGB gegenüber dem elektronischen Bundesanzeiger offenzulegen. Auf den Jahresabschluss nach englischem Recht sind die §§ 331 ff HGB wegen des Bezugs dieser Straftatbestände

82 Hierzu *van Venrooy* Haftung der Mitglieder eines fakultativen GmbH-Aufsichtsrats, GmbHR 2009, 449.

83 Baumbach/Hueck[18]/*Schulze-Osterloh/Servatius* Anh. § 82 GmbHG Rn 8; Blumers/Frick/Müller/*Dannecker* Betriebsprüfungshandbuch Rn 643; vgl. dazu auch *Lüderssen* FS Otto, S. 689, 690 ff; aA BeckBilKomm/*Kozikowski/H. P. Huber* Rn 18, die nur Mitglieder eines obligatorischen Aufsichtsrats als taugliche Täter ansehen.

84 Baumbach/Hueck[18]/*Schulze-Osterloh/Servatius* Anh. § 82 GmbHG Rn 8.

85 Bertram/Brinkmann/Kessler/Müller/*Münster/Meier-Behringer* Rn 24.

86 Vgl. BGH, ZIP 2009, 2385; näher *Ebke* in FS Hellwig, S. 117, 122 mwN.

87 *Ebke* Gesellschaften aus nicht privilegierten Drittstaaten im IPR, FS Hellwig, S. 117, 122 mwN.

88 EuGH NJW 1999, 2027; EuGH NJW 2002, 3614; EuGH NJW 2003, 3331.

89 So AG Duisburg NZG 2003, 1032.

90 Vgl. s. 2 (1)(b) Companies Act 1985.

91 Vgl. EuGH vom 9.3.1999 „Centros“, NJW 1999, 2027; EuGH vom 30.09.2003 „Inspire Art“, NJW 2003, 3331; näher *Erbe* Die Limited, S. 53 ff.

92 *Cleary* Limited, S. 6, 20 ff; *Erbe* Die Limited, S. 201 f.

auf die Elemente des Jahresabschlusses nach deutschem Recht nicht anwendbar.[93] Zudem ist die in § 331 HGB geforderte Organstellung problematisch, da diejenige des *directors* einer Limited eher derjenigen eines Beauftragten und gerade nicht der eines Organs entspricht.[94] Es kommt daher nur ein Ordnungsgeld nach § 335 Abs. 1 Nr. 2 HGB bei Nicht-Offenlegung des (ausländischen) Jahresabschlusses in Betracht, da dieser ausdrücklich auf die Offenlegungspflicht nach § 325a HGB verweist (§ 335 Rn 25).

Fraglich ist jedoch, inwieweit für die Limited noch eine weitere **Buchführungspflicht** **32**
und **Jahresabschlusspflicht nach deutschem Recht** besteht. Hierfür ist zunächst erforderlich, dass die ausländische Gesellschaft Kaufmannseigenschaft nach §§ 1 ff HGB als notwendige Voraussetzung für die Buchführungspflicht (§ 238 HGB) und die Jahresabschlusspflicht (§ 242 HGB) besitzt. Zu trennen sind dabei die Fragen, ob generell eine Verpflichtung besteht und nach welchem Recht die Tatbestandsvoraussetzungen des § 331 Nr. 1 HGB zu bestimmen sind. Zur Bestimmung der Kaufmannseigenschaft werden inländische Zweigniederlassungen ausländischer Unternehmen grundsätzlich wie Hauptniederlassungen behandelt[95], so dass das Recht der Hauptniederlassung, bei der Limited also britisches Recht, maßgeblich ist.[96] Zumindest erfordert die Ausübung des Gesellschaftszwecks einer Limited die Ausübung eines Handelsgewerbes i.S.v. § 1 HGB, mit der Folge, dass eine ausländische Gesellschaft mit Zweigniederlassung in Deutschland sowohl nach dem ausländischen Recht als auch nach deutschem Recht buchführungspflichtig ist.[97] Allein die Buchführungspflicht führt jedoch noch nicht zur Begründung der Tätereigenschaft im Sinne des § 331 HGB. Vielmehr muss die Gesellschaftsform derjenigen einer Kapitalgesellschaft entsprechen.[98] In Betracht kommt dabei bei der Limited wegen ihrer inhaltlichen Nähe zu einer GmbH eine Klassifizierung als **Formkaufmann** nach § 6 Abs. 1 HGB. Bei der Limited fehlt es jedoch an einer einzelgesetzlichen Regelung im britischen Gesellschaftsrecht, die diese als Handelsgesellschaft qualifiziert. Dies wird im Bilanzrecht dadurch umgangen, dass entweder § 13 Abs. 3 HGB analog angewendet[99] oder die Eigenschaft der Handelsgesellschaft als der Rechtsform für die Limited immanent angesehen wird.[100] Dadurch wird jedoch die Niederlassung (vgl. Art. 43, 48 EG) einer Gesellschaft mit ausländischer Rechtsform erschwert.[101] Daneben bringt es außer einer eventuell besseren Vergleichbarkeit des Jahresabschlusses keinen weitergehenden Informationsnutzen für den Bilanzleser, da der ausländische Jahresabschluss nach § 325a HGB offengelegt werden muss. Daher ist im Gegensatz zur Buchführungspflicht eine Rechnungslegung nach den Vorschriften des HGB weder für ausländische Gesellschaften noch für ihre inländischen Zweigniederlassungen erforderlich,[102] mit der Folge, dass die Erstellung und Offenlegung einer Bilanz nach HGB auch nicht

93 BGH v. 17.9.1996 – 4 AR 21/95, NJW 1997, 533 (534).

94 Bejahend *Worm* S. 61 ff.

95 BeckBilKomm/*Winkeljohann/Klein* § 238 Rn 37; GK HGB-*Hüffer* § 13 Rn 15; *ders.* (Staub) vor § 238 Rn 1; ablehnend *Heinz* Die englische Limited, § 18, Rn 2.

96 BeckBilKomm/*Winkeljohann/Klein* § 238 Rn 37; *Ebke* FS Hellwig, S. 117, 124; *ders.* The European Conflict-of-Corporate-Laws Revolution: *Überseering, Inspire Art* and Beyond, Eur. Bus. L. Rev. 16 (2005), S. 9, 14.

97 *Ebke* in FS Hellwig, S. 117, 124 mwN.

98 So zum Beispiel die einer Ltd oder PLC.

99 *Triebel/von Hase/Melerski* Die Limited in Deutschland, FFM 2006, 168, Rn 360 mwN.

100 *Erbe* Die Limited, S. 51.

101 Vgl. die im „Inspire Art"-Urteil entwickelte „europarechtliche Gründungstheorie" des EuGH v. 30.9.2003, C-167/01, DB 2003, 2219.

102 *Heinz* Die englische Limited, § 15, Rn 2 ff; *Worm* S. 71 ff, 96; *Graf/Bisle* IStR 2004, 873, 874; vgl. zur Rechtslage in Österreich *Gelter* RdW 2005, 134; aA AG Stuttgart, Urteil vom 18.12.2007 – 105 Ls 153 Js 47778/05; Staub/*Hüffer* vor § 238, Rn 1; *Erbe* S. 249.

erzwungen werden kann. Falls dennoch ein Jahresabschluss nach deutschem Recht erstellt wurde, muss dieser richtig sein, so dass dann eine Strafbarkeit nach § 331 HGB für die gesetzlichen Vertreter der Gesellschaft unter diesen Voraussetzungen in Betracht kommt. De lege ferenda wäre es jedoch wünschenswert, die Offenlegung fehlerhafter Rechnungslegungsunterlagen ausländischer Gesellschaften mit Zweigniederlassung in Deutschland (§ 325a HGB) in den Katalog des § 331 HGB aufzunehmen, um Strafbarkeitslücken zu vermeiden.

33 f) **Kapitalgesellschaft in Liquidation.** Bei der Kapitalgesellschaft in Liquidation sind Mitglieder des vertretungsberechtigten Organs der oder die **Abwickler** bzw. **Liquidatoren** (§§ 265 Abs. 1, 290 Abs. 1 AktG, §§ 66, 71 Abs. 4 GmbHG).[103] Wenn eine juristische Person als Liquidator (§ 265 Abs 2 Satz 3 AktG) bestellt ist, sind die Mitglieder von deren vertretungsberechtigtem Organ gemäß § 14 Abs. 1 Nr. 1, 1. Alt. StGB Normadressat des § 331 Nr. 1 HGB.

34 g) **Sonstige Personen.** Andere als die in § 331 Nr. 1 HGB ausdrücklich genannten Personen können nicht Täter sein. Leitende, nicht zum Vorstand gehörende **Angestellte, Prokuristen und Handlungsbevollmächtigte** sind nicht taugliche Täter des § 331 Nr. 1 HGB.[104] Die strafrechtliche Verantwortung kann auch nicht durch § 14 Abs. 2 StGB begründet werden, weil die Bilanzerstellung eine höchstpersönliche Organpflicht (§ 264 Abs. 1 Satz 2 HGB; § 91 Abs. 1 AktG) ist.[105] Auch Mitglieder sonstiger fakultativer Aufsichtsgremien wie eines Beirats, eines Verwaltungsrats usw. können nicht Täter des § 331 HGB sein.[106] Nicht sonderpflichtige Personen können lediglich **Teilnehmer – Anstifter oder Gehilfe** – sein. Die Strafe ist gemäß § 28 Abs. 1 StGB zu mildern, weil es sich bei der Sonderdeliktseigenschaft um ein besonderes persönliches Merkmal handelt. Die Beihilfe ist bis zur Beendigung der Tat möglich.

35 h) **Faktische Betrachtungsweise.** Problematisch ist, inwieweit es zulässig ist, den ausdrücklich genannten Personenkreis durch eine faktische Betrachtungsweise zu erweitern (Vor § 331 Rn 155). Diese Betrachtungsweise ist ein **Sonderfall der teleologischen Auslegung**, die auch im Straf- und Ordnungswidrigkeitenrecht grundsätzlich zulässig ist (Vor § 331 Rn 157).[107] Die Bestimmung des Normadressaten erschöpft sich nicht in einer formalen Betrachtungsweise, nach der nur wirksam bestellte und im Handelsregister eingetragene Mitglieder des vertretungsberechtigten Organs taugliche Täter sein können, sondern wird erweitert, um dadurch den eigentlichen Gehalt wirtschaftlich-sozialer Vorgänge zu erfassen. Damit löst sich die strafrechtliche Betrachtungsweise teil-

---

[103] Erbs/Kohlhaas/*Schaal* § 82 GmbHG Rn 8; MünchKommHGB/*Quedenfeld* Rn 14; MünchKommStGB/*Sorgenfrei* Rn 17; HWSt-*Ransiek* VIII 1 Rn 46.

[104] Heymann/*Otto* Rn 5; MünchKommHGB/*Quedenfeld* Rn 15; Blumers/Frick/Müller/*Dannecker* Betriebsprüfungshandbuch Rn 641; *Schmedding* S. 81; *Tiedemann* Artikel Bilanzstrafrecht S. 3; aA *Biener/Berneke* S. 470; *Maul* DB 1989, 185, 188.

[105] BeckBilKomm/*Kozikowski/Gutman* Rn 18; Heymann/*Otto* Rn 38 mwN; MünchKommHGB/*Quedenfeld* Rn 15; MünchKommStGB/*Sorgenfrei* Rn 18; Schönke/Schröder/*Perron* § 14 StGB Rn 4; aA *Biener/Berneke* Bilanzrichtliniengesetz S. 470; *Maul* DB 1989, 185, 188.

[106] BeckBilKomm/*Kozikowski/Gutman* Rn 18; MünchKommHGB/*Quedenfeld* Rn 35; MünchKommStGB/*Sorgenfrei* Rn 18; HWSt-*Ransiek* VIII 1 Rn 46; *Schmedding* S. 76.

[107] Vgl. hierzu *Tiedemann* Wirtschaftsstrafrecht AT Rn 124 ff; *ders.* NJW 1979, 1849, 1850 f; *ders.* NJW 1980, 1557 ff.

weise von der zivil- bzw. handelsrechtlichen. Dies ist unter strafrechtlichem Blickwinkel nicht unbedenklich, da formale Sicherungen, die zur Rechtssicherheit beitragen, vernachlässigt werden.[108] Daher muss auf die Umstände des Einzelfalls abgestellt werden, ob eine zivilrechtsakzessorische oder ausnahmsweise eine faktische Betrachtungsweise geboten ist. Es muss dabei stets darauf geachtet werden, die **Grenzen des möglichen Wortsinns** einzuhalten.[109]

aa) **Faktischer Geschäftsführer oder Vorstand.** Unter einem faktischen Geschäftsführer **36**
oder Vorstand versteht man eine Ausweitung des Begriffs des vertretungsberechtigten Organs, indem man auch nicht wirksam bestellte bzw. nicht im Handelsregister eingetragene Personen als Geschäftsführer ansieht, die sich wie ein Geschäftsführer bzw. Vorstand gerieren.[110] Der Begriff des vertretungsberechtigten Organs bestimmt sich **nach tatsächlichen Kriterien.**[111] Kriterien für eine solche Stellung, die zumindest teilweise kumulativ vorliegen müssen,[112] können die Bestimmung der Unternehmenspolitik und der Unternehmensorganisation, die Einstellung und Entlassung von Mitarbeitern und die Ausstellung von Zeugnissen, die Gestaltung der Geschäftsbeziehungen zu Vertragspartnern der Gesellschaft einschließlich der Vereinbarung von Vertrags- und Zahlungsmodalitäten, die Entscheidung der Steuerangelegenheiten, die Führung von Verhandlungen mit Kreditgebern, die Steuerung der Buchhaltung und Bilanzierung sowie eine dem Geschäftsführergehalt entsprechende Vergütung sein. Außerdem muss die Tätigkeit nach außen erkennbar und auf Dauer angelegt sein.[113] Notwendig ist somit ein gewisses Nachhaltigkeitselement.[114] Dabei ist zwischen dem unwirksam bestellten faktischen Organ (Rn 37) und dem gänzlich ohne Bestellungsakt tätigen Organ (Rn 38) zu unterscheiden.

Auch der faktische Geschäftsführer oder Vorstand kann grundsätzlich tauglicher **37**
Täter des § 331 Nr. 1 HGB sein. Für ein Handeln als Vorstand bzw. Geschäftsführer kommt es dabei nicht auf die Wirksamkeit der Bestellung an,[115] so dass unstreitig ist, dass auch ein **unwirksamer Bestellungsakt** ausreichende Grundlage für die Entstehung der strafrechtlichen Pflichtenstellung bietet.[116] Die Tatsache, dass rechtliche Mängel des zivilrechtlichen Bestellungsaktes im Strafrecht unbeachtlich sind, kommt auch in § 14 Abs. 3 StGB zum Ausdruck.[117] Zudem muss der Geschäftsführer nicht notwendigerweise im Handelsregister eingetragen sein.[118] So begründet die Aufnahme der Tätigkeit vor der

---

108 Näher hierzu LK/*Dannecker* § 1 StGB Rn 205.

109 *Tiedemann* Wirtschaftsstrafrecht AT Rn 129; *Faller* DB 1972, 1757, 1759.

110 LG Münster, Az 6 Js 413/97; BGHSt 3, 32,37 f; BGH GmbHR 1955, 61; Rowedder/*Fuhrmann/Schaal* § 82 GmbHG, Rn 11; Scholz[9]/*Tiedemann* § 82 GmbHG Rn 39 ff.

111 Heymann/*Otto* Rn 8 ff; MünchKommHGB/*Quedenfeld* Rn 17 ff; *Böttger/Weinreich* Kap. 7 Rn 18.

112 Nach *Dierlamm* NStZ 1996, 153, 156, müssen 6 dieser 8 Kriterien erfüllt sein, damit eine „überragende Stellung" vorliegt; zustimmend MünchKommHGB/*Quedenfeld* Rn 26.

113 *Dierlamm* NStZ 1996, 156 f.

114 BGH v. 25.2.2002, S. 61, 69; *Strohn* DB 2011, 158, 160.

115 BGHSt 3, 32, 37 f; Hachenburg/*Kohlmann* vor § 82 GmbHG, Rn 23; Rowedder/*Fuhrmann/Schaal* § 82 GmbHG Rn 6; Scholz[9]/*Tiedemann* § 82 GmbHG Rn 39 ff; *Stein* S. 130 ff, 194 ff; zu § 83 a.F. BGHSt 6, 314, 316; für die Genossenschaft RGSt 16, 269, 270 ff; für die AG RGSt 64, 81, 84.

116 RGSt 16, 269, 271; 64, 81, 84; Scholz[9]/*Tiedemann* § 82 GmbHG Rn 41, *Schüppen* S. 146 ff, jeweils mwN.

117 GK-AktG/*Otto* § 399 Rn 22.

118 RGSt 43, 430, 431; MünchKommHGB/*Quedenfeld* Rn 21; Scholz[9]/*Tiedemann* § 82 GmbHG Rn 41; *Kratzsch* ZGR 1985, 506; *Löffeler* wistra 1989, 121, 123.

Eintragung bereits die Tätereigenschaft.[119] In Bezug auf die strafrechtliche Pflichtenstellung muss dahingehend unterschieden werden, welche Rolle der faktische Vorstand bzw. Aufsichtsrat in Bezug auf die Rechnungslegung innehatte. Angesichts der Tatsache, dass die Rechnungslegung eine ureigene Organaufgabe darstellt, die auch nachhaltige Auswirkungen auf die Unternehmensperformance hat, ist unproblematisch derjenige faktische Vorstand bzw. Aufsichtsrat für die Richtigkeit verantwortlich, der die Rechnungslegung erstellt oder an deren Auf- bzw. Feststellung aktiv mitgewirkt hat. Problematisch sind eher diejenigen Fälle, in denen ein faktisches Vorstandsmitglied neben anderen regulären Mitgliedern bestand, er jedoch nicht am Prozess der Rechnungslegung beteiligt war. Jedoch ist es dem faktischen Organ nicht möglich, sich nur bestimmte Rechte und Pflichten herauszusuchen,[120] mit der Folge, dass auch das unwirksam bestellte Vorstandsmitglied innerhalb des Kollegialorgans für die Richtigkeit und Vollständigkeit der Rechnungslegung Sorge zu tragen hat.

38 Umstritten ist jedoch, ob die tatsächliche Übernahme der Geschäftsführer- bzw. Vorstandsstellung **ohne** einen zumindest **konkludenten Bestellungsakt** ausreicht, um die Strafbarkeit zu begründen.[121] Nach einer in der Literatur vertretenen Auffassung soll der Verzicht auf einen Bestellungsakt gegen das Bestimmtheitsgebot des Art. 103 Abs. 2 GG verstoßen.[122] Auch zeige § 14 Abs. 3 StGB, dass strafrechtliche Verantwortung wenigstens ein Vertretungs- oder auch Vertragsverhältnis voraussetze, möge es auch unwirksam sein.[123] Keineswegs entspreche die herrschende Praxis hinsichtlich des faktischen Geschäftsführers dem Grundgedanken der in § 14 StGB getroffenen Regelung.[124] Demgegenüber verzichten die Rechtsprechung[125] und ein Teil der Literatur[126] auf jeglichen Bestellungsakt und sehen als faktischen Geschäftsführer auch denjenigen an, der, ohne förmlich dazu bestellt oder im Handelsregister eingetragen zu sein, die **Funktion eines Organs** einnimmt, und zwar jedenfalls dann, wenn derjenige die Gesellschaft allein bestimmt[127] oder wenn ihm eine beherrschende oder überragende Stellung zumindest innerhalb der Gesellschaft zukommt.[128] Teilweise wird bereits ein bloßes **Übergewicht in der Geschäftsführung** als ausreichend angesehen.[129] Die faktische Tätigkeit muss jedoch nicht nur zeitlich begrenzt ausgeführt werden, sondern nach außen erkennbar auf Dauer angelegt sein. Durch den Verzicht auf einen Bestellungsakt will die Rechtsprechung ungerechte Ergebnisse vermeiden,[130] die insbesondere dann auftreten, wenn die tatsächlich

---

[119] RGSt 34, 412 f; MünchKommHGB/*Quedenfeld* Rn 21.

[120] *Strohn* DB 2011, 158, 159.

[121] Zumindest konkludente Bestellung notwendig, vgl. Scholz[9]/*Tiedemann* § 82 GmbHG Rn 42; Roth/*Altmeppen* § 82 GmbHG Rn 2 iVm § 84 Rn 3 ff.

[122] Lutter/Hommelhoff/*Kleindiek* § 82 GmbHG Rn 2 iVm § 84 GmbHG Rn 6 f; Roth/*Altmeppen* § 82 GmbHG Rn 2 iVm § 84 GmbHG Rn 3 ff; HWSt-*Ransiek*, VIII 1 Rn 36; *Ransiek* Unternehmensstrafrecht, S. 92 ff; *Stein* S. 130 ff, 194 ff; *Hoyer* NStZ 1988, 368, 370.

[123] Schönke/Schröder/*Perron* § 14 StGB Rn 42/43; HWSt-*Ransiek* VIII 1 Rn 37; *Stein* S. 194 ff; kritisch dazu *Fuhrmann* FS Tröndle, S. 139, 150 f.

[124] So aber BGHSt 31, 118, 123.

[125] BGHSt 3, 32, 37; 6, 314, 315; 21, 101, 104; 28, 20, 21; 31, 118, 122; 33, 21, 24; 34, 221, 222; 34, 379, 382.

[126] Heymann/*Otto* Rn 8 ff; Müller-Gugenberger/Bieneck/*Schmid* § 30 Rn 41 ff jeweils mwN; *Cadus* S. 146 f; *Fuhrmann* FS Tröndle, S. 139 ff; *Schäfer* GmbHR 1993, 722 f.

[127] BGHSt 3, 32, 37 f; 21, 101, 104.

[128] BGHSt 31, 118, 122.

[129] BGH StV 1984, 461 mit abl. Anmerkung *Otto*.

[130] BGHSt 6, 314; 21, 101, 105; 28, 20; 34, 221; 34, 379.

zum Organ bestellten Personen bloße „Strohmänner" des „Herrschenden" sind.[131] In diesen Fällen sind neben den formell bestellten Organmitgliedern diejenigen Personen strafrechtlich verantwortlich, die im Einverständnis oder mit Duldung des für die Bestellung zuständigen Gesellschaftsorgans die tatsächliche Stellung eines Geschäftsführers mit den diesem zukommenden Funktionen und Aufgaben einnehmen. Es muss also lediglich eine **„tatsächliche Organbestellung"** in Form eines Einverständnisses der Gesellschafter[132] oder des maßgeblichen Gesellschaftsorgans vorliegen. Dies gilt jedoch nur, wenn **alle Gesellschafter** und nicht nur eine Mehrheit, die im Rahmen der Gesellschafterversammlung einen wirksamen Beschluss fassen könnten, **einverstanden** waren. Bei der Aktiengesellschaft ist das Einverständnis der **Mitglieder des Aufsichtsrats** notwendig. Nur dann ist die Situation mit derjenigen eines unwirksamen Bestellungsakts vergleichbar, um strafrechtliche Auswirkungen der faktischen Geschäftsführerstellung zu bejahen.[133] Die Verantwortlichkeit des „Strohmanns" bleibt dabei unberührt.[134]

Die Tatsache, dass **andere Personen** rechtswirksam **zu Organen bestellt** sind und **39**
umfassende Kompetenzen haben, ist grundsätzlich unerheblich;[135] eine Verdrängung des wirksam bestellten Vorstandes ist nicht notwendig, mit der Folge, dass die gesellschaftsrechtlichen Pflichten sowohl dessen Mitglieder als auch die faktischen Organe treffen.[136] Die bloße Tätigkeit neben einem förmlich bestellten Organ, das seinerseits seine Organtätigkeit tatsächlich und nicht nur nachrangig ausübt, ist jedoch ein **Indiz gegen das Vorliegen einer faktischen Organstellung.** Auch das Besetzen einzelner Geschäftsfelder unter Verdrängung des bestellten Organs, das seine sonstigen Aufgaben ausübt, begründet keine faktische Organstellung und somit keine Strafbarkeit nach § 331 Nr. 1 HGB. Auch hier muss ein Einverständnis der Gesellschafter oder des maßgeblichen Gesellschaftsorgans zum Tätigwerden des faktischen Organs vorliegen.[137]

Der **aktive Alleingesellschafter** bzw. **Mehrheitsgesellschafter** ist so lange kein faktisches Gesellschaftsorgan, wie bestellte und tatsächlich als Gesellschaftsorgan nicht nur nachrangig tätige Dritte vorhanden sind. Eine Einordnung des beherrschenden Mehrheitsgesellschafters als faktischen Geschäftsführer[138] ist dementsprechend eine unzulässige Durchbrechung des zivilrechtlichen Bestellungserfordernisses. Denn die faktische Betrachtungsweise dient lediglich dazu, Strafbarkeitslücken zu schließen.[139] Eine solche liegt jedoch nicht vor, wenn ein agierendes Gesellschaftsorgan vorhanden ist.

Die **rückwirkende Beendigung der Organstellung**, die zivilrechtlich möglich ist, lässt **40**
die **Strafbarkeit unberührt.** Wenn der Täter über den Zeitpunkt der Beendigung der Organstellung hinaus seine Aufgaben weiterhin wahrnimmt, bleibt er bis zur tatsächlichen Aufgabe seines Amts tauglicher Täter.[140] Es ist selbst dann eine Strafbarkeit nach § 331 Nr. 1 HGB möglich, wenn der Täter die Fähigkeit, Mitglied eines vertretungsberechtigten Organs zu sein, verloren hat (vgl. §§ 6 Abs. 2 GmbHG, 76 Abs. 3 AktG).[141]

---

131 Vgl. BGHSt 21, 101; RGSt 71, 112.
132 BGH wistra 1990, 60; BGHSt 31, 118; 33, 21, 24.
133 MünchKommHGB/*Quedenfeld* Rn 27; Scholz[9]/*Tiedemann* § 82 GmbHG Rn 42, § 84 GmbHG Rn 23.
134 Bertram/Brinkmann/Kessler/Müller/*Münster/Meier-Behringer* Rn 22; MünchKommHGB/*Quedenfeld* Rn 24.
135 Kritisch dazu *Kratzsch* ZGR 1985, 531 ff.
136 Vgl. zu § 30 GmbHG BGH vom 24.11.2003 – II ZR171/01, BGHZ 157, 72, 78.
137 Bertram/Brinkmann/Kessler/Müller/*Münster/Meier-Behringer* Rn 24; MünchKommHGB/*Quedenfeld* Rn 27.
138 BGHZ 65, 15.
139 MünchKommHGB/*Quedenfeld* Rn 27.
140 Heymann/*Otto* Rn 10; MünchKommHGB/*Quedenfeld* Rn 23; Scholz[9]/*Tiedemann* § 84 GmbHG Rn 25 ff.
141 MünchKommHGB/*Quedenfeld* Rn 20; *Cobet* S. 72.

41 **bb) Nicht wirksam entstandene oder noch nicht bestehende Kapitalgesellschaft.** Selbst bei einer nicht wirksam entstandenen oder nicht bestehenden Kapitalgesellschaft existieren Mitglieder des vertretungsberechtigten Organs, wenn ein solches Amt von einer natürlichen Person tatsächlich ausgeübt wird. Auch die Tatsache, dass die Gesellschaft nicht existiert, ist ohne Relevanz.[142] Entscheidend ist, dass der Geschäftsführer oder Vorstand **sein Amt tatsächlich wahrnimmt.**[143]

42 **2. Aus mehreren Personen bestehende vertretungsberechtigte Organe.** Sind mehrere Mitglieder des vertretungsberechtigten Organs bestellt, so kommt das einzelne Mitglied auch dann als Täter in Betracht, wenn die Gesellschaft nur durch mehrere oder die Gesamtheit aller Mitglieder vertreten werden kann.[144] Es gilt auch hier das **Prinzip der Gesamtverantwortung des Vorstandes**, so dass die interne Ressortzuständigkeit des Handelnden strafrechtlich ohne Bedeutung ist.[145] Wenn die Aufstellung der Rechnungslegung auf einem Mehrheitsbeschluss der Geschäftsführer beruht, beseitigt eine abweichende Stimmabgabe allein die Strafbarkeit noch nicht;[146] vielmehr ist zusätzlich die Information der Gesellschafterversammlung, gegebenenfalls des Abschlussprüfers und des Aufsichtsrats, erforderlich.[147] Wenn erst die Feststellung durch die Gesellschafterversammlung nach §§ 46 Nr. 1, 42a Abs. 2 GmbHG zur unrichtigen Darstellung oder Verschleierung führt, wird die Täterschaft der Geschäftsführer erst durch die in § 245 HGB vorgeschriebene Unterzeichnung, durch die Mitwirkung an der Offenlegung nach §§ 325 ff HGB oder durch eine sonstige Mitteilung der Unterlagen begründet.[148] Dabei muss jedem Einzelnen die Tathandlung und zumindest Eventualvorsatz nachgewiesen werden, wenn er als (Allein- oder Mit-)Täter belangt werden soll.

II. Gegenstand der Tathandlung

43 **1. Mittel der Darstellung.** § 331 Nr. 1 HGB betrifft die unrichtige Wiedergabe oder Verschleierung der Verhältnisse in der **Eröffnungsbilanz** (§ 242 Abs. 1 HGB), im **Jahresabschluss** (Jahresabschlussbilanz und Gewinn- und Verlustrechnung (GuV) und ggf. Anhang) und aus Kapitalflussrechnung, Eigenkapitalspiegel und u.U. Segmentsberichterstattung für kapitalmarktorientierte, nicht konzernrechnungslegungspflichtige Unter-

---

[142] RGSt 43, 407, 410, 413 ff.

[143] BGHSt 3, 37 f; BGH GmbHR 1955, 61; BGH bei Herlan GA 1971, 36 und bei Holtz MDR 1980, 453; Rowedder/*Fuhrmann*/*Schaal* § 82 GmbHG Rn 11; Scholz[9]/*Tiedemann* § 82 GmbHG Rn 41; *Kratzsch* ZGR 1985, 532; *Montag* S. 11 ff.

[144] MünchKommHGB/*Quedenfeld* Rn 28; MünchKommStGB/*Sorgenfrei* Rn 29; HWSt-*Ransiek* VIII 1 Rn 39 f; *Ziemann* wistra 2008, 292, 293.

[145] RGSt 13, 235; BGHSt 31, 264, 277; 36, 106, 123 ff; BGH wistra 1990, 97, 98; Heymann/*Otto* Rn 7; MünchKommHGB/*Quedenfeld* Rn 28; MünchKommStGB/*Sorgenfrei* Rn 29; *Knierim* in Volk § 25 Rn 77 ff; HWSt-*Ransiek* VIII 1 Rn 39 ff; Blumers/Frick/Müller/*Dannecker* Betriebsprüfungshandbuch Rn 642; *Schmedding* S. 76; *Maul* MDR 1989, 185, 188.

[146] MünchKommHGB/*Quedenfeld* Rn 29; MünchKommStGB/*Sorgenfrei* Rn 29; *Maier* Bonner Handbuch Rn 13; *Arnhold* S. 156 f.

[147] Baumbach/Hueck[18]/*Schulze-Osterloh*/*Servatius* Anh. § 82 GmbHG Rn 8; vgl. auch MünchKommHGB/*Quedenfeld* Rn 29; MünchKommStGB/*Sorgenfrei* Rn 29; HWSt-*Ransiek* VIII 1 Rn 39 ff.

[148] Baumbach/Hueck[18]/*Schulze-Osterloh*/*Servatius* Anh. § 82 GmbHG Rn 8.

nehmen (§ 264d HGB), im **Lagebericht** (§§ 264 Abs. 1, 289,[149] 289a HGB[150]), der nur für mittelgroße und große Kapitalgesellschaften (§ 267 HGB), nicht aber für die kleine Kapitalgesellschaft zwingend vorgeschrieben ist, und im **Zwischenabschluss bei Kreditinstituten** (§ 340a Abs. 3 HGB);[151] andere Zwischenabschlüsse, z.B. solche nach § 299 HGB, werden nicht erfasst.[152] Die GuV bildet nach § 242 Abs. 3 HGB zusammen mit der Bilanz den Jahresabschluss.

Die **Eröffnungsbilanz** ist zu Beginn der Geschäftstätigkeit aufzustellen; dies ist frühestens der Tag der Errichtung der Gesellschaft. Dieser Grundsatz gilt auch für Kapitalgesellschaften. **43a**

Die **Jahresabschlussbilanz** gibt Rechenschaft über die Ertrags- und Finanzlage im abgelaufenen Geschäftsjahr und dient ebenfalls der nominellen Kapitalerhaltung. Von diesen beiden Zwecken hat keiner Vorrang vor dem anderen; der Gesetzgeber hat vielmehr einen Interessenausgleich zwischen den verschiedenen am Jahresabschluss interessierten Gruppen (Gesellschaftern, (potenziellen) Investoren, Gläubigern und Arbeitnehmern) angestrebt. Dies bedeutet, dass der Jahresabschluss durch die ausgewogene Gewichtung der Zwecke einem relativierten Schutz aller Adressaten dient.[153] **44**

Gemäß § 242 Abs. 2 HGB hat jeder buchführungspflichtige Kaufmann neben der Bilanz eine Gegenüberstellung der Aufwendungen und Erträge des Geschäftsjahres, die **Gewinn- und Verlustrechnung**, aufzustellen. In der GuV wird der Erfolg als Saldo aus Erträgen und Aufwendungen des Geschäftsjahres ermittelt; sie ist also eine auf eine bestimmte Periode bezogene Zeitraumsrechnung, die die Ertragslage darstellen und eine Analyse der Erfolgskomponenten ermöglichen soll. Während die Informationen zur Darstellung der Vermögens- und Finanzlage vor allem in der Bilanz enthalten sind, muss die GuV diejenigen Informationen bereitstellen, die zur Darstellung der Ertragslage erforderlich sind. Beide Rechnungslegungsinstrumente stehen gleichrangig nebeneinander. **45**

Problematisch ist, ob auch der **Anhang zum Jahresabschluss** gehört, der – ebenso wie der Jahresabschluss – dazu beitragen soll, ein den tatsächlichen Verhältnissen entsprechendes Bild vom Geschäftsverlauf und der Lage der Kapitalgesellschaft zu vermitteln (§ 289 Abs. 1 HGB). In der Legaldefinition des § 242 Abs. 3 HGB wird der Anhang zwar nicht genannt; jedoch sieht § 264 Abs. 1 Satz 1 HGB vor, dass der Anhang den Jahresabschluss erweitert und diese eine Einheit bilden. Wendet man also die Legaldefinition des § 242 HGB konsequent an und beruft sich auf eine enge Auslegung des Wortes „erweitern", so ist der Anhang begrifflich nicht vom Jahresabschluss umfasst. Entscheidend bleibt jedoch die *ratio legis*, die für eine Einbeziehung des Anhangs in den strafrechtlichen Schutz spricht.[154] Durch den Jahresabschluss sollen die Verhältnisse der Ge- **46**

---

149 Gemäß § 289 HGB i.d.F. des BilMoG sieht Erweiterungen des Inhalts des Lageberichts für kapitalmarktorientierte und börsennotierte Kapitalgesellschaften vor; nach § 289 Abs. 5 HGB sind die wesentlichen Merkmale des internen Kontroll- und des internen Risikomanagementsystems im Hinblick auf den Rechnungslegungsprozess zu beschreiben.

150 § 289a HGB fordert von börsennotierten Aktiengesellschaften sowie von Aktiengesellschaften, die ausschließlich andere Wertpapiere als Akten zum Handel an einem organisierten Markt im Sinne des § 2 Abs. 5 WpHG ausgegeben haben, eine Erklärung zur Unternehmensführung im Lagebericht. Diese Erklärung bildet einen gesonderten Abschnitt des Lageberichts.

151 BeckBilKomm/*Kozikowski/Gutman* Rn 19; MünchKommHGB/*Quedenfeld* Rn 55; MünchKommStGB/*Sorgenfrei* Rn 43.

152 BeckBilKomm/*Kozikowski/Gutman* Rn 19; MünchKommStGB/*Sorgenfrei* Rn 43.

153 *Baetge/Kirsch/Thiele* Bilanzen, S. 102 f.

154 Baumbach/Hueck[18]/*Schulze-Osterloh/Servatius* Anh. § 82 GmbHG Rn 4; Heymann/*Otto* Rn 20.

sellschaft möglichst den tatsächlichen Verhältnissen entsprechend dargestellt werden. Teilweise ist es jedoch nicht möglich, allein aus der Bilanz die notwendigen Rückschlüsse zu ziehen, so dass der Anhang für das Verständnis zahlreicher Bilanzpositionen Bedeutung gewinnt. Daher sind der Inhalt der Bilanz und der Gewinn- und Verlustrechnung grundsätzlich so zu verstehen, wie es sich aus diesen im Zusammenhang mit den Erläuterungen des Anhangs ergibt. Soweit fehlerhafte Angaben im Anhang die Richtigkeit und Vollständigkeit der Bilanz oder der Gewinn- und Verlustrechnung ausnahmsweise nicht beeinflussen und nicht zu einer wesentlichen Verfälschung führen, können sie im Wege der teleologischen Reduktion aus dem Anwendungsbereich des § 331 HGB ausgenommen werden.[155] Hierfür spricht auch, dass Art. 2 Abs. 1 der vierten EG-Bilanzrichtlinie den Jahresabschluss aus Bilanz, Gewinn- und Verlustrechung und Anhang bestehend definiert.[156] Da § 331 HGB an das harmonisierte Bilanzrecht anknüpft, ist dieser Straftatbestand richtlinienkonform (dazu Vor § 331 Rn 161 ff) auszulegen. Die Intention der Richtlinie würde verfehlt, wenn der Anhang nicht in den Jahresabschluss mit einbezogen würde, da nach den gemeinschaftsrechtlichen Vorgaben ein Jahresabschluss der Kapitalgesellschaft nur mit Anhang existiert. Diese Auslegung verstößt auch nicht gegen die Wortlautgrenze (Art. 103 Abs. 2 GG),[157] da § 331 HGB nicht ausdrücklich auf § 242 Abs. 3 HGB verweist. Daher kann § 264 Abs. 1 HGB zur Auslegung des Begriffs des Jahresabschlusses mit herangezogen und eine extensive Interpretation gewählt werden.

47 Mittelgroße und große Kapitalgesellschaften müssen gemäß § 264 Abs. 1 Satz 1 und 4 HGB zusätzlich einen **Lagebericht** erstellen. Im Lagebericht muss nach § 289 HGB der Geschäftsverlauf einschließlich des Geschäftsergebnisses und die Lage der Kapitalgesellschaft so dargestellt werden, dass ein den tatsächlichen Verhältnissen entsprechendes Bild vermittelt wird. Lagebericht und Jahresabschluss sind zwar je eigenständige Rechungslegungsinstrumente; gleichwohl sind sie inhaltlich nicht voneinander unabhängig, denn im Lagebericht verdichten sich die Jahresabschlussinformationen. Dies kommt in der im Jahresabschluss abgebildeten Vermögens-, Finanz- und Ertragslage zur Gesamtlage des Unternehmens zum Ausdruck. Dadurch wird der Jahresabschluss zeitlich und sachlich durch Prognosen und Nachtragsinformationen (über Sachverhalte zwischen Bilanzstichtag und Bilanzerstellungstag) und durch die Berichterstattung über die gesamte Lage des Unternehmens ergänzt. Die Anforderungen an die Lageberichterstattung bestimmen sich nach §§ 289, 315 HGB. Zudem muss die Unternehmensführung nach § 289a HGB im Lagebericht eine **Erklärung zur Unternehmensführung** abgeben. Da die gesetzlichen Regelungen die Anforderungen an den **Konzernlagebericht** nicht hinreichend konkretisieren, hat der Deutsche Standardisierungsrat (DSR) diesbezügliche Deutsche Rechnungslegungs Standards (DRS) verabschiedet (Rn 138, 143). Die vom DSR verfassten und vom BMJ veröffentlichten DRS sind prinzipiell für Konzerne bestimmt, enthalten jedoch teilweise auch Empfehlungen für die Rechnungslegung und Berichterstattung im Einzelabschluss und sind somit auch für die Erstellung von Einzelabschlüsse relevant. Die IAS/IFRS kennen den Lagebericht als Berichtsinstrument nicht. Folgerichtig spricht auch § 325 Abs. 2a Satz 4 HGB von einem Lagebericht nach § 289 HGB, der allerdings in dem erforderlichen Umfang auch auf den Abschluss nach internationalen Rechnungslegungsstandards Bezug nehmen muss, so dass die Verpflichtung zur Aufstellung Folge der deutschen Rechtsnormen ist und der Einzelabschluss nur an Stelle des Jahresabschlus-

155 Baumbach/Hueck[18]/*Schulze-Osterloh*/*Servatius* Anh. § 82 GmbHG Rn 4; Heymann/*Otto* Rn 20; vgl. auch *Cobet* S. 50 ff sowie *Schüppen* S. 169 ff.

156 *Schüppen* S. 197.

157 So aber *Heise* S. 175 f.

ses, nicht hingegen des Lageberichts tritt (§ 325 Abs. 2a Satz 1 HGB). Wenn ein solcher Lagebericht unrichtig ist, bestimmt sich die Strafbarkeit nach § 331 Abs. 1 Nr. 1 HGB und nicht nach § 331 Nr. 1a HGB (Rn 98).

2. Verhältnisse der Kapitalgesellschaft. Gegenstand der Darstellung sind die Verhält- **48**
nisse der Gesellschaft, soweit sie in der Rechnungslegung, insbesondere in der Eröffnungsbilanz, dem Jahresabschluss und dem Lagebericht zum Ausdruck kommen. Der Begriff der Verhältnisse ist weit gefasst, ist jedoch inhaltlich noch hinreichend bestimmt im Sinne des Art. 103 Abs. 2 GG (Rn 17).[158] Unter den Verhältnissen der Kapitalgesellschaft werden **alle wirtschaftlichen, sozialen und politischen Umstände**, d.h. Tatsachen, Vorgänge, Daten und Schlussfolgerungen verstanden, die für die Beurteilung der gegenwärtigen Lage und – wegen der Einbeziehung des Lageberichts (Rn 47) – auch der voraussichtlichen Entwicklung der Gesellschaft tatsächlich von Bedeutung sind.[159]

Der Gesetzgeber hat den Begriff der Verhältnisse – in Anlehnung an § 400 AktG – **49**
nicht auf „wirtschaftliche Verhältnisse" oder – wie in § 82 Abs. 2 Nr. 2 GmbHG[160] – die „Vermögenslage" beschränkt. Hierin kommt zum Ausdruck, dass nicht nur die Interessen der Gläubiger geschützt werden sollen, sondern auch diejenigen der Gesellschafter und letztlich auch diejenigen der Öffentlichkeit und damit des Vertrauens in die Richtigkeit des Jahresabschlusses.[161] Daher sind als Verhältnisse sämtliche **Umstände** anzusehen, **die für die Einschätzung der Lage, der Funktion, des Erscheinungsbildes oder der Entwicklung der Gesellschaft durch Gläubiger, Eigen- oder Fremdkapitalgeber erheblich sein können.**[162] Sie können das Gesamtbild des Unternehmens oder Einzelelemente betreffen[163] und sich dabei auf die Vergangenheit, Gegenwart oder Zukunft bzw. eine Kombination aus Vergangenheit, Gegenwart und Zukunft beziehen.[164] Hierzu zählen die Zuordnung und Bewertung der Bilanzposten, die Ertragsrealisation, Inhalt und Gliederung der Abschlussbestandteile und ihrer Einzelposten, die Vollständigkeit und Richtigkeit der Angaben im Anhang und der Darstellungen im Lagebericht,[165] die Anwendung der neuen Bilanzbestimmungen und die Beachtung der Übergangsregeln.[166] Durch die Änderungen des BilReG (Vor §§ 331 ff Rn 49 ff) und des BilMoG (Vor §§ 331 ff Rn 78 ff) müssen bei großen Kapitalgesellschaften die Angaben des Lageberichts neben den finanziellen Leistungsindikatoren (§ 289 Abs. 1 Satz 3 HGB) nun auch nichtfinanzielle Leistungsindikatoren wie Kundenstamm, Humankapital, Forschung und Entwicklung sowie

[158] BVerfG WM 2006, 1839 m. krit. Anm. Kutzner WuB 2007, 105 ff; MünchKomm-HGB/*Quedenfeld* Rn 48; MünchKomm-StGB/*Sorgenfrei* Rn 46; aA *Bücklers* S. 112 ff, 119.

[159] So die hM in Weiterführung der Rechtsprechung des Reichsgerichts (RGSt 66, 426 mwN), vgl. Heymann/*Otto* Rn 22; Leffson/Rückle/Großfeld/*Weber* S. 321; MünchKommHGB/*Quedenfeld* Rn 48; MünchKommStGB/*Sorgenfrei* Rn 47; *Wittig* Wirtschaftsstrafrecht, § 29 Rn 18; *Arnhold* S. 19 ff; *Gramich* wistra 1987, 157, 158 f; *Stahlschmidt* StuB 2003, 107, 109; enger: BeckBilKomm/*Kozikowski/H. P. Huber* Rn 17: Vermögens-, Finanz- und Ertragslage.

[160] Dazu *Dannecker* in Michalski § 82 GmbHG Rn 231 ff.

[161] BeckBilKomm/*Kozikowski/Gutman* Rn 17.

[162] BeckBilKomm/*Kozikowski/Gutman* Rn 16; MünchKommStGB/*Sorgenfrei* Rn 47; *Bücklers* S. 100 ff.

[163] RGSt 21, 172, 173; BVerfG NJW-RR 2006, 1627, 1628.

[164] MünchKommHGB/*Quedenfeld* Rn 48; MünchKommStGB/*Sorgenfrei* Rn 47; *Weber* Handwörterbuch, S. 321 f; *Rodewald* BB 2001, 2155 ff.

[165] MünchKommStGB/*Sorgenfrei* Rn 48.

[166] Dazu *Bongertz* S. 237; *Scheffler* IRZ 2006, 13, 18.

Umwelt- und Arbeitnehmerbelange umfassen (vgl. § 289 Abs. 3 HGB).[167] Unter der Geltung des Art. 103 Abs. 2 GG ist jedoch eine **restriktive Auslegung** geboten und der Begriff der Verhältnisse auf solche Umstände zu beschränken, die als Beurteilungsfaktoren für die Einschätzung der Lage, der Funktion, des Erscheinungsbildes oder der Entwicklung der Gesellschaft erheblich sein können.[168] Hierzu gehören auch die Beziehungen zu verbundenen Unternehmen (§ 15 AktG, 51a Abs. 2 GmbHG), unabhängig davon, ob eine Verpflichtung zur Konzernrechnungslegung besteht.[169] Hierüber ist deshalb zu berichten.[170] Sonstige Umstände, die von vornherein für die Einschätzung der wirtschaftlichen Lage und des Erscheinungsbildes der Gesellschaft irrelevant sind, erfasst der Tatbestand nicht.[171] Weiterhin müssen veruntreuende Handlungen oder andere begangene Straftaten in die Rechnungslegung aufgenommen werden. So ist diese unrichtig, wenn sie als „erfreulich" bezeichnet wird, obwohl massive Veruntreuungen, Steuerhinterziehungen oder sonstige Delikte begangen worden sind.[172]

50 Angaben, die gemäß **§ 286 HGB** nicht der Berichterstattungspflicht unterliegen, müssen auch im Lagebericht nicht erwähnt werden.[173] Über Tatsachen, die im Interesse des Staatsschutzes nicht offengelegt werden dürfen, darf auch nicht berichtet werden. Über Tatsachen, die im Interesse des Unternehmens keiner Berichtspflicht unterliegen, muss nicht berichtet werden, wohl aber darf hierüber berichtet werden. Wenn freiwillige Angaben gemacht werden, müssen diese richtig sein (Rn 65); ansonsten liegt ein strafbares Verhalten vor.

III. Tathandlungen

51 Als Tathandlungen nennt § 331 Nr. 1 HGB die **unrichtige Wiedergabe** und die **Verschleierung der Verhältnisse der Kapitalgesellschaft**, die als gleichrangige Tathandlungen normiert sind.[174] § 331 Nr. 1 HGB ist nach Auffassung des BVerfG hinreichend bestimmt und deshalb mit Art. 103 Abs. 2 GG vereinbar (Rn 17).[175] Die Abgrenzung zwischen den beiden Tathandlungen erfolgt danach, ob die **Bilanzwahrheit** oder die

---

[167] Vgl. Begr RegE BilMoG, BT-Drucks. 16/10067, S. 77.

[168] Vgl. bereits RGSt 29, 305, 308; RGSt 49, 358, 363; BGHSt 30, 285, 286 ff (zu § 265 b StGB); OLG Frankfurt/M., NStZ-RR 2002, 275, 276; OLG Frankfurt/M., DB 2007, 1913, 1914; OLG Frankfurt/M., DB 2009, 333; Baumbach/Hueck[18]/*Schulze-Osterloh/Servatius* Anh. § 82 GmbHG Rn 5; BeckBilKomm/*Kozikowski/Gutman* Rn 16; Heymann/*Otto* Rn 22; Hopt/Wiedemann/*Otto* § 400 AktG Rn 29 a.E.; MünchKommHGB/*Quedenfeld* Vor § 331 Rn 40; § 331 Rn 49; *Knierim* in Volk § 25 Rn 94, 127 ff; *Arnhold* Fn 73, S. 27, 55 ff; *Bongertz* Fn 10, S. 238; *Schmedding* Fn 15, S. 122; *Schüppen* Fn 7, S. 167 mwN; *Sorgenfrei* PiR 2006, 38, 40; enger Erbs/Kohlhaas/*Schaal* § 400 AktG Rn 13; *Kiethe* NStZ 2004, 73, 74 (zu § 400 AktG); *Scheffler* IRZ 2006, 13, 18.

[169] BeckBilKomm/*Kozikowski/Gutman* Rn 16; MünchKommStGB/*Sorgenfrei* Rn 48; enger: Baumbach/Hueck[18]/*Schulze-Osterloh/Servatius* Anh. § 82 GmbHG Rn 5.

[170] Ausschussbericht, BT-Drucks. 10/4268, S. 122; *Biener/Berneke* S. 470; Baumbach/Hueck[18]/*Schulze-Osterloh/Servatius* Anh. § 82 GmbHG Rn 5; Heymann/*Otto* Rn 21; *Maier* Bonner Handbuch Rn 4.

[171] Baumbach/Hueck[18]/*Schulze-Osterloh/Servatius* Anh. § 82 GmbHG Rn 5.

[172] Vgl. *Tiedemann* GmbH vor § 81 Rn 78.

[173] *Tiedemann* Artikel Bilanzstrafrecht, S. 6.

[174] BeckBilKomm/*Kozikowski/Gutman* Rn 10; MünchKommHGB/*Quedenfeld* Rn 40; MünchKommStGB/*Sorgenfrei* Rn 42.

[175] BVerfG WM 2006, 1839 m. abl. Anm. *Kutzner* WuB 2007, 105; BVerfG, wistra 2006, 465; zustimmend MünchKommStGB/*Sorgenfrei* Rn 42.

Bilanzklarheit verletzt wird (Rn 73). **Klassische Fälle**, die in den Anwendungsbereich des § 331 Nr. 1 HGB fallen und bereits Gegenstand reichsgerichtlicher Entscheidungen waren, sind die falsche Bewertung von Außenständen, die Aufnahme von fremden, der Gesellschaft nicht gehörenden Gegenständen sowie die Nichtaufnahme von Vermögensgegenständen oder Schulden in die Bilanz.[176]

1. Unrichtige Wiedergabe

a) **Unrichtigkeit der Angaben.** Die Verhältnisse der Kapitalgesellschaft werden unrichtig wiedergegeben, wenn die dargestellte wirtschaftliche Situation der in Wirklichkeit bestehenden Sachlage nicht entspricht, weil z.B. fiktive Posten eingestellt, falsche Bezeichnungen gewählt, Überbewertungen vorgenommen oder bestimmte Posten weggelassen werden.[177] Den Maßstab bilden die konkreten Rechungslegungsnormen und die Grundsätze ordnungsmäßiger Buchführung (GoB).[178] Maßgeblich sind also **objektive Faktoren.**[179] Der Inhalt der Erklärung ist nach dem **Empfängerhorizont** auszulegen,[180] wobei entscheidend das Verständnis eines **bilanzkundigen Lesers** ist.[181] Dabei ist irrelevant, ob sich aus den Angaben eine zu günstige oder zu ungünstige Darstellung der Vermögensverhältnisse ergibt.[182] Ergebnisneutrale Falschdarstellungen können hingegen nur über die Variante der Verschleierung erfasst werden. 52

Typische Beispielsfälle für unrichtige Angaben sind die Aufnahme fremder Vermögensgegenstände, die Nichtaufnahme der Gesellschaft gehörender Vermögensgegenstände oder gegen die Gesellschaft bestehender Forderungen in die Bilanz sowie Manipulationen des Warenbestandes. Weiterhin sind die Erfassung und Bewertung von Halbfertigprodukten, die Aktivierung immaterieller Vermögensgegenstände und die unzutreffende Vornahme von Wertberichtigungen zu nennen. Eine Unrichtigkeit oder Unvollständigkeit liegt insbesondere dann vor, wenn Pflichtangaben im Anhang nach §§ 284, 285 HGB oder im Lagebericht nach § 289 HGB fehlen oder wenn Posten in der Bilanz oder der GuV nicht vorhanden sind.[183] Erforderlich ist jedoch stets, dass von der lückenhaften Darstellung ein **Täuschungseffekt** ausgehen kann.[184] Deshalb ist bei fehlenden Pflichtangaben im Anhang eine differenzierende Sicht erforderlich: Werden beispielsweise die angewandten Bilanzierungs- und Bewertungsmethoden nach § 284 Abs. 2 Nr. 1 HGB im Anhang nicht angegeben, so liegt darin keine unzutreffende Aussage, wenn die üblichen Methoden verwendet worden sind, da es an einem Täuschungseffekt mangelt. Nur ausnahmsweise müssen Bewertungsmethoden im Anhang spezifiziert werden, wenn nach einer Mindermeinung und entgegen der handelsüblichen Methoden bilanziert und der Eindruck erweckt wird, es handele sich um die gebräuchlichen. Angegeben werden müs- 53

---

176 RGSt 36, 436 ff; 37, 433 ff; 38, 1 ff; 41, 293 ff; 43, 407 ff; 62, 357 ff; 64, 422 ff; 67, 349 ff; vgl. auch *Marker* S. 27 f.

177 Eingehend dazu *Nelles* S. 30 ff.

178 Küting/Weber/*Pfennig* Rn 7; MünchKomm-HGB/*Quedenfeld* Rn 42; MünchKomm-StGB/*Sorgenfrei* Rn 49.

179 BeckBilKomm/*Kozikowski/Gutman* Rn 11; Erbs/Kohlhaas/*Schaal* § 400 AktG Rn 28; § 82 GmbHG Rn 10; Heymann/*Otto*, § 331 Rn 25; MünchKommHGB/*Quedenfeld* Rn 41.

180 Heymann/*Otto* Rn 25.

181 RGSt 68, 346, 349; KK-AktG/*Geilen* § 400 AktG Rn 40; *Klussmann* S. 51 f; Scholz[9]/*Tiedemann* § 82 GmbHG Rn 154.

182 RG JW 1930, 2709, 2710; Scholz[9]/*Tiedemann* vor § 82 GmbHG Rn 74; kritisch *Mekat* S. 321 ff, 355 f.

183 BeckBilKomm/*Kozikowski/Gutman* Rn 14.

184 Geßler/Hefermehl/Eckardt/Kropff/*Fuhrmann* § 400 AktG Rn 21; zustimmend BeckBilKomm/*Kozikowski/Gutman* Rn 14.

sen ebenfalls Abweichungen von den bisherigen Bilanzierungs- und Bewertungsmethoden (§ 284 Abs. 2 Nr. 3 HGB), da sonst der falsche Eindruck erweckt wird, dass keine Abweichungen von den bisherigen Bilanzierungs- und Bewertungsmethoden gegeben sind[185] und somit ein Widerspruch zum Grundsatz der Bilanzstetigkeit (§ 252 Abs. 1 Nr. 6 HGB) entsteht. Jedoch führt das Weglassen von Angaben, über die im Interesse des Staates oder des Unternehmens nicht Bericht zu erstatten ist, nicht zur Unvollständigkeit der Wiedergabe (§ 286 Abs. 1, 3–5 HGB). Wenn allerdings über solche Umstände freiwillig berichtet wird, müssen die Angaben richtig sein (Rn 65).

54 aa) **Verstöße gegen den Grundsatz des true and fair view.** Nach der **Generalnorm des § 264 Abs. 2 Satz 1 HGB** muss der Jahresabschluss ein den tatsächlichen Verhältnissen entsprechendes Bild der Vermögens-, Finanz- und Ertragslage vermitteln. Dem Grundsatz des true and fair view wurde im Laufe des Gesetzgebungsverfahrens durch das BilMoG erhebliche Bedeutung beigemessen – trotz erheblicher Korrekturen anlässlich der Erfahrungen in der Finanzkrise 2008 in Bezug auf die „fair value"-Bewertung – um so die Informationsfunktion des handelsrechtlichen Jahresabschlusses weiter aufzuwerten (§ 255 Abs. 4 HGB).[186] Dadurch soll angelehnt an IAS 32.11 und 39.9 ein möglichst wirklichkeitsgetreues Bild des Unternehmens vermittelt und die Aussagekraft des handelsrechtlichen Jahresabschlusses verbessert werden.[187] Problematisch daran ist jedoch, dass bei der Bewertung der einzelnen Posten (beispielsweise im Bankwesen) nicht mehr auf die in der HGB-Bilanz üblichen Anschaffungs- und Herstellungskosten, sondern auf verschiedenartige Werte, z.B. Marktwerte (fair value), abgestellt werden kann. Zwar müssen diese Methoden bilanzeinheitlich angewendet und im Anhang (§ 284 Abs. 1, 3 HGB) erläutert werden, jedoch eröffnet sich dadurch ein weiter Spielraum für die Bewertung der einzelnen Position. Zusätzliche Ansatzwahlrechte (z.B. in Bezug auf selbst erstellte immaterielle Vermögensgegenstände oder den Ausweis aktiver latenter Steuern) führen ebenfalls zu größeren Freiheiten in der Bewertung der Bilanz. Dadurch kann der Informationsgehalt verringert werden.[188] Insgesamt sind die **Bewertungsgrundlagen im Anhang aufzuschlüsseln**, so dass dieser durch die Neuerungen an erheblicher Bedeutung für die Beurteilung der Bilanz gewinnt.[189] Auch aus strafrechtlicher Sicht ist nun insbesondere bei IFRS-Abschlüssen notwendigerweise das Augenmerk auf den Jahresabschluss als Ganzes zu richten, um die Unrichtigkeit im Sinne des § 331 Nr. 1a HGB zu beurteilen. Die neuen Regeln sind ab dem 1.1.2010 verpflichtend, konnten jedoch schon freiwillig, allerdings nur im Gesamten, für den Abschluss 2009 verwendet werden.

55 Für nach dem 31.12.2004 beginnende Geschäftsjahre wurden die **Angabepflichten im Lagebericht** erheblich erweitert, um ein den tatsächlichen Verhältnissen entsprechendes Bild über die Lage der Gesellschaft abzubilden und so dem Grundsatz des true and fair view zu entsprechen. Nach **§ 289 Abs. 1 Satz 1 HGB** ist eine **ausgewogene und umfassende**, dem Umfang und der Komplexität der Geschäftstätigkeit entsprechende **Analyse des Geschäftsverlaufs und der Lage der Gesellschaft** aufzustellen, wobei in die Analyse die für die Geschäftstätigkeit bedeutsamsten Geschäfte einzubeziehen und unter Bezugnahme auf die im Jahresabschluss ausgewiesenen Beträge und Angaben sowie die voraussichtliche Entwicklung mit ihren wesentlichen Chancen und Risiken zu beurteilen und zu erläutern sind. Dabei sind die zugrunde liegenden Annahmen anzugeben, um eine Nach-

---

185 BeckBilKomm/*Kozikowski*/*Gutman* Rn 14.

186 *Lorson* in Küting/Pfitzer/Weber, S. 1, 6; Herzig, DB 2008, 1 (1).

187 BMJ, Eckpunkte der Reform, S. 1.

188 *Steiner*/*Gross* StuB 2004, 551, 558.

189 Küting/Pfitzer/Weber/*Küting*/*Boecker* S. 529, 532 ff, 554.

prüfbarkeit und Konsistenz der Rechnungslegung zu gewährleisten. Große Kapitalgesellschaften haben auch nichtfinanzielle Leistungsindikatoren einzubeziehen (Rn 49).[190] Ebenfalls muss der **Lagebericht** auf Vorgänge von besonderer Bedeutung eingehen, die nach dem Schluss des Geschäftsjahres eintreten sowie auf Risikomanagementziele und -methoden, auf Preisänderungs- und Ausfallrisiken sowie auf Risiken aus Zahlungsstromschwankungen.[191] Der durch das BilMoG neu eingefügte **§ 289a HGB** verlangt zusätzlich für **börsennotierte Gesellschaften eine Erklärung zur Unternehmensführung**, die nach § 289a Abs. 2 HGB die sog. **Corporate Governance-Erklärung** (§ 161 AktG), Angaben zu Unternehmensführungspraktiken und die Beschreibung der Arbeitsweise von Vorstand, Aufsichtsrat und Ausschüssen beinhalten muss. Diese Ausweitung führt gerade bei Zweifelsfragen dazu, dass (noch) vertretbare Einzelbewertungen, die jedoch insgesamt ein bewusst falsches Gesamtbild vermitteln, wegen Verschleierung nicht mehr zulässig sind, wenn ein bilanzkundiger Leser den Angaben eine andere Bedeutung zumessen muss und keine ergänzenden Erläuterungen im Anhang oder der Lagebericht gemacht worden sind. Fehlen solche Ausführungen, so ist der Anhang oder Lagebericht unrichtig (vgl. z.B. § 285 Satz 1 Nr. 3, 3a HGB zu notwendigen Angaben im Anhang bei außerbilanziellen Geschäften und sonstigen nicht in der Bilanz enthaltenen finanziellen Verpflichtungen).[192] Wenn die Information bereits auf der Internetseite der Gesellschaft veröffentlicht wurde, genügt ein Verweis auf diese Seite. Für die Strafbarkeit reicht es jedoch nicht aus, wenn allein die im Internet veröffentlichten Angaben unrichtig sind. Nur wenn die Ausführungen im Lagebericht selbst unzutreffend sind, liegen die Voraussetzungen des § 331 HGB vor.

bb) Verdeckte Gewinnausschüttungen. In diesem Zusammenhang stellt sich auch das **56** Problem der handelsrechtlichen Bilanzierung verdeckter Gewinnausschüttungen. Im Gegensatz zur steuerrechtlichen Unwirksamkeit können die der verdeckten Gewinnausschüttung zugrunde liegenden Geschäfte zivilrechtlich wirksam sein. Zu trennen ist dabei zwischen den Gesellschaftsformen. Bei einer Aktiengesellschaft sind Ausschüttungen des Gesellschaftsvermögens nach § 57 AktG unzulässig. Bei der GmbH muss unterschieden werden, ob die Ausschüttung von allen Gesellschaftern gebilligt wurde. Darunter fällt meist ein zu hohes **Gesellschafter-Geschäftsführer-Gehalt**, so dass dessen Auszahlung nicht zu einer falschen Bilanz führt, wenn dieses in ganzer Höhe aktiviert wurde. Falls die verdeckte Gewinnausschüttung unter Umgehung des Innenverhältnisses erfolgt ist, existiert ein Rückgewähranspruch bzw. Schadensersatzanspruch, der bilanziert werden muss.[193] Dabei muss zwischen dem Jahr der ursprünglichen verdeckten Gewinnausschüttung und den darauf folgenden Jahren unterschieden werden. Eine verdeckte Gewinnausschüttung ist bilanzrechtlich immer dann relevant, wenn ein zu buchender Vorgang entweder nicht oder auf ein falsches Konto gebucht wurde, wenn und soweit der Jahresabschluss dadurch falsch wird. Beispielsweise wird eine verdeckte Gewinnausschüttung durch den Kauf eines Wirtschaftsguts von einem Gesellschafter zu einem überhöhten Preis oder den Verkauf an einen Gesellschafter zu einem zu niedrigen Preis meist voll-

---

190 Vgl. Erwägungsgrund (9) der sog. Modernisierungsrichtlinie Vor §§ 331 ff Rn 19; Begr RegE BilReG, BT-Drucks. 15/3419, S. 30; Deutscher Rechnungslegungs Standard DRS 15, abrufbar unter www.drsc.de; *Lange* ZIP 2004, 981, 984 f; *Wolf* DStR 2005, 438, 439 f.

191 Vgl. *Kaiser* DB 2005, 345 ff sowie *IDW*, Rechnungslegungshinweis zur Lageberichterstattung nach § 289 Abs. 2 Nr. 2 HGB i.d.F. BilReG (IDW RH HFA 1.005), WPg 2005, 531.

192 Blumers/Frick/Müller/*Dannecker* Betriebsprüfungshandbuch Rn 645.

193 Eingehend dazu *Dannecker* in FS Samson S. 257, 278 f.

ständig als Anschaffungskosten gebucht. Jedoch hätten diese Kosten richtigerweise nur in der Höhe des angemessenen Preises als Anschaffungskosten und der Aufschlag/Abschlag mangels bilanzierbarer Gegenleistung als Aufwand gebucht werden müssen. Diese Differenz müsste als unberechtigte Zuteilung auf ein Ertragskonto gebucht werden, da sie nicht unter Gewinnerwirtschaftung, sondern unter Gewinnverwendung fällt, also aus versteuertem Einkommen hätte bezahlt werden müssen. Bei der Aufstellung des Jahresabschlusses ginge sie über den Abschluss der Ertragskonten direkt in die Gewinn-und-Verlust-Rechnung ein. Bei Nichtbeachtung dieser Grundsätze ist der Jahresabschluss falsch. Auch **in den Folgejahren** können verdeckte Gewinnausschüttungen zu fehlerhaften Jahresabschlüssen führen, wenn daraus resultierende **Schadensersatzansprüche** oder **Rückforderungsansprüche** nicht bilanziert werden. Dies gilt ebenso, wenn aus dem Verhalten der Gesellschaft hervorgeht, dass beabsichtigt ist, die Forderungen nicht (mehr) einzutreiben.[194] Als Konsequenz des Vorsichtsprinzips müssen diese jedoch erst aktiviert werden, wenn die Forderungen hinreichend sicher und konkretisiert sind.[195] Dies ist beispielsweise nicht der Fall, wenn die Höhe des Schadenersatz- bzw. Rückforderungsanspruchs nicht feststeht oder die Rückzahlung des Geschäftsführers z.B. wegen Insolvenz ungewiss ist.

57 cc) **Verstöße gegen Bewertungsvorschriften.** Dem Straftatbestand des § 331 Nr. 1 HGB unterfallen nicht nur unzutreffende Tatsachen, sondern auch Verstöße gegen Bewertungsvorschriften und Bewertungsverbote,[196] da diese Normen der **Sicherung der Bilanzwahrheit** dienen. Maßstab bei unrichtigen rechtlichen Schlussfolgerungen sind die Vorschriften des Bilanzrechts, insbesondere die §§ 279 bis 283 HGB, die Grundsätze ordnungsmäßiger Buchführung (GoB) und das Gebot, die Vermögens-, Finanz- und Ertragslage der Kapitalgesellschaft richtig auszuweisen.

58 dd) **Bewertungen, Schätzungen, Prognosen.** Bewertungen, Schätzungen, Prognosen und Beurteilungen sind im Bilanzrecht häufig erforderlich und reichen von der Schätzung der voraussichtlichen Nutzungsdauer eines Gegenstandes über die Bemessung ungewisser Schulden bis zur Bewertung zweifelhafter Forderungen. Allerdings bestehen erhebliche Sachverhaltsgestaltungs-, Ansatz-, Beurteilungs- und Bewertungsspielräume, die im Rahmen der Bilanz- bzw. Jahresabschlusspolitik ausgeschöpft werden dürfen.[197]

59 Die Bewertungen, Schätzungen, Prognosen und Beurteilungen sind **unrichtig**, wenn zum einen die tatsächlichen Grundlagen, auf denen sie beruhen, objektiv unrichtig sind.[198] Die Unrichtigkeit kann auch darauf beruhen, dass die aus objektiv richtigen Grundlagen gezogenen tatsächlichen oder rechtlichen Schlussfolgerungen objektiv unrichtig sind. Die Bestimmung der Unrichtigkeit ist daher unter strafrechtlichen Gesichtspunkten besonders problematisch. Bewertungen sind unrichtig, wenn sie sich nicht im Rahmen der Grundsätze ordnungsmäßiger Buchführung und Bilanzierung halten und das Gebot, die Vermögens-, Finanz- und Ertragslage der Kapitalgesellschaft richtig auszuweisen, nicht erfüllt wird.

---

[194] Vgl. zur Steuerrechtlichen Entsprechung FG München, Urteil vom 16.8.2006 – 7 K 767/05, BeckRS 2006, 26021950 S. 2.

[195] Beschluss OLG München Az 7 U 3773/07 Rn 6; LG München, v. 12.4.2007, 5 HKO 23424/06 Rn 17.

[196] Geßler/Hefermehl/Eckardt/Kropff/*Fuhrmann* § 400 AktG Rn 20.

[197] Vgl. *Florstedt* Grundsätze der Unternehmensbewertung für das Strafrecht, wistra 2007, 441.

[198] Zustimmend MünchKommStGB/*Sorgenfrei* Rn 53; aA *Otto* Aktienstrafrecht § 400 AktG Rn 14.

Soweit **Bewertungsspielräume** bestehen, liegt keine Unrichtigkeit vor, wenn sich die Ansätze und Bewertungen im Rahmen der §§ 252 ff, 308 ff HGB halten. Die Bilanzwahrheit ist insofern eine nur relative.[199] „Absolute Richtigkeit" oder „Wahrheit" gibt es im Bilanzrecht nicht. Gleichwohl sind die Regeln für die Abbildung des wirtschaftlichen Geschehens objektiv, d.h. intersubjektiv nachprüfbar; und zwar erfordert die Nachprüfung die Beachtung der kodifizierten und der nichtkodifizierten GoB und der übrigen Rechnungslegungsvorschriften. Hierbei ist zu berücksichtigen, dass die Bilanzgrundsätze auf europarechtlichen Vorgaben beruhen und daher richtlinienkonform auszulegen sind (Rn 161).[200] **60**

Soweit **Bewertungsunsicherheiten** bestehen, fordert die heute hM, dass die Angaben **evident unrichtig** sind. Danach muss die vorgelegte Schlussfolgerung oder Beurteilung nach Konsens der einschlägigen Fachleute unvertretbar sein.[201] Dadurch wird die Überprüfbarkeit der Bewertung erheblich eingeschränkt. Jedoch kann lediglich durch eine restriktive Tatbestandsauslegung dem auch für das Bilanzstrafrecht geltenden Grundsatz der Tatbestandsbestimmtheit (Art. 103 Abs. 2 GG) Rechnung getragen werden. Daher wird nur ausnahmsweise eine strafrechtliche Verantwortung vorliegen, wenn – z.B. im Zusammenhang mit der Berichterstattung im Lagebericht – über die voraussichtliche Entwicklung des Unternehmens Voraussagen getroffen werden. **61**

Dabei stellt sich die Frage, ob die restriktive Auslegung im Bilanzstrafrecht, die eine Begrenzung auf eine evident unrichtige Wiedergabe erfordert, durch den **Grundsatz des true and fair view** (§§ 264; 289 Abs. 1 Satz 2 HGB) an praktischer Relevanz verliert, weil nach diesem Grundsatz ein den tatsächlichen Verhältnissen entsprechendes Bild zu vermitteln ist. Dies führt zu der Problemstellung, inwieweit es ausreicht, bei der bilanzrechtlichen Bewertung nur die gesetzlichen Vorschriften und die Grundsätze ordnungsmäßiger Buchführung heranzuziehen, oder ob vielmehr die Transaktionen zusätzlich nach ihrem wirtschaftlichen Gehalt darzustellen sind und dementsprechend von den gesetzlichen Bilanzierungsmethoden abgewichen werden darf bzw. muss, wenn ansonsten ein unwahres Bild entstünde.[202] Eine so weitgehende Auslegung widerspricht jedoch dem verfassungsrechtlichen Bestimmtheitsgrundsatz. Vielmehr ist die Bilanz nach den Rechnungslegungsgrundsätzen zu erstellen. Die wirtschaftlichen Abweichungen sind im Hinblick auf ein wirklichkeitsgetreues Bild jedoch im Anhang anzugeben; dies erhöht die Vergleichbarkeit der Rechnungslegung sowohl intertemporal als auch zwischen den Gesellschaften. **62**

ee) **Erfordernis der Erheblichkeit.** Eine Restriktion erfährt der Straftatbestand des § 331 Nr. 1 HGB durch das – dem Gesetzeswortlaut der Strafnorm allerdings nicht zu **63**

---

199 BeckBilKomm/*Kozikowski*/*Gutman* Rn 11; MünchKommStGB/*Sorgenfrei* Rn 53; HWSt-*Ransiek* VIII 1 Rn 51; *Bücklers* S. 131, 231 ff; *Peemöller*/*Hoffmann* S. 222; *Schmedding* S. 94 ff; *Schüppen* S. 153 ff; *Küting* DB 2006, 2753; *Sorgenfrei* PiR 2006, 38, 41.

200 Heymann/*Otto* Rn 26; *Tiedemann* FS Lackner S. 737, 743 f.

201 RGSt 49, 363; FG Köln FR 2007, 747; LG München NJW 2003, 2328 (zu § 400 Abs. 1 Nr. 1 AktG); Baumbach/Hueck[18]/*Schulze-Osterloh*/*Servatius* Anh. § 82 GmbHG Rn 6; BeckBilKomm/*Kozikowski*/*Gutman* Rn 11; Heymann/*Otto* Rn 26; KK-AktG/*Geilen* § 400 AktG Rn 27; Leffson/Rückle/Großfeld/*Weber* S. 322 f; Lutter/Hommelhoff-*Kleindiek* § 82 GmbHG Rn 28; MünchKommHGB/*Quedenfeld* Rn 42; MünchKommStGB/*Sorgenfrei* Rn 53; *Tiedemann* Wirtschaftsstrafrecht BT Rn 454; HWSt-*Ransiek* VIII 1 Rn 51; *Bongertz* S. 238; *Schüppen* S. 167; *Gramich* wistra 1987, 159; enger *Kiethe* NStZ 2004, 73, 74; vgl. auch *Schmedding* S. 101 ff.

202 Vgl. dazu insbesondere die Auffassung zum englischen Recht, CA 2006, s. 396 (4), (5); Boyle & Birds' Company Law, S. 499.

entnehmende – **ungeschriebene Erfordernis der Erheblichkeit**, auch wenn sich dieses nicht aus den in Bezug genommenen außerstrafrechtlichen Normen ergibt. Diese ist normativ zu bestimmen (Vor §§ 331 Rn 134). Im Hinblick darauf, dass in § 334 Abs. 1 Nr. 1 lit. a bis d HGB Verletzungen bestimmter Rechnungslegungsvorschriften als Ordnungswidrigkeiten geahndet werden können (§ 334 Rn 40 ff), ist es erforderlich, nicht erhebliche Verstöße aus dem Anwendungsbereich des § 331 HGB auszuscheiden.[203] Die Interessen der Gläubiger, Arbeitnehmer und Gesellschafter werden durch unwesentliche Verletzungen der Rechnungsvorschriften nicht berührt.[204] Erst wenn die Pflichtverletzung so erheblich ist, dass sie zur Unrichtigkeit oder Unvollständigkeit der Darstellung führt, ist die Grenze der Strafbarkeit erreicht.[205] Allerdings können sich einzelne unerhebliche falsche Angaben in ihrer Gesamtheit zu einer erheblichen Falschaussage verdichten.[206] Dies ist gegeben, wenn die Information(en) für die **Beurteilung durch einen professionellen Fremd- oder Eigenkapitalgeber von Bedeutung** sind.[207]

64 Eine Begrenzung der unrichtigen Angaben des Straftatbestandes auf erhebliche Umstände kann sich ebenso durch den **Wortlaut** der durch § 331 Nr. 1 HGB **in Bezug genommenen Bilanzvorschriften** ergeben: So sind nach § 289 HGB in den Lagebericht als Analyse- und Kommentierungsinstrument[208] bereits handelsrechtlich nur die für die Geschäftstätigkeit „bedeutsamsten" finanziellen Leistungsindikatoren einzubeziehen und die voraussichtliche Entwicklung ist lediglich mit ihren „wesentlichen" Chancen und Risiken zu beurteilen und zu erläutern (§ 289 Abs. 1 Satz 3 und 4 HGB). Auch die Risikoberichterstattung muss nur „wichtige" Arten von Sicherungsgeschäften umfassen, sofern diese für die Beurteilung der Gesellschaft „von Belang" sind (§ 289 Abs. 2 Nr. 2 HGB). Nichtfinanzielle Leistungsindikatoren (dazu Rn 49) müssen nur erwähnt werden, soweit sie für das Verständnis des Geschäftsverlaufs oder die Lage „von Bedeutung" sind (§ 289 Abs. 3 HGB). Auch die Fehlerfeststellung durch die Deutsche Prüfstelle für Rechnungslegung (§ 342b HGB) unterliegt sowohl in quantitativer als auch in qualitativer Hinsicht dem Wesentlichkeitsvorbehalt.[209] Zwar kann als Maßstab für die Frage der Erheblichkeit von sog. Gliederungs-, Ansatz- und Bewertungsverstößen die Nichtigkeitsvorschrift des § 256 Abs. 4, 5 AktG herangezogen werden.[210] Jedoch ist es zu eng, bei Gliederungsvorschriften ausschließlich Verstöße, die zur Nichtigkeit des Jahresabschlusses führen, als erheb-

---

203 BeckBilKomm/*Kozikowski/Gutman* Rn 20; Erbs/Kohlhaas/*Schaal* § 82 GmbHG Rn 10; MünchKommHGB/*Quedenfeld* Rn 49 f; MünchKommStGB/*Sorgenfrei* Rn 51; *Knierim* in Volk § 25 Rn 130, 134; *Bücklers* S. 24, 33; *Müller-Jacobsen* FS Egon Müller S. 511, 54 f, 518; *Wolf* StuB 2009, 909, 912; vgl. auch Baumbach/Hueck[18]/*Schulze*-Osterloh/Servatius Anh. § 82 GmbHG Rn 6.

204 Baumbach/Hueck[18]/*Schulze-Osterloh/Servatius* Anh. § 82 GmbHG Rn 3, 6; BeckBilKomm/*Kozikowski/H. P. Huber* Rn 20; *Wittig* Wirtschaftsstrafrecht § 29 Rn 28.

205 Heymann/*Otto* Rn 22; Leffson/Rückle/Großfeld/*Weber* S. 322.

206 OLG Frankfurt/M., DB 2009, 333, 334 f; *Müller-Jacobsen* FS Egon Müller, S. 511, 515 f; MünchKommStGB/*Sorgenfrei* Rn 51.

207 *Mekat* S. 373.

208 Begr. RegE BilReG, BT-Drucks. 15/3419, S. 30.

209 OLG Frankfurt DB 2009, 333; MünchKommStGB/*Sorgenfrei* Rn 51; *Gahlen/Schäfer* BB 2006, 1619, 1621 f; *Mayer-Wegelin* BB 2006, BB-Special 4 zu Heft 17, 8 ff; *Scheffler* IRZ 2006, 13, 18; ; *Zülch/Hoffmann* StuB 2009, 209, 212 f; zur Indizwirkung solcher Fehlerfeststellungen *Sorgenfrei* PiR 2006, 38, 41; *Wolf* StuB 2009, 909, 913.

210 BeckBilKomm/*Kozikowski/Gutman* Rn 20, 21; Heymann/*Otto* Rn 22; MünchKommStGB/*Sorgenfrei* Rn 51; *Südbeck* in Park Rn 25; allgemein dazu *Weilep/Weilep* BB 2006, 147 ff.

lich anzusehen.[211] Der Begriff der Erheblichkeit ist vielmehr weiter auszulegen. Diesbezüglich stellt sich die Frage, ob eine Erheblichkeitsgrenze, die Abwägungsentscheidungen erfordert, numerisch bestimmt werden kann. Teilweise können die **Auswirkungen auf die Bilanzsumme oder den Jahresüberschuss** als Kriterien zur Bestimmung der Erheblichkeit herangezogen werden, wobei die genaue Abgrenzung erheblichen Schwierigkeiten unterliegt. Beispielsweise kann auf die Höhe der Auswirkungen der fehlerhaften Angaben auf die Bilanzsumme bzw. auf den Jahresüberschuss abgestellt werden. Diese in der Literatur diskutierten **quantitativen Erheblichkeitsgrenzen** – 10 % vom Jahresüberschuss bzw. -fehlbetrag, 0,25 % der Bilanzsumme; 5 % der Bilanzsumme; bei wichtigen Einzelposten 10 % dieser Posten[212] – können jedoch lediglich Anhaltspunkte liefern und sind durch **qualitative Beurteilungskriterien** zu ergänzen. Eine nur numerische Abgrenzung zwischen erheblichen und unerheblichen unrichtigen Angaben wird der Bedeutung der Rechnungslegung nicht gerecht und kann höchstens als Indikator dienen. Vielmehr ist neben der Fehlerquantität auch auf die Fehlerqualität abzustellen, insbesondere wenn nichtfinanzielle Leistungsindikatoren in die Rechnungslegung mit einzubeziehen sind. Dies bedeutet, dass, wenn die an der oberen Grenze des Rahmens liegenden[213] quantitativen Wesentlichkeitsgrenzen überschritten sind, Wesentlichkeit zu bejahen ist. Hingegen können auch niedrigere Werte entscheidungsrelevant sein, wenn zusätzliche qualitative Beurteilungskriterien hinzutreten, mit der Folge, dass selbst bei nach prozentualen Maßstäben geringeren Auswirkungen die Erheblichkeit gegeben sein kann. Insbesondere bei Zweifelsfällen ist eine Gesamtbetrachtung aller Umstände unverzichtbar. Regelmäßig begründen solche Angaben die Wesentlichkeit, die dazu führen können, dass es zur Umkehrung eines Verlusts in einen Gewinn kommt, ein Trend verschleiert wird, die Einhaltung von Budgetvorgaben oder Analyseerwartungen erreicht werden oder das Erreichen von Zielvorgaben zur Gewährung von Tantiemen, Boni oder anderen Vorteilen für das Management bewirkt wird.[214] Abzustellen ist auf den Adressaten des Abschlusses, bei dem eine angemessene Kenntnis der geschäftlichen und wirtschaftlichen Tätigkeit unterstellt und eine kritische Grundhaltung bei der Verarbeitung vorausgesetzt werden muss.[215] Angesichts des verfassungsrechtlich garantierten Bestimmtheitsgrundsatzes muss dabei jedoch ein eindeutiger **Verstoß gegen den Wesentlichkeitsgrundsatz** vorliegen, der zu einer klaren Fehlinformation führen kann.[216]

ff) Unrichtige freiwillige Angaben. Unrichtige Angaben im Sinne des § 331 Nr. 1 **65**
HGB liegen auch dann vor, wenn es sich um freiwillige Angaben handelt.[217] Solche Angaben sind vor allem **im Anhang** und **im Lagebericht** denkbar, der den Jahresabschluss als selbständiges Informationsinstrument ergänzt. Grenzen für (zutreffend) freiwillige Aussagen, die nach § 331 Nr. 1 HGB nicht verboten sind, können sich aus dem **Geheimnisschutz** (vgl. § 286 HGB Rn 70) und der **Vermögensfürsorgepflicht der Gesellschaftsorgane** ergeben, die zur Strafbarkeit wegen Untreue (§ 266 StGB; vor §§ 331

211 AA MünchKommStGB/*Sorgenfrei* Rn 51 Fn 129.
212 So BeckBilKomm/*Winkeljohann*/*Schellhorn* § 264 Rn 57.
213 So *Wawrzinek* in Beck'sches IFRS-Handbuch, § 2 Rn 26.
214 *Wawrzinek* in Beck'sches IFRS-Handbuch, § 2 Rn 27.
215 *Erchinger*/*Melcher* KoR 2008, 616, 619; *Küting*/*Weber*/*Keßler*/*Metz* DB 2007, Beilage Nr. 7 zu Heft 45, 1, 8 ff; zustimmend MünchKommStGB/*Sorgenfrei* Rn 74.
216 Vgl. auch *Wolf* StuB 2003, 775; enger: MünchKommStGB/*Sorgenfrei* Rn 74: eklatante Fehlinformationen.
217 Zustimmend MünchKommStGB/*Sorgenfrei* Rn 64.

Rn 95 ff) führen können. Dies ist insbesondere dann der Fall, wenn die Gefahr besteht, dass durch detaillierte Informationen Konkurrenzunternehmen in die Lage versetzt werden, Maßnahmen nachzuahmen oder ihnen wirksam entgegenzutreten.

66 gg) **Indizien für unrichtige Angaben.** Zur Beurteilung, ob unrichtige Angaben vorliegen, kann der Missachtung von Prüfungsstandards bzw. Empfehlungen Indizwirkung beigemessen werden. Jedoch ist im Fall der Nicht-Beachtung eine weitergehende Prüfung notwendig, da bloße Indizien für die Begründung der Strafbarkeit nicht ausreichend sind. In Betracht kommen Prüfungsstandards des IdW für Abschlussprüfungen, Empfehlungen des Deutschen Rechnungslegungs Standards Committee e.V. (DRSC) bzw. des Deutschen Standardisierungsrats (DSR) sowie Fehlerfeststellungen durch die Deutsche Prüfstelle für Rechnungswesen (DPR). Die **Prüfungsstandards des IdW für Abschlussprüfungen**[218] richten sich an die Prüfer, bieten folglich lediglich Auslegungshilfen und sind daher nicht geeignet, im Falle der Abweichung hiervon die Unrichtigkeit zu begründen; es handelt sich lediglich um Indizien. Einen noch geringeren Verbindlichkeitsgrad weisen die **IdW-Rechnungslegungshinweise** auf, die lediglich Empfehlungscharakter haben.[219] Besonders problematisch sind die **„Empfehlungen zur Anwendung der Grundsätze über die Konzernrechnungslegung“** nach § 342 Abs. 1 Nr. 1 HGB, bei denen es sich um durch den Deutschen Rechnungslegungs Standards Committee e.V. (DRSC) bzw. des Deutschen Standardisierungsrats (DSR) beschlossene Empfehlungen handelt. Auch wenn diese Empfehlungen vom Bundesministerium der Justiz gemäß § 342 Abs. 2 HGB bekannt gemacht werden, handelt es sich weder um förmliche Gesetze noch um Verwaltungsvorschriften.[220] Die in **§ 342 Abs. 2 HGB** vorgesehene **gesetzliche Vermutung**, dass eine Konzernrechnungslegung im Falle der Beachtung dieser Empfehlungen den Grundsätzen ordnungsmäßiger Konzernrechnungslegung entspricht, ist mit Art. 80 GG nicht vereinbar und deshalb **verfassungsrechtlich nicht haltbar**, soweit diesen Empfehlungen Gesetzeskraft zugemessen wird.[221] Wenngleich diese Vermutung widerlegbar ist, wird in der Regel zugunsten des Täters von der Richtigkeit der Konzernrechnungslegung auszugehen sein. Deshalb hat die Nichtbeachtung der DRSC-Empfehlungen ebensowenig direkte strafrechtliche Konsequenzen. Indizwirkung kann auch der **Fehlerfeststellung durch die Deutsche Prüfstelle für Rechnungswesen** (DPR) im Rahmen des **Enforcementverfahrens** (§ 342b HGB) zukommen.[222] Hierbei kann es jedoch nicht darauf ankommen, ob noch Rechtsschutzmöglichkeiten gegen die Fehlerfeststellung bestehen.[223]

b) Unvollständigkeit der Angaben

67 aa) **Vollständigkeitsgebot nach §§ 246 Abs. 1, 300 Abs. 2 HGB.** Im Hinblick darauf, dass in §§ 246 Abs. 1, 300 Abs. 2 HGB der Vollständigkeitsanspruch normiert ist, führt auch das Fehlen einzelner Vermögensgegenstände, Aufwendungen oder Erträge zur **Un-**

---

[218] Grundsätze ordnungsgemäßer Abschlussprüfung, IdW, PS 450, WPg 2003, 1127 ff; dazu *Niemann* DStR 2003, 1454 ff; *Gross/Möller* Wpg 2004, 317 ff.

[219] IdW Prüfungsstandard EPS 201, WPg 2002, 109, 110; BeckBilKomm/*Förschle* § 342 Rn 14.

[220] Küting/Weber/*Baetge/Krumnow/Löw/Nölle* Kap. 1 Rn 497; MünchKommHGB/*Ebke/Paal* § 342 Rn 21 f; MünchKommStGB/*Sorgenfrei* Rn 54; Ulmer/*Hommelhoff/Schwab* § 342 Rn 89; *Beisse* BB 1999, 2180, 2185.

[221] BeckBilKomm/*Förschle* § 342, Rn 16; *Beisse* BB 1999, 2180, 2185; siehe auch *Ballwieser* FS Röhricht, S. 727, 743; *Scherff/Willeke* StuB 2004, 809.

[222] MünchKommStGB/*Sorgenfrei* Rn 55 mwN.

[223] So aber MünchKommStGB/*Sorgenfrei* Rn 55.

richtigkeit der Darstellung. Es müssen alle betrieblich genutzten Vermögensgegenstände erfasst werden, die dem Unternehmen nach wirtschaftlichen Gesichtspunkten zuzurechnen sind.[224] Gegen den Vollständigkeitsanspruch wird auch dann verstoßen, wenn z.B. Bargeldbestände in „schwarzen Kassen" oder Halbfabrikate nicht erfasst werden. Gleiches gilt für das Verschweigen der Sicherungsübereignung einzelner Vermögensgegenstände. Auch in diesen Fällen handelt es sich um unrichtige Wiedergaben durch positives Tun.[225]

bb) Fehlen von Pflichtangaben im Anhang. Der Inhalt des Anhangs ist in wesentlichen Teilen durch **Pflichtangaben** aufgrund handelsrechtlicher Vorschriften festgelegt. Fehlen Pflichtangaben im Anhang, so liegt Unvollständigkeit vor; denn auf Pflichtangaben darf grundsätzlich nur dann verzichtet werden, wenn die in den Vorschriften geregelten Sachverhalte das Unternehmen nicht betreffen. Es liegt grundsätzlich Unvollständigkeit vor, wenn die Bilanzierungs- oder Bewertungsmethoden entgegen § 284 Abs. 2 Nr. 1 HGB nicht angegeben werden,[226] wenn entgegen § 284 Abs. 2 Nr. 3 HGB Abweichungen von den bisherigen Bilanzierungs- und Bewertungsmethoden nicht genannt werden, da dies angesichts des Grundsatzes der Bewertungsstetigkeit (§ 252 Abs. 1 Nr. 6 HGB) unrichtig ist,[227] wenn Zusatzangeben fehlen, obwohl der Jahresabschluss aufgrund besonderer Umstände kein den tatsächlichen Verhältnissen entsprechendes Bild vermittelt (§ 264 Abs. 2 Satz 2 HGB) oder die Angabe und Erläuterung nicht vergleichbarer bzw. angepasster Vorjahresbeträge (§ 265 Abs. 2 und 3 HGB) fehlen. Zusatzangaben sind insbesondere erforderlich, wenn weitgehend nach den üblichen Methoden bilanziert wird (Rn 53). Jedoch ist es notwendig, dass von den weggelassenen Angaben ein **Täuschungseffekt** ausgehen kann.[228] 68

Soweit es sich um **Wahlpflichtangaben** handelt, die entweder in der Bilanz respektive GuV oder im Anhang angegeben werden können, so z.B. die Angabe der Mitzugehörigkeit eines Postens zu anderen Posten (§ 265 Abs. 3 Satz 1) oder der gesonderte Ausweis der in der Bilanz oder GuV zusammengefassten Posten (§ 265 Abs. 7 Nr. 2 HGB), ist der Jahresabschluss unvollständig, weil diese Angaben im Jahresabschluss enthalten sein müssen und nur der Ort der Darstellung gewählt werden darf. 69

cc) Fehlen von Angaben nach § 286 HGB. Im Falle des **Unterlassens von Angaben nach § 286 HGB** dürfen keine hohen Anforderungen bezüglich der Vollständigkeit an die **Ausführungen im Anhang** gestellt werden, weil ansonsten die Gefahr bestünde, dass schützenswerte Interessen der Gesellschaft ernsthaft tangiert werden. Die Grenzziehung erfolgt durch § 286 Abs. 2 und 3 HGB. Hiernach können die Aufgliederung der Umsatzerlöse nach § 285 Nr. 4 HGB und die Angaben nach § 285 Nr. 11 HGB unter bestimmten Voraussetzungen im Interesse des Unternehmens unterbleiben, wenn die ernsthafte (nicht notwendigerweise akute) Gefahr eines erheblichen Nachteils vorliegt, weil aus der 70

---

224 Vgl. schon RGSt 62, 359 zur Nicht-Aktivierung von Vermögenswerten.

225 Erbs/Kohlhaas/*Schaal* § 400 AktG Rn 31; MünchKommStGB/*Sorgenfrei* Rn 56; Blumers/Frick/Müller/*Dannecker* Betriebsprüfungshandbuch Rn 646; *Weber* Handwörterbuch S. 323; *Stahlschmidt* StuB 2003, 107, 109; aA MünchKommHGB/*Quedenfeld* Rn 44, der hierin ein Unterlassen sieht.

226 BeckBilKomm/*Kozikowski*/*Gutman* Rn 14; MünchKommStGB/*Sorgenfrei* Rn 58; *Cobet* S. 125.

227 MünchKommStGB/*Sorgenfrei* Rn 58.

228 Geßler/Hefermehl/Eckardt/Kropff/*Fuhrmann* § 400 AktG Rn 21; zustimmend BeckBilKomm/*Kozikowski*/*Gutman* Rn 14.

Aufgliederung der Umsatzerlöse die Mitbewerber Informationen erhalten würden, die das berichtende Unternehmen oder Beteiligungsgesellschaften schädigten. Jedoch besteht Einigkeit darüber, dass die Schutzklauseln des § 286 HGB **eng auszulegen** sind.[229] Wenn von der befreienden Wirkung eines EU- oder EWR-Konzernabschlusses Gebrauch gemacht wird, sind die in § 291 Abs. 2 Nr. 3 HGB geforderten Angaben zu machen (Rn 146).

71 dd) **Freiwillige Angaben.** Im Falle freiwilliger Angaben kommt dem Vollständigkeitsgebot allenfalls untergeordnete Bedeutung zu. Angesichts des Gebots des wirklichkeitsgetreuen Bildes liegen jedoch dann **unrichtige Angaben** vor, wenn sich aus den freiwilligen Angaben die konkludente Erklärung ergibt, dass deren Darstellung umfassend ist, und hierdurch ein unrichtiges Bild der Verhältnisse der Gesellschaft vermittelt wird.

72 2. **Verschleierung.** Eine Verschleierung der Verhältnisse der Kapitalgesellschaft liegt vor, wenn wirtschaftlich bedeutsame Verhältnisse zwar objektiv richtig dargestellt werden, ihre **Erkennbarkeit** aber so **erheblich erschwert** ist, dass die Gefahr einer unzutreffenden Beurteilung der wirtschaftlichen Situation besteht.[230] Nach dem Grundsatz der Erheblichkeit sind in der Rechnungslegung selbst alle wesentlichen Informationen anzugeben bzw. zu erläutern, während unwesentliche Informationen zusammengefasst werden dürfen.[231] Eine Überflutung mit unwesentlichen Informationen und die dadurch abnehmende informationsökonomische Effizienz kann dabei auch zu einer Verschleierung führen, wenn beispielsweise unwesentliche Informationen besonders hervorgehoben und erläutert werden und dadurch versucht wird, die wesentlichen Informationen dahinter zu verbergen. Für eine Verschleierung ist es erforderlich, dass es sich um **schwerwiegende Verstöße** handelt, weil nur dann die Verhältnisse der Gesellschaft für einen sachverständigen Dritten „nicht oder doch nur schwer" erkennbar sind.[232] Bereits das Reichsgericht[233] hat dargelegt, dass es unzulässig sei, Bilanzen so zu gestalten, dass sie in wesentlichen Punkten ein falsches Bild böten und den Leser zu falschen Schlüssen über die Ergebnisse des Geschäftsjahres und den Vermögensstand der Gesellschaft zu geleiten geeignet seien, auch wenn die Aufdeckung der Wahrheit für die Gesellschaft Schaden bringe. Die Pflicht der Gesellschaftsorgane, die Gesellschaft vor Schaden zu bewahren, ist somit gegenüber der Pflicht, die Verhältnisse in der Bilanz wahrheitsgemäß und offen darzustellen, nachrangig.

73 3. **Abgrenzung zwischen unrichtiger Wiedergabe und Verschleierung.** Die Abgrenzung zwischen den Tathandlungen der unrichtigen Wiedergabe und der Verschleierung ist streitig[234] und sollte dahingehend vorgenommen werden, dass die **unrichtige Wiedergabe** sich auf den **Grundsatz der Bilanzwahrheit**, also die **inhaltliche Wahrheit** der Erklärung und deren **Vollständigkeit** bezieht, die **Verschleierung** hingegen auf die **Klarheit**

229 Vgl. nur Blumers/Frick/Müller/*Dannecker* Betriebsprüfungshandbuch Rn 647.

230 Baumbach/Hueck[18]/*Schulze-Osterloh*/*Servatius* Anh. § 82 GmbHG Rn 7; BeckBil-Komm/*Kozikowski*/*Gutman* Rn 15; Erbs/Kohlhaas/*Schaal* § 400 AktG Rn 33; Heymann/*Otto* Rn 29; MünchKommHGB/*Quedenfeld* Rn 46; HWSt-*Ransiek* VIII 1 Rn 54; Blumers/Frick/Müller/*Dannecker* Betriebsprüfungshandbuch Rn 649; *Arnhold* S. 24 f; *Klussmann* S. 23 ff; *Marker* S. 35 ff; *Schmedding* S. 116 ff; *Weber* Handwörterbuch S. 323 f.

231 *Mekat* S. 76.

232 Zu dieser Einschränkung schon RGSt 68, 346, 349.

233 RGSt 49, 363 f zu Ersatzforderungen gegen den Vorstand einer AG wegen Veruntreuung, die ohne besondere Hervorhebung aufgeführt wurden.

234 Eingehend dazu *Klussmann* S. 23 ff; *Marker* S. 35 ff; *Schmedding* S. 116 ff.

und Übersichtlichkeit, also an die Form der Darstellung und insbesondere der Gliederung, gerichtet ist.[235] Der Grundsatz der Bilanzklarheit und Übersichtlichkeit (§ 243 Abs. 2 HGB) verlangt, dass die einzelnen Positionen der Bilanz und der Gewinn- und Verlustrechnung zutreffend bezeichnet und geordnet werden und dass der Abschluss verständlich und übersichtlich ist. Im Jahresabschluss muss Gleiches gleich, Verschiedenes unterschiedlich bezeichnet werden. Bilanz und GuV müssen klar und übersichtlich gegliedert sein. Anhang und Lagebericht müssen unter Berücksichtigung sachlicher Zusammenhänge klar und übersichtlich strukturiert sein. Der Grundsatz der Klarheit erfordert weiterhin, dass die Informationen im Lagebericht verständlich und eindeutig sind. Der Tatbestand der Bilanzverschleierung ist z.B. erfüllt, wenn wesensfremde Positionen zusammengezogen oder unzulässige Saldierungen vorgenommen werden. Aber auch wenn der sonst mögliche Einblick in die wirkliche Situation des Unternehmens nur durch eine geschickt manipulierte Darstellung verhindert wird, liegt eine Verschleierung vor. Bilanzpolitische Entscheidungen, bei denen Sachverhaltsgestaltungs-, Ansatz-, Beurteilungs- und Bewertungsspielräume genutzt werden, sind hingegen grundsätzlich keine Verschleierungen.[236] Hier bedarf es der oft schwierigen **Abgrenzung zu unzulässigen Umgehungshandlungen**, zur Schönfärberei (Rn 76), zu Bilanzlifting, window dressing (Rn 134) und creative accounting.[237] Die Bezeichnung aufgelöster stiller Reserven als Einnahmen aus laufendem Geschäftsbetrieb[238] sowie die Voraktivierung künftiger Gewinne[239] sind dagegen, weil dabei gegen den Grundsatz der Bilanzwahrheit verstoßen wird, als unrichtige Angaben zu bewerten.[240]

Die **praktische Bedeutung der Abgrenzung zwischen unrichtiger Wiedergabe und Verschleierung** ist **gering**,[241] da angesichts der Normendichte im Bilanzrecht die Verschleierung in aller Regel auch zur Unrichtigkeit führt.[242] Immerhin kann die Alternative der Verschleierung im Einzelfall **verfahrenserleichternde Bedeutung** haben, denn die Berufung des Täters auf eine geschickt manipulierte, aber nicht unrichtige Darstellung führt nicht zur Straffreiheit, sondern zur Bestrafung wegen Verschleierung.[243] **74**

In der Strafrechtsprechung zum Bilanzstrafrecht bezüglich der unrichtigen Wiedergabe oder der Verschleierung der Verhältnisse der Kapitalgesellschaft spielen vor allem folgende **Beispiele** und **Typengruppen** eine praktische Rolle:[244] Überbewertungen von Vermögensgütern zum Zwecke der Verheimlichung drohender Verluste, insbesondere Überbewertungen von Forderungen und Warenbeständen; Einstellungen fiktiver Beträge und Wertansätze durch Aktivierung von Forderungen und Gegenständen, die der Gesell- **75**

---

235 RGSt 37, 433, 434 f; Heymann/*Otto* Rn 30; MünchKommHGB/*Quedenfeld* Rn 40; *Arnhold* S. 25.

236 MünchKommStGB/*Sorgenfrei* Rn 65.

237 Dazu RGSt 37, 433, 434; Müller-Gugenberger/Bieneck/*Wolf* § 26 Rn 145; *Knierim* in Volk § 25 Rn 296 ff; *Gössweiner* S. 156 ff; *Peemöller/Hofmann* S. 24 f; *Pfleger* Bilanzlifting S. 1 ff; *Petersen/Zwirner/Künkele* StuB 2009, 669.

238 RGSt 62, 360.

239 RGSt 67, 350 f.

240 *Tiedemann* Artikel Bilanzstrafrecht, S. 5.

241 Ebenso BeckBilKomm/*Kozikowski/Gutman* Rn 10; MünchKommHGB/*Quedenfeld* Rn 40; Schayal Rn 22; HWSt-*Ransiek* VIII 1, Rn 54; *Arnhold* S. 25; *Marker* S. 12; *Weber* Handwörterbuch, S. 319, 322; aA MünchKommStGB/*Sorgenfrei* Rn 66.

242 Heymann/*Otto* Rn 30; MünchKommHGB/*Quedenfeld* Rn 40; *Südbeck* in Park Rn 26; HWSt-*Ransiek* VIII 1 Rn 51; *Arnhold* S. 25.

243 BeckBilKomm/*Kozikowski/Gutman* Rn 15; Heymann/*Otto* Rn 30; *Klussmann* S. 70 ff; vgl. auch Erbs/Kohlhaas/*Schaal* § 400 AktG Rn 33; GK-AktG/*Otto* § 400 AktG Rn 20; KK-*Geilen* § 400 AktG Rn 34, 55; kritisch: MünchKommStGB/*Sorgenfrei* Rn 66.

244 Vgl. nur den Überblick bei *Jenny/Niedermeyer/Helm/Baumgart* Fälschung und Verschleierung in der Buchhaltung, passim; *Marker* S. 202 f; *Nelles* S. 50 ff.

schaft nicht mehr gehören; sonstige Falschbezeichnungen wie z.B. der Ausweis aufgelöster stiller Reserven als Einnahmen aus laufendem Geschäftsbetrieb. Schwerpunkte bilden die besonders häufig auftretenden, oft schwer überprüfbaren und daher manipulationsanfälligen Posten „Vorräte" bei dezentralisierter Lagerhaltung, „Forderungen" bei fehlender Bonität und Wertberichtigung sowie „Verbindlichkeiten", bei denen die Unvollständigkeit kaum feststellbar ist.

76 **4. Darstellung eines zu günstigen oder zu ungünstigen Bildes der Verhältnisse der Kapitalgesellschaft.** Für das Vorliegen der Tathandlung des § 331 Nr. 1 HGB ist es irrelevant, ob ein zu günstiges oder zu ungünstiges Bild der wirklichen Verhältnisse der Kapitalgesellschaft vermittelt wird, da in beiden Fällen das Rechtsgut gleichermaßen verletzt und der geschützte Personenkreis vergleichbaren Gefahren ausgesetzt ist.[245] Ein **zu günstiges Bild** der finanziellen Lage des Unternehmens (Schönfärberei) ist vor allem aus Gründen des Gläubigerschutzes und aus dem öffentlichen Interesse an der Verhinderung (drohender) Unternehmenszusammenbrüche als unrichtige Darstellung zu bewerten. Dem entspricht es, dass in Fällen der Überbewertung von Bilanzposten bei Aktiengesellschaften der Jahresabschluss gemäß § 256 Abs. 5 Nr. 1 AktG (bei der GmbH in Analogie zu dieser Vorschrift) nichtig ist, ohne dass es einer besonderen Feststellung der unrichtigen Wiedergabe der Vermögenslage noch bedürfte.[246] Die Bilanz gibt auch dann die Verhältnisse der Gesellschaft unrichtig wieder, wenn fiktive Aktivposten, die entweder nicht existieren oder der Gesellschaft nicht gehören,[247] in Ansatz gebracht oder Schulden nicht in Ansatz gebracht werden[248] oder wenn potenzielle Abflüsse der Gesellschaft aus schwebenden Geschäften zu Beginn des nächsten Geschäftsjahres nicht berücksichtigt werden. Eine Korrektur der Ertragslage ist auch dann erforderlich, wenn wesentliche Ergebnisteile aus Hochinflationsländern stammen und deshalb wegen des Scheingewinnanteils ein falsches Bild vermittelt wird.

77 Ein **zu ungünstiges Bild** des Unternehmens kann gleichermaßen Gefahren für die Gesellschafter mit sich bringen und ist deshalb eine unrichtige Darstellung. Dies folgt für den Fall einer Unterbewertung mittelbar aus der Nichtigkeitsvorschrift des § 256 Abs. 5 Nr. 2 AktG. Zwar ist für die Gläubiger eine Unterbewertung eines Unternehmens von geringerer Bedeutung, da das Insolvenzrisiko übertrieben dargestellt wird; hingegen ist es für aktuelle Gläubiger und Anleger von erhöhter Bedeutung, da die Kursbewegung an der Börse sowie die Dividendenmöglichkeit stark von der Darstellung des Unternehmens im Jahresabschluss abhängt. Eine zu pessimistische Darstellung liegt z.B. vor, wenn Vermögensgegenstände nicht in Ansatz gebracht werden.[249] Grund für die Ausweisung eines zu ungünstigen Bildes kann beispielsweise das Szenario sein, dass der Aufsichtsrat die Übernahme durch ein Großunternehmen befürchtet und einen langjährigen Kunden mit günstigen Konditionen zum Erwerb bewegen möchte. Deshalb bedeutet sowohl die Darstellung eines zu günstigen als auch eines zu ungünstigen Bildes eine Gefährdung des geschützten Rechtsguts (zum geschützten Personenkreis Rn 4 ff). Jedoch ist eine un-

---

245 BeckBilKomm/*Kozikowski/Gutman* Rn 12 f; MünchKommHGB/*Quedenfeld* Rn 45; MünchKommStGB/*Sorgenfrei* Rn 68; *Tiedemann* Wirtschaftsstrafrecht BT Rn 453; *Wittig* Wirtschaftsstrafrecht § 29 Rn 20; *Maier* Bonner Handbuch Rn 9; Heymann/*Otto* Rn 31; *Stahlschmidt* StuB 2003, 107, 108; *Weber* Handwörterbuch, S. 234 f.

246 BeckBilKomm/*Kozikowski/Gutman* Rn 12.

247 Hachenburg/*Kohlmann* § 82 GmbHG Rn 127.

248 BeckBilKomm/*Kozikowski/Gutman* Rn 12.

249 Baumbach/Hueck[18]/*Schulze-Osterloh/Servatius* Anh. § 82 GmbHG Rn 16; BeckBilKomm/*Kozikowski/Gutman* Rn 13.

günstige Bewertung oder Einschätzung, die durch das Vorsichtsprinzip des § 252 Abs. 1 Nr. 4 HGB veranlasst ist, keine unrichtige Darstellung im Sinne des § 331 Nr. 1 HGB.[250]

5. **Tatbegehung durch Unterlassen.** Eine Tatbestandsverwirklichung des § 331 Nr. 1 **78** HGB durch Unterlassen[251] kommt nur dann in Betracht, wenn ein Organ- oder Aufsichtsratsmitglied nachträglich von der Fehlerhaftigkeit einer noch korrigierbaren Rechnungslegung erfährt.[252] Das Weglassen von Informationen in der Rechnungslegung stellt kein Unterlassen dar, sondern erfüllt die Voraussetzungen einer unrichtigen bzw. verschleiernden Darstellung und ist mithin aktives Tun.[253] Die erforderliche **Garantenstellung** (§ 13 StGB) ergibt sich aus der mit der Organstellung verbundenen gesetzlichen Verpflichtung zur Überwachung.[254] Dabei sind sowohl gefährliche Verrichtungen als auch Straftaten und Ordnungswidrigkeiten Dritter, die im (vermeintlichen) Interesse des Unternehmens begangen werden, zu verhindern.[255] Daher ist es nicht erforderlich, dass der Täter im Zeitpunkt der Feststellung der Eröffnungsbilanz, des Jahresabschlusses oder des Lageberichts bei pflichtgemäßer und gewissenhafter Prüfung die Unrichtigkeit hätte erkennen können,[256] da dies nur Voraussetzung für eine Garantenstellung aus Ingerenz ist. Es ist ausreichend, dass die erkannten Fehler noch hätten korrigiert werden können. Dies setzt voraus, dass die Tat noch nicht beendet war, also noch keine Kenntnisnahme erfolgt ist (Rn 89).[257] Der Garant ist also verpflichtet, die unrichtige oder unvollständige Wiedergabe in der Eröffnungsbilanz, dem Jahresabschluss oder dem Lagebericht zu berichtigen.[258] Wenn ein unrichtiger oder verschleiernder Jahresabschluss offengelegt worden ist, muss bei allen Gesellschaften eine Anzeige an den elektronischen Bundesanzeiger erfolgen.[259] Eine Ad-hoc-Mitteilung oder eine Korrektur in der Hauptversammlung reicht zur Beseitigung der Rechtsgütergefährdung nicht aus.[260]

6. **Verspätete oder unterlassene Erstellung.** § 331 Nr. 1 HGB erfasst die verspätete **79** oder unterlassene Erstellung der Eröffnungsbilanz, des Jahresabschlusses oder des Lageberichts nicht.[261] In diesen Fällen kommt lediglich eine Bestrafung nach **§ 283 Abs. 1 Nrn. 5 und 7 StGB** in Betracht, wenn es in der Krise (Überschuldung oder drohende oder eingetretene Zahlungsunfähigkeit) zur Zahlungseinstellung, zur Insolvenzeröffnung oder zur Ablehnung der Eröffnung des Insolvenzverfahrens mangels Masse kommt. Liegt keine Krise der Gesellschaft vor, so kann nur die Strafvorschrift des **§ 283b StGB** ein-

---

250 BeckBilKomm/*Kozikowski/Gutman* Rn 13.

251 Dazu Erbs/Kohlhaas/*Schaal* § 400 AktG Rn 32; Heymann/*Otto* Rn 38; MünchKommHGB/*Quedenfeld* Rn 44; MünchKommStGB/*Sorgenfrei* Rn 57; *Tiedemann* Artikel Bilanzstrafrecht, S. 4, gegen die Möglichkeit der Tatbegehung durch Unterlassen *Spatschek/Wulf* DStR 2003, 173, 176.

252 RGSt 49, 239, 241; Erbs/Kohlhaas/*Schaal* § 400 AktG Rn 32; *Arnhold* S. 48 ff.

253 AA *Stahlschmidt* StuB 2003, 107, 108, differenzierend zwischen Anhang, Lagebericht und Jahresabschluss Leffson/Rückle/Großfeld/*Weber* S. 319, 323.

254 *Kühl* Strafrecht. Allgemeiner Teil § 18 Rn 110, 118; *Wessels/Beulke* Strafrecht. Allgemeiner Teil Rn 721.

255 *Rogall* ZStW 98 (1986), 573, 613 ff.

256 So aber Baumbach/Hueck[18]/*Schulze-Osterloh/Servatius* Anh. § 82 GmbHG Rn 18.

257 Näher *Gratopp* S. 263 ff.

258 Enger MünchKommStGB/*Sorgenfrei* Rn 57, der eine Ad hoc-Mitteilung oder Korrektur in der Hauptversammlung als ausreichen ansieht.

259 Zur früheren Rechtslage noch Baumbach/Hueck[18]/*Schulze-Osterloh/Servatius* Anh. § 82 GmbHG Rn 18.

260 So aber Erbs/Kohlhaas/*Schaal* § 400 AktG Rn 32; MünchKommStGB/*Sorgenfrei* Rn 57.

261 MünchKommStGB/*Sorgenfrei* Rn 69.

greifen (Vor §§ 331 Rn 118 ff). Ansonsten kommt die Ordnungsgeldandrohung nach § 335 HGB (§ 335 Rn 12, 13) in Betracht.

IV. Subjektiver Tatbestand

80 **1. Vorsatz.** Der subjektive Tatbestand des § 331 Nr. 1 HGB setzt Vorsatz voraus. Der Täter muss wissen, dass die von ihm vorgelegte Bilanz nicht mit den Tatsachen übereinstimmt. Für die Annahme des Vorsatzes genügt es, dass der Täter die Falschdarstellung tatsächlich für möglich hält und billigend in Kauf nimmt, dass die von ihm gegebene Darstellung falsch ist (**dolus eventualis;** vor §§ 331 Rn 166). Eine Täuschungsabsicht erfordert der Tatbestand nicht. Die vage Hoffnung, die Wiedergabe werde schon richtig oder hinreichend klar sein, entlastet den Täter nicht vom Vorwurf des dolus eventualis.[262] In Bezug auf den **Aufsichtsrat** stellen sich daran anschließende Probleme: Dieser hat die Pflicht, die Rechnungslegung zu überwachen und deren Elemente zu überprüfen. Er kann hierfür einen Ausschuss bestellen (vgl. §§ 107 Abs. 3 Satz 2, 170 Abs. 1, AktG), wobei sich dies nicht zu einer weiteren Abschlussprüfung ausweiten soll;[263] es soll vielmehr eine Plausibilitätsprüfung durchgeführt werden.[264] Allerdings reicht der bloße Verzicht auf eine Überprüfung des Abschlusses noch nicht aus, um dolus eventualis bejahen zu können. Wenn ein Verpflichteter in „blindem" Vertrauen die von anderen erstellten Unterlagen in der Überzeugung ihrer Richtigkeit weitergibt – etwa der Aufsichtsrat überprüft den vom Vorstand aufgestellten Jahresabschluss nicht –, so liegt darin zwar eine Pflichtverletzung; jedoch begründet dies noch nicht den Vorsatz des Täters.[265] Ein **bewusstes Verschließen der Augen** trotz bestehender Zweifel an der Richtigkeit reicht hingegen aus, um den Vorwurf vorsätzlichen Verhaltens zu begründen. Als Indiz für das Vorliegen des bedingten Vorsatzes schlägt *Geilen*[266] folgende „Testfrage" vor: „Hatte der Täter objektiv Anlass, an der Richtigkeit des Unterschriebenen zu zweifeln? Sagte er sich in dieser Situation: Ich gebe meine Unterschrift auf jeden Fall?" Wer trotz vorhandener Zweifel keine Überprüfung vornimmt und die Unrichtigkeit des Jahresabschlusses billigend in Kauf nimmt, handelt mit dolus eventualis, auch wenn er den Jahresabschluss nicht selbst wissentlich unrichtig erstellt hat.[267]

81 Besonders problematisch ist die Feststellung des Vorsatzes bei **Bewertungsfragen** (Rn 59 f). Hier wird sich der Nachweis in aller Regel nur in besonders krassen Fällen führen lassen. Angesichts der großen Wahlmöglichkeiten und der verstärkten Fokussierung auf den *true and fair view* wird der Nachweis in diesen Fällen nun noch seltener gelingen. Dies gilt insbesondere dann, wenn der Verantwortliche glaubte, dass durch die gewählte Methode ein wirklichkeitsgetreues Bild abgegeben werde, diese Methode jedoch nur bedingt zulässig gewesen ist.

82 Im Hinblick darauf, dass die fahrlässige Tatbestandsverwirklichung nicht unter Strafe gestellt ist, kommt der **Abgrenzung zwischen bedingtem Vorsatz und bewusster Fahrlässigkeit** entscheidende Bedeutung zu. Hierfür ist die Arbeitsteilung in der Gesellschaft von

---

[262] Heymann/*Otto* Rn 33 mwN; zum Begriff der „wilful blindness" vgl. *Schemmel/Kirch-Heim* CCZ 2008, 96.

[263] MünchKommAktG/*Kropff* § 171 AktG, Rn 27.

[264] *Hüffer* § 171 AktG Rn 9; angesichts der erheblichen Komplexität des Bilanzrechts hält *Krause* NStZ 2011, 57, 63 eine Strafbarkeit des Aufsichtsrates für eher fernliegend.

[265] RG JW 1935, 2247; Heymann/*Otto* Rn 33.

[266] KK-AktG/*Geilen* § 399 AktG Rn 77.

[267] BeckBilKomm/*Kozikowski/Gutman* Rn 23; Heymann/*Otto* Rn 33.

besonderer Relevanz.[268] Im normalen Geschäftsgang wird der Jahresabschluss durch Angestellte der Buchhaltung ausgearbeitet und Mitgliedern des vertretungsberechtigten Organs oder des Aufsichtsrats lediglich zur Unterzeichnung vorgelegt. Daran ist insbesondere problematisch, dass nicht jedes Mitglied das Unterschriebene auch gelesen bzw. verstanden hat. Trotz der Verpflichtung zur Kenntnisnahme des Jahresabschlusses muss daher zur Ermittlung des Vorsatzes häufig auf andere Indizien, insbesondere vorhandene Korrespondenz, zurückgegriffen werden, um zu ermitteln, wer den Inhalt tatsächlich zur Kenntnis genommen bzw. wer Zweifel an der Richtigkeit des Abschlusses gehabt hatte.

2. **Irrtum.** Von zentraler Bedeutung für die Strafbarkeit nach § 331 Nr. 1 HGB ist die **Abgrenzung zwischen Tatbestands- und Verbotsirrtum.** Während der Tatbestandsirrtum zur Folge hat, dass der Vorsatz entfällt (§ 16 StGB) und infolge mangelnder Strafbarkeit fahrlässigen Verhaltens zur Straflosigkeit führt, kommt es beim Verbotsirrtum auf die Vermeidbarkeit an (§ 17 StGB); nur bei Unvermeidbarkeit des Irrtums tritt Straflosigkeit ein (vor §§ 331 ff Rn 168 ff). **83**

a) **Tatbestandsirrtum.** Die Bestimmung des Tatbestandsirrtums ist bei Strafgesetzen, die außerstrafrechtliche Regelungen – hier bilanzrechtliche Vorschriften – in Bezug nehmen, problematisch (vor §§ 331 Rn 168 f). Umstritten ist insbesondere, inwieweit der Vorsatz Rechtskenntnis voraussetzt.[269] Im Hinblick darauf, dass die Wahrheit einer Darstellung nur vor dem Hintergrund eines bestimmten Informationsziels begriffen werden kann, ist Kenntnis der Wahrheit lediglich möglich, wenn der Täter **Kenntnis der Rechnungslegungsvorschriften** hat.[270] Hat er keine Kenntnis davon, dass über bestimmte Tatsachenangaben im Anhang oder Lagebericht Angaben zu machen sind, oder hält er bestimmte Vermögensgegenstände oder Schulden für nicht bilanzierungsfähig oder nicht bilanzierungspflichtig, so liegt ein vorsatzausschließender Tatbestandsirrtum vor.[271] Hält also der Täter die wiedergegebenen Verhältnisse für richtig, weil er über den Inhalt und den Umfang einer gesellschaftsrechtlichen Norm irrt, welcher die Verpflichtung zur Wiedergabe bestimmter Verhältnisse zu entnehmen ist, so liegt ein den Vorsatz ausschließender Tatbestandsirrtum vor.[272] Jedoch kommt auch hier eine Strafbarkeit in Betracht, wenn das Mitglied des vertretungsberechtigten Organs oder des Aufsichtsrats eine Nachforschungspflicht traf und Zweifel an der Richtigkeit bewusst ignoriert wurden (Rn 80). **84**

b) **Verbotsirrtum.** Ein Verbotsirrtum (vor §§ 331 Rn 170 ff) liegt vor, wenn der Täter eine ungünstige Darstellung der Verhältnisse der Gesellschaft für erlaubt hält oder in einem Interessenkonflikt eine unrichtige Wiedergabe oder Verschleierung unzutreffend für zulässig erachtet, so z.B., wenn er irrtümlich annimmt, er dürfe die Lage der Gesellschaft ausnahmsweise deshalb unrichtig darstellen, weil sonst die Kreditgeber nicht zur Sanierung überredet werden könnten.[273] Nach § 17 StGB führt ein Verbotsirrtum nur dann zur Straflosigkeit, wenn der Irrtum **unvermeidbar** war. Die Vermeidbarkeit ist jedoch nur zu bejahen, wenn der Täter alle ihm erkennbaren und erreichbaren Auskunftsquellen genutzt hat, wenn also ein qualifizierter Angehöriger der rechts- oder **85**

---

268 Scholz⁹/*Tiedemann* § 82 GmbHG Rn 182.
269 Näher dazu Heymann/*Otto* § 332 Rn 35.
270 *Cobet* S. 76 f.
271 Scholz⁹/*Tiedemann* § 82 GmbHG Rn 180.
272 Ebenso die hM zum Irrtum im Steuerstrafrecht; vgl. nur BGHSt 5, 90, 92.
273 KK-AktG/*Geilen* § 400 AktG Rn 69.

steuerberatenden Berufe, dem der Sachverhalt vollständig dargelegt wurde, die Art der Rechnungslegung unzutreffenderweise für zulässig erklärt hat.[274]

V. Rechtswidrigkeit

86 Die unrichtige Wiedergabe oder Verschleierung kann nicht durch **Einwilligung** oder **Weisung der Gesellschafter oder des Aufsichtsrats** gerechtfertigt werden, weil diese über das durch § 331 HGB geschützte Rechtsgut nicht verfügen können.[275] Auch eine Rechtfertigung durch **rechtfertigenden Notstand** (§ 34 StGB)[276] kommt allenfalls in ganz atypischen Ausnahmesituationen in Betracht, da sich der Gesetzgeber für den Vorrang der Publizitätspflichten entschieden hat.[277] So stellt sich die Frage, ob in Extremfällen die Gefährdung der Produktionsfortführung oder die Arbeitsplatzerhaltung als Ausnahmesituationen ausreichen, um eine Rechtfertigung zu begründen.[278] Damit würde dem vertretungsberechtigten Organ oder Aufsichtsrat jedoch die Möglichkeit eingeräumt, seine schlechte Geschäftsführung zu verheimlichen.[279] Gesetzlich normiert sind in § 286 HGB Extremfälle, bei denen Angaben unterlassen werden müssen oder können. Im Umkehrschluss führen die nicht normierten Extremfälle nicht zu einer Befreiung bzw. einer Rechtfertigung. Lediglich wenn vollkommen atypische Extremfälle vorliegen, die allerdings kaum vorstellbar sind, können diese zu einer Rechtfertigung führen.[280]

VI. Vollendung und Beendigung der Tat

87 **1. Vollendung.** Der Versuch des § 331 HGB ist, da es sich nicht um ein Verbrechen handelt, nicht strafbar (§§ 12 Abs. 2, 23 Abs. 1 StGB). Daher muss Vollendung vorliegen, damit sich der Täter strafbar gemacht hat. Die Tat ist vollendet, wenn die Rechnungslegung oder der Lagebericht mindestens einem der in Frage kommenden **Adressaten zugegangen** ist,[281] d.h. einer Person, für die diese bestimmt sind oder die ein Recht auf Kenntnisnahme hat. Dabei ist es nicht erforderlich, dass die Rechnungslegung unterzeichnet, also festgestellt nach § 172 AktG bzw. § 42a GmbHG ist,[282] vielmehr ist die bloße **Aufstellung** (§ 170 AktG bzw. § 42 GmbHG) **des Jahresabschlusses** ausreichend. Für den **Lagebericht** ergibt sich insofern eine Besonderheit, da er nicht Teil des Jahresabschlusses ist und daher nicht festgestellt bzw. unterzeichnet werden muss. Die Vollendung einer fehlerhaften Angabe im Lagebericht tritt dementsprechend ein, wenn der Lagebericht so weit fertig gestellt worden ist, dass er in die Abschlussprüfung einbezogen werden kann.[283]

---

[274] Heymann/*Otto* Rn 36; Blumers/Frick/Müller/*Dannecker* Betriebsprüfungshandbuch Rn 657.

[275] Erbs/Kohlhaas/*Schaal* § 82 GmbHG Rn 53; Heymann/*Otto* Rn 34; Scholz[9]/*Tiedemann* § 82 GmbHG Rn 165.

[276] Allgemein dazu *Dannecker* in Graf/Jäger/Wittig § 34; *ders.* FS Hirsch S. 141 ff.

[277] So Baumbach/Hueck[18]/*Schulze-Osterloh*/*Servatius* Anh. § 82 GmbHG Rn 15.

[278] Vgl. dazu *Dannecker* in Graf, Wirtschaftsstrafrecht, § 34, Rn 19; Scholz/*Tiedemann* § 82 GmbHG Rn 165; *Schmedding* S. 135 f; vgl. auch *Klussmann* S. 97.

[279] *Nelles* S. 152 f; zustimmend *Schmedding* S. 135.

[280] Eine Rechtfertigung gänzlich verneinend Heymann/*Otto* Rn 34.

[281] BeckBilKomm/*Kozikowski*/*Gutman* Rn 22; Erbs/Kohlhaas/*Schaal* § 82 GmbHG Rn 58.

[282] Baumbach/Hueck[18]/*Schulze-Osterloh*/*Servatius* Anh. § 82 GmbHG Rn 16; aA MünchKommStGB/*Sorgenfrei* Rn 146 f; *Cobet* S. 80.

[283] *Gratopp* S. 252.

Als Adressaten kommen Mitglieder des Aufsichtsrates, Aktionäre, Gesellschafter oder außenstehende Personen in Betracht. Diese Personen müssen nicht Kenntnis vom Inhalt der Rechnungslegung oder des Lageberichts genommen haben. Es reicht aus, dass sie die **Möglichkeit zur Kenntnisnahme** hatten.[284] **88**

2. **Beendigung.** Die Beendigung der Tat tritt noch nicht mit deren Vollendung,[285] also mit dem Zugänglichwerden der Darstellung für die Adressaten, ein; entscheidend ist die (erstmalige) **Kenntnisnahme eines Adressaten**, mit der eine Verletzung des Vertrauens vorliegen kann.[286] Die bloße Möglichkeit zur Kenntnisnahme führt nicht schon zur Beendigung,[287] weil die Verletzung des geschützten Vertrauens erst durch die tatsächliche Kenntnisnahme vertieft wird.[288] Eine Beendigung der Tat liegt auch nicht erst mit Veröffentlichung im elektronischen Bundesanzeiger nach § 325 HGB vor. Dadurch würde der Zeitpunkt zu weit nach hinten verschoben, weil selbst bei aktueller Kenntnisnahme ohne Veröffentlichung noch keine Beendigung gegeben wäre.[289] **89**

C. Offenlegung eines unrichtigen befreienden Einzelabschlusses nach § 325 Abs. 2a Satz 1, Abs. 2b HGB (§ 331 Nr. 1a HGB)

§ 331 Nr. 1a HGB trägt der Einführung eines von der Bundesanzeiger-Publizität des HGB-Jahresabschlusses befreienden **IFRS-Einzelabschlusses** Rechnung.[290] Durch die Einfügung des § 331 Nr. 1a HGB wurde die (strafrechtliche) Lücke geschlossen, die dadurch entstanden war, dass nach Offenlegung eines IFRS-Einzelabschlusses üblicherweise der HGB-Abschluss nicht mehr offengelegt werden muss. Nach der Verordnung 1606/2002 des Europäischen Parlaments war es den Mitgliedstaaten möglich, die Anwendung von IFRS auch für den Einzelabschluss zu gestatten. Dabei kann bei § 325 Abs. 2a, 2b iVm 315a HGB – im Gegensatz zur Vorgängerregelung in § 292a HGB – die befreiende Wirkung nur noch bei Bilanzierung nach IAS/IFRS-Standards und nicht mehr nach US-GAAP eintreten. Als Vorbild dieser Norm diente § 331 Nr. 3 HGB, der die befreienden Konzernabschlüsse nach den §§ 291, 292 HGB (und vor seiner Aufhebung auch des § 292a HGB) betrifft (Rn 140). **90**

§ 331 Nr. 1a HGB erfasst Fälle, in denen Mitglieder des vertretungsberechtigten Organs einer großen Kapitalgesellschaft ihr Wahlrecht ausüben und freiwillig einen **Einzelabschluss** nach § 325 Abs. 2a Satz 1, Abs. 2b HGB offenlegen, der nach den in § 315a Abs. 1 HGB bezeichneten internationalen Rechnungslegungsstandards aufgestellt worden ist und an die Stelle des Jahresabschlusses tritt. Dementsprechend ist es aus Gläubigerschutzgründen zwingende Voraussetzung für die Befreiungsmöglichkeit nach § 325 Abs. 2a HGB, dass gesellschaftsrechtlich notwendige Elemente, also der **Ergebnisverwendungsvorschlag** und ggf. der **Ergebnisverwendungsbeschluss** gemäß § 325 Abs. 2b **91**

---

[284] Heymann/*Otto* Rn 37.

[285] So aber *Baetge/Kirsch/Thiele* Rn 3; *Cobet* S. 80 f; Lackner/*Kühl* § 78a StGB Rn 3 für Tätigkeitsdelikte mit vollständigem Abschluss der tatbestandsmäßigen Handlung.

[286] Scholz[9]/*Tiedemann* § 82 GmbHG Rn 163.

[287] So aber Rowedder/*Fuhrmann/Schaal* § 82 GmbHG Rn 50.

[288] Ausführlich zur Beendigung *Dannecker* NStZ 1985, 51 f.

[289] *Gratopp* S. 255.

[290] Müller-Gugenberger/Bieneck/*Müller-Gugenberger* § 41 Rn 41 nimmt dem hingegen an, dass sich auch § 331 Nr. 1a HGB auf den Konzernabschluss bezieht.

Nr. 2 HGB sowie der **Bestätigungs- bzw. Versagungsvermerk** gemäß § 325 Abs. 2b Nr. 1 HGB, in die Offenlegung nach § 325 Abs. 2a HGB einbezogen werden.

92 Die Möglichkeit zur Befreiung von der Offenlegungspflicht des HGB-Abschlusses durch einen Einzelabschluss nach IAS/IFRS haben lediglich **große Kapitalgesellschaften**, da in § 325 Abs. 2a, 2b HGB eine Verpflichtung zur Aufstellung eines Lageberichts und einer Prüfungspflicht vorausgesetzt wird, die kleine Kapitalgesellschaften nach § 267 Abs. 1, 2 HGB nicht treffen.[291] Somit wirken IFRS-Abschlüsse kleiner Kapitalgesellschaften nicht befreiend. Die Offenlegung dient jedoch lediglich Informationszwecken und ersetzt die Verpflichtung, den HGB-Abschluss im Bundesanzeiger bekannt zu machen. Für die gesellschaftsrechtlichen Verpflichtungen (Kapitalerhaltung und Ausschüttungsbemessung) sowie für die staatliche Beaufsichtigung muss weiterhin ein **HGB-Abschluss** aufgestellt werden.[292] Durch die Annäherung der Voraussetzungen des HGB-Abschlusses an die IFRS durch das Bilanzrechtsmodernisierungsgesetz wurde die dadurch entstehende Doppelbelastung teilweise abgeschwächt. Es gilt ein Vollständigkeitsgebot des IFRS-Abschlusses; eine Mischform zwischen HGB- und IFRS-Abschluss ist nicht zulässig. Jedoch finden nach § 325 Abs. 2a Satz 2 HGB einige Vorschriften des HGB (§ 244 HGB – Sprache und Währungseinheit; § 245 HGB – Unterzeichnung; § 257 HGB – Aufbewahrung) auch im IFRS-Abschluss Beachtung. Dies rührt daher, dass durch die IFRS primär ein anderer Personenkreis als durch den HGB-Abschluss geschützt wird[293] (Rn 4). Ausgehend vom angloamerikanischen Recht gilt das Prinzip des Selbstschutzes (buyer beware), so dass sich jeder selbst durch Individualverträge absichern muss und primär Kapitalmarkt (-interessenten) geschützt werden.[294] Durch die gemäß § 325 Abs. 2a Satz 3 HGB zusätzlich verpflichtenden §§ 243 Abs. 2; 244, 245, 257, 264 Abs. 2 Satz 3 HGB wird dieses Prinzip abgeschwächt und dem im HGB ausgeprägten Gläubigerschutz wiederum Rechnung getragen.

93 Zudem muss nach § 325 Abs. 2a Satz 4 HGB der **Lagebericht** auf den IFRS-Abschluss Bezug nehmen. Erfolgt dies nicht, kommt eventuell eine Strafbarkeit nach § 331 Nr. 1 HGB in Betracht.[295] Eine Strafbarkeit nach § 331 Nr. 1a HGB ist demgegenüber nicht möglich, da im Gegensatz zu § 331 Nr. 3 HGB der Lagebericht bei § 331 Nr. 1a HGB nicht in den Tatbestand als Handlungsobjekt einbezogen ist (Rn 131, 140 ff). Ebenfalls einbezogen werden müssen die in § 325 Abs. 2a Satz 3 HGB genannten Angaben im **Anhang** (§ 285 Nrn. 7, 8. lit. b, Nr. 9 bis 11a, 14 bis 17, 286 Abs. 1, 3 und 5 HGB). Dies führt dazu, dass der Anhang beim Einzelabschluss nach IFRS sowohl den Anforderungen der IFRS als auch den genannten Vorschriften des HGB genügen muss. Dies gilt insbesondere für die Anwendung des § 286 Abs. 1 HGB.[296] Formale Voraussetzungen für die befreiende Wirkung des IFRS-Einzelabschlusses sind gemäß § 325 Abs. 2b HGB, dass der **Bestätigungsvermerk des Abschlussprüfers zum IFRS-Einzelabschluss** anstelle des Bestätigungsvermerks zum HGB-Jahresabschluss in die Offenlegung einbezogen wird und der Vorschlag für die Verwendung des Ergebnisses und ggf. der Beschluss über seine Ver-

---

291 Entwurf BilReg, S. 98; Ebenroth/Boujong/Joost/*Strohn* § 325 HGB Rn 12; Möglichkeit der Befreiung auch für mittelgroße Unternehmen: MünchKommHGB/*Fehrenbacher* § 325 HGB Rn 82.

292 Baumbach/Hopt/*Merkt* § 325 HGB Rn 6 f; BeckBilKomm/*Grottel* § 325 HGB Rn 57. Der Verweis auf steuerrechtliche Zwecke ist angesichts der grundsätzlichen Trennung zwischen Steuer- und Handelsbilanz jedoch verfehlt; Bertram/Brinkmann/Kessler/Müller/*Münster/Meier-Behringer* Rn 47.

293 Vgl. IASB Framework 9.

294 *Ruhnke* Rechnungslegung, S. 19.

295 MünchKommStGB/*Sorgenfrei* Rn 72.

296 Vgl. Ebenroth/Boujong/Joost/*Strohn* § 325 Rn 13, 16.

wendung unter Angabe des Jahresüberschusses oder Jahresfehlbetrags im Bundesanzeiger nach § 325 Abs. 2 HGB offengelegt werden; weiterhin muss der Jahresabschluss mit dem Bestätigungsvermerk oder dem Vermerk über dessen Versagung offengelegt werden. Der Einzelabschluss konnte erstmals nach dem 31.12.2004 freiwillig nach IFRS aufgestellt werden.

Erstellt und veröffentlicht ein Unternehmen neben dem IAS/IFRS-Abschluss (freiwillig) einen HGB-Abschluss, so kann neben die Strafbarkeit aus § 331 Nr. 1a HGB auch die aus § 331 Nr. 1 HGB treten (zu den Konkurrenzen Rn 199 ff).[297] 94

I. Täterkreis

Als Täter des § 331 Nr. 1a HGB kommen nur **Mitglieder des vertretungsberechtigten Organs einer Kapitalgesellschaft** in Betracht. Mitglieder des Aufsichtsrats besitzen keine Täterqualifikation. Dies liegt in der unterschiedlichen Anknüpfung der Strafbarkeit begründet; während in § 331 Nr. 1 HGB die fehlerhafte Rechnungslegung als solche sanktioniert wird, für die auch der Aufsichtsrat im Rahmen seiner Pflichten einstehen muss, trifft die Offenlegungspflicht allein das vertretungsberechtigte Organ. Die Tätereigenschaft ist unabhängig von der Größe der Kapitalgesellschaft, obwohl kleine Unternehmen durch die freiwillige Aufstellung eines IFRS-Abschlusses keine Befreiung von der Offenlegung des HGB-Abschlusses erlangen können. 95

II. Gegenstand der Tathandlung

Gegenstand der Tathandlung ist die Offenlegung von **IAS/IFRS-Einzelabschlüssen**, in denen die Verhältnisse der Gesellschaft unrichtig wiedergegeben oder verschleiert sind (zum Begriff der Verhältnisse Rn 48 ff). Damit stellt sich die Frage nach der verfassungsrechtlichen Zulässigkeit **dynamischer Verweisungen im Strafrecht auf internationale Rechnungslegungsstandards** unter dem Gesichtspunkt des Gesetzlichkeitsprinzips nach Art. 103 Abs. 2 GG. Da die Erstellung und Weiterentwicklung von IFRS dem IASB – einem privatwirtschaftlich organisierten Gremium – obliegt, mangelt es dem Gesetzgeber an Einfluss auf die von diesen entwickelten und noch zu entwickelnden Rechnungslegungsgrundsätze, so dass sich die Frage nach der Vereinbarkeit mit dem Demokratieprinzip stellt. Die dynamische Verweisung ist jedoch dadurch eingeschränkt, dass die IFRS-Standards eines rechtsbegründenden Akts zur Transformation der IFRS in EU-Recht bedürfen. Diese Transformation wird durch Beschluss der EU-Kommission zur Übernahme der IFRS bewirkt (näher Vor §§ 331 Rn 138 ff)[298] (Art. 3 und 6 IAS-VO). Pflichtbestandteile des IFRS-Einzelabschlusses sind Bilanz, GuV, EK-Spiegel, Kapitalflussrechnung und Anhang mit den im deutschen Recht notwendigen in § 325 Abs. 2b HGB genannten Angaben nach HGB und den rechtsformspezifischen Anhangsangaben des Aktien- und GmbH-Gesetzes.[299] Dabei müssen die in das EU-Recht im Wege des Komitologieverfahrens auf Grundlage des Komitologiebeschlusses[300] übernommenen IFRS/IAS-Vorschriften vollständig beachtet werden (Vor § 331 Rn 139). 96

---

297 *Bongertz* S. 267.

298 Vgl. Zusammenfassung der technischen Ausgestaltung bei *Ruhnke* Rechnungslegung, S. 14 f.

299 BeckBilKomm/*Grottel* § 325 Rn 64.

300 Beschluss des Rates vom 28. Juni 1999 (1999/468/EG) ABl. L 184 vom 17.7.1999 S. 23 ff, geändert durch Beschluss des Rates vom 17. Juni 2006 (2006/512/EG) ABl. L 200 vom 22.7.2006 S. 11 ff.

97 Der IFRS-Einzelabschluss ist durch den Aufsichtsrat (AG) nach § 171 Abs. 4 AktG bzw. die Gesellschafter (GmbH) zu prüfen und dieser Bericht durch die Mitglieder des vertretungsberechtigten Organs ebenfalls offenzulegen.

98 Anders als bei § 331 Nr. 3 HGB wird der Lagebericht in § 331 Nr. 1a HGB nicht als Tatmittel genannt. Der Gesetzgeber hat hierauf verzichtet, weil die IAS/IFRS ein solches Berichtsinstrument nicht kennen. Daher spricht auch § 325 Abs. 2a Satz 4 HGB von einem **Lagebericht nach § 289 HGB**, der als nach nationalem Recht vorgeschriebenes Element allerdings in dem erforderlichen Umfang auch auf die Besonderheiten des Abschlusses nach internationalen Rechungslegungsstandards Bezug nehmen muss. Wenn dieser Lagebericht unrichtig ist, richtet sich die Strafbarkeit nach **§ 331 Nr. 1 HGB** und nicht nach § 331 Nr. 1a HGB (Rn 47).

III. Tathandlung

99 **1. Offenlegen.** Der Tatbestand des § 331 Nr. 1a HGB erfordert die Offenlegung des Einzelabschlusses, in dem die Verhältnisse der Gesellschaft unrichtig wiedergegeben oder verschleiert worden sind. Unter Offenlegung versteht man nach § 325 Abs. 1, 2 HGB die **Einreichung der Unterlagen beim Betreiber des elektronischen Bundesanzeigers und deren Bekanntmachung.** Erst mit der Veröffentlichung entsteht die Gefährdung der Gläubiger. Daher liegt mit der Einreichung des Abschlusses noch keine Vollendung vor (Rn 110).

100 **2. Inhaltliche Unrichtigkeit.** Der offengelegte Einzelabschluss muss die Verhältnisse der Kapitalgesellschaft unrichtig wiedergeben oder verschleiern. Eine **unrichtige Wiedergabe** liegt vor, wenn die Darstellung der wirtschaftlichen Situation der Gesellschaft der in Wirklichkeit bestehenden Sachlage nicht entspricht[301]. Eine **Verschleierung** ist gegeben, wenn die wirtschaftlich bedeutsamen Verhältnisse zwar objektiv richtig dargestellt werden, ihre Erkennbarkeit aber so erschwert wird, dass die Gefahr einer unzutreffenden Beurteilung der wirtschaftlichen Situation besteht.[302]

101 Maßstab sind die nach Art. 5a des Komitologiebeschlusses ins EU-Recht übernommenen **IAS/IFRS als internationale Rechungslegungsstandards** i.S.d. § 315a Abs. 1 HGB.[303] Daher kann zur Ausfüllung des bei den Bewertungen, Schätzungen und Prognosen notwendigen Maßstabes nicht auf die Vorschriften des nationalen Bilanzrechts, die GoB und das Gebot des richtigen Ausweises der Vermögens-, Finanz- und Ertragslage der Gesellschaft zurückgegriffen werden. Dies folgt aus der abschließenden Aufzählung der anwendbaren Vorschriften in § 325 Abs. 2a Sätze 3, 5 HGB und dem Erfordernis der Konsistenz der Rechnungslegung. Der Unternehmer muss nach § 325 Abs. 2a Satz 2 HGB die **internationalen Rechnungslegungsgrundsätze einheitlich anwenden** und kann sich nicht die bilanzrechtlichen „Rosinen“ herauspicken. Dies gilt jedoch nicht nur für die Bilanzierungsvorschriften im engeren Sinne, sondern auch für die dahinter stehenden Wertungen und Grundentscheidungen. Daher müssen die in das EU-Recht übernommenen Wertansätze, insbesondere die vom International Financial Reporting Interpretations Committee (IFRIC) veröffentlichten Auslegungen, beachtet werden. Dabei definiert IAS 8.5.

---

301 Heymann/*Otto* Rn 25; MünchKommHGB/*Quedenfeld* Rn 40 ff, 58.

302 Heymann/*Otto* Rn 29; MünchKommHGB/*Quedenfeld* Rn 40, 56.

303 MünchKommHGB/*Quedenfeld* Rn 58; MünchKommStGB/*Sorgenfrei* Rn 73.

einen Fehler (bei der Erfassung, Ermittlung, Darstellung oder Offenlegung eines Abschlusses, vgl. IAS 8.41 a.F.) als fehlende oder unrichtige Information im Abschluss eines Unternehmens, der sich aus einer Nicht- oder Fehlverwendung von zuverlässigen Informationen ergeben hat.[304] Damit verweist § 331 Nr. 1a HGB in Verbindung mit § 315a HGB neben den internationalen Rechnungslegungsnormen nur noch auf die durch §§ 325, 315a HGB in Bezug genommenen Vorschriften des HGB. Fehler können bei der Erfassung, Bewertung, Darstellung und Offenlegung von Bestandteilen eines Abschluss entstehen; hierbei kann es sich um Rechenfehler, Fehler bei der Anwendung von Bilanzierungs- und Bewertungsmethoden, um Flüchtigkeitsfehler, Fehlinterpretationen von Sachverhalten, aber auch um Betrugsfälle handeln (IAS 8.5).[305]

Problematisch ist die große Fülle an **Ansatz- und Bewertungswahlrechten** sowie **Einschätzungs- und Ermessensspielräumen** innerhalb der IFRS, die den Nachweis einer unvertretbaren Bewertung im Einzelfall erschweren.[306] Es ist daher vermehrt auf verschleiernde Inkonsistenzen der Bewertung innerhalb der Rechnungslegung abzustellen. **102**

Eine unrichtige Wiedergabe oder Verschleierung liegt nur vor, wenn die **Unrichtigkeit wesentlich** ist (Rn 63). Das **Prinzip der Wesentlichkeit** ist sowohl im Rahmenkonzept (F. 29) als auch in IAS 1.29 ff und in Bezug auf Fehler in IAS 8.41 niedergelegt. Es gilt damit als verbindliche Norm: Eine Information muss nicht mitgeteilt werden, wenn sie nicht wesentlich ist (IAS 1.29). Dies bedeutet, dass das Weglassen einer Information oder die fehlerhafte Darstellung keine Auswirkung auf die Entscheidungen der Abschlussadressaten haben darf (F. 30). Die Wesentlichkeit einer Information ist aus der Sicht der Adressaten zu beurteilen, die die IFRS-Abschlüsse auswerten und gestützt auf diese Informationen wirtschaftliche Entscheidungen treffen (F. 12). Informationen sind nur wesentlich, wenn sie die Entscheidungen der Adressaten „beeinflussen könnten" (F. 30; IAS 1.11; IAS 8.5).[307] Hierfür bedarf es einer Beurteilung im Einzelfall unter Berücksichtigung aller Einzelumstände.[308] Eine nur quantitative Beurteilung reicht hierfür nicht aus.[309] Zu den Einzelumständen gehören z.B. die wirtschaftliche Lage des Unternehmens (kritische Verlustlage, Liquiditätsschwierigkeiten), die Eröffnung eines neuen Geschäftszweigs, auch wenn es sich – auf den Konzern bezogen – um geringe Zahlen handelt, sowie die Grundlagen der Schätzung zu einzelnen Abschlussposten. **103**

Nach **IAS 8** ist es unzulässig, bestimmte unwesentliche Abweichungen von den IFRS vorzunehmen oder unberichtigt zu lassen, wenn diese absichtlich herbeigeführt wurden, um dadurch eine bestimmte Darstellung zu erreichen. Dieser Regelung liegt der Gedanke einer **Vermeidung von Missbräuchen** zugrunde. Zwar sind außerstrafrechtliche Missbrauchsklauseln im Strafrecht grundsätzlich anwendbar.[310] Gleichwohl bestehen Beden- **104**

---

304 IdF Verordnung (EG) Nr. 1226/08 der Kommission v. 3.11.2008, Fn 205, ABl. EU Nr. L 320, S. 1, 34 ff; ausführlich MünchKommBilR/*Zülch*/*Willms* IAS 8, Rn 18, 49 ff.

305 *Erchinger*/*Melcher* KoR 2008, 616, 618.

306 *Storck* Bilanzpolitische Handlungsspielräume im deutschen und amerikanischen Handelsbilanzrecht, 2004, S. 15 ff; *Wohlgemuth* IFRS: Bilanzpolitik und Bilanzanalyse, 2007, S. 23 ff; *Clemm* FS Röhricht, S. 767 ff, 782 ff; *Küting*/*Reuter* BB 2005, 706 ff; *Meyer*/*Meisenbacher* DStR 2004, 567 ff; *Tschakert* Stille Lasten im Jahresabschluss nach IAS/IFRS, 2004, S. 57 ff, 217 f.

307 Dazu OLG Frankfurt DB 2009, 333, 336; *Wawrzinek* in Beck'sches IFRS-Handbuch, § 2 Rn 21 ff; *Erchinger*/*Melcher* KoR 2008, 616, 619; kritisch *Mekat* S. 277 ff, 297 ff.

308 Eingehend dazu *Küting*/*Weber*/*Keßler*/*Metz* DB 2007, Beilage Nr. 7 zu Heft 45, 1, 13 ff.

309 OLG Frankfurt DB 2009, 333, 336; MünchKommStGB/*Sorgenfrei* Rn 74; *Wawrzinek* in Beck'sches IFRS-Handbuch § 2 Rn 25 ff; *Erchinger*/*Melcher* KoR 2008, 616, 619.

310 Vgl. § 42 AO und § 4 SubvG.

ken, die Wesentlichkeit auf den Missbrauchsgedanken zu stützen, da sich hieraus noch keine Gefahr für Fehlentscheidungen der Bilanzadressaten ergibt.[311]

IV. Subjektiver Tatbestand

105 Strafbarkeit nach § 331 Nr. 1a HGB liegt sowohl bei **vorsätzlichem** als auch bei **leichtfertigem Verhalten** vor.

106 **1. Vorsatz.** Für die vorsätzliche Verwirklichung des Tatbestandes reicht bezüglich der Tätereigenschaft sowie der Offenlegung eines unrichtigen oder verschleiernden Einzelabschlusses **dolus eventualis** (vor §§ 331 Rn 166) aus.

107 **2. Leichtfertigkeit.** Bei der Leichtfertigkeit handelt es sich um eine qualifiziert fahrlässige, durch eine **gesteigerte Unachtsamkeit** gekennzeichnete Verhaltensweise.[312] Die Bestrafung auch leichtfertigen Verhaltens in § 331 Nr. 1a HGB rechtfertigt sich daraus, dass erwartet werden kann, dass vor der Offenlegung eines befreienden Abschlusses dieser sorgfältig überprüft wird. Auch steht zu befürchten, dass vorsätzliches Verhalten nur selten nachzuweisen sein wird, so dass der Leichtfertigkeitsinkriminierung eine **Auffangfunktion** zukommt.

108 **3. Zum Zwecke der Befreiung.** Der Täter muss sowohl bei vorsätzlichem als auch bei leichtfertigem Verhalten zum Zwecke der Befreiung, also mit **Absicht**, handeln. Handelt der Täter nur aus anderen Motiven, so ist er straflos. Dabei ist es ausreichend, wenn diese Zweckrichtung Teil eines Motivbündels ist. Problematisch ist die Rechtslage dann, wenn der Täter glaubt, er könne sich durch die Erstellung eines IFRS-Abschlusses von der Offenlegung des HGB-Abschlusses befreien. Dies ist zum einen dann der Fall, wenn der Täter glaubt, die Befreiungswirkung käme auch Kleinunternehmen zu Gute, und zum anderen, wenn er sein Unternehmen fälschlicherweise als großes nach § 267 Abs. 3 HGB einschätzt und einen fehlerhaften IFRS-Abschluss erstellt. In diesen Fällen legt er den Abschluss subjektiv zum Zweck der Befreiung offen. Die objektive Möglichkeit, die Befreiung erlangen zu können, muss nach der Ausgestaltung des Straftatbestandes nicht gegeben sein. Es entspricht auch dem Schutzzweck der Norm, der die Strafbarkeitslücke schließen will, falls nur ein IFRS-Abschluss offengelegt wird, weil der Täter in dem Bewusstsein, eine Befreiung erlangt zu haben, normalerweise keinen weiteren Abschluss, der eine Kontrolle ermöglichte und bei Fehlerhaftigkeit unter § 331 Nr. 1 fiele, veröffentlichen wird. Daher kommt es auf die tatsächlich befreiende Wirkung des Abschlusses nicht an.

V. Rechtswidrigkeit

109 Bezüglich der Rechtswidrigkeit kann auf die Ausführungen bei Rn 86 verwiesen werden.

---

[311] Im Ergebnis ebenso MünchKommStGB/*Sorgenfrei* Rn 74.

[312] Vgl. BGHSt 20, 323 f; 33, 67.

VI. Vollendung und Beendigung der Tat

1. Vollendung. Das Delikt ist mit der **Offenlegung des Einzelabschlusses** vollendet. **110**
Dies kann dann der Fall sein, wenn die Unterlagen vollständig beim Bundesanzeiger eingereicht worden sind, oder erst, wenn sie daraufhin bekannt gemacht wurden. Erst mit der unverzüglichen Bekanntmachung sind die letzten Voraussetzungen für eine befreiende Offenlegung erfüllt; der erstrebte Zweck der Befreiung muss jedoch nicht eingetreten sein, damit Vollendung gegeben ist. Nach der Einreichung hängt die Veröffentlichung alleine von technischen Umständen ab, die oft vom Zufall abhängig sind, so dass die offenlegungspflichtige Person es nicht mehr in der Hand hat. Allerdings besteht die Möglichkeit der Kenntnisnahme und damit die Gefährdung der Gläubiger und der Gesellschafter erst mit der Bekanntmachung nach § 325 Abs. 2 HGB. Für die Vollendung des Äußerungsdelikts kommt es damit auf die **Veröffentlichung im elektronischen Bundesanzeiger** an. Der Versuch ist nicht strafbar (§§ 12 Abs. 2, 23 Abs. 2 StGB).

2. Beendigung. Beendigung der Tat tritt noch nicht mit dem Zugänglichwerden der **111**
Darstellung für die Adressaten ein, entscheidend ist – ebenso wie bei § 331 Nr. 1 HGB (Rn 89) – die (erstmalige) **Kenntnisnahme eines Adressaten**, mit der die Verletzung des Vertrauens vorliegt. Die bloße Möglichkeit zur Kenntnisnahme führt noch nicht zur Beendigung, weil die Verletzung des geschützten Vertrauens durch die Kenntnisnahme noch vertieft wird.

D. Unrichtige Wiedergabe oder Verschleierung der Verhältnisse des Konzerns (§ 331 Nr. 2 HGB)

§ 331 Nr. 2 HGB zielt auf die unrichtige Darstellung bei **Aufstellung des Konzernabschlusses, des Konzernlageberichts und des Konzernzwischenabschlusses** (§ 340i Abs. 4 HGB) ab. Es müssen dementsprechend die Verhältnisse des Konzerns unrichtig wiedergegeben oder verschleiert werden. Eine Besonderheit ergibt sich für den Konzernabschluss insofern, als er primär reine Informationsfunktion hat und im Gegensatz zum Abschluss nach HGB nicht für die Ausschüttungsbemessung herangezogen werden darf.[313] **112**

I. Täterkreis

Nach dem Gesetzeswortlaut des § 331 Nr. 2 HGB kommen – ebenso wie bei § 331 **113**
Nr. 1 HGB – als taugliche Täter nur **Mitglieder des vertretungsberechtigten Organs** oder **des Aufsichtsrats einer Kapitalgesellschaft** in Betracht (Rn 20 ff). Fraglich ist, ob ein Aufsichtsratsmitglied Täter des § 331 Nr. 2 HGB sein kann, obwohl der Aufsichtsrat nicht für die Erstellung des Konzernabschlusses oder des Konzernlageberichts verantwortlich ist. Die Aufstellung der Konzernbilanz obliegt allein dem Vorstand des Mutterunternehmens (§ 290 Abs. 1 HGB). Jedoch hat der Aufsichtsrat nach § 171 Abs. 1 Satz 1 AktG den Konzernabschluss und Konzernlagebericht zu prüfen und nach § 171 Abs. 2 Satz 4 AktG zu billigen. Daher ist die Einbeziehung der Mitglieder des Aufsichtsrats in den

313 MünchKommHGB/*Busse von Colbe* Vor § 290 Rn 27 ff, der den Konzernabschluss jedoch als faktische Grundlage für die Ausschüttungsbemessung bezeichnet, Rn 33.

Täterkreis des § 331 Nr. 2 HGB nicht (mehr) als gesetzgeberisches Versehen zu werten, nachdem der Gesetzgeber bei den letzten Novellierungen des Bilanzrechts keine Korrektur des § 331 Nr. 2 HGB vorgenommen hat.[314]

114 Eine Erweiterung des Täterkreises durch **§ 14 Abs. 2 StGB** kommt – ebenso wie bei § 331 Nr. 1 HGB (Rn 34) – wegen des Sonderdeliktscharakters des § 331 Nr. 2 HGB **nicht** in Betracht.[315] Daher können andere als die im Gesetz ausdrücklich genannten Personen allenfalls als Teilnehmer – Gehilfe oder Anstifter – bestraft werden.[316]

II. Gegenstand der Tathandlung

115 § 331 Nr. 2 HGB erfasst als eigenständige Tatbestandvariante den **Konzernabschluss**, den **Konzernlagebericht** und den **Konzernzwischenabschluss** nach § 340i Abs. 4 HGB. Deren Aufstellung ist notwendig und erforderlich, weil konzerninterne Vorgänge die Aussagefähigkeit der Einzeldarstellungen über die wirtschaftliche Lage der Konzernmitglieder beeinträchtigen können, mit der Folge, dass die Situation des gesamten Konzerns allein auf der Grundlage der Einzeldarstellungen nicht richtig beurteilt werden kann. Daher werden im Rahmen von Konsolidierungsmaßnahmen innerkonzernliche Verbindungen (z.B. Beteiligungen) eliminiert, um ein den tatsächlichen Verhältnissen entsprechendes Bild zu gewährleisten.

116 **1. Begriff des Konzerns.** Der Begriff des Konzerns ist in § 18 AktG definiert. Dabei wird zwischen dem **Unterordnungskonzern**, bei dem ein herrschendes und ein oder mehrere abhängige Unternehmen zusammengefasst sind (§ 18 Abs. 1 Satz 1 AktG), und dem **Gleichordnungskonzern**, bei dem rechtlich selbständige Unternehmen unter einheitlicher Leitung zusammengefasst sind, ohne dass das eine Unternehmen von dem anderen abhängig ist (§ 18 Abs. 2 AktG), differenziert. Aus strafrechtlicher Sicht ist diese Unterscheidung irrelevant.[317]

117 Das Vorliegen der **Voraussetzungen eines Konzerns** muss **nachgewiesen** werden. Die gesetzliche Vermutung des § 18 Abs. 1 Satz 3 AktG, dass zwischen einem abhängigen und einem herrschenden Unternehmen ein Konzern besteht, gilt nur im Gesellschaftsrecht, nicht aber im Strafrecht. Diese Vermutung würde eine Beweisvermutung zu Lasten des Angeklagten darstellen, die mit dem Grundsatz in dubio pro reo nicht in Einklang gebracht werden kann.[318] Liegt kein Konzern vor, so ist § 331 Nr. 2 HGB nicht einschlägig.

118 **2. Verhältnisse des Konzerns.** Gegenstand der Tathandlung ist die Darstellung der Verhältnisse des Konzerns im Konzernabschluss, bestehend aus Konzernbilanz, Konzern-Gewinn-und-Verlustrechnung und Konzernanhang, im Konzernlagebericht oder im Konzernzwischenabschluss (§§ 290 ff, 297 ff, 315 HGB), dessen Richtigkeit und Klarheit sichergestellt werden soll. Bezüglich des Tatbestandsmerkmals der „Verhältnisse" kann auf die Ausführungen in Rn 48 ff verwiesen werden. Auch hier sind **alle wirtschaftlichen, sozialen und politischen Umstände** der Vergangenheit, Gegenwart und Zukunft, die für

---

314 So noch *Schmedding* S. 76; vgl. Voraufl. § 331 Rn 65.

315 Schönke/Schröder/*Perron* § 14 StGB Rn 4.

316 Näher dazu *Klussmann* S. 65 f.

317 Heymann/*Otto* Rn 47; MünchKommHGB/*Quedenfeld* Rn 61.

318 Heymann/*Otto* Rn 47; ebenso MünchKommHGB/*Quedenfeld* Rn 62; allgemein zur Unzulässigkeit solcher Beweisvermutungen im Strafrecht *Dannecker* in Leitner S. 5 ff.

die Beurteilung der Situation und der künftigen Entwicklung tatsächlich von Bedeutung sind, erfasst. Dabei ist eine **restriktive Auslegung** geboten und der Begriff der Verhältnisse auf wirtschaftlich relevante Umstände zu beschränken.

3. **Konzernabschluss, Konzernlagebericht und Konzernzwischenabschluss.** Der Tatbestand des § 331 Nr. 2 HGB gilt sowohl für den **Gesamtkonzern-** als auch für den **Teilkonzernabschluss.**[319] Die Pflicht, einen konsolidierten Abschluss zu erstellen, bestimmt sich nach §§ 290 ff HGB. Die Voraussetzungen dafür, wann ein Konzernabschluss aufzustellen ist, wurden durch das **BilMoG** grundlegend geändert, indem das Konzept einer einheitlichen Leitung aufgegeben und das aus dem angelsächsischen Rechtskreis stammende *Control*-Konzept (Rn 120) eingeführt wurde. Die sich daraus ergebenden Neuregelungen sollen erstmals auf Geschäftsjahre, die nach dem 31.12.2009 beginnen, angewendet werden.[320] Für Geschäftsjahre, die bereits nach dem 31.12.2008 begonnen haben, besteht ein Wahlrecht, die alten Regelungen oder nach Art. 66 Abs. 3 Satz 6 EGHGB die neuen Regelungen anzuwenden; jedoch dürfen sie nur jeweils vollständig angewendet werden. Ziel der Reform war es, die Rechnungslegung nach HGB im Vergleich mit den internationalen Normen konkurrenzfähiger zu machen.[321] Zahlreiche Wahlrechte (z.B. erfolgsneutrale Verrechnungen von Geschäftswerten mit Rücklagen) sind weggefallen. Unter den Voraussetzungen des § 290 Abs. 1 oder 2 HGB müssen Mutterunternehmen einen Konzernabschluss und einen Konzernlagebericht aufstellen, wenn nicht eine der Befreiungen der §§ 291 Abs. 1, 293 HGB eingreift. Liegt bei Geschäftsjahren bis zum 31.12.2009 weder eine einheitliche Leitung nach § 290 Abs. 1 HGB a.F. noch eine direkte oder indirekte Kontrollrechtsstellung nach § 290 Abs. 2 HGB a.F. vor, bzw. bei Geschäftsjahren nach dem 31.12.2009 kein beherrschender Einfluss des Mutterunternehmens nach § 290 Abs. 1, 2 HGB, oder hat das Mutterunternehmen lediglich Tochterunternehmen, die nach §§ 290 Abs. 4, 296 HGB nicht in den Abschluss miteinbezogen werden müssen, so besteht keine Verpflichtung zur Aufstellung eines Konzernabschlusses. Stellt jedoch ein von der Erstellungspflicht befreites Mutterunternehmen einen Konzernabschluss auf, so muss dieser richtig und vollständig sein, sodass in diesem Spezialfall auch eine Strafbarkeit nach § 331 Nr. 2 HGB in Betracht kommt. 119

a) **Verpflichtung zur Aufstellung eines Konzernabschlusses.** Das Täterverhalten knüpft an die gesetzliche Verpflichtung zur Aufstellung eines Konzernabschlusses und Konzernlageberichts an (§§ 290 ff HGB). Fehlt es an dem Konzernmerkmal oder an dieser gesetzlichen Verpflichtung, weil das Mutterunternehmen keinen Sitz im Inland hat, so fallen etwaige unrichtige Wiedergaben oder Verschleierungshandlungen von vornherein nicht unter den Straftatbestand des § 331 Nr. 2 HGB.[322] Denn die Verpflichtung zur Aufstellung eines Konzernabschlusses setzt gemäß § 290 Abs. 1 HGB das Bestehen eines **im Inland ansässigen Mutterunternehmens** voraus. Zur weiteren Bestimmung, wann ein Konzern vorliegt, wird nun nur noch auf das *Control*-Konzept abgestellt.[323] Danach kommt es primär darauf an, ob ein Mutterkonzern einen unmittelbar oder mittelbar beherrschenden Einfluss ausübt bzw. ausüben kann. Bestimmte konzerntypische Beherrschungssituationen sind in § 290 Abs. 2 HGB aufgeführt, die zu einer **unwiderlegbaren Vermutung des beherrschenden Einflusses** führen. Nach § 290 Abs. 2 Nr. 1 HGB ist es 120

---

319 *Schmedding* S. 15 ff.

320 Zur Rechtslage für Geschäftsjahre, die vor dem 31.12.2009 begannen vgl. Vorauflage Rn 72 ff.

321 BMJ Eckpunkte der Reform S. 1.

322 Heymann/*Otto* Rn 45.

323 *Kirsch* IRZ 2009, 237, 238; *Zülch/Hoffmann* DB 2009, 745, 746.

notwendig, dass dem Mutterunternehmen bei einem anderen Unternehmen die Mehrheit der Stimmrechte der Gesellschafter zusteht, nach § 290 Abs. 2 Nr. 2 HGB muss das Mutterunternehmen Gesellschafter eines anderen Unternehmens sein und ihm das Recht zustehen, die Mehrheit der Mitglieder des die Finanz- und Geschäftspolitik bestimmenden Verwaltungs-, Leitungs- oder Aufsichtsorgans zu bestellen oder abzuberufen; nach § 290 Abs. 2 Nr. 3 HGB muss dem Mutterunternehmen das Recht zustehen, die Finanz- und Geschäftspolitik auf Grund eines mit einem anderen Unternehmen geschlossenen Beherrschungsvertrages oder auf Grund einer Bestimmung in der Satzung des anderen Unternehmens zu bestimmen oder nach § 290 Abs. 2 Nr. 4 HGG bei wirtschaftlicher Betrachtung die Mehrheit der Risiken und Chancen eines Unternehmens tragen, das zur Erreichung eines eng begrenzten und genau definierten Ziels des Mutterunternehmens dient (Zweckgesellschaft). Diese Neuregelung für **Zweckgesellschaften** ist Ausdruck einer vermehrt auf tatsächliche Verhältnisse gerichteten Betrachtungsweise. Gerade in der Finanzmarktkrise wurde offenbar, dass vielfach rein tatsächliche Verflechtungen (z.B. bei Verbriefungstransaktionen) zu einer erhöhten Intransparenz geführt haben. Im Hinblick auf das Strafrecht müssen die Voraussetzungen für die Annahme einer beherrschenden Stellung, nicht jedoch die Beherrschung selbst gerade im Bereich der Zweckgesellschaften i.S.d. § 290 Abs. 2 Satz 4 HGB ohne Zweifel feststehen. Die Ausnahmen für die Nicht-Einbeziehung von Tochtergesellschaften hat der Gesetzgeber in § 296 HGB (dazu sogleich Rn 121 ff) abschließend geregelt.

121 **b) Verpflichtung zur Einbeziehung von Tochterunternehmen.** Nach § 294 Abs. 1 HGB sind grundsätzlich alle Tochterunternehmen ohne Rücksicht auf ihren Sitz in den Konzernabschluss einzubeziehen. Nur ausnahmsweise besteht ein Wahlrecht bezüglich der Einbeziehung von Tochterunternehmen (§ 296 HGB), so dass für international tätige Konzerne ein **Weltabschluss** grundsätzlich **gesetzlich vorgeschrieben** ist.

122 Jedoch brauchen Tochterunternehmen gemäß § 296 HGB nicht einbezogen werden, wenn erhebliche und andauernde Beschränkungen die Ausübung der Rechte des Mutterunternehmens nachhaltig beeinträchtigen (§ 296 Abs. 1 Nr. 1 HGB), die für die Aufstellung des Konzernabschlusses erforderlichen Angaben nicht ohne unverhältnismäßige Kosten oder Verzögerungen zu erhalten sind (§ 296 Abs. 1 Nr. 2 HGB) oder die Anteile des Tochterunternehmens nur zum Zweck der Weiterveräußerung gehalten werden (§ 296 Abs. 1 Nr. 3 HGB). In all diesen Fällen kann die Kontrolle des Mutterunternehmens über das Tochterunternehmen faktisch nicht ausgeübt werden, so dass auch nach dem verwendeten materiellen Kontroll-Begriff die Grundvoraussetzung zur Einbeziehung in den Konzernabschluss entfällt. Die **Nicht-Einbeziehung von Tochterunternehmen** bedarf gemäß § 296 Abs. 3 HGB einer **Begründung im Konzernanhang.** Fehlt eine solche Begründung, so kommt eine Strafbarkeit wegen unrichtiger Wiedergabe nach § 331 Nr. 2 HGB in Betracht.

123 Wenn alle Tochterunternehmen nach § 296 HGB wahlweise nicht einbezogen werden müssen, stellt § 290 Abs. 5 HGB klar, dass ein Mutterunternehmen, das lediglich solche Tochterunternehmen hat, **von der Erstellung eines Konzernabschlusses befreit** ist.

124 **c) Inhalt und Form des Konzernabschlusses.** Inhalt und Form des Konzernabschlusses und der zugehörigen Elemente bestimmen sich nach den **§§ 297 ff. HGB**. Der notwendige Inhalt des Konzernabschlusses ergibt sich aus § 297 Abs. 1 HGB. Er besteht aus der **Konzernbilanz**, der **Konzern-GuV**, dem **Konzernanhang**, der **Kapitalflussrechnung** und dem **Eigenkapitalspiegel**, der um eine **Segmentberichterstattung** erweitert werden kann. Letztere muss nicht aufgestellt werden; wenn sie gleichwohl freiwillig aufgestellt wird, darf sie das Gesamtbild des Abschlusses nicht verfälschen und muss daher vollständig sein. § 298 Abs. 1 HGB verweist für den Konzernabschluss auf die Rechnungslegungsvorschriften der §§ 244 bis 256a, 265, 266, 268 bis 275, 277 und 278 HGB sowie auf die für die Rechtsform und den Geschäftszweig der in den Konzernabschluss einbezogenen Unternehmen geltenden Vorschriften. Der Konzernabschluss soll **ein den tatsächlichen Verhältnissen entsprechendes Bild der Vermögens-, Finanz- und Ertragslage des Konzerns** vermitteln (§ 297 Abs. 2 Satz 2 HGB). § 297 Abs. 3 Satz 1 HGB präzisiert den Grundsatz der Bilanzklarheit dahingehend, dass das **Bild eines einzigen Unternehmens** entstehen soll. § 300 Abs. 1 Satz 3 HGB stellt klar, nach welchen Konsolidierungsgrundsätzen die Konzernbilanz aufgestellt werden muss, wobei Ausgangspunkt das Recht des Mutterunternehmens ist. Auf ausgeübte Wahlrechte ist gemäß § 300 Abs. 2 Satz 3 HGB im Konzernlagebericht hinzuweisen. Die gewählten Konsolidierungsmethoden sind grundsätzlich in den darauf folgenden Geschäftsjahren beizubehalten (§ 297 Abs. 3 Satz 2 HGB).

d) **Inhalt des Konzernlageberichts.** Auch für den Konzernlagebericht gilt, dass über **125**
die tatsächliche Ertrags-, Vermögens- und Finanzlage informiert werden muss (§ 315 Abs. 1 HGB), damit ein realistisches Bild der Gesellschaft entsteht. In den Konzernlagebericht müssen daher auch weitergehende Informationen über **wichtige Ereignisse nach Schluss des Geschäftsjahres**, über Forschung und Entwicklung, über die Grundzüge des Vergütungssystems und über die **voraussichtliche Entwicklung des Konzerns** einbezogen werden (§ 300 Abs. 2 HGB). Zusätzlich zu den schon nach altem Recht zu machenden Angaben wurde durch das BilMoG klargestellt, dass bei kapitalmarktorientierten Unternehmen nach § 264d HGB auf die **internen Kontroll- und Risikomechanismen** im Lagebericht eingegangen werden muss (§ 315 Abs. 2 Nr. 5 HGB). Weiterhin wurde die Verpflichtung eingeführt, dass, selbst wenn nach § 315 Abs. 1 Satz 1 HGB notwendige Angaben nur im Konzernanhang zu machen sind, auf diese im Lagebericht verwiesen werden muss. Dadurch soll eine größere Transparenz und Vergleichbarkeit gewährleistet und ein wirklichkeitsgetreueres Bild abgegeben werden, um eine wirtschaftliche Gesamtbeurteilung des Konzerns zu gewährleisten.

e) **Einbeziehung des Konzernzwischenabschlusses nach § 340i Abs. 4 HGB.** Außer- **126**
dem erfasst § 331 Nr. 2 HGB den Konzernzwischenabschluss nach § 340i Abs. 4 HGB, den **Kreditinstitute** nach § 10a Abs. 10 KWG aufstellen können, um **Zwischengewinne als haftendes Eigenkapital** zu berücksichtigen.

f) **IFRS-Rechnungslegung nach § 315a HGB.** Die Vorschrift des § 315a HGB betrifft **127**
die Konzernrechnungslegung nach IFRS und stellt eine Erweiterung der IAS-VO[324] dar. Dies führt zu einer Erweiterung des § 331 Nr. 2 HGB auch auf nach IFRS erstellte Konzernabschlüsse. Danach müssen **kapitalmarktorientierte Mutterunternehmen** nach § 315a Abs. 1 HGB für Geschäftsjahre, die nach dem 1.1.2005 beginnen, ihre Konzernrechnungslegung zwingend nach den von der EU-Kommission übernommenen IFRS-Standards erstellen, wenn **Wertpapiere auf einem geregelten Markt eines Mitgliedstaates** gehandelt werden. Zudem wurden Mutterunternehmen, die einen **Antrag auf Zulassung zu einem geregelten Markt** gestellt haben, gemäß § 315a Abs. 2 HGB den Pflichtanwendern gleichgestellt. Sonstige Mutterunternehmen haben ein **Wahlrecht nach § 315a Abs. 3 HGB**, ihren Konzernabschluss ebenfalls nach IFRS aufzustellen.

---

[324] EG-VO 1606/2002 v. 19. Juli 2002.

128 Alle Varianten setzen voraus, dass nach den §§ 290 ff HGB überhaupt ein **Konzernabschlusses erstellt werden muss.** Somit geht § 315a HGB über § 292a HGB a.F. hinaus, dessen internationale Abschlüsse keine handelsrechtlichen Konzernabschlüsse waren, diese also nicht ersetzten.[325]

129 Problematisch bei der Anwendung der IFRS ist die teilweise Diskrepanz zwischen den **verschiedenen Sprachfassungen,**[326] so dass sich die Frage stellt, welche Fassung für die Bestimmung eines Bilanzierungfehlers relevant ist. Die Londoner Fassung, die vom IASB in der Abschlussprüfung verlangt wird, genügt bereits mangels Übernahme in EU-Recht nicht den Anforderungen des Art. 103 Abs. 2 GG. Eine fehlerhafte Anwendung darf daher nicht zu einer Strafbarkeit wegen unrichtiger Angaben führen. Auch (Übersetzungs-)Fehler und Unzulänglichkeiten in der deutschen Fassung, beispielsweise, dass innerhalb den von der EU übernommenen IFRS der deutsche Text etwas anderes aussagt als der englische,[327] führen zu Problemen bei der Bestimmung der Strafbarkeit. Angesichts der Tatsache, dass viele Konzerne multinational agieren, wird man bei Einhaltung der Vorgaben nach einer der Sprachfassungen nicht von einer unrichtigen Bilanz ausgehen können, soweit innerhalb der Rechnungslegung konsequenterweise stets dieselbe Sprachfassung verwendet wurde. Die Variante der Verschleierung kommt jedoch in Betracht, wenn die **Gesamtlage des Unternehmens** dadurch unrichtig dargestellt wurde.

130 Nach **§ 315a HGB** sind diejenigen Konzerne, die die nach Art. 4 der IAS-VO übernommenen IFRS anwenden müssen, mit Ausnahme der in § 315a Abs. 1 HGB genannten Vorschriften grundsätzlich von der HGB-Rechnungslegung befreit. Ein vollständiger Abschluss umfasst danach gegenwärtig eine **nach IAS/IFRS erstellte Bilanz,**[328] die **Gesamtergebnis-,**[329] **Eigenkapitalveränderungs-**[330] **und Kapitalflussrechnung**[331] **für die Periode sowie den Anhang.**[332] Da die Erstellung und Weiterentwicklung von IFRS mit dem IASB einem privatwirtschaftlich organisierten Gremium obliegt, bedarf es eines rechtsbegründenden Akts zur Transformation der IFRS in EU-Recht. Diese Transformation wird durch **Beschluss der EU-Kommission zur Übernahme der IFRS** bewirkt (Art. 3 und 6 IAS-VO). Damit entfallen die rechtsstaatlichen Bedenken, die sich bei der Anwendung der IFRS bzw. US-GAAP nach § 292a HGB a.F. ergaben (näher Vor § 331 Rn 105 ff).[333] Es sollen nach § 315a Abs. 1 HGB aE jedoch die weiteren den Konzernabschluss betreffenden Bestimmungen angewendet werden. Grund hierfür ist, dass bestimmte Bereiche, insbesondere die den Konzernanhang betreffenden, nur lückenhaft durch die IAS/IFRS geregelt sind. Erstmalige Anwendung fand § 315a Abs. 1 und 3 HGB

---

325 BeckBilKomm⁵/*Hoyos/Lechner* § 292a, Rn 3, 36; Heymann/*Henssler vor* § 290, Rn 16 f; *Ordelheide* WPg 1996, 545, 546; *Wollmert/Oser* DB 2000, 729.

326 MünchKommHGB/*Ballwieser* vor § 238 Rn 27; *Kirsch* DB 2003, 2451; *Niehus* DB 2005, 2477 mit zahlreichen Beispielen; *Weber* wistra 2007, 284, 290.

327 *Ballwieser/Zimmermann* WPg Sonderheft 2004, 71 ff, 78; *Niehus* WPg 2005, 2477.

328 IAS 1 Nr. 54 i.d.F. Verordnung (EG) Nr. 1274/2008 der Kommission v. 17.12. 2008, ABl. EU Nr. L 339, S. 3, 12 ff.

329 IAS 1 Nr. 81 ff i.d.F. Verordnung (EG) Nr. 1274/2008 der Kommission v. 17.12. 2008, ABl. EU Nr. L 339, S. 3, 16 ff.

330 IAS 1 Nr. 106 ff i.d.F. Verordnung (EG) Nr. 1274/2008 der Kommission v. 17.12. 2008, ABl. EU Nr. L 339, S. 3, 20.

331 IAS 1 Nr. 111 i.d.F. Verordnung (EG) Nr. 1274/2008 der Kommission v. 17.12. 2008, ABl. EU Nr. L 339, S. 3, 20 iVm IAS 7 i.d.F. Verordnung (EG) Nr. 1126/2008 der Kommission v. 3.11.2008, Fn 205, ABl. EU Nr. L 320, S. 1, 27 ff.

332 IAS 1 Nr. 112 ff i.d.F. Verordnung (EG) Nr. 1274/2008 der Kommission v. 17.12. 2008, ABl. EU Nr. L 339, S. 3, 20.

333 Eingehend dazu 4. Auflage, vor § 331, Rn 40 ff.

auf nach dem 31.12.2004 beginnende Geschäftsjahre,[334] und § 315a Abs. 2 HGB auf nach dem 31.12.2006 beginnende Geschäftsjahre (Art. 58 Abs. 3 Satz 1, 2 EGHGB).

Bei der Anwendung der IFRS-Standards ergeben sich Probleme hinsichtlich des Kon- **131**
zernlageberichts, da diese Standards **kein dem Lagebericht vergleichbares Berichtsinstrument** kennen.[335] Aus diesem Grunde ist es notwendig, dass in dem **nach § 315 HGB aufgestellten Konzernlagebericht** auf die Besonderheiten der IFRS-Rechnungslegung eingegangen wird, um zu erreichen, dass ein **realistisches Bild der Gesellschaft** entsteht.

III. Tathandlungen

1. Unrichtige Wiedergabe und Verschleierung der Verhältnisse des Konzerns. Die **132**
Umschreibung der Tathandlung in § 331 Nr. 2 HGB als unrichtige Wiedergabe oder Verschleierung der Verhältnisse des Konzerns übernimmt die gleichlautende Formulierung des § 331 Nr. 1 HGB (dazu Rn 48 ff). Auch bei der **Konzernbilanz** reichen Berichtslücken für ein tatbestandsmäßiges Verhalten aus, sofern sie zur Unrichtigkeit, Unvollständigkeit oder Undurchsichtigkeit führen. Im **Konzernanhang** sind gemäß § 297 Abs. 2 Satz 3 HGB **zusätzliche Angaben** zu machen, wenn „besondere Umstände" dazu führen, dass das geforderte Bild der Gesellschaft nicht vermittelt wird. Solche besonderen Umstände bilden z.B. eine langfristige Fertigung[336] oder die Unterhaltung von Betriebsstätten in Hochinflationsländern. Im Hinblick darauf, dass Art. 103 Abs. 2 GG die Bestimmtheit des gesetzlichen Tatbestandes fordert, ist eine **restriktive Auslegung** (dazu Rn 49) des Merkmals der **besonderen Umstände** geboten.[337] Den Maßstab hierfür bildet der bilanzkundige Leser.[338] Diesem wird kein den tatsächlichen Verhältnissen entsprechendes Bild vermittelt, wenn Sachverhalte von außergewöhnlicher und einmaliger Art – ohne weitere Erklärung – der Bilanzierung zugrunde liegen.

Wenn für einen bilanzkundigen Leser nach dem Studium der Konzernbilanz, der Kon- **133**
zern-GuV, des Konzernanhangs der Kapitalflussrechnung und des Eigenkapitalspiegels ein unzutreffendes Gesamtbild der Verhältnisse entsteht, liegen die Voraussetzungen einer unrichtigen Wiedergabe bzw. Verschleierung vor. Bei dieser **Gesamtbetrachtung** ist der Konzernlagebericht nicht mit heranzuziehen. Vielmehr sollen sowohl der Konzernabschluss (§ 297 Abs. 2 Satz 2 HGB) als auch der Konzernlagebericht (§ 315 Abs. 1 Satz 1 HGB) je für sich genommen, ein den tatsächlichen Verhältnissen entsprechendes Bild vermitteln. Für die Verwirklichung des § 331 Nr. 2 HGB reicht es daher nach dem Gesetzeswortlaut aus, dass die Verhältnisse des Konzerns **entweder im Konzernabschluss oder im Konzernlagebericht unrichtig wiedergegeben oder verschleiert** werden.[339]

2. Erheblichkeit. Außerdem muss die **Unrichtigkeit oder Verschleierung der Verhält-** **134**
nisse im Konzern für die Vermittlung des gewünschten Bildes **erheblich** sein (Rn 63 f).[340]

334 Vgl. Art. 58 Abs. 3 Satz 1 EG HGB i.d.F. Art. 2 Nr. 5 BilReG; BT-Drucks. 15/3419, S. 33, 51; *Theile* IWB F. 10 Gr. 7 S. 25 ff.

335 BeckBilKomm[5]/*Hoyos/Lechner* § 292a Rn 25; Ebenroth/Boujong[1]/Joost/*Wiedmann* § 292a Rn 8; MünchKommHGB[1]/*Busse von Colbe* § 292a Rn 28.

336 *Forster* Rechnungslegung und Prüfung im Wandel S. 115.

337 Eingehend dazu *Schmedding* S. 63 ff.

338 RGSt 68, 349; KK/*Geilen* § 400 AktG Rn 40; Scholz[9]/*Tiedemann* § 82 GmbHG Rn 154; *Klussmann* S. 51 f.

339 *Schmedding* S. 121.

340 So RGSt 40, 287; vgl. auch Baumbach/Hueck[18]/*Schulze-Osterloh/Servatius* Anh. § 82 GmbHG Rn 6; Rowedder/*Fuhrmann/Schaal* § 82 GmbHG Rn 9.

Eine Unrichtigkeit oder Verschleierung der Bilanz erfüllt den objektiven Tatbestand des § 331 Nr. 2 HGB nicht, wenn es sich um „bilanzschönende" Maßnahmen (window-dressing)[341] handelt. Hierzu gehören ergebnisneutrale Darstellungen, wenn deren Verschönerung leicht erkennbar ist. Fehlt es an der Erheblichkeit, so kommt gleichwohl eine Ordnungswidrigkeit nach § 334 Abs. 1 Nr. 1 HGB in Betracht (§ 334 Rn 40 ff).

135 **3. Freiwillige Angaben.** Werden freiwillige Angaben gemacht, so müssen auch diese richtig sein (Rn 65). Ansonsten liegt ein strafbares Verhalten vor.[342] Im Übrigen kann auf die Ausführungen zur Tathandlung des § 331 Nr. 1 HGB verwiesen werden (Rn 51 ff).

IV. Vorsatz

136 § 331 Nr. 2 HGB setzt ebenso wie Nr. 1 vorsätzliches Verhalten voraus. **Dolus eventualis** (vor §§ 331 Rn 166) genügt.[343] Eine Täuschungsabsicht ist nicht erforderlich.

V. Rechtswidrigkeit

137 Bezüglich der Rechtswidrigkeit kann auf die Ausführungen bei Rn 86 verwiesen werden.

VI. Vollendung und Beendigung der Tat

138 **1. Vollendung.** Der Versuch des § 331 Nr. 2 HGB ist nicht strafbar (§§ 12 Abs. 2, 23 Abs. 1 StGB). Das Delikt ist erst mit dem **Zugang der Rechnungslegung** an einen der bestimmungsgemäßen Adressaten vollendet (Rn 87) und damit strafbar (zu den Konkurrenzen siehe Rn 199 ff).

139 **2. Beendigung.** Beendigung der Tat tritt noch nicht mit der Vollendung ein,[344] also noch nicht mit dem Zugänglichwerden der Darstellung für die Adressaten; entscheidend für die Beendigung ist – ebenso wie bei § 331 Nr. 1 HGB (Rn 89) – die (erstmalige) **Kenntnisnahme eines Adressaten,** mit der die Verletzung des Vertrauens vorliegt. Die bloße Möglichkeit zur Kenntnisnahme führt noch nicht zur Beendigung,[345] weil die Verletzung des geschützten Vertrauens durch die tatsächliche Kenntnisnahme noch vertieft wird.[346]

---

341 Vgl. dazu *Zimmerer* S. 137 ff.

342 Blumers/Frick/Müller/*Dannecker* Betriebsprüfungshandbuch Rn 648.

343 Vgl. *Schmedding* S. 131 ff.

344 So aber Lackner/*Kühl* § 78a StGB Rn 3 für Tätigkeitsdelikte.

345 So aber Rowedder/*Fuhrmann/Schaal* § 82 GmbHG Rn 50.

346 Ausführlich zur Beendigung *Dannecker* NStZ 1985, 51 f.

E. Offenlegung eines unrichtigen befreienden Konzernabschlusses oder Konzernlageberichts (§ 331 Nr. 3 HGB)

§ 331 Nr. 3 HGB erfasst Fälle, in denen Mitglieder des vertretungsberechtigten Organs einer Kapitalgesellschaft einen **befreienden Abschluss nach §§ 291, 292 HGB** offenlegen, der die Verhältnisse des Konzerns unrichtig wiedergibt oder verschleiert. § 331 Nr. 3 HGB knüpft somit an die Unterscheidung zwischen solchen Mutterunternehmen an, die verpflichtet sind, einen Konzernabschluss und Konzernlagebericht aufzustellen (§ 290 HGB), und solchen Mutterunternehmen, die einen befreienden Abschluss nach §§ 291, 292 HGB offenlegen. Die Einführung der Strafvorschrift des § 331 Nr. 3 HGB wurde erforderlich, weil in den Fällen der §§ 291, 292 HGB Konzernabschlüsse und Konzernlageberichte von Mutterunternehmen auf höherer Stufe an die Stelle von Konzernabschlüssen und Konzernlageberichten von Mutterunternehmen auf niedrigerer Stufe treten können. Diese Erleichterung der Konzernrechnungslegung gründet sich auf die höhere Aussagekraft der Rechnungslegung des oberen Mutterunternehmens, die zwingend den konsolidierten Abschluss des unteren Mutterunternehmens als deren Tochterunternehmen enthalten muss.[347] **140**

I. Täterkreis

Als Täter des § 331 Nr. 3 HGB kommen **Mitglieder des vertretungsberechtigten Organs einer Kapitalgesellschaft** in Betracht. Aufsichtsratsmitglieder können sich angesichts des Wortlauts nicht strafbar machen. Die Offenlegung kann sowohl durch das befreite Tochterunternehmen (Mutterunternehmen niedriger Stufe) als auch durch dessen Mutterunternehmen (Mutterunternehmen höherer Stufe) erfolgen.[348] Dabei kann der Täter sowohl dem **Mutterunternehmen, das den Konzernabschluss und den Lagebericht aufgestellt hat**, angehören als auch dem von der Aufstellung befreiten Mutterunternehmen, da beide zur Offenlegung befugt sind.[349] **141**

Entscheidend für die Bestimmung des möglichen Täters ist allein, wer die Offenlegung des fehlerhaften unrichtigen Konzernabschlusses oder -lageberichts vornimmt.[350] Wenn die Offenlegung durch das **(obere) Mutterunternehmen** erfolgt, das den Konzernabschluss und den Konzernlagebericht aufgestellt hat, sind dessen gesetzliche Vertreter Täter. Nimmt ein Mutterunternehmen mit Sitz im Ausland die Offenlegung vor, so ist – im Gegensatz zum Straftatbestand des § 331 Nr. 2 HGB, der auf den Pflichtenkreis der Erstellung des Konzernabschlusses nach §§ 290 ff HGB abstellt – eine Strafbarkeit nach § 331 Nr. 3 HGB auch für Organmitglieder einer ausländischen Gesellschaft möglich.[351] Wenn das Mutterunternehmen seinen Sitz im Ausland hat, erfolgt die Offenlegung häufig durch das **befreite Tochterunternehmen.** In diesem Fall machen sich die gesetzlichen Vertreter der befreiten Kapitalgesellschaft (Tochterunternehmen) strafbar. **142**

---

[347] Vgl. MünchKommHGB/*Busse von Colbe* § 291 Rn 1 ff.

[348] BeckBilKomm/*Kozikowski*/*Gutman* Rn 32.

[349] BT-Drucks. 10/3440, S. 46; zur Verantwortlichkeit der Mitglieder des vertretungsberechtigten Organs einer Kapitalgesellschaft als Täter vgl. die Ausführungen oben Rn 71 ff.

[350] BeckBilKomm/*Kozikowski*/*Gutman*, Rn 32; MünchKommHGB/*Quedenfeld* Rn 63; MünchKommStGB/*Sorgenfrei* Rn 36; Heymann/*Otto* Rn 55.

[351] MünchKommHGB/*Quedenfeld* Rn 32; MünchKommStGB/*Sorgenfrei* Rn 36.

143 Wenn hingegen das **obere Mutterunternehmen** selbst als Kapitalgesellschaft gemäß § 290 HGB zur Konzernrechnungslegung verpflichtet ist, können im Falle der Offenlegung eines unrichtigen Konzernabschlusses oder Konzernlageberichts die Straftatbestände der Nrn. 2 und 3 des § 331 HGB nebeneinander verwirklicht werden.[352] Die Strafdrohung richtet sich also sowohl gegen die Organe ausländischer Unternehmen, die ihrerseits die Befreiungstatbestände der §§ 291, 292 HGB in Anspruch nehmen, als auch gegen die Organmitglieder deutscher Unternehmen, die von der Befreiungsmöglichkeit des § 292 HGB Gebrauch machen.[353]

144 Die Vorschrift des § 292a HGB a.F., die ebenfalls eine befreiende Wirkung nach sich zog, war als **Übergangsregelung** konzipiert und nach Art. 5 KapAEG nur noch auf diejenigen Geschäftsjahre anwendbar, die spätestens am 31.12.2004 endeten. Diese Vorschrift ist deshalb nur noch für Altfälle relevant. Es handelt sich um ein Zeitgesetz, so dass das Milderungsgebot des § 2 StGB nicht eingreift (Vor §§ 331 Rn 180). Die verfassungsrechtliche Problematik, die insbesondere auf der dynamischen Verweisung auf international anerkannte Rechnungslegungsgrundsätze fußte,[354] wurde durch die Klarstellung in § 315a HGB und das Erfordernis des Komitologieverfahrens deutlich entschärft.

II. Gegenstand der Tathandlung

145 Gegenstand der Tathandlung ist die **Offenlegung eines Konzernabschlusses oder Konzernlageberichts**, in dem die Verhältnisse des Konzerns unrichtig wiedergegeben oder verschleiert werden.

146 **1. Befreiende Wirkung von EU/EWR-Konzernabschlüssen.** Nach **§ 291 Abs. 1 Satz 1 HGB** braucht ein Mutterunternehmen im Sinne des § 290 HGB, das zugleich Tochterunternehmen eines Mutterunternehmens mit Sitz in einem Mitgliedstaat der Europäischen Union oder in einem anderen Vertragsstaat des EWR ist, keinen Konzernabschluss und Konzernlagebericht aufzustellen, wenn das obere Mutterunternehmen einen **befreienden Konzernabschluss und Konzernlagebericht** einschließlich Bestätigungs- bzw. Versagungsvermerk **in deutscher Sprache offenlegt.** Diese befreiende Wirkung ist ausgeschlossen, wenn das untere Mutterunternehmen kapitalmarktorientiert nach § 2 Abs. 5 WpHG ist (§ 291 Abs. 3 Nr. 1 HGB), da in diesem Fall das Informationsinteresse an einem eigenen Konzernabschluss dieses Unternehmens höher einzuschätzen ist.

147 **2. Ermächtigung zum Erlass einer Rechtsverordnung für befreiende Konzernabschlüsse und Konzernlageberichte von Mutterunternehmen mit Sitz außerhalb der Europäischen Union und des EWR.** § 292 HGB eröffnet die Möglichkeit befreiender Konzernabschlüsse von Mutterunternehmen mit Sitz außerhalb der Europäischen Union und des EWR, wenn die Konzernabschlüsse und -lageberichte gleichwertig aufgestellt und geprüft worden sind. Nach § 292 Abs. 2 HGB reicht eine **gleichwertige Prüfung durch einen Ab-**

---

352 BeckBilKomm/*Kozikowski/Gutman* Rn 32; *Maul* in Küting/Weber, Handbuch der Konzernrechnungslegung, Anm. 1656.

353 MünchKommStGB/*Sorgenfrei* Rn 36 und MünchKommHGB/*Quedenfeld* Rn 39, sehen bei einer ausländischen Muttergesellschaft keine Möglichkeit zur Verwirklichung des § 331 Nr. 2 HGB.

354 Vgl. zur verfassungsrechtlichen Problematik der Verweisung des § 292a HGB a.F. Vorauflage Rn 93 ff.

schlussprüfer, der nicht in Übereinstimmung mit den europäischen Regelungen zugelassen worden ist, aus, wenn dieser eine den gemeinschaftsrechtlichen Anforderungen gleichwertige Befähigung hat. § 292 HGB selbst enthält nur eine Ermächtigung zum Erlass einer Rechtsverordnung, welche die Voraussetzungen der Befreiung im Einzelnen regelt. Auf dieser Ermächtigungsgrundlage wurde die **Konzernabschlussbefreiungsverordnung**[355] erlassen.

3. Befreiende Konzernabschlüsse (§§ 291, 292 HGB). Bei Unterordnungskonzernen **148** ist grundsätzlich auf jeder Stufe ein Weltkonzernabschluss zu erstellen. Von dieser Pflicht zu Stufenabschlüssen befreit § 291 HGB, wenn ein **Mutterunternehmen mit Sitz in einem Mitgliedstaat der EU oder des EWR** (Island, Liechtenstein, Norwegen) auf höherer Stufe einen Konzernabschluss erstellt, der in deutscher Sprache nach den Vorschriften der §§ 325 Abs. 3 bis 5, 328 HGB offengelegt wird und die Befreiungsmöglichkeit nicht nach § 291 Abs. 3 HGB wegen Minderheitenschutzes oder wegen § 2 Abs. 5 WpHG versagt ist. Dabei muss das befreiende Mutterunternehmen nicht das oberste Mutterunternehmen sein.

Wenn das befreiende **Mutterunternehmen außerhalb der EU bzw. des EWR** ansässig **149** ist, richtet sich die Befreiung nach § 292 HGB iVm der Konzernabschlussbefreiungsverordnung. Eine Befreiung kann auch durch Gründung einer Zwischen-Holding in einem EU-Staat für deren Tochterunternehmen erreicht werden.

Für Inhalt und Gliederung eines befreienden Konzernabschlusses gilt grundsätzlich **150** das für das obere Mutterunternehmen geltende nationale Recht, das wiederum der siebten EG-Richtlinie entsprechen muss. Da den Mitgliedstaaten gewisse Wahlrechte zustehen, kann der befreiende Konzernabschluss in Inhalt und Gliederung vom deutschen Recht abweichen. Daher ist grundsätzlich auch ein **IFRS-Abschluss** oder ein **US-GAAP-Abschluss des oberen Mutterunternehmens** befreiend, wobei nach § 2 Abs. 1 Nr. 2 aE KonBefrVO die Konzernrechnungslegung mindestens gleichwertig sein muss. Angesichts der großen Unterschiede in den Rechnungslegungsvorschriften ist zu prüfen, inwieweit es sich um wesentliche Abweichungen handelt.[356] Bezüglich der IFRS, die gemäß Art. 3 und 6 IAS-VO in EU-Recht transformiert wurden, ergeben sich diesbezüglich keine Bedenken. Bei allen übrigen Abschlüssen ist eine **Gleichwertigkeitsprüfung** im Einzelfall erforderlich. In Bezug auf die Strafbarkeit kommt es jedoch nicht auf die tatsächliche Möglichkeit der Befreiung an, sondern lediglich auf die Offenlegung unter der subjektiven Prämisse, den Abschluss zum Zwecke der Befreiung offenzulegen. Insofern ist es für die Strafbarkeit nicht notwendig, dass eine tatsächliche Gleichwertigkeit der Abschlüsse besteht.

Wenn ein unteres Mutterunternehmen die Befreiungsmöglichkeit des § 291 HGB in **151** Anspruch nimmt, muss es im **Anhang** zu seinem Jahresabschluss folgende **zusätzliche Angaben** machen: Name und Sitz des oberen Mutterunternehmens; Hinweis auf die Befreiung von der Verpflichtung, einen Konzernabschluss und einen Konzernlagebericht aufzustellen; Erläuterung der vom deutschen Recht abweichenden Bilanzierungs-, Bewertungs- und Konsolidierungsmethoden. Ansonsten ist der Anhang zum Jahresabschluss unvollständig.

---

355 Vom 15. November 1991 BGBl. I S. 2122, zuletzt geändert durch Artikel 13 Absatz 2 des Gesetzes vom 25. Mai 2009 (BGBl. I S. 1102).

356 Vgl. Stellungnahme der EG-Kommission XV/109/90-DE, 2. Rev, vgl. auch MünchKommHGB/*Busse von Colbe* § 292 Rn 7 ff.

III. Tathandlung

152 **1. Offenlegen.** Der Tatbestand des § 331 Nr. 3 HGB erfordert die **Offenlegung des Konzernabschlusses oder Konzernlageberichts**, in dem die Verhältnisse des Konzerns unrichtig wiedergegeben oder verschleiert worden sind. Gemäß § 325 Abs. 3 HGB sind Konzernabschlüsse wie Einzelabschlüsse offenzulegen. Unter Offenlegung versteht man nach § 325 Abs. 1, 2 HGB die **Einreichung des Abschlusses beim Betreiber des elektronischen Bundesanzeigers und dessen Bekanntmachung** (Rn 160).

153 **2. Inhaltliche Unrichtigkeit.** Zur Bestimmung der Unrichtigkeit und der Verschleierung kann grundsätzlich auf die Ausführungen zu § 331 Nr. 1 HGB verwiesen werden (Rn 52 ff). Danach ist die **Wiedergabe unrichtig**, wenn die Darstellung der geschilderten wirtschaftlichen Situation der Gesellschaft der in Wirklichkeit bestehenden Sachlage nicht entspricht.[357] Eine **Verschleierung** ist gegeben, wenn die wirtschaftlich bedeutsamen Verhältnisse zwar objektiv richtig dargestellt werden, ihre Erkennbarkeit aber so erschwert wird, dass die Gefahr einer unzutreffenden Beurteilung der wirtschaftlichen Situation besteht.[358] Es kommt dabei auf die Unrichtigkeit bzw. Verschleierung der Darstellung des Teil-Konzerns an. In Bezug auf den Schutzzweck des § 331 Nr. 3 HGB ist es unerheblich, inwieweit andere Teile des Konzernabschlusses des oberen Mutterunternehmens fehlerhaft offen gelegt wurden.

154 Fraglich ist, welcher **Maßstab für Bewertungen, Schätzungen und Prognosen** anzuwenden ist. Angesichts der Einheitlichkeit der Bilanzierung kann zur Ausfüllung nicht auf Vorschriften des nationalen Bilanzrechts, die GoB und das Gebot des richtigen Ausweises der Vermögens-, Finanz- und Ertragslage der Gesellschaft zurückgegriffen werden (Rn 101). Vielmehr kommt es auf die jeweilige Rechtsordnung an, in der der befreiende Konzernabschluss und der Konzernlagebericht erstellt worden sind. Maßgeblich ist allein das **Recht am Sitz des oberen Mutterunternehmens**, das wiederum der 7. EG-Richtlinie entsprechen bzw. dieser gleichwertig sein muss. Eine solche Inbezugnahme rechtlicher Regelungen von Mitgliedstaaten der EU ist zulässig, da der Gesetzgeber selbst die wesentlichen Grundentscheidungen getroffen und nur die Ausgestaltung des Inhalts delegiert hat.[359] Dies führt vielfach dazu, dass auf die Vorschriften der IAS/IFRS als international anerkannte Rechnungslegungsstandards zurückgegriffen werden muss (vgl. Rn 101 ff). Allerdings gilt auch hier, dass nur **eindeutig fehlerhafte Bewertungen** zu einer Strafbarkeit führen können und bei Bewertungsunsicherheiten die für den Täter günstigere Bewertung vorgenommen werden muss (Rn 63). Fraglich ist, ob ein verschleiernder Konzernabschluss oder lediglich eine Nicht-Aufstellung vorliegt, wenn das zu befreiende (untere) Mutterunternehmen außerhalb des Anwendungsbereiches von § 296 HGB nicht in den befreienden Konzernabschluss mit einbezogen wurde. Bewertungsmaßstab ist dabei die Perspektive des oberen Mutterunternehmens. Dessen Konzernabschluss ist bei **Nicht-Einbeziehung von Tochterunternehmen** unrichtig, so dass eine Strafbarkeit nach § 331 Nr. 3 HGB regelmäßig gegeben ist. Dabei ist irrelevant, dass nach § 292 HGB iVm § 2 Abs. 1 Nr. 1 KonBefrV keine Befreiung eintreten kann.[360]

---

[357] Heymann/*Otto* Rn 24; MünchKommHGB/*Quedenfeld* Rn 40 ff.

[358] Heymann/*Otto* Rn 27; MünchKommHGB/*Quedenfeld* Rn 46.

[359] LK/*Dannecker* § 1 StGB Rn 148; *Tiedemann* FS Roxin S. 1401, 1404.

[360] Zur Einbeziehung von Unternehmen vgl. BeckBilKomm/*Kozikowski*/*Kreher* § 292, Rn 15, § 291 Rn 15 f.

IV. Subjektiver Tatbestand

Strafbarkeit nach § 331 Nr. 3 HGB liegt sowohl bei **vorsätzlichem** als auch bei **leichtfertigem Verhalten** vor. 155

1. Vorsatz. Für die vorsätzliche Verwirklichung des Tatbestandes reicht bezüglich der Tätereigenschaft sowie der Unrichtigkeit und Verschleierung im Konzernabschluss und Konzernlagebericht **dolus eventualis** (vor §§ 331 Rn 166) aus. 156

2. Leichtfertigkeit. Bei der Leichtfertigkeit handelt es sich um eine qualifiziert fahrlässige, durch eine gesteigerte Unachtsamkeit gekennzeichnete Verhaltensweise, die der **groben Fahrlässigkeit** des Zivilrechts entspricht.[361] Die Bestrafung nur leichtfertigen Verhaltens in § 331 Nr. 3 HGB rechtfertigt sich daraus, dass vor Genehmigung eines befreienden Abschlusses erwartet werden kann, dass dieser sorgfältig überprüft wird. Auch steht zu befürchten, dass vorsätzliches Verhalten i.d.R. schwer nachzuweisen sein wird, so dass der Leichtfertigkeitsinkriminierung eine **Auffangfunktion** zukommt. 157

3. Zum Zwecke der Befreiung. Dabei muss der Täter zum Zwecke der Befreiung nach § 291 HGB oder einer nach § 292 HGB erlassenen Rechtsverordnung handeln, d.h. die Offenlegung muss **zielgerichtet** zu diesem Zweck erfolgen.[362] **Auch bei leichtfertigem Verhalten** muss der Täter mit entsprechender **Absicht** handeln.[363] Die Offenlegung zu einem anderen Zweck als dem der Befreiung genügt nicht. Dabei ist es nicht notwendig, dass die Befreiung objektiv überhaupt möglich ist, so zum Beispiel, wenn das untere Mutterunternehmen nicht in den oberen Konzernabschluss einbezogen wurde oder die Rechnungslegungsstandards nicht gleichwertig sind, der Täter jedoch von einer Befreiungswirkung ausging. 158

V. Rechtswidrigkeit

Bezüglich der Rechtswidrigkeit kann auf die Ausführungen bei Rn 86 verwiesen werden. 159

VI. Vollendung und Beendigung der Tat

1. Vollendung. Der Versuch ist nicht strafbar (§§ 12 Abs. 2, 23 Abs. 2 StGB). Das Delikt ist mit der **Offenlegung des Konzernabschlusses** vollendet. Es stellt sich die Frage, ob dies schon der Fall ist, wenn die Unterlagen vollständig beim Bundesanzeiger eingereicht worden sind, oder ob es erforderlich ist, dass der Abschluss tatsächlich bekannt gemacht wurde. Zwar sind erst mit der unverzüglichen Bekanntmachung die letzten Voraussetzungen für eine befreiende Offenlegung erfüllt. Der erstrebte Zweck der Befreiung muss jedoch nach dem Wortlaut des § 331 Nr. 3 HGB nicht eingetreten sein, damit Vollendung gegeben ist. Nach der Einreichung hängt die Veröffentlichung allein von tech- 160

---

361 Vgl. BGHSt 20, 323 f; 33, 67.

362 Heymann/*Otto* Rn 63; Blumers/Frick/Müller/*Dannecker* Betriebsprüfungshandbuch Rn 672.

363 BeckBilKomm/Kozikowski/*Gutman* Rn 33.

nischen Umständen ab, die oft vom Zufall bestimmt sind, so dass die offenlegungspflichtige Person den weiteren Verlauf nicht mehr beeinflussen kann. Stellt man hingegen zutreffender Weise auf die Gefährdung der Gläubiger und der Gesellschafter ab, so ist die Möglichkeit zur Kenntnisnahme entscheidend. Damit kommt es für die Vollendung des Äußerungsdelikts auf die **Veröffentlichung im elektronischen Bundesanzeiger** an.

161 **2. Beendigung.** Beendigung der Tat tritt noch nicht mit der Vollendung, also mit dem Zugänglichwerden der Darstellung für die Adressaten, ein; entscheidend ist – ebenso wie bei § 331 Nr. 1 HGB (Rn 89) – die (erstmalige) **Kenntnisnahme eines Adressaten**, mit der die Verletzung des Vertrauens vorliegt. Die bloße Möglichkeit zur Kenntnisnahme führt nicht schon zur Beendigung, weil die Verletzung des geschützten Vertrauens durch die Kenntnisnahme noch vertieft wird.

F. Unrichtige Abgabe einer Versicherung (§ 331 Nr. 3a HGB)

162 § 331 Nr. 3a HGB bedroht die gesetzlichen Vertreter einer Kapitalgesellschaft, die Inlandsemittent im Sinne des § 2 Abs. 7 WpHG und keine Kapitalanlagegesellschaft nach § 327a HGB ist, mit Strafe, wenn sie unrichtig versichern, dass in den Finanzberichten „ein den tatsächlichen Verhältnissen entsprechendes Bild" der Vermögens-, Finanz- und Ertragslage des Unternehmens vermittelt wird. Dieser sog. **Bilanzeid** wurde durch das Transparenzrichtlinie-Umsetzungsgesetz vom 20.1.2007 in das Bilanzstrafrecht des HGB eingefügt, obwohl er eher einer Regelung im Kapitalmarktstrafrecht entspricht und im Bilanzstrafrecht einen gewissen Fremdkörper darstellt.[364] Der Bilanzeid ist erstmals auf das nach dem 31.12.2006 beginnende Geschäftsjahr anzuwenden (Art. 62 EGHGB). Eine unvollständige Abgabe ist lediglich dann strafbewehrt, wenn dadurch die tatsächlichen Verhältnisse der Gesellschaft erheblich verschleiert werden.

163 Die ursprünglich im Regierungsentwurf vorgesehene Strafbarkeit der **Nichtabgabe der Versicherung** wurde gestrichen und als **Ordnungswidrigkeit** nach § 39 Abs. 2 Nr. 24 iVm § 37v Abs. 2 Nr. 3 WpHG bzw. für den Konzernabschluss nach § 39 Abs. 2 Nr. 24 iVm §§ 37v, 37y Nr. 1 WpHG in Bezug auf den Jahresfinanzbericht mit Geldbuße bedroht. Mangels korrekter gesetzgeberischer Verweisung gilt die Einbeziehung des Bilanzeides in die bußgeldrechtlichen Vorschriften jedoch nur für die **Versicherungen bezüglich des Einzelabschlusses, des Lageberichts sowie des Konzernlageberichts** nach § 315 Abs. 1 Satz 6 HGB; die Verweisung des § 37y Nr. 1 WpHG auf § 297 Abs. 2 Satz 3 HGB läuft hingegen ins Leere, da die Abgabe der Versicherung in § 297 Abs. 2 Satz 4 HGB bezüglich des Konzernabschlusses geregelt ist. Grundsätzlich kann eine unvollständige oder unterbrochene Verweisungskette mangels Bestimmtheit[365] nicht zu strafrechtlichen oder bußgeldrechtlichen Konsequenzen führen.[366] Dies gilt sowohl für Fälle, in denen die fehlerhafte Verweisung bei Inkrafttreten schon bestand, als auch für solche Fälle, die durch eine Gesetzesänderung entstehen. Eine Berichtigung durch den Richter kann nur dann stattfinden, wenn es sich um ein offensichtliches Redaktionsversehen seitens des Gesetzgebers handelt.[367] Dies ist beispielsweise bei einer rein deklaratorischen Klarstel-

---

364 Blumers/Frick/Müller/*Dannecker*/*Biermann* Betriebsprüfungshandbuch K Rn 902a.

365 Zum Bestimmtheitsgebot vgl. BVerfGE 47, 109, 121,124; BVerfGE 64, 289, 393.

366 BVerfGE 97, 157, 167; BGH, wistra 1992, 344, 345; OLG Stuttgart, NStZ-RR 1999, 379; LG Bad Kreuznach, Beschluss vom 19.6.2001 – 1008 Js 30004/98.

367 Vgl. LK/*Dannecker* § 1 StGB Rn 168 mwN.

lung des Gesetzestextes[368] der Fall, wenn dadurch den Anforderungen der Klarheit Rechnung getragen wird. Ein solches Redaktionsversehen liegt jedoch nur dann vor, wenn sich die wesentlichen Elemente der verwiesenen Vorschrift auch in der verweisenden Vorschrift finden. Angesichts der Unübersichtlichkeit einer mehrfachen Verweisungskette sind hohe Ansprüche zu stellen, um dem in Art. 103 Abs. 2 GG niedergelegten Bestimmtheitsgebot Genüge zu tun. In diesen Fällen wäre eine über den erkennbaren Wortsinn der Vorschrift hinausgehende Suche nach der relevanten Vorschrift notwendig, die nicht zu Lasten des Bürgers gehen darf. Dementsprechend ist die Bußgeldvorschrift des § 39 Abs. 2 Nr. 24 iVm §§ 37v, 37y Nr. 1 WpHG in Folge der Fehlverweisung als zu unbestimmt anzusehen.

I. Regelungsgegenstand des § 331 Nr. 3a HGB

Der **Schutzzweck des Bilanzeides** ist schwierig zu bestimmen. Nach dem Willen des **164**
Gesetzgebers sollte die Regelung dafür sorgen, dass die Verhältnisse des Unternehmens in den Finanzberichten richtig dargestellt werden.[369] Durch diese zusätzliche Versicherung soll ein Beitrag dazu geleistet werden, das **Kollektivvertrauen der Kapitalanleger** in besonders bekräftigte Finanzinformationen zu schützen.[370] Dieses Ziel wird jedoch schon durch die übrigen Tatbestände der § 331 Nrn. 1 bis 3 HGB erreicht. Um dem strafrechtsbegrenzenden Rechtsgüterschutzprinzip Rechnung zu tragen, muss der Bilanzeid einen darüber hinaus gehenden Regelungsgehalt aufweisen. Teilweise wird deshalb bei der Bestimmung des Schutzbereichs nicht an der objektiven Richtigkeit der Bilanz angeknüpft.[371] Ähnlich wie bei § 332 HGB (§ 332 Rn 8) soll es nicht auf die objektive Richtigkeit der Versicherung ankommen, sondern auf die **subjektive Übereinstimmung** des Bilanzeides **mit den objektiv vorliegenden Gegebenheiten.**[372] In Konsequenz ist es auch möglich, dass trotz objektiver Richtigkeit der Bilanz eine Strafbarkeit vorliegt, wenn der gesetzliche Vertreter von einer Unrichtigkeit der Versicherung ausgeht. Rechtsgut wäre dann das Vertrauen in die Bilanzehrlichkeit und die Bilanzredlichkeit. Dabei würden zusätzlich zu § 331 Nrn. 1 bis 3 HGB diejenigen Fälle erfasst, in denen der Verpflichtete bei objektiv korrektem Finanzbericht irrtümlich vom Gegenteil ausgeht. Die Strafbarkeit würde dadurch vorverlagert.[373] Dies widerspricht jedoch der generellen Ausgestaltung des § 331 HGB, der für keine der Begehungsweisen eine Versuchsstrafbarkeit vorsieht.[374] Auch wäre nur dieser spezielle, zwar theoretisch denkbare, jedoch sehr unwahrscheinliche Fall erfasst, der angesichts der Systematik des § 331 HGB gerade nicht erfasst sein sollte, so dass erhebliche Zweifel an der Strafwürdigkeit und dem Strafbedürfnis gegeben sind.[375] Die vom Gesetzgeber gewählte unglückliche Konstruktion ist Folge einer unzutreffenden Einordnung des Bilanzeides in das Bilanzstrafrecht; der Bilanzeid weist eine größere Nähe zu den Delikten des Kapitalmarktstrafrechts auf. Zum einen ist er nur auf Kapitalgesellschaften anzuwenden, die kapitalmarktorientiert sind. Diese Einschränkung der Strafbarkeit ist der allgemeinen Struktur des § 331 HGB sowie der des HGB insgesamt fremd, so dass eine Regelung im WpHG als **Regelung des Börsengesellschaftsrechts**

---

368 Zu deklaratorischen Aussagen durch Verordnungsgeber BVerfGE 14, 245, 250.

369 Regierungsentwurf, BT-Drucks. 16/2498, S. 55.

370 Vgl. MünchKommHGB/*Reiner* § 264 Rn 86; *Fleischer* ZIP 2007, 97, 104.

371 So DAI, NZG 2006, 696, 700; *Heldt/Ziemann* NZG 2006, 652, 653.

372 Vgl. *Heldt/Ziemann* NZG 2006, 652, 653.

373 Vgl. *Park* FS Egon Müller S. 531, 544.

374 *Park* FS Egon Müller S. 531, 544.

375 *Park* FS Egon Müller S. 531, 544 f.

vorzugswürdig gewesen wäre. Dies stünde auch mit der bußgeldrechtlichen Aufnahme in § 39 Abs. 2 Nr. 24 WpHG (Rn 163) in Einklang. Dadurch hätten Inkonsistenzen innerhalb des wirtschaftsstrafrechtlichen Systems vermieden werden können, und der Bilanzeid hätte einen eigenständigen Regelungsgehalt zugewiesen bekommen.

II. Täterkreis

165 Bei § 331 Nr. 3a HGB handelt es sich, ebenso wie bei § 331 Nrn. 1 bis 3 HGB (Rn 12), um ein **Sonderdelikt.**[376] Als tauglicher Täter kommt nur in Betracht, wer entgegen § 264 Abs. 2 Satz 3 HGB bzw. § 289 Abs. 1 Satz 5 HGB als **gesetzlicher Vertreter eines kapitalmarktorientierten Unternehmens**, das „Inlandsemittent" im Sinne des § 2 Abs. 7 WpHG und keine Kapitalanlagegesellschaft im Sinne des neu eingeführten § 327a HGB ist, oder entgegen § 297 Abs. 2 Satz 4 bzw. § 315 Abs. 1 Satz 6 HGB als **gesetzlicher Vertreter eines Mutterunternehmens im Sinne des § 290 Abs. 1 HGB** eine unrichtige Versicherung abgibt.[377] Die Einschränkung auf kapitalmarktorientierte Gesellschaften erfolgte erst im Laufe des Gesetzgebungsverfahrens.[378] Bei Aktiengesellschaften sind dies gemäß dem Prinzip der Gesamtverantwortung sämtliche **Mitglieder des Vorstandes,** einschließlich der fehlerhaft bestellten und der stellvertretenden Vorstandsmitglieder (§ 94 AktG), ohne Rücksicht auf ihre Ressortzuständigkeit.[379]

166 Die **Versicherung** muss **höchstpersönlich durch die gesetzlichen Vertreter** abgegeben werden.[380] Hierin weicht die deutsche Rechtslage von dem Vorbild der US-amerikanischen Regelung im Sarbanes-Oxley Act 2002 ab, die sich nur an den Chief Executive Officer und den Chief Financial Officer wendet, und trägt dem **Grundsatz der Gesamtverantwortung** Rechnung, der zu den Strukturprinzipien des deutschen Gesellschaftsrechts gehört.[381] Außerdem wird den Vorgaben der Änderungsrichtlinie zur vierten und siebten Richtlinie des Europäischen Parlaments und des Rates vom 14.6.2006 Nr. 2006/46/EG[382] Rechnung getragen, die in Art. 50b ausdrücklich an der „kollektiven" Verantwortlichkeit sämtlicher Organmitglieder für Finanzinformationen und sonstige Schlüsselinformationen festhält und es den Mitgliedstaaten in ihrem zweiten Erwägungsgrund untersagt, die Verantwortung „auf einzelne Organmitglieder" zu begrenzen. Allerdings können sich daraus, dass die Erklärung „nach bestem Wissen" abgegeben werden muss, ressortspezifische Informationsunterschiede ergeben (Rn 179).[383]

---

376 *Ziemann* wistra 2007, 292, 293.

377 BT-Drucks. 16/2498, S. 55.

378 Vgl. TUG-Diskussionsentwurf vom 3.5.2006, S. 120 mit Gesetzesentwurf, BT-Drucks. 16/2498, S. 55.

379 *Abendroth* WM 2008, 1147, 1149; *Fleischer* ZIP 2007, 97, 100; *Ziemann* wistra 2007, 292, 293; kritisch zum Festhalten am Prinzip der Gesamtverantwortung MünchKommStGB/*Sorgenfrei* Rn 38 f; *ders.* wistra 2008, 329, 332.

380 So MünchKommHGB/*Reiner* § 264 Rn 93; *Fleischer* ZIP 2007, 97, 102.

381 Die rechtspolitische Entscheidung des Gesetzgebers befürwortend *Fleischer* ZIP 2007, 97, 100; *Hennrichs* in FS Kollhosser, Band II 2004, S. 201, 210; ablehnend *DAV-Handelsrechtsausschuss,* NZG 2006, 655, 659, kritisch *Hefendehl* JZ 2004, 18, 22.

382 2006/46/EG ABl. EU Nr. L 224/1 v. 16.6.2006.

383 *Fleischer* WM 2006, 2021, 2023 f.

III. Gegenstand der Tathandlung

§ 331 Nr. 3a HGB verpflichtet die gesetzlichen Vertreter eines kapitalmarktorientierten Unternehmens im Sinne des § 2 Abs. 7 WpHG (sog. Inlandsemittenten), eine Versicherung darüber abzugeben, dass in den Finanzberichten **„ein den tatsächlichen Verhältnissen entsprechendes Bild" der Vermögens-, Finanz- und Ertragslage des Unternehmens** (bzw. bei Konzernverhältnissen: der Gesamtheit der in die Konsolidierung einbezogenen Unternehmen) vermittelt wird. Die Versicherung hat dabei **schriftlich** zu erfolgen.[384] Der Begriff des Bilanzeides ist zu eng, da sich die Versicherung auf den gesamten Jahresabschluss bezieht. Entsprechend den Verweisen in § 331 Nr. 3a HGB sind die relevanten Finanzberichte der **Jahresabschluss** (§ 264 Abs. 2 Satz 3), der **Lagebericht** (§ 289 Abs. 1 Satz 5 HGB), der **Konzernabschluss** (§ 297 Abs. 2 Satz 4 HGB) und der **Konzernlagebericht** (§ 315 Abs. 1 Satz 6 HGB). **167**

Bei **freiwilligen Berichten** ist keine Versicherung abzugeben. Eine Ausnahme besteht nur für **Kapitalgesellschaften nach § 327a HGB.** Es handelt sich hierbei um Unternehmen, die ausschließlich zum Handel an einem organisierten Markt zugelassene Schuldtitel mit einer Mindeststückelung von € 50.000 oder dem am Ausgabetag entsprechenden Gegenwert einer anderen Währung begeben. Aufgrund der Gesetzessystematik ist **Unrichtigkeit** in Anlehnung an die Tatbestände der Bilanzfälschung und Bilanzverschleierung in § 331 Nr. 1 bis 3 HGB gegeben, wenn die jeweilige Finanzberichterstattung kein den „tatsächlichen Verhältnissen entsprechendes Bild" über die Vermögens-, Finanz- und Ertragslage des Unternehmens vermittelt, so z.B. § 264 Abs. 2 Satz 3 HGB.[385] Dies gilt ebenso für den informatorischen Einzelabschluss nach den internationalen Rechnungslegungsstandards IAS/IFRS, der nach § 325 Abs. 2a HGB aufgestellt und offengelegt wird.[386] Die Versicherung bezüglich des Konzernabschlusses nach § 297 Abs. 2 Satz 4 HGB, dass „ein den tatsächlichen Verhältnissen entsprechendes Bild" über die Vermögens-, Finanz- und Ertragslage des Konzerns vermittelt wird, bezieht sich auf die Gesamtlage aller konsolidierten Gesellschaften,[387] unabhängig davon, ob die Konzernbilanz nach HGB-Rechnungslegung oder IAS/IFRS aufgestellt wird. **168**

In der **Versicherung zum Lagebericht eines Unternehmens** müssen zusätzlich die „wesentlichen Chancen und Risiken" der voraussichtlichen Entwicklung des Unternehmens beschrieben werden (so § 289 Abs. 1 Satz 5 HGB). Das Prognose-Element bezieht sich dabei angesichts der Verweisung auf § 289 Abs. 1 Satz 4 HGB auch auf die voraussichtliche Entwicklung.[388] Jedoch dürfen als Grundlage der Strafbarkeit nur solche Faktoren herangezogen werden, die zum Zeitpunkt der Abgabe des Bilanzeides schon vorhanden oder zumindest absehbar waren. Ebenso verhält es sich mit der Versicherung nach § 315 Abs. 1 Satz 5 HGB bezüglich des **Konzernlageberichts.** **169**

Der **Wortlaut des Bilanzeides** ist nicht festgelegt. Das Deutsche Rechnungslegungs Standards Committee (DRSC) schlägt für den Konzernabschluss nach § 297 Abs. 2 HGB folgenden Wortlaut vor: „Wir versichern nach bestem Wissen, dass gemäß den anzuwendenden Rechnungslegungsgrundsätzen der Konzernabschluss ein den tatsächlichen Ver- **170**

---

384 MünchKommHGB/*Quedenfeld* Rn 73; differenzierend zwischen Abschluss und Lagebericht MünchKommStGB/*Sorgenfrei* Rn 123 f.

385 BeckBilKomm/*Kozikowski/Gutman* Rn 36; Bertram/Brinkmann/Kessler/Müller/*Münster/Meier-Behringer* Rn 48; MünchKommHGB/*Quedenfeld* Rn 73.

386 Art. 5 Nr. 8 TUG; Begr RegE TUG, BT-Drucks. 16/2498, S. 55.

387 Vgl Begr RegE TUG zu Art. 5 Nr. 5 TUG, BT-Drucks. 16/2498, S. 55.

388 AA MünchKommStGB/*Sorgenfrei* Rn 119.

hältnissen entsprechendes Bild der Vermögens-, Finanz- und Ertragslage des Konzerns vermittelt und im Konzernlagebericht der Geschäftsverlauf einschließlich des Geschäftsergebnisses und die Lage des Konzerns so dargestellt sind, dass ein den tatsächlichen Verhältnissen entsprechendes Bild vermittelt wird, sowie die wesentlichen Chancen und Risiken der voraussichtlichen Entwicklung des Konzerns beschrieben sind."[389] Dieser Wortlaut ist nicht zwingend, wird sich jedoch wohl aus praktischen Erwägungen heraus durchsetzen.

171 Als **Maßstab der Unrichtigkeit** dienen die Grundsätze ordnungsmäßiger Buchführung und die Vorschriften des Bilanzrechts.[390] Grundsätzlich dient der Bilanzeid der **Bekräftigung der Redlichkeit des Rechnungslegungserstellers** und hat damit eine vertrauensbildende Funktion, der Rechnung getragen werden muss. Anknüpfungspunkt ist gerade nicht die unrichtige Rechnungslegung, sondern die unrichtige Aussage über diese, welche ähnliche Elemente wie der Bestätigungsvermerk aufweist, so dass gerade auch Abweichungen von versicherten und tatsächlich geglaubten Angaben die vertrauensbildende Funktion erschüttern würden. Auch entspricht es grundsätzlich dem Charakter einer Versicherung, dass auf das subjektiv Geglaubte abgestellt wird. Dies würde jedoch zu einer dem § 331 HGB fremden Vorverlagerung der Strafbarkeit führen, die einer Strafbarkeit des (untauglichen) Versuchs entspricht (Rn 164).[391] Dies hat zur Folge, dass nur auf **objektive Fehler** zurückgegriffen werden kann, so dass der Maßstab der Unrichtigkeit dem der unrichtigen Wiedergabe bzw. Verschleierung entspricht.[392]

172 Nach § 264 Abs. 2 Satz 3 HGB wird der Bilanzeid durch einen **Wissensvorbehalt** eingeschränkt. Die Vorstandsmitglieder haben bei der Unterzeichnung zu versichern, dass der Jahresabschluss „nach bestem Wissen" ein den tatsächlichen Verhältnissen entsprechendes Bild vermittelt. Gleichlautende Formulierungen finden sich für den Lagebericht, den Konzernabschluss und den Konzernlagebericht in § 289 Abs. 1 Satz 5, § 297 Abs. 2 Satz 4, § 315 Abs. 1 Satz 6 HGB. Dadurch wird den Vorgaben der EU-Transparenzrichtlinie Rechnung getragen, die in Art. 4 Abs. 2 lit. c für den Jahresfinanzbericht die Formulierung „ihres Wissens" und für den Halbjahresbericht in Art. 5 Abs. 2 lit. c „nach bestem Wissen" verwendet.[393] Der Anwendungsvorrang des europäischen Rechts steht dieser Begrifflichkeit nicht entgegen.[394]

173 Fraglich ist, ob – ebenso wie bei der Bilanzfälschung (Rn 63) – das Vorliegen erheblicher Unrichtigkeiten erforderlich ist.[395] Angesichts der inneren Systematik des § 331 HGB würde eine Ausweitung der Strafbarkeit auf unwesentliche Verstöße im Ergebnis zu

---

389 Abrufbar unter www.drsc.de (Newsletter vom 12.12.2007).

390 MünchKommHGB/*Quedenfeld* Rn 73; *Fleischer* ZIP 2007, 97, 102; *Heldt/Ziemann* NZG 2006, 652, 653; *Ziemann* wistra 2007, 292, 293; aA HWSt-*Ransiek* VIII 1 Rn 79; *Ransiek* VIII, Abschnitt 1 Rn 60b, der den Richtigkeitsmaßstab wie bei § 332 HGB subjektiviert.

391 *Park* in FS Egon Müller S. 531, 544.

392 BeckBilKomm/*Kozikowski/Gutman* Rn 36; MünchKommHGB/*Quedenfeld* Rn 73; Blumers/Frick/Müller/*Dannecker/Biermann* Betriebsprüfungshandbuch K Rn 902b; *Fleischer* ZIP 2007, 97, 103, *Heldt/Ziemann* NZG 2006, 652, 653; *Ziemann* wistra 2007, 292, 293; aA HWSt-*Ransiek* VIII 1 Rn 79.

393 Näher dazu, dass es sich hierbei wohl um ein bloßes Redaktionsversehen handeln dürfte, *Fleischer* ZIP 2007, 97, 101.

394 Blumers/Frick/Müller/*Dannecker/Biermann* Betriebsprüfungshandbuch K Rn 902d.

395 Dazu BeckBilKomm/*Kozikowski/Gutman* Rn 36; Bertram/Brinkmann/Kessler/Müller/*Münster/Meier-Behringer* Rn 60; MünchKommHGB/*Quedenfeld* Rn 73; Blumers/Frick/Müller/*Dannecker/Biermann* Betriebsprüfungshandbuch K Rn 902b; *Fleischer* ZIP 2007, 97, 102; *Park* FS Egon Müller S. 531, 546; *Ziemann* wistra 2007, 292, 293.

einer Aushebelung des **Wesentlichkeitskriteriums** der unrichtigen Wiedergabe und der Verschleierung und damit zu einer Strafbewährung durch die Hintertür in all diejenigen Fällen führen, in denen nur unerhebliche Verstöße gegen Rechnungslegungsvorschriften vorliegen, diese jedoch dennoch über die (konsequenterweise) fehlerhaft abgegebene Versicherung in die Strafbarkeit einbezogen würden. Bei der Forderung nach wesentlichen Verstößen würde jedoch der höchst bedenkliche, aber einzig verbliebene theoretisch mögliche Anwendungsbereich des „Bilanzeides", nämlich das Auseinanderfallen von objektiv richtiger Bilanz und subjektiv unrichtiger Versicherung, noch weiter eingeschränkt, da bei objektiv richtiger Rechnungslegung erhebliche subjektive Fehler kaum möglich sind. Jedoch ist diese Redundanz auf die fehlerhafte gesetzgeberische Einordnung zurückzuführen, so dass für den Bilanzeid **keine anderen Anforderungen** als an die übrigen Tatbestände des § 331 HGB **im Hinblick auf die Erheblichkeit** zu stellen sind.

Als Bezugspunkt für die Abgabe des Bilanzeides kann zum einen der aufgestellte Jahres- **174**
abschluss[396] nach § 170 AktG bzw. § 41 GmbHG und zum anderen der festgestellte Jahresabschluss nach § 172 AktG bzw. § 42a GmbHG angesehen werden. Davon hängt der Kreis der geschützten Adressaten ab.

Wenn man auf den **aufgestellten Jahresabschluss** abstellt, so muss dieser noch durch **175**
den Aufsichtsrat gebilligt und festgestellt werden, mit der Folge, dass der Aufsichtsrat in den Kreis der geschützten Personen einzubeziehen ist. Jedoch sind die Billigung und Festlegung des Jahresabschlusses lediglich interne Vorgänge, die nicht in den geschützten Rechtskreis der Versicherungserklärung einbezogen sind. Die Aufstellung gleicht eher einem Entwurf,[397] der jederzeit geändert werden kann, so dass als Adressat neben den Anlegern allenfalls der Abschlussprüfer und die mit Prüfungsaufgaben betrauten Organmitglieder anzusehen sind.[398] Da erst durch den **festgestellten Jahresabschluss** eine abstrakte Gefährdung des Anlegerkollektivvertrauens entsteht, fehlt es zuvor an der Strafbedürftigkeit einer unrichtigen Versicherung. Strukturell ist dies mit § 245 HGB vergleichbar, wonach unter Zugrundelegung der herrschenden Auffassung erst der festgestellte Jahresabschluss zu unterzeichnen ist.[399] Daher ist die **Richtigkeit der Bilanz** erst **beim festgestellten Jahresabschluss** zu versichern.

Im Hinblick auf den **Lagebericht** ist der maßgebliche Zeitpunkt die **Abfassung des** **176**
Prüfungstestats nach § 171 Abs. 2 AktG. Dies gilt gleichermaßen für den **Konzernabschluss und den Konzernlagebericht.**

IV. Tathandlung

Die Tathandlung besteht darin, dass eine entsprechende **Versicherung „nicht richtig"** **177**
abgegeben wird. Der Regierungsentwurf hatte noch die Nichtabgabe als weitere Tathandlung vorgesehen.[400] Die Strafbarkeit des **Unterlassens** der „Nichtabgabe" des Bilanzeides wurde in der letzten Fassung gestrichen[401] und als **Ordnungswidrigkeit** ausgestaltet

---

396 So DAV-Handelsrechtsausschuss NZG 2006, 658.

397 BGH v. 28.1.1985 – II ZR 79/84, BB 1985, 567; 567 BFH v. 28.10.1981 – I R 115/78, BStBl. II 1982, 488; *Hüffer* AktG § 172, Rn 2 ff; KK-AktG/*Claussen/Korth* § 172 AktG Rn 1; *Sorgenfrei* in Park/Heinz § 283b StGB Rn 31 f; *Kropff* FS Peltzer (2001) S. 219, 228; jeweils mwN.

398 *Sorgenfrei* wistra 2008, 329, 333.

399 *Fleischer* ZIP 2007, 97, 103; *Südbeck* in Park § 331 HGB Rn 94.

400 Näher dazu *Fleischer* ZIP 2007, 97, 103; *Heldt/Ziemann* NZG, 652, 653.

401 Kritisch dazu insbesondere DAI, NZG 2006, 696, 700 f.

(§ 39 Abs. 2 Nr. 24 i.V.m. § 37v Abs. 2 Nr. 3 WpHG; dazu oben Rn 163).[402] Ebenso verhält es sich bei der **verspäteten Abgabe**, die nach § 39 Abs. 2 Nr. 24 i.V.m. § 37v Abs. 2 Nr. 3 WpHG HGB bußgeldbewehrt ist.

V. Subjektiver Tatbestand

178 **1. Vorsatz.** Der Tatbestand des Bilanzeides setzt Vorsatz voraus (§ 15 StGB). Hierbei reicht **dolus eventualis** aus (Vor §§ 331 Rn 166).[403]

179 Die Formulierung **„nach bestem Wissen"**, die in den handelsrechtlichen Formulierungen enthalten ist (so z.B. in § 264 Abs. 2 Satz 3 HGB), hat nicht zur Folge, dass Wissentlichkeit (dolus directus 2. Grades) erforderlich ist. Der „Wissensvorbehalt" wurde erst im Laufe der Gesetzgebung in die handelsrechtlichen Regelungen eingefügt. Im Diskussionsentwurf und im Gesetzesentwurf war der Zusatz noch nicht enthalten, da nach vorherrschender Auffassung im Gesetzgebungsprozess § 331 Nr. 3a HGB eine wissentliche Begehung denklogisch voraussetze.[404] Dieses Kriterium wurde erst nach der Kritik, dass sich der Verzicht auf den Wissensvorbehalt zu weit von der Transparenzrichtlinie entferne,[405] eingefügt. Daraus schließen einige Autoren[406] dass zwingend dolus directus 2. Grades erforderlich sei. Eine solche Klassifizierung solle dem eigenständigen Rechtsgut – Vertrauen in die subjektive Ehrlichkeit – Rechnung tragen,[407] da dessen unmittelbare Gefährdung zum Zeitpunkt der Abgabe des Bilanzeides noch nicht erkennbar sei,[408] und zudem Normambivalenzen vermieden werden können. Auch schaffe eine solche Annahme Rechtsklarheit, da Auslegungsprobleme bei der Abgrenzung von dolus eventualis und bewusster Fahrlässigkeit, insbesondere in Bezug auf den zukunftsbezogenen Lagebericht, entfielen.[409] Diese Ansicht verkennt jedoch, dass der handelsrechtliche Wissensvorbehalt und die Beurteilung der Vorsatzform unterschiedliche Ebenen betreffen: Der Bezugspunkt für den handelsrechtlichen Wissensvorbehalt ist die inhaltliche Richtigkeit der Versicherung, während sich der Vorsatz in § 331 Nr. 3a HGB allein darauf bezieht, inwieweit die Abgabe nach bestem Wissen erfolgte. Somit kann man zwar wegen der Subsidiarität des Strafrechts nicht von einer handelsrechtlichen Verfehlung auf eine Strafbarkeit schließen. Es wird jedoch regelmäßig so sein, dass dem gesetzlichen Vertreter bei Abgabe des Bilanzeides bewusst ist (und er nicht lediglich mit der Möglichkeit rechnet), dass er die Versicherung nicht nach bestem Wissen abgegeben hat. Der handelsrechtliche Wissensvorbehalt ist somit ein **objektives Tatbestandsmerkmal mit subjektivem Einschlag**,[410] so dass nach § 15 StGB **Eventualvorsatz** ausreichend ist. Der handelsrechtliche Wissensvorbehalt soll vielmehr ausschließen, dass sich die gesetzlichen Vertreter auf ihr Nicht-Wissen zurückziehen können (sog. wilful blindness). Somit ist nicht nur das tatsächlich vorhandene Wissen von Bedeutung, sondern es kann zumindest bei der Aktiengesell-

---

402 Näher dazu *Fleischer* ZIP 2007, 97, 103.

403 MünchKommHGB/*Quedenfeld* § 331 Rn 89; *Südbeck* in Park § 331 HGB Rn 53; *Fleischer* ZIP 2007, 97, 102; *Ziemann* wistra 2007, 292, 293.

404 BT-Drucks. 16/2398, S. 55, vgl. auch *Heldt/Ziemann* NZG 2006, 652, 654; *Park* FS Egon Müller S. 529, 547.

405 DAI, NZG 2006, 696, 699.

406 MünchKommStGB/*Sorgenfrei* Rn 140; *Abendroth* WM 2008, 1147, 1150; *Heldt/Ziemann* NZG 2006, 652, 654; *Sorgenfrei* wistra 2008, 329, 335; *Park* FS Egon Müller S. 531, 547.

407 *Heldt/Ziemann* NZG 2006, 652, 654.

408 *Sorgenfrei* wistra 2008, 329, 335.

409 DAI, NZG 2006, 696, 700; *Heldt/Ziemann* NZG 2006, 652, 654; *Park* FS Egon Müller S. 529, 548.

410 So auch MünchKomm/*Quedenfeld* Rn 89.

schaft aus der auch für die Rechnungslegung geltenden allgemeinen Sorgfaltspflicht der Vorstandsmitglieder nach § 93 Abs. 1 AktG abgeleitet werden, dass die Pflicht besteht, sich um möglichst vollständiges Wissen zu bemühen.[411] Dies hat zur Konsequenz, dass insbesondere die nicht für die Rechnungslegung zuständigen Mitglieder ihre Informationshöhe anpassen und sich fremden Sachverstandes bedienen müssen, um „nach bestem Wissen" handeln zu können. So ist es notwendig, nach § 91 Abs. 2 AktG ein innerbetriebliches Risikoüberwachungssystem einzurichten und sich von nachgeordneten Stellen entsprechende Versicherungen einzuholen,[412] um der straf- und zivilrechtlichen Haftung zu entgehen.[413] Bei der Ermittlung der notwendigen Informationshöhe soll vermieden werden, dass sich die Verantwortlichen hinter komplexen Unternehmensstrukturen verbergen können;[414] jedoch gilt auch hier, dass eine Strafbarkeit nur bei eindeutig nicht mehr vertretbaren Versicherungen gegeben ist.

2. **Irrtum.** Zur Behandlung des Irrtums kann auf die obigen Ausführungen verwiesen **180**
werden (Rn 83 ff). Im Übrigen führt ein Irrtum über die Bilanzierungsfähigkeit oder -pflichtigkeit von bestimmten Umständen zu einem **vorsatzausschließenden Tatbestandsirrtum** (§ 16 StGB)[415], die irrtümliche Annahme des Täters, eine von ihm gegebene Auskunft unterfalle nicht der Auskunftspflicht des § 320 HGB, zum Entfallen des Vorsatzes.[416] Wenn der Täter hingegen eine als unrichtig erkannte Versicherung für ausnahmsweise erlaubt hält, weil er annimmt, dass der Finanzbericht trotzdem ein im Wesentlichen den tatsächlichen Umständen entsprechendes Bild vermittelt, liegt ein **Verbotsirrtum** vor,[417] der nur im Falle der Unvermeidbarkeit des Irrtums zur Straflosigkeit führt (Rn 85).

VI. Rechtswidrigkeit

Bezüglich der Rechtswidrigkeit kann auf die Ausführungen bei Rn 86 verwiesen wer- **181**
den.

VII. Vollendung und Beendigung

1. **Vollendung.** Wegen der Ausgestaltung des Straftatbestandes als abstraktes Gefähr- **182**
dungsdelikt ist die Tat bereits **vollendet**, wenn die Versicherung anderen Personen – Aktionären, Dritten[418] – zugegangen ist. Hierbei reicht der bloße **Zugang** aus. Dies ist spätestens mit Übermittlung bzw. Veröffentlichung der Jahres- bzw. Halbjahresfinanzberichte im Unternehmensregister gem. § 8b Abs. 2 Nr. 9 HGB der Fall. Auf eine Kenntnisnahme vom Inhalt kommt es nicht an, da es sich bei dem Straftatbestand der unrichtigen Abgabe eines Bilanzeides um ein abstraktes Gefährdungsdelikt (Rn 11) handelt.[419]

---

411 Vgl. Begründung Finanzausschuss, BT-Drucks. 16/3644, 54.

412 Vgl. zu in den USA üblichen sub-certifications *Fleischer* ZIP 2007, 97, 104.

413 *Sorgenfrei* wistra 2008, 329, 336.

414 Allgemeines Problem bei Wirtschaftsstrafrecht, so *Hefendehl* JZ 2004, 18, 20.

415 *Ziemann* wistra 2007, 292, 294.

416 Heymann/*Otto* Rn 77; aA KK/*Geilen* § 400 AktG Rn 108.

417 *Ziemann* wistra 2007, 292, 294.

418 *Heldt/Ziemann* NZG 2006, 652, 653.

419 *Heldt/Ziemann* NZG 2006, 652, 653; *Ziemann* wistra 2007, 292, 294.

183 **2. Beendigung.** Tatbeendigung liegt vor, wenn eine andere Person vom Inhalt der Versicherung **Kenntnis genommen** hat.[420]

VIII. Fehlen einer Berichtigungsmöglichkeit

184 Trotz der missverständlichen Bezeichnung „Bilanzeid" ist dieser nicht mit den Aussagedelikten vergleichbar,[421] so dass **keine Berichtigungsmöglichkeit nach § 158 StGB** gegeben ist.

G. Unrichtige Angaben sowie unrichtige Wiedergabe oder Verschleierung gegenüber Abschlussprüfern (§ 331 Nr. 4 HGB)

I. Täterkreis

185 Bei § 331 Nr. 4 HGB handelt es sich ebenso wie bei § 331 Nrn. 1 bis 3a HGB (Rn 12, 20 ff, 95, 113 f, 141 ff, 165 f) um ein **Sonderdelikt.** Als taugliche Täter kommen die gemäß § 320 HGB gegenüber Abschlussprüfern zu Nachweisen und Aufklärungen verpflichteten **Mitglieder des vertretungsberechtigten Organs der Kapitalgesellschaft** (Rn 20 ff) und die **gesetzlichen Vertreter eines der Tochterunternehmen** im Sinne der § 290 Abs. 1 und 2 HGB, das keine Kapitalgesellschaft zu sein braucht, in Betracht. Entscheidend ist allein dass es sich bei dem Mutterunternehmen um eine Kapitalgesellschaft handelt. Daher erwähnt § 331 Nr. 4 HGB für Tochterunternehmen in der Rechtsform einer Personengesellschaft den vertretungsberechtigten Gesellschafter.[422]

II. Gegenstand und Adressat der Tathandlung

186 **1. Gegenstand der Tathandlung.** § 331 Nr. 4 HGB erfasst das **Machen unrichtiger Angaben** sowie die **unrichtige Wiedergabe oder Verschleierung der Verhältnisse gegenüber dem Abschlussprüfer** und will dadurch eine **ordnungsmäßige Prüfung des Jahresabschlusses, des Lageberichts, des Konzernabschlusses und des Konzernlageberichts** ermöglichen. Abweichend von den Straftatbeständen des § 331 Nrn. 1 bis 3a HGB ist das Eingreifen von § 331 Nr. 4 HGB davon abhängig, dass dem Abschlussprüfer ein **Recht auf Auskunft gemäß § 320 HGB** zusteht.[423] Sonderprüfungen sowie freiwillige Prüfungen werden von § 331 Nr. 4 HGB nicht erfasst.[424] Unerheblich ist, ob der Abschlussprüfer einen HGB- oder einen IFRS-Abschluss prüft.

187 Eine Ausweitung erfährt der Tatbestand dadurch, dass neben der unrichtigen Wiedergabe und der Verschleierung der Verhältnisse auch alle **sonstigen unrichtigen Angaben** erfasst werden. Praktisch bedeutsam dürfte diese Ausdehnung des Anwendungsbereichs der Norm jedoch nicht sein, da Angaben im Rahmen bestehender Auskunftspflichten in aller Regel die Verhältnisse der Gesellschaft tangieren.[425]

---

420 *Ziemann* wistra 2007, 292, 294.

421 MünchKommHGB/*Reiner* § 264 Rn 89.

422 MünchKommHGB/*Quedenfeld* Rn 38; MünchKommStGB/*Sorgenfrei* Rn 40.

423 Blumers/Frick/Müller/*Dannecker/Biermann* Betriebsprüfungshandbuch K Rn 903; Heymann/*Otto* Rn 68; MünchKommHGB/*Quedenfeld* Rn 76.

424 MünchKommHGB/*Quedenfeld* Rn 76.

425 So auch KK-AktG/*Geilen* § 400 AktG Rn 98 zu § 400 Abs. 1 Nr. 3 AktG.

2. **Aufklärungen und Nachweise.** Gegenstand der Tathandlung sind Aufklärungen und Nachweise, die einem Abschlussprüfer der Kapitalgesellschaft der verbundenen Unternehmen oder des Konzerns zu geben sind. Die Strafbarkeit ist daher bedingt und begrenzt durch das **Auskunftsrecht gemäß § 320 HGB.**[426] Als **Aufklärung im engeren Sinne** werden nur Hinweise angesehen, die zur Ausräumung von Zweifeln, Unklarheiten oder Widersprüchen dienen. **Nachweise** sind die vom Prüfer herangezogenen, für die Prüfung erforderlichen Belege, wie Bücher, Schriften, Urkunden etc., sowie andere Gegenstände, die den von der Prüfung umfassten Bereich belegen, so z.B. Inventurlisten.[427] Den Begriffen der Aufklärung und des Nachweises wird aber bereits im Handelsrecht eine weiterreichende Bedeutung beigemessen, wenn dort darauf abgestellt wird, dass es sich um eine vom Prüfer benötigte und zu diesem Zweck vom Täter gemachte Mitteilung handeln muss. Dementsprechend muss es sich auch im Bilanzstrafrecht nicht um eine Aufklärung im engeren Sinne oder einen Nachweis handeln. Vielmehr werden **alle mündlichen und schriftlichen Stellungnahmen, die zur Durchführung der Prüfung benötigt werden** und sich nach Ansicht des Täters auf das Prüfungsergebnis zumindest auswirken können (**Aufklärung im weiteren Sinne**), erfasst.[428] Nur so kann ein möglichst umfassender Schutz der Informationen mithilfe des Bilanzstrafrechts erreicht und dadurch sichergestellt werden, dass alle für die Ermittlung eines sachgerechten Prüfungsergebnisses erforderlichen Angaben richtig, vollständig und klar sind. 188

3. **Adressat der Aufklärungen und Nachweise.** Adressat der Aufklärungen und Nachweise ist nach dem Gesetzeswortlaut des § 331 Nr. 4 HGB ausschließlich der **Abschlussprüfer,** nicht auch der Gründungs- (§ 33 AktG) oder Sonderprüfer (§§ 143, 258 AktG). Im Gegensatz dazu erfassen die §§ 332, 333 HGB auch den Gehilfen des Abschlussprüfers (§ 332 Rn 14, 22 ff; § 333 Rn 14). Aus der unterschiedlichen Regelung ist jedoch nicht zu folgern, dass unrichtige Angaben gegenüber einem **Gehilfen des Abschlussprüfers** im Falle des § 331 Nr. 4 HGB straflos sind. Die Erwähnung des Abschlussprüfergehilfen in §§ 332, 333 HGB soll lediglich den thematischen Zusammenhang mit der diesem obliegenden Prüfungsaufgabe umreißen. Außerdem ist deren Nennung wegen des Sonderdeliktscharakters der Normen Voraussetzung für die Strafbarkeit als Täter, während diese Personen bei § 331 Nr. 4 HGB lediglich Adressat der Informationen sind. Ausreichend sind demnach auch Angaben gegenüber anderen Personen als dem Prüfer, wenn diese der Sphäre des Prüfers zuzurechnen sind,[429] da er sich bei dem Auskunftsverlangen vertreten lassen kann. Daher sind auch unrichtige Angaben gegenüber dem Gehilfen des Abschlussprüfers gemäß § 331 Nr. 4 HGB strafbar, wenn sie im Zusammenhang mit der Abschlussprüfung getätigt werden und dadurch das Recht auf Auskunft nach § 320 HGB verletzt wird. 189

III. Tathandlungen

§ 331 Nr. 4 HGB nennt als Tathandlungen das **Machen unrichtiger Angaben** sowie die **unrichtige Wiedergabe oder Verschleierung** der Verhältnisse der Kapitalgesellschaft, eines Tochterunternehmens oder des Konzerns. 190

---

426 Heymann/*Otto* Rn 68; *Südbeck* in Park § 331 HGB Rn 26.

427 Vgl. BGHSt 13, 382, 383; Blumers/Frick/Müller/*Dannecker/Biermann* Betriebsprüfungshandbuch K Rn 905; Heymann/*Otto* Rn 69; MünchKommHGB/*Quedenfeld* Rn 77.

428 Heymann/*Otto* Rn 69; *Maul* DB 1989, 187.

429 KK-AktG/*Geilen* § 400 AktG Rn 104.

191 **1. Unrichtige Angaben.** Unrichtige Angaben sind **nachprüfbare Aussagen über Tatsachen**, deren Inhalt mit der objektiven Wirklichkeit nicht übereinstimmt. In der Regel wird es sich um Tatsachenbehauptungen handeln, denkbar sind aber auch **Schätzungen, Bewertungen und Prognosen** (Rn 58).

192 **2. Unrichtige Wiedergabe und Verschleierung der Verhältnisse.** Bezüglich der unrichtigen Wiedergabe und Verschleierung der Verhältnisse kann auf die obigen Ausführungen verwiesen werden (Rn 52 ff).

193 **3. Verweigerung von Angaben.** Die offene Verweigerung von Angaben ist nicht als unrichtige Angabe zu qualifizieren, denn der Straftatbestand stellt die auf falschen, unklaren oder lückenhaften Informationen beruhende Verfälschung des Prüfungsergebnisses unter Strafe, dient aber nicht der Erzwingung bestimmter Angaben.[430] Wenn durch die Verweigerung von Angaben andere Angaben verschleiert werden, kommt eine Strafbarkeit nach § 331 Nr. 4 HGB wegen Verschleierung der Verhältnisse des Unternehmens/Konzerns gegenüber dem Abschlussprüfer durch die dadurch verschlechterten Angaben in Betracht.

IV. Subjektiver Tatbestand

194 **1. Vorsatz.** Der subjektive Tatbestand setzt Vorsatz voraus; **dolus eventualis** (vor §§ 331 ff Rn 166) genügt. Die unrichtigen Angaben müssen sich dabei aus Sicht des Täters auf das Prüfungsergebnis zumindest auswirken.

195 **2. Irrtum.** Zur Behandlung des Irrtums kann auf die obigen Ausführungen verwiesen werden (Rn 83 ff). Im Übrigen führt die irrtümliche Annahme des Täters, eine von ihm gegebene Auskunft unterfalle nicht der Auskunftspflicht des § 320 HGB, zum Entfallen des Vorsatzes (§ 16 StGB).[431]

V. Rechtswidrigkeit

196 Bezüglich der Rechtswidrigkeit kann auf die Ausführungen bei Rn 86 verwiesen werden.

VI. Vollendung und Beendigung der Tat

197 **1. Vollendung.** Wegen der Ausgestaltung des Straftatbestandes als abstraktes Gefährdungsdelikt ist die Tat vollendet, wenn der Abschlussprüfer oder eine der für ihn tätigen Personen die für die Prüfung bestimmten **Aufklärungen oder Nachweise erhalten** hat.[432] Hierbei reicht der bloße **Zugang** aus. Eine **Kenntnisnahme** vom Inhalt ist bei schriftlichen Erklärungen nicht erforderlich, wohl aber **bei mündlichen Erklärungen**. Hierbei

[430] Heymann/*Otto* Rn 74; MünchKommHGB/*Quedenfeld* Rn 79.
[431] Heymann/*Otto* Rn 77; aA KK-AktG/*Geilen* § 400 AktG Rn 108.
[432] BeckBilKomm/*Kozikowski*/*Gutman* Rn 39; Heymann/*Otto* Rn 78.

kommt es nicht darauf an, ob der Adressat die volle Bedeutung der Erklärung erfasst hat. Eine Irreführung des Prüfers ist nicht Tatbestandsvoraussetzung des § 331 Nr. 4 HGB.[433]

2. **Beendigung.** Tatbeendigung liegt vor, wenn der Abschlussprüfer oder eine der für ihn tätigen Personen **Kenntnis vom Inhalt der Aufklärungen oder Nachweise** genommen hat.[434] 198

H. Konkurrenzen

I. Unrichtige Wiedergabe oder Verschleierung der Verhältnisse der Kapitalgesellschaft und des Konzerns (§ 331 Nr. 1 und 2 HGB)

1. **Mehrere Falschangaben in einer Erklärung.** Mehrere Falschangaben gemäß § 331 Nrn. 1 oder 2 HGB in einer Erklärung werden infolge des inhaltlichen Zusammenhangs mit dem Informationszweck der Eröffnungsbilanz, des Jahresabschlusses, des Lageberichts oder des Zwischenabschlusses durch den Gesetzestatbestand zu einer **rechtlichen Handlungseinheit** verknüpft und stellen deshalb nur *eine* strafbare Handlung dar.[435] 199

2. **Mehrere Falschangaben in mehreren Erklärungen.** Zwischen § 331 Nr. 1 HGB und § 331 Nr. 2 HGB besteht grundsätzlich **Tatmehrheit**, wenn es sich um mehrere Erklärungen handelt (§ 53 StGB). Wenn ausnahmsweise die beiden Tathandlungen gleichzeitig begangen werden oder wenn der Jahresabschluss notwendige Vorstufe des Konzernabschlusses ist und nahtlos in diesen übergeht, liegt **Tateinheit** vor (§ 52 StGB).[436] 200

3. **Verhältnis der gesellschaftsrechtlichen Strafvorschriften des GmbH- und Aktiengesetzes zu § 331 Nr. 1 HGB. § 82 Abs. 2 Nr. 2 GmbHG** ist in Bezug auf die Eröffnungsbilanz, den Jahresabschluss, den Lagebericht und den Zwischenabschluss kraft ausdrücklicher gesetzlicher Anordnung (2. Halbsatz) gegenüber § 331 Nr. 1 HGB **subsidiär**; dies gilt auch, wenn die Rechnungslegung veröffentlicht wird.[437] Ebenso ist die Verletzung der Berichtspflicht gemäß **§ 400 Abs. 1 Nr. 1 AktG** gegenüber § 331 Nr. 1 HGB subsidiär; gleiches gilt für die entsprechende Pflicht des **§ 147 Abs. 2 GenG** und des **§ 17 PublG.** 201

4. **Verhältnis des HGB- zum IFRS-Einzelabschluss, § 331 Nr. 1a HGB.** Es liegt **Tatmehrheit** (§ 53 StGB) zwischen § 331 Nr. 1a HGB und § 331 Nr. 1 HGB vor, wenn der auf den HGB-Abschluss aufbauende IFRS-Abschluss offengelegt wird und fehlerhafte oder verschleiernde Angaben enthält und dennoch trotz Befreiung der HGB-Abschluss offengelegt wird. Angesichts der verschiedenen Rechnungslegungssysteme sind die Erstellungshandlungen als unterschiedliche Vorgänge zu betrachten, in denen verschiedene Wertungen getroffen werden müssen und eine Transformationshandlung von HGB-Ab- 202

433 Heymann/*Otto* Rn 78.
434 Erst mit Abschluss der Prüfung und Abgabe des Prüfungsberichts MünchKommStGB/*Sorgenfrei* Rn 156.
435 Vgl. für das Aktienstrafrecht KK-AktG/*Geilen* § 399 AktG Rn 183; für das GmbH-Strafrecht Scholz[9]/*Tiedemann* § 82 GmbHG Rn 183.
436 *Schmedding* S. 149.
437 Scholz/*Tiedemann* § 82 GmbHG Rn 190.

schluss zu IFRS-Abschluss zwischengeschaltet ist. Demnach sind die Erstellung und die Offenlegung als unterschiedliche Handlungen zu betrachten.[438]

203 5. **Verhältnis zum Bilanzeid.** Die Tathandlungen von § 331 Nrn. 1, 2 HGB und § 331 Nr. 3a HGB unterscheiden sich sowohl in zeitlicher Hinsicht als auch in der Zielrichtung der Strafbewährung wesentlich. Zwar werden regelmäßig bei Abgabe einer falschen Versicherung auch unrichtige Jahresabschlüsse bzw. Lageberichte gegeben sein. Jedoch sind das Erstellen und das Versichern rein tatsächlich verschiedene Handlungsweisen. Daher ist regelmäßig **Tatmehrheit** gemäß § 53 StGB gegeben.

204 6. **Verhältnis zu den Straftatbeständen des Strafgesetzbuchs.** Wenn die unrichtige Wiedergabe oder Verschleierung in einer Bilanz sowohl unter § 331 Nrn. 1 oder 2 HGB als auch unter die **Insolvenzstraftatbestände** des § 283 Abs. 1 Nr. 7 ff StGB (vor §§ 331 Rn 118 ff) fällt, liegt **Tateinheit** vor. § 331 HGB hat eine andere Schutzrichtung als die §§ 283 ff StGB: Während die §§ 283 ff. StGB die Gläubiger in ihrer Gesamtheit schützen, dient § 331 HGB dem Schutz des Vertrauens in die Richtigkeit der Information über die Verhältnisse der Gesellschaft (Rn 3). Zu den übrigen Insolvenztatbeständen, die die Rechnungslegung betreffen liegt wegen der unterschiedlichen tatsächlichen Handlungen Tatmehrheit vor, wenn keine natürliche Handlungseinheit (dazu Rn 205) gegeben ist. Ebenso **kann Tateinheit zwischen § 331 Nrn. 1 und 2 HGB** und der **Urkundenfälschung** (§ 267 StGB; vor §§ 331 Rn 125) vorliegen, wenn ein Organmitglied nachträglich Änderungen in einem Jahresabschluss vornimmt.[439]

205 Weitere Tatbestände, insbesondere die **allgemeinen Vermögens- und Wirtschaftsdelikte** (vor §§ 331 Rn 106 ff) wie § 246 StGB (Unterschlagung), § 263 StGB (Betrug), § 263a StGB (Computerbetrug), § 264 StGB (Subventionsbetrug), § 265b StGB (Kreditbetrug) oder § 266 StGB (Untreue) stehen in **Tateinheit** zu § 331 Nrn. 1 und 2 HGB, wenn das Geschehen eine Handlung („Handlungseinheit") bildet. Die Rechtsprechung erkennt eine **„natürliche Handlungseinheit"** vor allem dann an, wenn die verschiedenen einzelnen Handlungen von einem einheitlichen Willensentschluss getragen sind.[440] Dies hat zur Folge, dass Tateinheit bejaht wird, wenn eine unrichtige Wiedergabe erfolgt, um einzelne Teile oder die Rechnungslegung im Ganzen zur Begehung eines Subventions-, Kredit- oder Kapitalanlagebetrugs oder zur Täuschung im Rahmen eines Betrugs zu benutzen. Während die auf das einheitliche objektive Erscheinungsbild abstellende Definition der Rechtsprechung noch einigermaßen klare Abgrenzungen ermöglicht, bedeutet die ergänzende Heranziehung der Einheitlichkeit des Willensentschlusses eine Überdehnung des § 52 StGB, die in der Literatur aus diesem Grund zunehmend auf Ablehnung stößt.[441] Im Schrifttum hat sich inzwischen die Meinung durchgesetzt, dass **Idealkonkurrenz** zwar nicht die volle Deckung der Handlungen erfordert, die in den zusammentreffenden Tatbeständen vorausgesetzt wird, wohl aber eine „teilweise Identität der Ausführungshandlungen" bei Begehung der objektiven Tatbestände der konkurrierenden Strafgesetze vorliegen muss.[442] Für die Deckung der Tathandlungen kommt es nicht auf die Vollendung, sondern auf die materielle Beendigung an. Wird also eine **unrichtige Rechnungslegung** unmittelbar nach ihrer Erstellung **zur Begehung eines Ver-**

438 MünchKommHGB/*Quedenfeld* Rn 107.

439 Vgl. beispielsweise BGHSt 13, 382.

440 Vgl. die Nachweise bei Schönke/Schröder/*Stree/Sternberg-Lieben* vor §§ 52 ff StGB Rn 23 ff.

441 Vgl. Schönke/Schröder/*Stree/Sternberg-Lieben* vor §§ 52 ff StGB Rn 22 mwN.

442 Vgl. nur Lackner/*Kühl* § 52 StGB Rn 4; *Jescheck/Weigend* S. 720; jeweils mwN.

mögensdelikts, z.B. eines Betruges, verwendet, ohne dass der Jahresabschluss zuvor der Öffentlichkeit bereits zugänglich war, so liegt mit der Weitergabe und Kenntnisnahme des Jahresabschlusses die Irrtumserregung im Rahmen des § 263 StGB und zugleich die Veröffentlichung im Rahmen des § 331 Nr. 1 HGB vor, so dass Tateinheit gegeben ist. Wird der Jahresabschluss hingegen erst nach Kenntnisnahme der Öffentlichkeit verwendet, so steht das Vermögensdelikt in Realkonkurrenz zu § 331 HGB (§ 53 StGB).

Tateinheit kann auch entstehen, wenn eine **Bilanz** von einem Organ **nachträglich verändert** und später **zur Begehung eines Vermögensdelikts verwendet** wird. Hierin liegt eine Urkundenfälschung gemäß § 267 StGB. Im Hinblick darauf, dass die Verfälschung einer Urkunde und deren anschließende Verwendung eine einheitliche Urkundenfälschung darstellen[443] und zudem die Urkundenfälschung den Vermögensdelikten (Betrug, Subventions-, Kredit- und Kapitalanlagebetrug) im Unrechtsgehalt annähernd gleichkommt, werden die an sich selbständigen Handlungen des § 331 HGB – die Täuschung und die unrichtige Wiedergabe in der Bilanz – durch die Urkundenfälschung verbunden.[444] **206**

II. Offenlegung eines unrichtigen befreienden Einzelabschlusses (§ 331 Nr. 1a HGB)

Bei Offenlegung des HGB-Abschlusses trotz Befreiung durch den offengelegten Einzelabschluss liegt bei Fehlerhaftigkeit beider Abschlüsse **Tatmehrheit** vor (Rn 202). Bei Fehlerhaftigkeit des Lageberichts, der sich auch im befreienden Einzelabschluss nach §§ 289 ff HGB richtet und damit unter der Strafdrohung des § 331 Nr. 1 HGB steht und gleichzeitiger Fehlerhaftigkeit des Jahresabschlusses liegt je nach Handlungsverknüpfung Tateinheit oder Tatmehrheit vor, wobei angesichts der gegenseitigen Bezugnahme regelmäßig eine enge Verknüpfung gegeben sein wird. Ebenso wie bei § 331 Nr. 1 HGB sind die **Sondervorschriften des AktG, GmbHG, GenG und PublG** kraft ausdrücklicher gesetzlicher Anordnung **subsidiär** (Rn 201). **207**

III. Offenlegung eines unrichtigen Konzernabschlusses oder Konzernlageberichts (§ 331 Nr. 3 HGB)

Gehört der den Konzernabschluss oder den Lagebericht Offenlegende der Muttergesellschaft an, die den Konzernabschluss oder Lagebericht aufgestellt hat, so ist **Tateinheit** gemäß § 52 StGB zwischen der unrichtigen Wiedergabe nach **§ 331 Nr. 2 HGB** und der Offenlegung nach **§ 331 Nr. 3 HGB** gegeben, wenn die unrichtige Wiedergabe bei Offenlegung noch nicht beendet war. Wird ein befreiender Konzernabschluss noch vor Einreichung oder Bekanntmachung beim elektronischen Bundesanzeiger zur Begehung eines Vermögensdelikts verwendet, so liegt Tatmehrheit vor, da es an einer einheitlichen Tathandlung fehlt. **208**

---

[443] BGH GA 1955, 246; *Fischer* § 267 StGB Rn 58.

[444] Vgl. dazu *Wahle* GA 1968, 97 ff.

IV. Unrichtige Angaben sowie unrichtige Wiedergabe oder Verschleierung gegenüber Abschlussprüfern (§ 331 Nr. 4 HGB)

209 Bei Nachreichung weiterer unrichtiger Unterlagen, nachdem der Abschlussprüfer Ungereimtheiten entdeckt hat, liegt eine einheitliche Tat i.S.d. § 331 Nr. 4 HGB vor.[445] Das **Verhältnis von § 331 Nr. 4 HGB zu § 331 Nrn. 1 bis 3a HGB** ist differenziert zu betrachten: Regelmäßig werden bei einem unrichtigen Jahresabschluss auch die Verhältnisse der Gesellschaft in den vorausgehenden Vorlagen an den Abschlussprüfer unrichtig wiedergegeben oder verschleiert. Daher liegt **Tateinheit** vor. Teilweise wird von einer Konsumtion des § 331 Nr. 4 HGB ausgegangen.[446] Dabei wird jedoch verkannt, dass durch weitere Angaben nach § 331 Nr. 4 Alt. 1 HGB gegenüber dem Abschlussprüfer das Unrecht der Tat noch weiter verstärkt wird. Auch ist in Bezug auf den geschützten Personenkreis § 331 Nr. 4 HGB im Verhältnis zu § 331 Nrn. 1 bis 3a HGB die speziellere Regelung, so dass eine andere Schutzrichtung gegeben ist. Eine Verurteilung lediglich nach § 331 Nrn. 1 bis 3a HGB würde dieser Ausdifferenzierung nicht Rechung tragen. Die fehlerhafte Rechnungslegung wird nach Prüfung durch den Abschlussprüfer festgestellt, so dass grundsätzlich mehrere Handlungen erforderlich sind, die je nach Prüfungsaufwand auch zeitlich weit auseinander liegen können. Dabei bilden beide Angaben grundsätzlich eine Einheit, die in Einzelfällen durchbrochen werden kann. Werden dem Abschlussprüfer manipulierte EDV-Listen vorgelegt, so liegt **Tateinheit** gemäß § 52 StGB **zwischen § 331 Nr. 4 HGB und § 263a StGB** vor, da der Computerbetrug erst mit dem Eintritt des Schadens beendet ist. Der Unrechtsgehalt von § 331 Nr. 4 HGB ist nicht bereits durch eine Strafbarkeit wegen vorangegangener Untreue nach § 266 StGB mit abgegolten, da diese Regelung auch dem Schutz der Öffentlichkeit dient.[447]

V. Verhältnis des § 331 HGB zu den Ordnungswidrigkeiten nach § 334 HGB

210 Die **Ordnungswidrigkeitentatbestände** des § 334 HGB sind im Verhältnis zu § 331 HGB **subsidiär**,[448] weil durch § 334 HGB geringe Verstöße oder Verstöße bereits im Vorfeld der Bilanzfälschung oder -verschleierung verhindert werden sollen (§ 21 OWiG).

I. Strafverfolgung und Rechtsfolgen

I. Verfahrensrechtliche Besonderheiten

211 **1. Offizialdelikte.** Alle Straftatbestände des § 331 HGB sind Offizialdelikte. Die Strafverfolgung erfolgt deshalb **von Amts wegen**, wenn ein hinreichender Tatverdacht vorliegt.

212 **2. Zuständigkeit der Wirtschaftsstrafkammer.** Die Straftatbestände des § 331 HGB sind nach § 74c Nr. 1 GVG **Wirtschaftsstraftaten** und fallen damit in die Zuständigkeit

445 BGH wistra 1996, 348.
446 MünchKommHGB/*Quedenfeld* Rn 107.
447 BGH v. 21.08.1996, 4 StR 364/96 = wistra 1996, 348.
448 *Tiedemann* Artikel Bilanzstrafrecht in *Krekeler* HdWiStR S. 7.

der **Schwerpunktstaatsanwaltschaften für Wirtschaftsstrafsachen.** Die Anklage wird zum **Amtsgericht** erhoben oder – bei besonderer Bedeutung des Falles (§ 24 Abs. 1 Nr. 3 GVG) – zur **Wirtschaftsstrafkammer des Landgerichts.** Über die **Berufung** gegen ein amtsgerichtliches Urteil entscheidet die **Wirtschaftsstrafkammer des Landgerichts.**[449] Gegen das erstinstanzliche Urteil der Wirtschaftsstrafkammer des Landgerichts ist die **Revision zum BGH** möglich (§ 135 Abs. 1 iVm § 121 GVG).

3. Klageerzwingungsverfahren. Im Klageerzwingungsverfahren sind Verletzte im Sinne des § 172 Abs. 1 StPO alle Personen, die von § 331 HGB geschützt werden und im Vertrauen auf die Richtigkeit der Angaben einen Schaden erlitten haben.[450] **213**

4. Urteilstenor. Im Urteilstenor und nicht nur in den Urteilsgründen ist zum Ausdruck zu bringen, welche Tatbestände der Täter verwirklicht hat.[451] **214**

II. Verjährung

Die **Strafverfolgungsverjährung** tritt nach 5 Jahren ein (§ 78 Abs. 3 Nr. 4 StGB). Sie beginnt mit der Beendigung der Tat. **215**

Der Ablauf der Verjährungsfristen kann durch die in § 78c StGB genannten Maßnahmen **unterbrochen** werden. Die Verjährung beginnt mit dem Tag der Unterbrechung neu zu laufen (§ 78c Abs. 3 StGB). Jedoch tritt zehn Jahre nach Beendigung der Tat die **absolute Verjährung** ein (§ 78c Abs. 3 Satz 2 StGB). **216**

Die **Vollstreckungsverjährung** bestimmt sich nach den §§ 79 ff StGB. Sie beginnt frühestens mit der rechtskräftigen Verhängung einer Strafe oder Maßregel der Besserung und Sicherung (§ 11 Abs. 1 Nr. 8 StGB). **217**

III. Rechtsfolgen

1. Strafen. Die Strafe ist alternativ **Freiheitsstrafe** von einem Monat bis zu drei Jahren oder **Geldstrafe** zwischen fünf und dreihundertsechzig Tagessätzen (§ 40 Abs. 1 StGB). Die Geldstrafe wird nach dem allgemein im Strafrecht geltenden Tagessatzsystem bestimmt: Die Höhe eines Tagessatzes bestimmt sich grundsätzlich nach dem durchschnittlichen Nettoeinkommen des Täters; der einzelne Tagessatz darf 1 € nicht unterschreiten und 30 000 € nicht übersteigen (§ 40 Abs. 2 StGB). **218**

Hat sich der Täter **durch die Tat bereichert oder zu bereichern versucht**, so kann neben der Freiheitsstrafe eine **Geldstrafe** verhängt werden (§ 41 StGB). Eine kurzfristige Freiheitsstrafe unter sechs Monaten kann nur ausnahmsweise verhängt werden (§ 47 StGB). **219**

Wenn bei einem Teilnehmer die **besonderen persönlichen Merkmale** fehlen, weil er nicht zum Kreis der tauglichen Täter des Sonderdelikts gehört (Rn 12), kann die Strafe gemäß § 28 Abs. 1 StGB gemildert werden. **220**

---

449 OLG Koblenz MDR 1978, 779; OLG Stuttgart, MDR 1982, 252.

450 *Zielinski* wistra 1993, 6, 8.

451 Erbs/Kohlhaas/*Schaal* § 82 GmbHG Rn 67; Rowedder/*Fuhrmann*/*Schaal* § 82 GmbHG Rn 92; Scholz[9]/*Tiedemann* § 82 GmbHG Rn 198.

221 **2. Verfall und Einziehung.** Wenn durch die Tat ein Vermögensvorteil erlangt worden ist, kommt die Anordnung des **Verfalls** gemäß §§ 73 ff StGB in Betracht. Außerdem finden die Vorschriften über die **Einziehung** gemäß § 74 ff StGB Anwendung.

222 **3. Maßregeln der Besserung und Sicherung.** Als Maßregel der Besserung und Sicherung kann ein **Berufsverbot** verhängt werden (§ 70 StGB).

223 **4. Inhabilität.** Jede Verurteilung wegen einer vorsätzlichen Straftat nach § 331 HGB hat seit Inkrafttreten des Gesetzes zur Modernisierung des GmbH-Rechts und zur Bekämpfung von Missbräuchen (MoMiG) am 1.11.2009 (vom 23.10.2008, BGBl. I, S. 206) zur Folge, dass der Verurteilte für die Dauer von fünf Jahren seit Rechtskraft des Urteils als GmbH-Geschäftsführer (§ 6 Abs. 2 Satz 2 Nr. 3 lit. d GmbHG) und als Vorstand einer Aktiengesellschaft (§ 76 Abs. 3 Satz 2 Nr. 3 lit. d AktG) ausgeschlossen ist. Im Hinblick auf den Sonderdeliktscharakter (Rn 12 f) des § 331 HGB und die schwerwiegenden Konsequenzen sind die Voraussetzungen der Inhabilität restriktiv auszulegen, so dass nur Täter, nicht jedoch Teilnehmer davon betroffen sind. In der Literatur wird außerdem vertreten, dass eine Freiheitsstrafe von mindestens einem Jahr vorliegen müsse.[452] Nach § 13e Abs. 3 Satz 2 HGB ist die Eintragung als gesetzlicher Vertreter einer deutschen Zweigniederlassung ausgeschlossen. Dadurch soll verhindert werden, dass der Täter die Inhabilität umgeht, indem er als *director* einer Limited eine geschäftsführerähnliche Tätigkeit ausübt.[453]

§ 332
Verletzung der Berichtspflicht

(1) Mit Freiheitsstrafe bis zu drei Jahren oder mit Geldstrafe wird bestraft, wer als Abschlußprüfer oder Gehilfe eines Abschlußprüfers über das Ergebnis der Prüfung eines Jahresabschlusses, eines Einzelabschlusses nach § 325 Abs. 2a, eines Lageberichts, eines Konzernabschlusses, eines Konzernlageberichts einer Kapitalgesellschaft oder eines Zwischenabschlusses nach § 340a Abs. 3 oder eines Konzernzwischenabschlusses gemäß § 340i Abs. 4 unrichtig berichtet, im Prüfungsbericht (§ 321) erhebliche Umstände verschweigt oder einen inhaltlich unrichtigen Bestätigungsvermerk (§ 322) erteilt.

(2) Handelt der Täter gegen Entgelt oder in der Absicht, sich oder einen anderen zu bereichern oder einen anderen zu schädigen, so ist die Strafe Freiheitsstrafe bis zu fünf Jahren oder Geldstrafe.

Schrifttum

Vgl. ergänzend die Literaturhinweise Vor §§ 331 ff.

Zum Gegenstand und Umfang der Prüfung vgl. die Literaturangaben zu § 317; zum Prüfungsbericht die Angaben zu § 321 und zum Bestätigungsvermerk die Angaben zu § 322.

Ferner:

Bärenz Haftung des Abschlussprüfers bei Bestätigung fehlerhafter Jahresabschlüsse gemäß § 323 Abs. 1 S. 3 HGB, BB 2003, 1781 ff; *Bantleon/Thomann/Bühner* Die Neufassung des IDW Prüfungs-

[452] *Waßner* ZIS 2001, 648, 650.

[453] *Weiß* wistra 2009, 209, 214.

standards: „Zur Aufdeckung von Unregelmäßigkeiten im Rahmen der Abschlussprüfung (IDW PS 210)" und dessen Auswirkungen auf die Unternehmensorganisation, DStR 2007, 1978 ff; *Berndt/Jeker* Fraud Detection im Rahmen der Abschlussprüfung, BB 2007, 2615 ff; *Bieneck* Artikel Wirtschaftsprüfer, in Krekeler/Tiedemann/Ulsenheimer/Weinmann (Hrsg.), Handwörterbuch des Wirtschafts- und Steuerstrafrechts, Loseblatt Stand 1990; *Böcking/Stein* Prüfung des Konzernlageberichts durch Abschlussprüfer, Aufsichtsräte und Deutsche Prüfstelle für Rechnungslegung, Der Konzern 2007, 43 ff; *Dierlamm* Verletzung der Berichtspflicht gem. § 332 HGB – eine Analyse des gesetzlichen Tatbestandes, NStZ 2000, 130 ff; *Emmerich* Auswirkung des Sarbanes-Oxley-Act auf deutsche Abschlussprüfer, WPg 2003, 677 ff; *Erle* Der Bestätigungsvermerk des Abschlussprüfers (1990); *Firgau* Artikel Bestätigungsvermerk, in Krekeler/Tiedemann/Ulsenheimer/Weinmann (Hrsg.), Handwörterbuch des Wirtschafts- und Steuerstrafrechts, Loseblatt Stand 1990; IDW PS 400 Grundsätze für die ordnungsgemäße Erteilung von Bestätigungsvermerken, WPg 1999, 641 ff; IDW PS 450 Grundsätze ordnungsgemäßer Berichterstattung bei Abschlußprüfungen WPg 1999, 601 ff; *Gärtner* Aufdeckung von Fraud im Rahmen der Abschlussprüfung, Festschrift Lück (2003), S. 240 ff; *Geilen* Verletzung der Berichtspflicht (§ 332 HGB), GS für Ellen Schlüchter (2002), S. 283 ff; *Graf* Neue Strafbarkeitsrisiken für den Wirtschaftsprüfer durch das KonTraG, BB 2001, 562 ff; *Hartung* Straftaten und Ordnungswidrigkeiten nach HGB und PublG, in Wannemacher, Steuerstrafrecht, 5. Aufl. 2004; *Hauser* Jahresabschlussprüfung und Aufdeckung von Wirtschaftskriminalität (2000); *Hettich/Orth/Pfizer* Stärkung der Unabhängigkeit des Abschlussprüfers, DStR 2004, 328 ff; *Heppe* Nach dem Vertrauensverlust – ist es an der Zeit, die Dritthaftung deutscher Abschlussprüfer zu verschärfen?, WM 2003, 753 ff; *Hoffmann/Knierim* Falsche Berichterstattung des Abschlussprüfers, BB 2002, 2275 ff; *Kern* Die Sanktionierung des Abschlussprüfers als Beitrag zur verstärkten Beachtung von Rechnungslegungsvorschriften in Grimm/Ladler (Hrsg.), EU-Recht im Spannungsverhältnis zu den Herausforderungen im Internationalen Wirtschaftsrecht (2012; im Druck); *Krekeler* Strafbarkeit des Abschlußprüfers, StraFo 1999, 217 ff; *Leffson* Wirtschaftsprüfung 4. Aufl. 1988; *Moxter* Die Vorschriften der Rechnungslegung und Abschlußprüfung im Referentenentwurf eines Gesetzes zur Kontrolle und Transparenz im Unternehmensbereich, BB 1997, 722 ff; *Müller* Die Unabhängigkeit des Abschlussprüfers (2006); *Niemann*, Grundsätze ordnungsmäßiger Durchführung von Abschlussprüfungen im Umbruch?, DStR 2003, 1454 ff; *Niewerth* Die Bedeutung des Strafrechts für Stellung und Aufgaben des Wirtschaftsprüfers (2002); *Otto/Mittag* Die Haftung des Jahresabschlussprüfers gegenüber Kreditinstituten, WM 1996, 325 ff (Teil I), 377 ff (Teil II); *Poll* Die Verantwortlichkeit des Abschlußprüfers nach § 323 HGB, DZWiR 1995, 95 ff; *Schmidt-Versteyl* Durchsetzung ordnungsgemäßer Rechnungslegung in Deutschland (2008); *Schrof* Zur Aufdeckung von Top-Management-Fraud durch den Wirtschaftsprüfer im Rahmen der Jahresabschlussprüfung, WPg 2003, 901 ff; *Schulze-Osterloh* Zum Umfang der Berichtspflicht des Abschlußprüfers, Festschrift v. Wysocki (1985) S. 239 ff; *Tiedemann,* Straftatbestand und Normambivalenz am Beispiel der Geschäftsberichtsfälschung, Festschrift Schaffstein (1975) S. 195 ff; *Wessing* Strafbarkeitsgefährdungen für Berater, NJW 2003, 2265 ff; *Winkelbauer* Artikel Buchprüfer, in Krekeler/Tiedemann/Ulsenheimer/Weinmann (Hrsg.), Handwörterbuch des Wirtschafts- und Steuerstrafrechts, Loseblatt Stand 1990; *Winkeler* Strafbarkeit inhaltlich unrichtiger Ergänzungsvermerke (2000); *Völlschau* Die Verantwortlichkeit des aktienrechtlichen Abschlußprüfers (1966).

Übersicht

A. Allgemeines

1 § 332 HGB dient ebenso wie § 331 HGB der **Sicherung der Einhaltung der Bilanzvorschriften.** Beide Vorschriften verzichten auf die Festlegung einer Schutzrichtung, so dass der geschützte Personenkreis durch Auslegung zu bestimmen ist (§ 331 Rn 4 ff). Anders als in § 331 HGB sind in § 332 HGB die Abschlussprüfer und deren Gehilfen die Normadressaten, so dass § 332 HGB gleichzeitig die schärfste Sanktion im Sanktionssystem der berufsrechtlichen Verantwortung des Wirtschaftsprüfers darstellt.[1] Strafbar ist jedoch nicht jedes Fehlverhalten des Abschlussprüfers, sondern nur ein **Fehlverhalten in Bezug auf die Berichtspflicht und die Erteilung des Bestätigungsvermerks.** Die Verletzung der Berichtspflicht außerhalb der gesetzlich vorgeschriebenen Abschlussprüfungen, so z.B. bei Gründungs-, Sonder- und freiwillige Prüfungen, unterfallen nicht § 332 HGB, sondern sind in § 403 AktG, § 150 GenG, § 18 PublG, § 314 UmwG und § 137 VAG geregelt (zu den Konkurrenzen siehe Rn 81 ff).

---

[1] Zustimmend *Bongertz* S. 246.

I. Entstehungsgeschichte

Seinen Ursprung findet § 332 HGB in § **318a HGB (1931)**, der die Pflicht zur Berichterstattung nach § 262e Abs. 1 S. 1 HGB (1931) strafrechtlich sanktioniert hat. Dabei umfasste die Strafandrohung nicht die gesamte Tätigkeit des Abschlussprüfers; strafbewehrt war nur die Verletzung der Pflicht zu einer mit den tatsächlichen Prüfungsfeststellungen des Abschlussprüfers übereinstimmenden Berichterstattung. § 332 HGB wurde durch das **Bilanzrichtliniengesetz (BiRiLiG)** vom 19.12.1985 eingeführt (Vor §§ 331 ff Rn 33). Nachdem der Prüfungsbericht und der Bestätigungsvermerk im HGB geregelt wurden, wollte der Gesetzgeber wegen des Sachzusammenhangs auch die entsprechende Strafvorschrift dort aufnehmen.[2] Bis zum Inkrafttreten des BiRiLiG war nur die Berichtspflicht gegenüber den Organen erfasst; mit Inkrafttreten des § 332 HGB fiel auch der **unzutreffende Bestätigungsvermerk** unter diese Vorschrift.[3] Dadurch wurde der an die Öffentlichkeit gerichtete Bestätigungsvermerk dem nicht öffentlichen Prüfungsbericht gleichgestellt.[4] Der Gesetzgeber hat den strafrechtlichen Schutz auf den Bestätigungsvermerk erweitert, weil es ihm unausgewogen erschien, dass der an die Öffentlichkeit gerichtete Bestätigungsvermerk einen geringeren Schutz als der nicht öffentliche Prüfungsbericht genießen sollte.[5] § 332 HGB ist § 403 AktG nachgebildet und stellt in Bezug auf Jahresabschluss, Lagebericht, Konzernabschluss und Konzernlagebericht einer Kapitalgesellschaft die **speziellere Regelung gegenüber § 403 AktG** dar (Rn 82).[6] **§ 332 Abs. 2 HGB** enthält **Qualifikationstatbestände**, wenn der Täter gegen Entgelt oder in der Absicht, sich oder einen anderen zu bereichern oder einen anderen zu schädigen gehandelt hat (Rn 75 ff). 2

Mit dem **Gesetz zur Änderung des Gesetzes über das Kreditwesen und anderer Vorschriften über Kreditinstitute (KWG-ÄndG)** vom 21.12.1992[7] (Vor §§ 331 ff Rn 41) ergänzte der Gesetzgeber § 332 HGB dahingehend, dass nunmehr fehlerhafte Berichte über den Zwischenabschluss nach § 340a Abs. 3 HGB und den Konzernzwischenabschluss nach § 340i Abs. 4 HGB von Kreditinstituten in gleicher Weise strafrechtlich verfolgt werden können.[8] 3

Durch das Gesetz zur Kontrolle und Transparenz im Unternehmensbereich (**KonTraG**) vom 27.4.1998 (BGBl. 1998 I S. 786) wurden die in §§ 321, 322 HGB normierten Pflichten des Abschlussprüfers erheblich erweitert (Vor §§ 331 ff Rn 63 ff). Da diese Normen vom Straftatbestand des § 332 HGB in Bezug genommen werden, wurde die Strafbarkeit des Abschlussprüfers entsprechend ausgedehnt.[9] 4

Das **Bilanzkontrollgesetz (BilKoG)**[10] vom 21.12.2004 richtete im Anschluss an das nationale 10-Punkte-Programm „Unternehmensintegrität und Anlegerschutz"[11] eine zusätzliche unabhängige Stelle zur Prüfung von Jahres- und Konzernabschlüssen kapitalmarktorientierter Unternehmen: die **Deutsche Prüfstelle für Rechnungslegung** ein. Durch 5

---

2 BT-Drucks. 10/317, S. 101.
3 MünchKommHGB/*Quedenfeld* Rn 15; Heymann/*Otto* Rn 1.
4 BT-Drucks. 10/317, S. 101.
5 BT-Drucks. 10/317, S. 101.
6 *Dierlamm*, NStZ 2000, 130, 131.
7 BGBl. I S. 2211.
8 Vgl. BT-Drucks. 12/3377, S. 48.
9 *Niewerth* S. 136 ff; *Dierlamm* NStZ 2000, 130, 131.
10 Gesetz zur Kontrolle von Unternehmensabschlüssen v. 15.12.2004 (Bilanzkontrollgesetz – BilKoG), BGBl. I S. 3408; vgl. BT-Drucks. 15/4055; RegE v. 24.6.2004, BT-Drucks. 15/3421; BR-Drucks. 325/04 u. 851/04.
11 *Ernst* BB 2003, 1487 ff.

dieses „Enforcement"-System besteht nun eine weitere Kontrollebene für unrichtige Prüfungsberichte und Bestätigungsvermerke.[12] Das System der Fehlerprüfung ist dreistufig aufgebaut: Deutsche Prüfstelle für Rechnungslegung, Bundesanstalt für Finanzdienstleistungsaufsicht, Staatsanwaltschaft.[13] Fehler bei der Rechnungslegung und in den Lageberichten werden entweder freiwillig oder durch Verwaltungsakt öffentlich gemacht (§ 342b Abs. 5 HGB; § 37 Abs. 3 Nr. 1 WpHG, § 37p WpHG).[14] Wenn zusätzlich zur Fehlerfeststellung durch die Prüfstelle **Anhaltspunkte für ein strafrechtliches Verhalten** vorliegen, insbesondere wenn der Verdacht vorsätzlichen Verhaltens besteht, hat die **BaFin** den Vorgang der zuständigen **Staatsanwaltschaft** anzuzeigen (§ 37r Abs. 1 WpHG).[15] Die Prüfungen der BaFin sind jedoch nicht vom Schutzzweck des § 332 HGB umfasst. Das auf diese Prüfungen aufbauende Vertrauen besitzt angesichts des Stichproben- und Verdachtscharakters nicht die gleiche Qualität wie das Vertrauen in den Bestätigungsvermerk.

6 Durch das **Bilanzrechtsreformgesetz (BilReG)**[16] vom 4.12.2004 wurde der **Einzelabschluss nach internationalen Rechnungslegungsgrundsätzen** gemäß § 315a HGB in § 332 HGB aufgenommen, um diesen Abschluss vollständig in den strafrechtlichen Schutz einzubeziehen. Daneben änderte sich § 332 HGB mittelbar durch die in Bezug genommenen Vorschriften der §§ 321, 322 HGB zu Prüfungsbericht und Bestätigungsvermerk in Anpassung an die Vorgaben der Bilanz- bzw. Konzernbilanzrichtlinie. Angesichts des Blankettcharakters (dazu Vor §§ 331 ff Rn 134 ff) des § 332 HGB beeinflussten die Änderungen der in Bezug genommenen Vorschriften der §§ 321, 322 HGB und die Ergänzung um den nach internationalen Rechungslegungsstandards aufgestellten Einzelabschluss auch die Strafbarkeit.

7 Durch das Bilanzrechtsmodernisierungsgesetz (**BilMoG**) vom 25.5.2009 (BGBl. 2009 I, S. 1102) wurden die Pflichten des Abschlussprüfers erneut erweitert. Er hat nun **im Abschlussbericht** nach § 321 Abs. 4a HGB seine **Unabhängigkeit zu bestätigen**. Bei nicht vorhandener Unabhängigkeit wird der Prüfungsbericht jedoch noch nicht falsch, da es sich hierbei um eine vorgelagerte Frage handelt, die keinen Einfluss auf das Ergebnis der Prüfung haben muss. Wenn wegen fehlender Unabhängigkeit den Berichtspflichten nicht nachgegangen wird, fällt dies hingegen unter die unrichtige Berichterstattung; dies bedeutet allerdings keine Erweiterung der Strafbarkeit. Es bleibt bei dem strafrechtlichen Schutz des Vertrauens in die subjektive Richtigkeit des Prüfungsberichts (Rn 8), auch wenn dieses Vertrauen durch die Stärkung der Unabhängigkeit der Abschlussprüfer und die Schaffung des Enforcement-Systems aufgewertet und es vermutlich in Zukunft häufiger zur Aufdeckung fehlerhafter Jahres- und Konzernabschlüsse und Lageberichte kommen wird.[17]

II. Geschütztes Rechtsgut und Schutzbereich

8 **1. Geschütztes Rechtsgut.** § 332 HGB schützt nach hM als Rechtsgut das **Vertrauen in den Prüfungsbericht und den Bestätigungsvermerk** und damit in die Richtigkeit und Vollständigkeit der gewissenhaft und unparteiisch durch ein unabhängiges Kontrollorgan

---

[12] Vgl. nur *Ernst* BB 2004, 936 ff; *Schmidt-Versteyl* S. 99 ff.

[13] *Schmidt-Versteyl* S. 37 ff.

[14] Dazu *Schmidt-Vesteyl* S. 158 ff.

[15] Dazu *Schmidt-Vesteyl* S. 200.

[16] Gesetz zur Einführung internationaler Rechnungslegungsstandards und zur Sicherung der Qualität der Abschlussprüfung; BGBl. 2004 I S. 3166.

[17] MünchKommHGB/*Sorgenfrei* Rn 4.

geprüften Abschlüsse und Lageberichte.[18] Das Vertrauen in eine gewissenhafte und unparteiische Überwachung der Rechnungslegung durch den Abschlussprüfer garantiert zwar nicht unmittelbar die inhaltliche Richtigkeit der geprüften Abschlüsse und Lageberichte. Jedoch wirkt sich eine obligatorische Überprüfung zumeist positiv aus, weil bei der Aufstellung der Abschlüsse und Lageberichte klar ist, dass eine Prüfung erfolgen wird. Der Prüfer ist zu einer mit den tatsächlichen Prüfungsfeststellungen übereinstimmenden Berichterstattung verpflichtet, so dass nur die **Richtigkeit der (subjektiven) Feststellungen** über die Prüfung und nicht die objektive Richtigkeit und Vollständigkeit der genannten Prüfungsberichte garantiert wird.[19] Im Gegensatz zur Beurteilungsbasis des § 331 HGB, der auf die objektive Wirklichkeit, die wirkliche Sachlage, abstellt,[20] bildet für die beiden Tatbestandsalternativen des § 332 HGB daher nur das subjektiv gefundene Prüfungsergebnis die Beurteilungsbasis.[21] Bei § 332 HGB ist es deshalb irrelevant, ob das mitgeteilte Prüfungsergebnis objektiv richtig oder falsch ist, sofern es nur mit dem Ergebnis der Prüfung übereinstimmt. Hierin spiegelt sich die gesetzgeberische Wertung wider, dass der Abschlussprüfer nicht in gleichem Maße wie die zuständigen Gesellschaftsorgane für die inhaltliche Richtigkeit der Angaben in die Verantwortung genommen werden soll. Daher ist der Bestimmung des geschützten Rechtsguts durch die hM grundsätzlich zuzustimmen.

Der Schutz des § 332 HGB beschränkt sich jedoch nicht auf dieses unmittelbar geschützte Rechtsgut, sondern erstreckt sich wegen der mittelbaren Auswirkungen der Abschlussprüfung auch auf das **Vertrauen in die Richtigkeit und Vollständigkeit der Bilanz** selbst.[22] Damit ist das Rechtsgut des § 332 HGB nicht identisch mit dem des § 331 HGB, umschließt es jedoch insofern, als dass sich der Schutz darauf mittelbar erstreckt. Zwar ist Normadressat des § 332 HGB nicht wie bei § 331 HGB das Organ der Gesellschaft, in dessen Verantwortung die Erstellung der Informationen liegt, sondern der Abschlussprüfer, der im Rahmen der gesetzlichen Vorschriften die formelle und materielle Richtigkeit der Informationen überprüft und beurteilt und damit in gradueller Hinsicht eine weniger umfassende Verantwortung für die Richtigkeit der Informationen 9

---

18 BeckBilKomm/*Kozikowski/Gutman* Rn 1; Heymann/*Otto* Rn 2; MünchKommHGB/*Quedenfeld* Rn 1; Erbs/Kohlhaas/*Schaal* Rn 1; MünchKommStGB/*Sorgenfrei* Rn 5; Blumers/Frick/Müller/*Dannecker* Betriebsprüfungshandbuch Rn 625; *Winkeler* S. 108 ff, 113 f; *Dierlamm*, NStZ 2000, 131; *Spatscheck/Wulf* DStR 2003, 173, 177; zu § 403 AktG ebenso Geßler/Hefermehl/Eckardt/Kropff/*Fuhrmann* § 403 Rn 2; aA HWSt-*Ransiek* VIII 1 Rn 117; *Janssen* in Park, Kapitalmarktstrafrecht, Kap. 8 T1 Rn 7, der im Vertrauen selbst keinen geeigneten Anknüpfungspunkt sieht und das handels- und gesellschaftsrechtliche Prüfungssystem als geschütztes Rechtsgut annimmt und somit die Einrichtung einer weiteren Prüfungsinstanz in den Vordergrund stellt; zum Verhältnis von Vertrauen in den Abschlussprüferbericht und den Bestätigungsvermerk: OLG Stuttgart WM 2009, 2382.

19 Ebenso BeckBilKomm/*Kozikowski/Gutman* Rn 11; Heymann/*Otto* Rn 15; Erbs/Kohlhaas/*Schaal* Rn 14; MünchKommStGB/*Sorgenfrei* Rn 5; *Knierim* in Volk § 25 Rn 3256; HWSt-*Ransiek* VIII 1 Rn 117; *Bongertz* S. 247; *Dierlamm*, NStZ 2000, 130, 131; *Spatscheck/Wulf* DStR 2003, 173, 178.

20 Heymann/*Otto* § 331 Rn 25; KK-AktG/*Geilen* § 403 Rn 26; Ebenroth/Boujong/Joost/*Wiedmann* § 331 Rn 2; MünchKommHGB/*Quedenfeld* § 331 Rn 40 ff; Geßler/Hefermehl/Eckardt/Kropff/*Fuhrmann* § 403 AktG Rn 4.

21 Heymann/*Otto* Rn 15; Ebenroth/Boujong/Joost/*Wiedmann* Rn 4; MünchKommHGB/*Quedenfeld* Rn 17; Geßler/Hefermehl/Eckardt/Kropff/*Fuhrmann* § 403 AktG Rn 9; *Firgau* Artikel Bestätigungsvermerk S. 5; *Tiedemann* Artikel Bilanzstrafrecht S. 6; Blumers/Frick/Müller/*Dannecker* Betriebsprüfungshandbuch Rn 627.

22 *Kern* in Grinn/Ladler B. II (im Druck).

als das Organmitglied der Gesellschaft trägt. Jedoch dient der Abschlussprüfungsbericht ebenfalls dem Vertrauen in die Rechnungslegung, weil davon ausgegangen werden kann, dass die Furcht vor der Überprüfung zu einer Verstärkung der Befolgung der Rechnungslegungsvorschriften von Seiten der Entscheidungsträger des Unternehmens führt.[23] Dies ist trotz der subjektiven Beurteilungsgrundlage gegeben, da auf die Verletzung des Vertrauens abgestellt wird. Dabei bleibt die Geschäftsführung der bilanzierenden Gesellschaft für die Darstellung der Lage des Unternehmens verantwortlich und den Prüfer trifft nur die Verantwortlichkeit, die stichtagsbezogene Richtigkeit und Vollständigkeit der Darstellung zu überprüfen, indem er sich hinreichende Gewissheit darüber verschafft, dass alle verfügbaren Informationen verwendet, die erforderlichen Grundlagen und Fakten in die Entscheidung einbezogen wurden und dass die Darstellung vollständig und plausibel ist.[24] Hingegen muss er nur mit dem gebotenen professionellen Skeptizismus die von der Rechnungslegung erfassten wirtschaftlichen Vorgänge und Tatsachen prüfen. Dennoch dient die Berichtspflicht der Einhaltung der bilanzrechtlichen Vorschriften, der Grundsätze ordnungsmäßiger Buchführung (GoB), sonstiger maßgeblicher Rechnungslegungsgrundsätze (§ 315a HGB) sowie der Unterstützung des gesellschaftsinternen Gremiums bei der Aufstellung der Abschlüsse und Lageberichte.[25] Somit erstreckt sich der Rechtsgüterschutz mittelbar auf das Rechtsgut des Vertrauens in die Richtigkeit und Vollständigkeit der Rechnungslegung, wobei bei einer Verletzung der Berichtspflicht – mit Ausnahme der unrichtigen Berichterstattung trotz richtiger Rechnungslegung – grundsätzlich beide Rechtsgüter betroffen sind.[26] § 332 HGB schützt somit primär das Vertrauen in die Richtigkeit der Berichterstattung, erstreckt sich jedoch angesichts der besonderen Verflechtungen zwischen Rechnungslegung und Prüfung auf das Vertrauen in die Richtigkeit und Vollständigkeit der Rechnungslegung selbst.

10 2. **Schutzbereich.** § 332 HGB dient nach hM dem **Schutz der Gesellschaft**, ihrer gegenwärtigen und zukünftigen **Aktionäre** oder **Gesellschafter**, der aktuellen und potenziellen **Gesellschaftsgläubiger** sowie dritter Personen, die rechtliche Beziehungen zu der Gesellschaft unterhalten oder aufnehmen wollen.[27] Im Gegensatz zum Schutzbereich des § 331 HGB (§ 331 Rn 7) ist die Gesellschaft mitgeschützt, da diese in den Fällen des § 332 HGB nicht lediglich Informationsgeberin ist. Die **Arbeitnehmer** der Gesellschaft stehen den sonstigen Gläubigern gleich.[28]

11 3. **Schutzgesetz im Sinne des § 823 Abs. 2 BGB.** § 332 HGB ist zugunsten der in Rn 10 genannten Personen Schutzgesetz i.S.d. § 823 Abs. 2 BGB.[29] Der zivilrechtliche Schutz setzt jedoch voraus, dass der Geschädigte durch sein Verhalten im Vertrauen auf

---

[23] *Kern* in Grinn/Ladler D. III (im Druck).

[24] OLG Bamberg DB 2005, 156, 157.

[25] So ADS § 316 Rn 8 KK-AktG/*Geilen* § 403 Rn 3.

[26] *Kern* in Grinn/Ladler D. III (im Druck).

[27] Heymann/*Otto* Rn 3; MünchKommHGB/*Quedenfeld* Rn 2; MünchKommStGB/*Sorgenfrei* Rn 6; Blumers/Frick/Müller/*Dannecker* Betriebsprüfungshandbuch Rn 625; zu § 403 AktG KK-AktG/*Geilen* § 403 Rn 2, 5; zu § 82 Abs. 2 GmbHG Scholz/*Tiedemann* Vor §§ 82 ff Rn 66.

[28] Ebenso MünchKommStGB/*Sorgenfrei* Rn 6; aA zu § 403 AktG GKAktG/*Klug* § 403 Anm. 2.

[29] OLG Köln DStRE 2006, 698; BayObLG DB 2003, 2543; Heymann/*Otto* Rn 3; MünchKommHGB/*Quedenfeld* Rn 2; MünchKommStGB/*Sorgenfrei* Rn 6; *Hellmann/Beckemper* Rn 420; *Otto/Mittag* WM 1996, 325 ff; *Poll* DZWiR 1995, 95; *Quick* BB 1992, 1675, 1679; vgl. auch OLG Karlsruhe WM 1985, 940, 944 und GKAktG/*Klug* § 403 Anm. 5 (zu § 403 AktG).

die Richtigkeit der relevanten Angaben einen Schaden erlitten hat.[30] Während § 331 HGB jede Unrichtigkeit, insbesondere die Abweichung von den tatsächlichen Verhältnissen betrifft, bezieht sich § 332 HGB nur auf das „Ergebnis der Prüfung", d.h. auf Abweichungen des Berichts von den Prüfungsfeststellungen.[31] Allerdings besteht ein Schadensersatzanspruch grundsätzlich nur, wenn auch objektive Unrichtigkeit vorliegt, da der Geschädigte ansonsten zutreffend über die Verhältnisse der Gesellschaft informiert worden ist und es zumeist an einem Schaden oder der haftungsausfüllenden Kausalität mangelt. Ansonsten sind die Berichtspflichten in § 323 HGB sanktioniert.[32]

III. Dogmatische Einordnung der Straftatbestände

1. Abstrakte Gefährdungsdelikte. Nach § 332 HGB sind das unrichtige Berichten und das Verschweigen erheblicher Umstände sowie die Erteilung eines inhaltlich unrichtigen Bestätigungsvermerks strafbar. Im Hinblick darauf, dass die Tathandlungen weder zu einem Schaden noch zu einer konkreten Gefahr führen müssen,[33] handelt es sich bei § 332 HGB – ebenso wie bei § 331 HGB (§ 331 Rn 9) – um abstrakte Gefährdungsdelikte.[34] **12**

2. Sonderdelikte. § 332 HGB ist in beiden Tatbestandsalternativen ein **echtes Sonderdelikt**, da Täter – Allein-, Mit- oder Nebentäter – nur Abschlussprüfer und deren Gehilfen sein können.[35] Die Sondereigenschaft als Abschlussprüfer oder Gehilfe eines Abschlussprüfers ist strafbegründendes persönliches Merkmal im Sinne des § 28 Abs. 1 StGB.[36] **13**

B. Grundtatbestand (§ 332 Abs. 1 HGB)

I. Täterkreis

Als taugliche Täter des § 332 Abs. 1 HGB kommen nur **Abschlussprüfer** und ihre **Gehilfen**, d.h. Personen, die den Abschlussprüfer bei seiner Prüfungstätigkeit unterstützen (Rn 22), in Betracht. **14**

1. Abschlussprüfer. § 332 Abs. 1 HGB gilt nur für **Prüfungsanlässe nach dem HGB** und nicht auch für sonstige Prüfungen. § 332 Abs. 1 HGB erfasst somit **keine freiwilligen Abschlussprüfungen**, z.B. bei einer kleinen Kapitalgesellschaft oder einer nicht unter das Publizitätsgesetz fallenden Personengesellschaft.[37] Nicht erfasst sind auch Sonderprü- **15**

---

[30] Vgl. *Brandes* WM 1992, 465, 477.
[31] Vgl. Scholz[9]/*Tiedemann* Vor §§ 82 ff GmbHG Rn 81.
[32] Dazu BGH NZG 1998, 437.
[33] AA Küting/Weber/*Pfennig* Rn 11 für die Tatbestandsalternative des Verschweigens.
[34] Heymann/*Otto* Rn 4; MünchKommHGB/*Quedenfeld* Rn 3; Erbs/Kohlhaas/*Schaal* Rn 3; MünchKommStGB/*Sorgenfrei* Rn 7; Scholz[9]/*Tiedemann* Vor §§ 82 ff GmbHG Rn 65; *Janssen* in Park, Kapitalmarktstrafrecht, Kap. 8, T1, Rn 9; HWSt-*Ransiek* VIII 1 Rn 113; *Schüppen* S. 174 mwN; *Dierlamm*, NStZ 2000, 130, 131; vgl. auch *Otto* Aktienstrafrecht, § 403 AktG Rn 6.
[35] Heymann/*Otto* Rn 4; MünchKommHGB/*Quedenfeld* Rn 4; Erbs/Kohlhaas/*Schaal* Rn 3; MünchKommStGB/*Sorgenfrei* Rn 8; Küting/Weber/*Pfennig* Rn 15; *Janssen* in Park Rn 10.
[36] Erbs/Kohlhaas/*Schaal* Rn 5; zustimmend MünchKommStGB/*Sorgenfrei* Rn 8.
[37] BeckBilKomm/*Kozikowski*/*Gutman* Rn 2.

fungen. Bei diesen kann der Abschlussprüfer bzw. die Wirtschaftsprüfungsgesellschaft für Unregelmäßigkeiten nur nach den spezifischen Sondervorschriften (Rn 1) oder aber berufsrechtlich zur Verantwortung gezogen werden. Daher ist ein vom Aufsichtsrat gemäß § 111 Abs. 2 Satz 2 AktG für bestimmte Prüfungsaufgaben bestellter Sachverständiger kein Prüfer im Sinne des § 332 HGB.[38]

16 Die Personen, die als Abschlussprüfer in Betracht kommen, bestimmen sich nach § 319 Abs. 1 HGB. Hiernach kommen als Abschlussprüfer **Wirtschaftsprüfer** (§ 1 Abs. 1 Satz 1 WPO)[39] und **Wirtschaftsprüfungsgesellschaften**, bei den Jahresabschlüssen und Lageberichten mittelgroßer GmbHs i.S.d. § 267 Abs. 2 HGB oder mittelgroßer Personenhandelsgesellschaften i.S.d. § 264a Abs. 1 HGB, insbesondere bei der GmbH & Co. KG, auch **vereidigte Buchprüfer**[40] und **Buchprüfungsgesellschaften** in Betracht. Auch ausländische Prüfer fallen hierunter (näher dazu Rn 21). Die Abschlussprüfer müssen über eine wirksame Bescheinigung über die Teilnahme an einer Qualitätskontrolle nach § 57a WPO („Peer Review") verfügen, zudem dürfen keine Ausschlussgründe nach §§ 319 Abs. 2, 3, 319a, 319b HGB vorliegen. Die Ausschlussgründe wurden nach und nach erweitert, um die Unabhängigkeit der Abschlussprüfer zu stärken.[41]

17 a) **Bestellung eines Wirtschaftsprüfers oder vereidigten Buchprüfers zum Abschlussprüfer.** Die **Bestellung zum Abschlussprüfer** ist in § 318 HGB geregelt. Er wird von den Gesellschaftern oder den Gesellschaften des Mutterunternehmens im Konzern gewählt (§ 318 Abs. 1 Satz 1 und 2 HGB) oder durch das Registergericht bestellt (§ 318 Abs. 3, Abs. 4 Satz 1 und 2 HGB). Der Wirtschaftsprüfer oder vereidigte Buchprüfer wird erst mit Annahme der Wahl zum Abschlussprüfer.[42] Treten bei der Bestellung zum Abschlussprüfer **Rechtsmängel** auf, so sind diese für dessen strafrechtliche Verantwortung irrelevant, sofern nur überhaupt ein Bestellungsakt durch das zuständige Organ durchgeführt wurde und der Täter die entsprechenden Prüfungen tatsächlich vorgenommen hat.[43] Die bloße Anmaßung einer Prüfungstätigkeit reicht hingegen nicht aus, um eine strafrechtliche Verantwortung zu begründen.[44]

18 Ein **mangelbehafteter Bestellungsakt**, der die Tätereigenschaft i.S.d. § 332 HGB begründet, sofern die Prüfung tatsächlich durchgeführt wird, liegt z.B. vor, wenn ein vereidigter Buchprüfer entgegen § 319 Abs. 1 HGB, der eine Beschränkung auf mittelgroße Gesellschaften mit beschränkter Haftung und mittelgroße Personenhandelsgesellschaften vorsieht, zum Abschlussprüfer einer AG oder einer großen GmbH gewählt wird.[45] Dies

---

[38] *Adler/Düring/Schmalz* § 323 HGB Rn 207; zustimmend MünchKommStGB/*Sorgenfrei* Rn 11.

[39] Vgl. dazu *Bieneck* Artikel Wirtschaftsprüfer HdWiStR S. 1 ff.

[40] Vgl. dazu *Winkelbauer* Artikel Buchprüfer S. 1 ff.

[41] Siehe die Gesetzesbegründung BilReG, BT-Drucks. 15/3419, 36 ff, 40 ff; näher dazu *Sultana/Willcke* StuB 2005, 158 ff, 212 ff.

[42] BeckBilKomm/*Förschle/Heinz* § 318 HGB Rn 14; Heymann/*Herrmann* § 318 HGB Rn 2.

[43] BeckBilKomm/*Kozikowski/Gutman* Rn 35; Küting/Weber/*Pfennig* Rn 21; MünchKommHGB/*Quedenfeld* Rn 6; MünchKommStGB/*Sorgenfrei* Rn 13; *Krekeler* StraFo 1999, 217, 219; *Spatscheck/Wulf* DStR 2003, 173, 177; aA *Janssen* in Park Rn 23; s auch Heymann/*Otto* Rn 9; Erbs/Kohlhaas/*Schaal* Rn 7; MünchKommStGB/*Sorgenfrei* Rn 13; aA *Janssen* in Park Rn 23, der Mängel bei der Bestellung wegen des Ordnungswidrigkeitentatbestandes des § 334 Abs. 2 HGB für unerheblich hält.

[44] Heymann/*Otto* Rn 9; *Krekeler* StraFo 1999, 217, 219.

[45] BeckBilKomm/*Kozikowski/Gutman* Rn 35; *Krekeler* StraFo 1999, 217, 219.

gilt ebenso, wenn der Abschlussprüfer nach den §§ 319 Abs. 2, 3,[46] 319a, 319b HGB von der Prüfung ausgeschlossen ist. Eine Grenze der Strafbarkeit besteht nur, wenn **eindeutig erkennbar** ist, dass eine Person oder Gesellschaft zum Prüfer bestellt wurde, die die **Prüferqualifikation unter keinen Umständen besitzen kann**, beispielsweise wenn ein Steuerberater unter seiner Berufsbezeichnung ein Testat nach § 322 HGB erteilt.[47] Eindeutige Erkennbarkeit ist dann gegeben, wenn der Bestellte unter keinerlei Umständen Abschlussprüfer sein darf; es kommt dabei nicht auf die spezifische Gesellschaft an. In diesen Fällen fehlt es an einem schutzwürdigen Vertrauen, dessen Bruch § 332 HGB sanktionieren soll[48], und es kommt nur eine Ordnungswidrigkeit nach § 334 Abs. 2 HGB in Betracht (§ 334 Rn 97). Wenn hiergegen in der Literatur geltend gemacht wird, dass es nach dem Gesetzeswortlaut auf die individuelle Erkennbarkeit nicht ankomme, weil es sich um ein abstraktes Gefährdungsdelikt handele und das Äußerungsdelikt bereits verwirklicht sei, wenn der Prüfungsbericht oder Bestätigungsvermerk in Verkehr gebracht wurde,[49] wird verkannt, dass es um die Notwendigkeit einer teleologischen Reduktion des Tatbestandes geht, die geboten ist, um dem verfassungsmäßigen Verhältnismäßigkeitsgrundsatz Rechnung zu tragen.

b) **Bestellung einer Wirtschafts- oder Buchprüfungsgesellschaft zum Abschlussprüfer.** 19
Wurde eine **Wirtschafts-** oder **Buchprüfungsgesellschaft** als Prüfer bestellt, so ist Normadressat der für die bestellte Gesellschaft persönlich handelnde Prüfer, der seinerseits über die Qualifikation des Wirtschaftsprüfers oder des vereidigten Buchprüfers verfügen muss.[50] Wenn der Prüfer **vertretungsberechtigtes Organ der Prüfungsgesellschaft** ist, ergibt sich die strafrechtliche Verantwortung aus § **14 Abs. 1 StGB**.[51] Ist er nur **Angestellter der Prüfungsgesellschaft** und von dieser mit der Prüfung betraut, so ergibt sich die strafrechtliche Verantwortung aus § **14 Abs. 2 Nr. 2 StGB**.[52] Interne Zuständigkeitsverteilungen innerhalb der Wirtschafts- oder Buchprüfungsgesellschaft sind dabei irrelevant.[53] Personen einer Prüfungsgesellschaft, die nicht gesetzliche Vertreter oder besonders Beauftragte sind, aber gleichwohl bei der Prüfung mitwirken, sind Prüfungsgehilfen (Rn 22), auch wenn sie in der Prüfungsgesellschaft eine leitende Funktion innehaben.[54]

c) **Geldbuße gegen juristische Personen und Personenvereinigungen** (§ 30 OWiG). 20
Wenn gesetzliche Vertreter der Prüfungsgesellschaft Pflichten verletzen, die primär die

---

[46] Zur Ahndbarkeit der Bestellung zum Abschlussprüfer entgegen der Regelungen des § 319 Abs. 2 und 3 HGB, die die Unabhängigkeit des Abschlussprüfers sicherstellen und das Vertrauen hierauf schützen sollen, nach § 334 Abs. 2 HGB siehe § 334 Rn 93 ff.

[47] Erbs/Kohlhaas/*Schaal* Rn 7.

[48] MünchKommHGB/*Quedenfeld* Rn 7; Winkeler S. 81; Steck, 1997, 75; aA MünchKommStGB/*Sorgenfrei* Rn 14.

[49] *Janssen* in Park Rn 23; zustimmend MünchKommStGB/*Sorgenfrei* Rn 14.

[50] *Janssen* in Park Rn 22; MünchKommHGB/*Quedenfeld* Rn 5; MünchKommStGB/*Sorgenfrei* Rn 11.

[51] BeckBilKomm/*Kozikowski*/*Gutman* Rn 33; MünchKommHGB/*Quedenfeld* Rn 5; MünchKommStGB/*Sorgenfrei* Rn 11; Küting/Weber/*Pfennig* Rn 19; *Ransiek* § 23 III Rn 11; *Bongertz* S. 247.

[52] BeckBilKomm/*Kozikowski*/*Gutman* Rn 33; *Janssen* in Park Rn 22; HWSt-*Ransiek* VIII 1 Rn 19; MünchKommHGB/*Quedenfeld* Rn 5; MünchKommStGB/*Sorgenfrei* Rn 11; Küting/Weber/*Pfennig* Rn 19 f; *Bongertz* S. 247; *Dierlamm,* NStZ 2000, 130, 131.

[53] MünchKommHGB/*Quedenfeld* Rn 10.

[54] *Janssen* in Park, Kapitalmarktstrafrecht, Kap. 8 T1 Rn 22; MünchKommHGB/*Quedenfeld* Rn 9; HWSt-*Ransiek* VIII 1 Rn 115; MünchKommStGB/*Sorgenfrei* Rn 12.

Prüfungsgesellschaft betreffen, kann auch eine **Geldbuße gegen die Prüfungsgesellschaft** gemäß § 30 OWiG (Vor §§ 331 ff Rn 182 ff) verhängt werden.[55]

21 **d) Bestellung ausländischer Prüfer.** Durch das KapAEG (Vor §§ 331 ff Rn 61 f) wurde die Möglichkeit geschaffen, gegebenenfalls auch ausländische Prüfer am Ort eines in Anspruch genommenen Kapitalmarktes auszuwählen. Die Bestellung richtet sich nach **§ 318 HGB**. Eine Zugehörigkeit zu dem in § 319 HGB genannten Personenkreis ist hierfür nicht erforderlich.[56] Auch dieser Prüfer wird erst **mit Annahme der Wahl zum Abschlussprüfer** und damit zum tauglichen Täter des § 332 HGB.

22 **2. Gehilfen des Abschlussprüfers.** Gehilfen des Abschlussprüfers sind Personen, die den Abschlussprüfer in irgendeiner Weise bei seiner Prüfungstätigkeit unterstützen.[57] Hierbei kann es sich um Angestellte und freie Mitarbeiter[58] des Abschlussprüfers handeln.[59] Allerdings setzt der Tatbestand voraus, dass hier eine **Unterstützung bei der prüfungsspezifischen Tätigkeit** erfolgt.[60] Dies ist insbesondere bei Prüfungsleitern, Prüfern und Prüfungsassistenten, Berichtskritikern, fachlichen Spezialisten, z.B. Juristen und Steuerberatern, aber auch bei Sachverständigen, die der Abschlussprüfer zu seiner Unterstützung heranzieht (beispielsweise Bausachverständige, EDV-Spezialisten, Versicherungsmathematiker)[61] der Fall. Bei sonstigen Mitarbeitern, deren Tätigkeit sich auf das Prüfungsergebnis oder die Erteilung des Bestätigungsvermerks auswirken kann, ist ebenso eine prüfungsspezifische Tätigkeit anzunehmen. Hingegen fehlt es an einer prüfungsspezifischen Tätigkeit bei Schreib- und Hilfskräften sowie bei einfachen Bürokräften, die lediglich unterstützende und keine assistierenden Tätigkeiten ausüben, die sich nicht auf das Prüfungsergebnis oder die Erteilung des Bestätigungsvermerks auswirken können.[62] Diese restriktive Auslegung ist geboten, weil der durch § 332 HGB gewährte Vertrauensschutz unmittelbar an die Prüfungstätigkeit eines gewissenhaften und unparteiischen Prüfers anknüpft.[63]

23 Das strafbare Verhalten des Prüfungsgehilfen liegt nach dem Gesetzeswortlaut darin, dass er „über das Ergebnis der Prüfung falsch berichtet oder erhebliche Umstände im Bericht verschweigt". Allerdings berichtet der Prüfungsgehilfe nicht selbst, da er keinen eigenen Bericht vorlegt, in dem er falsch berichten oder erhebliche Umstände verschwei-

---

[55] Vgl. *Otto* Aktienstrafrecht, § 403 Rn 12; *Eidam,* Unternehmen und Strafe, 2. Aufl. 2001, S. 192 ff.

[56] Heymann[2]/*Henssler* § 292a Rn 15; BeckBilKomm[5]/*Berger/Lütticke* § 292a Rn 36.

[57] BeckBilKomm/*Kozikowski/Gutman* Rn 36; Erbs/*Kohlhaas/Schaal* Rn 9; Heymann/*Otto* Rn 7; *Poll* DZWiR 1995, 95.

[58] *Adler/Düring/Schmalz* § 323 HGB Rn 15; *Poll* DZWiR 1995, 95; *Janssen* in Park Rn 24.

[59] BeckBilKomm/*Kozikowski/Gutman* Rn 36; MünchKommHGB/*Quedenfeld* Rn 9; Erbs/Kohlhaas/*Schaal* Rn 9; Heymann/*Otto* Rn 7; MünchKommStGB/*Sorgenfrei* Rn 15.

[60] BeckBilKomm/*Kozikowski/Gutman* Rn 36; Heymann/*Otto* Rn 7; MünchKommHGB/*Quedenfeld* Rn 9; Küting/Weber/*Pfennig* Rn 17; MünchKommStGB/*Sorgenfrei* Rn 15; *Dierlamm,* NStZ 2000, 131; aA Erbs/Kohlhaas/*Schaal* Rn 9; *Janssen* in Park Rn 24; Müller-Gugenberger/Bieneck/*Häcker* § 80 Rn 6.

[61] MünchKommStGB/*Sorgenfrei* Rn 15.

[62] BeckBilKomm/*Kozikowski/Gutman* Rn 36; Heymann/*Otto* Rn 7; MünchKommHGB/*Quedenfeld* Rn 9; MünchKommStGB/*Sorgenfrei* Rn 15; Scholz[9]/*Tiedemann* Vor § 82 ff Rn 67; HWStR-*Ransiek* VIII Rn 115; *Dierlamm,* NStZ 2000, 130, 131; *Tiedemann* Artikel Bilanzstrafrecht S. 3; aA Erbs/*Kohlhaas/Schaal* Rn 9; *Janssen* in Park Rn 24.

[63] So GKAktG/*Otto* § 403 Rn 8 (zu § 403 AktG).

gen könnte. Daher bedarf es einer **Modifikation der Tathandlung** dahingehend, dass der Prüfungsgehilfe, der beim Zustandekommen des Berichts in untergeordneter Funktion mitwirkt, den Tatbestand nur dann verwirklicht, wenn er **gleichsam in einer einem mittelbaren Täter oder Mittäter entsprechenden Rolle** eine falsche oder unvollständige Berichterstattung bewirkt. Er kann den Tatbestand also dadurch verwirklichen, dass er bei der Vorbereitung des vom Abschlussprüfer zu verantwortenden Berichts diesen durch unrichtige Angaben irreführt, oder dadurch, dass er nicht verhindert, dass ein von ihm falsch oder unvollständig erstellter Prüfungsteil vom Abschlussprüfer in dessen Bericht übernommen wird.[64] Wenn der Prüfungsgehilfe nicht gemeinschaftlich mit dem Abschlussprüfer die Straftat begeht, weil kein gemeinsamer Tatentschluss vorliegt, wird in der Regel keine Alleintäterschaft, sondern nur eine Beihilfe (§ 27 StGB) des Prüfungsgehilfen zur Straftat des Abschlussprüfers vorliegen, sofern Vorsatz gegeben ist.

Da die Prüfung und die damit zusammenhängenden prüfungsspezifischen Tätigkeiten **24** durch außenstehende Dritte erfolgen, können **Mitarbeiter des geprüften Unternehmens** nicht Prüfungsgehilfen sein.[65]

II. Gegenstand der Tathandlung

§ 332 Abs. 1 HGB enthält drei Tatbestandsvarianten: Die ersten beiden Varianten des **25** unrichtigen Berichtens oder Verschweigens beziehen sich auf den **Prüfungsbericht des Abschlussprüfers** – hierzu gehört auch ein vorab oder getrennt übermittelter „Teil-Prüfungsbericht", in dem ausnahmsweise über Komplexe, die zum Prüfungsbericht gehören, außerhalb des eigentlichen Prüfungsberichts berichtet wird[66] –, die dritte Variante bezieht sich auf den **Bestätigungsvermerk.** Die ersten beiden Varianten bilden dabei einen einheitlichen Tatbestand, der sich auf den Prüfungsbericht i.S.d. § 321 HGB als die abschließende und unmittelbare Berichterstattung des Abschlussprüfers über das von ihm ermittelte Prüfungsergebnis bezieht.[67] Außerhalb des Prüfungsberichts und des Bestätigungsvermerks getroffene Aussagen werden vom Tatbestand des § 332 HGB nicht erfasst.

Der **Bericht über die Prüfung des Jahresabschlusses** ist nach § 321 Abs. 5 HGB nur **26** dem Vorstand bzw. Aufsichtsrat vorzulegen (Rn 37). Hingegen ist der **Bestätigungsvermerk**, der im Handelsregister veröffentlicht wird (§ 325 Abs. 1 Satz 2 HGB), an die Allgemeinheit adressiert (Rn 38).

1. Prüfungsbericht. Der Prüfungsbericht des Abschlussprüfers kann sich beziehen auf **27** den **Jahresabschluss** (§ 264 Abs. 1 Satz 1), den **Einzelabschluss** (§ 315a HGB), den **Lagebericht** (§ 289 HGB), den **Konzernabschluss** (§§ 290, 297, 298 HGB) oder den **Konzernlagebericht** (§ 315 HGB) einer Kapitalgesellschaft, weiterhin auf den **Zwischenabschluss eines Kreditinstituts** (§ 340a Abs. 3 HGB) oder den **Konzernzwischenabschluss eines Kreditinstituts** (§ 340i HGB), auch wenn dieses nicht in der Rechtsform einer Kapitalgesellschaft betrieben wird. Hingegen verweist die Blankettvorschrift des § 332 HGB nicht auf sonstige Berichte. Daher fallen **Berichte über das Ergebnis anderer Prüfungen** – Be-

64 Heymann/*Otto* Rn 8; KK-AktG/*Geilen* § 403 Rn 17.

65 MünchKommHGB/*Quedenfeld* Rn 11; MünchKommStGB/*Sorgenfrei* Rn 15; vgl. auch KK-AktG/*Geilen* § 403 Rn 19; aA *v. Godin*/*Wilhelmi* § 403 AktG Anm. 2.

66 BeckBilKomm/*Kozikowski*/*Gutman* Rn 8.

67 Heymann/*Otto* Rn 21; MünchKommStGB/*Sorgenfrei* Rn 17; *Spatscheck*/*Wulf* DStR 2003, 173, 177.

richte über freiwillige Abschlussprüfungen, „Due Diligence"-Berichte, Prüfungsberichte über Jahresabschlüsse „kleiner" Kapitalgesellschaften (§ 267 Abs. 1 HGB), Berichte über eine Gründungsprüfung nach § 34 AktG, der Jahresbericht eines Sondervermögens nach § 44 Abs. 5 InvG, Berichte nach § 270 Abs. 1 AktG über die Eröffnungsbilanz, den Jahresabschluss und den Lagebericht im Zusammenhang mit der Abwicklung oder über eine Sonderprüfung i.S.d. § 145 Abs. 6 AktG, § 36 WpHG, § 44b KWG – **nicht unter** § **332 HGB.**

28 Der Prüfungsbericht hat die Aufgabe, die Ergebnisse der Prüfung unabhängig und sachverständig zu erläutern.[68] **Gegenstand und Umfang der Prüfung** richten sich **nach** §§ **316, 317 Abs. 1 bis 5 HGB** (Rn 29 ff), die **inhaltlichen Anforderungen nach** § **321** HGB (Rn 34 ff).

29 a) **Gegenstand und Umfang der Prüfung.** Der Abschlussprüfer hat seine Prüfung des **Jahresabschlusses** u.a. darauf zu erstrecken, ob die gesetzlichen (HGB oder IAS/IFRS) Vorschriften über die Bilanzierung, Bewertung und Gliederung des Jahresabschlusses eingehalten, die vermerkpflichtigen Angaben im Anhang gemacht und die Bestimmungen des Gesellschaftsvertrages oder der Satzung beachtet worden sind (§ **317 Abs. 1 Satz 2 HGB**). Gemäß § **317 Abs. 5 HGB** hat der Abschlussprüfer bei der Durchführung einer Prüfung die internationalen Prüfungsstandards anzuwenden, die von der Europäischen Kommission in dem Verfahren nach Artikel 26 Abs. 1 der Richtlinie 2006/43/EG des Europäischen Parlaments und des Rates vom 17. Mai 2006 über Abschlussprüfungen von Jahresabschlüssen und konsolidierten Abschlüssen, zur Änderung der Richtlinien 78/660/EWG und 83/349/EWG des Rates und zur Aufhebung der Richtlinie 84/253/EWG des Rates (ABl. EU Nr. L 157 S. 87) angenommen worden sind. Diese Standards können nach § 317 Abs. 6 HGB durch Rechtsverordnung erweitert werden. Auch die Erklärung, ob und inwieweit das Unternehmen dem **Corporate Governance Kodex** entspricht (§ 161 AktG), ist Prüfungsgegenstand.

30 Die Prüfung ist dabei nach § **317 Abs. 1 S. 3 HGB** so anzulegen, dass Unrichtigkeiten und Verstöße gegen die gesetzlichen Vorschriften und Bestimmungen des Gesellschaftsvertrages oder der Satzung, die sich auf die Darstellung des sich nach § 264 Abs. 2 HGB ergebenden Bildes der Vermögens-, Finanz- und Ertragslage des Unternehmens wesentlich auswirken, bei gewissenhafter Berufsausübung erkannt werden. Der Abschlussprüfer muss **Hinweise auf Bilanzfälschungen, Bilanzmanipulationen, Untreuehandlungen und Unterschlagungen**, die bei der Prüfung auffallen oder für die sich auch nur ein Tatverdacht ergibt, näher untersuchen und im Prüfungsbericht darlegen. Liegen Verdachtsmomente vor, so muss die Untersuchung planmäßig daraufhin angelegt werden, solche Unregelmäßigkeiten aufzudecken. Die Abschlussprüfung ist jedoch trotz der problemorientierten Ausrichtung – in Abgrenzung zur Unterschlagungs- oder sonstigen wirtschaftsstrafrechtlichen Prüfung – eine **Ordnungsmäßigkeitsprüfung,**[69] die der Kontrolle dient, ob die Darstellung der Rechnungslegung den tatsächlichen Verhältnissen der Gesellschaft im Rahmen der gesetzlichen Vorschriften entspricht. Der Nachweis von Fehlern der gesetzlichen Vertreter in der Rechnungslegung ist kein vorrangiges Ziel der Prüfung.[70] Deshalb ist der Abschlussprüfer auch nicht dafür verantwortlich, wenn bestimmte Informationen für den Bilanzleser bei vertretbarer Anwendung der Rechnungslegungsgrund-

---

[68] Vgl. zur Informationsfunktion des Berichts A/D/S § 321 HGB Rn 32 mwN.

[69] OLG Karlsruhe WM 1985, 940, 941 f; Erbs/Kohlhaas/*Schaal* Rn 14; MünchKomm-StGB/*Sorgenfrei* Rn 27; Ebenroth/Boujong/Joost/*Wiedmann* § 317 Rn 10; *Hauser* S. 111 f; *Oechsle*/*Wirth* S. 545 f.

[70] A/D/S § 322 HGB Rn 213.

sätze fehlen.[71] In strafrechtlicher Hinsicht sind die Änderungen durch das KonTrag und das BilMoG insofern nur von geringer Bedeutung, als sich § 332 HGB nicht auf die Qualität und Durchführung der Prüfung erstreckt, sondern allein auf das **Ergebnis der Prüfung** bezieht (Rn 28). Erst bei Auswirkungen der fehlenden Qualität oder dem Verschließen der Auge, wenn dadurch das das Ergebnis beeinflusst wird, ist § 332 HGB tangiert. Die gesetzlichen Berichtspflichten begrenzen die Strafbarkeit insoweit, als ein noch den Regeln oder Bräuchen entsprechendes Verhalten nie den gesetzlichen Tatbestand des § 332 HGB erfüllt. Dem Abschlussprüfer steht somit innerhalb der gesetzlichen Grenzen ein Beurteilungsspielraum zu.

Liegt ein **IAS/IFRS-Einzelabschluss** nach § 325 Abs. 2a HGB vor, so sind die Bestim- **31** mungen über die Prüfung des Jahresabschlusses gemäß § 324a HGB auch hierauf anzuwenden. Dabei können der Prüfungsbericht für den IAS/IFRS-Abschluss mit dem nach § 321 HGB erforderlichen Prüfungsbericht über den HGB-Abschluss zusammengefasst werden (§ 324a Abs. 2 Satz 2 HGB), der insoweit auch § 332 HGB unterfällt.[72] Soweit ein IAS-/IFRS-Einzellabschluss geprüft wird, sind Prüfungsmaßstab hierfür die anerkannten internationalen Rechnungslegungsstandards IAS/IFRS (§ 315a Abs. 1 HGB iVm IAS-Verordnung), auf die nach § 321 Abs. 3 HGB einzugehen ist.

Der **Lagebericht** (§ 289 HGB) und der **Konzernlagebericht** (§ 315 HGB) sind darauf- **32** hin zu überprüfen, ob sie mit dem Jahres- bzw. Konzernabschluss in Einklang stehen und die sonstigen Angaben insgesamt eine zutreffende Vorstellung von der Lage des Unternehmens bzw. Konzerns und dessen möglicher Entwicklung vermitteln (**§ 317 Abs. 2 HGB**).[73] **§ 317 Abs. 4 HGB** verlangt schließlich für Aktiengesellschaften, die Aktien mit amtlicher Notierung herausgegeben haben, die Prüfung des **Risikomanagement- und Überwachungssystems**, das die gesetzlichen Vertreter einer Aktiengesellschaft nach § 91 Abs. 2 AktG zu errichten haben, um möglichst frühzeitig Risiken und Fehlentwicklungen aufzudecken und um Gefährdungen für den Fortbestand des Unternehmens zu minimieren.[74] Der Prüfer hat in diesem Rahmen zu beurteilen, ob der Vorstand ein adäquates Risikomanagementsystem eingerichtet hat, das die ihm zukommende Funktion erfüllt.[75] Dennoch bleibt die Prüfung des Lageberichts weitgehend eine **Plausibilitätsprüfung**. Der Abschlussprüfer muss sich nur Gewissheit darüber verschaffen, dass die Geschäftsführung sämtliche Informationen verwendet hat, dass die grundlegenden Annahmen realistisch und in sich widerspruchsfrei waren und das die Prognoseverfahren richtig eingesetzt worden sind.[76]

Weiterhin erstreckt sich die Prüfung gemäß **§ 317 Abs. 3 HGB** auf die **Konzernbilanz** **33** und die **im Konzernabschluss zusammengefassten Jahresabschlüsse**. Dabei hat seit dem BilMoG der Abschlussprüfer des Konzernabschlusses nun auch die Arbeit der Abschlussprüfer der Jahresabschlüsse zu überprüfen und dies zu dokumentieren, um dadurch einen besseren Gesamtüberblick zu erhalten. Bei Konzernabschlüssen, die nach den IFRS-Vorschriften des § 315a HGB aufgestellt worden sind, ist ein Prüfungsbericht nach § 321 HGB zu erstellen, für den abweichende Bewertungsgrundsätze gelten.[77]

---

71 A/D/S § 317 HGB Rn 142.

72 MünchKommStGB/*Sorgenfrei* Rn 30.

73 Vgl. *IdW*-Prüfungsstandard PS 350, WPg 1998, 663 ff; Erbs/Kohlhaas/*Schaal* Rn 18; *Graf* BB 2001, 562, 564; krit. *Lanfermann/Maul* BB 2004, 1517, 1520 f; zur vorherigen Rechtslage vgl. *Matoni* S. 295 ff.

74 Begründung des Regierungsentwurfs zu § 321 HGB, abgedruckt bei *Ernst/Seibert/Stuckert* S. 96.

75 *Graf* BB 2001, 562, 565.

76 Vgl. BT-Drucks. 13/9712, S. 27; Erbs/Kohlhaas/*Schaal* Rn 19; MünchKommStGB/*Sorgenfrei* Rn 30.

77 *IDW*, PS 450, 113, 126; vgl. MünchKommStGB/*Sorgenfrei* Rn 33.

34 b) **Berichtspflichten des Abschlussprüfers.** Der gesetzlich vorgeschriebene Inhalt des Prüfungsberichts ergibt sich aus § **321 Abs. 1 Satz 2–4 und Abs. 2 HGB**. Zu den allgemeinen Berichtspflichten des Abschlussprüfers gehört insbesondere, dass **nachteilige Veränderungen von wesentlicher Bedeutung** besonders aufgeführt und erläutert werden, damit sie nicht unter der Vielzahl der übrigen Angaben untergehen (§ 321 Abs. 2 Satz 4 HGB). Im Falle einer **Bestandsgefährdung** oder bei wesentlichen Gefahren für die Entwicklung eines geprüften Unternehmens sowie bei schwerwiegenden Verstößen der gesetzlichen Vertreter gegen Gesetz, Gesellschaftsvertrag oder Satzung bestehen nach § 321 Abs. 1 Satz 3 HGB besondere Berichtspflichten für den Abschlussprüfer (sog. **große Redepflicht**), die über den eigentlichen Prüfungsauftrag hinaus gehen. Sieht der Prüfer z.B. die Gefahr einer Zahlungsunfähigkeit oder Überschuldung, so muss er hierauf im Prüfungsbericht hinweisen. Ebenso muss er schwerwiegende Rechtsverletzungen der gesetzlichen Vertreter oder Arbeitnehmer wie Insidergeschäfte für eigene Rechnung oder die Annahme von „Schmiergeldern" vermerken. Der Bericht muss richtig sein und darf keine erheblichen Umstände verschweigen.[78]

35 Die durch das KonTraG (Vor §§ 331 ff Rn 63 ff) eingeführte Pflicht, **Gegenstand, Art und Umfang der Prüfung** zu erläutern (§ **321 Abs. 3 HGB**), dient nicht als Tätigkeitsnachweis des Abschlussprüfers; die Angaben sollen die durchgeführten Prüfungshandlungen beschreiben, damit die Tätigkeit des Abschlussprüfers besser beurteilt werden kann.[79] Zwar besteht die Prämisse, keine strafrechtliche Bewertung der Arbeit des Wirtschaftsprüfers durch § 332 HGB vorzunehmen, jedoch fällt eine Divergenz zwischen berichteten, tatsächlich aber nicht durchgeführten Prüfungshandlungen dann unter § 332 HGB, wenn Prüfungsfeststellungen dadurch berührt werden (Rn 48).

36 Durch das BilMoG wurde für den Abschlussprüfer die weitergehende Pflicht eingeführt, seine **Unabhängigkeit zu versichern** (§ **321 Abs. 4a HGB**). Diese Angabe dient der Gewährleistung der Unparteilichkeit des Abschlussprüfers und somit einer verbesserten Transparenz. Bei einer Abhängigkeit des Abschlussprüfers besteht die Gefahr, dass über Unklarheiten hinweggesehen und nicht mit gleicher Sorgfalt nachgeforscht wird wie im Falle einer unabhängigen Abschlussprüfung. Diese Versicherung soll noch einmal bekräftigen, dass die Abschlussprüfung ordentlich durchgeführt wurde und der Prüfer möglichst geringen Beeinflussungsmöglichkeiten ausgesetzt war, um dadurch das Vertrauen in die Prüfung, aber auch in den Abschluss selbst zu stärken. Diese Versicherung ist **Teil des Prüfungsberichts** (§ 321 Abs. 4a HGB), also Element der internen Kontrolle. Zwar reicht eine Abhängigkeit des Abschlussprüfers aus, um das Vertrauen massiv zu schädigen; jedoch hat eine fehlerhafte Versicherung der Unabhängigkeit nur bedingt Einfluss auf die inhaltliche Richtigkeit des geprüften Ergebnisses. Daher muss die Abhängigkeit angesichts des Prüfungsgegenstandes, also der **Unrichtigkeit der Prüfungsfeststellungen**, entweder Auswirkungen auf Abweichungen von dem tatsächlich festgestellten Prüfungsergebnis und dem Prüfungsbericht haben oder der Abschlussprüfer muss bestimmte Prüfungen unterlassen haben (Rn 48).

37 Der Abschlussprüfer hat den Prüfungsbericht zu **unterzeichnen** und den gesetzlichen Vertretern der Kapitalgesellschaft bzw. des Kreditinstituts **vorzulegen** (§ **321 Abs. 5 HGB**). Ein in elektronischer Form vorliegendes Ergebnis der Abschlussprüfung ist erst dann als Bericht im Rechtssinne anzusehen, wenn es via E-Mail an den Adressaten gelangt ist und dem Unterschriftenerfordernis durch eine der Unterschrift gleichwertige elektronische Signatur Genüge getan ist. Da § 332 HGB den (schriftlichen) Prüfungs-

---

[78] *IDW*, PS 210, WpG 2006, 1422; MünchKommStGB/*Sorgenfrei* Rn 28.

[79] Begr. RegE, BRDrucks. 872/97, S. 77.

bericht lediglich bei der Tathandlung des Verschweigens nennt und nicht auch bei den unrichtigen Angaben, ist auch ein elektronisch übermittelter und signierter Prüfungsbericht tauglicher Gegenstand des § 332 HGB. Dies gilt jedoch nicht für mündliche Erklärungen des Abschlussprüfers (Rn 44).

2. **Bestätigungsvermerk.** Der Bestätigungsvermerk schließt die Prüfung ab und fasst das **Ergebnis der Untersuchung zum Jahres- und Konzernabschluss** zusammen (§ 322 Abs. 1 HGB). Er muss sich gemäß § 322 Abs. 6 HGB auch auf den **Lagebericht und Konzernlagebericht** erstrecken sowie auf den **Einzelabschluss nach § 325a HGB**. Mit dem Bestätigungsvermerk sind nach außen sichtbar die gesetzlich vorgeschriebenen Prüfungshandlungen beendet. Die Durchführung der Prüfung und der Bestätigungsvermerk als ihr formeller Abschluss spielen in der Rechnungslegungsstruktur eine so wesentliche Rolle, dass ohne diese der Jahresabschluss in Bezug auf die Offenlegung nur unvollständig ist. Der Bestätigungsvermerk ist im Gegensatz zum Prüfungsbericht ein unternehmensexternes Informationsinstrument, da er sich nicht nur an die Auftraggeber und deren Organe richtet.[80] Dadurch, dass der Gesetzgeber den Bestätigungsvermerk als Tatmodalität in den Schutzbereich des § 332 HGB aufgenommen hat, genießt der an die Öffentlichkeit gerichtete Bestätigungsvermerk denselben Schutz wie der an die gesetzlichen Vertreter und den Aufsichtsrat gerichtete Prüfungsbericht (Rn 27 ff).[81] **38**

Durch das **KonTraG** (Vor §§ 331 Rn 63 ff) hat sich der Begriff des Bestätigungsvermerks erheblich verändert: An die Stelle des früheren Formeltestats ist ein **Bestätigungsbericht** getreten, obwohl der Gesetzgeber den Begriff „Bestätigungsvermerk" beibehalten hat; treffender wäre indes der Begriff des Bestätigungsberichts (vgl. den britischen auditors report) gewesen.[82] Hieran hat sich auch durch die Änderungen, die § 322 HGB durch das BilReG (Vor §§ 331 ff Rn 49 ff) erfahren hat, nichts geändert. Anstelle des früheren Formeltestats gibt § 322 HGB nunmehr die Gegenstände, auf die sich der Vermerk beziehen muss, in einer nicht verbindlichen Reihenfolge vor und räumt dem Abschlussprüfer auch in der Formulierung weitgehende Freiheit ein,[83] um die durch das Formeltestat begrenzte Aussagekraft auszuweiten.[84] Durch das **BilReG** vom 4.12.2004 (Vor §§ 331 Rn 49) wurde § 322 HGB an die Vorgaben internationaler Rechnungslegungsstandards im europäischen und deutschen Rechnungslegungsrecht angepasst. Die Kernelemente des Bestätigungsvermerks sind in § 322 Abs. 1 Satz 2 HGB enthalten, während § 322 Abs. 2 HGB allgemeine Regelungen darüber enthält, wie die Beurteilung des Prüfungsergebnisses wiederzugeben ist. § 322 Abs. 3 HGB trifft Vorgaben, welche Aussagen ein uneingeschränkter Bestätigungsvermerk enthalten muss. Neben der Nennung des Prüfungsurteils sind bei nicht uneingeschränkten Bestätigungsvermerken für die Allgemeinheit verständliche Erklärungen abzugeben, dass und warum der Bestätigungsvermerk eingeschränkt oder versagt wurde. Problematisch an der Ausweitung des Bestätigungsvermerks als Be- **39**

---

80 KG AG 2001, 187, 188. Vgl. BGH DB 2006, 1105, 1106; näher MünchKommHGB/*Ebke* § 322 HGB Rn 2.

81 BT-Drucks. 10/317, S. 101; vgl. auch MünchKommHGB/*Quedenfeld* Rn 15; *Krekeler* StraFo 1999, 217, 221.

82 Dazu MünchKommHGB/*Ebke* § 322 HGB Rn 10.

83 Das IDW und die PK hatten bereits in einer gemeinsamen Stellungnahme zum Vorentwurf und Entwurf des Bilanzrichtlinien-Gesetzes jeweils in Abkehr vom Formeltestat einen vorgeschriebenen Mindestinhalt des Bestätigungsvermerks vorgeschlagen, vgl. WPg 1980, 501, 514 ff; 1981, 609 ff. Dennoch empfiehlt das IDW hier aus Gründen der Sicherheit im Rechtsverkehr die Verwendung des Formulierungsvorschlages nach IDW PS 400, Anhang 1, WPg 1999, 641, 653.

84 BT-Drucks. 13/9712 S. 29, vgl. auch MünchKommHGB/*Ebke* § 321 HGB Rn 8 f.

richtsinstrument ist die Bestimmung des Umfangs der Pflicht, die in Konflikt mit der **Geheimhaltungspflicht des Abschlussprüfers** geraten kann (näher dazu § 333 Rn 62).

40 Infolge der **Verweisung der Strafnorm des § 332 HGB auf § 322 HGB** hat der Straftatbestand durch die Änderungen des § 322 HGB einen neuen Inhalt erhalten. Neben dem Bericht und dem darin enthaltenen Mindestinhalt ist zudem ein **eigener Kommentar des Abschlussprüfers** gefordert, der eine problemorientierte Stellungnahme, auch zu möglichen Risiken, enthalten soll (§ 322 Abs. 1, 6 HGB). Der Bestätigungsvermerk muss ein den tatsächlichen Verhältnissen entsprechendes Bild des Jahresabschlusses bestätigen, zugleich aber auch die inhaltliche Beschränkung des Testats auf die gesetzlichen Vorgaben deutlich machen, um eine Fehleinschätzung durch die Adressaten und damit eine „Erwartungslücke" zu vermeiden.[85] Der Bestätigungsvermerk eines Konzernabschlusses hat die Besonderheiten der Konzernrechnungslegung zu beachten und erstreckt sich auch auf die Konsolidierungsgrundsätze.

41 Der Begriff **„inhaltlich"** in § 332 Abs. 1 HGB bedeutet, dass alle in den Formulierungen enthaltenen Aussagen auf ihre Übereinstimmung mit den Prüfungsfeststellungen zu untersuchen sind. Abzugrenzen davon sind die Formalia. Deren Unrichtigkeit lässt den Bestätigungsvermerk nicht „inhaltlich" unrichtig werden.[86] Die Angaben in der Überschrift, im einleitenden und beschreibenden Abschnitt sowie das Datum, der Ort und die Unterschrift besitzen lediglich „deklaratorischen Charakter"[87] und machen deshalb den Bestätigungsvermerk, wenn sie unzutreffend sind, nicht inhaltlich unrichtig.

42 Nicht in den Bestätigungsvermerk aufzunehmen – und daher auch in § 322 HGB nicht erwähnt – ist das Prüfungsergebnis des **Risikomanagementsystems.** Dies ist folgerichtig, da eine Aussage zum Überwachungssystem außerhalb der eigentlichen Rechnungslegung liegt und die Öffentlichkeit darüber nicht informiert zu werden braucht.[88]

43 Der Bestätigungsvermerk kann entweder **uneingeschränkt erteilt** werden (§ 322 Abs. 2 Satz 1 Nr. 1 HGB), wenn zweifelsfrei keine Beanstandungen festgestellt werden konnten, er kann weiterhin **eingeschränkt erteilt** werden (§ 322 Abs. 2 Satz 1 Nr. 2 HGB), oder er kann, wenn der Mangel wesentlich ist, auf Grund von Einwendungen (§ 322 Abs. 2 Satz 1 Nr. 3 HGB) oder wegen gravierenden Prüfungshemmnissen (§ 322 Abs. 2 Satz 1 Nr. 4 HGB) **versagt** werden.[89] Neu eingeführt wurde der sogenannte **Nichterteilungsvermerk** in § 322 Abs. 5 HGB, wenn es dem Prüfer nicht möglich ist, ein Prüfungsurteil abzugeben. Eine andere Form der Erteilung oder Versagung ist nicht möglich, es besteht ein **numerus clausus** der Vermerke.

44 **3. Mündliche Erklärungen des Abschlussprüfers.** Der Abschlussprüfer hat gemäß § 321 HGB im Prüfungsbericht über das Ergebnis der Prüfung **schriftlich zu berichten.** Zweifelhaft ist, ob sich die Tathandlung nur auf den schriftlichen Prüfungsbericht und

---

[85] Begr. RegE KonTraG, BT-Drucks. 13/9712, S. 27; *Graf* BB 2001, 562, 564; krit. *Dörner* DB 1998, 1, 5; *Hauser* Jahresabschlussprüfung und Aufdeckung von Wirtschaftskriminalität, S. 110; *Moxter* BB 1997, 730.

[86] Begr. RegE KonTraG, BT-Drucks. 13/9712, S. 27; *Graf* BB 2001, 562, 564; krit. *Dörner* DB 1998, 1, 5; *Hauser* S. 110; *Moxter* BB 1997, 730.

[87] A/D/S § 322 Rn 100; MünchKommHGB/*Ebke* § 322 HGB Rn 10 ff.

[88] Begr. d. Regierungsentwurfs zu § 317, abgedruckt bei Ernst/Seibert/Stuckert S. 53, 95 f; aA *Brebeck/Hermann* WPg 1997, 381; *Jacob* WPg 1998, 1043, 1044 ff; *Wolz* Erwartungslücke, WPK-Mitteilungen (1998) S. 122, 131; WPg 1999, 658.

[89] Vgl. MünchKommHGB/*Ebke* § 322 HGB Rn 28 ff.

den schriftlichen Bestätigungsvermerk bezieht oder ob auch sonstige, z.B. mündliche Verlautbarungen des Prüfers, tatbestandsmäßig sein können. Nach dem Gesetzeswortlaut des § 332 HGB wird der schriftliche Prüfungsbericht lediglich bei den Tathandlungen des Verschweigens und des unrichtigen Bestätigungsvermerks genannt, nicht jedoch beim unrichtigen Berichten. *Geilen*[90] vertritt zum Aktienstrafrecht die Ansicht, das Bilanzstrafrecht müsse die Richtigkeit und Vollständigkeit aller, nicht nur der im technischen Sinne als „Prüfungsbericht" anzusehenden Verlautbarungen des Prüfers schützen. Im Hinblick darauf, dass der Gesetzgeber in § 332 Abs. 1 HGB den an die Öffentlichkeit gerichteten Bestätigungsvermerk ausdrücklich als Handlungsobjekt aufgenommen hat, besteht die Notwendigkeit der von *Geilen* geforderten extensiven Auslegung, die im Hinblick auf die Wortlautgrenze des Art. 103 Abs. 2 GG ohnehin fragwürdig ist, nicht mehr,[91] so dass sich die **Tathandlung nur** auf den **schriftlichen Prüfungsbericht** und den **schriftlichen Bestätigungsvermerk** beziehen kann.[92]

III. Tathandlungen

Der Tatbestand des § 332 HGB nennt als Tathandlungen die **unrichtige Berichterstattung** (Rn 47 ff), das **Verschweigen erheblicher Umstände im Prüfungsbericht** (Rn 54 ff) und das **Erteilen eines inhaltlich unrichtigen Bestätigungsvermerks** (Rn 58 ff).[93] **45**

1. Unrichtige Berichterstattung und Verschweigen erheblicher Umstände im Prüfungsbericht. Gegenstand der Berichterstattung ist das Ergebnis, das die Prüfung des Jahresabschlusses, Lageberichts, Konzernabschlusses und des Konzernlageberichts einer Kapitalgesellschaft sowie eines Einzelabschlusses nach § 325 Abs. 2a HGB oder des Zwischenabschlusses nach § 340a Abs. 3 HGB oder eines Konzernzwischenabschlusses gemäß § 340i HGB eines Kreditinstituts durch den Abschlussprüfer ergeben hat. **46**

a) **Unrichtige Berichterstattung.** Ein unrichtiger Bericht des Abschlussprüfers liegt nur vor, wenn der Bericht über das Ergebnis der Prüfung von den tatsächlich gefundenen (subjektiven) Prüfungsfeststellungen abweicht, nicht hingegen, wenn die dargestellte wirtschaftliche Situation der in Wirklichkeit bestehenden Sachlage nicht entspricht.[94] Dabei bilden die unrichtige Berichterstattung und das Verschweigen erheblicher Umstände einen einheitlichen Tatbestand der Wiedergabe eines unrichtigen Bildes durch den Abschlussprüfer (Rn 57). Maßgeblich ist also eine Divergenz zwischen den **tatsächlichen Feststellungen des Prüfers und dem Bericht über diese.** Nur eine Abweichung der tatsächlichen Feststellungen und der daraus gezogenen Schlussfolgerungen in seiner Bericht- **47**

---

90 KK-AktG/*Geilen* § 403 Rn 10.

91 So im Ergebnis auch Heymann/*Otto* Rn 18, der ein „Berichten" im technischen Sinne fordert; ebenso BeckBilKomm/*Kozikowski*/*Gutman* Rn 9.

92 HWSt-*Ransiek* VIII 1 Rn 118; Küting/Weber/*Pfennig* Rn 5; *Spatscheck*/*Wulf* DStR 2003, 173, 177; aA Erbs/Kohlhaas/*Schaal* Rn 16; MünchKommStGB/*Sorgenfrei* Rn 22, der mündliche Erläuterungen des schriftlichen Prüfungsberichts für tatbestandsmäßig ansieht.

93 Vgl. dazu Erbs/*Kohlhaas*/*Schaal* Rn 23; Heymann/*Otto* Rn 13; MünchKommHGB/*Quedenfeld* Rn 12; *Dierlamm* NStZ 2000, 130, 131.

94 BeckBilKomm/*Kozikowski*/*Gutman* Rn 11; Erbs/Kohlhaas/*Schaal* Rn 23; Heymann/*Otto* Rn 15; MünchKommStGB/*Sorgenfrei* Rn 32; zu § 82 GmbHG Rowedder/Fuhrmann/*Schaal* Vor §§ 82 ff Rn 36; Scholz[9]/*Tiedemann* Vor §§ 82 ff Rn 81.

erstattung davon, wie sie sich für ihn bei der Prüfung ergeben haben, ist strafrechtlich relevant, nicht darüber hinaus gehende Divergenzen. Irrelevant ist daher, ob das mitgeteilte Prüfungsergebnis objektiv richtig oder falsch ist, d.h. mit der Wirklichkeit übereinstimmt oder nicht.[95] Geschützt wird nur das **Vertrauen in die Richtigkeit des Berichts über das Ergebnis der Prüfung** und nicht die objektiv zutreffende Berichterstattung (zum geschützten Rechtsgut siehe Rn 8 f). Hieran hat sich durch die Neuregelungen des BilReG und des BilKoG nichts geändert (dazu Vor §§ 331 ff Rn 49, 52).

48 Gegenstand des unrichtigen Berichtens sind die **Prüfungsfeststellungen**. Es muss sich daher um Angaben handeln, welche die zutreffende Wiedergabe des Prüfungsergebnisses in einer solchen Weise berühren, dass dieses durch die Angaben unrichtig wird. Dies ist nicht der Fall, wenn fälschlicherweise die **Unabhängigkeit des Abschlussprüfers** bestätigt wird (Rn 37). Wenn der Abschlussprüfer die ihm mitgeteilten Tatsachen überhaupt **nicht geprüft** hat, gleichwohl aber den Prüfungsbericht erstellt, liegt hingegen eine solche Berührung vor.[96] In einem solchen Fall wird die unrichtige Aussage über die Prüfung getroffen, dass eine solche stattgefunden habe, obwohl dies nicht der Wirklichkeit entspricht.[97] Wenn der Abschlussprüfer infolge einer **unzulänglichen Planung und Durchführung der Prüfung** Unregelmäßigkeiten nicht aufdeckt und deshalb auch im Prüfungsbericht und im Bestätigungsvermerk nicht darauf hinweisen kann, im Übrigen aber zutreffend über die Durchführung der Prüfung berichtet, liegt **keine Verletzung der Berichtspflicht** vor.[98] Erstattet der Abschlussprüfer einen objektiv richtigen Prüfungsbericht, der jedoch nicht mit seinen Prüfungsfeststellungen übereinstimmt, so kann nicht in die Integrität und Wahrhaftigkeit des Berichts vertraut werden. Damit liegt Strafbarkeit vor.[99] Allerdings ergeben sich erhebliche Beweisschwierigkeiten (zu den Voraussetzungen der Schadensersatzpflicht Rn 11).

49 Neben tatsächlichen Feststellungen können auch **Werturteile** unrichtig wiedergegeben werden. Wenn vom Prüfer getroffene Werturteile keinen hinreichenden Grund in den tatsächlichen Feststellungen finden, verstößt der Prüfer gegen seine Prüfungspflicht, wenn er hierauf nicht hinweist, und macht unrichtige Angaben.[100] Auch hier kommt es für die Strafbarkeit nicht darauf an, ob der Prüfungsbericht den tatsächlichen Verhältnissen der Gesellschaft oder des Konzerns entspricht.

50 Nicht jede unrichtige Prüfungsfeststellung führt zu einer unrichtigen Berichterstattung i.S.d. § 332 Abs. 1 HGB. Nur Umstände, die den Prüfungsbericht als das Ergebnis der gesamten Prüfung unrichtig machen, sind tatbestandsmäßig. Daher muss es sich auch bei der ersten Variante des Tatverhaltens um **„erhebliche Umstände"** handeln, obwohl nach dem Gesetzeswortlaut nur bei der zweiten Tatbestandsvariante des Verschweigens diese Voraussetzung ausdrücklich normiert ist. Lediglich Umstände, die das Prüfungsergebnis

---

95 BeckBilKomm/*Kozikowski/Gutman* Rn 11; Erbs/Kohlhaas/*Schaal* Rn 23; Heymann/*Otto* Rn 15; *Knierim* in Volk § 25 Rn 323; MünchKommHGB/*Quedenfeld* Rn 17; MünchKommStGB/*Sorgenfrei* Rn 32; *Hellmann/Beckemper* Rn 390, 392; *Bongertz* S. 249.

96 Heymann/*Otto* Rn 16; MünchKommHGB/*Quedenfeld* Rn 19; vgl. auch *Dierlamm* NStZ 2000, 130, 132.

97 OLG Karlsruhe WM 1985, 940; Heymann/*Otto* Rn 16; MünchKommHGB/*Quedenfeld* Rn 19; MünchKommStGB/*Sorgenfrei* Rn 34; *Graf* BB 2001, 562, 565.

98 MünchKommHGB/*Quedenfeld* Rn 18; MünchKommStGB/*Sorgenfrei* Rn 34; *Spatscheck/Wulf* DStR 2003, 173, 178.

99 MünchKommHGB/*Quedenfeld* Rn 18; MünchKommStGB/*Sorgenfrei* Rn 34; aA *Dierlamm* NStZ 2000, 130, 131 f.

100 BeckBilKomm/*Kozikowski/Gutman* Rn 11; Heymann/*Otto* Rn 16; MünchKommHGB/*Quedenfeld* Rn 18; MünchKommStGB/*Sorgenfrei* Rn 33.

insgesamt berühren, sind daher tatbestandsrelevant.[101] Dabei darf die Erheblichkeit nicht losgelöst von dem konkreten Prüfungsbericht gesehen werden. Entscheidend ist, ob der unrichtige Umstand geeignet ist, das Entscheidungsverhalten der Adressaten des Prüfungsberichts zu beeinflussen.[102] Die Erheblichkeit („Wesentlichkeit") bemisst sich nach der Gesamtaussage.[103] Dabei reicht es aus, wenn mehrere Abweichungen oder unzutreffende Angaben, die für sich allein betrachtet nicht erheblich sind, zusammen wesentlich werden.[104] Die Erheblichkeit kann sich weiterhin aus der Bedeutung der verletzten Rechtsnorm oder der gesetzlichen oder aufsichtsbehördlichen Anforderungen ergeben.[105] Anhaltspunkte können insbesondere den Reglungen der IdW-Prüfungsstandards für Abschlussprüfungen[106] entnommen werden;[107] allerdings handelt es sich hierbei lediglich um Empfehlungen, die nicht unbesehen ins Strafrecht übernommen werden können.[108] Zum Begriff der „erheblichen Umstände" kann im Übrigen auf die Ausführungen in § 331 Rn 63 f verwiesen werden.

Äußerungen, die der Abschlussprüfer während der Prüfung oder bei der Erläuterung **51**
des Prüfungsberichts, jedoch **außerhalb des Berichts** macht, unterfallen nicht dem Tatbestand des § 332 HGB, da es an dem Objekt fehlt, auf das sich das Vertrauen richtet.[109] Ebenso verhält es sich, wenn kein Prüfungsbericht erstellt wird (zur Straflosigkeit eines unrichtigen Nichterteilungsvermerks Rn 65).

§ 332 HGB setzt voraus, dass über das „Ergebnis der Prüfung" berichtet wird. Das **52**
Prüfungsergebnis kann erst bei Beendigung der Abschlussprüfung feststehen. Daher sind **vorläufige schriftliche Feststellungen und Stellungnahmen** des Abschlussprüfers, die vor dem Ende der Prüfung ergehen, unbeachtlich, wenn die Vorläufigkeit erkennbar ist.[110]

Erkennt der Abschlussprüfer erst nachträglich die Unrichtigkeit, so ist streitig, ob er **53**
sich wegen eines **Unterlassens der Berichtigung** strafbar machen kann. Für die Strafbarkeit kommt es darauf an, dass die Kenntniserlangung der Unrichtigkeit vor Beendigung der Tat erfolgt ist.[111] Beendigung liegt bei § 332 Abs. 1 HGB erst mit Kenntnisnahme von dem Bericht vor (Rn 73), so dass nach diesem Zeitpunkt ein strafbares Unterlassen nicht mehr in Betracht kommt.[112]

---

101 BeckBilKomm/*Kozikowski/Gutman* Rn 13 f; Ebenroth/Boujong/Joost/*Wiedmann* Rn 5; Heymann/*Otto* Rn 17; Küting/Weber/*Pfennig* Rn 9; MünchKommStGB/*Sorgenfrei* Rn 33; *Bongertz* S. 249; *Dierlamm* NStZ 2000, 130, 132; *Graf* BB 2001, 562, 563; *Hoffmann/Knierim* BB 2002, 2275, 2276; *Spatscheck/Wulf* DStR 2003, 173, 178; aA MünchKommHGB/*Quedenfeld* Rn 21; *Stahlschmidt* StuB 2003, 107, 110.

102 MünchKommStGB/*Sorgenfrei* Rn 37; *Bongertz* S. 249.

103 *Mekat* S. 123 ff, 137 ff, 177 ff, 297 ff.

104 Entwurf IdW EPS 250, WPg 2002, 109, 110 (Tz. 10).

105 Entwurf IdW EPS 250, WPg 2002, 109, 110 (Tz. 11).

106 Grundsätze ordnungsgemäßer Abschlussprüfung, IdW, PS 450, WPg 2003, 1127 ff; dazu *Gross/Möller* WPg 2004, 317 ff; *Niemann* DStR 2003, 1454 ff.

107 BeckBilKomm/*Winkeljohann/Feldmüller* § 323 HGB Rn 13 f; *Knierim* in Volk § 25 Rn 312; *Hauser* S. 65; *Otto/Mittag* WM 1996, 376, 378; *Scheffler* BB 2006, BB-Spezial 4 zu Heft 17, 2, 7; aA *Taupitz* BB 1990, 2367; krit. *Hommelhoff/Mattheus* FS Röhricht (2005) S. 897, 909 ff.

108 MünchKommStGB/*Sorgenfrei* Rn 36.

109 Siehe oben Rn 21; BeckBilKomm/*Kozikowski/Gutman* Rn 10; Heymann/*Otto* Rn 18; MünchKommHGB/*Quedenfeld* Rn 22.

110 BeckBilKomm/*Kozikowski/Gutman* Rn 10.

111 AA HWSt-*Ransiek* VIII Rn 123, der ab Abgabe des Berichts von keiner Berichtigungspflicht ausgeht.

112 Enger Scholz[9]/*Tiedemann* Vor §§ 82 ff Rn 81; MünchKommHGB/*Quedenfeld* Rn 29, die bei diesem Tätigkeitsdelikt von einem Zusammenfallen von Vollendung und Beendigung ausgeht.

54 **b) Verschweigen erheblicher Umstände.** Beim Verschweigen erheblicher Umstände ist Bezugspunkt des Tatverhaltens wiederum das **Prüfungsergebnis**. Ein Verschweigen erheblicher Umstände liegt vor, wenn der Bericht durch die Nichterwähnung von erheblichen Umständen, die dem Prüfer bei der Prüfung bekannt geworden sind, unvollständig und lückenhaft wird.[113] Dadurch wird der Bericht unrichtig. Berichtspflichtige Umstände, die dem Prüfer nicht bekannt geworden sind, können nicht i.S.d. § 332 HGB verschwiegen werden, da es auch hier nicht auf die Diskrepanz der unterlassenen Berichterstattung zur objektiven Wirklichkeit, sondern auf die Diskrepanz zwischen den Feststellungen des Prüfers und der Darstellung im Prüfungsbericht ankommt.[114]

55 Die Umstände, die verschwiegen werden, müssen für das Prüfungsergebnis erheblich sein. **Erhebliche Umstände** sind Angaben, die für den Empfänger des Berichts oder für sonstige Personen im Hinblick auf das Prüfungsergebnis bedeutsam sein können. Die Erheblichkeit ist daran zu messen, ob ein Leser des Berichts bei Kenntnis der verschwiegenen Umstände zu einer anderen Beurteilung gekommen wäre,[115] wobei mehrere für sich genommen unerhebliche Umstände in ihrer Gesamtheit erheblich werden können (vgl. § 331 Rn 63 f). Bloße Vermutungen, die nicht mitgeteilt werden, begründen grundsätzlich noch kein Verschweigen, wenn sich die Vermutungen trotz Recherche nicht verifizieren lassen.[116] Der Umfang der Prüfungs- und Berichtspflicht ergibt sich aus den §§ 317, 321 HGB.[117] Wenn beispielsweise Pflichtinhalte des Prüfungsberichts fehlen oder eine nachteilige Veränderung der Vermögens-, Finanz- und Ertragslage gegenüber dem Vorjahr sowie Verluste, die das Jahresergebnis nicht unwesentlich beeinflusst haben, nicht aufgeführt und hinreichend erläutert werden, ist ein erheblicher Umstand verschwiegen worden.[118] Erheblich sind weiterhin diejenigen Umstände, welche die in § 321 Abs. 1 S. 3 HGB geregelte **Redepflicht des Abschlussprüfers** auszulösen vermögen, also solche Tatsachen, die den Bestand des geprüften Unternehmens gefährden oder seine Entwicklung wesentlich beeinträchtigen können oder schwerwiegende Verstöße der gesetzlichen Vertreter gegen Gesetz (z.B. Betrug, Untreue, Korruption),[119] Gesellschaftsvertrag oder Satzung erkennen lassen. Entscheidend ist stets, dass der weggelassene Umstand sowohl nach allgemeinen Kriterien als auch für den konkreten Prüfungsbericht eine ins Gewicht fallende Bedeutung hat.[120]

56 Das Verschweigen muss **im Prüfungsbericht** erfolgen. Solange dieser noch nicht erstattet ist, kann § 332 Abs. 1 HGB noch nicht verwirklicht sein. Im Hinblick darauf, dass nur der schriftliche Prüfungsbericht ein unrichtiges Berichten darstellen kann und mündliche Aussagen nicht unter § 332 HGB fallen (Rn 44), kann auch eine **mündliche Korrektur** unvollständiger Angaben das Verschweigen im schriftlichen Prüfungsbericht **nicht heilen**. Die Aufdeckung des verschwiegenen Umstandes muss schriftlich im Prü-

---

113 BeckBilKomm/*Kozikowski/Gutman* Rn 20; Blumers/Frick/Müller/*Dannecker* Betriebsprüfungshandbuch Rn 922; Heymann/*Otto* Rn 21; MünchKommHGB/*Quedenfeld* Rn 24; MünchKommStGB/*Sorgenfrei* Rn 39.

114 BeckBilKomm/*Kozikowski/Gutman* Rn 20; MünchKommStGB/*Sorgenfrei* Rn 39.

115 Ebenroth/Boujong/Roth/*Wiedmann* Rn 8; MünchKommStGB/*Sorgenfrei* Rn 40; Bongertz S. 250.

116 MünchKommStGB/*Sorgenfrei* Rn 39; *Dierlamm* NStZ 2000, 130, 132.

117 Heymann/*Otto* Rn 21; *Knierim* in Volk § 25 Rn 324; MünchKommHGB/*Quedenfeld* Rn 24; MünchKommStGB/*Sorgenfrei* Rn 39; *Gross/Möller* WPg 2004, 317 ff.

118 BeckBilKomm/*Kozikowski/Gutman* Rn 13 ff; Heymann/*Otto* Rn 22; MünchKommStGB/*Sorgenfrei* Rn 40; *Dierlamm* NStZ 2000, 130, 132.

119 Eingehend dazu *Hauser* S. 196 ff; *Ammermann/Ravenstein* WPg 2008, 690; *Knabe/Mika/Rätsch/Schruff* WPg 2004, 1057 ff; *Marschdorf* DStR 1995, 11 ff, 149 ff; *Schindler/Gärtner* WPg 2004, 1233 ff.

120 BeckBilKomm/*Kozikowski/Gutman* Rn 14; MünchKommStGB/*Sorgenfrei* Rn 41.

fungsbericht selbst erfolgen,[121] wie dies auch für den Fall der Nachtragsprüfung nach § 316 Abs. 3 S. 2 HGB vorgeschrieben ist. Deshalb schließen mündliche Korrekturen die Strafbarkeit nicht aus.

c) **Verhältnis der unrichtigen Berichterstattung zum Verschweigen erheblicher Umstände.** In der Literatur werden die beiden Tatbestandsalternativen des § 332 HGB unterschiedlich interpretiert. Einer Ansicht zufolge stellen das unrichtige Berichten und das Verschweigen erheblicher Umstände unterschiedliche Tatmodalitäten dar, wobei die Letztere ein echtes Unterlassungsdelikt und der Tatbestand insgesamt damit ein kumulatives Mischgesetz sein soll.[122] Die hM geht hingegen von einem einheitlichen Tatbestand der **Wiedergabe eines unrichtigen Bildes durch den Abschlussprüfer** aus, das sowohl durch unrichtige Angaben als auch durch das Weglassen wichtiger Umstände realisiert werden kann.[123] Beide Alternativen schützen die Richtigkeit des Prüfungsberichts, wobei die Abgrenzung zwischen den beiden Tatbestandsalternativen fließend ist. In der zweiten Alternative entsteht ein unrichtiges Gesamtbild dadurch, dass für dieses Bild wichtige Informationen nicht genannt werden. Es ist daher von einem **einheitlichen Tatbestand** auszugehen,[124] dessen zweite Alternative durch konkludentes Tun[125] und nicht durch Unterlassen verwirklicht wird.[126] 57

2. **Erteilen eines unrichtigen Bestätigungsvermerks.** Der Bestätigungsvermerk ist unrichtig, wenn er nach dem Ergebnis der Prüfung nicht mit diesem Inhalt hätte erteilt werden dürfen. Der erforderliche Inhalt des Bestätigungsvermerks findet seine Grenze in der Prüfungspflicht, wie sie sich aus Gesetz oder Auftrag ergibt. Wenn vom Abschlussprüfer keine Einwendungen zu erheben sind, ist ein **uneingeschränkter Bestätigungsvermerk** in der gesetzlich umschriebenen Form zu erteilen. Der notwendige Inhalt des uneingeschränkten Bestätigungsvermerks ergibt sich aus § 322 Abs. 1 bis 3 HGB. Dabei reicht die Wiedergabe der Kernaussage nicht aus, das Prüfungsergebnis muss vielmehr auch abschließend beurteilt werden (§ 322 Abs. 1 S. 2 HGB). Der Bestätigungsvermerk muss die Aussagen enthalten, dass keine Einwendungen zu erheben sind, dass der Abschluss aufgrund der bei der Prüfung gewonnenen Erkenntnisse des Abschlussprüfers nach seiner Beurteilung unter Beachtung der Grundsätze ordnungsmäßiger Buchführung sowie sonstiger maßgeblicher Rechnungslegungsgrundsätze (IAS/IFRS) ein den tatsächlichen Verhältnissen entsprechendes Bild der Vermögens-, Finanz- und Ertragslage des Unternehmens bzw. Konzerns vermittelt und der Lagebericht mit dem Jahres- oder dem Einzelabschluss nach § 325 Abs. 2a HGB in Einklang steht (§ 322 Abs. 6 S. 1 HGB). Ebenso muss der Abschlussprüfer zu einer zutreffenden Darstellung von Chancen und Risiken Stellung nehmen (§ 322 Abs. 6 S. 2 HGB). Der Abschlussprüfer hat zudem nach § 322 58

---

121 BeckBilKomm/*Kozikowski*/*Gutman* Rn 21; MünchKommHGB/*Quedenfeld* Rn 25; MünchKommStGB/*Sorgenfrei* Rn 41; *Dierlamm* NStZ 2000, 130, 132; siehe auch HWSt-*Ransiek* VIII 1 Rn 122 nimmt sogar Straflosigkeit an, wenn eine solche Berichtigung erfolgt.

122 GKAktG/*Klug* § 403 Anm. 1; vgl. auch KK-AktG/*Geilen* § 403 Rn 23 bzw. Rn 40.

123 Heymann/*Otto* Rn 4; MünchKommStGB/*Sorgenfrei* Rn 38; Ebenroth/Boujong/Joost/*Wiedmann* § 316 HGB Rn 2; zu § 403 AktG Geßler/Hefermehl/Eckardt/Kropff/*Fuhrmann* § 403 AktG Rn 3; *Otto* Aktienstrafrecht § 403 AktG Rn 5.

124 BeckBilKomm/*Kozikowski*/*Gutman* Rn 3; Erbs/Kohlhaas/*Schaal* Rn 10; Geßler/Hefermehl/Eckardt/Kropff/*Fuhrmann* § 403 AktG Rn 3; Heymann/*Otto* Rn 21.

125 Heymann/*Otto* Rn 21; Küting/Weber/*Pfennig* Rn 10; MünchKommStGB/*Sorgenfrei* Rn 38; aA *Hellmann*/*Beckemper* Rn 389.

126 Zustimmend MünchKommStGB/*Sorgenfrei* Rn 38.

Abs. 1 Satz 2 HGB Art und Umfang der Prüfung darzulegen, um eventuelle Erwartungslücken der Öffentlichkeit zu schließen.

59 Die Erteilung eines **inhaltlich unrichtigen Bestätigungsvermerks** liegt vor, wenn das Ergebnis der Prüfung nicht in der nach § 322 HGB gebotenen Weise zum Ausdruck gebracht wird. Diese Voraussetzung ist erfüllt, wenn der Vermerk nach Überzeugung des Prüfers nach dem Ergebnis der Prüfung überhaupt nicht, nicht ohne Ergänzung oder nicht ohne Einschränkung hätte erteilt oder nicht hätte versagt werden dürfen und dies dennoch geschehen ist.[127] Maßgeblich ist also nicht, dass die Prüfung mit dem richtigen Ergebnis abschließt, sondern dass der Prüfer das für richtig gehaltene Ergebnis unverfälscht wiedergibt (Rn 8). Geschützt wird nicht das Vertrauen in die Richtigkeit des Prüfungsergebnisses, sondern das **Vertrauen in die Richtigkeit des Berichts** über das Ergebnis der Prüfung. Verschweigt der Prüfer einen Umstand, den er festgestellt zu haben glaubt, so liegt eine unrichtige Angabe vor, auch wenn der Mangel in Wirklichkeit nicht besteht und der Abschluss inhaltlich richtig ist.[128]

60 Sind die Voraussetzungen für einen uneingeschränkten Bestätigungsvermerk grundsätzlich gegeben, so kann der Bestätigungsvermerk nach § 322 Abs. 3 Satz 2 HGB **um besondere Umstände ergänzt** werden, wenn der Abschlussprüfer darauf aufmerksam machen möchte, solange dadurch nicht die Verständlichkeit des Bestätigungsvermerks im Ganzen beeinträchtigt wird. Dies steht im Einklang mit dem Anliegen des Gesetzgebers, die kurz gefasste Beurteilung dort durch Hinweise zu ergänzen, wo dies sinnvoll erscheint.[129] Die Vorgängervorschrift, die Ergänzungen des Bestätigungsvermerks bei Unklarheiten über Umfang oder Inhalt der Prüfung vorsah, wurde aus Gründen der Verwechslungsgefahr mit einem einschränkenden Bestätigungsvermerk gestrichen.[130] Dem Abschlussprüfer ist dabei für die Beurteilung, ob er besondere Umstände hervorhebt, ein gewisser Spielraum zugebilligt. Eine Ausnahme besteht lediglich, wenn sich aus der Prüfung bestandsgefährdende Risiken, wie beispielsweise eine drohende oder bereits eingetretene Überschuldung oder Zahlungsunfähigkeit, ergeben. In diesen Fällen hat der Abschlussprüfer nach § 322 Abs. 2 Satz 3 HGB diese in einem gesonderten Abschnitt darzulegen. Dies gilt jedoch nur, wenn der Jahresabschluss und der Lagebericht diesem Umstand bereits Rechnung tragen und aus den Erläuterungen des Bestätigungsvermerks deutlich wird, dass die Bestätigung diese dargelegten Umstände mit umfasst. Jedoch muss darauf geachtet werden, dass die Situation realistisch dargestellt und keine Überreaktion bei den Adressaten des Bestätigungsvermerks hervorgerufen wird.[131] Unter bilanzstrafrechtlichen Gesichtspunkten wird man einen hinweisenden Zusatz nach § 322 Abs. 2 Satz 3 HGB als ausreichend ansehen müssen, da die Öffentlichkeit hieraus die drohende Gefahr eindeutig erkennen kann. Wenn der Lagebericht hingegen die bestandsgefährdende Situation nicht in realistischem Maße wiedergibt, entspricht die beschriebene Unternehmenssituation nicht der tatsächlichen Lage des Unternehmens, so dass der Bestätigungsvermerk eingeschränkt oder versagt werden müsste.[132] Ein inhaltlich unrichtiger Bestätigungsvermerk liegt somit dann vor, wenn ein uneingeschränkter Bestätigungsvermerk erteilt wurde, obwohl nach dem Ergebnis der Prüfung Ergänzungen angebracht waren, wenn ein gesonderter Hinweis auf ein festgestelltes Bestandsrisiko unterbleibt oder wenn eine nicht festgestellte Bestandsgefährdung unzutreffend testiert wird.

---

127 Erbs/Kohlhaas/*Schaal* Rn 30.

128 Heymann/*Otto* Rn 13; MünchKommHGB/*Quedenfeld* Rn 18; aA *Dierlamm* NStZ 2000, 130, 132.

129 A/D/S § 322 HGB Rn 179.

130 BT-Drucks. 13/9712, S. 29.

131 *Dörner* DB 1998, 1, 4 f; *Forster* Wpg 1994, 789, 791.

132 MünchKommHGB/*Ebke* § 322 HGB Rn 47.

Wenn eine Richtigstellung der zu prüfenden Rechnungslegung erforderlich ist, kommt eine **Einschränkung bzw. Versagung des Bestätigungsvermerks** nach § 322 Abs. 4 HGB in Betracht, wobei letzteres Mittel als *ultima ratio* zu verstehen ist.[133] Eine Einschränkung des Bestätigungsvermerks ist immer dann gemäß § 322 Abs. 2 Nr. 2, Abs. 4 HGB vorzunehmen, wenn trotz der Einwendungen ein positives Gesamturteil gebildet werden kann und der geprüfte Abschluss unter Beachtung derselben im Wesentlichen ein den tatsächlichen Umständen entsprechendes Bild der Vermögens-, Finanz- und Ertragslage vermittelt.[134] Die Einschränkung ist jedoch nur bei **wesentlichen Abweichungen** vorzunehmen, die dabei als zweifaches Korrektiv dient. Dem Abschlussprüfer steht es frei, auf weitere Umstände nach § 322 Abs. 3 Satz 2 HGB hinzuweisen, ohne den Bestätigungsvermerk einschränken zu müssen, wobei gilt, dass Beanstandungen, die gemessen am Informationsbedarf der Öffentlichkeit nur eine geringfügige Bedeutung haben, noch keine Einschränkung des Bestätigungsvermerks rechtfertigen.[135] Eine wesentliche Beanstandung liegt beispielsweise bei der Verletzung von wichtigen Rechnungslegungsvorschriften vor.[136] Als wesentlich gilt auch die Häufung mehrerer für sich genommen unwesentlicher Fehler, wenn sie in ihrer Gesamtheit von größerer Bedeutung sind.[137] Das zweite korrigierende Element ist die Möglichkeit, trotz wesentlicher Fehler den Bestätigungsvermerk mit Einschränkungen erteilen zu können und nicht versagen zu müssen. Bei der Einschränkung ist eine Begründung notwendig, in der auch die Auswirkungen der beanstandeten Elemente deutlich gemacht werden und die Tragweite erkennbar wird (§ 322 Abs. 4 Satz 3 HGB). Das bedeutet, dass ersichtlich werden muss, auf welche Teile der Rechnungslegung noch vertraut werden kann.[138] Zur Erreichung dieses Ziels muss die Begründung allgemein verständlich sein (§ 322 Abs. 2 Satz 2 HGB), so dass fachspezifische Formulierungen nicht einmal ausnahmsweise zulässig sein sollen.[139] Für die Beurteilung ist die Perspektive eines bilanzkundigen Lesers entscheidend. 61

Übertragen auf die strafrechtlichen Erfordernisse kann ein eingeschränkter Bestätigungsvermerk aus zwei Gründen falsch sein. Zum einen kann der Abschlussprüfer einen eingeschränkten Bestätigungsvermerk erteilt haben, obwohl eine **Versagung notwendig** gewesen wäre, mit der Folge, dass darauf vertraut wird, das Gesamturteil entspreche unter Berücksichtigung der Anmerkungen noch den Voraussetzungen. Das bedeutet, dass wenn gegen die Pflicht, eine Einschränkung oder Versagung vorzunehmen, verstoßen wird, eine Verletzung der Berichtspflicht nach § 332 Abs. 1 HGB vorliegt.[140] Zum anderen kann eine Einschränkung erfolgen, obwohl nach den gefundenen Prüfungsergebnissen ein **unbeschränkter Bestätigungsvermerk hätte erteilt werden müssen**, so dass dieser ebenfalls unrichtig ist, wenn nach dem Ergebnis der Prüfung keine Einwendungen zu erheben gewesen wären.[141] Dadurch wird das Vertrauen in die Richtigkeit der Berichterstattung und der Erteilung des Bestätigungsvermerks auch vor negativen Abweichungen geschützt. Der Bestätigungsvermerk ist auch dann inhaltlich unrichtig, wenn die **Begründung zur Einschränkung** gänzlich fehlt oder aus ihr nicht ersichtlich wird, auf welche Elemente der Rechnungslegung sich die Beanstandungen beziehen. Ebenso ist er 62

133 § 322 Rn 20.
134 IDW, Wpg 2005, 1382.
135 § 322 Rn 18.
136 BeckBilKomm/*Förschle/Küster* § 322, Rn 42; vgl. auch *Erle* S. 153 ff.
137 *Habersack/Schürnbrand* § 322 HGB Rn 19; MünchKommHGB/*Ebke* § 322 HGB Rn 36; Ebenroth/Boujong/Joost/*Wiedmann* § 322 HGB Rn 23.
138 Heymann/*Herrmann* Rn 8.
139 *Habersack/Schürnbrand* § 322 HGB Rn 9.
140 Heymann/*Otto* Rn 26.
141 BeckBilKomm/*Kozikowski/Gutman* Rn 26; vgl. MünchKommHGB/*Quedenfeld* Rn 26; MünchKommStGB/*Sorgenfrei* Rn 47; Erbs/Kohlhaas/*Schaal* Rn 30; Küting/Weber/*Pfennig* Rn 14.

unrichtig, wenn die Begründung nicht mit den gefundenen Ergebnissen übereinstimmt und der Bestätigungsvermerk dadurch seine Aussagekraft in Bezug auf die Prüfungshandlungen verliert.

63 Eine **Versagung des Bestätigungsvermerks** ist immer dann auszusprechen, wenn die Prüfungshemmnisse auf nicht behebbare Mängel zurückzuführen sind.[142] Ebenso ist der Bestätigungsvermerk zu versagen, wenn wesentliche Mängel im Jahresabschluss gegeben sind, die sich auf diesen als Ganzes auswirken und qualitativ oder quantitativ so bedeutsam sind, dass eine bloße Einschränkung des Bestätigungsvermerks nicht mehr angemessen ist.[143] Auch hier müssen die Abweichungen dem Wesentlichkeitskriterium entsprechen. Dies ist beispielsweise dann der Fall, wenn nicht mehr von einer ordnungsmäßigen Buchführung gesprochen werden kann[144], die sich in den Darstellungen des Jahresabschlusses niederschlägt, oder wenn die Lage des Unternehmens gänzlich verfälscht dargestellt wird. Eine solche Verfälschung liegt bspw. vor, wenn ein hoher Gewinn trotz tatsächlichen Verlusten ausgewiesen wird. Dabei ist es unerheblich, ob das insgesamt nicht mehr positive Urteil aus einer einzigen massiven Verfälschung oder aus mehreren erst in ihrer Kumulierung wesentlichen Verstößen herrührt. Dem Abschlussprüfer kommt ein gewisser **Beurteilungsspielraum**, jedoch kein Ermessen im Rechtssinne zu.[145] Fraglich ist, ob generell eine Verpflichtung zur Versagung besteht, wenn Nichtigkeitsgründe nach § 256 Abs. 1 AktG vorliegen sowie ob der Fehler zur Folge haben muss, dass der Jahresabschluss als Ganzes nicht mehr als ordnungsgemäß gelten kann. Eine automatische Versagung des Bestätigungsvermerks kann jedoch zu Konflikten mit dem Ergebnis eines entsprechenden Nichtigkeitsfeststellungsverfahren nach § 256 Abs. 7 AktG führen, mit der Folge, dass eine (spätere) Abweisung der Klage einen fehlerhaften Versagungsvermerk mit teilweise erheblichen wirtschaftlichen Konsequenzen nach sich ziehen kann. Im Hinblick darauf, dass bei der Einschränkung und der Versagung des Bestätigungsvermerks eine Begründung gegeben werden muss, wird man unter bilanzstrafrechtlichen Gesichtspunkten eine Einschränkung des Bestätigungsvermerks als „inhaltlich richtig" ansehen müssen, wenn die Gründe, aus denen sich die Nichtigkeit ergibt, im Lagebericht und Jahresabschluss mitsamt ihren Konsequenzen und der Tragweite dargelegt werden. Dies wird jedoch regelmäßig nicht der Fall sein, so dass zumeist der Bestätigungsvermerk zu versagen ist und allenfalls ein dann lediglich eingeschränkter Bestätigungsvermerk erteilt werden darf, wenn das Vorliegen eines Nichtigkeitsgrundes fraglich ist.[146]

64 Auch die **Erteilung eines unbeschränkten oder beschränkten Bestätigungsvermerks**, wenn dieser eigentlich versagt werden müsste, ist von § 332 HGB erfasst. Fraglich ist, ob die Versagung des Bestätigungsvermerks trotz Vorliegens eines positiven Gesamturteils ebenfalls in den Anwendungsbereich des § 332 HGB fällt. Bei negativem Gesamturteil ist gemäß § 322 Abs. 4 S. 2 HGB „die Versagung … in den Vermerk, der nicht mehr als Bestätigungsvermerk zu bezeichnen ist, aufzunehmen". Damit handelt es sich um einen Bestätigungsvermerk, der nur im Interesse der Klarheit nicht mehr als solcher bezeichnet werden darf.[147] Jedoch beinhaltet der Wortlaut des § 332 Abs. 1 HGB explizit nur die Erteilung eines Bestätigungsvermerks und gerade nicht des **Versagungsvermerks.**[148] Selbst

---

142 Vgl. IdW PS 400, WPg 1999, 641, 648 f (Tz. 65 ff), 657; MünchKommStGB/*Sorgenfrei* Rn 48.

143 MünchKommStGB/*Sorgenfrei* Rn 47.

144 *Leffson* S. 365.

145 *Habersack/Schürnbrand* § 322 HGB Rn 25 mwN.

146 Vgl. *Kropff* FS Havermann S. 321, 342.

147 So auch MünchKommStGB/*Sorgenfrei* Rn 49.

148 BeckBilKomm/*Kozikowski/Gutman* Rn 28; MünchKommHGB/*Quedenfeld* Rn 27; *Dierlamm* NStZ 2000, 130, 132; *Krekeler* StraFo 1999, 217, 221; aA Heymann/*Otto* Rn 23 ff.

wenn der Versagungsvermerk als ein negativer Bestätigungsvermerk angesehen werden kann, schließt der Verweis des Straftatbestandes auf § 322 HGB die Anwendung des § 332 HGB auf diesen insofern aus, als sich nach § 322 Abs. 2 Satz 1 HGB die Erteilung nur auf den uneingeschränkten und eingeschränkten Bestätigungsvermerk bezieht und der Wortlaut insofern gedoppelt ist. Eine Ausdehnung des Wortlauts auf den Versagungsvermerk ist daher nicht möglich. Unter teleologischen Gesichtspunkten gleicht dieser Fall jedoch dem zweiten Fall bei der Erteilung eines eingeschränkten Bestätigungsvermerks trotz Nichtvorliegens von Einschränkungsgründen. Ein negativer Schlussvermerk wird wirtschaftlich als „Makel" wahrgenommen und schränkt die Kreditwürdigkeit ein.[149] Bei entsprechender Relevanz und den kapitalmarktrechtlichen Voraussetzungen ruft dieser sogar eine Verpflichtung zur Abgabe einer Ad-hoc-Mitteilung nach § 15 Abs. 1 WpHG hervor. Die wirtschaftlichen Konsequenzen beschränken sich dabei nicht nur auf das Unternehmen und dessen Organe, sondern auch auf Unternehmensexterne, so beispielsweise auf Anleger, deren Aktien wahrscheinlich Kursverluste erleiden werden. Das in das Unternehmen projizierte Vertrauen in die Redlichkeit des Vorstandes wird enttäuscht und daran anschließend auch das Vertrauen in die ordnungsgemäße Durchführung und die richtige Kommunikation der Ergebnisse. Es entsteht somit eine Strafbarkeitslücke, die jedoch wegen Art. 103 Abs. 2 GG vom Gesetzgeber und nicht von der Rechtsprechung zu schließen ist. Eine Subsumtion unter die Variante des unrichtigen Berichtens (Rn 46 ff) ist ebenfalls nicht möglich, da dies der Trennung zwischen Prüfungsbericht und Bestätigungsvermerk nicht gerecht würde.[150]

Ebenso ist die Versagung auf Grund fehlender Prüfungsgrundlage, der sogenannte **Nichterteilungsvermerk** nach § 322 Abs. 2 Nr. 4, Abs. 5 HGB, nicht von § 332 Abs. 1 HGB erfasst. Dieser wird dann erteilt, wenn der Abschlussprüfer, ohne ein Ergebnis zu erlangen, alle rechtlich zulässigen und vertretbaren Möglichkeiten zur Sachverhaltsaufklärung verwendet hat.[151] Die Versagung stützt sich dabei jedoch gerade nicht auf die subjektive Richtigkeit des Abschlusses, sondern lediglich auf die Tatsache, dass der Abschlussprüfer nicht in der Lage ist, ein Prüfungsurteil abzugeben. Auf Grund des fehlenden inhaltlichen Urteils ist das Rechtsgut, das Vertrauen in die ordnungsgemäß abgelaufene Prüfung und in den Bestätigungsvermerk, nicht betroffen. 65

Sofern der Bestätigungsvermerk inhaltlich mit dem Ergebnis der Prüfung übereinstimmt, er jedoch eine **falsche Orts- oder Datumsangabe** enthält, wird dieses Verhalten nicht von § 332 HGB erfasst (Rn 41). Durch diese unrichtigen Angaben wird die inhaltliche Übereinstimmung von Prüfungsergebnis und Bestätigungsvermerk nicht berührt.[152] 66

IV. Subjektiver Tatbestand

1. Vorsatz. Bei § 332 Abs. 1 HGB ist nur vorsätzliches Verhalten strafbar; **dolus eventualis** (Vor §§ 331 ff Rn 166) genügt.[153] Bedingter Vorsatz setzt voraus, dass der Prüfer die Möglichkeit einer unrichtigen Berichterstattung, des Verschweigens erheb- 67

---

149 Baetge/Kirsch/Thiele/*Pfitzer/Orth* § 322 Rn 27.

150 So jedoch *Geilen* GedS Schlüchter (2002) S. 283, 286.

151 *Habersack/Schürnbrand* § 322 HGB Rn 28.

152 MünchKommHGB/*Quedenfeld* Rn 28; Heymann/*Otto* Rn 28.

153 BeckBilKomm/*Kozikowski/Gutman* Rn 41; Heymann/*Otto* Rn 29; MünchKommHGB/*Quedenfeld* Rn 31; differenzierend: *Hoffmann/Knierim* BB 2002, 2275, 2277.

licher Umstände im Prüfungsbericht nach § 321 HGB oder des Erteilens eines inhaltlich unrichtigen Bestätigungsvermerks nach § 322 HGB erkennt und gleichwohl den Prüfungsbericht erstattet bzw. den Bestätigungsvermerk erteilt.[154] Vom Vorsatz muss auch die Pflicht des Täters, dass ein unrichtiger Umstand der Prüfungs- oder Berichtspflicht unterliegt, umfasst sein.[155] Dies ist insbesondere dann problematisch, wenn der Abschlussprüfer angesichts der erheblichen Ermessens- und Prognosespielräume innerhalb der IAS/IFRS eine bestimmte Bilanzierung noch ohne weitere Angaben im Anhang für vertretbar ansieht, sich jedoch nur unzureichend vergewissert hat. Bedingter Vorsatz liegt insbesondere dann vor, wenn der Prüfer Anhaltspunkte dafür vorfindet, dass der Bericht lückenhaft ist, er ihn aber gleichwohl ohne eine weitere Prüfung erstattet.[156]

68 Eine **Täuschungs-** oder **Schädigungsabsicht** ist nicht erforderlich.[157]

2. Irrtum

69 a) **Tatbestandsirrtum.** Wenn sich der Täter über den Sachverhalt irrt, der die Unrichtigkeit des Prüfungsberichts oder des Bestätigungsvermerks begründet, liegt ein **den Vorsatz ausschließender Tatbestandsirrtum** gemäß § 16 StGB vor (Vor § 331 ff Rn 168). Irrt er sich über die Erheblichkeit eines einzelnen Umstandes, der Eingang in den Prüfungsbericht oder Bestätigungsvermerk findet, so kommt es nach hM auf die Parallelwertung in der Laiensphäre an.[158] Verkennt der Täter die Bedeutung dieses Merkmals, so liegt ein Irrtum über ein normatives Tatbestandsmerkmal vor, der den Vorsatz entfallen lässt (Vor §§ 331 ff Rn 168).

70 b) **Verbotsirrtum.** Ein Verbotsirrtum (Vor §§ 331 ff Rn 169) liegt vor, wenn sich der Täter über die Rechtswidrigkeit seines Verhaltens irrt, so z.B., wenn er der Überzeugung ist, dass ein bestimmtes Prüfungsergebnis das Richtige ist und er deshalb darüber berichten darf, ohne die Prüfung vorgenommen zu haben.[159]

V. Rechtswidrigkeit

71 Rechtfertigungsgründe kommen bei § 332 HGB praktisch nicht in Betracht. Wenn gleichwohl ausnahmsweise Gesellschaftsinteressen mit der Berichtspflicht kollidieren, kommt eine Rechtfertigung eines unrichtigen Berichts oder Bestätigungsvermerks allenfalls in extremen Ausnahmefällen zur Anwendung, denn der Gesetzgeber hat die Berichtspflicht in Kenntnis möglicher Konfliktsituationen statuiert und damit letzteren einen grundsätzlichen Vorrang eingeräumt. Aus diesem Grund geht die Berichtspflicht des § 332 HGB auch der Geheimhaltungspflicht nach § 333 HGB vor (§ 333 Rn 62).[160] Eine Rechtfertigung kommt daher nur bei ganz **ungewöhnlichen Ausnahmesituationen** in Betracht.

---

154 BeckBilKomm/*Kozikowski/Gutman* Rn 41; Erbs/Kohlhaas/*Schaal* Rn 32; MünchKommHGB/*Quedenfeld* Rn 32; Heymann/*Otto* Rn 29; vgl. auch *Dierlamm* NStZ 2000, 130, 132.

155 MünchKommHGB/*Quedenfeld* Rn 37.

156 Heymann/*Otto* Rn 29.

157 Heymann/*Otto* Rn 29.

158 Heymann/*Otto* Rn 39; aA KK-AktG/*Geilen* § 403 Rn 39 ff.

159 Heymann/*Otto* Rn 40.

160 MünchKommHGB/*Quedenfeld* Rn 30; Heymann/*Otto* Rn 38.

VI. Vollendung und Beendigung der Tat

1. Vollendung. Der Versuch des § 332 Abs. 1 HGB ist nicht strafbar (§§ 12 Abs. 2, 23 Abs. 1 StGB). Für eine Strafbarkeit des Täters muss Vollendung vorliegen. Beim **unrichtigen Berichten** und beim **Verschweigen erheblicher Umstände** im Prüfungsbericht ist die Tat vollendet, wenn der Bericht bei **einem gesetzlichen Vertreter** oder – wenn er im Fall der Auftragserteilung nach § 321 Abs. 5 HGB zuerst an den Aufsichtsrat gelangt – **dem Aufsichtsrat der Gesellschaft zugegangen** ist.[161] Eine Kenntnisnahme durch den Empfänger ist nicht erforderlich. Auch bei der **Erteilung eines unrichtigen Bestätigungsvermerks** ist der Zugang bei den gesetzlichen Empfängern (§ 322 Abs. 7 HGB) erforderlich. Die abschließende Erteilung, d.h. die Unterzeichnung, reicht noch nicht aus, um Tatvollendung annehmen zu können,[162] denn der Bestätigungsvermerk ist nach § 322 Abs. 7 S. 2 HGB auch in den Prüfungsbericht aufzunehmen.[163] Insofern ist die Vollendung des unrichtigen Berichtens oder Verschweigens für den Prüfungsbericht und den Bestätigungsvermerk einheitlich zu bestimmen, zumal erst zu diesem Zeitpunkt eine Gefahrensituation für den geschützten Personenkreis (Rn 10) entstehen kann. Eine strafbefreiende Berichtigungsmöglichkeit im Sinne einer tätigen Reue besteht nicht.[164] **72**

2. Beendigung. Beendigung der Tat liegt beim **Prüfungsbericht** vor, wenn alle Empfänger den Bericht erhalten und von ihm Kenntnis genommen haben.[165] **73**

Beim **Bestätigungsvermerk**, der an die Öffentlichkeit gerichtet ist, liegt Beendigung erst mit der Veröffentlichung im elektronischen Bundesanzeiger vor (§ 325 Abs. 1 S. 1 und 2, Abs. 2 HGB). **74**

C. Qualifikationstatbestand (§ 332 Abs. 2 HGB)

Nach § 332 Abs. 2 HGB wird der in § 332 Abs. 1 HGB vorgesehene Strafrahmen von bis zu drei Jahren auf bis zu fünf Jahren erweitert, wenn der Täter die Handlung **gegen Entgelt** vornimmt oder **in der Absicht, sich oder einen anderen zu bereichern** oder **einen anderen zu schädigen.** **75**

I. Handeln gegen Entgelt

Nach der Legaldefinition des § 11 Abs. 1 Nr. 9 StGB ist Entgelt jede in einem **Vermögensvorteil** bestehende Gegenleistung. Hierunter fallen nur vermögenswerte Leistungen wie die Hingabe eines Schecks oder Wechsels, eine Forderungsabtretung oder der Erlass von Schulden, nicht hingegen immaterielle Vorteile oder sonstige Bevorzugungen und **76**

---

[161] Küting/Weber/*Pfennig* Rn 23; BeckBil-Komm/*Kozikowski*/*H. P. Huber* Rn 40; MünchKommStGB/*Sorgenfrei* Rn 60; aA *Otto* Aktienstrafrecht, Rn 32.

[162] MünchKommHGB/*Quedenfeld* Rn 39; Erbs/Kohlhaas/*Schaal* Rn 40; aA Heymann/*Otto* Rn 30; Scholz[9]/*Tiedemann* Vor §§ 82 ff Rn 81.

[163] IDW PS 450.87; IDW PS 400.82.

[164] So HWSt-*Ransiek* VIII 1 Rn 122, wenn erfolgt bevor von anderen Maßnahmen getroffen wurden oder eine Weiterleitung an einen unbestimmten Adressatenkreis erfolgte.

[165] MünchKommHGB/*Quedenfeld* Rn 40; HWSt-*Ransiek* VIII 1 Rn 121; aA *Hoffmann*/*Knierim*, BB 2002, 2275, der Beendigung schon mit dem ersten Zugang des Berichts beim Empfänger annimmt.

Vergünstigungen.[166] Ob der Täter die Gegenleistung vor oder nach der Tat erhalten soll, ist irrelevant, solange die Gegenleistung nur **vor Begehung der Tat** vereinbart wurde.[167] Das Erlangen des Entgelts muss lediglich das Ziel sein, das der Täter mit seinem Handeln anstrebt.[168] Das Entgelt muss nicht geleistet worden sein.

77 Das Entgelt und die strafbare Handlung müssen in einem **gegenseitigen Abhängigkeitsverhältnis** stehen.[169] Daher ist der Qualifikationstatbestand nicht erfüllt, wenn der Prüfer nur das übliche Honorar erhält[170] oder wenn es zur Vereinbarung des Entgelts erst nach der Tat kommt.[171]

II. Bereicherungsabsicht

78 Bereicherungsabsicht liegt vor, wenn das Verhalten des Täters auf **Erlangung eines Vermögensvorteils abzielt.** Umstritten ist, ob der angestrebte Vermögensvorteil rechtswidrig sein muss. Dies wird teilweise mit der Begründung verneint, dass sich das erhöhte Unrecht der Qualifikation aus der unzulässigen Verknüpfung zwischen der Pflichtverletzung des Prüfers, in den Vertrauen gesetzt wird, und dem Vorteilsstreben ergebe.[172] Jedoch kann nur das Handeln des Täters um eines Vermögensvorteils willen, auf den er keinen Anspruch hat, die erhöhte Strafe rechtfertigen.[173] Die generelle Vertrauensverletzung wird bereits durch den Grundtatbestand erfasst. Daher muss der angestrebte **Vermögensvorteil** zudem **rechtswidrig** sein.

79 Absicht bedeutet **dolus directus ersten Grades:** Dem Täter muss es auf die Erzielung des rechtswidrigen Vermögensvorteils ankommen. Sofern er weitere Beweggründe für sein Verhalten hat, sind diese irrelevant, solange ihn die Bereicherungsabsicht wesentlich motiviert.[174] Bezüglich des Erreichens seines auf Bereicherung gerichteten Ziels reicht es aus, dass der Täter dies für möglich hält. Auch kommt es nicht darauf an, dass die Bereicherung tatsächlich eintritt.[175]

III. Schädigungsabsicht

80 Schädigungsabsicht liegt vor, wenn das Verhalten des Täters darauf gerichtet ist, einem anderen einen Nachteil zuzufügen. Die Kapitalgesellschaft oder der Konzern sind dabei nicht notwendigerweise die Geschädigten; unter einem anderen ist jede beliebige dritte Person zu verstehen, z.B. auch Kapitalanleger.[176] Es ist umstritten, ob es sich um einen **Vermögensschaden** handeln muss[177] oder ob auch **immaterielle Schäden** ausrei-

---

166 Lackner/*Kühl* § 11 StGB Rn 22; *Dierlamm* NStZ 2000, 130, 133.

167 BeckBilKomm/*Kozikowski*/*Gutman* Rn 45.

168 Heymann/*Otto* Rn 33.

169 *Lackner*/*Kühl* § 11 Rn 22; *Ransiek* § 23 III Rn 321; Scholz/*Tiedemann* § 85 Rn 33.

170 BeckBilKomm/*Kozikowski*/*Gutman* Rn 45.

171 BeckBilKomm/*Kozikowski*/*Gutman* Rn 45; Heymann/*Otto* Rn 43; Scholz^9/*Tiedemann* § 85 Rn 33.

172 BeckBilKomm/*Kozikowski*/*Gutman* Rn 46; HWSt-*Ransiek* VIII 1 Rn 125; MünchKommHGB/*Quedenfeld* Rn 46.

173 Heymann/*Otto* Rn 34; Scholz^9/*Tiedemann* § 85 Rn 34.

174 Heymann/*Otto* Rn 35.

175 Heymann/*Otto* Rn 36; MünchKommStGB/*Sorgenfrei* Rn 66; *Janssen* in Park Rn 43; *Winkeler* S. 38.

176 MünchKommHGB/*Quedenfeld* Rn 48; MünchKommStGB/*Sorgenfrei* Rn 69; Küting/Weber/*Pfennig* Rn 33; *Bongertz* IAS-Verordnung, S. 252.

177 So Heymann/*Otto* Rn 37; *Otto* Aktienstrafrecht § 403 Rn 35; SK/*Samson* § 203 StGB Rn 53.

chen.[178] Nach dem Gesetzeswortlaut ist eine Einschränkung auf materielle Schäden nicht geboten. Auch der **ideelle Schaden**, z.B. eine öffentliche Bloßstellung, genügt, um den Qualifikationstatbestand bejahen zu können. Ein Irrtum hierüber stellt einen bloßen Subsumtionsirrtum nach § 17 StGB dar, der grundsätzlich unbeachtlich ist.

D. Konkurrenzen

I. Verhältnis der Tatalternativen des § 332 Abs. 1 HGB zueinander

Bei unrichtiger und durch Darstellungslücken in erheblichen Punkten unvollständiger Berichterstattung in ein und demselben Bericht wird das Abschlussprüferdelikt des § 332 HGB nur einmal verwirklicht, denn die verschiedenen Tatalternativen bilden eine **einheitliche Verletzung der Berichtspflicht.**[179] **81**

Die Erteilung eines inhaltlich unrichtigen Bestätigungsvermerks, der sich wiederum auf einen unrichtigen oder lückenhaften Bericht bezieht, erfordert jedoch noch zusätzlich eine andere Handlung mit unterschiedlicher Zielrichtung, so dass keine einheitliche Handlung mehr vorliegt und **Tatmehrheit zwischen fehlerhaftem oder unvollständigen Berichten im Prüfungsbericht und fehlerhaftem Bestätigungsvermerk** gegeben ist.[180]

II. Verhältnis zu § 403 AktG

Gegenüber § 403 AktG ist § 332 HGB **lex specialis** bezüglich der hier erfassten Berichtsinstrumente. **82**

III. Verhältnis zu anderen Delikten

Ein Abschlussprüfer, der den Tatbestand des **§ 332 HGB** verwirklicht, kann zugleich Teilnehmer an der unrichtigen Darstellung nach **§ 331 Nrn. 1 bis 3 HGB** sein, wenn er zumindest billigend in Kauf nimmt, dass die falsche Darstellung weiteren Adressaten zugänglich gemacht wird. In einem solchen Fall liegt **Tateinheit** vor. **83**

Hat der Abschlussprüfer Kenntnis davon, dass der Bericht zur Begehung eines **Kredit-, Subventions- oder Kapitalanlagebetrugs** oder zur Begehung eines sonstigen **Vermögensdelikts** verwendet werden soll, so steht die Täterschaft oder Teilnahme an diesen Delikten in **Tateinheit zu § 332 HGB.**[181] Daneben ist die Teilnahme an handelsbilanzbezogenen **Insolvenzdelikten** (§§ 283b Abs. 1 Nr. 3a, 283 Abs. 1 Nr. 7a StGB) sowie an **unterlassener Insolvenz- und Verlustanzeige** (§ 82 GmbHG, § 401 AktG) und **Steuerhinterziehung** (§ 370 Abs. 1 AO) **tateinheitlich** möglich. **84**

---

[178] So KK-AktG/*Geilen* § 403 Rn 52; Geßler/Hefermehl/Eckardt/Kropff/*Fuhrmann* § 403 Rn 17; Kallmeyer/Marsch/*Barner* UmwG § 314 Rn 11; MünchKommStGB/*Sorgenfrei* Rn 66; *Ransiek* § 23 III Rn 321; Schönke/Schröder/*Lenckner* § 203 StGB Rn 74; Scholz[9]/*Tiedemann* § 85 GmbHG Rn 35.

[179] MünchKommHGB/*Quedenfeld* Rn 50.

[180] AA Heymann/*Otto* Rn 43.

[181] Heymann/*Otto* Rn 44.

E. Strafverfolgung und Rechtsfolgen

I. Verfahrensrechtliche Besonderheiten

85 **1. Offizialdelikte.** Die Tatbestände des § 332 HGB sind Offizialdelikte. Die Strafverfolgung erfolgt deshalb **von Amts wegen**, wenn ein hinreichender Tatverdacht vorliegt.

86 **2. Zuständigkeit der Schwerpunktstaatsanwaltschaften für Wirtschaftsstrafsachen und der Wirtschaftsstrafkammer.** Die Straftatbestände des § 332 HGB sind nach § 74c Nr. 1 GVG **Wirtschaftsstraftaten** und fallen damit in die Zuständigkeit der Schwerpunktstaatsanwaltschaften für Wirtschaftsstrafsachen. Die Anklage wird beim **Amtsgericht** erhoben und bei besonderer Bedeutung des Falles (§ 24 Abs. 1 Nr. 3 GVG) bei der **Wirtschaftsstrafkammer des Landgerichts**. Über die **Berufung** gegen ein amtsgerichtliches Urteil entscheidet die Wirtschaftsstrafkammer beim Landgericht. Gegen das erstinstanzliche Urteil der Wirtschaftsstrafkammer des Landgerichts ist die **Revision** zum BGH möglich (§ 135 Abs. 1 in Verbindung mit § 121 GVG).

87 **3. Klageerzwingungsverfahren.** Im Klageerzwingungsverfahren sind **Verletzte** im Sinne des § 172 Abs. 1 StPO alle Personen, die vom Schutzbereich des § 332 HGB erfasst werden (Rn 10) und im Vertrauen auf die Richtigkeit der Angaben einen Schaden erlitten haben.

II. Verjährung

88 **1. Strafverfolgungsverjährung.** Die Strafverfolgungsverjährung tritt nach 5 Jahren ein (§ 78 Abs. 3 Nr. 4 StGB). Sie beginnt mit der **Beendigung** der Tat (Rn 73 f). Bis zu diesem Zeitpunkt ist auch eine strafbare Beihilfe möglich.

89 Der Ablauf der Verjährungsfristen kann durch die in § 78c StGB genannten Maßnahmen **unterbrochen** werden. Die Verjährung beginnt mit dem Tag der Unterbrechung neu zu laufen (§ 78c Abs. 3 StGB). Jedoch tritt zehn Jahre nach Beendigung der Tat die **absolute Verjährung** ein (§ 78c Abs. 3 S. 2 StGB).

90 **2. Vollstreckungsverjährung.** Die Vollstreckungsverjährung bestimmt sich nach den §§ 79 ff StGB. Sie beginnt frühestens mit der rechtskräftigen Verhängung einer Strafe oder Maßregel der Besserung und Sicherung (§ 11 Abs. 1 Nr. 8 StGB).

III. Rechtsfolgen

91 **1. Strafen.** Die Strafe ist alternativ **Freiheitsstrafe** von einem Monat bis zu drei Jahren oder **Geldstrafe** zwischen fünf und dreihundertsechzig Tagessätzen (§ 40 Abs. 1 StGB). Liegen die Voraussetzungen des **Qualifikationstatbestandes** gemäß § 332 Abs. 2 HGB vor, so erhöht sich das Höchstmaß des Strafrahmens auf fünf Jahre.

92 Hat sich der Täter durch die Tat **bereichert** oder **zu bereichern versucht**, so kann eine **Geldstrafe neben der Freiheitsstrafe** verhängt werden (§ 41 StGB). Eine kurzfristige Freiheitsstrafe unter sechs Monaten kann nur ausnahmsweise verhängt werden (§ 47 StGB).

93 Wenn bei einem Teilnehmer die **besonderen persönlichen Merkmale** fehlen, weil er nicht zum Kreis der tauglichen Täter des Sonderdelikts gehört (Rn 13), ist die Strafe gemäß § 28 Abs. 1 StGB zu mildern. Die **qualifizierenden Merkmale** des Handelns gegen

Entgelt, in Bereicherungs- und Schädigungsabsicht sind **keine persönlichen Merkmale** im Sinne des § 28 Abs. 2 StGB, da sie nicht die Pflichtenposition des Täters betreffen. Daher findet § 28 Abs. 2 StGB auf diese Merkmale keine Anwendung.[182]

2. **Maßregeln der Besserung und Sicherung.** Als Maßregel der Besserung und Sicherung kann ein **Berufsverbot** verhängt werden (§ 70 StGB). Auch sind die **berufsrechtlichen Maßnahmen** gegen Wirtschaftsprüfer (§ 68 WPO) verschärft worden, so dass nun Geldbußen bis zu 500.000 Euro, **Berufsverbote** bis zu 5 Jahren oder ein gänzlicher Ausschluss aus dem Beruf möglich sind,[183] wobei die strafgerichtlichen Feststellungen Vorrang genießen (vgl. § 83 Abs. 2 S. 1 WPO). **94**

3. **Verfall und Einziehung.** Wenn durch die Tat ein Vermögensvorteil erlangt worden ist, kommt die Anordnung des **Verfalls** gemäß §§ 73 ff StGB in Betracht. Außerdem finden die Vorschriften über die **Einziehung** gemäß §§ 74 ff StGB Anwendung. **95**

§ 333
Verletzung der Geheimhaltungspflicht

(1) Mit Freiheitsstrafe bis zu einem Jahr oder mit Geldstrafe wird bestraft, wer ein Geheimnis der Kapitalgesellschaft, eines Tochterunternehmens (§ 290 Abs. 1, 2), eines gemeinsam geführten Unternehmens (§ 310) oder eines assoziierten Unternehmens (§ 311), namentlich ein Betriebs- oder Geschäftsgeheimnis, das ihm in seiner Eigenschaft als Abschlußprüfer oder Gehilfe eines Abschlußprüfers bei Prüfung des Jahresabschlusses, eines Einzelabschlusses nach § 325 Abs. 2a oder des Konzernabschlusses bekannt geworden ist, oder wer ein Geschäfts- oder Betriebsgeheimnis oder eine Erkenntnis über das Unternehmen, das ihm als Beschäftigter bei einer Prüfstelle im Sinne von § 342b Abs. 1 bei der Prüftätigkeit bekannt geworden ist, unbefugt offenbart.

(2) Handelt der Täter gegen Entgelt oder in der Absicht, sich oder einen anderen zu bereichern oder einen anderen zu schädigen, so ist die Strafe Freiheitsstrafe bis zu zwei Jahren oder Geldstrafe. Ebenso wird bestraft, wer ein Geheimnis der in Absatz 1 bezeichneten Art, namentlich ein Betriebs- oder Geschäftsgeheimnis, das ihm unter den Voraussetzungen des Absatzes 1 bekannt geworden ist, unbefugt verwertet.

(3) Die Tat wird nur auf Antrag der Kapitalgesellschaft verfolgt.

Schrifttum

Vgl. ergänzend die Literaturnachweise zu Vor §§ 331 ff und zu § 331.

Amelunxen Spionage und Sabotage im Betrieb (1977); *Arians* Der strafrechtliche Schutz des Geschäfts- und Betriebsgeheimnisses in der Bundesrepublik Deutschland, in Oehler (Hrsg.), Der strafrechtliche Schutz des Geschäfts- und Betriebsgeheimnisses in den Ländern der Europäischen Gemeinschaft sowie in Österreich und der Schweiz I (1978), S. 307 ff; *Baumbach/Hefermehl* Wett-

[182] Heymann/*Otto* Rn 42 mwN.

[183] Vgl. Gesetz zur Reform des Zulassungs- und Prüfungsverfahrens des Wirtschaftsprüfungsexamens (Wirtschaftsprüfungsexamens Reformgesetz – WPRefG) v. 01.12.2003, BGBl. I S. 2446; zu den jährlichen Ergebnissen der Berufsaufsicht über Wirtschaftsprüfer vgl. Bericht der Wirtschaftsprüferkammer, abrufbar unter www.wpk.de/berufsaufsicht/berichte.asp.

bewerbsrecht, 22. Aufl. (2001); *Brammsen* Die Anzeige von Kartellverstößen im Widerstreit mit dem Schutz von Unternehmensgeheimnissen, in Forschungsinstitut für Wirtschaftserfassung und Wettbewerb (Hrsg.), Schwerpunkte des Kartellrechts (1992/93), S. 77 ff; *Bruns* Das Gespenst der „Insider-Information", ZKW 1969, 882 ff; *Burgstaller* Der strafrechtliche Schutz wirtschaftlicher Geheimnisse, in Ruppe (Hrsg.) Geheimnisschutz im Wirtschaftsleben (1980), S. 5 ff; *Dannecker* Der Schutz von Geschäfts- und Betriebsgeheimnissen, BB 1987, 1614 ff; *ders,* in: Graf//Jäger/Wittig, Wirtschafts- und Steuerstrafrecht, § 203 StGB; *Dingeldey* Insider-Handel und Strafrecht (1983); *Druey* Geheimsphäre des Unternehmens (1977); *Fleck* Eigengeschäfte eines Aufsichtsratsmitglieds, in Festschrift Heinsius (1991), S. 89 ff; *Gaul* Information und Vertraulichkeit der Aufsichtsratsmitglieder einer GmbH, GmbHR 1986, 296 ff; *v. Gamm* Wettbewerbs- und Wettbewerbsverfahrensrecht, Bd. 1, 5. Aufl. (1987); *Harte-Bavendamm* Schutz von Geschäfts- und Betriebsgeheimnissen, in Gloy (Hrsg.) Handbuch des Wettbewerbsrechts, 2. Aufl. (1997), § 43; *Heldmann* Das deutsche Insider-Gesetz ad portas, ZRP 1990, 393 ff; *Hennrichs* Fehlerbegriff und Fehlerbeurteilung im Enforcementverfahren, DStR 2009, 1446 ff; *Hopt* Die Haftung des Wirtschaftsprüfers – Rechtsprobleme zu § 323 HGB (§ 168 AktG a.F) und zur Prospekt- und Auskunftshaftung – (Teil I), WPg 1986, 461 ff; *Hueck u.a.* (Arbeitskreis Gesellschaftsrecht), Verbot des Insiderhandels (1976); *Kohlmann/Löffeler* Die strafrechtliche Verantwortlichkeit des GmbH-Geschäftsführers (1990); *Kragler* Wirtschaftsspionage, Schutz des Wirtschaftsgeheimnisses Bd. II: Strafrechtlicher Bereich (1982); *Krüger* Der strafrechtliche Schutz des Geschäfts- und Betriebsgeheimnisses im Wettbewerbsrecht (1984); *Lampe* Gutachten zur Neugestaltung des Wettbewerbsstrafrechts, in Bundesminister der Justiz (Hrsg.), Tagungsberichte der Sachverständigenkommission zur Bekämpfung der Wirtschaftskriminalität Bd. VIII (1975), Anl. 10; *ders.* Artikel „Geheimnisverrat" und „Wirtschaftsspionage", in Krekeler/Tiedemann/Ulsenheimer/Weinmann (Hrsg.) Handwörterbuch des Wirtschafts- und Steuerstrafrechts, Loseblatt Stand 1990; *ders.* Schutz des geheimen Know-how (1987); *Lenckner* Aussagepflicht, Schweigepflicht und Zeugnisverweigerungsrecht, NJW 1965, 321 ff; *Liebl* (Hrsg.) Betriebsspionage: Begehungsformen – Schutzmaßnahmen – Rechtsfragen (1987); *Lichtner* Die Verschwiegenheitspflicht des Wirtschaftsprüfers im Vergleich mit den sonstigen rechts- und steuerberatenden Berufen (1999); *Lutter* Information und Vertraulichkeit im Aufsichtsrat, 2. Aufl. (1984); *Maier* Der Schutz des „kritischen" Know-how vor Industriespionage (1992); *Mes* Arbeitsplatzwechsel und Geheimnisschutz, GRUR 1975, 584 ff; *Möhrenschlager* Schutz von Geschäfts- und Betriebsgeheimnissen, in Wabnitz/Janovsky (Hrsg.), Handbuch des Wirtschafts- und Steuerstrafrechts 3. Aufl. (2007), Kap. 16; *Mock* Die Verschwiegenheitspflicht des Abschlussprüfers und Interessenskonflikte, DB 2003, 1996 ff; *Nastelski* Der Schutz des Betriebsgeheimnisses, GRUR 1957, 1 ff; *Oehler* Verrat von Wirtschaftsgeheimnissen, Jahrbuch des Landesamtes für Forschung des Landes Nordrhein-Westfalen (1969), S. 383 ff; *Otto* Verrat von Betriebs- und Geschäftsgeheimnissen, § 17 UWG, wistra 1988, 125 ff; *Pfeiffer* Der strafrechtliche Verrat von Betriebs- und Geschäftsgeheimnissen nach § 17 UWG, in Festschrift Nirk (1992), S. 861 ff; *ders.* Verletzung von Geheimhaltungspflichten nach § 85 GmbHG, in Festschrift Raisch (1995), S. 255 ff; *Platzer* Der Schutz des Unternehmensgeheimnisses in den Mitgliedstaaten der Europäischen Wirtschaftsgemeinschaft (1966); *Probst* Wirtschaftsverrat und Wirtschaftsspionage (1976); *Quick* Geheimhaltungspflicht des Abschlussprüfers: Strafrechtliche Konsequenzen bei Verletzung, BB 2004, 1490 ff; *Rogall* Die Verletzung von Privatgeheimnissen (§ 203 StGB), NStZ 1983, 1 ff; *Rützel* Illegale Unternehmensgeheimnisse? GRUR 1995, 557 ff; *Säcker* Aktuelle Probleme der Verschwiegenheitspflicht der Aufsichtsratsmitglieder, NJW 1986, 803 ff; *Schafheutle* Wirtschaftsspionage und Wirtschaftsverrat im deutschen und schweizerischen Strafrecht (1972); *Schünemann* Der strafrechtliche Schutz von Privatgeheimnissen, ZStW Bd. 90 (1978), S. 11 ff; *Schubarth* Insidermißbrauch, in Gedächtnisschrift Noll (1984), S. 303 ff; *Schulz* Die Verletzung der Verschwiegenheitspflicht in strafrechtlichen Nebengesetzen, GA 1962, 274 ff; *Seiler* Der strafrechtliche Schutz der Geheimsphäre (1960); *Sieber* Computerkriminalität und Strafrecht. 2. Aufl. (1980); *Stadler* Der Schutz des Unternehmensgeheimnisses im deutschen und U.S.-amerikanischen Zivilprozeß und im Rechtshilfeverfahren (1989); *ders.* Gesetzliche Vorschriften gegen den Mißbrauch von Insider-Informationen, DB 1974, 613 ff; *v. Stebut* Geheimnisschutz und Verschwiegenheitspflicht im Aktienrecht (1972); *ders.* Gesetzliche Vorschriften gegen den Mißbrauch von Insiderinformationen, DB 1974, 613 ff; *Stoll* Zur Verschwiegenheitspflicht des Wirtschaftsprüfers gegenüber Auftraggebern und geprüften Unternehmen, BB 1998, 785 ff; *Taeger* Die Offenbarung von Betriebs- und Geschäftsgeheimnissen (1988); *Teufel* Verrat von Wirtschaftsgeheimnissen, ArchKrim. Bd. 162

(1978), S. 129 ff; *Tiedemann* Rechtsnatur und strafrechtliche Bedeutung von technischem Know-how, in Festschrift v. Caemmerer (1978), S. 643 ff; *ders.* Untreue bei Interessenkonflikten, am Beispiel der Tätigkeit von Aufsichtsratsmitgliedern, in Festschrift Tröndle (1989), S. 319 ff; *Tiedemann/Dannecker* Examensklausur Strafrecht, Jura 1985, 655 ff; *Troller* Immaterialgüterrecht, Bd. 1, 3. Aufl. (1983), Bd. 2, 3. Aufl. (1985); *Tuffner* Der strafrechtliche Schutz von Wirtschaftsgeheimnissen im Staatsschutzrecht und Wettbewerbsrecht (1978); *Ulsenheimer* Zur Strafbarkeit des Mißbrauchs von Insider-Informationen, NJW 1975, 1999 ff; *van Venrooy* Das strafrechtliche Risiko des Geschäftsführers bei Verletzung von Geheimhaltungspflichten, GmbHR 1993, 609 ff; *Volhard/Weber* Gesellschaftsvertragliche Verschwiegenheits- und Offenbarungspflichten bei der Veräußerung von GmbH-Gesellschaftsanteilen, in Festschrift Semler (1993), S. 387 ff; *Volk* Strafrecht gegen Insider? ZHR 142 (1978), 1 ff; *Wenninger* Die aktienrechtliche Schweigepflicht (1983).
Im Übrigen vgl. die Erläuterungen zu § 17 in den einschlägigen Kommentaren zum UWG.

Übersicht

A. Allgemeines

I. Normzweck, Aufbau des Straftatbestandes und Überblick über den strafrechtlichen Geheimnisschutz

1 **1. Normzweck.** § 333 HGB, der durch das BiRiLiG v. 19.12.1985 (BGBl. I S. 2355) in das Handelsgesetzbuch eingefügt und dessen Abs. 1 im Jahre 1992 (BGBl. I S. 2211) geändert wurde (zur Entstehungsgeschichte Vor §§ 331 ff Rn 33 ff), statuiert für Abschlussprüfer und ihre Gehilfen eine Schweigepflicht und schützt damit den **Geheimbereich der Kapitalgesellschaft** vor unredlichen Eingriffen in **Wirtschaftsgeheimnisse.** Diese Vorschrift wurde durch das BiRiLiG allgemein für alle Kapitalgesellschaften eingeführt. Sie beruht auf einer weitgehenden Übernahme des § 404 AktG, der die Gesellschaftsgeheimnisse der Aktiengesellschaft schützt, betrifft aber nur einen Teilbereich des § 404 AktG, weil lediglich die **Abschlussprüfer und ihre Gehilfen** sowie nun auch **Beschäftigte der Prüfstelle** nach § 342b Abs. 1 HGB als taugliche Täter erfasst sind (Rn 16 f), während bei § 404 AktG auch Mitglieder des Vorstandes, des Aufsichtsrats sowie Abwickler taugliche Täter sind (Rn 6). Durch das BilKoG v. 15.12.2004 (BGBl. I S. 3408) wurde der Täterkreis auf die **Beschäftigten der Deutschen Prüfstelle für Rechnungslegung e.V.** (§ 342b HGB) erweitert, da auch diese im Rahmen des Enforcement-Verfahrens (Rn 24) Einblicke in Gesellschaftsgeheimnisse erhalten können und somit ein vergleichbarer schützenswerter Ausgleich zum Schutz des Geheimbereichs wie bei Abschlussprüfern notwendig wurde.

2 § 333 HGB verweist nicht auf die außerstrafrechtlichen Pflichten des § 323 HGB, der die zivilrechtliche Verantwortlichkeit des Abschlussprüfers und seiner Gehilfen regelt.[1] Denn die Verschwiegenheitspflichten des § 323 HGB sind weiter als die durch § 333 HGB strafbewehrten Geheimhaltungspflichten.[2] Im Gegensatz zu den übrigen Vorschrif-

---

[1] Eine Verpflichtung zur Verschwiegenheit für den Wirtschaftsprüfer ergibt sich auch aus der berufsrechtlichen Regelung des § 43 Abs. 1 Satz 1 WPO.

[2] Vgl. dazu BonnerHdR/*Maier* Rn 3; *Wiedmann* Rn 2; näher zur zivilrechtlichen Verschwiegenheitspflicht aus § 323 HGB vgl. *Habersack/Schürnbrand* § 323 Rn 19 ff; siehe auch Art. 23 Abs. 1 der Abschlussprüferrichtlinie RL 2006/43/EG vom 09.06.2006, ABl. L 157, 87.

ten der §§ 331 ff HGB, bei denen der Gesetzgeber durchgängig auf außerstrafrechtliche Vorschriften des HGB verweist, wenn auf die außerstrafrechtlichen Pflichten Bezug genommen werden soll, handelt es sich bei der in § 333 Abs. 1 HGB statuierten Geheimhaltungspflicht um eine **originär strafrechtliche Pflicht.** Es handelt sich somit nicht um ein Blankettgesetz (dazu Vor §§ 331 ff Rn 134 ff), sondern um einen **Tatbestand mit normativen Tatbestandsmerkmalen.**

2. Aufbau des Straftatbestandes. Die Strafvorschrift des § 333 HGB enthält zwei Straftatbestände, die selbstständig nebeneinander stehen:[3] In § 333 Abs. 1 HGB wird das **unbefugte Offenbaren eines Gesellschaftsgeheimnisses** und in § 333 Abs. 2 Satz 2 HGB die **unbefugte Verwertung** eines solchen Geheimnisses erfasst. § 333 Abs. 2 Satz 1 HGB sieht für die Fälle des Abs. 1 einen **Qualifikationstatbestand der unbefugten Geheimnisoffenbarung** vor, wenn der Täter gegen Entgelt oder mit Bereicherungsabsicht handelt (Rn 70 ff). Damit entsprechen § 333 Abs. 1 und 2 HGB im Wesentlichen der Struktur des Geheimnisschutzes im Strafgesetzbuch und im Gesetz gegen den unlauteren Wettbewerb: § 203 StGB schützt Privatgeheimnisse gegen unbefugtes Offenbaren, und § 204 StGB stellt das unbefugte Verwerten solcher Geheimnisse unter Strafandrohung;[4] § 17 UWG stellt den Geheimnisverrat durch Beschäftigte (§ 17 Abs. 1 UWG), die Betriebsspionage – das Ausspähen eines Geheimnisses durch bestimmte Mittel und Methoden (§ 17 Abs. 2 Nr. 1 UWG) – sowie die Geheimnisverwertung – die unbefugte Verwertung eines durch Verrat oder Ausspähung erlangten Geheimnisses (§ 17 Abs. 2 Nr. 2 UWG) – unter Strafandrohung.[5] 3

Während § 333 Abs. 1 und 2 HGB primär dem **vermögensrechtlichen Geheimnisschutz** der Gesellschaft und ihrer Gesellschafter dienen, stehen bei den §§ 203 und 204 StGB Individualinteressen an der Geheimhaltung bestimmter Tatsachen sowie das allgemeine Vertrauen in die Verschwiegenheit der sonderpflichtigen Personen im Vordergrund.[6] Die Vorschriften des § 17 UWG haben wettbewerbsregelnden Charakter. 4

3. Überblick über weitere gesellschaftsrechtliche Strafvorschriften zum Schutz von Geheimnissen. § 333 HGB, auch in Verbindung mit §§ 340m, 341m HGB (Anhang nach § 335, § 340m Rn 1; § 341m Rn 1), schützt die **Gesellschaftsgeheimnisse** der Kapitalgesellschaften.[7] Weitergehende Vorschriften des Geheimnisschutzes von Gesellschaften sind enthalten in: **§ 404 AktG** für die Aktiengesellschaft;[8] **§ 151 GenG** für die Genossenschaft; **§ 19 PublG** für dem Publizitätsgesetz unterfallende Unternehmensstrukturen; **§ 138 VAG** für Versicherungsgesellschaften; **§ 315 UmwG** für die an einer Umwandlung beteiligten Personen, die für den betroffenen Rechtsträger tätig werden;[9] **§ 14 EWIV-Aus-** 5

---

3 BeckBilKomm/*Kozikowski*/*Gutman* Rn 1; Heymann/*Otto* Rn 2.

4 *Dannecker* in Graf/Jäger/Wittig § 203 StGB Rn 5; *Fischer* § 203 StGB Rn 1 ff; *Joecks* § 203 StGB Rn 1 ff; Lackner/*Kühl* § 203 StGB Rn 1 ff; LK/*Schünemann* § 203 StGB Rn 1 ff; NK/*Jung* § 203 StGB Rn 1 ff; Schönke/Schröder/*Lenckner*/*Eisele* § 203 StGB Rn 1 ff; SK/*Hoyer* § 203 StGB Rn 1 ff.

5 *Fezer*/*Rengier* § 17 UWG Rn 50 ff.

6 Schönke/Schröder/*Lenckner*/*Eisele* § 203 StGB Rn 3; Lackner/*Kühl* § 203 StGB Rn 1, jeweils mwN.

7 BeckBilKomm/*Kozikowski*/*Gutman* Rn 1 ff; HK-HGB/*Ruß* Rn 1; Heymann/*Otto* Rn 1 ff; Geßler/Hefermehl/Eckardt/Kropff/*Fuhrmann* § 404 AktG Rn 1 ff.

8 Vgl. dazu die Kommentierungen von Geßler/Hefermehl/Eckardt/Kropff/*Fuhrmann* § 404 AktG Rn 1 ff; *Geilen* Aktienstrafrecht § 404 AktG Rn 1 ff; *Otto* Aktienstrafrecht § 404 AktG Rn 1 ff.

9 Kallmeyer/*Marsch*/*Barner* § 315 UmwG Rn 1 ff; Lutter/*Kuhlen* UmwG § 315 Rn 1 ff.

führungsgesetz[10] für Europäische Wirtschaftliche Interessenvereinigungen, bei denen, obwohl es sich hierbei um Personenhandelsgesellschaften handelt, Nichtgesellschafter zum Geschäftsführer bestellt werden können. **§ 85 GmbHG** enthält für die GmbH nur eine spezielle Vorschrift für Mitglieder des Vorstands, Aufsichtsratsmitglieder und Liquidatoren, jedoch keine für Abschlussprüfer und deren Gehilfen, so dass nur § 333 HGB für die Abschlussprüfer und ihre Gehilfen Anwendung findet.

6 Diesen Straftatbeständen zum Schutz von Geheimnissen ist gemeinsam, dass sie die unbefugte Offenbarung von Betriebs- und Geschäftsgeheimnissen sowie die unbefugte Verwertung unter Strafandrohung stellen. Während jedoch § 333 HGB Geheimnisschutzverletzungen durch Abschlussprüfer und ihre Gehilfen erfasst, richten sich die übrigen Strafvorschriften teilweise auch gegen die Mitglieder der vertretungsberechtigten Organe der Gesellschaften und des Aufsichtsrats einschließlich der Abwickler und Liquidatoren. Soweit die Voraussetzungen des § 333 HGB vorliegen und zugleich die Voraussetzungen eines weiteren Geheimnisschutztatbestandes (so z.B. des § 404 AktG, § 151 GenG, § 315 UmwG oder § 138 VAG)[11], sind letztere Tatbestände kraft ausdrücklicher gesetzlicher Anordnung **subsidiär** (Rn 83). Wenn das Offenbaren gegen Entgelt oder in der Absicht, sich oder einen anderen zu bereichern oder einen anderen zu schädigen, erfolgt, liegt eine **Qualifikation** (Rn 70 ff) vor, die mit derselben Strafe wie das unbefugte Verwerten bedroht ist. Voraussetzung für die Verfolgbarkeit ist bei allen Straftatbeständen, die dem Geheimnisschutz dienen, ein **Strafantrag der Gesellschaft oder des Verletzten** (Rn 87 f).

II. Geschütztes Rechtsgut, Schutzbereich und Deliktsnatur

7 **1. Geschütztes Rechtsgut.** Der Straftatbestand des § 333 HGB dient dem **Schutz von Wirtschaftsgeheimnissen** der Kapitalgesellschaft und der mit ihr verbundenen Unternehmen i.S.d. § 290 Abs. 1 und 2 HGB (Mutter- und Tochterunternehmen), § 310 HGB (Gemeinschaftsunternehmen), § 311 HGB (assoziierte Unternehmen).[12] Wirtschaftsgeheimnisse sind nicht Sachen, sondern stets Informationen,[13] auch wenn die Informationen in einer Sache verkörpert sind und mit dieser weitergegeben werden. Die auf die Gesellschaft bezogenen Informationen werden vor allem im Hinblick auf ihren **Vermögenswert** strafrechtlich geschützt. Hierbei werden durch den wirtschaftlichen Bezug des Geheimnisschutzes alle vermögensrechtlich relevanten Umstände, die zur Geschäftstätigkeit der Kapitalgesellschaft gehören und ihr Ansehen erhöhen, mindern oder erhalten können, umfasst.[14] Darüber könnten grundsätzlich auch **sonstige Informationen** ohne einen wirtschaftlichen Bezug zu der Gesellschaft geschützt werden, wobei diese Ausweitung des strafrechtlichen Schutzes über vermögenswerte Informationen hinaus jedoch äußerst selten praktische Bedeutung erlangt, da betrieblich geheimen Informationen in aller Regel ein Vermögenswert zukommt. Aus diesem Grund wird **bei Betriebs- und Geschäftsgeheimnissen** ein zumindest geringfügiges **wirtschaftliches Interesse** als Voraussetzung eines Geheimnisses gefordert, wobei der wirtschaftliche Bezug dabei weit zu verstehen ist. Lediglich bei **Gesellschaftsgeheimnissen** sind **auch immaterielle Werte** umfasst (zur Abgrenzung Rn 32 ff).

---

10 Gesetz v. 14.4.1988, BGBl. I S. 514.

11 Näher dazu BeckBilKomm/*Kozikowski/Gutman* Rn 25 ff.

12 MünchKommHGB/*Quedenfeld* Rn 1.

13 Heymann/*Otto* Rn 4; Scholz/*Tiedemann* § 85 GmbHG Rn 2.

14 Scholz/*Tiedemann* § 85 GmbHG Rn 2.

2. **Schutzbereich.** Wirtschaftsgeheimnisse werden im **Interesse der Gesellschaft und der verbundenen Unternehmen**, daneben aber auch im **Interesse der Gesellschafter und anderer in Betracht kommender Eigner der Kapitalgesellschaft und der verbundenen Unternehmen** geschützt.[15] Dabei bilden die Interessen der Kapitalgesellschaft und die ihrer Gesellschafter sowie die der verbundenen Unternehmen und ihrer Eigner eine untrennbare Einheit.[16] 8

Ein Schutz der **Gesellschaftsgläubiger**[17] und der **Arbeitnehmer**[18] ist **nicht** bezweckt, denn die Interessen der Gesellschaftsgläubiger und der Arbeitnehmer werden durch den Geheimnisverrat nicht unmittelbar beeinträchtigt.[19] Diese Personen haben nur ein allgemeines Interesse am Wohlergehen der Gesellschaft und sind durch den Geheimnisbruch deshalb nicht unmittelbar betroffen.[20] Daher stellt der Schutz der Gesellschaftsgläubiger und Arbeitnehmer lediglich einen **Rechtsreflex** dar.[21] 9

Eine selbstständige Bedeutung kommt weder dem Schutz des **Vertrauens in die Verschwiegenheit der Abschlussprüfer und der Prüfungsgehilfen** noch dem Schutz des **Vertrauens in die Funktionsfähigkeit der Kapitalgesellschaft** und der anderen Unternehmen zu; auch wenn das jeweilige Vertrauen von § 333 HGB mit gewährleistet wird, ist das **Individualinteresse der Gesellschaft und der Gesellschafter** vorrangig.[22] Diese Diskrepanz zu der Fokussierung auf das Vertrauen in die Geheimhaltung bei den nicht-gesellschaftsrechtlichen Verhältnissen liegt darin begründet, dass eine Sondersituation bzgl. des Zwangs zur Abschlussprüfung besteht. Das freiwillige Offenbaren von Informationen setzt hingegen kein weitergehendes Vertrauensverhältnis voraus. Dementsprechend sind auch freiwillige Prüfungen der Gesellschaftsunterlagen nicht von § 333 HGB umfasst, sondern werden unter den Voraussetzungen der §§ 203–205 StGB einschließlich des erhöhten Schutzes des Vertrauens in die Person, an die man sich wendet, bestraft. 10

3. **§ 333 HGB als Schutzgesetz im Sinne des § 823 Abs. 2 BGB.** § 333 Abs. 1 und 2 HGB sind Schutzgesetze i.S.d. § 823 Abs. 2 BGB **zugunsten der Gesellschaft** sowie **zugunsten der Gesellschafter,**[23] deren Schutz durch den Straftatbestand auch intendiert ist.[24] Allerdings muss der Schadensersatz aus Gründen der Kapitalerhaltung grundsätz- 11

---

[15] Erbs/Kohlhaas/*Schaal* Rn 2; Heymann/*Otto* Rn 4; vgl. auch Geßler/Hefermehl/Eckardt/Kropff/*Fuhrmann* § 404 AktG Rn 2; *Otto* Aktienstrafrecht § 404 AktG Rn 3; *Pfeiffer* S. 258; Hachenburg/*Kohlmann* § 85 GmbHG Rn 12; Scholz/*Tiedemann* § 85 GmbHG Rn 2; Rowedder/*Fuhrmann*/*Schaal* § 85 GmbHG Rn 3; aA *Hopt* WPg 1986, 466 und *v. Stebut* DB 1974, 615 ff, die die Gesellschafter ausschließen; MünchKommHGB/*Quedenfeld* Rn 1 schließt die Anteilseigner aus dem Schutzbereich aus.

[16] Heymann/*Otto* Rn 4; Erbs/Kohlhaas/*Schaal* § 404 AktG Rn 2.

[17] So GKAktG/*Klug* § 404 AktG Anm. 2.

[18] So die hM; MünchKommHGB/*Quedenfeld* Rn 1; Heymann/*Otto* Rn 5; aA *Geilen* Aktienstrafrecht § 404 AktG Rn 11; *Heldmann* ZRP 1990, 393, 395.

[19] BeckBilKomm/*Kozikowski*/*Gutman* Rn 23; MünchKommHGB/*Quedenfeld* Rn 1; Heymann/*Otto* Rn 5; Erbs/Kohlhaas/*Schaal* § 404 AktG Rn 2; aA *Geilen* Aktienstrafrecht § 404 AktG Rn 11 für die Aktiengesellschaft.

[20] Vgl. Rowedder/*Fuhrmann*/*Schaal* § 85 GmbHG Rn 1.

[21] Vgl. Scholz/*Tiedemann* § 85 GmbHG Rn 2.

[22] Heymann/*Otto* Rn 6; zum Institutionenschutz in Bezug auf die GmbH vgl. Hachenburg/*Kohlmann* § 85 GmbHG Rn 12; Scholz/*Tiedemann* § 85 GmbHG Rn 2.

[23] BeckBilKomm/*Kozikowski*/*Huber* Rn 23; MünchKommHGB/*Quedenfeld* Rn 2; Heymann/*Otto* Rn 8; Hachenburg/*Kohlmann* § 85 GmbHG Rn 12.

[24] Zum Schadensersatzanspruch nach § 323 HGB vgl. § 323 Rn 25 ff sowie BeckBilKomm/*Winkeljohann*/*Feldmüller* § 323 HGB Rn 172 ff; *Wiedmann* Rn 14 ff.

lich **in das Gesellschaftsvermögen** und nicht an die Gesellschafter geleistet werden.[25] Die durch § 333 HGB geschützten Interessen sind nicht nur verletzt, wenn der Kapitalgesellschaft oder ihren Gesellschaftern ein materieller Schaden entstanden ist, sondern bereits dann, wenn der Täter aus den ihm bekannt gewordenen Geheimnissen Kapital schlägt.[26] Dies reicht für die Bejahung eines zivilrechtlichen Schadensersatzanspruches aus.

4. Rechtsnatur der Delikte

12 a) **Abstrakte Gefährdungsdelikte.** Die Tatalternativen des § 333 Abs. 1 und 2 HGB setzen nicht voraus, dass durch die Offenbarung des Geheimnisses oder seiner Verwertung der Gesellschaft ein Schaden entsteht oder eine konkrete Vermögensgefährdung eintritt. Es handelt sich daher um abstrakte Gefährdungsdelikte.[27]

13 b) **Sonderdelikte.** Sowohl das unbefugte Offenbaren nach § 333 Abs. 1 HGB als auch das unbefugte Verwerten nach § 333 Abs. 2 Satz 2 HGB sind **echte Sonderdelikte,**[28] da nur die im Gesetz ausdrücklich genannten Personen als Täter (Allein-, Mit-, Neben- oder mittelbarer Täter) in Betracht kommen.

B. Verletzung von Geheimhaltungspflichten

I. Täterkreis

14 Als Täter des § 333 Abs. 1 und des Abs. 2 HGB, der insoweit auf Abs. 1 Bezug nimmt, kommen nur **Abschlussprüfer und ihre Gehilfen** in Betracht. Damit entspricht der Täterkreis grundsätzlich demjenigen des § 332 HGB (§ 332 Rn 14 ff). Über §§ 340m, 341m HGB gilt § 333 HGB auch für den **Abschlussprüfer eines Kreditinstituts oder eines Versicherungsunternehmens sowie für deren Gehilfen** (Anhang nach § 335b; § 340m Rn 4 ff; § 341m Rn 50 f). Der Täterkreis des § 333 HGB wurde durch das BilKoG erweitert, indem die **Beschäftigten** der seit dem 1.7.2005 eingerichteten **„Deutschen Prüfstelle für Rechnungswesen DPG e.V.“** miteinbezogen wurden.

15 **Angestellte oder außenstehende Mitarbeiter der Abschlussprüfer**, die nicht als Prüfungsgehilfe qualifiziert werden können, können nicht Täter des § 333 HGB, sondern – unter den allgemeinen Voraussetzungen der §§ 26, 27 StGB – lediglich **Teilnehmer** sein. Die Strafe ist beim Teilnehmer gemäß **§ 28 Abs. 1 StGB** zu **mildern** (Rn 102).

16 **1. Abschlussprüfer.** Als taugliche Täter kommen zunächst Abschlussprüfer in Betracht. Diesbezüglich kann auf die Ausführungen oben unter § 332 Rn 14 ff verwiesen werden.

17 **2. Gehilfe eines Abschlussprüfers.** Bezüglich der Definition des Gehilfen des Abschlussprüfers kann zunächst auf die Ausführungen unter § 332 Rn 22 ff verwiesen werden.

---

[25] Roth/*Altmeppen* § 85 GmbHG Rn 4.

[26] Heymann/*Otto* Rn 8.

[27] MünchKommHGB/*Quedenfeld* Rn 3; Heymann/*Otto* Rn 9; Erbs/Kohlhaas/*Schaal* § 404 AktG Rn 3; Lutter/Hommelhoff/*Kleindiek* § 85 GmbHG Rn 1; Rowedder/*Fuhrmann/Schal* § 85 GmbHG Rn 4; *Rogall* NStZ 1983, 1, 5.

[28] MünchKommHGB/*Quedenfeld* Rn 4; Heymann/*Otto* Rn 9; Baumbach/Hueck/*Haas* § 85 GmbHG Rn 3; Scholz/*Tiedemann* § 85 GmbHG Rn 3.

Allerdings stellt sich bei § 333 HGB die Frage, ob hier – abweichend zu § 332 HGB – auch bloße **Schreib- oder Hilfskräfte** taugliche Täter sein können. Während die Tathandlung des § 332 HGB, die Verletzung der Berichtspflicht, von einer Sekretärin oder einer sonstigen Hilfsperson nicht verwirklicht werden kann, weil diese Personen über das Ergebnis der Prüfung nicht berichten und auch nicht zum Bericht beitragen können, fehlt es den Hilfspersonen beim Geheimnisverrat nicht an der Möglichkeit, die Tathandlung der Offenbarung oder Verwertung eines Geheimnisses eigenständig zu verwirklichen. Denn der Begriff der **Kenntniserlangung „bei Prüfung"** ist weit auszulegen und nicht auf die eigentliche Prüfungstätigkeit i.S.d. § 317 HGB beschränkt (§ 317 Rn 6 ff). Er umfasst auch die der Prüfung nachfolgende Anfertigung des Prüfungsberichts. Damit fällt auch die Schreibkraft, die nur bei der Anfertigung des Prüfungsberichts mithilft, nach dem Gesetzeswortlaut in den Anwendungsbereich des § 333 HGB.[29] Dennoch wird in der Literatur teilweise die Auffassung vertreten, dass solche Hilfspersonen nicht taugliche Täter des § 333 HGB seien.[30] Hiergegen spricht jedoch, dass nur dann ein wirksamer Schutz der vermögenswerten Gesellschaftsgeheimnisse erreicht werden kann, wenn auch diejenigen Personen in den Kreis der Normadressaten einbezogen werden, die mit diesem Geheimnis in Berührung kommen können. Dies muss als Ausgleich für die Prüfungspflicht angesehen werden, die dazu zwingt, dass ein begrenzter Personenkreis Einblick in diese Geheimnisse erhält. Zu diesem Personenkreis gehört aber jeder, der eine unterstützende Tätigkeit ausübt, welche die Kenntnis fremder Geheimnisse mit sich bringt, sofern nur ein **innerer Zusammenhang zwischen der Tätigkeit der Person und der berufsspezifischen Tätigkeit des Abschlussprüfers** besteht. Diese Voraussetzungen sind aber auch bei Hilfspersonen des Abschlussprüfers erfüllt, so dass **sämtliche berufsmäßig tätigen Gehilfen des Abschlussprüfers**, einschließlich der Hilfs- und Schreibkräfte, taugliche Täter des § 333 HGB sind.[31]

3. Beschäftigte der Prüfstelle für Rechnungswesen DPG e.V. Taugliche Täter sind auch die Beschäftigten der „Deutschen Prüfstelle für Rechnungswesen DPG e.V." Diese erhalten – vergleichbar mit der Situation des Abschlussprüfers – Einblick in sensible Daten des Unternehmens und sind daher nach § 342c Abs. 1 Satz 1 und 3 HGB verpflichtet, über die Geschäfts- und Betriebsgeheimnisse des Unternehmens und die bei ihrer Prüfungstätigkeit bekannt gewordenen Erkenntnisse über das Unternehmen Verschwiegenheit zu bewahren. Beschäftigter ist dabei jeder, der von der Prüfstelle bei der Erfüllung der Prüfungsaufgabe eingesetzt wird. Der strafrechtliche Begriff des Beschäftigten ist somit weiter als der arbeitsrechtliche Begriff.[32] Aus dieser ratio heraus richtet sich die Strafandrohung an **alle Beschäftigten der Prüfstelle**, die in die (Nach-)Prüfung involviert waren und dadurch Kenntnisse über das Unternehmen erlangt haben. Darunter fallen ebenso wie bei den Gehilfen der Abschlussprüfer (Rn 17) auch bloße Schreibkräfte und Druckereimitarbeiter. **18**

[29] So auch BeckBilKomm/*Kozikowski/Gutman* Rn 16; Ebenroth/Boujong/Joost/*Wiedmann* Rn 1.

[30] So MünchKommHGB/*Quedenfeld* Rn 7; MünchKommStGB/*Sorgenfrei* Rn 14; *Janssen* in Park Rn 12.

[31] BeckBilKomm/*Kozikowski/Gutman* Rn 16; Erbs/Kohlhaas/*Schaal* § 404 AktG Rn 5.

[32] Ebenso MünchKommHGB/*Quedenfeld* Rn 8.

4. Kenntniserlangung bei der Prüfungstätigkeit

19 a) **Kenntniserlangung als Abschlussprüfer oder Gehilfe des Abschlussprüfers.** Der Täter muss in seiner Eigenschaft als Abschlussprüfer oder Gehilfe des Abschlussprüfers **bei Prüfung des Jahresabschlusses, des Einzelabschlusses nach § 325 Abs. 2a HGB oder des Konzernabschlusses nach §§ 316 ff HGB** Kenntnis von dem Geheimnis erlangt haben. Nur auf solche Kenntnisse kann sich das Täterverhalten beziehen. Es kommt darauf an, dass der Täter **in dieser Eigenschaft** die Kenntnis von dem Geheimnis erlangt hat. Zwischen Prüfungstätigkeit und Kenntniserlangung muss ein **zeitlicher und funktionaler Zusammenhang** (Rn 21 f) bestehen.

20 aa) **Begrenzung des Strafschutzes auf Pflichtprüfungen.** § 333 HGB bezieht sich lediglich auf **Prüfungen, die das HGB vorschreibt**, also auf die Prüfung des Jahresabschlusses oder Konzernabschlusses.[33] **Nicht erfasst** ist die Verletzung der Geheimhaltungspflicht bei **freiwilligen Prüfungen** im Eigen- oder Drittinteresse, bei denen nicht die zu prüfende Gesellschaft den Auftrag erteilt haben muss, so z.B. bei der Durchführung einer Prüfung im Rahmen eines Unternehmenskaufs oder einer Fusion. Die strafrechtliche Verantwortlichkeit des Abschlussprüfers, der gegebenenfalls sowohl die Geheimsphäre des Auftraggebers als auch des geprüften Unternehmens zu wahren hat,[34] ergibt sich bei freiwilligen Prüfungen aus den Vorschriften des allgemeinen Strafrechts[35] oder aus § 404 Abs. 1 Nr. 2 AktG bzw. § 85 GmbHG.

21 bb) **Zeitlicher Zusammenhang.** Die Täterqualifikation des Abschlussprüfers oder seines Gehilfen muss **zum Zeitpunkt der Kenntniserlangung** des Geheimnisses gegeben sein.[36] Wenn der Abschlussprüfer bei der Offenbarung oder Verwertung des Geheimnisses zwar schon Abschlussprüfer oder Gehilfe war, diese Funktion aber zum Zeitpunkt der Kenntniserlangung noch nicht oder nicht mehr innehatte, greift § 333 HGB nicht ein. Wohl aber kommt eine Strafbarkeit nach § 203 StGB in Betracht, wenn der Täter das Geheimnis als Wirtschafts- oder Betriebsprüfer oder als Mitglied des Organs einer Wirtschaftsprüfungs- oder Buchprüfungsgesellschaft oder deren berufsmäßiger Gehilfe (§ 14 StGB) erfahren hat.[37] Eine **spätere Mandatsbeendigung** hat keinen Einfluss auf die Strafbarkeit.

22 cc) **Funktionaler Zusammenhang.** Neben dem zeitlichen Zusammenhang ist ein **unmittelbarer funktioneller Zusammenhang** mit der Prüfung erforderlich. Zur Prüfung gehören **alle in §§ 316 bis 324 HGB geregelten Tätigkeiten** und nicht nur die eigentlichen Prüfungshandlungen i.S.d. § 317 HGB; zur Prüfung gehört damit auch die Anfertigung des Prüfungsberichts.[38] Für die Kenntniserlangung „bei Prüfung" reicht jeder innere Zusammenhang mit der beruflichen Stellung aus, der auch gegeben ist, wenn der Täter aufgrund seiner Stellung als Abschlussprüfer oder als dessen Gehilfe in der Lage war, sich ungehindert Kenntnis zu verschaffen. Eine rein außerdienstliche Kenntniserlangung ohne inneren Zusammenhang zu der beruflichen Stellung reicht demgegenüber nicht aus, selbst wenn die Kenntniserlangung zeitlich während der Prüfung erfolgte. So ist es denkbar, dass der Abschlussprüfer in seiner weiteren Funktion als Steuer- oder Unternehmensberater Kenntnis erlangt. Offenbart er ein ihm in dieser Eigenschaft bekannt gewor-

---

[33] BeckBilKomm/*Kozikowski/Gutman* Rn 3.
[34] Vgl. dazu *Stoll* BB 1998, 785 ff.
[35] BeckBilKomm/*Kozikowski/Gutman* Rn 3, 10.
[36] BeckBilKomm/*Kozikowski/Gutman* Rn 10; Heymann/*Otto* Rn 10.
[37] BeckBilKomm/*Kozikowski/Gutman* Rn 10.
[38] BeckBilKomm/*Kozikowski/Gutman* Rn 12.

denes Geheimnis, so kann er nur nach § 203 StGB strafbar sein,[39] obwohl er zum Zeitpunkt der Kenntniserlangung Abschlussprüfer der Gesellschaft war.

b) **Strafbarkeit sonstiger Angestellter.** Sonstige Angestellte des Abschlussprüfers, die nicht Gehilfe sind, weil sie nur Tätigkeiten ohne inhaltlichen Bezug zur Prüfung (Rn 17) ausüben, können nur wegen einer **Beteiligung** an **§ 333 HGB** – Anstiftung oder Beihilfe (§§ 26, 27 StGB) – strafbar sein, sofern eine vorsätzliche und rechtswidrige Haupttat eines Abschlussprüfers oder seines Gehilfen vorliegt. Die Strafe ist, da der Anstifter oder Gehilfe in diesem Fall nicht sonderpflichtig ist, beim Teilnehmer gemäß **§ 28 Abs. 1 StGB** zu mildern. 23

c) **Kenntniserlangung durch Beschäftigte der Prüfstelle für Rechnungswesen DPG e.V.** Sinngemäß gilt das unter Rn 19 ff Ausgeführte auch für die Beschäftigten der Prüfstelle für Rechnungswesen DPG e.V. Deren Prüfungstätigkeit bestimmt sich nach § 342b Abs. 2 Satz 1 HGB und umfasst die Prüfung, ob der Jahresabschluss den gesetzlichen Vorschriften, den Grundsätzen ordnungsgemäßer Buchführung sowie den sonstigen durch Gesetz zugelassenen Rechnungslegungsstandards entspricht. Dieses sog. Enforcementverfahren kann entweder in Verdachtsfällen (§ 342b Abs. 2 Satz 3 Nr. 1 HGB) auf Verlangen der BaFin (§ 342b Abs. 2 Satz 3 Nr. 2 HGB) oder stichprobenartig (§ 342b Abs. 2 Satz 3 Nr. 3 HGB) eingeleitet werden. Ergibt die Prüfung eine fehlerhafte Rechnungslegung, so muss die DPR die Entscheidung begründen und dem Unternehmen nach § 342b Abs. 5 Satz 2 HGB eine Frist zur Äußerung setzen und die BaFin darüber informieren (§ 342b Abs. 6 Satz 1 Nr. 3 HGB). Ist das Unternehmen mit der Fehlerfeststellung einverstanden, so wird dies ebenfalls der BaFin mitgeteilt, um ggf. die Veröffentlichung der Fehler anzuordnen. Ist es hingegen nicht einverstanden, erfolgt eine selbständige Prüfung durch die BaFin (§§ 37n bis 37s WpHG). In diesem zweistufigen Enforcementverfahren sind jedoch nur Beschäftigte der Prüfstelle i.S.d. § 342b Abs. 1 HGB – also der ersten Stufe – von der Strafdrohung des § 333 HGB erfasst. Dabei muss dem Beschäftigten das Geheimnis **„bei der Prüftätigkeit“** bekannt geworden sein, so dass auch hier ein zeitlicher und funktionaler Zusammenhang zu fordern ist. Der Strafrechtsschutz ist dabei unabhängig davon, ob es sich um eine stichprobenartige oder um eine anlassbezogene Prüfung handelt. 24

II. Gegenstand der Tathandlung: Gesellschaftsgeheimnisse, namentlich Betriebs- und Geschäftsgeheimnisse; Erkenntnis über das Unternehmen

In § 333 HGB sind zwei selbstständige Tatbestände enthalten: zum einen nach Abs. 1 das unbefugte Offenbaren eines Gesellschaftsgeheimnisses, zum anderen in Abs. 2 das unbefugte Verwerten eines solchen Geheimnisses. Daneben ist eine qualifizierte Begehung nach § 333 Abs. 2 Satz 1 HGB möglich. § 333 HGB schützt „ein Geheimnis der Kapitalgesellschaft […], namentlich ein Betriebs- oder Geschäftsgeheimnis“. Der Gesetzeswortlaut ist insoweit nahezu identisch mit § 404 AktG und § 85 GmbHG; die genannten Geheimnisschutztatbestände enthalten denselben Geheimnisbegriff, der wiederum aus § 17 UWG entwickelt wurde.[40] Durch die Übernahme dieses Begriffs sind **alle Geheimnisse der Kapitalgesellschaft**, insbesondere solche, die zu ihrem Schutz im Interesse ihrer 25

---

39 *Dannecker* in Graf/Jäger/Wittig § 203 StGB Rn 97.

40 Erbs/Kohlhaas/*Schaal* § 404 AktG Rn 8.

Wettbewerbsfähigkeit und ihres Ansehens nicht bekannt werden sollen, geschützt (zur Einbeziehung immaterieller Interessen vgl. Rn 7). Das **Gesellschaftsgeheimnis** bildet den Oberbegriff zum Geschäfts- und Betriebsgeheimnis (Rn 32).

26 Für Beschäftigte der Prüfungsstelle sind neben der unbefugten Offenbarung von Geschäfts- und Betriebsgeheimnissen auch **Erkenntnisse über das Unternehmen** taugliche Tatobjekte, die grundsätzlich der Oberbegriff der Gesellschaftsgeheimnisse nicht umfasst. Diese Erkenntnisse gehen insofern über das Geheimnis hinaus, als neben dem bei der Prüfung gefundene Prüfungsergebnis auch solche Informationen umfasst sind, die sich auf die Durchführung der Prüfung an sich beziehen. Hierzu zählt auch die Tatsache, dass eine Prüfung eingeleitet wurde bzw. werden soll.[41] Ferner sind die Umstände mit umfasst, die zu der Prüfung geführt haben (Stichprobe oder aus Anhaltspunkten heraus) und inwieweit das Unternehmen kooperiert.[42] Der Begriff der Erkenntnis ist insgesamt sehr weit zu fassen und umfasst damit auch sämtliche Gesellschaftsgeheimnisse.

27 Durch § 333 HGB werden nicht nur die Geheimnisse der Kapitalgesellschaft, die geprüft wird, geschützt, sondern auch **Geheimnisse eines Tochterunternehmens** i.S.d. § 290 Abs. 1 und 2 HGB, **eines Gemeinschaftsunternehmens** nach § 310 HGB und **eines assoziierten Unternehmens** nach § 311 HGB. Bei diesen Unternehmen, die keine Kapitalgesellschaft sein müssen, handelt es sich durchgängig um solche, die in den Konzernabschluss einbezogen werden müssen und dürfen. Ferner sind wegen der Angaben nach § 295 Abs. 3 HGB auch diejenigen Tochterunternehmen in den Schutzbereich des § 333 HGB einbezogen, die gemäß § 295 Abs. 1 HGB nicht in den Konzernabschluss einzubeziehen sind.[43]

28 **1. Begriff des Geheimnisses.** Ein Geheimnis ist eine nicht allgemein bekannte Tatsache, bezüglich derer ein individuelles und objektiv anzuerkennendes Geheimhaltungsinteresse besteht. Offenkundige Tatsachen (Rn 38) sind nicht geheim, weil ein anzuerkennendes objektives Geheimhaltungsinteresse fehlt. Geheimnisse der Gesellschaft sind daher nicht offenkundige Tatsachen, die das Unternehmen betreffen und bezüglich derer die Gesellschaft ein **objektiv anzuerkennendes Geheimhaltungsinteresse** hat. Weiterhin muss als subjektives Merkmal hinzukommen, dass die Gesellschaft die Tatsache nicht offenbaren will (**kein Offenbarungswille**). Insofern sind objektive und subjektive Merkmale für das Vorliegen eines Geheimnisses konstitutiv (Rn 39 ff).[44] Wille und Interesse sind zu kombinieren,[45] wobei es nicht auf den generellen Geheimhaltungswillen, sondern auf den fehlenden Offenbarungswillen ankommt (Rn 40, 43).

29 Geheimnis ist eine Tatsache, die nur einem **begrenzten Personenkreis bekannt** oder zugänglich ist und die nach dem **sachlich begründeten Willen oder mutmaßlichen Inte-**

---

41 AA BeckBilKomm/*Grottel* § 342c Rn 2.
42 MünchKommStGB/*Sorgenfrei* Rn 31 f.
43 BeckBilKomm/*Kozikowski/Gutman* Rn 8.
44 MünchKommHGB/*Quedenfeld* Rn 10; Heymann/*Otto* Rn 13; Erbs/Kohlhaas/*Schaal* § 404 AktG Rn 8 f, jeweils mwN.
45 Vgl. nur BGH GRUR 1961, 40, 43; MünchKommHGB/*Quedenfeld* Rn 10; MünchKommStGB/*Sorgenfrei* Rn 19 ff; Rowedder/*Fuhrmann/Schaal* § 85 GmbHG Rn 3; Hachenburg/*Kohlmann* § 85 GmbHG Rn 22; Scholz/*Tiedemann* § 85 GmbHG Rn 7; *Tiedemann* Wirtschaftsstrafrecht Bd. II S. 42 f; *Otto* wistra 1988, 125, 126; *Pfeiffer* FS Nirk, S. 861, 866; *v. Stebut* S. 49 f; *Dannecker* BB 1987, 1614, 1615; aA Lutter/Hommelhoff/*Kleindiek* § 85 GmbHG Rn 3 f; Meyer-Landrut/Miller/Niehus/*Meyer-Landrut* § 85 GmbHG Rn 4; Baumbach/Hueck/*Haas* § 85 GmbHG Rn 9 f; näher dazu auch *Arians* S. 333 ff; HWSt-*Ransiek* VIII 2 Rn 16, 35.

resse des Geheimnisbetroffenen keine weitere Verbreitung erfahren soll.[46] Elemente des Geheimnisbegriffs sind somit Geheimsein, Geheimhaltungswille und Geheimhaltungsinteresse.[47] Hiervon geht auch die hM in Rechtsprechung[48] und Literatur[49] aus (näher dazu Rn 37 ff).

2. Gegenstand des Geheimnisses. Gegenstand des Geheimnisses sind Tatsachen, die sich auf die **Person des Betroffenen** sowie seine **vergangenen und bestehenden Lebensverhältnisse** beziehen müssen und seine **Identifizierung ermöglichen.**[50] Werturteile werden zwar vom Tatbestand des § 333 HGB nicht erfasst, wohl aber die Tatsache, dass ein bestimmtes Werturteil oder eine bestimmte Meinung von einer Person vertreten wird.[51] Schlussfolgerungen, die auf der Grundlage besonderen beruflichen Wissens gezogen werden, sind Gegenstand eines Geheimnisses, sofern Tatsachen und Erfahrungssätze miteinander verknüpft werden.[52] Das Fehlen eines bestimmten Umstandes ist nur dann eine Tatsache, wenn dadurch ein geheimnisfähiger Zustand charakterisiert wird. Deshalb unterliegen Liquiditätsprobleme eines angeblich florierenden Unternehmens der grundsätzlichen Schweigepflicht[53] (zum Spannungsfeld mit der Berichtspflicht siehe Rn 62). Sofern Umstände, die für sich genommen keinen geheimen Charakter haben, mit einem Geheimnis untrennbar verbunden sind, unterliegen sie der Schweigepflicht.[54] **30**

Die Betriebs- und Geschäftsgeheimnisse gehören zu den **Geheimnissen des äußeren Wirkungsbereichs** einer Person, da sie sich auf einen wirtschaftlichen Geschäftsbetrieb beziehen und für die Wettbewerbsfähigkeit von Bedeutung sind[55] (zur Unterscheidung zwischen Betriebs- und Geschäftsgeheimnissen siehe Rn 34). Gleiches gilt für die Erkenntnisse über das Unternehmen (Rn 36). Geheimnisse sind auch Drittgeheimnisse, d.h. Tatsachen über Dritte, von denen der Berufsträger in inhaltlich untrennbarem Zusammenhang mit der beruflichen Tätigkeit erfährt. Der erforderliche innere Zusammenhang ist nicht nur dann gegeben, wenn der Berufsträger intern für den Bereich, den das Geheimnis betrifft, zuständig ist. Vielmehr reicht jeder innere Zusammenhang mit seiner beruflichen Stellung aus, der auch vorliegt, wenn der Täter auf Grund seiner Stellung in der Lage war, sich ungehindert Kenntnis von dem Geheimnis zu verschaffen. Der Schutz des Geheimnisses einer Gesellschaft entfällt mit deren Erlöschen.[56] **31**

3. Abgrenzung von Gesellschafts-, Betriebs- und Geschäftsgeheimnis. § 333 HGB geht von drei Geheimnisgruppen: Gesellschafts-, Betriebs- und Geschäftsgeheimnissen, **32**

---

46 RGSt 74, 110, 111; BGH NJW 95, 2301 zu § 17 UWG.

47 OLG Hamm NJW 2001, 1957, 1958; *G. Schmidt* ZStW 79 (1967), 741, 782.

48 BGHSt 41, 140, 142; 46, 339, 340 f; 48, 126, 129.

49 *Fischer* § 203 StGB Rn 3 ff; *Gössel/Dölling* BT 1 § 37 Rn 133 ff; SK/*Hoyer* § 203 Rn 5; Lackner/*Kühl* § 203 StGB Rn 14; Schönke/Schröder/*Lenckner/Eisele* § 203 StGB Rn 5; LK/*Schünemann* § 203 StGB Rn 19; *Tiedemann* ZStW 86 (1974), 1030 f; Wessels/*Hettinger* BT 1 Rn 563; aA *Rogall* NStZ 1983, 1, 6.

50 OLG Karlsruhe NJW 1984, 676; *Rogall* NStZ 1983, 1, 5.

51 Vgl. Schönke/Schröder/*Lenckner/Eisele* § 203 StGB Rn 5; LK/*Schünemann* § 203 StGB Rn 20.

52 *Knemeyer* DB Beilage 18/84.

53 LK/*Schünemann* § 203 StGB Rn 20.

54 OLG München AnwBl. 1975, 159.

55 BGHSt 44, 140, 142; *Dannecker* BB 1987, 1614, 1615; *G. Schmidt* ZStW 79 (1967), 741, 785.

56 Vgl. Hachenburg/*Kohlmann* § 85 GmbHG Rn 58; Scholz/*Tiedemann* § 85 GmbHG Rn 29; Baumbach/Hueck/*Haas* § 85 GmbHG Rn 7.

sowie den Erkenntnissen über das Unternehmen aus. Dabei bildet der Begriff des **Gesellschaftsgeheimnisses** den **Oberbegriff** für die Geheimnisse. Bezugsobjekt für das Geheimnis ist dabei das Unternehmen, so dass dieses die Kapitalgesellschaft selbst, ein Tochterunternehmen, ein gemeinsam geführtes Unternehmen oder ein assoziiertes Unternehmen betreffen kann. Der Begriff der **Erkenntnisse über ein Unternehmen** bildet hingegen einen vom Begriff des Geheimnisses losgelösten Begriff (dazu Rn 36).

33 a) **Gesellschaftsgeheimnis.** Der Begriff des Gesellschaftsgeheimnisses ist zwar der Oberbegriff zum Betriebs- und Geschäftsgeheimnis. Er ist jedoch insofern weiter als die beiden Unterbegriffe zusammen, als diese lediglich materielle Bezugspunkte erfassen. Demgegenüber reichen für Gesellschaftsgeheimnisse auch **immaterielle Bezugspunkte** aus, um ein solches Geheimnis zu bejahen.[57] Für diese Ausweitung des Geheimnisbegriffs spricht, dass die Gesellschaftsform der Kapitalgesellschaft nicht nur zur Verfolgung wirtschaftlicher Zwecke eingesetzt wird, sondern auch von wissenschaftlichen und künstlerischen Vereinigungen gewählt werden kann.[58] Allerdings ist der dadurch erweiterte Anwendungsbereich des § 333 HGB ohne große praktische Bedeutung, da fast jede Offenbarung eines Geheimnisses auch von wirtschaftlicher Bedeutung für die Kapitalgesellschaft ist.[59] Für die Tathandlung des Verwertens, die ein wirtschaftliches Ausnutzen erfordert (Rn 52 ff), ist die Ausweitung auf immaterielle Bezugspunkte des Tatobjekts gänzlich ohne Bedeutung.

34 b) **Betriebs- und Geschäftsgeheimnis.** Betriebs- und Geschäftsgeheimnisse setzen **materielle Bezugspunkte** voraus; sie sind danach zu unterscheiden, ob sie zum **technischen** oder zum **kaufmännischen Bereich** gehören.[60] Der Gesetzgeber hat durch die Nennung beider Begriffe zum Ausdruck gebracht, dass sämtliche zum kaufmännischen oder technischen Bereich eines Unternehmens gehörenden Geheimnisse geschützt sind.[61] So ist angesichts der Tatsache, dass beide Geheimnisbereiche gleichermaßen strafrechtlich geschützt und unter den Oberbegriff des Geheimnisses der Gesellschaft gestellt sind, keine klare Abgrenzung der beiden Begriffe von Nöten.[62] Grenzen kann der Geheimnisschutz in speziellen gesetzlichen Regelungen finden,[63] so in § 22 Abs. 3 ChemikalienG und § 17a Abs. 2 GentechnikG.

---

57 RGSt 31, 91; BGH ZIP 1996, 1342; OLG Hamm 1988, 218; BGH v. 20.5.1996 – II ZR 190/95, NJW 1996, 2576 (zu § 85 GmbHG); Baumbach/Hueck/*Haas* § 85 GmbHG Rn 9; Lutter/Hommelhoff/*Kleindiek* § 85 GmbHG Rn 3; Rowedder/*Fuhrmann/Schaal* § 85 GmbHG Rn 8; Erbs/Kohlhaas/*Schaal* § 404 AktG Rn 8; *Tiedemann* § 85 GmbHG Rn 12; aA *Otto* Aktienstrafrecht § 404 AktG Rn 12, der das Geheimnis der Gesellschaft mit dem Wirtschaftsgeheimnis i.S.d. § 17 UWG gleichsetzt; so auch *Janssen* in Park Rn 13 f, der nur die explizit genannten Betriebs- und Geschäftsgeheimnisse als geschützt ansieht.

58 Zur Selbstständigkeit des Gesellschaftsrechts gegenüber dem Wettbewerbsrecht, wo durch § 17 UWG immaterielle Geheimnisse nicht geschützt werden, vgl. *v. Stebut* S. 53 ff.

59 Heymann/*Otto* Rn 20; Scholz/*Tiedemann* § 85 GmbHG Rn 6; Rowedder/*Fuhrmann/Schaal* § 85 GmbHG Rn 8.

60 Heymann/*Otto* Rn 20.

61 Heymann/*Otto* Rn 20; *Otto* Aktienstrafrecht § 404 AktG Rn 22.

62 MünchKommHGB/*Quedenfeld* Rn 15; MünchKommStGB/*Sorgenfrei* Rn 27; Küting/Weber/*Pfennig* Handbuch der Rechnungslegung, Rn 12; Heymann/*Otto* Rn 20; Scholz/*Tiedemann* § 85 GmbHG Rn 6; differenzierend noch RGSt 31, 90, 91; 32, 136, 216; 38, 108, 110; 61, 418 für Betriebsgeheimnisse und RG v. 25.2.1902 – 5280/01, RGSt 35, 136; 39, 321, 322; 48, 14 für Geschäftsgeheimnisse.

63 *Otto* Aktienstrafrecht § 404 AktG Rn 23.

Beispiele für Betriebs- und Geschäftsgeheimnisse sind: Angebote[64] und Bieterliste eines Ausschreibungsverfahrens,[65] Aufzeichnungen über chemische Versuche[66], Beteiligungsverhältnisse, Geheimverfahren[67], Herstellungs-, Behandlungs- und Erledigungsarten[68], Insider-Informationen i.S.d. § 13 WpHG[69], Kalkulationsunterlagen[70], Kunden- und Lieferantenlisten[71], Lohn- und Gehaltslisten, Mitarbeiterverzeichnisse, Musterzeichnungen[72], Modelle[73], Preisberechnungen[74], Preislisten[75], Rabattstaffeln, Rezepte, technische Zeichnungen[76], Unterlagen über geschäftliche Vorhaben und geschäftspolitische Ziele der Gesellschaft wie Fusionspläne, stille Beteiligungen, Gegenstand und Verlauf von Vorstands- und Aufsichtsratssitzungen[77], Gesellschafterbeschlüsse, Personalakten, beabsichtigte Betriebserweiterungen und -verlegungen, Kreditunterlagen, Bankverbindlichkeiten sowie Zahlungsbedingungen[78]. 35

4. **Erkenntnisse über das Unternehmen.** Erkenntnisse über das Unternehmen stehen bei Beschäftigten einer Prüfstelle neben den Geschäfts- und Betriebsgeheimnissen unter strafrechtlichem Schutz. Die Prüfstelle hat noch weitergehende Erkenntnismöglichkeiten als der Abschlussprüfer, so dass alle Kenntnisse, die im Rahmen der Prüfung über ein Unternehmen gewonnen werden, der Geheimhaltungspflicht unterliegen.[79] Darunter fallen sowohl das **Prüfungsergebnis**[80] als auch der **Prüfungsvorgang** selbst, also die Absicht, eine Prüfung überhaupt einzuleiten, die Tatsache, dass eine Prüfung durchgeführt wird, sowie die Mitwirkung bzw. Verweigerung der Mitwirkung des Unternehmens an der Prüfung. Erkenntnisse, die die Beschäftigten der Prüfstelle (Rn 8) **vor der Einleitung der Prüfung** oder **außerhalb des Prüfungsverfahrens** über ein Unternehmen erlangt haben, sind hingegen nicht geschützt, da es an dem zeitlichen und funktionellen Prüfungszusammenhang mangelt (Rn 21 f).[81] 36

5. **Anforderungen an ein Geheimnis.** Ein Geheimnis ist eine **nicht allgemein bekannte Tatsache**, bezüglich derer ein individuelles und objektiv anzuerkennendes Geheimhaltungsinteresse besteht. Offenkundige Tatsachen sind nicht geheim, da hieran kein objektiv anzuerkennendes Geheimhaltungsinteresse besteht (Rn 38). Nach der sog. **Interessentheorie** kommt es lediglich auf die berechtigten Interessen an der Geheimhaltung ab, hingegen ist nach der sog. **Willenstheorie** das subjektive Merkmal, dass der Betroffene 37

---

64 BGH v. 10.5.1995 – 1 StR 764/94, BGHSt 41, 140, 142.

65 BayObLG v. 20.7.1995 – 4 St RR 4/95, NJW 1996, 268, 272.

66 *Többens* NStZ 2000, 505, 506.

67 BGHZ 16, 174 f.

68 RG JW 1906, 497; BGH NJW 1962, 2059 f; BGH NJW 1969, 464.

69 Vgl. zur Abgrenzung zwischen Geheimnis und nicht öffentlich bekannter Tatsache i.S.d. § 13 Abs. 1 WpHG *Assmann/Schneider* WpHG, § 13 Rn 39; allgemein *v. Stebut* DB 1974, 613; *Ulsenheimer* NJW 1975, 1999 ff; *Otto* Aktienstrafrecht, § 404 AktG Rn 23.

70 RG MuW 1914/15, 364; RGSt 225, 136, 137; OLG Düsseldorf GRUR 1954, 74.

71 RG MuW 1912/13, 561; RG MuW 1914/15, 28.

72 RGSt 48, 12, 14.

73 RGSt 31, 90, 91.

74 RG MuW 1910/11, 313.

75 RGSt 29, 426, 428.

76 BGH NJW 1958, 671.

77 BGHZ 64, 325.

78 Weitere Beispiele bei Baumbach/Hefermehl/*Köhler* § 17 UWG Rn 12.

79 MünchKommHGB/*Quedenfeld* Rn 17; MünchKommStGB/*Sorgenfrei* Rn 31.

80 Begr. RegE BilKoG, BT-Drucks. 15/3421, S. 16; vgl. auch Stellungnahme des Bundesrates, in Anlage 2 Ziff. 5, BT-Drucks. 15/3421, S. 23; MünchKommHGB/*Ebke/Paal* § 342c Rn 4; MünchKommStGB/*Sorgenfrei* Rn 56.

81 AA MünchKommStGB/*Sorgenfrei* Rn 36 bei anlassbezogener Tätigkeit der Prüfstelle.

die Tatsache nicht offenbaren will, entscheidend. Nach hM sind objektive und subjektive Merkmale für das Vorliegen eines Geheimnisses konstitutiv; **Wille und Interesse sind zu kombinieren.**[82] Hierfür spricht, dass auf den Geheimhaltungswillen des Berechtigten als eine Art formelle Sekretur nicht verzichtet werden kann, wie ein Blick auf die Fülle möglicher Beispiele für denkbare Geschäfts- und Betriebsgeheimnisse wie Kundenlisten, Musterbücher, Jahresabschlüsse, Modelle, Preisberechnungen, getätigte oder beabsichtigte Vertragsabschlüsse, Agentenverzeichnisse, einzelne Geschäftsvorgänge usw. zeigt. Auf der anderen Seite kann aber der Wille des Unternehmers allein „keinen strafbaren Tatbestand schaffen; es bedarf einer „Beeinträchtigung",[83] also einer Interessenwidrigkeit, die sich im wirtschaftlichen Bereich auf die Eignung, dem Unternehmen wirtschaftliche Nachteile zuzufügen, beschränkt.

38 a) **Fehlende Offenkundigkeit.** Eine Tatsache ist offenkundig, wenn sie allgemein bekannt oder derart zugänglich ist, dass für jeden Interessierten die Möglichkeit besteht, sich auf lautere Weise Kenntnis von der Tatsache zu verschaffen.[84] Aus diesem Grund ist die veröffentlichte Bilanz eines Unternehmens kein Geheimnis.[85] Wenn eine Tatsache demgegenüber nur einem eng begrenzten, noch überschaubaren Personenkreis bekannt ist,[86] so dass das Geheimnis nicht dem beliebigen Zugriff Dritter preisgegeben ist, fehlt es an der Offenkundigkeit.[87] Dies bedeutet, dass auch dann, wenn Tatsachen über den Kreis der Personen, für deren Kenntnis sie bestimmt sind, hinaus bekannt geworden sind, weiterhin ein Geheimnis vorliegt, sofern es sich lediglich um eine **relative und überschaubare Bekanntheit** handelt, weil die Tatsache anderen Personen noch unbekannt ist und unbekannt bleiben soll. Erst wenn das Geheimnis **beliebigem Zugriff preisgegeben** ist, führt die Offenkundigkeit zum Entfallen des Geheimnischarakters. Daher bleibt der Geheimnischarakter bestehen, wenn Wirtschaftsprüfer, Steuerberater, Betriebsangehörige, einzelne Kunden oder Lieferanten beispielsweise bei einem Arbeitsvorgang Kenntnis von einem bestimmten Geheimnis erlangen.[88] Selbst Preislisten und Musterbücher, die den Kunden vorgelegt werden, verlieren ihre Eigenschaft als Geheimnis nicht, wenn sie nach dem Willen der Geschäftsleitung der Konkurrenz nicht bekannt werden sollen.[89] Demgegenüber sind die nach § 325 HGB offengelegten Angaben kein Geheimnis. Diese Angaben verlieren spätestens mit Ablauf der Offenlegungsfrist die Eignung, Geheimnis zu sein.[90]

39 b) **Objektives Geheimhaltungsinteresse.** An der relativ unbekannten (nicht offenkundigen) Tatsache muss ein **sachlich begründetes Geheimhaltungsinteresse der Kapitalgesell-**

---

82 Vgl. nur BGH NJW 1982, 937 f; *Fischer* § 203 StGB Rn 6; LK/*Schünemann* § 203 StGB Rn 24 ff; MK/*Cierniak* § 203 StGB Rn 17 ff; NK/*Kargl* § 203 StGB Rn 6; SK/*Hoyer* § 203 StGB Rn 7 ff; Schönke/Schröder/*Lenckner*/*Eisele* § 203 StGB Rn 7.

83 S. nur Baumbach/Hueck/*Haas* § 85 GmbHG Rn 9.

84 OLG Köln CR 1998, 199; *Arians* S. 356 ff; MünchKommHGB/*Quedenfeld* Rn 11.

85 *Kurz* WiB 1995, 414 f.

86 RGSt 74, 110, 111.

87 Vgl. Baumbach/Hueck/*Haas* § 85 GmbHG Rn 8; Hachenburg/*Kohlmann* § 85 GmbHG Rn 23 f; Rowedder/*Fuhrmann*/*Schaal* § 85 GmbHG Rn 6; Scholz/*Tiedemann* § 85 GmbHG Rn 11.

88 RGSt 42, 394, 396; *v. Stebut* S. 12; Geßler/Hefermehl/Eckardt/Kropff/*Fuhrmann* § 404 AktG Anm. 3; *Otto* Aktienstrafrecht § 404 AktG Rn 14; Hachenburg/*Kohlmann* § 85 GmbHG Rn 24; Rowedder/*Fuhrmann*/*Schaal* § 85 GmbHG Rn 8; Scholz/*Tiedemann* § 85 GmbHG Rn 11; *v. Stebut* S. 12 f.

89 RGSt 42, 394, 396 zu § 317 UWG a.F.

90 BGH GmbHR 2000, 85, 86 f.

schaft bestehen.[91] Dieses objektive Interesse ist gegeben, wenn das Bekanntwerden der Tatsache der Gesellschaft möglicherweise einen materiellen oder immateriellen Schaden zufügt,[92] insbesondere ihre Wettbewerbsfähigkeit beeinträchtigt oder zu einer Ansehensminderung oder einem Vertrauensverlust führt.[93] Würde man auf ein objektives Geheimhaltungsinteresse verzichten und einzig auf den Willen der Gesellschaft abstellen, so läge die Statuierung des strafrechtlich geschützten Tatobjekts allein in der Hand der Gesellschaft und diese könnte den Anwendungsbereich des Straftatbestandes beliebig bestimmen, auch wenn letztlich keine Interessenwidrigkeit vorliegt.[94] Daher kann auf ein objektives Interesse der Gesellschaft an der Geheimhaltung nicht verzichtet werden.[95] Die **Sittenwidrigkeit oder Rechtswidrigkeit des Geheimnisses** lässt das Geheimhaltungsinteresse nicht entfallen (Rn 45). Wenn die **Gesellschaft erlischt**, entfällt das Geheimnis.[96] Eine bereits eingetretene Strafbarkeit bleibt davon unberührt.

c) **Verzicht auf das Erfordernis des Geheimhaltungswillens.** Umstritten ist, ob neben den objektiven Voraussetzungen des Geheimnisses der Geheimhaltungswille der Gesellschaft, d.h. der Wille, andere von der Kenntnis der Information auszuschließen, als subjektives Merkmal hinzukommen muss. Die hM bejaht dies[97] und fordert den **Willen des Geheimnisinhabers zur Geheimhaltung.** Diesem Willen wird für das Vorliegen eines Geheimnisses **konstitutive Bedeutung** beigemessen.[98] Hierbei soll es bei Kapitalgesellschaften grundsätzlich auf den Willen des zuständigen Organs oder des Betriebsleiters ankommen. Allerdings ist umstritten, ob hierfür eine bloße Willensvermutung ausreicht oder ob eine ausdrückliche oder konkludente Erklärung erforderlich ist.[99] 40

Wenn der Geheimhaltungswille der Gesellschaft gefordert wird, entsteht insbesondere bei großen Gesellschaften erhebliche **Rechtsunsicherheit**, da die Geschäftsführer oder Vorstandsmitglieder über neue Tatsachen, z.B. Forschungsergebnisse etc., häufig nicht informiert sind und deshalb auch keinen entsprechenden Geheimhaltungswillen begründen können. Zu dessen Begründung reicht gerade nicht aus, dass irgendein Mitarbeiter der Gesellschaft Geheimhaltungswillen besitzt. Daher liefe – insbesondere bei großen Gesellschaften – die Feststellung des Geheimhaltungswillens letztlich auf Willensunterstellungen bzw. Fiktionen hinaus, mit denen das Erfordernis der nachweisbaren Manifestation des Geheimhaltungswillens umgangen wird.[100] Schon die Unterstellung einer konkreten Kenntnis aller geheimhaltungswürdigen Umstände auf der Ebene der Geschäftsleitung ist realitätsfern. Aus diesem Grund verzichtet die hM auf die Feststellung des 41

---

91 Vgl. nur BeckBilKomm/*Kozikowski*/*Gutman* Rn 6 ff.

92 BGH NJW 1996, 576; Geßler/Hefermehl/Eckardt/Kropff/*Fuhrmann* § 404 AktG Anm. 3; Baumbach/Hueck/*Haas* § 85 GmbHG Rn 9; *Geilen* Aktienstrafrecht § 404 AktG Rn 25; *Arians* S. 334 ff.

93 BGH MDR 1996, 918; Heymann/*Otto* Rn 15.

94 *Lutter* Information S. 129 ff.

95 OLG Karlsruhe OLGR-SÜD 2006, 27 f; Heymann/*Otto* Rn 17.

96 Baumbach/Hueck/*Haas* § 85 GmbHG Rn 7; Hachenburg/*Kohlmann* § 85 GmbHG Rn 58; Scholz/*Tiedemann* § 85 GmbHG Rn 29.

97 Heymann/*Otto* Rn 16; MünchKommHGB/*Quedenfeld* Rn 13, jeweils mwN.

98 Hachenburg/*Kohlmann* § 85 GmbHG Rn 26; Rowedder/*Fuhrmann*/*Schaal* § 85 GmbHG Rn 6; Scholz/*Tiedemann* § 85 GmbHG Rn 7 ff.

99 Vgl. dazu BGH GRUR 1961, 43; OLG Stuttgart, wistra 1990, 277 f; *Brammsen* Anzeige S. 81; Heymann/*Otto* Rn 16 ff; Hachenburg/*Kohlmann* § 85 GmbHG Rn 26 ff; Scholz/*Tiedemann* § 85 GmbHG Rn 10; *Otto* Aktienstrafrecht § 404 AktG Rn 17; *Pfeiffer* FS Nirk, S. 861, 867.

100 So zutreffend *Otto* Aktienstrafrecht § 404 AktG Rn 18.

konkreten Geheimhaltungswillens und begnügt sich mit der Annahme eines **generellen Geheimhaltungswillens.**[101] So unterstellt der BGH einen Geheimhaltungswillen des Unternehmers, der ein Arbeitsergebnis als Geheimnis behandelt hätte, sofern er davon erfahren hätte.[102] Das Reichsgericht hat bei komplizierten Maschinen den Geheimhaltungswillen sogar ohne Weiteres unterstellt.[103] Bloße **Vermutungen und Fiktionen** sind jedoch im Strafrecht äußerst fragwürdig. Wenn man hingegen das Vorliegen eines Geheimhaltungswillens forderte, um ein Geheimnis zu begründen, und hierfür Vermutungen nicht ausreichen ließe, würde eine weitreichende Begrenzung des Geheimnisschutzes vorgenommen. Denn angesichts der Fülle möglicher Geheimnisse in einem Unternehmen ist eine auf den Einzelfall bezogene Bindung des Willens nicht mehr nachweisbar. Deshalb ist – um einen angemessenen Schutz zu erreichen – bei Gesellschaftsgeheimnissen auf das generelle Willenselement als konstitutives Merkmal für das Entstehen eines Geheimnisses zu verzichten.[104] Es ist davon auszugehen, dass ein Unternehmen **grundsätzlich an der Geheimhaltung** aller Tatsachen **interessiert** ist und nur in Ausnahmefällen ein solches Interesse fehlt bzw. durch Entscheidung des zuständigen Organs aufgegeben wird. Damit ist aber nicht mehr der konkrete Wille, sondern das **objektive Geheimhaltungsinteresse** (Rn 42) alleiniger Maßstab dafür, ob ein Geheimnis anzunehmen ist. Dennoch spielt das subjektive Element insofern noch eine Rolle, als dass der bestehende Offenbarungswille den Geheimnischarakter ausschließt, mit der Folge, dass sich der Anknüpfungspunkt des subjektiven Elements von einem konstitutiven Element zu einem Ausschlussgrund verschiebt (Rn 43).

42 d) **Maßstab für die Anerkennung eines Geheimhaltungsinteresses.** Maßstab für die Anerkennung eines Geheimhaltungsinteresses ist die **sachgemäße Unternehmensführung.**[105] Ein solches Interesse ist stets gegeben, wenn durch die Offenbarung der Tatsachen dem Unternehmen ein Schaden drohen könnte,[106] insbesondere wenn die Wettbewerbsfähigkeit bedroht oder eine Ansehensminderung und ein Vertrauensverlust zu befürchten ist. Das Geheimhaltungsinteresse kann im Einzelfall fehlen, wenn sich die Offenbarung z.B. notwendigerweise aus der Teilnahme der Kapitalgesellschaft am Geschäftsverkehr ergibt, so bei der Vermarktung von Know-how einer Kapitalgesellschaft, die im Bereich Forschung und Entwicklung tätig ist.[107]

43 e) **Beseitigung des Geheimnisses durch Äußerung des Offenbarungswillens.** Ein Geheimnis wird beseitigt, wenn das zuständige Organ der Gesellschaft den Willen zur Offenbarung des Geheimnisses äußert und damit das objektive Geheimhaltungsinteresse aufgibt. Ein solcher Verzicht kann nach außen hin formlos, also auch konkludent erfolgen. Zuständig hierfür sind bei der **Aktiengesellschaft** der Vorstand und der Aufsichts-

---

101 Näher dazu Baumbach/Hueck/*Haas* § 85 GmbHG Rn 10.
102 BGH NJW 1977, 1062.
103 RGZ 149, 133.
104 So Baumbach/Hueck/*Haas* § 85 GmbHG Rn 10; Lutter/Hommelhoff/*Kleindiek* § 85 GmbHG Rn 4; *Lutter* S. 139.
105 *Lutter* S. 132; Heymann/*Otto* Rn 15.
106 BGH ZIP 1996, 1342; OLG Hamm ZIP 1988, 218, Baumbach/Hueck/*Haas* § 85 GmbHG Rn 9; Lutter/Hommelhoff/*Kleindiek* § 85 GmbHG Rn 3; *v. Stebut* S. 43 ff; Scholz/*Tiedemann* § 85 GmbHG Rn 12; *Arians* S. 334 ff.
107 Vgl. Roth/*Altmeppen* § 85 GmbHG Rn 6; vgl. auch Scholz/*Tiedemann* § 85 GmbHG Rn 20, der in diesem Fall ein tatbestandsausschließendes Einverständnis annimmt, sowie *van Venrooy* GmbHR 1993, 609, 611, der ein Geheimnis aufgrund einer teleologischen Reduktion des Straftatbestandes verneint.

rat bzw. der Abwickler.[108] Erforderlich ist jedoch intern ein förmlicher Beschluss des Organs. Bei der **GmbH** sind grundsätzlich die Geschäftsführer bzw. Liquidatoren zuständig, die **im Rahmen ihrer Geschäftsführungsbefugnis** hierüber entscheiden können.[109] Daneben können auch die GmbH-Gesellschafter den Willen zur Offenbarung äußern und damit das Geheimhaltungsinteresse aufgeben, wenn die formalen Voraussetzungen (Mehrheitsbeschluss der Gesellschafterversammlung; [konkludente] Zustimmung aller Gesellschafter) erfüllt sind.[110] Im Hinblick darauf, dass die Gesellschafter grundsätzlich die übergeordnete Geschäftsführungskompetenz in der GmbH besitzen, sind sie nicht darauf beschränkt, Weisungen gegenüber den Geschäftsführern zu erteilen. Die strafrechtliche Geheimhaltungspflicht endet mit dem Verzicht der Gesellschafter auf Geheimhaltung. Diese Entscheidung findet erst in § 30 Abs. 1 GmbHG eine Grenze, wonach das Stammkapital nicht angegriffen werden darf. Bei einer pflichtwidrigen Aufgabe des Geheimhaltungsinteresses (z.B. Verstoß gegen § 15 Abs. 3 WpHG) entfällt der Geheimnischarakter nicht generell, sondern nur dann, wenn das pflichtwidriges Verhalten bereits dazu geführt hat, dass das Geheimnis allgemein bekannt geworden ist.[111]

Nach der Eröffnung des Insolvenzverfahrens ist bezüglich Angelegenheiten der Insol- **44**
venzmasse der **Insolvenzverwalter** „Geheimnisherr".[112] Die zusätzliche Zustimmung des Geschäftsführers ist bei der Bestimmung des relevanten Offenbarungswillens nicht erforderlich.[113]

6. Schutz rechtswidriger Geheimnisse. Umstritten ist, ob auch rechtswidrige Geheim- **45**
nisse durch § 333 HGB geschützt werden. Zu nennen sind **rechts- und sittenwidrige Verträge und Straftaten** (Steuer-, Zoll- und Umweltstraftaten, Verstöße gegen das Außenwirtschafts- oder das Kriegswaffenkontrollgesetz sowie die Beteiligung an Kartellabsprachen und strafbaren Submissionsabsprachen)[114] sowie Ordnungswidrigkeiten, insbesondere Kartellrechtsverstöße. Gegen einen strafrechtlichen Schutz solcher Geheimnisse spricht, dass das Strafrecht nicht zur Verdeckung strafbarer oder sonst rechtswidriger Handlungen beitragen darf.[115] Jedoch spricht die Einbeziehung der Beschäftigten der Prüfungsstelle für Rechnungslegung, die regelmäßig bei Verdacht auf fehlerhafte Rechnungslegung tätig werden, dafür, dass auch rechtswidrige Geheimnisse der Gesellschaft grundsätzlich vom Strafrechtsschutz mitumfasst sind.[116] In den Fällen eines nicht lediglich rechtswidrigen, sondern strafbaren Geheimnisses ist der Konflikt im Rahmen der

---

108 MünchKommHGB/*Quedenfeld* Rn 13; Heymann/*Otto* Rn 18.

109 Vgl. Baumbach/Hueck/*Haas* § 85 GmbHG Rn 10; Hachenburg/*Kohlmann* § 85 GmbHG Rn 45; Meyer-Landrut/Miller/Niehus § 85 GmbHG Rn 4; *van Venrooy* GmbHR 1993, 609, 612 f.

110 So Baumbach/Hueck/*Haas* § 85 GmbHG Rn 10.

111 Küting/Weber/*Pfennig* Handbuch der Rechnungslegung, Rn 11; MünchKommStGB/*Sorgenfrei* Rn 26; *Otto* Aktienstrafrecht, § 404 AktG Rn 20; aA HWSt-*Ransiek* VIII 2 Rn 17, 35: Einverständnis zur Offenbarung an einzelne Personen ausreichend.

112 BGHZ 109, 260, 270.

113 Rowedder/*Schmidt-Leithoff/Schaal* § 85 GmbHG Rn 6 mwN; LG Hamburg wistra 2002, 77, 78.

114 *Brammsen* Anzeige S. 82 ff; MünchKomm-StGB/*Sorgenfrei* Rn 21; Hachenburg/*Kohlmann* § 85 GmbHG Rn 33; Kallmeyer/*Marsch/Barner* § 315 HGB Rn 5; Scholz/*Tiedemann* § 85 GmbHG Rn 13; *v. Stebut* S. 45 f; aA *Arians* S. 337 f; *Rützel* GRUR 1995, 560; *Schafheutle* S. 87; *Tuffner* S. 58 ff.

115 So *Arians* S. 337 f; *Rützel* GRUR 1995, 560; *Schafheutle* S. 87 ff; *Tuffner* S. 58 ff.

116 *Janssen* in Park Rn 18; HWSt-*Ransiek* VIII 2 Rn 14; MünchKommHGB/*Quedenfeld* Rn 14; *Tiedemann* GmbHG § 85 GmbHG Rn 13; aA KK-AktG/*Geilen* § 404 AktG Rn 41.

Rechtfertigung unter Zugrundelegung der Rechtsprechung des BVerfG, das im Stellen einer Strafanzeige eine grundrechtlich geschützte Wahrnehmung staatsbürgerlicher Rechte sieht,[117] aufzulösen.

III. Tathandlungen des § 333 Abs. 1 und 2 HGB

46 § 333 Abs. 1 HGB stellt das **unbefugte Offenbaren** (Rn 47 ff) unter Strafandrohung, während § 333 Abs. 2 Satz 2 HGB das **unbefugte Verwerten** (Rn 52 ff) erfasst.

1. Offenbaren (§ 333 Abs. 1 HGB)

47 a) **Begriff des Offenbarens.** Das Offenbaren umfasst jede **Mitteilung, Weitergabe oder Weiterleitung eines Geheimnisses** an einen anderen, dem das Geheimnis noch nicht bekannt ist.[118] Ein weitergehender Erfolg muss nicht eintreten, da es sich um ein abstraktes Gefährdungsdelikt handelt (Rn 12). Ob der andere einen Rechtsanspruch auf die Information hat, spielt erst im Rahmen der Unbefugtheit (Rn 59) eine Rolle.[119] Irrelevant ist auch, ob durch die Offenbarung die „Offenkundigkeit" hergestellt wird, so dass auch die Verbreitung einer vertraulichen Mitteilung mit relativer Unbekanntheit eine Verletzung darstellen kann.[120] Dies kann zum Beispiel der Fall sein, wenn das Geheimnis an Personen weitergegeben wurde, für die es nicht bestimmt war. Auf die **Kenntnisnahme durch den Dritten** kommt es nicht an, wenn das Geheimnis in einem Schriftstück oder anderweitig verkörpert ist.[121] In diesen Fällen reicht es aus, dass dem Dritten die Kenntnisnahme möglich gemacht wird.[122] Bei mündlichen Mitteilungen kommt es nicht darauf an, ob der Empfänger das Mitgeteilte verstanden hat.[123]

48 Die **Art und Weise**, wie dem Dritten das Geheimnis zugänglich gemacht wird, ist irrelevant. Bereits die Bestätigung einer Vermutung oder eines Gerüchts kann ein Offenbaren i.S.d. § 333 Abs. 1 HGB sein, soweit es zuvor an sicherer Kenntnis gefehlt hat.[124] Auch die **Offenbarung** eines Geheimnisses an einen seinerseits **zur Verschwiegenheit Verpflichteten** ist strafbar.[125] Ebenso ist ausreichend, wenn der Täter das Geheimnis als zumindest sehr glaubhaftes Gerücht verbreitet.

---

117 BVerfG NJW 2001, 3474 ff; dazu *Dannecker* in Graf/Jäger/Wittig, Wirtschafts- und Steuerstrafrecht, § 203 Rn 65.

118 RGSt 26, 5, 7; 38, 62, 65; BeckBilKomm/*Kozikowski/Gutman* Rn 13; MünchKommHGB/*Quedenfeld* Rn 19; Heymann/*Otto* Rn 22; *Geilen* § 404 AktG Rn 41; Geßler/Hefermehl/Eckardt/Kropff/*Fuhrmann* § 404 AktG Rn 9; Hachenburg/*Kohlmann* § 85 GmbHG Rn 36; Baumbach/Hueck/*Haas* § 85 GmbHG Rn 13; Scholz/*Tiedemann* § 85 GmbHG Rn 14.

119 AA Lutter/Hommelhoff/*Kleindiek* § 85 GmbHG Rn 6, der in dem fehlenden Rechtsanspruch eine Voraussetzung des Offenbarens sieht.

120 MünchKommStGB/*Sorgenfrei* Rn 38; *Geilen* § 404 AktG Rn 53.

121 Scholz/*Tiedemann* § 85 GmbHG Rn 14; Rowedder/*Fuhrmann/Schaal* § 85 GmbHG Rn 11.

122 RGSt 26, 5, 8; Baumbach/Hueck/*Haas* § 85 GmbHG Rn 13; Hachenburg/*Kohlmann* § 85 GmbHG Rn 36; Scholz/*Tiedemann* § 85 GmbHG Rn 14; HWSt-*Ransiek* VIII 2 Rn 19, 35; aA MünchKommHGB/*Quedenfeld* Rn 19, der die tatsächliche Kenntnisnahme fordert.

123 Heymann/*Otto* Rn 29; MünchKommHGB/*Quedenfeld* Rn 44; Hachenburg/*Kohlmann* § 85 Rn 70; Scholz/*Tiedemann* § 85 GmbHG Rn 14; aA MünchKommStGB/*Sorgenfrei* Rn 69.

124 RGSt 26, 5, 7; 38, 62, 65; *Säcker* NJW 1986, 805.

125 BayObLG NJW 1995, 1623.

b) **Offenbaren durch Unterlassen.** Das Offenbaren kann auch durch **Unterlassen** erfolgen, wenn der Geheimhaltungspflichtige es pflichtwidrig zulässt, dass ein Dritter Einblick in geheime Unterlagen nimmt.[126] Das die Tätereigenschaft begründende Sonderpflichtmerkmal, die Übernahme der Prüfungstätigkeit, begründet zugleich eine Garantenstellung des Täters.[127] **49**

c) **Vollendung und Beendigung der Tat.** Das unbefugte Offenbaren ist erst mit Eintritt der **Vollendung** strafbar, da der Versuch des § 333 Abs. 1 HGB nicht unter Strafandrohung steht (§§ 12 Abs. 2, 23 Abs. 1 StGB). Vollendung liegt vor, wenn das Geheimnis durch die Handlung des Täters **zumindest** ***einem*** **Unbefugten zugegangen** ist. Hierbei ist es irrelevant, ob der Empfänger die Mitteilung zur Kenntnis genommen oder bei mündlichen Mitteilungen diese verstanden hat. Bei schriftlichen Mitteilungen liegt Vollendung vor, wenn die Mitteilung so in den Herrschaftsbereich eines unbefugten Dritten gelangt ist, dass diesem die Kenntnisnahme jederzeit möglich ist.[128] Hingegen liegt in dem bloßen Anbieten eines Geheimnisses zum Kauf ohne Bekanntgabe seines Inhalts noch ein strafloser Versuch.[129] **50**

Zur **Beendigung** kommt es mit **Kenntnisnahme des Geheimnisses** durch den/die Empfänger,[130] denen das Geheimnis offenbart werden sollte, spätestens jedoch dann, wenn das Geheimnis **beliebigem Zugriff** preisgegeben ist, auch wenn noch nicht alle Empfänger das Geheimnis zur Kenntnis genommen haben. Denn spätestens mit der Möglichkeit des beliebigen Zugriffs entfällt der Geheimnischarakter (Rn 38). Danach ist eine Vertiefung des Unrechts nicht mehr möglich. **51**

2. Verwerten (§ 333 Abs. 2 Satz 2 HGB)

a) **Begriff des Verwertens.** Das Verwerten eines Geheimnisses erfordert die über das bloße Innehaben des Geheimnisses hinausgehende wirtschaftliche Ausnutzung des in dem Geheimnis **verkörperten wirtschaftlichen Wertes** zum Zweck der Gewinnerzielung für sich oder einen Dritten.[131] Hierbei ist es für das Verwerten irrelevant, ob der Täter den angestrebten Gewinn tatsächlich erzielt. Ebenso kommt es nicht darauf an, ob der Kapitalgesellschaft ein konkreter Schaden entsteht oder ob deren Verwertungschancen geschmälert werden.[132] Hierunter kann auch der An- oder Verkauf von Aktien auf Grund der im Rahmen der Jahresabschlussprüfung gewonnenen, nicht öffentlich zu- **52**

---

126 Lutter/Hommelhoff/*Kleindiek* § 85 GmbHG Rn 6; Scholz/*Tiedemann* § 85 GmbHG Rn 14.

127 MünchKommHGB/*Quedenfeld* Rn 19; Heymann/*Otto* Rn 22.

128 BeckBilKomm/*Kozikowski*/*Gutman* Rn 18.

129 Hachenburg/*Kohlmann* § 85 Rn 71; Scholz/*Tiedemann* § 85 GmbHG Rn 18.

130 Heymann/*Otto* Rn 29.

131 RG v. 21.6.1929 – I 573/29, RGSt 63, 205, 207; BayObLG v. 28.10.1983 – Rreg 2 St 200/83, NStZ 1984, 169 (zu § 355 Abs. 1 StGB) m. krit. Anm. *Maiwald*; MünchKommHGB/*Quedenfeld* Rn 22; Heymann/*Otto* Rn 24; HWSt-*Ransiek* VIII 2 Rn 22, 35; *Quick* BB 2004, 1490, 1493; *Geßler* § 404 AktG Rn 13; *Geßler*/*Fuhrmann* § 404 AktG Rn 11; Hachenburg/*Kohlmann* § 85 GmbHG Rn 38; *Otto* Aktienstrafrecht § 404 AktG Rn 27, 33; Rowedder/*Fuhrmann*/*Schaal* § 85 GmbHG Rn 14; Scholz/*Tiedemann* § 85 GmbHG Rn 15; vgl. auch *Lichtner* S. 58; *Pfeiffer* FS Raisch, S. 255, 264; Baumbach/Hueck/*Haas* § 85 GmbHG Rn 42.

132 So die hM; vgl. nur MünchKommHGB/*Quedenfeld* Rn 34; Lutter/Hommelhoff/*Kleindiek* § 85 GmbHG Rn 7; aA *Meyer-Landrut*/Miller/Niehus § 85 GmbHG Rn 8.

gänglichen Kenntnis von Unternehmensinterna fallen.[133] Das Verwerten geht dabei über das bloße „Haben“ einer Kenntnis hinaus, so dass kein Verwerten vorliegt, wenn der Täter das Geheimnis nur entwertet oder die erlangte Kenntnis sichern oder erhalten will.[134]

53 Die Ausnutzung des Geheimnisses zu **ideellen oder politischen Zwecken** ist kein Verwerten i.S.d. § 333 Abs. 2 HGB, sondern kann nur ein Offenbaren nach § 333 Abs. 1 HGB sein,[135] wenn nämlich das Geheimnis Dritten preisgegeben wird. Deshalb entsteht keine Strafbarkeitslücke.[136] Würde man altruistisches Verhalten ohne Offenbarung gegenüber Dritten gleichwohl als Verwerten betrachten, so würden auch nicht strafwürdige Sachverhalte erfasst.

54 Weiterhin ist **Verwertungsabsicht** erforderlich. Dabei ist es unerheblich, ob der Vermögensvorteil für sich oder für einen anderen erstrebt wird. Die Verwertungsabsicht setzt nicht voraus, dass der Geheimnisträger entreichert oder der erstrebte Vorteil auf Kosten der Kapitalgesellschaft erzielt wird. Die beabsichtigte pflichtwidrige wirtschaftliche Nutzung fremder Geheimnisse stellt einen Missbrauch einer Vertrauensposition dar; hierin liegt die gesteigerte Strafwürdigkeit des Verhaltens begründet.[137] Daher kann auch die Ausnutzung von Insiderinformationen, soweit diese dem Geheimnisbegriff unterfallen und die in dem Geheimnis liegenden Chancen realisiert werden, den Tatbestand der Verwertung eines Geheimnisses erfüllen.[138]

55 **b) Verhältnis des Verwertens zum Offenbaren.** Wenn sich die Verwertung auf eine **Offenbarung gegen Entgelt** beschränkt, liegt ein qualifizierter Fall des Offenbarens nach § 333 Abs. 2 Satz 1 HGB vor (Rn 72), der gegenüber dem Verwerten der speziellere Fall ist.[139] Deshalb hat die Verwertung von Geheimnissen nach § 333 Abs. 2 Satz 2 HGB in Fällen, in denen das Geheimnis ohne Offenbarung wirtschaftlich genutzt wird, eigenständige Bedeutung.[140] Zudem geht die Verwahrungsvariante dann vor, wenn der funktionale Zusammenhang zwischen Offenbarung und Entgelt fehlt.

56 Wenn dem Verwerten ein **Offenbaren gegenüber einer dritten Person** vorausgeht, weil sich der Geheimnisträger z.B. das Kapital für die Verwertung beschaffen will, liegt zu diesem Zeitpunkt lediglich ein Offenbaren des Geheimnisses vor.[141]

57 **c) Vollendung und Beendigung der Tat.** Das **unbefugte Verwerten** ist erst mit Eintritt der **Vollendung** strafbar, da der Versuch nicht unter Strafandrohung gestellt ist. Vollendung liegt vor, wenn der Täter nach seiner Vorstellung das Geheimnis so weit genutzt hat, dass der Eintritt des erstrebten Erfolges ohne weiteres Zutun nach seiner Ansicht

---

[133] Küting/Weber/*Sauer* Handbuch der Rechnungslegung, Rn 4; *Wiedmann* Rn 4.

[134] Erbs/Kohlhaas/*Diemer* § 17 UWG Rn 50; Baumbach/Hefermehl-*Köhler* § 17 UWG Rn 37; MünchKommStGB/*Sorgenfrei* Rn 42.

[135] Heymann/*Otto* Rn 24; Baumbach/Hueck/*Haas* § 85 GmbH Rn 42; Hachenburg/*Kohlmann* § 85 Rn 38; Rowedder/*Fuhrmann/Schaal* § 85 Rn 14; *Pfeiffer* FS Raisch, S. 255, 264 f; aA *Ulsenheimer* NJW 1975, 1999, 2001.

[136] Heymann/*Otto* Rn 24.

[137] So zutreffend Heymann/*Otto* Rn 26.

[138] Heymann/*Otto* Rn 26; *Ulsenheimer* NJW 1975, 1999 f; *v. Stebut* S. 77 ff; aA *Pfeiffer* FS Raisch, S. 255, 265; Schönke/Schröder/*Lenckner/Eisele* § 204 StGB Rn 5/6; Scholz/*Tiedemann* § 85 GmbHG Rn 17; *Volk* ZHR 1978, 1 ff.

[139] Heymann/*Otto* Rn 25.

[140] Baumbach/Hueck/*Haas* § 85 GmbHG Rn 42; *Otto* Aktienstrafrecht § 404 AktG Rn 28.

[141] Hachenburg/*Kohlmann* § 85 GmbHG Rn 71; Scholz/*Tiedemann* § 85 GmbHG Rn 18.

unmittelbar bevorsteht, weil ihm die Gewinnerzielung unmittelbar möglich erscheint.[142] Ob der Täter die mit der Verwertung beabsichtigten Ziele auch tatsächlich erreicht hat, ist irrelevant.[143]

Eine **Beendigung** des Verwertens liegt vor, wenn der erstrebte **Erfolg eingetreten** ist. **58**

3. Befugnis zur Offenbarung oder Verwertung. Geheimnisverletzungen sind mit **Zustimmung des Geheimnisträgers** erlaubt. Wenn das zur Erteilung der Offenbarung oder Verwertung befugte Organ von dieser Befugnis Gebrauch macht, wird hierin teilweise ein Tatbestandsausschluss,[144] teilweise ein Rechtfertigungsgrund gesehen.[145] Zutreffenderweise muss unterschieden werden, ob in der Befugniserteilung ein **allgemeiner Offenbarungswille** des Geheimnisträgers zum Ausdruck kommt oder ob lediglich der **Kreis der Geheimnisträger** ausgeweitet werden soll.[146] Im ersteren Falle liegt der Wille zur Offenbarung vor, so z.B. im Falle eines entsprechenden Gesellschafterbeschlusses (Rn 43). Damit liegt kein Geheimnis mehr vor, und der Tatbestand des § 333 HGB kann mangels Tatobjekts nicht mehr verwirklicht werden.[147] Soll hingegen die Information gegenüber sonstigen Dritten weiterhin als Geheimnis geschützt bleiben, so entfällt gegenüber den neu in den Kreis der Geheimnisträger Einbezogenen die Unbefugtheit des Offenbarens und damit die Rechtswidrigkeit[148]. **59**

Gegenüber den Mitgliedern des vertretungsberechtigten Organs der Kapitalgesellschaft besteht **keine Verschwiegenheitspflicht**, wenn dem Organ der Prüfungsbericht nach § 321 Abs. 3 HGB als eine innerbetriebliche Angelegenheit vorgelegt wird.[149] Hinzu kommt, dass die Mitglieder des vertretungsberechtigten Organs aufgrund ihrer umfassenden Zuständigkeit und Verantwortung für die Kapitalgesellschaft berechtigt sind, sich über sämtliche Verhältnisse der Gesellschaft zu unterrichten.[150] Keine Verschwiegenheitspflicht besteht auch gegenüber anderen Organen der Kapitalgesellschaft, denen der Prüfungsbericht vorzulegen ist: Bei der AG und der KGaA ist der Prüfungsbericht auch dem **Aufsichtsrat** (§ 170 Abs. 1 Satz 2 AktG) sowie bei der GmbH der **Gesellschafterversammlung** (§ 42a Abs. 1 Satz 1 GmbHG) und einem obligatorischen Aufsichtsrat (§ 52 Abs. 1 GmbHG in Verbindung mit § 170 AktG) vorzulegen. Diese Verpflichtung besteht allerdings nicht für den Abschlussprüfer und nur gegenüber demjenigen Organ als Einheit und nicht gegenüber dem einzelnen Mitglied des Organs. Daher besteht gegenüber **60**

---

142 Heymann/*Otto* Rn 30; Baumbach/Hueck/*Haas* § 85 GmbHG Rn 47; Hachenburg/*Kohlmann* § 85 Rn 69 f; Rowedder/*Fuhrmann/Schaal* § 85 GmbHG Rn 27; Scholz/*Tiedemann* § 85 GmbHG Rn 16.

143 BeckBilKomm/*Kozikowski/Gutman* Rn 18.

144 MünchKommHGB/*Quedenfeld* Rn 20; Hachenburg/*Kohlmann* § 85 GmbHG Rn 44; Schönke/Schröder/*Lenckner/Eisele* § 203 StGB Rn 22; Scholz/*Tiedemann* § 85 GmbHG Rn 19.

145 Geßler/Hefermehl/Eckardt/Kropff/*Fuhrmann* § 404 AktG Rn 12.

146 Heymann/*Otto* Rn 34 f; KK-AktG/*Geilen* § 404 AktG Rn 76; Rowedder/*Fuhrmann/Schaal* § 85 GmbHG Rn 12.

147 MünchKommHGB/*Quedenfeld* Rn 20; MünchKommStGB/*Sorgenfrei* Rn 43, 49; Heymann/*Otto* Rn 27; *Otto* Aktienstrafrecht, § 404 AktG Rn 38; *Hilber/Hartung* BB 2003, 1054, 1056; *Schramm* DStR 2003, 1316, 1317; Erbs/Kohlhaas/*Schaal* § 404 AktG Rn 15, 12; *Otto* Aktienstrafrecht, § 404 AktG Rn 30; *Geilen* § 404 AktG Rn 74; Hachenburg/*Kohlmann* § 85 GmbHG Rn 76; Baumbach/Hueck/*Haas* § 85 GmbHG Rn 13; aA Erbs/Kohlhaas/*Fuhrmann* § 404 AktG Rn 4.

148 Heymann/*Otto* Rn 34; MünchKommStGB/*Sorgenfrei* Rn 43; Erbs/Kohlhaas/*Schaal* § 404 AktG Rn 15, 12; *Otto* Aktienstrafrecht, § 404 AktG Rn 39; Geßler-*Fuhrmann* § 404 AktG Rn 10, 12.

149 ADS § 323 Rn 30 ff, insb. Rn 43 ff.

150 BeckBilKomm/*Winkeljohann/Feldmüller* § 323 HGB Rn 35.

dem **einzelnen Organmitglied** eine Verschwiegenheitspflicht, sofern der Abschlussprüfer nicht von dem Organ beauftragt oder ermächtigt worden ist, Erklärungen einem einzelnen Organmitglied gegenüber abzugeben. Dies wird regelmäßig beim Vorsitzenden des betreffenden Organs der Fall sein.[151]

61 **Zwischen dem Abschlussprüfer und den Prüfungsgehilfen**, die bei der Prüfung eingesetzt werden, besteht ebenfalls **keine Verschwiegenheitspflicht.** Zwar ist es geboten, dass der Abschlussprüfer besonders vertrauliche oder persönliche Angelegenheiten selbst bearbeitet. Jedoch handelt es sich hierbei um keine Pflicht, die gemäß § 333 HGB strafbewehrt ist. Bei **anderen Mitarbeitern des Abschlussprüfers**, die nicht unmittelbar bei der örtlichen Abschlussprüfung mitwirken (z.B. Sekretärinnen und Schreibkräfte des Abschlussprüfers), ist danach zu differenzieren, ob ein sachlicher Grund für ihre Einschaltung besteht. Nur wenn ein solcher Grund vorliegt, besteht keine Geheimhaltungspflicht. Ansonsten greift der Straftatbestand des § 333 HGB ein, wenn ein Geheimnis offenbart wird.

62 Problematisch ist der Konflikt zwischen der Verschwiegenheitspflicht und der Pflicht zur Offenlegung von während der Prüfung gefundenen Tatsachen im **Prüfungsbericht nach § 321 HGB** und im **Bestätigungsvermerk nach § 322 HGB.** Während § 342c Abs. 1 Satz 2 HGB klarstellt, dass für die Beschäftigten der Prüfstelle für Rechnungslegung **gesetzlich begründete Mitteilungspflichten** (§ 342b Abs. 6 Satz 1 Nrn. 1 bis 3 HGB, § 342b Abs. 8 Satz 1 HGB sowie § 342b Abs. 8 Satz 2 HGB bei gesetzlich vorgeschriebenen Mitteilungen an die BaFin, an Strafverfolgungsbehörden sowie an die Wirtschaftsprüferkammer) keine Verletzung der Verschwiegenheitspflicht darstellen, fehlt eine solche Anordnung für den Abschlussprüfer und dessen Gehilfen. Dabei ist die Besonderheit zu beachten, dass sich der Bestätigungsvermerk bzw. Versagungsvermerk nicht lediglich an einzelne Personengruppen, sondern an die Öffentlichkeit im Gesamten richtet (§ 332 Rn 38 ff), so dass der Kreis der Geheimnisträger nicht lediglich ausgeweitet, sondern gänzlich aufgehoben wird. Jedoch besteht die Pflicht zur Erklärung des Bestätigungsvermerks nur, wenn dieser eingeschränkt oder versagt wird, mit der Voraussetzung, dass die Rechnungslegung in diesem Punkt von den verantwortlichen Organen nicht ordnungsgemäß durchgeführt worden ist. Dieser Zustand und die Änderung desselben liegen in dem Verantwortungsbereich derjenigen, die der Geheimnisschutzstraftatbestand schützen will, so dass in diesen Fällen das Informationsinteresse der Öffentlichkeit vorrangig ist und somit schon die Tatbestandsmäßigkeit entfällt. Berichtet und erklärt der Abschlussprüfer im Bestätigungsvermerk jedoch nicht im Einklang mit den gefundenen Prüfungsergebnissen und offenbart er Geheimnisse, so ist neben § 332 HGB auch § 333 HGB einschlägig.

63 Weiteres Konfliktpotential bietet das in **§ 57a WPO** verankerte **Qualitätskontrollverfahren**, dem Wirtschaftsprüfer und vereidigte Buchprüfer unterworfen sind, wenn sie gesetzliche Jahresabschlussprüfungen durchführen (peer review). Dabei werden die Methodik und die Angemessenheit der Abschlussprüfung selbst überprüft, nicht jedoch die Rechnungslegung des Unternehmens.[152] Jedoch wird der Abschlussprüfer gegenüber diesen Prüfern von der Verschwiegenheitspflicht befreit, soweit dies für die Durchführung des Qualitätskontrolle erforderlich ist (vgl. § 57d WPO).[153] Offenbart der Abschlussprüfer jedoch mehr als das Erforderliche, so bleibt das Offenbaren des Geheimnisses unbefugt.

---

151 ADS § 323 Rn 45.

152 BeckBilKomm/*Kozikowski/Gutman* Rn 31.

153 BeckBilKomm/*Kozikowski/Gutman* Rn 31.

Eine **Befugnis zur Verwertung des Geheimnisses** ist in dieser Konfliktkonstellation mit Offenbarungs- bzw. Mitwirkungspflichten jedoch nicht gegeben. 64

IV. Subjektiver Tatbestand

1. Vorsatz. Die Straftatbestände des unbefugten Offenbarens und Verwertens nach § 333 Abs. 1 und 2 Satz 2 HGB setzen vorsätzliches Verhalten voraus. Für das **Offenbaren** reicht **dolus eventualis** (Vor §§ 331 ff Rn 166) aus. Dabei muss sich der Vorsatz auf das Vorliegen eines Geheimnisses, bzw. einer Erkenntnis über das Unternehmen, beziehen, d.h. der Täter muss die das Geheimnis konstituierenden Merkmale kennen und darüber hinaus den sozialen Bedeutungsgehalt des Geheimnisses erfassen. Außerdem muss ihm bewusst sein, dass ihm das Geheimnis in seiner Eigenschaft als Abschlussprüfer bzw. dessen Gehilfe bekannt geworden ist und dass sein Handeln ein Offenbaren des Geheimnisses darstellt. So liegt vorsätzliches Verhalten beispielsweise vor, wenn der Täter geheime Unterlagen nicht sicher verwahrt und damit die Einsichtnahme unberechtigter Dritter billigend in Kauf nimmt. 65

Für die Verwertungshandlung selbst ist ein lediglich bedingter Vorsatz nicht ausreichend. Hierfür bedarf es eines **zielgerichteten Verhaltens.**[154] 66

2. Irrtum

a) **Tatbestandsirrtum.** Wenn sich der Täter über den Geheimnischarakter der offenbarten Tatsache oder darüber irrt, dass ihm das Geheimnis in seiner Funktion als Abschlussprüfer bzw. dessen Gehilfe bekannt geworden ist, liegt ein den Vorsatz ausschließender Tatbestandsirrtum vor (**§ 16 StGB**).[155] Weiterhin liegt ein Tatbestandsirrtum vor, wenn der Täter davon ausgeht, dass ein von der Geheimhaltungspflicht befreiender Beschluss des vertretungsberechtigten Organs vorliegt.[156] 67

b) **Verbotsirrtum.** Irrt der Täter nur über die Schweigepflicht als solche oder geht er irrig davon aus, seine eigenen Interessen seien vorrangig, so liegt lediglich ein Verbotsirrtum (**§ 17 StGB**) vor, der nur im Falle der Unvermeidbarkeit zur Straflosigkeit führt.[157] Dabei stellt die Rechtsprechung an die **Unvermeidbarkeit** sehr hohe Anforderungen. Unvermeidbarkeit kann ausnahmsweise vorliegen, wenn sich der Täter zuvor bei einem qualifizierten Rechtsanwalt kundig gemacht hat (Vor §§ 331 ff Rn 170). War der Irrtum vermeidbar, so liegt Strafbarkeit vor; die Strafe kann jedoch gemäß § 49 Abs. 1 StGB gemildert werden. 68

3. Irrtum über einen Rechtfertigungsgrund. Wenn der Täter den Geheimnischarakter erkennt, aber irrig davon ausgeht, dass ihm die Befugnis zur Offenbarung durch Einwilligung der Kapitalgesellschaft erteilt ist, liegt ein die Strafbarkeit entsprechend § 16 StGB ausschließender Irrtum (**Erlaubnistatbestandsirrtum**) vor, wenn sich der Täter über die tatsächlichen Voraussetzungen der Einwilligung geirrt hat. Hat er hingegen aus den ihm 69

---

154 BeckBilKomm/*Kozikowski/Gutman* Rn 19.

155 MünchKommHGB/*Quedenfeld* Rn 31; Heymann/*Otto* Rn 39.

156 BeckBilKomm/*Kozikowski/Gutman* Rn 20; Roth/*Altmeppen* § 85 GmbHG Rn 17.

157 Heymann/*Otto* Rn 40; Scholz/*Tiedemann* § 85 GmbHG Rn 32.

zutreffend bekannten Tatsachen den falschen Schluss gezogen, handelt es sich lediglich um einen Verbotsirrtum in Form des **Erlaubnisirrtums**; hierbei kommt es auf die Vermeidbarkeit an (Vor §§ 331 ff Rn 170).

V. Qualifikationstatbestand des § 333 Abs. 2 Satz 1 HGB

70 Der in § 333 Abs. 1 HGB vorgesehene **Strafrahmen** von Freiheitsstrafe bis zu einem Jahr oder Geldstrafe wird auf bis zu zwei Jahre Freiheitsstrafe oder Geldstrafe erweitert, wenn der Täter das Geheimnis **gegen Entgelt offenbart** oder **beabsichtigt, sich oder einen anderen zu bereichern oder einen anderen zu schädigen.** Diese qualifizierenden Merkmale sind **keine persönlichen Merkmale** i.S.d. § 28 Abs. 2 StGB (Rn 102).

71 **1. Offenbaren gegen Entgelt.** Ein Offenbaren gegen Entgelt setzt voraus, dass der Täter das Geheimnis gegen eine **geldwerte Gegenleistung** mitteilt. Der Begriff des Entgelts ist in § 11 Abs. 1 Nr. 9 StGB legaldefiniert als „jede in einem Vermögensvorteil bestehende Gegenleistung". Damit scheiden immaterielle Vorteile aus. Jedoch braucht die Gegenleistung nicht in Geld zu bestehen. Vielmehr reichen vermögenswerte Leistungen wie die Hingabe eines Wechsels oder Schecks, eine Forderungsabtretung oder der Erlass einer Forderung aus. Die entgeltliche Gegenleistung muss von vornherein im Rahmen eines synallagmatischen Zusammenhangs von Tathandlung und Vermögensvorteil stehen, gleichsam als „Kaufpreis" gefordert oder angeboten worden sein.[158] Ob das Entgelt tatsächlich geleistet wird, ist ohne Bedeutung. Es kommt nur darauf an, dass der Täter das Entgelt angestrebt hat.

72 Ein Offenbaren gegen Entgelt – und kein Verwerten gemäß § 333 Abs. 2 Satz 2 HGB – liegt vor, wenn sich die Verwertung auf die Offenbarung gegen Entgelt beschränkt, weil in einem solchen Fall nicht der in dem Geheimnis verkörperte wirtschaftliche Wert realisiert wird; dies ist aber Voraussetzung des Qualifikationstatbestandes des § 333 Abs. 2 Satz 2 HGB.[159]

73 **2. Bereicherungsabsicht.** Bereicherungsabsicht setzt voraus, dass es dem Täter darauf ankommt, einen rechtswidrigen Vermögensvorteil für sich oder einen anderen zu erlangen (**dolus directus ersten Grades**). Dabei muss sich die Absicht auch auf die Rechtswidrigkeit des angestrebten Vermögensvorteils richten, da ansonsten kaum Fälle des unbefugten Offenbarens denkbar sind, die nicht unter den Qualifikationstatbestand des § 333 Abs. 2 Satz 1 HGB fallen.[160] Lediglich das Handeln um eines Vorteils willen, auf den der Täter keinen Anspruch hat, rechtfertigt die erhöhte Strafe des Qualifikationstatbestandes. Wenn der Täter weitere Beweggründe für sein Verhalten hat, schließen diese das Vorliegen der Bereicherungsabsicht nicht aus, solange letztere nur das wesentliche Motiv war. Der Bereicherungserfolg braucht nicht eingetreten zu sein.

74 **3. Schädigungsabsicht.** Schädigungsabsicht liegt vor, wenn es dem Täter darauf ankommt, dass er einem anderen einen Vermögensnachteil zufügt (**dolus directus ersten Grades**). Es muss ein zielgerichtetes Handeln vorliegen. Die Schädigungsabsicht erfasst gegenüber der Bereicherungsabsicht insoweit einen eigenständigen Bereich, als der Be-

---

[158] Scholz/*Tiedemann* § 85 GmbHG Rn 33; Heymann/*Otto* Rn 33.

[159] Scholz/*Tiedemann* § 85 GmbHG Rn 15.

[160] Ebenso Scholz/*Tiedemann* § 85 GmbHG Rn 34.

reicherung nicht zwingend eine Schädigung eines Dritten entsprechen muss.[161] Auch die auf **immaterielle Schäden** gerichtete Absicht ist erfasst, die z.B. bei wissenschaftlichen und künstlerischen Vereinigungen eine Rolle spielen kann.[162]

VI. Rechtswidrigkeit

Die Offenbarung und die Verwertung müssen unbefugt erfolgen. Bei der Unbefugtheit handelt es sich, wenn das Geheimnis weiterhin geschützt bleiben soll, um ein **allgemeines Rechtswidrigkeitsmerkmal**, das nur dann entfällt, wenn ein Rechtfertigungsgrund vorliegt.[163] Wenn in der Befugniserteilung ein allgemeiner Offenbarungswille des Geheimnisträgers zum Ausdruck kommt, entfällt jedoch bereits die Tatbestandsmäßigkeit, da kein Geheimnis mehr vorliegt. Soll hingegen die Information gegenüber sonstigen Dritten weiterhin als Geheimnis geschützt bleiben, so entfällt gegenüber den neu in den Kreis der Geheimnisträger Einbezogenen erst die Rechtswidrigkeit (Rn 59). **75**

1. Zustimmung des zuständigen Organs. Wenn das zuständige Organ sein Einverständnis mit der Offenbarung des Geheimnisses erklärt, weil es das Geheimhaltungsinteresse aufgeben will, verliert das Geheimnis seinen Geheimnischarakter und ist nicht mehr durch § 333 HGB geschützt (Rn 38, 59). Dabei ist unbeachtlich, ob das Einverständnis pflichtwidrig war.[164] Ein Insolvenzverwalter kann dabei das Geheimhaltungsinteresse nicht aufgeben, solange das Geheimnis dem Abschlussprüfer vor der Einsetzung des Insolvenzverwalters bekannt wurde.[165] Durch das Einverständnis entfällt die **Tatbestandsmäßigkeit**. Soll hingegen lediglich der Kreis der Geheimnisträger erweitert werden, so führt die Einwilligung durch das zuständige Organ nach hM zu einer **Rechtfertigung** des Verhaltens des Täters, so dass es auf die Einwilligung des vertretungsberechtigten Gesellschaftsorgans ankommt. **76**

2. Gesetzliche Auskunfts- und Aussagepflichten. Auch gesetzliche Auskunfts- und Aussagepflichten können die Offenbarung eines Geheimnisses rechtfertigen.[166] Der Abschlussprüfer ist bei seiner Tätigkeit zwar nicht Organ der Rechtspflege. Daher handelt er grundsätzlich auch bei Offenbarung eines sittenwidrigen oder illegalen Geheimnisses tatbestandsmäßig (Rn 45). Allerdings ist er gemäß **§ 321 Abs. 1 Satz 3 HGB sowie § 322 HGB** verpflichtet, über Unrichtigkeiten und Verstöße der gesetzlichen Vertreter oder Arbeitnehmer gegen gesetzliche Vorschriften zu berichten, die er bei der Durchführung der Prüfung festgestellt hat. Die sich aus den §§ 321, 322 HGB ergebenden Berichtspflichten, die jedoch nur gegenüber dem vertretungsberechtigten Organ und anderen **77**

---

161 Heymann/*Otto* Rn 37.

162 Scholz/*Tiedemann* § 85 GmbHG Rn 35.

163 Vgl. nur LK/*Schünemann* § 203 StGB Rn 119; Lackner/*Kühl* vor § 201 StGB Rn 2; Heymann/*Otto* Rn 33; Erbs/Kohlhaas/*Schaal* § 404 AktG Rn 15, 12; aA Schönke/Schröder/*Lenckner*/*Eisele* § 203 StGB Rn 21, der von einer Doppelfunktion ausgeht.

164 BeckBilKomm/*Winkeljohann*/*Feldmüller* § 323 Rn 53; MünchKommStGB/*Sorgenfrei* Rn 51.

165 OLG Schleswig-Holstein v. 27.5.1980 – 1WS 160 + 161/80, ZIP 1980, 527; *ADS*, § 323 HGB Rn 32; aA OLG Oldenburg v. 28.5.2004 – 1 Ws 242/04, ZIP 2004, 1968; LG Krefeld v. 14.5.1982 – 7O203/80, ZIP 1982, 861.

166 Heymann/*Otto* Rn 36; aA MünchKomm-HGB/*Quedenfeld* Rn 20, der einen Tatbestandsausschluss bejaht.

Organen der Gesellschaft bestehen, haben Vorrang vor dem strafbewehrten Verbot des § 333 HGB. Dies gilt jedoch nur für Pflichtangaben, nicht hingegen für freiwillige Angaben.[167] Sonstige Auskunftspflichten wie die **Anzeigepflicht** nach § 138 StGB, die besonders schwerwiegende Straftaten betrifft,[168] sind im Rahmen des rechtfertigenden Notstandes im Hinblick auf die Rechtsprechung des BVerfG zu berücksichtigen (Rn 45, 79 f). Durch die nach **§ 321a Abs. 1 Satz 1 HGB** seit dem BilReG bestehende Pflicht zur Offenlegung des Abschlussberichts bei Eröffnung des Insolvenzverfahrens bzw. bei Einstellung mangels Masse wird die Verschwiegenheitspflicht des Abschlussprüfers im Übrigen nicht aufgehoben.[169] Ebenso verhält es sich mit der Pflicht nach § 342b Abs. 6 und 8 HGB i.V.m. § 342c Abs. 1 Satz 1 und 2 HGB für Beschäftigte der Prüfstelle, die der BaFin gegenüber gesetzlich verpflichtet sind, das Prüfungsergebnis mitzuteilen.[170] Ferner hat die Prüfstelle Tatsachen, die den Verdacht einer Bilanzstraftat begründen, an die Strafverfolgungsbehörde mitzuteilen (§ 342b Abs. 8 Satz 1 HGB). Ebenso müssen Unterlagen offengelegt werden, wenn im Rahmen des Peer-Review-Verfahrens die Abschlussprüfer nach § 57a WPO überprüft werden. Diese gesetzlichen Berichtspflichten gehen dem strafbewehrten Verbot des § 333 HGB vor und lassen die Unbefugtheit und damit die Rechtswidrigkeit entfallen, soweit nur spezifische Adressaten einbezogen werden.

78 Der Geheimnisverrat nach § 333 HGB gibt kein generelles Zeugnis- oder Auskunftsverweigerungsrecht. Vielmehr rechtfertigt die Aussagepflicht als Zeuge in einem Prozess oder vor einem parlamentarischen Untersuchungsausschuss das Offenbaren von Geheimnissen,[171] es sei denn, dem Zeugen steht ein **gesetzliches Zeugnisverweigerungsrecht** (§§ 52, 53, 53a StPO) oder ein **Auskunftsverweigerungsrecht** nach § 55 StPO zu.[172] Dem Abschlussprüfer und seinen Gehilfen stehen die Rechte nach §§ 53 Abs. 1 Nr. 3, 53a StPO; §§ 383 Abs. 1 Nr. 6, 384 Nr. 3 ZPO; § 102 Abs. 1 Nr. 3b AO zu. Die Beschäftigten der Prüfstelle für Rechnungslegung e.V. können sich mangels ausdrücklicher Nennung hingegen nicht auf ein gesetzliches Zeugnisverweigerungsrecht berufen, so dass nach § 342c Abs. 1 Satz 2 HGB die allgemeinen Mitwirkungspflichten gelten.[173] **Frühere Abschlussprüfer** können sich in einem gegen sie geführten Prozess auf das Zeugnisverweigerungsrecht gemäß § 383 Abs. 1 Nr. 6 ZPO berufen.[174] Wenn der Abschlussprüfer von seiner **Schweigepflicht** durch die Person, zu deren Gunsten diese Pflicht besteht, **entbunden** wird, ist er zur Aussage verpflichtet. Bei der Kapitalgesellschaft sind hierfür die Mitglieder des gesetzlichen Vertretungsorgans in der für die Vertretung erforderlichen Anzahl berechtigt, die Befreiung von der Verschwiegenheitspflicht zu erklären. Im Hinblick darauf, dass die Gesellschaftsgeheimnisse auch im Interesse der Gesellschafter und anderer in Betracht kommender Eigner der Kapitalgesellschaft (Rn 8) geschützt werden, kann der Abwickler oder Liquidator nur bedingt von der Verschwiegenheitspflicht entbunden werden.[175]

---

[167] BeckBilKomm/*Kozikowski*/*Gutman* § 332 HGB Rn 1.

[168] Eingehend dazu MünchKommHGB/*Quedenfeld* Rn 20 ff.

[169] MünchKommStGB/*Sorgenfrei* Rn 54.

[170] BeckBilKomm/*Ellrott*/*Aicher* § 342b HGB Rn 52, § 342c HGB Rn 5; MünchKommHGB/*Quedenfeld* Rn 25 f; MünchKommStGB/*Sorgenfrei* Rn 56; MünchKommHGB/*Ebke*/*Paal* § 342c HGB Rn 5.

[171] Scholz/*Tiedemann* § 85 GmbHG Rn 23; *Tiedemann*/*Dannecker* Jura 1984, 655, 661.

[172] Heymann/*Otto* Rn 36; vgl. auch MünchKommHGB/*Quedenfeld* Rn 36; Ebenroth/Boujong/Joost/*Wiedmann* Rn 2; vgl. auch *Lindner* S. 74 ff.

[173] Vgl. BT-Drucks. 15/3421, S. 16.

[174] OLG Koblenz WM 1987, 480.

[175] OLG Koblenz NStZ 1985, 425 ff.

3. **Wahrung höherrangiger Interessen nach § 34 StGB (rechtfertigender Notstand).** Bei der Wahrung eigener Interessen, der Erstattung einer Strafanzeige oder allgemein bei der Wahrung höherrangiger Interessen kann eine Rechtfertigung nach den Grundsätzen des rechtfertigenden Notstandes (§ 34 StGB) in Betracht kommen. Voraussetzung hierfür ist, dass der Täter **eigene schutzwürdige Interessen** gegenüber der Gesellschaft verfolgt und die Offenbarung des Geheimnisses erforderlich ist, um den Nachweis eines Anspruchs zu führen oder um sich in einem Strafverfahren erfolgreich verteidigen zu können.[176] **79**

Weiterhin kommt eine Rechtfertigung bei der **Erstattung einer Strafanzeige** jedenfalls dann in Betracht, wenn weitere Straftaten vergleichbarer Art zu befürchten sind oder die Straftat einen solchen Schweregrad oder ein solches Ausmaß aufweist, dass den öffentlichen Interessen Vorrang vor dem Geheimhaltungsinteresse einzuräumen ist.[177] Insbesondere ist die von *Quedenfeld* vertretene Auffassung abzulehnen, nach der der Abschlussprüfer auch in solchen Fällen stets der Genehmigung durch das jeweils zuständige Organ bedürfe. Wenn der Abschlussprüfer Straftaten eines Vorstandsmitglieds entdecke, habe er dies den übrigen Vorstandsmitgliedern mitzuteilen. Das angesprochene Organ könne dann über die Strafanzeige entscheiden.[178] Angesichts der Rechtsprechung des BVerfG[179], nach der das Stellen einer Strafanzeige im Regelfall nicht dazu führen kann, daraus einen Grund für eine fristlose Kündigung des Arbeitsverhältnisses abzuleiten, weil die Anzeige eine Wahrnehmung staatsbürgerlicher Rechte darstelle, ist jedoch davon auszugehen, dass diese Auffassung nicht mit dem Grundrecht aus Art. 2 Abs. 1 GG in Verbindung mit dem Rechtsstaatsprinzip vereinbar ist. Vielmehr ist davon auszugehen, dass eine Strafbarkeit nur bei der Offenbarung von **Bagatellfällen** anzunehmen ist. In den Fällen des § 138 StGB (**Nichtanzeige geplanter Straftaten**) ist die Offenbarung gemäß § 34 StGB unproblematisch gerechtfertigt. **80**

Nach den Grundsätzen des § 34 StGB ist auch in **Eil- und Notfällen** zu entscheiden, wenn die Einwilligung des bzw. der Geschäftsführer oder Vorstandsmitglieder nicht eingeholt werden kann[180] und ein Handeln **im Interesse Dritter** erforderlich ist. Beschäftigte der Prüfstelle können sich in diesen Fällen nicht auf § 34 StGB berufen, da ein spezielles **Verfahren zur Rechtsgüterabwägung in Zusammenarbeit mit der BaFin** vorgesehen ist und die Anzeigepflicht von Straftaten in § 342 Abs. 8 HGB explizit geregelt ist.[181] **81**

4. **Mutmaßliche Einwilligung.** Eine mutmaßliche Einwilligung[182] kommt als Handeln **im Interesse des Betroffenen**, das mit der zivilrechtlichen **berechtigten Geschäftsführung ohne Auftrag** eng verwandt ist, und als **Handeln zu eigenem**, dem Interesse des Betroffenen nicht ernstlich widerstreitenden **Nutzen** (sog. **mangelndes Interesse**) in Betracht. Letztere Form der mutmaßlichen Einwilligung hat für § 333 HGB keine Bedeutung, da die Frage, ob der Täter die Einwilligung des Berechtigten voraussetzen durfte, nach den **82**

---

176 BGHSt 1, 366, 368; vgl. auch BGHZ 122, 115, 120; MünchKommHGB/*Quedenfeld* Rn 39; Heymann/*Otto* Rn 25; Baumbach/Hueck/*Haas* § 85 GmbHG Rn 22 ff; HWSt-*Ransiek* VIII 2 Rn 28.

177 KK-AktG/*Geilen* § 404 AktG Rn 83; *Otto* Aktienstrafrecht § 404 AktG Rn 45; Baumbach/Hueck/*Haas* § 85 GmbHG Rn 24; *Rützel* GRUR 1995, 560 f; *v. Stebut* S. 126; weitergehend Scholz/*Tiedemann* § 85 GmbHG Rn 26; *Tiedemann/Dannecker* Jura 1985, 665 ff; vgl. auch *Brammsen* Anzeige S. 94.

178 MünchKommHGB/*Quedenfeld* Rn 28.

179 Beschluss v. 2.7.2001 – 1 BvR 2049/00.

180 Heymann/*Otto* Rn 37.

181 MünchKommStGB/*Sorgenfrei* Rn 65.

182 *Dannecker* in Graf/Jäger/Wittig § 203 StGB Rn 68.

Grundsätzen des Interessenvorrangs zu entscheiden ist, die bereits im Rahmen der Interessenabwägung des § 34 StGB zu treffen war.[183] Nur wenn ein Handeln im Interesse des Betroffenen erfolgt und die Einwilligung nicht eingeholt werden konnte, ist in solchen **Eil- und Notfällen** eine Rechtfertigung nach dem Prinzip der Geschäftsführung ohne Auftrag möglich.[184]

VII. Konkurrenzen

83 **1. Gesetzeskonkurrenz.** § 404 AktG, § 151 GenG, § 315 UmwG und § 138 VAG sind gemäß ausdrücklicher Anordnung des Gesetzgebers in diesen Vorschriften **subsidiär** zu § 333 HGB. Auch geht § 333 HGB den §§ 203, 204 StGB vor.[185] § 19 PublG ist **lex specialis** zu § 333 HGB. Ergänzend muss das Bundesdatenschutzgesetz beachtet werden.[186]

84 **2. Tateinheit und Tatmehrheit.** Das unbefugte Offenbaren nach **§ 333 Abs. 1 HGB** und die unbefugte Verwertung eines Geheimnisses nach **§ 333 Abs. 2 Satz 2 HGB** sind selbstständige Delikte, die in **Tateinheit** zueinander stehen können.[187] Voraussetzung hierfür ist, dass ein und dieselbe Handlung beide Tatbestände verletzt. Erforderlich hierfür und stets ausreichend ist eine teilweise Identität der Ausführungshandlungen.[188] Eine Offenbarung eines Geheimnisses gegenüber verschiedenen Personen führt nur dann zur Tateinheit, wenn sie durch *eine* Handlung erfolgt sind (z.B. Berichten in einer Gruppe), nicht jedoch, wenn z.B. Briefe an mehrere Personen verschickt werden.

85 Die Qualifikation des **§ 333 Abs. 2 Satz 1 HGB** ist **vorrangig zu § 333 Abs. 2 Satz 2 HGB**, wenn sich die Handlung auf eine bloße Offenbarung gegen Entgelt beschränkt.

86 **Tateinheit** ist weiterhin mit sonstigen **Delikten des Strafgesetzbuchs** möglich, so mit Unterschlagung (§ 246 StGB) und Untreue (§ 266 StGB), mit Landesverrat (§ 94 StGB), Offenbaren von Staatsgeheimnissen (§ 95 StGB), Preisgabe von Staatsgeheimnissen (§ 97 StGB), Verrat illegaler Geheimnisse (§ 97a StGB), landesverräterischer und geheimdienstlicher Agententätigkeit (§§ 98, 99 StGB) sowie mit dem Missbrauch von Insiderinformationen (§ 38 WpHG).[189] Wenn sich der Täter ein Objekt, in dem das Geheimnis verkörpert ist, zuvor durch eine rechtswidrige Handlung zugeeignet hat, ist die anschließende Verwertung eine **mitbestrafte Nachtat.**[190]

C. Strafverfolgung und Rechtsfolgen

I. Verfahrensrechtliche Besonderheiten

87 **1. Strafantragsdelikt.** Die Verletzung von Geheimhaltungspflichten nach § 333 HGB wird nur verfolgt, wenn die Kapitalgesellschaft einen Strafantrag stellt (**§ 333 Abs. 3 HGB**). Die Ermittlungsbehörden werden nicht von Amts wegen tätig. Ohne einen solchen Antrag können der Abschlussprüfer und/oder sein Prüfungsgehilfe nicht bestraft

183 Vgl. Heymann/*Otto* Rn 38.
184 Scholz/*Tiedemann* § 85 GmbHG Rn 24.
185 Schönke/Schröder/*Lenckner*/*Eisele* § 203 StGB Rn 76.
186 *Fischer* § 203 StGB Anm. 29a ff.
187 Heymann/*Otto* § 333 Rn 43; Erbs/Kohlhaas/*Schaal* § 404 AktG Rn 29.
188 BGHSt 7, 149; 43, 317.
189 Vgl. *Otto* Aktienstrafrecht § 404 AktG Rn 53.
190 Scholz/*Tiedemann* § 85 GmbHG Rn 38.

werden, auch wenn ein besonderes öffentliches Interesse an der Ahndung besteht. Dadurch wird der Kapitalgesellschaft ermöglicht, selbst darüber zu entscheiden, ob sie die im Strafverfahren nur beschränkt mögliche Geheimhaltung in Kauf nehmen will.

Selbst wenn die **Prüfstelle** oder die BaFin im Rahmen des Enforcement-Systems (Rn 24) bei ihrer Prüfung einen Verstoß gegen Geheimhaltungsvorschriften festgestellt hat, kann sie dies zwar nach § 342b Abs. 8 Satz 1 HGB der zuständigen Behörde anzeigen; jedoch ist zur Verfolgung der Straftat noch immer ein **Strafantrag** erforderlich. **88**

a) **Ausübung des Strafantragsrechts.** Die Ausübung des Strafantragsrechts erfolgt durch die **vertretungsberechtigten Organe** der Kapitalgesellschaft: bei der AG durch den Vorstand (§ 78 AktG), bei der GmbH durch die Geschäftsführer (§ 35 GmbHG), bei der KGaA durch die persönlich haftenden Gesellschafter (§§ 283, 278 Abs. 2 AktG) und bei der Gesellschaft in Liquidation durch die Abwickler bzw. Liquidatoren. Eine Antragsbefugnis auch der in den Konzernabschluss einbezogenen Unternehmen – Tochterunternehmen, Gemeinschaftsunternehmen und assoziierten Unternehmen – sieht das Gesetz nicht vor. Daher können sie keinen wirksamen Strafantrag stellen. **89**

b) **Antragsfrist.** Die Antragsfrist beträgt **drei Monate** und beginnt mit Ablauf des Tages, an dem der Antragsberechtigte von der Tat und der Person des Täters einigermaßen zuverlässige Kenntnis erlangt hat (§ 77b Abs. 1, 2 StGB). Wenn das Organ aus mehreren Personen besteht, ist **Kenntnis aller Personen** erforderlich, soweit sie ihre Vertretung nur insgesamt ausüben können.[191] **90**

c) **Form des Strafantrags.** Die Form des Strafantrags bestimmt sich nach **§ 158 Abs. 2 StPO.** Hiernach muss der Antrag bei einem **Gericht oder der Staatsanwaltschaft schriftlich oder zu Protokoll** gestellt werden. Wenn das vertretungsberechtigte Organ den Strafantrag stellen will, reicht es aus, dass eines der Mitglieder die Form wahrt und die übrigen dem Strafantrag innerhalb der Antragsfrist mündlich zustimmen oder den Handelnden auf sonstige Weise ermächtigen. Hierbei genügt es, wenn die Zustimmung oder Ermächtigung gegenüber dem Handelnden erklärt wird. **91**

d) **Rücknahme des Strafantrags.** Eine Rücknahme des Strafantrages ist nach § 77d Abs. 1 Satz 2 StGB **bis zum rechtskräftigen Abschluss des Strafverfahrens** möglich.[192] Das Verfahren ist dann einzustellen. Ein erneuter Strafantrag ist danach nicht mehr möglich (§ 77d Abs. 1 Satz 3 StGB). **92**

e) **Verzicht auf den Strafantrag.** Ein Verzicht auf den Strafantrag kann als Prozesshandlung nur gegenüber einer nach § 158 Abs. 2 StPO **zuständigen Stelle** erklärt werden und ist **unwiderruflich.** Hingegen ist ein dem Täter gegenüber erklärter Verzicht rechtlich unwirksam. **93**

2. Zuständigkeit der Schwerpunktstaatsanwaltschaften für Wirtschaftsstrafsachen und der Wirtschaftsstrafkammer. Die Straftatbestände des § 333 HGB sind nach § 74c Nr. 1 GVG **Wirtschaftsstraftaten** und fallen damit in die Zuständigkeit der Schwerpunktstaatsanwaltschaften für Wirtschaftsstrafsachen. Die Anklage wird zum Amtsgericht erhoben oder, bei besonderer Bedeutung des Falles (§ 24 Abs. 1 Nr. 3 GVG), zur Wirt- **94**

---

191 BeckBilKomm/*Kozikowski/Gutman* Rn 21.

192 BeckBilKomm/*Kozikowski/Gutman* Rn 21; Küting/Weber/*Sauer* Handbuch der Rechnungslegung, Rn 5; HK-HGB/*Schulze* § 85 GmbHG Rn 5.

schaftsstrafkammer des Landgerichts. Über die **Berufung** gegen ein amtsgerichtliches Urteil entscheidet die Wirtschaftsstrafkammer beim Landgericht.[193] Gegen das erstinstanzliche Urteil der Wirtschaftsstrafkammer des Landgerichts ist die **Revision** zum BGH möglich (§ 135 Abs. 1 GVG in Verbindung mit § 121 GVG).

95 3. **Urteilstenor.** Im Urteilstenor und nicht nur in den Urteilsgründen ist zum Ausdruck zu bringen, welche Tatbestände der Täter verwirklicht hat.[194]

4. **Verjährung**

96 a) **Strafverfolgungsverjährung.** Die Strafverfolgung einer Verletzung des **§ 333 Abs. 1 HGB** verjährt **nach drei Jahren** (§ 78 Abs. 3 Nr. 5 StGB), die einer Verletzung von **§ 333 Abs. 2 Satz 1 und 2 HGB nach fünf Jahren** (§ 78 Abs. 3 Nr. 4 StGB).

97 Die Verjährung beginnt mit **Beendigung** der Ausführungshandlung (§ 78a Satz 1 StGB). Beim **Offenbaren** eines Geheimnisses liegt Beendigung der Tat erst mit **tatsächlicher Kenntnisnahme des Geheimnisses durch den Empfänger** vor[195] bzw. im Falle des Verkaufs mit der **Zahlung des Entgelts**, sofern diese erst nach der Kenntnisnahme erfolgt,[196] ansonsten bei Kenntnisnahme.

98 Bei der **Verwertung** eines Geheimnisses wirft die Bestimmung der **Beendigung** Schwierigkeiten auf. Hierfür sind alle Handlungen einzubeziehen, bis die Gewinnerzielung abgeschlossen ist (Rn 58). Sofern das Geheimnis allerdings bereits zuvor seinen Charakter als solches verliert, weil es einem unbestimmten Personenkreis bekannt geworden ist (Rn 38), liegt bereits zu diesem Zeitpunkt Beendigung der Tat vor.

99 b) **Strafvollstreckungsverjährung.** Die Vollstreckungsverjährung bestimmt sich nach den **§§ 79 bis 79b StGB**. Sie beginnt frühestens mit der rechtskräftigen Verhängung einer Strafe oder Maßnahme (§ 11 Abs. 1 Nr. 8 StGB).

III. Rechtsfolgen

100 1. **Strafen.** Die Strafe ist alternativ **Freiheitsstrafe** von einem Monat bis zu einem Jahr oder **Geldstrafe** zwischen fünf und dreihundertsechzig Tagessätzen (§ 40 Abs. 1 StGB). Liegen die Voraussetzungen des **Qualifikationstatbestandes** gemäß § 333 Abs. 2 HGB vor, so erhöht sich das Höchstmaß des Strafrahmens auf zwei Jahre.

101 Hat sich der Täter durch die Tat **bereichert** oder **zu bereichern versucht**, so kann neben der Freiheitsstrafe eine Geldstrafe verhängt werden (§ 41 StGB). Eine kurze Freiheitsstrafe unter sechs Monaten kann nur ausnahmsweise verhängt werden (§ 47 StGB).

102 Wenn bei einem Teilnehmer die **besonderen persönlichen Merkmale** fehlen, weil er nicht zum Kreis der tauglichen Täter des Sonderdelikts gehört (Rn 14 ff), kann die Strafe gemäß § 28 Abs. 1 StGB **gemildert** werden. Die qualifizierenden Merkmale des Handelns gegen Entgelt, in Bereicherungs- und Schädigungsabsicht (Rn 70 ff) sind keine persön-

[193] OLG Koblenz MDR 1978, 779; OLG Stuttgart MDR 1982, 252.
[194] Rowedder/*Fuhrmann*/*Schaal* § 82 GmbHG Rn 92; Scholz/*Tiedemann* § 82 GmbHG Rn 198.
[195] *Pfeiffer* FS Raisch, S. 263; Rowedder/*Fuhrmann*/*Schaal* § 85 GmbHG Rn 28.
[196] Scholz/*Tiedemann* § 85 GmbHG Rn 44.

lichen Merkmale i.S.d. § 28 Abs. 2 StGB, da sie nicht die Pflichtenposition des Täters betreffen. Daher findet § 28 Abs. 2 StGB auf diese Merkmale keine Anwendung.[197]

2. **Maßregeln der Besserung und Sicherung.** Als Maßregel der Besserung und Sicherung kommt grundsätzlich die Verhängung eines **Berufsverbots** in Betracht (§ 70 StGB);[198] jedoch werden die Voraussetzungen des § 70 Abs. 1 StGB, dass „die Gesamtwürdigung des Täters und der Tat die Gefahr erkennen lässt, dass er bei weiterer Ausübung des Berufs ... erhebliche rechtswidrige Taten der bezeichneten Art begehen wird", in der Praxis nur äußerst selten vorliegen. **103**

3. **Verfall und Einziehung.** Wenn durch die Tat ein Vermögensvorteil erlangt worden ist, kommt die Anordnung des **Verfalls** gemäß §§ 73 ff StGB in Betracht. Außerdem finden die Vorschriften über die **Einziehung** gemäß §§ 74 ff StGB Anwendung. **104**

§ 334
Bußgeldvorschriften

(1) Ordnungswidrig handelt, wer als Mitglied des vertretungsberechtigten Organs oder des Aufsichtsrats einer Kapitalgesellschaft

1. bei der Aufstellung oder Feststellung des Jahresabschlusses einer Vorschrift
  - **a) des § 243 Abs. 1 oder 2, der §§ 244, 245, 246, 247, 248, 249 Abs. 1 Satz 1 oder Abs. 2, des § 250 Abs. 1 oder 2, des § 251 oder des § 264 Abs. 2 über Form oder Inhalt,**
  - **b) des § 253 Abs. 1 Satz 1, 2, 3 oder Satz 4, Abs. 2 Satz 1, auch in Verbindung mit Satz 2, Abs. 3 Satz 1, 2 oder 3, Abs. 4 oder 5, des § 254 oder des § 256a über die Bewertung,**
  - **c) des § 265 Abs. 2, 3, 4 oder 6, der §§ 266, 268 Abs. 2, 3, 4, 5, 6 oder 7, der §§ 272, 274, 275 oder des § 277 über die Gliederung oder**
  - **d) des § 284 oder des § 285 über die in der Bilanz oder im Anhang zu machenden Angaben,**

2. bei der Aufstellung des Konzernabschlusses einer Vorschrift
  - **a) des § 294 Abs. 1 über den Konsolidierungskreis,**
  - **b) des § 297 Abs. 2 oder 3 oder des § 298 Abs. 1 in Verbindung mit den §§ 244, 245, 246, 247, 248, 249 Abs. 1 Satz 1 oder Abs. 2, dem § 250 Abs. 1 oder dem § 251 über Inhalt oder Form,**
  - **c) des § 300 über die Konsolidierungsgrundsätze oder das Vollständigkeitsgebot,**
  - **d) des § 308 Abs. 1 Satz 1 in Verbindung mit den in Nummer 1 Buchstabe b bezeichneten Vorschriften, des § 308 Abs. 2 oder des § 308a über die Bewertung,**
  - **e) des § 311 Abs. 1 Satz 1 in Verbindung mit § 312 über die Behandlung assoziierter Unternehmen oder**
  - **f) des § 308 Abs. 1 Satz 3, des § 313 oder des § 314 über die im Anhang zu machenden Angaben,**

3. bei der Aufstellung des Lageberichts einer Vorschrift des § 289 Abs. 1, 4 oder Abs. 5 oder des § 289a über den Inhalt des Lageberichts,

---

197 Heymann/*Otto* Rn 42 mwN.

198 MünchKommHGB/*Quedenfeld* Rn 44.

4. bei der Aufstellung des Konzernlageberichts einer Vorschrift des § 315 Abs. 1 oder 4 über den Inhalt des Konzernlageberichts,
5. bei der Offenlegung, Veröffentlichung oder Vervielfältigung einer Vorschrift des § 328 über Form oder Inhalt oder
6. einer auf Grund des § 330 Abs. 1 Satz 1 erlassenen Rechtsverordnung, soweit sie für einen bestimmten Tatbestand auf diese Bußgeldvorschrift verweist,

zuwiderhandelt.

(2) Ordnungswidrig handelt, wer zu einem Jahresabschluss, zu einem Einzelabschluss nach § 325 Abs. 2a oder zu einem Konzernabschluss, der aufgrund gesetzlicher Vorschriften zu prüfen ist, einen Vermerk nach § 322 Abs. 1 erteilt, obwohl nach § 319 Abs. 2, 3, 5, § 319a Abs. 1 Satz 1, Abs. 2, § 319b Abs. 1 Satz 1 oder 2 er oder nach § 319 Abs. 4, auch in Verbindung mit § 319a Abs. 1 Satz 2, oder § 319a Abs. 1 Satz 4, 5, § 319b Abs. 1 die Wirtschaftsprüfungsgesellschaft oder die Buchprüfungsgesellschaft, für die er tätig wird, nicht Abschlussprüfer sein darf.

(3) Die Ordnungswidrigkeit kann mit einer Geldbuße bis zu fünfzigtausend Euro geahndet werden.

(4) Verwaltungsbehörde im Sinn des § 36 Abs. 1 Nr. 1 des Gesetzes über Ordnungswidrigkeiten ist in den Fällen der Absätze 1 und 2 das Bundesamt für Justiz.

(5) Die Absätze 1 bis 4 sind auf Kreditinstitute im Sinn des § 340 und auf Versicherungsunternehmen im Sinn des § 341 Abs. 1 nicht anzuwenden.

Schrifttum zum Gesetz über Ordnungswidrigkeiten *(OWiG)*

Bohnert OWiG, 3. Aufl. 2010; *Erbs/Kohlhaas/Senge* Strafrechtliche Nebengesetze, 179. Ergänzungslieferung (2010); *Geiger* EUV/AEUV, Kommentar, 5. Aufl. (2010); *Göhler/Gürtler/Seitz* Gesetz über Ordnungswidrigkeiten, 15. Aufl. (2009); Karlsruher Kommentar zum Gesetz über Ordnungswidrigkeiten, hrsg. v. Senge, 3. Aufl. (2006).

Schrifttum zu § 334

Vgl. ergänzend die Literaturhinweise Vor §§ 331 ff.

Claussen Zum Stellenwert des § 264 Abs. 2 HGB, in Havermann (Hrsg.), in Festschrift Goerdeler (1987), S. 79 ff; *Dannecker* Kartellstraf- und -ordnungswidrigkeitenrecht, in Wabnitz/Janovski Handbuch des Wirtschafts- und Steuerstrafrechts, 3. Aufl. (2007), Kap. 16; *ders.* Die Verletzung von Formal- und Nachweispflichten im deutschen Steuerrecht und Steuerstrafrecht, in Leitner (Hrsg.), Aktuelles zum Finanzstrafrecht, Beiträge der Finanzrechtlichen Tagung Linz 1999 (2000), S. 57 ff; *ders.* in Blumers/Frick/Müller (Hrsg.), Betriebsprüfungshandbuch, 12. Ergänzungslieferung (2009); *Döllerer* Grundsätze ordnungsmäßiger Bilanzierung, deren Entstehung und Ermittlung, BB 1959, 1217 ff; Handelsgesetzbuch, 2. Aufl. (2008); *Katholnigg* Das Gesetz zur Änderung des Gesetzes über Ordnungswidrigkeiten und anderer Gesetze, NJW 1998, 568 ff; *Kloos* Die Transformation der 4. EG-Richtlinie (Bilanzrichtlinie) in den Mitgliedstaaten der Europäischen Gemeinschaft (1993); *Klussmann* Geschäftslagetäuschung nach § 400 Aktiengesetz (1975); *Küting/Weber/Sauer* Der Konzernabschluss, Praxis der Konzernrechnungslegung nach HGB und IFRS, 12. Aufl. (2010); *Ludewig* Die Einflüsse des „true and fair view" auf die zukünftige Rechnungslegung, AG 1987, 12 ff; *Maul* Geschäfts- und Konzernlagetäuschungen als Bilanzdelikte, DB 1989, 185 ff; *Nelles* Aktienrechtliche Bilanzdelikte (1974); *K. Schmidt* Handelsrecht, 6. Aufl. (2009); *Schüppen* Systematik und Auslegung des Bilanzstrafrechts (1993); *Tiedemann* Tatbestandsfunktionen im Nebenstrafrecht (1969); *ders.* Artikel Bilanzstrafrecht in Krekeler/Tiedemann/Ulsenheimer/Weinmann (Hrsg.), Handwörterbuch des Wirtschafts- und Steuerstrafrechts, Loseblatt, Stand 1990; *Wiedmann* Bilanzrecht, 2. Aufl. (2003); *de Weerth* Die Bilanzordnungswidrigkeiten nach § 334 HGB unter besonderer Berücksichtigung der europarechtlichen Bezüge (1994).

Übersicht

A. Allgemeines

I. Allgemeines zum Ordnungswidrigkeitenrecht

1 **1. Abgrenzung zum Strafrecht.** § 334 HGB erfasst Verstöße gegen bestimmte Rechnungslegungsvorschriften für den Jahresabschluss, Konzernabschluss, IFRS-Einzelabschluss sowie für den Lagebericht und Konzernlagebericht von Kapitalgesellschaften und droht für den Fall der Verletzung dieser Pflichten die Verhängung einer Geldbuße an. Diese Verstöße werden wegen ihres geringeren Unrechtsgehalts nicht mit Kriminalstrafe geahndet. Dadurch bringt der Gesetzgeber zum Ausdruck, dass es sich um Rechtsgutsbeeinträchtigungen **unterhalb der Grenze der Strafwürdigkeit und Strafbedürftigkeit** handelt, so dass der ethisch-moralische Vorwurf der Strafe fehlt.[1] Die Ordnungswidrigkeit stellt dabei eine **„nachdrückliche Pflichtenmahnung“** dar.[2] Der Gesetzgeber bejaht lediglich die Ahn-

[1] BVerfGE 8, 197, 207; 9, 167, 171; 27, 18, 28; kritisch zum Begriff des sozialethischen Unwerturteils KK-OWiG/*Bohnert,* Einleitung, Rn 104 ff; Göhler/*Gürtler* Vor § 1 OWiG Rn 2 ff.

[2] BVerfGE 27, 18, 33.

dungswürdigkeit und Ahndungsbedürftigkeit. Das Verhältnis von Kriminalstraftat und Ordnungswidrigkeitenrecht wird heute ganz überwiegend als ein quantitatives gedeutet: Die Ordnungswidrigkeit unterscheidet sich von der Straftat nicht wesensmäßig, sondern nur graduell.[3] Die rein quantitative Abgrenzung ist jedoch nur eine Aufforderung an den Gesetzgeber, die Grenzlinie festzulegen.[4] Der Rechtsanwender steht dagegen bei der Ordnungswidrigkeit zwar nicht in der Abgrenzung, jedoch in der Rechtsfolge vor einer auch **qualitativ** vom Strafrecht unterschiedlichen Erscheinung: Die besondere Rechtsfolge der **Geldbuße** als einem aliud zur kriminellen Geldstrafe prägt zugleich mit dem Unwerturteil, das in ihrer Verhängung liegt, das relevante Unrecht. Dieses erhält nicht nach seiner gleichsam vor-bußgeldrechtlichen Eigenart, sondern erst in seiner gesetzgeberischen Ausgestaltung als Ordnungswidrigkeit den Charakter des nicht-sozialethisch Bedeutsamen.[5]

2. Regelungen des Allgemeinen Teils des Ordnungswidrigkeitenrechts

a) **Vorsatz und Irrtum.** Als Ordnungswidrigkeit kann nur **vorsätzliches Verhalten** (Vor §§ 331 ff Rn 66 ff) geahndet werden, außer wenn das Gesetz fahrlässiges Verhalten ausdrücklich mit Geldbuße bedroht (§ 10 OWiG). Eine solche Anordnung für die Ahndbarkeit der Fahrlässigkeit enthält § 334 HGB nicht. Damit kann fahrlässiges Verhalten nicht geahndet werden. **2**

Die Regelung des **Irrtums** in § 11 Abs. 1 und 2 OWiG entspricht, abgesehen von den üblichen Anpassungen im Sprachgebrauch (wie „Handlung" statt „Tat"), den strafrechtlichen Regelungen der §§ 16 und 17 StGB. Daher kann auf die Ausführungen Vor §§ 331 ff Rn 168 ff verwiesen werden. **3**

b) **Versuch.** Der Versuch einer Ordnungswidrigkeit kann nur geahndet werden, wenn dies im Gesetz ausdrücklich bestimmt ist (§ 13 Abs. 2 OWiG). Im Gegensatz zum Strafrecht ist die Ahndung des Versuchs im Ordnungswidrigkeitenrecht auf wenige Ausnahmefälle beschränkt. Eine ausdrückliche Anordnung der Versuchsstrafbarkeit enthält § 334 HGB nicht, so dass hier **keine Versuchsstrafbarkeit** besteht. **4**

c) **Täterschaft und Teilnahme.** Das Ordnungswidrigkeitenrecht geht in § 14 OWiG vom **Einheitstäter** aus und unterscheidet, anders als das Strafrecht, nicht zwischen Täterschaft und Teilnahme. Dadurch soll die Anwendung des Ordnungswidrigkeitenrechts vereinfacht werden, indem jeder Tatbeteiligte als Täter behandelt wird. Der Einheitstätergedanke macht jedoch nur grundsätzlich die im Strafrecht gebräuchliche Unterscheidung von Täterschafts- und Teilnahmeformen überflüssig: Der BGH setzt für den ordnungswidrigkeitenrechtlichen Begriff der Beteiligung, entsprechend der strafrechtlichen Akzessorietätsregelung (§§ 26, 27 StGB), einen **doppelten Vorsatz** voraus, nämlich nicht nur eine vorsätzliche Mitwirkung bei der Tatbestandsverwirklichung, sondern auch Vorsatz bezüglich einer vorsätzlichen „Haupttat".[6] Damit scheidet die vorsätzliche Beteiligung an einer fahrlässigen Tat aus der Ahndbarkeit aus: Wer vorsätzlich eine fahrlässige Handlung unterstützt, kann nicht mit Geldbuße geahndet werden. Diese Problematik stellt sich bei § 334 HGB jedoch nicht, da fahrlässiges Verhalten nicht ahndbar ist (Rn 2). **5**

---

3 BVerfGE 8, 197, 207; 27, 18, 28; 45, 272, 289; 51, 60,74; Göhler/*Gürtler* Vor § 1 OWiG Rn 5; *Jescheck/Weigend* S. 59, jeweils mwN.

4 BVerfGE 51, 60, 74.

5 Vgl. dazu *Tiedemann* Tatbestandsfunktionen S. 51, 132, 339 mwN; zust. Göhler/*Gürtler* Vor § 1 OWiG Rn 5, 9; kritisch zu den Unterscheidungskriterien KK-OWiG/*Bohnert* Einleitung, Rn 91 ff.

6 BGHSt 31, 309 ff.

6 **Besondere persönliche Merkmale** (§ 9 Abs. 1 OWiG), welche die Möglichkeit der Ahndung begründen, müssen nur bei einem der Tatbeteiligten vorliegen, damit eine Ahndung aller Tatbeteiligten möglich ist.[7] Dementsprechend muss zumindest einer der Täter gemäß § 334 Abs. 1 HGB Mitglied des vertretungsberechtigten Organs bzw. Aufsichtsrats (Rn 35 ff) bzw. gemäß § 334 Abs. 2 HGB Abschlussprüfer (Rn 94 ff) sein.

7 Während § 14 OWiG unstreitig die Differenzierung zwischen Mittäterschaft, Anstiftung und Beihilfe aufhebt,[8] liegen **mittelbare Täterschaft** und **Nebentäterschaft** nach hM außerhalb des Regelungsbereichs des § 14 OWiG.[9] Dies bedeutet, dass mittelbarer Täter nur sein kann, wer die erforderliche Täterqualität aufweist. Hat nur das vorsatzlos handelnde sonderpflichtige Werkzeug die – in § 334 Abs. 1 und 2 HGB vorausgesetzte – Sondereigenschaft, nicht aber der vorsätzlich handelnde Hintermann, so kann das Verhalten des Hintermannes nicht geahndet werden.[10]

8 d) **Konkurrenzen.** Das tateinheitliche und tatmehrheitliche Zusammentreffen von Ordnungswidrigkeiten und das Zusammentreffen einer Ordnungswidrigkeit mit einer Straftat bestimmt sich nach den §§ 19 ff OWiG (Rn 108 ff).

9 **3. Durchführung eines Vorabentscheidungsverfahrens im Rahmen des Bußgeldverfahrens.** Fraglich ist, ob bei der Durchführung eines Bußgeldverfahrens die Möglichkeit eines **Vorabentscheidungsverfahrens** vor dem EuGH nach Artikel 267 AEUV besteht. Gegenstand der Vorabentscheidung sind Fragen der Auslegung des Gemeinschafts- bzw. Unionsrechts und der Gültigkeit von Rechtsakten der Gemeinschaftsorgane bzw. der Organe der Europäischen Union. Wenn nationales Recht, das auf einer EU-Richtlinie beruht, auszulegen ist und dabei für die Entscheidung bedeutsame Zweifel bei der Auslegung der Richtlinie entstehen, können die Gerichte der Mitgliedstaaten dem EuGH die Auslegungsfrage vorlegen (Artikel 267 Abs. 2 AEUV). Es besteht sogar eine Verpflichtung hierzu, soweit es sich um ein Verfahren vor einem Gericht handelt, dessen Entscheidung nicht mehr mit Rechtsmitteln nach innerstaatlichem Recht angefochten werden kann (Artikel 267 Abs. 3 AEUV). Hierbei kommt es nach hM darauf an, ob gegen die Entscheidung des konkreten Ausgangsrechtsstreits noch ein ordentliches Rechtsmittel gegeben wäre.[11]

10 Durch das Vorlageverfahren wird nicht die Zuständigkeit des EuGH zur Anwendung des Gemeinschafts- oder Unionsrechts auf den konkreten Fall begründet. Der EuGH entscheidet lediglich generell-abstrakt über die **Auslegung oder Gültigkeit des Gemeinschafts- oder Unionsrechts.** Es ist allein Sache des nationalen Gerichts, den Sachverhalt unter die vom EuGH ausgelegten einschlägigen Gemeinschaftsrechtsnormen zu subsumieren und auf den konkreten Sachverhalt anzuwenden.[12]

11 **Vorlageberechtigt bzw. -verpflichtet** sind nur die Gerichte der Mitgliedstaaten. Der **Begriff des mitgliedstaatlichen Gerichts** ist europarechtlich zu definieren. Es muss sich um einen Spruchkörper handeln, der auf gesetzlicher Grundlage ständig damit betraut ist, Rechtssachen unabhängig zu entscheiden.[13] Diese Unabhängigkeit fehlt den für die

---

7 Vgl. dazu *de Weerth* S. 122.

8 Vgl. nur OLG Karlsruhe NStZ 1986, 128, 129.

9 KK-OWiG/*Rengier* § 14 Rn 4, 87 ff, 104 ff mwN.

10 KK-OWiG/*Rengier* § 14 Rn 95 mwN.

11 Zur der Vorgängervorschrift des Art. 234 EG EuGH Slg. 1964, 1253 – *Costa/ENEL*; Slg. 1982, 3723 – *Morson*; *Geiger* EUV/AEUV Art. 267 Rn. 17 Rn 14.

12 EuGH Slg. 1963, 63 ff, insbes. 81 – *Da Costa En Schaake*.

13 EuGH Slg. 1993, 1277 – *Corbiau*; Slg. 1997, 1422 – *Landeskrankenanstalten*.

Verhängung der Geldbuße zuständigen Verwaltungsbehörden, deren Zuständigkeit die Landesregierungen durch Rechtsverordnung bestimmt haben. Daher steht die Möglichkeit der Vorlage einer Rechtsfrage an den EuGH im Rahmen eines Vorabentscheidungsverfahrens nur den **Strafgerichten**, nicht aber den **Verwaltungsbehörden** im Bußgeldverfahren offen.[14]

II. Entstehungsgeschichte

Die Bußgeldtatbestände des § 334 HGB wurden durch das Bilanzrichtliniengesetz **12**
(**BiRiLiG**)[15] in das durch dieses Gesetz neu geschaffene dritte Buch des HGB eingefügt. Vor Inkrafttreten des BiRiLiG fanden sich Regelungen, die mit der Vorschrift des **§ 334 Abs. 1 Nr. 5 HGB** vergleichbar sind in § 405 Abs. 1 Nr. 5 AktG und § 20 PublG. Die Bußgeldvorschriften des **§ 334 Abs. 1 Nrn. 1 bis 4 HGB** wurden erst durch das BiRiLiG eingeführt. Dadurch wurde der Verpflichtung des Artikel 51 Abs. 3 der vierten EG-Richtlinie[16] Rechnung getragen, durch die „geeignete Sanktionen" für den Fall der Freistellung der kleinen Kapitalgesellschaft von der Pflichtprüfung vorgeschrieben wurden. Dennoch erschien es dem Gesetzgeber angebracht, über die kleinen Kapitalgesellschaften hinaus alle Unternehmen einzubeziehen, die ihren Jahresabschluss offenzulegen haben,[17] weil in der Vergangenheit die alleinige Verpflichtung zur Publizität nicht zur Einhaltung der handelsrechtlichen Vorschriften geführt hatte.

Durch das **Bankbilanzrichtlinien-Gesetz**[18] und das **Versicherungsbilanzrichtlinien-** **13**
Gesetz[19] wurden diejenigen Ordnungswidrigkeiten, die in Kreditinstituten und Versicherungsunternehmen begangen werden, aus dem Regelungsbereich des § 334 HGB herausgenommen und eigenständig in **§§ 340n, 341n HGB** geregelt.[20] Diese gelten nunmehr auch für Finanzdienstleistungs-, Zahlungs- und E-Geld-Institute sowie Pensionsfonds (Anhang nach § 335b, Vor §§ 340m bis o Rn 2 ff; Vor §§ 341m bis o Rn 2 ff).

Durch das „Gesetz zur Anpassung bilanzrechtlicher Bestimmungen an die Einführung **14**
des Euro, zur Erleichterung der Publizität für Zweigniederlassungen ausländischer Unternehmen sowie zur Einführung einer Qualitätskontrolle für genossenschaftliche Prüfungsverbände" (**Euro-Bilanzgesetz** – EuroBilG) vom 10.12.2001 (BGBl. I S. 3414) wurde die bisherige Bußgeldandrohung von 50.000 Deutsche Mark auf 25.000 Euro festgesetzt und damit der neuen Währung angepasst. Die Bußgeldandrohung wurde durch das **Gesetz über die Offenlegung von Vorstandsvergütungen** v. 3.8.2005 (BGBl. I S. 2267) auf 50.000 Euro erhöht.

Durch das **Bilanzrechtsreformgesetz** (BilReG)[21] wurde § 334 Abs. 2 HGB an die **15**
Möglichkeit eines Einzelabschlusses nach § 325 Abs. 2a HGB angepasst. Ebenso wurden die weitergehenden Ausschlussgründe für Abschlussprüfer nach § 319 Abs. 2, 3, 5; § 319a Abs. 1 Satz 1, Abs. 2; § 319 Abs. 4 i.V.m. § 319a Abs. 1, Satz 2, 4 HGB (Vor §§ 331 ff, Rn 49 ff) in § 334 Abs. 2 HGB eingefügt. Durch das **Übernahmerichtlinieumsetzungsgesetz** v. 8.7.2006 (BGBl. I S. 1426) wurden § 334 Abs. 1 Nrn. 3 und 4 HGB geändert

---

14 Heymann/*Otto* Rn 7; unzutreffend *de Weerth* S. 87 ff.

15 Vom 19.12.1985, BGBl. 1985 I S. 2355.

16 78/660/EWG, ABl. 1978 L 222 vom 14.8.1978 S. 11 ff.

17 BT-Drucks. 10/317 S. 101.

18 Vom 30.11.1990 BGBl. 1990 I S. 2570; siehe dazu Vor §§ 331 ff Rn 36.

19 Vom 24.6.1994, BGBl. 1994 I S. 1377; siehe dazu Vor §§ 331 ff Rn 43.

20 Vgl. dazu BT-Drucks. 11/6275, S. 26.

21 Vom 4.12.2004, BGBl. I S. 3166.

und § 289 Abs. 4 HGB und § 315 Abs. 4 HGB aufgenommen, die weitere Vorschriften über den Inhalt des (Konzern-)Lageberichts für Aktien- und Kommanditgesellschaften enthalten, mit der Folge, dass auch (geringfügigere) Verletzungen bußgeldbewehrt sind.

16 Durch das Gesetz über elektronische Handelsregister und Genossenschaftsregister sowie das Unternehmensregister (**EHUG**) v. 10.11.2006 (BGBl. I S. 2553) wurde § 334 Abs. 4 HGB neu eingefügt (Vor §§ 331 ff Rn 55 f). Dieser besagt, dass die **Durchsetzung der Offenlegungsverpflichtung** mit Hilfe des Bußgeldverfahrens nunmehr zentral durch das Bundesamt für Justiz erfolgt. Diese Änderung wurde erforderlich, weil die Einreichung von Jahres- und Konzernabschlüssen nicht mehr dezentral bei den Registergerichten, sondern im elektronischen Bundesanzeiger erfolgen muss (§ 325 Abs. 1 HGB). Die bisherige Regelung des § 334 Abs. 4 HGB, in der die Nichtanwendbarkeit für Kreditinstitute und Versicherungsunternehmen statuiert war, wurde zu § 334 Abs. 5 HGB. Durch das **BilMoG** (Vor §§ 331 ff Rn 78 ff) wurde § 334 HGB geändert und den neuen Rechnungslegungsvorschriften angepasst. Der neu gefasste § 334 HGB gilt erstmals für Geschäftsjahre, die nach dem 31.12.2009 beginnen (Artikel 66 Abs. 3 EGHGB).[22] Dies hat zur Folge, dass bei Bilanzen für frühere Geschäftsjahre ordnungswidrige Handlungen dem Rückwirkungs- und Milderungsgebot (Vor §§ 31 ff Rn 173 ff, 176 ff) unterliegen.

III. Praktische Bedeutung des § 334 HGB

17 Der praktische Anwendungsbereich der Bußgeldvorschriften dürfte sich im Wesentlichen auf die **nicht prüfungspflichtigen** und auch **nicht freiwillig geprüften kleinen Kapitalgesellschaften** beschränken, weil bei den prüfungspflichtigen Kapitalgesellschaften im Rahmen der Abschlussprüfung derartige Verstöße überwiegend erkannt und korrigiert werden, so dass vollendete Verstöße den Behörden in der Regel nicht mehr bekannt werden.[23] Bei schwerwiegenden Verstößen oder der Kumulation mehrerer kleinerer Verstöße, die bei der Abschlussprüfung nicht erkannt werden, wird regelmäßig auch der Straftatbestand des § 331 HGB verwirklicht sein, so dass die Ordnungswidrigkeit nach § 21 Abs. 1 Satz 1 OWiG subsidiär hinter dem Straftatbestand zurücktritt und daher nicht zum Tragen kommt.[24] Unter § 334 HGB fallen demnach in der Praxis nur weniger erhebliche Verstöße sowie Verstöße gegen nicht von § 331 HGB erfasste Formvorschriften. Es ist davon auszugehen, dass die Bußgeldvorschriften in Bezug auf die Abschlussprüfung (§ 334 Abs. 2 HGB) erheblich an Bedeutung gewinnen, da diese auf europäischer Ebene harmonisiert werden sollen.[25] Der Verordnungsvorschlag der Kommission enthält dafür einen detaillierten Maßnahmenkatalog für Verwaltungssanktionen (Artikel 61 ff der Verordnung).[26]

---

[22] Zur Rechtslage nach der alten Fassung des § 334 HGB siehe Voraufl. § 334 Rn 31 ff.

[23] Küting/Weber/*Sauer* Rn 2.

[24] Siehe dazu § 331 Rn 209.

[25] Vgl. Vorschlag für eine Richtlinie des Europäischen Parlaments und des Rates vom 30.11.2011 KOM (2011) 778 endg. sowie Vorschlag für eine Verordnung des Europäischen Parlaments und des Rates über spezifische Anforderungen an die Abschlussprüfung bei Unternehmen von öffentlichem Interesse vom 30.11.2011 KOM (2011) 779 endg.

[26] KOM (2011) 779 S. 87 ff.

IV. Geschützte Rechtsgüter und Schutzbereich

1. Geschützte Rechtsgüter

a) **Das durch § 334 Abs. 1 HGB geschützte Rechtsgut.** Das geschützte Rechtsgut der Bußgeldtatbestände des § 334 Abs. 1 HGB entspricht dem des § 331 HGB (§ 331 Rn 3). Geschützt wird also das **Vertrauen in die Richtigkeit und Vollständigkeit der Informationen über die Verhältnisse der Gesellschaft.**[27] Der Schutz des § 334 Abs. 1 HGB weicht von dem durch § 331 HGB gewährten insofern ab, als die Strafvorschrift die Richtigkeit der Informationen der Eröffnungsbilanz, des Jahresabschlusses, des Lageberichts, des Zwischenabschlusses, des Konzernabschlusses, des Konzernlageberichts oder des Konzernzwischenabschlusses selbst sicherstellen will, während die Bußgeldvorschriften des § 334 Abs. 1 und 2 HGB nur auf die Vorschriften über den **Jahresabschluss**, den **Konzernabschluss**, den **Lagebericht** und den **Konzernlagebericht** verweisen. Die Vorschriften über die Eröffnungsbilanz (§ 242 Abs. 1 Satz 1 HGB) sowie über die Zwischenabschlüsse werden von den Bußgeldtatbeständen nicht in Bezug genommen; ihre Verletzung ist deshalb nicht nach § 334 Abs. 1 HGB bußgeldbewehrt.[28] Im Gegensatz zu § 331 HGB setzt § 334 HGB kein bestimmtes Erklärungsmittel voraus;[29] vielmehr wird an die **Tätigkeiten der Aufstellung, der Feststellung** (§ 334 Abs. 1 Nrn. 1 bis 4 HGB) und die **Veröffentlichung** (§ 334 Abs. 1 Nr. 5 HGB) angeknüpft, die der Entwicklung des Jahres- und Konzernabschlusses aus der laufenden Buchführung heraus dienen. Hieraus kann **nicht** der Schluss gezogen werden, das geschützte Rechtsgut sei das **Vertrauen in die Ordnungsmäßigkeit der Buchführung.** Denn nicht alle Verweisungen des § 334 Abs. 1 HGB beziehen sich auf die Auf- oder Feststellung der Bilanz oder des Jahresabschlusses, wie § 334 Abs. 1 Nr. 5 HGB zeigt, der die Publizitätserfordernisse nach § 328 HGB betrifft. Die Verweisungsnormen machen vielmehr deutlich, dass einzelne Tätigkeiten sanktionsbewehrt sind, um die Richtigkeit des jeweils angestrebten Ergebnisses sicher zu stellen. Daher ist das geschützte Rechtsgut trotz unterschiedlicher Anknüpfungen der einzelnen Tathandlungen identisch mit dem des § 331 HGB. 18

b) **Das durch § 334 Abs. 2 HGB geschützte Rechtsgut.** Die Frage nach dem durch § 334 Abs. 2 HGB geschützten Rechtsgut ist umstritten. Nach einer Auffassung soll dasselbe Rechtsgut wie das des § 332 HGB, das Vertrauen in den Prüfungsbericht und den Bestätigungsvermerk und damit in die Richtigkeit und Vollständigkeit der gewissenhaft und unparteiisch durch ein unabhängiges Kontrollorgan geprüften Abschlüsse und Lageberichte (§ 332 Rn 8), geschützt werden.[30] Nach der Gegenansicht soll § 334 Abs. 2 HGB dasselbe Rechtsgut wie § 334 Abs. 1 HGB, das **Vertrauen in die Richtigkeit und Vollständigkeit der Informationen über die Verhältnisse der Gesellschaft**, schützen. Letztere Auffassung wird damit begründet, dass die in Bezug genommenen Vorschriften ihre wesentliche Grundlage in Artikel 24 der achten Richtlinie zur Harmonisierung des Gesellschaftsrechts[31] finden und diese Richtlinie in den Begründungserwägungen und in Artikel 1 auf die vierte[32] und siebte Richtlinie[33] verweist.[34] Hinzu kommt, dass § 334 Abs. 2 HGB 19

---

27 Heymann/*Otto* Rn 9; Erbs/Kohlhaas/*Schaal* Rn 1; de *Weerth* S. 110; *Gramich* wistra 1987, 157, 158.

28 Scholz[9]/*Tiedemann* Vor §§ 82 ff Rn 85; *de Weerth* S. 110.

29 AA Scholz[9]/*Tiedemann* Vor §§ 82 ff Rn 83.

30 Heymann/*Otto* Rn 8; Erbs/Kohlhaas/*Schaal* Rn 1.

31 84/253/EWG; ABl. 1984 L 126 vom 12.4. 1984, S. 20 ff.

32 78/660/EWG; ABl. 1978 L 222 vom 14.8. 1978, S. 11 ff.

33 84/253/EWG; ABl. 1984 L 126 vom 12.5. 1984, S. 20 ff.

34 *de Weerth* S. 116.

unmittelbar nur die Unabhängigkeit des Abschlussprüfers, die aufgrund der im Gesetz genannten Ausschlussgründe gefährdet ist, sicherstellen soll. Die Unabhängigkeit des Prüfers ist jedoch letztlich nur ein Mittel, das gewährte Vertrauen in die Richtigkeit und Vollständigkeit der Information nicht zu enttäuschen. Daher dient § 334 Abs. 2 HGB nicht nur dem Vertrauen in die Richtigkeit und Vollständigkeit der Informationen über die Verhältnisse der Gesellschaft, sondern geht darüber hinaus, indem das **Vertrauen in die Richtigkeit und Vollständigkeit der Prüfung** gleichermaßen umfasst wird (vgl. § 332 Rn 9).

20 **2. Schutzbereich des § 334 HGB.** Die Richtigkeit der Informationen wird wegen der Haftungsbegrenzung der Kapitalgesellschaften und der damit einhergehenden Gefährdung der Gesellschafter und der Gläubiger geschützt. Selbst Vorschriften wie § 334 Abs. 1 Nr. 1 lit. c HGB (Rn 63 f) i.V.m. § 266 HGB, der die Gliederung der Bilanz regelt, stehen im Vorfeld der Bilanzfälschung oder -verschleierung und dienen damit auch dem **Gläubigerschutz.** Denn die Einhaltung dieser Gliederungsvorschriften verhindert Bilanzverschleierungen, erleichtert die Bilanzanalyse und vermindert so die Gefahr wirtschaftlicher Fehlentscheidungen.[35]

21 Der durch § 334 HGB geschützte **Personenkreis** ist einheitlich zu bestimmen. Obwohl die einzelnen Tatbestände unterschiedliche Entwicklungsstufen des Abschlusses betreffen, geht es stets um die Sicherstellung eines ordnungsgemäßen Jahresabschlusses.[36] Geschützt sind die Aktionäre und **Gesellschafter**, die in größeren Gesellschaften über den Geschäftsgang nicht besser als Fremdkapitalgeber informiert sind, sowie die gegenwärtigen und zukünftigen **Gläubiger.**[37] Aus der Zweckbestimmung der vierten und siebten EG-Richtlinien, die im Rahmen der gemeinschaftsrechtskonformen Auslegung zu berücksichtigen sind, ergibt sich, dass auch sonstige **dritte Personen**, die auf die ordnungsgemäße Erstellung der Bilanz vertrauen dürfen, geschützt werden sollen.[38] Die **Gesellschaft** selbst gehört nicht zu dem geschützten Personenkreis (vgl. § 331 Rn 7).

22 **3. Schutzgesetz im Sinne des § 823 Abs. 2 BGB.** Wenngleich § 334 HGB auch dem Schutz der Allgemeinheit dient, handelt es sich bei den Regelungen des § 334 HGB um **Schutzgesetze i.S.d. § 823 Abs. 2 BGB**, da jeweils auch die Interessen Einzelner nicht nur als Rechtsreflex geschützt werden.[39] Angesichts des Charakters von § 334 HGB als abstraktes Gefährdungsdelikt (Rn 23) ist für den zivilrechtlichen Schadensersatzanspruch ein konkret eingetretener Schaden erforderlich; der Geschädigte muss durch sein Handeln im Vertrauen auf die Richtigkeit der relevanten Angaben einen Schaden erlitten haben (vgl. dazu § 331 Rn 9).

V. Dogmatische Einordnung

23 **1. Tätigkeitsdelikte/abstrakte Gefährdungsdelikte.** Die bußgeldbewehrten Handlungen des § 334 HGB sind **Tätigkeitsdelikte**, da § 334 HGB auf Rechtsvorschriften verweist, die sich auf die Tätigkeit der Informationserstellung und -veröffentlichung be-

---

[35] Scholz[9]/*Tiedemann* Vor §§ 82 ff Rn 83; *de Weerth* S. 133, der auf die aus dem Ausland stammenden Personen abstellt, die aufgrund der Bilanzrichtlinien auf eine europaweit einheitliche Postenabfolge vertrauen dürfen.

[36] *de Weerth* S. 117.

[37] BayObLG NJW 1988, 918.

[38] *de Weerth* S. 55; siehe auch Gesetzesbegründung zum BiRiLiG, BT-Drucks. 10/317 S. 63; näher dazu de *Weerth* S. 119.

[39] Heymann/*Otto* Rn 9.

ziehen.[40] Diese Tatbestände sind **abstrakte Gefährdungsdelikte**, da Verstöße schon im Vorfeld der Bilanzfälschung und -verschleierung verhindert werden sollen.[41]

2. Blankettgesetze. § 334 HGB verweist auf andere Vorschriften innerhalb des HGB. Lediglich § 334 Abs. 1 Nr. 6 HGB nimmt Rechtsverordnungen, die auf Grundlage des § 330 Abs. 1 Satz 1 HGB erlassen worden sind, in Bezug (Rn 76); hierbei handelt es sich deshalb um ein **echtes Blankettgesetz** (Vor §§ 331 ff Rn 134 ff). Im Übrigen werden ausschließlich Normen in Bezug genommen, die von derselben Instanz erlassen worden sind, die auch die Bußgeldvorschriften eingeführt hat. Diese innergesetzlichen Verweisungen sind **unechte Blankettgesetze**,[42] die verfassungsrechtlich unbedenklich sind.[43] Auch hier ist der vollständige Bußgeldtatbestand durch „Zusammenlesen" der verweisenden Norm und der in Bezug genommenen Vorschrift zu bilden. Die außerstrafrechtliche Regelung ist dann nach strafrechtlichen Grundsätzen auszulegen (Vor §§ 331 ff Rn 136). Außerdem gilt das strafrechtliche Analogieverbot (Vor §§ 331 ff Rn 136, 149 f). **24**

3. Sonderdelikte. Sämtliche Handlungen des § 334 Abs. 1 HGB können nur von einem eingeschränkten Täterkreis verwirklicht werden. Es sind nur die Mitglieder des vertretungsberechtigten Organs und des Aufsichtsrats (Rn 35 ff) erfasst. Daher handelt es sich um **echte Sonderdelikte**.[44] Hingegen kann § 334 Abs. 2 HGB grundsätzlich von jedem, der nicht Abschlussprüfer sein darf, verwirklicht werden. Jedoch ist Voraussetzung für die Erteilung eines Bestätigungsvermerks, dass eine Ernennung zum Abschlussprüfer vorliegt, so dass Personen, die ohne Abschlussprüfer zu sein tätig werden, nicht erfasst sind (Rn 94 ff). Demnach ist auch § 334 Abs. 2 HGB ein Sonderdelikt. **25**

VI. Normadressaten

1. Täterkreis. Was den **Täterkreis** anbetrifft, so bezieht sich **§ 334 Abs. 1 HGB** ausschließlich auf **unternehmensinterne Personen**: Organmitglieder des Vorstands und der Geschäftsführung sowie des Aufsichtrats. Hingegen werden von **§ 334 Abs. 2 HGB** nur **unternehmensexterne Personen**, nämlich Abschlussprüfer, die unberechtigt als solche tätig werden, erfasst. **26**

2. Beteiligung. Im Ordnungswidrigkeitenrecht gilt der **Einheitstäterbegriff** (§ 14 OWiG), nach dem nicht zwischen Täterschaft und Teilnahme unterschieden wird. Daher kommt auch bei Personen, die nicht sonderpflichtig sind, eine Täterschaft im Sinne des Einheitstäterbegriffs in Betracht, wenn diese an der Tat eines Sonderpflichtigen beteiligt sind (Rn 5 ff). **27**

---

40 *de Weerth* S. 112.

41 Scholz⁹/*Tiedemann* Vor §§ 82 ff Rn 83.

42 BeckBilKomm/*Kozikowski*/*Gutman* Rn 3; Bonner HdR/*Maier* Rn 3; Erbs/Kohlhaas/*Schaal* Rdn 4; MünchKommHGB/*Quedenfeld* Rn 2; aA Scholz⁹/*Tiedemann* Vor §§ 82 ff Rn 86; eingehend dazu *de Weerth* S. 107 ff.

43 Wabnitz/Janovsky/*Dannecker* Kapitel 16 Rn 60.

44 Erbs/Kohlhaas/*Schaal* Rn 3; Blumers/Frick/Müller/*Dannecker* Betriebsprüfungshandbuch Rn 698; Heymann/*Otto* Rn 5; *de Weerth* S. 120.

VII. Anwendungsbereich und Struktur des § 334 HGB

28 **1. Anwendungsbereich.** Um auch im Vergleich zu den Strafvorschriften der §§ 331, 332 HGB weniger gravierende Zuwiderhandlungen gegen Form- und Ordnungsvorschriften bei der Rechnungslegung zu erfassen, enthält § 334 HGB Bußgeldvorschriften, die die Verhängung von Geldbußen bis zu 50.000 Euro vorsehen (§ 334 Abs. 3 HGB). § 334 HGB regelt den **gesamten Ordnungswidrigkeitenbereich**, der die **Rechnungslegung bei Kapitalgesellschaften** betrifft.[45] Durch die Einfügung von § 334 Abs. 5 HGB wurde die Rechnungslegung von Kreditinstituten und Versicherungsunternehmen aus dem Geltungsbereich des § 334 HGB ausgenommen und in §§ 340n, 341n HGB geregelt (Anhang nach § 335b; § 340n Rn 1 ff; § 341n Rn 1 ff). § 334 Abs. 4 HGB regelt die Zuständigkeit des **Bundesamts für Justiz** (Rn 106).

2. Tatbestandsaufbau

29 a) **Handlungsobjekte.** Die verschiedenen Absätze des § 334 HGB knüpfen an die Systematik der Rechnungslegung an, die den in Bezug genommenen außerstrafrechtlichen Pflichten zugrunde liegen.

30 **§ 334 Abs. 1 HGB** nennt die Einzelvorschriften, deren Verletzung durch Mitglieder des vertretungsberechtigten Gesellschaftsorgans oder des Aufsichtsrats von Kapitalgesellschaften Ordnungswidrigkeiten darstellen (Rn 35 ff). Diese Ordnungswidrigkeiten betreffen in Nr. 1 den Jahresabschluss, in Nr. 2 den Konzernabschluss, in Nr. 3 den Lagebericht, in Nr. 4 den Konzernlagebericht, in Nr. 5 die Offenlegung, Veröffentlichung oder Vervielfältigung und in Nr. 6 die Formblätter.

31 **§ 334 Abs. 2 HGB** richtet sich an den Abschlussprüfer einer prüfungspflichtigen Kapitalgesellschaft, der einen Bestätigungsvermerk erteilt, obwohl ein Ausschlussgrund nach § 319, § 319a oder § 319b HGB vorliegt (Rn 93 ff).

32 **§ 334 Abs. 3 HGB** sieht vor, dass eine Geldbuße in Höhe von bis zu 50.000 Euro verhängt werden kann (Rn 102 ff).

33 **§ 334 Abs. 5 HGB** nimmt Kreditinstitute und Versicherungsunternehmen nach §§ 340 Abs. 1, 341 Abs. 1 HGB aus dem Anwendungsbereich des § 334 Abs. 1 und 2 HGB aus (Rn 107).

34 b) **Vorsatz.** Die Ordnungswidrigkeiten müssen in allen Fällen des § 334 HGB **vorsätzlich** begangen sein. Auch hier reicht – wie bei den Straftatbeständen der §§ 331 ff HGB – **dolus eventualis** (Vor §§ 331 ff Rn 166) aus.[46] Handelt der Täter in Kenntnis der konkreten Gefahr einer Rechtsverletzung, ohne den Sachverhalt zu überprüfen, so liegen die subjektiven Voraussetzungen für eine Ahndung vor. Im Hinblick darauf, dass die in Bezug genommenen Vorschriften Teil des gesetzlichen Tatbestands sind, muss der Täter auch Kenntnis von Inhalt und Reichweite dieser Vorschriften haben (Vor §§ 331 ff Rn 137, 168).[47]

---

[45] BeckBilKomm-*Kozikowski/Gutman* Rn 1, 40; MünchKommHGB/*Quedenfeld* Rn 3.

[46] BeckBilKomm/*Kozikowski/Gutman* Rn 28.

[47] Heymann/*Otto* Rdn 31.

B. Die einzelnen Tatbestände des § 334 Abs. 1 HGB

I. Täterkreis

1. Mitglied des vertretungsberechtigten Organs. Nach § 334 Abs. 1 HGB können Täter nur **Mitglieder des vertretungsberechtigten Organs** der Kapitalgesellschaft sowie einer der Kapitalgesellschaft gleichgestellten Gesellschaft nach § 335b HGB – in der Regel **Vorstand und Geschäftsführer** – oder deren **Aufsichtsratsmitglieder** sein. Zu den Organmitgliedern gehören auch die **stellvertretenden Organmitglieder** (§ 94 AktG, § 44 GmbHG).[48] Eine Ausweitung auf andere Personengruppen wie leitende Angestellte oder Mitglieder eines freiwilligen Beirats ist aufgrund des eindeutigen Gesetzeswortlauts ausgeschlossen (Art. 103 Abs. 2 GG).[49] Bezüglich der bußgeldrechtlichen Verantwortung faktischer Organe kann auf die Ausführungen zu § 331 Rn 35 ff verwiesen werden. 35

Beim **Aufsichtsrat** ist zwischen dem **obligatorischen** (Vor §§ 331 ff Rn 23, 29) und dem **fakultativen** (Vor §§ 331 ff Rn 30) **Aufsichtsrat** zu unterscheiden. **Ersatzmitglieder des Aufsichtsrats** können nur dann Täter sein, wenn sie an die Stelle eines ausgeschiedenen Mitglieds getreten und so zum Vollmitglied geworden sind.[50] 36

Der **obligatorische Aufsichtsrat** hat bei der Aktiengesellschaft die Aufgabe, den Jahresabschluss zu prüfen (§ 171 AktG) und festzustellen (§ 172 AktG). Bei der KGaA obliegt diese Aufgabe der Hauptversammlung (§ 286 Abs. 1 Satz 1 AktG). Bei der GmbH ist nur in den durch §§ 1 Abs. 1 und 6 Abs. 1 MitBestG, §§ 3 und 4 MontanmitbestimmungsG und §§ 3 und 5 MitBestEG geregelten Fällen ein obligatorischer Aufsichtsrat vorgeschrieben (§ 331 Rn 29). Die Mitglieder des obligatorischen Aufsichtsrats sowie deren Stellvertreter und Ersatzmitglieder – soweit sie die Funktion tatsächlich ausüben – sind taugliche Täter des § 334 Abs. 1 HGB (Rn 36). 37

Mitglieder eines **fakultativen Aufsichtsrates** können nur unter zwei Voraussetzungen taugliche Täter des § 334 Abs. 1 HGB sein. Zum einen muss das Aufsichtsorgan als Aufsichtsrat und nicht lediglich als Beirat oder Verwaltungsrat bezeichnet sein, da ansonsten eine verbotene Analogie zu Lasten des Täters vorläge (§ 331 Rn 30).[51] Zum anderen müssen den Mitgliedern des freiwilligen Aufsichtsrats die im Aktiengesetz vorgesehenen Aufgaben und die dafür notwendigen Kontrollrechte übertragen worden sein.[52] In Bezug auf die Rechnungslegung können diese Rechte und Pflichten zum einen in der Vorlage- und Prüfungspflicht des Jahresabschlusses (§§ 170, 171 AktG) oder in der Verpflichtung zur Feststellung des Jahresabschlusses (§ 172 AktG) gesehen werden. Während erstere Pflichten grundsätzlich bei dem durch Gesellschaftsvertrag eingesetzten Aufsichtsrat bestehen und nur durch Gesellschaftsvertrag ausgeschlossen werden können, muss die Feststellungspflicht gesondert statuiert werden. Schon bei der Prüfung erhält der Aufsichtsrat Einblick in die Ordnungsmäßigkeit der Rechnungslegung und hat gemäß § 171 Abs. 2 Satz 1 HGB darüber zu berichten. Jedoch hat der Aufsichtsrat erst mit der Feststellung eine unmittelbare Einflussmöglichkeit, so dass erst in der **Feststellung eines unrichtigen oder verschleiernden Jahresabschlusses** i.S.d. § 334 HGB das gesteigerte Unwerturteil und 38

---

48 MünchKommHGB/*Quedenfeld* Rn 13; *de Weerth* S. 120; *Maul* DB 1989, 185, 188.

49 *Wiedmann* Rn 1.

50 MünchKommHGB/*Quedenfeld* Rn 15.

51 BeckBilKomm/*Kozikowski*/*Gutman* Rn 10; Blumers/Frick/Müller/*Dannecker*/*Biermann* Betriebsprüfungshandbuch Rn 864; MünchKommHGB/*Quedenfeld* § 331 Rn 35.

52 Blumers/Frick/Müller/*Dannecker*/*Biermann* Betriebsprüfungshandbuch Rn 864.

damit das bußgeldbewehrte Verhalten liegt.[53] Dies bedeutet, dass die Mitglieder des Aufsichtsrates – ohne gesonderte Übertragung der Pflichten des § 172 AktG – keine tauglichen Täter sein können. Diese Rechtslage ist auch mit den EG-Bilanzrichtlinien vereinbar, wenngleich dort eine Gleichstellung der GmbH mit der Aktiengesellschaft angestrebt wird. Jedoch bestimmt sich zum ersten die Täterqualifikation ausschließlich nach nationalem Recht,[54] und zum zweiten wird die Gleichstellung dahingehend erreicht, dass aus der entsprechenden Übertragung der aktienrechtlichen Feststellungspflicht (§ 172 AktG) auch die Täterqualifikation der Mitglieder des fakultativen Aufsichtsrats folgt.

Im Übrigen fehlt es an einer Ahndungsmöglichkeit anderer fakultativer Aufsichtsräte im Bereich der Ordnungswidrigkeiten, weil es an einer dem § 82 GmbHG entsprechenden Vorschrift mangelt (vgl. für den Bereich der Strafvorschriften § 331 Rn 30).

39 **2. Zuständigkeit der vertretungsberechtigten Organe.** Die **Tathandlungen** des § 334 Abs. 1 Nr. 1 HGB müssen bei **„der Aufstellung oder Feststellung des Jahresabschlusses“** (§§ 242 Abs. 1, 264 Abs. 1 HGB) und die des § 334 Abs. 1 Nrn. 2 bis 4 HGB **„bei der Aufstellung des Konzernabschlusses“** (§ 290 Abs. 1 HGB), **„des Lageberichts“** (§ 289 Abs. 1 HGB) oder **„des Konzernlageberichts“** (§§ 290 Abs. 1, 315 Abs. 1 HGB) erfolgen. Für die Aufstellung sind allein die vertretungsberechtigten Organe der Kapitalgesellschaft zuständig.

II. Zuwiderhandlungen bei der Aufstellung und Feststellung des Jahresabschlusses (§ 334 Abs. 1 Nr. 1 HGB)

40 Die Bußgeldtatbestände des § 334 Abs. 1 Nr. 1 lit. a bis d HGB beziehen sich auf den **Jahresabschluss** und erfassen Zuwiderhandlungen gegen die Vorschriften über die Form und den Inhalt (lit. a), die Bewertung (lit. b), die Gliederung von Bilanz und Gewinn- und Verlustrechnung (lit. c) oder die in der Bilanz oder im Anhang zu machenden Angaben bei der Aufstellung oder Festsetzung des Jahresabschlusses (lit. d). Die Tathandlungen setzen nicht voraus, dass die Bilanz bereits fertiggestellt ist.[55]

41 Obwohl die Bußgeldnorm auf die handelsrechtlichen Grundsätze verweist, ist eine unbesehene Übernahme der handelsrechtlichen Auslegung ins Bilanzordnungswidrigkeitenrecht nicht möglich, soweit es sich um Verstöße gegen Bewertungsvorschriften handelt. Aufgrund des Art. 103 Abs. 2 GG, der auch im Ordnungswidrigkeitenrecht gilt (Vor §§ 331 ff Rn 136 ff), rechtfertigen erst **eindeutig nicht mehr vertretbare Abweichungen von den gesetzlichen Vorgaben** die Verhängung einer Geldbuße.[56]

1. Zuwiderhandlungen gegen Vorschriften über Form und Inhalt (§ 334 Abs. 1 Nr. 1 lit. a HGB)

42 a) **Grundsätze ordnungsmäßiger Buchführung** (**§ 243 Abs. 1 HGB**). § 243 Abs. 1 HGB sieht vor, dass der Jahresabschluss von allen Kaufleuten nach den Grundsätzen ordnungsmäßiger Buchführung (GoB) aufzustellen ist.[57] Hiernach ist es erforderlich, dass die Eintragungen in die Handelsbilanz **vollständig, richtig und zeitgerecht** erfolgen.

[53] Im Ergebnis auch BeckBilKomm/*Kozikowski*/*Gutman* Rn 10; MünchKommHGB/*Quedenfeld* Rn 16.

[54] *de Weerth*, S. 19.

[55] *de Weerth* S. 127.

[56] *Tiedemann* Artikel Auslegung, HdWiStR, S. 1 ff; siehe dazu auch § 331 Rn 63.

[57] *Klussmann* S. 26 f, 36 f; *Nelles* S. 26 ff.

Die Bewertung ist nur dann richtig, wenn sie sich im Rahmen der GoB bewegt. Als beherrschender Grundsatz ist dabei der Grundsatz der **Bilanzwahrheit** zu nennen, der die vollständige Erfassung und inhaltlich zutreffende Bezeichnung und Behandlung der einzelnen Bilanzpositionen, d.h. die Richtigkeit in Bezug auf den Bilanzzweck, beinhaltet. Hierauf verweist § 334 Abs. 1 Nr. 1 lit. a HGB. Diese Verweisung ist zulässig, da die GoB nach hM als deduktiv zu ermittelnder unbestimmter Rechtsbegriff anzusehen sind.[58]

Seit dem Inkrafttreten des BiRiLiG (Vor §§ 331 ff Rn 33 ff) sind die meisten GoB **gesetzlich kodifiziert**. Sie finden sich in den §§ 242 bis 256 HGB, so z.B. das Gebot der **Bilanzklarheit** in § 243 Abs. 2 HGB, das **Verrechnungsverbot** in § 246 Abs. 2 HGB, das **Vollständigkeitsprinzip** in § 246 Abs. 1 HGB und der Grundsatz des **wirklichkeitsgetreuen Bildes** in § 264 Abs. 2 HGB. Seit dem BilMoG (Vor §§ 331 ff Rn 78 ff) ist auch der Grundsatz der **Bilanzstetigkeit** in § 246 Abs. 3 HGB kodifiziert. § 334 Abs. Nr. 1 lit. a HGB verweist explizit zwar nur auf einen Teil dieser Vorschriften. Durch § 334 Abs. 1 Nr. 1 lit. a HGB werden jedoch durch § 243 Abs. 1 HGB sämtliche den **Jahresabschluss** betreffenden Grundsätze **ordnungsmäßiger Buchführung** in Bezug genommen und nicht nur die GoB im engeren Sinne, also die Regeln für die Dokumentation der Geschäftsvorfälle in der Buchführung (§§ 238, 239 HGB).[59] **43**

Dabei stellt sich die Frage, ob der Begriff der **GoB** in § 243 Abs. 1 HGB, der sowohl kodifizierte als auch nicht kodifizierte GoB umfasst, im Rahmen des § 334 Abs. 1 Nr. 1 lit. a HGB restriktiver als in § 243 Abs. 1 HGB auszulegen ist (zur Problematik der Normspaltung siehe Vor §§ 331 ff Rn 137). Denn der Gesetzgeber nimmt in § 334 Abs. 1 Nr. 1 HGB nur einen Teil der kodifizierten Grundsätze ausdrücklich in Bezug. Fraglich ist daher, ob die **weiteren kodifizierten Grundsätze**, auf die § 334 Abs. 1 Nr. 1 HGB nicht ausdrücklich verweist, gleichwohl über **§ 243 Abs. 1 HGB i.V.m. § 334 Abs. 1 Nr. 1 lit. a HGB** sanktionsbewehrt sind. Praktische Bedeutung erlangt diese Frage z.B. für die Bilanzidentität (§ 252 Abs. 1 Nr. 1 HGB), das Fortführungsprinzip (§ 252 Abs. 1 Nr. 2 HGB) und das Vorsichtsprinzip (§ 252 Abs. 1 Nr. 4 HGB), da § 334 Abs. 1 Nr. 1 lit. a HGB diese Vorschriften nicht ausdrücklich in Bezug nimmt. Gerade diese Prinzipien gehören jedoch zum Kernbereich der GoB und stellen zentrale Rechtsgrundsätze der Rechnungslegung dar. Daher sind Verstöße hiergegen durch § 334 Abs. 1 Nr. 1 lit. a HGB i.V.m. § 243 Abs. 1 HGB bußgeldbewehrt. Weiterhin umfasst § 243 Abs. 1 HGB die **nicht kodifizierten Grundsätze**, die allerdings seit der Umsetzung der vierten EG-Richtlinie nur noch einen geringen Umfang haben. Zu nennen ist insbesondere der **Grundsatz der Willkürfreiheit**. **44**

§ 243 Abs. 1 HGB hat weiterhin im Zusammenhang mit der Schließung vorhandener **Gesetzeslücken** Bedeutung, da er das Bilanzrecht für zukünftig **notwendig werdende Entwicklungen** „geschmeidig" hält, ohne dass der Gesetzgeber jede Detailänderung selbst in die Hand nehmen muss.[60] Auch diese Grundsätze werden über die Inbezugnahme des § 243 Abs. 1 HGB bußgeldbewehrt. Allerdings können Verstöße gegen die nicht kodifizierten Grundsätze nur dann mit Geldbuße geahndet werden, wenn es sich um **eindeutige Rechtsverstöße** gegen GoB handelt.[61] **45**

---

58 Grundlegend dazu *Döllerer* BB 1959, 1217, 1220; zur aktuellen Einordnung vgl. *K. Schmidt* Handelsrecht § 15 I 4a mwN; vgl. auch *Schüppen* S. 154 ff.

59 *de Weerth* S. 14.

60 *K. Schmidt* Handelsrecht § 15 I 4c.

61 Blumers/Frick/Müller/*Dannecker* Betriebsprüfungshandbuch Rn 701; Heymann/*Otto* Rn 15; Scholz[9]/*Tiedemann* Vor §§ 82 ff Rn 87; *Schüppen* S. 158; *de Weerth* S. 144 ff.

46 b) **Grundsatz der Klarheit und Übersichtlichkeit (§ 243 Abs. 2 HGB).** Der Verweis in § 334 Abs. 1 Nr. 1 lit. a HGB auf § 243 Abs. 2 HGB hat zur Folge, dass vorsätzliche Verstöße gegen den Grundsatz der **Klarheit und Übersichtlichkeit** mit Geldbuße geahndet werden können. Der Jahresabschluss muss für einen sachverständigen Dritten innerhalb angemessener Zeit (§ 242 HGB) verständlich sein.[62] Eine ordnungsmäßige Bilanzierung erfordert insbesondere die eindeutige Bezeichnung der einzelnen Bilanzposten und eine sachgerechte Gliederung. Der Jahresabschluss muss nicht nur formal, sondern auch materiell ordnungsmäßig sein. Der Grundsatz der Klarheit und Übersichtlichkeit betrifft auch den Anhang. Es muss daher gefordert werden, dass z.B. die Erläuterungen den im Anhang erkennbaren Ordnungskriterien genügen, damit der Zusammenhang zwischen den erläuterten Posten und den Erläuterungen selbst erkennbar ist.[63]

47 c) **Sprache und Währungseinheit (§ 244 HGB).** Der Jahresabschluss ist gemäß § 244 HGB in deutscher Sprache und in der ab 1.1.1999 geltenden Fassung in Euro aufzustellen. Der Jahresabschluss durfte letztmals für das im Jahre 2001 endende Geschäftsjahr in DM aufgestellt werden (Artikel 42 EGHGB). Verstöße gegen § 244 HGB sind nach § 334 Abs. 1 Nr. 1 lit. a HGB bußgeldbewehrt.

48 d) **Unterzeichnung (§ 245 HGB).** Der Jahresabschluss ist vom Kaufmann unter Angabe des Datums, d.h. von Tag, Monat und Jahr, zu unterzeichnen. Die Unterzeichnung hat höchstpersönlich zu erfolgen. Wenn mehrere Geschäftsführer oder Vorstandsmitglieder vorhanden sind, haben sie alle, unabhängig von der Vertretungsregelung in der Gesellschaft, zu unterzeichnen. Zu unterschreiben ist erst der **festgestellte Jahresabschluss.**[64] Wird hiergegen verstoßen, so kann dieses Verhalten mit Geldbuße geahndet werden.

49 e) **Vollständigkeit (§ 246 Abs. 1 HGB) und Verrechnungsverbot (§ 246 Abs. 2 HGB).** Nach dem Vollständigkeitsgebot, das bezogen auf die Bilanzansätze eine Ausprägung des Grundsatzes der Bilanzwahrheit ist, muss der Jahresabschluss sämtliche Vermögensgegenstände, Schulden, Rechnungsabgrenzungsposten, Aufwendungen und Erträge enthalten, soweit gesetzlich nichts anderes bestimmt ist (§ 246 Abs. 1 HGB). Außerdem dürfen Posten der Aktivseite nicht mit Posten der Passivseite, Aufwendungen nicht mit Erträgen, Grundstücksrechte nicht mit Grundstückslasten verrechnet werden (§ 246 Abs. 2 HGB). Verstöße gegen § 246 Abs. 1 und 2 HGB können gemäß § 334 Abs. 1 Nr. 1 lit. a HGB mit Geldbuße geahndet werden.

50 f) **Bilanzstetigkeit (§ 246 Abs. 3 HGB).** Durch das BilMoG 2009 wurde der bis dahin nicht kodifizierte Grundsatz der Bilanzstetigkeit in § 246 Abs. 3 HGB aufgenommen. Dieser ist eine Ausprägung der Maxime der Bilanzvergleichbarkeit (Comparability) und besagt, dass die auf den vorhergehenden Jahresabschluss angewandten Ansatzmethoden beizubehalten sind. Dieses Gebot gründet sich auf die zunehmende Anzahl von Ansatz- und Bewertungswahlrechten, die zu unterschiedlichen Bilanzergebnissen führen können, so dass bei Stetigkeit der Bilanzierungsmethoden die Entwicklung eines Unternehmens besser beurteilt werden kann. Verstöße gegen § 246 Abs. 3 HGB können mit Geldbuße geahndet werden.

---

[62] Näher dazu Baumbach/Hopt/*Merkt* § 243 HGB Rn 4.
[63] *Wiedmann* § 243 HGB Rn 10.
[64] MünchKommHGB/*Ballwieser* § 245 HGB Rn 5; ADS § 245 HGB Rn 8; BeckBilKomm/*Winkeljohann/Schellhornz* Rn 3.

g) **Inhalt der Bilanz** (§ 247 HGB). § 247 HGB verlangt in Abs. 1 die Aufgliederung der Bilanz und gibt zur Mindestaufgliederung deren wichtigste Posten vor. Folgende Posten sind in der Bilanz gesondert auszuweisen: Anlagevermögen, Umlaufvermögen, Eigenkapital, Schulden sowie Rechnungsabgrenzungsposten. Allerdings ist die Aufzählung wegen nicht erwähnter Bilanzierungshilfen, Sonderposten, Korrekturposten zu Aktiva und Korrekturposten zu Passiva unvollständig.[65] In § 247 Abs. 2 HGB wird verlangt, dass nur Gegenstände im Anlagevermögen auszuweisen sind, die dauernd für den Geschäftsbetrieb bestimmt sind. Verstöße gegen die in § 247 HGB genannten Posten können mit Geldbuße geahndet werden. Hingegen sind Verstöße gegen die nicht aufgezählten Posten – wegen Art. 103 Abs. 2 GG – nicht bußgeldbewehrt. 51

h) **Bilanzierungsverbote und -wahlrechte** (§ 248 HGB). In § 248 HGB sind Bilanzierungsverbote normiert. Nach § 248 Abs. 1 Nr. 1 HGB dürfen Aufwendungen für die Gründung des Unternehmens, nach § 248 Abs. 1 Nr. 2 HGB für die Beschaffung des Eigenkapitals nicht als Aktivposten in die Bilanz aufgenommen werden; dasselbe gilt nach § 248 Abs. 1 Nr. 3 HGB für Aufwendungen für den Abschluss von Versicherungsverträgen. Seit dem BilMoG (Vor §§ 331 ff Rn 78 ff, 82) wird bei immateriellen Vermögensgegenständen differenziert: Aktiviert werden dürfen nun immaterielle Vermögensgegenstände des Anlagevermögens, während selbst geschaffene Marken, Drucktitel, Verlagsrechte, Kundenlisten und vergleichbare immaterielle Vermögensgegenstände noch immer dem Bilanzierungsverbot des § 248 Abs. 2 HGB unterliegen. Verstöße gegen diese Verbote können mit Geldbuße geahndet werden. 52

i) **Rückstellungen für ungewisse Verbindlichkeiten und drohende Verluste** (§ 249 **Abs. 1 Satz 1 HGB**). Nach § 249 Abs. 1 Satz 1 HGB sind Rückstellungen für ungewisse Verbindlichkeiten und für drohende Verluste aus schwebenden Geschäften zu bilden. Das Unterlassen, solche Rückstellungen zu bilden, kann nach § 334 Abs. 1 Satz 1 lit. a HGB mit Geldbuße geahndet werden. 53

j) **Rückstellungs- und Auflösungsverbot** (§ 249 **Abs. 2 HGB**). § 249 Abs. 2 HGB verbietet andere als die in § 249 Abs. 1 HGB vorgesehenen Rückstellungen. Rückstellungen sind nur zulässig für ungewisse Verbindlichkeiten und für drohende Verluste aus schwebenden Geschäften sowie für im Geschäftsjahr unterlassene Aufwendungen für Instandhaltung oder Abraumbeseitigung (§ 249 Abs. 1 Nr. 1 HGB) und für Gewährleistungen, die ohne rechtliche Verpflichtung erbracht werden (§ 249 Abs. 1 Nr. 2 HGB). Werden sonstige Rückstellungen gebildet oder Rückstellungen aufgelöst, ohne dass der Grund für deren Bildung entfallen ist, so kann dieses Verhalten mit Geldbuße geahndet werden. 54

k) **Aktive und passive Rechnungsabgrenzungsposten** (§ 250 **Abs. 1, Abs. 2 HGB**). § 250 Abs. 1 HGB dient der periodengerechten Erfolgsermittlung für aktive Rechnungsabgrenzungsposten, d.h. für Ausgaben vor dem Bilanzstichtag, die einen Aufwand für eine bestimmte Zeit danach darstellen. Diese sind – entsprechend des Vollständigkeitsgebots – zu aktivieren, sofern keine abweichenden Regelungen bestehen.[66] Passive Rechnungsabgrenzungsposten (§ 250 Abs. 2 HGB) sind Einnahmen vor dem Abschlussstichtag, soweit sie einen Ertrag für einen bestimmten späteren Zeitpunkt darstellen. Sie 55

---

65 MünchKommHGB/*Ballwieser* § 247 HGB Rn 1.

66 Vgl. dazu MünchKommHGB/*Ballwieser* § 250 Rn 8 ff.

unterliegen einem Passivierungszwang. Rechtsverstöße hiergegen können mit Geldbuße geahndet werden.

56 l) **Vermerk über Haftungsverhältnisse (§ 251 HGB).** § 251 HGB enthält Berichtspflichten für Haftungsverhältnisse oder Eventualverbindlichkeiten, die in der Bilanz angegeben werden müssen. Dadurch soll auf eventuelle Risiken in Form zukünftiger Vermögensbelastungen aufmerksam gemacht werden. Als Ort des Vermerks wird „unter der Bilanz" genannt.

57 Während Kaufleute die Haftungsverhältnisse in *einem* Betrag angeben können, müssen Kapitalgesellschaften jedes einzelne Haftungsverhältnis gesondert angeben (§ **268 Abs. 7 HGB**). Da § 334 Abs. 1 lit. a HGB jedoch nur auf § 251 HGB und nicht auch auf § 268 Abs. 7 HGB verweist und letztere Vorschrift auch nicht zum Kernbestand der GoB gehört und deshalb nicht über § 243 Abs. 1 HGB erfasst ist, kann ein Verstoß gegen diese Vorschrift nicht mit Geldbuße nach § 334 Abs. 1 Satz 1 lit. a HGB geahndet werden. In Betracht kommt jedoch eine Ahnung nach § 334 Abs. 1 Satz 1 lit. c HGB in Bezug auf die Gliederung.

58 m) **Erfordernis zusätzlicher Angaben im Anhang (§ 264 Abs. 2 HGB).** Weitergehende Konkretisierungen der GoB für Kapitalgesellschaften enthält § 264 Abs. 2 HGB: Der Jahresabschluss hat unter Beachtung der GoB „**ein den tatsächlichen Verhältnissen entsprechendes Bild der Vermögens-, Finanz- und Ertragslage**" zu vermitteln. Dieses Gebot bezieht sich nur auf den Jahresabschluss insgesamt, also auf die Bilanz, die Gewinn- und Verlustrechnung und den Anhang als Gesamtschau, nicht hingegen auf jeden einzelnen Teil. Bei dieser „Generalnorm" der Rechnungslegung[67] handelt es sich um den aus dem anglo-amerikanischen Recht stammenden Grundsatz des **true and fair view**, dem eine Vorrangwirkung zukommt.[68] Die Einführung dieses Grundsatzes hatte zu einer deutlichen Akzentverschiebung im Bilanzrecht der Kapitalgesellschaften geführt, denn es ist nicht nur ein Einblick in die Vermögens- und Ertragslage, sondern zudem auch in die Finanzlage, d.h. die Finanzierung und insbesondere die zukünftige Liquidität der Gesellschaft, zu geben. Außerdem ist ein den tatsächlichen Verhältnissen entsprechendes Bild zu vermitteln. Dadurch wird die Bedeutung des Vorsichtsprinzips abgeschwächt, wenngleich es nach wie vor Geltung beansprucht (vgl. § 252 Abs. 1 Nr. 4 HGB). Der Gesetzgeber geht in § 264 Abs. 2 HGB von dem Grundsatz aus, dass sich das den tatsächlichen Verhältnissen entsprechende Bild schon aus dem Jahresabschluss ergibt, wenn dieser entsprechend den Vorschriften der §§ 238 ff HGB und anderer Rechtsnormen sowie unter Beachtung der GoB aufgestellt ist. Wenn der Gesetzgeber daneben den Grundsatz des true and fair view normiert, ist dieser in erster Linie eine Auslegungshilfe für lückenhafte und auslegungsbedürftige Einzelnormen, insbesondere für den Anhang als ein Korrektiv des Zahlenwerks der Bilanz und der Gewinn- und Verlustrechnung, zu verstehen.[69] Der Grundsatz des true and fair view vermag allein aus systematischen Gründen – Vorrang der spezialgesetzlichen Regelungen vor der Generalnorm – eine Abweichung von einer gesetzlichen Bilanzierungsvorschrift nicht zu rechtfertigen.

59 Im Hinblick darauf, dass der Aussagekraft des Jahresabschlusses insbesondere wegen der Geltung der Bilanzierungsgrundsätze und der Stichtagsbezogenheit der Bilanz Grenzen gesetzt sind, verlangt § 264 Abs. 2 HGB **zusätzliche Angaben im Anhang**, wenn besondere Umstände dazu führen, dass der Jahresabschluss kein den tatsächlichen Ver-

---

67 So *Ludewig* AG 1987, 12.
68 *Claussen* in FS Goerdeler, S. 82; *Kloos* S. 129 f.
69 Baumbach/Hopt/*Merkt* § 264 Rn 14.

hältnissen entsprechendes Bild vermittelt. Eine Abweichung von den GoB ist hingegen nicht möglich. Kein den tatsächlichen Verhältnissen entsprechendes Bild wird beispielsweise dann vermittelt, wenn schwebende Verpflichtungen bestehen, da diese nicht aus der Bilanz ersichtlich sind. Ebenso kann bei steigenden Preisen wegen der Geltung des Anschaffungs- und Herstellungskostenprinzips die Vermögenslage nicht richtig dargestellt sein. Wenn am Jahresende Vorräte mit Rücknahmeverpflichtungen verkauft oder die Verkaufs- oder Einkaufsbemühungen eingeschränkt wurden, kann die Stichtagsbezogenheit der Bilanz ergänzende Ausführungen im Anhang erfordern. Auch eine geschickte Wahl des Stichtages kann bei Saisonbetrieben dazu führen, dass die Vermittlung eines wahrheitsgetreuen Bildes nur durch Ergänzungen im Anhang gewährleistet werden kann.

Die Generalnorm des § 264 Abs. 2 HGB zielt auf die Gesamtaussage des Jahresabschlusses ab. Hierbei sind **Gesamttendenzen aufzuzeigen, Auslegungsfragen zu erörtern** und **auftretende Lücken zu schließen**, um ein den „tatsächlichen Verhältnissen entsprechendes“ Gesamtbild zu geben. Der Jahresabschluss darf insgesamt nicht irreführend sein. Ein Verstoß gegen § 264 Abs. 2 HGB führt daher in den überwiegenden Fällen zu einer unrichtigen Wiedergabe oder Verschleierung der Verhältnisse und damit zur **Strafbarkeit nach § 331 Nr. 1 HGB** (§ 331 Rn 51 ff). Dies hat zur Folge, dass in diesen Fällen dem **Ordnungswidrigkeitentatbestand** des § 334 Abs. 1 HGB, der zu dem Straftatbestand **subsidiär** ist (§ 21 Abs. 1 Satz 1 OWiG), selten praktische Bedeutung zukommt.[70] 60

2. Zuwiderhandlungen gegen Vorschriften über die Bewertung (§ 334 Abs. 1 Nr. 1 lit. b HGB). § 334 Abs. 1 Nr. 1 lit. b HGB droht Geldbußen für den Fall an, dass (vorsätzlich) gegen eine der folgenden Bewertungsvorschriften verstoßen wird, betreffend 61
- Wertansätze für Vermögensgegenstände gemäß § 253 Abs. 1 Satz 1 HGB,
- Wertansätze für Verbindlichkeiten und Rückstellungen gemäß § 253 Abs. 1 Satz 2 HGB,
- Wertansätze für Altersvorsorgeverpflichtungen gemäß § 253 Abs. 1 Satz 3 HGB,
- Wertansätze für Vermögensgegenstände nach § 246 Abs. 2 Satz 2 HGB gemäß § 253 Abs. 1, Satz 4 HGB,
- Bewertung, Minderung und Abschreibung der Rückstellungen mit einer Restlaufzeit von mehr als einem Jahr durch Abzinsung gemäß § 253 Abs. 2 Satz 1 HGB, auch i.V.m. § 253 Abs. 2 Satz 2, Abs. 3 Satz 1, 2 oder 3, Abs. 4 oder 5 HGB,
- Wertansätze von Bewertungseinheiten und Finanzinstrumenten, insbesondere bei sich gegenseitig ausgleichenden Änderungen gemäß § 254 HGB,
- Bewertung von auf fremde Währung lautende Vermögensgegenstände gemäß § 256a HGB.

Auch hier kann – ebenso wie bei § 331 HGB – ein tatbestandsmäßiges Verhalten nur bejaht werden, wenn eine **eindeutig unvertretbare Bewertung** vorliegt (vgl. § 331 Rn 154).[71] Während jedoch die Auswirkung der unzutreffenden Bewertung bei § 331 HGB erheblich sein muss (§ 331 Rn 63 f), damit Strafbarkeit vorliegt, reicht für die Ordnungswidrigkeitentatbestände des § 334 Abs. 1 lit. b HGB ein **Formalverstoß** aus, auch wenn die Falschbewertung in Bezug auf den Jahresabschluss nicht erheblich ist. Selbst geringfügige Über- und Unterbewertungen sind mit Geldbuße ahndbar, sofern die Über- oder Unterschreitung eindeutig ist.[72] 62

70 *Schüppen* S. 210 f.

71 Siehe oben Rn 37; ebenso Blumers/Frick/Müller/*Dannecker* Betriebsprüfungshandbuch Rn 701; Heymann/*Otto* Rn 16; MünchKommHGB/*Quedenfeld* Rn 21; Scholz[9]/*Tiedemann* Vor §§ 82 ff Rn 87.

72 MünchKommHGB/*Quedenfeld* Rn 22.

63 **3. Zuwiderhandlungen gegen Vorschriften über die Gliederung von Bilanz und GuV (§ 334 Abs. 1 Nr. 1 lit. c HGB).** § 334 Abs. 1 Nr. 1 lit. c HGB stellt die Verletzung von Vorschriften über die **Gliederung von Bilanz und GuV** unter Bußgeldandrohung. Im Einzelnen handelt es sich um folgende Pflichten:

- Angabe entsprechender Beträge des vorhergehenden Geschäftsjahrs bei jedem Bilanzposten gemäß § 265 Abs. 2 HGB,
- Vermerk der Mitzugehörigkeit zu anderen Posten und Ausweis eigener Anteile gemäß § 265 Abs. 3 HGB,
- Gliederung und Ergänzung bei mehreren Geschäftszweigen gemäß § 265 Abs. 4 HGB,
- Änderung von Gliederung und Bezeichnung der einzelnen Posten zum Zweck der Klarheit und Übersichtlichkeit bei Besonderheiten der Kapitalgesellschaft gemäß § 265 Abs. 6 HGB,
- Gliederung der Bilanz gemäß § 266 HGB,
- Darstellung der Entwicklung des Anlagevermögens und des Postens „Aufwendungen für die Ingangsetzung und Erweiterung des Geschäftsbetriebs" gemäß § 268 Abs. 2 HGB,
- Ausweis eines nicht durch Eigenkapital gedeckten Fehlbetrags gemäß § 268 Abs. 3 HGB,
- Vermerk des Betrags von Forderungen mit bestimmten Restlaufzeiten gemäß § 268 Abs. 4 HGB,
- Vermerk des Betrags von Verbindlichkeiten mit bestimmten Restlaufzeiten gemäß § 268 Abs. 5 HGB,
- gesonderter Ausweis eines Disagios im aktiven Rechnungsabgrenzungsposten gemäß § 268 Abs. 6 HGB,
- gesonderter Ausweis von Haftungsverhältnissen nach § 251 HGB unter den Voraussetzungen des § 268 Abs. 7 HGB auch gegenüber verbundenen Unternehmen,
- Ausweis des Eigenkapitals gemäß § 272 HGB,
- Aktivierung bzw. Passivierung von latenten Steuern gemäß § 274 HGB,
- Gliederung der GuV gemäß § 275 HGB,
- Ausweis bestimmter Posten der Gewinn- und Verlustrechnung gemäß § 277 HGB.

64 Während beim Verschleiern im Rahmen des Straftatbestandes des § 331 HGB ein erheblicher Rechtsverstoß vorliegen muss (§ 331 Rn 72), ist dies bei dem Ordnungswidrigkeitentatbestand des § 334 Abs. 1 Nr. 1 lit. c HGB nicht erforderlich.[73] Jedoch muss auch hier ein **eindeutiger Verstoß** vorliegen (Rn 62).

65 **4. Zuwiderhandlungen gegen Vorschriften über in der Bilanz oder im Anhang zu machende Angaben (§ 334 Abs. 1 Nr. 1 lit. d HGB).** § 334 Abs. 1 Nr. 1 lit. d HGB bedroht die Verletzung der Vorschriften über sonstige Angaben in der Bilanz oder im Anhang mit Geldbuße, nämlich die **Erläuterungen zur Bilanz und zur GuV** gemäß § 284 HGB (siehe auch Rn 82) sowie **sonstige Pflichtangaben** im Anhang gemäß § 285 HGB.

66 Kein tatbestandsmäßiges Verhalten liegt vor, wenn nach § 286 Abs. 2 oder 3 HGB der Täter die Aufgliederung der Umsatzerlöse nach § 285 Abs. 4 HGB oder die Angabe des Eigenkapitals und des Jahresergebnisses unterlassen durfte.[74]

---

73 MünchKommHGB/*Quedenfeld* Rn 24.

74 Erbs/Kohlhaas/*Schaal* Rn 15; MünchKommHGB/*Quedenfeld* Rn 26; Heymann/*Otto* Rn 18; Scholz[9]/*Tiedemann* Vor §§ 82 ff Rn 87.

III. Zuwiderhandlungen bei der Aufstellung des Konzernabschlusses (§ 334 Abs. 1 Nr. 2 HGB)

Die Bußgeldtatbestände des § 334 Abs. 1 Nr. 2 lit. a bis f HGB betreffen den Konzernabschluss. Sie erfassen Zuwiderhandlungen gegen die **Vorschriften über den Konsolidierungskreis, den Inhalt und die Form, die Konsolidierungsgrundsätze und das Vollständigkeitsgebot, die Bewertung, die Behandlung assoziierter Unternehmen und die im Anhang zu machenden Angaben** bei der Aufstellung des Konzernabschlusses. 67

1. Zuwiderhandlungen gegen Vorschriften über den Konsolidierungskreis (§ 334 Abs. 1 Nr. 2 lit. a HGB). Die Bußgeldvorschrift des § 334 Abs. 1 Nr. 2 lit. a HGB verweist auf die Vorschrift des § 294 Abs. 1 HGB, nach der in den Konzernabschluss das Mutterunternehmen und alle Tochterunternehmen ohne Rücksicht auf den Sitz der Tochterunternehmen einzubeziehen sind („**Prinzip des Weltabschlusses**"), sofern die Einbeziehung (§ 331 Rn 121 ff) nicht nach den §§ 295, 296 HGB unterbleiben darf. Wer als Mitglied des vertretungsberechtigten Organs oder des Aufsichtsrats bei der Aufstellung des Konzernabschlusses gegen diese Vorschriften verstößt, kann mit Geldbuße belegt werden. 68

2. Zuwiderhandlungen gegen Vorschriften über Form und Inhalt (§ 334 Abs. 1 Nr. 2 lit. b HGB). § 334 Abs. 1 Nr. 2 lit. b HGB verweist auf Vorschriften über **Inhalt und Form des Konzernabschlusses** und droht für die Verletzung folgender Pflichten Geldbußen an: 69

- Klarheit und Übersichtlichkeit des Konzernabschlusses und das Erfordernis zusätzlicher Angaben im Konzernanhang gemäß **§ 297 Abs. 2 HGB**,
- Darstellung der Vermögens-, Finanz- und Ertragslage als wirtschaftliche Einheit sowie Angabe und Begründung von Ausnahmefällen im Konzernanhang gemäß **§ 297 Abs. 3 HGB**,
- Sprache und Währungseinheit gemäß **§ 298 Abs. 1 HGB i.V.m. § 244 HGB**,
- die Unterzeichnung gemäß **§ 298 Abs. 1 HGB i.V.m. § 245 HGB**,
- die Vollständigkeit gemäß **§ 298 Abs. 1 HGB i.V.m. § 246 Abs. 1 HGB**,
- das Verrechnungsverbot gemäß **§ 298 Abs. 1 HGB i.V.m. § 246 Abs. 2 HGB**,
- Inhalt der Bilanz gemäß **§ 298 Abs. 1 HGB i.V.m. § 247 HGB**,
- Bilanzierungsverbote gemäß **§ 298 Abs. 1 HGB i.V.m. § 248 HGB**,
- Rückstellungen für ungewisse Verbindlichkeiten und drohende Verluste aus schwebenden Geschäften gemäß **§ 298 Abs. 1 HGB i.V.m. § 249 Abs. 1 Satz 1 HGB**,
- Rückstellungsverbot gemäß **§ 298 Abs. 1 HGB i.V.m. § 249 Abs. 2 Satz 1 HGB**,
- aktive Rechnungsabgrenzungsposten gemäß **§ 298 Abs. 1 HGB i.V.m. § 250 Abs. 1 HGB**,
- Vermerk der Haftungsverhältnisse unter der Bilanz gemäß **§ 298 Abs. 1 HGB i.V.m. § 251 HGB**.

Wenn es sich um einen schwerwiegenden Verstoß handelt, wird in der Regel zugleich der Straftatbestand des § 331 Nr. 2 HGB verwirklicht sein (§ 331 Rn 64). Die Ordnungswidrigkeit tritt dann gemäß § 21 Abs. 1 Satz 1 OWiG hinter dem Straftatbestand zurück (Rn 108).

3. Zuwiderhandlungen gegen Vorschriften über Konsolidierungsgrundsätze und das Vollständigkeitsgebot (§ 334 Abs. 1 Nr. 2 lit. c HGB). § 334 Abs. 1 Nr. 2 lit. c HGB verweist auf die Vorschrift des **§ 300 HGB** über die Konsolidierungsgrundsätze und das Vollständigkeitsgebot. Ziel des Konsolidierungsverfahrens ist es, den Konzern so darzu- 70 stellen, als ob die einzelnen Unternehmen ein einziges Unternehmen wären. Hierbei sind alle Vermögensgegenstände, Schulden, Rechnungsabgrenzungsposten, Bilanzierungshilfen und Sonderposten der Tochterunternehmen vollständig einzubeziehen. Wird gegen eine dieser Pflichten verstoßen, so kann eine Geldbuße verhängt werden. Wenn gegen mehrere Grundsätze und Gebote verstoßen wird, liegt gleichwohl nur *eine* Ordnungswidrigkeit vor.

71 **4. Zuwiderhandlungen gegen Vorschriften über die Bewertung (§ 334 Abs. 1 Nr. 2 lit. d HGB).** § 334 Abs. 1 Nr. 2 lit. d HGB verweist auf die Vorschrift des **§ 308 Abs. 1 Satz 1 HGB** i.V.m. den in **§ 334 Abs. 1 lit. b HGB** (Rn 61 ff) bezeichneten Vorschriften über die Bewertung der Vermögensgegenstände und Schulden der Tochterunternehmen nach den Bewertungsmethoden des Jahresabschlusses für das Mutterunternehmen. Weiterhin wird **§ 308 Abs. 2 HGB** über die Neubewertung nach der Bewertungsmethode des Konzernabschlusses bei abweichenden Bewertungsmethoden im Jahresabschluss des Mutterunternehmens oder des Tochterunternehmens in Bezug genommen. Wenn gegen eine dieser Pflichten verstoßen wird, kann eine Geldbuße verhängt werden.

72 **5. Zuwiderhandlungen gegen Vorschriften über die Behandlung assoziierter Unternehmen (§ 334 Abs. 1 Nr. 2 lit. e HGB).** § 334 Abs. 1 Nr. 2 lit. e HGB verweist auf **§ 311 Abs. 1 Satz 1 HGB**, der i.V.m. **§ 312 HGB** die Behandlung assoziierter Unternehmen in der Konzernbilanz regelt. Hiernach ist – wenn von einem in den Konzernabschluss einbezogenen Unternehmen ein maßgeblicher Einfluss auf die Geschäfts- und Finanzpolitik eines nicht einbezogenen Unternehmens ausgeübt wird – diese Beteiligung in der Konzernbilanz unter einem besonderen Posten mit entsprechender Bezeichnung auszuweisen. Wird hiergegen verstoßen, so kann eine Geldbuße verhängt werden.

73 **6. Zuwiderhandlungen gegen Vorschriften über die Angaben im Konzernanhang (§ 334 Abs. 1 Nr. 2 lit. f HGB).** § 334 Abs. 1 Nr. 2 lit. f HGB verweist auf die Vorschriften über die im Anhang zu machenden Angaben über Abweichungen von den im Jahresabschluss des Mutterunternehmens angewendeten Bewertungsmethoden gemäß **§ 308 Abs. 1 Satz 3 HGB**, über Erläuterungen zur Konzernbilanz und zur Konzern-GuV und Angaben zum Beteiligungsbesitz gemäß **§ 313 HGB** (siehe auch Rn 73) sowie über sonstige Pflichtangaben gemäß **§ 314 HGB.** Wenn gegen eine oder mehrere dieser Pflichten verstoßen wird, kann eine Geldbuße verhängt werden.

IV. Zuwiderhandlungen bei der Aufstellung des Lageberichts und des Konzernlageberichts (§ 334 Abs. 1 Nrn. 3 und 4 HGB)

74 Die Bußgeldtatbestände der § 334 Abs. 1 Nrn. 3 und 4 HGB erfassen Zuwiderhandlungen gegen die Vorschriften, welche die Aufstellung des Lageberichts und des Konzernlageberichts betreffen (**§§ 289 Abs. 1, 315 Abs. 1 HGB**). Nach § 289 Abs. 1 HGB sind der Geschäftsverlauf und die Lage der Kapitalgesellschaft so darzustellen, dass ein den tatsächlichen Verhältnissen entsprechendes Bild vermittelt wird. Hierbei ist auch auf die Risiken der künftigen Entwicklung einzugehen. Als Maßstab dient der sachkundige, d.h. bilanzkundige Leser.[75] Erst wenn sich dieser Leser in angemessener Zeit kein den tat-

---

[75] MünchKommHGB/*Quedenfeld* Rn 34;
Scholz[9]/*Tiedemann* Vor §§ 82 ff Rn 78;
Klussmann S. 51 f.

sächlichen Verhältnissen entsprechendes Bild machen kann, liegt eine Ordnungswidrigkeit vor.[76] Im Lagebericht ist zukünftig auch auf die wesentlichen Merkmale des internen Kontroll- und Risikomanagementsystems einzugehen (**§ 289 Abs. 5 HGB**). Zudem ist für börsennotierte Aktiengesellschaften sowie Aktiengesellschaften, die ausschließlich andere Wertpapiere als Aktien zum Handel an einem organisierten Markt i.S.d. § 2 Abs. 5 WpHG ausgegeben haben, eine fehlerhafte Erklärung zur Unternehmensführung nach **§ 289a HGB** in den Ordnungswidrigkeitenkatalog des § 334 Abs. 1 Nr. 3 HGB aufgenommen worden. Wenn es sich um einen schwerwiegenden Verstoß handelt, wird in der Regel zugleich der Straftatbestand des § 331 Nr. 2 HGB verwirklicht sein (§ 331 Rn 112 ff). Die Ordnungswidrigkeit tritt dann gemäß § 21 Abs. 1 Satz 1 OWiG hinter dem Straftatbestand zurück (Rn 108).

V. Zuwiderhandlungen bei der Offenlegung, Veröffentlichung oder Vervielfältigung (§ 334 Abs. 1 Nr. 5 HGB)

§ 334 Abs. 1 Nr. 5 HGB bezieht sich auf die Publizitätserfordernisse – Form und Inhalt der Unterlagen bei der Offenlegung, Veröffentlichung und Vervielfältigung des Jahresabschlusses und Konzernabschlusses – nach **§ 328 HGB**, der in Übereinstimmung mit den Artikeln 48 und 49 der vierten EG-Richtlinie[77] und dem darauf verweisenden Artikel 38 Abs. 5 der siebten EG-Richtlinie[78] nicht zwischen Jahres- und Konzernabschluss differenziert. Während Verstöße bei erfolgter Offenlegung mit einer Geldbuße geahndet werden können, kann gegen das vertretungsberechtigte Organ (Rn 26), das die Offenlegung gänzlich unterlassen hat, nur ein Ordnungsgeld nach § 335 HGB verhängt werden (§ 335 Rn 20 ff). **75**

VI. Zuwiderhandlungen gegen eine auf Grund des § 330 Abs. 1 Satz 1 HGB erlassene Rechtsverordnung über Formblätter (§ 334 Abs. 1 Nr. 6 HGB)

Nach § 334 Abs. 1 Nr. 6 HGB begeht eine Ordnungswidrigkeit, wer entgegen einer auf Grund des § 330 Abs. 1 Satz 1 HGB erlassenen Rechtsverordnung des Bundesministeriums der Justiz über Formblätter und Gliederungsvorschriften für bestimmte Gechäftszweige handelt, soweit in der Rechtsverordnung auf § 334 Abs. 1 Nr. 6 HGB verwiesen wird (siehe dazu § 330 Rn 19). Hierbei handelt es sich um ein echtes Blankettgesetz (Vor §§ 331 ff Rn 134 ff). **76**

VII. Durch § 334 Abs. 1 HGB nicht in Bezug genommene Regelungen

§ 334 HGB verweist nur auf bestimmte Vorschriften der §§ 242 ff HGB, während zahlreiche andere Vorschriften nicht in Bezug genommen werden (zur Einbeziehung der Bilanzierungsgrundsätze des § 243 Abs. 1 HGB in den Anwendungsbereich des § 334 Abs. 1 Nr. 1 HGB siehe Rn 44 ff).[79] Der Verzicht auf eine umfassende Sanktionierung **77**

---

76 Erbs/Kohlhaas/*Schaal* Rn 29.

77 78/660/EWG, ABl. 1978 L 222 vom 14.8. 1978, S. 11 ff.

78 83/349/EWG, ABl. 1983 L 193 vom 18.7. 1983, S. 1 ff.

79 Siehe die Zusammenstellung bei BeckBilKomm/*Kozikowski*/*Gutman* Rn 17 ff.

kann auf verschiedene Gründe zurückgeführt werden, die im Folgenden dargestellt werden. Allerdings kommt die Ahndung mit einem Bußgeld auch bei schwerwiegenden Verstößen gegen die nicht in Bezug genommenen Vorschriften aus rechtsstaatlichen Gesichtspunkten nicht in Betracht, weil hierin ein Verstoß gegen den Bestimmtheitsgrundsatz läge.

78 **1. Vorschriften betreffend Legaldefinitionen, Befreiungen, Erleichterungen und Wahlrechte.** Vorschriften, die lediglich Definitionen enthalten, sowie solche, die Befreiungen, Erleichterungen oder Wahlrechte enthalten, sind **keine Verbots- oder Gebotsnormen** und können daher nicht durch Bußgeldtatbestände im Wege der Blankettverweisung in Bezug genommen werden. Wenn die Voraussetzungen einer Befreiung oder Erleichterung nicht vorliegen, kommt ein Verstoß gegen die Grundnorm in Betracht, sofern diese bußgeldbewehrt ist.[80]

79 Wenn die Pflichten, die an die Inanspruchnahme einer Befreiung, Erleichterung oder eines Wahlrechts geknüpft werden, erst in den Folgejahren nicht eingehalten werden, besteht grundsätzlich ein Sanktionsbedürfnis. Da § 334 HGB jedoch keine entsprechende Regelung enthält, die solche Verstöße ausdrücklich unter Bußgeldandrohung stellt, kann ein solches Verhalten nicht geahndet werden (Art. 103 Abs. 2 GG). Ausnahmsweise kann dies nur bei Verstößen gegen die Bilanzstetigkeit nach § 334 Abs. 1 Satz 1 Nr. 1 lit. a i.V.m. § 246 Abs. 3 HGB geahndet werden (Rn 50).

80 **2. Vorschriften mit Pflichten für nicht-sonderpflichtige Personen.** Soweit die Vorschriften der §§ 242 ff HGB Pflichten für Personen statuieren, die nicht Mitglieder des vertretungsberechtigten Organs oder des Aufsichtsrats einer Kapitalgesellschaft oder Abschlussprüfer sind, werden diese Handlungen von § 334 HGB nicht in Bezug genommen, da die Adressaten solcher Normen nicht Täter des § 334 HGB sein können (Rn 25).

81 **3. Bestimmungen, die durch § 334 HGB in Bezug genommene Vorschriften konkretisieren oder ausfüllen.** Eine Reihe von Bestimmungen dienen lediglich der **Konkretisierung bußgeldbewehrter Vorschriften**, insbesondere der Konkretisierung des **§ 243 Abs. 1 und 2 HGB,** der durch § 334 Abs. 1 Nr. 1 lit. a HGB in Bezug genommen wird (Rn 42 ff). Daher sind diese Verstöße als Verletzung der Grundnorm des § 243 HGB bußgeldbewehrt.[81]

82 Gleiches gilt für Verstöße gegen **§§ 284 Abs. 1 und 313 Abs. 1 HGB,** die für den Anhang und Konzernanhang eine Art Generalverweisung enthalten.[82] Sie nehmen sämtliche **Normen über die Pflichtangaben im (Konzern-)Anhang** in Bezug.[83] Weiterhin verweist das in § 284 Abs. 1 HGB enthaltene Merkmal der „Angaben ..., die zu den einzelnen Posten der Bilanz oder der Gewinn- und Verlustrechnung vorgeschrieben" sind, auf die **§§ 268 Abs. 1, 269, 274 Abs. 2, 281 Abs. 2 Satz 2, 287 HGB für den Jahresabschluss.** Das in § 313 Abs. 1 HGB enthaltene Merkmal der „Angaben ..., die zu einzelnen Posten der Konzernbilanz oder der Konzern-Gewinn- und Verlustrechnung vorgeschrieben" sind, bezieht sich auf die **§§ 295 Abs. 3, 299 Abs. 1, 301 Abs. 2 und 3, 306 HGB für den Konzernabschluss.** § 284 Abs. 1 HGB verweist mit seinem Erfordernis, dass „Angaben ..., die im Anhang zu machen sind, weil sie in Ausübung eines Wahlrechts nicht in die Bilanz oder in die Gewinn- und Verlustrechnung aufgenommen wurden" inhaltlich auf **§ 286 Abs. 3 Satz 3 HGB für den Jahresabschluss.** Gleiches gilt beim Kon-

---

80 BeckBilKomm/*Kozikowski/Gutman* Rn 18.

81 BeckBilKomm/*Kozikowski/Gutman* Rn 21.

82 BeckBilKomm/*Kozikowski/Gutman* Rn 22.

83 Vgl. die Zusammenstellung oben Rn 59 sowie bei MünchKommHGB/*Lange* § 284 HGB Rn 27; MünchKommHGB/*Fülbier/Pellens* § 313 HGB Rn 33.

zernabschluss für das entsprechende Erfordernis in § **313 Abs. 1 HGB**, der inhaltlich auf die §§ **296 Abs. 3, 302 Abs. 3 und 304 Abs. 2 HGB** Bezug nimmt. Daher sind Verstöße gegen diese Vorschriften als Verletzung der Grundnorm (§ 284 Abs. 1 oder § 313 Abs. 1 HGB) bußgeldbewehrt (Rn 65, 73).

4. **Probleme.** Eine Zweifelsfrage entsteht durch den **Verweis des** § **334 Abs. 1 Nr. 1 lit. a HGB** auf § 264 Abs. 2 HGB. Letztere Vorschrift gebietet, im Jahresabschluss ein den tatsächlichen Verhältnissen entsprechendes Bild der Gesellschaft zu vermitteln. Wenn besondere Umstände dazu führen, dass der Jahresabschluss ein solches Bild nicht vermittelt, sind gemäß § 264 Abs. 2 Satz 2 HGB **zusätzliche Angaben im Anhang** zu machen. Der Verweis auf § 264 Abs. 2 HGB ist jedoch nur in § 334 Abs. 1 Nr. 1 lit. a HGB enthalten, der allein Verstöße „über Form oder Inhalt" sanktioniert. Verstöße gegen im Anhang zu machende Angaben werden in § 334 Abs. 1 Nr. 1 lit. d HGB benannt, jedoch wird hier gerade nicht auf § 264 Abs. 2 Satz 2 HGB verwiesen. Der Anhang bildet jedoch mit der Bilanz und Gewinn- und Verlustrechnung eine Einheit und ist ebenfalls ein Teil des Jahresabschlusses. Damit dient das Erfordernis in § 264 Abs. 2 Satz 2 HGB, ein den tatsächlichen Verhältnissen entsprechendes Bild der Gesellschaft zu vermitteln, insofern als formales Kriterium, um zu bestimmen, inwieweit überhaupt (genügend) Angaben gemacht wurden, wenn sie nötig waren. Gesetzessystematisch wäre eine Aufnahme in § 334 Abs. 1 Nr. 1 lit. d HGB hingegen zweckmäßiger. **83**

VIII. Vollendung und Beendigung der Handlung

Der Versuch ist nicht ahndbar (§ 13 Abs. 2 OWiG). Daher muss es zur Vollendung der Handlung gekommen sein, damit eine Geldbuße verhängt werden kann. **84**

1. **Aufstellen des Jahres- oder Konzernabschlusses, des Lageberichts oder Konzernlageberichts bzw. Feststellung des Jahresabschlusses (§ 334 Abs. 1 Nrn. 1 bis 4 HGB).** Die bußgeldbewehrte Handlung erfolgt in den Fällen des § 334 Abs. 1 Nrn. 1 bis 4 HGB beim Aufstellen des Jahresabschlusses, Konzernabschlusses, Lageberichts oder Konzernlageberichts bzw. bei der Feststellung des Jahresabschlusses. **85**

a) **Aufstellen.** Um den Jahresabschluss und den Lagebericht aufzustellen, sind zunächst die vorbereitenden Abschlussbuchungen durchzuführen, damit dann die Ergebnisse der Buchführung übernommen werden können. **86**

aa) **Vollendung.** Unstreitig ist das Aufstellen eines Abschlusses oder Lageberichts dann vollendet, wenn die Ergebnisse der Buchführung in den Jahresabschluss oder Lagebericht übernommen worden sind.[84] Umstritten ist hingegen, ob bereits die vorbereitenden Abschlussbuchungen zur Vollendung des Delikts führen. Nach dem Gesetzeswortlaut kommt es jedoch auf das Aufstellen des Abschlusses an. Die dem Aufstellen vorausgehenden Abschlussbuchungen sind daher von dem Bußgeldtatbestand noch nicht erfasst und als reine Vorbereitungshandlungen sanktionslos.[85] Dies bedeutet, dass derjenige, der bei der Buchführung gegen die GoB verstößt, erst mit der **Übernahme der Buchführungsergebnisse in den Jahresabschluss** die Ordnungswidrigkeit des § 334 Abs. 1 **87**

---

[84] Erbs/Kohlhaas/*Schaal* Rn 36; MünchKommHGB/*Quedenfeld* Rn 48.

[85] MünchKommHGB/*Quedenfeld* Rn 48; aA *de Weerth* S. 130.

Nr. 1 lit. a HGB begeht.[86] Hiergegen wendet sich *de Weerth* mit der Begründung, zum einen würden im Rahmen der vorbereitenden Abschlussbuchungen durch positives Tun die Fehler bewusst gemacht, die konsequenter Weise zu einem nicht den gesetzlichen Vorschriften entsprechenden Jahresabschluss führen müssten, und zum anderen wäre es mit dem Charakter der Tatbestände des § 334 HGB als Tätigkeitsdelikte unvereinbar, wenn durch das Abstellen auf die Verbuchung der abgeschlossenen Konten der Schwerpunkt der Handlung auf das Unterlassen der Richtigstellung des vorangegangenen Tuns gelegt würde. Diese weite Vorverlagerung der Ahndbarkeit sei vertretbar, da es schwierig sei, einen im Rahmen der vorbereitenden Abschlussbuchungen gemachten Fehler wieder aufzudecken.[87] Unabhängig davon, ob diese weitgehende Vorverlagerung im Hinblick auf die Ahndungsbedürftigkeit vertretbar ist, stehen dieser Auffassung der eindeutige Wortlaut des Gesetzes (Art. 103 Abs. 2 GG) und die vom Gesetzgeber nicht angeordnete Versuchsahndbarkeit entgegen.

88 bb) **Beendigung.** Beendigung der Handlung liegt mit dem Ende des Aufstellens, d.h. dem **Vorlegen des Jahresabschlusses, Konzernabschlusses, Lageberichts bzw. Konzernlageberichts** gegenüber dem/den für die Feststellung zuständigen Organ(en), vor.[88]

89 b) **Feststellen.** Die Feststellung des Jahresabschlusses ist ein **rechtsgeschäftlicher Akt**, der durch die Willenserklärung der zuständigen Person(en) zustande kommt. **Vollendung** liegt beispielsweise vor, wenn ein Aufsichtsratsmitglied im Rahmen der Bilanzfeststellung in pflichtwidriger Weise abstimmt.[89]

90 Mit dem Zustandekommen des Beschlusses ist die Handlung **beendet.**[90]

91 2. **Offenlegen, Veröffentlichen oder Vervielfältigen** (§ **334 Abs. 1 Nr. 5 HGB**). Die Nichteinhaltung der Vorschriften des § 328 HGB muss bei der Offenlegung, Veröffentlichung oder Vervielfältigung erfolgen. Der Tatbestand ist erst **bei Publizierung** in einer der drei genannten Arten **vollendet** und zugleich **beendet.**[91]

92 3. **Verstoß gegen eine Formblatt-Verordnung** (§ **334 Abs. 1 Nr. 6 HGB**). Die Vollendung bestimmt sich nach der jeweiligen Rechtsverordnung. Ein Verstoß gegen eine Formblatt-Verordnung ist mit der unrichtigen oder unvollständigen **Eintragung in das Formblatt** sowohl **vollendet** als auch **beendet.**[92]

C. Die Tatbestände des § 334 Abs. 2 HGB

93 Die Bußgeldvorschrift des § 334 Abs. 2 HGB erfasst solche **Bestätigungsvermerke** (§ 322 HGB) zu einem Jahresabschluss oder Konzernabschluss, die nach gesetzlichen Vorschriften zu prüfen sind und die ein Abschlussprüfer erteilt, dessen Unabhängigkeit aufgrund eines der im Gesetz genannten Ausschlussgründe (§ 319 bis § 319b HGB) gefährdet ist.

---

[86] Erbs/Kohlhaas/*Schaal* Rn 36; MünchKommHGB/*Quedenfeld* Rn 48.
[87] *de Weerth* S. 126 f.
[88] MünchKommHGB/*Quedenfeld* Rn 48; *de Werth* S. 130.
[89] MünchKommHGB/*Quedenfeld* Rn 49.
[90] Erbs/Kohlhaas/*Schaal* Rn 36 f; MünchKommHGB/*Quedenfeld* Rn 49; *de Weerth* S. 132 f.
[91] MünchKommHGB/*Quedenfeld* Rn 50.
[92] MünchKommHGB/*Quedenfeld* Rn 51.

I. Täterkreis

1. Täter des § 334 Abs. 2 HGB. § 334 Abs. 2 HGB bezieht sich allein auf unternehmensfremde Täter, nämlich die **Abschlussprüfer.**[93] Nur sie können die Handlungen des § 334 Abs. 2 HGB als Täter verwirklichen (Rn 25). Dies ergibt sich zwar nicht unmittelbar aus § 334 Abs. 2 HGB, wohl aber aus den in Bezug genommenen Normen der §§ 319 Abs. 2, 3, 5; 319a Abs. 1 Satz 1, Abs. 2; 319b Abs. 1 Satz 1, 2 HGB, welche die Eigenschaft des Täters als Abschlussprüfer nach § 319 Abs. 1 HGB voraussetzen. Diese Tatbestände können naturgemäß nicht in der Person von Gehilfen eines Abschlussprüfers verwirklicht werden, da diese keinen Bestätigungsvermerk erteilen können.[94] **94**

Abschlussprüfer sind **Wirtschaftsprüfer** und Wirtschaftsprüfungsgesellschaften (§ 319 Abs. 1 Satz 1 HGB). Bei mittelgroßen GmbH nach § 267 Abs. 2 HGB kann die Prüfung auch durch einen **vereidigten Buchprüfer** oder eine **Buchprüfungsgesellschaft** erfolgen (§ 319 Abs. 1 Satz 2 HGB). Bei Wirtschafts- und Buchprüfungsgesellschaften wird durch **§ 9 OWiG**, der inhaltlich § 14 StGB entspricht,[95] die Verantwortung der Gesellschaft auf ihre vertretungsberechtigten Organe und die Mitglieder eines solchen Organs (§ 9 Abs. 1 Nr. 1 OWiG) und nach § 9 Abs. 2 Nr. 2 OWiG auf ausdrücklich Beauftragte, welche die dem Inhaber obliegenden Aufgaben in eigener Verantwortung wahrnehmen, überantwortet. **95**

2. Beteiligung. Andere Personen als Wirtschaftsprüfer und vereidigte Buchprüfer können nicht (Allein-)Täter sein; denn § 334 Abs. 2 HGB normiert nur für Abschlussprüfer Sonderpflichten. Daher wird die Erteilung des Bestätigungsvermerks nach § 322 HGB durch eine Person, die **nicht Abschlussprüfer** sein kann, nicht erfasst.[96] Eine **Beteiligung anderer Personen** ist möglich, wenn eine der Personen die Sonderdeliktseigenschaft eines Abschlussprüfers aufweist. Nach dem Einheitstäterbegriff sind dann alle Beteiligten Täter (Rn 5). **96**

II. Tathandlung

Tathandlung des § 334 Abs. 2 HGB ist die **Erteilung eines Bestätigungsvermerks** nach § 322 HGB **trotz Vorliegens eines der** in §§ 319 Abs. 2, 3, 5; 319a Abs. 1 Satz 1, Abs. 2, 319b Abs. 1 Satz 1, 2 HGB genannten **Ausschlussgründe**. Diese Vorschriften statuieren einen Katalog von Ausschlusstatbeständen, die **unwiderlegbare Vermutungen** dafür enthalten, dass ein Wirtschaftsprüfer nicht beruflich unabhängig und unbefangen ist. Diese Vermutungen beanspruchen auch im Ordnungswidrigkeitenrecht Geltung und verstoßen nicht gegen den Grundsatz „in dubio pro reo“,[97] da der Gesetzgeber bereits den Anschein der Abhängigkeit und der daraus resultierenden Besorgnis der Befangenheit vermeiden will. Damit handelt es sich um unwiderlegbare Vermutungen, die als Tatbestandsmerkmale zu behandeln sind. **97**

Die berufliche Unabhängigkeit und Unbefangenheit entfällt grundsätzlich auch dann, wenn der **allgemeine Unabhängigkeitsgrundsatz** gemäß §§ 43, 49 WPO tangiert ist. Auf diese Vorschriften verweist § 334 Abs. 2 HGB jedoch nicht, weshalb ein Tätigwerden des Wirtschaftsprüfers in einem solchen Fall nicht bußgeldbewehrt ist. **98**

---

[93] *de Weerth* S. 103.
[94] Ebenroth/Boujong/Joost/*Wiedmann* Rn 1.
[95] Siehe dazu oben § 332 Rn 88, 92.
[96] MünchKommHGB/*Quedenfeld* Rn 43; Heymann/*Otto* Rn 30.
[97] *Dannecker* in Leitner (Hrsg.), S. 57, 85 ff.

III. Vollendung und Beendigung der Handlung

99 Der **Versuch** des § 334 Abs. 2 HGB ist **nicht ahndbar**, da der Gesetzgeber die Ahndbarkeit nicht ausdrücklich normiert hat (§ 13 Abs. 2 OWiG). Ahndbarkeit liegt daher erst mit Vollendung der Handlung vor.

100 **1. Vollendung.** Die Handlung nach § 334 Abs. 2 HGB ist vollendet, wenn der **Bestätigungsvermerk** einem gesetzlichen Vertreter der Gesellschaft **zugegangen** ist. Die Erteilung des Bestätigungsvermerks, d.h. die Unterzeichnung, reicht hingegen noch nicht aus, damit Vollendung gegeben ist (vgl. § 332 Rn 72). Eine Kenntnisnahme durch die gesetzlichen Vertreter ist nicht erforderlich.

101 **2. Beendigung.** Die Beendigung beurteilt sich ebenso wie bei § 332 HGB (§ 332 Rn 74). Sie ist mit der **Veröffentlichung im elektronischen Bundesanzeiger** gegeben.

D. Sanktionen (§ 334 Abs. 3 HGB)

I. Bußgeldrahmen

102 Eine Ordnungswidrigkeit nach § 334 HGB (Rn 28 ff) kann mit einer Geldbuße von bis zu **50.000 Euro** geahndet werden. Das Mindestmaß beträgt **5 Euro.**[98]

II. Bußgeldbemessung

103 Grundlage für die Bemessung der Geldbuße ist nach § 17 Abs. 3 Satz 1 OWiG die **Bedeutung der Ordnungswidrigkeit** und der **Vorwurf**, den der Täter trifft. Angesichts der Terminologie des OWiG ist mit dem Begriff des „Vorwurfs" sachlich dasselbe gemeint wie mit der Schuld im Strafrecht und mit der „Bedeutung der Ordnungswidrigkeit" dasselbe wie mit dem strafrechtlichen Unrecht.[99] Daneben sind weitere Erwägungen, von denen § 17 Abs. 3 Satz 2 OWiG die **wirtschaftlichen Verhältnisse** ausdrücklich nennt, mit einzubeziehen.

104 Wenn der Täter aus der Handlung einen rechtswidrigen Vorteil gezogen hat, sieht § 17 Abs. 4 Satz 1 OWiG für alle Ordnungswidrigkeiten vor, dass die Geldbuße den **wirtschaftlichen Vorteil**, den der Täter aus der Ordnungswidrigkeit gezogen hat, übersteigen soll, wobei eine Schätzung des Vorteils zulässig ist.[100] Um das Ziel der Vorteilsabschöpfung zu erreichen, kann auch das gesetzliche Höchstmaß von 50.000 Euro, das § 334 Abs. 3 HGB vorsieht, überschritten werden (§ 17 Abs. 4 Satz 2 OWiG). Allerdings wird bei Verstößen nach § 334 HGB in der Regel kein konkreter wirtschaftlicher Vorteil erzielt, der abzuschöpfen wäre,[101] so dass § 17 Abs. 4 Satz 1 OWiG bei den Bilanzordnungswidrigkeiten kaum praktische Bedeutung hat.

---

[98] *Katholnigg* NJW 1998, 568, 569.

[99] Göhler/*Gürtler* Vor § 1 OWiG Rn 30 mwN.

[100] Göhler/*Gürtler* § 17 OWiG Rn 45; KK-OWiG/*Mitsch* § 17 Rn 122 f.

[101] BeckBilKomm/*Kozikowski*/*Gutman* Rn 40.

III. Verhängung einer Geldbuße gegen die juristische Person

Neben der Geldbuße gegen die natürliche Person kann auch gegen die **Kapitalgesellschaft** oder die **Prüfungsgesellschaft** eine Geldbuße gemäß § 30 Abs. 1 Nr. 1 OWiG verhängt werden (Vor §§ 331 ff Rn 182 ff).[102] Außerdem kann eine **isolierte Geldbuße** nur gegen die Kapitalgesellschaft oder die Prüfungsgesellschaft verhängt werden (§ 30 Abs. 4 Satz 1 OWiG; Vor §§ 331 ff Rn 188).[103] **105**

E. Zuständigkeit des Bundesamts für Justiz (§ 334 Abs. 4 HGB)

Für die Durchführung des bußgeldrechtlichen Ermittlungsverfahrens wegen Ordnungswidrigkeiten nach § 334 Abs. 1 und 2 HGB und die Verhängung der Geldbuße ist das Bundesamt für Justiz zuständig (Rn 111). **106**

F. Ausschluss der Anwendbarkeit des § 334 Abs. 1 bis 4 HGB auf Kreditinstitute und Versicherungsunternehmen (§ 334 Abs. 5 HGB)

Nach § 334 Abs. 5 HGB findet § 334 Abs. 1 bis 4 HGB keine Anwendung auf Kreditinstitute i.S.d. § 340 HGB und auf Versicherungsunternehmen i.S.d. § 341 Abs. 1 HGB. Für diese Unternehmen finden sich in den §§ 340n, 341n HGB bußgeldrechtliche Sonderregelungen (Anhang nach § 335b; § 340n Rn 1 ff; § 341n Rn 1 ff). **107**

G. Konkurrenzen

I. Konkurrierende Ordnungswidrigkeiten

Wenn mehrere Alternativen des § 334 HGB durch ein und dieselbe Handlung verwirklicht werden, liegt – wie im Strafrecht – **Handlungseinheit** gemäß § 19 OWiG vor.[104] Im Falle der **Handlungsmehrheit** ist gemäß § 20 OWiG jede der Geldbußen gesondert festzusetzen. Anders als im Strafrecht gilt im Ordnungswidrigkeitenrecht das **Kumulationsprinzip**. Hiernach werden die Geldbußen zu einer Gesamtgeldbuße addiert.[105] **108**

II. Zusammentreffen einer Straftat mit einer Ordnungswidrigkeit

1. Tateinheitliches Zusammentreffen. Wenn eine Straftat und eine Ordnungswidrigkeit **tateinheitlich** begangen werden, ist gemäß § 21 Abs. 1 Satz 1 OWiG grundsätzlich nur das Strafrecht anzuwenden. Hierbei handelt es sich um einen gesetzlich ausdrücklich angeordneten Fall der **Subsidiarität:**[106] Die Verletzung der Ordnungswidrigkeitsnorm **109**

---

[102] BeckBilKomm/*Kozikowski/Gutman* Rn 41; MünchKommHGB/*Quedenfeld* Rn 56.

[103] BeckBilKomm/*Kozikowski/Gutman* Rn 42; Erbs/Kohlhaas/*Schaal* Rn 38, 41; MünchKommHGB/*Quedenfeld* Rn 56; Heymann/*Otto* Rn 39.

[104] MünchKommHGB/*Quedenfeld* Rn 55; Heymann/*Otto* Rn 34.

[105] MünchKommHGB/*Quedenfeld* Rn 55; Heymann/*Otto* Rn 34.

[106] MünchKommHGB/*Quedenfeld* Rn 52, 54; Heymann/*Otto* Rn 35.

tritt generell hinter dem Unrechtsgehalt der Straftat zurück. Es ist zwar allgemein anerkannt, dass der Ordnungswidrigkeitentatbestand dann dem Straftatbestand vorgeht, wenn er spezieller ist.[107] Spezieller ist er jedoch nur dann, wenn der Bußgeldtatbestand mildernde Umstände enthält, jedoch Schutzzweck und Grundtatbestand übereinstimmen. Wenn hingegen nur partielle Übereinstimmungen vorhanden sind, reicht dies angesichts der fehlenden Identität von Straf- und Bußgeldnorm für die Annahme von Spezialität nicht aus.[108] Die Ordnungswidrigkeitentatbestände dienen dazu, Lücken im Gefüge rechtsgutssichernder Normen zu schließen, um einen umfassenden Schutz zu gewährleisten.[109] Die Ordnungswidrigkeit tritt jedoch nicht nur dann hinter die Strafbarkeitsnorm zurück, wenn die Bußgeldnorm begleitendes Unrecht zur Straftat erfasst, sondern auch dann, wenn die Ordnungswidrigkeit inhaltlich nichts mit der Strafnorm gemeinsam hat und unterschiedliche Rechtsgüter geschützt werden, so z.B. beim Zusammentreffen von § 332 HGB und § 334 Abs. 2 HGB, wenn die Unbefangenheit des Abschlussprüfers nichts mit der Erteilung des unrichtigen Bestätigungsvermerks zu tun hatte. Solche Fälle sind angesichts der Notwendigkeit tateinheitlichen Zusammentreffens in der Praxis sehr selten anzutreffen. Die Ordnungswidrigkeitentatbestände des § 334 HGB sind somit im Verhältnis zu den §§ 331, 332 HGB stets subsidiär.[110] Die zugleich begangene Ordnungswidrigkeit wird deshalb nicht gesondert geahndet. Die nach § 21 Abs. 1 Satz 1 OWiG erforderliche Gleichzeitigkeit von Straftat und Ordnungswidrigkeit bedeutet jedoch, dass ein Fall der **materiellen Tateinheit** (natürliche oder rechtliche Handlungseinheit) i.S.v. § 19 OWiG gegeben sein muss. Das Vorliegen *einer* Tat im prozessualen Sinn reicht nicht aus.[111]

110 **2. Tatmehrheitliches Zusammentreffen.** Treffen eine Ordnungswidrigkeit und eine Straftat tatmehrheitlich zusammen, so ist die **Verurteilung wegen der Straftat und Ordnungswidrigkeit nebeneinander** möglich (§ 82 Abs. 1 OWiG),[112] falls nicht das Bußgeldverfahren gemäß § 47 Abs. 2 OWiG eingestellt wurde.[113] Was die **Rechtsfolge** anbetrifft, so richtet sich diese bei gleichzeitigem Vorliegen einer Straftat und einer Ordnungswidrigkeit allein nach der Straftat. Es ist also auf eine einheitliche strafrechtliche Rechtsfolge zu erkennen (§ 21 Abs. 1 Satz 1 OWiG). Allerdings kann bei der **Bemessung der Strafe** die Ordnungswidrigkeit straferhöhend berücksichtigt werden. Dies ist insbesondere dann von praktischer Bedeutung, wenn die Ordnungswidrigkeit einen anderen Unrechtsgehalt als die Straftat aufweist.[114]

H. Verfahrensrecht

I. Zuständigkeiten

111 **Sachlich zuständig** ist in den Fällen des § 334 Abs. 1, 2 HGB gemäß § 334 Abs. 4 HGB das **Bundesamt für Justiz**. Für den in § 334 Abs. 5 HGB ausgenommenen Banken- und Versicherungsbereich ist die sachlich zuständige Verwaltungsbehörde die **Bundesan-**

[107] BVerfG, WM 2006, 1929; BayOLG, NStZ 1990, 440, 441; KK-OWiG/*Bohnert,* § 21 Rn 7.

[108] Fehlende Identität annehmend BVerfG, WM 2006, 1929 mwN zum Beispiel der Konkurrenz von § 340n Abs. 1 Nr. 6 HGB i.V.m. §§ 38 Abs. 1 Nr. 7 und 8, 26 Abs. 2, 35 Abs. 4 RechKredV mit §§ 331 Nr. 1, 340m HGB.

[109] BVerfG, WM 2006, 1929, 1930.

[110] *Tiedemann* Artikel „Bilanzstrafrecht" S. 1, 7.

[111] BGH wistra 1992, 184; OLG Köln NJW 1982, 296.

[112] KK-OWiG/*Bohnert* § 21 Rn 4.

[113] MünchKommHGB/*Quedenfeld* Rn 54; Heymann/*Otto* Rn 35.

[114] BGHSt 23, 342, 345.

stalt für Finanzdienstleistungsaufsicht (vgl. §§ 340n Abs. 4 HGB; Anhang nach § 335b, 340n Rn 48; 341n Abs. 4 HGB; § 341n Rn 43).

II. Opportunitätsgrundsatz

Die Behörde entscheidet nach § 47 Abs. 1 OWiG nach ihrem **pflichtgemäßen Ermessen**, ob sie die Ordnungswidrigkeit verfolgt. Der sachliche Grund für den Opportunitätsgrundsatz[115] liegt zum einen darin, dass Ordnungswidrigkeiten die Rechtsordnung weniger als Straftaten gefährden und einen geringeren Unrechtsgehalt aufweisen (Rn 1). Zum anderen sind die Geldbußen stärker präventiv ausgerichtet (Rn 1), und durch die beschränkte, aber gezielte Verfolgung bestimmter Verstöße lässt sich das Ziel, eine bestimmte Ordnung durchzusetzen, besser erreichen als durch die Pflicht zur Verfolgung sämtlicher Verstöße. Entschließt sich die Verwaltungsbehörde zum Eingreifen, so verfolgt sie die Ordnungswidrigkeit **von Amts wegen**. 112

III. Bußgeldverfahren

Die Geldbuße wird von der Verwaltungsbehörde durch den Bußgeldbescheid festgesetzt, gegen den der Betroffene innerhalb von zwei Wochen nach Zustellung **Einspruch zum zuständigen Amtsgericht** einlegen kann (§ 67 Abs. 1 Satz 1 OWiG). Gegen die Entscheidung des Amtsgerichts ist unter den Voraussetzungen des § 79 Abs. 1 OWiG die **Rechtsbeschwerde zum Oberlandesgericht** zulässig. 113

IV. Verjährung

Die **Verfolgungsverjährung** ergibt sich aus dem gesetzlichen Höchstmaß der Geldbuße von 50.000 Euro und beträgt deshalb nach § 31 Abs. 2 Nr. 1 OWiG **drei Jahre**. Die Verjährung beginnt mit der Beendigung der Handlung.[116] 114

Die **Vollstreckungsverjährung** beträgt bei einer rechtskräftig festgestellten Geldbuße von **mehr als 1.000 € fünf Jahre** und von **weniger als 1.000 € drei Jahre** (§ 34 Abs. 2 OWiG). 115

§ 335
Festsetzung von Ordnungsgeld

(1) Gegen die Mitglieder des vertretungsberechtigten Organs einer Kapitalgesellschaft, die
1. **§ 325 über die Pflicht zur Offenlegung des Jahresabschlusses, des Lageberichts, des Konzernabschlusses, des Konzernlageberichts und anderer Unterlagen der Rechnungslegung oder**
2. **§ 325a über die Pflicht zur Offenlegung der Rechnungslegungsunterlagen der Hauptniederlassung**

nicht befolgen, ist wegen des pflichtwidrigen Unterlassens der rechtzeitigen Offenlegung vom Bundesamt für Justiz (Bundesamt) ein Ordnungsgeldverfahren nach den Absätzen 2

---

[115] Vgl. dazu Göhler/*Seitz* § 47 OWiG Rn 2. [116] Siehe dazu § 331 Rn 214.

bis 6 durchzuführen; im Fall der Nummer 2 treten die in § 13e Abs. 2 Satz 4 Nr. 3 genannten Personen, sobald sie angemeldet sind, an die Stelle der Mitglieder des vertretungsberechtigten Organs der Kapitalgesellschaft. Das Ordnungsgeldverfahren kann auch gegen die Kapitalgesellschaft durchgeführt werden, für die die Mitglieder des vertretungsberechtigten Organs die in Satz 1 Nr. 1 und 2 genannten Pflichten zu erfüllen haben. Dem Verfahren steht nicht entgegen, dass eine der Offenlegung vorausgehende Pflicht, insbesondere die Aufstellung des Jahres- oder Konzernabschlusses oder die unverzügliche Erteilung des Prüfauftrags, noch nicht erfüllt ist. Das Ordnungsgeld beträgt mindestens zweitausendfünfhundert und höchstens fünfundzwanzigtausend Euro. Eingenommene Ordnungsgelder fließen dem Bundesamt zu.

(2) Auf das Verfahren sind die §§ 15 bis 19, § 40 Abs. 1, § 388 Abs. 1, § 389 Abs. 3, § 390 Abs. 2 bis 6 des Gesetzes über das Verfahren in Familiensachen und in den Angelegenheiten der freiwilligen Gerichtsbarkeit sowie im Übrigen § 11 Nr. 1 und 2, § 12 Abs. 1 Nr. 1 bis 3, Abs. 2 und 3, §§ 14, 15, 20 Abs. 1 und 3, § 21 Abs. 1, §§ 23 und 26 des Verwaltungsverfahrensgesetzes nach Maßgabe der nachfolgenden Absätze entsprechend anzuwenden. Das Ordnungsgeldverfahren ist ein Justizverwaltungsverfahren. Zur Vertretung der Beteiligten sind auch Wirtschaftsprüfer und vereidigte Buchprüfer, Steuerberater, Steuerbevollmächtigte, Personen und Vereinigungen im Sinn des § 3 Nr. 4 des Steuerberatungsgesetzes sowie Gesellschaften im Sinn des § 3 Nr. 2 und 3 des Steuerberatungsgesetzes, die durch Personen im Sinn des § 3 Nr. 1 des Steuerberatungsgesetzes handeln, befugt.

(2a) Für eine elektronische Aktenführung und Kommunikation sind § 110a Abs. 1, § 110b Abs. 1 Satz 1, Abs. 2 bis 4, § 110c Abs. 1 sowie §110d des Gesetzes über Ordnungswidrigkeiten entsprechend anzuwenden. § 110a Abs. 2 Satz 1 und 3 sowie § 110b Abs. 1 Satz 2 und 4 des Gesetzes über Ordnungswidrigkeiten sind mit der Maßgabe entsprechend anzuwenden, dass das Bundesministerium der Justiz die Rechtsverordnung ohne Zustimmung des Bundesrates erlassen kann; es kann die Ermächtigung durch Rechtsverordnung auf das Bundesamt für Justiz übertragen.

(3) Den in Absatz 1 Satz 1 und 2 bezeichneten Beteiligten ist unter Androhung eines Ordnungsgeldes in bestimmter Höhe aufzugeben, innerhalb einer Frist von sechs Wochen vom Zugang der Androhung an ihrer gesetzlichen Verpflichtung nachzukommen oder die Unterlassung mittels Einspruchs gegen die Verfügung zu rechtfertigen. Mit der Androhung des Ordnungsgeldes sind den Beteiligten zugleich die Kosten des Verfahrens aufzuerlegen. Der Einspruch kann auf Einwendungen gegen die Entscheidung über die Kosten beschränkt werden. Wenn die Beteiligten nicht spätestens sechs Wochen nach dem Zugang der Androhung der gesetzlichen Pflicht entsprochen oder die Unterlassung mittels Einspruchs gerechtfertigt haben, ist das Ordnungsgeld festzusetzen und zugleich die frühere Verfügung unter Androhung eines erneuten Ordnungsgeldes zu wiederholen. Wenn die Sechswochenfrist nur geringfügig überschritten wird, kann das Bundesamt das Ordnungsgeld herabsetzen. Der Einspruch gegen die Androhung des Ordnungsgeldes und gegen die Entscheidung über die Kosten hat keine aufschiebende Wirkung. Führt der Einspruch zu einer Einstellung des Verfahrens, ist zugleich auch die Kostenentscheidung nach Satz 2 aufzuheben.

(4) Gegen die Entscheidung, durch die das Ordnungsgeld festgesetzt oder der Einspruch oder der Antrag auf Wiedereinsetzung in den vorigen Stand verworfen wird, sowie gegen die Entscheidung nach Absatz 3 Satz 7 findet die Beschwerde nach den Vorschriften des Gesetzes über das Verfahren in Familiensachen und in den Angelegenheiten der freiwilligen Gerichtsbarkeit statt, soweit sich nicht aus Absatz 5 etwas anderes ergibt.

(5) Die Beschwerde ist binnen einer Frist von zwei Wochen einzulegen; über sie entscheidet das für den Sitz des Bundesamts zuständige Landgericht. Die Landesregierung des Landes, in dem das Bundesamt seinen Sitz unterhält, wird ermächtigt, zur Vermeidung von erheblichen Verfahrensrückständen oder zum Ausgleich einer übermäßigen Geschäftsbelastung durch Rechtsverordnung die Entscheidung über die Rechtsmittel nach Satz 1 einem anderen Landgericht oder weiteren Landgerichten zu übertragen. Die Landesregierung kann diese Ermächtigung auf die Landesjustizverwaltung übertragen. Ist bei dem Landgericht eine Kammer für Handelssachen gebildet, so tritt diese Kammer an die Stelle der Zivilkammer. Entscheidet über die Beschwerde die Zivilkammer, so sind die §§ 348 und 348a der Zivilprozessordnung entsprechend anzuwenden; über eine bei der Kammer für Handelssachen anhängige Beschwerde entscheidet der Vorsitzende. Die Rechtsbeschwerde findet nicht statt. Das Landgericht kann nach billigem Ermessen bestimmen, dass die außergerichtlichen Kosten der Beteiligten, die zur zweckentsprechenden Rechtsverfolgung notwendig waren, ganz oder teilweise aus der Staatskasse zu erstatten sind. Satz 7 gilt entsprechend, wenn das Bundesamt der Beschwerde abhilft. § 91 Abs. 1 Satz 2 und die §§ 103 bis 107 der Zivilprozessordnung gelten entsprechend. Absatz 2 Satz 3 ist anzuwenden.

(5a) Für die elektronische Aktenführung des Gerichts und die Kommunikation mit dem Gericht nach Absatz 5 sind § 110a Abs. 1, § 110b Abs. 1 Satz 1, Abs. 2 bis 4, § 110c Abs. 1 sowie § 110d des Gesetzes über Ordnungswidrigkeiten entsprechend anzuwenden. § 110a Abs. 2 Satz 1 und 3 sowie § 110b Abs. 1 Satz 2 und 4 des Gesetzes über Ordnungswidrigkeiten sind mit der Maßgabe anzuwenden, dass die Landesregierung des Landes, in dem das Bundesamt seinen Sitz unterhält, die Rechtsverordnung erlassen und die Ermächtigung durch Rechtsverordnung auf die Landesjustizverwaltung übertragen kann.

(6) Liegen dem Bundesamt in einem Verfahren nach den Absätzen 1 bis 3 keine Anhaltspunkte über die Einstufung einer Gesellschaft im Sinn des § 267 Abs. 1, 2 oder Abs. 3 vor, ist den in Absatz 1 Satz 1 und 2 bezeichneten Beteiligten zugleich mit der Androhung des Ordnungsgeldes aufzugeben, im Fall des Einspruchs die Bilanzsumme nach Abzug eines auf der Aktivseite ausgewiesenen Fehlbetrags (§ 268 Abs. 3), die Umsatzerlöse in den ersten zwölf Monaten vor dem Abschlussstichtag (§ 277 Abs. 1) und die durchschnittliche Zahl der Arbeitnehmer (§ 267 Abs. 5) für das betreffende Geschäftsjahr und für diejenigen vorausgehenden Geschäftsjahre, die für die Einstufung nach § 267 Abs. 1, 2 oder Abs. 3 erforderlich sind, anzugeben. Unterbleiben die Angaben nach Satz 1, so wird für das weitere Verfahren vermutet, dass die Erleichterungen der §§ 326 und 327 nicht in Anspruch genommen werden können. Die Sätze 1 und 2 gelten für den Konzernabschluss und den Konzernlagebericht entsprechend mit der Maßgabe, dass an die Stelle der §§ 267, 326 und 327 der § 293 tritt.

Schrifttum

Vgl. ergänzend die Literaturhinweise Vor §§ 331 ff.

Autenrieth Zwangsgeld bei Verstoß gegen die Veröffentlichungspflicht nach HGB bei kleinen Kapitalgesellschaften? DB 1988, 2581 ff; *Baetge/Apelt* Konsequenzen des Verstoßes gegen die Offenlegungsvorschriften des HGB, DB 1988, 1709 ff; *Bassenge* Tatsachenermittlung, Rechtsprüfung und Ermessensausübung in den registerrechtlichen Verfahren nach §§ 132 bis 144 FGG, Rpfleger 1974, 173 ff; *Bassenge/Herbst/Roth* FGG, 10. Aufl. (2004); *Bihr* Der Entwurf des Kapitalgesellschaften- und Co.-Richtlinie-Gesetzes (KapCoRiLiG) vom 13.8.1999, BB 1999, 1862 ff; *Bohl* Anmerkung zu EuGH Urteil vom 29.9.1998, Rs. C-191/95, EuZW 1998, 762 f; *Bork* Anmerkungen zu OLG Düsseldorf, ZIP 1996, 230 ff; *Breucha-Schmidberger* Vermeidung von Nachteilen bei Verletzung der Publizitätspflicht, DStZ 1989, 223 ff; *Bumiller/Harders* Gesetz über das Verfahren in Familiensachen und in den Angelegenheiten der freiwilligen Gerichtsbarkeit (FamFG), 9. Aufl. (2009); *Crezelius* Jahresabschlußpublizität bei deutscher Kapitalgesellschaft – Besprechung der Entscheidung EuGH DB 1997, 2598 ff – Daihatsu, ZGR 1999, 252 ff; *Deilmann* EHUG: Neuregelung der Jahresabschlusspublizität und mögliche Befreiung nach § 264 Abs. 3 HGB, BB 2006, 2347 ff; *Ernst* Die Grundzüge des Referentenentwurfs zum Kapitalgesellschaften- & Co.-Richtlinie-Gesetz, DStR 1999, 903 ff; *Frey* Zur Bilanz-Publizität nach neuem Bilanzrecht, BB 1988, 1784 ff; *Friauf* Die Publizitätspflicht für Gesellschaften mit beschränkter Haftung aus verfassungsrechtlicher Sicht, GmbHR 1985, 245 ff; *ders.* Registerpublizität und Verfassungsrecht, GmbHR 1991, 397 ff; *Gehringer* Anmerkung zu EuGH Urteil vom 29.9.1998, Rs. C-191/95, EWS 1999, 65 ff; *Grashoff,* Die handelsrechtliche Rechnungslegung durch den Insolvenzverwalter nach Inkrafttreten des EHUG, NZI 2008, 65 ff; *ders.* Die geplante Offenlegung von Jahres- und Konzernabschlüssen nach Einführung des digitalen Unternehmensregisters ab 2007, DB 2006, 513 ff; *Großfeld* Bilanzrecht für Juristen – Das Bilanzrichtlinien-Gesetz vom 19.12.1985, NJW 1986, 955 ff; *Gustavus* Die Sanktionen bei unterlassener Offenlegung des Jahresabschlusses, ZIP 1988, 1429 ff; *ders.* Die Offenlegung von Jahresabschlüssen, Steuerberaterkongreß-Report 1988, 369 ff; *Hagenau/Hauser* Die Publizität des Jahresabschlusses – Eine nicht zwingende Vorschrift? BB 1989, 180 ff; *Heni* Transformation der GmbH&Co.-Richtlinie – Neuer Schub für die Konzernrechnungslegung, DStR 1999, 912 ff; *Henselmann* Ursachen des Offenlegungsdefizits von Jahresabschlüssen nach dem EHUG, ZCG 2009, 185; *Hirte* Daihatsu: Durchbruch für die Publizität, NJW 1999, 36 ff; *Hofmann* Zwangsgeldverfahren in der freiwilligen Gerichtsbarkeit, Rpfleger 1991, 283 ff; *Höfner/Bäumler* Der Gesetzesentwurf zur elektronischen Registerführung und die Neuregelung der Unternehmenspublizität, GmbHR 2006, 205 f; *Hopt* Harmonisierung im europäischen Gesellschaftsrecht – status quo, Probleme, Perspektiven –, ZGR 1992, 265 ff; Jansen/*Steder* FGG, 3. Aufl. (2006); *Klein/Pötsch* Referentenentwurf zum Kapitalgesellschaften & Co.-Richtlinien Gesetz, DB 1999, 1509 ff; *Leible* Bilanzpublizität und Effektivität des Gemeinschaftsrechts, ZHR 162 (1998) S. 594 ff; *Lemmen/Niemann/Wohlgemuth* Jahres- und Konzernabschluss nach Handels- und Steuerrecht (2008); *Lenenbach* Konsequenzen aus der Richtlinienwidrigkeit des § 335 HGB, DZWiR 1998, 265 ff; *Lück* Offenlegungspflicht für die „kleinen" GmbH nach dem Bilanzrichtlinien-Gesetz, GmbHR 1987, 42 ff; *Leuering/Nießen* Die Pflicht zur Offenlegung von Unternehmensdaten bekommt Krallen, NJW-Spezial 2006, 411 f; *Liebscher/Scharff* Das Gesetz über elektronische Handelsregister und Genossenschaftsregister sowie das Unternehmensregister, NJW 2005, 3745 ff; *Luttermann* Die „mangelhafte" Umsetzung europäischer Richtlinien – zugleich Besprechung von EuGH EuZW 1998, 45 – Daihatsu, EuZW 1998, 264 ff; *Meilicke* Gestaltungen zur Verminderung der Publizität, DB 1986, 2445 ff; *Meißner* Zwangsgeld bei Verstoß gegen die Veröffentlichungspflichten des HGB? DB 1989, 593 ff, mit Replik von *Autenrieth* DB 1989, 594 ff; *Nassall* Gemeinschaftsrechtliche Staatshaftung für Insolvenzschäden – Konsequenzen aus den Urteilen des EuGH vom 4.12.1997 und 29.9.1998, WM 1999, 657 ff; *Graf Nesselrode/Feuerer* Rechtschutz im Offenlegungsverfahren, DStR 2008, 2435 ff; *Niessen* Zur jüngsten Entwicklung des Bilanzrechts der Europäischen Gemeinschaft, WPg 1991, 193 ff; *Noack* Das EUHG ist beschlossen – elektronische Handels- und Unternehmensregister ab 2007, NZG 2006, 801 ff; *ders.* Unternehmenspublizität – Bedeutung und Medien der Offenlegung von Daten des Unternehmens (2002); *Rasch* Problem des polizeilichen Zwanges (Zwangsgeld, Ersatzvornahme, Rechtsschutz), DVBl. 1980, 1017 ff; *Schlauß* Neues Ordnungsgeldverfahren wegen Verletzung von Jahresabschluss-Publizitätspflichten: erste Erfahrungen und Praxistipps aus dem Bundesamt für Justiz, BB 2008, 938 ff; *ders.* Das neue Ordnungsgeldverfahren bei Verletzung der Publizitätspflicht, DB 2007, 2191 ff; *Schön* Anmerkung zu EuGH Urteil vom 4.12.1997 Rs. C-97796 – Daihatsu, JZ 1998, 194 f; *Schulze-Osterloh* Anmerkung zu EuGH – ZIP 1997, 2155 –, ZIP 1997, 2157 ff; *ders.* Anmerkung zu EuGH – ZIP 1998, 1716 –, ZIP 1998, 1721 ff; *Starck* Bilanzpublizität und Datenschutz, DStR 2008, 2035 ff; *Strobel* Anpassung des HGB-Bilanzrechts an EU-Vorgaben, BB 1999, 1054 ff; *ders.* Die neuen EU-Bilanzpflichten für Kapitalgesellschaften & Co. im Rahmen neuer Schwellenwerte und Offenlegungssanktionen, DB 1999, 1025 ff; *Stollenwerk/Krieg* Das Ordnungsgeldverfahren nach dem EHUG, GmbHR 2008, 575 ff; *Stollenwerk/Kurpat* BB-Rechtsprechungsreport zum Ordnungsgeldverfahren nach dem EHUG, BB 2009, 150 ff; *Tietz-Wartram* Anmerkung zu OLG Rostock – DB 1999, 1107 –, DB 1999 1108 f; *de Weerth* Europarechtliche Sanktionierung der unterlassenen Offenlegung des Jahresabschlusses?, Anmerkung zum EuGH-Urteil „Verband deutscher Daihatsu-Händler e.V.“, BB 1998, 366 ff; *ders.* Anmerkung zu EuGH Urteil vom 29.9.1998, Rs. C-191/95, BB 1998, 2204 f; *ders.* Anmerkung zu EuGH Urteil vom 22.4.1999, Rs. C-272/97, BB 1999, 1487 ff; *ders.* Sanktionsbewehrte Bilanzpublizität in der Insolvenz?, NZI 2008, 711 ff; *Undritz/Zak/Vogel* Offenlegungspflichten nach dem EHUG: Anwendungsprobleme in der Insolvenz, DZWIR 2008, 353 ff; *Wassmer* Die GmbH & Stroh KG als Publizitäts-Vermeidungsmodell – Kunstgriff- oder mit Ordnungsgeld gemäß § 335a, § 335b HGB sanktionierbare Umgehung der Offenlegungspflicht der GmbH & Co KG? GmbHR 2002, 412 ff; *Weilbach* Zwangspublizität: EuGH contra deutscher Mittelstand, BB 1998, 210 f; *Wenzel* Ordnungsgeldverfahren nach § 335 HGB wegen unterlassener Offenlegung von Jahresabschlüssen, BB 2008, 769 ff; *Wilken* Anmerkung zu OLG Düsseldorf 3 Wx 25/95 – Daihatsu, WiB 1996, 489 f; *ders.* Anmerkung zu EuGH Urteil vom 4.12.1997 Rs. C-97/96 – Daihatsu, DStR 1998, 215 ff; *Winter* Zum Zweck der Ordnungsmittel, NStZ 1990, 373 ff; *Zimmer/Eckhold* Das Kapitalgesellschaften & Co.-Richtlinie-Gesetz – Neue Rechnungslegungsvorschriften für eine große Zahl von Unternehmen, NJW 2000, 1361 ff.

Übersicht

A. Allgemeines

Ergänzend zu den Straf- und Ordnungswidrigkeitentatbeständen der §§ 331 ff HGB sieht § 335 HGB die Festsetzung eines **Ordnungsgeldes** gegen die Mitglieder des vertretungsberechtigten Organs einer Kapitalgesellschaft vor. Das Ordnungsgeld dient der **Durchsetzung der Pflicht zur Offenlegung** eines Jahresabschlusses, eines Lageberichts, eines Konzernabschlusses, eines Konzernlageberichts sowie der Rechnungslegungsunterlagen der Hauptniederlassung im Fall des § 325a HGB. Die Möglichkeit der Anordnung eines Zwangsgeldes (§ 335 HGB a.F.) zur Durchsetzung der Pflicht, einen Jahresabschluss aufzustellen und die Abschlussprüfung zügig durchzuführen (vgl. dazu Voraufl. 1

Vor §§ 335 ff Rn 1), wurde durch das EHUG (BGBl. I 2006 S. 2553) abgeschafft. Das Ordnungsgeldverfahren hat dabei die größte praktische Bedeutung.[1] Bis Anfang 2008 hat das Bundesamt für Justiz gegen rund 300000 offenlegungssäumige Unternehmen Ordnungsgeldverfahren eingeleitet, wobei viele Kapitalgesellschaften innerhalb der gesetzten Nachfrist den Jahresabschluss offengelegt haben.[2] § 335 HGB dient dabei dem effektiven Schutz des Wirtschaftsverkehrs durch Information der Marktteilnehmer, dem im Interesse der Allgemeinheit ein erhebliches Gewicht beizumessen ist.[3]

2 Das Ordnungsgeld ist ausschließlich auf die **formelle Erfüllung** der genannten Pflichten gerichtet, ohne dass es auf die materielle Richtigkeit und Vollständigkeit der Pflichterfüllung ankommt. In den Fällen unerheblicher materieller Unrichtigkeit und Unvollständigkeit greifen in der Regel die Ordnungswidrigkeitentatbestände der §§ 334, 340n, 341n HGB (§ 334 Rn 17 ff) und in Fällen der erheblichen Unrichtigkeit, Unvollständigkeit oder Verschleierung die Strafvorschriften der §§ 331, 340m, 341m HGB ein (§ 331 Rn 51 ff).[4]

3 § 335 HGB basiert auf dem durch das KapCoRiLiG vom 24.2.2000[5] eingeführten § 335a HGB. Letztere Vorschrift sollte den Anforderungen der ersten Bilanzrichtlinie Rechnung tragen, indem die möglichen Zwangs- und Ordnungsmittel erweitert wurden, da die zuvor vorhandenen nicht ausreichend waren (Rn 4 ff). Zu diesem Zweck wurden die in § 335 Nrn. 6 und 7 HGB a.F. geregelten Zwangsmittel zur Durchsetzung der Pflicht zur Offenlegung des Jahresabschlusses, des Lageberichts, des Konzernabschlusses, des Konzernlageberichts und anderer Unterlagen der Rechnungslegung sowie zur Offenlegung der Rechnungslegungsunterlagen der Hauptniederlassung aufgehoben und in § 335a HGB a.F. für die Verletzung dieser Pflichten die Verhängung eines Ordnungsgeldes von 2.500 bis höchstens 25.000 Euro vorgesehen (jetzt § 335 Abs. 1 HGB). Damit ist das Registergericht verpflichtet, bei Nichterfüllung der Offenlegungspflichten ein Ordnungsgeld zu verhängen,[6] das auch noch nach Erbringung der geforderten Handlung vollstreckt werden kann.[7]

B. Entstehungsgeschichte

I. Zwangsmittel vor dem KapCoRiLiG

4 Zunächst war in § 335 HGB a.F. nur die Möglichkeit der Verhängung eines Zwangsgeldes vorgesehen. Die Vorschrift des (inzwischen durch das EHUG abgeschafften) § 335 HGB a.F. war durch das **BiRiLiG** vom 19.12.1985[8] in Anlehnung an § 407 Abs. 1 AktG eingeführt und auf alle Kapitalgesellschaften ausgedehnt worden. Dort war die Möglichkeit der Zwangsgeldfestsetzung zur Durchsetzung der Pflicht zur Offenlegung des Jahresabschlusses, des Lageberichts, des Konzernabschlusses, des Konzernlageberichts und anderer Unterlagen der Rechnungslegung sowie zur Offenlegung der Rechnungslegungsunterlagen der Hauptniederlassung (§ 335 Nr. 6 und 7 HGB i.d.F. des BiRiLiG) vorge-

[1] Vgl. nur Rechtsprechungsübersicht bei *Stollenwerk/Kurpat* BB 2009, 150 ff.
[2] *Schlauß* BB 2008, 938.
[3] BVerfG, 2 BvR 1236/10, BB 2011, 1136 ff (mit Anm. *Kleinmanns*).
[4] BeckBilKomm/*Kozikowski/Gutman* § 335 Rn 1.
[5] BGBl. 2000 I S. 154.
[6] Der Entwurf des Bundestages sah noch eine Kombination von Zwangsgeld und Ordnungsgeld vor; BT-Drucks. 14/1806, S. 24.
[7] *Zimmer/Eckhold* NJW 2000, 1361, 1368.
[8] BGBl. 1985 I S. 2355; Vor §§ 331 ff Rn 32.

sehen. Dadurch sollte den einschlägigen Vorgaben der vierten, siebten und achten EG-Richtlinie zum Bilanzrecht Rechnung getragen werden.[9] Jedoch hat sich dieses Beugemittel zur Durchsetzung der Publizitätspflicht als unzulänglich erwiesen: Zum einen konnten angebliche Gläubiger das **Antragserfordernis missbrauchen**, da der Antrag des Gläubigers nicht davon abhing, dass ein fälliger Anspruch bestand.[10] Vielmehr konnte jeder einen Antrag stellen, der glaubhaft machte, dass ihm auf Grund eines konkreten Rechtsverhältnisses eine Forderung gegen die Gesellschaft zustand oder zustehen konnte. Zum anderen hat sich das Antragserfordernis in der Praxis als nicht geeignet erwiesen, die **Publizitätspflicht effektiv durchzusetzen**, weil der Kreis der Antragsberechtigten – Gesellschafter, Gläubiger, Gesamtbetriebsrat – zu eng war.[11] Dieser Personenkreis machte in der Regel von seinem Antragsrecht keinen Gebrauch, so dass selbst große Kapitalgesellschaften der Publizitätspflicht häufig nicht nachkamen.[12] Deshalb legte das **OLG Düsseldorf**[13] dem EuGH die Frage vor, ob § 335 Satz 1 Nr. 6 i.V.m. § 335 Satz 2 HGB i.d.F. des BiRiLiG mit Artikel 6 der ersten gesellschaftsrechtlichen Richtlinie 68/151/EWG des Rates vom 9. März 1968[14] in Einklang stehe.

Der **EuGH** kam mit **Urteil vom 4.12.1997**[15] zu dem Ergebnis, dass ein Zwangs- 5
geldverfahren, das nur auf Antrag von Gläubigern, Gesellschaftern oder dem Betriebsrat eingeleitet werden kann, keine geeignete Maßnahme i.S.d. Artikel 6 der ersten gesellschaftsrechtlichen Richtlinie sei, da es nicht allen in den Schutzbereich einbezogenen Dritten die Möglichkeit eröffne, die Offenlegung zu erzwingen. Allerdings wurde eine unmittelbare Anwendung des Artikels 6 der ersten Richtlinie[16] verneint, so dass sich andere als die in § 335 Satz 1 Nr. 6, Satz 2 HGB i.d.F. des BiRiLiG genannten Dritten nicht auf die Richtlinie berufen und dadurch die Offenlegungspflicht nicht durchsetzen konnten. Sodann stellte der **EuGH im Urteil vom 29.9.1998**[17] fest, dass § 335 Satz 1 Nr. 6, Satz 2 HGB i.d.F. des BiRiLiG gegen Artikel 6 der ersten Gesellschaftsrichtlinie[18] verstoße, wonach die Mitgliedstaaten der EU verpflichtet sind, geeignete Maßnahmen für den Fall anzudrohen, dass die in Artikel 2 Abs. 1 lit. f der genannten Richtlinie vorgeschriebene Veröffentlichung des Jahresabschlusses nicht erfolgt.[19] Der

[9] Vierte Richtlinie des Rates der Europäischen Gemeinschaften vom 25.7.1978, 78/660/EWG, ABl. EG Nr. L 222 vom 14.8.78, S. 11–31; siebte Richtlinie des Rates der Europäischen Gemeinschaften vom 13.6.1983, 83/349/EWG, ABl. EG Nr. L 193 vom 18.7.1983, S. 1–17; achte Richtlinie des Rates der Europäischen Gemeinschaften vom 10.4.1984, 84/253/EWG, ABl. EG Nr. L 126 vom 12.5.1984, S. 20–26.

[10] Vgl. dazu *Gustavus* ZIP 1988, 1429, 1432.

[11] *Großfeld* NJW 1986, 955, 960; *Gustavus* ZIP 1988, 1429, 1432; *Hopt* ZGR 1992, 265, 291; *Küting* WPK-Mitt. 1992, 146; *Lück* GmbHR 1987, 42, 48 f; *Lutter* S. 142; *Niessen* WPg 1991, 193, 199 f; *Schulze-Osterloh* ZIP 1997, 2157.

[12] Vgl. dazu *Lenenbach* DZWiR 1998, 265, 266; *Luttermann* EuZW 1998, 264.

[13] OLG Düsseldorf ZIP 1996, 230, 231 mit Anm. *Bork* EWiR 1996, 365 f; *Wilken* WiB 1996, 489 f.

[14] ABl. EG Nr. L 65 vom 14.3.1968, S. 8 ff.

[15] EuGH ZIP 1997, 2155 mit Anm. *Schulze-Osterloh* 2157 f; *Hirte* NJW 1999, 36 ff.; *Schön* JZ 1998, 194 f; *de Weerth* BB 1998, 366 ff; *Weilbach* BB 1998, 210 f; *Wilken* DStR 1998, 215 f; vgl. dazu auch *Lenenbach* DZWiR 1998, 265 ff; *Leible* ZHR 162 (1998), 594 ff; *Luttermann* EuZW 1998, 264 ff.

[16] ABl. EG Nr. L 395/36.

[17] EuGH ZIP 1998, 1716 m. Anm. *Schulze-Osterloh* 1721 ff; *Bohl* EuZW 1998, 762 f; *Gehringer* EWS 1999, 65 ff; *Nassall* WM 1999, 657 ff; *de Weerth* BB 1998, 2204 f; vgl. auch OLG Rostock DB 1999, 1107 m. Anm. *Tietz-Wartram* 1108 f.

[18] ABl. EG Nr. L 65 vom 14.3.1968, S. 8 ff.

[19] EuGH NJW 1998, 129 (*Daihatsu*) mit Anm. *Schulze-Osterloh* ZIP 1997, 2157; *Crezelius* ZGR 1999, 252; *Hirte* NJW 1999, 36; *Leible* ZHR 162 (1998), 594; *Schön* JZ 1998, 194; EuGH ZIP 1998, 1716 mit Anm. *Schulze-*

EuGH[20] beanstandete schließlich in einer weiteren Entscheidung, dass § 335 HGB i.d.F. des BiRiLiG nicht auf Personengesellschaften anwendbar sei, bei denen keine natürliche Person persönlich haftender Gesellschafter ist.

II. Einführung des Ordnungsgeldes durch das KapCoRiLiG

6 Den zuvor genannten Vorgaben trug der deutsche **Gesetzgeber** dadurch Rechnung, dass er durch das KapCoRiLiG vom 24.2.2000[21] das Zwangsgeldverfahren nach **§ 335 HGB i.d.F. des KapCoRiLiG** neu fasste und durch **§ 335a HGB i.d.F. des KapCoRiLiG** ergänzte. Für die Verletzung der Offenlegungspflichten nach §§ 325, 325a HGB wurde in § 335a HGB i.d.F. des KapCoRiLiG ein einheitliches und eigenständiges **Ordnungsgeldverfahren**[22] mit einem erhöhten Ordnungsgeldrahmen von 2.500 bis 25.000 Euro statt 5 bis 10.000 DM geschaffen. Zudem wurde das Antragsrecht auf jedermann ausgeweitet. Die ursprüngliche Absicht, ein Einschreiten des Registergerichts von Amts wegen und als weitere Sanktionsmöglichkeit eine Registersperre einzuführen, wurde jedoch nicht umgesetzt.[23] Weiterhin wurde **§ 335b HGB** eingeführt, welcher die §§ 335, 335a HGB i.d.F. des KapCoRiLiG auch auf die in § 264a HGB genannten **offenen Handelsgesellschaften und Kommanditgesellschaften** für anwendbar erklärt. Dadurch wurde den gemeinschaftsrechtlichen Vorgaben der Kapitalgesellschaft & Co. Richtlinie[24] in der Auslegung des EuGH Rechnung getragen.[25] Schließlich wurden die **§§ 340o und 341o HGB** auf die §§ 335, 335a HGB i.d.F. des KapCoRiLiG abgestimmt.

III. Abschaffung des § 335a HGB und Neufassung des § 335 HGB durch das EHUG

7 Durch das Gesetz über elektronische Handelsregister und Genossenschaftsregister sowie das Unternehmensregister[26] wurde das Zwangsgeldverfahren abgeschafft und das vorher in § 335a HGB geregelte Ordnungsgeldverfahren in § 335 HGB neu gefasst. Ursprünglich war im Gesetzesentwurf vorgesehen worden, das Ordnungsgeldverfahren ebenfalls abzuschaffen und die Nicht-Offenlegung in § 334 Abs. 1a Nr. 1 und 2 HGB-E als Bußgeldtatbestand auszugestalten.[27] Im Laufe des Gesetzgebungsverfahrens wurde auf Anregung des Bundesrats davon wieder Abstand genommen, da die Durchsetzung der Publizitätspflicht auch mit Hilfe des Ordnungsgeldverfahrens möglich sein müsse

---

Osterloh 1721 ff; nach dieser Entscheidung ist ein an Anträge bestimmter Personen gebundenes Zwangsgeldverfahren nicht mit der EG-Richtlinie konform. EuGH BB 1998, 2200 mit Anm. *de Weerth* DB 1999, 1487; vgl. auch *Gehringer* EWS 1999, 65; *Strobel* BB 1999, 1054, 1056; *ders.* DB 1999, 1025 f.

20 EuGH BB 1999, 1485.

21 BGBl. 2000 I S. 154; Vor §§ 331 ff Rn 36.

22 *Zimmer/Eckhold* NJW 2000, 1361, 1367.

23 Vgl. dazu *Bihr* BB 1999, 1862; *Strobel* BB 1999, 1054; *de Weerth* BB 1999, 1487.

24 Richtlinie 90/605/EWG, ABl. EG Nr. L 317 vom 16.11.1990, S. 60; BT-Drucks. 10/5710, S. 2 f; siehe dazu *Bihr* BB 1999, 1862 ff, *Ernst* DStR 1999, 903 ff; *Heni* DStR 1999, 912, 913 ff; *Klein/Pötsch* DB 1999, 1509 ff, *Strobel* DB 1999, 1025 ff.

25 Zur Problematik der Europarechtskonformität der durch das KapCoRiLiG geschaffenen Rechtslage vgl. *Gehringer* EWS 1999, 65, 67; *Zimmer/Eckhold* NJW 2000, 1361, 1367 f.

26 EHUG vom 10.11.2006, BGBl. 2006 I S. 2553.

27 Vgl. Gesetzesentwurf, BT-Drucks. 16/960, S. 50.

und es daher eines neuen, die Unternehmen stärker belastenden Bußgeldtatbestandes nicht bedürfe.[28] Jedoch wurde – um den Anforderungen des EuGH an die Sanktionierungspflicht im Falle eines Verstoßes gegen die Offenlegungspflicht nach Artikel 6 der ersten gesellschaftsrechtlichen Richtlinie[29] gerecht zu werden – die Antragspflicht abgeschafft und das **Verfahren** zu einem solchen **von Amts wegen** ausgestaltet (vgl. zu den Überlegungen zum KapCoRiLiG Rn 4 ff). Des Weiteren waren zahlreiche Modifikationen insofern notwendig, als das Verfahren nicht mehr dezentral von den Registergerichten, sondern zentral vom **Bundesamt für Justiz** durchgeführt wird. Dies ging mit der Verlagerung der Offenlegung der Unternehmensdaten in den elektronischen Bundesanzeiger einher. Dadurch ist ein weitgehend automatisiertes Verfahren möglich, bei dem der elektronische Bundesanzeiger die Kapitalgesellschaften dem Bundesamt für Justiz mitteilt, die ihrer Offenlegungspflicht nach §§ 325, 325a HGB (noch) nicht nachgekommen sind. Das Bundesamt für Justiz hat dadurch eine effektivere Möglichkeit, ein Ordnungsgeld anzudrohen und – bei Nichtbefolgung – zu verhängen. Der dadurch geschaffene Sanktionsdruck ist geeignet, zu einer höheren Bereitschaft der Kapitalgesellschaften zur Offenlegung zu führen.[30] Für das Geschäftsjahr 2006 sind bis Mitte des Jahres 2009 ca. 80 % der Unternehmen ihrer Veröffentlichungspflicht nachgekommen, davon jedoch nur 46 %, bevor das Bundesamt für Justiz mit der Einleitung der Ordnungsgeldverfahren begann. Von denjenigen Unternehmen, denen ein Ordnungsgeld angedroht wurde, haben nur 32 % nicht innerhalb der Sechswochenfrist offengelegt. Für das Geschäftsjahr 2007 wurde demgegenüber schon eine Offenlegungsquote von 68 % erreicht, bevor ein Ordnungsgeldverfahren eingeleitet wurde.[31] Bei dem Verfahren handelt es sich um ein **Justizverwaltungsverfahren** i.S.d. § 23 Abs. 1 EGGVG, so dass nun für das Rechtsmittelverfahren der Rechtsweg zu den ordentlichen Gerichten eröffnet ist (§ 335 Abs. 5 HGB).[32] Im Vergleich zum Ordnungsgeldverfahren nach § 335a HGB i.d.F. des KapCoRiLiG können nunmehr bereits mit der Androhung des Ordnungsgeldes dem oder der Beteiligten die **Verfahrenskosten** von derzeit 53,50 Euro auferlegt werden. Der **Einspruch** gegen die Ordnungsgeldfestsetzung (Rn 38) entfaltet **keine aufschiebende Wirkung**. Gegen die Entscheidung ist die **sofortige Beschwerde zum Landgericht Bonn** – als für den Sitz des Bundesamtes zuständigem Landgericht – statthaft (§ 335 Abs. 4 HGB; Rn 39). Eine weitere wesentliche Neuerung ist darin zu sehen, dass das Verfahren nunmehr nicht nur **gegen die Mitglieder des vertretungsberechtigten Organs**, sondern auch **gegen die Gesellschaft** selbst geführt werden kann. Dadurch wird das Problem der Zustellung umgangen, die nun stets am Geschäftssitz erfolgen kann.[33] Im Ordnungsgeldverfahren sind gemäß § 335 Abs. 2 HGB als **Vertreter der Beteiligten** auch Wirtschaftsprüfer, vereidigte Buchprüfer, Steuerberater oder Steuerbevollmächtigte zugelassen, da diese gerade in bilanzrechtlichen Angelegenheiten oftmals eine hohe Sachkenntnis aufweisen. Die Vorschriften gelten nach Artikel 61 Abs. 5 Satz 3 EGHGB für Abschlüsse von Geschäftsjahren, die nach dem 31.12.2005 beginnen.

---

[28] Vgl. Beschlussempfehlung, BT-Drucks. 16/2781, S. 82.

[29] Vgl. EuGH BB 1998, 129.

[30] Christ/Müller-Helle/*Müller-Helle* Veröffentlichungspflichten nach dem neuen EHUG, 2007, S. 178; *Schlauß* DB 2007, 2191, 2193; *Wenzel* BB 2008, 769; aA *Noak* NZG 2006, 801, 806.

[31] Vgl. Pressemitteilung des Bundesministeriums für Justiz v. 5.3.2009.

[32] Näher dazu *Stollenwerk/Krieg* GmbHR 2008, 575, 579.

[33] Vgl. Beschlussempfehlung, BT-Drucks. 16/2781, S. 82.

IV. Änderungen des § 335 HGB durch das Bilanzrechtsmodernisierungsgesetz

8 Die die durch das BilMoG[34] erfolgten Änderungen sind Reaktionen auf die massive Beschwerdeflut, der das Landgericht Bonn als nach § 335 Abs. 5 Satz 1 HGB zuständigem Landgericht ausgesetzt war. Nunmehr ist die Landesregierung des Landes, in dem das Bundesamt für Justiz seinen Sitz hat (gegenwärtig **Nordrhein-Westfalen**), in § 335 Abs. 5 Satz 2 HGB ermächtigt, zur Vermeidung von erheblichen Verfahrensrückständen oder zum Ausgleich einer übermäßigen Geschäftsbelastung die Entscheidung über die sofortige Beschwerde einem anderen Landgericht zu übertragen. Zudem erhielt das **Bundesamt für Justiz** vom 29.5.2009 bis 31.8.2009 (Artikel 66 Abs. 6 EGHGB) die Möglichkeit, der **Beschwerde abzuhelfen**, indem – in den Fällen des § 335 Abs. 5 Satz 10 HGB – die sofortige Beschwerde bei ihm einzulegen war und zudem die Verpflichtung bestand, dieser bei Begründetheit abzuhelfen. Dadurch sollte das Landgericht Bonn erheblich entlastet werden. Des Weiteren sind gemäß § 335 Abs. 5a HGB die **Bestimmungen zur elektronischen Aktenführung des Gerichts** § 110a Abs. 1, § 110b Abs. 1 Satz 1, Abs. 2 bis 4, § 110c Abs. 1, § 110d OWiG entsprechend anzuwenden.

C. Anwendungsbereich

I. Sachlicher Anwendungsbereich

9 Die Regelung des § 335 HGB findet auf **alle Kapitalgesellschaften** sowie gemäß § 335b HGB auf die in § 264a Abs. 1 HGB genannten **offenen Handelsgesellschaften und Kommanditgesellschaften** Anwendung. Tritt einer solchen Personengesellschaft eine natürliche Person als persönlich haftender Gesellschafter bei, so entfällt rückwirkend die Offenlegungspflicht nach § 325 HGB.[35] Ein Ordnungsgeld kann jedoch wegen des Sanktionscharakters dennoch festgesetzt werden, wenn der Beitritt erst nach der gemäß § 335 Abs. 3 Satz 1 HGB gesetzten Nachfrist erfolgte.[36] Gemäß § 340o HGB ist § 335 HGB auch auf **Kredit-, Finanzdienstleistungs-, Zahlungs- und E-Geld-Institute** anzuwenden, die nicht in der Rechtsform einer Kapitalgesellschaft, insbesondere auch als Einzelkaufmann, betrieben werden, sowie auf Zweigniederlassungen i.S.d. § 53 Abs. 1 KWG, also eines Unternehmens mit Sitz im Ausland (Anhang nach § 335b; § 340o Rn 5). Gemäß § 341o HGB ist § 335 HGB auch auf **Versicherungsunternehmen und Pensionsfonds**, die nicht in der Rechtsform der Kapitalgesellschaft betrieben werden, anwendbar (Anhang nach § 335b; § 341o Rn 4).

II. Zeitlicher Anwendungsbereich

10 Was den zeitlichen Anwendungsbereich anbetrifft, so fanden das Zwangsgeld nach § 335 HGB a.F. und das Ordnungsgeld nach § 335a HGB a.F. gemäß Artikel 61 Abs. 5 Satz 1 EGHGB letztmals Anwendung auf Geschäftsjahre, die vor dem **1.1.2006** begonnen haben. Für alle folgenden Geschäftsjahre gilt die aktuelle Fassung des § 335 HGB.

---

[34] BGBl. I S. 1102.

[35] LG Bonn, Beschluss vom 13.11.2009, 30 T 1279, BB 2010, 306; LG Osnabrück vom 1.7.2005, 15 T 6/05, GmbHR 2005, 1618; näher zum Wegfall der Offenlegungspflicht *Graf von Kanitz* WpG 2008, 1059, 1061.

[36] LG Bonn, Beschluss vom 13.11.2009, 30 T 1279, BB 2010, 306; *Stollenwerk/Krieg* GmbHR 2008, 575, 577.

D. Grundlagen der Verhängung des Ordnungsgeldes

I. Erzwingung pflichtgemäßen Verhaltens

Die Vorschrift des § 335 HGB ermöglicht dem Bundesamt für Justiz, die Mitglieder des vertretungsberechtigten Organs einer Kapitalgesellschaft durch die Verhängung eines Ordnungsgeldes zur Befolgung der in § 335 Abs. 1 Satz 1 Nrn. 1 und 2 HGB in Bezug genommenen Vorschriften des Handelsgesetzbuchs (§§ 325, 325a HGB) zu veranlassen. Die in Bezug genommenen Vorschriften bilden eine **abschließende Aufzählung.**[37] Eine Erweiterung der Befugnis zur Festsetzung von Ordnungsgeld auf andere Vorschriften scheitert am Vorbehalt des Gesetzes. Durch das Ordnungsgeld soll die **rechtzeitige Offenlegung** beim Betreiber des elektronischen Bundesanzeigers erreicht werden. Diese Verpflichtung zur Offenlegung ist auch bei kleineren Unternehmen nicht verfassungswidrig, da der Eingriff in die informationelle Selbstbestimmung, die Berufsfreiheit und den Eigentumsschutz durch den Schutz der Gläubiger und der übrigen Teilnehmer am Wirtschaftsleben gerechtfertigt ist.[38] Andere Auskünfte, die erteilt werden, ersetzen die Pflicht zur Offenlegung nicht.[39] 11

II. Rechtsnatur des Ordnungsgeldes

Ordnungsmittel – zu denen auch das Ordnungsgeld gehört[40] – sind von **reinen Beugemitteln** wie dem Zwangsgeld abzugrenzen: Beuge- bzw. Zwangsmittel sind als nicht-repressive Maßnahmen ausschließlich auf die Zukunft gerichtet, d.h. mittels ihres Einsatzes kann nur ein zukünftig noch mögliches Verhalten erzwungen werden. Ordnungsmittel sollen demgegenüber zugleich einen vorausgegangenen Pflichtverstoß ahnden. Deshalb ist von der Verhängung des repressiven Ordnungsgeldes auch dann nicht abzusehen, wenn das zu erzwingende Verhalten zwischenzeitlich vorgenommen worden ist oder der Adressat der Maßnahme in Zukunft den konkreten Verstoß nicht noch einmal begehen kann. Dieser Vergangenheitsbezug der Ordnungsmittel wird durch die Klassifizierung als „repressiv" zum Ausdruck gebracht.[41] Nach der amtlichen Begründung zum Regierungsentwurf des EGStGB stellen Ordnungsmittel **„repressive Rechtsfolgen für einen vorausgegangenen Ordnungsverstoß"** dar.[42] Der Einstufung des Ordnungsmittelrechts im „Randbereich des Strafrechts"[43] hat sich der Bundestagssonderausschuss für die Strafrechtsreform angeschlossen.[44] Angesichts der repressiven Reaktion kommt dem Ordnungsgeld inhaltlich gesehen Strafcharakter zu.[45] Es handelt sich um **Strafrecht im weiteren Sinne.**[46] Daher gelten für Ordnungsmittel die speziellen strafrechtlichen Rechtsgrundsätze (Rn 28). Dies hat zur Folge, dass Ordnungsmittel nur verhängt werden dürfen, wenn ein **schuldhaftes Verhalten** vorliegt.[47] Das BVerfG billigt selbst den zivilprozessua- 12

37 MünchKommHGB/*Quedenfeld* Rn 1.

38 LG Bonn, Beschluss vom 30.06.2008 – 11 T 48/07; vgl. auch Nichtannahmebeschluss des Bundesverfassungsgerichts vom 11. März 2009 – 1 BvR 3413/08.

39 LG Bonn, Beschluss vom 8.10.2008 – 30 T 122/08.

40 Müller-Gugenberger/Bieneck/*Richter* § 3 Rn 9; *Göhler/Gürtler* Vor § 1 OWiG Rn 40; *Baumann/Weber/Mitsch* § 4 I 3; *Maurach/Zipf* § 1 II A 2.

41 *Winter* NStZ 1990, 373, 374.

42 BT-Drucks. 7/550, S. 195.

43 BT-Drucks. 7/550, S. 203, 492.

44 BT-Drucks. 7/1261, S. 3.

45 BVerfGE 20, 323, 331; 58, 159, 163.

46 *Jakobs* 3. Abschn. Rn 22.

47 AA Stellungnahme Bundesrat, BT-Drucks. 942/05, S. 16; ebenso MünchKommHGB/*Quedenfeld* Rn 16; *de Weerth* NZI 2008, 711, 714.

len Ordnungsstrafen Ähnlichkeit zur eigentlichen Strafe zu und unterstellt sie dem grundsätzlichen Anwendungsbereich des Schuldgrundsatzes.[48] Das BVerfG will jedoch teilweise die bei der Strafverhängung im Strafverfahren geltenden Standards bei der Verhängung der Ordnungsstrafen nicht zur Anwendung bringen. Es hält deshalb den **Anscheinsbeweis** für zulässig, der den Betroffenen nicht unzumutbar benachteilige, weil er dem Vorgang, der das Ordnungsverfahren auslöse, regelmäßig näher stehe als das Bundesministerium für Justiz und damit besser als dieses in der Lage sei, die entscheidungserheblichen Tatsachen aufzuklären.[49] Nach herkömmlichem Verständnis ist es aber eine Errungenschaft gerade des Schuldgrundsatzes, dass dem Täter die Tat nachgewiesen werden muss und bloße Vermutungen hierfür nicht ausreichen. Ein Anscheinsbeweis ist daher auch im Ordnungsgeldverfahren nicht ausreichend, um die Schuld des Täters als erwiesen zu betrachten.[50]

13 Dennoch handelt es sich bei dem Ordnungsgeld **nicht** um **echtes Kriminalstrafrecht:** Zweck ist nicht Sühne von begangenem Unrecht, sondern die **Erzwingung eines bestimmten Verhaltens.** Im Vordergrund steht dabei der präventive Gedanke, nicht der repressive. Ordnungsmittel sollen dabei sowohl spezialpräventiv als auch generalpräventiv wirken. Diese Reaktionen auf Zuwiderhandlungen unterliegen nicht allen Kautelen, denen das Kriminalstrafrecht unterliegt; insbesondere muss kein Strafverfahren durchgeführt werden.[51]

14 Aus diesem Grundverständnis heraus entschied das **BVerfG** mehrfach, dass angesichts des von § 325 Abs. 1 HGB verfolgten und im erheblichen Allgemeininteresse liegenden Zwecks des effektiven Schutzes des Wirtschaftsverkehrs durch Information der Marktteilnehmer – im Hinblick auf die bestehenden Haftungsbeschränkungen der Gesellschaften – mögliche Eingriffe in die Grundrechte jedenfalls gerechtfertigt sind.[52] Diese Rechtfertigung ist auch auf solche Fälle auszuweiten, in denen die Offenlegung zwischen Ablauf der Frist und Festsetzung des Ordnungsgeldes erfolgte,[53] so dass alleiniger Anknüpfungspunkt für die Verhängung eines Ordnungsgeldes der Zeitpunkt der Fristversäumung ist. Darin kommt die Bedeutung der **Information der Öffentlichkeit** zum Ausdruck.

E. Normadressaten

15 § 335 Abs. 1 HGB sieht die Verhängung eines Ordnungsgeldes gegen die Mitglieder des vertretungsberechtigten Organs einer Kapitalgesellschaft vor. Dies sind bei der **Aktiengesellschaft** die Mitglieder des Vorstands (§§ 76 ff AktG) einschließlich der stellvertretenden Vorstandsmitglieder (§ 94 AktG), sofern diese tatsächlich anstelle der ordentlichen Mitglieder zum Handeln berufen sind,[54] bei der **Kommanditgesellschaft auf Aktien** die persönlich haftenden Gesellschafter (§ 408 AktG) und bei der **GmbH** die Geschäftsführer und stellvertretenden Geschäftsführer (§§ 35 ff, 44 GmbHG). Fraglich ist, ob im Fall der

---

48 BVerfGE 58, 159 ff, 162 f (zu § 890 ZPO).
49 BVerfGE 84, 82, 87 ff.
50 *Appel* S. 115.
51 *Jakobs* 3. Abschn. Rn 22.
52 BVerfG, Beschluss vom 11. 2. 2009 – 1 BvR 3582/08; BVerfG, Beschluss vom 11.3.2009 – 1 BvR 3413/08; BVerfG, Beschluss vom 10.9.2009 – 1 BvR 1636/ 09; BVerfG, Beschluss vom 1.2.2011 – 2 BvR 1236/10; BVerfG, Beschluss vom 16.3.2011 – 1 BvR 441/11; BVerfG, Beschluss vom 24.3.2011 – 1 BvR 488/ 11, Rn 6; BVerfG, Beschluss vom 18.4.2011 – 1 BvR 874/ 11.
53 BVerfG, Beschluss vom 11.3.2009 – 1 BvR 3413/ 08 Rn 12.
54 KG KGJ 41, 123.

Insolvenz der **Insolvenzverwalter** Verpflichteter und Normadressat des § 335 Abs. 1 HGB ist. Ihn treffen nach § 155 Abs. 1 Satz 2 InsO die handels- und steuerrechtlichen Pflichten der Gesellschaft und somit auch die Bilanzierungs- und die Offenlegungspflichten. Jedoch müsste er, um Normadressat zu sein, als Mitglied des vertretungsberechtigten Organs der Kapitalgesellschaft zu qualifizieren sein. Nach der (modifizierten) Organtheorie ist der Insolvenzverwalter als organschaftlicher Vertreter des Schuldners und damit auch der Kapitalgesellschaft tätig.[55] Damit wäre er Normadressat des § 335 Abs. 1 HGB. Nach anderer Ansicht ist der Insolvenzverwalter ein im eigenen Namen handelnder Amtsträger.[56] Der Insolvenzverwalter ist dabei – anders als der Liquidator –, vorrangig den Gläubigerinteressen verpflichtet, die sich nicht notwendigerweise mit den Interessen anderer Beteiligter im Insolvenzverfahren, z.B. der Aktionäre oder Gesellschafter, decken.[57] Somit bleibt die Organstruktur der Gesellschaft innerhalb des Insolvenzverfahrens erhalten.[58] Da der Insolvenzverwalter nicht als Organ der Gesellschaft anzusehen ist, kann gegen ihn mangels Rechtsgrundlage **kein Ordnungsgeldverfahren** eingeleitet werden.[59] Eine analoge Anwendung des § 335 HGB auf den Insolvenzverwalter ist wegen des rechtsstaatlichen Grundsatzes des Analogieverbots nicht möglich.[60] Zwar handelt es sich beim Ordnungsgeld nicht um echtes Kriminalstrafrecht, jedoch gilt das Analogieverbot wegen seines strafähnlichen Charakters (Rn 12). Im Hinblick auf das Erfordernis einer hinreichend bestimmten Rechtsgrundlage für verwaltungsverfahrensrechtliche Eingriffe darf § 335 Abs. 1 HGB wegen des explizit genannten Personenkreises nicht auf weitere Personengruppen ausgedehnt werden.[61] Zudem kann es dem Insolvenzverwalter regelmäßig nicht zugemutet werden, die Finanzbuchhaltung selbst aufzuarbeiten und ohne zusätzliche Vergütung die Jahresabschlüsse zu erstellen.[62] Adressat des Ordnungsgeldverfahrens ist das vertretungsberechtigte Organ der Insolvenzgesellschaft, jedoch nur insoweit, als insolvenzfreies Vermögen vorhanden ist.[63] Da meist unbekannt ist, ob und inwieweit dies der Fall ist, besteht insofern stets ein nach dem Sinn und Zweck der ordnungsgeldbewehrten Offenlegungspflicht schutzwürdiges Interesse der Gläubiger an der Offenlegung der Jahresabschlüsse auch von Insolvenzgesellschaften.[64] Im praktischen Regelfall ist eine Nullbilanz zu erstellen. Die Ordnungsgeldandrohung ist an die **gesetzlichen Vertreter der Gesellschaft** oder an die Gesellschaft selbst (§ 335 Abs. 1 Satz 2 HGB) zu richten.[65] Die Begründung einer Masseverbindlichkeit ist nicht

---

55 *K. Schmidt* AG 2006, 597, 598 ff.

56 BGHZ 88, 331, 334 mwN = NJW 1984, 739; BGHZ 100, 346, 351 = NJW 1987, 3133; seither z.B. *Hüffer* AktG § 264 AktG Rn 9; *Windel* in Jaeger InsO § 60 Rn 19; *Häsemeyer* Rn 15.06 mwN.

57 *Hüffer* AktG § 264 AktG Rn 9.

58 BVerwG AG 2005, 579, 581; OLG München AG 1995, 232; LG Bonn, Beschluss vom 16.5.2008 – 11 T 52/07; *Hüffer* AktG § 264 AktG Rn 8; *Haas* in Gottwald InsolvenzR-Hdb. § 91 Rn 29; *Windel* in Jaeger InsO § 80 Rn 78; *Holzer* ZVI 2007, 401, 403.

59 LG Bonn, Beschluss vom 13.11.2008, 30 T 275/08; *Stollenwerk/Krieg* GmbHR 2008, 575, 578; *Grashoff* NZI 2008, 65, 68; *Schlauß*, BB 2008, 938, 940.

60 So aber *de Weerth* NZI 2008, 711, 714.

61 *Stollenwerk/Krieg* GmbHR 2008, 575, 578.

62 BGH vom 11.11.2004 – IX ZB 48/04, ZIP 2005, 36.

63 LG Bonn, Beschluss vom 13.11.2008 – 30 T 275/08; DStR 2009, 498 ff; LG Bonn, Beschluss vom 30.6.2008 – 11 T 48/07, BB 2008, 1728; vgl. auch *Stollenwerk/Krieg* GmbHR 2008, 575.

64 LG Bonn, Beschluss vom 13.11.2008 – 30 T 275/08; DStR 2009, 498 ff; vgl. auch *Stollenwerk/Krieg* GmbHR 2008, 575.

65 Dies gilt selbst dann, wenn das Organ die Erstellung der Jahresabschlüsse aus eigener Tasche bezahlen müsste, vgl. LG Bonn, Beschluss vom 30.6.2008 – 11 T 48/07, BB 2008, 1728.

möglich.[66] Hierfür fehlt es mangels entsprechender Verweisung in § 155 InsO oder der Möglichkeit analoger Anwendung ebenfalls an einer Rechtsgrundlage.[67] Jedoch können gegen den Insolvenzverwalter bei nicht ausreichender Pflichterfüllung **Zwangsgelder gemäß § 58 InsO** festgesetzt werden.[68] Im Fall des § 335 Abs. 1 Satz 1 Nr. 2 HGB sind die Normadressaten gemäß § 13e Abs. 2 Satz 4 Nr. 3 HGB die ständigen Vertreter der inländischen Zweigniederlassungen, sobald diese zum Handelsregister angemeldet sind. Bis zur Anmeldung bleiben die gesetzlichen Vertreter der Hauptgesellschaft zuständig.[69]

16 Das Ordnungsgeld darf gegen ein **faktisches Organ**[70] nur eingesetzt werden, wenn zumindest ein (wenn auch unwirksamer) **Bestellungsakt** und eine **Eintragung ins Handelsregister** vorliegen (vgl. § 331 Rn 35). Nur in diesen Fällen wurde angestrebt, das faktische Organ zum formell zuständigen Organ der Gesellschaft zu bestellen. Das Tätigwerden eines solchen Organs liegt im Interesse der Kapitalgesellschaft und ihrer Gläubiger. Würde man hingegen auch denjenigen als Adressaten eines Ordnungsgelds anerkennen, der sich die faktische Organstellung nur angemaßt hat, so würde dadurch ein an sich unerwünschtes Verhalten durch staatliche Ordnungsmittel durchgesetzt. Hinzu kommt, dass nur eine formale Prüfung vorgenommen werden kann, die sich an der Eintragung im elektronischen Bundesanzeiger orientieren muss. Schließlich handelt es sich bei den durchzusetzenden Pflichten um solche formeller Natur, so dass auch beim Adressaten eine formale Position vorliegen muss, was aber gleichzeitig auch ausreichend ist.

17 Seit dem EHUG kann das Ordnungsgeld gemäß § 335 Abs. 1 Satz 2 HGB auch **gegen die Gesellschaft** selbst festgesetzt werden. Dadurch können Verfügungen im Ordnungsgeldverfahren stets an den Geschäftssitz der Gesellschaft zugestellt werden.[71] Dabei kann das Ordnungsgeld jedoch nicht sowohl gegen die Gesellschaft als auch gegen die Mitglieder des vertretungsberechtigten Organs festgesetzt werden.[72] Dies würde zu einer nicht gerechtfertigten Doppelbelastung führen und widerspräche dem Willen des Gesetzgebers, der die Gesellschaft selbst nur zur Zustellungserleichterung in den Adressatenkreis einbezogen hat.[73]

18 Wenn ein **Organmitglied ausscheidet**, darf kein Ordnungsgeld mehr gegen das Mitglied festgesetzt werden, da die Handlungspflicht nicht mehr besteht und auch die Möglichkeit, rechtswirksam tätig zu werden, entfallen ist.

19 Zudem gilt die Vorschrift des § 335 HGB gemäß §§ 340o, 341o HGB auch für **Kredit-, Versicherungs-, Zahlungs- und E-Geld-Institute** und gemäß § 335b HGB für **offene Handelsgesellschaften und Kommanditgesellschaften**, bei denen nicht wenigstens eine natürliche Person oder eine offene Handelsgesellschaft, Kommanditgesellschaft oder andere Personengesellschaft mit einer natürlichen Person als persönlich haftendem Gesellschafter vorhanden ist oder sich die Verbindung von Gesellschaften in dieser Art fortsetzt (§ 264a HGB). Dadurch wird insbesondere die **GmbH & Co. KG** den Kapitalgesellschaften gleichgestellt.

---

66 LG Bonn, Beschluss vom 13.11.2008, 30 T 275/08; DStR 2009, 498 ff.

67 *Stollenwerk/Krieg* GmbHG 2008, 575, 579.

68 *Stollenwerk/Krieg* GmbHG 2008, 575, 579.

69 BeckBilKomm-*Kozikowsky/Gutman* Rn 10.

70 Eingehend dazu § 331 Rn 35 ff.

71 Beschlussempfehlung, BT-Drucks. 16/2781, S. 82.

72 *Wenzel* BB 2008, 769, 770, so wohl aber *Schlauß* DB 2007, 2191, 2194, *Weyand* BBK Nr. 22, 1199, 1202, die dies aus der Formulierung „auch" folgern.

73 Beschlussempfehlung, BT-Drucks. 16/2781, 82.

F. Ordnungsgeldbewehrte Pflichten

Die ordnungsgeldbewehrten Pflichten ergeben sich abschließend aus den §§ 325, **325a HGB**, wobei die Erleichterungen für kleine Kapitalgesellschaften nach § 326 HGB zu beachten sind. Im Rahmen des **§ 326 HGB** sind die Offenlegungspflichten allerdings auch für die kleine Kapitalgesellschaft ordnungsgeldbewehrt.[74] Ein Ordnungsgeld kann hingegen nicht verhängt werden, wenn **unrichtige** oder **unvollständige Unterlagen** offengelegt werden. In diesen Fällen kann gemäß § 334 Abs. 1 Nr. 5 HGB, der auf § 328 HGB verweist, eine **Geldbuße** verhängt werden (§ 334 Rn 75). § 328 HGB enthält Vorgaben für die Form und den Inhalt der einzureichenden Unterlagen für die Fälle der Offenlegung, Veröffentlichung und/oder Vervielfältigung. Die Offenlegung muss nach § 325 Abs. 1 Satz 2 HGB innerhalb einer Frist von 12 Monaten nach dem Ende des jeweiligen Geschäftsjahres erfolgen. Zur Fristwahrung ist, entsprechend dem Zugang von Willenserklärungen im Zivilrecht, der Eingang der Unterlagen beim elektronischen Bundesanzeiger entscheidend,[75] so dass allein der Nachweis einer rechtzeitigen Absendung nicht genügt.[76] **20**

I. Pflicht zur Offenlegung des Jahresabschlusses, des Lageberichts, des Konzernabschlusses, des Konzernlageberichts und anderer Unterlagen der Rechnungslegung (§ 335 Abs. 1 Satz 1 Nr. 1 HGB)

1. Gegenstände der Offenlegungspflicht bei der Kapitalgesellschaft. Gegenstand der Offenlegungspflicht sind bei der Kapitalgesellschaft der **Jahresabschluss**, der **Lagebericht** und **andere Unterlagen der Rechnungslegung**. Andere Unterlagen sind nach **§ 325 Abs. 1 HGB** der **Bestätigungsvermerk**, der **Bericht des Aufsichtsrats**, der **Vorschlag und der Beschluss über die Verwendung des Ergebnisses** sowie **Änderungen des Jahresabschlusses oder Bestätigungsvermerks** (§ 325 Rn 19 ff). Hierbei sind die Einschränkungen der Offenlegung bei der GmbH (§ 325 Rn 24) und bei Tochterunternehmen zu beachten. Andere Unterlagen müssen nicht offen gelegt werden (§ 325 Rn 22). **Kleine Kapitalgesellschaften** nach § 267 Abs. 1 HGB sind von der Offenlegung insofern entlastet, als sie nach § 326 HGB nur die Bilanz und den Anhang offenzulegen haben, wobei der Anhang keine Angaben betreffend der Gewinn- und Verlustrechnung zu enthalten braucht. Erleichterungen in der Offenlegung ergeben sich ebenfalls für **Tochterunternehmen**, sofern alle Voraussetzungen des **§ 264 Abs. 3 HGB** vorliegen, wenn also die notwendige Transparenz über den Konzernabschluss der Muttergesellschaft erreicht wird. Dies hat zur Folge, dass die Befreiung nicht gilt, wenn sich die Muttergesellschaft ihrerseits auf die Ausnahme des § 313 Abs. 3 HGB beruft.[77] **21**

2. Gegenstände der Offenlegungspflicht im Konzern. Gegenstände der Offenlegungspflicht sind nach **§ 325 Abs. 3 HGB** bei Konzernen der **Konzernabschluss**, der **Konzernlagebericht**, der **Bestätigungsvermerk**, der **Abschluss eines nicht einbezogenen Unternehmens** **22**

---

[74] Zur Vereinbarkeit der Publizitätspflichten auch für kleine Kapitalgesellschaften vgl. LG Bonn, Beschluss vom 7.10.2008, 30 T 122/08.

[75] BVerfG, Beschluss vom 1.2.2011 – 2 BvR 1236/10, Rn 21.

[76] LG Bonn, Beschluss vom 29.10.2008 – 30 T 104/08, DStR 2009, 451 f (mit Anm. *Wolf*); LG Bonn, Beschluss vom 27.10.2008, 30 T 187/08; vgl. auch LG Bonn, Beschluss vom 23.9.2008, 30 T 74/08.

[77] LG Bonn, Beschluss vom 6.5.2010 – 36 T 837/09, NJW-RR 2010, 1406, 1407.

und die **nachträglichen Änderungen des Konzernabschlusses**. Auch hier sind Befreiungen und Vereinfachungen zu beachten (§ 325 Rn 69 ff).

23 3. **Freiwillige Publizitätsanforderungen.** Die auf Gesetz, Gesellschaftsvertrag oder Satzung beruhenden sonstigen Publizitätsanforderungen werden von § 325 HGB nicht erfasst (§ 335 Abs. 5 HGB) und können daher nicht zur Verhängung eines Ordnungsgeldes nach § 335 Abs. 1 Satz 1 Nr. 1 HGB führen.[78]

24 4. **Anforderungen an die Offenlegung.** § 335 Abs. 1 Satz 1 Nr. 1 HGB verweist auf den gesamten **Pflichtenkatalog des § 325 HGB**, der die Anforderungen an die Offenlegung umschreibt. Die Offenlegung setzt sich aus den Elementen der **Einreichung der vorgeschriebenen Unterlagen** beim Betreiber des elektronischen Bundesanzeigers nach § 325 Abs. 1 Satz 1 HGB und der **Bekanntmachung im Bundesanzeiger** nach § 325 Abs. 2 HGB zusammen. Für die Ergebnisverwendung der GmbH gilt die Besonderheit, dass Angaben dazu nicht gemacht werden müssen, wenn sich anhand dieser Angaben die Gewinnanteile von natürlichen Personen feststellen lassen, die Gesellschafter sind. Für kleine und mittelgroße Kapitalgesellschaften (§ 267 Abs. 1, 2 HGB) sind in den §§ 326, 327 HGB **größenabhängige Erleichterungen** bei der Offenlegung vorgesehen; dabei werden an den Umfang und die Form geringere Anforderungen gestellt. Daneben erlauben die §§ 266 Abs. 1 Satz 3, 274a, 276, 288 HGB für kleine und mittelgroße Kapitalgesellschaften die Aufstellung des Jahresabschlusses in einer vereinfachten Form. Wenn dem Bundesamt in einem Verfahren keine Anhaltspunkte über die Einstufung der Gesellschaft oder des Konzerns als kleine oder mittelgroße Gesellschaft oder Konzern vorliegen, ist den Beteiligten mit der Androhung des Ordnungsgeldes gemäß § 335 Abs. 6 HGB aufzugeben, Nachweise für das Vorliegen der Voraussetzungen nach § 267 Abs. 1, 2 HGB vorzulegen. Erst wenn die Unterlagen beim elektronischen Bundesanzeiger fristgerecht eingereicht worden sind und die Bekanntmachung erfolgt ist, sind die Pflichten des § 325 HGB erfüllt.

II. Pflicht zur Offenlegung der Rechnungsunterlagen der Hauptniederlassung (§ 335 Abs. 1 Satz 1 Nr. 2 HGB)

25 Weiterhin verweist § 335 Abs. 1 Satz 1 Nr. 2 HGB auf § **325a HGB**. Durch letztere Vorschrift, die in Umsetzung der elften gesellschaftsrechtlichen EG-Richtlinie[79] ergangen ist, hat die Zweigniederlassung eine besondere Regelung erfahren.[80] Durch § 325a HGB wird die Offenlegungsverpflichtung bezüglich Unterlagen aus der Rechnungslegung auf **inländische Zweigniederlassungen von Kapitalgesellschaften** ausgedehnt, die ihren Sitz oder ihre Hauptniederlassung in einem anderen Staat der Europäischen Union oder einem Vertragsstaat des Abkommens über den Europäischen Wirtschaftsraum haben. Die Verpflichtung bezieht sich nur auf die **Unterlagen der Hauptniederlassung**. Hingegen wird die Offenlegung von Unterlagen aus der Rechnungslegung der Zweigniederlassung nicht verlangt.[81] Dies ist aus praktischer Sicht insbesondere für die englische Gesellschaftsform der **Limited** (Ltd.) relevant. Eine Limited kann auch ausschließlich in

[78] MünchKommHGB/*Quedenfeld* Rn 10.
[79] EG-Richtlinie 89/666/EWG vom 21.12.1989, ABl. EG Nr. L 395 vom 30.12.1989, S. 36 ff (Zweigniederlassungsrichtlinie).
[80] § 325a Rn 1.
[81] Näher dazu § 325a Rn 9.

Deutschland agieren, so dass unterschieden werden muss, ob es sich um die Hauptniederlassung oder um eine Zweigniederlassung handelt.[82] Bei einer Tätigkeit ausschließlich in Deutschland entspricht dies zwar faktisch einer echten Hauptniederlassung,[83] jedoch lässt das britische Recht eine Verlegung des Satzungssitzes (noch) nicht zu,[84] so dass diese rechtlich als Zweigniederlassung zu behandeln ist, selbst wenn die Hauptniederlassung in Großbritannien nur formal besteht.[85] Diese muss lediglich in das deutsche Handelsregister nach §§ 13d bis 13g HGB eingetragen werden. Nach § 325a Abs. 2 HGB gilt diese Vorgabe **nicht für Zweigniederlassungen von Kreditinstituten und Versicherungsunternehmen**.

Im Hinblick darauf, dass § 325a HGB die Offenlegung von Unterlagen aus der Rechnungslegung der Hauptniederlassung anordnet, sind diese Unterlagen nicht nach deutschem, sondern nach dem für die Hauptniederlassung geltenden **ausländischen Recht** aufzustellen.[86] Die Verpflichtung zur Offenlegung bezieht sich auf die im Ausland bereits eingereichten und bekanntgegebenen Unterlagen. Auch hier sind freiwillige Unterlagen nicht erfasst; die Verpflichtung des § 325a HGB bezieht sich nur auf die **gesetzlich vorgesehenen Dokumente**.[87] Im Gegensatz zu § 244 HGB erlaubt § 325a Abs. 1 Satz 3 Nrn. 1 bis 3 HGB die Offenlegung der Unterlagen in englischer Sprache bzw. in einer von dem Register der Hauptniederlassung beglaubigten Abschrift oder, wenn eine dem Register vergleichbare Einrichtung nicht vorhanden oder diese nicht zur Beglaubigung befugt ist, in einer von einem Wirtschaftsprüfer bescheinigten Abschrift. Dadurch wird die Offenlegung deutlich erleichtert. **26**

Die Unterlagen sind beim **elektronischen Bundesanzeiger** einzureichen. Wenn mehrere inländische Zweigniederlassungen bestehen, bedarf es nur *einer* Einreichung. **27**

III. Schuldhaftes Verhalten

Ausgehend davon, dass es sich bei dem Ordnungsgeld um **Strafrecht im weiteren Sinne** handelt (Rn 12),[88] darf ein solches Ordnungsgeld im Falle einer Pflichtverletzung nur verhängt werden, wenn ein schuldhaftes Verhalten im Sinne einer vorwerfbaren Pflichtverletzung vorliegt.[89] Dies gilt umso mehr, als das BVerfG selbst die zivilprozessualen Ordnungsmittel dem Anwendungsbereich des Schuldgrundsatzes unterstellt hat.[90] Zwar spricht sich der Bundesrat gegen ein solches Verschuldenserfordernis aus,[91] jedoch nimmt die Neuregelung auf eine solche Einschränkung gerade keinen Bezug. Diese fehlende Bezugnahme wird darauf gegründet, dass das Ordnungsgeld zur Erzwin- **28**

---

[82] EuGH NJW 1999, 2027; EuGH NJW 2002, 3614; EuGH NJW 2003, 3331.

[83] So AG Duisburg NZG 2003, 1032.

[84] Vgl. s. 2 (1) (b) Companies Act 1985.

[85] Vgl. EuGH vom 9.3.1999 Centros, NJW 1999, 2027; EuGH vom 30.09.2003 Inspire Art, NJW 2003, 3331; näher Die Limited, S. 53 ff.

[86] MünchKommHGB/*Fehrenbacher* § 325a Rn 12.

[87] Vgl. MünchKommHGB/*Fehrenbacher* § 325a Rn 18.

[88] *Jakobs* 3. Abschn. Rn 22.

[89] LG Bonn, Beschluss vom 22.4.2008, 11 T 28/07; Beschluss vom 16.5.2008 – 11 T 52/07; Beschluss vom 7.12.2009 – 31 T 579/09; *Stollenwerk/Krieg* GmbHR 2008, 575, 579 f; aA MünchKommHGB/*Quedenfeld* Rn 16.

[90] BVerfGE 58, 159 ff, 162 f (zu § 890 ZPO).

[91] Stellungnahme Bundesrat, BT-Drucks. 942/05, S. 16; ebenso MünchKommHGB/*Quedenfeld* Rn 16; *de Weerth* NZI 2008, 711, 714.

gung einer alsbaldigen Vornahme eher präventiv als repressiv einzuordnen sei.[92] Des Weiteren führe die Tatsache, dass § 335 Abs. 1 Satz 2 HGB dann nicht entgegensteht, wenn die in § 325 HGB bezeichneten Pflichten noch nicht erfüllt worden sind – der Jahresabschluss also entgegen § 264 Abs. 1 HGB noch nicht aufgestellt worden ist –, dazu, dass kein Verschulden gefordert werde.[93] Jedoch sagt dies noch nichts über ein Verschuldenserfordnis aus, da sich die Anknüpfung des Verschuldens auf das Verstreichenlassen der 12-Monatsfrist zur Offenlegung bezieht und nicht auf die Sechswochenfrist innerhalb des Ordnungsgeldverfahrens.[94] Da dem Ordnungsgeld, wie oben dargelegt (Rn 12), angesichts der repressiven Reaktion inhaltlich gesehen Strafcharakter zukommt,[95] gilt für Ordnungsmittel das Erfordernis eines (positiv festzustellenden) schuldhaften Verhaltens.[96] Im Falle der Insolvenz der Gesellschaft liegt das Verschulden des Organs hingegen in der nicht rechtzeitigen Zuführung von Liquidität.[97] In der Praxis werden jedoch die zur Entlastung vorgebrachten Argumente des fehlenden Verschuldens durch die Beschwerdeführer überwiegend nicht anerkannt.[98] So wurden nicht ausreichende Liquidität zur Erstellung des Jahresabschlusses,[99] mangelnde personelle Besetzung[100] oder gesellschaftsinterner Streit über die inhaltliche Richtigkeit früherer Jahresabschlüsse[101] nicht als Gründe für eine Entlastung akzeptiert. Selbst die Beschlagnahme von Buchhaltungsunterlagen durch die Staatsanwaltschaft entbindet nicht von der Offenlegungspflicht, wenn keine Anstrengungen unternommen wurden, Einsicht in die Unterlagen zu erhalten.[102] Eine Sonderkonstellation ergibt sich in der Insolvenz bzw. Liquidation des Unternehmens, wenn die zuständigen Organe keine Kenntnis von der Androhung erhalten, sondern nur der Insolvenzverwalter den Brief erhält.[103]

29 Fraglich ist, welche Auswirkungen **Rechtsirrtümer** auf das Verschulden haben. Dies kann beispielsweise der Fall sein, wenn die Organmitglieder der Gesellschaft berechtigterweise glauben dürfen, nicht zur Offenlegung verpflichtet zu sein, also ein entschuldbarer Irrtum vorliegt, wobei dieser Ausnahme hinsichtlich des Schutzzwecks und der Praktikabilität der Offenlegungsverpflichtung enge Grenzen zu setzen sind. Die bloße Vorstellung, wegen finanzieller Engpässe nur bedingt offenlegungspflichtig zu sein, ist dafür jedoch nicht ausreichend, da die Gesellschaft über die dafür notwendigen Kennzahlen verfügt und auch verfügen muss.[104] Anderes ergibt sich hingegen, wenn die Gesellschaft glaubt, auf Grund einer anderen vertretbaren Rechtsauffassung den Publizitätsvorschriften auf andere Weise Genüge getan zu haben. Dabei muss jedoch eine aus-

---

[92] Stellungnahme Bundesrat, BT-Drucks. 942/05, S. 16.

[93] Stellungnahme Bundesrat, BT-Drucks. 942/05, S. 16.

[94] LG Bonn, Beschluss vom 25.10.2007, 11 T 21/07, BB 2008, 941; vgl auch Nichtannahmebeschluss des Bundesverfassungsgerichts vom 11. März 2009 – 1 BvR 3413/08.

[95] BVerfGE 20, 323, 331; 58, 159, 163.

[96] LG Bonn, Beschluss vom 22.4.2008, 11 T 28/07; LG Bonn, Beschluss vom 16.5.2008 – 11 T 52/07; LG Bonn, Beschluss vom 7.12.2009 – 31 T 579/09; so auch *Stollenwerk/Krieg* GmbHR 2008, 575, 579 f; aA *Lemmen/Niemann/Wohlgemuth* Rn 2606.

[97] LG Bonn, Beschluss vom 30.6.2008 – 11 T 48/07, BB 2008, 1728.

[98] Übersicht zur Rechtsprechung des LG Bonn bei *Stollenwerk/Kurpat* BB 2009, 150, 152 ff.

[99] LG Bonn, Beschluss vom 25.10.2007 – 11 T 21/07, BB 2008, 941; LG Bonn, Beschluss vom 30.6.2008 – 11 T 48/07, BB 2008, 1728; LG Bonn, Beschluss vom 6.12.2007 – 11 T 11/07, BB 2008, 941.

[100] LG Bonn, Beschluss vom 25.10.2007 – 11 T 21/07, BB 2008, 941.

[101] LG Bonn, Beschluss vom 25.10.2007 – 11 T 21/07, BB 2008, 941.

[102] LG Bonn, Beschluss vom 28.07.2008 – 30 T 52/08.

[103] LG Bonn, Beschluss vom 7.12.2009 – 31 T 579/09, NJW-RR 2010, 698, 699.

[104] LG Bonn, Beschluss vom 25.10.2007 – 11 T 21/07, BB 2008, 941.

reichende Informationsgrundlage über die Rechtslage vorliegen, um den kaufmännischen Sorgfaltspflichten Genüge getan zu haben.[105] So kann ein entschuldbarer Irrtum vorliegen, wenn eine offengelegte Liquidationsbilanz erstellt wurde und die Gesellschaft wegen fehlender Auskehrung noch zur Offenlegung des Jahresabschlusses verpflichtet war.[106]

In diesem Zusammenhang stellt sich die Frage, inwieweit ein **Verschulden Dritter** zuzurechnen ist. Dies kann insbesondere dann relevant werden, wenn ein hinzugezogenes Unternehmen die notwendigen Jahresabschlussunterlagen nicht rechtzeitig an den elektronischen Bundesanzeiger übermittelt.[107] Eine direkte Anwendung des § 278 BGB führt lediglich zu einer Verschuldenszurechnung innerhalb von zivilrechtlichen Beziehungen. Angesichts des strafähnlichen Charakters scheidet eine analoge Anwendung des § 278 BGB jedoch aus.[108] Vielmehr ist die Offenlegung ebenso wie die Bilanzerstellung eine Organpflicht, so dass die Mitglieder des vertretungsberechtigten Organs für die Erfüllung zu sorgen haben. Somit kann sich der Pflichtige nicht durch die Einschaltung Dritter seinen Offenlegungspflichten aus §§ 325 ff HGB entziehen. **30**

G. Verfahren der Ordnungsgeldfestsetzung

I. Zuständigkeit

Für das Ordnungsgeldverfahren ist das **Bundesamt für Justiz** (BfJ) mit Sitz in Bonn zuständig. Durch das EHUG vom 10.11.2006 (Vor §§ 331 ff Rn 55 f) wurde das Antragserfordernis abgeschafft und das Bundesamt für Justiz verpflichtet, bei nicht innerhalb der Frist des § 325 Abs. 1 Satz 2 HGB erfolgter Offenlegung ein Ordnungsgeldverfahren von Amts wegen einzuleiten. Dabei wird es von den Betreibern des elektronischen Bundesanzeigers (§ 329 Abs. 1 Satz 1 HGB) unterstützt, die gemäß § 329 Abs. 4 HGB das Bundesamt für Justiz über Verstöße gegen die Offenlegungspflichten unterrichten. Dies geschieht nach der Überprüfung der vorgelegten Unterlagen auf Rechtzeitigkeit, auf Vollständigkeit und auf rechtmäßige Inanspruchnahme der größenabhängigen Erleichterungen nach §§ 326 bis 327a HGB. Durch dieses zentralisierte und weitgehend automatisierte Verfahren wird eine viel höhere Kontrolldichte erreicht als durch das frühere Antragsverfahren.[109] **31**

II. Androhung und Festsetzung des Ordnungsgeldes

Das Ordnungsgeldverfahren ist gemäß § 335 Abs. 2 Satz 2 HGB ein **Justizverwaltungsverfahren**. Aus diesem Grunde finden neben den §§ 15 bis 19, § 40 Abs. 1, § 388 Abs. 1, § 389 Abs. 3, § 390 Abs. 2 bis 6 FamFG auch § 11 Nrn. 1 und 2, § 12 Abs. 1 **32**

---

105 LG Bonn, Beschluss vom 23.7.2010 – 11 T 246/10, NZG 2010, 1276, 1277.

106 LG Bonn, Beschluss vom 23.7.2010 – 11 T 246/10, NZG 2010, 1276, 1277; zur Offenlegung der Liquidationsbilanz und den Auswirkungen auf die externe Rechnungslegung vgl. Müller/Winkeljohann/*Erle/Helm*, Beck'sches Handbuch der GmbH, § 16 Rn 17; Scholz/*K. Schmidt* GmbHG § 71 GmbHG Rn 30.

107 Vgl. LG Bonn, Beschluss vom 29.10.2008 – 30 T 104/08, DStR 2009, 451 f mit Anm. *Wolf*.

108 So aber LG Bonn, Beschluss vom 29.10.2008 – 30 T 104/08, DStR 2009, 451, 452 mit Anm. *Wolf*.

109 Vgl. zu den Zahlen für das Jahr 2008 *Schlauß* BB 2008, 983 ff.

Nrn. 1 bis 3, Abs. 2 und 3; §§ 14, 15, 20 Abs. 1 und 3, § 21 Abs. 1 sowie §§ 23 und 26 VwVfG Anwendung, soweit nicht in § 335 Abs. 2 bis 6 HGB etwas anderes bestimmt ist. Das Bundesamt für Justiz setzt dem Betroffenen (den Mitgliedern des vertretungsberechtigten Organs oder der Gesellschaft) unter Androhung des Ordnungsgeldes eine **Frist von sechs Wochen** (§ 335 Abs. 3 Satz 1 HGB), um den gesetzlichen Pflichten nachzukommen oder sich mit Hilfe eines Einspruchs zu rechtfertigen. Das Ordnungsgeld beträgt mindestens 2.500 € und höchstens 25.000 €. Bei Erstverstößen wird es regelmäßig im unteren Bereich angesetzt werden.[110] Die Androhung muss hinreichend bestimmt sein und das konkrete Verhalten, das sanktioniert werden soll, sowie die ziffernmäßige Höhe des angedrohten Ordnungsgeldes benennen sowie einen Hinweis auf die Zulässigkeit des Einspruchs enthalten.[111] Gemäß § 335 Abs. 3 Satz 2 HGB sind mit der Androhung zugleich die **Verfahrenskosten** aufzuerlegen.[112] Diese sind ebenso innerhalb der Sechswochenfrist zu zahlen.

33 Ein verhängtes Ordnungsgeld kann auch **bei verspäteter Pflichterfüllung** beigetrieben werden.[113] Dies gilt ebenso bei Wegfall der Offenlegungsverpflichtung nach § 264 Abs. 3 HGB oder auf Grund des Beitritts eines persönlich haftenden Gesellschafters zu einer Personengesellschaft i.S.d. § 264a HGB.[114] Selbst eine nur 10-sekündige Überschreitung der Frist rechtfertigt grundsätzlich die Verhängung des Ordnungsgeldes.[115] Dieser formalistischen Sichtweise liegt die erhebliche Bedeutung der Offenlegungspflicht zu Grunde, die der Gesetzgeber dieser beigemessen hat. Jedoch ist hier die Angemessenheit des Ordnungsgeldes besonders zu beachten, wenn die Überschreitung als geringfügig i.S.d. § 335 Abs. 3 Satz 5 HGB anzusehen ist, so dass das Ordnungsgeld auf einen Bruchteil der gesetzlich festgelegten Mindestsumme von 2.500 € festgesetzt werden kann.[116] Unter **geringfügig** wird man wohl lediglich eine **Fristüberschreitung von wenigen Tagen**, höchstens einer Woche fassen können.[117] In diesen Fällen ist die Absenkung des Ordnungsgeldes auf 10 % des gesetzlichen Mindestbetrags angemessen,[118] da die eigentliche Pflichtverletzung schon in der Versäumung der Jahresfrist liegt. Nach Verstreichen der Frist ist gemäß § 335 Abs. 3 Satz 4 HGB das erste Ordnungsgeld festzusetzen und diese Festsetzung mit der **Androhung eines weiteren Ordnungsgeldes** zu verbinden. Dadurch kann – kumuliert betrachtet – ein Vielfaches von 25.000 € als Ordnungsgeld verhängt werden. Nach der Gesetzesbegründung des KapCoRiLiG dient dies der Beschleunigung des Verfahrens.[119]

34 Wenn das Unternehmen nach Ansicht des Bundesamtes für Justiz die Unterlagen nur **unzureichend offen gelegt** hat, sind die Mitglieder des vertretungsberechtigten Organs oder die Gesellschaft darüber zu informieren.[120] Ansonsten könnte es dazu kommen,

---

110 *Wenzel* BB 2008, 769.

111 Christ/Müller-Helle/*Müller-Helle* Veröffentlichungen nach dem neuen EHUG, S. 175; zu § 335a HGB a.F.: OLG Stuttgart, 13.7.2000; GmbHR 2001, 301 ff.

112 Vgl. Abschnitt 6 des Gebührenverzeichnisses zur Justizverwaltungskostenordnung (50 Euro zzgl. Auslagen für die Zustellung).

113 MünchKommHGB/*Quedenfeld* Rn 11; vgl. zum aufgehobenen § 140a FGG *Bassenge/Herbst/Roth* FGG § 140a Rn 15; Jansen/*Steder* FGG § 140a Rn 80.

114 LG Bonn, Beschluss vom 3.4.2009 – 30 T 256/09: LG Bonn, Beschluss vom 30.9.2009 – 30 T 848/09.

115 LG Bonn, Beschluss vom 27.8.2010 – 31 T 1412/09.

116 In dem Fall der 10-sekündigen Überschreitung auf 50 €.

117 LG Bonn, Beschluss vom 23.06.2008, 30 T 15/08; LG Bonn, Beschluss vom 2.12.2008, 37 T 627/08.

118 LG Bonn, Beschluss vom 23.06.2008, 30 T 15/08.

119 BT-Drucks. 14/2353, S. 25.

120 So auch *Wenzel* BB 2008, 769, 771.

dass gegen die Beteiligten wegen Ablaufs der Einreichungsfrist (überraschenderweise) ein Ordnungsgeld festgesetzt wird.

H. Rechtsbehelfe gegen die Verfügungen des Bundesamts für Justiz

I. Einspruch gegen die Ordnungsgeldandrohung

Gegen die Androhung des Ordnungsgeldes ist gemäß § 335 Abs. 3 Satz 1 HGB Einspruch möglich. Ohne Einlegung des Einspruches erwächst die Androhungsverfügung in Bestandskraft.[121] Mit dem Einspruch ist die Unterlassung der Offenlegungspflichten zu rechtfertigen; er kann jedoch auch nach § 335 Abs. 3 Satz 3 HGB auf die Einwendungen gegen die Kosten beschränkt werden. Er ist **beim Bundesamt für Justiz** als Ausgangsbehörde schriftlich oder zu Protokoll der Geschäftsstelle einzulegen. Der Einspruch hat gemäß § 335 Abs. 3 Satz 6 HGB **keine aufschiebende Wirkung**, so dass durch den Einspruch keine Verlängerung der Sechswochenfrist eintritt. Solange der Einspruch noch nicht verworfen ist, kann zwar auch noch keine Festsetzung des Ordnungsgeldes erfolgen, da die Nicht-Einlegung eines Einspruchs negative Tatbestandsvoraussetzung ist;[122] die Verfügung muss jedoch nach Ablauf der ersten Sechswochenfrist unter Androhung eines erneuten Ordnungsgeldes wiederholt werden. Im Hinblick auf das Gebot effektiven Rechtsschutzes in Art. 19 Abs. 4 GG fängt die erneute Frist erst nach Verwerfung des früheren Einspruchs an zu laufen, da sonst gegebenenfalls der Unternehmer, der das gegen ihn laufende Ordnungsgeldverfahren für unrechtmäßig erachtet, wegen der je nach Länge des Einspruchsverfahrens erhöhten Kostenbelastung von den ihm zustehenden Rechtsmitteln abgehalten werden könnte. 35

Eine **Wiedereinsetzung in den vorigen Stand** ist möglich (§ 335 Abs. 2 Satz 1 HGB i.V.m. § 17 FamFG), wenn die Einspruchsfrist schuldlos versäumt wurde. Jedoch ist eine Wiedereinsetzung lediglich zur Einlegung des Einspruchs, nicht hingegen zur Nachholung der Offenlegung zulässig.[123] 36

Ist der Einspruch **begründet**, so wird die **Androhung aufgehoben** (§ 335 Abs. 2 Satz 1 HGB i.V.m. § 390 Abs. 3 FamFG), das **Verfahren eingestellt** sowie die **Kostenentscheidung** nach § 335 Abs. 3 Satz 2 HGB **aufgehoben** (§ 335 Abs. 3 Satz 7 HGB). Ist der Einspruch **unbegründet**, so wird er verworfen. Nach erfolglosem Ablauf der Sechswochenfrist muss das **angedrohte Ordnungsgeld festgesetzt** und die frühere Verfügung unter **Androhung eines erneuten Ordnungsgeldes** wiederholt werden (§ 335 Abs. 3 Satz 4 HGB).[124] 37

II. Einspruch gegen eine erneute Ordnungsgeldandrohung

Wird zunächst kein Einspruch gegen die Ordnungsgeldandrohung eingelegt und die Verfügung auch nicht befolgt, so dass ein Ordnungsgeld festgesetzt und eine erneute Androhungsverfügung ergeht, kann auch gegen die erneute Verfügung Einspruch eingelegt werden (§ 335 Abs. 3 Satz 4 HGB). Das Verfahren entspricht dem des ersten Einspruchs (Rn 35 ff). 38

---

121 LG Bonn, Beschluss vom 24.6.2008 – 30 T 40/08, LG Bonn, Beschluss vom 27.10.2008 – 30 T 187/08.

122 *Welzel* BB 2008, 769, 771.

123 Vgl. *Bumiller/Harders* FamFG, § 17 Rn 1; *Graf Nesselrode/Feuerer* DStR 2008, 2435, 2436.

124 Vgl. zu der parallelen Regelung des FGG auch OLG Düsseldorf GmbHR 1996, 778.

III. Sofortige Beschwerde

39 Gegen die Festsetzung des Ordnungsgeldes oder die Entscheidung, dass der Einspruch verworfen worden ist, ist die sofortige Beschwerde statthaft (§ 335 Abs. 4 HGB). Über die sofortige Beschwerde hat das **Landgericht Bonn** zu entscheiden, da dieses wegen des Sitzes des Bundesamtes in Bonn zuständig ist. Das Bundesamt hat in diesem Verfahren die Stellung der ersten Instanz (vgl. § 335 Abs. 5 Satz 1 HGB).[125] Eine Übertragung an andere Landesgerichte durch eine Rechtsverordnung ist zulässig, um eine übermäßige Geschäftsbelastung zu vermeiden (§ 335 Abs. 5 Satz 2 HGB). Ist beim Landgericht Bonn eine Kammer für Handelssachen gebildet, so tritt diese an die Stelle der Zivilkammer (§ 335 Abs. 5 Satz 4 HGB). Nach § 335 Abs. 5 Satz 1 HGB muss die sofortige Beschwerde innerhalb von **zwei Wochen** ab Bekanntmachung beim zuständigen Landgericht eingelegt werden. Die im Zuge des BilMoG geschaffene Möglichkeit zur Korrektur von Fehlern der Festsetzung durch das Bundesamt für Justiz war nach Artikel 66 Abs. 6 EGHGB nur vom 25.5.2009 bis 31.8.2009 in Kraft. Nunmehr ist zuständige Beschwerdestelle wie zuvor das Landgericht Bonn und besteht keine Abhilfepflicht durch das Bundesamt mehr. (§ 335 Abs. 5 Satz 11 und 12 HGB).[126] Nach § 335 Abs. 4 HGB sind ansonsten die Vorschriften des FamFG anzuwenden. Wenn das FamFG keine Regelung enthält, sind die Bestimmungen der ZPO entsprechend anzuwenden.[127] Da die Verweisung des § 335 Abs. 4 HGB grundsätzlich für das Rechtsmittelverfahren gilt,[128] kann die sofortige Beschwerde ohne vorangegangenen Einspruch nicht darauf gestützt werden, die Verfügung, durch die das Ordnungsgeld angedroht worden ist, sei nicht gerechtfertigt gewesen.[129] § 391 Abs. 2 FamFG und die weiteren Vorschriften über das Zwangsgeld gelten auch für das Ordnungsgeldverfahren.[130] Die Androhungsverfügung erwächst in Bestandskraft, so dass die Beschwerde sogar dann zu verwerfen ist, wenn das Beschwerdegericht bei Überprüfung der Festsetzung erkennt, dass die Androhungsverfügung nicht berechtigt war.[131] Hingegen können **Verfahrensfehler bei der Festsetzung** geltend gemacht werden, so z.B., dass die Frist zu kurz, die Offenlegungspflicht vor der Festsetzung bereits erfüllt oder das Ordnungsgeld zu hoch bemessen gewesen sei.[132] Anders als der Einspruch gegen die Androhung hat die sofortige Beschwerde **aufschiebende Wirkung** da diese ein Ordnungsmittel i.S.d. § 570 Abs. 1 ZPO zum Gegenstand hat.

Eine weitere **(Rechts-)Beschwerde**, wie sie nach §§ 70 ff FamFG vorgesehen ist, ist kraft ausdrücklichen Ausschlusses in § 335 Abs. 5 Satz 6 HGB nicht möglich.

IV. Kosten und Vollstreckung

40 Mit der Androhung des Ordnungsgeldes sind den Mitgliedern des Organs der Kapitalgesellschaft oder der Gesellschaft selbst gemäß § 335 Abs. 3 Satz 2 HGB die **Verfah-**

---

125 Vgl. Senat, FGPrax 2008, 216; Senat, FGPrax 2009, 29.

126 Kritisch zur fehlenden Berichtigungsmöglichkeit vgl. *Graf Nesselrode/Feuerer* DStR 2008, 2435, 2438.

127 Beispielsweise bei der Zulässigkeit eines Rechtsmittels gegen eine ein Ablehnungsgesuch zurückweisende Entscheidung, vgl. OLG Köln, Beschluss vom 26.6.2009 – 2 Wx 55/09, FGPrax 2009, 180.

128 *Wenzel* BB 2008, 769, 771.

129 LG Bonn, Beschluss vom 24.06.2008 – 30 T 40/08 zu § 319 Abs. 2 FGG.

130 Müller-Gugenberger/Bieneck/*Müller-Gugenberger* § 41 Rn 48.

131 Vgl. LG Bonn, Beschluss vom 24.6.2008, 30 T 40/08; LG Bonn, Beschluss vom 27.10.2008, 30 T 187/08.

132 OLG Hamm JMBl. NRW 1953, 185.

renskosten aufzuerlegen (Rn 7, 32). Diese Gebühr entfällt auch dann nicht, wenn innerhalb der Sechswochenfrist offengelegt wird.[133]

Die **Vollstreckung** erfolgt gemäß § 1 Abs. 1 Nr. 3 JBeitrO nach der Justizbeitreibungsverordnung vom 11.3.1937 i.V.m. der Einforderungs- und Beitreibungsverordnung der Länder. Wenn die der Ordnungsgeldandrohung und -festsetzung zugrunde liegende Pflicht vor der Beitreibung erfüllt worden ist, hindert dies die Vollstreckung nicht. **41**

I. Erweiterte Vertretungsbefugnis

Die Vertretung im Ordnungsgeldverfahren ist gemäß § 335 Abs. 2 Satz 3 HGB gesondert geregelt. Hiernach sind zur Vertretung der Mitglieder des vertretungsberechtigten Organs bzw. zur Vertretung der Kapitalgesellschaft selbst auch Wirtschaftsprüfer, vereidigte Buchprüfer, Steuerberater, Steuerbevollmächtigte sowie Gesellschaften nach § 3 Nr. 2 und 3 StBerG, sofern diese durch Personen i.S.d. § 3 Nr. 1 StBerG vertreten werden, zugelassen, weil diese Personengruppen nach der Einschätzung des Gesetzgebers in bilanzrechtlichen Angelegenheiten die Interessen der publizitätspflichtigen Unternehmen vertreten und daher besondere Sachkenntnis haben.[134] Durch das Achte Gesetz zur Änderung des Steuerberatergesetzes[135] sind zum einen Personenvereinigungen generell nicht mehr befugt, Hilfeleistungen in Steuersachen durchzuführen und daher aus der erweiterten Vertretungsbefugnis nach § 335 Abs. 2 Satz 3 HGB ausgenommen. Zum anderen wurde die Befugnis des § 3 Nr. 4 StBerG für Personen in § 3a StBerG überführt, auf den § 335 Abs. 2 HGB nicht verweist.[136] Jedoch vermittelt auch eine vorübergehende und gelegentliche Hilfeleistung in Steuersachen die notwendige besondere Sachkenntnis, so dass der Zweck der Norm die Einbeziehung nahe legt. Diese teleologische Erweiterung ist insofern zulässig, da es sich bei § 335 Abs. 2 Satz 3 HGB lediglich um eine Erweiterung der Vertretungsbefugnis handelt, die nicht den verfassungsrechtlichen Anforderungen des Art. 103 Abs. 2 GG genügen muss. **42**

(§ 335a weggefallen)

---

133 LG Bonn, Beschluss vom 11.02.2009 – 30 T 878/08.

134 Beschlussempfehlung […].

135 Gesetz vom 8.4.2008 (8. StBerGÄndG), BGBl. I S. 666.

136 Begründung des Gesetzesentwurfs, BT-Drucks. 661/07, S. 29.

§ 335b
Anwendung der Straf- und Bußgeld- sowie der Ordnungsgeldvorschriften auf bestimmte offene Handelsgesellschaften und Kommanditgesellschaften

Die Strafvorschriften der §§ 331 bis 333, die Bußgeldvorschriften des § 334 sowie die Ordnungsgeldvorschrift des § 335 gelten auch für offene Handelsgesellschaften und Kommanditgesellschaften im Sinne des § 264a Abs. 1.

1 Nach § 335b HGB, der durch das KapCoRiLiG vom 24.2.2000 (BGBl. 2000 I S. 154 ff) eingeführt worden ist (Vor §§ 331 ff Rn 47), gelten die Straf-, Bußgeld- und Ordnungsgeldvorschriften der §§ 331 ff HGB auch für **offene Handelsgesellschaften und Kommanditgesellschaften i.S.d. § 264a Abs. 1 HGB.**

2 **Personengesellschaften, Stiftungen und Genossenschaften, bei denen eine Kapitalgesellschaft persönlich haftender Gesellschafter ist**, werden in Umsetzung der Kapitalgesellschaft & Co.-Richtlinie[1] den Kapitalgesellschaften bezüglich der strengen, in §§ 264 ff HGB verankerten Bilanzpflichten, der Aufstellung, Prüfung und Offenlegung bis hin zum Konzernabschluss, gleichgestellt.[2]

3 **Mitglieder des vertretungsberechtigten Organs** i.S.d. §§ 331 ff HGB sind jeweils die Mitglieder des vertretungsberechtigten Organs der persönlich haftenden Kapitalgesellschaft, Stiftung oder Genossenschaft, welche die OHG oder KG vertritt (§ 331 Rn 20 ff). Ein bei der OHG oder KG bestehender **fakultativer Aufsichtsrat** erfüllt die Anforderungen an die Tätereigenschaft der §§ 331 ff HGB nicht (§ 331 Rn 30, § 334 Rn 38).

4 Die betroffenen Gesellschaften mussten nach Art. 5 Nr. 2 Abs. 13.1 KapCoRiLiG erstmals für das **nach dem 31.12.1999 beginnende Geschäftsjahr** Jahresabschlüsse und Lageberichte bzw. Konzernabschlüsse und Konzernlageberichte entsprechend § 264a HGB aufstellen.[3] Verstöße gegen diese Pflicht können nach § 335b HGB in Verbindung mit §§ 331 ff HGB sanktioniert werden.

5 Hinsichtlich der Einzelheiten bezüglich Voraussetzungen und Verfahren kann deshalb auf die Kommentierung der §§ 331 ff HGB verwiesen werden.

Straf- und Bußgeldvorschriften, Ordnungsgelder

Anhang nach § 335b

Vorbemerkungen Vor §§ 340m bis 340o

Schrifttum

Ausschuß für Bilanzierung des Bundesverbandes deutscher Banken e.V. Bankbilanzrichtlinie-Gesetz (1993); Bank for International Settlements Discussion Paper on Public Disclosure of Market and Credit Risks by Financial Intermediaries (1994); *Bellavite-Hövermann/Prahl* Bankbilanzierung nach IAS (1997); *Bieg* Die externe Rechnungslegung der Kreditinstitute und Finanzdienstleistungsinstitute (1998); *Biener/Berneke* Bilanzrichtlinien-Gesetz (1986); *Birck/Meyer* Die Bankbilanz, 3. Aufl. 1976 ff; *Böcking/Bierschwale* Neue Empfehlungen des Baseler Ausschusses für Bankenaufsicht zur Behandlung von Kreditrisiken, BB 1999, 947 ff; *Boos/Fischer/Schulte-Mattler* KWG 3. Aufl.

---

[1] Richtlinie 90/605/EWG des Rates vom 8. November 1990 zur Änderung der Richtlinien 78/660/EWG und 83/349/EWG über den Jahresabschluß bzw. den konsolidierten Abschluss hinsichtlich ihres Anwendungsbereichs, ABl. EG Nr. L 317 vom 16.11.1990, S. 60 ff.

[2] BT-Drucks. 14/1806, S. 18.

[3] MünchKommHGB/*Quedenfeld* Rn 3.

(2008); *Bundesverband deutscher Banken e.V.* Banken 1996, Fakten, Meinungen, Perspektiven (1997); *ders.* Banken 1998, Fakten Meinungen, Perspektiven (1999); *Claussen* Das neue Rechnungslegungsrecht der Kreditinstitute, DB 1991, 1129 ff; *Deutsche Bundesbank* Das neue Bilanzierungsrecht für Kreditinstitute ab 1993 und seine Auswirkungen auf die monatliche Bilanzstatistik, Monatsbericht Mai 1992, S. 39 ff; *Fitzner/Freiling/Liedtke* Derivatepublizität deutscher Kreditinstitute, WPg 1997, 177 ff; *Göttgens/Schmelzeisen* Bankbilanzrichtlinie-Gesetz (1992); *Hanenberg* Die neuen Vorschriften zur Rechnungslegung der Finanzdienstleistungsinstitute, WPg 1999, 85 ff; *Institut der Wirtschaftsprüfer in Deutschland e.V. (IDW)* Zur Transformation der EG-Richtlinie über den Jahresabschluß und den konsolidierten Abschluß von Banken und anderen Finanzinstituten, WPg 1987, 529 ff; *dass.* Stellungnahme zum Referentenentwurf eines Bankbilanzrichtlinie-Gesetzes (BaBiRiLiG), WPg 1989, 377 ff; *dass.* Rechnungslegung nach International Accounting Standards (1995); *Krumnow* Kommentierung zu IAS 30, in: Baetge/Dörner/Kleekämper/Wollmert/Kirsch (Hrsg.), Rechnungslegung nach International Accounting Standards (IAS), 2. Aufl. (2002); *Krumnow/Sprißler/Bellavite-Hövermann/Kemmer/Steinbrücker* Rechnungslegung der Kreditinstitute – Kommentar zum Bankbilanzrichtlinie-Gesetz und zur RechKredV (1994); *Krumnow/Sprißler/Bellavite-Hövermann/Paul/Brütting/Lauinger/Löw/Naumann/Pfitzer/Scharpf* Rechnungslegung der Kreditinstitute: Kommentar zum deutschen Bilanzrecht unter Berücksichtigung von IAS/IFRS, 2. Aufl. (2004); *Löcke* Die freiwillige Anwendung von IAS 30 als erster Schritt zu einer kapitalmarktorientierten Bankenrechnungslegung, WPg 1997, 733 ff; *Meyer/Isenmann* Bankbilanzrichtlinie-Gesetz (1993); *Prahl* Die neuen Vorschriften des Handelsgesetzbuches für Kreditinstitute, Teil I, WPg 1991, 401 ff; Teil II, WPg 1991, 438 ff; *Reischauer/Kleinhans* KWG, Stand 2011; *Reker/Pahl/Löcke* Aufstellung eines befreienden Konzernabschlusses und -lageberichts nach International Accounting Standards durch Kreditinstitute, WPg 1998, 527 ff; *Rixen* EG-Bankbilanzrichtlinie transformiert, Die Bank 1990, 638 ff; *ders.* Änderung der Rechnungslegungsvorschriften für Kreditinstitute durch das Bankbilanzrichtlinie-Gesetz, WM 1991, 841 ff; *Szagunn/Haug/Ergenzinger* Gesetz über das Kreditwesen, 6. Aufl. (1997); *Scharpf/Sohler* Leitfaden zum Jahresabschluß nach dem Bankbilanzrichtlinie-Gesetz (1992); *Schwartze* Die Neuregelung der deutschen Bankenrechnungslegung nach den Vorgaben der Europäischen Gemeinschaft, AG 1993, 12 ff; *Treuarbeit AG* (Hrsg.) Bankbilanzierung ab 1993 (1992); *Vortmann* Neues Recht der Bankbilanzierung durch das Bankbilanzrichtlinie-Gesetz, NJW 1991, 2399 ff; *Wagener* Rechnungslegung der Kreditinstitute im Umbruch?, ZfgK 1998, 160 ff; *Waschbusch* Die handelsrechtliche Jahresabschlußpolitik der Universalaktienbanken: Ziele – Daten – Instrumente (1992).

I. Entstehungsgeschichte

Die §§ 340m bis 340o HGB sind auf **Kreditinstitute i.S.d. § 1 Abs. 1 KWG**, auf **Finanzdienstleistungsinstitute i.S.d. § 1 Abs. 1a KWG** und auf Institute i.S.d. § 1 Abs. 2a ZAG anzuwenden (§ 340 Abs. 1, 4, 5 HGB). Dabei sind die Straf-, Bußgeld- und Ordnungsgeldnormen unabhängig von der Rechtsform und der Größe des Instituts anwendbar. Während in § 340m HGB die Strafvorschriften der §§ 331 bis 333 HGB und in § 340o die Ordnungsgeldvorschrift des § 335 HGB für anwendbar erklärt werden, sind die Ordnungswidrigkeitentatbestände des § 340n HGB wegen der zahlreichen **bankrechtlichen Besonderheiten** gesondert ausgestaltet und verweisen nicht auf die Ordnungswidrigkeitentatbestände des § 334 HGB (Rn 5). 1

Der Gesetzgeber erweiterte durch das **Bankbilanzrichtliniegesetz** vom 30.11.1990 (BGBl. I S. 2570) mittels Einführung des **§ 340m Satz 1 HGB** den **Strafrechtsschutz der §§ 331 bis 333 HGB auf Kreditinstitute**, auch und gerade wenn diese nicht in der Form einer Kapitalgesellschaft betrieben werden (Anhang nach § 335b, § 340m Rn 4 ff).[1] Diese Erweiterung war erforderlich, weil im Bankbilanzrichtliniegesetz die Kreditinstitute sowohl rechtsform- als auch größenunabhängig verpflichtet wurden, einen Jahresabschluss und einen Lagebericht sowie – wenn sie Mutterunternehmen eines Konzerns sind – 2

[1] Vgl. dazu BT-Drucks. 11/6275 S. 26.

einen Konzernabschluss und einen Konzernlagebericht aufzustellen. Diese Pflichten wurden durch Artikel 2 BegleitG vom 22.10.1997 (BGBl. I S. 2567) auf Finanzdienstleistungsinstitute i.S.d. § 340 Abs. 4 Satz 1 HGB erstreckt (Vor §§ 331 ff Rn 40).

3 Eine weitere Ausweitung erfuhren die §§ 340m bis 340o HGB durch das **Gesetz zur Umsetzung der Zweiten E-Geld-Richtlinie** (2. EGeldRLUG) vom 1.3.2011 (BGBl. I S. 288; dazu Vor §§ 331 Rn 90), in dem auch Vorstands- und Aufsichtsratsmitglieder sowie Geschäftsleiter von Instituten i.S.v. § 1 Abs. 2a ZAG (Zahlungsinstitute und E-Geld-Institute) in den Normadressatenkreis einbezogen wurden, nachdem diese Institute durch das Gesetz über die Beaufsichtigung von Zahlungsdiensten (ZAG) vom 25.6.2009 (BGBl. I S. 1506) in § 340 Abs. 5 HGB eingeführt wurden. Bis zum Inkrafttreten des Umsetzungsgesetzes fehlte in den Straf-, Bußgeld- und Ordnungsvorschriften eine Verweisung auf Zahlungsdienstinstitute i.S.v. § 1 Abs. 2a ZAG, so dass einer Sanktionierung von Verstößen, die vor dem In-Kraft-Treten des 2. EGeldRLUG am 30.4.2011 begangen worden sind, das Rückwirkungsverbot des Art. 103 Abs. 2 GG (Vor §§ 331 Rn 174) entgegensteht, weil eine analoge Anwendung der Vorgängerregelung unzulässig ist (Vor §§ 331 Rn 149). Dementsprechend können Handlungen, die vor Inkrafttreten der Neuregelung von Sonderpflichtigen in Zahlungsdienstinstituten begangen oder unterlassen wurden, nicht bestraft oder geahndet werden. Gleiches gilt für die Androhung und Festsetzung eines Ordnungsgeldes, da es sich hierbei um Sanktionen handelt, denen inhaltlich Strafcharakter zukommt, so dass die speziellen strafrechtlichen Rechtsgrundsätze gelten (§ 335 Rn 12).

4 Während diese Pflichten bereits zuvor für Kredit-, Finanzdienstleistungs- und Zahlungsdienstinstitute in der Rechtsform der Kapitalgesellschaft bestanden und strafbewehrt waren, erweitert **§ 340m HGB** die Anwendbarkeit der **Strafnormen der §§ 331 bis 333 HGB** auch auf nicht in der Rechtsform einer Kapitalgesellschaft betriebene Institute.[2] Dies entspricht der grundsätzlichen Orientierung am Leitbild der großen Kapitalgesellschaft im Hinblick auf die Rechnungslegung von Kreditinstituten.[3]

5 **§ 340n HGB** wurde als abschließender **Ordnungswidrigkeitenkatalog** für Kredit-, Finanzdienstleistungs- und Zahlungsinstitute ausgestaltet (Anhang nach § 335b; § 340n Rn 1). Im Gegensatz zu § 340m HGB, der die §§ 331 bis 333 HGB für anwendbar erklärt, verweist § 340n HGB nicht nur auf § 334 HGB, sondern normiert abschließend die auf Kreditinstitute anwendbaren Ordnungswidrigkeitentatbestände, so dass § 340n HGB nicht lediglich ergänzenden Charakter hat (im Einzelnen § 340n Rn 2).[4] § 334 HGB findet dementsprechend auf Kreditinstitute wegen der zahlreichen Spezialregelungen für diese Unternehmen explizit keine Anwendung (§ 334 Abs. 5 HGB).[5] Auf Finanzdienstleistungs-, Zahlungs- und E-Geld-Institute ist der Ausschluss in § 334 Abs. 5 HGB zwar nicht direkt anzuwenden, so dass grundsätzlich § 334 HGB und § 340n HGB nebeneinander anwendbar sind; jedoch ist die Vorschrift des § 340n HGB auf die Bedürfnisse von solchen Instituten besser zugeschnitten, so dass im Ergebnis § 340n HGB als lex specialis § 334 HGB vorgeht.

6 Nach Ausdehnung der für die Kapitalgesellschaften geltenden Vorschriften über die Bilanzierung und das Rechnungswesen auf alle Kreditinstitute durch das Bankbilanzrichtliniegesetz vom 30.11.1990 übertrug der Gesetzgeber zunächst in § 340o HGB die

---

[2] MünchKommHGB/*Quedenfeld* § 340m Rn 2; *Wiedmann* § 340m Rn 1.

[3] BHdR/*Bieg* § 340m Rn 328; BoHR/*Maier* § 340m Rn 1; Heymann/*Otto* § 340m HGB Rn 2; *Krumnow/Sprißler/Bellavite-Hövermann/Kemmer/Steinbrücker* § 340m HGB Rn 1; MünchKommHGB/*Quedenfeld* § 340m HGB Rn 1; *Wiedmann* § 340m HGB Rn 1.

[4] *Wiedmann* § 340n HGB Rn 1.

[5] MünchKommHGB/*Quedenfeld* § 335b Anh. § 340n Rn 1.

für Kapitalgesellschaften vorgesehene Möglichkeit der Festsetzung von Zwangsgeldern auf alle Kreditinstitute, unabhängig von deren Rechtsform. Durch Artikel 2 BegleitG vom 22.10.1972 wurde diese Regelung auf Finanzdienstleistungsinstitute i.S.d. § 340 Abs. 4 Satz 1 HGB erstreckt.[6] Im Rahmen der Neuregelung der §§ 335, 335a HGB a.F. wurde § 340o HGB durch das EHUG 2006[7] angepasst und damit das Zwangsgeld abgeschafft und als Ordnungsgeld ausgestaltet (zur Entstehungsgeschichte des § 335 Rn 7 ff).

II. Begriff des Kredit- und Finanzdienstleistungs- sowie des Zahlungs- und E-Geldinstituts

1. Kreditinstitut. Der Begriff des Kreditinstituts wird in § 340 Abs. 1 Satz 1 HGB i.V.m. § 1 Abs. 1 KWG definiert. Erfasst sind zunächst **Kreditinstitute i.S.d. § 1 Abs. 1 KWG**, soweit sie nicht nach § 2 Abs. 1, 4 oder 5 KWG (Rn 8) ausgenommen sind.[8] Nach § 1 Abs. 1 Satz 1 KWG sind Kreditinstitute Unternehmen, die Bankgeschäfte gewerbsmäßig oder in einem Umfang betreiben, der einen in kaufmännischer Weise eingerichteten Geschäftsbetrieb erfordert. Die möglichen Bankgeschäfte sind seit dem Wegfall der Rechtsverordnungsermächtigung des § 1 Abs. 1 Satz 3 KWG[9] abschließend geregelt. Zudem fallen nach § 340 Abs. 1 Satz 1 Hs. 2 HGB **inländische Zweigniederlassungen von Unternehmen mit Sitz außerhalb der EU und des EWR**, soweit diese gemäß § 53 Abs. 1 KWG als Kreditinstitut gelten, unter den Begriff des Kreditinstituts. Unter einer Zweigniederlassung versteht man jede inländische rechtlich unselbstständige, jedoch wirtschaftlich selbständig geführte Einrichtung eines im Ausland ansässigen Unternehmens, wenn diese Bankgeschäfte i.S.d. § 1 Abs. 1 Satz 2 KWG betreibt. Seit der Einschränkung des Wortlauts des § 340 Abs. 1 Satz 1 HGB durch das EHUG (Vor §§ 331 Rn 55) von dem weiten Begriff der Zweigstelle hin zu Zweigniederlassungen sind **wirtschaftlich unselbstständige Zweigstellen** (Betriebsstätten) aus dem Anwendungsbereich des § 340m HGB ausgenommen. In tatsächlicher Hinsicht hat diese Neuregelung nur minimale (strafrechtliche) Konsequenzen, da auch vor der Gesetzesänderung nur selbständig verantwortliche Personen strukturell als Täter in Frage kamen. Die Niederlassung eines inländischen Unternehmens, die ihren Sitz im Ausland hat und Bankgeschäfte i.S.d. § 1 Abs. 1 Satz 2 KWG betreibt, wird dem inländischen Unternehmen zugerechnet und fällt damit bereits in den Anwendungsbereich des § 1 Abs. 1 KWG; § 53 KWG ist auf ein solches Unternehmen nicht anwendbar.[10] Hingegen ist bei rechtlich selbstständigen Tochterunternehmen deren Sitzstaat maßgeblich.[11] 7

Keine Kreditinstitute sind nach **§ 2 Abs. 1 KWG**: die Deutsche Bundesbank (Nr. 1); die Kreditanstalt für Wiederaufbau (Nr. 2); die Sozialversicherungsträger und die Bundesagentur für Arbeit (Nr. 3); die öffentliche Schuldenverwaltung des Bundes, eines seiner Sondervermögen, eines Landes oder eines anderen Staates des EWR und deren Zentralbanken, sofern diese nicht fremde Gelder als Einlagen oder andere rückzahlbare Gelder des Publikums annimmt oder das Kreditgeschäft betreibt (Nr. 3a); Kapitalanlagegesellschaften und Investmentaktiengesellschaften (Nr. 3b); private und öffentlich-rechtliche Versicherungsunternehmen (Nr. 4); Unternehmen des Pfandleihgewerbes, soweit sie dieses durch Gewährung von Darlehen gegen Faustpfand betreiben (Nr. 5); Unterneh- 8

---

6 BGBl. 1990 I S. 2570; Vor §§ 331 ff Rn 33.

7 BGBl. 1992 I S. 2567.

8 *Krumnow/Sprißler/Bellavite-Hövermann/Kemmer/Steinbrücker* § 340m HGB Rn 2.

9 Durch die 6. KWG Novelle, BT-Drucks. 13/7142 S. 65

10 *Szagunn/Haug/Ergenzinger* § 53 KWG Rn 2a.

11 Boos/Fischer/Schulte-Mattler/*Vahldiek*, § 53b KWG Rn 175.

men, die als Unternehmensbeteiligungsgesellschaften (Nr. 6) oder Wagniskapitalbeteiligungsgesellschaften (Nr. 6a) anerkannt sind; Unternehmen, die Bankgeschäfte ausschließlich mit ihrem Mutterunternehmen oder ihren Tochter- oder Schwesterunternehmen betreiben (Nr. 7) sowie unter den Voraussetzungen des § 2 Abs. 1 Nr. 8 und 9 KWG Unternehmen, die ausschließlich Finanzkommissionsgeschäfte betreiben.

9 Als Gegenausnahme zu § 2 Abs. 1 KWG sind **private und öffentlich-rechtliche Versicherungsunternehmen** sowie **Unternehmen des Pfandleihgewerbes,** soweit sie dieses Gewerbe durch Gewährung von Darlehen gegen Faustpfand betreiben (§ 2 Abs. 1 Nr. 4 und 5 KWG), wiederum dann einbezogen, wenn sie **Bankgeschäfte betreiben,** die nicht zu den ihnen eigentümlichen Geschäften gehören (§ 340 Abs. 2 HGB). Die Annahme einer Gegenausnahme und damit die Anwendung der Vorschriften der §§ 340 ff HGB auf die in § 2 Abs. 1 Nr. 6 KWG genannten Unternehmen, die als Unternehmensbeteiligungsgesellschaften anerkannt sind, ist mangels ausdrücklicher Nennung im Gesetz – im Gegensatz zur Anwendung der Vorschriften des Kreditwesengesetzes nach § 2 Abs. 3 KWG – ausgeschlossen. Die BaFin kann des Weiteren gemäß § 2 Abs. 4 KWG bestimmen, dass gewisse Institute nicht den Vorgaben des Kreditwesengesetzes unterliegen, wenn diese nicht der Aufsicht bedürfen. Der Regelungsinhalt des noch in § 340 Abs. 1 Satz 1 HGB vorhandenen Verweises auf den aufgehobenen § 2 Abs. 5 KWG ist wegen der Neuregelung des E-Geld-Geschäfts durch das 2. EGeldRLUG (Vor §§ 340m Rn 3) in § 340 Abs. 5 HGB i.V.m. dem Gesetz zur Beaufsichtigung von Zahlungsdiensten (ZAG) übernommen und angepasst worden.

10 **2. Finanzdienstleistungsinstitut.** Weiterhin werden Finanzdienstleistungsinstitute i.S.d. § 340 Abs. 4 Satz 1 HGB, der seinerseits auf die Legaldefinition für Finanzdienstleistungsinstitute in § 1 Abs. 1a KWG (zu den Ausnahmen siehe Rn 11) verweist, von den Vorschriften der §§ 340 ff HGB erfasst. Hierbei handelt es sich um Unternehmen, die **Finanzdienstleistungen** für andere gewerbsmäßig oder in einem Umfang erbringen, der einen in kaufmännischer Weise eingerichteten Geschäftsbetrieb erfordert und die keine Kreditinstitute sind. Ebenso sind **Zweigniederlassungen von Unternehmen mit Sitz außerhalb der EU und des EWR** erfasst, wenn die Niederlassung nach § 53 Abs. 1 KWG als Finanzdienstleistungsinstitut gilt.

11 § 2 Abs. 6 Satz 1 und 10 KWG regelt die **Ausnahmen** zu § 1 Abs. 1a KWG: Zusätzlich zu den mit § 2 Abs. 1 KWG vergleichbaren Ausnahmeregelungen (Rn 8) gelten zudem nicht als Finanzdienstleistungsinstitute: ausländische Investmentgesellschaften, soweit sie ausländische Investmentanteile i.S.d. § 2 Abs. 9 InvG ausgeben (Nr. 5b); Unternehmen, deren Finanzdienstleistung für andere ausschließlich in der Verwaltung eines Systems von Arbeitnehmerbeteiligungen an den eigenen oder an mit ihnen verbundenen Unternehmen besteht (Nr. 6); Unternehmen, die als Finanzdienstleistungen für andere ausschließlich die Anlageberatung und die Anlage- und Abschlussvermittlung mit den in § 2 Abs. 6 Nr. 8 lit. a bis d KWG genannten Instituten und Unternehmen betreiben (Nr. 8); Angehörige freier Berufe, die Finanzdienstleistungen i.S.d. § 1 Abs. 1a Satz 2 Nr. 1 bis 4 KWG nur gelegentlich im Rahmen eines Mandatsverhältnisses erbringen (Nr. 10); Unternehmen, die Sortenhandel (Nr. 11), Anlageberatung im Rahmen anderer beruflicher Tätigkeit (Nr. 15), Finanzierungsleasing (Nr. 17) oder Anlageverwaltung (Nr. 18) betreiben.

12 In § 2 Abs. 6 Satz 2 KWG findet sich eine **Gegenausnahme** für die Bestimmung eines Finanzdienstleistungsinstituts für private und öffentlich-rechtliche Versicherungsunternehmen und Unternehmen, die Finanzdienstleistungen ausschließlich innerhalb der Unternehmensgruppe erbringen, soweit diese Finanzdienstleistungen nicht zu den ihnen eigentümlichen Geschäften gehören. Jedoch fehlt eine vergleichbare Regelung in § 340 HGB. Angesichts des Wortlauts „dieses Gesetzes“ in § 2 Abs. 6 Satz 2 KWG und der struktu-

rellen Gleichheit zu den Ausnahmetatbeständen bei Kreditinstituten (Rn 7) können die Vorschriften der §§ 340 ff HGB und – wegen des Gesetzlichkeitsprinzips und des Bestimmtheitsgebots des Art. 103 Abs. 2 GG – insbesondere die Straf-, Bußgeld- und Ordnungsgeldvorschriften nicht auf diese beiden Unternehmensgruppen ausgedehnt werden.

3. Zahlungsinstitute und E-Geld-Institute. Die Vorschriften der §§ 340m ff HGB sind weiterhin auf Institute i.S.d. § 340 Abs. 5 HGB i.V.m. § 1 Abs. 2a ZAG anwendbar. Dies sind zunächst **Zahlungsinstitute**, die in § 1 Abs. 1 Nr. 5 ZAG als Unternehmen, die gewerbsmäßig oder in einem Umfang, der einen in kaufmännischer Weise eingerichteten Geschäftsbetrieb erfordert, Zahlungsdienste erbringen, ohne unter § 1 Abs. 1 Nrn. 1 bis 4 ZAG zu fallen, legaldefiniert werden. Die **Ausschlusstatbestände** betreffen Kreditinstitute i.S.d. Artikels 4 Nr. 1 der Richtlinie 2006/48/EG[12], die im Inland zum Geschäftsbetrieb berechtigt sind (Nr. 1), E-Geld-Institute i.S.d. Artikels 1 Abs. 1 lit. b und des Artikels 2 Nr. 1 der Richtlinie 2009/110/EG[13] (Nr. 2), Gebietskörperschaften des öffentlichen Rechts i.w.S. (Nr. 3) sowie die EZB und nationale Zentralbanken der EU und des EWR, wenn sie nicht in ihrer Eigenschaft als Währungsbehörde oder andere Behörde handeln (Nr. 4). Die unter das Gesetz fallenden **Zahlungsdienste** sind in § 1 Abs. 2 ZAG abschließend aufgelistet: Ein- oder Auszahlungsgeschäfte (Nr. 1); Lastschriftgeschäfte (Nr. 2 lit. a), Überweisungsgeschäfte (Nr. 2 lit. b) und Zahlungskartengeschäfte (Nr. 2 lit. c) sowohl mit als auch ohne Kreditgewährung (Nr. 2, 3); Zahlungsauthentifizierungsgeschäfte (Nr. 4); digitalisierte Zahlungsgeschäfte (Nr. 5) und Finanztransfergeschäfte (Nr. 6). **13**

Weiterhin sind die Vorschriften der §§ 340 ff. HGB auf **E-Geld-Institute** anwendbar (§ 340 Abs. 5 HGB i.V.m. § 1a Abs. 1 Nr. 5 ZAG). **Vor der Neuregelung** durch das 2. EGeldRLUG (Vor §§ 340m Rn 3) war das Betreiben von E-Geld-Geschäften in § 2 Abs. 5 Satz 1 KWG a.F. als Ausnahmetatbestand normiert. E-Geld-Institute fielen nur dann unter die Straf-, Bußgeld- und Ordnungsgeldvorschriften, soweit sie unter den Begriff des Kreditinstituts subsumierbar waren. Zudem konnte die BaFin im Einzelfall Unternehmen, die nur E-Geld-Geschäfte betrieben und wegen der Art oder des Umfangs der von ihm betriebenen Geschäfte insoweit nicht der Aufsicht bedurften, von der Anwendung einiger Vorschriften befreien. Dies hatte zur Folge, dass die E-Geld-Unternehmen ebenfalls von den Vorschriften der §§ 340m ff. HGB befreit waren. Der Verweis von § 340 Abs. 1 Satz 1 HGB auf § 2 Abs. 5 KWG besteht noch immer, geht jedoch auf Grund der Abschaffung dieser Regelung ins Leere. **Nach der Neuregelung** im Zahlungsdiensteaufsichtsgesetz sind E-Geld-Institute gemäß § 1a Abs. 1 Nr. 5 ZAG Unternehmen, die das E-Geld-Geschäft betreiben, ohne unter die Nummern 1 bis 4 zu fallen. Die Ausschlussnormen erfassen – parallel zu § 1 Abs. 1 Nrn. 1, 3 und 4 ZAG (Rn 9) – Kreditinstitute i.S.d. Artikels 4 Nr. 1 der Richtlinie 2006/48/EG[14], die im Inland zum Geschäftsbetrieb berechtigt sind (Nr. 1), Gebietskörperschaften des öffentlichen Rechts i.w.S. (Nr. 2), die EZB und nationale Zentralbanken der EU und des EWR, wenn sie nicht in ihrer Eigenschaft als Währungsbehörde oder andere Behörde handeln (Nr. 3) sowie die Kreditanstalt für Wiederaufbau (Nr. 4). Ein E-Geld-Geschäft ist dabei die Ausgabe von E-Geld. Die Neuregelung darf nicht rückwirkend auf vor Inkrafttreten des 2. EGeldRLUG am 30.4.2011 begangene Rechtsverstöße angewendet werden (Art. 103 Abs. 2 GG). **14**

---

12 des Europäischen Parlaments und des Rates vom 14. Juni 2006 über die Aufnahme und Ausübung der Tätigkeit der Kreditinstitute (ABl. EU Nr. L 177 S. 1).

13 des Europäischen Parlaments und des Rates vom 16. September 2009 über die Aufnahme, Ausübung und Beaufsichtigung der Tätigkeit von E-Geld-Instituten (ABl. EU Nr. L 267 S. 7).

14 des Europäischen Parlaments und des Rates vom 14. Juni 2006 über die Aufnahme und Ausübung der Tätigkeit der Kreditinstitute (ABl. EU Nr. L 177 S. 1).

III. Gesetzgeberische Fehler wegen der Unübersichtlichkeit und Komplexität der Vorschriften

15 Die Fehleranfälligkeit der Regelungen in den §§ 340m und 340n HGB ist angesichts der Unübersichtlichkeit der Verweisungen und der Komplexität der Vorschriften erheblich. Insbesondere entstehen Auslegungs- und Anwendungsprobleme angesichts der mannigfaltigen Änderungen des Bilanzrechts und insbesondere der Sondervorschriften des Kreditwesengesetzes und des Zahlungsdiensteaufsichtsgesetzes sowie der darauf verweisenden Normen: Neben **Leerverweisungen** auf nicht mehr bestehende Normen (z.B. in § 340n Abs. 1 Nr. 1 lit. a HGB auf § 247 Abs. 3 HGB [Anhang nach § 335b, § 340n Rn 14] oder in § 340 Abs. 1 Satz 1 HGB auf § 2 Abs. 5 KWG [Rn 9]) sind **Inkonsistenzen in der Systematik** entstanden, die zu einer unstrukturierten Anwendung bzw. Nicht-Anwendung der Straf- und Bußgeldvorschriften führen. So fehlt in § 340n Abs. 2 HGB ein Verweis auf Buchprüfungsgesellschaften, obwohl diese nach § 340k Abs. 4 HGB in Sonderfällen auch für Kreditinstitute tätig werden können (Anhang nach § 335b, § 340n Rn 38).

16 **Durch Auslegung** zu schließen sind fehlende oder **lückenhafte Verweisungen**, sofern das Analogieverbot nicht entgegensteht. So ist die Erweiterung des Täterkreises in § 340m Nr. 2 HGB auf **gekorene Geschäftsleiter** von nicht in der Rechtsform einer Kapitalgesellschaft betriebenen Instituten i.S.d. § 340 Abs. 5 HGB sowohl in Bezug auf § 340m Nr. 1 HGB – hier werden lediglich geborene und nicht gekorene Geschäftsleiter erfasst (Anhang nach § 335b, § 340m Rn 10) – als auch in Bezug auf in der Rechtsform einer Kapitalgesellschaft betriebene Institute – hier fehlt es an einer Anwendung auf Geschäftsleiter eines in der Rechtsform einer Kapitalgesellschaft betriebenen Instituts (Anhang nach § 335b, § 340m Rn 11) – inkonsistent. Diese Lücke kann wegen des Bestimmtheitsgrundsatzes des Art. 103 Abs. 2 GG nicht durch eine analoge Anwendung geschlossen werden, da es sich nicht um offensichtliche Versehen des Gesetzgebers handelt.

17 Die Schwierigkeiten, der Gesetzessystematik Rechnung zu tragen, zeigen sich insbesondere auch darin, dass die Begründung des Gesetzesentwurfs zum Umsetzungsgesetz der 2. E-Geld-Richtlinie diese sowie die Besonderheiten der Neuregelung fehlerhaft wiedergibt.[15] So heißt es dort, dass Geschäftsleiter von Zahlungsinstituten und E-Geld-Instituten den Strafvorschriften der §§ 331 bis 333 HGB unterworfen werden. Dies ist insofern fehlerhaft, als die Ausdehnung auf Geschäftsleiter von diesen Instituten zwar in § 340m Satz 2 Nr. 2 HGB erfolgt, diese Regelung sich jedoch lediglich auf § 331 HGB bezieht. Dementsprechend liegt die Besonderheit des neu eingefügten § 340m Satz 2 Nr. 2 HGB nicht – wie in der Begründung zum Gesetzesentwurf dargelegt – in der Ausdehnung auf Institute, die nicht in der Rechtsform einer Kapitalgesellschaft betrieben werden, sondern in einer Ausweitung des Täterkreises auf Geschäftsleiter. Die nicht in der Rechtsform einer Kapitalgesellschaft betriebenen Institute werden grundsätzlich schon durch § 340m Satz 1 HGB erfasst (Anhang nach § 335b, § 340m Rn 8).

---

15 BT-Drucks. 482/10, S. 120.

§ 340m
Strafvorschriften

Die Strafvorschriften der §§ 331 bis 333 sind auch auf nicht in der Rechtsform einer Kapitalgesellschaft betriebene Kreditinstitute, auf Finanzdienstleistungsinstitute im Sinne des § 340 Absatz 4 sowie auf Institute im Sinne des § 340 Absatz 5 anzuwenden. § 331 ist darüber hinaus auch anzuwenden auf die Verletzung von Pflichten durch

1. **den Geschäftsleiter (§ 1 Absatz 2 Satz 1 des Kreditwesengesetzes) eines nicht in der Rechtsform der Kapitalgesellschaft betriebenen Kreditinstituts oder Finanzdienstleistungsinstituts im Sinne des § 340 Absatz 4 Satz 1,**
2. **den Geschäftsleiter (§ 1 Absatz 8 Satz 1 und 2 des Zahlungsdiensteaufsichtsgesetzes) eines nicht in der Rechtsform der Kapitalgesellschaft betriebenen Instituts im Sinne des § 340 Absatz 5,**
3. **den Inhaber eines in der Rechtsform des Einzelkaufmanns betriebenen Kreditinstituts oder Finanzdienstleistungsinstituts im Sinne des § 340 Absatz 4 Satz 1 und**
4. **den Geschäftsleiter im Sinne des § 53 Absatz 2 Nummer 1 des Kreditwesengesetzes.**

Schrifttum

Vgl. ergänzend die Literaturhinweise zu § 331, § 332, § 333.

Krummow et al. Rechnungslegung der Kreditinstitute, Kommentar zum Bankbilanzrichtlinie-Gesetz und zur RechKredV (KomBankRiLiG) (1994); *Szagunn/Haug/Ergenzinger* Gesetz über das Kreditwesen, 6. Aufl. (1997); *Rixen* Änderung der Rechnungslegungsvorschriften für Kreditinstitute durch das Bankbilanzrichtlinie-Gesetz, WM 1991, 841 ff; *Vortmann* Neues Recht der Bankbilanzierung durch das Bankbilanzrichtlinie-Gesetz, NJW 1991, 2399 ff; *Waschbusch* Funktion, Inhalt und Aufbau des Anhangs von Kreditinstituten nach den neuen Rechnungslegungsvorschriften, DB 1993, 793 ff.

Übersicht

A. Ausweitung der Straftatbestände der §§ 331 bis 333 HGB auf alle Kredit- und Finanzdienstleistungsinstitute

1 § 340m HGB erweitert in Satz 1 den Anwendungsbereich der §§ 331 bis 333 HGB auch auf **nicht in der Rechtsform der Kapitalgesellschaft betriebene Kredit- und Finanzdienstleistungsinstitute,** also auf die OHG, die KG, die Genossenschaft, den Einzelkaufmann, die Körperschaft des öffentlichen Rechts (Sparkassen) und auf Zweigniederlassungen bestimmter ausländischer Unternehmen sowie auf Institute i.S.v. § 340 Abs. 5 HGB i.V.m. § 1 Abs. 2a ZAG. In § 340m Satz 2 HGB Nrn. 1 bis 4 wird der Anwendungsbereich des § 331 HGB personenbezogen auf weitere Normadressaten – den **Geschäftsleiter** i.S.d. § 1 Abs. 2 Satz 1 KWG und des § 1 Abs. 8 Satz 1 und 2 ZAG, des § 53 Abs. 2 Nr. 1 KWG sowie auf den Inhaber eines in der Rechtsform des Einzelkaufmanns betriebenen Instituts – erweitert.[1]

B. Normadressaten

I. Adressaten des § 340m HGB in Verbindung mit §§ 331 bis 333 HGB

2 Die Ausdehnung der Strafvorschriften der §§ 331 bis 333 HGB durch **§ 340m Satz 1 HGB** auf Kreditinstitute und Finanzdienstleistungsinstitute sowie auf Zahlungs- und E-Geldinstitute, die nicht in der Rechtsform einer Kapitalgesellschaft betrieben werden, hat insoweit Konsequenzen für den Kreis der Normadressaten, als in **§ 331 HGB** nur die Mitglieder des vertretungsberechtigten Organs und des Aufsichtsorgans einer Kapitalgesellschaft als Normadressaten genannt werden. Der Gesetzgeber musste diesen Kreis erweitern, um die verantwortlichen Personen zu erfassen.[2] Dies sind die **Mitglieder des vertretungsberechtigten Organs einer Nichtkapitalgesellschaft:** bei der OHG und KG die geschäftsführungsberechtigten Gesellschafter, bei der Genossenschaft die Vorstandsmitglieder (§ 24 GenG), bei dem VVaG der Vorstand (§ 29 VAG) und bei den Körperschaften und Anstalten des öffentlichen Rechts die gesetzlich bestimmten geschäftsführungsbefugten Repräsentanten.

3 **§ 340m Satz 2 HGB** erweitert den Anwendungsbereich des **§ 331 HGB**[3] in personeller Hinsicht zunächst gemäß § 340m Satz 2 Nr. 1 HGB auf den **Geschäftsleiter i.S.d. § 1 Abs. 2 Satz 1 KWG** eines nicht in der Rechtsform einer Kapitalgesellschaft betriebenen Kreditinstituts bzw. Finanzdienstleistungsinstituts i.S.d. § 340 Abs. 4 Satz 1 HGB (Rn 4), auf den Geschäftsleiter i.S.d. § 1 Abs. 8 Satz 1 und 2 ZAG (Rn 8 f), weiterhin auf den **Inhaber** eines in der Rechtsform des Einzelkaufmanns betriebenen Kreditinstituts oder Finanzdienstleistungsinstituts i.S.d. § 340 Abs. 4 Satz 1 HGB sowie auf den **Zweigstellengeschäftsleiter i.S.d. § 53 Abs. 2 Nr. 1 KWG** (Rn 13). Des Weiteren dehnt § 340m Satz 2 Nr. 3 HGB den Anwendungsbereich auf Inhaber eines in der Rechtsform des Einzelkaufmanns betriebenen Instituts aus (Rn 12).

4 **1. Geschäftsleiter im Sinne des § 1 Abs. 2 Satz 1 KWG (§ 340m Satz 2 Nr. 1 HGB).** Geschäftsleiter i.S.d. § 1 Abs. 2 Satz 1 KWG sind die sog. **geborenen Geschäftsleiter**, d.h. haupt-, neben- oder ehrenamtlich tätige Personen, die nicht kraft Vollmacht, sondern

---

[1] MünchKommHGB/*Quedenfeld* Rn 1, 5 ff.

[2] *Wiedmann* Rn 2.

[3] Diesbezüglich fehlerhaft ist die Begründung des Gesetzentwurfs BT-Drucks. 482/10 S. 120, der die §§ 331–333 HGB auf Geschäftsleiter für anwendbar erklärt.

nach Gesetz, Satzung oder Gesellschaftsvertrag zur Geschäftsführung und zur Vertretung eines Kreditinstituts oder eines Finanzdienstleistungsinstituts nach § 340 Abs. 4 HGB berufen sind (§ 340m Satz 2 Nr. 1 HGB);[4] die bloße Befugnis zur Geschäftsführung oder Vertretung genügt nicht.[5]

Nicht erfasst sind **widerrufliche Geschäftsleiter** i.S.d. § 1 Abs. 2 Satz 2 und 3 KWG.[6] **5**
Die widerruflich eingesetzten Geschäftsleiter werden als **gekorene Geschäftsleiter** bezeichnet.[7] Diese müssen mit der Führung der Geschäfte betraut und zur Vertretung ermächtigt worden sein. Dann können sie, wenn sie zuverlässig sind und die erforderliche fachliche Eignung haben, von der BaFin als Geschäftsleiter bezeichnet werden. Diese Bezeichnung erfolgt durch Verwaltungsakt nach Zustimmung des Betroffenen. Von dieser Befugnis soll jedoch nur in Ausnahmefällen Gebrauch gemacht werden, beispielsweise nach dem Tod oder der Abberufung eines geborenen Geschäftsleiters.[8]

Geschäftsleiter einer Kapitalgesellschaft fallen schon nicht unter den Wortlaut des **6**
§ 340m Satz 2 Nr. 1 HGB. Es kann aus der gesonderten Erwähnung in § 340m Satz 2 Nr. 3 HGB geschlossen werden, dass **Inhaber** ebenfalls **keine Geschäftsleiter** i.S.d. § 340m HGB sind.

Normadressaten sind dabei nur Geschäftsleiter von denjenigen Unternehmen, die **7**
nicht in der Rechtsform einer Kapitalgesellschaft betrieben werden.

2. Geschäftsleiter im Sinne des § 1 Abs. 8 Satz 1 und 2 ZAG (§ 340m Satz 2 Nr. 2 **8**
HGB). Der Begriff des **geborenen Geschäftsleiters** i.S.d. § 1 Abs. 8 Satz 1 ZAG lehnt sich an denjenigen des § 1 Abs. 2 Satz 1 KWG an, so dass als taugliche Täter natürliche Personen in Betracht kommen, die nach Gesetz, Satzung oder Gesellschaftsvertrag zur Führung der Geschäfte und zur Vertretung eines Zahlungsinstituts oder E-Geld-Instituts in der Rechtsform einer juristischen Person oder einer Personenhandelsgesellschaft berufen sind, die nicht Kapitalgesellschaft ist.[9] Geschäftsleiter einer Kapitalgesellschaft fallen schon begrifflich nicht unter § 340m Satz 2 Nr. 2 HGB. Angesichts der verspäteten Aufnahme des Geschäftsleiters i.S.d. § 1 Abs. 8 Satz 1 und 2 ZAG in § 340m Satz 2 Nr. 2 HGB ist diese Strafvorschrift wegen des Rückwirkungsverbots erst auf Taten, die nach Inkrafttreten des 2. EGeldRLUG am 30.4.2011 begangen worden sind, anwendbar (Anhang nach § 335b; Vor §§ 340m Rn 3; Vor §§ 331 ff Rn 174 ff).

§ 340m Satz 2 Nr. 2 HGB verweist – im Gegensatz zu § 340m Satz 2 Nr. 1 HGB – **9**
auch auf **gekorene Geschäftsleiter i.S.d. § 1 Abs. 8 Satz 2 ZAG** (Rn 10). Danach kann die BaFin auch eine andere mit der Führung der Geschäfte betraute und zur Vertretung ermächtigte Person widerruflich als Geschäftsleiter bezeichnen (Rn 5), wenn diese zuverlässig ist und die erforderliche fachliche Eignung hat. Dies ist jedoch nur in Ausnahmefällen zulässig (§ 1 Abs. 8 Satz 2 ZAG). Die Strafbarkeit gekorener Geschäftsleiter ist

---

4 MünchKommHGB/*Quedenfeld* Rn 5 mwN; Heymann/*Otto* Rn 3.

5 Heymann/*Otto* Rn 5.

6 MünchKommHGB/*Quedenfeld* Rn 5; Heymann/*Otto* Rn 2; Ebenroth/Boujong/Joost/*Wiedmann* Rn 3.

7 Boos/Fischer/Schulte-Mattler/*Schäfer* § 1 KWG Rn 157.

8 Boos/Fischer/Schulte-Mattler/*Schäfer* § 1 KWG Rn 154.

9 Die Begründung zum Gesetzesentwurf BT-Drucks. 482/10, S. 120 geht insofern fehl, als die Besonderheit des neu eingeführten § 340m Satz 2 Nr. 2 HGB im Vergleich zu § 340m Satz 1 HGB nicht in der Ausweitung der Strafdrohung auf nicht in der Rechtsform einer Kapitalgesellschaft betriebenen Institute, sondern in der Ausweitung des § 340m Satz 1 HGB i.V.m. § 331 HGB auf Geschäftsleiter liegt (Anhang nach § 335b, Vor §§ 340m Rn 17).

uneinheitlich geregelt, und zwar im Hinblick auf die erfassten Institute (Rn 10) sowie im Hinblick auf die Rechtsform (Rn 11). Die dabei entstehenden Strafbarkeitslücken sind wegen des Analogieverbots (Art. 103 Abs. 2 GG) hinzunehmen.

3. Problemfelder bezüglich der Bestimmung des Geschäftsleiterbegriffs in § 340m HGB

10 a) **Abweichungen des Täterkreises im Hinblick auf gekorene Geschäftsleiter.** Durch die Aufnahme des Geschäftsleiters i.S.d. § 1 Abs. 8 Satz 2 ZAG für gekorene Geschäftsleiter eines nicht in der Rechtsform einer Kapitalgesellschaft betriebenen Instituts im Rahmen des 2. EGeldRLUG (Anhang nach § 335b; Vor §§ 340m Rn 3) in § 340m Satz 2 Nr. 2 HGB ist eine erhebliche **Diskrepanz** zu der Regelung in § 340m Satz 2 Nr. 1 HGB entstanden. In letzterer Vorschrift wird auf die – bis auf die Institutsart identische – Formulierung des § 1 Abs. 2 Satz 2 KWG gerade nicht verwiesen, so dass keine Einbeziehung der gekorenen Geschäftsleiter möglich ist. Einer Ausweitung des Täterkreises bei Kredit- und Finanzdienstleistungsinstituten steht die Wortlautgrenze (Art. 103 Abs. 2 GG) entgegen. Um eine einheitliche Auslegung zu erreichen, kommt daher eine **teleologische Einschränkung** der Strafbarkeit nur auf geborene Geschäftsleiter auch in § 340m Satz 2 Nr. 2 HGB in Betracht. Sinn und Zweck der Unterscheidung zwischen geborenen und gekorenen Geschäftsleitern könnte dabei die unterschiedliche temporäre Dauer der Verantwortung sein. Nach der Begründung des Gesetzesentwurfs zum KWG sollen nur diejenigen Personen, die auch die interne Verantwortung für die Geschäfte des Kreditinstituts tragen, für die Einhaltung der Vorschriften verantwortlich sein.[10] Die Erweiterung der Strafbarkeit in § 340m Satz 2 Nr. 2 HGB auf gekorene Geschäftsleiter beruhte auf bloßen **Zweckmäßigkeitserwägungen.**[11] Allerdings führt auch eine zeitweilige Übertragung der besonderen Pflichten zu einer vergleichbaren internen Verantwortung, so dass mit der Berufung des gekorenen Geschäftsleiter diesen dieselben Pflichten wie den geborenen Geschäftsleiter treffen.[12] Zwar ist die Pflichtenintensität einer rein temporären Übernahme der Verantwortung geringer, jedoch besteht eine vergleichbare Gefährdung für das Rechtsgut: das Vertrauens in die Richtigkeit und Vollständigkeit der Rechnungslegung, wenn die gekorenen Geschäftsleiter sich dafür verantwortlich zeigen. Ausgehend davon ist eine teleologische Reduktion des § 340m Satz 2 Nr. 2 HGB nicht geboten. Die Übertragung der internen Verantwortung besteht gleichermaßen für Kredit- und Finanzdienstleistungsinstitute wie für Zahlungs- und E-Geld-Institute, so dass die Entscheidung des Gesetzgebers – Strafbarkeit bei § 340m Satz 2 Nr. 2 HGB sowohl der gekorenen als auch der geborenen Geschäftsleiter und bei § 340m Satz 2 Nr. 1 HGB lediglich der gekorenen Geschäftsleiter – zu einer im Wege der Auslegung nicht zu korrigierenden Diskrepanz des Täterkreises in diesen beiden Vorschriften führt.

11 b) **Abweichungen zur Strafbarkeit von Geschäftsleitern von Unternehmen in der Rechtsform einer Kapitalgesellschaft.** Die Anerkennung der Tätereigenschaft von gekorenen Geschäftsleitern in § 340m Satz 2 Nr. 2 HGB führt zu einem weiteren Problemfeld im Vergleich des tauglichen Täterkreises bei Kapitalgesellschaften einerseits und bei Nichtkapitalgesellschaften andererseits. Während geborene Geschäftsleiter bei Kapital-

---

[10] Begründung des Gesetzentwurfs BT-Drucks. 3/1114, S. 27.

[11] Begründung des Gesetzentwurfs BT-Drucks. 3/1114, S. 27.

[12] Begründung des Gesetzentwurfs BT-Drucks. 3/1114, S. 27.

gesellschaften den Mitgliedern der vertretungsberechtigten Organe entsprechen und damit über § 340m Satz 1 HGB in die Strafbarkeit des § 331 HGB einbezogen sind (so sind bei der AG die Mitglieder des Vorstands und bei der GmbH die Geschäftsführer die Geschäftsleiter)[13], ist bei gekorenen Geschäftsleitern keine Entsprechung gegeben. Zwar können sowohl bei Kapitalgesellschaften als auch bei Nichtkapitalgesellschaften in besonderen Ausnahmefällen andere Personen mit Geschäftsführungs- und Vertretungsbefugnis widerruflich als Geschäftsleiter – unter der Maßgabe deren Zuverlässigkeit und Eignung – bezeichnet werden (Rn 5). Der gekorene Geschäftsleiter ist jedoch angesichts des Wortlauts des § 340m Satz 2 Nr. 2 HGB nur in den Fällen einer Nichtkapitalgesellschaft strafbar, so dass sich eine Strafbarkeitslücke für gekorene Geschäftsleiter von Kapitalgesellschaften ergibt.

4. Inhaber der in der Rechtsform des Einzelkaufmanns betriebenen Kreditinstitute oder Finanzdienstleistungsinstitute im Sinne des § 340 Abs. 4 Satz 1 HGB (§ 340m Satz 2 Nr. 3 HGB). Kreditinstitute oder Finanzdienstleistungsinstitute in der Rechtsform des Einzelkaufmanns werden von dem Inhaber verantwortlich vertreten. Der Inhaber wird gerade nicht zum Kreis der Geschäftsleiter gerechnet. Daher ist er in § 340m Satz 2 Nr. 3 HGB ausdrücklich als Normadressat genannt. Inhaber eines Zahlungs- oder E-Geld-Instituts werden hingegen nicht erfasst. **12**

5. Zweigniederlassungsgeschäftsleiter im Sinne des § 53 Abs. 2 Nr. 1 KWG (§ 340m Satz 2 Nr. 4 HGB). Als Zweigniederlassungsgeschäftsleiter gelten die von dem ausländischen Unternehmen gemäß § 53 Abs. 2 Nr. 1 KWG bestellten natürlichen Personen (mindestens zwei) mit Wohnsitz in der Bundesrepublik Deutschland, die für den Geschäftsbereich des Instituts **zur Geschäftsführung und Vertretung des Unternehmens** befugt sind. Bei dem Institut muss es sich um inländische Zweigniederlassungen von Unternehmen mit Sitz außerhalb der EU und des EWR handeln, die Bankgeschäfte betreiben oder Finanzdienstleistungen erbringen (Anhang nach § 335b; Vor §§ 340m Rn 7, 10). Zweigniederlassungensleiter von Zahlungs- und E-Geld-Instituten i.S.d. § 1 Abs. 2a ZAG sind nicht erfasst. **13**

6. Faktisches Organ. Die **Grundsätze zum faktischen Organ** (§ 331 Rn 35 ff) gelten auch für den Geschäftsleiter und den Zweigniederlassungsgeschäftsleiter.[14] Angesichts des klaren Wortlauts „nach Gesetz, Satzung oder Gesellschaftsvertrag […] berufen“ verstößt eine Ausweitung auf ohne Berufungsakt tätige Personen eindeutig gegen Art. 103 Abs. 2 GG (zur Diskussion siehe § 331 Rn 38). **14**

II. Besondere Prüfungsinstitutionen: Prüfungsverband, Prüfungsstelle

Adressaten des § 340m i.V.m. §§ 332, 333 HGB sind die Abschlussprüfer und ihre Gehilfen (§ 332 Rn 14 ff; § 333 Rn 94 ff). § **340k HGB** erweitert den Anwendungsbereich der §§ 332, 333 HGB, indem sich Kreditinstitute – unabhängig von ihrer Größe – einer Prüfung des Jahresabschlusses, des Lageberichts, des Konzernabschlusses und des Konzernlageberichts unterziehen müssen. Vereidigte Buchprüfer und Buchprüfungsgesellschaften (§ 319 Abs. 1 Satz 2 HGB) sind grundsätzlich keine tauglichen Täter (Rn 18). **15**

---

[13] Ausführliche Zusammenstellung bei Boos/Fischer/Schulte-Mattler/*Schäfer* § 1 KWG Rn 154 ff.

[14] MünchKommHGB/*Quedenfeld* Rn 7.

Hingegen sind in § 340k Abs. 2 und 3 HGB besondere Institutionen für die Prüfung von genossenschaftlichen Instituten und Sparkassen vorgesehen.

16 Bei **genossenschaftlichen Kreditinstituten** oder **Kreditinstituten in der Form eines rechtsfähigen wirtschaftlichen Vereins muss** die Prüfung von dem **Prüfungsverband** durchgeführt werden, dem das Kreditinstitut als Mitglied angehört, sofern mehr als die Hälfte der geschäftsführenden Mitglieder des Vorstands dieses Prüfungsverbands Wirtschaftsprüfer sind (§ 340k Abs. 2 Satz 1 HGB). Dabei darf der Bestätigungsvermerk nach § 340k Abs. 2a HGB nur von Wirtschaftsprüfern unterzeichnet werden, so dass in dieser Tatvariante des § 332 HGB (§ 332 Rn 38 ff) nur dieser Personenkreis als Abschlussprüfer Täterqualität besitzt. Für die übrigen Mitglieder des Prüfungsverbandes kommt eine Einstufung als Gehilfe des Abschlussprüfers in Betracht, sofern sie bei einer prüfungsspezifischen Tätigkeit unterstützend tätig waren. Ansonsten kommt nur eine Teilnahme am Delikt des Abschlussprüfers in Betracht (§ 332 Rn 13, 93).

17 Sparkassen **können** ihre Prüfung durch die **Prüfungsstelle eines Sparkassen- und Giroverbandes** durchführen lassen (§ 340k Abs. 3 HGB). Der Leiter der Prüfstelle muss jedoch die Voraussetzungen des § 319 Abs. 1 Satz 1 und 2 HGB erfüllen, also Wirtschaftsprüfer, Wirtschaftsprüfergesellschaft oder bei mittelgroßen Gesellschaften zumindest vereidigter Buchprüfer oder Mitglied einer Buchprüfungsgesellschaft sein. Es gelten dabei die Ausschlussgründe der §§ 319 Abs. 2, 3 und 5, 319a HGB für alle beim Sparkassen- oder Giroverband beschäftigten Personen, die das Ergebnis der Prüfung beeinflussen können.

18 Nach § 340k Abs. 4 HGB dürfen Finanzdienstleistungs-, Zahlungs- und E-Geld-Institute mit eine Bilanzsumme unter 150 Mio Euro auch von **vereidigten Buchprüfern** und **Buchprüfungsgesellschaften** geprüft werden. Daher sind hier auch vereidigte Buchprüfer taugliche Täter.

C. Tathandlungen

19 Bezüglich der Tathandlungen nimmt § 340m HGB die §§ 331 bis 333 HGB in Bezug, so dass diesbezüglich vollumfänglich auf die dortigen Ausführungen verwiesen werden kann (§ 331 Rn 51 ff, 90 ff, 112 ff, 140 ff, 162 ff, 185 ff; § 332 Rn 25 ff; § 333 Rn 25 ff).

D. Rechtsfolgen

20 Auch die in §§ 331 bis 333 HGB angedrohten Rechtsfolgen sind auf den erweiterten Täterkreis des § 340m HGB anwendbar (§ 331 Rn 217 ff; § 332 Rn 91 ff; § 333 Rn 100 ff).

§ 340n
Bußgeldvorschriften

(1) Ordnungswidrig handelt, wer als Geschäftsleiter im Sinne des § 1 Abs. 2 Satz 1 oder des § 53 Abs. 2 Nr. 1 des Kreditwesengesetzes oder als Inhaber eines in der Rechtsform des Einzelkaufmanns betriebenen Kreditinstituts oder Finanzdienstleistungsinstituts im Sinne des § 340 Abs. 4 Satz 1 oder als Geschäftsleiter im Sinne des § 1 Abs. 8 S. 1 oder 2 des Zahlungsdiensteaufsichtsgesetzes eines Instituts im Sinne des § 340 Abs. 5 oder als Mitglied des Aufsichtsrats eines der vorgenannten Unternehmen.

1. bei der Aufstellung oder Feststellung des Jahresabschlusses oder bei der Aufstellung des Zwischenabschlusses gemäß § 340a Abs. 3 einer Vorschrift
   a) des § 243 Abs. 1 oder 2, der §§ 244, 245, 246 Abs. 1 oder 2, dieser in Verbindung mit § 340a Abs. 2 Satz 3, des § 246 Abs. 3 Satz 1, des § 247 Abs. 2 oder 3, der §§ 248, 249 Abs. 1 Satz 1 oder Abs. 2, des § 250 Abs. 1 oder Abs. 2, des § 264 Abs. 2, des § 340b Abs. 4 oder 5 oder des § 340c Abs. 1 über Form oder Inhalt,
   b) des § 253 Abs. 1 Satz 1, 2, 3 oder 4, Abs. 2 Satz 1, auch in Verbindung mit Satz 2, Abs. 3 Satz 1, 2 oder 3, Abs. 4 oder 5, der §§ 254, 256a, 340e Abs. 1 Satz 1 oder 2, Abs. 3 Satz 1, 2, 3 oder 4 Halbsatz 2, Abs. 4 Satz 1 oder 2, des § 340f Abs. 1 Satz 2 oder des § 340g Abs. 2 über die Bewertung,
   c) des § 265 Abs. 2, 3 oder 4, des § 268 Abs. 3 oder 6, der §§ 272, 274 oder des § 277 Abs. 3 Satz 2 oder Abs. 4 über die Gliederung,
   d) des § 284 Abs. 1, 2 Nr. 1, 3 oder Nr. 5 oder des § 285 Nr. 3, 6, 7, 9 Buchstabe a oder Buchstabe b, Nr. 10, 11, 13, 14, 17 bis 29 über die im Anhang zu machenden Angaben,
2. bei der Aufstellung des Konzernabschlusses oder des Konzernzwischenabschlusses gemäß § 340i Abs. 4 einer Vorschrift
   a) des § 294 Abs. 1 über den Konsolidierungskreis,
   b) des § 297 Abs. 2 oder 3 oder des § 340i Abs. 2 Satz 1 in Verbindung mit einer der in Nummer 1 Buchstabe a bezeichneten Vorschriften über Form oder Inhalt,
   c) des § 300 über die Konsolidierungsgrundsätze oder das Vollständigkeitsgebot,
   d) des § 308 Abs. 1 Satz 1 in Verbindung mit den in Nummer 1 Buchstabe b bezeichneten Vorschriften, des § 308 Abs. 2 oder des § 308a über die Bewertung,
   e) des § 311 Abs. 1 Satz 1 in Verbindung mit § 312 über die Behandlung assoziierter Unternehmen oder
   f) des § 308 Abs. 1 Satz 3, des § 313 oder des § 314 über die im Anhang zu machenden Angaben,
3. bei der Aufstellung des Lageberichts einer Vorschrift des § 289 Abs. 1, 4 oder Abs. 5 oder des § 289a über den Inhalt des Lageberichts,
4. bei der Aufstellung des Konzernlageberichts einer Vorschrift des § 315 Abs. 1 oder 4 über den Inhalt des Konzernlageberichts,
5. bei der Offenlegung, Veröffentlichung oder Vervielfältigung einer Vorschrift des § 328 über Form oder Inhalt oder
6. einer auf Grund des § 330 Abs. 2 in Verbindung mit Abs. 1 Satz 1 erlassenen Rechtsverordnung, soweit sie für einen bestimmten Tatbestand auf diese Bußgeldvorschrift verweist,

zuwiderhandelt.

(2) Ordnungswidrig handelt, wer zu einem Jahresabschluss, zu einem Einzelabschluss nach § 325 Abs. 2a oder zu einem Konzernabschluss, der aufgrund gesetzlicher Vorschriften zu prüfen ist, einen Vermerk nach § 322 Abs. 1 erteilt, obwohl nach § 319 Abs. 2, 3, 5, § 319a Abs. 1 Satz 1, Abs. 2, § 319b Abs. 1 er, nach § 319 Abs. 4, auch in Verbindung mit § 319a Abs. 1 Satz 2, oder § 319a Abs. 1 Satz 4, 5, § 319b Abs. 1 die Wirtschaftsprüfungsgesellschaft oder nach § 340k Abs. 2 oder Abs. 3 der Prüfungsverband oder die Prüfungsstelle, für die oder für den er tätig wird, nicht Abschlussprüfer sein darf.

(3) Die Ordnungswidrigkeit kann mit einer Geldbuße bis zu fünfzigtausend Euro geahndet werden.

(4) Verwaltungsbehörde im Sinn des § 36 Abs. 1 Nr. 1 des Gesetzes über Ordnungswidrigkeiten ist in den Fällen der Absätze 1 und 2 die Bundesanstalt für Finanzdienstleistungsaufsicht.

Schrifttum

Häuselmann Offenlegungspflichten ausländischer Kreditinstitute in Deutschland nach dem Bilanzrichtlinie-Gesetz, WM 1995, 1049 ff; *Hofbauer/Grewe/Kupsch* Bonner Handbuch der Rechnungslegung, Loseblatt 54. Ergänzungslieferung, Stand Juni 2011; *Krumnow* Rechnungslegung der Kreditinstitute, 2. Aufl. (2004).

Übersicht

A. Allgemeines

I. Allgemeines zum Ordnungswidrigkeitenrecht

Zu den Grundsätzen des Ordnungswidrigkeitenrechts kann auf die Ausführungen Vor §§ 331 Rn 99, 132 f, 150, 170 ff, 173, 176, 180, 182 ff, § 334 Rn 1 ff verwiesen werden. Insbesondere schließen die Ordnungswidrigkeiten des § 340n HGB die Anwendbarkeit des § 331 bzw. § 340m HGB nicht aus.[1] Angesichts der zahlreichen Spezialregelungen und bankspezifischen Besonderheiten ist bei Vorliegen eines Kreditinstituts i.S.v. § 340 Abs. 1 HGB oder eines Finanzdienstleistungsinstituts i.S.d. § 340 Abs. 4 HGB i.V.m. § 1 Abs. 1a KWG der Rückgriff auf § 334 HGB gemäß § 334 Abs. 5 HGB ausgeschlossen (Anhang nach § 335b, Vor §§ 340m Rn 3; § 334 Rn 106). 1

II. Entstehungsgeschichte

Nach der Ausdehnung der für die Kapitalgesellschaft geltenden Vorschriften über Bilanzierung und Rechnungslegung auf alle Kreditinstitute durch das **Bankbilanzrichtliniengesetz** vom 30.11.1990 (BGBl. I S. 2570) konnten die Vorschriften des § 334 HGB wegen der großen Anzahl der abweichenden Regelungen für Kreditinstitute nicht unverändert übernommen werden. Daher wurde die Anwendbarkeit der Ordnungswidrigkeitentatbestände der § 334 Abs. 1 bis 3 HGB auf Kreditinstitute zunächst durch § 334 Abs. 4 HGB a.F. ausdrücklich ausgeschlossen, und die für Kreditinstitute einschlägigen Bußgeldvorschriften wurden in § 340n HGB eigenständig geregelt.[2] Nach der Einfügung des § 334 Abs. 4 HGB findet sich der Anschluss des § 334 Abs. 1 bis 4 HGB in § 334 Abs. 5 HGB. § 340n Abs. 1 Nrn. 1 und 2 HGB wurden durch das **Gesetz zur Änderung des Gesetzes über das Kreditwesen und anderer Vorschriften über Kreditinstitute**[3] ergänzt. So wurden alle bußgeldbewehrten Verstöße gegen Rechnungslegungsvorschriften für Kreditinstitute aller Rechtsformen ausschließlich in § 340n HGB geregelt.[4] § 340n HGB gilt deshalb ebenso für Organmitglieder von Kreditinstituten, die in der Form einer Kapitalgesellschaft geführt werden, und hat somit nicht lediglich ergänzenden Charakter für Nichtkapitalgesellschaften (Rn 4).[5] Problematischer ist das Verhältnis von § 334 HGB zu § 340n HGB bei Finanzdienstleistungs-, Zahlungs- und E-Geld-Instituten (Rn 43). Die Bußgeldvorschriften wurden im Laufe der Zeit an die geänderten Rechnungslegungsanforderungen angepasst, um den erhöhten Transparenzanforderungen Genüge zu tun. So wurden die durch das **BilReG** vom 10.12.2004[6] sowie das **BilMoG** vom 29.5.2009[7] erhöhten Anforderungen an die Bewertung der Vermögensgegenstände und ebenso die durch das **Übernahmerichtlinie-Umsetzungsgesetz** vom 8.7.2006[8] für potentielle Bieter notwendigen Transparenzangaben in den Katalog der Ordnungswidrigkeiten aufgenommen. Durch das 2. EGeldRLUG[9] wurde der Täterkreis auf Geschäftsleiter i.S.d. § 1 Abs. 8 Satz 1 und 2 ZAG ausgeweitet (Anhang nach § 335b; Vor §§ 340m ff Rn 3). 2

---

[1] BVerfG vom 15.8.2006, 2 BvR 806/06.
[2] BT-Drucks. 11/6275, S. 26.
[3] Vom 21.12.1992, BGBl. I 2211.
[4] *Krumnow/Sprißler/Bellavite-Hövermann/Kemmer/Steinbrücker* Rn 1; Bonner HdR/*Maier* Rn 1; MünchKommHGB/*Quedenfeld* Rn 1; Heymann/*Otto* Rn 1.
[5] *Wiedmann* Rn 1.
[6] BGBl. I S. 3166.
[7] BGBl. I S. 1102.
[8] BGBl. I S. 1426.
[9] Vom 1.3.2011 (BGBl. I S. 288).

III. Geschützte Rechtsgüter und Schutzbereich

3 Das geschützte Rechtsgut des § **340n Abs. 1 und 2 HGB** entspricht dem Rechtsgut der §§ 331 und 334 Abs. 1 und 2 HGB (§ 334 Rn 18). Geschützt wird daher das **Vertrauen in die Richtigkeit und Vollständigkeit der Informationen über die Verhältnisse der Gesellschaft.** Darüber hinaus wird in § 334 Abs. 2 HGB das Vertrauen in die Richtigkeit und Vollständigkeit der gewissenhaft und unparteiisch durch ein unabhängiges Kontrollorgan geprüften Abschlüsse und Lageberichte geschützt (§ 334 Rn 19). § 340n Abs. 1 und 2 HGB ist insofern **Schutzgesetz i.S.d. § 823 Abs. 2 BGB.**[10]

IV. Sonderdelikte

4 Alle Ordnungswidrigkeitentatbestände des § 340n HGB können nur von einem eingeschränkten Täterkreis verwirklicht werden. Dieser besteht aus den Geschäftsleitern i.S.d. § 1 Abs. 2 Satz 1 oder des § 53 Abs. 2 Nr. 1 KWG sowie des § 1 Abs. 8 Satz 1 und 2 ZAG sowie dem Inhaber eines in der Rechtsform des Einzelkaufmanns betriebenen Kredit- oder Finanzdienstleistungsinstituts (Rn 6 ff). Daher handelt es sich um **echte Sonderdelikte.**[11] Hingegen kann jedermann, der nach den genannten Vorschriften nicht Abschlussprüfer sein darf, Täter des § 334 Abs. 2 HGB sein. Dies entspricht der umgekehrten Struktur des klassischen Sonderdelikts, so dass derjenige, der die Voraussetzungen der §§ 319 ff HGB erfüllt, nicht Täter sein kann. Jedoch ist die Voraussetzung für die Erteilung eines Bestätigungsvermerks, dass derjenige überhaupt Abschlussprüfer ist, so dass dadurch wiederum Sonderpflichten normiert werden (§ 334 Rn 25, § 340n Rn 33).

V. Normadressaten

5 Normadressaten sind zunächst Kreditinstitute i.S.d. § 340 Abs. 1 HGB, der auf § 1 Abs. 1 KWG verweist. Des Weiteren sind Finanzdienstleistungsinstitute i.S.d. § 340 Abs. 4 HGB sowie Zahlungs- und E-Geld-Institute i.S.d. § 340 Abs. 5 HGB erfasst. § 340n Abs. 1 HGB richtet sich dabei an die **Geschäftsleiter,** den **Einzelkaufmann** sowie an **Mitglieder des Aufsichtsrats,** während sich § 340n Abs. 2 HGB an die **Abschlussprüfer** eines Kreditinstituts, die **gesetzlichen Vertreter einer Wirtschaftsprüfungsgesellschaft oder des Prüfungsverbandes** nach § 340k Abs. 2 HGB sowie an die **Leiter der Prüfungsstellen** nach § 340k Abs. 3 HGB wendet.

B. Ordnungswidrigkeitentatbestände des § 340n Abs. 1 HGB

I. Täter des § 340n Abs. 1 HGB

6 **1. Täterkreis.** Der Täterkreis ist im Rahmen des § 340n Abs. 1 HGB begrenzt auf die **Geschäftsleiter i.S.d. § 1 Abs. 2 Satz 1 KWG** (§ 340n Rn 4 ff), **des Geschäftsleiters nach § 1 Abs. 8 Satz 1 und 2 ZAG** (§ 340m Rn 8 ff) **oder des Zweigniederlassungsgeschäftsleiters i.S.d. § 53 Abs. 2 Nr. 1 KWG** (§ 340m Rn 13) und die Inhaber eines in der Rechtsform des **Einzelkaufmanns** betriebenen Instituts (§ 340m Rn 12). Die Begriffe des

---

10 Heymann/*Otto* Rn 2.

11 Heymann/*Otto* Rn 3.

Geschäftsleiters und des Inhabers entsprechen den in § 340m HGB verwendeten Begriffen, so dass auf die dortigen Ausführungen verwiesen werden kann (§ 340m Rn 4 ff). Weiterhin können die **Mitglieder des Aufsichtsrats** eines der in § 340n Abs. 1 Satz 1 HGB genannten Unternehmen Täter des § 340n HGB sein. Hiervon sind die Mitglieder des obligatorischen Aufsichtsrats erfasst sowie die Mitglieder des fakultativen Aufsichtsrats, sofern letzteren bußgeldbewehrte Pflichten im Gesellschaftsvertrag übertragen worden sind.[12] § 9 Abs. 2 OWiG, der die Pflichten der Kapitalgesellschaft oder Personenhandelsgesellschaft auf gewillkürte Vertreter überwälzt, findet keine Anwendung.[13]

Von § 340n HGB **nicht erfasst** sind die **ständigen Vertreter der Zweigniederlassungen einer ausländischen AG oder GmbH** i.S.d. § 13e Abs. 2 Nr. 3 HGB, da § 340n HGB nur die Geschäftsleiter i.S.d. § 53 Abs. 2 Satz 1 KWG nennt. Eine entsprechende Anwendung des § 340n HGB auf andere Unternehmen würde gegen das Analogieverbot des Art. 103 Abs. 2 GG verstoßen, das auch im Ordnungswidrigkeitenrecht gilt (Vor §§ 331 ff Rn 147 ff). **7**

2. Täterschaft gemäß § 14 OWiG. Als **Täter im engeren Sinne** gemäß § 340n Abs. 1 HGB kommen allein die soeben aufgezählten **sonderpflichtigen Personen** in Betracht. Andere Personen können grundsätzlich nur Teilnehmer sein. Da das Ordnungswidrigkeitenrecht jedoch nicht zwischen Täterschaft und Teilnahme unterscheidet (**Einheitstäterschaft**), sind auch nicht sonderpflichtige Personen **Täter im weiteren Sinne**. Voraussetzung hierfür ist allerdings, dass mindestens eine der beteiligten Personen sonderpflichtig ist (§ 334 Rn 27). **8**

II. Tatgegenstand des § 340n Abs. 1 HGB

§ 340n Abs. 1 HGB erfasst neben den in § 334 HGB genannten Tatgegenständen des **Jahresabschlusses**, des **Konzernabschlusses**, des **Lageberichts**, des **Konzernlageberichts**, der **Unterlagen zur Offenlegung, Veröffentlichung oder Vervielfältigung** auch den **Zwischenabschluss** gemäß § 340a Abs. 3 HGB i.V.m. § 10 Abs. 3 KWG und den **Konzernzwischenabschluss** gemäß § 340i Abs. 4 HGB. **9**

III. Tathandlungen des § 340n Abs. 1 HGB

§ 340n Abs. 1 Nr. 1 HGB ahndet **Zuwiderhandlungen bei der Aufstellung des Jahresabschlusses oder des Zwischenabschlusses** gemäß § 340a Abs. 3 HGB. Dabei werden die Ordnungswidrigkeitentatbestände des § 334 HGB an die bankspezifischen Bilanzierungsvorschriften angepasst, da insbesondere § 340a Abs. 2 Satz 1 und 2 einige Bilanzierungsvorschriften der §§ 265 ff, 276 ff, 284 ff HGB für nicht anwendbar erklärt. Angesichts dieser Besonderheiten sind die Vorschriften des § 340n HGB spezieller und es kann nicht auf die allgemeineren Vorschriften des § 334 HGB zurückgegriffen werden (vgl. explizit für Kreditinstitute § 334 Abs. 5 HGB Rn 43; dazu § 334 Rn 33). **10**

---

[12] *Krumnow/Sprißler/Bellavite-Hövermann/Kemmer/Steinbrücker* Rn 1; MünchKommHGB/*Quedenfeld* Rn 4; aA Ebenroth/Boujong/Joost/*Wiedmann* Rn 2.

[13] Heymann/*Otto* Rn 4.

11 **1. Zuwiderhandlungen gegen Vorschriften über Form und Inhalt des Jahresabschlusses (§ 340n Abs. 1 Nr. 1 lit. a HGB).** § 340n Abs. 1 Nr. 1 lit. a HGB erfasst die Verletzung von Vorschriften über Form und Inhalt der Abschlüsse. Im Einzelnen werden erfasst: die Verletzung der Regelung des § 243 Abs. 1 HGB (Grundsätze ordnungsmäßiger Buchführung, wobei allerdings nur die unzweifelhafte Verletzung eindeutig anerkannter Grundsätze in Betracht kommt, § 334 Rn 42 ff), des § 243 Abs. 2 HGB (Grundsatz der Klarheit und Übersichtlichkeit, § 334 Rn 46), des § 244 HGB (Sprache, Währungseinheit, § 334 Rn 47), des § 245 HGB (Unterzeichnung, § 334 Rn 48), des § 246 Abs. 1 HGB (Vollständigkeit) oder des § 246 Abs. 2 HGB (Verrechnungsverbot, § 334 Rn 49), dieser in Verbindung mit § 340a Abs. 2 Satz 3 HGB (Ausnahmen vom Verrechnungsverbot), des § 246 Abs. 3 HGB (Bilanzstetigkeit, § 334 Rn 50), des § 247 Abs. 2 HGB (Ausweis des Anlagevermögens, § 334 Rn 51), des § 248 HGB (Bilanzierungsverbote, § 334 Rn 52), des § 249 Abs. 1 Satz 1 HGB (Rückstellungen für ungewisse Verbindlichkeiten und für drohende Verluste aus schwebenden Geschäften, § 334 Rn 53) oder des § 249 Abs. 2 HGB (Verbot nicht gesetzlich vorgesehener Rückstellungen, Voraussetzungen der Auflösung von Rückstellungen, § 334 Rn 54), des § 250 Abs. 1 oder Abs. 2 HGB (Ausweis von Rechnungsabgrenzungsposten auf der Aktiv- bzw. Passivseite, § 334 Rn 55), des § 264 Abs. 2 HGB (Vermittlung eines den tatsächlichen Verhältnissen entsprechenden Bildes der Vermögens-, Finanz- und Ertragslage, § 334 Rn 58 ff), des § 340b Abs. 4 HGB (echte Pensionsgeschäfte), des § 340b Abs. 5 HGB (unechte Pensionsgeschäfte) sowie des § 340c Abs. 1 HGB (Ertrag oder Aufwand aus Finanzgeschäften).

12 **Abweichend von § 334 HGB** wird nicht auf die Vorschriften des § 247 Abs. 1 HGB (Inhalt und Gliederung der Bilanz) sowie des 251 HGB (Angabe von Verbindlichkeiten und Haftungsverhältnissen) verwiesen. An deren Stelle treten gemäß § 340a Abs. 2 Satz 2 HGB durch Rechtsverordnung erlassene Formblätter und andere Vorschriften.

13 Eine **Erweiterung** bedeutet die Inbezugnahme von § 340b Abs. 4 und 5 HGB (echte und unechte Pensionsgeschäfte) sowie von § 340c Abs. 1 HGB, die im Bankwesen eine besondere Bedeutung entfalten. Problematisch ist, welche Wirkungen die Inbezugnahme lediglich des § 246 Abs. 3 Satz 1 HGB ohne den gleichzeitigen Bezug auf § 246 Abs. 3 Satz 2 HGB entfaltet, wie es bei § 334 Abs. 1 Nr. 1 lit. a HGB der Fall ist. Letzterer verweist auf § 252 Abs. 2 HGB, der Ausnahmefallgestaltungen erfasst. § 246 Abs. 3 HGB ist nicht vom Anwendungsbereich des § 340a HGB, ausgeschlossen. Die daraus resultierende handelsrechtliche Zulässigkeit muss sich in den Ordnungswidrigkeitenvorschriften wegen der Einheit der Rechtsordnung widerspiegeln, so dass bei Vorliegen eines begründeten Ausnahmefalls i.S.d. § 246 Abs. 3 Satz 2 HGB der Ordnungswidrigkeitentatbestand des § 340n Abs. 1 Nr. 1 lit. a HGB – parallel zu den Wertungen des § 334 Abs. 1 Nr. 1 lit. a HGB – nicht erfüllt ist.

14 Die Vorschrift des § 340n Abs. 1 Satz 1 lit. a HGB i.V.m. § 247 Abs. 3 HGB ist seit dem Wegfall von § 247 Abs. 3 HGB durch das BilMoG (Vor §§ 331 Rn 78 ff) ohne Anwendungsbereich.

15 **2. Zuwiderhandlungen gegen Vorschriften über die Bewertung (§ 340n Abs. 1 Nr. 1 lit. b HGB).** § 340n Abs. 1 Nr. 1 lit. b HGB erfasst die Verletzung der **allgemeinen Bewertungsvorschriften**, die angesichts der verstärkten Bedeutung der Bewertung von Vermögensgegenständen in den letzten Jahren ausgeweitet wurden (§ 334 Rn 61 ff). Umfasst sind die Regelung des § 253 Abs. 1 Satz 1 HGB (Wertansätze von Vermögensgegenständen), § 253 Abs. 1 Satz 2 HGB (Wertansatz von Verbindlichkeiten), § 253 Abs. 1 Satz 3 HGB (Altersvorsorgeverpflichtung), § 253 Abs. 1 Satz 4 HGB (Zeitwertberechnung), § 253 Abs. 2 Satz 1 HGB auch i.V.m. § 253 Abs. 2 Satz 2 HGB (Rückstellun-

gen mit einer Restlaufzeit von mehr als einem Jahr), § 253 Abs. 3 Satz 1, 2, 3 HGB (Wertansatz für Vermögensgegenstände des Anlagevermögens, dessen Nutzung zeitlich begrenzt ist), § 253 Abs. 4 HGB (Abschreibung von Vermögensgegenständen des Umlaufvermögens), § 253 Abs. 5 HGB (Zeitpunkt der Wertfestsetzung), § 254 HGB (Bildung von Bewertungseinheiten) und § 256a HGB (Währungsumrechnung).

Besonderheiten und Modifikationen in der Bewertung von Vermögensgegenständen **für Kredit- und Finanzdienstleistungsinstitute** sowie für **Institute i.S.v. § 340 Abs. 5 HGB** sind in **§ 340e HGB** getroffen. Darunter fallen § 340e Abs. 1 Satz 1 HGB (Modifikation der Bewertung von bestimmten Gegenständen als Anlagevermögen), § 340e Abs. 1 Satz 2 HGB (Bewertung von Forderungen und Wertpapieren als Umlaufvermögen, außer sie dienen dauernd dem Geschäftsbetrieb), § 340e Abs. 3, Satz 1, 2, 3 oder 4 Hs 2 HGB (Besonderheiten für Finanzinstrumente des Handelsbestandes; Fair Value) und § 340e Abs. 4 Satz 1 und 2 HGB (Fonds). **§ 340f Abs. 1 Satz 2 HGB** (Vorsorge für allgemeine Bankrisiken) und **§ 340g Abs. 2 HGB** (Zuführungen zum Sonderposten sowie deren Auflösung) sind als **besondere bankspezifische Bewertungsvorschriften** in den Schutzbereich der Ordnungswidrigkeitentatbestände übernommen worden. 16

3. Zuwiderhandlungen gegen Vorschriften über die Gliederung (§ 340n Abs. 1 Nr. 1 lit. c HGB). § 340n Abs. 1 Nr. 1 lit. c HGB erfasst die Verletzung der Regelung des § 265 Abs. 2 HGB (Angabe des Betrages des vorhergehenden Geschäftsjahres), des § 265 Abs. 3 HGB (Mitzugehörigkeit zu anderen Posten), des § 265 Abs. 4 HGB (Gliederung bei mehreren Geschäftszweigen), des § 268 Abs. 3 HGB (nicht durch Eigenkapital gedeckter Fehlbetrag), des § 268 Abs. 6 HGB (Ausweis eines nach § 250 Abs. 3 HGB in dem Rechnungsabgrenzungsposten auf der Aktivseite aufgenommenen Unterschiedsbetrages) sowie des § 272 HGB (Eigenkapital), des § 274 HGB (Steuerabgrenzung bei zu niedrigem Steueraufwand im Geschäftsjahr und früheren Geschäftsjahren [latente Steuern]), des § 277 Abs. 3 Satz 2 HGB (Erträge und Aufwendungen aus Verlustübernahmen, Gewinngemeinschaft, Gewinnabführungs- oder Teilgewinnabführungsvertrag) und des § 277 Abs. 4 HGB (außerordentliche Erträge und Aufwendungen) (siehe dann § 334 Rn 63 f). 17

Wegen der abweichenden Regelung der **Gliederungsvorschriften für Kreditinstitute und gleichgestellte Institute in § 340a Abs. 2 Satz 1 HGB** gelten die §§ 265 Abs. 6; 268 Abs. 4 Satz 1, Abs. 5 Satz 1, 2; 275 sowie 277 Abs. 1, 2, 3 Satz 1 HGB nicht und werden deshalb von § 340n HGB nicht in Bezug genommen. In der Gliederungsvorschrift des § 277 HGB, der die GuV betrifft, werden nur die Vorgaben des § 277 Abs. 3 Satz 2 und Abs. 4 HGB bußgeldbewehrt. Anstelle des § 266 HGB sowie des § 268 Abs. 7 HGB treten nach § 340a Abs. 2 Satz 2 HGB durch Rechtsverordnung erlassene Formblätter und andere Vorschriften, so dass sie daher ebenfalls nicht von § 340n HGB erfasst sind. 18

4. Zuwiderhandlungen gegen Vorschriften über in der Bilanz oder im Anhang zu machende Angaben (§ 340n Abs. 1 Nr. 1 lit. d HGB). § 340n Abs. 1 Nr. 1 lit. d HGB erfasst die Verletzung der Regelungen des § 284 Abs. 1 und Abs. 2 Nrn. 1, 3 und 5 HGB (Erläuterung der Bilanz und der Gewinn und Verlustrechnung) sowie des § 285 Nrn. 3, 6, 7, 9 lit. a, b, Nr. 10, 11, 13, 14, 17 bis 29 HGB (spezifische im Anhang zu machende Angaben). Zu beachten ist, dass § 286 HGB das Recht einräumt, bestimmte Angaben im Anhang zu unterlassen. 19

Nicht einbezogen sind – im Gegensatz zu § 334 Abs. 1 Nr. 1 lit. d. HGB – gemäß § 340a Abs. 2 Satz 1 HGB die § 285 Nrn. 8 und 12 HGB sowie § 284 Abs. 2 Nr. 4 HGB. An Stelle von § 285 Nrn. 1, 2, 4 und 9 lit. c HGB treten die durch Rechtsverord- 20 nung erlassenen Formblätter und anderen Vorschriften. Die Vorschriften des § 285 Nrn. 15, 16 HGB sowie § 284 Abs. 2 Nr. 2 HGB werden nicht erfasst. Die für die Währungsumrechnung (§ 284 Abs. 2 Nr. 2 HGB) maßgeblichen Erträge sind jedoch zumindest gemäß § 340h HGB in der GuV anzugeben.

21 5. **Zuwiderhandlungen gegen den Konsolidierungskreis betreffende Vorschriften (§ 340n Abs. 1 Nr. 2 lit. a HGB).** § 340n Abs. 1 Nr. 2 lit. a HGB erfasst die Verletzung der Regelung des § 294 Abs. 1 HGB (**Konsolidierungskreis**).

22 6. **Verletzung der konzernrechtlichen Vorschriften über die Klarheit und Übersichtlichkeit, die GoB, fair and true view und die Vorschriften über Form und Inhalt des Abschlusses (§ 340n Abs. 1 Nr. 2 lit. b HGB).** § 340n Abs. 1 Nr. 2 lit. b HGB erfasst die Verletzung der Regelung des § 297 Abs. 2 HGB (Klarheit und Übersichtlichkeit des Konzernabschlusses, Beachtung der Grundsätze ordnungsmäßiger Buchführung; Vermittlung eines den tatsächlichen Verhältnissen entsprechenden Bildes der Vermögens-, Finanz- und Ertragslage des Konzerns), des § 297 Abs. 3 HGB (Darstellung der Vermögens- und Ertragslage einbezogener Unternehmen im Konzernabschluss, als ob diese ein einzelnes Unternehmen wären) sowie des § 340i Abs. 2 Satz 1 HGB (anzuwendende Vorschriften auf den Konzernabschluss) in Verbindung mit einer der in § 340n Nr. 1 lit. a HGB bezeichneten Vorschrift über Form und Inhalt des Abschlusses.

23 7. **Verletzung der Konsolidierungsgrundsätze und des Vollständigkeitsgebots (§ 340n Abs. 1 Nr. 2 lit. c HGB).** § 340n Abs. 1 Nr. 2 lit. c HGB erfasst die Verletzung der Regelung des § 300 HGB (**Konsolidierungsgrundsätze, Vollständigkeitsgebot**).

24 8. **Zuwiderhandlungen gegen Vorschriften über Bewertungsabweichungen (§ 340n Abs. 1 Nr. 2 lit. d HGB).** § 340n Abs. 1 Nr. 2 lit. d HGB erfasst die Verletzung der Regelung des 308 Abs. 1 Satz 1 HGB (einheitliche Bewertung der in dem Konzernabschluss nach § 300 Abs. 2 HGB übernommenen Vermögensgegenstände) in Verbindung mit den in § 340n Nr. 1 lit. b HGB bezeichneten Vorschriften sowie des § 308 Abs. 2 HGB (abweichende Bewertungsmethoden bei Mutter- und Tochterunternehmen sowie Konzernabschluss) und des § 308a HGB (Umrechnung von auf fremde Währungen lautenden Abschlüsse).

25 9. **Zuwiderhandlungen gegen Vorschriften über den Beteiligungsausweis von assoziierten Unternehmen (§ 340n Abs. 1 Nr. 2 lit. e HGB).** § 340n Abs. 1 Nr. 2 lit. e HGB erfasst die Verletzung der Regelung des § 311 Abs. 1 Satz 1 HGB (Ausweis der Beteiligung an assoziierten Unternehmen) in Verbindung mit § 312 HGB (Wertansatz der Beteiligung an einem assoziierten Unternehmen und Behandlung des Unterschiedsbetrages).

26 10. **Zuwiderhandlungen gegen Vorschriften über im Konzernanhang zu machende Angaben (§ 340n Abs. 1 Nr. 2 lit. f HGB).** § 340n Abs. 1 Nr. 2 lit. f HGB erfasst die Verletzung der Regelung des § 308 Abs. 1 Satz 3 HGB (Angabe der Abweichungen von den auf den Jahresabschluss des Mutterunternehmens angewandten Bewertungsmethoden im Konzernanhang), des § 313 HGB (Erläuterung der Konzernbilanz und der Konzern-Gewinn- und Verlustrechnung, Angaben von Beteiligungsbesitz) sowie des § 314 HGB (sonstige Pflichtangaben im Konzernanhang).

27 11. **Zuwiderhandlungen bei der Aufstellung des Lageberichts (§ 340n Abs. 1 Nr. 3 HGB).** § 340n Abs. 1 Nr. 3 HGB regelt Zuwiderhandlungen gegen die Vorschrift des § 289 Abs. 1, 4 und 5 HGB über den Inhalt des Lageberichts sowie Zuwiderhandlungen bei der Erklärung der Unternehmensführung im Lagebericht nach § 289a HGB.

12. Zuwiderhandlungen bei der Aufstellung des Konzernlageberichts (§ 340n Abs. 1 Nr. 4 HGB). § 340n Abs. 1 Nr. 4 HGB erfasst Zuwiderhandlungen gegen die Vorschriften des § 315 Abs. 1 und 4 HGB über den Inhalt des Konzernlageberichts. 28

13. Zuwiderhandlungen bei der Offenlegung, Veröffentlichung oder Vervielfältigung (§ 340n Abs. 1 Nr. 5 HGB). § 340n Abs. 1 Nr. 5 HGB erfasst Zuwiderhandlungen gegen die Vorschrift des § 328 HGB über Form und Inhalt der Unterlagen bei der Offenlegung, Veröffentlichung und Vervielfältigung. Gegen diese Vorschrift wird nicht verstoßen, wenn kein Abschluss vorgelegt wird.[14] 29

14. Zuwiderhandlungen gegen eine aufgrund des § 330 Abs. 2 in Verbindung mit Abs. 1 Satz 1 HGB erlassene Rechtsverordnung (§ 340n Abs. 1 Nr. 6 HGB). § 340n Abs. 1 Nr. 6 HGB erfasst Zuwiderhandlungen gegen Vorschriften einer Rechtsverordnung nach § 330 Abs. 2 HGB i.V.m. § 330 Abs. 1 Satz 1 HGB über Formblätter oder eine andere Gliederung des Jahresabschlusses und des Konzernabschlusses sowie über den Inhalt des Anhanges, des Konzernanhangs, des Lageberichts und des Konzernlageberichts. Voraussetzung der Ahndbarkeit ist, dass die Rechtsverordnung für einen bestimmten Tatbestand auf die Bußgeldvorschrift des § 340n Abs. 1 Nr. 6 HGB verweist. Hier ist die **Verordnung über die Rechnungslegung von Kreditinstituten** vom 11.12.1998[15] zu nennen, die in § 38 Abs. 1 Bußgeldtatbestände für die Aufstellung und Feststellung des Jahresabschlusses enthält. Diese Bußgeldtatbestände sind nach § 38 Abs. 2 auch auf den Konzernabschluss anwendbar.[16] Es fehlt jedoch an einer Ausweitung des Täterkreises auf Geschäftsleiter i.S.d. § 340 Abs. 5 HGB i.V.m. § 1 Abs. 2a ZAG. Dies ist wohl als Versehen des Verordnungsgebers zu werten; die dadurch entstehende Lücke kann jedoch wegen Art. 103 Abs. 2 GG nicht im Wege der Analogie geschlossen werden. 30

Nach **§ 38 Abs. 1 dieser Rechtsverordnung** handelt ordnungswidrig, wer bei der Aufstellung oder Feststellung des Jahresabschlusses

- entgegen § 2 Abs. 1 Satz 1 nicht das vorgeschriebene Formblatt anwendet,
- entgegen §§ 3 bis 5, 6 Abs. 1 Satz 1 oder 2, Abs. 2 oder 4 die dort genannten Posten nicht, nicht in der vorgeschriebenen Weise oder nicht mit dem vorgeschriebenen Inhalt ausweist,
- entgegen § 6 Abs. 3 dort genannte Vermögensgegenstände oder Schulden in seine Bilanz aufnimmt,
- einer Vorschrift des § 9 über die Fristengliederung zuwiderhandelt,
- entgegen § 10 Abs. 1 dort genannte Verbindlichkeiten nicht verrechnet,
- entgegen § 10 Abs. 2 Forderungen oder Verbindlichkeiten verrechnet,
- einer Vorschrift der §§ 12 bis 33 über die in die einzelnen Posten der Bilanz oder der GuV aufzunehmenden Angaben zuwiderhandelt,
- einer Vorschrift der §§ 34 oder 35 über zusätzliche Erläuterungen oder Pflichtangaben zuwiderhandelt,
- einer Vorschrift des § 36 über Termingeschäfte zuwiderhandelt.

---

14 *Häuselmann* WM 1995, 1049, 1054.

15 BGBl. I S. 3654; zuletzt geändert durch Art. 2 durch die Verordnung vom 9.6.2011 (BGBl. I S. 1041).

16 MünchKommHGB/*Quedenfeld* Rn 16.

C. Der Ordnungswidrigkeitentatbestand des § 340n Abs. 2 HGB

I. Täterkreis des § 340n Abs. 2 HGB

31 Nach § 340n Abs. 2 HGB ist der **Abschlussprüfer** tauglicher Täter des § 340n HGB, der nach den in § 340n Abs. 2 HGB aufgeführten Gründen ausgeschlossen ist. Hierbei muss es sich um einen **Wirtschaftsprüfer** oder eine Wirtschaftsprüfungsgesellschaft handeln. Ein **vereidigter Buchprüfer** ist bei Kredit- und Finanzdienstleistungsunternehmen als Abschlussprüfer ausgeschlossen; § 340k Abs. 1 Satz 1, 2. HS HGB schließt diese Möglichkeit nach § 319 Abs. 1 Satz 2 HGB aus. Eine Ausnahme besteht nur bei Finanzdienstleistungsinstituten und Instituten i.S.v. § 1 Abs. 2a ZAG, wenn deren Bilanzsumme am Stichtag 150 Mio Euro nicht übersteigt. Diese dürfen nach § 340k Abs. 4 HGB auch von vereidigten Buchprüfern und Buchprüfungsgesellschaften (§ 319 Abs. 1 Satz 2 HGB) geprüft werden. Gegenüber § 334 HGB ist § 340n Abs. 2 HGB um die besonderen **Prüfungsinstitutionen des genossenschaftlichen Prüfungsverbandes** und der **Prüfstelle des Sparkassen und Giroverbandes** nach § 340k Abs. 2, 3 HGB erweitert.

32 Nicht erfasst wird die Erteilung eines Bestätigungsvermerks nach § 322 HGB durch eine Person, die überhaupt nicht Abschlussprüfer ist, denn § 340n Abs. 2 HGB normiert nur **Sonderpflichten für Abschlussprüfer.** Deshalb erfüllt ein vom Bundesaufsichtsamt für das Kreditwesen nach § 28 KWG abgelehnter Prüfer, der gleichwohl einen Bestätigungsvermerk erteilt, den Tatbestand des § 340n Abs. 2 HGB nicht, denn ihm fehlt die Prüfereigenschaft; er erfüllt deshalb keine Prüferpflichten[17] (§ 334 Rn 94).

II. Tathandlungen

33 Als Ordnungswidrigkeit wird die Erteilung eines Bestätigungsvermerks nach § 322 HGB zu einem Jahresabschluss oder einem Konzernabschluss erfasst, der aufgrund gesetzlicher Vorschriften zu prüfen ist, wenn diese Prüfung durch eine Person oder durch eine für eine Wirtschaftsprüfungsgesellschaft oder einen Prüfungsverband nach § 340k Abs. 2 oder 3 HGB tätige Person, obwohl sie oder die Gesellschaft gemäß § 319 Abs. 2, 3 oder 5 HGB, § 319a Abs. 1 Satz 1, Abs. 2 HGB, § 319b Abs. 1 HGB, nach § 319 Abs. 4, auch i.V.m. § 319a Abs. 1 Satz 2, nach § 319a Abs. 1, 5 Satz 4, 5, § 319b Abs. 1 HGB **nicht Abschlussprüfer** sein darf, vorgenommen wird.

34 Die Ausschlussgründe für Abschlussprüfer fußen hauptsächlich auf der Vermeidung des Anscheins der Abhängigkeit. Dies sind zunächst persönliche Abhängigkeiten, insbesondere Beziehungen geschäftlicher, finanzieller oder persönlicher Art, nach denen die **Besorgnis der Befangenheit** besteht (§ 319 Abs. 2 HGB). Daneben sind besondere persönliche Ausschlussgründe für den Wirtschaftsprüfer und für den – in den Fällen des § 340k Abs. 4 HGB auch möglichen – vereidigten Buchprüfer in § 319 Abs. 3 Nrn. 1 bis 5 HGB normiert: Anteilsbesitz, nicht nur unwesentliche finanzielle Interessen und Unternehmensbeteiligung (Nr. 1); Mitglied des Vertretungs- oder Aufsichtsorgans bzw. Arbeitnehmereigenschaft (Nr. 2); vorangegangene Mitwirkung bei bestimmten rechnungslegungsnahen (Vorfeld-)Tätigkeiten (Nr. 3); Beschäftigung einer Person, die nach § 319 Abs. 3 Nrn. 1 bis 3 HGB ausgeschlossen ist (Nr. 4); in den letzten Jahren mehr als 30prozentiger Anteil an den Gesamteinahmen (Nr. 5). In der Praxis wird die Mandatsumsatz-

---

17 MünchKommHGB/*Quedenfeld* Rn 17.

begrenzung von 30 % aus § 319 Abs. 3 Nr. 5 HGB wegen der engeren Begrenzung von 15 % in dem ebenfalls einbezogenen § 319a Abs. 1 Nr. 1 HGB keine Rolle spielen.

Die Ausschlussgründe des **§ 319 Abs. 3 HGB** gelten auch dann für den Abschlussprüfer, wenn sie von einer Person verwirklicht werden, mit der er seinen Beruf gemeinsam ausübt, in den Fällen des § 319 Abs. 3 Satz 1 Nr. 1, 2 oder 3 HGB, wenn der Ehegatte oder Lebenspartner den Ausschlussgrund erfüllt; im Fall des § 319 Abs. 3 Satz 1 Nr. 3 HGB, wenn eine der Tätigkeiten von einem Unternehmen für die zu prüfende Kapitalgesellschaft ausgeübt wird, bei dem der Wirtschaftsprüfer oder vereidigte Buchprüfer gesetzlicher Vertreter, Arbeitnehmer, Mitglied des Aufsichtsrats oder Gesellschafter, der mehr als zwanzig vom Hundert der den Gesellschaftern zustehenden Stimmrechte besitzt, ist. **35**

In **§ 319a Abs. 1 HGB** sind weitere Umstände genannt, unter denen der Abschlussprüfer von der Tätigkeit als Abschlussprüfer ausgeschlossen ist. Dies sind im Einzelnen: der Mandatsumsatz mit dem Unternehmen beträgt mehr als 15 Prozent des Gesamteinahmen (Nr. 1); der Abschlussprüfer hat über die Prüfungstätigkeit hinaus nicht nur unwesentliche Rechts- oder Steuerberatungsleistungen erbracht, die über die reine Gestaltung hinausgehen (Nr. 2); er hat an der Entwicklung, Einrichtung oder Einführung von Rechnungslegungsinformationssystemen mitgewirkt (Nr. 3) oder er war für Abschlussprüfungen des Unternehmens, die nicht länger als zwei Jahre zurückliegen, schon in mehr als sechs Fällen verantwortlich (Nr. 4). **36**

So ist zwar ist bei § 319 Abs. 3 Satz 1 Nr. 5 HGB die Möglichkeit einer befristeten **Ausnahmegenehmigung** gegeben, um besondere Härtefälle zu vermeiden. Ein solcher Härtefall kann insbesondere dann vorliegen, wenn der Abschlussprüfer seinen Umsatz ausschließlich durch einige wenige Unternehmensprüfungen generiert und dadurch die Wahl hätte, entweder in die Gefahr einer Insolvenz zu geraten oder sich ordnungswidrig zu verhalten. Die Genehmigung befreit jedoch nur dann von der Verwirklichung des Ausschlusstatbestandes und damit von der Begehung der Ordnungswidrigkeit, wenn sie tatsächlich erteilt wurde. Die bloße Genehmigungsfähigkeit bleibt bei der Beurteilung unberücksichtigt, kann jedoch die Höhe des Bußgeldes beeinflussen (vgl. § 17 Abs. 3 Satz 1 OWiG).[18] Die erteilte Ausnahmegenehmigung bezieht sich jedoch nicht auf den 15 % Ausschluss aus § 319a Abs. 1 Nr. 1 HGB, so dass in diesen Fällen dennoch eine Ordnungswidrigkeit vorliegt. **37**

Ein Abschlussprüfer, der für eine **Wirtschaftsprüfungsgesellschaft** tätig ist, **die nicht Abschlussprüfer sein darf**, handelt ebenfalls ordnungswidrig, weil die Gesellschaften über § 319 Abs. 4 HGB, auch in Verbindung mit § 319a Abs. 1 Satz 2 sowie über § 319a Abs. 1 Satz 4 oder 5 HGB oder § 319b Abs. 1 HGB in § 340n Abs. 2 HGB einbezogen ist. Obwohl nach § 340k Abs. 4 HGB in Sonderfällen auch Buchprüfungsgesellschaften tätig werden können, führt deren Ausschluss nicht zur Erfüllung des Tatbestandes, da explizit nur Wirtschaftsprüfungsgesellschaften, der Prüfungsverband sowie die Prüfstelle genannt sind, so dass auch hier eine Inkonsistenz entsteht. **38**

Weiterhin sind über § 319b Abs. 1 HGB auch diejenigen Abschlussprüfer ausgeschlossen und handeln durch die Erteilung des Bestätigungsvermerks ordnungswidrig, wenn zwar nicht der Abschlussprüfer oder seine Gesellschaft, wohl aber ein **Mitglied seines Netzwerks** einen Ausschlussgrund der § 319 Abs. 2, 3 Satz 1 Nr. 1, 2 oder 4, Abs. 3 Satz 2 oder Abs. 4 HGB verwirklicht. Diese Gründe führen jedoch dann nicht zu einem Ausschluss, wenn das Netzwerkmitglied, das die jeweilige Voraussetzung erfüllt, auf das **39**

---

18 *Dannecker* in Graf/Jäger/Wittig Vor §§ 32 Rn 70 mwN.

Ergebnis keinen Einfluss nehmen kann. Neben diesen relativen Ausschlussgründen ist der Abschlussprüfer ausnahmslos ausgeschlossen, wenn ein Netzwerkmitglied einen Ausschlussgrund nach § 319 Abs. 3 Satz 1 Nr. 3 oder § 319a Abs. 1 Satz 1 Nr. 2 oder 3 HGB erfüllt. Gemäß den Voraussetzungen dieser Vorschriften muss zur Erfüllung des Ausschlussgrundes die Tätigkeit keine lediglich untergeordnete Bedeutung haben (§§ 319 Abs. 3 Satz 1 Nr. 3; § 319a Abs. 1 Satz 1 Nr. 3 HGB) oder sich unmittelbar und nicht nur unwesentlich auswirken (§ 319a Abs. 1 Satz 1 Nr. 2 HGB).

40 Diese Unabhängigkeitsanforderungen werden gemäß § 319 Abs. 5 HGB sowie gemäß § 319a Abs. 2 HGB auf die Abschlussprüfer des Konzernabschlusses erweitert. Eine solche Erweiterung erfolgt – mangels Verweises in § 340n Abs. 2 HGB – nicht für § 319b Abs. 2 HGB, so dass die Vorschriften über das Netzwerk nicht auf die Bußgeldbewehrung von **Konzernabschlussprüfern** übertragen werden können, so dass insofern eine systemwidrige Lücke entsteht.[19]

41 Nicht einbezogen ist ebenfalls § 319a Abs. 1 Satz 3 HGB, der Abschlussprüfer auch dann ausschließt, wenn Personen, mit denen der Abschlussprüfer seinen Beruf gemeinsam ausübt, die dort genannten Ausschlussgründe erfüllen. Dies ist insofern systemfremd, als ein Mitglied des Netzwerks des Abschlussprüfers nach § 319b HGB einbezogen ist.[20] Daraus schließen *Kozikowski/Gutman*, dass dies zu dem absurden Ergebnis führe, dass sich zwar ein Wirtschaftsprüfer ordnungswidrig gemäß § 340n Abs. 2 i.V.m. § 319b Abs. 1 Satz 2 HGB verhalte, wenn er einen Bestätigungsvermerk erteile, obwohl ein anderes Netzwerkmitglied beispielsweise nicht nur unwesentliche Beratungsleistungen nach § 319a Abs. 1 Satz 1 Nr. 2 HGB erbracht hat. Erbringe hingegen ein unmittelbarer Sozietätskollege, mit dem der Abschlussprüfer seinen Beruf gemeinsam ausübe, dieselben Beratungsleistungen, so falle mangels Einbeziehung des § 319a Abs. 1 Satz 3 HGB in den Anwendungsbereich des § 340n Abs. 2 HGB kein Bußgeld an.[21] Ein Netzwerk liegt nach § 319b Abs. 1 Satz 2 HGB dann vor, wenn Personen bei ihrer Berufsausübung zur Verfolgung gemeinsamer wirtschaftlicher Interessen für eine gewisse Dauer zusammenwirken. Diese Anforderungen sind wesentlich weiter gefasst, so dass Personen, mit denen der Abschlussprüfer seinen Beruf gemeinsam ausübt, regelmäßig unter die Voraussetzungen des Netzwerkmitglieds subsumierbar sind. Jedoch ist dies insofern unbefriedigend, als dass – im Gegensatz zu § 319b Abs. 1 HGB – § 319a Abs. 1 Satz 3 HGB keine relativen Ausschlussgründe kennt, die eine Möglichkeit zur Einflussnahme voraussetzen. Dies hat zur Folge, dass das Schutzniveau geringer ist und dem besonderen Umstand einer gemeinsamen Berufsausübung nicht ausreichend Rechnung getragen wird.

III. Sonstige Voraussetzungen der Ahndbarkeit

42 § 340n HGB sieht nur für den Fall vorsätzlichen Verhaltens die Verhängung einer Geldbuße vor. **Dolus eventualis** reicht aus. Bezüglich der weiteren Voraussetzungen der Ahndbarkeit kann auf die Ausführungen zu § 334 HGB verwiesen werden (zum **subjektiven Tatbestand** vgl. die Ausführungen zu § 334 Rn 2, **zum Versuch** § 334 Rn 4).

---

[19] BeckBilKomm/*Kozikowski/Gutman*, § 334 HGB Rn 26.

[20] BeckBilKomm/*Kozikowski/Gutman*, § 334 HGB Rn 26.

[21] BeckBilKomm/*Kozikowski/Gutman*, § 334 HGB Rn 26.

D. Konkurrenzen

Die Anwendung der § 334 Abs. 1 bis 4 HGB auf Kreditinstitute i.S.d. § 340 HGB wird wegen der bankrechtlichen Besonderheiten der Rechnungslegung in § 334 Abs. 5 HGB ausdrücklich ausgeschlossen. Dieser Ausschluss bezieht sich explizit nur auf Kreditinstitute und nicht auf Finanzdienstleistungs-, Zahlungs- und E-Geld-Institute, so dass für diese grundsätzlich die §§ 334 HGB und 340n HGB nebeneinander anwendbar sind. Jedoch sind die für die Rechnungslegung zu Grunde liegenden Vorschriften inklusive der Modifikationen des 4. Abschnitts, 1. Unterabschnitt gemäß § 340 Abs. 4 HGB für Finanzdienstleistungsinstitute und gemäß § 340 Abs. 5 HGB für Zahlungs- und E-Geld-Institute ebenso wie bei Kreditinstituten anwendbar. Aus diesem Grunde stellt § **340n HGB** die **speziellere Regelung** dar. Diese Beschränkung der Ordnungswidrigkeitentatbestände ist als Analogie zu Gunsten des Täters zulässig. **43**

E. Sanktion

I. Bußgeldrahmen

Eine Ordnungswidrigkeit kann nach § 340n Abs. 3 HGB mit einer Geldbuße von bis zu **50.000 Euro** geahndet werden. Die Mindesthöhe liegt nach § 17 Abs. 1 OWiG bei **5 Euro**. **44**

II. Bußgeldbemessung

Grundlage für die Bemessung der Geldbuße ist nach § 17 Abs. 3 Satz 1 OWiG die **Bedeutung der Ordnungswidrigkeit** und der **Vorwurf**, der den Täter trifft. Angesichts der Terminologie des OWiG ist mit dem „Vorwurf" sachlich dasselbe gemeint wie mit der Schuld im Strafrecht und mit der Bedeutung der Ordnungswidrigkeit dasselbe wie mit dem strafrechtlichen Unrecht.[22] Daneben sind weitere Erwägungen, von denen § 17 Abs. 3 Satz 2 OWiG die **wirtschaftlichen Verhältnisse** des Täters nennt, mit einzubeziehen. **45**

Wenn der Täter aus der Handlung einen rechtswidrigen Vorteil gezogen hat, sieht § 17 Abs. 4 Satz 1 OWiG für alle Ordnungswidrigkeiten vor, dass die Geldbuße den **wirtschaftlichen Vorteil** übersteigen soll, wobei eine **Schätzung** zulässig ist.[23] Um dieses Ziel zu erreichen, kann auch das gesetzliche Höchstmaß von 50.000 Euro (§ 340n Abs. 3 HGB) überschritten werden (§ 17 Abs. 4 Satz 2 OWiG). Allerdings wird bei Verstößen nach § 340n HGB in der Regel kein konkreter wirtschaftlicher Vorteil erzielt, der abzuschöpfen ist. **46**

Neben der Geldbuße gegen die natürliche Person kann auch gegen die **Kapitalgesellschaft** oder die **Prüfungsgesellschaft** eine Geldbuße gemäß § 30 Abs. 1 Nr. 1 OWiG verhängt werden (Vor §§ 331 ff Rn 182 ff).[24] Außerdem kann auch eine **isolierte Geldbuße** nur gegen die Kapitalgesellschaft oder die Prüfungsgesellschaft verhängt werden (§ 30 Abs. 4 Satz 1 OWiG).[25] **47**

---

[22] *Göhler/Gürtler* Vor § 1 OWiG Rn 30 mwN.

[23] *Göhler/Gürtler* § 17 OWiG Rn 45; KK-OWiG/*Mitsch* § 17 OWiG Rn 122 f.

[24] BeckBilKomm/*Kozikowski/Gutman* § 334 HGB Rn 41 f; MünchKommHGB/*Quedenfeld* § 334 HGB Rn 55.

[25] BeckBilKomm/*Kozikowski/Gutman* § 334 HGB Rn 41 f; Erbs/Kohlhaas/*Schaal* Rn 38, 41; MünchKommHGB/*Quedenfeld* § 334 Rn 56; Heymann/*Otto* Rn 38.

F. Verfahren

48 Die Ordnungswidrigkeiten werden **von Amts wegen** verfolgt. Nach § 340n Abs. 4 HGB ist für dieses Verfahren eine besondere Zuständigkeitsregelung vorgesehen. Zur Ahndung der Ordnungswidrigkeiten zuständige Verwaltungsbehörde i.S.d. § 36 Abs. 1 Nr. 1 OWiG ist nach § 340n Abs. 4 HGB die **Bundesanstalt für Finanzdienstleistungsaufsicht.** Über die Einleitung und Durchführung des Verfahrens ist nach dem Opportunitätsgrundsatz zu entscheiden, § 47 OWiG.

49 Bezüglich der weiteren Voraussetzungen der Ahndbarkeit kann auf die Ausführungen zu § 334 HGB verwiesen werden (**zur Zuständigkeit** § 334 Rn 111; **zum Opportunitätsprinzip** § 334 Rn 112, **zum Bußgeldverfahren** § 334 Rn 113 sowie zur **Verjährung** § 334 Rn 114 f).

§ 340o
Festsetzung von Ordnungsgeld

Personen, die

1. **als Geschäftsleiter im Sinne des § 1 Absatz 2 Satz 1 des Kreditwesengesetzes eines Kreditinstituts oder Finanzdienstleistungsinstituts im Sinne des § 340 Absatz 4 Satz 1 oder als Geschäftsleiter im Sinne des § 1 Absatz 8 Satz 1 und 2 des Zahlungsdiensteaufsichtsgesetzes eines Instituts im Sinne des § 340 Absatz 5 oder als Inhaber eines in der Rechtsform des Einzelkaufmanns betriebenen Kreditinstituts oder Finanzdienstleistungsinstituts im Sinne des § 340 Absatz 4 Satz 1, den § 340l Absatz 1 Satz 1 in Verbindung mit § 325 Absatz 2 bis 5, die §§ 328, 329 Absatz 1 über die Pflicht zur Offenlegung des Jahresabschlusses, des Lageberichts, des Konzernabschlusses, des Konzernlageberichts und anderer Unterlagen der Rechnungslegung oder**
2. **als Geschäftsleiter von Zweigniederlassungen im Sinne des § 53 Abs. 1 des Kreditwesengesetzes § 340l Abs. 1 oder Abs. 2 über die Offenlegung der Rechnungslegungsunterlagen**

nicht befolgen, sind hierzu vom Bundesamt für Justiz durch Festsetzung von Ordnungsgeld nach § 335 anzuhalten. § 335 Abs. 1 Satz 2 ist entsprechend anzuwenden.

Schrifttum

Vgl. ergänzend die Literaturhinweise Vor §§ 331 ff; § 335.

Häuslemann Offenlegungspflichten ausländischer Kreditinstitute in Deutschland nach dem Bilanzrichtlinie-Gesetz, WM 1995, 1049 ff; *Krummow u.a.* Rechnungslegung der Kreditinstitute, Kommentar zum Bankbilanzrichtlinie-Gesetz und zur RechKreditV (KomBankRiLiG), (1994); *Rixen* Änderung der Rechnungslegungsvorschriften für Kreditinstitute durch das Bankbilanzrichtlinie-Gesetz, WM 1991, 841 ff; *Vortmann* Neues Recht der Bankbilanzierung durch das Bankbilanzrichtlinie-Gesetz, NJW 1991, 2399 ff; *Waschbusch* Funktion, Inhalt und Aufbau des Anhangs von Kreditinstituten nach den neuen Rechnungslegungsvorschriften, DB 1993, 793 ff.

Übersicht

A. Allgemeines

I. Entstehungsgeschichte

1 Nach der Ausdehnung der für die Kapitalgesellschaft geltenden Vorschriften über die Bilanzierung und das Rechnungswesen auf alle Kreditinstitute durch das **Bankbilanzrichtliniegesetz** vom 30.11.1990 (BGBl. I S. 2570) hielt es der Gesetzgeber für geboten, die für Kapitalgesellschaften bestehende Möglichkeit, durch Androhung und Festsetzung eines Zwangsgeldes die Erfüllung bestimmter bilanzrechtlicher Verpflichtungen zu erzwingen, auf alle Kreditinstitute unabhängig von deren Rechtsform zu übertragen. Durch Artikel 2 **BegleitG** vom 22.10.1997 (BGBl. I S. 2567) wurde der Anwendungsbereich auf Finanzdienstleistungsinstitute i.S.d. § 340 Abs. 4 Satz 1 HGB erstreckt.[1] § 340o HGB wurde durch das **KapCoRiLiG** vom 24.2.2000 (BGBl. I S. 154) neu gefasst und den damaligen Regelungen der §§ 335, 335a HGB a.F. angepasst. Nunmehr waren neben Zwangsgeld- auch Ordnungsgeldfestsetzungen möglich. Durch die Neufassung des § 335 HGB und die Abschaffung des § 335a HGB durch das **EHUG** vom 10.11.2006 (BGBl. I S. 2553) wurde auch § 340o HGB abgeändert, so dass nunmehr lediglich mit Ordnungsgeld zu ahndende Verstöße gegen Publizitätspflichten erfasst sind. Das Zwangsgeldverfahren ist in diesem Bereich vollständig abgeschafft. Durch das 2. EGeldRLUG v. 1.3.2011 wurde der Anwendungsbereich auf Geschäftsleiter von Instituten i.S.d. § 1 Abs. 2a ZAG (Zahlungsdienste und E-Geld-Institute [Anhang nach § 335b; Vor §§ 340m Rn 13 f]) erweitert, so dass gegen diese auch ein Ordnungsgeld verhängt werden kann. Das Ordnungsgeldverfahren wird **nun von Amts wegen** durch das **Bundesamt für Justiz** eingeleitet und durchgeführt.

II. Funktion des § 340o HGB

2 Abweichend von der Systematik des § 340n HGB, der eigenständige Bußgeldvorschriften enthält, hat sich der Gesetzgeber bei der Ausgestaltung der Ordnungsgeldregelungen für den Weg entschieden, die für die Kapitalgesellschaft geltenden Vorschriften durch § 340o Nr. 1 HGB lediglich dahingehend zu ergänzen, dass sie auch für Kreditinstitute, Finanzdienstleistungsinstitute sowie für Zahlungs- und E-Geldinstitute gelten.[2] Für diejenigen Institute, die in der Rechtsform einer Kapitalgesellschaft betrieben werden, ist wegen der in § 340o HGB nicht mehr vorhandenen Ausklammerung § 340o HGB die **speziellere Vorschrift.** Zudem werden die besonderen bankbilanziellen Vorschriften der §§ 340 ff HGB mit in die Offenlegung einbezogen.[3]

3 Wenn ein **Geschäftsleiter** oder **Inhaber eines** in der Form eines Einzelhandelskaufmanns geführten **Kreditinstituts oder Finanzdienstleistungsinstituts** die in **§ 340o Nr. 1 HGB** normierten Pflichten nicht befolgt, kann das Bundesamt für Justiz ein **Ordnungsgeld** gegen ihn festsetzen. In den Fällen des **§ 340o Nr. 2 HGB** ist ein Ordnungsgeld gegen den **Geschäftsleiter einer Zweigniederlassung** i.S.d. § 53 Abs. 1 KWG festzusetzen. Durch das Ordnungsgeld soll die Offenlegung der Rechnungslegungsunterlagen durch den genannten Personenkreis bewirkt werden.

---

1 BT-Drucks. 11/6275, S. 26.

2 *Krumnow/Sprißler/Bellavite-Hövermann/Kemmer/Steinbrücker* Rn 1; *Wiedmann* Rn 1.

3 MünchKommHGB/*Quedenfeld* Rn 1.

B. Voraussetzungen der Festsetzung eines Ordnungsgelds

I. Normadressaten

4 Normadressaten des **§ 340o Nr. 1 HGB** sind die **Geschäftsleiter** i.S.d. § 1 Abs. 2 Satz 1 KWG (Anhang nach § 335b; § 340m Rn 4 ff) eines Kreditinstituts (§ 1 Abs. 1 Satz 1 KWG), Finanzdienstleistungsinstituts (§ 1 Abs. 1a KWG) die Geschäftsleiter eines Zahlungsinstituts oder E-Geld-Instituts (§ 1 Abs. 8 Satz 1 und 2 ZAG Anhang nach § 335b, 340m Rn 8); sowie die Inhaber eines in der Rechtsform des **Einzelkaufmanns** betriebenen Kreditinstituts oder Finanzdienstleistungsinstituts i.S.d. § 340 Abs. 4 Satz 1 HGB (Anhang nach § 335b; § 340m Rn 12). Dieser Personenkreis ist mit dem in § 340m HGB identisch und wird dem entsprechenden Personenkreis bei Kapitalgesellschaften gleichgestellt. Die Verpflichtung besteht dabei unabhängig von der Größe und Rechtsform des Unternehmens.

5 **§ 340o Nr. 2 HGB** richtet sich an den **Geschäftsleiter von Zweigstellen ausländischer Unternehmen** i.S.d. § 53 Abs. 1 KWG (Anhang nach § 335b; § 340m Rn 13). § 340o HGB erfasst nicht den ständigen Vertreter der Zweigniederlassung einer ausländischen AG oder GmbH i.S.d. § 13e Abs. 2 Nr. 3 KWG, da auf diese Vorschrift in § 340o HGB nicht verwiesen wird.[4]

II. Durch Ordnungsgeld erzwingbare Handlungen

6 In den Fällen des **§ 340o Nr. 1 und Nr. 2 HGB** kann ein **Ordnungsgeld** (§ 335 Rn 11 ff) festgesetzt werden. **§ 340o Nr. 1 HGB** nimmt mit § 340i Abs. 1 Satz 1 HGB dieselben Offenlegungspflichten wie § 335 Satz 1 Nr. 1 HGB in Bezug. **§ 340o Nr. 2 HGB** verweist außerdem auf die besonderen Offenlegungspflichten von Kreditinstituten nach § 340l Abs. 1 und 2 HGB, wonach Kreditinstitute ungeachtet ihrer Größe und Rechtsform die in den §§ 325 Abs. 2 bis 5, 328 und 329 Abs. 1, 4 HGB genannten **Offenlegungsvorschriften für große Kapitalgesellschaften** beachten müssen. Hingegen ist § 340l HGB gemäß § 340 Abs. 4 Satz 3 HGB nur auf Finanzdienstleistungsinstitute anwendbar, die Kapitalgesellschaften sind. Auf Zweigniederlassungen i.S.d. § 53 Abs. 1 KWG sind die spezifischen Vorschriften des § 340l Abs. 1, 2 HGB anzuwenden. Im Übrigen kann auf die Ausführungen zu § 335 Rn 20 ff verwiesen werden.

C. Verfahren zur Festsetzung eines Ordnungsgeldes

7 Die Festsetzung eines Ordnungsgeldes folgt für den Bereich der Kreditinstitute, der Finanzdienstleistungsinstitute sowie der Zahlungs- und E-Geld-Institute durch den Verweis auf § 335 HGB den gleichen Voraussetzungen wie bei Kapitalgesellschaften. Das Verfahren wird **von Amts wegen** vom **Bundesamt für Justiz** durchgeführt. Nach § 335 Abs. 2 HGB sind die dort genannten Vorschriften des FamFG und des VwVfG anzuwenden. Während für die Bußgeldverhängung nach § 341n Abs. 4 HGB die spezielle Zuständigkeit der Bundesanstalt für Finanzdienstleistungsaufsicht bzw. der entsprechenden Landesbehörde statuiert wird, fehlt eine entsprechende Regelung für die Festsetzung des Ordnungsgeldes in § 340o HGB. Daher bleibt es bei der **allgemeinen Zuständigkeit** des Bundesamts für Justiz. Hierzu sowie zu den Einzelheiten des Verfahrens siehe § 335 Rn 31 ff.

---

[4] MünchKommHGB/*Quedenfeld* Rn 3; *Häuselmann* WM 1995, 1049, 1054.

ACHTER TITEL

Straf- und Bußgeldvorschriften, Ordnungsgelder

Vorbemerkungen Vor §§ 341m bis 341p

Schrifttum

Vgl. ergänzend Literaturhinweise zu Vor §§ 331 ff sowie §§ 331 bis 335.

Altenburger Vorschläge für eine aussagekräftige und willkürfreie Erfolgsrechnung der Versicherungsunternehmen, ZVersWiss 1993, 545 ff; *Budde/Schnicke/Stöffler/Stuirbrink* (Hrsg.) Beck'scher Versicherungsbilanz-Kommentar, (1998); *Donath* Die EG-Versicherungsbilanzrichtlinie 91/674/EWG, EuZW 1992, 719 ff; *Ellenbürger/Horbach/Kölschbach* Ausgewählte Einzelfragen zur Rechnungslegung von Versicherungsunternehmen nach neuem Recht, WPg 1996, 41 ff und 113 ff; *Epperlein/Scharpf* Anhangangaben im Zusammenhang mit sogenannten Finanzinnovationen, DB 1994, 1629 ff; *Farny* Buchführung und Periodenrechnung im Versicherungsunternehmen, 4. Aufl. 1992; *Geib* Harmonisierung der Rechnungslegung von Versicherungsunternehmen in der Europäischen Union. Darstellung anhand der Bewertung von Kapitalanlagen, FS Havermann (1995), S. 143 ff; *Geib* Die Pflicht zur Offenlegung des Zeitwertes von Kapitalanlagen der Versicherungsunternehmen nach Umsetzung der Versicherungsbilanzrichtlinie (1997); *Geib/Ellenbürger/Kölschbach* Ausgewählte Fragen zur EG-Versicherungsbilanzrichtlinie (VersBiRiLi), WPg 1992, 177 ff, 221 ff; *Horbach* Der EG-Versicherungsbilanzrichtlinien-Entwurf. Grundfragen der Gestaltung der externen Rechnungslegung von Versicherungsunternehmen (1988); *Husch* Bilanzierung derivativer Finanzinstrumente, in: Schwebler/Knauth/Simmert (Hrsg.), Einsatz von Finanzinnovationen in der Versicherungswirtschaft (1993), S. 265 ff; *Jannott* Rechnungslegung der Versicherungsunternehmen – Überlegungen zur EG-Versicherungsbilanzrichtlinie, ZVersWiss 1991, 82 ff; *Knauth* Derivative Finanzinstrumente in der Versicherungswirtschaft, Die Bank 1993, 535 ff; *ders./Simmert* Bedeutung derivativer Finanzinstrumente für Versicherungsunternehmen, in: Schwebler/Knauth/Simmert (Hrsg.) Einsatz von Finanzinnovationen in der Versicherungswirtschaft (1993), S. 1 ff; *Kromschröder* Besonderheiten des Jahresabschlusses der Versicherungsunternehmen, FS Moxter (1994), S. 769 ff; *Prölss* Versicherungsaufsichtsgesetz 12. Aufl. (2005); *Perlet* Zur Umsetzung der Versicherungsbilanzrichtlinie in deutsches Recht, FS Moxter (1994), S. 835 ff; *Schlotter* Das EHUG ist in Kraft getreten: Das Recht der Unternehmenspublizität hat eine neue Grundlage, BB 2007, 1 ff; *von Treuberg/Angermeyer* Jahresabschluß von Versicherungsunternehmen, in: Handbuch zum Versicherungsbilanzrichtlinie-Gesetz und zur RechVersV (1995); *Undritz/Lag/Vage* Offenlegungspflichten nach dem EHUG: Anwendungsprobleme in der Insolvenz DZWIR 2008, 353 ff; *Welzel u.a.* (Hrsg.) Kommentar zu den Rechnungslegungsvorschriften für Versicherungsunternehmen, 2. Aufl. (1991).

I. Entwicklungsgeschichte

Die §§ 341m bis 341o HGB sind auf **Versicherungsunternehmen** nach § 341 Abs. 1 HGB sowie auf **Pensionsfonds** (§ 112 Abs. 1 VAG) nach § 341 Abs. 4 HGB i.V.m. § 341p HGB anzuwenden. Letztere Vorschrift erklärt die Strafvorschriften für entsprechend anwendbar, da die Verweisung des § 341 Abs. 4 Satz 1 HGB lediglich den 1. bis 7. Titel, nicht jedoch den 8. Titel, der die Straf- und Bußgeldnormen beinhaltet, umfasst. Dabei ist die Anwendung der Straf- und Bußgeldvorschriften und der Ordnungsgeldnorm unabhängig von der Rechtsform und der Größe des Instituts. Während in § 341m HGB die 1

Strafvorschriften und in § 341o HGB die Ordnungsgeldvorschrift für anwendbar erklärt werden, sind die Ordnungswidrigkeitentatbestände des § 341n HGB wegen der versicherungsspezifischen Rechnungslegungsbesonderheiten gesondert ausgestaltet.

2 Nachdem der Gesetzgeber im **Versicherungsbilanzrichtliniengesetz** vom 24.6.1994 (BGBl. I S. 1377) die Versicherungsunternehmen verpflichtet hatte, rechtsform- und größenunabhängig einen Jahresabschluss und einen Lagebericht sowie, wenn sie Mutterunternehmen eines Konzerns sind, einen Konzernabschluss und einen Konzernlagebericht aufzustellen, erweiterte er den Anwendungsbereich der Strafvorschriften der §§ 331 bis 333 HGB entsprechend. Während diese Straftatbestände bereits zuvor nur für Versicherungsunternehmen in der Rechtsform der Kapitalgesellschaft einschlägig waren, erweitert **§ 341m HGB** die Anwendbarkeit der **Strafnormen der §§ 331 bis 333 HGB** auf alle Versicherungsunternehmen, ungeachtet von Rechtsform und Größe des Unternehmens.[1] Für Versicherungsunternehmen in der Rechtsform der Kapitalgesellschaft bleibt es, soweit kein Hauptbevollmächtigter i.S.d. § 106 Abs. 3 VAG betroffen ist, bei der direkten Anwendbarkeit der §§ 331 bis 333 HGB.

3 **§ 341n HGB** wurde demgegenüber als abschließender **Ordnungswidrigkeitentatbestand** für Versicherungsunternehmen eingeführt und auf Pensionsfonds durch das AVmG (Altersvermögensgesetz)[2] ausgeweitet (dazu § 341n Rn 3). Im Gegensatz zu § 341m HGB, der die §§ 331 bis 333 HGB für anwendbar erklärt, verweist § 341n HGB nicht lediglich auf § 334 HGB, sondern normiert abschließend die auf Versicherungsunternehmen und Pensionsfonds anwendbaren Ordnungswidrigkeitentatbestände, so dass § 341n HGB nicht lediglich ergänzenden Charakter hat (§ 341n Rn 13 f).[3] § 334 HGB findet nach § 334 Abs. 5 HGB auf Versicherungsunternehmen wegen der zahlreichen Spezialregelungen für diese Unternehmen keine Anwendung[4] (zur Sondersituation bei Pensionsfonds § 341n Rn 3). Durch das BilMoG (Vor §§ 331 Rn 78 ff) wurde § 247 Abs. 3 HGB abgeschafft, so dass die Verweisung des § 341n Abs. 1 Satz 1 lit. a HGB nun ins Leere läuft.

4 § 341o HGB wurde an den durch das EHUG 2006[5] neu geregelten § 335 HGB angepasst. Damit wurde das Zwangsgeld abgeschafft und gleichzeitig als Ordnungsgeld ausgestaltet (zur Entstehungsgeschichte § 335 Rn 7). Danach kann ein Ordnungsgeld gegenüber den **Mitgliedern des vertretungsberechtigten Organs eines Versicherungsunternehmens oder eines Pensionsfonds** sowie gegenüber einem **Hauptbevollmächtigten nach § 106 Abs. 3 VAG** verhängt werden.

II. Gesetzgeberische Fehler wegen der Unübersichtlichkeit und Komplexität der Vorschriften

5 Die Fehleranfälligkeit der gesetzlichen Regelungen in den §§ 341m und 341n HGB ist angesichts der Unübersichtlichkeit der Verweisungen und der Komplexität der Vorschriften erheblich. Insbesondere entstehen Auslegungs- und Anwendungsprobleme angesichts der mannigfaltigen Änderungen des Bilanzrechts und insbesondere der Sondervorschrif-

---

1 Vgl. dazu BT-Drucks. 12/5587 S. 31; Koller/Roth/*Morck* § 341m HGB Rn 2; MünchKommHGB/*Quedenfeld* Rn 1.

2 AVmG vom 26. Juni 2001, BGBl. I S. 1310, 1322.

3 *Wiedmann* § 341n HGB Rn 1.

4 MünchKommHGB/*Quedenfeld* § 341n Rn 1.

5 Gesetz über elektronische Handelsregister und Genossenschaftsregister sowie das Unternehmensregister vom 10.11.2006, BGBl. I S. 2553.

ten im Bereich des Versicherungswesens: Neben **Leerverweisungen** auf nicht mehr bestehende Normen, wie beispielsweise in § 341n Abs. 1 Nr. 1 lit. a HGB auf § 247 Abs. 3 HGB (Anhang nach § 335b, § 341n Rn 17), sind **Inkonsistenzen in der Systematik** entstanden, die zu einer unstrukturierten Anwendbarkeit bzw. Nicht-Anwendbarkeit der Straf- und Bußgeldvorschriften führen.

Fehlende oder lückenhafte Verweisungen sind durch Auslegung zu schließen, sofern sich dies strafbarkeits- bzw. ahndbarkeitsbegrenzend auswirkt; Art. 103 Abs. 2 GG steht einer **den Täter begünstigenden Auslegung** nicht entgegen. So fehlt es in dem **Bußgeldtatbestand des § 341n Abs. 1 Nr. 1 lit. a HGB** an einer Verweisung auf die Ausnahmefallgestaltung des § 246 Abs. 3 Satz 2 HGB, der Abweichungen vom Stetigkeitsgrundsatz des § 246 Abs. 3 Satz 1 HGB in begründeten Ausnahmefällen zulässt. Die Lückenhaftigkeit der Verweisung wird im Vergleich zu der Bußgeldregelung des § 334 Abs. 1 Nr. 1 lit. a HGB deutlich, der den gesamten § 246 HGB und damit auch die Ausnahmefallgestaltung des § 246 Abs. 3 Satz 2 HGB in Bezug nimmt. Folge der Lückenhaftigkeit ist, dass Versicherungsunternehmen und Pensionsfonds unter bilanzrechtlichen Gesichtspunkten bei Vorliegen der Voraussetzungen des § 246 Abs. 3 Satz 2 HGB vom Stetigkeitsgrundsatz abweichen dürfen, dass hingegen die bußgeldrechtliche Verantwortung hiervon unberührt bleibt. Dieses Ergebnis ist im Wege der teleologischen Reduktion zu korrigieren, indem auch der Anwendungsbereich des § 341n Abs. 1 Nr. 1 lit. a HGB bei Vorliegen eines begründeten Ausnahmefalls i.S.d. § 246 Abs. 3 Satz 2 HGB eingeschränkt wird (Anhang nach § 335b, § 341n Rn 16). Denn wenn sich die bilanzrechtliche Zulässigkeit nicht auch im Ordnungswidrigkeitenrecht widerspiegelt, fehlt es an den (verfassungsrechtlichen) Voraussetzungen der Ahndungswürdigkeit und -bedürftigkeit. 6

Eine weitere durch Auslegung zu schließende Lücke besteht bei **§ 341n Abs. 1 Nr. 1 lit. d HGB**, die eine den Täter belastende Ausweitung des Bußgeldtatbestandes erfordert, so dass sich die Frage stellt, inwieweit dies mit Art. 103 Abs. 2 GG in Einklang steht. § 341n Abs. 1 Nr. 1 lit. d HGB verweist ausdrücklich auf die im Anhang zu machenden Angaben nach § 285 Nr. 1, 2 oder 3 HGB, auch i.V.m. § 341a Abs. 2 Satz 5 HGB, nicht hingegen auf **§ 285 Abs. 3a HGB**. Jedoch verweist der durch die Bußgeldnorm in Bezug genommene § 341a Abs. 2 Satz 5 HGB insoweit auf § 285 Nr. 3a HGB, als die dort geforderten Angaben für solche finanziellen Verpflichtungen nicht zu machen sind, die im Rahmen des Versicherungsgeschäfts entstehen. Es wird somit in § 341n Abs. 1 Nr. 1 lit. d HGB zwar auf den Spezialfall in § 341a Abs. 2 Satz 5 HGB verwiesen; es fehlt jedoch an einer unmittelbaren Verweisung auf den Regelfall des § 285 Nr. 3a HGB. Dennoch sind Verstöße gegen § 285 Nr. 3a HGB ahndbar, weil es sich um ein **offensichtliches gesetzgeberisches Versehen** handelt, das darauf beruht, dass vor Inkrafttreten des BilMoG (Vor §§ 331 ff Rn 78 ff) § 285 Nr. 3a HGB wortgleich § 285 Nr. 3 HGB entsprach, auf den noch in § 341n Abs. 1 Nr. 1 lit. d HGB verwiesen wird. Angesichts der Tatsache, dass die Bußgeldvorschrift des § 341n Abs. 1 Nr. 1 lit. d HGB auf § 341a Abs. 2 Satz 5 HGB verweist, der wiederum § 285 Nr. 3a HGB in Bezug nimmt, besteht eine geschlossene und nachvollziehbare Verweisungskette (Anhang nach § 335b, § 341n Rn 22). Da es sich bei der Nichtaufnahme des § 285 Nr. 3a HGB in § 341n Abs. 1 Nr. 1 lit. d HGB offensichtlich und für jedermann erkennbar um ein gesetzgeberisches Versehen handelt, ist dem **Bestimmtheitsgebot des Art. 103 Abs. 2 GG** noch Genüge getan.[6] 7

---

[6] Zu offensichtlichen Versehen des Gesetzgebers BVerfGE 105, 313; LK/*Dannecker* § 1 StGB Rn 167.

§ 341m
Strafvorschriften

Die Strafvorschriften der §§ 331 bis 333 sind auch auf nicht in der Rechtsform einer Kapitalgesellschaft betriebene Versicherungsunternehmen und Pensionsfonds anzuwenden. § 331 ist darüber hinaus auch anzuwenden auf die Verletzung von Pflichten durch den Hauptbevollmächtigten (§ 106 Abs. 3 des Versicherungsaufsichtsgesetzes).

Übersicht

Schrifttum

Vgl. die Literaturhinweise Vor §§ 340m ff, § 331 bis 333.

A. Allgemeines

I. Ausweitung der Straftatbestände der §§ 331 bis 333 HGB auf alle Versicherungsunternehmen und Pensionsfonds

1 § 341m HGB erweitert in Satz 1 den Anwendungsbereich der §§ 331 bis 333 HGB rechtsformbezogen auf **nicht in der Rechtsform der Kapitalgesellschaft betriebene Versicherungsunternehmen**, also auf die OHG, die KG, die Genossenschaft, den Einzelkaufmann, die VVaG und die Körperschaft oder Anstalt des öffentlichen Rechts. In § 341m Satz 2 HGB wird der Anwendungsbereich des § 331 HGB personenbezogen auf die **Hauptbevollmächtigten** i.S.d. § 106 Abs. 3 VAG erweitert. Ebenso sind seit dem Altersvermögensgesetz (AVmG)[1] die Bilanzierungsvorschriften für Versicherungsunternehmen auch auf **Pensionsfonds** anzuwenden, so dass konsequenterweise der Anwendungsbereich der §§ 331 bis 333 HGB durch § 341m HGB auch auf diese erweitert wurde. Zur Anwendung für Pensionsfonds ist § 341p HGB zu berücksichtigen, der die Strafvorschriften für anwendbar erklärt, da § 341 Abs. 4 Satz 1 HGB nur den 1. bis 7. Titel, nicht jedoch den 8. Titel mit den Straf- und Bußgeldnormen mit einbezieht (Vor §§ 341m Rn 1).

II. Begriff des Versicherungsunternehmens

2 Ein Versicherungsunternehmen ist nach der **Legaldefinition des § 341 Abs. 1 HGB** ein Unternehmen, das den Betrieb von Versicherungsgeschäften zum Gegenstand hat, mit Ausnahme der Träger der Sozialversicherung. Aus dem Anwendungsbereich der §§ 341 ff

[1] Vom 26.6.2001, BGBl. I S. 310.

HGB sind die in § 341 Abs. 1 Satz 2 HGB genannten Sonderunternehmen ausgenommen, die Leistungen nur an Mitglieder oder gesetzlich oder satzungsmäßig begünstigte Personen erbringen oder als nicht rechtsfähige Einrichtungen ihre Aufwendungen im Umlageverfahren decken.

Nach § **341 Abs. 2 HGB** sind auch **inländische Niederlassungen von Versicherungsgesellschaften mit Sitz im Ausland** Versicherungsunternehmen i.S.d. § 341 Abs. 1 HGB, wenn sie zum Betrieb des Direktversicherungsgeschäfts die Erlaubnis der deutschen Versicherungsaufsichtsbehörde benötigen. Eine **Niederlassung** ist die räumliche Zusammenfassung aller Einrichtungen und Personen, die zur Leitung und Kontrolle des Versicherungsbestandes im Inland erforderlich sind, welche eine eigene, auf die deutschen Rechnungslegungsvorschriften abgestimmte Buchhaltung haben muss und im Handelsregister eingetragen ist.[2] Einer **Erlaubnis der deutschen Versicherungsaufsichtsbehörde** bedürfen nach § 105 Abs. 1 VAG Versicherungsunternehmen, die ihren Sitz außerhalb der Mitgliedstaaten der EU oder des EWR haben und im Inland das Direktversicherungsgeschäft durch Mittelspersonen betreiben wollen oder nach § 110d VAG solche Unternehmen, die ihren Sitz zwar in einem Mitgliedstaat der EU oder des EWR haben und im Inland das Direktversicherungsgeschäft durch eine Niederlassung betreiben wollen, jedoch nicht den Richtlinien des Rates der EG bzw. EU auf dem Gebiet des Versicherungswesens unterliegen. Für diese Niederlassungen ist nach § 110d Abs. 2 Satz 2 VAG die Regelung des § 106 Abs. 3 VAG entsprechend anzuwenden. Gleiches gilt für Versicherungsunternehmen, die ihren Sitz in einem **EWR-Staat** haben, in dem die Bestimmungen der Versicherungsbilanzrichtlinie (vgl. Vor §§ 331 ff Rn 43 ff) noch nicht anzuwenden sind. Über die Erlaubnis entscheidet nach § 110d Abs. 1 S. 2 VAG die BaFiN. **3**

III. Begriff des Pensionsfonds

Ein Pensionsfonds ist eine Möglichkeit der Altersvorsorge über eine eigenständige juristische Person als externen Versorgungsträger,[3] die seit dem 1.1.2002 in Deutschland zugelassen ist. Der Begriff des Pensionsfonds ist in § **112 Abs. 1 VAG legaldefiniert** als eine rechtsfähige Versorgungseinrichtung, die im Wege des Kapitaldeckungsverfahrens Leistungen der betrieblichen Altersvorsorge für einen oder mehrere Arbeitgeber zugunsten von Arbeitnehmern erbringt, die Höhe der Leistungen oder die Höhe der für diese Leistungen zu entrichtenden künftigen Beiträge nicht für alle vorgesehenen Leistungsfälle durch versicherungsförmige Garantien zusagen darf, die den Arbeitnehmern einen eigenen Anspruch auf Leistung gegen den Pensionsfonds einräumt und verpflichtet ist, die Altersversorgungsleistung als lebenslange Zahlung zu erbringen. Dazu zählen beispielsweise Leibrenten und Auszahlungspläne nach den Anforderungen des § 1 Abs. 1 Satz 1 Nr. 4 AltZertG. Ein Pensionsfonds kann nach §§ 112 Abs. 2 i.V.m. 113 Abs. 2 Nr. 3 VAG nur in der **Unternehmensform einer AG** einschließlich der **Europäischen Gesellschaft** (SE) oder als **Pensionsfondsverein auf Gegenseitigkeit** betrieben werden (vgl. § 7 Abs. 1 VAG). **4**

---

2 Prölss/*Kollhosser* VAG § 106 Rn 3 f.

3 Prölss/*Weigel* § 112 VAG Rn 1 f.

B. Normadressaten

I. Adressaten des § 341m HGB in Verbindung mit § 331 HGB

5 Durch § 341m Satz 1 HGB wird die Anwendbarkeit der Strafvorschriften der §§ 331 bis 333 HGB auf Versicherungsunternehmen und Pensionsfonds, die nicht in der Form einer Kapitalgesellschaft betrieben werden, ausgedehnt. Adressaten sind somit alle **vertretungsberechtigten Organe einer Nicht-Kapitalgesellschaft:** bei der OHG und KG die geschäftsführungsberechtigten Gesellschafter (§§ 114 f HGB); bei der Genossenschaft die Vorstandsmitglieder (§ 24 GenG); bei Versicherungsvereinen bzw. Pensionsfonds auf Gegenseitigkeit der Vorstand (§ 29 VAG i.V.m. § 113 Abs. 1 VAG) und bei Körperschaften und Anstalten des öffentlichen Rechts die gesetzlich bestimmten geschäftsführungsbefugten Repräsentanten.[4] Zwar dürfen Versicherungsunternehmen und Pensionsfonds nicht in der Rechtsform der OHG, KG und Genossenschaft betrieben werden (§ 7 Abs. 1 VAG); falls jedoch ein Unternehmen dieser Rechtsform – ohne Erlaubnis – als Versicherungsunternehmen oder Pensionsfonds tätig wird, können auch dessen vertretungsberechtigte Organe taugliche Täter sein. § 341m HGB nimmt gerade nicht auf die Erlaubnispflicht Bezug. Neben den vertretungsberechtigten Organen ist der obligatorische **Aufsichtsrat** als Täter erfasst; der fakultative Aufsichtsrat nur, falls diesem bußgeldbewehrte Pflichten übertragen worden sind (vgl. § 331 Rn 30).

6 **§ 341m Satz 2 HGB** erweitert den Kreis der Normadressaten des § 331 HGB noch auf die **Hauptbevollmächtigten einer Zweigniederlassung** i.S.d. § 106 Abs. 3 VAG. Diese Person muss vom ausländischen Versicherungsunternehmen zur Wahrnehmung der in § 7a VAG aufgeführten persönlichen Voraussetzungen und Aufgaben eines Geschäftsleiters bestellt sein.[5] Weiterhin muss der Hauptbevollmächtigte seinen Wohnsitz und ständigen Aufenthalt in der Bundesrepublik Deutschland haben (§ 106 Abs. 3 Satz 1 VAG).[6] Unter § 341m HGB fallen nur **Hauptbevollmächtigte von inländischen Niederlassungen der Versicherungsunternehmen, die ihren Sitz nicht in einem Mitgliedstaat der EU oder des EWR haben**, sowie Hauptbevollmächtigte von nach **§ 110d Abs. 1 VAG erlaubnispflichtigen Niederlassungen** eines EU- oder EWR-Versicherungsunternehmens.[7] Erstere sind in § 106 Abs. 3 VAG erfasst und bei zweiteren gilt dies nach § 110 Abs. 2 Satz 2 VAG entsprechend. Für Hauptbevollmächtigte erlaubnisfreier Niederlassungen von Versicherungsunternehmen aus EU- und EWR-Ländern fehlt es an einer entsprechenden Anwendung des § 106 Abs. 3 VAG, so dass diese zwar Hauptbevollmächtigte sind; diese fallen jedoch nicht in den Anwendungsbereich des § 341m Satz 2 HGB. Die Grundsätze zum faktischen Organ (§ 331 Rn 35 ff) finden auch auf den Hauptbevollmächtigten Anwendung.[8]

II. Adressaten des § 341m HGB in Verbindung mit §§ 332, 333 HGB

7 Bei **§§ 332, 333 HGB** sind Adressaten die **Abschlussprüfer und die Gehilfen der Abschlussprüfer.**[9] Der Adressatenkreis wird durch § 341m HGB also nicht verändert (zu Einzelheiten siehe § 332 Rn 14 ff, § 333 Rn 14 ff).

---

4 MünchKommHGB/*Quedenfeld* Rn 6.

5 Näher dazu Prölss/*Kollhosser* § 106 VAG Rn 7.

6 Näher dazu *Goldberg/Müller* VAG § 106 VAG Rn 11 ff; Prölss/*Kollhosser* § 106 VAG Rn 7.

7 BeckVersKomm/*Gnandenberger* Rn 6 ff, 29 ff; MünchKommHGB/*Quedenfeld* Rn 7.

8 MünchKommHGB/*Quedenfeld* Rn 7.

9 *Wiedmann* Rn 3.

C. Tathandlungen und Rechtsfolgen

Die vollumfängliche Verweisung des § 341m Satz 1 HGB auf die §§ 331 bis 333 HGB hat zur Folge, dass die in diesen Straftatbeständen genannten Tathandlungen (§ 331 Rn 51 ff, 90 ff, 112 ff, 140 ff, 162 ff, 185 ff; § 332 Rn 25 ff; § 333 Rn 25 ff) sowie die angedrohten Rechtsfolgen auf den erweiterten Täterkreis des § 341m HGB anwendbar sind.[10] Insoweit kann generell auf die Erläuterungen zu §§ 331 bis 333 HGB verwiesen werden. **8**

§ 341n
Bußgeldvorschriften

(1) Ordnungswidrig handelt, wer als Mitglied des vertretungsberechtigten Organs oder des Aufsichtsrats eines Versicherungsunternehmens oder eines Pensionsfonds oder als Hauptbevollmächtigter (§ 106 Abs. 3 des Versicherungsaufsichtsgesetzes)

1. bei der Aufstellung oder Feststellung des Jahresabschlusses einer Vorschrift
   a) des § 243 Abs. 1 oder 2, der §§ 244, 245, 246 Abs. 1 oder 2, dieser in Verbindung mit § 341a Abs. 2 Satz 3, des § 246 Abs. 3 Satz 1, des § 247 Abs. 3, der §§ 248, 249 Abs. 1 Satz 1 oder Abs. 2, des § 250 Abs. 1 oder Abs. 2, des § 264 Abs. 2, des § 341e Abs. 1 oder 2 oder der §§ 341f, 341g oder 341h über Form oder Inhalt,
   b) des § 253 Abs. 1 Satz 1, 2, 3 oder Satz 4, Abs. 2 Satz 1, auch in Verbindung mit Satz 2, Abs. 3 Satz 1, 2 oder 3, Abs. 4, 5, der §§ 254, 256a, 341b Abs. 1 Satz 1 oder des § 341d über die Bewertung,
   c) des § 265 Abs. 2, 3 oder 4, des § 268 Abs. 3 oder 6, der §§ 272, 274 oder des § 277 Abs. 3 Satz 2 oder Abs. 4 über die Gliederung,
   d) der §§ 284, 285 Nr. 1, 2 oder Nr. 3, auch in Verbindung mit § 341a Abs. 2 Satz 5, oder des § 285 Nr. 6, 7, 9 bis 14, 17 bis 29 über die im Anhang zu machenden Angaben,

2. bei der Aufstellung des Konzernabschlusses einer Vorschrift
   a) des § 294 Abs. 1 über den Konsolidierungskreis,
   b) des § 297 Abs. 2 oder 3 oder des § 341j Abs. 1 Satz 1 in Verbindung mit einer der in Nummer 1 Buchstabe a bezeichneten Vorschriften über Form oder Inhalt,
   c) des § 300 über die Konsolidierungsgrundsätze oder das Vollständigkeitsgebot,
   d) des § 308 Abs. 1 Satz 1 in Verbindung mit den in Nummer 1 Buchstabe b bezeichneten Vorschriften, des § 308 Abs. 2 oder des § 308a über die Bewertung,
   e) des § 311 Abs. 1 Satz 1 in Verbindung mit § 312 über die Behandlung assoziierter Unternehmen oder
   f) des § 308 Abs. 1 Satz 3, des § 313 oder des § 314 in Verbindung mit § 341j Abs. 1 Satz 2 oder 3 über die im Anhang zu machenden Angaben,

3. bei der Aufstellung des Lageberichts einer Vorschrift des § 289 Abs. 1, 4 oder Abs. 5 oder des § 289a über den Inhalt des Lageberichts,

4. bei der Aufstellung des Konzernlageberichts einer Vorschrift des § 315 Abs. 1 oder 4 über den Inhalt des Konzernlageberichts,

---

[10] BeckVersKomm/*Gnandenberger* Rn 6 ff, 29 ff.

5. bei der Offenlegung, Veröffentlichung oder Vervielfältigung einer Vorschrift des § 328 über Form oder Inhalt oder
6. einer auf Grund des § 330 Abs. 3 und 4 in Verbindung mit Abs. 1 Satz 1 erlassenen Rechtsverordnung, soweit sie für einen bestimmten Tatbestand auf diese Bußgeldvorschrift verweist,

zuwiderhandelt.

(2) Ordnungswidrig handelt, wer zu einem Jahresabschluss, zu einem Einzelabschluss nach § 325 Abs. 2a oder zu einem Konzernabschluss, der aufgrund gesetzlicher Vorschriften zu prüfen ist, einen Vermerk nach § 322 Abs. 1 erteilt, obwohl nach § 319 Abs. 2, 3, 5, § 319a Abs. 1 Satz 1, Abs. 2, § 319b Abs. 1 er oder nach § 319 Abs. 4, auch in Verbindung mit § 319a Abs. 1 Satz 2, oder § 319a Abs. 1 Satz 4, 5, § 319b Abs. 1 die Wirtschaftsprüfungsgesellschaft , für die er tätig wird, nicht Abschlussprüfer sein darf.

(3) Die Ordnungswidrigkeit kann mit einer Geldbuße bis zu fünfzigtausend Euro geahndet werden.

(4) [1]Verwaltungsbehörde im Sinne des § 36 Abs. 1 Nr. 1 des Gesetzes über Ordnungswidrigkeiten ist in den Fällen der Absätze 1 und 2 die Bundesanstalt für Finanzdienstleistungsaufsicht für die ihrer Aufsicht unterliegenden Versicherungsunternehmen und Pensionsfonds. [2]Unterliegt ein Versicherungsunternehmen und Pensionsfonds der Aufsicht einer Landesbehörde, so ist diese zuständig.

Übersicht

A. Allgemeines

I. Allgemeines zum Ordnungswidrigkeitenrecht

Zu den Grundsätzen des Ordnungswidrigkeitenrechts – Vorsatz und Irrtum, Versuch, Einheitstäterbegriff, Konkurrenzen – kann auf die Ausführungen zu § 334 Rn 1 ff HGB verwiesen werden. 1

II. Entstehungsgeschichte

Nach Ausdehnung der für die Kapitalgesellschaft geltenden Vorschriften über Bilanzierung und Rechnungslegung auf alle Versicherungsunternehmen durch das **VersicherungsbilanzrichtlinieG** vom 24.6.1994 (BGBl. I S. 1377; Vor §§ 331 Rn 43 ff) konnten die Bußgeldregelungen des § 334 HGB wegen der großen Anzahl abweichender Regelungen für Versicherungsunternehmen nicht unverändert übernommen werden. Daher hätte im Gegensatz zu den Straf- und Ordnungsgeldvorschriften der §§ 331 bis 333, 335 HGB für die Bußgeldtatbestände ein Verweis auf § 334 HGB nicht ausgereicht. Der Gesetzgeber hat mit **§ 334 Abs. 5 HGB** die Anwendbarkeit der Bußgeldtatbestände des § 334 Abs. 1 und 2 HGB auf Versicherungsunternehmen ausdrücklich ausgeschlossen. Bußgeldbewehrte Verstöße gegen die Rechnungslegungsvorschriften für Versicherungsunternehmen aller Rechtsformen sind daher ausschließlich und abschließend in § 341n HGB geregelt.[1] 2

Durch das Altersvermögensgesetz[2] wurde der Anwendungsbereich des § 341n HGB auf **Pensionsfonds** ausgeweitet; **§ 341p HGB** erklärt dabei die Bußgeldvorschriften für anwendbar. Diese Anordnung ist notwendig, da § 341 Abs. 4 Satz 1 HGB nur den 1. bis 7. Titel für entsprechend anwendbar erklärt, nicht jedoch den 8. Titel mit den Straf-, Bußgeld- und Ordnungsgeldnormen. Für Pensionsfonds fehlt es in § 334 Abs. 5 HGB an einem Ausschluss der Anwendbarkeit des § 334 HGB, wie dies für Versicherungsunternehmen des § 341 Abs. 1 HGB ebendort angeordnet ist. Angesichts der in den §§ 341a bis 341l HGB geregelten besonderen Rechnungslegungsvorschriften, die teilweise erheblich von denen der §§ 242 ff HGB abweichen, ergeben sich jedoch so vielfältige Besonderheiten für Pensionsfonds, dass trotz fehlenden ausdrücklichen Anwendbarkeitsausschlusses die Regelungen des **§ 341n HGB spezieller** sind. Das Nicht-Erwähnen der Pensionsfonds in § 334 Abs. 5 HGB ist auf eine gesetzgeberische Nachlässigkeit zurückzuführen. Dies hat zur Folge, dass nicht auf die allgemeineren Vorschriften des § 334 HGB zurückgegriffen werden kann (vgl. § 340n Rn 43). 3

---

1 Heymann/*Otto* Rn 1; *Wiedmann* Rn 1.

2 AVmG vom 26. Juni 2001, BGBl. I S. 1310, 1322.

4 Die Bußgeldvorschriften wurden im Laufe der letzten Jahre jeweils an die geänderten Rechnungslegungsanforderungen angepasst, um beispielsweise den erhöhten Transparenzanforderungen Genüge zu tun. So wurden die durch das **BilReG** vom 10.12.2004[3] (Vor §§ 331 Rn 49 ff) sowie durch das BilMoG vom 29.5.2009[4] (Vor §§ 331 Rn 78 ff) erhöhten Anforderungen an die Bewertung von Vermögensgegenständen und ebenso die durch das **Übernahmerichtlinie-Umsetzungsgesetz** vom 8.7.2006[5] (Rn 57) für potentielle Bieter notwendigen Transparenzangaben in § 289 Abs. 4 HGB sowie § 315 Abs. 4 HGB in den Katalog der Ordnungswidrigkeiten aufgenommen.

III. Geschützte Rechtsgüter und Schutzbereich

5 Das geschützte **Rechtsgut des § 341n Abs. 1 HGB** entspricht dem Rechtsgut des § 331 HGB bzw. dem des § 334 Abs. 1 und 2 HGB (§ 334 Rn 18). Geschützt wird daher das **Vertrauen in die Richtigkeit und Vollständigkeit der Informationen über die Verhältnisse der Gesellschaft.** Darüber hinaus schützt **§ 334 Abs. 2 HGB** das **Vertrauen in den Prüfungsbericht und den Bestätigungsvermerk** und damit in die Richtigkeit und Vollständigkeit der gewissenhaft und unparteiisch durch ein unabhängiges Kontrollorgan geprüften Abschlüsse und Lageberichte (§ 334 Rn 19).

6 § 341n Abs. 1 und 2 HGB ist **Schutzgesetz i.S.d. § 823 Abs. 2 BGB.**[6] Angesichts des Charakters von § 341n HGB als abstraktes Gefährdungsdelikt ist für den zivilrechtlichen Schadensersatzanspruch ein konkret eingetretener Schaden erforderlich; der Geschädigte muss durch sein Handeln im Vertrauen auf die Richtigkeit der relevanten Angaben einen Schaden erlitten haben (näher zu diesen Anforderungen § 331 Rn 11).

IV. Sonderdelikte

7 Alle Ordnungswidrigkeitentatbestände des § 341n HGB können nur von einem eingeschränkten Täterkreis verwirklicht werden. Daher handelt es sich um **echte Sonderdelikte.**[7] Dies gilt auch für § 341n Abs. 2 HGB, obwohl der Wortlaut zunächst für ein Jedermann-Delikt spricht. Jedoch kann der Bestätigungsvermerk sachlogisch nur von jemandem in seiner Eigenschaft als Abschlussprüfer erteilt werden, so dass nur Abschlussprüfer und deren Gehilfen Täter sein können (vgl. § 340n Rn 4).

V. Normadressaten

8 Der Täterkreis ist im Rahmen des **§ 341n Abs. 1 HGB** begrenzt auf die **Mitglieder des vertretungsberechtigten Organs oder des Aufsichtsrats eines Versicherungsunternehmens oder Pensionsfonds** sowie auf **Hauptbevollmächtigte** i.S.d. § 106 Abs. 3 VAG.

9 Nach **§ 341n Abs. 2 HGB** sind die **Abschlussprüfer** und die **gesetzlichen Vertreter einer Wirtschaftsprüfungsgesellschaft** taugliche Täter. Ein vereidigter Buchprüfer ist nach § 341k Abs. 1 Satz 2 i.V.m. § 319 Abs. 1 Satz 2 HGB von der Prüfung einer Versicherungsgesellschaft ausgeschlossen, so dass er nicht Normadressat des § 341n Abs. 2 HGB ist.

---

[3] BGBl. I S. 3166.
[4] BGBl. I S. 1102.
[5] BGBl. I S. 1426.
[6] Heymann/*Otto* Rn 3.
[7] Heymann/*Otto* Rn 4.

B. Ordnungswidrigkeitentatbestände des § 341n Abs. 1 HGB

I. Täter des § 341n Abs. 1 HGB

1. **Täterkreis.** Täter im Rahmen des § 341n Abs. 1 HGB sind die **Mitglieder des vertretungsberechtigten Organs** sowie **des Aufsichtsrats eines Versicherungsunternehmens oder Pensionsfonds.** Hiervon sind die Mitglieder des obligatorischen Aufsichtsrats umfasst sowie die Mitglieder des fakultativen Aufsichtsrats, sofern letzteren bußgeldbewehrte Pflichten übertragen worden sind (vgl. § 341m Rn 5). Der Täterkreis des § 341n HGB ist gegenüber dem des § 334 HGB um den **Hauptbevollmächtigten i.S.d. § 106 Abs. 3 VAG** (§ 341m Rn 6) erweitert. § 9 Abs. 2 OWiG, der die Pflichten der Kapitalgesellschaft oder Personenhandelsgesellschaft auf gewillkürte Vertreter überwälzt, findet keine Anwendung.[8] 10

2. **Täterschaft gemäß § 14 OWiG.** Als Täter im engeren Sinne gemäß § 341n Abs. 1 HGB kommen allein die soeben aufgezählten sonderpflichtigen Personen in Betracht. Andere Personen können grundsätzlich nur Teilnehmer sein. Da das Ordnungswidrigkeitenrecht jedoch nicht zwischen Täterschaft und Teilnahme unterscheidet (**Einheitstäter**), sind auch nicht-sonderpflichtige Personen **Täter im weiteren Sinne.** Voraussetzung hierfür ist allerdings, dass mindestens eine der beteiligten Personen sonderpflichtig ist (§ 334 Rn 27). 11

II. Tatgegenstand des § 341n Abs. 1 HGB

§ 341n HGB erfasst ebenso wie § 334 HGB als Tatgegenstand den **Jahresabschluss**, den **Konzernabschluss**, den **Lagebericht**, den **Konzernlagebericht** sowie **Unterlagen zur Offenlegung, Veröffentlichung oder Vervielfältigung.** 12

III. Tathandlungen des § 341n Abs. 1 Nr. 1 HGB

§ 341n Abs. 1 Nr. 1 HGB ahndet **Zuwiderhandlungen bei der Aufstellung des Jahresabschlusses.** Dabei werden die Ordnungswidrigkeitentatbestände des § 334 HGB an die versicherungsspezifischen Bilanzierungsvorschriften der §§ 341 bis 341j HGB angepasst, da insbesondere § 341a Abs. 2 Satz 1 und 2 HGB eine Reihe von Bilanzierungsvorschriften der §§ 265 ff HGB für nicht anwendbar erklärt, mit der Folge, dass die Notwendigkeit bestand, die Bußgeldvorschriften in § 341n HGB abzuändern. 13

Ein Rückgriff auf § 334 HGB ist für Versicherungsunternehmen in § 334 Abs. 5 HGB ausdrücklich (Rn 2) und für Pensionsfonds auf Grund von Spezialität (Rn 3) ausgeschlossen. 14

1. **Zuwiderhandlungen gegen Vorschriften über Form und Inhalt des Jahresabschlusses (§ 341n Abs. 1 Nr. 1 lit. a HGB).** Durch § 341n Abs. 1 Nr. 1 lit. a HGB werden Vorschriften über Form und Inhalt des Jahresabschlusses geschützt. Gegenüber § 334 HGB entfallen hier – ebenso wie bei § 340n Abs. 1 Nr. 1 lit. a HGB (§ 340n Rn 12 ff) – wegen § 341a Abs. 2 Satz 2 HGB die Vorschriften der §§ 247 Abs. 1, 251 HGB. § 246 Abs. 2 15

---

[8] Heymann/*Otto* Rn 4.

HGB wird durch § 341a Abs. 2 Satz 3 HGB eingeschränkt, so dass an deren Stelle nach § 341a Abs. 2 Satz 2 HGB durch Rechtsverordnung erlassene Formblätter und andere Vorschriften treten. Gegenüber § 340n HGB entfällt § 247 Abs. 2 HGB. Zusätzlich werden die §§ 341e Abs. 1 und 2; 341f; 341g und 341h HGB durch den Ordnungswidrigkeitentatbestand in Bezug genommen. Damit erstreckt sich der Regelungsbereich des § 341n Abs. 1 Nr. 1 lit. a HGB auf die Verletzung des

- § 243 Abs. 1 HGB (**Grundsätze ordnungsmäßiger Buchführung**, wobei allerdings nur die unzweifelhafte Verletzung eindeutig anerkannter Grundsätze in Betracht kommt; § 334 Rn 42 ff),
- § 243 Abs. 2 HGB (**Grundsatz der Klarheit und Übersichtlichkeit**),
- § 244 HGB (**deutsche Sprache und Währungseinheit**),
- § 245 HGB (**Unterzeichnung**),
- § 246 Abs. 1 HGB (**Vollständigkeit**),
- § 246 Abs. 2 i.V.m. § 341a Abs. 2 Satz 3 HGB (**Verrechnungsverbot**),
- § 246 Abs. 3 Satz 1 HGB (**Stetigkeitsgrundsatz**),
- § 248 HGB (**Bilanzierungsverbote**),
- § 249 Abs. 1 Satz 1 oder § 249 Abs. 2 HGB (**Rückstellungsbildung und -auflösung**),
- § 250 Abs. 1 oder 2 HGB (**Ausweis von Rechnungsabgrenzungsposten auf der Aktiv- bzw. Passivseite**),
- § 264 Abs. 2 HGB (**Vermittlung eines den tatsächlichen Verhältnissen entsprechenden Bildes der Vermögens-, Finanz- und Ertragslage**; § 334 Rn 58 ff),
- § 341e Abs. 1 oder Abs. 2 HGB (**allgemeine Bilanzierungsgrundsätze zur Bildung von versicherungstechnischen Rückstellungen**),
- des § 341f HGB (**Deckungsrückstellung**),
- § 341g HGB (**Rückstellung für noch nicht abgewickelte Versicherungsfälle**),
- § 341h HGB (**Schwankungs- oder ähnliche Rückstellungen**).

16 Es fehlt in § 341n Abs. 1 Nr. 1 lit. a HGB an einer Verweisung auf die Ausnahmefallgestaltung zu § 246 Abs. 3 Satz 1 HGB in § 246 Abs. 3 Satz 2 HGB, wie dies bei § 334 HGB der Fall ist (zur Parallelproblematik siehe § 340n Rn 13). Die handelsrechtliche Zulässigkeit muss sich auch im Ordnungswidrigkeitenrecht widerspiegeln, so dass bei Vorliegen eines begründeten Ausnahmefalls nach § 246 Abs. 3 Satz 2 HGB der § 341n Abs. 1 Nr. 1 lit. a HGB keine Anwendung findet (Anhang nach § 335b; Vor §§ 341m Rn 6).

17 Die Verweisung auf § 247 Abs. 3 HGB geht ins Leere (§ 340n Rn 14).

18 **2. Zuwiderhandlungen gegen Vorschriften über die Bewertung (§ 341n Abs. 1 Nr. 1 lit. b HGB).** § 341n Abs. 1 Nr. 1 lit. b HGB nennt geschützte **Bewertungsvorschriften,** wobei § 253 Abs. 2 Satz 3 HGB durch § 341b Abs. 1 Satz 3 HGB konkretisiert wird. Zudem sind die versicherungsspezifischen Bewertungsvorschriften der §§ 341b Abs. 1 Satz 1 und 341d HGB in den Anwendungsbereich des Ordnungswidrigkeitentatbestandes aufgenommen, die angesichts der verstärkten Bedeutung der Bewertung von Vermögensgegenständen in den letzten Jahren ausgeweitet wurden. Umfasst sind die Regelung des

- § 253 Abs. 1 Satz 1 HGB: (**Wertansätze von Vermögensgegenständen**),
- § 253 Abs. 1 Satz 2 HGB (**Wertansatz von Verbindlichkeiten**),
- § 253 Abs. 1 Satz 3 HGB (**Altersvorsorgeverpflichtung**),
- § 253 Abs. 1 Satz 4 HGB (**Zeitwertberechung**),
- § 253 Abs. 2 Satz 1, auch i.V.m. Satz 2 HGB (**Rückstellungen mit einer Restlaufzeit von mehr als einem Jahr**),
- § 253 Abs. 3 Satz 1, 2, 3 HGB (**Wertansatz für Vermögensgegenstände des Anlagevermögens, dessen Nutzung zeitlich begrenzt ist**),

- § 253 Abs. 4 HGB (**Abschreibung von Vermögensgegenständen des Umlaufvermögens**)
- § 253 Abs. 5 HGB (**Zeitpunkt der Wertfestsetzung**),
- § 254 HGB (**Bildung von Bewertungseinheiten**),
- § 256a HGB (**Währungsumrechnung**).

19 Bußgeldbewehrte **Besonderheiten und Modifikationen in der Bewertung von Vermögensgegenständen** sind für Versicherungsunternehmen und Pensionsfonds in § 341b Abs. 1 Satz 1 HGB (**Bewertung nach den für das Anlagevermögen geltenden Vorschriften**) und 341d HGB (**Anlagestock der fondsgebundenen Lebensversicherung**) getroffen. Für **Pensionsfonds** sind nach § 341 Abs. 4 Satz 2 HGB die Vorschriften des § 341b HGB nicht anzuwenden und die des § 341d HGB nur mit der Maßgabe, dass Kapitalanlagen für Rechnung und Risiko von Arbeitnehmern und Arbeitgebern mit dem Zeitwert unter Berücksichtigung des Grundsatzes der Vorsicht zu bewerten sind. Zum relevanten **Bewertungsmaßstab** siehe § 334 Rn 62, § 331 Rn 154.

20 3. **Zuwiderhandlungen gegen Vorschriften über die Gliederung (§ 341n Abs. 1 Nr. 1 lit. c HGB)**. Der Anwendungsbereich der bußgeldbewehrten Gliederungsvorschriften ist im Vergleich zu § 334 HGB (§ 334 Rn 63) in § 341n Abs. 1 Nr. 1 lit. c HGB wegen § 341a Abs. 2 Satz 1 und 2 HGB reduziert. Es entfallen §§ 265 Abs. 6, 268 Abs. 4 Satz 1, Abs. 5 Satz 1 und 2 sowie § 277 Abs. 1 und 2 HGB, so dass aus § 277 HGB nur noch Abs. 3 und Abs. 4 in den von Versicherungsunternehmen anzuwendenden Bereich fallen. Jedoch sind nach § 341n Abs. 1 Nr. 1 lit. c HGB – im Gegensatz zu § 334 Abs. 1 Nr. 1 lit. c HGB – nur Verstöße gegen § 277 Abs. 3 Satz 2 HGB und nicht gegen § 277 Abs. 3 Satz 1 HGB mit Geldbuße bedroht. Dies betrifft ebenso wie bei § 268 Abs. 5 Satz 3 und Abs. 4 Satz 2 HGB Angaben im Anhang, so dass eine Einbeziehung in § 341a Abs. 1 Nr. 1 lit. d HGB konsequenter gewesen wäre. Die jetzige Regelung ist insofern lückenhaft. Anstelle der §§ 266, 268 Abs. 2 und 7 HGB sowie § 275 HGB sind die durch Rechtsverordnung erlassenen Formblätter und anderen Vorschriften anzuwenden (§ 341a Abs. 2 Satz 2 HGB). Im Einzelnen sind damit noch folgende Verstöße von lit. c erfasst: Die Verletzung der Regelung des

- § 265 Abs. 2 HGB (**Angabe des Betrages des vorhergehenden Geschäftsjahres**),
- § 265 Abs. 3 HGB (**Mitzugehörigkeit zu anderen Posten**),
- § 265 Abs. 4 HGB (**Gliederung bei mehreren Geschäftszweigen**),
- § 268 Abs. 3 HGB (**nicht durch Eigenkapital gedeckter Fehlbetrag**),
- § 268 Abs. 6 HGB (**Ausweis eines nach § 250 Abs. 3 HGB in dem Rechnungsabgrenzungsposten auf der Aktivseite aufgenommenen Unterschiedsbetrages**),
- § 272 HGB (**Eigenkapital**),
- § 274 HGB (**Steuerabgrenzung bei zu niedrigem Steueraufwand im Geschäftsjahr und früheren Geschäftsjahren; latente Steuern**),
- § 277 Abs. 3 Satz 2 HGB (**Erträge und Aufwendungen aus Verlustübernahmen, Gewinngemeinschaft, Gewinnabführungs- oder Teilgewinnabführungsvertrag**),
- § 277 Abs. 4 HGB (**außerordentliche Erträge und Aufwendungen**).

21 4. **Zuwiderhandlungen gegen Vorschriften über in die Bilanz oder den Anhang aufzunehmende Angaben (§ 341n Abs. 1 Nr. 1 lit. d HGB)**. Die in Bilanz oder zum Anhang zu machenden Angaben werden durch **§ 341a Abs. 2 Satz 1 HGB** hinsichtlich § 285 HGB eingeschränkt; gleichzeitig entfallen die größenabhängigen Erleichterungen nach § 288 HGB. Im Einzelnen sind folgende Verstöße bußgeldbewehrt: Die Verletzung der Regelung des

- § 284 HGB (**Erläuterung der Bilanz und der Gewinn- und Verlustrechnung im Anhang**),
- § 285 Nrn. 1, 2 oder 3 HGB (**sonstige Pflichtangaben im Anhang**) in Verbindung mit § 341a Abs. 2 Satz 5 HGB (**Begrenzung der Geltung des § 285 Nr. 3a HGB**),
- § 285 Nrn. 5 bis 7 und 9 bis 14 HGB (**sonstige Pflichtangaben im Anhang**).

22 Verwunderlich ist, dass zwar nicht § 285 Nr. 3a HGB, jedoch dessen Einschränkung in § 341a Abs. 2 Satz 5 HGB einbezogen ist. Diese Änderung durch das BilMoG (Vor §§ 331 Rn 78 ff) führt zu einer Lage, die jedoch wegen der Verweisung auf § 341a Abs. 2 Satz 5 HGB, der wieder auf § 285 Abs. 3a HGB rückverweist, genügend bestimmt ist, mit der Folge, dass § 285 Nr. 3a i.V.m. § 341a Abs. 2 Satz 5 HGB in die Bußgeldvorschrift einbezogen ist (Vor §§ 341m Rn 7). Es liegt ein offensichtliches gesetzgeberisches Versehen vor.[9]

23 Nicht einbezogen ist im Gegensatz zu § 334 Abs. 1 Nr. 1 lit. d HGB (§ 334 Rn 65 f) gemäß § 341a Abs. 2 Satz 1 HGB die Vorschrift des § 285 Nr. 8 lit. a HGB. An die Stelle des § 285 Nr. 4 und 8 lit. b HGB treten die durch Rechtsverordnung erlassenen Formblätter und anderen Vorschriften.

24 Zu beachten ist hier, dass § 286 HGB das Recht einräumt, bestimmte Angaben zu unterlassen. Anstelle des § 286 Abs. 2 HGB sind gemäß § **341a Abs. 2 Satz 2 HGB** die durch Rechtsverordnung erlassenen Formblätter und anderen Vorschriften anzuwenden.

25 **5. Zuwiderhandlungen gegen Vorschriften über einzubeziehende Unternehmen (§ 341n Abs. 1 Nr. 2 lit. a HGB).** § 341n Abs. 1 Nr. 2 lit. a HGB erfasst die Verletzung der Regelung des § 294 Abs. 1 HGB (**Konsolidierungskreis**).

26 **6. Zuwiderhandlungen gegen Vorschriften über Form und Inhalt (§ 341n Abs. 1 Nr. 2 lit. b HGB).** § 341n Abs. 1 Nr. 2 lit. b HGB erfasst die Verletzung der Regelung des § 297 Abs. 2 HGB (**Klarheit und Übersichtlichkeit des Konzernabschlusses, Beachtung der Grundsätze ordnungsmäßiger Buchführung, Vermittlung eines den tatsächlichen Verhältnissen entsprechenden Bildes der Vermögens-, Finanz- und Ertragslage des Konzerns**), des § 297 Abs. 3 HGB (**Darstellung der Vermögens- und Ertragslage einbezogener Unternehmen im Konzernabschluss**) oder des § 341j Abs. 1 Satz 1 HGB (**anzuwendende Vorschriften auf den Konzernabschluss**) in Verbindung mit einer in § 341n Abs. 1 Nr. 1 lit. a HGB bezeichneten Vorschrift über Form oder Inhalt. § 298 Abs. 1 HGB ist im Gegensatz zu § 334 Abs. 1 Nr. 2 lit. b HGB nach § 341j Abs. 1 Satz 2 HGB nicht anzuwenden.

27 **7. Zuwiderhandlungen gegen Vorschriften über Konsolidierungsgrundsätze oder das Vollständigkeitsgebot (§ 341n Abs. 1 Nr. 2 lit. c HGB).** § 341n Abs. 1 Nr. 2 lit. c HGB stellt die Verletzung der Regelung des § 300 HGB, der Konsolidierungsgrundsätze und das Vollständigkeitsgebot enthält, unter Bußgeldandrohung.

28 **8. Zuwiderhandlungen gegen Vorschriften über die Bewertung (§ 341n Abs. 1 Nr. 2 lit. d HGB).** § 341n Abs. 1 Nr. 2 lit. d HGB erfasst die Verletzung der Regelung des § 308 Abs. 1 Satz 1 HGB (**Grundsatz der einheitlichen Bewertung der in den Konzernabschluss übernommenen Vermögensgegenstände** nach § 300 Abs. 2 HGB) in Verbin-

---

9 Dazu BVerfGE 105, 313; LK/*Dannecker* § 1 StGB Rn 167.

dung mit den in § 341n Abs. 1 Nr. 1 lit. b HGB bezeichneten Vorschriften sowie des § 308 Abs. 2 HGB (**abweichende Bewertungsmethoden bei Mutter- und Tochterunternehmen sowie im Konzernabschluss**) und des § 308a HGB (**Umrechnung von auf fremde Währungen lautende Abschlüsse**).

9. Zuwiderhandlungen gegen Vorschriften über Beteiligungen und maßgeblichen Einfluss (§ 341n Abs. 1 Nr. 2 lit. e HGB). § 341n Abs. 1 Nr. 2 lit. e HGB sieht die Verhängung einer Geldbuße wegen Verletzung der Vorschrift des § 311 Abs. 1 Satz 1 HGB (**Ausweis der Beteiligung an assoziierten Unternehmen**) i.V.m. § 312 HGB (**Wertansatz der Beteiligung sowie die Behandlung des Unterschiedsbetrages bei deren Einbeziehung**) vor. 29

10. Zuwiderhandlungen gegen Vorschriften über im Anhang zu machende Angaben (§ 341n Abs. 1 Nr. 2 lit. f HGB). § 341n Abs. 1 Nr. 2 lit. f HGB erfasst die Verletzung der Regelung des § 308 Abs. 1 Satz 3 HGB (**Anhangangabe zu Abweichungen von den auf den Jahresabschluss des Mutterunternehmens angewandten Bewertungsmethoden im Konzernanhang**), des § 313 HGB (**Erläuterung im Anhang für die in der Konzernbilanz oder der Konzern-Gewinn- und Verlustrechnung aufgrund eines Wahlrechts unterlassene Angaben, Angaben von Beteiligungsbesitz**) oder des § 314 HGB (**sonstige Pflichtangaben im Konzernanhang**) in Verbindung mit den spezifischen Voraussetzungen bei Versicherungsunternehmen und Pensionsfonds in § 341j Abs. 1 Satz 2 oder 3 HGB (**anzuwendende Vorschriften auf den Konzernabschluss**). 30

11. Zuwiderhandlungen bei der Aufstellung des Lageberichts (§ 341n Abs. 1 Nr. 3 HGB). § 340n Abs. 1 Nr. 3 HGB regelt Zuwiderhandlungen gegen die Vorschriften des § 289 Abs. 1, 4 und 5 HGB über den **Inhalt des Lageberichts** sowie der **Erklärung der Unternehmensführung im Lagebericht** nach § 289a HGB. 31

12. Zuwiderhandlungen bei der Aufstellung des Konzernlageberichts (§ 341n Abs. 1 Nr. 4 HGB). § 341n Abs. 1 Nr. 4 HGB erfasst Zuwiderhandlungen gegen die Vorschriften des § 315 Abs. 1, 4 HGB über den **Inhalt des Konzernlageberichts**. 32

13. Zuwiderhandlungen bei der Offenlegung, Veröffentlichung oder Vervielfältigung (§ 341n Abs. 1 Nr. 5 HGB). § 341n Abs. 1 Nr. 5 HGB erfasst Zuwiderhandlungen gegen die Vorschrift des § 328 HGB über Form und Inhalt der Unterlagen bei der Offenlegung, Veröffentlichung und Vervielfältigung des Jahresabschlusses und des Konzernabschlusses. 33

14. Zuwiderhandlungen gegen eine auf Grund des § 330 Abs. 3 und 4 HGB in Verbindung mit § 330 Abs. 1 Satz 1 HGB erlassene Rechtsverordnung (§ 341n Abs. 1 Nr. 6 HGB). § 341n Abs. 1 Nr. 6 HGB erfasst Zuwiderhandlungen gegen eine aufgrund des § 330 Abs. 3 und 4 HGB i.V.m. § 330 Abs. 1 Satz 1 HGB erlassene Rechtsverordnung. § 341n Abs. 1 Nr. 6 HGB wird ausgefüllt durch die **Verordnung über die Rechnungslegung der Versicherungsunternehmen.**[10] Diese Rechtsverordnung enthält in § 63 Abs. 1 Bußgeldvorschriften i.S.d. § 341n Abs. 1 Nr. 6 HGB für den Personenkreis des § 341n Abs. 1 HGB, gegen die bei der Aufstellung und Feststellung des Jahresabschlusses und der Aufstellung des Konzernabschlusses verstoßen werden kann. Nach § 63 dieser Rechts- 34

---

[10] RechVersV vom 8.11.1994, BGBl. I S. 3370, zuletzt geändert durch Art. 4 VO vom 9.6.2011, BGBl. I S. 1041.

verordnung handelt ordnungswidrig, wer bei der Aufstellung oder Feststellung des Jahresabschlusses,
- entgegen § 2 Satz 1 nicht das vorgeschriebene Formblatt anwendet,
- entgegen §§ 4, 5 Abs. 1 oder 2, § 54 i.V.m. § 55 Abs. 1 bis 6 oder § 56 Abs. 1 bis 5, § 55 Abs. 7 oder § 56 Abs. 6 eine Angabe nicht, nicht richtig oder nicht in der vorgeschriebenen Weise macht,
- einer Vorschrift der §§ 6 bis 50 über die in einzelnen Posten der Bilanz oder der Gewinn- und Verlustrechnung aufzunehmenden Angaben zuwiderhandelt,
- einer Vorschrift der §§ 51 bis 53 über zusätzliche Erläuterungen, zusätzliche Pflichtangaben oder Angaben im Anhang zuwiderhandelt,
- bei der Aufstellung des Lageberichts einer Vorschrift des § 57 über zusätzliche Angaben zuwiderhandelt,

und wer bei der Aufstellung des Konzernabschlusses
- entgegen § 58 Abs. 1 Satz 1 nicht das vorgeschriebene Formblatt anwendet,
- einer Vorschrift des § 58 Abs. 4 Nr. 2 über die in einzelnen Posten der Konzernbilanz oder der Konzerngewinn- und Verlustrechnung aufzunehmenden Angaben zuwiderhandelt,
- entgegen § 59 Abs. 2 bis 4 eine Angabe nicht oder nicht richtig macht,
- entgegen § 60 eine Angabe nicht in den Konzernlagebericht aufnimmt.

C. Der Ordnungswidrigkeitentatbestand des § 341n Abs. 2 HGB

I. Täterkreis des § 341n Abs. 2 HGB

35 § 341n Abs. 2 HGB betrifft den **Abschlussprüfer.** Bei **Versicherungsunternehmen** kann Abschlussprüfer nur ein **Wirtschaftsprüfer** oder eine **Wirtschaftsprüfungsgesellschaft** sein, da § 341k Abs. 1 Satz 2 HGB das Tätigwerden eines vereidigten Buchprüfers bzw. Buchprüfungsgesellschaft ausschließt. Nach § 341 Abs. 4 Satz 1 HGB gilt dies für **Pensionsfonds** entsprechend. Die Tat kann trotz des missverständlichen Wortlauts nur von einem Abschlussprüfer oder dessen Gehilfen begangen werden (Rn 7).

36 **Sonstige Personen** können sich nur an einer Handlung des Abschlussprüfers beteiligen. Sie sind in diesen Fällen wegen der **Einheitstäterregelung** des § 14 OWiG als Täter ahndbar, wenn mindestens eine der beteiligten Personen die Sondereigenschaft besitzt (§ 334 Rn 27).

II. Tathandlungen des § 341n Abs. 2 HGB

37 § 341n Abs. 2 HGB erfasst die **Erteilung eines Bestätigungsvermerks** nach § 322 HGB zu einem Jahresabschluss oder zu einem Konzernabschluss, der aufgrund gesetzlicher Vorschriften zu prüfen ist, wenn dieser von einer Person oder einer für eine Wirtschaftsprüfungsgesellschaft tätigen Person erteilt wird, obwohl diese selbst nach §§ 319 Abs. 2, 3, 5; 319a Abs. 1 Satz 1, Abs. 2; § 319b Abs. 1 HGB oder die Wirtschaftsprüfungsgesellschaft nach §§ 319 Abs. 4 HGB, auch in Verbindung mit § 319a Abs. 1 S. 2 oder § 319a Abs. 1 Satz 4, 5; § 319b Abs. 1 HGB, **nicht Abschlussprüfer sein darf.** Hingegen ist die Erteilung des Bestätigungsvermerks nach § 322 HGB durch eine Person, die überhaupt nicht Abschlussprüfer ist, von § 341n Abs. 2 HGB nicht erfasst, denn dieser Tatbestand normiert nur die Sanktionierung der Verletzung von Sonderpflichten der Abschlussprüfer (vgl. im Einzelnen die Ausführungen zu § 340n Rn 34 ff).

III. Sonstige Voraussetzungen der Ahndbarkeit

Bezüglich der weiteren Voraussetzungen der Ahndbarkeit kann auf die Ausführungen zu § 334 HGB verwiesen werden. Zum **subjektiven Tatbestand** siehe die Ausführungen § 334 Rn 2, **zur Ahnungslosigkeit des Versuchs** § 334 Rn 4. **Bezüglich der Konkurrenzen** zu § 334 HGB siehe Rn 3, § 340 Rn 43; zu den Konkurrenzen allgemein vgl. § 334 Rn 107 ff. **38**

D. Sanktionen

I. Bußgeldrahmen

Eine Ordnungswidrigkeit kann nach § 341n Abs. 3 HGB mit einer Geldbuße von bis zu **50.000 Euro** geahndet werden. Die Mindesthöhe liegt nach § 17 Abs. 1 OWiG bei **5 Euro.** **39**

II. Bußgeldbemessung

Grundlage für die Bemessung der Geldbuße ist nach § 17 Abs. 3 Satz 1 OWiG die **Bedeutung der Ordnungswidrigkeit** und der **Vorwurf**, den der Täter trifft. Angesichts der Terminologie des OWiG ist mit dem „Vorwurf" sachlich dasselbe gemeint wie mit der Schuld im Strafrecht und mit der Bedeutung der Ordnungswidrigkeit dasselbe wie mit dem strafrechtlichen Unrecht.[11] Daneben sind weitere Erwägungen, von denen § 17 Abs. 3 Satz 2 OWiG die **wirtschaftlichen Verhältnisse** des Täters nennt, mit einzubeziehen. **40**

Wenn der Täter aus der Handlung einen rechtswidrigen Vorteil gezogen hat, sieht **§ 17 Abs. 4 Satz 1 OWiG** für alle Ordnungswidrigkeiten vor, dass die Geldbuße den **wirtschaftlichen Vorteil übersteigen** soll, wobei eine Schätzung zulässig ist.[12] Um dieses Ziel zu erreichen, kann auch der das gesetzliche Höchstmaß von 50.000 Euro (§ 341 Abs. 3 HGB) überschritten werden (§ 17 Abs. 4 Satz 2 OWiG). Allerdings wird bei Verstößen nach § 341n HGB in der Regel kein konkreter wirtschaftlicher Vorteil erzielt, der abzuschöpfen ist. **41**

III. Verhängung einer Geldbuße gegen die juristische Person

Neben der Geldbuße gegen die natürliche Person kann auch gegen die **Kapitalgesellschaft** oder die **Prüfungsgesellschaft** eine Geldbuße gemäß § 30 Abs. 1 Nr. 1 OWiG verhängt werden (Vor §§ 331 ff Rn 182 ff).[13] Außerdem kann ebenso eine **isolierte Geldbuße** nur gegen die Kapitalgesellschaft oder die Prüfungsgesellschaft verhängt werden (§ 30 Abs. 4 Satz 1 OWiG).[14] **42**

---

11 *Göhler/Gürtler* Vor § 1 OWiG Rn 30 mwN.

12 *Göhler/Gürtler* § 17 OWiG Rn 45; KK-OWiG/*Mitsch* § 17 OWiG Rn 122 f.

13 BeckBilKomm/*Kozikowski/Gutman* § 334 HGB Rn 41 f; MünchKommHGB/*Quedenfeld* § 334 Rn 55.

14 BeckBilKomm/*Kozikowski/Gutman* § 334 HGB Rn 41; Erbs/Kohlhaas/*Schaal* § 334 HGB Rn 38, 41; MünchKommHGB/*Quedenfeld* § 334 Rn 55; Heymann/*Otto* § 334 HGB Rn 38.

E. Verfahren

43 Die Ordnungswidrigkeiten werden **von Amts wegen** verfolgt. Nach § 341n Abs. 4 HGB ist für dieses Verfahren eine besondere Zuständigkeitsregelung vorgesehen. Zuständige Verwaltungsbehörde zur Ahndung der Ordnungswidrigkeiten i.S.d. § 36 Abs. 1 Nr. 1 OWiG für die Verhängung des Bußgeldes ist nach § 341n Abs. 4 HGB die **Bundesanstalt für Finanzdienstleistungsaufsicht** für die ihrer Aufsicht unterliegenden Versicherungsunternehmen und Pensionsfonds. Unterliegt das Versicherungsunternehmen der **Aufsicht einer Landesbehörde**, so ist diese nach § 341n Abs. 4 Satz 2 HGB für die Verfolgung der Ordnungswidrigkeit des § 341n HGB zuständig[15]. Über die Einleitung und Durchführung des Verfahrens ist nach dem Opportunitätsgrundsatz zu entscheiden, § 47 OWiG.

44 Im Übrigen kann auf die Ausführungen zu § 334 Rn 111 ff verwiesen werden.

§ 341o
Festsetzung von Ordnungsgeld

Personen, die
1. **als Mitglieder des vertretungsberechtigten Organs eines Versicherungsunternehmens oder eines Pensionsfonds § 325 über die Pflicht zur Offenlegung des Jahresabschlusses, des Lageberichts, des Konzernabschlusses, des Konzernlageberichts und anderer Unterlagen der Rechnungslegung oder**
2. **als Hauptbevollmächtigter (§ 106 Abs. 3 des Versicherungsaufsichtsgesetzes) § 341l Abs. 1 über die Offenlegung der Rechnungslegungsunterlagen**

nicht befolgen, sind hierzu vom Bundesamt für Justiz durch Festsetzung von Ordnungsgeld nach § 335 anzuhalten. § 35 Abs. 1 S. 2 ist entsprechend anzuwenden.

Schrifttum

Vgl. Literaturhinweise Vor §§ 331, 335 ff.

Übersicht

A. Allgemeines

I. Entstehungsgeschichte

1 Nach Ausdehnung der für die Kapitalgesellschaft geltenden Vorschriften über Bilanzierung und Rechnungswesen auf alle Versicherungsunternehmen durch das **Versicherungsbilanzrichtlinien-Gesetz** vom 24.6.1994 (BGBl. I S. 1377; siehe dazu Vor §§ 331 ff

[15] Koller/Roth/Morck/*Morck* Rn 1.

Rn 43 ff) hielt es der Gesetzgeber für geboten, die für Kapitalgesellschaften bestehende Möglichkeit, durch Androhung und Festsetzung eines Zwangsgeldes die Erfüllung bestimmter bilanzrechtlicher Verpflichtungen zu erzwingen, auf alle Versicherungsunternehmen, unabhängig von deren Rechtsform, zu übertragen.[1] § 341o HGB wurde durch das **KapCoRiLiG** vom 24.2.2000 (BGBl. I S. 154) neu gefasst und an die damaligen Regelungen der §§ 335, 335a HGB a.F. angepasst. Durch das Altersvermögensgesetz (**AVmG**) vom 26.6.2001 (BGBl. I S. 1310) wurden die Verpflichtungen der §§ 341 ff HGB auf Pensionsfonds erweitert (§ 341 Abs. 4 Satz 1 HGB) und diese über § 341p HGB in § 341o Nr. 1 HGB aufgenommen. Im Zuge der Neufassung des § 335 HGB und der Abschaffung des § 335a HGB durch das EHUG v. 10.11.2006 (BGBl. I S. 2553) wurde auch § 341o HGB der neuen Gesetzeslage angepasst, so dass nunmehr die zu ahndenden Verstöße gegen Publizitätspflichten mit Ordnungsgeld zu belegen sind, während das Zwangsgeld in diesem Bereich abgeschafft ist. Das Ordnungsgeldverfahren erfolgt nun nicht mehr auf Antrag, sondern **von Amts wegen** durch das **Bundesamt für Justiz in Bonn.**

II. Funktion des § 341o HGB

Abweichend von der Systematik des § 341n HGB, der eigenständige Bußgeldvorschriften enthält, hat sich der Gesetzgeber bei der Ausgestaltung der Ordnungsgeldregelung für den Weg entschieden, die für die Kapitalgesellschaft geltenden Vorschriften durch § 341o Nr. 1 HGB lediglich dahingehend zu ergänzen, dass sie auch für die **Mitglieder der vertretungsberechtigten Organe von Versicherungsunternehmen und Pensionsfonds** gelten. Im Gegensatz zur vorangegangenen Rechtslage gilt § 341o HGB durch den Wegfall der vormaligen Beschränkung auf nicht in der Form einer Kapitalgesellschaft betriebene Versicherungsunternehmen und Pensionsfonds nun auch für solche Versicherungsunternehmen und Pensionsfonds, die in der Rechtsform einer Kapitalgesellschaft betrieben werden. § 341o HGB ist wegen des Entfallens dieser Beschränkung auf alle Versicherungsunternehmen und Pensionsfonds, unabhängig von der Rechtsform, anwendbar und deshalb im Verhältnis zu § 335 HGB die **speziellere Regelung.** 2

Wenn ein **Mitglied des vertretungsberechtigten Organs** eines Versicherungsunternehmens oder eines Pensionsfonds die in § **341o Nr. 1 HGB** normierten Pflichten nicht befolgt, leitet das Bundesamt für Justiz ein Ordnungsgeldverfahren gegen die Mitglieder des vertretungsberechtigten Organs ein. Im Fall des § **341o Nr. 2 HGB** richtet sich das Ordnungsgeld gegen den **Hauptbevollmächtigten** i.S.d. § 106 Abs. 3 VAG (dazu § 341m Rn 6). Dadurch soll die Offenlegung der Rechnungslegungsunterlagen durch den genannten Personenkreis bewirkt werden. 3

B. Voraussetzungen der Festsetzung eines Ordnungsgelds

I. Normadressaten

Normadressaten des § **341o Nr. 1 HGB** sind die **Mitglieder des vertretungsberechtigten Organs** des Versicherungsunternehmens oder Pensionsfonds. Der Begriff des Versicherungsunternehmens ist in § 341 Abs. 1 Satz 1 HGB definiert, der Begriff des Pensionsfonds in § 341 Abs. 4 Satz 1 HGB i.V.m. § 112 Abs. 1 VAG (Anhang nach § 335b; 4

[1] Vgl. BT-Drucks. 12/5587, S. 31.

§ 341m Rn 2 ff). Der Personenkreis entspricht dem des § 341m HGB (Anhang nach § 335b; § 341m Rn 5). **§ 341o Nr. 2 HGB** richtet sich an die **Hauptbevollmächtigten** i.S.d. § 106 Abs. 3 VAG. Insofern entspricht der Normadressatenkreis dem des § 341m HGB (vgl. dazu Anhang nach § 335b; § 341m Rn 6). Durch die Verweisung in § 341o HGB auf § 335 Abs. 1 S. 2 HGB kann das Ordnungsgeldverfahren auch gegen das **Versicherungsunternehmen** oder den **Pensionsfonds** selbst durchgeführt werden (vgl. § 335 Rn 17, 28).

II. Durch Ordnungsgeld erzwingbare Handlungen

5 **§ 341o Nr. 1 HGB** verweist auf den **Pflichtenkatalog in § 325 HGB**: die Pflicht zur **Offenlegung** des Jahresabschlusses, des Lageberichts, des Konzernabschlusses, des Konzernlageberichts und anderer Unterlagen der Rechnungslegung. Dieser Pflichtenkatalog entspricht demjenigen des § 335 Abs. 1 Nr. 1 HGB. Die früher mit Zwangsgeld zu ahndende Verpflichtung schon zur **Aufstellung** eines Konzernabschlusses und Konzernlageberichts ist (ebenso wie bei § 335 HGB) nicht mehr mit einbezogen.

6 **§ 341o Nr. 2 HGB** verweist auf die besonderen Offenlegungspflichten von Versicherungsunternehmen nach § 341l Abs. 1 HGB, wonach Versicherungsunternehmen, ungeachtet ihrer Größe und Rechtsform, die in den §§ 325 Abs. 2 bis 5, 328 und 329 Abs. 1 HGB genannten **Offenlegungsvorschriften für große Kapitalgesellschaften** beachten müssen. Dabei ist § 340l HGB gemäß § 340 Abs. 4 Satz 3 HGB nur auf Finanzdienstleistungsinstitute anwendbar, die Kapitalgesellschaften sind. Im Übrigen kann auf die Ausführungen zu § 335 Rn 20 ff verwiesen werden.

C. Verfahren zur Festsetzung eines Ordnungsgeldes

7 Die Festsetzung eines Ordnungsgeldes folgt für den Bereich der Versicherungsunternehmen und Pensionsfonds durch den Verweis auf § 335 HGB dem gleichen Verfahren wie bei Kapitalgesellschaften. Das Verfahren wird **von Amts wegen vom Bundesamt für Justiz** durchgeführt. Nach § 335 Abs. 2 HGB sind die dort genannten Vorschriften des FamFG und des VwVfG anzuwenden. Während für die Bußgeldverhängung nach § 341n Abs. 4 HGB die spezielle Zuständigkeit der Bundesanstalt für Finanzdienstleistungsaufsicht bzw. der entsprechenden Landesbehörde statuiert wird, fehlt eine entsprechende Regelung für die Festsetzung des Ordnungsgeldes in § 341o HGB. Daher bleibt es bei der **allgemeinen Zuständigkeit des Bundesamts für Justiz**. Hierzu sowie zu den Einzelheiten des Verfahrens siehe § 335 Rn 35 ff.

§ 341p
Anwendung der Straf- und Bußgeld- sowie der Ordnungsgeldvorschriften auf Pensionsfonds

Die Strafvorschriften des § 341m, die Bußgeldvorschrift des § 341n sowie die Ordnungsgeldvorschrift des § 341o gelten auch für Pensionsfonds im Sinn des § 341 Abs. 4 Satz 1.

§ 341p HGB wurde durch Artikel 16 AVmG vom 26.6.2001 (BGBl. I S. 1310) im Zuge der Neuregelung der Ordnungsgeldvorschriften durch Artikel 1 Nr. 39 EHUG[1] angepasst und dabei die *ratio legis*, d.h. die **Gleichstellung von Pensionsfonds mit Versicherungsunternehmen** in der Rechnungslegung, beibehalten. 1

Notwendig wurde die Ergänzung, weil § 341 Abs. 4 Satz 1 HGB nur die Vorschriften des 1. bis 7. Titels, d.h. der §§ 341a bis 341l HGB, auf Pensionsfonds für entsprechend anwendbar erklärt. Mit der Verweisungsvorschrift des § 341p HGB gelten nun auch die Straf-, Bußgeld- und Ordnungsgeldvorschriften des 8. Titels – die §§ 341m bis 341o HGB – für Pensionsfonds i.S.d. § 341 Abs. 4 Satz 1 HGB (§ 341m Rn 1, § 341n Rn 3, § 341o Rn 1). 2

Die Vorschrift des § 341p HGB ist anwendbar auf **Jahres- und Konzernabschlüsse** für Geschäftsjahre, die nach dem 31.12.2001 beginnen (Artikel 35 Abs. 3 AVmG). 3

[1] Gesetz über elektronische Handelsregister und Genossenschaftsregister sowie das Unternehmensregister vom 10.11.2006, BGBl. I S. 2553.

DRITTER ABSCHNITT

Ergänzende Vorschriften für eingetragene Genossenschaften

§ 336
Pflicht zur Aufstellung von Jahresabschluß und Lagebericht

(1) [1]Der Vorstand einer Genossenschaft hat den Jahresabschluß (§ 242) um einen Anhang zu erweitern, der mit der Bilanz und der Gewinn- und Verlustrechnung eine Einheit bildet, sowie einen Lagebericht aufzustellen. [2]Der Jahresabschluß und der Lagebericht sind in den ersten fünf Monaten des Geschäftsjahrs für das vergangene Geschäftsjahr aufzustellen.

(2) [1]Auf den Jahresabschluß und den Lagebericht sind, soweit in den folgenden Vorschriften nichts anderes bestimmt ist, § 264 Abs. 1 Satz 4 Halbsatz 1, Abs. 2, §§ 265 bis 289 über den Jahresabschluß und den Lagebericht entsprechend anzuwenden; § 277 Abs. 3 Satz 1, § 285 Nr. 6 und 17 brauchen jedoch nicht angewendet zu werden. [2]Sonstige Vorschriften, die durch den Geschäftszweig bedingt sind, bleiben unberührt.

(3) § 330 Abs. 1 über den Erlaß von Rechtsverordnungen ist entsprechend anzuwenden.

Schrifttum

Bergmann Das neue Bilanzrecht für Genossenschaften, ZfgG 1986, 85; *Beuthien* Genossenschaftsgesetz, 15. Aufl. (2011); *Großfeld/Reemann* Die neue Genossenschaftsbilanz, Festschrift Goerdeler (1987), S. 149; *Helios/Strieder* (Hrsg.) Beck'sches Handbuch der Genossenschaft (2009); *Hirte* Das neue Genossenschaftsrecht DStR 2007, 2166, 2215; *Lang/Weidmüller* Genossenschaftsgesetz, Kommentar, 37. Aufl. (2011); *Pöhlmann/Fandrich/Bloehs* Genossenschaftsgesetz, 3. Aufl. (2007); *Strieder* Der Lagebericht bei Kapitalgesellschaften und Genossenschaften, DB 1998, 1677.

Übersicht

I. Vorbemerkungen zum Dritten Abschnitt

1 Der Dritte Abschnitt des Dritten Buches (§§ 336 bis 339) enthält **rechtsformspezifische Vorschriften zur Rechnungslegung von eingetragenen Genossenschaften** (eG). Die §§ 336 bis 339 sind durch das BiRiLiG v. 19.12.1985 in das HGB eingefügt worden und traten an die Stelle der früheren Rechnungslegungsvorschriften im Genossenschaftsgesetz (§§ 33 bis 33i GenG a.F.). Zwar bestand für Genossenschaften – anders als bei Kapitalgesellschaften – kein unmittelbarer Reformbedarf durch die 4., 7. und 8. EG-Richtlinie, weil diese die Rechtsform der eG nicht erfassen. Der Gesetzgeber des BiRiLiG verfolgte aber auch das Ziel, die Vorschriften über die Rechnungslegung, Prüfung und Offenlegung vollständig für alle Unternehmensformen im Dritten Buch des HGB zu regeln.[1] Den Nebengesetzen (z.B. AktG, GmbHG) sollten dagegen nur noch rechtsformspezifische Sonderregelungen vorbehalten bleiben. Um auch die Rechnungslegung bei Genossenschaften an die neuen allgemeinen Vorschriften des HGB anzupassen, sind deshalb auch die entsprechenden Vorschriften aus dem GenG in das HGB übernommen worden.[2] Die §§ 336 bis 338 sind in den letzten Jahren mehrfach leicht geändert worden. Neben einzelnen Änderungen durch das BilReG[3] ist vor allem auf die sprachliche Überarbeitung im Rahmen der Genossenschaftsreform von 2006[4] hinzuweisen. Ferner erfolgten durch das BilMoG[5] leichte Anpassungen an die Änderungen der allgemeinen Rechnungslegungsvorschriften.

2 Schon nach den §§ 33 bis 33i GenG a.F. entsprach die Rechnungslegung bei Genossenschaften weitgehend dem Vorbild des Aktiengesetzes. An diesen Rechtszustand hat der Gesetzgeber des BiRiLiG angeknüpft und für Genossenschaften die **weitgehende entsprechende Anwendung der Vorschriften des Zweiten Abschnitts** bestimmt:[6] § 336 Abs. 1 regelt – entsprechend § 264 Abs. 1 – die Aufstellung von Jahresabschluss und Lagebericht bei Genossenschaften. Abs. 2 verweist für den Jahresabschluss und Lagebericht mit gewissen Einschränkungen auf die Rechnungslegungsvorschriften für Kapitalgesellschaften (§§ 264 ff) sowie auf die Formblätter nach § 330. Die §§ 337 bis 339 ergänzen die §§ 264 ff um einige Sonderregelungen: § 337 enthält Sondervorschriften für die Genossenschaftsbilanz, § 338 schreibt zusätzliche rechtsformspezifische Angaben im Anhang vor. Besonderheiten zur Offenlegung des Jahresabschlusses von Genossenschaften finden sich in § 339.

II. Aufstellung von Jahresabschluss und Lagebericht, Aufstellungsfrist (Abs. 1)

3 Genossenschaften unterliegen als gesetzliche Formkaufleute (§ 17 Abs. 2 GenG) zunächst den allgemeinen Buchführungspflichten nach den §§ 238 ff. Danach haben sie gemäß § 242 einen aus Bilanz und Gewinn- und Verlustrechnung bestehenden **Jahresabschluss nach den allgemeinen Vorschriften** aufzustellen. § 336 Abs. 1 S. 1 schreibt zusätz-

[1] Vgl. dazu Bericht des Rechtsausschusses BT-Drucks. 10/4268, S. 88 ff.

[2] Zur Gesetzgebungsgeschichte vgl. etwa *Bergmann* ZfgG 1986, 85 ff; Bonner HdR-*Hunger* Rn 2.

[3] Gesetz v. 4.12.2004 BGBl. I S. 3166.

[4] Gesetz zur Einführung der Europäischen Genossenschaft und zur Änderung des Genossenschaftsgesetzes v. 14.8.2006, BGBl. I S. 1911; vgl. dazu *Geschwandtner/Helios* Genossenschaftsrecht (2006); *Hirte* DStR 2007, 2166.

[5] Gesetz v. 25.5.2009 BGBl. I S. 1102.

[6] Vgl. Bericht des Rechtsausschusses BT-Drucks. 10/4268, S. 90.

lich die Aufstellung eines **Anhangs** als Teil des Jahresabschlusses sowie eines **Lageberichts** vor. Die Regelung entspricht inhaltlich § 264 Abs. 1 S. 1.

Nach § 33 Abs. 1 GenG ist der Vorstand zur Aufstellung des Jahresabschlusses und des Lageberichts verpflichtet. In Ergänzung dazu regelt § 336 Abs. 1 S. 2 die **Aufstellungsfrist.** Sie beträgt – abweichend von der Drei-Monats-Frist des § 264 Abs. 1 S. 2 – fünf Monate. Die besondere Frist ist im Zusammenhang des § 48 Abs. 1 GenG zu sehen, der eine Beschlussfassung der Generalversammlung über den Jahresabschluss (Feststellung) innerhalb der ersten sechs Monate des folgenden Geschäftsjahres vorschreibt. 4

III. Weitgehende entsprechende Anwendung der Rechnungslegungsvorschriften für Kapitalgesellschaften (Abs. 2)

1. Anwendbare Regelungen (Abs. 2 S. 1 1. Halbs.)

a) **Grundsatz.** § 336 Abs. 2 bildet die zentrale Regelung für die Rechnungslegung der Genossenschaften. Nach Abs. 2 S. 1 1. Halbs. finden auf den Jahresabschluss und den Lagebericht vorbehaltlich der Einschränkungen nach dem 2. Halbs. die Vorschriften der §§ 264 Abs. 2, 265 bis 289 entsprechende Anwendung. § 336 Abs. 2 setzt die Anwendung der allgemeinen Vorschriften des Ersten Abschnitts (§§ 238 ff) voraus. Diese folgt bereits aus der Formkaufmanneigenschaft der eG (§ 17 Abs. 2 GenG). Unter Einbeziehung dieser allgemeinen Vorschriften und unter Berücksichtigung des § 336 Abs. 2 S. 1 2. Halbs. sind damit auf den Jahresabschluss und den Lagebericht bei Genossenschaften entsprechend anzuwenden:[7] 5

Allgemeine Vorschriften für alle Kaufleute: 6
- Buchführung und Inventar (§§ 238 bis 241)
- Eröffnungsbilanz, Jahresabschluss (§§ 242 bis 245)
- Ansatzvorschriften (§§ 246 bis 251)
- Bewertungsvorschriften (§§ 252 bis 256)
- Aufbewahrungsvorschriften (§§ 257 bis 261)

Ergänzende Vorschriften für Kapitalgesellschaften: 7
- Generalklausel (§ 264 Abs. 2)
- Größenabhängige Erleichterungen (§ 267)
- Gliederungsvorschriften (§§ 265 bis 278; § 277 Abs. 3 S. 1 braucht nicht angewendet zu werden)
- Anhang (§§ 284 bis 288; § 285 Nr. 6 und 17 braucht nicht angewendet zu werden)
- Lagebericht (§ 289)
- Formblätter (§ 330)
- Vorschriften, die durch den Geschäftszweig bedingt sind (§§ 340 ff)

Ergänzende Vorschriften für Genossenschaften: 8
- Bilanz (§ 337)
- Anhang (§ 338)
- Offenlegung (§ 339).

b) **Größenabhängige Erleichterungen.** Für Genossenschaften gelten auf Grund der Verweisung auf die §§ 264 Abs. 1 S. 4 1. Halbs., Abs. 2, 265 ff auch die größenabhängi- 9

[7] Vgl. auch BGH BB 2003, 1894; zu Änderungen gegenüber dem Rechtszustand vor dem BiRiLiG vgl. etwa *Bergmann* ZfgG 1986, 88 ff.

gen Erleichterungen für Kapitalgesellschaften (§§ 266 Abs. 1, 274a, 276, 288) entsprechend. Nach der Neufassung des Abs. 2 S. 1 1. Halbs. durch das KapCoRiLiG[8] und dem ausdrücklichen Willen des Gesetzgebers[9] können damit kleine Genossenschaften von der Aufstellung eines Lageberichts absehen. Demgegenüber ist eine Fristverlängerung für die Aufstellung des Jahresabschlusses von fünf um einen weiteren auf sechs Monate nicht vorgesehen.

10 c) **Konzernabschluss.** Die Regelungen über den Konzernabschluss (§§ 290 ff) sind aus der Verweisung in § 336 Abs. 2 S. 1 1. Halbs. ausgenommen. Daraus folgt, dass sich eine Pflicht zur Aufstellung eines Konzernabschlusses für Mutterunternehmen in der Rechtsform einer Genossenschaft nur aus § 11 PublG ergeben kann.

11 **2. Anwendungswahlrechte (Abs. 2 S. 1 2. Halbs.).** § 336 Abs. 2 S. 1 2. Halbs. nimmt bestimmte für Kapitalgesellschaften geltende Vorschriften von der in Abs. 2 S. 1 1. Halbs. angeordneten zwingenden entsprechenden Anwendung bei Genossenschaften aus. Die dort genannten Regelungen können, müssen aber nicht auf den Jahresabschluss von eG angewandt werden (Anwendungswahlrecht).

12 a) **Angabe außerplanmäßiger Abschreibungen (§ 277 Abs. 3 S. 1).** Außerplanmäßige Abschreibungen auf Vermögensgegenstände des Anlagevermögens nach § 253 Abs. 3 S. 3 müssen von eG nicht gesondert in der Gewinn- und Verlustrechnung ausgewiesen bzw. im Anhang angegeben werden.

13 b) **Angaben nach § 285 Nr. 6 und 17.** Schließlich entfällt bei Genossenschaften die Pflicht zu Angaben im Anhang nach § 285 Nr. 6 (Ertragsteuerspaltung) und § 285 Nr. 17 (Honorar des Abschlussprüfers).

14 **3. Geschäftszweigbedingte Regelungen (Abs. 2 S. 2).** § 336 Abs. 2 S. 2 bestimmt, dass die Anwendung sonstiger „Vorschriften, die durch den Geschäftszweig bedingt sind," unberührt bleibt. Geschäftszweigbedingte Regelungen – z.B. die §§ 340a ff für Kreditinstitute – sollen rechtsformunabhängig für alle Unternehmen gelten, die eine entsprechende Tätigkeit ausüben. Ihre Anwendung auf Genossenschaften ist deshalb nicht von der Verweisung in § 336 Abs. 2 S. 1 eingeschränkt.

IV. Anwendung von Formblättern (Abs. 3)

15 Für Genossenschaften gilt schließlich nach § 336 Abs. 3 auch § 330 entsprechend. § 330 enthält eine Verordnungsermächtigung für Formblätter und Vorschriften über den Inhalt von Anhang und Konzernanhang, soweit solche abweichenden Regelungen für bestimmte Geschäftszweige erforderlich sind. Derartige Formblätter gelten nach §§ 336 Abs. 3, 330 auch für Genossenschaften, soweit diese in dem betreffenden Geschäftszweig tätig sind (z.B. die Verordnung für die Gliederung des Jahresabschlusses für Wohnungsunternehmen v. 6.3.1987 für Wohnungsgenossenschaften).

---

[8] BGBl. I 2000 S. 154.

[9] Begr. RegE, BT-Drucks. 14/1806 S. 26.

§ 337
Vorschriften zur Bilanz

(1) [1]An Stelle des gezeichneten Kapitals ist der Betrag der Geschäftsguthaben der Mitglieder auszuweisen. [2]Dabei ist der Betrag der Geschäftsguthaben der mit Ablauf des Geschäftsjahrs ausgeschiedenen Mitglieder gesondert anzugeben. [3]Werden rückständige fällige Einzahlungen auf Geschäftsanteile in der Bilanz als Geschäftsguthaben ausgewiesen, so ist der entsprechende Betrag auf der Aktivseite unter der Bezeichnung „Rückständige fällige Einzahlungen auf Geschäftsanteile" einzustellen. [4]Werden rückständige fällige Einzahlungen nicht als Geschäftsguthaben ausgewiesen, so ist der Betrag bei dem Posten „Geschäftsguthaben" zu vermerken. [5]In beiden Fällen ist der Betrag mit dem Nennwert anzusetzen. [6]Ein in der Satzung bestimmtes Mindestkapital ist gesondert anzugeben.

(2) An Stelle der Gewinnrücklagen sind die Ergebnisrücklagen auszuweisen und wie folgt aufzugliedern:
1. Gesetzliche Rücklage;
2. andere Ergebnisrücklagen; die Ergebnisrücklage nach § 73 Abs. 3 des Genossenschaftsgesetzes und die Beträge, die aus dieser Ergebnisrücklage an ausgeschiedene Mitglieder auszuzahlen sind, müssen vermerkt werden.

(3) Bei den Ergebnisrücklagen sind in der Bilanz oder im Anhang gesondert aufzuführen:
1. Die Beträge, welche die Generalversammlung aus dem Bilanzgewinn des Vorjahrs eingestellt hat;
2. die Beträge, die aus dem Jahresüberschuß des Geschäftsjahrs eingestellt werden;
3. die Beträge, die für das Geschäftsjahr entnommen werden.

Schrifttum

Vgl. die Angaben zu § 336.

Übersicht

I. Überblick

§ 337 enthält verschiedene **Sondervorschriften zum Eigenkapitalausweis** in der Bilanz 1
einer eG. Soweit sie Anwendung finden, verdrängen sie als die spezielleren Regelungen die §§ 272, 283, die nach § 336 Abs. 2 S. 1 1. Halbs. für den Jahresabschluss der Genossenschaften entsprechend gelten. Nach Abs. 1 ist an Stelle des gezeichneten Kapitals (§ 272 Abs. 1) der Betrag der Geschäftsguthaben auszuweisen. Abs. 2 regelt die Gliederung der Ergebnisrücklagen, die an die Stelle der Gewinnrücklagen (§ 272 Abs. 3) treten. Nach Abs. 3 ist darüber hinaus in der Bilanz auch die Entwicklung der Ergebnisrück-

lagen im Geschäftsjahr darzustellen. Mangels Sonderregelung in § 337 bleibt damit § 272 Abs. 2 (Kapitalrücklage) anwendbar, z.B. bei Eintrittsgeldern der Mitglieder.[1]

II. Geschäftsguthaben, rückständige fällige Einzahlungen (Abs. 1)

2 **1. Geschäftsguthaben (Abs. 1 S. 1 und 2).** Nach § 337 Abs. 1 ist in der Bilanz der eG unter dem Posten Eigenkapital (§ 266 Abs. 3 Buchst. A. I.) das **„Geschäftsguthaben der Mitglieder"** auszuweisen. Geschäftsguthaben ist der Betrag, mit dem ein Mitglied an der eG finanziell beteiligt ist.[2] Es besteht aus der Einlage (Einzahlung auf den Geschäftsanteil) zuzüglich späterer Gewinnzuweisungen. Nach § 7 Nr. 1 GenG muss die Satzung mindestens für ein Zehntel des Geschäftsanteils eine Pflichteinzahlung vorsehen. Verluste werden in der Regel nicht vom Geschäftsguthaben abgeschrieben (vgl. § 19 GenG), sondern mindern zunächst die Ergebnisrücklagen oder werden vorgetragen.[3]

3 Die Geschäftsguthaben der Mitglieder sind **zu gliedern** in das Geschäftsguthaben
- der verbleibenden Mitglieder,
- der ausscheidenden Mitglieder (Abs. 1 S. 2),
- der gekündigten Geschäftsanteile (§ 67b GenG).[4]

4 Noch nicht ausgezahlte Auseinandersetzungsguthaben, Vorauszahlungen auf noch nicht eingetragene Geschäftsanteile und Überzahlungen sind nicht als Geschäftsguthaben, sondern als **Verbindlichkeit** (§ 266 Abs. 3 C. 7.) auszuweisen.[5]

5 **2. Rückständige fällige Einlagen (Abs. 1 S. 3 bis 5).** § 337 Abs. 1 S. 3 und 4 gewährt hinsichtlich des Ausweises von rückständigen fälligen Einzahlungen ein **Ausweiswahlrecht.** Diese können entweder nach Abs. 1 S. 3 auf der Passivseite als Geschäftsguthaben ausgewiesen werden, sind dann aber zugleich auf der Aktivseite unter der Bezeichnung „Rückständige fällige Einzahlungen auf Geschäftsanteile" einzustellen. Werden sie dagegen nach Abs. 1 S. 4 nicht als Geschäftsguthaben ausgewiesen, so ist der Betrag bei dem Posten „Geschäftsguthaben" zu vermerken. In beiden Fällen ist der Betrag mit dem Nennwert anzusetzen (Abs. 1 S. 5).

6 **Rückständige Einlagen** sind solche Beträge auf den Geschäftsanteil, für die die Satzung eine Einzahlungspflicht vorsieht (vgl. § 7 Nr. 1 GenG) und die noch nicht geleistet sind. Sie sind erst dann zu aktivieren bzw. beim Posten „Geschäftsguthaben" zu vermerken, wenn sie fällig sind. Die **Fälligkeit** der Pflichteinzahlung bestimmt sich nach dem in der Satzung festgelegten Einzahlungstermin.[6] Soweit für einzelne Raten verschiedene Termine bestimmt sind, ist die Fälligkeit für die einzelnen Raten gesondert zu bestimmen. Rückständige fällige Einlagen haben Forderungscharakter und sind deshalb – ebenso wie eingeforderte ausstehende Einlagen – einer Bewertung zugänglich. Etwaige Abwertungen sind bei dem entsprechenden Aktivposten „Rückständige fällige Einzahlungen auf Geschäftsanteile" vorzunehmen.[7]

---

1 *Lang/Weidmüller* GenG § 7 Rn 6; Beck BilKomm-*Förschle* Rn 1.

2 Vgl. statt aller *Pöhlmann/Fandrich/Bloehs* GenG § 7 Rn 5.

3 Beck BilKomm-*Förschle* Vor § 339 Rn 63; vgl. auch BGH BB 2003, 1894.

4 Vgl. Beck BilKomm-*Förschle* Rn 2; *Bergmann* ZfgG 1986, 93.

5 BFH BStBl. II 2006, 925; Beck BilKomm-*Förschle* Rn 6.

6 Vgl. näher *Lang/Weidmüller* GenG § 7 Rn 9; siehe auch OLG Schleswig EWiR § 73 GenG 1/07, 146.

7 Beck BilKomm-*Förschle* Rn 4.

3. Mindestkapital (Abs. 1 S. 6). Seit der Genossenschaftsreform des Jahres 2006 kann die Satzung der Genossenschaft ein Mindestkapital festsetzen, das aber nur die Funktion einer Ausschüttungssperre hat (§ 8a GenG). Dieses ist nach § 337 Abs. 1 S. 6 auf der Passivseite gesondert anzugeben. Der Ausweis kann z.B. als nachrichtliche Information nach dem Geschäftsguthaben erfolgen, z.B. mit einem „Davon-Vermerk“ oder als Prozentsatz des Geschäftsguthabens.[8] 7

III. Gliederung der Ergebnisrücklagen (Abs. 2)

Nach § 337 Abs. 2 sind an Stelle der Gewinnrücklagen (§ 272 Abs. 3) die „Ergebnisrücklagen“ auszuweisen. Die gesetzliche **Anpassung der Postenbezeichnung** trägt den Besonderheiten der eG gegenüber Kapitalgesellschaften Rechnung. Für die Zuordnung zur Kapital- und „Ergebnisrücklage“ kommt es – wie bei § 272 – auf die Herkunft der eingestellten Beträge an. Entsprechend § 272 Abs. 3 S. 1 dürfen also als Ergebnisrücklagen nur solche Beträge ausgewiesen werden, die im Geschäftsjahr oder in früheren Geschäftsjahren aus dem Ergebnis gebildet worden sind. Einzahlungen der Genossen, die nicht Einzahlungen auf Geschäftsanteile darstellen, sind folglich entsprechend § 272 Abs. 2 als Kapitalrücklage auszuweisen (z.B. Eintrittsgelder, verlorene Baukostenzuschüsse). 8

Die Ergebnisrücklagen sind nach Abs. 2 zu **gliedern** in die 9
- gesetzliche Rücklage,
- andere Ergebnisrücklagen.

Ferner müssen die Ergebnisrücklage nach § 73 Abs. 3 GenG und die Beträge, die aus dieser Ergebnisrücklage an ausgeschiedene Mitglieder auszuzahlen sind, **gesondert** vermerkt werden. 10

Mit dem Posten **„Gesetzliche Rücklage“** ist die nach § 7 Nr. 2 GenG zu bildende Rücklage gemeint. Ihre Höhe muss in der Satzung festgelegt werden; das GenG bestimmt keinen Mindestbetrag. Die gesetzliche Rücklage darf nach § 7 Nr. 2 GenG ausschließlich zum Ausgleich eines bilanziellen Verlusts verwendet werden. „Andere Ergebnisrücklagen“ sind alle sonstigen neben der gesetzlichen Rücklage gebildeten Rücklagen. 11

IV. Entwicklung der Ergebnisrücklagen (Abs. 3)

§ 337 Abs. 3 schreibt vor, dass die Entwicklung der Ergebnisrücklagen in der Bilanz dargestellt wird. Eine wahlweise Angabe im Anhang – wie bei den Aktiengesellschaften gemäß § 152 Abs. 3 AktG – ist nach der Neufassung des Abs. 3 durch das KapCoRiLiG[9] nunmehr zulässig. Gesondert aufzuführen sind insoweit: 12

(1) Einstellungen aus dem Bilanzgewinn des Vorjahrs durch die Generalversammlung,
(2) Einstellungen aus dem Jahresüberschuss des Geschäftsjahrs,
(3) Entnahmen für das Geschäftsjahr.

---

[8] Vgl. BT-Drucks. 16/1025, S. 99.

[9] BGBl. I 2000 S. 154.

§ 338
Vorschriften zum Anhang

(1) [1]Im Anhang sind auch Angaben zu machen über die Zahl der im Laufe des Geschäftsjahrs eingetretenen oder ausgeschiedenen sowie die Zahl der am Schluß des Geschäftsjahrs der Genossenschaft angehörenden Mitglieder. [2]Ferner sind der Gesamtbetrag, um welchen in diesem Jahr die Geschäftsguthaben sowie die Haftsummen der Mitglieder sich vermehrt oder vermindert haben, und der Betrag der Haftsummen anzugeben, für welche am Jahresschluß alle Mitglieder zusammen aufzukommen haben.

(2) Im Anhang sind ferner anzugeben:
1. **Name und Anschrift des zuständigen Prüfungsverbands, dem die Genossenschaft angehört;**
2. **alle Mitglieder des Vorstands und des Aufsichtsrats, auch wenn sie im Geschäftsjahr oder später ausgeschieden sind, mit dem Familiennamen und mindestens einem ausgeschriebenen Vornamen; ein etwaiger Vorsitzender des Aufsichtsrats ist als solcher zu bezeichnen.**

(3) [1]An Stelle der in § 285 Nr. 9 vorgeschriebenen Angaben über die an Mitglieder von Organen geleisteten Bezüge, Vorschüsse und Kredite sind lediglich die Forderungen anzugeben, die der Genossenschaft gegen Mitglieder des Vorstands oder Aufsichtsrats zustehen. [2]Die Beträge dieser Forderungen können für jedes Organ in einer Summe zusammengefaßt werden.

Schrifttum

Vgl. Angaben zu § 336.

Übersicht

I. Überblick

1 Nach § 336 Abs. 2 S. 1 1. Halbs. finden die §§ 284 ff – vorbehaltlich der Wahlrechte nach § 336 Abs. 2 S. 1 2. Halbs. betreffend die Angaben nach § 285 Nr. 6 und 17 – auf den Jahresabschluss von eG entsprechende Anwendung. § 338 ergänzt die allgemeinen Anhangvorschriften um **rechtsformspezifische Angabepflichten** für den Jahresabschluss von eG. Diese zusätzlichen Angaben betreffen die Zahl der Mitglieder und ihre Entwicklung im Geschäftsjahr, die Veränderungen der Geschäftsguthaben und der Haftsummen sowie den Betrag der Haftsumme (Abs. 1). Nach Abs. 2 Nr. 1 sind Name und Anschrift des zuständigen Prüfungsverbandes anzugeben. Abs. 2 Nr. 2 und Abs. 3 enthalten schließlich rechtsformbezogene Modifikationen der allgemeinen Angabepflichten nach § 285 Nr. 10 und § 285 Nr. 9.

II. Einzelne Zusatzangaben

2 Im Anhang der eG sind nach Abs. 1 S. 1 folgende **Einzelangaben** zu machen:
- die Zahl der im Laufe des Geschäftsjahrs eingetretenen Mitglieder;
- die Zahl der (zum Ende des Geschäftsjahrs) ausgeschiedenen Mitglieder;
- die Zahl der am Schluss des Geschäftsjahres der eG angehörenden Mitglieder.

Der Zeitpunkt, ab dem ein Beitritt wirksam ist und ein Mitglied der eG **„angehört"**, bestimmt sich nach § 15 GenG (Beitritt und Zulassung). Die Eintragung in die Mitgliederliste hat nur deklaratorische Bedeutung. Durch Kündigung oder Ausschluss scheidet ein Mitglied jeweils zum Schluss eines Geschäftsjahres aus. Auch insoweit hat die Eintragung der Kündigung bzw. des Ausschlusses keine Bedeutung für die Wirksamkeit der Maßnahme. Bei der Berechnung der „am Schluss des Geschäftsjahres der eG angehörenden Mitglieder" sind die zum Ende des Geschäftsjahres ausgeschiedenen Mitglieder nicht mehr mitzuzählen. Dies folgt aus dem Sinn und Zweck der Angabe, die Zahl der Mitglieder anzugeben, die zu Beginn des neuen Geschäftsjahrs vorhanden sind.[1] Im Fall des Todes eines Mitglieds ist entweder – bei auslaufender Mitgliedschaft – das Ausscheiden des Erben zum Schluss des Geschäftsjahrs anzugeben oder es erfolgt – bei unbefristeter Mitgliedschaft – überhaupt keine besondere Angabe. Letzterer Fall ist also so zu behandeln, als habe keine Veränderung bei den Mitgliedern stattgefunden. **3**

Nach Abs. 1 S. 2 sind folgende **Beträge** anzugeben: **4**
- der Gesamtbetrag, um den sich die Geschäftsguthaben im Geschäftsjahr vermehrt oder vermindert haben;
- der Gesamtbetrag, um den sich die Haftsummen der Mitglieder vermehrt oder vermindert haben;
- der Betrag der Haftsummen, für welche am Jahresschluss alle Mitglieder zusammen aufzukommen haben.

Abs. 2 Nr. 1 schreibt die Angabe von Name und Sitz des zuständigen **Prüfungsverbandes** vor. Bei Doppelmitgliedschaften sind beide Verbände anzugeben und zusätzlich derjenige zu bezeichnen, der die Pflichtprüfung durchführt. **5**

Abs. 2 Nr. 2 modifiziert die Angabepflicht nach § 285 Nr. 10 für eG: Lediglich die **Angabe des Vorsitzenden** des Vorstandes und die Angabe der Stellvertreter des Aufsichtsratsvorsitzenden entfallen. **6**

Nach § 338 Abs. 3 S. 1 sind an Stelle der in § 285 Nr. 9 vorgeschriebenen Angaben lediglich die **Forderungen** anzugeben, die der eG **gegen Mitglieder des Vorstands oder Aufsichtsrats** zustehen. Im Jahresabschluss von eG müssen somit weder die Bezüge der Mitglieder ihrer Leitungsorgane angegeben werden, noch sind gesonderte Angaben zu „Vorschüssen und Krediten" nebst den wesentlichen Bedingungen zu machen. Hinreichend ist vielmehr die Angabe des Gesamtbetrags der Forderungen der eG gegen Mitglieder von Vorstand oder Aufsichtsrat. Die Angaben können nach Abs. 3 S. 2 für jedes Organ in einer Summe zusammengefasst werden. **7**

§ 339
Offenlegung

(1) [1]Der Vorstand hat unverzüglich nach der Generalversammlung über den Jahresabschluß, jedoch spätestens vor Ablauf des zwölften Monats des dem Abschlussstichtag nachfolgenden Geschäftsjahrs, den festgestellten Jahresabschluß, den Lagebericht und den Bericht des Aufsichtsrats beim Betreiber des Bundesanzeigers elektronisch einzureichen. [2]Ist die Erteilung eines Bestätigungsvermerks nach § 58 Abs. 2 des Genossenschaftsgesetzes vorgeschrieben, so ist dieser mit dem Jahresabschluß einzureichen; hat der

[1] RGZ 56, 425; LG Aachen ZfgG 1955, 240.

Prüfungsverband die Bestätigung des Jahresabschlusses versagt, so muß dies auf dem eingereichten Jahresabschluß vermerkt und der Vermerk vom Prüfungsverband unterschrieben sein. [3]Ist die Prüfung des Jahresabschlusses im Zeitpunkt der Einreichung der Unterlagen nach Satz 1 nicht abgeschlossen, so ist der Bestätigungsvermerk oder der Vermerk über seine Versagung unverzüglich nach Abschluß der Prüfung einzureichen. [4]Wird der Jahresabschluß oder der Lagebericht nach der Einreichung geändert, so ist auch die geänderte Fassung einzureichen.

(2) § 325 Abs. 1 Satz 7, Abs. 2, 2a und 6 sowie die §§ 326 bis 329 sind entsprechend anzuwenden.

Übersicht

I. Einführung

1 § 339 enthält Sonderregelungen für die Offenlegung von Rechnungslegungsunterlagen eingetragener Genossenschaften. **Abweichungen** von den für Kapitalgesellschaften geltenden Anforderungen ergeben sich in Bezug auf den *Kreis der offenzulegenden Unterlagen.* Für Kreditgenossenschaften gilt nicht § 339, sondern § 340l (vgl. dort Absatz 3).

2 Die Neufassung des Absatzes 2 und Aufhebung des Absatzes 3, der sich inhaltlich nunmehr in dem neuen Absatz 2 findet, gehen auf das EHUG[1] zurück. Die Änderungen waren zur Anpassung an das neue Verfahren der elektronischen Einreichung und Bekanntmachung erforderlich.

II. Offenzulegende Unterlagen (Abs. 1)

3 Nach der Generalversammlung über den Jahresabschluss sind unverzüglich der **festgestellte Jahresabschluss,** der **Lagebericht** und der **Bericht des Aufsichtsrates** beim Betreibers des Bundesanzeigers elektronisch einzureichen (Absatz 1 Satz 1). Wird der Jahresabschluss oder der Lagebericht nach Einreichung geändert, so ist auch die geänderte Fassung einzureichen (Absatz 1 Satz 4). Ein Gewinnverwendungsvorschlag und -beschluss ist – abweichend von § 325 Abs. 1 – nicht offenzulegen.[2]

4 Eine Pflicht zur Einreichung eines **Bestätigungs- bzw. Versagungsvermerks** besteht gemäß Absatz 1 Satz 2 nur bei eingetragenen Genossenschaften, bei denen nach § 58 Abs. 2 GenG seine Erteilung vorgeschrieben ist, d.h. bei (i.S.d. Kriterien des § 267 Abs. 3) ‚großen' Genossenschaften. Ist zum Zeitpunkt der Einreichung von Jahresabschluss, Lagebericht und Bericht des Aufsichtsrates die Prüfung noch nicht abgeschlossen, so ist der Bestätigungs- bzw. Versagungsvermerk unverzüglich nach Abschluss der Pflichtprüfung zum Genossenschaftsregister einzureichen (Absatz 1 Satz 3).

---

1 BGBl. I 2006, 2553; siehe hierzu *Grashoff* DB 2006, 513; *Kort* AG 2007, 801; *Liebscher/Scharff* NJW 2006, 3745; *Noack* (Hrsg.) EHUG; *Schlotter* BB 2007, 1; *Ch. Schmidt* DStR 2006, 2272.

2 Beck'scher Bilanzkommentar/*Förschle*[8] Rn 5.

III. Verweisungen (Abs. 2)

Die gesetzlichen Vertreter der Genossenschaft, d.h. die Mitglieder des Vorstands (§ 25 GenG), haben unverzüglich nach der Einreichung der Unterlagen deren **Bekanntmachung** im Bundesanzeiger zu veranlassen (Absatz 2 i.V.m. § 325 Abs. 2). Anstelle des Jahresabschlusses kann dabei für Zwecke der Bekanntmachung ein Einzelabschluss nach IAS/IFRS treten (Absatz 2 i.V.m. § 325 Abs. 2, 2a). Die Rechnungslegungsunterlagen müssen in einer **Form** eingereicht werden, die ihre Bekanntmachung nach § 325 Abs. 2 ermöglicht (Absatz 2 i.V.m. § 325 Abs. 1 Satz 7). Absatz 2 verweist insofern zusätzlich auf § 325 Abs. 6, der seinerseits die §§ 11, 12 Abs. 2 über die Offenlegung in der Amtssprache eines EU-Mitgliedstaates sowie die elektronische Einreichung von Dokumenten in Bezug nimmt. Diesbezüglich sei auf die entsprechenden Erläuterungen zu § 325 (dort Rn 31 bis 35) verwiesen. **5**

‚Kleine' (i.S.d. Größenkriterien des § 267 Abs. 1) Genossenschaften müssen nach §§ 339 Abs. 2, 326 nur die Bilanz und den Anhang offenlegen; der Anhang braucht die die Gewinn- und Verlustrechnung betreffenden Angaben nicht zu enthalten (vgl. die Erläuterungen zu § 326). ‚Mittelgroße' Genossenschaften (i.S.d. Größenkriterien des § 267 Abs. 2) haben nach §§ 339 Abs. 2, 327 zwar alle in § 325 Abs. 1 aufgeführten Unterlagen offenzulegen; ihnen kommen aber die für ‚mittelgroße' Kapitalgesellschaften vorgesehenen **Erleichterungen** zugute (vgl. die Erläuterungen zu § 327). Wie bei Kapitalgesellschaften der entsprechenden Größenklassen ist auch bei ‚kleinen' und ‚mittelgroßen' eingetragenen Genossenschaften von der Möglichkeit einer ‚Nachholung' der für die Aufstellung vorgesehenen Erleichterungen auszugehen (vgl. zur Begründung und zur Tragweite dieser Aussage § 326 Rn 8 und § 327 Rn 9). **6**

Für **Form und Inhalt** der im Rahmen der Pflichtpublizität offenzulegenden Unterlagen gelten aufgrund der in Absatz 2 enthaltenen Verweisungen die Bestimmungen des § 328 Abs. 1 und 3 (vgl. zu Einzelheiten § 328 Rn 12 ff und Rn 41 ff). Bei freiwilligen ‚Veröffentlichungen und Vervielfältigungen' sind nach der Verweisung des Absatzes 2 die Regelungen des § 328 Abs. 2 zu beachten (vgl. hierzu § 328 Rn 29 ff). **7**

Für die vom Betreiber des Bundesanzeigers **vorzunehmende Prüfung**, ob die vollständig oder teilweise einzureichenden Unterlagen vollzählig sind und fristgerecht eingereicht wurden, gilt aufgrund der Verweisung des Absatzes 2 § 329 (vgl. zu Einzelheiten § 329 Rn 1 ff). **8**

Einführende Hinweise

zu den ergänzenden Vorschriften im Vierten Abschnitt des Dritten Buches betreffend die Rechnungslegung, Prüfung und Publizität

A) für Kreditinstitute und Finanzdienstleistungsinstitute (§§ 340 bis 340o)

B) für Versicherungsunternehmen und Pensionsfonds (§§ 341 bis 341p)

A) Einführende Hinweise zu den ergänzenden Vorschriften im Vierten Abschnitt des Dritten Buches betreffend die Rechnungslegung, Prüfung und Publizität für Kreditinstitute und Finanzdienstleistungsinstitute (§§ 340 bis 340o)

VIERTER ABSCHNITT

Ergänzende Vorschriften für Unternehmen bestimmter Geschäftszweige

ERSTER UNTERABSCHNITT

Ergänzende Vorschriften für Kreditinstitute und Finanzdienstleistungsinstitute

ERSTER TITEL

Anwendungsbereich

§ 340

(1) [1]Dieser Unterabschnitt ist auf Kreditinstitute im Sinne des § 1 Abs. 1 des Gesetzes über das Kreditwesen anzuwenden, soweit sie nach dessen § 2 Abs. 1, 4 oder 5 von der Anwendung nicht ausgenommen sind, sowie auf Zweigniederlassungen von Unternehmen mit Sitz in einem Staat, der nicht Mitglied der Europäischen Gemeinschaft und auch nicht Vertragsstaat des Abkommens über den Europäischen Wirtschaftsraum ist, sofern die Zweigniederlassung nach § 53 Abs. 1 des Gesetzes über das Kreditwesen als Kreditinstitut gilt. [2]§ 340l Abs. 2 und 3 ist außerdem auf Zweigniederlassungen im Sinne des § 53b Abs. 1 Satz 1 und Abs. 7 des Gesetzes über das Kreditwesen, auch in Verbindung mit einer Rechtsverordnung nach § 53c Nr. 1 dieses Gesetzes, anzuwenden, sofern diese Zweigniederlassungen Bankgeschäfte im Sinne des § 1 Abs. 1 Satz 2 Nr. 1 bis 5 und 7 bis 12 dieses Gesetzes betreiben. [3]Zusätzliche Anforderungen auf Grund von Vorschriften, die wegen der Rechtsform oder für Zweigniederlassungen bestehen, bleiben unberührt.

(2) Dieser Unterabschnitt ist auf Unternehmen der in § 2 Abs. 1 Nr. 4 und 5 des Gesetzes über das Kreditwesen bezeichneten Art insoweit ergänzend anzuwenden, als sie Bankgeschäfte betreiben, die nicht zu den ihnen eigentümlichen Geschäften gehören.

(3) Dieser Unterabschnitt ist auf Wohnungsunternehmen mit Spareinrichtung nicht anzuwenden.

(4) [1]Dieser Unterabschnitt ist auch auf Finanzdienstleistungsinstitute im Sinne des § 1 Abs. 1a des Gesetzes über das Kreditwesen anzuwenden, soweit sie nicht nach dessen § 2 Abs. 6 oder 10 von der Anwendung ausgenommen sind, sowie auf Zweigniederlassungen von Unternehmen mit Sitz in einem anderen Staat, der nicht Mitglied der Europäischen Gemeinschaft und auch nicht Vertragsstaat des Abkommens über den Europäischen Wirtschaftsraum ist, sofern die Zweigniederlassung nach § 53 Abs. 1 des Gesetzes über das Kreditwesen als Finanzdienstleistungsinstitut gilt. [2]§ 340c Abs. 1 ist nicht anzuwenden auf Finanzdienstleistungsinstitute und Kreditinstitute, soweit letztere Skontroführer im Sinne des § 27 Abs. 1 Satz 1 des Börsengesetzes und nicht Einlagenkreditinstitute im Sinne des § 1 Abs. 3d Satz 1 des Gesetzes über das Kreditwesen sind. [3]§ 340l ist nur auf Finanzdienstleistungsinstitute anzuwenden, die Kapitalgesellschaften sind. [4]Zusätzliche Anforderungen auf Grund von Vorschriften, die wegen der Rechtsform oder für Zweigniederlassungen bestehen, bleiben unberührt.

(5) [1]Dieser Unterabschnitt ist auch auf Institute im Sinne des § 1 Absatz 2a des Zahlungsdiensteaufsichtsgesetzes anzuwenden. [2]§ 340l ist nur auf Institute im Sinne des § 1 Absatz 2a des Zahlungsdiensteaufsichtsgesetzes anzuwenden, die Kapitalgesellschaften sind. [3]Zusätzliche Anforderungen auf Grund von Vorschriften, die wegen der Rechtsform oder für Zweigniederlassungen bestehen, bleiben unberührt.

ZWEITER TITEL

Jahresabschluß, Lagebericht, Zwischenabschluß

§ 340a
Anzuwendende Vorschriften

(1) Kreditinstitute, auch wenn sie nicht in der Rechtsform einer Kapitalgesellschaft betrieben werden, haben auf ihren Jahresabschluß die für große Kapitalgesellschaften geltenden Vorschriften des Ersten Unterabschnitts des Zweiten Abschnitts anzuwenden, soweit in den Vorschriften dieses Unterabschnitts nichts anderes bestimmt ist; Kreditinstitute haben außerdem einen Lagebericht nach den für große Kapitalgesellschaften geltenden Bestimmungen des § 289 aufzustellen.

(2) [1]§ 265 Abs. 6 und 7, §§ 267, 268 Abs. 4 Satz 1, Abs. 5 Satz 1 und 2, §§ 276, 277 Abs. 1, 2, 3 Satz 1, § 284 Abs. 2 Nr. 4, § 285 Nr. 8 und 12, § 288 sind nicht anzuwenden. [2]An Stelle von § 247 Abs. 1, §§ 251, 266, 268 Abs. 2 und 7, §§ 275, 285 Nr. 1, 2, 4 und 9 Buchstabe c sind die durch Rechtsverordnung erlassenen Formblätter und anderen Vorschriften anzuwenden. [3]§ 246 Abs. 2 ist nicht anzuwenden, soweit abweichende Vorschriften bestehen. [4]§ 264 Abs. 3 und § 264b sind mit der Maßgabe anzuwenden, daß das Kreditinstitut unter den genannten Voraussetzungen die Vorschriften des Vierten Unterabschnitts des Zweiten Abschnitts nicht anzuwenden braucht.

(3) [1]Sofern Kreditinstitute einer prüferischen Durchsicht zu unterziehende Zwischenabschlüsse zur Ermittlung von Zwischenergebnissen im Sinne des § 10 Abs. 3 des Kreditwesengesetzes aufstellen, sind auf diese die für den Jahresabschluss geltenden Rechnungslegungsgrundsätze anzuwenden. [2]Die Vorschriften über die Bestellung des Abschluss-

prüfers sind auf die prüferische Durchsicht entsprechend anzuwenden. [3]Die prüferische Durchsicht ist so anzulegen, dass bei gewissenhafter Berufsausübung ausgeschlossen werden kann, dass der Zwischenabschluss in wesentlichen Belangen den anzuwendenden Rechnungslegungsgrundsätzen widerspricht. [4]Der Abschlussprüfer hat das Ergebnis der prüferischen Durchsicht in einer Bescheinigung zusammenzufassen. [5]§ 320 und § 323 gelten entsprechend.

(4) Zusätzlich haben Kreditinstitute im Anhang zum Jahresabschluß anzugeben:
1. alle Mandate in gesetzlich zu bildenden Aufsichtsgremien von großen Kapitalgesellschaften (§ 267 Abs. 3), die von gesetzlichen Vertretern oder anderen Mitarbeitern wahrgenommen werden;
2. alle Beteiligungen an großen Kapitalgesellschaften, die fünf vom Hundert der Stimmrechte überschreiten.

§ 340b
Pensionsgeschäfte

(1) Pensionsgeschäfte sind Verträge, durch die ein Kreditinstitut oder der Kunde eines Kreditinstituts (Pensionsgeber) ihm gehörende Vermögensgegenstände einem anderen Kreditinstitut oder einem seiner Kunden (Pensionsnehmer) gegen Zahlung eines Betrags überträgt und in denen gleichzeitig vereinbart wird, daß die Vermögensgegenstände später gegen Entrichtung des empfangenen oder eines im voraus vereinbarten anderen Betrags an den Pensionsgeber zurückübertragen werden müssen oder können.

(2) Übernimmt der Pensionsnehmer die Verpflichtung, die Vermögensgegenstände zu einem bestimmten oder vom Pensionsgeber zu bestimmenden Zeitpunkt zurückzuübertragen, so handelt es sich um ein echtes Pensionsgeschäft.

(3) Ist der Pensionsnehmer lediglich berechtigt, die Vermögensgegenstände zu einem vorher bestimmten oder von ihm noch zu bestimmenden Zeitpunkt zurückzuübertragen, so handelt es sich um ein unechtes Pensionsgeschäft.

(4) [1]Im Falle von echten Pensionsgeschäften sind die übertragenen Vermögensgegenstände in der Bilanz des Pensionsgebers weiterhin auszuweisen. [2]Der Pensionsgeber hat in Höhe des für die Übertragung erhaltenen Betrags eine Verbindlichkeit gegenüber dem Pensionsnehmer auszuweisen. [3]Ist für die Rückübertragung ein höherer oder ein niedrigerer Betrag vereinbart, so ist der Unterschiedsbetrag über die Laufzeit des Pensionsgeschäfts zu verteilen. [4]Außerdem hat der Pensionsgeber den Buchwert der in Pension gegebenen Vermögensgegenstände im Anhang anzugeben. [5]Der Pensionsnehmer darf die ihm in Pension gegebenen Vermögensgegenstände nicht in seiner Bilanz ausweisen; er hat in Höhe des für die Übertragung gezahlten Betrags eine Forderung an den Pensionsgeber in seiner Bilanz auszuweisen. [6]Ist für die Rückübertragung ein höherer oder ein niedrigerer Betrag vereinbart, so ist der Unterschiedsbetrag über die Laufzeit des Pensionsgeschäfts zu verteilen.

(5) [1]Im Falle von unechten Pensionsgeschäften sind die Vermögensgegenstände nicht in der Bilanz des Pensionsgebers, sondern in der Bilanz des Pensionsnehmers auszuweisen. [2]Der Pensionsgeber hat unter der Bilanz den für den Fall der Rückübertragung vereinbarten Betrag anzugeben.

(6) Devisentermingeschäfte, Finanztermingeschäfte und ähnliche Geschäfte sowie die Ausgabe eigener Schuldverschreibungen auf abgekürzte Zeit gelten nicht als Pensionsgeschäfte im Sinne dieser Vorschrift.

§ 340c
Vorschriften zur Gewinn- und Verlustrechnung und zum Anhang

(1) [1]Als Ertrag oder Aufwand des Handelsbestands ist der Unterschiedsbetrag aller Erträge und Aufwendungen aus Geschäften mit Finanzinstrumenten des Handelsbestands und dem Handel mit Edelmetallen sowie der zugehörigen Erträge aus Zuschreibungen und Aufwendungen aus Abschreibungen auszuweisen. [2]In die Verrechnung sind außerdem die Aufwendungen für die Bildung von Rückstellungen für drohende Verluste aus den in Satz 1 bezeichneten Geschäften und die Erträge aus der Auflösung dieser Rückstellungen einzubeziehen.

(2) [1]Die Aufwendungen aus Abschreibungen auf Beteiligungen, Anteile an verbundenen Unternehmen und wie Anlagevermögen behandelte Wertpapiere dürfen mit den Erträgen aus Zuschreibungen zu solchen Vermögensgegenständen verrechnet und in einem Aufwand- oder Ertragsposten ausgewiesen werden. [2]In die Verrechnung nach Satz 1 dürfen auch die Aufwendungen und Erträge aus Geschäften mit solchen Vermögensgegenständen einbezogen werden.

(3) Kreditinstitute, die dem haftenden Eigenkapital nicht realisierte Reserven nach § 10 Abs. 2b Satz 1 Nr. 6 oder 7 des Gesetzes über das Kreditwesen zurechnen, haben den Betrag, mit dem diese Reserven dem haftenden Eigenkapital zugerechnet werden, im Anhang zur Bilanz und zur Gewinn- und Verlustrechnung anzugeben.

§ 340d
Fristengliederung

[1]Die Forderungen und Verbindlichkeiten sind im Anhang nach der Fristigkeit zu gliedern. [2]Für die Gliederung nach der Fristigkeit ist die Restlaufzeit am Bilanzstichtag maßgebend.

DRITTER TITEL
Bewertungsvorschriften

§ 340e
Bewertung von Vermögensgegenständen

(1) [1]Kreditinstitute haben Beteiligungen einschließlich der Anteile an verbundenen Unternehmen, Konzessionen, gewerbliche Schutzrechte und ähnliche Rechte und Werte sowie Lizenzen an solchen Rechten und Werten, Grundstücke, grundstücksgleiche Rechte und Bauten einschließlich der Bauten auf fremden Grundstücken, technische Anlagen und Maschinen, andere Anlagen, Betriebs- und Geschäftsausstattung sowie Anlagen im Bau nach den für das Anlagevermögen geltenden Vorschriften zu bewerten, es sei denn, daß sie nicht dazu bestimmt sind, dauernd dem Geschäftsbetrieb zu dienen; in diesem Falle sind sie nach Satz 2 zu bewerten. [2]Andere Vermögensgegenstände, insbesondere Forderungen und Wertpapiere, sind nach den für das Umlaufvermögen geltenden Vorschriften zu bewerten, es sei denn, daß sie dazu bestimmt werden, dauernd dem

Geschäftsbetrieb zu dienen; in diesem Falle sind sie nach Satz 1 zu bewerten. [3]§ 253 Abs. 3 Satz 4 ist nur auf Beteiligungen und Anteile an verbundenen Unternehmen im Sinn des Satzes 1 sowie Wertpapiere und Forderungen im Sinn des Satzes 2, die dauernd dem Geschäftsbetrieb zu dienen bestimmt sind, anzuwenden.

(2) [1]Abweichend von § 253 Abs. 1 Satz 1 dürfen Hypothekendarlehen und andere Forderungen mit ihrem Nennbetrag angesetzt werden, soweit der Unterschiedsbetrag zwischen dem Nennbetrag und dem Auszahlungsbetrag oder den Anschaffungskosten Zinscharakter hat. [2]Ist der Nennbetrag höher als der Auszahlungsbetrag oder die Anschaffungskosten, so ist der Unterschiedsbetrag in den Rechnungsabgrenzungsposten auf der Passivseite aufzunehmen; er ist planmäßig aufzulösen und in seiner jeweiligen Höhe in der Bilanz oder im Anhang gesondert anzugeben. [3]Ist der Nennbetrag niedriger als der Auszahlungsbetrag oder die Anschaffungskosten, so darf der Unterschiedsbetrag in den Rechnungsabgrenzungsposten auf der Aktivseite aufgenommen werden; er ist planmäßig aufzulösen und in seiner jeweiligen Höhe in der Bilanz oder im Anhang gesondert anzugeben.

(3) [1]Finanzinstrumente des Handelsbestands sind zum beizulegenden Zeitwert abzüglich eines Risikoabschlags zu bewerten. [2]Eine Umgliederung in den Handelsbestand ist ausgeschlossen. [3]Das Gleiche gilt für eine Umgliederung aus dem Handelsbestand, es sei denn, außergewöhnliche Umstände, insbesondere schwerwiegende Beeinträchtigungen der Handelbarkeit der Finanzinstrumente, führen zu einer Aufgabe der Handelsabsicht durch das Kreditinstitut. [4]Finanzinstrumente des Handelsbestands können nachträglich in eine Bewertungseinheit einbezogen werden; sie sind bei Beendigung der Bewertungseinheit wieder in den Handelsbestand umzugliedern.

(4) [1]In der Bilanz ist dem Sonderposten „Fonds für allgemeine Bankrisiken" nach § 340g in jedem Geschäftsjahr ein Betrag, der mindestens 10 vom Hundert der Nettoerträge des Handelsbestands entspricht, zuzuführen und dort gesondert auszuweisen. [2]Dieser Posten darf nur aufgelöst werden

1. zum Ausgleich von Nettoaufwendungen des Handelsbestands oder
2. soweit er 50 vom Hundert des Durchschnitts der letzten fünf jährlichen Nettoerträge des Handelsbestands übersteigt.

§ 340f
Vorsorge für allgemeine Bankrisiken

(1) [1]Kreditinstitute dürfen Forderungen an Kreditinstitute und Kunden, Schuldverschreibungen und andere festverzinsliche Wertpapiere sowie Aktien und andere nicht festverzinsliche Wertpapiere, die weder wie Anlagevermögen behandelt werden noch Teil des Handelsbestands sind, mit einem niedrigeren als dem nach § 253 Abs. 1 Satz 1, Abs. 4 vorgeschriebenen oder zugelassenen Wert ansetzen, soweit dies nach vernünftiger kaufmännischer Beurteilung zur Sicherung gegen die besonderen Risiken des Geschäftszweigs der Kreditinstitute notwendig ist. [2]Der Betrag der auf diese Weise gebildeten Vorsorgereserven darf vier vom Hundert des Gesamtbetrags der in Satz 1 bezeichneten Vermögensgegenstände, der sich bei deren Bewertung nach § 253 Abs. 1 Satz 1, Abs. 4 ergibt, nicht übersteigen. [3]Ein niedrigerer Wertansatz darf beibehalten werden.

(2) *(weggefallen)*

(3) Aufwendungen und Erträge aus der Anwendung von Absatz 1 und aus Geschäften mit in Absatz 1 bezeichneten Wertpapieren und Aufwendungen aus Abschreibungen

sowie Erträge aus Zuschreibungen zu diesen Wertpapieren dürfen mit den Aufwendungen aus Abschreibungen auf Forderungen, Zuführungen zu Rückstellungen für Eventualverbindlichkeiten und für Kreditrisiken sowie mit den Erträgen aus Zuschreibungen zu Forderungen oder aus deren Eingang nach teilweiser oder vollständiger Abschreibung und aus Auflösungen von Rückstellungen für Eventualverbindlichkeiten und für Kreditrisiken verrechnet und in der Gewinn- und Verlustrechnung in einem Aufwand oder Ertragsposten ausgewiesen werden.

(4) Angaben über die Bildung und Auflösung von Vorsorgereserven nach Absatz 1 sowie über vorgenommene Verrechnungen nach Absatz 3 brauchen im Jahresabschluß, Lagebericht, Konzernabschluß und Konzernlagebericht nicht gemacht zu werden.

§ 340g
Sonderposten für allgemeine Bankrisiken

(1) Kreditinstitute dürfen auf der Passivseite ihrer Bilanz zur Sicherung gegen allgemeine Bankrisiken einen Sonderposten „Fonds für allgemeine Bankrisiken" bilden, soweit dies nach vernünftiger kaufmännischer Beurteilung wegen der besonderen Risiken des Geschäftszweigs der Kreditinstitute notwendig ist.

(2) Die Zuführungen zum Sonderposten oder die Erträge aus der Auflösung des Sonderpostens sind in der Gewinn- und Verlustrechnung gesondert auszuweisen.

VIERTER TITEL
Währungsumrechnung

§ 340h
Währungsumrechnung

§ 256a gilt mit der Maßgabe, dass Erträge, die sich aus der Währungsumrechnung ergeben, in der Gewinn- und Verlustrechnung zu berücksichtigen sind, soweit die Vermögensgegenstände, Schulden oder Termingeschäfte durch Vermögensgegenstände, Schulden oder andere Termingeschäfte in derselben Währung besonders gedeckt sind.

FÜNFTER TITEL
Konzernabschluß, Konzernlagebericht, Konzernzwischenabschluß

§ 340i
Pflicht zur Aufstellung

(1) Kreditinstitute, auch wenn sie nicht in der Rechtsform einer Kapitalgesellschaft betrieben werden, haben unabhängig von ihrer Größe einen Konzernabschluß und einen Konzernlagebericht nach den Vorschriften des Zweiten Unterabschnitts des Zweiten

Unterabschnitts über den Konzernabschluß und Konzernlagebericht aufzustellen, soweit in den Vorschriften dieses Unterabschnitts nichts anderes bestimmt ist. Zusätzliche Anforderungen auf Grund von Vorschriften, die wegen der Rechtsform bestehen, bleiben unberührt.

(2) [1]Auf den Konzernabschluß sind, soweit seine Eigenart keine Abweichung bedingt, die §§ 340a bis 340g über den Jahresabschluß und die für die Rechtsform und den Geschäftszweig der in den Konzernabschluß einbezogenen Unternehmen mit Sitz im Geltungsbereich dieses Gesetzes geltenden Vorschriften entsprechend anzuwenden, soweit sie für große Kapitalgesellschaften gelten. [2]Die §§ 293, 298 Abs. 1 und 2, § 314 Abs. 1 Nr. 1, 3, 6 Buchstabe c sind nicht anzuwenden. [3]In den Fällen des § 315a Abs. 1 finden von den in Absatz 1 genannten Vorschriften nur die §§ 290 bis 292, 315a Anwendung; die Sätze 1 und 2 dieses Absatzes sowie § 340j sind nicht anzuwenden. [4]Soweit § 315a Abs. 1 auf die Bestimmung des § 314 Abs. 1 Nr. 6 Buchstabe c verweist, tritt an deren Stelle die Vorschrift des § 34 Abs. 2 Nr. 2 in Verbindung mit § 37 der Kreditinstituts-Rechnungslegungsverordnung in der Fassung der Bekanntmachung vom 11. Dezember 1998 (BGBl. I S. 3658), die zuletzt durch Artikel 8 Abs. 11 Nr. 1 des Gesetzes vom 4. Dezember 2004 (BGBl. I S. 3166) geändert worden ist. [5]Im Übrigen findet die Kreditinstituts-Rechnungslegungsverordnung in den Fällen des § 315a Abs. 1 keine Anwendung.

(3) Als Kreditinstitute im Sinne dieses Titels gelten auch Mutterunternehmen, deren einziger Zweck darin besteht, Beteiligungen an Tochterunternehmen zu erwerben sowie die Verwaltung und Verwertung dieser Beteiligungen wahrzunehmen, sofern diese Tochterunternehmen ausschließlich oder überwiegend Kreditinstitute sind.

(4) [1]Sofern Kreditinstitute einer prüferischen Durchsicht zu unterziehende Konzernzwischenabschlüsse zur Ermittlung von Konzernzwischenergebnissen im Sinne des § 10a Abs. 10 des Kreditwesengesetzes aufstellen, sind auf diese die für den Konzernabschluss geltenden Rechnungslegungsgrundsätze anzuwenden. [2]Die Vorschriften über die Bestellung des Abschlussprüfers sind auf die prüferische Durchsicht entsprechend anzuwenden. [3]Die prüferische Durchsicht ist so anzulegen, dass bei gewissenhafter Berufsausübung ausgeschlossen werden kann, dass der Zwischenabschluss in wesentlichen Belangen den anzuwendenden Rechnungslegungsgrundsätzen widerspricht. [4]Der Abschlussprüfer hat das Ergebnis der prüferischen Durchsicht in einer Bescheinigung zusammenzufassen. [5]§ 320 und § 323 gelten entsprechend.

§ 340j
Einzubeziehende Unternehmen

Bezieht ein Kreditinstitut ein Tochterunternehmen, das Kreditinstitut ist, nach § 296 Abs. 1 Nr. 3 in seinen Konzernabschluß nicht ein und ist der vorübergehende Besitz von Aktien oder Anteilen dieses Unternehmens auf eine finanzielle Stützungsaktion zur Sanierung oder Rettung des genannten Unternehmens zurückzuführen, so hat es den Jahresabschluß dieses Unternehmens seinem Konzernabschluß beizufügen und im Konzernanhang zusätzliche Angaben über die Art und die Bedingungen der finanziellen Stützungsaktion zu machen.

SECHSTER TITEL

Prüfung

§ 340k

(1) [1]Kreditinstitute haben unabhängig von ihrer Größe ihren Jahresabschluß und Lagebericht sowie ihren Konzernabschluß und Konzernlagebericht unbeschadet der Vorschriften der §§ 28 und 29 des Gesetzes über das Kreditwesen nach den Vorschriften des Dritten Unterabschnitts des Zweiten Abschnitts über die Prüfung prüfen zu lassen; § 319 Abs. 1 Satz 2 ist nicht anzuwenden. [2]Die Prüfung ist spätestens vor Ablauf des fünften Monats des dem Abschlußstichtag nachfolgenden Geschäftsjahrs vorzunehmen. [3]Der Jahresabschluß ist nach der Prüfung unverzüglich festzustellen.

(2) [1]Ist das Kreditinstitut eine Genossenschaft oder ein rechtsfähiger wirtschaftlicher Verein, so ist die Prüfung abweichend von § 319 Abs. 1 Satz 1 von dem Prüfungsverband durchzuführen, dem das Kreditinstitut als Mitglied angehört, sofern mehr als die Hälfte der geschäftsführenden Mitglieder des Vorstands dieses Prüfungsverbands Wirtschaftsprüfer sind. [2]Hat der Prüfungsverband nur zwei Vorstandsmitglieder, so muß einer von ihnen Wirtschaftsprüfer sein. [3]§ 319 Abs. 2 und 3 sowie § 319a Abs. 1 sind auf die gesetzlichen Vertreter des Prüfungsverbandes und auf alle vom Prüfungsverband beschäftigten Personen, die das Ergebnis der Prüfung beeinflussen können, entsprechend anzuwenden; § 319 Abs. 3 Satz 1 Nr. 2 ist auf Mitglieder des Aufsichtsorgans des Prüfungsverbandes nicht anzuwenden, sofern sichergestellt ist, dass der Abschlussprüfer die Prüfung unabhängig von den Weisungen durch das Aufsichtsorgan durchführen kann. [4]Ist das Mutterunternehmen eine Genossenschaft, so ist der Prüfungsverband, dem die Genossenschaft angehört, unter den Voraussetzungen der Sätze 1 bis 3 auch Abschlußprüfer des Konzernabschlusses und des Konzernlageberichts.

(2a) [1]Bei der Prüfung des Jahresabschlusses der in Absatz 2 bezeichneten Kreditinstitute durch einen Prüfungsverband darf der gesetzlich vorgeschriebene Bestätigungsvermerk nur von Wirtschaftsprüfern unterzeichnet werden. [2]Die im Prüfungsverband tätigen Wirtschaftsprüfer haben ihre Prüfungstätigkeit unabhängig, gewissenhaft, verschwiegen und eigenverantwortlich auszuüben. [3]Sie haben sich insbesondere bei der Erstattung von Prüfungsberichten unparteiisch zu verhalten. [4]Weisungen dürfen ihnen hinsichtlich ihrer Prüfungstätigkeit von Personen, die nicht Wirtschaftsprüfer sind, nicht erteilt werden. [5]Die Zahl der im Verband tätigen Wirtschaftsprüfer muss so bemessen sein, dass die den Bestätigungsvermerk unterschreibenden Wirtschaftsprüfer die Prüfung verantwortlich durchführen können.

(3) [1]Ist das Kreditinstitut eine Sparkasse, so dürfen die nach Absatz 1 vorgeschriebenen Prüfungen abweichend von § 319 Abs. 1 Satz 1 von der Prüfungsstelle eines Sparkassen- und Giroverbands durchgeführt werden. [2]Die Prüfung darf von der Prüfungsstelle jedoch nur durchgeführt werden, wenn der Leiter der Prüfungsstelle die Voraussetzungen des § 319 Abs. 1 Satz 1 und 2 erfüllt; § 319 Abs. 2, 3 und 5 sowie § 319a sind auf alle vom Sparkassen- und Giroverband beschäftigten Personen, die das Ergebnis der Prüfung beeinflussen können, entsprechend anzuwenden. [3]Außerdem muß sichergestellt sein, daß der Abschlußprüfer die Prüfung unabhängig von den Weisungen der Organe des Sparkassen- und Giroverbands durchführen kann. [4]Soweit das Landesrecht nichts anderes vorsieht, findet § 319 Abs. 1 Satz 3 mit der Maßgabe Anwendung, dass die Bescheinigung der Prüfungsstelle erteilt worden sein muss.

(4) Finanzdienstleistungsinstitute und Institute im Sinne des § 1 Absatz 2a des Zahlungsdiensteaufsichtsgesetzes, deren Bilanzsumme am Stichtag 150 Millionen Euro nicht übersteigt, dürfen auch von den in § 319 Abs. 1 Satz 2 genannten Personen geprüft werden.

(5) [1]Kreditinstitute, auch wenn sie nicht in der Rechtsform einer Kapitalgesellschaft betrieben werden, haben § 324 anzuwenden, wenn sie kapitalmarktorientiert im Sinn des § 264d sind und keinen Aufsichts- oder Verwaltungsrat haben, der die Voraussetzungen des § 100 Abs. 5 des Aktiengesetzes erfüllen muss. [2]Dies gilt für Sparkassen im Sinn des Absatzes 3 sowie sonstige landesrechtliche öffentlich-rechtliche Kreditinstitute nur, soweit das Landesrecht nichts anderes vorsieht.

SIEBENTER TITEL

Offenlegung

§ 340l

(1) [1]Kreditinstitute haben den Jahresabschluß und den Lagebericht sowie den Konzernabschluß und den Konzernlagebericht und die anderen in § 325 bezeichneten Unterlagen nach § 325 Abs. 2 bis 5, §§ 328, 329 Abs. 1 und 4 offenzulegen. [2]Kreditinstitute, die nicht Zweigniederlassungen sind, haben die in Satz 1 bezeichneten Unterlagen außerdem in jedem anderen Mitgliedstaat der Europäischen Gemeinschaft und in jedem anderen Vertragsstaat des Abkommens über den Europäischen Wirtschaftsraum offenzulegen, in dem sie eine Zweigniederlassung errichtet haben. [3]Die Offenlegung richtet sich nach dem Recht des jeweiligen Mitgliedstaats oder Vertragsstaats.

(2) [1]Zweigniederlassungen im Geltungsbereich dieses Gesetzes von Unternehmen mit Sitz in einem anderen Staat haben die in Absatz 1 Satz 1 bezeichneten Unterlagen ihrer Hauptniederlassung, die nach deren Recht aufgestellt und geprüft worden sind, nach § 325 Abs. 2 bis 5, §§ 328, 329 Abs. 1, 3 und 4 offenzulegen. [2]Unternehmen mit Sitz in einem Drittstaat im Sinn des § 3 Abs. 1 Satz 1 der Wirtschaftsprüferordnung, deren Wertpapiere im Sinn des § 2 Abs. 1 Satz 1 des Wertpapierhandelsgesetzes an einer inländischen Börse zum Handel am regulierten Markt zugelassen sind, haben zudem eine Bescheinigung der Wirtschaftsprüferkammer gemäß § 134 Abs. 2a der Wirtschaftsprüferordnung über die Eintragung des Abschlussprüfers oder eine Bestätigung der Wirtschaftsprüferkammer gemäß § 134 Abs. 4 Satz 8 der Wirtschaftsprüferordnung über die Befreiung von der Eintragungsverpflichtung offenzulegen. [3]Satz 2 ist nicht anzuwenden, soweit ausschließlich Schuldtitel im Sinn des § 2 Abs. 1 Satz 1 Nr. 3 des Wertpapierhandelsgesetzes mit einer Mindeststückelung von 50 000 Euro oder einem entsprechenden Betrag anderer Währung an einer inländischen Börse zum Handel am regulierten Markt zugelassen sind. [4]Zweigniederlassungen im Geltungsbereich dieses Gesetzes von Unternehmen mit Sitz in einem Staat, der nicht Mitglied der Europäischen Gemeinschaft und auch nicht Vertragsstaat des Abkommens über den Europäischen Wirtschaftsraum ist, brauchen auf ihre eigene Geschäftstätigkeit bezogene gesonderte Rechnungslegungsunterlagen nach Absatz 1 Satz 1 nicht offenzulegen, sofern die nach den Sätzen 1 und 2 offenzulegenden Unterlagen nach einem an die Richtlinie 86/635/EWG angepaßten Recht aufgestellt und geprüft worden oder den nach einem dieser Rechte aufgestellten Unterlagen gleichwertig sind. [5]Die Unterlagen sind in deutscher Sprache einzureichen.

[6]Soweit dies nicht die Amtssprache am Sitz der Hauptniederlassung ist, können die Unterlagen der Hauptniederlassung auch
1. in englischer Sprache oder
2. einer von dem Register der Hauptniederlassung beglaubigten Abschrift oder,
3. wenn eine dem Register vergleichbare Einrichtung nicht vorhanden oder diese nicht zur Beglaubigung befugt ist, in einer von einem Wirtschaftsprüfer bescheinigten Abschrift, verbunden mit der Erklärung, dass entweder eine dem Register vergleichbare Einrichtung nicht vorhanden oder diese nicht zur Beglaubigung befugt ist, eingereicht werden; von der Beglaubigung des Registers ist eine beglaubigte Übersetzung in deutscher Sprache einzureichen.

(3) § 339 ist auf Kreditinstitute, die Genossenschaften sind, nicht anzuwenden.

(4) Soweit Absatz 1 Satz 1 auf § 325 Abs. 2a Satz 3 und 5 verweist, gelten die folgenden Maßgaben und ergänzenden Bestimmungen:
1. Die in § 325 Abs. 2a Satz 3 genannten Vorschriften des Ersten Unterabschnitts des Zweiten Abschnitts des Dritten Buchs sind auch auf Kreditinstitute anzuwenden, die nicht in der Rechtsform einer Kapitalgesellschaft betrieben werden.
2. § 285 Nr. 8 Buchstabe b findet keine Anwendung. Jedoch ist im Anhang zum Einzelabschluss nach § 325 Abs. 2a der Personalaufwand des Geschäftsjahrs in der Gliederung nach Formblatt 3 Posten 10 Buchstabe a der Kreditinstituts-Rechnungslegungsverordnung in der Fassung der Bekanntmachung vom 11. Dezember 1998 (BGBl. I S. 3658), die zuletzt durch Artikel 8 Abs. 11 Nr. 1 des Gesetzes vom 4. Dezember 2004 (BGBl. I S. 3166) geändert worden ist, anzugeben, sofern diese Angaben nicht gesondert in der Gewinn- und Verlustrechnung erscheinen.
3. An Stelle des § 285 Nr. 9 Buchstabe c gilt § 34 Abs. 2 Nr. 2 der Kreditinstituts-Rechnungslegungsverordnung in der Fassung der Bekanntmachung vom 11. Dezember 1998 (BGBl. I S. 3658), die zuletzt durch Artikel 8 Abs. 11 Nr. 1 des Gesetzes vom 4. Dezember 2004 (BGBl. I S. 3166) geändert worden ist.
4. Für den Anhang gilt zusätzlich die Vorschrift des § 340a Abs. 4.
5. Im Übrigen finden die Bestimmungen des Zweiten bis Vierten Titels dieses Unterabschnitts sowie der Kreditinstituts-Rechnungslegungsverordnung keine Anwendung.

ACHTER TITEL

Straf- und Bußgeldvorschriften, Ordnungsgelder

§ 340m
Strafvorschriften

Die Strafvorschriften der §§ 331 bis 333 sind auch auf nicht in der Rechtsform einer Kapitalgesellschaft betriebene Kreditinstitute, auf Finanzdienstleistungsinstitute im Sinne des § 340 Absatz 4 sowie auf Institute im Sinne des § 340 Absatz 5 anzuwenden. § 331 ist darüber hinaus auch anzuwenden auf die Verletzung von Pflichten durch
1. den Geschäftsleiter (§ 1 Absatz 2 Satz 1 des Kreditwesengesetzes) eines nicht in der Rechtsform der Kapitalgesellschaft betriebenen Kreditinstituts oder Finanzdienstleistungsinstituts im Sinne des § 340 Absatz 4 Satz 1,
2. den Geschäftsleiter (§ 1 Absatz 8 Satz 1 und 2 des Zahlungsdiensteaufsichtsgesetzes) eines nicht in der Rechtsform der Kapitalgesellschaft betriebenen Instituts im Sinne des § 340 Absatz 5,

3. den Inhaber eines in der Rechtsform des Einzelkaufmanns betriebenen Kreditinstituts oder Finanzdienstleistungsinstituts im Sinne des § 340 Absatz 4 Satz 1 und
4. den Geschäftsleiter im Sinne des § 53 Absatz 2 Nummer 1 des Kreditwesengesetzes.

§ 340n
Bußgeldvorschriften

(1) Ordnungswidrig handelt, wer als Geschäftsleiter im Sinne des § 1 Abs. 2 Satz 1 oder des § 53 Abs. 2 Nr. 1 des Kreditwesengesetzes oder als Inhaber eines in der Rechtsform des Einzelkaufmanns betriebenen Kreditinstituts oder Finanzdienstleistungsinstituts im Sinne des § 340 Abs. 4 Satz 1 oder als Geschäftsleiter im Sinne des § 1 Absatz 8 Satz 1 und 2 des Zahlungsdiensteaufsichtsgesetzes eines Instituts im Sinne des § 340 Absatz 5 oder als Mitglied des Aufsichtsrats eines der vorgenannten Unternehmen

1. bei der Aufstellung oder Feststellung des Jahresabschlusses oder bei der Aufstellung des Zwischenabschlusses gemäß § 340a Abs. 3 einer Vorschrift
   a) des § 243 Abs. 1 oder 2, der §§ 244, 245, 246 Abs. 1 oder 2, dieser in Verbindung mit § 340a Abs. 2 Satz 3, des § 246 Abs. 3 Satz 1, des § 247 Abs. 2 oder 3, der §§ 248, 249 Abs. 1 Satz 1 oder Abs. 2, des § 250 Abs. 1 oder Abs. 2, des § 264 Abs. 2, des § 340b Abs. 4 oder 5 oder des § 340c Abs. 1 über Form oder Inhalt,
   b) des § 253 Abs. 1 Satz 1, 2, 3 oder 4, Abs. 2 Satz 1, auch in Verbindung mit Satz 2, Abs. 3 Satz 1, 2 oder 3, Abs. 4 oder 5, der §§ 254, 256a, 340e Abs. 1 Satz 1 oder 2, Abs. 3 Satz 1, 2, 3 oder 4 Halbsatz 2, Abs. 4 Satz 1 oder 2, des § 340f Abs. 1 Satz 2 oder des § 340g Abs. 2 über die Bewertung,
   c) des § 265 Abs. 2, 3 oder 4, des § 268 Abs. 3 oder 6, der §§ 272, 274 oder des § 277 Abs. 3 Satz 2 oder Abs. 4 über die Gliederung,
   d) des § 284 Abs. 1, 2 Nr. 1, 3 oder Nr. 5 oder des § 285 Nr. 3, 6, 7, 9 Buchstabe a oder Buchstabe b, Nr. 10, 11, 13, 14, 17 bis 29 über die im Anhang zu machenden Angaben,
2. bei der Aufstellung des Konzernabschlusses oder des Konzernzwischenabschlusses gemäß § 340i Abs. 4 einer Vorschrift
   a) des § 294 Abs. 1 über den Konsolidierungskreis,
   b) des § 297 Abs. 2 oder 3 oder des § 340i Abs. 2 Satz 1 in Verbindung mit einer der in Nummer 1 Buchstabe a bezeichneten Vorschriften über Form oder Inhalt,
   c) des § 300 über die Konsolidierungsgrundsätze oder das Vollständigkeitsgebot,
   d) des § 308 Abs. 1 Satz 1 in Verbindung mit den in Nummer 1 Buchstabe b bezeichneten Vorschriften, des § 308 Abs. 2 oder des § 308a über die Bewertung,
   e) des § 311 Abs. 1 Satz 1 in Verbindung mit § 312 über die Behandlung assoziierter Unternehmen oder
   f) des § 308 Abs. 1 Satz 3, des § 313 oder des § 314 über die im Anhang zu machenden Angaben,
3. bei der Aufstellung des Lageberichts einer Vorschrift des § 289 Abs. 1, 4 oder Abs. 5 oder des § 289a über den Inhalt des Lageberichts,
4. bei der Aufstellung des Konzernlageberichts einer Vorschrift des § 315 Abs. 1 oder 4 über den Inhalt des Konzernlageberichts,
5. bei der Offenlegung, Veröffentlichung oder Vervielfältigung einer Vorschrift des § 328 über Form oder Inhalt oder
6. einer auf Grund des § 330 Abs. 2 in Verbindung mit Abs. 1 Satz 1 erlassenen Rechtsverordnung, soweit sie für einen bestimmten Tatbestand auf diese Bußgeldvorschrift verweist, zuwiderhandelt.

(2) Ordnungswidrig handelt, wer zu einem Jahresabschluss, zu einem Einzelabschluss nach § 325 Abs. 2a oder zu einem Konzernabschluss, der aufgrund gesetzlicher Vorschriften zu prüfen ist, einen Vermerk nach § 322 Abs. 1 erteilt, obwohl nach § 319 Abs. 2, 3, 5, § 319a Abs. 1 Satz 1, Abs. 2, § 319b Abs. 1 er, nach § 319 Abs. 4, auch in Verbindung mit § 319a Abs. 1 Satz 2, oder § 319a Abs. 1 Satz 4, 5, § 319b Abs. 1 die Wirtschaftsprüfungsgesellschaft oder nach § 340k Abs. 2 oder Abs. 3 der Prüfungsverband oder die Prüfungsstelle, für die oder für den er tätig wird, nicht Abschlussprüfer sein darf.

(3) Die Ordnungswidrigkeit kann mit einer Geldbuße bis zu fünfzigtausend Euro geahndet werden.

(4) Verwaltungsbehörde im Sinn des § 36 Abs. 1 Nr. 1 des Gesetzes über Ordnungswidrigkeiten ist in den Fällen der Absätze 1 und 2 die Bundesanstalt für Finanzdienstleistungsaufsicht.

§ 340o
Festsetzung von Ordnungsgeld

Personen, die

1. als Geschäftsleiter im Sinne des § 1 Absatz 2 Satz 1 des Kreditwesengesetzes eines Kreditinstituts oder Finanzdienstleistungsinstituts im Sinne des § 340 Absatz 4 Satz 1 oder als Geschäftsleiter im Sinne des § 1 Absatz 8 Satz 1 und 2 des Zahlungsdiensteaufsichtsgesetzes eines Instituts im Sinne des § 340 Absatz 5 oder als Inhaber eines in der Rechtsform des Einzelkaufmanns betriebenen Kreditinstituts oder Finanzdienstleistungsinstituts im Sinne des § 340 Absatz 4 Satz 1, den § 340l Absatz 1 Satz 1 in Verbindung mit § 325 Absatz 2 bis 5, die §§ 328, 329 Absatz 1 über die Pflicht zur Offenlegung des Jahresabschlusses, des Lageberichts, des Konzernabschlusses, des Konzernlageberichts und anderer Unterlagen der Rechnungslegung oder
2. als Geschäftsleiter von Zweigniederlassungen im Sinn des § 53 Abs. 1 des Kreditwesengesetzes § 340l Abs. 1 oder Abs. 2 über die Offenlegung der Rechnungslegungsunterlagen nicht befolgen, sind hierzu vom Bundesamt für Justiz durch Festsetzung von Ordnungsgeld nach § 335 anzuhalten. § 335 Abs. 1 Satz 2 ist entsprechend anzuwenden.

Schrifttum

Bantelon/Göttmann Bankrechnungslegung: Bilanzierung, Aufsicht und Prüfung der Kreditinstitute – mit Fallstudien, 2009; *Bieg* Bankbilanzierung nach HGB und IFRS, 2. Aufl. 2009; *Gschrey/Gruber* Aktuelle Entwicklungen und Besonderheiten der Prüfung von Kreditinstituten, ZfgG 58 (2008), 131 ff; *Herzog/Mansel/Schmidt* (Hrsg.), Handbuch der Offenlegungsvorschriften für Kreditinstitute, 2006; *Krumnow/Sprißler/Bellavit-Hövermann/Paul/Brütting* Rechnungslegung der Kreditinstitute: Kommentar zum deutschen Bilanzrecht unter Berücksichtigung von IAS/IFRS, 2. Aufl. 2004; *Löw/Scharpf/Weigel* Auswirkungen des Regierungsentwurfs zur Modernisierung des Bilanzrechts auf die Bilanzierung von Finanzinstrumenten, WPg 2008, 1011 ff; *Scharpf/Schaber* Handbuch Bankbilanz, 3. Aufl. 2009; *Wiechens/Helke* Die Bilanzierung von Finanzinstrumenten nach dem Regierungsentwurf des BilMoG, DB 2008, 1333 ff.

Übersicht

I. Rechnungslegung von Kredit- und Finanzdienstleistungsinstituten

§§ 340 bis 340o enthalten umfangreiche Sondervorschriften zur Rechnungslegung, Prüfung und Publizität von Kredit- und Finanzdienstleistungsinstituten. Ergänzt werden sie durch Sondervorschriften in der auf der Grundlage von § 330 Abs. 2 erlassenen Verordnung über die Rechnungslegung der Kreditinstitute und Finanzdienstleistungsinstitute vom 11.12.1998 (RechKredV).[1] 1

Die Sondervorschriften in §§ 340 bis 340o und der RechKredV stellen jedoch keine abschließende Regelung der Rechnungslegung von Kredit- und Finanzdienstleistungsinstituten dar. Sie modifizieren und ergänzen lediglich die für alle Kaufleute (§§ 238–263) und für (große) Kapitalgesellschaften sowie bestimmte Personengesellschaften (264–335) geltenden allgemeinen Vorschriften, die entsprechend Anwendung finden, sofern sich in den §§ 340 bis 340o bzw. der RechKredV keine speziellen Regelungen finden. Wie sich aus den § 340 Abs. 1 S. 3, Abs. 4 S. 4 ergibt, sind darüber hinaus auch die rechtsformspezifischen Vorschriften des AktG, des GmbHG, des HGB und des GenG sowie die Sondervorschriften für Zweigniederlassungen zu beachten, sofern sie einschlägig sind. Die zusätzlich im KWG enthaltenen Vorgaben zur Rechnungslegung dienen allein bankaufsichtsrechtlichen Zwecken.[2] 2

1. Entstehung, Inhalt und Normzweck. Die ergänzenden Vorschriften der §§ 340 bis 340o für die Rechnungslegung von Kredit- und Finanzdienstleistungsinstituten beruhen weit gehend auf der Transformation der EG-Bankbilanzrichtlinie[3] und der EG-Bankenzweigniederlassungsrichtlinie[4] durch das Bankbilanzrichtlinie-Gesetz vom 30.11.1990.[5] Sie sind zum 1.1.1991 in Kraft getreten und bis zum Inkrafttreten des Gesetzes zur Modernisierung des Bilanzrechts vom 25.5.2009 (Bilanzrechtsmodernisierungsgesetz – BilMoG)[6] nicht wesentlich geändert oder ergänzt worden. Das Ziel der beiden Richtlinien ging einerseits dahin, vor dem Hintergrund der zunehmend grenzüberschreitenden Aktivitäten von Banken und sonstigen Finanzdienstleistern sowie angesichts der besonderen volkswirtschaftlichen Bedeutung des gesamten Sektors die Vergleichbarkeit der Bilanzen der Kreditinstitute innerhalb der EU sicherzustellen. Zum anderen sollten Regelungen geschaffen werden, die die Besonderheiten des Kredit- und Finanzdienstleistungsgeschäfts berücksichtigen.[7] Entsprechend trägt die in § 340a vorgesehene Ausdehnung 3

---

1 Vom 11.12.1998, BGBl. I 3654.

2 Vgl. zu den Besonderheiten der Rechnungslegung und Prüfung von Kreditinstituten *Gschrey/Gruber* ZfgG 58 (2008), 131 ff.

3 RL Nr. 86/635 EWG v. 8.12.1986, ABl. EG 1986 L 372/1.

4 RL Nr. 89/117/EWG v. 13.2.1989, ABl. EG 1989 L 44/40.

5 BGBl. I 2570.

6 BGBl. I 1102.

7 Erwägungsgründe Abs. 3 ff der Bankbilanzrichtlinie (Fn 3).

der Bilanzierungsvorschriften für große Kapitalgesellschaften in den §§ 264 bis 289 auf sämtliche in den Anwendungsbereich des § 340 fallenden Kredit- und Finanzdienstleistungsinstitute, unabhängig von ihrer Rechtsform und Größe, zugleich den besonderen Bedürfnissen des Gläubigerschutzes Rechnung, wie dem branchenspezifischen Umstand, dass bei in diesem Geschäftsbereich tätigen Unternehmen das Finanzvermögen regelmäßig einen erheblichen Teil der Aktiva ausmacht.

4 Im Rahmen der Umsetzung der Abschlussprüferrichtlinie[8] durch das BilMoG sind die §§ 340 bis 340o an verschiedenen Stellen geändert worden. Überwiegend handelt es sich dabei um Anpassungen, die den Änderungen der allgemeinen Vorschriften Rechnung tragen. Die wichtigste Änderung findet sich in § 340e Abs. 3, wonach Finanzinstrumente des Handelsbestandes zum Bilanzstichtag grundsätzlich mit dem Zeitwert (Fair Value) abzüglich eines Risikoabschlags bewertet werden müssen.[9] Mit der Bewertung nach dem Fair Value-Prinzip soll ein von der deutschen Kreditwirtschaft stets monierter Wettbewerbsnachteil gegenüber ausländischen Banken beseitigt und die Rechnungslegung nach HGB als gleichwertige und dauerhafte Alternative zu den IFRS erhalten werden.

5 Ein zentraler Bestandteil des gesamten Sonderbilanzrechts des Vierten Abschnitts des HGB ist die rechtsform- und größenunabhängige Unterwerfung der Normadressaten unter die allgemeinen Rechnungslegungs-, Publizität- und Prüfungsvorschriften für große Kapitalgesellschaften. In Ergänzung bzw. Modifikation dieser Generalverweisungen enthalten die §§ 340 bis 340o bestimmte materiellrechtliche Sondervorschriften, die den branchenspezifischen Geschäfts- und Risikostrukturen Rechnung tragen bzw. den bilanziellen Ausweis wichtiger Transaktionen und Vermögenswerte regeln.

6 Ziel dieser materiellrechtlichen Sondervorschriften ist überwiegend eine Steigerung der Transparenz. Das gilt z.B. für die im Anhang zusätzlich erforderlichen Angaben zu Beteiligungsverhältnissen in § 340a Abs. 4 oder die weit reichenden Verrechnungsmöglichkeiten für Eigenhandelsaktivitäten in der Gewinn- und Verlustrechnung in § 340c. Teilweise dienen die Regelungen aber auch (unter Hintanstellung des Transparenzaspekts) der Risikovorsorge und dem Schutz des Vertrauens in die Banken, wie beispielsweise § 340f oder aber die durch das BilMoG neu eingefügten § 340e Abs. 3 und 4.

7 **2. Anwendungsbereich.** Der Anwendungsbereich des Sonderbilanzrechts der §§ 340a bis 340o wird in § 340 definiert. Maßgebliches Kriterium ist die Zugehörigkeit des Bilanzierungspflichtigen zur Bank- oder Finanzbranche entsprechend der in § 340 näher in Bezug genommenen Definitionen des KWG. Hingegen sind die Rechtsform, Größe oder das Erfordernis einer Genehmigung durch das BaFin als solche grundsätzlich[10] nicht relevant.[11]

8 Nach § 340 Abs. 1 gelten die speziellen Regeln der §§ 340a bis 340o für Kreditinstitute im Sinne der Legaldefinition in § 1 Abs. 1 Satz 1 KWG sowie diesen gleichgestellte Zweigniederlassungen von Unternehmen aus nicht EU- oder EWR-Staaten, die Bankgeschäfte betreiben. In § 2 Abs. 1 oder 4 KWG vorgesehene Ausnahmetatbestände wer-

---

[8] RL 2006/43/EG v. 17.3.2006, ergänzt durch die Richtlinie 2008/30/EG v. 11.3.2008, abrufbar unter http://ec.europa.eu/internal_market/auditing/directives/index_de.htm.

[9] Vgl. zur Zeitwertbewertung allg. *Zülch/Hoffmann* DB 2009, 189 f; weiterführend *Wiechens/Helke* DB 2008, 1333 ff.

[10] Allerdings wird in § 340 Abs. 4 S. 3 die Anwendung des § 340l für Finanzdienstleistungsinstitute daran geknüpft, dass es sich um Kapitalgesellschaften handelt.

[11] *Böcking/Low/Wohlmannstetter* in: MünchKomm, HGB, 2. Aufl. 2008, § 340 Rn 4.

den dabei berücksichtigt.[12] § 340 Abs. 2 erklärt die Regeln der §§ 340a bis 340o auch für private und öffentlichrechtliche Versicherungen und Unternehmen des Pfandleihgewerbes für anwendbar, sofern sie Bankgeschäfte betreiben, die nicht zu den für sie eigentümlichen Geschäften zählen.

§ 340 Abs. 4 schließlich erstreckt den Anwendungsbereich auf Finanzdienstleistungsinstitute iSv § 1 Abs. 1a KWG, die nicht unter einen der Ausnahmetatbestände des § 2 Abs. 6 oder 10 KWG fallen, bzw. entsprechende Zweigniederlassungen von Unternehmen aus nicht EU- oder EWR-Staaten. **9**

Ausgeschlossen vom Anwendungsbereich der §§ 340a bis 340o sind nach § 340 Abs. 3 Wohnungsunternehmen mit Spareinrichtungen. **10**

3. Erweiterung des persönlichen Geltungsbereichs der allgemeinen Rechnungslegungsvorschriften für große Kapitalgesellschaften. Es gehört zu den Charakteristika des gesamten Sonderbilanzrechts des Vierten Abschnitts, dass der persönliche Geltungsbereich der allgemeinen Rechnungslegungsvorschriften für große Kapitalgesellschaften rechtsform- und größenunabhängig auf alle nach den Regeln Bilanzierungspflichtigen erweitert wird. Entsprechend unterliegen die von § 340 erfassten Kredit- und Finanzdienstleistungsinstitute unabhängig von ihrer Rechtsform und Größe auf Grund der Generalverweisung in § 340a Abs. 1 hinsichtlich ihrer Rechnungslegung grundsätzlich den erhöhten Anforderungen für große Kapitalgesellschaften. Das gilt für Jahresabschlüsse ebenso wie für Lageberichte und für Zwischenabschlüsse. Allerdings werden eine Vielzahl dieser allgemeinen Vorschriften für große Kapitalgesellschaften durch die branchenspezifischen Regelungen in §§ 340a bis 340o bzw. der RechKredV verdrängt und entsprechend in § 340a Abs. 2 für unanwendbar erklärt (siehe dazu unter Rn 18). **11**

Entsprechende Verweisungen auf die Regeln für große Kapitalgesellschaften finden sich für den Konzernabschluss und den Konzernlagebericht in § 340i (mit einem Ausnahmetatbestand in § 340j), für die Abschlussprüfung in § 340k sowie für die Publizität der Rechenwerke in § 340l. **12**

II. Materiellrechtliche Sondervorschriften

Die §§ 340a bis 340o modifizieren teilweise die allgemeinen Bestimmungen über Bilanzansätze und die GuV-Gliederung, teilweise schaffen sie besondere Vorschriften für den Ausweis wichtiger branchenspezifischer Transaktionen (§ 340b Pensionsgeschäfte) und die Bewertung von Wirtschaftsgütern und Verbindlichkeiten im Jahresabschluss der Normadressaten. Hinzu kommen besondere Straf- und Bußgeldvorschriften sowie Bestimmungen über Zwangsgelder; sie haben teils Erstreckungs- (§ 340m) bzw. Ergänzungsfunktion (§ 340o); teilweise – so hinsichtlich der Bußgelder (§ 340n) – treten sie an die Stelle der allgemeinen Regelungen in § 334. **13**

1. Ausweis- und Gliederungsvorschriften. Für die **Bilanz und** die **GuV** von Kreditinstituten enthalten insbesondere die RechKredV und die dort vorgesehenen Formblätter eine Vielzahl von Ausweis- und Gliederungsvorschriften, die von den in §§ 266, 275 vorgesehenen Ansätzen abweichen. Sie orientieren sich primär am Aspekt der „shiftability" **14**

---

[12] Vgl. *Wiedmann* in: Ebenroth/Boujong/Joost/Strohn, HGB, 2. Aufl. 2007, § 340 Rn 13; *Böcking/Low/Wohlmannstetter* in: MünchKomm, HGB, 2. Aufl. 2008, § 340 Rn 19.

der Vermögensgegenstände, dh der Möglichkeit, sie vorzeitig zu liquidieren, und sehen statt einer Unterteilung in Anlage- und Umlaufvermögen einen separaten Ausweis einzelner Vermögensgegenstände vor. Zur Entlastung der Bilanz hat die Gliederung von Forderungen und Verbindlichkeiten nach Fristigkeit im Anhang zu erfolgen, wobei im Interesse einer besseren Beurteilung der Liquiditätslage die Restlaufzeit maßgeblich ist (§ 340d).

15 Für die **GuV** der betroffenen Institute sehen die §§ 340c Abs. 1 u. 2, 340f Abs. 3 für die Bereiche des Eigenhandels und der Liquiditätsreserve Durchbrechungen des ansonsten geltenden Verrechnungsverbots des § 246 Abs. 2 vor.[13] Gerade im Eigenhandelsbereich wäre auf Grund der wechselseitigen Abhängigkeit von Erträgen und Aufwendungen aus Handelsaktivitäten ein Bruttoausweis der einzelnen Geschäfte wenig aussagekräftig und für eine transparente Darstellung der Erfolgslage eher kontraproduktiv. Zudem werden für Sicherungsgeschäfte bestimmte Verrechnungsmöglichkeiten eingeräumt (§§ 340c, 340h).

16 Für den **Anhang** sind zusätzliche Angaben zu einzelnen, für Kreditinstitute hinsichtlich ihres Umfangs besonders wichtigen Geschäftsarten vorgeschrieben; das gilt z.B. für Termingeschäfte und Fremdwährungsposten (§ 36 RechKredV). Zudem sind im Anhang unter bestimmten Umständen Angaben zur Zusammensetzung des haftenden Eigenkapitals zu machen (§ 340c Abs. 3) sowie unter Transparenzgesichtspunkten Aufsichtsratsmandate von Vertretern und Mitarbeitern bei großen Kapitalgesellschaften sowie Beteiligungen an diesen von über 5 % der Stimmrechte anzugeben (§ 340a Abs. 4).

17 Darüber hinaus finden sich in den §§ 340 bis 340o auch Sonderregeln für den Ansatz bestimmter branchenspezifischer Transaktionen wie z.B. von Pensionsgeschäften (§ 340b) oder aber über die Zulässigkeit und Behandlung bestimmter Sonderposten wie z.B. des Fonds für allgemeine Bankrisiken (§ 340g).

18 **2. Bewertungsregeln.** Sonderregeln bestehen auch hinsichtlich der **Bewertung** der einzelnen Vermögensgegenstände, die den branchentypischen Besonderheiten des Geschäfts von Kredit- und Finanzdienstleistungsinstituten Rechnung tragen sollen. Da der nach §§ 247 Abs. 1, 266 vorzunehmende gesonderte Bilanzausweis von Anlage- und Umlaufvermögen wegen der Ausnahmeregelung des § 340a Abs. 2 S. 2 nicht für Kreditinstitute gilt, regelt § 340e Abs. 1, welche Vermögensgegenstände bewertungstechnisch wie Anlagevermögen und welche wie Umlaufvermögen zu behandeln sind. Dabei ist ausschlaggebend, ob die Vermögensgegenstände nach dem zu belegenden subjektiven Willen des Bilanzierungspflichtigen dazu bestimmt sind, dauernd dem Geschäftsbetrieb des Kredit- oder Finanzdienstleistungsinstituts zu dienen.[14] Vermögensgegenstände, die der der Risikovorsorge dienenden Liquiditätsreserve zuzuordnen sind, sind grundsätzlich wie Umlaufvermögen zu bewerten, wobei die §§ 340f, 340g insofern Sonderregelungen enthalten.

19 Für bestimmte Vermögensgegenstände wird eine Abweichung vom Anschaffungswertprinzip des § 253 Abs. 1 S. 1 ermöglicht. So gestattet es § 340e Abs. 2 den Kredit- und Finanzdienstleistungsinstituten, Hypothekendarlehen und bestimmte andere Forderungen zum Nominalwert anzusetzen. Die Unterschiedsbeträge sind dann als aktive oder passive Rechnungsabgrenzungsposten auszuweisen. Eine weitere Durchbrechung des Prinzips sieht der durch das BilMoG neu eingeführte § 340e Abs. 3 für Finanzinstrumente vor, die zu Handelszwecken erworben wurden. Sie sind mit dem ihnen beizulegenden Zeitwert anzusetzen, wobei zusätzlich auf der Basis der internen Risikosteuerung ein

---

[13] Vgl. weiterführend *Böcking/Low/Wohlmannstetter* in: MünchKomm, HGB, 2. Aufl. 2008, § 340c Rn 55 f.

[14] *Böcking/Low/Wohlmannstetter* in: MünchKomm, HGB, 2. Aufl. 2008, § 340e Rn 5; *Merkt* in Baumbach/Hopt, HGB, 35. Aufl. 2012, § 340e Rn 2.

Risikoabschlag vorzunehmen ist, der der Ausfallwahrscheinlichkeit der realisierbaren Gewinne Rechnung tragen soll (value at risk).[15]

Zudem existieren Sonderregeln für den Ausweis und die Bewertung von Vermögensgegenständen, die der der Risikovorsorge dienenden Liquiditätsreserve zuzurechnen sind. **20** § 340f Abs. 1 S. 1 erlaubt den Kreditinstituten unter Aufgabe des Grundsatzes der Einzelbewertung eine Unterschreitung des Niederstwertprinzips zur Absicherung ihrer branchenspezifischen Risiken durch die Bildung stiller Reserven. In Kombination mit der in § 340f Abs. 4 vorgesehenen Beschränkung des dem Bilanzrecht wesensimmanenten Ausweises negativer Geschäftsentwicklungen in offener und deutlicher Form tragen diese stillen Vorsorgereserven der besonderen Vertrauensempfindlichkeit des Kredit- und Finanzsektors Rechnung. Darüber hinaus ermöglicht § 340g im Wege der offenen Risikovorsorge die Bildung eines Sonderpostens für allgemeine Bankrisiken. Dieser Sonderposten hat Eigenkapitalcharakter und ist daher auf der Passivseite der Bilanz auszuweisen.[16] Zur Schaffung eines zusätzlichen Risikopuffers ist es in solchen Fällen einer offenen Risikovorsorge nach dem durch das BilMoG neu eingefügten § 340e Abs. 4 erforderlich, diesem Posten jedes Geschäftsjahr einen Betrag von mindestens 10% der Nettoerträge des Handelsbestandes zuzuführen und dort gesondert auszuweisen.[17] Als Anreiz für eine offene Risikovorsorge dient ihre erhöhte Kapitalqualität i.S. des KWG, da der Fonds als Kernkapital nach § 10 Abs. 2a Nr. 7 KWG anerkannt wird.

Ebenfalls gesondert geregelt ist die Währungsumrechnung in § 340h, der durch das **21** BilMoG neu gefasst wurde. Die Notwendigkeit der Umrechnung von Geschäftsvorfällen in ausländischer Währung in Euro für die Zwecke ihrer Abbildung im Jahresabschluss folgt aus der auch für Kredit- und Finanzdienstleistungsinstitute nach § 244 und § 298 Abs. 1 bestehenden Verpflichtung, den Einzel- und Konzernabschluss in Euro aufzustellen. Abweichend von der Regelung der Währungsumrechnung für sonstige Unternehmen in § 256a gestattet § 340h die erfolgswirksame Vereinnahmung von unrealisierten Erträgen aus der Währungsumrechnung in den Fällen einer besonderen Deckung.

Diese materiellrechtlichen Sonderregeln gelten nach § 340i Abs. 2 S. 1 grundsätzlich **22** auch für den Konzernabschluss, den Kreditinstitute unabhängig von ihrer Rechtsform ggf. nach § 340i Abs. 1 zu erstellen haben.

3. **Internationale Rechnungslegung.** Branchenspezifische Sondervorschriften für Kre- **23** dit- und Finanzdienstleistungsinstitute existieren auch für die internationale Rechnungslegung nach IFRS. IAS 30 regelt die Besonderheiten bei der Erstellung des Jahresabschlusses, während IAS 39 spezielle Bewertungsvorschriften für Finanzinstrumente einschließlich der Derivate enthält.

4. **Prüfung, Offenlegung und Strafvorschriften.** Gesondert geregelt ist auch die Prü- **24** fung und Offenlegung der Rechnungslegung von Kredit- und Finanzdienstleistungsinstituten sowie die relevanten Strafvorschriften bei Pflichtverletzungen. Hinsichtlich der Prüfung erklärt § 340k Abs. 1 dabei grundsätzlich die allgemeinen Prüfungsvorschriften für anwendbar, lässt dann aber in den Abs. 2 bis 5 je nach Rechtsnatur, Größe oder sonstiger Merkmale des Bilanzierungspflichtigen Abweichungen beim Prüfverfahren zu.

---

[15] Vgl. *Löw/Scharpf/Weigel*, WPg 2008, 1011 (1014).

[16] *Merkt* in: Baumbach/Hopt, HGB, 35. Aufl. 2012, § 340g Rn 1 mwN.

[17] Vgl. *Merkt* in: Baumbach/Hopt, HGB, 35. Aufl. 2012, § 340e Rn 7.

25 Ähnliches gilt für die Offenlegungsverpflichtung, wobei die Regelung in § 340l nicht abschließend ist, sondern sich zusätzliche Pflichten aus § 26 KWG ergeben. Nach § 340l Abs. 1 S. 2 hat die Offenlegung dabei in jedem Staat der EU oder des EWR zu erfolgen, in dem ein inländisches Institut, das selbst nicht Zweigniederlassung ist, eine solche unterhält.

26 Nach § 340m finden die für Kapitalgesellschaften geltenden Strafvorschriften bei Normverstößen auf Kredit- und Finanzdienstleistungsinstitute unabhängig von ihrer Rechtsform sowie partiell auch für führende Angestellte Anwendung.

B) Einführende Hinweise zu den ergänzenden Vorschriften im Vierten Abschnitt des Dritten Buches betreffend die Rechnungslegung, Prüfung und Publizität für Versicherungsunternehmen und Pensionsfonds (§§ 341 bis 341p)

ZWEITER UNTERABSCHNITT

Ergänzende Vorschriften für Versicherungsunternehmen und Pensionsfonds

ERSTER TITEL

Anwendungsbereich

§ 341

(1) [1]Dieser Unterabschnitt ist, soweit nichts anderes bestimmt ist, auf Unternehmen, die den Betrieb von Versicherungsgeschäften zum Gegenstand haben und nicht Träger der Sozialversicherung sind (Versicherungsunternehmen), anzuwenden. [2]Dies gilt nicht für solche Versicherungsunternehmen, die auf Grund von Gesetz, Tarifvertrag oder Satzung ausschließlich für ihre Mitglieder oder die durch Gesetz oder Satzung begünstigten Personen Leistungen erbringen oder als nicht rechtsfähige Einrichtungen ihre Aufwendungen im Umlageverfahren decken, es sei denn, sie sind Aktiengesellschaften, Versicherungsvereine auf Gegenseitigkeit oder rechtsfähige kommunale Schadenversicherungsunternehmen.

(2) Versicherungsunternehmen im Sinne des Absatzes 1 sind auch Niederlassungen im Geltungsbereich dieses Gesetzes von Versicherungsunternehmen mit Sitz in einem anderen Staat, wenn sie zum Betrieb des Direktversicherungsgeschäfts der Erlaubnis durch die deutsche Versicherungsaufsichtsbehörde bedürfen. Niederlassungen von Versicherungsunternehmen mit Sitz in einem Mitgliedstaat der Europäischen Union oder einem Vertragsstaat des Abkommens über den Europäischen Wirtschaftsraum, die keiner Erlaubnis zum Betrieb des Direktversicherungsgeschäfts durch die deutsche Versicherungsaufsichtsbehörde bedürfen, haben die Bestimmungen des Ersten bis Vierten Titels dieses Unterabschnittes sowie die ergänzenden Vorschriften der Versicherungsunternehmens-Rechnungslegungsverordnung über den Ansatz und die Bewertung von Vermögensgegenständen und Schulden anzuwenden.

(3) Zusätzliche Anforderungen auf Grund von Vorschriften, die wegen der Rechtsform oder für Niederlassungen bestehen, bleiben unberührt.

(4) [1]Die Vorschriften des Ersten bis Siebenten Titels dieses Unterabschnitts sind mit Ausnahme von Absatz 1 Satz 2 auf Pensionsfonds (§ 112 Abs. 1 des Versicherungsaufsichtsgesetzes) entsprechend anzuwenden. [2]§ 341d ist mit der Maßgabe anzuwenden, dass Kapitalanlagen für Rechnung und Risiko von Arbeitnehmern und Arbeitgebern mit dem Zeitwert unter Berücksichtigung des Grundsatzes der Vorsicht zu bewerten sind; §§ 341b, 341c sind insoweit nicht anzuwenden.

ZWEITER TITEL

Jahresabschluß, Lagebericht

§ 341a
Anzuwendende Vorschriften

(1) [1]Versicherungsunternehmen haben einen Jahresabschluß und einen Lagebericht nach den für große Kapitalgesellschaften geltenden Vorschriften des Ersten Unterabschnitts des Zweiten Abschnitts in den ersten vier Monaten des Geschäftsjahres für das vergangene Geschäftsjahr aufzustellen und dem Abschlußprüfer zur Durchführung der Prüfung vorzulegen; die Frist des § 264 Abs. 1 Satz 3 gilt nicht. [2]Ist das Versicherungsunternehmen eine Kapitalgesellschaft im Sinn des § 325 Abs. 4 Satz 1 und nicht zugleich im Sinn des § 327a, beträgt die Frist nach Satz 1 vier Monate.

(2) [1]§ 265 Abs. 6, §§ 267, 268 Abs. 4 Satz 1, Abs. 5 Satz 1 und 2, §§ 276, 277 Abs. 1 und 2, § 285 Nr. 8 Buchstabe a und § 288 sind nicht anzuwenden. [2]Anstelle von § 247 Abs. 1, §§ 251, 265 Abs. 7, §§ 266, 268 Abs. 2 und 7, §§ 275, 285 Nr. 4 und 8 Buchstabe b sowie § 286 Abs. 2 sind die durch Rechtsverordnung erlassenen Formblätter und anderen Vorschriften anzuwenden. § 246 Abs. 2 ist nicht anzuwenden, soweit abweichende Vorschriften bestehen. [3]§ 264 Abs. 3 und § 264b sind mit der Maßgabe anzuwenden, daß das Versicherungsunternehmen unter den genannten Voraussetzungen die Vorschriften des Vierten Unterabschnitts des Zweiten Abschnitts nicht anzuwenden braucht. [4]§ 285 Nr. 3a gilt mit der Maßgabe, daß die Angaben für solche finanzielle Verpflichtungen nicht zu machen sind, die im Rahmen des Versicherungsgeschäfts entstehen.

(3) Auf Krankenversicherungsunternehmen, die das Krankenversicherungsgeschäft ausschließlich oder überwiegend nach Art der Lebensversicherung betreiben, sind die für die Rechnungslegung der Lebensversicherungsunternehmen geltenden Vorschriften entsprechend anzuwenden.

(4) Auf Versicherungsunternehmen, die nicht Aktiengesellschaften, Kommanditgesellschaften auf Aktien oder kleinere Vereine sind, sind § 152 Abs. 2 und 3 sowie die §§ 170 bis 176 des Aktiengesetzes entsprechend anzuwenden; § 160 des Aktiengesetzes ist entsprechend anzuwenden, soweit er sich auf Genußrechte bezieht.

(5) [1]Bei Versicherungsunternehmen, die ausschließlich die Rückversicherung betreiben oder deren Beiträge aus in Rückdeckung übernommenen Versicherungen die übrigen Beiträge übersteigen, verlängert sich die in Absatz 1 Satz 1 erster Halbsatz genannte Frist von vier Monaten auf zehn Monate, sofern das Geschäftsjahr mit dem Kalenderjahr übereinstimmt; die Hauptversammlung oder die Versammlung der obersten Vertretung, die den Jahresabschluß entgegennimmt oder festzustellen hat, muß abweichend von § 175 Abs. 1 Satz 2 des Aktiengesetzes spätestens 14 Monate nach dem Ende des vergangenen Geschäftsjahres stattfinden. [2]Die Frist von vier Monaten nach Absatz 1 Satz 2 verlängert sich in den Fällen des Satzes 1 nicht.

DRITTER TITEL

Bewertungsvorschriften

§ 341b
Bewertung von Vermögensgegenständen

(1) [1]Versicherungsunternehmen haben immaterielle Vermögensgegenstände, soweit sie entgeltlich erworben wurden, Grundstücke, grundstücksgleiche Rechte und Bauten einschließlich der Bauten auf fremden Grundstücken, technische Anlagen und Maschinen, andere Anlagen, Betriebs- und Geschäftsausstattung, Anlagen im Bau und Vorräte nach den für das Anlagevermögen geltenden Vorschriften zu bewerten. [2]Satz 1 ist vorbehaltlich Absatz 2 und § 341c auch auf Kapitalanlagen anzuwenden, soweit es sich hierbei um Beteiligungen, Anteile an verbundenen Unternehmen, Ausleihungen an verbundene Unternehmen oder an Unternehmen, mit denen ein Beteiligungsverhältnis besteht, Namensschuldverschreibungen, Hypothekendarlehen und andere Forderungen und Rechte, sonstige Ausleihungen und Depotforderungen aus dem in Rückdeckung übernommenen Versicherungsgeschäft handelt. [3]§ 253 Abs. 3 Satz 4 ist nur auf die in Satz 2 bezeichneten Vermögensgegenstände anzuwenden.

(2) Auf Kapitalanlagen, soweit es sich hierbei um Aktien einschließlich der eigenen Anteile, Investmentanteile sowie sonstige festverzinsliche und nicht festverzinsliche Wertpapiere handelt, sind die für das Umlaufvermögen geltenden § 253 Abs. 1 Satz 1, Abs. 4 und 5, § 256 anzuwenden, es sei denn, dass sie dazu bestimmt werden, dauernd dem Geschäftsbetrieb zu dienen; in diesem Fall sind sie nach den für das Anlagevermögen geltenden Vorschriften zu bewerten.

(3) § 256 Satz 2 in Verbindung mit § 240 Abs. 3 über die Bewertung zum Festwert ist auf Grundstücke, Bauten und im Bau befindliche Anlagen nicht anzuwenden.

(4) Verträge, die von Pensionsfonds bei Lebensversicherungsunternehmen zur Deckung von Verpflichtungen gegenüber Versorgungsberechtigten eingegangen werden, sind mit dem Zeitwert unter Berücksichtigung des Grundsatzes der Vorsicht zu bewerten; die Absätze 1 bis 3 sind insoweit nicht anzuwenden.

§ 341c
Namensschuldverschreibungen, Hypothekendarlehen und andere Forderungen

(1) Abweichend von § 253 Abs. 1 Satz 1 dürfen Namensschuldverschreibungen mit ihrem Nennbetrag angesetzt werden.

(2) [1]Ist der Nennbetrag höher als die Anschaffungskosten, so ist der Unterschiedsbetrag in den Rechnungsabgrenzungsposten auf der Passivseite aufzunehmen, planmäßig aufzulösen und in seiner jeweiligen Höhe in der Bilanz oder im Anhang gesondert anzugeben. [2]Ist der Nennbetrag niedriger als die Anschaffungskosten, darf der Unterschiedsbetrag in den Rechnungsabgrenzungsposten auf der Aktivseite aufgenommen werden; er ist planmäßig aufzulösen und in seiner jeweiligen Höhe in der Bilanz oder im Anhang gesondert anzugeben.

(3) Bei Hypothekendarlehen und anderen Forderungen dürfen die Anschaffungskosten zuzüglich oder abzüglich der kumulierten Amortisation einer Differenz zwischen den Anschaffungskosten und dem Rückzahlungsbetrag unter Anwendung der Effektivzinsmethode angesetzt werden.

§ 341d
Anlagestock der fondsgebundenen Lebensversicherung

Kapitalanlagen für Rechnung und Risiko von Inhabern von Lebensversicherungen, für die ein Anlagestock nach § 54b des Versicherungsaufsichtsgesetzes zu bilden ist, sind mit dem Zeitwert unter Berücksichtigung des Grundsatzes der Vorsicht zu bewerten; die §§ 341b, 341c sind nicht anzuwenden.

VIERTER TITEL
Versicherungstechnische Rückstellungen

§ 341e
Allgemeine Bilanzierungsgrundsätze

(1) [1]Versicherungsunternehmen haben versicherungstechnische Rückstellungen auch insoweit zu bilden, wie dies nach vernünftiger kaufmännischer Beurteilung notwendig ist, um die dauernde Erfüllbarkeit der Verpflichtungen aus den Versicherungsverträgen sicherzustellen. [2]Dabei sind die im Interesse der Versicherten erlassenen aufsichtsrechtlichen Vorschriften über die bei der Berechnung der Rückstellungen zu verwendenden Rechnungsgrundlagen einschließlich des dafür anzusetzenden Rechnungszinsfußes und über die Zuweisung bestimmter Kapitalerträge zu den Rückstellungen zu berücksichtigen. [3]Die Rückstellungen sind nach den Wertverhältnissen am Abschlussstichtag zu bewerten und nicht nach § 253 Abs. 2 abzuzinsen.

(2) Versicherungstechnische Rückstellungen sind außer in den Fällen der §§ 341f bis 341h insbesondere zu bilden

1. für den Teil der Beiträge, der Ertrag für eine bestimmte Zeit nach dem Abschlußstichtag darstellt (Beitragsüberträge);
2. für erfolgsabhängige und erfolgsunabhängige Beitragsrückerstattungen, soweit die ausschließliche Verwendung der Rückstellung zu diesem Zweck durch Gesetz, Satzung, geschäftsplanmäßige Erklärung oder vertragliche Vereinbarung gesichert ist (Rückstellung für Beitragsrückerstattung);
3. für Verluste, mit denen nach dem Abschlußstichtag aus bis zum Ende des Geschäftsjahres geschlossenen Verträgen zu rechnen ist (Rückstellung für drohende Verluste aus dem Versicherungsgeschäft).

(3) Soweit eine Bewertung nach § 252 Abs. 1 Nr. 3 oder § 240 Abs. 4 nicht möglich ist oder der damit verbundene Aufwand unverhältnismäßig wäre, können die Rückstellungen auf Grund von Näherungsverfahren geschätzt werden, wenn anzunehmen ist, daß diese zu annähernd gleichen Ergebnissen wie Einzelberechnungen führen.

§ 341f
Deckungsrückstellung

(1) [1]Deckungsrückstellungen sind für die Verpflichtungen aus dem Lebensversicherungs- und dem nach Art der Lebensversicherung betriebenen Versicherungsgeschäft in Höhe ihres versicherungsmathematisch errechneten Wertes einschließlich bereits zugeteilter Überschußanteile mit Ausnahme der verzinslich angesammelten Überschußanteile und nach Abzug des versicherungsmathematisch ermittelten Barwerts der künftigen Beiträge zu bilden (prospektive Methode). [2]Ist eine Ermittlung des Wertes der künftigen Verpflichtungen und der künftigen Beiträge nicht möglich, hat die Berechnung auf Grund der aufgezinsten Einnahmen und Ausgaben der vorangegangenen Geschäftsjahre zu erfolgen (retrospektive Methode).

(2) Bei der Bildung der Deckungsrückstellung sind auch gegenüber den Versicherten eingegangene Zinssatzverpflichtungen zu berücksichtigen, sofern die derzeitigen oder zu erwartenden Erträge der Vermögenswerte des Unternehmens für die Deckung dieser Verpflichtungen nicht ausreichen.

(3) [1]In der Krankenversicherung, die nach Art der Lebensversicherung betrieben wird, ist als Deckungsrückstellung eine Alterungsrückstellung zu bilden; hierunter fallen auch der Rückstellung bereits zugeführte Beträge aus der Rückstellung für Beitragsrückerstattung sowie Zuschreibungen, die dem Aufbau einer Anwartschaft auf Beitragsermäßigung im Alter dienen. [2]Bei der Berechnung sind die für die Berechnung der Prämien geltenden aufsichtsrechtlichen Bestimmungen zu berücksichtigen.

§ 341g
Rückstellung für noch nicht abgewickelte Versicherungsfälle

(1) [1]Rückstellungen für noch nicht abgewickelte Versicherungsfälle sind für die Verpflichtungen aus den bis zum Ende des Geschäftsjahres eingetretenen, aber noch nicht abgewickelten Versicherungsfällen zu bilden. [2]Hierbei sind die gesamten Schadenregulierungsaufwendungen zu berücksichtigen.

(2) [1]Für bis zum Abschlußstichtag eingetretene, aber bis zur inventurmäßigen Erfassung noch nicht gemeldete Versicherungsfälle ist die Rückstellung pauschal zu bewerten. [2]Dabei sind die bisherigen Erfahrungen in bezug auf die Anzahl der nach dem Abschlußstichtag gemeldeten Versicherungsfälle und die Höhe der damit verbundenen Aufwendungen zu berücksichtigen.

(3) [1]Bei Krankenversicherungsunternehmen ist die Rückstellung anhand eines statistischen Näherungsverfahrens zu ermitteln. [2]Dabei ist von den in den ersten Monaten des nach dem Abschlußstichtag folgenden Geschäftsjahres erfolgten Zahlungen für die bis zum Abschlußstichtag eingetretenen Versicherungsfälle auszugehen.

(4) Bei Mitversicherungen muß die Rückstellung der Höhe nach anteilig zumindest derjenigen entsprechen, die der führende Versicherer nach den Vorschriften oder der Übung in dem Land bilden muß, von dem aus er tätig wird.

(5) Sind die Versicherungsleistungen auf Grund rechtskräftigen Urteils, Vergleichs oder Anerkenntnisses in Form einer Rente zu erbringen, so müssen die Rückstellungsbeträge nach anerkannten versicherungsmathematischen Methoden berechnet werden.

§ 341h
Schwankungsrückstellung und ähnliche Rückstellungen

(1) Schwankungsrückstellungen sind zum Ausgleich der Schwankungen im Schadenverlauf künftiger Jahre zu bilden, wenn insbesondere
1. nach den Erfahrungen in dem betreffenden Versicherungszweig mit erheblichen Schwankungen der jährlichen Aufwendungen für Versicherungsfälle zu rechnen ist,
2. die Schwankungen nicht jeweils durch Beiträge ausgeglichen werden und
3. die Schwankungen nicht durch Rückversicherungen gedeckt sind.

(2) Für Risiken gleicher Art, bei denen der Ausgleich von Leistung und Gegenleistung wegen des hohen Schadenrisikos im Einzelfall nach versicherungsmathematischen Grundsätzen nicht im Geschäftsjahr, sondern nur in einem am Abschlußstichtag nicht bestimmbaren Zeitraum gefunden werden kann, ist eine Rückstellung zu bilden und in der Bilanz als „ähnliche Rückstellung" unter den Schwankungsrückstellungen auszuweisen.

FÜNFTER TITEL
Konzernabschluß, Konzernlagebericht

§ 341i
Aufstellung, Fristen

(1) [1]Versicherungsunternehmen, auch wenn sie nicht in der Rechtsform einer Kapitalgesellschaft betrieben werden, haben unabhängig von ihrer Größe einen Konzernabschluß und einen Konzernlagebericht aufzustellen. [2]Zusätzliche Anforderungen auf Grund von Vorschriften, die wegen der Rechtsform bestehen, bleiben unberührt.

(2) Als Versicherungsunternehmen im Sinne dieses Titels gelten auch Mutterunternehmen, deren einziger oder hauptsächlicher Zweck darin besteht, Beteiligungen an Tochterunternehmen zu erwerben, diese Beteiligungen zu verwalten und rentabel zu machen, sofern diese Tochterunternehmen ausschließlich oder überwiegend Versicherungsunternehmen sind.

(3) Die gesetzlichen Vertreter eines Mutterunternehmens haben den Konzernabschluß und den Konzernlagebericht abweichend von § 290 Abs. 1 innerhalb von zwei Monaten nach Ablauf der Aufstellungsfrist für den zuletzt aufzustellenden und in den Konzernabschluß einzubeziehenden Abschluß, spätestens jedoch innerhalb von zwölf Monaten nach dem Stichtag des Konzernabschlusses, für das vergangene Konzerngeschäftsjahr aufzustellen und dem Abschlußprüfer des Konzernabschlusses vorzulegen; ist das Mutterunternehmen eine Kapitalgesellschaft im Sinn des § 325 Abs. 4 Satz 1 und nicht zugleich im Sinn des § 327a, tritt an die Stelle der Frist von längstens zwölf eine Frist von längstens vier Monaten. § 299 Abs. 2 Satz 2 ist mit der Maßgabe anzuwenden, daß der Stichtag des Jahresabschlusses eines Unternehmens nicht länger als sechs Monate vor dem Stichtag des Konzernabschlusses liegen darf.

(4) Der Konzernabschluß und der Konzernlagebericht sind abweichend von § 175 Abs. 1 Satz 1 des Aktiengesetzes spätestens der nächsten nach Ablauf der Aufstellungsfrist für den Konzernabschluß und Konzernlagebericht einzuberufenden Hauptversammlung, die einen Jahresabschluß des Mutterunternehmens entgegennimmt oder festzustellen hat, vorzulegen.

§ 341j
Anzuwendende Vorschriften

(1) [1]Auf den Konzernabschluß und den Konzernlagebericht sind die Vorschriften des Zweiten Unterabschnitts des Zweiten Abschnitts über den Konzernabschluß und den Konzernlagebericht und, soweit die Eigenart des Konzernabschlusses keine Abweichungen bedingt, die §§ 341a bis 341h über den Jahresabschluß sowie die für die Rechtsform und den Geschäftszweig der in den Konzernabschluß einbezogenen Unternehmen mit Sitz im Geltungsbereich dieses Gesetzes geltenden Vorschriften entsprechend anzuwenden, soweit sie für große Kapitalgesellschaften gelten. [2]Die §§ 293, 298 Abs. 1 und 2 sowie § 314 Abs. 1 Nr. 3 sind nicht anzuwenden. [3]§ 314 Abs. 1 Nr. 2a gilt mit der Maßgabe, daß die Angaben für solche finanzielle Verpflichtungen nicht zu machen sind, die im Rahmen des Versicherungsgeschäfts entstehen. In den Fällen des § 315a Abs. 1 finden abweichend von Satz 1 nur die §§ 290 bis 292, 315a Anwendung; die Sätze 2 und 3 dieses Absatzes und Absatz 2, § 341i Abs. 3 Satz 2 sowie die Bestimmungen der Versicherungsunternehmens-Rechnungslegungsverordnung vom 8. November 1994 (BGBl. I S. 3378) und der Pensionsfonds-Rechnungslegungsverordnung vom 25. Februar 2003 (BGBl. I S. 246) in ihren jeweils geltenden Fassungen sind nicht anzuwenden.

(2) § 304 Abs. 1 braucht nicht angewendet zu werden, wenn die Lieferungen oder Leistungen zu üblichen Marktbedingungen vorgenommen worden sind und Rechtsansprüche der Versicherungsnehmer begründet haben.

(3) Auf Versicherungsunternehmen, die nicht Aktiengesellschaften, Kommanditgesellschaften auf Aktien oder kleinere Vereine sind, ist § 170 Abs. 1 und 3 des Aktiengesetzes entsprechend anzuwenden.

SECHSTER TITEL
Prüfung

§ 341k

(1) [1]Versicherungsunternehmen haben unabhängig von ihrer Größe ihren Jahresabschluß und Lagebericht sowie ihren Konzernabschluß und Konzernlagebericht nach den Vorschriften des Dritten Unterabschnitts des Zweiten Abschnitts prüfen zu lassen. § 319 Abs. 1 Satz 2 ist nicht anzuwenden. [2]Hat keine Prüfung stattgefunden, so kann der Jahresabschluß nicht festgestellt werden.

(2) [1]§ 318 Abs. 1 Satz 1 ist mit der Maßgabe anzuwenden, daß der Abschlußprüfer des Jahresabschlusses und des Konzernabschlusses vom Aufsichtsrat bestimmt wird. [2]§ 318 Abs. 1 Satz 3 und 4 gilt entsprechend.

(3) In den Fällen des § 321 Abs. 1 Satz 3 hat der Abschlußprüfer die Aufsichtsbehörde unverzüglich zu unterrichten.

(4) [1]Versicherungsunternehmen, auch wenn sie nicht in der Rechtsform einer Kapitalgesellschaft betrieben werden, haben § 324 anzuwenden, wenn sie kapitalmarktorientiert im Sinn des § 264d sind und keinen Aufsichts- oder Verwaltungsrat haben, der die Voraussetzungen des § 100 Abs. 5 des Aktiengesetzes erfüllen muss. [2]Dies gilt für landesrechtliche öffentlich-rechtliche Versicherungsunternehmen nur, soweit das Landesrecht nichts anderes vorsieht.

SIEBENTER TITEL

Offenlegung

§ 341l

(1) [1]Versicherungsunternehmen haben den Jahresabschluß und den Lagebericht sowie den Konzernabschluß und den Konzernlagebericht und die anderen in § 325 bezeichneten Unterlagen nach § 325 Abs. 2 bis 5, §§ 328, 329 Abs. 1 und 4 offenzulegen. [2]Von den in § 341a Abs. 5 genannten Versicherungsunternehmen ist § 325 Abs. 1 mit der Maßgabe anzuwenden, dass die Frist für die Einreichung der Unterlagen beim Betreiber des elektronischen Bundesanzeigers 15 Monate, im Fall des § 325 Abs. 4 Satz 1 vier Monate beträgt; § 327a ist anzuwenden.

(2) Die gesetzlichen Vertreter eines Mutterunternehmens haben abweichend von § 325 Abs. 3 unverzüglich nach der Hauptversammlung oder der dieser entsprechenden Versammlung der obersten Vertretung, welcher der Konzernabschluß und der Konzernlagebericht vorzulegen sind, jedoch spätestens vor Ablauf des dieser Versammlung folgenden Monats den Konzernabschluß mit dem Bestätigungsvermerk oder dem Vermerk über dessen Versagung und den Konzernlagebericht mit Ausnahme der Aufstellung des Anteilsbesitzes beim Betreiber des elektronischen Bundesanzeigers elektronisch einzureichen.

(3) Soweit Absatz 1 Satz 1 auf § 325 Abs. 2a Satz 3 und 5 verweist, gelten die folgenden Maßgaben und ergänzenden Bestimmungen:

1. Die in § 325 Abs. 2a Satz 3 genannten Vorschriften des Ersten Unterabschnitts des Zweiten Abschnitts des Dritten Buchs sind auch auf Versicherungsunternehmen anzuwenden, die nicht in der Rechtsform einer Kapitalgesellschaft betrieben werden.
2. An Stelle des § 285 Nr. 8 Buchstabe b gilt die Vorschrift des § 51 Abs. 5 in Verbindung mit Muster 2 der Versicherungsunternehmens-Rechnungslegungsverordnung vom 8. November 1994 (BGBl. I S. 3378), die zuletzt durch Artikel 8 Abs. 11 Nr. 2 des Gesetzes vom 4. Dezember 2004 (BGBl. I S. 3166) geändert worden ist.
3. § 341a Abs. 4 ist anzuwenden, soweit er auf die Bestimmungen der §§ 170, 171 und 175 des Aktiengesetzes über den Einzelabschluss nach § 325 Abs. 2a dieses Gesetzes verweist.
4. Im Übrigen finden die Bestimmungen des Zweiten bis Vierten Titels dieses Unterabschnitts sowie der Versicherungsunternehmens-Rechnungslegungsverordnung keine Anwendung.

ACHTER TITEL

Straf- und Bußgeldvorschriften, Ordnungsgelder

§ 341m
Strafvorschriften

Die Strafvorschriften der §§ 331 bis 333 sind auch auf nicht in der Rechtsform einer Kapitalgesellschaft betriebene Versicherungsunternehmen und Pensionsfonds anzuwenden. § 331 ist darüber hinaus auch anzuwenden auf die Verletzung von Pflichten durch den Hauptbevollmächtigten (§ 106 Abs. 3 des Versicherungsaufsichtsgesetzes).

§ 341n
Bußgeldvorschriften

(1) Ordnungswidrig handelt, wer als Mitglied des vertretungsberechtigten Organs oder des Aufsichtsrats eines Versicherungsunternehmens oder eines Pensionsfonds oder als Hauptbevollmächtigter (§ 106 Abs. 3 des Versicherungsaufsichtsgesetzes)

1. bei der Aufstellung oder Feststellung des Jahresabschlusses einer Vorschrift
   a) des § 243 Abs. 1 oder 2, der §§ 244, 245, 246 Abs. 1 oder 2, dieser in Verbindung mit § 341a Abs. 2 Satz 3, des § 246 Abs. 3 Satz 1, des § 247 Abs. 3, der §§ 248, 249 Abs. 1 Satz 1 oder Abs. 2, des § 250 Abs. 1 oder Abs. 2, des § 264 Abs. 2, des § 341e Abs. 1 oder 2 oder der §§ 341f, 341g oder 341h über Form oder Inhalt,
   b) des § 253 Abs. 1 Satz 1, 2, 3 oder Satz 4, Abs. 2 Satz 1, auch in Verbindung mit Satz 2, Abs. 3 Satz 1, 2 oder 3, Abs. 4, 5, der §§ 254, 256a, 341b Abs. 1 Satz 1 oder des § 341d über die Bewertung,
   c) des § 265 Abs. 2, 3 oder 4, des § 268 Abs. 3 oder 6, der §§ 272, 274 oder des § 277 Abs. 3 Satz 2 oder Abs. 4 über die Gliederung,
   d) der §§ 284, 285 Nr. 1, 2 oder Nr. 3, auch in Verbindung mit § 341a Abs. 2 Satz 5, oder des § 285 Nr. 6, 7, 9 bis 14, 17 bis 29 über die im Anhang zu machenden Angaben,
2. bei der Aufstellung des Konzernabschlusses einer Vorschrift
   a) des § 294 Abs. 1 über den Konsolidierungskreis,
   b) des § 297 Abs. 2 oder 3 oder des § 341j Abs. 1 Satz 1 in Verbindung mit einer der in Nummer 1 Buchstabe a bezeichneten Vorschriften über Form oder Inhalt,
   c) des § 300 über die Konsolidierungsgrundsätze oder das Vollständigkeitsgebot,
   d) des § 308 Abs. 1 Satz 1 in Verbindung mit den in Nummer 1 Buchstabe b bezeichneten Vorschriften, des § 308 Abs. 2 oder des § 308a über die Bewertung,
   e) des § 311 Abs. 1 Satz 1 in Verbindung mit § 312 über die Behandlung assoziierter Unternehmen oder
   f) des § 308 Abs. 1 Satz 3, des § 313 oder des § 314 in Verbindung mit § 341j Abs. 1 Satz 2 oder 3 über die im Anhang zu machenden Angaben,
3. bei der Aufstellung des Lageberichts einer Vorschrift des § 289 Abs. 1, 4 oder Abs. 5 oder des § 289a über den Inhalt des Lageberichts,
4. bei der Aufstellung des Konzernlageberichts einer Vorschrift des § 315 Abs. 1 oder 4 über den Inhalt des Konzernlageberichts,
5. bei der Offenlegung, Veröffentlichung oder Vervielfältigung einer Vorschrift des § 328 über Form oder Inhalt oder
6. einer auf Grund des § 330 Abs. 3 und 4 in Verbindung mit Abs. 1 Satz 1 erlassenen Rechtsverordnung, soweit sie für einen bestimmten Tatbestand auf diese Bußgeldvorschrift verweist,

zuwiderhandelt.

(2) Ordnungswidrig handelt, wer zu einem Jahresabschluss, zu einem Einzelabschluss nach § 325 Abs. 2a oder zu einem Konzernabschluss, der aufgrund gesetzlicher Vorschriften zu prüfen ist, einen Vermerk nach § 322 Abs. 1 erteilt, obwohl nach § 319 Abs. 2, 3, 5, § 319a Abs. 1 Satz 1, Abs. 2, § 319b Abs. 1 er oder nach § 319 Abs. 4, auch in Verbindung mit § 319a Abs. 1 Satz 2, oder § 319a Abs. 1 Satz 4, 5, § 319b Abs. 1 die Wirtschaftsprüfungsgesellschaft, für die er tätig wird, nicht Abschlussprüfer sein darf.

(3) Die Ordnungswidrigkeit kann mit einer Geldbuße bis zu fünfzigtausend Euro geahndet werden.

(4) Verwaltungsbehörde im Sinne des § 36 Abs. 1 Nr. 1 des Gesetzes über Ordnungswidrigkeiten ist in den Fällen der Absätze 1 und 2 die Bundesanstalt für Finanzdienstleistungsaufsicht für die ihrer Aufsicht unterliegenden Versicherungsunternehmen und Pensionsfonds. Unterliegt ein Versicherungsunternehmen und Pensionsfonds der Aufsicht einer Landesbehörde, so ist diese zuständig.

§ 341o
Festsetzung von Ordnungsgeld

Personen, die
1. als Mitglieder des vertretungsberechtigten Organs eines Versicherungsunternehmens oder eines Pensionsfonds § 325 über die Pflicht zur Offenlegung des Jahresabschlusses, des Lageberichts, des Konzernabschlusses, des Konzernlageberichts und anderer Unterlagen der Rechnungslegung oder
2. als Hauptbevollmächtigter (§ 106 Abs. 3 des Versicherungsaufsichtsgesetzes) § 341l Abs. 1 über die Offenlegung der Rechnungslegungsunterlagen nicht befolgen, sind hierzu vom Bundesamt für Justiz durch Festsetzung von Ordnungsgeld nach § 335 anzuhalten. § 335 Abs. 1 Satz 2 ist entsprechend anzuwenden.

§ 341p
Anwendung der Straf- und Bußgeld- sowie der Ordnungsgeldvorschriften auf Pensionsfonds

Die Strafvorschriften des § 341m, die Bußgeldvorschrift des § 341n sowie die Ordnungsgeldvorschrift des § 341o gelten auch für Pensionsfonds im Sinn des § 341 Abs. 4 Satz 1.

Schrifttum

Kommentare zu den Ergänzenden Vorschriften der §§ 341 bis 341p in: *Baumbach/Hopt* HGB, 35. Auflage 2012; *Ebenroth/Boujong/Joost/Strohn* HGB, 2. Auflage 2008.

Fachliteratur zur Versicherungsbetriebslehre und Kommentare zur Rechnungslegung von Versicherungsunternehmen: *Budde/Schnicke/Stöffler/Stuirbrink* Beck'scher Versicherungsbilanz-Kommentar, 1998; *Farny* Versicherungsbetriebslehre, 2011; *Führer/Grimmer* Versicherungsbetriebslehre, 2009; *Nguyen* Rechnungslegung von Versicherungsunternehmen, 2008; *Rockel/Helten/Loy/Sauer* Versicherungsbilanzen, 2011; *von Treuberg/Angermeyer* Jahresabschluss von Versicherungsunternehmen, in: Handbuch zum Versicherungsbilanzrichtlinien-Gesetz und zur RechVersV, 1995.

Übersicht

I. Grundlagen

Die Rechnungslegung von Versicherungsunternehmen beruht auf den allgemeinen Rechnungslegungsvorschriften des Handelsrechts, weist auf Grund der Charakteristika des Versicherungsgeschäfts jedoch eine Vielzahl von branchenspezifischen Besonderheiten auf. 1

Den gesetzlichen Rahmen für die Rechnungslegung von Versicherungsunternehmen bilden insbesondere das Handelsgesetzbuch (HGB), das Aktiengesetz (AktG) und das Versicherungsaufsichtsgesetz (VAG) sowie ferner die Verordnung über die Rechnungslegung von Versicherungsunternehmen (RechVersV). Die RechVersV resultiert aus der Verordnungsermächtigung für Formblätter und andere Vorschriften in § 330, wonach das Bundesministerium für Justiz im Einvernehmen mit den Bundesministerien der Finanzen und für Wirtschaft und Technologie ermächtigt ist, durch Rechtsverordnung Formblätter (z.B. für die Gliederung des Jahresabschlusses) vorzuschreiben oder andere Vorschriften (z.B. in Bezug auf zusätzliche Pflichtangaben im Anhang) zu erlassen. Sie wurde am 8. November 1994 mit Zustimmung des Bundesrates erlassen und zuletzt geändert durch Verordnung vom 09.06.2011.

II. Rechnungslegungsvorschriften

1. Rechnungslegungsvorschriften gemäß HGB. Die zurzeit geltenden Rechnungslegungsvorschriften für Versicherungsunternehmen basieren auf der am 19.12.1991 vom EG-Ministerrat verabschiedeten EG-Versicherungsbilanzrichtlinie (VersBiRiLi). Für die Rechnungslegung von Versicherungsunternehmen wurden die Bestimmungen der vierten und siebten EG-Richtlinie zum Jahres- und Konzernabschluss von Kapitalgesellschaften durch die 1991 erlassene „Richtlinie des Rates über den Jahresabschluss und den Konsolidierten Abschluss von Versicherungsunternehmen" ergänzt und teilweise modifiziert. Ziel war es, die rechtlichen Rahmenbedingungen für den Versicherungsmarkt in allen Gemeinschaftsländern zu vereinheitlichen. Diese EG-Richtlinie wurde durch die Verabschiedung des Versicherungsbilanzrichtlinien-Gesetz (VersRiLiG) am 24.6.1994 in nationales Recht transformiert. 2

Wesentliches Kernelement war die Einfügung eines nur für Versicherungsunternehmen gültigen zweiten Unterabschnittes zum vierten Abschnitt des dritten Buches im HGB (§§ 341–341p), der die allgemein gültigen Bestimmungen des dritten Buches für Versicherungsunternehmen ergänzt oder abändert. Den besonderen Publizitätserfordernissen der Versicherungswirtschaft wird hierbei Rechnung getragen, indem diese Sonderbestimmungen abweichende Regelungen für die Aufstellung, Prüfung und Offenlegung der Jahresabschlüsse und Lageberichte der Versicherungsunternehmen unabhängig von deren Rechtsform beinhalten. 3

Versicherungsunternehmen sind unabhängig von ihrer Größe gemäß § 341a Abs. 1 verpflichtet einen Jahresabschluss und einen Lagebericht nach den für große Kapitalgesellschaften geltenden Vorschriften des Ersten Unterabschnittes des Zweiten Abschnitts des Dritten Buches zu erstellen. Im Gegensatz zu den Vorschriften im § 264 Abs. 1 Satz 3 gilt bei Versicherungsunternehmen für die Aufstellung des Jahresabschlusses und des Lageberichtes und deren Vorlage an den Wirtschaftsprüfer nicht eine Frist von drei, sondern von vier Monaten. Für Rückversicherungsgesellschaften hingegen verlängert sich die Frist sogar auf bis zu zehn Monate, sofern das Geschäftsjahr mit dem Kalenderjahr übereinstimmt (§ 341a Abs. 5). 4

5 Ein Konzernabschluss und -lagebericht ist von betroffenen Versicherungsunternehmen immer aufzustellen, wobei der Abschluss spätestens zwei Monate nach Ablauf der Aufstellungsfrist für den zuletzt aufzustellenden und einzubeziehenden Abschluss erstellt werden muss (§ 341i). Die Jahresabschlüsse und Lageberichte sowie Konzernabschlüsse und -lageberichte von Versicherungsunternehmen sind gemäß § 341k Abs. 1 immer durch einen Abschlussprüfer zu prüfen, wobei die Bestimmung des Abschlussprüfers immer durch den Aufsichtsrat zu erfolgen hat (§ 341k Abs. 2). Im Falle des Unterbleibens der Abschlussprüfung kann der Jahresabschluss nicht festgestellt werden. Die Versicherungsunternehmen sind zur Offenlegung der Jahresabschlüsse und Lageberichte nach Maßgabe der Bestimmungen für große Kapitalgesellschaften verpflichtet, demgegenüber haben Rückversicherungsunternehmen für die Einreichung der Unterlagen bis zu fünfzehn Monate nach Geschäftsjahresende Zeit (§ 341l Abs. 1).

6 **2. Rechnungslegungsvorschriften gemäß AktG.** Versicherungsunternehmen, die in der Rechtsform einer Aktiengesellschaft betrieben werden, sind auf Grund der gewählten Rechtsform zur Anwendung der Vorschriften des AktG verpflichtet. Hierbei handelt es sich im Wesentlichen um die Vorschriften über Rücklagen (§ 150 AktG), die Bilanz (§ 152 AktG), die GuV (158 AktG), den Anhang (§ 160 AktG) sowie die Vorschriften über die Prüfung durch den Aufsichtsrat, die Gewinnverwendung und die Ordentliche Hauptversammlung (§§ 170 bis 176 AktG).

7 Sofern Versicherungsunternehmen nicht bereits unmittelbar oder durch Verweisung die Vorschriften des AktG zu beachten haben und es sich nicht um kleinere Versicherungsvereine auf Gegenseitigkeit i.S.d. § 53 VAG handelt, gelten gemäß § 341a Abs. 4 die §§ 152 Abs. 2 und 3, 170 bis 176 und 160 (soweit dieser sich auf Genussrechte bezieht) des AktG entsprechend für Versicherungsunternehmen anderer Rechtsformen (in Betracht kommen Europäische Gesellschaft (SE), Versicherungsverein auf Gegenseitigkeit (VVaG), Körperschaften/Anstalten des öffentlichen Rechts, vgl. auch §§ 7 Abs. 1, 120 Abs. 1 VAG).

8 **3. Rechnungslegungsvorschriften gemäß VAG.** Im VAG sind auch nach der Verlagerung der Rechnungslegungsvorschriften für Versicherungsunternehmen in das HGB mehrere Vorschriften zur Rechnungslegung oder diesen nahe liegende Vorschriften enthalten. Ursächlich hierfür sind im Wesentlichen solche Vorschriften, die im unmittelbaren Zusammenhang mit der Versicherungsaufsicht stehen. Vor diesem Hintergrund enthält das VAG an mehreren Stellen Ermächtigungen zum Erlass von Verordnungen, die versicherungsspezifische Einzelheiten zur Rechnungslegung zum Inhalt haben. So besteht z.B. gemäß § 65 VAG die Ermächtigung zum Erlass einer Rechtsverordnung, in der die Berechnung der Deckungsrückstellung geregelt ist. Auf dieser Ermächtigung beruht somit die Verordnung über die Rechnungsgrundlagen für die Deckungsrückstellungen (DeckRVO). Andere aufsichtsrechtlich geprägte Verordnungen, die unmittelbar die Rechnungslegung betreffen, sind die Verordnung über die Mindestbeitragsrückerstattung in der Lebensversicherung (ZRQuotenVO), die Verordnung über die versicherungsmathematische Bestätigung, den Erläuterungsbericht und den Angemessenheitsbericht des Verantwortlichen Aktuars (AktuarVO), die Kapitalausstattungsverordnung (KapAusstVO), die Verordnung über die versicherungsmathematischen Methoden zur Prämienkalkulation und zur Berechnung der Alterungsrückstellung in der privaten Krankenversicherung (KalV) sowie die Überschussverordnung (ÜbschVO)

9 **4. Rechnungslegungsvorschriften gemäß RechVersV.** Wegen der vielfältigen Besonderheiten der Rechnungslegung gelten zahlreiche gesetzliche Bestimmungen im dritten

Buch des HGB nicht für Versicherungsunternehmen (§ 341a Abs. 2 Satz 1) oder sind durch spezielle Regelungen ersetzt worden (§ 341a Abs. 2 Satz 2). Außerdem hat der Gesetzgeber von der gesetzlichen Ermächtigung Gebrauch gemacht und eine „Verordnung über die Rechnungslegung von Versicherungsunternehmen" (RechVersV) erlassen, die für alle Versicherungsunternehmen ungeachtet ihrer Rechtsform gilt (§ 330 Abs. 3).

Hinsichtlich der Gliederung der Bilanz und der GuV schreibt die RechVersV vom HGB abweichende Formblätter für den Einzel- und den Konzernabschluss vor. Demnach haben alle Versicherungsunternehmen für die Einzel- und die Konzernbilanz einheitlich das Formblatt 1 zu verwenden. Auf der Aktivseite wird abweichend von der in § 247 kodifizierten Trennung von Anlage- und Umlaufvermögen nicht nach diesen Kategorien unterschieden; es erfolgt eine Unterteilung in die vier Kategorien Immaterielle Vermögensgegenstände, Kapitalanlagen, Forderungen sowie Sonstige Vermögensgegenstände; für Bewertungszwecke wird aber erneut auf bekannte Kategorien, die der Einteilung in Anlage- und Umlaufvermögen nachfolgen (gemildertes oder strenges Niederstwertprinzip), zurückgegriffen. Der Grund für diese spezielle Betrachtung liegt darin, dass den Versicherungsunternehmen regelmäßig kein originäres Produktivvermögen zuzuordnen ist, sondern die Finanzmittel als Kapitalanlage zu verwenden sind. Die Zuordnung zu Anlage- oder Umlaufvermögen resultiert also weniger aus einer wirtschaftlichen Betrachtung im Rahmen des Produktionsprozesses, sondern maßgeblich auf der unternehmerischen Zuordnungsentscheidung zu Zweck und Haltedauer der Kapitalanlage. Die Passivseite der Bilanz eines Versicherungsunternehmens weicht ebenfalls deutlich von anderen Bilanzbildern ab. Sie wird insbesondere durch die versicherungstechnischen Rückstellungen geprägt. Sie dienen dazu, die dauernde Erfüllbarkeit der der Höhe nach ungewissen Verpflichtungen aus dem Versicherungsbestand sicherzustellen. 10

Für die Gewinn- und Verlustrechnung sind in der RechVersV in Abhängigkeit von der betriebenen Sparte und im Gegensatz zur Bilanz unterschiedliche Formblätter vorgeschrieben. Für Schaden- und Unfall- sowie Rückversicherungsunternehmen ist das Formblatt 2, für Lebens- und Krankenversicherungsunternehmen ebenso wie für Pensions- und Sterbekassen das Formblatt 3 vorgeschrieben. Lebensversicherungsunternehmen, die auch das selbst abgeschlossene Unfallversicherungsgeschäft betreiben, Schaden- und Unfallversicherungsunternehmen, die auch in einem größeren Umfang das selbst abgeschlossene Krankenversicherungsgeschäft nach Art der Lebensversicherung betreiben und Konzerne haben das Formblatt 4 zu verwenden (§ 2 RechVersV). Allen Formblättern ist gemeinsam, dass die GuV-Rechnung in eine versicherungstechnische und in eine nichtversicherungstechnische Rechnung gegliedert ist, um eine bessere Nachvollziehbarkeit der Ergebniskomponenten zu ermöglichen. Unbeschadet der betriebswirtschaftlichen Frage der Richtigkeit dieser Aufteilung, die den Zusammenhang von passivierten versicherungstechnischen Rückstellungen und deren Bedeckung durch zinstragende Aktivwerte durchbricht, ermöglicht die überkommene Aufteilung eine verbesserte Einschätzung allein des Risikogeschäfts gegenüber dem Kapitalanlagenergebnis eines Versicherungsunternehmens. 11

Des Weiteren enthält der überwiegende Teil der RechVersV detaillierte Ansatz- und Bewertungsvorschriften zu einzelnen Posten der Bilanz und der GuV sowie Regelungen zu ergänzenden oder geänderten Angaben im Anhang und Lagebericht. Daneben sieht die Verordnung für bestimmte kleinere Versicherungsunternehmen Vereinfachungs- bzw. Befreiungsregelungen vor, die insbesondere die Aufstellung, Prüfung und Offenlegung von Jahres- oder Konzernabschlüssen (§§ 61, 62 RechVersV) betreffen. 12

5. **Anderweitige Rechnungslegungssysteme.** Neben der hier erörterten externen Rechnungslegung besteht im Übrigen für Versicherungsunternehmen gemäß § 55 VAG die 13

Pflicht zur internen Rechnungslegung, die ausschließlich gegenüber der Aufsicht zu erfolgen hat. Hierin werden teilweise detailliertere Unterlagen abgefordert, etwa im Rahmen einer nach Sparten differenzierten Gewinn- und Verlustrechnung oder in Bezug auf die Solvabilitätsberechnung. Die interne Rechnungslegung fußt hierbei auf der handelsrechtlichen (externen) Rechnungslegung, ohne eigene Ansatz- und Bewertungsvorschriften zu schaffen.

14 Zunehmende Bedeutung auch für die Versicherungswirtschaft jedenfalls für den Bereich der kapitalmarktorientierten Unternehmen erfahren die internationalen Rechnungslegungsstandards (IAS/IFRS). Sie sind Ausdruck des Bestrebens harmonisierter Abschlüsse, ohne auf nationale Besonderheiten abzustellen. Für kapitalmarktorientierte Unternehmen (Mutterunternehmen, die Wertpapiere ausgegeben haben, die am Bilanzstichtag zum Handel an einem geregelten Markt in einem Mitgliedstaat zugelassen sind) ist ein IAS/IFRS-Konzernabschluss zwingend; § 315a ermöglicht generell die Aufstellung eines befreienden IAS/IFRS-Konzernabschlusses. Für die Versicherer sind die Standards IAS 39 (Financial Instruments) und IAS 19 (Pensionsrückstellung) sowie die Bilanzierung von Versicherungsverträgen nach dem vorläufigen IFRS 4 von Bedeutung. Die Diskussion insbesondere zu letztgenanntem Standard ist nicht abgeschlossen. Das Bilanzmodernisierungsgesetz (BilMoG) vom 25.5.2009 hat in vorsichtiger Weise eine erste Annäherung an IFRS-Grundzüge vorgenommen. Die Spezialvorschriften der Versicherer sind hiervon so gut wie nicht betroffen; eine Weiterentwicklung dieser Grundsätze auch für die Finanzdienstleistungswelt ist für das nationale Recht („BilMoG II“) zu erwarten.

15 Schließlich existieren eine Mehrzahl steuerrechtlicher Normen zur Bilanzierung und Ergebniserfassung, die grundsätzlich nur für die steuerliche Gewinnermittlung relevant sind. Aufgrund des bislang geltenden umgekehrten Maßgeblichkeitsprinzips und auch aus Gründen der Vereinfachung der Bilanzierung (Gleichlauf Handels- und Steuerbilanz) wurde in der Vergangenheit häufig die steuerliche Vorgabe auch handelsrechtlich angewandt und akzeptiert. Die Aufhebung der umgekehrten Maßgeblichkeit durch das BilMoG und die generelle Tendenz des Auseinanderdriftens beider bilanzieller Zahlenwerke wird eigenständige handelsrechtliche Lösungen und differenzierte steuerliche Ansätze verstärken.

III. Einige Besonderheiten für Versicherungsunternehmen

16 **1. Kapitalanlagen.** Für Versicherungsunternehmen existieren spezielle gesetzliche Vorschriften einschließlich Durchführungsverordnungen sowie Anordnungen der Bundesanstalt für die Finanzdienstleistungsaufsicht (BaFin), die eine dauernde Erfüllbarkeit der Versicherungsverträge gewährleisten sollen. Die aufsichtsrechtlichen Normen prägen hierdurch auch beachtliche Teile sowie Art und Weise der Rechnungslegung. Das Gesetz (VAG) selbst unterscheidet im Hinblick auf die vorzunehmenden Kapitalanlagen zwischen dem so genannten „gebundenen“ (Sicherungsvermögen gemäß § 66 VAG und sonstigem gebundenem Vermögen, § 54 Abs. 5 VAG) und „freien“ Vermögen. Für das gebundene Vermögen gelten die in § 54 VAG und die seit dem 1.1.2002 geltende „Verordnung über die Anlage des gebundenen Vermögens von Versicherungsunternehmen“. Diese dienen allein dazu, eine angemessene Mischung und Streuung und dadurch eine möglichst große Sicherheit und Rentabilität bei jederzeitiger Liquidität des Versicherungsunternehmens zu erreichen.

17 Der Posten „Kapitalanlagen“ nimmt in der Praxis auf der Aktivseite der Versicherungsbilanz die größte Rolle ein und wird in vier Kategorien untergliedert:

1. Grundstücke, grundstücksgleiche Rechte und Bauten einschließlich der Bauten auf fremden Grundstücken

2. Kapitalanlagen in verbundenen Unternehmen und Beteiligungen
3. Sonstige Kapitalanlagen
4. Depotforderungen aus dem in Rückdeckung übernommenen Versicherungsgeschäft

Die Grundsätze für die Bewertung der Kapitalanlagen eines Versicherungsunternehmens sind in den §§ 341b ff geregelt. Grundsätzlich sind die in § 341b Abs. 1 aufgeführten Vermögensgegenstände nach den generell für das Anlagevermögen geltenden Vorschriften zu bewerten. Hierbei findet das so genannte gemilderte Niederstwertprinzip Anwendung, d.h. bei vorübergehenden Wertminderungen können außerplanmäßige Abschreibungen auf den niedrigeren beizulegenden Wert vorgenommen werden, ohne dass hierzu eine Verpflichtung besteht. Bei dauernder Wertminderung sind sie jedoch zwingend vorzunehmen. **18**

Für besondere Anlageformen sieht das Gesetz jedoch Ausnahmen von der Bewertung nach den Vorschriften für das Anlagevermögen vor: **19**

Die Bewertung der unter Aktien, Investmentanteile sowie sonstige festverzinsliche und nicht festverzinsliche Wertpapiere ausgewiesenen Vermögensgegenstände (gemäß Formblatt 1 der RechVersV) erfolgt nach den in § 341b Abs. 2 enthaltenen Vorschriften. Diese sehen für diesen Posten die Vorschriften des Umlaufvermögens mit der dazugehörigen Anwendung des strengen Niederstwertprinzips vor, mit der Folge, dass auch bei nur vorübergehender Wertminderung gemäß § 253 Abs. 4 S. 1 auf den niedrigeren Börsen- oder Marktpreis abgeschrieben werden muss.

Davon abweichend unterliegen diese Wertpapiere aber dem gemilderten Niederstwertprinzip, sofern sie dazu bestimmt sind, dem Geschäftsbetrieb dauerhaft zu dienen. Wird dieses Recht einer Zuordnung zum Anlagevermögen ausgeübt, kann das Versicherungsunternehmen auch die für das Anlagevermögen geltenden Vorschriften anwenden. **20**

Um die Wertpapiere dem Anlagevermögen zuordnen und das damit verbundene Recht zur Anwendung des gemilderten Niederstwertprinzips in Anspruch nehmen zu können, bedarf es zur Vermeidung willkürlicher Zuordnungen der Erfüllung mehrerer Kriterien, die vom Institut der Wirtschaftsprüfer in einer Stellungnahme (IDW RS VFA 2) definiert wurden: **21**

- Die Entscheidung der Zweckbestimmung ist aktenkundig zu machen.
- Die erstmalige Zuordnung zum Anlagevermögen hat zeitnah zum Erwerb der Wertpapiere zu erfolgen. Da eine willkürliche Änderung der Zweckbestimmung unzulässig ist, darf eine Umwidmung zum Umlaufvermögen nur in sachlich begründeten Ausnahmefällen erfolgen. Verkäufe von Wertpapieren aus dem Anlagevermögen sind jedoch zulässig.
- Das Versicherungsunternehmen muss in der Lage sein, die Wertpapiere so zu verwenden, dass sie dauernd dem Geschäftsbetrieb dienen. Dazu muss es über anderweitige Liquiditätsreserven verfügen und die Papiere dürfen keinen Beschränkungen unterliegen (z.B. Sondervereinbarungen), die der dauerhaften Anlage bis zum Laufzeitende entgegenstehen. Anhand von Finanz- oder Liquiditätsplänen muss das Versicherungsunternehmen die Fähigkeit zur dauerhaften Anlage der Wertpapiere, bei gleichzeitiger Wahrung ständiger Liquidität, nachweislich belegen.
- Bei Wertpapieren mit begrenzter Laufzeit darf die Restlaufzeit ein Jahr nicht unterschreiten. Wertpapiere, deren Restlaufzeit nicht mehr als ein Jahr beträgt, werden dem Umlaufvermögen zugeordnet.
- Das Versicherungsunternehmen muss die Absicht verfolgen, die Wertpapiere auf Dauer zu halten.
- Die Zweckbestimmung hat für jeden Vermögensgegenstand einzeln zu erfolgen.

22 Die Einführung des gemilderten Niederstwertprinzips insoweit ist den erheblichen Kurseinbrüchen an der Börse in den Jahren 2001/2002 geschuldet; die extremen Wertverluste belasteten auch die Versicherungsbilanzen so stark, dass eine Durchsetzung des strengen Niederstwertprinzips für einzelne Versicherer zu erheblichen Verlusten geführt hätte; um dies zu verhindern, akzeptierte der Gesetzgeber für einen gewissen Erholungszeitraum „stille Lasten", die damit bilanziell nicht unmittelbar erkennbar werden, allerdings im Anhang zu erläutern sind.

23 Bei voraussichtlich dauernden Wertminderungen ist eine Abschreibung verpflichtend. Eine dauernde Wertminderung bedeutet ein nachhaltiges Absinken des den Wertpapieren zum Abschlussstichtag beizulegenden Wertes unter den Buchwert. Für die Beurteilung, ob es sich bei Wertminderung um eine dauernde Wertminderung handelt, sind die folgenden Merkmale zu beachten:

- die Dauer der eingetretenen Wertminderung
- ein stark abweichender Kursverlauf von den Standardindices
- die Höhe der Differenz (je höher die ermittelte Differenz zwischen historischen Anschaffungskosten und dem Zeitwert ist, desto eher muss von einer voraussichtlich dauernden Wertminderung ausgegangen werden)
- eventuell erhebliche finanzielle Schwierigkeiten des Emittenten
- eine hohe Wahrscheinlichkeit einer Insolvenz oder eines sonstigen Sanierungsbedarfs des Emittenten.

24 Die Bewertung von Inhaberschuldverschreibungen und anderen festverzinslichen Wertpapieren richtet sich ebenfalls nach § 341b Abs. 2 und entspricht somit den gleichen Vorschriften wie der Kategorie Aktien, Investmentanteile und andere nicht festverzinsliche Wertpapiere.

25 In § 253 Abs. 1 S. 1 ist vorgesehen, dass Vermögensgegenstände höchstens mit den Anschaffungs- oder Herstellungskosten zu bewerten sind. Abweichend hiervon können Versicherungsunternehmen bei der Bewertung von Namensschuldverschreibungen, Hypothekendarlehen und anderen Forderungen zwischen den für das Anlagevermögen geltenden Vorschriften (gemildertes Niederstwertprinzip) gemäß § 341b Abs. 1 S. 2 und der Bewertung gemäß § 341c wählen.

Namensschuldverschreibungen dürfen gem. § 341c Abs. 1 mit ihrem Nennbetrag angesetzt werden. Die Voraussetzung für eine Bewertung zum Nennwert ist, dass die Differenz zwischen Anschaffungskosten und Nennbetrag einen Zinscharakter aufweist. Bei der Anwendung der Nennwertbilanzierung sind zwei Fälle zu unterscheiden:

1. Liegt der Nennbetrag über den Anschaffungskosten, ist der Unterschiedsbetrag als passiver Rechnungsabgrenzungsposten (Ansatzpflicht) auszuweisen und planmäßig aufzulösen (§ 341c Abs. 2 S. 1).
2. Liegt der Nennbetrag unter den Anschaffungskosten, so besteht beim Versicherungsunternehmen ein Wahlrecht zur Aktivierung eines aktiven Rechnungsabgrenzungsposten, der planmäßig aufzulösen ist (§ 341c Abs. 2 S. 2).

Für Hypothekendarlehen und andere Forderungen wurde mit dem Gesetz zur Umsetzung der geänderten Bankenrichtlinie und der geänderten Kapitaladäquanzrichtlinie vom 19.11.2010 (Inkrafttreten zum 30.06.2011) Abs. 3 zu § 341c eingefügt. Mit der Änderung beabsichtigte die Bundesregierung Bedenken der EU-Kommission bezüglich der Vereinbarkeit von § 341c und Art. 55 RL 91/674/EWG auszuräumen und ein entsprechendes Vertragsverletzungsverfahren zu beenden. Nunmehr sind Hypothekendarlehen und andere Forderungen grundsätzlich gem. § 341b und den allgemeinen Regelungen zu bilanzieren. Der in § 341c neu eingefügte Abs. 3 soll klarstellen, dass eine Bewertung auch zu fortgeführten Anschaffungskosten unter Anwendung der Effektivzinsmethode erfolgen kann. Hierdurch ist eine bilanzielle Abbildung von Agios und Disagios, die der Wertentwicklung über den Zeitablauf entspricht und insbesondere für Unternehmen mit langfristig orientierten Geschäftsmodellen interessant ist, möglich.

2. **Versicherungstechnische Rückstellungen.** Die versicherungstechnischen Rückstellungen stellen die bedeutendsten und größten Posten auf der Passivseite der Versicherungsbilanz dar. Grundsätzlich hat auch für Versicherungsunternehmen der abschließende Rückstellungskatalog des § 249 Gültigkeit, wonach ungewisse Verbindlichkeiten generell der Passivierungspflicht unterliegen. Die allgemeine Regelung wird durch die versicherungsspezifische Vorschrift des § 341e Abs. 1 erweitert, indem Versicherungsunternehmen versicherungstechnische Rückstellungen auch insoweit zu bilden haben, *„wie dies nach vernünftiger kaufmännischer Beurteilung notwendig ist, um die dauernde Erfüllbarkeit der Verpflichtungen aus den Versicherungsverträgen sicherzustellen.“* Der Absatz 1 stellt somit eine Erweiterung der allgemeinen Rückstellungsvorschriften sowohl dem Grunde als auch der Höhe nach dar. Diese Grundsatzentscheidung des Gesetzgebers ist – bei allen Diskussionen im Detail – für alle Auslegungsfragen maßgebend; das Geschäftsmodell der Versicherungsunternehmen mit ihrer langfristigen Risikoübernahme gegen Entgelt verlangt diese spezielle Sichtweise. 26

Der Begriff versicherungstechnisch betont den unmittelbaren Zusammenhang dieser Rückstellungen mit der Leistungserstellung von Versicherungsunternehmen, da sich ihr Ansatz und ihre Höhe aus der Versicherungstechnik ableiten. Allerdings wird mit den versicherungstechnischen Rückstellungen neben der Sicherstellung einer dauernden Leistungsfähigkeit zusätzlich das Ziel einer periodengerechten Erfolgsermittlung verfolgt. Um dieses Ziel zu erreichen, hat der Gesetzgeber den Begriff versicherungstechnische Rückstellungen über das übliche bilanzrechtliche Verständnis von Rückstellungen hinaus sehr weit gefasst. Daher fallen unter den Ausweis von versicherungstechnischen Rückstellungen teilweise auch passive Rechnungsabgrenzungsposten und Verbindlichkeiten. 27

In § 341e Abs. 2 werden einzelne versicherungstechnische Rückstellungen erläutert. Darüber hinaus sind in den §§ 341f bis 341h weitere Vorschriften über die Bildung von versicherungstechnischen Rückstellungen enthalten. Ferner enthält die RechVersV zusätzliche Angaben und Vorschriften zu den jeweiligen versicherungstechnischen Rückstellungen. 28

Insgesamt handelt es sich bei den versicherungstechnischen Rückstellungen gemäß Formblatt 1 RechVersV um: 29
- *Beitragsüberträge*
- *Deckungsrückstellung*
- *Rückstellung für noch nicht abgewickelte Versicherungsfälle („Schadenrückstellung“)*
- *Rückstellung für erfolgsabhängige und erfolgsunabhängige Beitragsrückerstattung*
- *Schwankungsrückstellung und ähnliche Rückstellungen*
- *Sonstige versicherungstechnische Rückstellungen*

Nachfolgend seinen exemplarisch einige Anmerkungen zu Beitragsüberträgen, Schadenrückstellung und Deckungsrückstellung vorgenommen. 30

a) **Beitragsüberträge.** Der Zeitraum, für den die Versicherungsunternehmen Versicherungsschutz gewähren oder die Versicherungsnehmer Beiträge leisten, fällt häufig nicht mit dem Geschäftsjahr des jeweiligen Versicherungsunternehmens zusammen. Die im Geschäftsjahr gebuchten Beiträge für den über den Bilanzstichtag hinausgehenden Ver- 31 sicherungszeitraum sind in der Rechnungsperiode nicht erfolgswirksam und stellen somit Ertrag der Folgeperiode dar. Es handelt sich hierbei um einen transitorischen, passiven Rechnungsabgrenzungsposten, der in der Bilanz unter dem Posten Beitragsüberträge auszuweisen ist.

32 In § 341e Abs. 2 Nr. 1 wird ausdrücklich auf diesen Sachverhalt hingewiesen, denn darin heißt es, dass unter den versicherungstechnischen Rückstellungen im Posten Beitragsüberträge der Teil der Beiträge auszuweisen ist, „der Ertrag für eine bestimmte Zeit nach dem Abschlussstichtag darstellt."

33 Weder das HGB noch die RechVersV benennen die Beitragsteile, die übertragungsfähig sind. Daher wird in diesem Zusammenhang regelmäßig auf eine steuerrechtliche Erlassregelung zurückgegriffen, wonach Beitragsüberträge um die Versicherungssteuer und Ratenzuschläge zu kürzen und sodann zu verteilen sind.

34 Für die Ermittlung der Beitragsüberträge steht die zeitbezogene Gewährung von Versicherungsschutz, d.h. die Verteilung des Versicherungsschutzes auf das Geschäftsjahr und die nachfolgenden Geschäftsjahre im Mittelpunkt. Die Zurechnung der Beiträge hat grundsätzlich zeitanteilig (pro-rata-temporis) und gemäß § 252 Abs. 1 Nr. 3 einzelnen zu erfolgen. Im Regelfall kann dabei von einem gleich bleibenden Risikoverlauf während des Versicherungszeitraums ausgegangen werden, also von einer Proportionalität zwischen Gewährung von Versicherungsschutz und Beitrag im Zeitablauf. Bei abweichendem Risikoverlauf (z.B. in der Baurisiko- und Montageversicherung) sind die Beitragsüberträge entsprechend unter Berücksichtigung des versicherten Risikos zu ermitteln.

35 Bei der Einzelberechnung (pro-rata-temporis-Methode) wird für jeden einzelnen Versicherungsvertrag der auf das Folgejahr bzw. die Folgejahre entfallende und somit noch nicht verdiente Beitragsanteil taggenau nach der 1/360-Methode bzw. halbtaggenau mit der 1/720-Methode ermittelt. In der Praxis werden in der Lebensversicherung Beitragsüberträge mittels EDV nach der Pro-rata-temporis-Methode ermittelt. Bei Kranken- und Unfallversicherungen sind Beitragsüberträge nur in bestimmten Sonderfällen (z.B. kurzfristige Versicherung gegen Zahlung einer Einmalprämie) zu bilden, da es sich bei den Beiträgen in der Krankenversicherung entweder um reine Monatsbeiträge oder um Jahresbeiträge handelt, die in gleichen Monatsraten fällig werden.

36 Vom Grundsatz der Einzelbewertung kann gemäß § 341e Abs. 3 durch die Verwendung von Näherungsverfahren abgewichen werden, wenn eine Einzelbewertung oder Gruppenbewertung nicht möglich ist oder der damit verbundene Aufwand unverhältnismäßig wäre und diese zu annähernd gleichen Ergebnissen wie bei der Anwendung der Einzelbewertung führt.

37 **b) Rückstellung für noch nicht abgewickelte Versicherungsfälle (Schadenrückstellung).** § 341g ist eine besondere Ausprägung der Rückstellung für ungewisse Verbindlichkeiten gemäß § 249. Die Rückstellung setzt sich zusammen aus verschiedenen Teilrückstellungen, nämlich für bekannte Versicherungsfälle, für Spätschäden (Schäden, die bis zum Geschäftsjahresende zwar eingetreten, aber nicht gemeldet sind – IBNR – incurred but not reported), für Rentenversicherungsfälle sowie für Schadenregulierungsaufwendungen. Abgesehen von steuerlichen Erlassgrundlagen finden sich Regularien in der RechVersV, z. Bsp. §§ 25, 26. In einzelnen Sparten, die sich durch sehr langfristige Schadenabwicklung auszeichnen, sind aktuariell unterlegte Schätzverfahren zur Bewertung und Analyse der Schadenrückstellungshöhe notwendig; als am weitesten verbreitete Verfahren gilt hierbei das chain-ladder-Verfahren („Abwicklungsdreiecke").

c) **Deckungsrückstellung.** Die Deckungsrückstellung wird in den Versicherungszweigen Lebensversicherung (einschließlich Pensionsfonds) sowie in der nach Art der Lebensversicherung betriebenen Kranken, Schaden- und Unfallversicherung gebildet und basiert auf der handelsrechtlichen Vorschrift in § 341f, wonach Deckungsrückstellungen *„für die Verpflichtungen aus dem Lebensversicherungs- und dem nach Art der Lebensversicherung betriebenen Versicherungsgeschäft in Höhe ihres versicherungsmathematisch errechneten Wertes einschließlich bereits zugeteilter Überschussanteile mit Ausnahme der verzinslich angesammelten Überschußanteile und nach Abzug des versicherungsmathematisch ermittelten Barwerts der künftigen Beiträge zu bilden (prospektive Methode)“* sind. 38

Gründe für die Bildung von Deckungsrückstellungen sind die Rechnungsabgrenzung zwischen den konstanten Prämien und den mit dem Alter steigenden natürlichen Risikoprämien sowie der Ausweis des Spar- und Entsparprozesses. Die Deckungsrückstellung resultiert folglich aus zwei Komponenten: 39

1. **Dem Risikoanteil:** In der (Risiko-)Lebensversicherung wird grundsätzlich ein konstanter Beitrag über die Laufzeit des Vertrages vereinbart, obwohl das Sterblichkeitsrisiko mit zunehmendem Alter steigt. Nach dem Äquivalenzprinzip soll der Barwert der Leistung dem Barwert der Gegenleistung entsprechen. Die zu Beginn des Vertrages geforderte Prämie ist im Verhältnis zum Sterblichkeitsrisiko aber zu hoch, die überhöhten Prämienanteile werden in die Deckungsrückstellung eingestellt. Mit zunehmender Vertragslaufzeit steigt das Sterblichkeitsrisiko, die Deckungsrückstellung wird wieder aufgelöst und ist zum Vertragsende bei Null. So wird durch die Bildung der Deckungsrückstellung eine periodengerechte Erfolgsermittlung sichergestellt, da Einnahmen erst im Zuge der späteren Auflösung zu Ertrag werden.
2. **Dem Sparanteil:** In der (Kapital-)Lebensversicherung wird im Erlebensfall die Versicherungssumme fällig. Diese setzt sich aus dem Sparanteil der eingezahlten Prämie und den darauf entfallenen Zinsen zusammen. Durch den verzinsten Sparanteil, der der Deckungsrückstellung zugeführt wird, wächst diese konstant und erreicht bei Vertragsende die Höhe der Versicherungssumme.

Die Berechnung der Deckungsrückstellung erfolgt gemäß § 252 Abs. 1 Nr. 3 nach dem Grundsatz der Einzelbewertung. Abweichend hiervon ist auch eine Anwendung von Näherungsverfahren nach § 341e Abs. 3 zulässig, falls diese zu annähernd gleichen Ergebnissen wie die Einzelbewertung führen. Deren Anwendung findet in der Praxis allerdings kaum statt, da der Aufwand einer Einzelbewertung nicht als unverhältnismäßig hoch eingestuft wird. Von besonderer Bedeutung für den zu bilanzierenden „Erfüllungsrückstand“ ist die Höhe des rechnungsmäßigen Zinses. Um zu verhindern, dass die Rückstellung aufgrund zu hoher unterstellter Verzinsung zu gering ausfällt, wird der rechnungsmäßige Zins in Anpassung an das allgemeine Zinsniveau aufsichtsrechtlich als Höchstzins festgelegt. Aufgrund der Langfristigkeit der Verträge ist die Höhe des von dem jeweiligen Unternehmen angewandten Zinses einerseits aus Sicht des Verbrauchers/Versicherungsnehmers als Garantiezins auf den Sparanteil von erheblicher Bedeutung, andererseits für die Unternehmen für die Höhe der Kalkulation und die Höhe der zu bilanzierenden Verpflichtung. Erneut berühren sich Aufsichtsrecht und Rechnungslegung. 40

FÜNFTER ABSCHNITT

Privates Rechnungslegungsgremium; Rechnungslegungsbeirat

§ 342
Privates Rechnungslegungsgremium

(1) Das Bundesministerium der Justiz kann eine privatrechtlich organisierte Einrichtung durch Vertrag anerkennen und ihr folgende Aufgaben übertragen:

1. Entwicklung von Empfehlungen zur Anwendung der Grundsätze über die Konzernrechnungslegung,
2. Beratung des Bundesjustizministeriums bei Gesetzgebungsvorhaben zu Rechnungslegungsvorschriften und
3. Vertretung der Bundesrepublik Deutschland in internationalen Standardisierungsgremien.
4. Erarbeitung von Interpretationen der internationalen Rechnungslegungsstandards im Sinn des § 315a Abs. 1.

Es darf jedoch nur eine solche Einrichtung anerkannt werden, die aufgrund ihrer Satzung gewährleistet, daß die Empfehlungen unabhängig und ausschließlich von Rechnungslegern in einem Verfahren entwickelt und beschlossen werden, das die fachlich interessierte Öffentlichkeit einbezieht. Soweit Unternehmen oder Organisationen von Rechnungslegern Mitglied einer solchen Einrichtung sind, dürfen die Mitgliedschaftsrechte nur von Rechnungslegern ausgeübt werden.

(2) Die Beachtung der die Konzernrechnungslegung betreffenden Grundsätze ordnungsgemäßer Buchführung wird vermutet, soweit vom Bundesministerium der Justiz bekanntgemachte Empfehlungen einer nach Absatz 1 Satz 1 anerkannten Einrichtung beachtet worden sind.

Schrifttum zu §§ 342, 342a

Monographien: *Achleitner* Die Normierung der Rechnungslegung (1995); *Augsberg* Rechtsetzung zwischen Staat und Gesellschaft – Möglichkeiten differenzierter Steuerung des Kapitalmarktes (2003); *Berberich* Ein Framework für das DRSC (2002); *Breidenbach* Normensetzung für die Rechnungslegung (1997); *Buchholz* Ein neues DRSC? (2004); *Hoffmann* Das DRSC und die Regulierung der Rechnungslegung (2003); *Kramer* True and fair view in der Konzernrechnungslegung (1999); *Hohl* Private Standardsetzung im Gesellschafts- und Bilanzrecht (2007); *Luttermann* Unternehmen, Kapital und Genußrechte (1998); *Paal* Rechnungslegung und das DRSC, 2001; *Schmidt* Das Konzept einer kapitalmarktorientierten Rechnungslegung (2000); *Wüstemann* Generally Accepted Accounting Principles (1999).

Aufsätze: *Achleitner* Private Standardsetzung: Einleitender Diskussionsbeitrag, Kleindiek/Oehler (Hrsg.), Die Zukunft des deutschen Bilanzrechts (2000) S. 127; *Adelt* Internationale Rechnungslegung: Besteht die Notwendigkeit eines neuen Rechnungslegungsstandards? Festschrift Weber (1999) 417; *Arbeitskreis Normierung der Rechnungslegung der Wissenschaftlichen Kommission Rechnungswesen im Verband der Hochschullehrer für Betriebswirtschaft e. V.* Stellungnahme Nr. 3: Zum Entwurf der Grundsätze ordnungsmäßiger Rechnungslegung des DRSC, BB 2002, 2595, 2596; *Baetge/Krumnow/Noelle* Das „Deutsche Rechnungslegungs Standards Committee“ (DRSC), DB

2001, 769; *Ballwieser* Chancen und Gefahren einer Übernahme amerikanischer Rechnungslegung, Festschrift Beisse (1997) 25; *ders.* HGB-Konzernabschlußbefreiung und privates Rechnungslegungsgremium, Festschrift Weber (1999) 433; *Bardenz* Durchbruch für das International Accounting Standards Committee? WM 1996, 1657; *Beisse* Normqualität und Normstruktur von Bilanzvorschriften und Standards, BB 1999, 2180; *Berger* Pre-Clearance leistet einen Beitrag zur Stärkung des Vertrauens in einen funktionierenden Kapitalmarkt, DB 2008, 1843; *Biener* Die Standardisierung als neue Möglichkeit zur Fortentwicklung der Rechnungslegung, Festschrift Weber (1999) 451; *ders.* Stand und künftige Entwicklung der Harmonisierung der Vorschriften über die Rechnungslegung und deren Prüfung in der Europäischen Union, Festschrift Kropff (1997) 393; *ders.* Das DRSC: Auftrag und Perspektiven, Kleindiek/Oehler (Hrsg.), Die Zukunft des deutschen Bilanzrechts (2000) S. 55; *Böcking* Internationalisierung der Rechnungslegung und ihre Auswirkungen auf die Grundprinzipien des deutschen Rechts, Der Konzern (DK) 2004, 177; *Böcking/Orth* Offene Fragen und Systemwidrigkeiten bei den neuen Rechnungslegungs- und Prüfungsvorschriften des KonTraG und des KapAEG, DB 1998, 1873; *Bormann* Internationale Harmonisierung der Rechnungslegung, RIW 1996, 35; *Breidenbach* Aufgaben und Organisation des Deutschen Rechnungslegungs Standards Committee (DRSC), StuB 1999, 641; *Buck* Internationalisierung von Recht – Wandel in der deutschen Rechnungslegung, JZ 2004, 883; *Budde* Konzernrechnungslegung nach IAS und US-GAAP und ihre Rückwirkungen auf den handelsrechtlichen Einzelabschluß, Festschrift Beisse (1997) 105; *Budde/Steuber* Globaler Kapitalmarkt und unternehmerische Rechenschaftslegung, Festschrift Peltzer (2001) 39; *dies.* Normsetzungsbefugnis eines deutschen Standard Setting Body, DStR 1998, 1181; *dies.* Rückwirkung des Konzernabschlusses auf den Einzelabschluß, BB 2000, 971; *dies.* Verfassungsrechtliche Voraussetzungen zur Transformation internationaler Rechnungslegungsgrundsätze, DStR 1998, 504; *Busse von Colbe* Ausbau der Konzernrechnungslegung im Lichte internationaler Entwicklungen, ZGR 2000, 651; *ders.* Internationalisierung der Konzernrechnungslegung börsennotierter Mutterunternehmen durch das KapAEG und das KonTraG, Festschrift Weber (1999) 463; *ders.* Zur Anpassung der Rechnungslegung von Kapitalgesellschaften an internationale Normen, BFuP 1995, 373; *Dawo/Strickmann* Quo vadis deutsches Bilanzrecht – eine Veranstaltungsnachlese, StuB 1999, 372; *Deleker* Ökonomische Überlegungen zur möglichen Übernahme US-amerikanischer Rechnungslegungsgrundsätze, DB 1998, 2047; *Drescher* Gründung eines privaten Rechnungslegungsgremiums in Deutschland – „public versus private standard setting"? StuW 1998, 240; *Ebke* Der Deutsche Standardisierungsrat und das Deutsche Rechnungslegungs Standards Committee: Aussichten für eine professionelle Entwicklung von Rechnungslegungsgrundsätzen, ZIP 1999, 1193; *Engel-Ciric* Vergleichende Betrachtung des Jahresabschlusses nach HGB und US-GAAP, RIW 1998, 775; *Erdbrügger* Die Auswirkung des Einklangserfordernisses auf die praktische Umsetzbarkeit des § 292a HGB, DStR 2001, 99; *Ernst* EU-Verordnungsentwurf zur Anwendung von IAS: Europäisches Bilanzrecht vor weitreichenden Änderungen, BB 2001, 823; *ders.* KonTraG und KapAEG sowie aktuelle Entwicklungen zur Rechnungslegung und Prüfung in der EU, WPg 1998, 1025; *ders.* Zum Stand der Reformüberlegungen im Bilanzrecht: Noch ist nichts entschieden, Kleindiek/Oehler (Hrsg.), Die Zukunft des deutschen Bilanzrechts (2000) S. 41; *Fülbier/Gassen* Entwicklung der deutschen Rechnungslegung für das Jahr 2004, KoR 2001, 180; *Gebhardt* Konsistente Bilanzierung von Aktienoptionen und Stock Appreciation Rights – eine konzeptionelle Auseinandersetzung mit E-DRS 11 und IFRS ED 2, BB 2003, 675; *Gebhardt/Heilmann* DRS 4 in der Bilanzierungspraxis – ein Beispiel für die Mißachtung Deutscher Rechnungslegungsstandards, Der Konzern (DK) 2004, 109 ff; *Gräbsch* Bilanzierung latenter Steuern im Konzernabschluß nach DRS 10, StuB 2002, 743; *Großfeld* Bilanzziele und kulturelles Umfeld, WPg 1994, 795; *ders.* Internationalisierung und internationale Rechnungslegung als Führungsaufgabe, AG 1999, 155; *ders.* Wirtschaftsprüfer und Globalisierung: Zur Zukunft des Bilanzrechts, WPg 2001, 129; *Grund* Internationale Entwicklung und Bilanzrecht – Reform oder Resignation? DB 1996, 1293; *Haller* Die Rolle des International Accounting Standards Committee bei der weltweiten Harmonisierung der externen Rechnungslegung, DB 1993, 1297; *Haller/Eierle* Ideenfindung und -verarbeitung zur Entwicklung von Rechnungslegungstandards beim „Financial Accounting Standards Board", DB 1998 733; *Havermann* Konzernrechnungslegung – quo vadis? WPg 2000, 121; *ders.* Private Regelsetzung aus der Sicht des Handelsbilanzrechts, ZGR 2000, 693; *Hayn/Zündorf* Eine kritische Analyse der Anforderungen an das DRSC im internationalen Vergleich, Festschrift Weber (1999) 481; *Heintzen* EU-Verordnungsentwurf zur Anwendung von IAS: Kein Verstoß gegen Unionsverfassungsrecht, BB 2001,

825; *ders.* Verfassungsrechtliche Anforderungen an das Rechnungslegungsrecht für börsennotierte Unternehmen, KoR 2001, 150; *Hellermann* Private Standardsetzung im Bilanzrecht – öffentlich-rechtlich gesehen, NZG 2000, 1097; *Hennrichs* Ausbau der Konzernrechnungslegung im Lichte internationaler Entwicklungen, ZGR 2000, 627; *Hommelhoff* Europäisches Bilanzrecht im Aufbruch, RabelsZ 62 (1998) S. 382; *ders.* Konzeptionelle Grundfragen einer Bilanzrechtsreform, Kleindiek/Oehler (Hrsg.), Die Zukunft des deutschen Bilanzrechts (2000) S. 141; *Hommelhoff/Schwab* Gesellschaftliche Selbststeuerung im Bilanzrecht – Standard Setting Bodies und staatliche Regulierungsverantwortung nach deutschem Recht, BFuP 1998, 38; *dies.* Staatsersetzende Privatgremien im Unternehmensrecht, Festschrift Kruse (2001) 693; *Hütten/Brakensiek* „Deutsche" US-GAAP ohne eine SEC – Auto ohne Bremsen? BB 2000, 870; *Kahle* Europarechtliche Einflüsse auf den Maßgeblichkeitsgrundsatz, StuW 2001, 126; *Kirchhof* Gesetzgebung und private Regelsetzung als Geltungsgrund für Rechnungslegungspflichten? ZGR 2000, 68; *Kleber* Amerikanische Rechnungslegungsgrundsätze: Vorbild für Europa? BFuP 1993, 380; *Kleekämper* Aktuelle Entwicklungen beim IASC, BFuP 1995, 414; *Kleindiek* Gestaltungsaufgaben der Bilanzrechtsreform, ders./Oehler (Hrsg.), Die Zukunft des deutschen Bilanzrechts (2000) S. 1; *Köhler/Marten/Schlereth* Reformansätze zum HGB, DB 2006, 2301 ff; *Kübler* Fragen und Wünsche des Gesellschafts- und Kapitalmarktrechts an das Recht der Rechnungslegung, ZGR 2000, 550; *Küffner/Hock* Internationalisierung der Rechnungslegung aus der Sicht mittelständischer Unternehmen, BFuP 1998, 57; *Küting* Die Rechnungslegung in Deutschland an der Schwelle zu einem neuen Jahrtausend, DStR 2000, 38; *Küting/Brakensiek* IASC, FASB und DRSC – Ein Kurzporträt dreier Standardsetter, BB 1999, 678; *Küting/Hayn* Der internationale Konzernabschluß als Eintrittskarte zum weltweiten Kapitalmarkt, BB 1995, 662; *Küting/Hütten* Warum denn aus Fehlern anderer lernen – Das DRSC und sein erster Standardentwurf, StuB 1999, 487; *Langenbucher/Blaum* Ist ein deutsches Rechnungslegungsgremium notwendig? BB 1995, 2325; *Löw* Deutsches Rechnungslegungs Standards Committee, ZBB 2001, 19; *Luttermann* International Accounting Standards in der Europäischen Union, ZIP 2000, 1318; *Moxter* Deutsches Rechnungslegungs Standards Committee: Aufgaben und Bedeutung, DB 1998, 1425; *ders.* Die Zukunft der Rechnungslegung? DB 2001, 605; *Niehus* Die Zukunft der Standards des DRSC, DB 2001, 53; *ders.* Perspektiven der deutschen Rechnungslegung, Kleindiek/Oehler (Hrsg.), Die Zukunft des deutschen Bilanzrechts (2000) S. 14; *Pellens/Bonse/Gassen* Perspektiven der deutschen Konzernrechnungslegung, DB 1998, 785; *Pellens/Crasselt/Kemper* Evaluation der Arbeit des DRSC, DB 2009, 241; *Pellens/Fülbier* Differenzierung der Rechnungslegungsregulierung nach Börsenzulassung, ZGR 2000, 572; *Pellens/Fülbier/Ackermann* International Accounting Standards Committee: Deutscher Einfluß auf Arbeit und Regelungen, DB 1996, 285; *Pellens/Gassen* Die Bereitstellung von Rechnungslegungssystemen – Eine Aufgabe des Staates oder des Marktes, Festschrift Coenenberg (1998) 633; *dies.* EU-Verordnungsentwurf zur IAS-Konzernrechnungslegung, KoR 2001, 137; *Pfitzer/Oser/Wader* Offene Frage und Systemwidrigkeiten des Bilanzrechtsreformgesetzes (BilReG), DB 2004, 2593; *Prinz* Reform der deutschen Rechnungslegung – Gedanken und Anregungen an den Gesetzgeber zur Umsetzung der Mitgliedsstaatenwahlrechte der IAS/IFRS-Verordnung aus Praktikersicht, DStR 2003, 1359; *Probst* Mehr angloamerikanische Rechnungslegung in der EG durch geänderte Verfahren? BFuP 1992, 426; *Scheffler* Der Deutsche Standardisierungsrat – Struktur, Aufgaben und Kompetenzen, BFuP 1999, 404; *ders.* Internationale Rechnungslegung und deutsches Bilanzrecht, DStR 1999, 1285; *Schildbach* Öffnung der Jahresabschlüsse für IAS und US-GAAP – ein Fortschritt? StuB 1999, 421; *ders.* Das private Rechnungslegungsgremium gemäß § 342 HGB und die Zukunft der Rechnungslegung in Deutschland, DB 1999, 645; *ders.* Reichweite, Eigenschaften und Legitimation der US-GAAP: Vor überzogenen Erwartungen wird gewarnt! StuB 2000, 192; *Schmidbauer* Die Erfassung von Erlösen nach E-DRS 17 – ein Fortschritt für die deutsche Rechnungslegung? DStR 2002, 2051; *Schöler* Verfassungsrechtliche Anforderungen an die Regulierung der Energiewirtschaft durch eine privatrechtliche Stelle – Eine privatrechtliche Regulierungsstelle nach dem Vorbild des Deutschen Rechnungslegungs Standards Committee e.V. (§ 342 HGB), ZNER 2003, 201; *Schön* Entwicklung und Perspektiven des Handelsbilanzrechts: vom ADHGB zum IASC, ZHR 161 (1997) S. 133; *ders.* Gesellschafter-, Gläubiger- und Anlegerschutz im Europäischen Bilanzrecht, ZGR 2000, 706; *ders.* Pre-Clearance – noch mehr Unklarheit im Bilanzrecht? DB 2008, 1027; *Schruff* Die internationale Vereinheitlichung der Rechnungslegung nach den Vorschlägen des IASC – Gefahr oder Chance für die deutsche Bilanzierung? BFuP 1993, 400; *Schuppert/Bumke* Verfassungsrechtliche Grenzen privater Standardsetzung – Vorüberlegungen zu einer

Theorie der Wahl rechtlicher Regelungsformen (Regulatory Choice); Kleindiek/Oehler (Hrsg.), Die Zukunft des deutschen Bilanzrechts (2000) S. 71; *Schwab* Der Standardisierungsvertrag für das DRSC – Eine kritische Würdigung, BB 1999, 731, 783; *ders.* Der Deutsche Rechnungslegungs Standard Nr. 7 im Widerspruch zum geltenden deutschen Bilanzrecht, DB 2001, 880–882; *ders.* Kooperative staatliche Entscheidungen und das Demokratieprinzip, in: Bröchler/Schützeichel (Hrsg.), Politikberatung, 2008, S. 217; *Siegler* Erfassung von Erlösen (E-DRS 17), DB 2002, 1513; *Spanheimer* Spezifische Problemfelder des gesetzlichen Standardisierungsauftrages an den DSR gemäß § 342 Abs. 1 Nr. 1 HGB, WPg 2000, 997; *Strobl* IASC-Rechnungslegung und Gläubigerschutzbestimmungen nach deutschem Recht, Festschrift Clemm (1996) 389; *van Hulle* Die Reform des europäischen Bilanzrechts: Stand, Ziele und Perspektive, ZGR 2000, 537; *Willeke* Zum Entwurf eines Standards „Änderung der Bilanzierung und Grundsatz der Stetigkeit" (E-DRS 15) – eine kritische Bestandsaufnahme, StuB 2002, 601; *Zeitler* „Konservative Bilanzierung" versus IAS – ein verlorener Kampf? Festschrift Beisse (1997) 599; *Zitzelsberger* Überlegungen zur Einrichtung eines Rechnungslegungsgremiums in Deutschland, WPg 1998, 246.

Übersicht

I. Normzweck

Indem der Gesetzgeber das BMJ ermächtigt, ein privates Rechnungslegungsgremium anzuerkennen, reagiert er einerseits auf die internationale Entwicklung im Bilanzrecht (1.); andererseits trägt er den Rahmenbedingungen moderner Rechtsetzung Rechnung (2.). 1

1. Internationalisierung der Rechnungslegung

a) Bilanzrecht und Kapitalmarkt. Die Darstellung der Vermögens-, Finanz- und Ertragslage eines Unternehmens durch ein Rechenwerk fungiert weltweit als ein wichtiges Informationsinstrument, um Investitions- und Desinvestitionsentscheidungen auf den Kapitalmärkten zu unterstützen.[1] Kapitalmärkte sind aber seit langem keine rein nationale Angelegenheit mehr:[2] Im Zuge der Globalisierung der Wirtschaft streben Unternehmen nicht nur die Ausdehnung ihrer geschäftlichen Aktivitäten, sondern in gleicher Weise die Akquisition von Eigenkapital jenseits der eigenen Landesgrenzen an:[3] Dort, wo ein Unternehmen mit seinen Produkten auftritt, will es zugleich als Kapitalnachfrager erscheinen. Ziel dieser Bemühungen ist namentlich die US-amerikanische Börse.[4] Werden Aktien dort notiert, steigt zugleich ihr „Tauschwert" für die Unternehmensübernahmen, Verschmelzungen und anderes mehr. Dort werden die Anforderungen an die Darstellung der Vermögens-, Finanz- und Ertragslage von der nationalen Börsenaufsichtsbehörde festgelegt, der *Securities and Exchange Commission* (SEC). Mit der Ausarbeitung entsprechender Rechnungslegungs-Standards hat die SEC das *Financial Accounting Standards Board* (FASB) betraut, dessen Standards als sog. *Generally Accepted Accounting Principles* (US-GAAP) firmieren. Hierbei handelt es sich um ein privates, mehrheitlich von Wirtschaftsprüfern besetztes Gremium.[5] Auch in anderen Ländern ist die Standardsetzung durch private Gremien verbreitet.[6] 2

In dieser grenzüberschreitenden Kapitalnachfrage wurzelt das Interesse global tätiger Unternehmen, sich auf allen Kapitalmärkten der Welt mit einem **einheitlichen Rechenwerk** präsentieren zu können. Dies Interesse besteht zum einen aus Kostengründen: Die Aufstellung mehrerer Rechenwerke erhöht den Aufwand für Wirtschaftsprüfer-Honorare. Zum anderen wird die Vereinheitlichung angezielt, um einer Verunsicherung der Anleger entgegenzuwirken: Diese müssen das Vertrauen in die Rechnungslegung verlieren, wenn ein Unternehmen, wie dies im Konzernabschluss der Daimler Benz AG für das Jahr 1993 der Fall war, nach deutschem Recht einen Konzerngewinn von über 600 Mio., nach amerikanischem Recht einen Konzernverlust von 1,8 Mrd. DM verbucht.[7] 3

---

[1] *Budde/Steuber* BB 2000, 971, 975; *Deleker* DB 1998, 2047; *Engel-Ciric* RIW 1998, 775; *Haller* DB 1993, 1297; *Pellens/Gassen* FS Coenenberg 663, 666.

[2] Vgl. *Luttermann* Unternehmen, Kapital und Genußrechte S. 359 mit Beispielen ländergreifender Kapitalakquisition bereits aus früheren Jahrhunderten.

[3] *Biener* Die Zukunft des deutschen Bilanzrechts 55, 57; *Bormann* RIW 1996, 35, 40; *Grund* DB 1996, 1293; *Havermann* WPg 2000, 121.

[4] *Grund* DB 1996, 1293; *Küting/Hayn* BB 1995, 662, 664; *Schildbach* StuB 2000, 192.

[5] Vgl. *Küting/Brakensiek* BB 1999, 678, 680: 7 Mitglieder, davon 4 Wirtschaftsprüfer und 3 weitere Mitglieder mit „fundierten Erfahrungen in der Bilanzrechtspraxis".

[6] Vgl. *Achleitner* Die Zukunft des deutschen Bilanzrechts 127 f; *Langenbucher/Blaum* BB 1995, 2325, 2330 ff.

[7] Vgl. FAZ v. 12.12.1995, S. 23; vgl. zu vergleichbaren Erfahrungen in den Konzernabschlüssen der Hoechst AG in den Jahren 1995 und 1996 *Deleker* DB 1998, 2047.

4 Gerade das Beispiel Daimler Benz zeigt, dass die höchst unterschiedlich ausgeformten nationalen Bilanzrechte eine solche weltweit einheitliche Präsentation derzeit nicht erlauben. Die Regeln, welche ein Unternehmen für die zahlenmäßige Abbildung seiner Vermögens-, Finanz- und Ertragslage einzuhalten hat, sind vielmehr durch das jeweilige kulturelle und makroökonomische Umfeld[8] sowie namentlich durch die Art und Weise geprägt, welchen Zielen das jeweilige nationale Bilanzrecht Beachtung schenkt oder gar den Vorrang einräumt: Es mag allein der Aspekt der **Anlegerinformation** in den Blick genommen werden, wie dies bei den Standards des FASB der Fall ist[9]; es mag aber daneben auch der Aspekt der **Kapitalerhaltung** eine Rolle spielen,[10] ein Gesichtspunkt, welcher namentlich im Recht des deutschen Einzelabschlusses eine dominierende Bedeutung erlangt hat.

5 Dem deutschen Konzernabschluss dagegen kommt im Ausgangspunkt ebenfalls ausschließlich Informationsfunktion zu, nicht aber die Funktion, Gewinnausschüttungen im Interesse der Kapitalerhaltung zu begrenzen;[11] doch verweist das Recht des Konzernabschlusses in § 298 Abs. 1 HGB auf die für den Einzelabschluss geltenden Ansatz- und Bewertungsvorschriften. § 298 Abs. 1 HGB folgt dabei einer Vorgabe der EU-Konzernbilanzrichtlinie (Siebte Richtlinie), welche ebenfalls einen Pauschalverweis auf die Vorschriften der Jahresabschlussrichtlinie (Vierte Richtlinie) enthält.[12] Der diametral **entgegengesetzte ideelle Ansatz** beider Bilanzphilosophien – der deutschen einerseits, der amerikanischen andererseits – präjudiziert zahlreiche **Unterschiede im Detail.**[13] Die Aufstellung eines Konzernabschlusses, der einerseits dem HGB, andererseits den US-GAAP in allen Punkten gerecht wird, ist derzeit unmöglich.[14]

6 b) **Internationaler Standardsetter.** 1973 wurde das *International Accounting Standards Committee* (IASC) aus der Taufe gehoben, in dem die Vertreter einer Fülle nationaler Standardsetter sich um die Ausarbeitung weltweit anerkennungsfähiger Grundsätze für die Konzernrechnungslegung bemühen.[15] Angestrebt wird namentlich eine Anerkennung der Standards durch die internationale Vereinigung der Börsenaufsichtsbehörden (IOSCO),[16] um in letzter Konsequenz zu erreichen, dass Abschlüsse nach International Accounting Standards (IAS) für die Präsentation an allen Börsenplätzen der Welt nutzbar

[8] Eingehend *Großfeld* WPg 1994, 775 ff; vgl. ferner *Bormann* RIW 1996, 35, 40 ff; kurz auch *Kleekämper* BFuP 1995, 414; *Küting/Hayn* BB 1995, 662, 663.

[9] Statt vieler *Buck* JZ 2004, 883, 885.

[10] Zu diesen beiden denkbaren Funktionen der Rechnungslegung *Schön* ZGR 2000, 706, 725 ff, 729 ff.

[11] Siehe zu dieser im Vergleich zum Einzelabschluss begrenzten Funktion des Konzernabschlusses nur *Budde* FS Clemm 81, 103; *Claussen* FS Zimmerer 495, 503; *Hartmann* WPg 1998, 259, 265; *Hommelhoff* RabelsZ 62 (1998) S. 382, 390 mit Fn 41; *Kramer* True and fair view in der Konzernrechnungslegung 3 f, 33 ff; *Kropff* FS Claussen 659, 663; *Küffner/Hock* BFuP 1998, 57, 70; *Moxter* DB 1998, 1425, 1426; *Schruff* BFuP 1993, 400, 411; *Zitzelsberger* WPg 1998, 246, 250.

[12] Näher *Berberich* Ein Framework für das DRSC S. 77 f; s. auch § 298, 16.

[13] Zusammenfassend hierzu *Küffner/Hock* BFuP 1998, 57, 61, 71; siehe ferner *Claussen* FS Zimmerer 495, 504 f; *Oser* DStR 1996, 34, 37.

[14] *Budde* FS Beisse 105, 109; *Kropff* FS Claussen 659, 671; *Küffner/Hock* BFuP 1998, 57, 71; *Niehus* FS Havermann 537, 544; *Pellens/Fülbier/Ackermann* DB 1996, 285; *Schruff* BFuP 1993, 400, 413 ff, 421; *Zeitler* FS Beisse 599, 600.

[15] Näher zu Mitgliedern und Zielen des IASC *Haller* DB 1993, 1297; *Küting/Brakensiek* BB 1999, 678.

[16] *Böcking/Orth* DB 1998, 1873, 1876; *Ernst* Die Zukunft des deutschen Bilanzrechts 41, 42; *Pellens/Fülbier/Ackermann* DB 1996, 285.

gemacht werden können. Die IOSCO hat denn auch tatsächlich bereits im Mai 2000 die IAS weltweit für Zwecke grenzüberschreitender Emissionen empfohlen.[17] Zur Klärung von Auslegungszweifeln, die sich bei der Handhabung der IAS ergeben können, hat das IASC einen Ausschuss gebildet, der solche Zweifel klären soll. Es handelt sich um das *International Financial Reporting Standards Interpretation Committee* (IFRIC); seine Interpretationsvorschläge werden als *International Financial Reporting Standards* (IFRS) veröffentlicht.[18]

In Gestalt des IASC wird eine Plattform bereitgestellt, auf der die IAS als „Weltstandard" entstehen sollen und auf dem die nationalen Standardsetter deren Entwicklung inhaltlich zu beeinflussen suchen.[19] Das IASC bemüht sich denn auch um nationalen Pluralismus: An der Standardsetzung wirken Vertreter aus 13 Ländern mit;[20] das IASC nimmt sich zudem mittlerweile verstärkt der Bedürfnisse der Entwicklungsländer an.[21] Gleichwohl ist eine **Dominanz der angloamerikanischen Rechnungslegungsphilosophie** nicht zu leugnen;[22] diese resultiert gerade daraus, dass die Unterstützung der IAS durch die IOSCO angestrebt wird[23] und diese ihrerseits stark durch die SEC beeinflusst wird.[24] Jene Dominanz wird verstärkt durch Absprachen zwischen den vier führenden nationalen Standardsettern (nämlich denen aus USA, Kanada, Großbritannien und Australien) im Vorfeld der Beratungen im IASC, welche den Positionen des anglo-amerikanischen Rechtskreises eine erhöhte Durchschlagskraft verleihen.[25] 7

c) **Europäischer Standardsetter.** Die Europäische Kommission verstärkt seit dem Jahr 2000[26] ihre Bestrebungen, für börsennotierte Unternehmen einen Gleichklang zwischen den Vorschriften aus der Vierten und Siebten Richtlinie und den International Accounting Standards (IAS) bzw. International Financial Reporting Standards (IFRS) herzustellen,[27] um auf diese Weise die Vergleichbarkeit der Jahresabschlüsse von Unternehmen im 8

---

[17] *Ernst* BB 2001, 823, 824.

[18] Näher mit Nachweisen *Schön* DB 2008, 1027.

[19] Zur Organisation und Arbeitsweise des IASC vgl. § 292a, Anh. Rn 2 ff; ferner *Achleitner* Die Normierung der Rechnungslegung 101 ff; *Bardenz* WM 1996, 1657, 1659 ff; *Breidenbach* Normensetzung für die Rechnungslegung 84 ff; *Haller* DB 1993, 1297, 1298 ff; *Kleekämper* BFuP 1995, 414, 417 ff; *Küting/Brakensiek* BB 1999, 678 ff.

[20] *Bolin* WPg 1990, 482; *Pellens/Fülbier/Ackermann* DB 1996, 285, 286, 291.

[21] *Haller* DB 1993, 1297, 1304.

[22] *Biener* BFuP 1993, 345, 352; *Eisolt* BB 1995, 1127, 1131; *Großfeld* WPg 1994, 795, 801; *Hommelhoff* RabelsZ 62 (1998) 382, 390 mit Fn 39; *Kleber* BFuP 1993, 380, 383 f; *Kramer* True and fair view in der Konzernrechnungslegung 13 ff; *Luttermann* Unternehmen, Kapital und Genußrechte 449 f; *Niehus* FS Havermann 537, 542; *Pellens/Fülbier/ Ackermann* DB 1996, 285, 287; *Schruff* BFuP 1993, 400, 405. Freilich gibt es, wie ein Vergleich zwischen der Sicht einer ordnungsgemäßen Rechnungslegung einerseits durch die Berufsverbände, andererseits durch die Rechtsprechung in den USA zeigt, nicht „die" angloamerikanische Sichtweise (*Wüstemann* Generally Accepted Accounting Principles 83 ff, 89); doch dürfte in einem privaten internationalen Gremium hauptsächlich die Position der Berufsverbände ihren Niederschlag finden.

[23] *Haller* DB 1993, 1297, 1303; *Kleekämper* BFuP 1995, 415, 424; *Pellens/Fülbier/Ackermann* DB 1996, 285, 291.

[24] *Biener* BFuP 1993, 345, 352 f; *Claussen* FS Zimmerer 495, 498; *Haller* DB 1993, 1297, 1304; *Hayn* WPg 1994, 749, 755; *Kleekämper* BFuP 1995, 415, 424; *Pellens/Fülbier/Ackermann* DB 1996, 285, 286.

[25] Vgl. *Kleekämper* BFuP 1995, 415, 424.

[26] Strategiepapier der Europäischen Kommission, EU-Dokument KOM (2000) 359 vom 13.6.2000.

[27] Kommission (Fn 9) Ziff. 21; dazu auch § 292a, 4 sowie *Hommelhoff/Schwab* FS Kruse 693, 695 f; *Kahle* StuW 2001, 126, 132 f; *Luttermann* ZIP 2000, 1318 ff.

Interesse transparenter Kapitalmärkte zu verbessern.[28] Diese Bestrebungen manifestierten sich im Jahre 2002 im Erlass der sog. **IAS-Verordnung.**[29] Bereits zuvor hatte es im Schrifttum Gestaltungsvorschläge für einen von privaten Fachleuten getragenen europäischen Standardsetter gegeben.[30] Ebenso war der Ruf nach einem einheitlichen europäischen Standpunkt im Verfahren zum Erlass der IAS/IFRS laut geworden.[31] Im Vorfeld des Erlasses der IAS-Verordnung hat die Europäische Kommission die Vermutung geäußert, dass die IAS/IFRS mit den EU-Richtlinien harmonieren.[32] Eine Vermutung dieses Inhalts ist freilich nur gerechtfertigt, wenn es den Repräsentanten der EU im IASC gelingt, beim Erlass jedes einzelnen IAS/IFRS Positionen durchzusetzen, die im Einklang mit den EU-Bilanzrichtlinien stehen.[33]

9 Die IAS-Verordnung sieht im Einzelnen folgendes vor:[34] Nach Art. 6 der Verordnung in Verbindung mit den dort in Bezug genommenen Regeln über die Rechtsetzung im sog. **Komitologieverfahren**[35] legt die EU-Kommission ihre Vorschläge zur Annahme jedes einzelnen IAS einem Regelungsausschuss vor, der sich aus Vertretern der Mitgliedstaaten zusammensetzt. Kann sie mit ihrem Vorschlag vor diesem Ausschuss nicht durchdringen, so muss sie den EU-Rat anrufen, der den Vorschlag nur mit qualifizierter Mehrheit innerhalb dreier Monate ablehnen kann.[36] Stimmt der Regelungsausschuss dem Kommissionsvorschlag zu oder kommt im EU-Rat keine qualifizierte Mehrheit für die Zurückweisung jenes Vorschlags zustande, so tritt der jeweilige IAS/IFRS als EU-Verordnung in Kraft, jedoch im Rang unterhalb derjenigen Verordnung, durch welche die Ermächtigung zur Rechtsetzung in diesem Verfahren erteilt wurde.[37] Einen Standard, den sie für nicht mit den EU-Rechnungslegungsrichtlinien vereinbar hält, wird die Kommission von vornherein nicht zur Annahme vorschlagen, so dass auch eine entsprechende Verordnung nicht ergehen wird; die Konsequenz der Zurückweisung eines IAS/IFRS auf politischer Ebene besteht also schlicht in der Untätigkeit der Rechtsetzungsorgane. Geltendes Recht werden nur diejenigen IAS/IFRS, welche als Verordnung im genannten Verfahren positiv in Kraft gesetzt werden. Es wird namentlich nicht „dynamisch" auf künftige IAS/IFRS in ihrer jeweils geltenden Fassung verwiesen, sondern jeder einzelne IAS/IFRS wird selbständiger Gegenstand des soeben beschriebenen Verfahrens[38] sein.

10 Die IAS-Verordnung enthält gemäß ihrem Art. 4 seit dem 1.1.2005 unmittelbar geltendes Recht für alle börsennotierten Unternehmen: Diese sind verpflichtet, ihre Konzernabschlüsse nach den europäisch „ratifizierten" IAS/IFRS aufzustellen. Für die **deutsche Rechnungslegung** bedeutet dies, dass nationale Vorschriften der Konzernrechnungslegung

---

[28] Zu dieser Zielsetzung vgl. Kommission (Fn 9) Ziff. 2.

[29] Verordnung 1606/2002/EG vom 19.7.2002, ABl. EG Nr. L 243/1 vom 11.9.2002.

[30] *Hommelhoff* Die Zukunft des deutschen Bilanzrechts 141, 152 f; *Schön* ZGR 2000, 706, 735 ff.

[31] *van Hulle* ZGR 2000, 537, 547.

[32] Kommission (Fn 9) Ziff. 21.

[33] Skeptisch insoweit freilich *Niehus* DB 2001, 53, 56. Optimistischer in Bezug auf die Vereinbarkeit von IAS/IFRS mit deutschem Bilanzrecht *Böcking* DK 2004, 177, 181 f, 183.

[34] Verordnungsentwurf von 13.2.2001, KOM (2001) 80. Im Internet abrufbar unter http://europa.eu.int/comm/internal_market/en/whatsnew.htm.

[35] Beschluß 1999/468/EG des Rates vom 28.6.1999, ABl. EG Nr. L 184/23 vom 17.7.1999.

[36] Instruktive Darstellung dieses Verfahrens bei *Ernst* BB 2001, 823, 824.

[37] Vgl. *Heintzen* BB 2001, 825, 827.

[38] Vgl. *Buck* JZ 2004, 883, 887; *Heintzen* BB 2001, 825, 827. Die von *Budde/Steuber* FS Peltzer 39, 52 f auf der Grundlage des Dokuments KOM (2000) 359 geäußerte Befürchtung, die EU plane eine automatische Inkorporation künftiger IAS in europäisches Recht, hat sich daher im Verordnungstext nicht bewahrheitet.

für derartige Unternehmen durch die betreffenden internationalen Standards verdrängt werden. Konsequent hat der deutsche Gesetzgeber in § 315a klargestellt, dass auf jene Unternehmen §§ 290 ff. nur mit den dort genannten Einschränkungen anzuwenden sind.

d) **Deutsche Vertretung in internationalen Gremien.** In Reaktion auf diesen internationalen Trend, das Recht der Rechnungslegung zu privatisieren, hat der deutsche Gesetzgeber in § 342 die Möglichkeit eröffnet, einen privaten Standardsetter anzuerkennen, der sich gerade auch in die internationalen Verhandlungen einbringen und dort deutsche Interessen vertreten soll (Abs. 1 S. 1 Nr. 3; vgl. unten Rn 37 ff). Der deutsche Standardsetter soll sich des Weiteren mit der Interpretation internationaler Rechnungslegungsstandards befassen (Abs. 1 S. 1 Nr. 4; vgl. unten Rn 40a). **11**

2. **Staatsersetzende Privatgremien und das Grundgesetz.** Abgesehen von den internationalen Entwicklungen entspricht die Entscheidung des deutschen Gesetzgebers für ein privates Rechnungslegungsgremium in verfassungsrechtlicher Perspektive einem gewandelten Verständnis des Verhältnisses von Staat und Gesellschaft. **12**

a) **Das Demokratieprinzip.** Standardsetzung im Bilanzrecht ist, sofern die Standards in die Form rechtsverbindlicher Sollenssätze gegossen werden (dazu unten Rn 82 ff), funktional Rechtsetzung und damit Ausübung von Staatsgewalt. Solche Gewalt geht nach dem in Art. 20 Abs. 2 S. 1 GG niedergelegten *Demokratieprinzip* vom Volk aus. Nach traditionellem Verständnis folgt aus dieser Vorschrift, dass sämtliche staatlichen Entscheidungsträger ihr Tätigwerden auf eine ununterbrochene, auf das Volk rückführbare Legitimationskette müssen stützen können (sog. *personelle* Legitimation),[39] und dass auch der Inhalt der von ihnen getroffenen Entscheidungen sich als Manifestation des Volkswillens darstellen lässt (sog. *sachliche* Legitimation).[40] Mittel der personellen Legitimation sind namentlich die *Wahl* (des Bundestags durch das Volk, Art. 38 Abs. 1 S. 1 GG; des Bundeskanzlers durch den Bundestag, Art. 63 Abs. 1 GG) und die *Ernennung*[41] (der Bundesminister durch den Bundespräsidenten auf Vorschlag des Bundeskanzlers, Art. 64 Abs. 1 GG; der nachgeordneten Bundesbeamten durch den Bundespräsidenten, Art. 60 Abs. 1 GG, oder aufgrund einer entsprechenden Ermächtigung nach Art. 60 Abs. 3 GG durch die Ressortminister oder andere Behörden; soweit der Bundespräsident die Ernennung selbst vornimmt, ist er an Vorschläge des parlamentarisch verantwortlichen Ministers gebunden[42]). Das wichtigste Mittel der sachlichen Legitimation besteht in der Gesetzesbindung von Rechtsprechung und Verwaltung (Art. 20 Abs. 3 GG).[43] **13**

---

[39] BVerfGE 77, 1, 40; 83, 60, 72 f; *Böckenförde* in Isensee/Kirchhof (Hrsg.), Handbuch des Staatsrechts, Bd. I (1987) § 22 Rn 11, 16; *Di Fabio* Produktharmonisierung durch Normung und Selbstüberwachung (1996) 94; *Emde* Die demokratische Legitimation der funktionalen Selbstverwaltung (1991) 42 f; *Mayen* NVwZ 1997, 215, 216; *Papenfuß* Die personellen Grenzen der Autonomie öffentlich-rechtlicher Körperschaften (1991) 145.

[40] *Jestaedt* Demokratieprinzip und Kondominialverwaltung (1993) 270; *Böckenförde* Handbuch des Staatsrechts, Bd. I, § 22 Rn 21.

[41] Näher *Schwab* Rechtsfragen der Politikberatung im Spannungsfeld zwischen Wissenschaftsfreiheit und Unternehmensschutz 404.

[42] *Jestaedt* Demokratieprinzip und Kondominialverwaltung 382; *Emde* Die demokratische Legitimation der funktionalen Selbstverwaltung (1991) 349.

[43] Vgl. *Jestaedt* Demokratieprinzip und Kondominialverwaltung 273, 294, 335; *Schmidt-Aßmann* AöR 116 (1991) S. 329, 357; *ders.* Das allgemeine Verwaltungsrecht als Ordnungsidee (1998) 83 f; *Waechter* Geminderte demokratische Legitimation staatlicher Institutionen im Regierungssystem (1994) 35.

14 Da das Grundgesetz sich für eine **repräsentative Demokratie** entschieden und damit den direkten Einfluss des Volkes auf staatliche Sachentscheidungen verhindert hat, muss es auf jeder Ebene staatlichen Handelns dafür sorgen, dass nicht bestimmte einzelne Bürger oder Gruppen von Bürgern mit ihren (Partikular-)Interessen einen dominierenden Einfluss auf die staatlichen Organe der Gesetzgebung, Verwaltung und Rechtsprechung erlangen können:[44] Die gewählten Repräsentanten des Staates entscheiden für das gesamte Volk, welches sie repräsentieren, und sind ausschließlich dem **Gemeinwohl** verpflichtet.[45] Die personelle Verschiedenheit von Regierenden und Regierten impliziert somit notwendig *Distanz* der Entscheidungsträger zu den Entscheidungsunterworfenen, und sie gewährleistet die *Gleichheit* des Einflusses eines jeden Staatsbürgers: Demokratie im Sinne des Grundgesetzes bedeutet somit *egalitäre distanzierte Herrschaftsausübung.*[46] Das parlamentarische Verfahren zielt darauf ab, den dominanten Einfluss einzelner Interessengruppen zu verhindern;[47] es verbürgt ein Optimum an Vernünftigkeit und Gemeinwohlrichtigkeit.[48]

15 b) **Insbesondere die Standardsetzung im Bilanzrecht.** Den Standards eines privaten Gremiums, welches sich aus Rechnungslegern konstituiert und Empfehlungen ausarbeitet, wie bestimmte Sachverhalte bilanziell abzubilden sind, kommt **keine demokratische Legitimation** zu. Eine solche wird namentlich nicht dadurch vermittelt, dass es sich bei den Mitgliedern des Gremiums um Rechnungsleger (Rn 44) handelt; denn die Gesamtheit der Bilanzfachleute lässt sich nicht als „Volk" i.S.d. Art. 20 Abs. 2 S. 1 GG begreifen und kann daher auch keine demokratische Legitimation vermitteln. Das Grundgesetz erkennt „fachliche Teilvölker" nicht als Legitimationssubjekte an; es hat sich nicht für eine Herrschaft der Betroffenen, sondern für eine Herrschaft des gesamten Volkes entschieden.[49]

16 Ebenso wenig lässt sich die Verbindlichkeit privater Rechnungslegungs-Standards mit **autonomen Legitimationsstrukturen** erklären, etwa in dem Sinne, dass der Staat die Standardsetzung der „Selbstverwaltung der Wirtschaft" überlassen hätte.[50] Die autonome Legitimation erlangt dort Bedeutung, wo der Staat gesellschaftliche Interessenwahrnehmung verfasst und mit den Möglichkeiten und Instrumenten staatlicher Herrschaft ausstattet, etwa indem er sie zur verbindlichen Entscheidung über gemeinsame Interessen in den Stand setzt,[51] wie dies beispielsweise bei berufsständischen Kammern in Angelegenheiten des Berufsrechts der Fall ist. Autonome Rechtsetzungsgewalt erfordert jedoch einen *autonomiefähigen Personenkreis.* Ihre Grundlage ist ein *besonderes, abgrenzbares*

---

44 *Röhl* Der Wissenschaftsrat 143; *Schmidt-Aßmann* in ders./Hoffmann-Riem (Hrsg), Verwaltungsorganisationsrecht als Steuerungsressource (1997) 9, 56; *Waechter* Geminderte demokratische Legitimation staatlicher Institutionen im Regierungssystem 142.

45 Vgl. *Trute* Die Forschung zwischen grundrechtlicher Freiheit und staatlicher Institutionalisierung (1994) 225.

46 *Schmidt-Aßmann* AöR 116 (1991) S. 329, 336, 376.

47 *Drescher* StuW 1998, 241, 243.

48 *Kirchhof* ZGR 2000, 681.

49 Vgl. BVerfGE 83, 60, 72; 77, 1, 40; *Böckenförde* Handbuch des Staatsrechts, Bd. I, § 22 Rn 33; Heymann/*Herrmann* §§ 342, 342a, 6; *Jestaedt* Demokratieprinzip und Kondominialverwaltung 207 ff; *Schmidt-Aßmann* Das Allgemeine Verwaltungsrecht als Ordnungsidee 81 f.

50 So aber *Biener* Aktuelle Entwicklungen in Rechnungslegung und Wirtschaftsprüfung 1, 8; ähnlich *ders.* Die Zukunft des deutschen Bilanzrechts 55, 63.

51 So die treffende Beschreibung des Hintergrundes der autonomen Legitimation bei *Trute* Die Forschung zwischen grundrechtlicher Freiheit und staatlicher Institutionalisierung 211.

Interesse und ihr Träger daher nicht die unbestimmte Allgemeinheit,[52] sondern eine *sozialhomogene Betroffenengemeinschaft*.[53] Die im Bilanzrecht kulminierenden Interessen lassen sich nicht auf ein derart personell und sachlich abgrenzbares Interesse reduzieren; Rechnungslegung geht vielmehr *jedes* Unternehmen, *jeden* Anleger und *jeden* Gläubiger etwas an; von Rechnungslegungs-Standards ist daher *potentiell jedermann* betroffen.[54]

c) **Steuerungsdiskussion.** Staatliche Steuerung nach diesen Vorgaben setzt die Fähigkeit der Entscheidungsträger voraus, sachgerechte Regelungen zu treffen, ohne dafür auf Beiträge Privater zurückgreifen zu müssen. Eben dies ist aber im Staat des beginnenden 21. Jahrhunderts nicht mehr der Fall. Vielmehr machen es die wachsende Komplexität ökologischer, wirtschaftlicher und sozialer Zusammenhänge sowie die damit einhergehende Spezialisierung des verfügbaren Wissens unausweichlich, dass der Staat die **Zusammenarbeit mit gesellschaftlichen Akteuren** sucht, welche den dringend notwendigen Sachverstand bereitstellen können; aus einer *imperativen* wird eine *kooperative* Steuerung. **17**

Weil aber jene Akteure keiner Gemeinwohlbindung unterliegen, sondern die Mitwirkung an staatlichen Entscheidungen allein mit dem Motiv suchen, auf diese in ihrem Interesse Einfluss nehmen zu können, muss der Staat die Bereitschaft zur Zusammenarbeit einwerben, indem er den interessierten Gruppen inhaltlich Zugeständnisse macht. Damit droht sich das **Interessengleichgewicht**, welches durch die Strukturen demokratischen Entscheidens gewährleistet werden soll, zugunsten der vom Staat zu Rate gezogenen Interessengruppen zu verschieben; eine ungerechtfertigte Zurücksetzung droht namentlich denjenigen Interessen, welche sich nicht organisieren können, um dadurch erhöhte politische Durchschlagskraft zu erlangen. Die Standardsetzung durch Private kann keine demokratische Legitimation für sich in Anspruch nehmen; allenfalls mag das bestehende Defizit an demokratischer Legitimation dadurch ausgeglichen werden, dass sämtliche divergierenden Interessen in gleicher Weise zur Sprache kommen.[55] Die Gefahr einseitiger Interessenausrichtung ist gerade im Bilanzrecht mit Händen zu greifen: Während die zur Rechnungslegung verpflichteten Unternehmen und ihre Prüfer ihre Interessen in einer Fülle von Verbänden bündeln und sich so für die politische Auseinandersetzung formieren, ist das Interesse der Anleger angesichts ihrer unüberschaubaren Vielzahl weitaus schwieriger und das der Gläubiger praktisch überhaupt nicht organisierbar. Konsequent fehlt es im DRSC an der verfassungsrechtlich zwingend gebotenen ausgewogenen Interessenvertretung (näher Rn 49–54). **18**

Der Rechtslehre kommt die Aufgabe zu, in einer diesen gewandelten Bedingungen angepassten Weise den Steuerungsanspruch des Staates neu zu formulieren: Wo der Gesetzgeber in tatsächlicher Hinsicht mit der materiell-inhaltlichen Regelung einer Materie überfordert ist – und das ist im Bilanzrecht der Fall, wie die Vorschriften über die Rechnungslegung in Kreditinstituten (§§ 340 ff) und Versicherungen (§§ 341 ff HGB) zeigen[56] –, muss er sie nicht selbst leisten, sondern darf auf private Steuerungsbeiträge **19**

---

[52] *Emde* Die demokratische Legitimation der funktionalen Selbstverwaltung 381; *Oebbecke* Weisungs- und unterrichtungsfreie Räume in der Verwaltung (1986) 90; *Trute* aaO (vorige Fn) S. 212 f.

[53] *Papenfuß* Die personellen Grenzen der Autonomie öffentlich-rechtlicher Körperschaften 151.

[54] Ebenso *Buchholz* Ein neues DRSC? S. 121 ff; *Hellermann* NZG 2000, 1097, 1098.

[55] Dazu mit umfangreichen weiteren Nachweisen *Schwab*, in: Bröchler/Schützeichel (Hrsg.), Politikberatung, S. 217, 226 f.

[56] Vgl. zur Unfähigkeit des Gesetzgebers, zeitnahe Bilanzierungsregeln bereitzustellen,

zurückgreifen. Freilich darf er sich nicht gänzlich zurückziehen; vielmehr trifft ihn von Verfassungs wegen die Verantwortung, die Gemeinwohlrichtigkeit derjenigen Regelungen zu gewährleisten, welche unter Beteiligung Privater bei Preisgabe der Distanz und Neutralität verbürgenden demokratischen Legitimationsstränge getroffen werden. Diese sog. **Gewährleistungsverantwortung**[57] manifestiert sich vor allem darin, dass der *Prozess* privater Regulierung vom Staat moderiert werden muss.[58] Diese Moderation äußert sich insbesondere darin, dass der Staat ein öffentliches und transparentes Verfahren der Standardsetzung einrichten muss (dazu Rn 60–75).

20 Aus diesem Befund zieht § 342 richtige Konsequenz, privaten Sachverstand für die Standardsetzung zu rekrutieren; die Einrichtung des DRSC ist als solche nachdrücklich zu begrüßen.[59] In § 342 sind zwei der besagten **prozeduralen Elemente** verankert: Das Gesetz macht die Anerkennung des privaten Gremiums davon abhängig, dass die Satzung der privaten Einrichtung, die Unabhängigkeit der Standardsetzung sowie die Einbeziehung der interessierten Öffentlichkeit gewährleistet (Abs. 1 S. 2; dazu näher unten Rn 41 ff). Gänzlich ohne eine **materiellrechtliche Steuerungskomponente** kommt der Gesetzgeber freilich nach überwiegender und richtiger Ansicht nicht aus;[60] er hat vielmehr Vorgaben über die von ihm verfolgten Steuerungsziele und die dabei von ihm gesetzten Prioritäten vorzustrukturieren, um dem privaten Gremium Entscheidungsmaßstäbe an die Hand zu geben (dazu näher Rn 90 ff). Die Befragung Sachverständiger ist legitim, um Detailfragen zu regeln, mit denen die staatlichen Rechtsetzungsorgane überfordert sind; zur Auflösung fundamentaler politischer Zielkonflikte sind dagegen nicht Sachverständige, sondern allein Parlament und Regierung berufen.[61]

21 All' diese Vorkehrungen ändern nichts daran, dass den Beiträgen privater Gremien zu staatlicher Rechtsetzung keinerlei demokratische Legitimation zukommt; aber sie stellen sicher, dass das *Ziel* des Demokratieprinzips, eine ausgewogene und vor dem Gemeinwohl verantwortete Entscheidungsfindung mit Auswirkung auf Dritte zu gewährleisten, auch bei Einbeziehung Privater erreicht wird. Private Standards sind als solche nicht Ausübung von Staatsgewalt und bedürfen daher auch keiner demokratischen Legitimation; die Erfordernisse ausgewogener Interessenvertretung und transparenten öffentlichen Verfahrens haben vielmehr sicherzustellen, dass die **staatliche Rezeption** der Standards nicht

---

auch *Havermann* ZGR 2000, 693, 698; optimistischer aber *Kirchhof* NJW 2001, 1332, 1333.

57 Ausführlich *Schmidt-Preuß* VVDStRL 56 (1997) S. 160, 205 f; *Schuppert/Bumke* Die Zukunft des deutschen Bilanzrechts 71, 113 ff.

58 Siehe namentlich *Hesse* JbStVW 1 (1987) S. 55, 71 ff; *Benz* Kooperative Verwaltung (1994) 311 f; *Ritter* in Grimm (Hrsg.), Wachsende Staatsaufgaben – sinkende Steuerungsfähigkeit des Rechts? (1991) 69, 105; *ders.* in Schmidt-Aßmann/Hoffmann-Riem (Hrsg.), Verwaltungsorganisationsrecht als Steuerungsressource (1997) 207, 247 f; *Schuppert* in Hoffmann-Riem/Schmidt-Aßmann (Hrsg.), Konfliktbewältigung durch Verhandlungen (1990) 29, 34; *ders.* Der Staat 28 (1989) S. 91, 100 f.

59 Diese grundsätzliche Einschätzung wurde auch von dieser Seite – ungeachtet der bereits andernorts erhobenen und hier wiederholten und z.T. ergänzten Kritik an Besetzung, Verfahren und Finanzierung (*Hommelhoff/Schwab* BFuP 1998, 38 ff; *dies.* FS Kruse 693, 701 ff, 704 f; *Schwab* BB 1999, 731 ff, 783 ff; *ders.* in Bröchler/Schützeichel (Hrsg.), Politikberatung, S. 217, 228 f, 230, 233) – niemals in Frage gestellt; missverständlich insoweit die Würdigung diesseitiger Stellungnahmen bei MünchKommHGB-*Ebke/Paal* § 342, 19.

60 Nachweise bei *Hommelhoff/Schwab* BFuP 1998, 38, 47 f; neuestens *Berberich* DRSC S. 173 ff; ausführlich dazu unten Rn 90 ff.

61 Vgl. *Schwab* Politikberatung 467.

zu einem überproportionalen Einfluss von Partikularinteressen führt. Solcher Einfluss hebelt nämlich die Gemeinwohlrichtigkeit der distanzierten Ausübung von Staatsgewalt (Rn 14) aus und unterminiert damit das Demokratieprinzip.

II. Deutsches Rechnungslegungs Standards Committee als private Einrichtung (Abs. 1 S. 1)

1. Standardisierungsvertrag. § 342 ermächtigt das Bundesjustizministerium (BMJ), eine private Einrichtung durch Vertrag anzuerkennen. Als eine solche Einrichtung wurde am 17.3.1998 das **Deutsche Rechnungslegungs Standards Committee** (DRSC) gegründet, das sich am 15.5.1998 in der Rechtsform des eingetragenen Vereins konstituierte und mit dem das BMJ am 3.9.1998 einen sog. Standardisierungsvertrag[62] (im Folgenden: StandV) schloss.[63] Danach soll das DRSC die in § 342 HGB beschriebenen Aufgaben wahrnehmen (§ 1 Abs. 1 StandV). Der Vertrag enthält einige Vorgaben zu Organisation und Verfahren der Standardsetzung: Standards dürfen nach § 4 Abs. 2 StandV nur dann verabschiedet werden, wenn zuvor ein Entwurf beschlossen und mit einer Frist zur Stellungnahme von mindestens sechs Wochen veröffentlicht worden ist (Nr. 1), die eingegangenen Stellungnahmen ausgewertet und die wesentlichen Einwendungen und Änderungsvorschläge in öffentlicher Sitzung erörtert worden sind (Nr. 2) und im Falle wesentlicher Änderungen des Entwurfs dieser nochmals mit einer Frist zur Stellungnahme von mindestens vier Wochen offengelegt worden ist (Nr. 3). Bei der Zusammensetzung der Gremien soll darauf geachtet werden, dass die Interessen der Bilanzaufsteller, -prüfer und -nutzer gewahrt sind (§ 4 Abs. 4 S. 1 StandV). Mitglied im Standardisierungsgremium oder in Arbeitsgruppen können nur Rechnungsleger sein (§ 4 Abs. 4 S. 2 StandV). § 4 Abs. 3 S. 1 StandV stellt darüber hinaus klar, dass die Standards des DRSC sich nicht über geltendes Recht hinwegsetzen dürfen (dazu ausführlich unten Rn 34f); es soll aber eine sinnvolle Weiterentwicklung der GoB möglich sein (§ 4 Abs. 3 S. 2 StandV). 22

2. Satzung des DRSC

a) **Mitgliedschaft im DRSC e.V.** Mitglied im DRSC kann nach § 4 Abs. 1 der Satzung[64] jede natürliche Person werden, die aufgrund erkennbarer Qualifikation oder Erfahrung auf dem Gebiet der Rechnungslegung den Zielen des Vereins nahesteht (S. 1). Mitglied kann auch jedes Unternehmen (einschließlich freiberuflicher Vereinigungen) werden, sofern die Ausübung der Mitgliedschaft einer Person obliegt, die nach S. 1 Mitglied sein könnte (S. 2); dies ist die notwendige Konsequenz aus der Tatsache, dass nach § 342 Abs. 1 S. 3 die Mitgliedschaftsrechte von juristischen Personen nur durch Rechnungsleger ausgeübt werden dürfen (dazu auch unten Rn 80 f). Natürliche Personen, die in einem Arbeits- oder Gesellschaftsverhältnis zu einem solchen Unternehmen oder einer solchen Vereinigung stehen, können selbst nur Mitglied werden, wenn und solange das Unternehmen Mitglied ist (§ 4 Abs. 1 S. 3 der Satzung). 23

---

62 Im Internet abrufbar unter http://www.drsc.de/ger/gasc/_tasks.html. Der Standardisierungsvertrag weist das BMJ als Vertragspartei aus; und dies entspricht auch dem Wortlaut des § 342 Abs. 1 S. 1.

63 Als Vorbild stand der 1975 geschlossene Normungsvertrag zwischen dem Bundeswirtschaftsministerium und dem Deutschen Institut für Normung Pate; vgl. *Baumbach/Hopt* § 342, 1; Heymann/*Herrmann* §§ 342, 342a, 2; *Schuppert/Bumke* Die Zukunft des deutschen Bilanzrechts 71, 76 f.

64 Im Internet abrufbar unter http://www.drsc.de/ger/gasc/_tasks.html.

24 Die letztgenannte Bestimmung enthält eine mit § 342 Abs. 1 S. 2 HGB unvereinbare **Beschränkung der Fachöffentlichkeit**: Sie bedeutet, dass **abhängig beschäftigten** Rechnungslegern, namentlich einschlägig qualifizierten Angestellten von Unternehmen, der selbständige Zugang zur Mitgliedschaft ebenso versperrt ist wie Gesellschaftern solcher Unternehmen, namentlich Partnern von Wirtschaftsprüfungs- und Steuerberatungsgesellschaften. Gewiss würde diese Beschränkung einen Sinn ergeben, wenn mit ihr bezweckt würde, eine Überrepräsentanz von Rechnungslegern aus Großunternehmen und großen Prüfungsgesellschaften zu verhindern; denn nach § 12 Abs. 2 der Satzung hat jedes Mitglied eine Stimme. Dies kann indes schon deshalb nicht Sinn der Regelung sein, weil besagten Personen die Mitgliedschaft offensteht, solange „ihr" Unternehmen Mitglied ist (Rn 23).

25 Gewiss ist es sachgerecht, wenn die Satzung den Erwerb der Mitgliedschaft von einer **fachlichen Qualifikation** im Bereich der Rechnungslegung abhängig macht; denn Einflussnahme auf das DRSC ohne jeden einschlägigen Sachverstand schadet der Qualität, mit welcher die Aufgaben nach § 342 im DRSC wahrgenommen werden müssen. Soweit aber eine Person, die sich um die Mitgliedschaft bewirbt, eine solche Qualifikation vorweisen kann, muss der Mitgliedsantrag angenommen werden; denn dem DRSC kommt im Bereich seines Tätigwerdens eine **Monopolstellung** zu, welche nach den von der Rechtsprechung aufgestellten Grundsätzen[65] geeignet ist, einen **Aufnahmezwang** zu begründen: Nach § 1 Abs. 1 StandV erkennt das BMJ das DRSC als *die* zuständige Standardisierungsorganisation für Deutschland an; nach § 3 Abs. 2 verpflichtet sich das BMJ, wenn es das DRSC um einen Normungsvorschlag ersucht hat, innerhalb der dafür gesetzten Frist eigene Regelungen weder selbst noch durch Dritte aufzustellen. Konsequent muss der Mitgliedsantrag einer jeden natürlichen Person angenommen werden, welche aufgrund ihrer Qualifikation als Rechnungsleger angesehen werden kann; das DRSC ist nicht berechtigt, den Antrag mit Rücksicht auf § 4 Abs. 1 S. 3 der Satzung abzulehnen. Diese Satzungsbestimmung ist vielmehr nach § 134 BGB nichtig.

26 b) **Organe.** Nach § 6 Abs. 1 der Satzung sind Organe des DRSC der Vorstand (§ 7 der Satzung), der Verwaltungsrat (§ 8 der Satzung) und die Mitgliederversammlung (§§ 11–13 der Satzung). In die Organe – gemeint ist: in den Vorstand und den Verwaltungsrat – können nach § 6 Abs. 2 der Satzung nur Rechnungsleger gewählt werden (zu diesem Begriff unten Rn 44).

27 aa) Die **Mitgliederversammlung**, welche nach § 11 Abs. 1 der Satzung mindestens einmal im Jahr einzuberufen ist, ist nach § 13 der Satzung für die folgenden Entscheidungen zuständig: Sie wählt und entlastet den Vorstand und den Verwaltungsrat; die Ersatzmitglieder für während der Amtsperiode ausgeschiedene Vorstandsmitglieder werden jedoch durch den Verwaltungsrat gewählt (§ 7 Abs. 1 S. 3 der Satzung). Die Mitgliederversammlung beschließt ferner den Jahresetat, Satzungsänderungen sowie die Auflösung des Vereins. Schließlich wählt sie dessen Abschlussprüfer.

28 bb) Der **Vorstand** besteht aus vier Mitgliedern, die von der Mitgliederversammlung jeweils auf drei Jahre gewählt werden (§ 7 Abs. 1 S. 1 der Satzung); jedes Vorstandsmitglied ist einzelvertretungsbefugt (§ 7 Abs. 2 S. 1 der Satzung). Beschlüsse im Vorstand werden mit Mehrheit gefasst (§ 7 Abs. 2 S. 2 der Satzung), wobei dem Vorsitzenden bei

---

[65] Vgl. BGHZ 29, 344; 63, 282; 93, 151; BGH NJW 1980, 186; NJW 1985, 1214.

Stimmengleichheit der Stichentscheid zukommt (§ 7 Abs. 2 S. 3 der Satzung). Der Vorstand bestellt einen Generalsekretär und legt dessen Aufgaben und Vertretungsbefugnisse fest (§ 7 Abs. 3 der Satzung); ihm obliegt die Buchführung (§ 7 Abs. 4 der Satzung).

cc) Der **Verwaltungsrat**, der aus dem Vorstand und 14 weiteren auf drei Jahre gewählten sowie maximal 5 kooptierten Personen besteht (§ 8 Abs. 1 der Satzung), legt die Grundsätze für die Arbeit des DRSC fest (§ 8 Abs. 3 S. 1 der Satzung) und ist für alle Entscheidungen zuständig, welche nicht ausdrücklich dem Vorstand oder der Mitgliederversammlung zugewiesen sind (§ 8 Abs. 3 S. 3 a.E. der Satzung). Seine wichtigste Aufgabe besteht darin, den Standardisierungsrat (Rn 30) zu wählen (§ 8 Abs. 3 S. 3 der Satzung), dem er aber keine Weisungen erteilen darf (§ 8 Abs. 3 S. 2 der Satzung). Des Weiteren beschließt er über den Jahresbericht und die Jahresrechnung, genehmigt die Geschäftsordnung des Vorstands, legt der Mitgliederversammlung einen Entwurf über den Jahresetat vor und setzt die Mitgliedsbeiträge fest (§ 8 Abs. 3 S. 3 der Satzung). Der Verwaltungsrat fasst seine Beschlüsse mit einfacher Stimmenmehrheit (§ 8 Abs. 2 S. 2 der Satzung), bei der Wahl des Standardisierungsrats entscheidet er mit 3/4-Mehrheit (§ 8 Abs. 2 S. 5 der Satzung). Seine Beschlussfähigkeit setzt die Anwesenheit mindestens eines Drittels seiner Mitglieder voraus (§ 8 Abs. 2 S. 3 der Satzung). 29

dd) *Nicht* zu den Organen zählt die Satzung den **Standardisierungsrat** (§ 9 der Satzung) und den **Konsultationsrat** (§ 10 der Satzung). Gleichwohl kommt gerade dem Standardisierungsrat die wichtigste Aufgabe im DRSC zu: Er verkörpert das Gremium, das die in § 342 bezeichneten Aufgaben wahrzunehmen hat und dessentwegen das DRSC als private Einrichtung überhaupt anerkannt wurde. Er besteht aus 7 gewählten Mitgliedern und wird für 4 Jahre, im Gründungsjahr für 3–5 Jahre gewählt (§ 9 Abs. 1 S. 1 der Satzung). Der Standardisierungsrat kann zwei weitere Mitglieder kooptieren (§ 9 Abs. 1 S. 4 der Satzung); sämtliche Mitglieder üben ihr Amt unabhängig aus (§ 9 Abs. 1 S. 3 der Satzung; dazu noch unten Rn 45 ff). In der Geschäftsordnung des Standardisierungsrats soll das Verfahren der Standardsetzung nach den international üblichen Grundsätzen geregelt werden (§ 9 Abs. 2 S. 1 der Satzung). Er entscheidet mit einfacher, bei der Kooptation nach § 9 Abs. 1 S. 4 oder bei der Verabschiedung von Standards jedoch mit 2/3-Mehrheit (§ 9 Abs. 2 S. 2 der Satzung). Der Standardisierungsrat tagt bei der Verabschiedung seiner Empfehlungen öffentlich (§ 9 Abs. 2 S. 3 der Satzung); die Geschäftsordnung kann die Teilnahme von einer vorherigen Anmeldung und der Zahlung eines angemessenen Beitrags zur Deckung der durch die Teilnahme entstehenden Mehrkosten abhängig machen sowie eine zahlenmäßige Begrenzung zulassen (§ 9 Abs. 2 S. 4 der Satzung; dazu näher unten Rn 64). Der Standardisierungsrat kann zur Vorbereitung seiner Entscheidungen Arbeitsgruppen einsetzen (§ 9 Abs. 3 der Satzung). 30

Der **Konsultationsrat** wurde eingerichtet, um den beteiligten Kreisen Gelegenheit zu geben, dem Standardisierungsrat ihre Vorstellungen vor grundsätzlichen Entscheidungen unmittelbar vorzutragen (§ 10 Abs. 1 der Satzung). Die Mitgliedschaft steht, diesem Zweck entsprechend, nicht natürlichen Personen offen, ebenso wenig einzelnen Unternehmen; Mitglied können vielmehr lediglich Organisationen werden, die als *Berufs- oder Interessenvertretung* von Rechnungslegern, Unternehmen oder Nutzern den Zwecken des Vereins nahestehen. Begründet wird die Mitgliedschaft, indem das Präsidium des Verwaltungsrats (= der Vorstand, § 8 Abs. 1 S. 1 der Satzung) eine solche Organisation in den Konsultationsrat beruft (§ 10 Abs. 3 S. 1 der Satzung). Auch wenn die Satzung dies nicht ausdrücklich vorsieht, wird die jeweilige Organisation nur auf ihren Antrag hin berufen. Denn die Mitgliedschaft im Konsultationsrat ist mit der Verpflichtung verbunden, einen Beitrag zur Kostendeckung zu leisten, dessen Höhe vom Verwaltungsrat festgesetzt wird 31

(§ 10 Abs. 3 S. 2 der Satzung); eine solche Verpflichtung kann einer Organisation nicht gegen ihren Willen aufgedrängt werden.

32 c) **Finanzierung.** Nach § 14 der Satzung wird ein Spendenfonds eingerichtet, dessen Mittel insbesondere für die Arbeit des Standardisierungsrats und dessen Arbeitsgruppen verwendet werden sollen. Die Arbeit des DRSC soll sich also außer durch **Mitgliedsbeiträge** und durch **Erlöse aus Publikationen** dadurch finanzieren, dass Personen oder Organisationen, die den Zwecken des DRSC nahestehen, freiwillig entsprechende Mittel zuführen. Die Notwendigkeit externer Finanzierung der Standardsetzung ist in der Satzung selbst angelegt: Nach deren § 9 Abs. 4 stellt das DRSC Mitarbeiter ein, welche die Arbeit des Standardisierungsrats unterstützen. Namentlich kann dieser seinen Aufgaben ohne eine professionell besetzte Hauptgeschäftsstelle nicht nachkommen.[66] § 9 Abs. 5 der Satzung trägt dieser Gegebenheit Rechnung: Dort ist angeordnet, dass die Geschäfte des Standardisierungsrats von dem nach § 7 Abs. 3 der Satzung bestellten Generalsekretär geführt werden. Weitere Kosten entstehen dadurch, dass die Mitgliedschaft im Standardisierungsrat nicht als ehrenamtliche ausgestaltet ist, die Mitglieder dieses Gremiums daher eine Vergütung für ihre Tätigkeit verlangen können; § 1 Abs. 2 der Geschäftsordnung des Standardisierungsrats verweist des Näheren auf insoweit noch zu schließende Beraterverträge.

33 Allein durch Mitgliedsbeiträge (zu deren Höhe unten Rn 78) werden diese Kosten nicht zu decken sein; die Zufuhr **externer Mittel** ist unausweichlich vonnöten. Das gilt namentlich für die Vergütung, welche den Mitgliedern des Standardisierungsrats nach den mit ihnen geschlossenen Beraterverträgen gezahlt werden soll: Sie wird aus staatlichen Mitteln nicht gedeckt werden, weil das DRSC dem BMJ im Standardisierungsvertrag versprochen hat, eine tragfähige Finanzierung seiner Arbeit aus eigener Kraft sicherzustellen (§ 1 Abs. 1 S. 2 StandV) und die Aufgaben nach § 342 für das BMJ unentgeltlich wahrzunehmen (§ 1 Abs. 1 S. 3 StandV). Ob die Option, die externe Finanzierung durch **Spenden** zu bewirken, der zweckmäßige Weg ist, bleibt freilich zweifelhaft (näher Rn 76 ff).

III. Aufgaben des DRSC (Abs. 1 S. 1)

34 **1. Empfehlungen zur Anwendung der Konzern-GoB (Nr. 1).** Das DRSC hat die – von ihm durch den Standardisierungsrat wahrgenommene – Aufgabe, Empfehlungen zur Anwendung der Grundsätze über die Konzernrechnungslegung auszuarbeiten. Diese „Grundsätze“ sind, wenn es auch nicht ausdrücklich gesagt wird, Grundsätze *ordnungsgemäßer Buchführung.*[67] Dies ergibt sich aus dem Zusammenhang mit § 342 Abs. 2 HGB: Dort ist ausgeführt, dass die Beachtung der „die Konzernrechnungslegung betreffenden Grundsätze ordnungsgemäßer Buchführung“ vermutet wird, wenn den „Empfehlungen“ entsprechend bilanziert worden ist. Die Kompetenz des Standardisierungsrats, derartige Empfehlungen auszusprechen, bedeutet in der Sache die Kompetenz zur **Standardsetzung.**

---

[66] *Achleitner* Die Normierung der Rechnungslegung 315; ähnlich im Zusammenhang mit einem geplanten Gremium zur Durchsetzung einer gesetzeskonformen Rechnungslegung *Hommelhoff* in Lutter (Hrsg.), Der Wirtschaftsprüfer als Element der Corporate Governance 231, 242.

[67] So auch Heymann/*Herrmann* §§ 342, 342a, 3.

Mit der Formulierung „Empfehlungen zur *Anwendung*" von GoB stellt das Gesetz klar, dass der Standardisierungsrat *kein* Mandat hat, sich über geltendes Recht hinwegzusetzen; die empfohlenen **Standards** müssen vollumfänglich mit dem (Konzern-)Bilanzrecht des **HGB vereinbar** sein.[68] Der Standardisierungsrat hat folglich nicht die *Schaffung neuer,*[69] sondern allenfalls die *Interpretation bestehender* GoB zu leisten.[70] Selbst dort, wo die Anwendungsempfehlungen des DSR sich auf neuartige Sachverhalte beziehen, werden keine neuen GoB geschaffen.[71] Vielmehr lässt sich auch insoweit die angemessene Lösung aus dem vorhandenen Normenbestand ableiten;[72] so ist es gelungen, etwa Leasing-Verhältnisse,[73] Investitionszuschüsse[74], Finanzierungsinstrumente[75] oder Aktienoptionen[76] sachgerecht im Rechenwerk abzubilden. In diesem Lichte ist auch die Bestimmung in § 4 Abs. 3 S. 2 StandV zu sehen, wonach der DSR zu einer „sinnvollen **Weiterentwicklung**" der GoB befugt ist: Damit ist ihm keine Ermächtigung zur Abweichung von den GoB erteilt, sondern lediglich seine Aufgabe unterstrichen worden, neu auftauchende Bilanzierungsprobleme einer Lösung nach den GoB zuzuführen. Sofern im Schrifttum ausgeführt wird, die Standardsetzung nach § 342 solle den Anschluss an die internationale Konzernbilanzierung herstellen[77] bzw. die deutsche Konzernbilanzierung auf internationales Niveau bringen,[78] führt dies in die Irre: Die Öffnung deutscher Konzern-GoB für internationale Einflüsse ist nur insoweit überhaupt erlaubt, als das deutsche Gesetz hierfür einen Spielraum lässt. **35**

Die **Kompetenz des DRSC** zur Standardsetzung ist **exklusiv**. Mit Recht wird im Schrifttum hervorgehoben, dass die nach § 342b einzurichtende Deutsche Prüfstelle für Rechnungslegung nicht auch nur faktisch in diesen Aufgabenbereich eindringen darf. Namentlich darf eine sog. **Pre-Clearance**, nämlich eine Vorabklärung zwischen der Prüfstelle und dem rechnungslegungspflichtigen Unternehmen über die korrekte bilanzielle Abbildung bestimmter Sachverhalte, nicht zur Herausbildung von Rechtssätzen führen, deren Entwicklung eigentlich dem DRSC zugewiesen ist.[79] Die klare Verteilung zwischen Regelsetzung und Regelanwendung gilt es um so stärker zu betonen, als das DRSC nunmehr gemäß Abs. 1 S. 1 Nr. 4 auch für die Interpretation internationaler Rechnungsle- **35a**

---

68 *Arbeitskreis Normierung der Rechnungslegung* BB 2002, 2595; *Augsberg* Rechtsetzung zwischen Staat und Gesellschaft, S. 195 f; *Beisse* BB 1999, 2180, 2182; *Breidenbach* StuB 1999, 641, 643; Ensthaler-*Schröer* Rn 5; *Ernst* WPg 1998, 1025, 1030; *Hayn/Zündorf* FS Weber 481, 499; *Scheffler* DStR 1999, 1285, 1291; *Schön* DB 2008, 1027; *Spanheimer* WPg 2000, 997, 998 f; *Zitzelsberger* WPg 1998, 246, 259.

69 Insoweit richtig *Scheffler* BFuP 1999, 407, 414; ebenso *Breidenbach* StuB 1999, 641, 643.

70 Vgl. *Ballwieser* FS Weber 433, 443; *Hayn/Zündorf* FS Weber 481, 499.

71 Zutreffend *Ballwieser* FS Weber 433, 444.

72 *Hommelhoff* Die Zukunft des deutschen Bilanzrechts 141, 146 f.

73 Vgl. dazu *Adler/Düring/Schmaltz* Rechnungslegung und Prüfung der Unternehmen, Teilband 1, 6. Aufl. (1995) § 246, 385 ff, § 250, 119 ff; Beck BilKomm-*Förschle/Kroner* § 246, 37 ff; *Küting/Hellen/Brakensiek* BB 1998, 1465 ff.

74 Vgl. dazu *Adler/Düring/Schmaltz* Rechnungslegung und Prüfung der Unternehmen, Teilband 1, § 255 HGB Rn 56 ff; *Baetge/Kirsch/Thiele* Bilanzen, 9. Aufl. 2007, S. 198; *Ordelheide* FS Budde 484, 489 f.

75 Vgl. für Zero-Bonds *Böcking* ZfbF 38 (1986) S. 930 ff; *Ulmer/Ihrig* ZIP 1985, 1169, 1173 ff; kurz auch *Baetge/Kirsch/Thiele* Bilanzen, 9. Aufl. 2007, 398; *Döllerer* FS Kropff 107, 135 f; für DAX-Redemption-Bonds *Prahl/Naumann* WPg 1992, 709, 713 f.

76 Dazu etwa *Gebhardt* BB 2003, 675 ff.

77 *Willeke* StuB 2002, 601, 602.

78 *Löw* ZBB 2001, 19, 24.

79 Ausführlich und zutreffend *Schön* DB 2008, 1027, 1029 ff; kritisch aber *Berger* DB 2008, 1843 ff.

gungsstandards zuständig ist: Damit ist nicht mehr nur die Entwicklung von Standards dem DRSC vorbehalten, sondern ebenso deren – immer noch abstrakt-generellen Charakter tragende – leitsatzartige Konkretisierung für bestimmte Anwendungsfelder. Sofern ein Auslegungsproblem weder durch Standardsetzung noch durch Standard-interpretierende Leitsätze gelöst ist, darf die Prüfstelle nicht generell, sondern *nur für den konkreten Einzelfall* entscheiden, wie der *gerade ihr vorgelegte Sachverhalt* im Rechenwerk abzubilden ist; letzteres mag dann auch im Wege der Vorabklärung erfolgen. Darüber hinausgreifende generelle Aussagen stehen ihr nicht zu.

35b Die Zuständigkeit des DRSC für die Standardsetzung **beschränkt** sich auf die **Konzernrechnungslegung** und umfasst nicht den Einzelabschluss. Deshalb dürfen Standards nur bezüglich solcher Rechtsfragen verabschiedet werden, welche spezifisch die Konzernrechnungslegung betreffen. Demgegenüber ist das DRSC nicht befugt, Empfehlungen auszusprechen, welche gleichermaßen den Einzel- und den Konzernabschluss betreffen und sinnvoll in beiden Abschlüssen nur einheitlich gehandhabt werden können.[80] Zu Recht ist daher der Deutsche Rechnungslegungs Standard Nr. 17 zur Erfassung von Erlösen als nicht von der Ermächtigung in § 342 gedeckt kritisiert worden:[81] Hierbei handelt es sich gerade nicht um ein konzernspezifisches Problem.

35c Aus dem Umstand, dass es sich beim DRSC um einen privaten Standardsetter handelt, hat das OLG Köln im Bereich des Urheberrechts bemerkenswerte Konsequenzen gezogen:[82] Es handle sich weder um ein amtliches Werk nach § 5 Abs. 2 UrhG noch um eine amtliche Bekanntmachung nach § 5 Abs. 1 UrhG. Deshalb seien die Empfehlungen des DRSC nicht nach diesen Vorschriften vom Urheberrechtsschutz ausgenommen. Daran ändere insbesondere der Umstand nichts, dass das Bundesjustizministerium die Standards im Bundeanzeiger veröffentliche; denn dadurch mache sich jenes Ministerium die Standards nicht zu eigen. Diese Auffassung überzeugt nicht: Entscheidend ist, dass an die Veröffentlichung im Bundesanzeiger die Vermutung des § 342 Abs. 2 knüpft. Das setzt eine Prüfung und Billigung der Standards durch das Bundesjustizministerium voraus (unten Rn 94 ff).

36 **2. Beratung des BMJ (Nr. 2).** Indem der Gesetzgeber das DRSC mit einer allgemeinen Beratungsfunktion installiert, artikuliert er seinen Bedarf an sachverständiger Beratung jenseits der Konzernrechnungslegung. Diese Beratungsaufgabe ist im Gegensatz zu Nr. 1 gerade **nicht** auf den **Konzernabschluss beschränkt.**[83] Der Standardisierungsrat wird sich folglich in Zukunft auch das Arbeitsfeld des Einzelabschlusses erschließen können und müssen.[84] Die grundstürzenden Neuerungen, welche sich aus der internationalen Rechtsentwicklung für das Bilanzrecht ergeben, werden nicht auf den Konzernabschluss beschränkt bleiben,[85] und dementsprechend müssen Reformbestrebungen den

---

[80] Ähnlich *Arbeitskreis Normierung der Rechnungslegung* BB 2002, 2595.

[81] *Schmidbauer* DStR 2002, 2501; *Siegler* DB 2002, 1513 f.

[82] Zum Folgenden OLG Köln NJW-RR 2001, 1199, 1200 f.

[83] *Breidenbach* StuB 1999, 641, 644.

[84] Zuletzt *Baetge/Krumnow/Noelle* DB 2001, 769, 773; *Breidenbach* StuB 1999, 641, 644; *Hayn/Zündorf* FS Weber 481, 496.

[85] *Böcking/Orth* DB 1998, 1873, 1877; *Budde* FS Beisse 105, 120; *Budde/Steuber* BB 2000, 971; *Hommelhoff* Die Zukunft des deutschen Bilanzrechts 141, 143; *Kleekämper* BFuP 1995, 415, 430; *Küting/Hayn* BB 1995, 662, 667; *Luttermann* Unternehmen, Kapital und Genußrechte 369; *Niehus* DB 2001, 53, 55; *Schildbach* FS Moxter 699 ff; *Schön* ZHR 161 (1997) S. 133, 157; *Schulze-Osterloh* in Hommelhoff/Röhricht (Hrsg.), Gesellschaftsrecht (1997) 301 ff; *Zitzelsberger* WPg 1998, 246, 253.

Einzelabschluss mit einbeziehen;[86] die langfristige Perspektive dürfte in einer privaten Standardsetzung auch für den Einzelabschluss bestehen.[87] Als Grundlage für die Besteuerung von Unternehmen eigenen sich private Standards freilich eher nicht.[88] Der Deutsche Standardisierungsrat hat im Laufe der Zeit zahlreiche Vorschläge zur Änderung des HGB unterbreitet; bei den betroffenen Unternehmen stoßen diese überwiegend auf Zustimmung, auf Ablehnung jedoch insoweit, als jene Vorschläge auf die Abschaffung von Bilanzierungswahlrechten gerichtet sind.[89]

3. Vertretung Deutschlands in internationalen Gremien (**Nr. 3**). In Nr. 3 kommt ein zentrales Motiv des Gesetzgebers für die Privatisierung der Standardsetzung zum Ausdruck, welches sich mit doppeltem Akzent formulieren lässt: Einerseits soll der Einfluss Deutschlands auf die Standardsetzung in internationalen Gremien gestärkt werden.[90] Gleichzeitig aber soll andererseits das auf internationaler Ebene Ausgehandelte auch Eingang ins deutsche Recht finden: Der bloße „Export" deutscher Vorstellungen ins Ausland kann kein Selbstzweck sein und würde, wenn er mit einer gleichzeitigen Blockade Deutschlands gegen Anstöße aus anderen Ländern einherginge, die deutschen Vertreter in internationalen Gremien rasch in eine Außenseiterposition manövrieren; denn kein ausländischer Standardsetter wird zugunsten deutscher Interessen Zugeständnisse machen, wenn er nicht seinerseits ein Stück weit mit der Verwirklichung seiner Vorstellungen in Deutschland rechnen kann.[91] Das deutsche Bilanzrecht soll mithin für den **Austausch** mit den Bilanzrechten **anderer Rechtsordnungen** geöffnet werden. **37**

Freilich ist damit keine bedingungslose Unterwerfung unter die weltweit dominierenden[92] angloamerikanischen Rechnungslegungsphilosophien gewollt.[93] Namentlich kann keine Rede davon sein, der Standardisierungsrat solle das deutsche Recht der Konzernrechnungslegung an die IAS anpassen.[94] Vielmehr sollen die deutschen Vorstellungen effektiv in den Prozess des internationalen Abgleichs eingebracht werden; es ist die deutsche Bilanzauffassung zu verteidigen und um Verständnis für sie zu werben;[95] einzig seriöses Ziel kann die Erringung eines vernünftigen **Kompromisses**[96] auf internationaler **38**

86 *Hommelhoff* Die Zukunft des deutschen Bilanzrechts 141, 144; *Niehus* DB 2001, 53, 57.

87 *Berberich* DRSC § 6 D II 1a; *Küting/Hayn* BB 1995, 662, 672; *Niehus* DB 2001, 53, 59; ähnlich *Hoffmann* Das DRSC und die Regulierung der Rechnungslegung, S. 66 wonach Rückwirkungen der DRS auf den Einzelabschluß zu erwarten sind, sowie *Wiedmann* in: Ebenroth/Boujong/Joost/Strohn Rdn. 11, wonach sich GoB für Konzern- und Einzelabschluß nicht trennen lassen.

88 Skeptisch auch – in Bezug auf IAS – *Prinz* DStR 2003, 1359, 1362.

89 *Köhler/Marten/Schlereth* DB 2006, 2301, 2302.

90 Deutlich kommt dieser Zusammenhang zum Ausdruck in der Gesetzesbegründung, abgedruckt in ZIP 1998, 402 f; vgl. schon vorher *Langenbucher/Blaum* BB 1995, 2325, 2328; aus neuerer Zeit *Ernst* WPg 1998, 1025, 1031; *Hellermann* NZG 2000, 1097.

91 *Hellermann* NZG 2000, 1097; *Langenbucher/Blaum* BB 1995, 2325, 2328; *Schwab* BB 1999, 731, 732.

92 Zur gegenwärtig angenommenen „Benchmark"-Funktion angelsächsischer Rechnungslegungsprinzipien zuletzt *Zitzelsberger* WPg 1998, 246, 247.

93 *Scheffler* BFuP 1999, 407, 415; *Schwab* BB 1999, 731, 732.

94 So aber *Biener* Die Zukunft des deutschen Bilanzrechts 55, 63.

95 Vgl. *Busse von Colbe* BFuP 1995, 373, 390; *Haller* DB 1993, 1297, 1305; *Küting/Hayn* BB 1995, 662, 672; *Pellens/Fülbier/Ackermann* DB 1996, 285, 286, 289, 291.

96 Siehe schon *Hommelhoff* RabelsZ 62 (1998) S. 382, 401; *Küting/Hayn* BB 1995, 662, 670; *Moxter* FS Budde 419 ff, 424; ähnlich *Bardenz* WM 1996, 1657, 1659; *Claussen* FS Zimmerer 495, 506; *von Rosen* FS Budde 505, 530.

und dessen Implementation auf nationaler Ebene sein. Die Vertretungsaufgabe nach Nr. 3 wird, wie eine jüngere Studie ergeben hat, vom Deutschen Standardisierungsrat intensiv wahrgenommen.[97]

39 Um auf internationalem Parkett einen solchen Kompromiss auszuhandeln, hat der deutsche Gesetzgeber die Einrichtung eines nationalen Standardsetters für erforderlich gehalten.[98] Und in der Tat ist seine Entscheidung, die Vertretung Deutschlands einem privaten (§ 342) oder halbstaatlichen (§ 342a) Standardsetter zu überlassen, in sich folgerichtig. Sie baut auf § 292a HGB auf, der international gelisteten deutschen Konzernen die Möglichkeit eröffnet, mit befreiender Wirkung einen IAS- oder US-GAAP-Abschluss zu veröffentlichen.[99] Diese Option ist bis zum Jahre 2004 befristet, trägt mithin den Charakter einer Übergangslösung. Ganz offensichtlich erwartet der Gesetzgeber, dass bis dahin **deutsche Standards** existieren, die **international anerkennungsfähig** sind; und diese können nur von einem nach Maßgabe der §§ 342, 342a HGB eingerichteten Rechnungslegungsgremium herrühren.[100] Internationale Anerkennungsfähigkeit werden deutsche Standards aber nur dann erlangen, wenn sie die Probe der kontroversen Verhandlung mit ausländischen Standards bestanden haben; der Standardsetter ist daher die in erster Linie zur Verhandlungsführung berufene Instanz.

40 Ob man freilich angesichts der gegenwärtigen Besetzung des Standardisierungsrats auf eine **effektive Vertretung** genuin **deutscher Interessen** setzen kann, darf **bezweifelt** werden (vgl. auch unten Rn 53):[101] Für die Vertretung Deutschlands wird in der Sache auf denselben Personenkreis zurückgegriffen, aus dem auch bisher die deutschen Repräsentanten stammten,[102] welche es ihrerseits nicht vermocht haben, eigenständig deutschen Interessen gegenüber den angloamerikanischen zur Durchsetzung zu verhelfen. Zwar mag es das Einflusspotential des Standardisierungsrats verstärken, dass der deutsche Gesetzgeber ihn anerkannt hat.[103] Gerade soweit aber die Mitglieder des Standardisierungsrats einer hauptberuflichen Tätigkeit in größeren Unternehmen oder Prüfgesellschaften nachgehen oder nachgegangen sind, werden sie nicht an eigenständig deutschen, sondern in erster Linie an weltweiter Anerkennung fähigen Standards ein Interesse haben.[104] Und selbst wenn die Annahme gerechtfertigt wäre, dass deutsche Repräsentanten in internationalen Gremien genuin deutsche Interessen vertreten, wären sie doch gleichwohl kaum in der Lage, sich gegen die Majorisierung durch Vertreter des angelsächsischen Rechtskreises zu behaupten[105]. Das Machtpotential des Standardisierungsrats ist noch zusätzlich dadurch eingeschränkt, dass das DRSC im Gegensatz zum Institut der Wirtschaftsprüfer nicht einmal Mitglied im IASC ist.[106] Die Vertretung Deutschlands durch den Standardisierungsrat kann unter diesen Umständen allenfalls noch unter dem Gesichtspunkt einen Sinn ergeben, dass deutsche *Fachkompetenz* auf

---

97 *Pellens/Crasselt/Kemper* DB 2009, 241, 242.

98 Vgl. *Drescher* StuW 1998, 241, 242f; *Scheffler* BFuP 1999, 407.

99 Diesen Zusammenhang betonen zu Recht schon *Küting/Hayn* BB 1995, 662, 671. Zur Befreiungswirkung nach § 292a vgl. dort Rn 9, 49.

100 Siehe Begründung der Beschlußempfehlung des Rechtsausschusses zum KapAEG, abgedruckt in ZIP 1998, 402 f; ferner *Pellens/Bonse/Gassen* DB 1998, 785.

101 Optimistischer *Löw* ZBB 2001, 19, 24.

102 *Schildbach* DB 1999, 645, 648; Beispiel: Der Präsident des Standardisierungsrats war auch einer der ersten beiden deutschen Delegierten im DRSC.

103 *Breidenbach* StuB 1999, 641, 644.

104 *Schildbach* DB 1999, 645, 647; ähnlich *Breidenbach* StuB 1999, 641, 644; *Ebke* ZIP 1999, 1193, 1197.

105 *Hoffmann* Das DRSC und die Regulierung der Rechnungslegung, S. 52 f.

106 *Ebke* ZIP 1999, 1193, 1197.

internationaler Bühne mitwirkt; dafür aber hätte es des DRSC nicht bedurft.[107] So wird denn auch berichtet, dass die „Bekanntheit des DRSC beim IASB und bei anderen nationalen Standardsettern in der Tendenz als schwach wahrgenommen" wird[108] und dass sich deutsche Rechnungsleger bei einer breit angelegten Befragung mit ihren Interessen gegenüber dem IASB nicht ausreichend vertreten sahen.[109]

4. **Interpretation internationaler Rechnungslegungsstandards** (Nr. 4). Sofern deutsche Gesellschaften nach Maßgabe der IAS-Verordnung ihre Konzernrechnungslegung an internationalen Standards auszurichten haben, sind nach § 315a Abs. 1 ausschließlich diese einschlägig; die §§ 290 ff gelten nur noch mit den in § 315a Abs. 1 genannten Einschränkungen. Man hüte sich freilich vor der Illusion, dass dem Rechtsanwender jene **Auslegungsprobleme** und **Zweifelsfragen**, die er vom nationalen Recht her kennt, bei internationalen Standards erspart bleiben. Die zwangsläufige Existenz von solchen Zweifelsfragen hat bereits das IASC veranlasst, für die Interpretation seiner eigenen Standards einen gesonderten Ausschuss zu bilden (das IFRIC; vgl. oben Rn 6). Der Gesetzgeber erachtet es daher mit Recht als Aufgabe des DRSC, Vorschläge zur Interpretation internationaler Rechnungslegungsstandards zu erarbeiten, sofern diese kraft der IAS-Verordnung für deutsche Unternehmen verbindlich sind. Namentlich mag es geschehen, dass sich bei der Interpretation internationaler Standards Besonderheiten mit Rücksicht auf die speziellen nationalen Rahmenbedingungen ergeben; dann ist das DRSC gefragt, entsprechende Auslegungsvorschläge zu unterbreiten.[110] Da es für börsennotierte Unternehmen in Europa nur noch europäische Standards geben wird und nicht mehr genuin deutsche, erfährt zeitgleich die Empfehlungskompetenz nach Nr. 1 eine entsprechende Beschneidung.[111] **40a**

IV. Anerkennungsvoraussetzungen (Abs. 1 S. 2)

Voraussetzung für die Anerkennung einer privaten Einrichtung ist, dass die Empfehlungen ausschließlich von *Rechnungslegern* beschlossen werden, und zwar *unabhängig* und in einem *Verfahren*, das die interessierte *Öffentlichkeit* einbezieht. Die Einrichtung, nämlich das DRSC, muss die Einhaltung dieser Anforderungen durch ihre Satzung gewährleisten. **41**

1. **Anwendungsbereich.** Indem S. 2 von „Empfehlungen" spricht, meint er namentlich die „Empfehlungen" zur Anwendung der **Grundsätze über die Konzernrechungslegung** nach Abs. 1 Nr. 1; und in der Tat ist das Bedürfnis eines öffentlichen und transparenten Verfahrens dort am größten, weil diesen Empfehlungen im Umfang des Abs. 2 begrenzte rechtsverbindliche Wirkung zukommt (näher Rn 82 ff). Darüber hinaus kann indes auch die **Beratung** des BMJ bei **Gesetzgebungsvorhaben** in konkrete Empfehlungen zur Ausgestaltung von Gesetzesvorlagen münden. Dann entscheidet zwar formell das BMJ darüber, ob die Vorlage der Bundesregierung als Kollegium zur Entscheidung unterbreitet werden soll, diese wiederum, ob sie den Status eines Regierungsentwurfs erlangen, und schließlich der Bundestag darüber, ob dieser Entwurf Gesetz werden soll. **42**

---

107 *Ballwieser* FS Weber 433, 445 f.

108 *Pellens/Crasselt/Kemper* DB 2009, 241, 244.

109 *Pellens/Crasselt/Kemper* DB 2009, 241, 244 f.

110 *Pellens/Crasselt/Kemper* DB 2009, 241.

111 Vgl. *Hommelhoff/Schwab* FS Kruse 693, 702; *Pellens/Gassen* KoR 2001, 137, 141.

Gleichwohl hat keine dieser politischen Instanzen dem im Standardisierungsrat aggregierten Sachverstand etwas entgegenzusetzen. *Faktisch* entscheidet der Standardisierungsrat daher in erheblichem Maße im Gesetzgebungsverfahren mit.

43 Die institutionalisierte Kooperation mit den Gesetzgebungsinstanzen auf dieser Ebene macht es mithin notwendig, dass Unabhängigkeit und Verfahrensöffentlichkeit der Empfehlungen trotz ihrer fehlenden rechtlichen Verbindlichkeit gewährleistet sind, um zu verhindern, dass unter dem Deckmantel der sachverständigen Beratung des Staates eine einseitige Interessenausrichtung in die Gesetzgebung Einzug hält.[112] Die Anforderungen des Abs. 1 S. 2 müssen daher bei Gesetzgebungsvorschlägen ebenso gewährleistet sein. Unabhängigkeit und Verfahrensöffentlichkeit können schließlich Bedeutung erlangen, wenn auf **internationaler Ebene** Verhandlungen über einen **Standard** anstehen und das Ergebnis dieser Verhandlungen **Sachzwänge** auf die nationale Standardsetzung auszuüben droht; dann muss ein den Anforderungen des Abs. 1 S. 2 entsprechenden Verfahrens zunächst durchgeführt werden, um die Position des Standardisierungsrats in internationalen Verhandlungen zu bestimmen. Lässt sich diese Position nicht durchsetzen, so muss im anschließenden nationalen Standardsetzungsverfahren in gleicher Weise öffentlich und unabhängig darüber entschieden werden, ob das international ausgehandelte Ergebnis als im Interesse weltweiter Vereinheitlichung notwendig hingenommen werden soll oder nicht.[113]

44 2. **Der Begriff des Rechnungslegers** ist im Gesetz nicht definiert. Was der Gesetzgeber sich darunter vorgestellt hat, ergibt sich aber aus der Gesetzesbegründung[114] und ist in § 6 Abs. 2 S. 2, 3 der DRSC-Satzung wiederholend niedergelegt: Rechnungsleger sind alle Personen, die mit entsprechender Qualifikation die Handelsbücher oder die sonstigen in § 257 Abs. 1 Nr. 1 HGB bezeichneten Unterlagen für Kapitalgesellschaften oder andere Unternehmen im Anstellungsverhältnis oder freiberuflich führen. Weiterhin sind Rechnungsleger Personen, die als Wirtschaftsprüfer, vereidigter Buchprüfer, Steuerberater, Rechtsanwalt oder mit vergleichbarer Qualifikation auf dem Gebiet der Rechnungslegung prüfend, beratend, lehrend, überwachend oder analysierend tätig sind; dies gilt auch für Personen, die im Bereich der Hochschulen oder staatlichen Stellen tätig sind.

45 3. **Unabhängigkeit.** Der Gesetzgeber hat sich für die Standardsetzung durch ein privates Gremium entschieden, weil er sich den Sachverstand der beteiligten Kreise nutzbar machen will. Dies impliziert zweierlei:

46 a) **Persönliche Unabhängigkeit.** Die Mitglieder des Gremiums dürfen sich allein von ihrer **fachlichen Überzeugung** leiten lassen, um ihre persönliche Sachkunde zur Geltung zu bringen; deshalb dürfen sie nicht persönlichen Bindungen unterliegen, deren Einhaltung ihnen möglicherweise die Preisgabe jener Überzeugung abverlangt. §§ 9 Abs. 1 S. 2 DRSC-Satzung und § 1 Abs. 1 S. 1 GeschO DSR bringen dies nochmals explizit zum Ausdruck. Dies ist die individuelle Komponente der Unabhängigkeit. Sie schlägt sich darin nieder, dass die Mitglieder des Standardisierungsrats nicht an Weisungen gebunden sind.[115] § 8 Abs. 3 S. 2 der DRSC-Satzung verbietet ausdrücklich Weisungen des Verwal-

---

112 Näher *Schwab* Politikberatung 440 ff m.w.N.

113 Näher *Schwab* BB 1999, 783, 786 f.

114 Begründung zum Regierungsentwurf, BT-Drucks. 13/10038, S. 46 f; auch abgedruckt in ZIP 1998, 490.

115 *Augsberg* Rechtsetzung zwischen Staat und Gesellschaft, S. 201; Heymann/*Herrmann* §§ 342, 342a, 5.

tungsrats an den Standardisierungsrat; doch gilt das gleiche Verbot für jedes andere Organ im DRSC. Die Mitglieder des Standardisierungsrats dürfen sich auch nicht durch Vertrag mit Dritten Weisungen unterwerfen (§ 1 Abs. 1 S. 2 GeschO DSR).

Mit der Weisungsfreiheit wird freilich die individuelle Unabhängigkeit nur in *sachlicher* Hinsicht flankiert.[116] Ebenso wichtig ist es aber, den Mitgliedern des Standardisierungsrats in gleicher Weise die **persönliche Entscheidungsfreiheit** zu erhalten. Diese wird von zweierlei Seiten bedroht: Zum einen mag das Beratungs- und Abstimmungsverhalten von dem Bestreben geleitet sein, Nachteile für das eigene Fortkommen im Hauptberuf abzuwenden;[117] zum anderen mag die Befürchtung Pate stehen, nach Ablauf der Wahlperiode nicht erneut in den Standardisierungsrat berufen zu werden, wenn die Meinungsbildung nicht in einem den potentiellen Wählern genehmen Sinne ausfällt.[118] Zumindest der letztgenannten Möglichkeit sollte dadurch vorgebeugt werden, dass eine Wiederwahl ausgeschlossen wird;[119] die Satzung des DRSC wäre entsprechend zu ändern. **47**

b) **Institutionelle Interessenbindungen.** Darüber hinaus trägt die Unabhängigkeit institutionellen Charakter: Mit zunehmender Spezialisierung des verfügbaren Wissens steigt die Bedeutung von Sachverstand als einer wertvollen Ressource, die von ihren Nutzern gegen Geld eingekauft und für ihre Interessen nutzbar gemacht wird. Sachverständige unterliegen daher Bindungen an die Interessen ihrer Nutzer, die sich nicht notwendig in einer rechtlichen Bindung an dies Interesse niederschlagen, wohl aber das *allgemeine fachliche Vorverständnis* prägen: Ein Wirtschaftsprüfer, der bislang lediglich global agierende Großkonzerne beraten und geprüft hat, betrachtet das Wirtschaftsleben aus der Perspektive derer Bedürfnisse und wird hieran – mit zunehmendem Zeitablauf immer stärker – auch seine Expertise ausrichten. Gleiches gilt von einem Betriebs- oder Volkswirt, der in einem solchen Unternehmen an der Aufstellung der Jahres- und Konzernabschlüsse mitgewirkt hat. Umgekehrt wird der Erfahrungshorizont eines Prüfers mittelständischer Unternehmen dessen Interpretation der GoB mehr in eine diesen Unternehmen gewogene Richtung lenken. Wirklich – d.h. nicht nur persönlich, sondern auch institutionell – „unabhängigen" Sachverstand gibt es, wenn überhaupt, nur noch sehr selten; aus ihm allein wird man kein privates Gremium rekrutieren können.[120] Die Interessenbindung des Sachverstands beeinflusst aber ganz besonders im Bilanzrecht die fachliche Überzeugung; denn die Beurteilung, wie ein betriebswirtschaftlicher Sachverhalt zutreffend im Rechenwerk abzubilden ist, wird maßgeblich durch Wertungen jenseits formallogischer Ableitbarkeit aus den Bilanzzwecken mitbestimmt.[121] Der Einfluss von Lobbyismus auf die inhaltliche Arbeit des DRSC ist in jüngerer Zeit anhand von spieltheoretischen Modellrechnungen im Einzelnen dargelegt worden.[122] **48**

c) **Ausgewogene Interessenvertretung.** Müssen aber institutionelle Interessenbindungen als in der Praxis unvermeidlich hingenommen werden, so kann die Standardsetzung als Ganzes von solchen Bindungen nur noch dadurch befreit werden, dass die unter- **49**

---

116 Darauf weist zu Recht *Ebke* (ZIP 1999, 1193, 1198) hin.
117 *Breidenbach* StuB 1999, 641, 645.
118 *Ebke* ZIP 1999, 1193, 1198.
119 *Ebke* ZIP 1999, 1193, 1198.
120 *Augsberg* Rechtsetzung zwischen Staat und Gesellschaft, S. 202 f; *Paal* Rechnungslegung und das DRSC, S. 253; *Schwab* BB 1999, 731, 737.
121 *Berberich* DRSC S. 105 ff; *Hommelhoff/Schwab* BFuP 1998, 38, 41 f; *Moxter* DB 2001, 605, 606; *Schildbach* DB 1999, 645, 651.
122 *Hoffmann* Das DRSC und die Regulierung der Rechnungslegung, S. 101 ff.

schiedlichen **Vorverständnisse** durch eine *ausgewogene Besetzung* des Standardisierungsrats **neutralisiert** werden.[123] Ausgewogenheit bedeutet dabei zum einen *fachbezogene* Repräsentanz:[124] Im Gremium muss Sachverstand aus Theorie *und* Praxis vertreten sein, ferner Sachverstand der Betriebswirtschaft *und* der Juristen. Zum anderen ist *interessenbezogene* Repräsentanz anzuzielen: Sämtliche betroffenen Belange müssen im Standardisierungsrat selbst Fürsprache finden.[125] Dabei reicht es aus, wenn ein Belang durch die Wahrnehmung auch nur *einer* der in Abs. 1 S. 1 Nr. 1–3 aufgeführten Aufgaben berührt wird. Namentlich darf das Gläubigerinteresse nicht deshalb ausgespart bleiben, weil die Standardsetzung nach Nr. 1 auf den Konzernabschluss beschränkt ist und diesem keine Ausschüttungsbemessungsfunktion zukommt; denn Rückwirkungen der Standards auf den Einzelabschluss werden sich nicht vermeiden lassen (oben Rn 36). Spätestens die Beratungsaufgabe nach Nr. 2 umfasst auch den Einzelabschluss.

50 Bei gebotener typisierender Betrachtungsweise[126] lassen sich die **betroffenen Belange** unterteilen in diejenigen der rechnungslegungspflichtigen Unternehmen und ihrer Prüfer ebenso wie die der Abschluss-Nutzer, namentlich der Anleger und Gläubiger. Keiner dieser Belange darf bei der Besetzung des Standardisierungsrats ausgespart bleiben[127]; der Verzicht auf die Vertretung eines Interesses lässt sich auch nicht mit dem Hinweis rechtfertigen, der Standardisierungsrat drohe dann arbeitsunfähig zu werden.[128]

51 Die global tätigen **Großkonzerne** sind daran interessiert, sich mit einem einheitlichen Konzernabschluss auf allen Kapitalmärkten der Welt präsentieren zu können; ihnen kommt daher die strikt Anleger-orientierte angloamerikanische Rechnungslegung entgegen. Rechnungsleger aus solchen Unternehmen werden sich daher für eine weitreichende Anpassung der deutschen an internationale Standards interessieren. Das gleiche gilt für ihre Prüfer, typischerweise die großen weltweit tätigen Prüfungsgesellschaften: Sie leben von Aufträgen multinationaler Konzerne und werden daher eine Standardsetzung befürworten, die dieser ihrer Mandantschaft nützt.[129] Demgegenüber hat der **Mittelstand** von der bisherigen eher konservativen Bilanzierung in erheblichem Maße profitiert, weil die Ausschüttungsbegrenzung wichtige Möglichkeiten der Selbstfinanzierung eröffnet hat.[130] Standards auf Kapitalmarktniveau würden die Unternehmen des Mittelstands mit zu komplizierten und konsequent zu teuer handhabbaren Bilanzierungsregeln überziehen.[131]

---

[123] *Achleitner* Die Normierung der Rechnungslegung 275 ff; *Breidenbach* Normensetzung für die Rechnungslegung 210; *Augsberg* Rechtsetzung zwischen Staat und Gesellschaft, S. 203 f; *Ebke* ZIP 1999, 1193, 1198 f; MünchKommHGB-*Ebke/Paal* § 342, 12.

[124] *Augsberg* Rechtsetzung zwischen Staat und Gesellschaft, 2003, S. 207; *Hommelhoff/Schwab* BFuP 1998, 38, 51; *dies.* FS Kruse 693, 704 f; *Schwab* BB 1999, 731, 737; die Forderung nach einer Beteiligung von Juristen stößt freilich in der Bilanzrechtspraxis auf Widerstand; vgl. Diskussionsbericht *Schwab* Die Zukunft des deutschen Bilanzrechts 131, 132 f.

[125] *Hommelhoff/Schwab* BFuP 1998, 38, 48.

[126] Vgl. *Hommelhoff/Schwab* FS Kruse, S. 693, 701.

[127] Die Forderung nach Repräsentanz der Anleger- und Gläubigerinteressen erheben zu Recht auch *Ebke/Paal* (MünchKommHGB § 342, 13); *Paal* Rechnungslegung und das DRSC, S. 65.

[128] So aber *Biener* FS Weber 455; *Scheffler* BFuP 1999, 407, 416.

[129] *Breidenbach* Normensetzung für die Rechnungslegung 209; *Luttermann* Unternehmen, Kapital und Genußrechte 431 f.

[130] Vgl. im Einzelnen *Küffner/Hock* BFuP 1998, 57, 60 ff; *Schön* ZGR 2000, 706, 732.

[131] *Hommelhoff* Die Zukunft des deutschen Bilanzrechts 141, 145; ebenso *Pellens/Fülbier* ZGR 2000, 572, 581, 592 f; *Schön* ZGR 2000, 706, 730 ff; aus diesem Grund für Beschränkung des Anwendungsbereichs von DRSC-Standards auf börsennotierte Unternehmen *Budde/Steuber* BB 2000, 971, 977.

Mittelständische Unternehmen müssen daher mit ihren Belangen im Standardisierungsrat **selbst vertreten** sein – sei es durch einen ihrer Rechnungsleger oder einen ihrer Prüfer. Das gilt namentlich dann, wenn die oben Rn 8 ff vorgestellten Pläne der EU-Kommission, IAS für börsennotierte Unternehmen verbindlich einzuführen, Wirklichkeit werden: Dann wird das DRSC eigenständig-nationale Rechnungslegungs-Standards nur noch für nicht börsennotierte – und d.h. typischerweise: mittelständische – Unternehmen erlassen können.[132] Mit Recht ist mit Rücksicht auf diesen Befund eine strategische Ausrichtung des DRSC gefordert worden, welche den Besonderheiten dieser Unternehmen Rechnung trägt.[133] Die Forderung nach einer stärkeren Beteiligung nicht börsennotierter Unternehmen gewinnt seit Inkrafttreten der IAS-Verordnung zusätzlich an Gewicht; denn nur diese Unternehmen kommen derzeit überhaupt noch als Adressaten der Deutschen Rechnungslegungs Standards in Betracht.[134] **52**

Die **gegenwärtige Besetzung** des Standardisierungsrats wird den soeben skizzierten Anforderungen in keiner Weise gerecht.[135] Seine sieben Mitglieder rekrutieren sich wie folgt: Die Rechnungsleger aus Unternehmen sind mit zwei, der Berufsstand der Wirtschaftsprüfung mit drei Mitgliedern, die Finanzanalysten und die Wissenschaft mit je einem Mitglied vertreten. Da Standards mit 2/3-Mehrheit verabschiedet werden können, sind die beiden Unternehmensvertreter und die drei Wirtschaftsprüfer im Standardisierungsrat zusammen in der Lage, gegen den Willen der übrigen beiden Mitglieder ihre Vorstellungen durchzusetzen.[136] Da sie meist aus größeren Unternehmen und Prüfgesellschaften stammen und ihre Belange tendenziell gleichgerichtet sind, wird die Arbeit des Standardisierungsrats in inhaltlicher Hinsicht letztlich vom Interesse einiger weniger international tätiger Großunternehmen dominiert.[137] Das kommt zum einen für die Standardsetzung nach Nr. 1 zum Ausdruck: die bisher veröffentlichten Standards sind sämtlich von dem Bemühen geleitet, eine Annäherung an IAS und US-GAAP herzustellen.[138] Kaum etwas anderes gilt für die Vertretungsaufgabe nach Nr. 3: Es ist nicht zu erwarten, dass der Standardisierungsrat engagiert für deutsche Interessen in internationalen Gremien eintritt[139]; er wird vielmehr den Großunternehmen den Dienst erweisen wollen, an allen Finanzplätzen der Welt nach gleichen Regeln Rechnung legen zu dürfen. **53**

Besonders schwer wiegt, dass bei der Besetzung des Standardisierungsrats die Belange der **Abschlussadressaten**, welche durch die Rechnungslegung *begünstigt* werden sollen, fast vollständig **vernachlässigt** werden;[140] für die Anleger spricht wenigstens ein Finanzanalyst, die Gläubiger wurden dagegen völlig ausgespart. Dagegen überwiegen die Interessen der Bilanzaufsteller und Prüfer, also der zur Rechnungslegung *verpflichteten* Personengruppen.[141] Die gegenwärtige Besetzung des Standardisierungsrats lässt sich auch nicht mit Hinweis auf die in § 342a Abs. 2 vorgesehene Besetzung des Rechnungslegungsbeirats rechtfertigen; denn diese ist ihrerseits unausgewogen (§ 342a Rn 6 f) und daher § 342a Abs. 2 verfassungswidrig. **54**

---

132 Vgl. *Hommelhoff/Schwab* FS Kruse 693, 702.
133 *Pellens/Gassen* KoR 2001, 137, 141.
134 *Pellens/Crasselt/Kemper* DB 2009, 241, 246.
135 Optimistischer *Löw* ZBB 2001, 19, 26.
136 *Breidenbach* StuB 1999, 641, 646.
137 Zutreffend *Schildbach* DB 1999, 645, 647; *Küting* Diskussionsbeitrag, referiert bei *Dawo/Strickmann* StuB 1999, 372, 373.
138 Verräterisch insoweit eine Äußerung des früheren Präsidenten des Deutschen Standardisierungsrats, *Havermann*, wonach das DRSC ein nationales „Tochterunternehmen" des neu strukturierten IASC sein soll (referiert bei *Fülbier/Gassen* KoR 2001, 180, 182).
139 Zutreffend *Breidenbach* StuB 1999, 641, 644; *Schildbach* DB 1999, 645, 648.
140 Mit Recht kritisch *Breidenbach* StuB 1999, 641, 643.
141 *Schildbach* DB 1999, 645, 647.

54a Die Forderung nach ausgewogener Interessenrepräsentanz wird freilich **vereinzelt** mit folgendem Argument **bekämpft**:[142] Das Parlament sei kraft der ihm anvertrauten politischen Gestaltungsmacht befugt, Gesetze zu erlassen, die einzelne Belange bevorzugten und andere zurückstellten. Dann dürfe er auch Gremien so besetzen, dass einzelne Belange bevorzugt und andere zurückgestellt würden. Diese Deduktion läuft letztlich auf die folgende These hinaus: Wenn der Gesetzgeber eine bestimmte Gruppe bevorzugen dürfe, dürfe er ihr auch gleich die Gesetzgebung bzw. die administrative Einzelfallentscheidung überlassen. Indes – genau letzteres darf in einem demokratischen Gemeinwesen nicht passieren. Denn zwischen einer (zulässigen) interessengeleiteten Gesetzgebung einerseits und einer (nach hier vertretener Ansicht unzulässigen) Delegation von Rechtsetzungsbefugnissen an interessengeleitete Akteure andererseits besteht ein gewichtiger qualitativer Unterschied: Die Mitglieder von Parlament und Regierung müssen sich für die von ihnen gebildeten Präferenzen bei der nächsten Wahl vor dem Volk verantworten und den Verlust ihrer Mehrheit befürchten. Privaten Akteuren dagegen bleibt die Notwendigkeit erspart, vor dem ganzen Volk Rechenschaft ablegen zu müssen.[143] Die These, die ausgewogene Besetzung des Gremiums erscheine beim Konzernabschluss weniger bedeutsam, da diesem keine unmittelbaren Rechtswirkungen (Ausschüttungsbemessung; Besteuerung) zukämen,[144] überzeugt ebenfalls nicht: Die Anforderungen an die demokratische Legitimation staatlichen Handelns hängen nicht von der Eingriffstiefe ab.

55 d) **Gesetzlicher Steuerungsauftrag.** Eine wesentliche Ursache für den unbefriedigenden Zustand bei der Besetzung des Standardisierungsrats liegt darin, dass der Gesetzgeber es insoweit versäumt hat, seiner Steuerungsaufgabe nachzukommen. Der oben Rn 17 ff in seinen Grundlagen entfaltete Auftrag des Staates, die Gemeinwohlverträglichkeit kooperativer Steuerung in Zusammenarbeit mit Privatgremien und zu diesem Zweck eine ausgewogene Besetzung und ein transparentes Verfahren zu gewährleisten, versteht sich als ein aus dem Demokratieprinzip abgeleitetes Verfassungsgebot;[145] § 342 HGB ist daher **verfassungswidrig** und muss folglich vom deutschen Gesetzgeber durch eigene Vorgaben in diesem Sinne ergänzt werden. Es hat sich nämlich mittlerweile die Einsicht durchgesetzt, dass Standards im Bilanzrecht sich nicht in rein sachverständig-betriebswirtschaftlichen Aussagen um die zutreffende Abbildung von Sachverhalten im Jahres- oder Konzernabschluss erschöpfen, sondern in ganz erheblichem Maße auch normative Wertungen enthalten.[146] Überlässt der Gesetzgeber diese Wertungen einem privaten Standardsetter, so muss er selbst darauf achten, dass nicht einzelne Interessen auf Kosten anderer zur Durchsetzung gelangen. Die ausgewogene Besetzung des Standardisierungsrats hat er selbst zu gewährleisten;[147] er darf sie weder dem Bundesjustizministerium bei der Ausgestaltung des Standardisierungsvertrags[148] noch erst recht der Satzung des DRSC überlassen. § 342 hält den verfassungsrechtlichen Anforderungen auch nicht deshalb stand, weil eine ausgewogene Besetzung und ein transparentes Verfahren sich unter dem Blickwinkel einer verfassungskonformen Auslegung und Anwendung (durch wen?)

---

142 *Hohl* Private Standardsetzung im Gesellschafts- und Bilanzrecht, 2007, S. 299.

143 *Schwab* in: Bröchler/Schützeichel (Hrsg.), Politikberatung, S. 226 f.

144 *Buchholz* Ein neues DRSC? S. 158 f.

145 Vgl. *Hommelhoff/Schwab* BFuP 1998, 38, 48 ff; *dies.* FS Kruse 693, 700 ff.

146 Siehe näher *Hommelhoff/Schwab* BFuP 1998, 38, 41 f; *Moxter* DB 2001, 605, 606; *Probst* BFuP 1992, 426, 433, 438; *Schildbach* DB 1999, 645, 651; *Siegel* FS Baetge 117, 129; *Wüstemann* Generally Accepted Accounting Principles 41 ff.

147 Zutreffend *Hellermann* NZG 2000, 1097, 1102.

148 Zutreffend *Schuppert/Bumke* Die Zukunft des deutschen Bilanzrechts 71, 125.

gewinnen ließen;[149] die Gemeinwohlverträglichkeit kooperativer Steuerung zu garantieren ist vielmehr genuin eigene Aufgabe des Gesetzgebers (vgl. auch noch unten Rn 79). Zu Unrecht wird die Forderung, der Gesetzgeber müsse die Ausgewogenheit der Besetzung selbst sicherstellen, mit dem Argument verworfen, die Delegation einer Aufgabe an ein privates Gremium müsse notwendig mit einem Spielraum für jenes Gremium einhergehen, wie es seine Arbeit organisiere; es dürfe jenem Gremium nicht jedes Detail seiner Arbeit vorgeschrieben werden.[150] Bei dieser Überlegung wird verkannt, dass es bei der Besetzung nicht um ein „Detail", sondern um ein wesentliches Postulat demokratieverträglicher kooperativer Steuerung handelt.

Namentlich hat der Gesetzgeber für eine Vertretung derjenigen Interessen zu sorgen, **56** welche sich nicht in Verbänden organisieren können, weil sie einen anonymen und heterogenen Personenkreis betreffen: die Anleger und die Gläubiger. Mangels einer zur Repräsentation geeigneten Interessenvereinigung, welche diese Interessen zusammenfasst und für die politische Artikulation mobilisiert, hat der Gesetzgeber nach geeigneten **Ersatzrepräsentanten** Ausschau zu halten. Für die Vertretung des **Anlegerinteresses** sind die Schutzvereinigungen der Kleinanleger eher weniger geeignet.[151] Die mehrfach, auch von dieser Seite vorgeschlagene Lösung,[152] einen Vertreter der Börse als Fürsprecher der Anlegerinteressen zu installieren, erweist sich freilich mittlerweile ebenfalls als nicht ganz unproblematisch; denn die Deutsche Börse AG ist nunmehr selbst ein börsennotiertes und damit zur Rechnungslegung verpflichtetes Unternehmen, nimmt also als Akteur im Wirtschaftsleben eine Doppelrolle wahr: zum einen die Funktion als institutionelle Hüterin des Anlegerinteresses, zum anderen aber auch die Rolle des rechnungslegungspflichtigen Unternehmens.[153] Die konsequente Fürsprache für das Anlegerinteresse ist damit nicht mehr in jeder Hinsicht gewährleistet.

Mit der im DRSC gewählten Lösung, die Belange der Anleger im Standardisierungs- **57** rat durch einen **Finanzanalysten** zu vertreten, ist das Optimum getroffen: Anleger – private wie institutionelle – sind darauf angewiesen, dass die in Einzel- und Konzernabschlüssen bereitgestellte Anlegerinformation von Finanzintermediären, eben unter anderem von Analysten, aufbereitet und dadurch verwertbar gemacht wird. Jene Intermediäre können daher auch Divergenzen in den Belangen privater Anleger einerseits, institutioneller Anleger andererseits in ihrer Person auflösen; sie sind als Dienstleister dem Interesse beider Anlegergruppen gleichermaßen verpflichtet.

Das **Gläubigerinteresse** entzieht sich gänzlich einer Vertretung durch persönlich Be- **58** troffene oder Verbände. Namentlich scheiden die Banken als Repräsentanten der Gläubiger aus:[154] Sie sind selbst zur Rechnungslegung verpflichtet und werben als Aktiengesellschaften um die Gunst der Anleger, betreiben also gerade die Rechnungslegung in einer auf deren Bedürfnisse ausgerichteten Weise. Die Fürsprache für das Gläubigerinteresse könnte jedoch dadurch hergestellt werden, dass Personen um die Mitarbeit im Standardisierungsrat ersucht werden, die mit langjähriger praktischer Erfahrung solche Belange

---

149 So aber *Heintzen* KoR 2001, 150, 154.

150 So aber *Hoffmann* Das DRSC und die Regulierung der Rechnungslegung, S. 90.

151 Näher *Hommelhoff/Schwab* BFuP 1998, 38, 49 f.

152 *Budde/Steuber* Vortrag an der Universität Hohenheim zum 70. Geburtstag von Werner Schülen, nicht veröffentlicht, sub 2a; *Schwab* BB 1999, 731, 734 f.

153 *Augsberg* Rechtsetzung zwischen Staat und Gesellschaft, 2003, S. 205 f; ablehnend zur Börse als Ersatzrepräsentant des Anlegerinteresses auch *Buchholz* Ein neues DRSC? S. 160 f.

154 Vgl. *Schwab* BB 1999, 731, 736 f.

wahrnehmen – nämlich Rechtsanwälte oder Betriebswirte, die in Anbetracht ihres Arbeitsfeldes als „Rechnungsleger" angesehen werden können, den (oder zumindest u.a. einen) Schwerpunkt ihrer Tätigkeit auf die Abwicklung von Unternehmensinsolvenzen gelegt haben und aufgrund ihrer Erfahrung mit der Analyse von Bilanzen wissen, welche Fehlentwicklung des Unternehmens am längsten und für die Gläubiger gefährlichsten in der Bilanz verborgen geblieben ist.

59 Der Standardisierungsrat hat bereits damit begonnen, nach § 9 Abs. 3 der DRSC-Satzung **Arbeitsgruppen** einzurichten. Da ein erheblicher Teil der Standardisierungsarbeit in jenen Gruppen geleistet wird, erstrecken sich die Anforderungen an die Vertretung der einschlägigen Interessen auch auf jene Gruppen;[155] § 4 Abs. 4 S. 1 StandV, der eine solche Vertretung für die Zusammensetzung „von Gremien" vorschreibt, ist so zu lesen, dass auch die Arbeitsgruppen darunter fallen. Die gegenwärtige Sitzverteilung (3 Vertreter der Unternehmen, 3 Wirtschaftsprüfer, 1 Hochschullehrer[156]) spart das Interesse der Abschlussadressaten völlig aus; sie ist daher rechtsunverträglich. Die rechtlichen Konsequenzen sind gravierend: Da von einem erheblichen Einfluss der Arbeitsgruppen auf die später vom Standardisierungsrat verabschiedeten Standards ausgegangen werden muss, hat sich das BMJ vor Bekanntmachung eines Standards nach § 342 Abs. 2 der ordnungsgemäßen (= ausgewogenen) Besetzung auch der Arbeitsgruppen zu vergewissern. Sofern (wie gegenwärtig) die Interessen bestimmter Gruppen dominieren, darf ein Standard, auf den eine so besetzte Arbeitsgruppe Einfluss genommen hat, nicht bekanntgemacht werden (Rn 94).

4. Verfahrensöffentlichkeit

60 a) **Grundsätzliches.** Das parlamentarische Gesetzgebungsverfahren verbürgt ein Optimum an Vernünftigkeit und Gemeinwohlverträglichkeit des Gesetzesinhalts.[157] Die Organe der Legislative stellen sich dem Diskurs mit einer aufmerksamen Öffentlichkeit und sind für kritische Anregungen aus dem Kreise der potentiell normunterworfenen Bürger aufgeschlossen. Das Grundgesetz flankiert diese Rahmenbedingungen, indem es die öffentliche Verhandlung im Bundestag vorschreibt (Art. 42 Abs. 1 S. 1 GG) und den Bürger in Art. 5 Abs. 1 GG gerade auch im Interesse des demokratischen Dialogs zur Kundgabe seiner Meinung ermuntert.[158] Die Privatisierung der Rechtsetzung erlaubt keinerlei Aufweichung dieser Gewährleistungen. Standardsetzung darf nicht hinter verschlossenen Türen geschehen. Zu Recht hat der Gesetzgeber daher in § 342 Abs. 1 S. 2 für die Arbeit des Rechnungslegungsgremiums gefordert, ein Verfahren einzurichten, welches die interessierte Öffentlichkeit einbezieht.[159] Ein solches Verfahren ist in zweierlei Hinsicht geboten: Zum einen trägt es zur **Verbesserung der Sachentscheidung** bei, wenn der Standardisierungsrat gezwungen ist, sich mit Anregungen aus Wissenschaft und Praxis auseinanderzusetzen; zum anderen fungiert das Verfahren als Forum **vorweggenommenen Rechtsschutzes** der potentiell an die Standards gebundenen Unternehmen und Prüfer einerseits, der Abschluss-Nutzer andererseits: Sie können, soweit den Empfehlungen des

---

155 Zutreffend *Ebke* ZIP 1999, 1193, 1201.

156 Vgl. *Niehus* DB 2001, 53, 54. Überblick über die Besetzung der einzelnen vom DSR gebildeten Arbeitsgruppen bei *Hoffmann* Das DRSC und die Regulierung der Rechnungslegung, S. 171 ff.

157 *Kirchhof* ZGR 2000, 681.

158 Zu dieser Funktion des Art. 5 Abs. 1 GG vgl. nur BVerfGE 7, 198, 208.

159 Zutreffend *Schuppert/Bumke* Die Zukunft des deutschen Bilanzrechts 71, 121; spezifisch für die Normensetzung im Bilanzrecht auch *Breidenbach* Normensetzung für die Rechnungslegung 215 ff.

Standardisierungsrats rechtliche Verbindlichkeit zukommt, diese in einem späteren Gerichtsverfahren nicht mehr in Frage stellen und müssen daher Einwendungen bereits im Verfahren der Standardsetzung selbst vortragen können.

b) **Einleitung des Standardsetzungsverfahrens.** Um die interessierte Öffentlichkeit in den Prozess der Standardsetzung einzubeziehen, muss ihr ein *Anstoß* gegeben werden, sich hieran zu beteiligen, und zwar in Gestalt einer *öffentlichen Ankündigung des Standardisierungsvorhabens.*[160] Da von der Standardsetzung nicht nur diejenigen Personen betroffen sind, die mit Hilfe ihrer Sachkunde das materielle Bilanzrecht anwenden, sondern eine unüberschaubare Vielzahl von Personen (nämlich auch alle potentiellen Anleger und Gläubiger), ist die Ankündigung nicht nur an die Fachöffentlichkeit zu adressieren, sondern an *jedermann.* **61**

Vereinzelt wird sogar gefordert, dass jedermann die Möglichkeit haben muss, die Aufstellung eines Standards zu bestimmten Problemfeldern zu beantragen.[161] So weit geht das Gebot der Einbeziehung interessierter Öffentlichkeit indes nach hier vertretener Ansicht nicht: Der Anspruch des Bürgers gegen staatliche Rechtsetzungsorgane auf Erlass einer Rechtsnorm bildet den extremen Ausnahmefall. Ein solcher Anspruch ist daher auch im Kontext kooperativer Regelsetzung nicht begründbar. **61a**

Der Standardisierungsrat kommt dieser Aufgabe nach, indem er den Diskurs über einen Standard mit der Ausarbeitung eines **Entwurfs** einleitet und diesen auf der Homepage des DRSC **veröffentlicht**, auf der sie jedermann einsehen kann. Von Amts wegen übersandt wird der Entwurf den Mitgliedern des Verwaltungsrats, den Vereinsmitgliedern des DRSC, den Mitgliedern des Konsultationsrats sowie dem BMJ (§ 10 Abs. 2 S. 1 der Geschäftsordnung des Standardisierungsrats – im Folgenden: GeschO DSR). Nichtmitgliedern sind die Entwürfe auf Anforderung gegen Ausgleich der Kosten für Vervielfältigung und Übersendung zuzuleiten, soweit sie nicht über die Homepage des DRSC abgerufen werden können (§ 10 Abs. 2 S. 5, 6 GeschO DSR). Damit wird ein hinreichender Anstoß für die Teilnahme am Verfahren gegeben – abgesehen davon, dass die bevorzugte Behandlung der Mitglieder des Konsultationsrats aus grundsätzlichen Erwägungen bedenklich ist (näher Rn 68 ff). **62**

c) **Einwendungsmöglichkeit Interessierter.** Interessierte können am Verfahren der Standardsetzung teilnehmen, indem sie binnen einer Frist, die vom Standardisierungsrat festgesetzt wird und nach § 4 Abs. 2 Nr. 1 StandV mindestens sechs Wochen betragen muss, Stellungnahmen einreichen. Der Standardisierungsrat hat sich mit den Vorschlägen und Einwendungen tatsächlich inhaltlich auseinanderzusetzen, indem er die Stellungnahmen aus dem Publikum *sachlich verbescheidet.*[162] Dem Standardisierungsrat wird hierdurch kein unzumutbarer Aufwand aufgebürdet:[163] Das Erfordernis individueller Bescheidung von Stellungnahmen bietet als einziges die Gewähr, dass der Standardisierungsrat sich tatsächlich mit ihnen in der Sache befasst. Jedoch müssen die Sitzungen des **63**

---

160 *Müller-Foell* Die Bedeutung technischer Normen für die Konkretisierung von Rechtsvorschriften (1987) 84 ff; *Wagner* in Nicklisch/Schottelius/Wagner, Die Rolle des wissenschaftlichen und technischen Erkenntnisstandes bei der Genehmigung von chemischen und kerntechnischen Anlagen (1982) 107, 116.

161 *Buchholz* Ein neues DRSC? S. 164 f.

162 *Schwab* BB 1999, 783.

163 So aber *Breidenbach* StuB 1999, 641, 646; danach soll eine gemeinsame Erörterung der wesentlichen Einwendungen ausreichen; freilich regt *Breidenbach* (aaO) eine schriftliche und allgemein zugängliche Zusammenfassung der Erörterungen an.

Standardisierungsrats entgegen anderslautenden Forderungen im Schrifttum[164] nicht öffentlich sein; ohne eine gewisse Vertraulichkeit der Beratungen ist effiziente Arbeit in einem Kollegialorgan nicht denkbar. § 9 Abs. 2 S. 3 der Satzung des Vereins DRSC wählt einen (vertretbaren) Mittelweg: Die auf die Verabschiedung der Standards gerichtete Sitzung ist öffentlich. Was der vertraulichen Beratung bedarf, bleibt mithin (zulässigen) Abklärungen in früheren Verfahrensstadien überlassen.

64 **Nicht** akzeptabel ist aber die Ermächtigung an den Standardisierungsrat in § 9 Abs. 2 S. 4 der Satzung, die **Teilnahme an öffentlichen Sitzungen gebührenpflichtig** zu machen: Wenn schon Verfahrensöffentlichkeit geübt wird, muss sie jedermann ohne Rücksicht auf die Finanzkraft zugute kommen. Die genannte Satzungsbestimmung enthält daher eine mit § 342 Abs. 1 S. 2 HGB unvereinbare Beschränkung der interessierten Öffentlichkeit und ist folglich nach § 134 BGB nichtig; werden mit Rücksicht auf sie Gebühren erhoben, so hat sie das DRSC nach § 817 S. 1 BGB zurückzuerstatten, da es mit ihrer Annahme gegen das Gesetz – nämlich § 342 Abs. 1 S. 2 HGB – verstößt.

65 **d) Verfahren nach Änderung eines Standardentwurfs.** Die Auseinandersetzung mit Stellungnahmen zu einem Standardentwurf mag den Standardisierungsrat veranlassen, den Entwurf zu ändern. § 4 Abs. 2 Nr. 3 StandV ordnet zu Recht an, dass bei „wesentlichen“ Änderungen eines Entwurfs dieser in der nunmehrigen Fassung nochmals dem öffentlichen Diskurs zugänglich zu machen ist, indem der Standard offengelegt und Gelegenheit zu Stellungnahmen binnen einer Frist von mindestens vier Wochen gegeben wird.

66 Der **Standardisierungsrat** nimmt für sich in Anspruch, nach freiem **Ermessen** entscheiden zu dürfen, wann eine Änderung in diesem Sinne **„wesentlich“** ist (§ 10 Abs. 4 S. 1 GeschO DSR). Diese Formulierung provoziert **Missverständnisse**: Gewiss ist es der Standardisierungsrat, von dem die Initiative zur (erneuten) Offenlegung des Standards ausgeht; er muss daher eine Entscheidung darüber treffen, ob Anlass hierzu besteht. Und gewiss trifft er diese Entscheidung allein im öffentlichen Interesse; Dritte haben auf eine erneute Offenlegung keinen Rechtsanspruch, wie in § 10 Abs. 4 S. 2 GeschO DSR insoweit richtig niedergelegt ist. Das „freie Ermessen“ des Standardisierungsrats kann jedoch nicht bedeuten, dass auch das BMJ diese Entscheidung hinnehmen müsste; im Gegenteil: Die Verpflichtung aus § 4 Abs. 2 Nr. 3 StandV, bei wesentlichen Änderungen den Standard erneut offenzulegen, gehört zu den primären Erfüllungspflichten des DRSC gegenüber seinem Vertragspartner, dem BMJ. Das BMJ *hat* somit aus jenem Vertrag einen Rechtsanspruch auf nochmalige Offenlegung. Im Standardisierungsvertrag deutet nichts darauf hin, dass dem DRSC insoweit i.S.d. § 315 BGB ein Leistungsbestimmungsrecht dahin eingeräumt worden wäre, selbst zu bestimmen, wann eine Änderung wesentlich ist und damit die vertragliche Offenlegungspflicht erneut eintritt; deshalb kann im Verhältnis zum BMJ auch nicht von einem „freien Ermessen“ des DRSC oder des Standardisierungsrats die Rede sein.

67 Einen solchen **Ermessensspielraum** vertraglich zu gewähren, wäre das BMJ auch **nicht befugt:** Das BMJ darf nur eine Einrichtung anerkennen, welche gewährleistet, dass Empfehlungen in einem Verfahren beschlossen werden, das die interessierte Öffentlichkeit einbezieht. Zu dieser Einbeziehung gehört ganz wesentlich die nochmalige öffentliche

---

[164] So aber *Zitzelsberger* WPg 1998, 246, 258; ähnlich *Langenbucher/Blaum* BB 1995, 2325, 2335: öffentliche Anhörung.

Diskussion über den Standard, wenn der Entwurf in wesentlichen Punkten geändert worden ist. Die erneute Offenlegung eines wesentlich geänderten Standardentwurfs hat daher das BMJ selbst zu gewährleisten – indem es dem DRSC die Verpflichtung hierzu auferlegt und ihre Einhaltung vor Bekanntmachung jedes einzelnen Standards überprüft. Als **„wesentlich"** ist hierbei jede Änderung anzusehen, die es als möglich erscheinen lässt, dass im öffentlichen Diskurs Gesichtspunkte zur Sprache kommen, die im bisherigen Verfahren noch nicht vorgetragen worden sind. In jedem Fall ist „wesentlich" eine Änderung, die den *materiellrechtlichen Umfang der Publizitätspflicht im Konzernabschluss* abweichend vom bisherigen Standardentwurf festlegt; als „unwesentliche" Änderungen lassen sich allenfalls solche bezeichnen, in denen lediglich redaktionelle Korrekturen und sprachliche Klarstellungen vorgenommen werden.

e) **Die Rolle des Konsultationsrats.** Die „Einbeziehung der interessierten Öffent- **68**
lichkeit" nach Abs. 1 S. 2 impliziert, dass jedem der „Öffentlichkeit" zuzurechnenden Rechtssubjekt die *gleichen Teilhaberechte* im Verfahren der Standardsetzung zuwachsen. Die Privilegierung einzelner Personen oder Interessengruppen kommt einem partiellen Ausschluss der übrigen Öffentlichkeit gleich, weil sie den Stellungnahmen der Privilegierten ein vergleichsweise stärkeres Gewicht verleiht.

Unter diesem Gesichtspunkt erweist sich der **Konsultationsrat** (§ 10 DRSC-Satzung) **69**
in seiner gegenwärtigen Gestalt als ein in hohem Maße problematisches Gremium. Der Konsultationsrat ist nach § 10 Abs. 1 DRSC-Satzung eingerichtet worden, „um den beteiligten Kreisen Gelegenheit zu geben, dem Standardisierungsrat ihre Vorstellungen vor grundsätzlichen Entscheidungen unmittelbar vorzutragen." Nach § 10 Abs. 2 der Satzung können nur **Berufs- oder Interessenverbände** Mitglied des Konsultationsrats werden. Diese sollen also vor dem Standardisierungsrat in besonderer Weise Gehör finden: Eine direkte Diskussion mit dem Standardisierungsrat soll ihnen und *nur* ihnen eröffnet werden.[165] Einzelpersonen wird ein solch' qualifiziertes Forum zum Vortrag von Einwendungen nicht gewährt.[166] Vielmehr bestätigt § 10 Abs. 1 lit. d) GeschO DSR, wonach die Verabschiedung eines Standards von der vorherigen Anhörung des Konsultationsrats abhängig ist, die herausgehobene Stellung dieses Gremiums; die „Anhörung" anderer Personen oder Gremien ist nicht vorgesehen.

Die bevorzugte Behandlung der Interessenverbände muss indes gerade in denjenigen **70**
Bereichen verhindert werden, in denen wie im Bilanzrecht wichtige einschlägige Interessen (nämlich der Anleger und Gläubiger) nicht (oder allenfalls schwer und unvollkommen) in Verbänden organisiert werden können. Indem § 10 Abs. 2 der Satzung denjenigen Ausschnitt der interessierten Öffentlichkeit in besonderer Weise zur Geltung bringt, der sich in Verbänden organisiert hat, **zementiert** er genau diejenigen **Ungleichgewichte** in der Möglichkeit der Einflussnahme, die im höchst unterschiedlichen Grad der Organisierbarkeit der beteiligten Belange begründet liegen.[167] Aus diesem Grunde ist der Mechanismus der Öffentlichkeitsbeteiligung, wie er in § 10 der Satzung niedergelegt ist, nicht als ein Instrument zur „Einbeziehung der interessierten Öffentlichkeit" nach § 342 Abs. 1 S. 2 anzuerkennen. Gänzlich abgeschafft werden sollte der Konsultationsrat freilich nicht; denn der Vorteil eines direkten Meinungsaustauschs mit dem Standardisierungsrat ginge sonst ohne Not verloren. Jener Meinungsaustausch darf jedoch nicht

---

165 *Breidenbach* StuB 1999, 641, 646.

166 Kritisch mit Recht *Breidenbach* StuB 1999, 641, 644.

167 *Paal* Rechnungslegung und das DRSC, S. 264; *Schwab* BB 1999, 783, 784.

einzelne einschlägige Belange aussparen; deshalb ist der Konsultationsrat ebenso wie der Standardisierungsrat für Ersatzrepräsentanten von Anleger- und Gläubigerinteressen zu öffnen. § 10 der DRSC-Satzung ist um eine geeignete Bestimmung zu ergänzen; das BMJ hat hierauf hinzuwirken.

71 f) **Beschlussfassung.** Als Kollegialorgan entscheidet der Standardisierungsrat durch Beschluss, und zwar nach § 9 Abs. 2 S. 2 DRSC-Satzung mit einfacher Mehrheit, bei der Verabschiedung von Standards oder bei der Kooptation von Mitgliedern mit 2/3-Mehrheit. Diese Regelung ist mindestens in Bezug auf die Verabschiedung von Standards missglückt. Ein wichtiges Instrument zur Gewähr eines angemessenen Interessenausgleichs besteht darin, die Majorisierung einzelner Belange durch ad hoc gebildete oder gar stabile Mehrheiten zu verhindern. Dass gegenwärtig ein Standard mit 2/3-Mehrheit beschlossen werden kann und die Unternehmens- und Prüfervertreter im Standardisierungsrat zusammen diese Mehrheit stellen, kann nicht länger hingenommen werden. Vielmehr muss der Gesetzgeber einen breiten Konsens im Gremium anstreben. Anders als bisher wird hier freilich nicht mehr länger gefordert, jeder Standard müsse von einem *einstimmigen* Beschluss im Standardisierungsrat getragen sein.[168] Denn das strenge Einstimmigkeitsprinzip birgt die Gefahr, dass einzelne Mitglieder des Standardisierungsrats ihre Vetoposition missbrauchen, um einen Standard willkürlich zu blockieren oder ihren Kollegen sachfremde Zugeständnisse abzuringen. Der Gesetzgeber füllt daher seinen Gestaltungsspielraum auch dann noch in zulässiger Weise aus, wenn er, um dies zu vermeiden, die Verabschiedung eines Standards gegen die Stimme *eines* Mitglieds des Standardisierungsrats zulässt. Eine geringer qualifizierte Mehrheit ist dagegen nicht mehr rechtsverträglich.

72 g) **Begründungs- und Dokumentationspflicht.** Die Öffentlichkeit ist nicht schon dann i.S.d. § 342 Abs. 1 S. 2 ausreichend einbezogen, wenn der Standardisierungsrat ausgewogen besetzt ist und Außenstehenden Gelegenheit zur Stellungnahme zu seinen Standardentwürfen gegeben hat. Die mit dem Öffentlichkeitserfordernis bezweckte Verbesserung der Sachentscheidung sowie der vorweggenommene Rechtsschutz potentiell Normunterworfener ist vielmehr erst dann gewährleistet, wenn die Standardentwürfe eine **kritische Auseinandersetzung** ermöglichen und eine solche in der Folgezeit auch tatsächlich stattfindet. Daraus ergeben sich weitere Anforderungen an das Verfahren der Standardsetzung: Standardentwürfe müssen *begründet* werden, damit sie von der Öffentlichkeit kritisch überprüft werden können; erst die Begründung bietet Ansatzpunkte für Zustimmung oder Kritik.

73 Die **Begründung** des Standards hat sich mit abweichenden Standpunkten auseinanderzusetzen; aus ihr müssen die fachlichen Argumente, die für die Entscheidung ausschlaggebend waren, ebenso ersichtlich sein wie die politischen. Auch der endgültig verabschiedete Standard ist zu begründen. Namentlich hat der Standardisierungsrat seine Bereitschaft, den Vorrang des gesetzlich niedergelegten Bilanzrechts zu respektieren, dadurch zu belegen, dass er in der Begründung jedes einzelnen Standards diesen als **Ableitung aus den deutschen GoB** darzustellen sucht; dies ist in der Vergangenheit gelegentlich zugunsten des Bestrebens, IAS und US-GAAP nach Deutschland zu importieren, vernachlässigt worden.[169] Außerdem muss der Standardisierungsrat gezwungen sein, sich mit

---

168 *Schwab* BB 1999, 783, 784 f.

169 Namentlich bei den Deutschen Rechnungslegungs Standard Nr. 1 Besonderer Teil (vgl. *Erdbrügger* DStR 2001, 99, 101 ff; *Hommelhoff/Schwab* FS Kruse 693, 705 ff), Nr. 7 (vgl. *Schwab* DB 2001, 880 ff) und Nr. 10

den Stellungnahmen in der Sache auseinanderzusetzen; daher ist jede **Einwendung** gegen den Standardentwurf **individuell zu bescheiden** (siehe bereits Rn 63). Schließlich ist das **Zustandekommen** des Standards zu **dokumentieren**, um die Erfüllung der Verfahrensanforderungen zu gewährleisten: dabei sind die Namen der Personen anzugeben, die an der Standardsetzung mitgewirkt haben, sowie deren beruflicher Hintergrund, ferner ggf. die Institution, von der sie entsandt sind; des weiteren die Zahl der Stellungnahmen aus dem interessierten Publikum und aus welchen Kreisen sie vorgetragen worden sind. Der Standardisierungsrat verfährt in dieser Hinsicht vorbildlich: Die eingegangenen Stellungnahmen werden mit Nennung des Autors ins Internet eingestellt und geben, vom Standardisierungsrat gewollt, ihrerseits Gelegenheit zu weiteren Diskussionsbeiträgen.[170]

h) Das Verhältnis nationaler zur internationalen Standardsetzung. Nach § 342 Abs. 1 **74** S. 1 Nr. 3 HGB ist die private Standardsetzung auch darauf angelegt, dass sich zwischen nationaler und internationaler Ebene Wechselwirkungen etablieren. Zum einen soll der Standardisierungsrat Einfluss nehmen auf die Regelsetzung im IASC oder im europäischen Standardsetter, der nach den Vorstellungen der EU-Kommission demnächst inthronisiert werden soll (siehe Rn 8 ff); zum anderen sollen die unter dem Einfluss des Standardisierungsrats ausgehandelten internationalen Standards Umsetzung in Deutschland finden. Die internationale Regelsetzung darf und soll also nach dem Willen des Gesetzgebers die nationale beeinflussen. Sobald ein internationaler Standard existiert, wird es dem Standardisierungsrat schwerfallen, einen davon abweichenden deutschen Standard zu empfehlen; selbst das Verfahren der Öffentlichkeitsbeteiligung wird ihn nicht davon abhalten, den auf internationalem Parkett verhandelten Standard in Deutschland zu implementieren. Die bisherige Praxis des Standardisierungsrats legt hiervon beredt Zeugnis ab: Die Begründung sämtlicher **Standards des DRSC** lässt erkennen, dass **maßgeblich die Vereinbarkeit mit IAS und/oder US-GAAP angezielt** wurde. Damit droht das Verfahren der Öffentlichkeitsbeteiligung die ihm zugedachte Funktion einzubüßen, Außenstehenden die Möglichkeit inhaltlicher Einflussnahme zu eröffnen.

Eine solche Einflussmöglichkeit kann konsequent nur dann noch sichergestellt wer- **75** den, wenn die deutsche Öffentlichkeit befragt wird, *bevor* der Standardisierungsrat in die internationalen Verhandlungen über einen Standard eintritt. Es muss mit anderen Worten bereits die **Position**, die der **Standardisierungsrat** bei der Vertretung Deutschlands im **internationalen Standardsetter** vertritt und im Konfliktfall gegen abweichende Vorstellungen anderer Länder zu behaupten sucht, ihrerseits unter Beteiligung der Öffentlichkeit definiert werden. Bei der Einleitung des Verfahrens ist darauf hinzuweisen, dass es noch nicht um den endgültigen Standard geht, sondern nur um *eben jene Position, mit der das Gremium auf internationaler Ebene antritt*. In diesem Stadium muss ein – derzeit nicht vorhandener[171] – nationaler Konsens darüber gefunden werden, inwiefern deutsche Positionen dort verteidigt werden sollen. Sieht sich der Standardisierungsrat sodann nach dem auf internationaler Ebene erzielten Verhandlungsergebnis gezwungen, im Interesse der internationalen Anerkennung einen hiervon abweichenden Standpunkt in Deutsch-

---

(vgl. *Gräbsch* StuB 2002, 743, 749 f). Rechtlich zweifelhaft *Niehus* DB 2001, 53, 55 (derzeit Mitglied des Standardisierungsrats) mit dem Eingeständnis, die Vereinbarkeit des DRS 7 mit dem HGB habe sich nur mit „gewisse(n) Verrenkungen" begründen lassen. Kritische Bestandsaufnahme unter Nennung weiterer bedenklicher Deutscher Rechnungslegungs Standards bei *Siegler* DB 2002, 1513.

170 *Niehus* DB 2001, 53, 54.

171 Vgl. *Pellens/Fülbier/Ackermann* DB 1996, 285, 290.

land umzusetzen, so ist das Verfahren von neuem einzuleiten, und zwar *unter Hinweis auf die Diskrepanz zwischen der eigenen Position und dem verabschiedeten internationalen Standard.* Dann muss in einem neuen politischen Prozess auf nationaler Ebene entschieden werden, ob die Zurücksetzung einzelner Belange mit Rücksicht auf internationale Sachzwänge akzeptiert werden soll oder nicht.[172]

76 5. **Finanzierung.** Die Arbeit des Standardisierungsrats verursacht erhebliche Kosten (oben Rn 32f). § 14 DRSC-Satzung sieht daher die Einrichtung eines **Spendenfonds** vor, um Finanzierungsbeiträge jenseits der Mitgliedsbeiträge und der Erlöse aus Publikationen des Standardisierungsrats zu akquirieren. Damit folgt das DRSC internationalen Vorbildern: Die Standardsetzung durch das FASB in den USA und durch das IASC auf internationaler Ebene wird ebenfalls in erheblichem Umfang durch Spenden finanziert. Die Bereitschaft, einen Standardsetter auf diese Weise zu unterstützen, wird typischerweise bei denjenigen Personengruppen gegeben sein, welche sich von der Standardsetzung Vorteile erhoffen; und sie wird so lange bestehen, wie jene Vorteile tatsächlich eintreten. So wird für das FASB bereits ein überproportionaler Einfluss derjenigen Gruppen auf die Standardsetzung beklagt, welche diese hauptsächlich finanzieren: Das FASB habe sich vom Berufsstand der Wirtschaftsprüfer abhängig gemacht.[173] Dieser bringt über 50 % der benötigten Spenden auf.[174] Bilanzaufsteller und Prüfer engagieren sich finanziell weitaus stärker als die Abschluss-Nutzer;[175] und so mancher Spendengeber soll bereits mit seinem Rückzug gedroht haben, falls nicht ein ihm genehmer Standard verabschiedet werde.[176] Auf der Ebene des IASC sieht es kaum besser aus: Neben dem Erlös aus dem Vertrieb von Veröffentlichungen und Beiträgen der Berufsorganisationen der im Board des IASC vertretenen Länder[177] tragen hauptsächlich Spenden zur Kostendeckung bei, die in erster Linie von den wenigen branchenführenden Wirtschaftsprüfungsgesellschaften,[178] außerdem durch Unternehmen aus der angloamerikanischen Rechtssphäre[179] aufgebracht werden.

77 Dieser Befund sollte davor warnen, die Geldmittel des DRSC in zu hohem Maße aus Spenden Interessierter zu speisen.[180] Die in Abs. 1 S. 2 geforderte **Unabhängigkeit** der Standardsetzung ist vielmehr auch in **finanzieller Hinsicht** abzusichern: Die Mitglieder des Standardisierungsrats dürfen nicht in die Versuchung geraten, die Belange ihrer Geldgeber zum Nachteil der übrigen Interessen zu bevorzugen. Einen sehr diskutablen Ansatz stellt das britische Modell bereit:[181] Das dortige Accounting Standards Board (ASB) wird zu 1/3 durch den Staat, zu 1/3 durch den Berufsstand und zu 1/3 durch die London Stock Exchange sowie durch die Bank- und Investmentbranche finanziert. In der Tat erscheint eine Teilung der Kosten, die nicht über den Vertrieb von Publikationen ausgeglichen werden

[172] Vgl. *Hommelhoff/Schwab* FS Kruse 693, 708 f; *Schwab* BB 1999, 783, 786 f.

[173] *Luttermann* Unternehmen, Kapital und Genußrechte 389 mit Nachweisen aus dem US-amerikanischen Schrifttum.

[174] Genaue Zahlenangaben bei *Langenbucher/Blaum* BB 1995, 2325, 2330; *Luttermann* Unternehmen, Kapital und Genußrechte 389.

[175] *Schildbach* StuB 2000, 192, 199.

[176] *Schildbach* StuB 2000, 192, 199 f m.w.N.

[177] Konkrete Zahlenangaben über den Anteil verschiedener Einnahmequellen am Gesamtaufwand der Arbeit des IASC bei *Bardenz* WM 1996, 1657, 1661; *Pellens/Fülbier/Ackermann* DB 1996, 285, 289.

[178] *Haller* DB 1993, 1297, 1301; *Pellens/Fülbier/Ackermann* DB 1996, 285, 289.

[179] *Pellens/Fülbier/Ackermann* DB 1996, 285, 289.

[180] Ähnlich *Ebke* ZIP 1999, 1193, 1200; *Großfeld* WPg 2001, 129, 132.

[181] Vgl. dazu *Langenbucher/Blaum* BB 1995, 2325, 2331.

können,[182] sachgerecht;[183] das britische Modell bietet sich somit auch als Vorbild für das DRSC an.[184] Dem Staat ist eine finanzielle Beteiligung anzusinnen:[185] Er profitiert zum einen von der Arbeit des DRSC, weil er eigene Steuerungskapazitäten schont; zum anderen ist es seine Aufgabe, für das Interesse nicht organisierbarer Gruppen einzutreten. Seine Möglichkeiten, in deren Sinne Einfluss zu nehmen, werden durch seine eigene Kostenbeteiligung ein stärkeres Gewicht erhalten. Dem Berufsstand der Wirtschaftsprüfer ist ein Teil der Kosten aufzuerlegen, weil – ähnlich wie im technischen Sicherheitsrecht[186] – privat gesetzte Normen den einzelnen Wirtschaftsprüfer bei der Arbeit entlasten: Er kann sich darauf verlassen, dass der ihm an die Hand gegebene Standard einen rechtlich akzeptablen methodischen Ansatz für die von ihm vorzunehmende Prüfung bereitstellt. Zudem nehmen die Wirtschaftsprüfer durch ihre Beteiligung an der Standardsetzung Einfluss auf die Grundsätze, an deren Beachtung sie selbst möglicherweise später – nämlich ggf. in Haftungsprozessen – gemessen werden. Weitere Kostenträger könnten aus dem Bereich der rechnungslegungspflichtigen Unternehmen und ihrer – u.U. auch sektoral für bestimmte Branchen zuständigen – Interessenverbänden kommen. § 342 verstößt, indem er zur Anerkennung eines privaten Standardretters ermächtigt, ohne dessen finanzielle Ausstattung geregelt zu haben, gegen das Grundgesetz, weil der überproportionale finanzielle Einfluss von Interessengruppen den angemessenen Ausgleich divergierender Belange gefährdet; dieser Ausgleich aber muss institutionell sichergestellt sein, bevor der Staat private Standards in sein Regelungsprogramm aufnimmt (Rn 17 ff, 49 ff).

Besorgnis weckt des Weiteren die Art und Weise, wie im DRSC die **Mitgliedsbeiträge** **78**
gestaffelt sind. Derzeit zahlen natürliche Personen einen jährlichen Beitrag von 250 EUR, Prüfgesellschaften je nach Höhe des Jahresumsatzes Beiträge zwischen 2500 und 50000 EUR, Steuerberatungsgesellschaften 2500 EUR, Emittenten von Schuldtiteln je nach Schuldtitelvolumen zwischen 10000 und 50000 EUR DAX-Unternehmen 50000, MDAX-Unternehmen 20000 und sonstige Unternehmen 5000 bis 10000 EUR. Diese Beitragsstruktur ist bereits im Ansatz darauf angelegt, börsennotierten Unternehmen den Hauptteil der Finanzierung zuzuweisen. Die Mitgliedschaft ist für solche Unternehmen nur dann von Reiz, wenn der Standardisierungsrat ihren Bedürfnissen entsprechende Standards produziert, weil sich sonst die Investition in die Standardsetzung nicht rechnet.[187] Das Übergewicht des Einflusses weltweit tätiger Großunternehmen erhält dadurch eine zusätzliche Stütze. In gleicher Weise gefährlich erscheint es, die in § 10 Abs. 3 S. 2 DRSC-Satzung niedergelegte Befugnis des Verwaltungsrats, von den dem **Konsulta-**

---

182 In jenem Vertrieb sehen *Langenbucher/Blaum* BB 1995, 2325, 2335 eine ertragreiche potentielle Einnahmequelle für das Gremium.

183 Vgl. aus dem technischen Sicherheitsrecht *Schmidt-Preuß* in Kloepfer (Hrsg.), Selbst-Beherrschung im technischen und ökologischen Bereich (1998) 89, 98: Postulat der dezentralen Mittelaufbringung für private Regelgebung.

184 *Schwab* BB 1999, 783, 787; zustimmend *Paal* Rechnungslegung und das DRSC, S. 239 ff; sympathisierend ferner *Augsberg* Rechtsetzung zwischen Staat und Gesellschaft, S. 214; *Hoffmann* Das DRSC und die Regulierung der Rechnungslegung, S. 85 f, letzterer mit dem Vorschlag, zusätzlich die börsennotierten Gesellschaften an der Finanzierung zu beteiligen.

185 Vgl. *Hommelhoff/Schwab* FS Kruse 693, 712. Für eine ausschließlich staatliche Finanzierung *Pellens/Bonse/Gassen* DB 1998, 785, 790. *Ebke* (ZIP 1999, 1193, 1200 mit Fn 95) weist freilich zu Recht darauf hin, dass der Staat die Arbeit des DRSC mittelbar dadurch mitfinanziert, dass er Spenden an das DRSC steuerlich absetzbar stellt.

186 Dazu *Hommelhoff/Schwab* BFuP 1998, 38.

187 Kritisch bereits *Ebke* ZIP 1999, 1193, 1199. Dagegen hält *Hoffmann* Das DRSC und die Rechnungslegung, S. 82 die Staffelung der Mitgliedsbeiträge für unproblematisch.

tionsrat angehörigen Interessenverbänden und Berufsorganisationen einen **„Beitrag zur Kostendeckung“** zu erheben, als maßgeblichen Faktor für die Finanzierung des DRSC zu instrumentalisieren und hierin gar eine der „wesentlichen Aufgaben“ des Konsultationsrats zu erblicken:[188] Wird jenen Verbänden in dieser Intensität die Finanzierungsverantwortung für das DRSC auferlegt, so werden sie im Gegenzug einen maßgeblichen inhaltlichen Einfluss auf die Standardsetzung auszuüben suchen.

79 **6. Gesetzlicher Steuerungsauftrag.** Mit Recht hat es der Gesetzgeber als seine Aufgabe erachtet, von Gesetzes wegen die Unabhängigkeit und Öffentlichkeit der Standardsetzung einzufordern. Bei der Wahrnehmung seines Steuerungsauftrags ist er dabei jedoch auf halbem Wege stehengeblieben, indem er die Maßnahmen, welche im Einzelnen die Erfüllung dieser beiden Erfordernisse gewährleisten sollen, nicht selbst geregelt, sondern ihre Ausgestaltung dem Standardisierungsvertrag, der Satzung des DRSC und der Geschäftsordnung des Standardisierungsrats überlassen hat;[189] ebenso wie die Besetzung des Standardisierungsrats hat er von Verfassungs wegen auch das **Verfahren** der Standardsetzung unmittelbar im **Gesetzestext** niederzulegen.[190] Namentlich in finanzieller Hinsicht hätte er das DRSC nicht gänzlich sich selbst überlassen dürfen, sondern selbst eine solide Budgetgrundlage sicherstellen müssen. Was das Verfahren anbelangt, so hätte der Gesetzgeber dessen Eckpunkte selbst regeln müssen;[191] die Niederlegung der wichtigsten Verfahrensschritte im Standardisierungsvertrag ist allenfalls als Übergangslösung hinnehmbar. Eine gesetzliche Regelung des Verfahrens hätte insbesondere die mittlerweile eingetretene Entwicklung verhindern können, dass die beiden aus Unternehmen rekrutierten Rechnungsleger und die drei Wirtschaftsprüfer im Standardisierungsrat zusammen jeden Standard notfalls gegen den Willen der übrigen Mitglieder durchsetzen können. Die Besetzung eines Standardsetters zu regeln ist ebenso genuine Aufgabe des Gesetzgebers wie die Festsetzung etwaiger Mehrheitserfordernisse oder gar einstimmiger Beschlussfassung. Nicht überzeugen kann die Überlegung,[192] das Verfahren der Standardsetzung lasse sich ebenso in einer Rechtsverordnung regeln; dann aber müsse eine Regelung in einem Standardisierungsvertrag gleichfalls genügen: Die legislatorische Gestaltungsaufgabe ist keine geringere als die, das Fehlen demokratischer Legitimation durch ein dem parlamentarischen Willensbildungsprozess gleichwertiges Verfahren zu kompensieren. Die Bedingungen für die Preisgabe des eigenen Steuerungsanspruchs muss der parlamentarische Gesetzgeber selbst formulieren.

V. Unternehmen und Verbände als Mitglieder des DRSC (Abs. 1 S. 3)

80 Das private Rechnungslegungsgremium nach § 342 ist als Gremium des **Sachverstands** konzipiert. Jeder auch nur mittelbare Einfluss von Personen, die im Bereich der Rechnungslegung keine fachliche Qualifikation vorweisen können, auf die Arbeit des Standardisierungsrats muss ausgeschlossen bleiben; sonst besteht die Gefahr, dass die

---

[188] So aber *Hayn/Zündorf* FS Weber 481, 498; dagegen mit Recht auch *Ebke* ZIP 1999, 1193, 1200 f; *Hoffmann* Das DRSC und die Regulierung der Rechnungslegung, S. 83.

[189] Kritisch mit Recht *Hoffmann* Das DRSC und die Regulierung der Rechnungslegung, S. 55 ff; *Schuppert/Bumke* Die Zukunft des deutschen Bilanzrechts 71, 125 f.

[190] Vgl. *Hommelhoff/Schwab* BFuP 1998, 38, 51; *dies.* FS Kruse 693, 707 ff.

[191] Zutreffend *Hellermann* NZG 2000, 1097, 1102.

[192] *Augsberg* Rechtsetzung zwischen Staat und Gesellschaft, S. 198 f.

sachverständige Überzeugungsbildung im Standardisierungsrat durch sachfremde Überlegungen getrübt wird. Namentlich soll verhindert werden, dass fachfremde Personen Einfluss auf die Wahl des Vorstands und des Verwaltungsrats und damit mittelbar auch des Standardisierungsrats ausüben können.[193] Konsequent kann Mitglied im DRSC nach § 4 Abs. 1 S. 1 der Satzung nur werden, wer aufgrund erkennbarer Qualifikation oder Erfahrung auf dem Gebiet der Rechnungslegung den Zielen des DRSC nahesteht.

Unternehmen müssen ihre **Mitgliedschaftsrechte** nach § 342 Abs. 1 S. 3 durch **Rechnungsleger** ausüben. Dabei steht ihnen frei, wie sie sich den erforderlichen Sachverstand beschaffen: Es muss nicht notwendig ein Rechnungsleger zur Belegschaft des Unternehmens gehören; vielmehr kann sich das Unternehmen auch durch einen externen Dienstleister, etwa den eigenen Steuerberater vertreten lassen. § 4 Abs. 1 S. 2 der Satzung wählt eine etwas weitere Formulierung: Die Mitgliedschaftsrechte von Unternehmen als Mitgliedern des DRSC müssen von einer Person ausgeübt werden, die nach S. 1 auch selbst Mitglied werden könnte, also über eine „erkennbare Qualifikation oder Erfahrung auf dem Gebiet der Rechnungslegung" verfügt. § 4 der Satzung verwendet diese Formel offenbar im Gegensatz zum Begriff des Rechnungslegers, welcher in § 6 Abs. 2 der Satzung im Anschluss an die entsprechende Begriffsbestimmung in der Gesetzesbegründung definiert ist (dazu Rn 44). Danach scheint es, als könnte eine Person, die nicht Rechnungsleger ist, aber über eine solche erkennbare Qualifikation oder Erfahrung verfügt, im DRSC als Vertreter eines Mitgliedsunternehmens auftreten. § 342 gibt in Abs. 1 S. 3 klar zu erkennen, dass eine solche Aufweichung von Gesetzes wegen nicht geduldet ist: Der Vertreter eines Unternehmens bei der Ausübung von Mitgliedschaftsrechten im DRSC muss *zwingend* ein Rechnungsleger sein. 81

VI. Vermutung der GoB-Konformität (Abs. 2)

1. Das Anliegen des Gesetzgebers. In Abs. 2 ist vorgesehen, dass der Bundesjustizminister „Empfehlungen" – gemeint sind die Empfehlungen nach Abs. 1 S. 1 Nr. 1, also die Standards des DRSC – bekanntzumachen hat. Geschieht dies und entspricht ein Konzernabschluss diesen Standards, so wird vermutet, dass dieser Abschluss mit den die Konzernrechnungslegung betreffenden GoB übereinstimmt. Mit dieser Vermutung bringt der Gesetzgeber das Anliegen zum Ausdruck, dass die bekanntgemachten Standards vor Gericht **grundsätzlich nicht mehr in Frage gestellt** werden sollen: Einen den Standards entsprechenden Konzernabschluss hat das Gericht im Streitfall zu akzeptieren. Die Vermutung ist gewiss widerlegbar;[194] der Aufwand, der zu ihrer Widerlegung betrieben werden muss, ist jedoch beträchtlich: Es muss dargetan werden, dass der zu bilanzierende Sachverhalt atypisch und daher von den Standards vernünftigerweise nicht erfasst ist oder aber dass der Standard auf wissenschaftlich überholten Erkenntnisgrundlagen beruht.[195] Wie § 342 insgesamt gilt auch die Vermutung nach Abs. 2 nur für den Konzernabschluss – und selbst dort nur für die Empfehlungen nach Abs. 1 S. 1 Nr. 1; die Interpretationen nach Abs. 1 S. 1 Nr. 4 nehmen dagegen nicht an der Vermutung des Abs. 2 teil.[196] Im Schrifttum ist die Nichtgeltung der Vermutung für den Einzelabschluss *de lege ferenda* kritisiert worden.[197] 82

193 Ähnlich Heymann/*Herrmann* §§ 342, 342a, 8.

194 *Ebke* ZIP 1999, 1193, 1202 f; Beck Bil-Komm-*Förschle* § 342, 17.

195 Vgl. *Berberich* DRSC S. 135.

196 *Schön* DB 2008, 1027.

197 *Pfitzer/Oser/Wader* DB 2004, 2593, 2598.

83 **2. Kein Rechtszwang.** Darf ein Gericht somit einen den Standards entsprechenden Konzernabschluss bei unwiderlegter „Vermutung" nicht verwerfen, so besteht andererseits kein Rechtszwang, nach jenen Standards zu bilanzieren;[198] diese verkörpern vielmehr *eine* von mehreren möglichen Konkretisierungen der GoB.[199] Insbesondere kommt dem DRSC nicht die Kompetenz zu, gesetzliche Bilanzierungswahlrechte einzuschränken.[200] Wie künftig in der gerichtlichen Praxis verfahren wird, ist damit freilich noch nicht ausgemacht: Erblickt man nämlich den Sinn der „Vermutung" darin, die **faktische Durchsetzung** der vom DSR empfohlenen Standards zu fördern,[201] so wird bald jedes Unternehmen, dessen Konzernabschluss abweichenden Regeln folgt, gedrängt werden, die Übereinstimmung der gewählten Bilanzierung mit den GoB besonders zu belegen, namentlich die Abweichung von den Standards positiv zu rechtfertigen.[202] So wird bereits jetzt vertreten, mit Bekanntmachung nach Abs. 2 erlangten die Standards des DRSC die Qualität von GoB;[203] ausgehend hiervon liegt die Folgerung nur allzu nahe, Abweichungen von den Standards seien Abweichungen von den GoB und als solche unzulässig. In jüngerer Zeit wird gemutmaßt, dass die Deutsche Prüfstelle für Rechnungslegung Abweichungen von Deutschen Rechnungslegungs Standards im Enforcement-Verfahren künftig rügen wird.[204] Freilich hat eine jüngere Studie zum Deutschen Rechnungslegungs Standard Nr. 4 ergeben, dass börsennotierte Konzernobergesellschaften mitunter keine Scheu tragen, den Standards des DRSC die Gefolgschaft zu verweigern.[205] Darüber hinaus scheinen die Deutschen Rechnungslegungs-Standards gerade bei den nicht börsennotierten Unternehmen – für die sie nach Inkrafttreten der IAS-Verordnung (Rn 8 ff) allein noch Bedeutung erlangen – weithin nicht einmal bekannt zu sein.[206]

3. Der Begriff „Vermutung"

84 **a) Tatsachen- oder Rechtsvermutung?** Rechtswirkungen dieser Art lassen sich mit Hilfe der Rechtsfigur „Vermutung" nicht erklären:[207] Eine Tatsachenvermutung scheidet aus, weil die GoB und ihre Anwendung in erheblichem Maße die Bewertung von Interessen einschließen – einerseits des zur Rechnungslegung Verpflichteten, andererseits die der Abschlussadressaten; diese Bewertung ist einer Tatsachenvermutung nicht zugänglich.[208] Als Rechtsvermutung lässt sich § 342 Abs. 2 HGB ebenfalls nicht begreifen:[209] Gewiss

---

198 *Buchholz* Ein neues DRSC? S. 137; *Busse v. Colbe* FS Weber 463, 475; Ensthaler-*Schröer* Rn 5a; *Hütten/Brakensiek* BB 2000, 870, 872; *Küting* DStR 2000, 38, 42; *Hellermann* NZG 2000, 1097, 1101; MünchKommHGB-*Ebke/Paal* § 342, 22; a.A. *Scheffler* BFuP 1999, 407, 411: Abweichung von DRSC-Empfehlungen nur zulässig, wenn deren fehlende Eignung nachgewiesen ist.

199 *Hellermann* NZG 2000, 1097, 1099.

200 Zutreffend *Wiedmann* in: Ebenroth/Boujong/Joost/Strohn § 342, 9.

201 Vgl. *Ernst* WPg 1998, 1025, 1031; *Scheffler* DStR 1999, 1285, 1292; *Spanheimer* WPg 2000, 997, 1004.

202 Vgl. bereits *Hommelhoff/Schwab* FS Kruse 693, 713.

203 *Baumbach/Hopt* § 342, 2; *Biener* Die Zukunft des deutschen Bilanzrechts 55, 63; Beck BilKomm-*Förschle* § 342, 17.

204 *Pellens/Crasselt/Kemper* DB 2009, 241, 242.

205 *Gebhardt/Heilbronner* DK 2004, 109 ff.

206 *Pellens/Crasselt/Kemper* DB 2009, 241, 243 f.

207 Zum Folgenden auch *Berberich* DRSC S. 126 ff.

208 *Buchholz* Ein neues DRSC? S. 135 f; *Budde/Steuber* DStR 1998, 1181, 1184; Beck BilKomm-*Förschle*. § 342, 17; *Ebke* ZIP 1999, 1193, 1202; *Hellermann* NZG 2000, 1097, 1098; *Moxter* DB 1998, 1425, 1427; *Paal* Rechnungslegung und das DRSC, S. 85 f; *Schmidt* Das Konzept einer kapitalmarktorientierten Rechnungslegung, S. 118.

209 So aber *Ebke* ZIP 1999, 1193, 1202; MünchKommHGB-*Ebke/Paal* § 342, 23; *Paal* Rechnungslegung und das DRSC,

gibt das Gesetz an zahlreichen Stellen zu erkennen, dass aus einer bestimmten Tatsache, beispielsweise der Eintragung eines Rechts in das Grundbuch, auf eine bestimmte Rechtslage, im Beispielsfall auf das Bestehen des Rechts geschlossen werden darf (§ 891 Abs. 1 BGB). Damit ist jedoch die Vermutungsbasis in § 342 Abs. 2 HGB nicht vergleichbar. Dort wird von der Beachtung der Standards auf die Übereinstimmung des Konzernabschlusses mit den GoB, also auf die *Rechtmäßigkeit eines bestimmten Verhaltens* geschlossen und gerade nicht auf ein Recht. Die Beurteilung der Rechtmäßigkeit eines Verhaltens lässt sich nicht vermuten; sie ist originäre Aufgabe des Gerichts. Eben dort soll freilich die „Vermutung" ansetzen: Die Gerichte sollen im Regelfall die Wertungen in den Standards, d.h. die Gewichtung der betroffenen Interessen, als angemessen hinnehmen müssen.[210] Die Standards sollen praktisch wirken wie Rechtsnormen.[211]

b) **Rechtsetzungs-Ermächtigung oder gesetzliche Verweisung?** Bislang scheint wenig 85
geklärt, welchen Standort diese vom Gesetzgeber gewollte Wirkkraft der Standards in der Dogmatik der Rechtsquellenlehre einnimmt. Versucht der Gesetzgeber, Sollenssätzen außerhalb des Gesetzes dessen Geltungsanspruch zu verleihen, so kommen hierfür zwei Instrumente in Betracht, nämlich die *Ermächtigung* und die *Verweisung*. Ermächtigung bedeutet, dass der Gesetzgeber einer anderen Instanz eine Handlungsform an die Hand gibt, rechtsverbindliche Rechtssätze zu erlassen, die jener Instanz *ohne die Ermächtigung nicht zustünde*.[212] Eine solche Rechtsetzungsermächtigung an das BMJ liegt in Abs. 2 gewiss nicht. Namentlich sollte der Bundesjustizminister in Abs. 2 *nicht* zum Erlass einer *Rechtsverordnung* ermächtigt werden;[213] dies hätte der Gesetzgeber andernfalls klar im Gesetzeswortlaut zum Ausdruck gebracht. Aber auch als Verweisung des Gesetzes auf die vom BMJ bekanntgemachten Standards lässt sich Abs. 2 nicht begreifen. Verweisungen auf außergesetzliche Sollenssätze sind zum einen denkbar als statische Verweisungen; in einem solchen Fall nimmt das Gesetz auf ein fremdes Normenwerk in einer ganz bestimmten Fassung Bezug.[214] Zum anderen ist die dynamische Verweisung geläufig; sie inkorporiert das fremde Normenwerk in seiner jeweils geltenden Fassung.[215] Beiden Formen der Verweisung eignet die Wirkung, dass das in Bezug genommene Normenwerk gewissermaßen in das Gesetz *hereingeholt* wird[216] und ihm dadurch eben derjenige unbedingte Geltungsanspruch zuwächst, welcher auch dem verweisenden Gesetz selbst innewohnt. Gerade diese Wirkung soll aber den nach Abs. 2 bekanntgemachten Standards *nicht* zukommen: Diese gelten gerade nicht wie ein Gesetz unbedingt bis zu ihrer förmlichen Aufhebung, sondern verlieren automatisch ihre Gültigkeit bei atypischen Sachverhalten oder Überalterung.

c) **Normkonkretisierende Verwaltungsvorschriften als Referenzmodell?** Rechtsnor- 86
men mit einem derart eingeschränkten Geltungsanspruch sind freilich der deutschen Rechtsquellentheorie durchaus nicht fremd. Vergleichbare Normen sind aus dem Um-

---

S. 86; zutreffend dagegen *Berberich* DRSC S. 127 f. (dort auch zum Folgenden); des weiteren *Augsberg* Rechtsetzung zwischen Staat und Gesellschaft, S. 193; *Hellermann* NZG 2000, 1097, 1099.

210 Heymann/*Herrmann* §§ 342, 342a, 8.

211 *Beisse* BB 1999, 2180, 2185.

212 *Brugger* VerwArch 78 (1987) S. 1, 5.

213 *Biener* FS Weber 451, 458; *Budde/Steuber* DStR 1998, 1181, 1185; *dies.* FS Peltzer 39, 49; Beck BilKomm-*Förschle* § 342, 16; *Ebke* ZIP 1999, 1193, 1201; *Ernst* WPg 1998, 1025, 1030.

214 *Fuß* FS Paulick (1973) 293, 295; *Hömig* DVBl 1979, 307; *Marburger* Die Regeln der Technik im Recht (1979) 384; *Nicklisch* NJW 1983, 841, 843; *Schenke* NJW 1980, 743, 744.

215 Vgl. die in der vorigen Fn Genannten.

216 Vgl. *Brugger* VerwArch 78 (1987) S. 1, 5.

welt- und Technikrecht geläufig als sogenannte *normkonkretisierende Verwaltungsvorschriften*. Mit dem Erlass von Rechtssätzen, in denen präzise im Detail die Konstruktion von technischen Anlagen normiert oder die Einhaltung bestimmter Schadstoff- oder Lärmgrenzwerte vorgeschrieben wird, ist der parlamentarische Gesetzgeber überfordert, weil er den dafür nötigen Sachverstand weder selbst besitzt, noch die Befragung von Fachleuten angemessen in das Gesetzgebungsverfahren integrieren kann. Das Gesetz beschränkt sich daher auf generalklauselartige Begriffe („Stand der Technik"; „schädliche Umwelteinwirkungen" usw.); die Regelung technischer Details überlässt es der Exekutive, zum Teil in Gestalt von Verordnungsermächtigungen (vgl. z.B. § 7 BImSchG), zum Teil aber auch in Gestalt von Verwaltungsvorschriften (vgl. z.B. § 48 BImSchG). Deren Erlass macht der Gesetzgeber bisweilen von der Einhaltung eines qualifizierten Verfahrens abhängig, beispielsweise von der Anhörung der beteiligten Kreise (vgl. § 51 BImSchG), und behält sie besonders hohen Instanzen der Exekutive vor, etwa der Bundesregierung, welche ggf. ihrerseits die Zustimmung des Bundesrats einzuholen hat (vgl. § 48 BImSchG). Die Kompetenz, Verwaltungsvorschriften zu erlassen, entspringt der Organisations- und Geschäftsleitungsgewalt des jeweiligen Exekutivorgans;[217] diesem Kompetenztitel entsprechend binden sie grundsätzlich nur verwaltungs*intern* die nachgeordneten Behörden und Amtswalter.[218] Wenn aber der Gesetzgeber eine Verwaltungsinstanz vom Rang der Bundesregierung in einer §§ 48, 51 BImSchG vergleichbaren Weise zum Erlass von Verwaltungsvorschriften ermuntert und zudem noch besondere Verfahrensgarantien verankert, so muss dies dahin verstanden werden, dass der Inhalt jener Vorschriften ausnahmsweise auch im *Außen*verhältnis, nämlich für den Bürger, verbindlich sein soll.[219] Für solche Vorschriften hat sich der Begriff der **normkonkretisierenden Verwaltungsvorschriften** eingebürgert; seit der Anerkennung dieser Rechtsfigur durch das BVerwG im Jahre 1985[220] hält auch die herrschende Lehre eine derartige Außenverbindlichkeit von Verwaltungsvorschriften für möglich.[221]

87 Verwaltungsvorschriften – selbst im soeben bezeichneten Sinne „normkonkretisierenden" – kommt indes nicht der gleiche Geltungsanspruch zu wie einer Rechtsverordnung. Während diese erst im Falle ihrer förmlichen Aufhebung außer Kraft tritt, verlieren Verwaltungsvorschriften – intern ebenso wie nach außen hin – bereits ipso iure ihre Gültigkeit, wenn der konkrete Sachverhalt ein in ihnen nicht berücksichtigtes Gefahrenpotential enthält (**atypischer Sachverhalt**) oder sie auf **veralteten** wissenschaftlichen oder technischen **Erkenntnisgrundlagen** beruhen.[222] Es handelt sich also um Rechtsnormen

---

[217] *Di Fabio* DVBl 1992, 1338, 1344; *Hendler* DÖV 1998, 481, 488; *Marburger* Die Regeln der Technik im Recht 415; *Ossenbühl* Handbuch des Staatsrechts, Bd. III, 2. Aufl. (1996) § 65 Rn 64.

[218] *Backherms* JuS 1980, 9, 12; *Di Fabio* Risikoentscheidungen im Rechtsstaat 345 mit Fn 27, 368; *Dreier* Hierarchische Verwaltung im demokratischen Staat 192.

[219] Den Charakter der Verwaltungsvorschriften nach § 48 BImSchG als normkonkretisierende betonen zu Recht OVG Lüneburg NVwZ 1985, 357 f; OVG Münster DVBl 1988, 152, 153; *Jarass* NJW 1987, 1225, 1229; *Krebs* VerwArch 70 (1979) S. 259, 272; *Sendler* UPR 1981, 1, 13.

[220] BVerwGE 72, 300.

[221] Vgl. zur Frage der Außenverbindlichkeit von Verwaltungsvorschriften außer den in Fn 163 Genannten z.B. *Di Fabio* DVBl 1992, 1338 ff; *Erbguth* DVBl 1989, 473 ff; *Hill* NVwZ 1989, 401 ff; *Jachmann* DV 28 (1995) S. 17 ff; *Wallerath* DVBl 1989, 153 ff; ausführlich zum Diskussionsstand mit weiteren Nachweisen *Schwab* Politikberatung 117 ff.

[222] OVG Lüneburg NVwZ 1985, 357, 358; *Badura* FS Bachof (1984) 169, 178; *Breuer* NVwZ 1988, 104, 112; *Brohm* DÖV 1987, 265, 267; *Hendler* DÖV 1998, 481, 490; *Ossenbühl* FS BVerwG (1987) 443, 442.

mit ebenso eingeschränktem Geltungsanspruch, wie dies bei den Standards nach § 342 Abs. 2 der Fall ist.[223]

Mit **normkonkretisierenden Verwaltungsvorschriften** lassen sich die vom BMJ bekanntgemachten **Standards** indes **nicht vergleichen.** Verwaltungsvorschriften beziehen ihren Geltungsanspruch aus der Organisations- und Geschäftsleitungsgewalt der sie erlassenden Behörde. Sie dienen dem administrativen Gesetzesvollzug und verstehen sich daher i.S.d. Art. 83 GG als „Ausführung" von Gesetzen; *deshalb* sind die Behörden, allen voran die Bundesregierung und die Landesregierungen, zu ihrem Erlass befugt, ohne dass es insoweit noch eines besonderen Kompetenztitels bedürfte. Wenn der Gesetzgeber eine Verwaltungsvorschrift als normkonkretisierende auch im Verhältnis zum normunterworfenen Bürger für in begrenztem Umfang rechtsverbindlich erklärt, so ist dies in Rechtsquellen-theoretischer Sicht nicht zu beanstanden:[224] Das Gesetz selbst enthält eine – wenn auch durch die Verwendung unbestimmter Rechtsbegriffe höchst allgemein gehaltene – vollständig ausformulierte Verhaltensanweisung; der Gesetzgeber kann daher auf die Verwaltungsvorschriften in der Weise Bezug nehmen, dass diese nicht kategorisch gelten sollen, sondern unter der Bedingung, dass der konkrete Sachverhalt mit den bei der Standardisierung zugrunde gelegten Annahmen übereinstimmt und die sachverständige Erkenntnisgrundlage nicht mittlerweile überholt ist. Es existiert also erstens in Gestalt der Verwaltungsvorschrift eine Rechtsnorm,[225] zu deren Erlass die Verwaltungsinstanz aus sich heraus befugt ist; diese gilt zweitens nicht (wie ein Gesetz) unbedingt, sondern nur bei Aktualität der Erkenntnisgrundlage und nur für standardgemäße Sachverhalte; und das Gesetz verleiht ihr drittens auch *nur in diesem Umfang* Rechtsgeltung im Außenverhältnis zwischen Verwaltung und Bürger. Bereits an der ersten dieser drei Annahmen fehlt es bei den nach § 342 Abs. 2 bekanntgemachten Standards des BMJ. Sie dienen im Gegensatz zu den Verwaltungsvorschriften *nicht* dem Gesetzesvollzug durch die Verwaltung; vielmehr soll sogleich die Kompetenz der *Gerichte* zur Fortbildung von GoB beschnitten werden.[226] Das BMJ kann daher für die Bekanntmachung nicht die Kompetenz in Anspruch nehmen, welche ihm aus seiner Organisations- und Geschäftsleitungsgewalt zufließt. Die Standards eignen sich konsequent nicht als Objekt einer gesetzlichen Verweisung. 88

d) Ergebnis: Kein Rechtsgeltungsanspruch der Standards. § 342 Abs. 2 verstößt daher gegen den verfassungsrechtlich verankerten *numerus clausus der Rechtsnormen*: Die Standards sind selbst nach Bekanntmachung durch das BMJ weder Gesetz (Art. 70 ff GG) noch Rechtsverordnung (Art. 80 GG) noch Verwaltungsvorschrift (vgl. z.B. Art. 84 Abs. 2, 85 Abs. 2 GG). Als Sollenssätze ohne diese Rückbindung in der Rechtsquellenlehre können sie keine Rechtsgeltung erlangen. Die „Vermutung" des § 342 Abs. 2 läuft ins Leere; durch sie kann die gerichtliche Kompetenz zur Fortbildung und Kontrolle der GoB nicht beschnitten werden.[227] Die Gerichte sind daher im Streitfall vollumfänglich 89

---

223 *Hellermann* NZG 2000, 1097, 1099 f.

224 Vgl. bereits *Schwab* Politikberatung 147.

225 Dass auch Verwaltungsvorschriften Rechtsnormen sind, ist mittlerweile zu Recht herrschende Meinung; vgl. z.B. *Emde* Die demokratische Legitimation der funktionalen Selbstverwaltung 54; *Krebs* VerwArch 70 (1979) S. 259, 262, 264; *Marburger* Die Regeln der Technik im Recht 415; *Ossenbühl* Verwaltungsvorschriften und Grundgesetz (1969) 154 ff, 555.

226 Vgl. *Berberich* DRSC S. 133 f; Heymann/*Herrmann* §§ 342, 342a, 8.

227 Anders wohl *Hellermann* NZG 2000, 1097, 1099: Vermutung sei als Gesetzesbefehl „ernst zu nehmen". Wie hier für Verfassungswidrigkeit des § 342 II HGB *Budde/Steuber* DStR 1998, 1181, 1184; *dies.*

befugt (und verpflichtet), die Vereinbarkeit der Standards mit den deutschen GoB zu überprüfen. Eine Reduktion der gerichtlichen Überprüfung auf eine Willkürkontrolle und allenfalls noch eine Kontrolle des angewandten Verfahrens, wie sie im Schrifttum vorgeschlagen wird,[228] kann nicht akzeptiert werden. Denn dies würde den Standards partiell eben jenen Rechtsgeltungsanspruch verleihen, der sich von Rechts wegen nicht begründen lässt. Der Wechsel vom imperativen zum kooperativen Staat hat nichts daran zu ändern vermocht, dass Entscheidungen, um Rechtsverbindlichkeit zu erlangen, von staatlichen Instanzen förmlich ratifiziert werden müssen, und zwar in den anerkannten Handlungsformen. Private können den *Inhalt* der staatlichen Rechtsetzung maßgeblich beeinflussen; die *Form* rechtlich bindender Regelung bleibt Parlament und Regierung vorbehalten. Da die Verwaltungsvorschrift nach dem Gesagten als Steuerungsinstrument ausscheidet, können die Standards des DRSC Rechtsgeltung nur in Gestalt eines Gesetzes oder einer Rechtsverordnung erlangen. Will daher der Gesetzgeber den Standards des DRSC Bindungswirkung im Gerichtsverfahren beilegen, so muss er § 342 Abs. 2 HGB zur Verordnungsermächtigung erheben und entsprechend umformulieren.

90 **4. Notwendigkeit materiell-inhaltlicher Ergebnissteuerung.** Allein mit der Festlegung, wie der Standardisierungsrat zu besetzen und welches Verfahren bei der Standardsetzung einzuhalten ist, genügt der Gesetzgeber seiner Steuerungsaufgabe nicht. Vielmehr muss er auch in **inhaltlicher Sicht** zumindest in den **Grundzügen** selbst regeln, welche vom Bilanzrecht betroffenen Interessen mit welchem Gewicht zu berücksichtigen sind.[229] Diese Steuerungsaufgabe folgt zum einen aus den Überlegungen, welche oben Rn 17 ff zur Residualverantwortung des Staates bei Kooperation mit privaten Entscheidungsträgern angestellt wurden: Sachverständige dürfen und müssen befragt werden, soweit es um technische Detailfragen geht, mit deren Beantwortung die staatlichen Rechtsetzungsorgane überfordert sind. Grundlegende politische Zielkonflikte müssen aber jene Organe selbst auflösen. Zum anderen gilt für das Verhältnis von Gesetzgeber und privatem Standardsetter erst recht, was für das Verhältnis parlamentarischer zur administrativen Rechtsetzung seit langem anerkannt ist:[230] „Wesentliche" Entscheidungen hat der Gesetzgeber selbst zu treffen.[231] Das Bilanzrecht hat grundlegend divergierende Interessen der zur Rechnungslegung Verpflichteten einerseits, der Abschlussadressaten andererseits miteinander in praktische Konkordanz zu bringen; es gestaltet in wesentlicher Hinsicht die durch Art. 14 GG geschützte Rechtsposition der Anteilseigner und die durch Art. 12 GG geschützte Berufsausübungsfreiheit der rechnungslegungspflichtigen Unternehmen.[232] Die Gewichtung der einzelnen Interessen ist daher auch aus diesem Grunde genuine Aufgabe des parlamentarischen Gesetzgebers.

91 Wie diese materiell-inhaltliche Steuerung im Einzelnen auszusehen hat, ist indes bislang wenig geklärt; erst in jüngster Zeit wurde eine Untersuchung vorgelegt, welche die

FS Peltzer 39, 50 f; dagegen aber *Heintzen* KoR 2001, 150, 154.

[228] *Augsberg* Rechtsetzung zwischen Staat und Gesellschaft, S. 197 f.

[229] Vgl. *Hommelhoff/Schwab* BFuP 1998, 38, 47 f; *Hellermann* NZG 2000, 1097, 1101.

[230] Vgl. dazu BVerfGE 33, 125, 158 f, 163; 33, 303, 346; 34, 165, 192 f; 40, 237, 249 f; 41, 251, 259 f; 45, 400, 417 f; 47, 46, 78 f; 49, 89, 126 f; 58, 257, 268 ff; 61, 260, 275.

[231] Vgl. bereits *Hommelhoff* FS Odersky (1996) 779, 795; neuestens *Hellermann* NZG 2000, 1097, 1101; wohl auch *Beisse* BB 1999, 2180, 2185; gegen die Anwendung der Wesentlichkeitstheorie auf das Verhältnis zwischen Gesetzgeber und privaten Standardsetter polemisch, aber ohne Begründung *Heintzen* BB 1999, 1050, 1053 mit Fn 45.

[232] Näher *Berberich* DRSC S. 142 ff.

Ausgestaltung inhaltlicher Steuerung für den Einzelabschluss anhand ausgewählter Einzelfragen aus grundsätzlicher Perspektive beleuchtet.[233] In ihr ist überzeugend herausgearbeitet, dass der **Gesetzgeber** sich bei der von ihm vorzunehmenden **Prioritätensetzung** nicht auf die pauschale Formel zurückziehen darf, es sei bei der Standardsetzung das Interesse einer bestimmten Personengruppe – etwa der Anleger oder der Gläubiger – bevorzugt zu behandeln. Dies scheidet schon deshalb aus, weil die EU-Jahresabschlussrichtlinie (Vierte Richtlinie) den Schutz sowohl der Anleger als auch außenstehender Dritter in den nationalen Bilanzrechten verwirklicht wissen will[234] und die EU-Konzernbilanzrichtlinie (Siebte Richtlinie) für das Recht des Konzernabschlusses im Grundsatz auf das Recht des Einzelabschlusses verweist (Art. 17 Abs. 1 der Siebten Richtlinie).[235] Der Gesetzgeber muss vielmehr **einzelne Grundpflichten selbst im Gesetz niederlegen** und einige Zentralbegriffe selbst definieren. So müssen das Vollständigkeitsgebot (§ 246 Abs. 1 S. 1 HGB),[236] der Einzelbewertungsgrundsatz (§ 252 Abs. 1 Nr. 2 HGB)[237] und die Prämisse der Unternehmensfortführung bei der Bewertung von Vermögensgegenständen (§ 252 Abs. 1 Nr. 2 HGB),[238] wenn der Gesetzgeber sie denn auch im Zeitalter privatisierten Bilanzrechts beibehalten will, von ihm selbst angeordnet werden. Ebenso fällt dem Gesetzgeber die Entscheidung über Aufrechterhaltung oder Preisgabe des Vorsichtsprinzips zu (§ 252 Abs. 1 Nr. 4 HGB).[239]

Namentlich ist der Gesetzgeber dazu aufgerufen, eine klare Vorgabe zu treffen, was in **92**
der Bilanz abgebildet werden soll: das im Vermögen des Kaufmanns angelegte Potential, dessen **Schulden zu decken**, oder das Potential, künftig **Erträge zu erwirtschaften**. Die Entscheidung für die Abbildung des Schuldendeckungspotentials würde der Kapitalerhaltung und damit dem Gläubigerschutz, die Entscheidung für die Abbildung des Ertragspotentials der Anlegerinformation Priorität einräumen. Der Konflikt beider Bilanzverständnisse kulminiert im Begriff des *Vermögensgegenstandes*, den der Gesetzgeber bislang nicht näher bestimmt hat: Eine auf Kapitalerhaltung angelegte Bilanz wird danach fragen, inwieweit ein Vorteil zum Zwecke der Schuldendeckung wirtschaftlich verwertet werden kann, während eine auf Anlegerinformation angelegte Bilanz auf die Eignung eines Guts abstellen wird, künftig Ertrag zu erbringen. Mit der Begriffsbestimmung des Vermögensgegenstandes ist daher eine grundlegende politische Weichenstellung verbunden; sie ist Aufgabe des Gesetzgebers und kann nicht einem privaten Standardsetter überantwortet werden.[240] Die Entscheidung des deutschen Gesetzgebers für ein statisches, auf die Abbildung des Schuldendeckungspotentials angelegtes oder für ein dynamisches, auf die Quantifizierung des Ertragspotentials gerichtetes Bilanzverständnis wird maßgeblich das künftige Schicksal des Vorsichtsprinzips präjudizieren; in ihm hat der Gesetzgeber bislang die Kapitalerhaltungsfunktion der Bilanz in den Vordergrund gerückt. Des weiteren muss der Gesetzgeber zur Frage Stellung nehmen, welche Rechtspositionen dem Vermögen des Kaufmanns zuzurechnen sind; namentlich hat er zu entscheiden, ob für jene Zurechnung an das zivilrechtliche oder an davon abweichend zu bestimmendes wirtschaftliches Eigentum angeknüpft werden soll.[241]

---

233 Vgl. zum Folgenden *Berberich* DRSC.
234 Vgl. *Berberich* DRSC S. 105 f.
235 *Berberich* DRSC S. 77 f.
236 *Berberich* DRSC S. 178 f.
237 *Berberich* DRSC S. 248 f.
238 *Berberich* DRSC S. 254 f.
239 *Berberich* DRSC S. 267 ff.
240 Überzeugend *Berberich* DRSC S. 194 ff; dagegen will *Niehus* (DB 2001, 53, 56) im Anschluß an den Vorschlag des DRSC zur Reform der Vierten Richtlinie gänzlich auf die Definition des Vermögenswerts in dieser Richtlinie verzichten.
241 *Berberich* DRSC S. 178 f.

93 Die Gewichtung der gegenläufigen Interessen erfolgt nach alledem nicht pauschal zugunsten oder zu Lasten der Bilanzadressaten oder einer Gruppe von ihnen; vielmehr fällt es dem Gesetzgeber zu, in einzelnen Problembereichen von grundlegender Bedeutung bald dem Anleger-, bald dem Gläubigerinteresse bevorzugt Raum zu geben. Ebenso ist die Entscheidung, zugunsten des zur Rechnungslegung Verpflichteten **Bilanzierungshilfen** zu gewähren und damit zumindest punktuell sowohl das Informationsinteresse der Anleger als auch das Kapitalerhaltungsinteresse der Gläubiger zurücktreten zu lassen, beim Gesetzgeber monopolisiert.[242] Die Gewichtung ist für jeden vom Gesetzgeber geregelten Bereich so präzise vorzugeben, dass sie dem Standardisierungsrat bei Detailfragen der Bilanzierung die stringente Ableitung einer tragfähigen Lösung erlaubt – wenngleich bereits heute zu betonen ist, dass jene Ableitung ihrerseits niemals gänzlich ohne Wertungen auskommen wird.[243]

94 **5. Prüfungspflicht vor Bekanntmachung.** Abs. 2 ermächtigt das BMJ, Standards des DRSC nach Abs. 1 S. 1 Nr. 1 bekannt zu machen; das BMJ hat in Ausübung dieser Ermächtigung bereits einige Standards im Bundesanzeiger veröffentlicht.[244] Wenn auch der Versuch des Gesetzgebers, in Gestalt einer „Vermutung" der GoB-Konformität den bekanntgemachten Standards eine weitreichende *rechtliche* Verbindlichkeit zu verleihen, als gescheitert angesehen werden muss (Rn 82 ff), werden diese mit der Autorität des BMJ unterlegten Standards *faktisch* eine erhebliche Breitenwirkung entfalten. Das BMJ, das als Organ der Exekutive seinerseits an Gesetz und Recht gebunden ist, hat daher vor der Bekanntmachung eines Standards dessen **Übereinstimmung mit dem geltenden Recht zu überprüfen.**[245] Das gilt zum einen in verfahrensrechtlicher Hinsicht:[246] Das Erfordernis der Unabhängigkeit und Verfahrensöffentlichkeit nach Abs. 1 S. 2 ist nicht nur Voraussetzung für die Anerkennung des DRSC als privates Rechnungslegungsgremium, sondern in gleicher Weise für die Bekanntmachung eines jeden Standards.[247] Das BMJ hat sich daher bei jedem Standard zu vergewissern, ob der Standardisierungsrat sowie diejenigen Arbeitsgruppen, welche auf den Standard Einfluss genommen haben, ordnungsgemäß besetzt waren und die oben (Rn 60 ff) näher beschriebenen Verfahrensschritte akkurat eingehalten worden sind. Zum anderen ist die materielle Gesetzesverträglichkeit der Standards sicherzustellen: Wenn die Einhaltung der die Konzernrechnungslegung betreffenden GoB „vermutet" werden und diese Vermutung nicht schon am bloßen Votum des Standardisierungsrats, sondern erst und gerade an der Bekanntmachung durch das BMJ anknüpfen soll, so kann die Grundlage der Vermutung nicht in einer unreflektierten Übernahme der Standards, sondern nur in einer materiellen Prüfung durch das BMJ bestehen:[248] Die Vermutung ist deshalb gerechtfertigt, weil eine Instanz vom Rang eines Bundesministeriums die Übereinstimmung mit den GoB geprüft und bestätigt hat. Ungeachtet dessen, dass die „Vermutung" die ihr zugedachte Wirkung verfehlt hat, darf das BMJ keine Standards bekanntmachen, die inhaltlich nicht mit dem Gesetz vereinbar sind. Diese Prüfungspflicht ist das Gegenstück zur Steuerungsverantwortung des Gesetzgebers: Ebenso wie der Gesetzgeber durch Verfahrensregeln und materielle Rahmenvor-

---

242 Dazu eingehend *Berberich* DRSC S. 233 ff.
243 Zutreffend *Berberich* DRSC S. 275 These 10.
244 Zusammenstellung der bekanntgemachten Standards auf der Website des DRSC, vgl. http://www.drsc.de/ger/standards/index.html.
245 *Beisse* BB 1999, 2180, 2185.
246 Ebenso *Buchholz* Ein neues DRSC? S. 171; Heymann/*Herrmann* §§ 342, 342a, 9.
247 Überzeugend *Berberich* DRSC S. 125 f.
248 Vgl. *Hommelhoff/Schwab* FS Kruse 693, 714; ebenso Beck BilKomm-*Förschle* § 342, 15.

gaben die Voraussetzungen für die Gemeinwohlverträglichkeit der Standards in abstracto zu schaffen hat, hat das BMJ die Einhaltung dieser Vorgaben für jeden einzelnen Standard sicherzustellen.[249]

Mit welcher **Intensität** das BMJ diese Prüfung vorzunehmen hat, ist bislang nicht **95** geklärt. Der vollen ministeriellen Kontrolle unterliegt in jedem Fall die Einhaltung der *Verfahrensvorkehrungen*, welche die Unabhängigkeit der Standards sowie die Einbeziehung der interessierten Öffentlichkeit sicherstellen sollen. Unabhängigkeit und Verfahrensöffentlichkeit sind Voraussetzung nicht nur für die Anerkennung des DRSC als Normungsorganisation, sondern auch für die Bekanntmachung jedes einzelnen Standards.[250] Was die Vereinbarkeit der Standards mit den *materiellrechtlichen* Vorgaben anbelangt, so wurde hier eine Plausibilitätskontrolle für ausreichend gehalten, um die in Abs. 1 S. 1 Nr. 1 angestrebte fachliche Entlastung des BMJ nicht durch eine Überspannung der Prüfungspflichten in Frage zu stellen.[251] Demgegenüber wird neuerdings einer Verpflichtung des BMJ das Wort geredet, die Vereinbarkeit der Standards mit dem gesetzlich niedergelegten Bilanzrecht vollumfänglich zu prüfen; dies zumindest so lange, bis sich die Arbeit des Standardisierungsrats bewährt habe; gerade in der Anfangsphase bestehe die Gefahr, dass aufgrund eines unausgereiften oder uneingespielten Verfahrens eine Beteiligung der Fachöffentlichkeit nicht vollständig gelinge oder sogar unterbunden werde, wodurch wichtige Gesichtspunkte unberücksichtigt bleiben könnten.[252]

Diese Befürchtung hat sich in der bisherigen Arbeit des Standardisierungsrats in der **96** Tat bewahrheitet; die Besetzung des Standardisierungsrats und das Verfahren der Standardsetzung zementieren ein Ungleichgewicht in der Berücksichtigung von Partikularinteressen (näher Rn 53, 68 ff). Das tatsächliche gegenwärtige Geschehen im DRSC rechtfertigt keinerlei Begrenzung der materiellen **Rechtskontrolle** und lässt durchaus auch eine **politische Opportunitätsprüfung** angezeigt erscheinen. Der Rückzug auf eine Plausibilitätskontrolle ist erst gerechtfertigt, wenn gleichwertige Interessenrepräsentanz im Standardisierungsrat und gleichwertiger Zugang zum Standardisierungsverfahren tatsächlich gewährleistet sind. Dies Modell der kontrollierten Rezeption wird an Effektivität gewinnen, wenn das BMJ die Arbeit des Standardisierungsrats dauerhaft begleitet und damit in besonderer Weise in das Zustandekommen der Standards einbezogen wird; dann wird es die Erwägungen des Standardisierungsrats leichter nachvollziehen und daher wirksamer überprüfen können, inwieweit sich die Standards als Ableitungen aus den deutschen GoB darstellen lassen. Zu Recht wird daher gefordert, zwischen BMJ und Standardisierungsrat ein Forum ständiger Kommunikation zu installieren.[253] Die Realität sieht freilich gänzlich anders aus: Offenbar werden die Deutschen Rechnungslegungs Standards in der Praxis meist ohne jede vorherige Prüfung bekannt gemacht.[254]

---

249 Ähnlich *Schuppert/Bumke* Die Zukunft des deutschen Bilanzrechts 71, 120.

250 Zutreffend *Berberich* DRSC S. 125 f.

251 Vgl. *Hommelhoff/Schwab* BFuP 1998, 38, 51; ebenso *Buchholz* Ein neues DRSC? S. 171 f; *Paal* Rechnungslegung und das DRSC, S. 92 f; ähnlich wohl *Schöler* ZNER 2003, 201, 203.

252 Vgl. *Berberich* DRSC S. 122 f.

253 Vgl. *Schuppert/Bumke* Die Zukunft des deutschen Bilanzrechts 71, 123.

254 *Buchholz* Ein neues DRSC? S. 172 unter Berufung auf ein Gespräch mit *Liesel Knorr*, der derzeit amtierenden Präsidentin des Deutschen Standardisierungsrats.

§ 342a
Rechnungslegungsbeirat

(1) Beim Bundesjustizministerium der Justiz wird vorbehaltlich Absatz 9 ein Rechnungslegungsbeirat mit den Aufgaben nach § 342 Abs. 1 Satz 1 gebildet.

(2) Der Rechnungslegungsbeirat setzt sich zusammen aus

1. einem Vertreter des Bundesministeriums der Justiz als Vorsitzendem sowie je einem Vertreter des Bundesministeriums der Finanzen und des Bundesministeriums für Wirtschaft,
2. vier Vertretern von Unternehmen
3. vier Vertretern der wirtschaftsprüfenden Berufe
4. zwei Vertretern der Hochschulen.

(3) Die Mitglieder des Rechnungslegungsbeirats werden durch das Bundesministerium der Justiz berufen. Als Mitglieder sollen nur Rechnungsleger berufen werden.

(4) Die Mitglieder des Rechnungslegungsbeirats sind unabhängig und nicht weisungsgebunden. Ihre Tätigkeit im Beirat ist ehrenamtlich.

(5) Das Bundesministerium der Justiz kann eine Geschäftsordnung für den Beirat erlassen.

(6) Der Beirat kann für bestimmte Sachgebiete Fachausschüsse und Arbeitskreise einsetzen.

(7) Der Beirat, seine Fachausschüsse und Arbeitskreise sind beschlußfähig, wenn mindestens zwei Drittel der Mitglieder anwesend sind. Bei Abstimmungen entscheidet die Stimmenmehrheit, bei Stimmengleichheit die Stimme des Vorsitzenden.

(8) Für die Empfehlungen des Rechnungslegungsbeirats gilt § 342 Abs. 2 entsprechend.

(9) Die Bildung eines Rechnungslegungsbeirats nach Absatz 1 unterbleibt, soweit das Bundesministerium der Justiz eine Einrichtung nach § 342 Abs. 1 anerkennt.

Schrifttum

Siehe zu § 342.

Übersicht

I. Funktion des Rechnungslegungsbeirats (Abs. 1, 9)

1. Verhältnis zu § 342. § 342a ordnet an, dass beim BMJ ein Rechnungslegungsbeirat gebildet wird, falls das BMJ nicht nach § 342 ein privates Gremium anerkennt. Der Beirat nach § 342a hätte gebildet werden *müssen*, wenn das BMJ nicht durch Vertrag das DRSC als nationalen Standardsetter anerkannt und mit den Aufgaben des § 342 Abs. 1 S. 1 Nr. 1–4 betraut hätte. Nachdem dies geschehen ist, hat sich die Bildung eines Rechnungslegungsbeirats nach § 342a erübrigt; die Vorschrift ist gegenüber § 342 **subsidiär** (Abs. 9). Solange der Standardisierungsvertrag zwischen BMJ und DRSC nicht gekündigt wird, ist § 342a somit in der Praxis gegenstandslos. 1

2. Institutionalisierte sachverständige Beratung des Staates. Die Funktion des Beirats besteht ebenso wie die des privaten Gremiums nach § 342 darin, die – zu Recht für unverzichtbar gehaltene (§ 342, 20) – Befragung privaten Sachverstands bei der Regelsetzung im Bilanzrecht zu institutionalisieren. Im Gegensatz zum privaten Gremium nach § 342 ist der Beirat organisatorisch in das BMJ eingegliedert, wenngleich seine Mitglieder mehrheitlich aus dem Kreise interessierter Privater rekrutiert werden. Auf Ministerialebene angesiedelte und damit staatsgetragene Expertengremien dieser Art sind aus dem Umwelt- und Technikrecht geläufig; so berät nach §§ 20b ChemG, 52 GefahrstoffVO der aus zahlreichen Mitgliedern interessierter Kreise gebildete sog. Ausschuss für Gefahrstoffe den Bundesarbeitsminister bei der Regelsetzung bezüglich gesundheitsgefährdender Chemikalien am Arbeitsplatz;[1] der nach §§ 11 Abs. 2 GerätesicherheitsG, 30 DampfkesselVO beim Bundesarbeitsministerium gebildete Deutsche Dampfkesselausschuss arbeitet sog. technische Regeln für Dampfkessel aus.[2] Aufgrund ministeriellen Organisationserlasses wurde 1972 beim damals für die Reaktorsicherheit zuständigen Innenministerium der sog. Kerntechnische Ausschuss gebildet, dessen Aufgabe darin besteht, technische Regelwerke für den Bau von Atomkraftwerken aufzustellen.[3] Alle diese Gremien binden privaten Sachverstand organisatorisch an eine Instanz der Exekutive und stehen zu deren Beratung zur Verfügung. 2

II. Zusammensetzung des Beirats und Berufung der Mitglieder (Abs. 2, 3)

Der Rechnungslegungsbeirat soll nach Abs. 2 aus Vertretern dreier Bundesministerien (Justiz, Finanzen, Wirtschaft), vier Rechnungslegern aus Unternehmen, vier Vertretern der wirtschaftsprüfenden Berufe und zwei Vertretern der Hochschulen bestehen (Abs. 2). Die Mitglieder im Beirat werden durch das BMJ berufen (Abs. 3). 3

1. Personelle Berufung und demokratische Legitimation. Das BMJ, das die Mitglieder des Rechnungslegungsbeirats beruft, ist seinerseits demokratisch legitimiert: Der Bundesjustizminister wird vom Bundespräsidenten auf grundsätzlich bindenden[4] Vor- 4

---

[1] Dazu näher *Di Fabio* Risikoentscheidungen im Rechtsstaat 151 ff; *Schwab* Politikberatung 324 f.

[2] Dazu näher *Rittstieg* Die Konkretisierung technischer Standards im Anlagenrecht (1982) 49 ff; *Marburger/Gebhard* in Endres/Marburger (Hrsg.), Umweltschutz durch gesellschaftliche Selbststeuerung (1993) 1, 21 ff.

[3] Dazu näher *Rittstieg* Die Konkretisierung technischer Standards im Anlagenrecht 85 ff; *Lamb* Kooperative Gesetzeskonkretisierung 120 ff.

[4] Vgl. Maunz/Dürig/Herzog GG Art. 64 Rn 12–14.

schlag des Bundeskanzlers ernannt (Art. 64 Abs. 1 GG), dieser seinerseits vom Bundestag (Art. 63 Abs. 1 GG) und jener durch das Volk (Art. 38 Abs. 1 S. 1 GG) gewählt. Es besteht also eine **ununterbrochene persönliche Legitimationskette**, so dass die These naheliegt, die Mitglieder des Rechnungslegungsbeirats seien ihrerseits personell demokratisch legitimiert. Und in der Tat hat das BVerfG die Mitglieder der pluralistisch besetzten Bundesprüfstelle für jugendgefährdende Schriften allein schon deshalb für demokratisch legitimiert gehalten, weil der ressortzuständige Bundesminister sie in ihr Amt berufe[4a].

5 Allein die **persönliche Berufung** kann jedoch nur den drei **Ministerialvertretern** eine hinreichende personelle demokratische Legitimation vermitteln, des Weiteren allenfalls noch den zwei Vertretern der Hochschulen, die kraft ihres wissenschaftlichen Selbstverständnisses mit dem Anspruch der Objektivität und Neutralität und damit der Interessendistanz antreten, nicht aber den übrigen Mitgliedern des Beirats (näher Rn 8f): Die Unternehmensvertreter und Wirtschaftsprüfer werden gerade nicht mit Blick auf Distanz, sondern gerade wegen ihrer Nähe zu bestimmten Interessenkreisen berufen; und sie werden mit dem Ziel berufen, das aus der Gruppenzugehörigkeit resultierende interessenspezifische Vorverständnis in den Entscheidungsprozess einzubringen. Die Gremienmitglieder bieten also schon von ihrem *Ursprung* her nicht die Gewähr für Interessendistanz und Ausrichtung am Gemeinwohl und *sollen sie nach dem Sinn der Konstruktion eines pluralistischen Entscheidungsgremiums auch gar nicht bieten.*[5] Vor diesem Hintergrund gewährleistet auch die Berufung der Mitglieder durch einen demokratisch legitimierten Minister nicht die Interessendistanz, die die grundgesetzliche Demokratie zur Voraussetzung für die Legitimität von Herrschaftsausübung erhebt.[6]

6 **2. Ministerialfreier Raum.** Mit diesem Befund ist freilich noch nicht ein Verstoß des § 342a gegen das Demokratieprinzip belegt. Ein solcher Verstoß ergibt sich namentlich nicht daraus, dass die Mitglieder des Rechnungslegungsbeirats weisungsfrei entscheiden (Abs. 4). Freilich ist dem Erfordernis personeller demokratischer Legitimation grundsätzlich nicht schon dadurch genügt, dass ein Entscheidungsträger sein Amt auf eine ununterbrochene Kette von Wahlen und Ernennungen zurückführen kann; vielmehr muss er zusätzlich in einem **Verantwortungs- und Rechenschaftszusammenhang** zum legitimationsstiftenden Subjekt stehen. Namentlich ein Bundesminister hat sein Ressort eigenverantwortlich zu führen (Art. 65 S. 2 GG), woraus mit Recht gefolgert wird, dass er seine Amtsführung parlamentarisch verantworten muss.[7] Diese Verantwortung kann ein Minister dort nicht übernehmen, wo ihm das Einschreiten durch Weisung verwehrt ist.[8] Die Einrichtung solcher weisungsfreier (sog. *ministerialfreier*) Räume wird aus diesem Grund von einer verbreiteten Ansicht als Durchbrechung des Prinzips parlamentarischer Verantwortung der Exekutive einer besonderen verfassungsrechtlichen Rechtfertigung für bedürftig gehalten.[9]

4a BVerfGE 83, 130, 149 ff.

5 Vgl. *Schwab* Politikberatung 410; ähnlich bereits *Jestaedt* Demokratieprinzip und Kondominialverwaltung 422.

6 *Röhl* Der Wissenschaftsrat 143 f; ähnlich *Trute* Die Forschung zwischen grundrechtlicher Freiheit und staatlicher Institutionalisierung 226 f.

7 *Emde* Die demokratische Legitimation der funktionalen Selbstverwaltung 344 f; *Oebbecke* Weisungs- und unterrichtungsfreie Räume in der Verwaltung 139.

8 *Loening* DVBl 1954, 173, 176; *Sodan* Kollegiale Funktionsträger als Verfassungsproblem (1987) 390.

9 So explizit *Böckenförde* Handbuch des Staatsrechts, Bd. I § 22 Rn 22, 24; *Jestaedt* Demokratieprinzip und Kondominialverwaltung

Doch ist gerade bei der Konsultation von Sachverständigengremien eine solche Rechtfertigung gegeben:[10] Sachverständige Expertise reichert die zu treffende Entscheidung um ein demokratischen Legitimationsstrukturen unzugängliches Element der **sachlichen Richtigkeit** an, die aus der fachkundig begründeten Überzeugung der Sachverständigen fließen soll und für deren Gewinnung Weisungen eines fachlich nicht kompetenten Ministers keinen Ertrag bringen, sondern allenfalls schaden. Die staatlichen Organe sind von Verfassungs wegen gehalten, externen Sachverstand zu Rate zu ziehen, wo ohne ihn nicht auszukommen ist; denn nur so werden sie ihrer Aufgabe gerecht, die Kollision von Freiheitsinteressen im Zeitalter raschen Erkenntnisfortschritts angemessen aufzulösen (sog. Gebot des *dynamischen Grundrechtsschutzes*[11]). 7

3. **Ausgewogene Besetzung.** Diejenigen Mitglieder des Rechnungslegungsbeirats, welche aus dem Kreise der rechnungslegungspflichtigen Unternehmen und der Wirtschaftsprüfer berufen werden, können ihre Tätigkeit deswegen nicht auf den Willen des gesamten Volkes zurückführen, weil sie ihr Entscheidungsverhalten nicht am Gemeinwohl ausrichten, sondern das interessenbedingte Vorverständnis der von ihr repräsentierten Gruppe Betroffener in den Entscheidungsprozess hineintragen (Rn 5). Vor dem Demokratieprinzip hat ihre Mitgliedschaft im Rechnungslegungsbeirat gleichwohl Bestand, wenn die Interessenbindungen durch eine ausgewogene Besetzung neutralisiert werden. Dies hat der Gesetzgeber in Abs. 2 im Ansatz richtig gesehen. Durch eine solche Besetzung muss der Gefahr entgegengewirkt werden, dass die **Belange einzelner Interessierter** (oder der von ihnen repräsentierten Gruppen) zum Nachteil anderer ein **Übergewicht** erlangen. Dies Übergewicht würde sich zwangsläufig im Inhalt staatlicher Entscheidungen, etwa Gesetzesvorlagen des BMJ niederschlagen; denn als institutionalisiertes Organ sachverständiger Beratung des Staates gewinnt der Rechnungslegungsbeirat mit seiner Expertise einen maßgeblichen Einfluss auf die beratene Instanz.[12] Das Demokratieprinzip will Machtverschiebungen zugunsten einzelner Betroffener oder Betroffenengruppen verhindern und gebietet daher eine allseitige Interessenrepräsentanz.[13] 8

In der Durchführung ist die Regelung in Abs. 2 jedoch nur teilweise geglückt. Denn sie spart die eigenständige **Interessenvertretung von Anlegern und Gläubigern**, den Primäradressaten der Rechnungslegung,[14] völlig aus. Allenfalls könnten diese ihre Fürsprecher in den drei Ministerialvertretern finden; eine sichere Gewähr hierfür besteht jedoch nicht, weil jene Vertreter vom Gesetzgeber nicht gezielt als Ersatzrepräsentanten der Abschlussadressaten eingesetzt werden. Die Interessenrepräsentanz ist damit nicht in jeder Hinsicht sichergestellt. Indem insgesamt acht der 13 Mitglieder aus Unternehmensvertretern und Wirtschaftsprüfern rekrutiert werden, ist in jedem Fall ein Übergewicht der zur 9

329; *Mayen* NVwZ 1997, 215, 217; *Waechter* Geminderte demokratische Legitimation staatlicher Institutionen im Regierungssystem 27, 37.

10 Vgl. *Schwab* Politikberatung 414.

11 Grundlegend BVerfGE 49, 89, 137, 140; aus der Literatur *Denninger* Verfassungsrechliche Anforderungen an die Normsetzung im Umwelt- und Technikrecht (1990) Rn 137; *Faber* DVBl 1998, 745, 751; *Hill* NVwZ 1989, 401, 407; *Ossenbühl* DÖV 1982, 833, 838.

12 *Trute* DVBl 1996, 950, 961; *Brohm* Handbuch des Staatsrechts, Band II (1987) § 36 Rn 43.

13 *Hufen* in Grimm (Hrsg.), Wachsende Staatsaufgaben – sinkende Steuerungsfähigkeit des Rechts? (1991) 273, 286; *Ritter* JbStVW 1 (1987) S. 321, 347; *Schneider* VerwArch 87 (1996) S. 38, 47.

14 HdR-*Baetge/Kirsch* Bd. Ia, 4. Aufl. (1995) Grundlagen, Rn 279; Beck BilKomm-*Winkeljohann/Schellhorn* § 264, 36; Heymann/*Walz* Einl. Handelsbücher Rn 51.

Rechnungslegung verpflichteten Personengruppen vorprogrammiert, welche vom Gesetzgeber auch nicht anderweitig – etwa durch Anordnung einstimmiger Beschlussfassung – aufgefangen wird; im Gegenteil entscheidet bei Abstimmungen die einfache Mehrheit (Abs. 7 S. 2), was mangels abweichender Anordnung auch für die Verabschiedung von Standards gilt. Abs. 2 wird damit den Anforderungen des Demokratieprinzips an eine ausgewogene Besetzung des Rechnungslegungsbeirats nicht gerecht; die Vorschrift ist damit **verfassungswidrig.** Allenfalls mag das Defizit in der Ausgewogenheit dadurch kompensiert werden, dass das BMJ im Rahmen der von ihm zu erlassenden Geschäftsordnung (Abs. 5) die Vertretung von Anlegern und Gläubigern im Rechnungslegungsbeirat anordnet;[15] doch wird auch dies allenfalls für eine Übergangszeit hinzunehmen sein: Die Regelung der Besetzung eines beratenden Sachverständigengremiums von der Bedeutung des Rechnungslegungsbeirats ist genuine Aufgabe des parlamentarischen Gesetzgebers (siehe § 342, 55 ff).

10 **4. Rechnungsleger.** Nach Abs. 3 S. 2 sollen in den Rechnungslegungsbeirat nur **Rechnungsleger** berufen werden. Diese Vorschrift zieht die richtige Konsequenz aus dem Umstand, dass in Gestalt des Beirats externer Sachverstand für staatliche Entscheidungsprozesse fruchtbar gemacht werden soll; jener Sachverstand muss folglich in der Person jedes einzelnen Mitglieds vorhanden sein. Der Begriff des Rechnungslegers bestimmt sich wie in § 342 (siehe dort Rn 44).

III. Rechtsstellung der Mitglieder (Abs. 4)

11 **1. Unabhängigkeit.** Gerade weil die Mitglieder des Rechnungslegungsbeirats wegen ihres Sachverstands gefragt sind, muss ihre Expertise von jedem fachfremden Einfluss freigehalten werden. Da die Mitglieder wegen des gerade in ihrer Person verkörperten Sachverstands berufen worden sind, soll die Entscheidung im Gremium allein aus ihrer eigenen fachlichen Überzeugung gespeist werden: Die Beratungsaufgabe ist von den Beiratsmitgliedern höchstpersönlich zu erfüllen. Deshalb kann ebenso wie beim privaten Rechnungslegungsgremium nach § 342 (dort Rn 46) keinerlei externe Bindung des Mitglieds bezüglich seines Entscheidungsverhaltens im Rechnungslegungsbeirat toleriert werden; Abs. 4 S. 1 bringt dies zum Ausdruck, indem er die Unabhängigkeit der Beiratsmitglieder betont. Wichtigstes Merkmal der individuellen Unabhängigkeit ist die **Freiheit** von jeglichen **Weisungen**; sie stellt Abs. 4 S. 1 ebenfalls klar. Ein Mitglied des Rechnungslegungsbeirats kann sich hinsichtlich seines Verhaltens bei Beratung und Abstimmung auch nicht durch Vertrag dem Einfluss eines außenstehenden Dritten unterwerfen; ein solcher Vertrag wäre nach § 134 BGB nichtig, da das Unabhängigkeitserfordernis Abs. 4 S. 1 insoweit ein gesetzliches Verbot enthält.

12 **2. Ehrenamt.** Nach Abs. 4 S. 2 ist die Tätigkeit im Rechnungslegungsbeirat ehrenamtlich. Der Gesetzgeber dürfte hier die fiskalische Konsequenz aus der Tatsache gezogen haben, dass er für ein staatsgetragenes Gremium die alleinige Finanzierungsverantwortung trägt, namentlich kein Spendenfonds existiert, aus dem eine Vergütung der Beiratsmitglieder für ihre Tätigkeit gespeist werden könnte. So ehrenwert es einerseits

---

[15] Dafür Heymann/*Herrmann* §§ 342, 342a, 12.

erscheinen mag, wenn sich hochqualifizierte Bilanzfachleute für eine unentgeltliche Beratung des BMJ zur Verfügung stellen, resultiert doch andererseits gerade hieraus eine **Gefahr für die Ausgewogenheit der Besetzung.** Denn allenfalls große Unternehmen und Prüfungsgesellschaften werden es sich finanziell leisten können, einen in ihren Diensten stehenden Rechnungsleger für die Mitgliedschaft im Beirat abzustellen, anstatt ihn im eigenen Unternehmen einzusetzen. Damit droht die Vertretung der Unternehmen und Wirtschaftsprüfer nach Abs. 2 Nr. 2 und 3 bei den multinationalen Großkonzernen und ihren Prüfern monopolisiert und der Mittelstand mit seinen spezifischen Belangen übergangen zu werden.

IV. Innere Ordnung (Abs. 5–7)

1. **Verfahren.** Das Verfahren, welches der Rechnungslegungsbeirat bei seinen Entscheidungen zu beachten hat, ist im Gesetz nur rudimentär niedergelegt und im übrigen einer vom BMJ zu erlassenden Geschäftsordnung überantwortet (Abs. 5). Dem liegt offenbar die Vorstellung des Gesetzgebers zugrunde, der Rechnungslegungsbeirat unterliege, da organisatorisch in das BMJ integriert, dessen **Organisations- und Geschäftsleitungsgewalt**, welche dem Minister aus Art. 65 S. 2 GG für sein Ressort erwächst. Das überzeugt schon deshalb nur bedingt, weil gerade der Steuerungsanspruch des Ministers angesichts der Weisungsfreiheit des Beirats und seiner Mitglieder stark zurückgenommen wurde; der Beirat verkörpert, wie ausgeführt (oben Rn 6 f), einen ministerialfreien Raum. Vor allem aber wurde im Zusammenhang mit § 342 gezeigt, dass die Vorkehrungen zu einem öffentlichen Verfahren für Qualität und Ausgewogenheit der Standards wesentliche Voraussetzungen sind und als solche der prozeduralen Steuerungsverantwortung des parlamentarischen Gesetzgebers zufallen (§ 342, 79). Das gilt für den Beirat nach § 342a nicht minder: Der Beirat hat die gleichen Aufgaben zu erfüllen wie das private Rechnungslegungsgremium nach § 342. Seinen Standards soll nach § 342a Abs. 8 die gleiche rechtliche Wirkung zukommen wie den Standards eines privaten Gremiums. Die **staatlichen Rechtsetzungsinstanzen** haben damit ihren materiell-inhaltlichen **Steuerungsanspruch** in gleicher Weise **zurückgenommen** wie in § 342; die parlamentarischen Kontrollzusammenhänge wurden hier ebenso aufgelöst wie dort. Richtigerweise wäre es daher ein Gebot des Demokratieprinzips und der Wesentlichkeitstheorie gewesen, die maßgeblichen Verfahrensschritte für Entscheidungen des Rechnungslegungsbeirats im Gesetz selbst niederzulegen. § 342a Abs. 5 ist daher verfassungswidrig. 13

2. **Arbeitsgruppen** können vom Beirat nach Abs. 6 eingerichtet werden. Der Vorschrift bedurfte es, weil andernfalls wegen der Höchstpersönlichkeit der Beratungsleistung (Rn 11) sämtliche auch nur beratenden Verfahrensschritte und somit auch die Vorbereitung der Entscheidungen von *sämtlichen* Mitgliedern des Rechnungslegungsbeirats vorzunehmen gewesen wären; eine Delegation an Arbeitsgruppen wäre nicht in Betracht gekommen. Abs. 6 befreit somit vom Zwang der Plenarentscheidung; *nicht* befreit die Vorschrift vom Zwang zur höchstpersönlichen Entscheidung überhaupt: Die Arbeitsgruppen dürfen mangels abweichender gesetzlicher Anordnung nur aus Mitgliedern des Rechnungslegungsbeirats bestehen. Außenstehenden darf kein Sitz in einer Arbeitsgruppe zugeteilt werden. Die von den Arbeitsgruppen vorgelegten Ergebnisse können die spätere Sachentscheidung erheblich beeinflussen; deshalb muss ihre Zusammensetzung den Anforderungen an eine ausgewogene Besetzung genügen (§ 342, 55). Es wäre Aufgabe des Gesetzgebers gewesen, eine eigene Regelung hinsichtlich der Zusammensetzung der Arbeitsgruppen zu treffen. 14

15 3. **Beschlüsse.** Nach Abs. 7 S. 1 ist der Rechnungslegungsbeirat **beschlussfähig,** wenn mindestens zwei Drittel seiner Mitglieder anwesend sind; nach S. 2 entscheidet bei Abstimmungen die einfache Mehrheit, bei Stimmengleichheit die Stimme des Vorsitzenden. Vorsitzender des Beirats ist der vom BMJ entsandte Vertreter (Abs. 2 Nr. 1).

16 a) **Einfache Mehrheit.** Erste Bedenken gegen diese Regelung wurden bereits oben Rn 9 angedeutet: Die Wirtschaftsprüfer und Unternehmensvertreter – und damit die Gruppe derjenigen, welche durch die Standards verpflichtet werden sollen – sind zusammen in der Lage, die übrigen Mitglieder des Beirats zu überstimmen. Das Ausmaß der **Gefahr,** die aus dieser Regelung für die **Ausgewogenheit** der Standards resultiert, wird deutlich, wenn man hinzu nimmt, dass die Tätigkeit im Beirat nach Abs. 4 S. 2 ehrenamtlich ist und nur größere Unternehmen und Prüfgesellschaften in der Lage sind, personelle Ressourcen für eine unentgeltliche Beratung des Staates freizustellen (vgl. Rn 12): Dann können unter dem Deckmantel sachverständiger Expertise die Standards von den multinationalen Großgesellschaften und den ihnen zumeist nahestehenden Prüfern nach ihrem Belieben und Interesse durchgesetzt werden – eben die Situation, die im Standardisierungsrat nach § 342 bereits Wirklichkeit ist und namentlich dem Mittelstand unzumutbare Mehrbelastungen aufbürden wird (vgl. § 342, 51f).

17 **Richtigerweise** hätte der Gesetzgeber eine Gestaltung wählen müssen, welche die Majorisierung einzelner Belange verlässlich ausschließt. In Betracht kommen zum einen die Möglichkeiten, welche schon zu § 342 (dort Rn 71) diskutiert wurden, nämlich das Erfordernis einstimmiger Beschlussfassung oder einer so **hoch qualifizierten Mehrheit,** dass der Widerstand von mindestens zwei Mitgliedern des Beirats das Zustandekommen eines Standards verhindert. Dadurch, dass der Gesetzgeber den Beirat als 13-köpfiges Gremium installiert hat, rückt freilich noch eine dritte Option ins Blickfeld: Sollte es dem Gesetzgeber gelingen, die Repräsentanz im Beirat bei einer (u.E. verfassungsrechtlich gebotenen) Neuregelung des Abs. 2 so zu gestalten, dass jedes Partialinteresse mit mindestens zwei Mitgliedern vertreten ist, so wäre für die Beschlussfassung eine Regelung denkbar, wonach ein Standard mit einer geringer qualifizierten Mehrheit (zu fordern wäre wohl auch hier mindestens 70 %, also die Zustimmung von mindestens 8 der 13 Mitglieder) zustande kommt, sofern mindestens ein Vertreter jedes Interesses zugestimmt hat. Das erforderliche Mehrheitsquorum trüge dann partiell die Züge eines Bänkeprinzips.

18 b) **Beschlussfähigkeit.** Im Grundsatz ist es zu begrüßen, dass der Gesetzgeber die Ausgewogenheit der Standards durch ein vergleichsweise hohes Quorum für die Beschlussfähigkeit sicherzustellen sucht. Dies Ziel wird jedoch durch die getroffene Regelung nur unvollkommen erreicht. Im Gegenteil wird die Vormachtstellung der Unternehmensvertreter und Wirtschaftsprüfer noch zusätzlich verstärkt: Sind sie alle anwesend, so muss nur noch ein weiteres Mitglied vertreten sein, um eine wirksame Entscheidung treffen zu können. Dagegen kann keine Entscheidung getroffen werden, wenn Unternehmensvertreter und Wirtschaftsprüfer der Sitzung geschlossen fernbleiben. Einen effektiven Beitrag zur Sicherung der Ausgewogenheit könnte die Beschlussfähigkeit nur leisten, wenn sie von der Anwesenheit mindestens eines Vertreters jeder einzelnen betroffenen Interessengruppe abhängig gemacht würde; dies würde zusammen mit der hier geforderten qualifizierten Mehrheit verhindern, dass Kompromisse zum Nachteil einzelner der vertretenen Interessengruppen ausgehandelt werden.

V. Vermutung der GoB-Konformität (Abs. 8)

Abs. 8 verweist für die Empfehlungen des Rechnungslegungsbeirats auf § 342 Abs. 2. **19**
Gemeint sind die Empfehlungen nach § 342a Abs. 1 i.V.m. § 342 Abs. 1 S. 1 Nr. 1. Standards des Rechnungslegungsbeirats können also ebenso wie solche der privaten Gremien vom BMJ **bekanntgemacht** werden. Das BMJ hat auch hierbei die Ordnungsmäßigkeit des Verfahrens und die Übereinstimmung der Standards mit dem kodifizierten Bilanzrecht zu überprüfen (näher § 342, 94 ff). Die Vermutung nach § 342 Abs. 2 soll für Empfehlungen des Rechnungslegungsbeirats ebenso gelten wie für entsprechende Empfehlungen eines vertraglich anerkannten privaten Gremiums. Damit soll Rechtsverbindlichkeit der Standards im oben § 342 Rn 82 beschriebenen Umfang hergestellt werden; dies ist dem Gesetzgeber freilich in § 342a ebenso wenig geglückt wie in § 342 (vgl. dort Rn 84 ff): Die Standards bewegen sich außerhalb des numerus clausus verbindlicher Rechtssätze. Namentlich lassen sich auch die Standards des Rechnungslegungsbeirats nicht als normkonkretisierende Verwaltungsvorschriften darstellen oder in ihrem Geltungsanspruch mit ihnen vergleichen; denn sie sind ebenso wie die privaten Standards nach § 342 nicht auf die Steuerung des administrativen Gesetzesvollzugs gerichtet, sondern unmittelbar auf die Regelung von Rechtsverhältnissen zwischen Privaten. Die Kompetenz zur verbindlichen Anordnung solcher Standards kann daher nicht aus der Organisations- und Geschäftsleitungsgewalt des BMJ fließen. Ebenso wenig hat § 342a die Standards des Rechnungslegungsbeirats in den Rang einer Rechtsverordnung erhoben:[16] Ihnen fehlt es an dem für die Verordnung charakteristischen unbedingten Geltungsanspruch; denn auch sie stehen ebenso wie die Standards eines privaten Gremiums unter dem Vorbehalt der Überalterung und des atypischen Sachverhalts.

[16] Im Ergebnis ebenso Beck BilKomm-*Budde/Steuber* (6. Aufl.) § 342a, 6; in 7. Aufl. nicht fortgeführt.

SECHSTER ABSCHNITT

Prüfstelle für Rechnungslegung

Vor § 342b
Prüfstelle für Rechnungslegung

Schrifttum

Bangert Die rechtliche Organisation von Durchsetzungssystemen zur Kontrolle ordnungsmäßiger Rechnungslegung, 2004; *Bräutigam/Heyer* Das Prüfverfahren durch die Deutsche Prüfstelle für Rechnungslegung, AG 2006, 188; *Gadesmann/Johannsen* Vorbereitung auf eine DPR-Stichprobenprüfung aus der Sicht eines Emittenten, BB 2010, 107; *Gahlen/Schäfer* Bekanntmachung von fehlerhaften Rechnungslegungen im Rahmen des Enforcement-Verfahrens: Ritterschlag oder Pranger?, DB 2006, 1619; *Gelhausen/Hönsch* Das Enforcement-Verfahren für Jahres- und Konzernabschlüsse, AG 2005, 511; *Hennrichs* Fehlerhafte Bilanzen, Enforcement und Aktienrecht, ZHR 2004, 383; *Heinz* Das Enforcement-Verfahren in Deutschland, 2010; *Hommelhoff* Für ein spezifisch deutsches Durchsetzungssystem, Wpg-Sonderheft, 2001, 39; *Hommelhoff/Mattheus* Verlässliche Rechnungslegung-Enforcement nach dem geplanten Bilanzkontrollgesetz, BB 2004, 93; *Pfiffner* Revisionsstelle und Corporate Governance, 2008; *Scheffler* Enforcement der Rechnungslegung in Deutschland, Der Konzern 2007, 589; *Schmidt-Versteyl* Durchsetzung ordnungsgemäßer Rechnungslegung in Deutschland, 2008; *Thoma* Regulierte Selbstregulierung im Ordnungsverwaltungsrecht, 2008; *Tielmann* Durchsetzung ordnungsmäßiger Rechnungslegung, 2001.

1 Der sechste Abschnitt im Dritten Buch des HGB (§§ 342b–342e) regelt die **Prüfstelle für Rechnungslegung** – die erste Stufe im zweistufigen Gesamtsystem, um das Recht der Rechnungslegung mitsamt seinen Einzelregeln bei jenen Unternehmen tatsächlich rechtgemäß durchzusetzen, deren Wertpapiere an einer inländischen Börse zum Handel im regulierten Markt zugelassen sind (Enforcement). In diesem **zweistufigen Durchsetzungssystem** gilt der Grundsatz der Kooperation zwischen der Prüfstelle und den Rechnungslegungs-pflichtigen Unternehmen in zweifacher Hinsicht: zum einen beruht bereits die Einrichtung der Prüfstelle auf freiwilliger Mitwirkung der von der Rechnungslegung börsennotierter Unternehmen berührten Kreise[1]; und zum anderen prägt der Kooperationsgedanke[2] auch und vor allem die Tätigkeit der Prüfstelle[3]: Ihr stehen gegenüber den zu

[1] Nach § 4 I der Prüfstellen-Satzung (www.frep.info) sind dies die Berufs- oder Interessenvertretungen von Rechnungslegern und Rechnungslegungsnutzern. Dagegen sind Unternehmen, Wirtschaftsprüfungsgesellschaften und natürliche Personen von der Mitgliedschaft im Trägerverein der Prüfstelle ausdrücklich ausgeschlossen (§ 4 III der Satzung), um deren Unabhängigkeit zu gewährleisten (Ebenroth/Boujong/Joost/Strohn/*Wiedmann* § 342b HGB, Rn 2).

[2] Zu ihm auch *Ebke/Paal* vor § 342b, Rn 7; *Schmidt-Versteyl* Durchsetzung ordnungsgemäßer Rechnungslegung, S. 112.

[3] Zu deren Prüfverfahren im Überblick *Bräutigam/Heyer* AG 2006, 188; *Scheffler* Der Konzern 2007, 589, 591 ff; *ders.* Zeitschrift für internationale Rechnungslegung 2006, 13; vgl. auch *Gadesmann/Johannsen* BB 2010, 107.

gründenden Unternehmen keinerlei hoheitliche Befugnisse zu Gebote; so kann sie z.B. nicht aus eigener Macht die Vorlage von Unterlagen erzwingen. Sie ist auf die aufgeschlossene Mitwirkung der zu prüfenden Unternehmen angewiesen. Mit der ersten Stufe des Durchsetzungssystems verbindet sich die (offenbar bis jetzt nicht enttäuschte) Erwartung, dass von der Prüfstelle aufgedeckte Fehler von den Rechnungslegungs-pflichtigen Unternehmen in der weit überwiegenden Mehrzahl der Fälle in gutem Einvernehmen freiwillig korrigiert werden; allerdings wird auch in solchen Fällen regelmäßig[4] die öffentliche Bekanntmachung der Fehlerfeststellung von der Bundesanstalt für Finanzdienstleistungsaufsicht (Bafin) angeordnet (§ 37p Abs. 2 S. 1 WpHG).[5] Sollte dagegen die erste Prüfungsstufe außer Funktion geraten (z.B. wegen Beendigung der Anerkennung einer Einrichtung als Prüfstelle), so wird das gesamte Prüfungs- und Durchsetzungsverfahren öffentlichrechtlich durch die Bafin durchgeführt (§ 37p WpHG).

2 Sollte sich ein Unternehmen der Kooperation mit der Prüfstelle **verweigern**, so gibt diese die Prüfung an die BaFin ab (§ 37p Abs. 1 S. 2 Nr. 1 WpHG); diese handelt hier auf der zweiten Stufe des Durchsetzungssystems **hoheitlich** (§ 37o WpHG) und verfügt über das notwendige Instrumentarium, um sich ggf. im Wege des Verwaltungszwangs gegenüber einem sich versperrenden Unternehmen durchzusetzen (**Durchsetzung der Durchsetzung**).[6] Konsequent hat allein die BaFin die Zuständigkeit und die Macht, gegenüber einem Unternehmen Anordnungen zu treffen und, soweit notwendig, zwangsweise durchzusetzen: etwa einen festgestellten Fehler in der Rechnungslegung bekanntzumachen oder ihn durch Neuaufstellung des Jahresabschlusses beseitigen zu lassen.

3 So zusammengesetzt aus einer auf Kooperation in Gleichordnung hin angelegten ersten Stufe und aus einer zweiten im Über-/Unterordnungsverhältnis gründet dies funktional einheitliche Durchsetzungssystem auf zwei **normativen Hauptpfeilen**: auf den Bestimmungen der §§ 342b ff HGB für die erste Stufe sowie auf den §§ 37n ff WpHG in dessen Abschnitt 11 für die hoheitliche zweite Stufe des Durchsetzungssystems. Beide Regelungsbereiche stehen nicht unverbunden nebeneinander, sondern sind an ihren Schnittstellen sorgfältig aufeinander abgestimmt, um die Einheitlichkeit der Organisation und Verfahren zu sichern. Weitere Rechtsquellen von wesentlicher Bedeutung für das Durchsetzungssystem sind die vom Bundesjustizministerium anerkannte **Satzung** der Deutschen Prüfstelle Rechnungslegung (DPR), die als Prüfstelle nach § 342b Abs. 1 S. 1 HGB fungiert, sowie deren **Verfahrensordnung**; in dieser sind u.a. die Beteiligungsrechte der geprüften Unternehmen und deren Informationsansprüche geregelt. Von konstitutiver Bedeutung für die Einrichtung der Prüfstelle und ihren Betrieb sind schließlich noch die Bestimmungen in § 17d Finanzdienstleistungsaufsichtsgesetz (BGBl I 2005, 1259) zur **Finanzierung der Prüfstelle** im Umlageverfahren (unten § 342e); die gesetzlichen Zwangsbeiträge der börsennotierten Unternehmen bewahren die Stelle vor der Gefahr, in Tätigkeits-beeinträchtigende Abhängigkeiten zu geraten.

4 Das Durchsetzungssystem ist durch das **BilanzkontrollG** vom 15. Dezember 2004 (BGBl I, 3408) eingeführt worden. Zum Regierungsentwurf vom 24. Juni 2004 (Bundes-

---

[4] So auch *Kumm* DB 2009 1635, 1638; faktisch zwingend: *Favoccia/Stoll* NZG 2010, 125 f; *Krause* BB 2011, 299.

[5] Freiwillige Bekanntmachungen können offenbar das öffentliche Interesse an der Anordnung einer Fehlerbekanntmachung nach § 37q II 2 WpHG ggf. entfallen lassen (vgl. *Gahlen/Schäfer* BB 2006, 1619, 1621).

[6] Für einen ersten Überblick: *Gelhausen/Hönsch* AG 2005, 511; *Hennrichs* ZHR 2004, 383, 399 ff; *Scheffler* Der Konzern 2007, 589, 596 f; s. auch *Schmidt-Versteyl*, Durchsetzung ordnungsgemäßer Rechnungslegung, S. 75 ff; *Zülch/Hoffmann* DStR 2010, 945.

tags-Dr 15/3421) hatte der Bundesrat zuvor schon am 11. Juni 2004 Stellung genommen (Anlage 2 zur Bundestags-Drucksache mit Gegenäußerung der Bundesregierung, Anlage 3). Danach empfahl der Rechtsausschuss des Bundestages diesem mit Beschlussempfehlung und Bericht vom 27. Oktober 2004, den Regierungsentwurf mit gewissen Modifikationen anzunehmen (Bundestags-Dr 15/4055). Insbesondere unterstützte der Ausschuss ausdrücklich und mit Nachdruck die zweistufige Konzeption des Enforcement-Verfahrens[7], wie sie auf IDW-Vorschlägen[8] aufbauend in der Wissenschaft entwickelt worden ist[9].

Das BilanzkontrollG mitsamt seinem zweistufigen Durchsetzungssystem **zielt auf den Kapitalmarkt** und darauf ab, das Vertrauen der Anleger wiederherzustellen und zu stärken, das diese wegen deutscher und ausländischer Bilanzskandale am Ende des vergangenen Jahrhunderts verloren hatten[10]. Vordringliches Ziel des Durchsetzungssystems ist deshalb institutioneller Kapitalanlegerschutz durch **vorbeugende Prüfung** der Rechnungslegung; dies kommt im gesetzlichen Auftrag an die Prüfstelle zum Ausdruck, Abschlüsse auch ohne besonderen Anlass, also stichprobenartig zu prüfen (§ 342b Abs. 2 S. 3 Nr. 3 HGB). Über wiederhergestelltes Anlegervertrauen wollte der Gesetzgeber auch die Wettbewerbskraft des Finanzplatzes Deutschland stärken.[11] **5**

Daneben ist das Durchsetzungssystem darauf angelegt, die Adressaten der Rechnungslegung **reaktiv vor falschen Informationen** einzelner Unternehmen zu schützen. Diese unternehmensindividuell reaktive Zielsetzung kommt im Auftrag des Gesetzes an die Prüfstelle zum Ausdruck, ein Prüfverfahren in Gang zu setzen, soweit konkrete Anhaltspunkte für einen Verstoß gegen Rechnungslegungsvorschriften vorliegen (§ 342b Abs. 2 S. 3 Nr. 1 HGB). Über dies Ziel sollen unternehmensindividuelle Fehlinformationen nachsteuernd gegenüber den Publizitätsadressaten korrigiert werden. Zugleich jedoch wirkt eine solche öffentliche Korrektur wegen der mit ihr verbundenen Ansehensschmälerung auf dem Kapitalmarkt präventiv[12]. Daher trägt auch diese Korrektur-Drohung mit dazu bei, Rechts- und Regelkonformität in der Rechnungslegung vorbeugend beim einzelnen Unternehmen individualpräventiv, aber auch bei der Gesamtheit der Rechnungslegungs-pflichtigen Unternehmen generalpräventiv[13] sicherzustellen[14]. In gleicher Weise generalpräventiv wirken bei der Deutschen Prüfstelle Rechnungslegung DPR deren jahresperiodisch vorab veröffentlichte Prüfungsschwerpunkte sowie ihr Jahrestätigkeitsbericht mit seinen summarischen Fehlerfeststellungen. **6**

---

[7] Bericht der Abgeordneten Scholz, Wanderwitz, Montag und Funke, Bundestags-Dr 15/4055 S. 20. – Zur Entwicklung des Enforcement-Systems in Deutschland *Heinz*, Enforcement-Verfahren, S. 38 ff; *Schmidt-Versteyl* Durchsetzung ordnungsgemäßer Rechnungslegung, S. 17 ff.

[8] IDW, WPg 2000, 1029 f; fortentwickelt von *Tielmann* DB 2001, 1628 ff; IDW, Wirtschaftsprüfung und Corporate Governance, 2002, S. 85 ff.

[9] Zuerst *Hommelhoff* WPg–Sonderheft 2001, 42 ff; dem offenbar folgend *Baetge/Lutter* Abschlussprüfung und Corporate Governance, 2003, S. 17 ff.

[10] S. RegE BilKoG, Bundestags-Dr 15 /3421 S. 1; Bundestags-Rechtsausschuss, Bundestags-Dr 15/4053, S. 1.

[11] Die Durchsetzung der Rechungslegung war ein wesentliches Element im 10-Punkte-Programm, das Bundesfinanz- und Justizministerium zur Stärkung der Unternehmensintegrität und des Anlegerschutzes im Februar 2003 vorgelegt hatten; darauf weist RegEBilKoG, Bundestags-Dr 15/3421, S. 11 ausdrücklich hin.

[12] OLG Frankfurt DB 2007, 1913, 1914; NZG 2010, 1433, 1434.

[13] Auch hierauf stellt OLG Frankfurt BB 2010, 111, 113 zutreffend ab.

[14] Zur Präventivwirkung in der Praxis *Meyer* WPg 2009, 807; s. auch schon *Hommelhoff* WPg-Sonderheft 2001, 39, 43 f.

7 Mit dem zweistufigen Durchsetzungsverfahren hat der deutsche Gesetzgeber eine **eigenständige** und weltweit wohl einmalige **Lösung** gefunden und umgesetzt; sie kombiniert wesentliche Elemente des britischen panel-Gedankens mit der Behörden-Konzeption der USA und Frankreichs[15]. In der bisherigen **Prüfungspraxis** hat sich dies deutsche Durchsetzungssystem nach Einschätzung der an ihm Beteiligten durchaus bewährt[16]: Es wirke zunehmend präventiv und veranlasse die Aufsichtsräte und Prüfungsausschüsse, sich intensiver mit Fragen der Rechnungslegung zu beschäftigen. Die geschickte Kombination aus privatrechtlicher Organisation und öffentlich-rechtlicher Verstärkung habe mittlerweile hohe Qualität, Effizienz und Durchschlagskraft gewonnen. Allerdings stoße das „deutsche System" bei rein staatlich organisierten Enforcement-Einrichtungen im Ausland auf Verständnisschwierigkeiten; man erlange jedoch zunehmend Verständnis und Anerkennung für das deutsche System. – Dies ist für den Binnenmarkt-weiten, wenn nicht gar globalen **Wettbewerb der Regelsetzer**[17] eine gewichtige Aussage.

§ 342b
Prüfstelle für Rechnungslegung

(1) Das Bundesministerium der Justiz kann im Einvernehmen mit dem Bundesministerium der Finanzen eine privatrechtlich organisierte Einrichtung zur Prüfung von Verstößen gegen Rechnungslegungsvorschriften durch Vertrag anerkennen (Prüfstelle) und ihr die in den folgenden Absätzen festgelegten Aufgaben übertragen. Es darf nur eine solche Einrichtung anerkannt werden, die aufgrund ihrer Satzung, ihrer personellen Zusammensetzung und der von ihr vorgelegten Verfahrensordnung gewährleistet, dass die Prüfung unabhängig, sachverständig, vertraulich und unter Einhaltung eines festgelegten Verfahrensablaufs erfolgt. Änderungen der Satzung und der Verfahrensordnung sind vom Bundesministerium der Justiz im Einvernehmen mit dem Bundesministerium der Finanzen zu genehmigen. Die Prüfstelle kann sich bei der Durchführung ihrer Aufgaben anderer Personen bedienen. Das Bundesministerium der Justiz macht die Anerkennung einer Prüfstelle sowie eine Beendigung der Anerkennung im amtlichen Teil des elektronischen Bundesanzeigers bekannt.

(2) Die Prüfstelle prüft, ob der zuletzt festgestellte Jahresabschluss und der zugehörige Lagebericht oder der zuletzt gebilligte Konzernabschluss und der zugehörige Konzernlagebericht sowie der zuletzt veröffentlichte verkürzte Abschluss und der zugehörige Zwischenlagebericht eines Unternehmens im Sinne des Satzes 2 den gesetzlichen Vorschriften einschließlich der Grundsätze ordnungsmäßiger Buchführung oder den sonstigen durch Gesetz zugelassenen Rechnungslegungsstandards entspricht. Geprüft werden die Abschlüsse und Berichte von Unternehmen, deren Wertpapiere im Sinne des § 2 Abs. 1

---

15 Eingehend hierzu u.a. *Bangert* Organisation von Durchsetzungssystemen, S. 39 ff.

16 *Meyer* Zeitschrift für internationale Rechnungslegung (IRZ) 2010, 153, 158; *Meyer/Naumann* WPg 2009, 807 ff. – Vor dem BilKoG wurde der Erfolg des zweistufigen Systems kontrovers prognostiziert, s. die Diskussion zwischen *Böcking* einerseits sowie *Hommelhoff/Mattheus* und *Nonnenmacher* in BFuP 2004, 268 ff andererseits.

17 Bezogen auf die Enforcementsysteme wird auch dieser Wettbewerb zwischen *Böcking* einerseits sowie *Hommelhoff/Mattheus* und *Nonnenmacher* andererseits streitig diskutiert (BFuP 2004, 272 ff).

Satz 1 des Wertpapierhandelsgesetzes an einer inländischen Börse zum Handel im regulierten Markt zugelassen sind. Die Prüfstelle prüft,

1. soweit konkrete Anhaltspunkte für einen Verstoß gegen Rechnungslegungsvorschriften vorliegen,
2. auf Verlangen der Bundesanstalt für Finanzdienstleistungsaufsicht oder
3. ohne besonderen Anlass (stichprobenartige Prüfung).

Im Fall des Satzes 3 Nr. 1 unterbleibt die Prüfung, wenn offensichtlich kein öffentliches Interesse an der Prüfung besteht; Satz 3 Nr. 3 ist auf die Prüfung des verkürzten Abschlusses und des zugehörigen Zwischenlageberichts nicht anzuwenden. Die stichprobenartige Prüfung erfolgt nach den von der Prüfstelle im Einvernehmen mit dem Bundesministerium der Justiz und dem Bundesministerium der Finanzen festgelegten Grundsätzen. Das Bundesministerium der Finanzen kann die Ermächtigung zur Erteilung seines Einvernehmens auf die Bundesanstalt für Finanzdienstleistungsaufsicht übertragen.

(3) Eine Prüfung des Jahresabschlusses und des zugehörigen Lageberichts durch die Prüfstelle findet nicht statt, solange eine Klage auf Nichtigkeit gemäß § 256 Abs. 7 des Aktiengesetzes anhängig ist. Wenn nach § 142 Abs. 1 oder Abs. 2 oder § 258 Abs. 1 des Aktiengesetzes ein Sonderprüfer bestellt worden ist, findet eine Prüfung ebenfalls nicht statt, soweit der Gegenstand der Sonderprüfung, der Prüfungsbericht oder eine gerichtliche Entscheidung über die abschließenden Feststellungen der Sonderprüfer nach § 260 des Aktiengesetzes reichen.

(4) Wenn das Unternehmen bei einer Prüfung durch die Prüfstelle mitwirkt, sind die gesetzlichen Vertreter des Unternehmens und die sonstigen Personen, derer sich die gesetzlichen Vertreter bei der Mitwirkung bedienen, verpflichtet, richtige und vollständige Auskünfte zu erteilen und richtige und vollständige Unterlagen vorzulegen. Die Auskunft und die Vorlage von Unterlagen kann verweigert werden, soweit diese den Verpflichteten oder einen seiner in § 52 Abs. 1 der Strafprozessordnung bezeichneten Angehörigen der Gefahr strafgerichtlicher Verfolgung oder eines Verfahrens nach dem Gesetz über Ordnungswidrigkeiten aussetzen würde. Der Verpflichtete ist über sein Recht zur Verweigerung zu belehren.

(5) Die Prüfstelle teilt dem Unternehmen das Ergebnis der Prüfung mit. Ergibt die Prüfung, dass die Rechnungslegung fehlerhaft ist, so hat sie ihre Entscheidung zu begründen und dem Unternehmen unter Bestimmung einer angemessenen Frist Gelegenheit zur Äußerung zu geben, ob es mit dem Ergebnis der Prüfstelle einverstanden ist.

(6) Die Prüfstelle berichtet der Bundesanstalt für Finanzdienstleistungsaufsicht über

1. die Absicht, eine Prüfung einzuleiten,
2. die Weigerung des betroffenen Unternehmens, an einer Prüfung mitzuwirken,
3. das Ergebnis der Prüfung und gegebenenfalls darüber, ob sich das Unternehmen mit dem Prüfungsergebnis einverstanden erklärt hat.

Ein Rechtsbehelf dagegen ist nicht statthaft.

(7) Die Prüfstelle und ihre Beschäftigten sind zur gewissenhaften und unparteiischen Prüfung verpflichtet; sie haften für durch die Prüfungstätigkeit verursachte Schäden nur bei Vorsatz.

(8) Die Prüfstelle zeigt Tatsachen, die den Verdacht einer Straftat im Zusammenhang mit der Rechnungslegung eines Unternehmens begründen, der für die Verfolgung zuständigen Behörde an. Tatsachen, die auf das Vorliegen einer Berufspflichtverletzung durch den Abschlussprüfer schließen lassen, übermittelt sie der Wirtschaftsprüferkammer.

Übersicht

1 § 342b regelt im zweistufigen Durchsetzungsverfahren (Enforcement, oben vor § 342b Rn 1 f) dessen erste private Stufe mit der Prüfstelle in deren Zentrum, ihrer Einrichtung und Anerkennung, der Aufgabe der Prüfstelle und mit wesentlichen Einzelregelungen zur Durchführung des Prüfungsverfahrens. Das Gesetz beschreibt die Prüfstelle als privatrechtlich organisierte Einrichtung (§ 342b Abs. 1 S. 1) und geht mithin von privater Initiative und privaten Initiatoren aus, an deren Eigenschaften qualitative Anforderungen zu stellen sind (§ 342b Abs. 1 S. 2). Abweichend von der Regelung für das private Rechnungslegungsgremium (§ 342), für das im Gesetz der öffentlich-rechtliche Rechnungslegungsbeirat (§ 342a) als subsidiäre Alternative[1] in Reserve gehalten wird, hat das Gesetz für das Enforcement darauf verzichtet, für eine eigenständige Reserveinstitution Vorsorge für den Fall zu treffen, dass keine anerkannte Prüfstelle nach § 342b Abs. 1 S. 1 existiert. Aber eine solche Vorsorge war auch nicht geboten, weil bei fehlender Prüfstelle die Bundesanstalt für Finanzdienstleistungsaufsicht (BaFin) die Aufgaben der Prüfstelle innerhalb eines dann durchgehend einstufigen Durchsetzungsverfahrens wahrnimmt (§ 37n WpHG).[2] Mithin ist das zweistufige Durchsetzungsverfahren mit seiner kooperā-

[1] Beck BilKom/*Förschle* § 342a HGB, Rn 1
[2] *Hönsch* in: Assmann/Schneider, § 37n WpHG, Rn 1.

tiven ersten Stufe (oben vor § 342b, Rn 1) ein Angebot des Gesetzgebers an die interessierten Kreise, dessen Annahme ihnen freisteht; tun sie dies nicht, werden Jahresabschlüsse und Lageberichte durchgehend hoheitlich überprüft.

I. Die Anerkennung als Prüfstelle für Rechnungslegung

Die Überprüfung der Rechnungslegung auf der ersten Stufen des zweistufigen Durchsetzungsverfahrens kann (mit die hoheitliche Prüfung nach § 37n WpHG zunächst verdrängender Wirkung) nicht von jeder privatrechtlich organisierten Einrichtung schlechthin übernommen werden, sondern allein von einer Einrichtung, die zum ersten staatlich anerkannt ist und der zum zweiten die Prüfungsaufgaben der ersten Stufe (§ 342b Abs. 2) übertragen worden sind. Über diese beiden Voraussetzungen soll im öffentlichen Interesse eine unabhängige, sachverständige, vertrauliche und insgesamt qualitativ gehaltvolle Nachprüfung der Rechnungslegung bestimmter Unternehmen auch auf der ersten Stufe des Durchsetzungsverfahrens sichergestellt werden. 2

§ 342b Abs. 1 überlässt die Anerkennung der Einheit nicht dem pflichtgemäßen Ermessen der Ministerialbürokratie; vielmehr stellt das Gesetz in S. 1 und S. 2 des Abs. 1 eine Reihe von bindenden Voraussetzungen auf und kanalisiert auf diesem Wege die Entscheidung der Ministerien. Falls diese Voraussetzungen sämtlich erfüllt sind, muss die Anerkennung ausgesprochen werden. Mangelnder Bedarf rechtfertigt es nicht, eine beantragte Anerkennung abzulehnen (s. unten Rn 26); das Bundesjustizministerium muss dann den Anerkennungsvertrag nach § 342b Abs. 1 S. 1 (s. aber unten Rn 16 aE) abschließen. 3

1. Privatrechtliche Organisationsform. Als Prüfstelle können allein Einrichtungen anerkannt werden, die privatrechtlich organisiert sind (§ 342b Abs. 1 S. 1) – also in der Form einer Kapital- oder einer bürgerlichrechtlichen Gesellschaft; daneben können die bürgerlichrechtliche Stiftung und der Verein in Betracht kommen[3]. Die als Prüfstelle anerkannte „Deutsche Prüfstelle für Rechnungslegung DPR" ist als eingetragener Verein organisiert. – Mit dieser gesetzlichen Vorgabe sind Einrichtungen in öffentlichrechtlicher Form ausgeschlossen – etwa eine öffentliche Stiftung.[4] Das Gesetz will das zweistufige Durchsetzungsverfahren mit seiner auf Kooperation hin angelegten ersten Stufe (vor § 342b Rn 1) durch die Vorgabe privatrechtlicher Organisation auch rechtsstrukturell scharf abgrenzen gegen die zweite, die hoheitliche Stufe des Enforcement. Diese erste Stufe ist nach dem BilKoG-Konzept durchgehend und umfassen privat; so ist sie auch gegen Umgehungen abzusichern. Deshalb ist es öffentlichrechtlichen Institutionen, etwa Gebietskörperschaften oder Hochschulen verwehrt, sich in privatrechtlich als GmbH oder Verein organisierten Zweckverbänden zusammenzuschließen, denen die Nachprüfung ihrer Rechnungslegung oder die ihrer Unternehmen (Verkehrsgesellschaften, Universitätskliniken) anvertraut werden soll. Hieran ändern auch mediatisierende Ver- 4

[3] Wenn *Tielmann* Durchsetzung ordnungsgemäßer Rechnungslegung, S. 293 f und ihr folgend *Schmidt-Versteyl* Durchsetzung ordnungsgemäßer Rechnungslegung, S. 43 allein den Verein als rechtspraktikable Form qualifizieren, so ist ihnen zumindest für die BGB-Gesellschaft und die GmbH deren weithin freie und abänderbare Gestaltbarkeit entgegenzuhalten.

[4] Zu ihr und weiteren Organisationsformen des öffentlichen Rechts *Ibler* in: Maunz/Dürig, Grundgesetz, Loseblattsammlung, Art. 86, Rn 66 ff.

bände (Deutscher Städtetag, Hochschulrektorenkonferenz) nichts; ihre Einschaltung vermag der Prüfungs-Einrichtung ihre öffentlichrechtliche Prägung nicht zu nehmen.

5 Die privatrechtlich organisierte Einheit muss in ihrem statutarischen Unternehmensgegenstand darauf ausgerichtet sein, Jahresabschlüsse und Lageberichte auf mögliche Verstöße gegen Rechnungslegungsvorschriften hin zu überprüfen. Die **Prüfung** nach § 342b Abs. 2 muss ihre zentrale und im Wesentlichen **einzige „Geschäftsidee"** sein; das folgt aus Abs. 1 S. 1 dieser Bestimmung („Einrichtung zur Prüfung"). Auf diese Aktivität soll sich die Einrichtung konzentrieren – zum einen, um die ihr zur Verfügung stehenden Mittel nicht für andere Zwecke als die Nachprüfung zu vergeuden, und zum anderen, um als Prüfstelle im Sinne des § 342b deutlich erkennbar zu bleiben. Daher scheidet ein allgemeines Dienstleistungsunternehmen, das die Nachprüfung nach § 342b unter anderem mit betreiben will, als anerkennungsfähige Prüfstelle selbst dann aus, wenn es im Übrigen für diese Nachprüfungen hervorragend geeignet wäre. Ein solches Unternehmen kann allerdings nach § 342b Abs. 1 S. 4 von der anerkannten Prüfstelle zur Unterstützung bei der eigenen Nachprüfung eingeschaltet werden (unten Rn 60).[5]

6 Die Konzentration der Prüfstelle auf die Nachprüfung gemäß § 342b schließt gewisse mit ihr verbundene Nebentätigkeiten nicht aus. So sind weder die Zusammenarbeit der Prüfstelle mit ausländischen Enforcement-Einrichtungen ausgeschlossen, noch die Beratung der Bundesregierung oder des Bundestages in Enforcement-Angelegenheiten.

7 **2. Materielle Voraussetzungen der Anerkennung.** Die Einheit muss unabhängige, sachverständige, vertrauliche und verfahrenskonforme Prüfungen gewährleisten (§ 342b Abs. 1 S. 2), also ohne jeden vernünftigen Zweifel erwarten lassen. Das ist die zentrale Anforderung an eine solche Einheit und Voraussetzung ihrer Anerkennung als Prüfstelle; mit Blick auf das Primärziel des Durchsetzungsverfahrens, das Vertrauen auf den Kapitalmärkten wieder herzustellen, zu festigen und auszubauen (oben vor § 342b Rn 5), kommen namentlich der Sachkunde der Durchsetzungs-Prüfer und ihrer Unabhängigkeit große Bedeutung zu. Die zentrale Voraussetzung muss auf drei Ebenen kumulativ erfüllt sein: auf der der Einheit; auf der des privatautonomen Regelwerks, das ihr und ihrer Prüfungstätigkeit zugrunde liegt, sowie auf der Ebene des mit der Prüfung betrauten Personals.

8 a) Schon die **Einrichtung selbst** muss in ihrer Aufbau- und Ablauforganisation auf **Unabhängigkeit** gegenüber den durch die Prüfung betroffenen Unternehmen und den mit ihnen verbundenen Akteuren ebenso angelegt sein wie auf den für die Durchführung der Prüfungen notwendigen **Sachverstand.** Beiden Anforderungen wird die „Deutsche Prüfstelle für Rechnungslegung DPR" gerecht[6]: Im Interesse ihrer Unabhängigkeit sind als Vereinsmitglieder nach § 4 Abs. 3 ihrer Satzung[7] ausdrücklich Unternehmen, Wirtschaftsprüfungsgesellschaften und natürliche Personen ausgeschlossen. Konsequent sind zur Vereinsmitgliedschaft allein Berufs- oder Interessenvertretungen von Rechnungslegern und Rechnungslegungsnutzern zugelassen, sofern sie weitere qualitative Anforderungen erfüllen (§ 4 Abs. 1 DPR-Satzung). – Den gebotenen Sachverstand stellt die DPR institutionell im Wesentlichen durch zwei Satzungsvorgaben sicher: Mitglieder der die Prüfung durch-

[5] S. Beck BilKom/*Ellrott/Grottel* § 342b HGB, Rn 6.

[6] Eingehend zur DPR und ihrer Organisation *Buck-Heeb/Dieckmann* Selbstregulierung im Privatrecht, 2010, S. 132 ff; *Schmidt-Versteyl* Durchsetzung ordnungsgemäßer Rechnungslegung; S. 44 ff.

[7] Wie alle Öffentlichkeits-relevanten DPR-Dokumente ist auch ihre Satzung unter www.frep.info allgemein verfügbar.

führenden Stelle (Prüfstelle im engeren Sinne) können nur natürliche Personen sein, die selbst Rechnungsleger sind (§§ 9 Abs. 2/4 Abs. 2 DPR-Satzung). Sie werden von einem speziellen Nominierungsausschuss, einem DPR-Organ gewählt (§ 8 der Satzung).

Die **Verfahrenskonformität** und die **Vertraulichkeit** müssen ebenfalls auf der Ebene der Einrichtung institutionell sichergestellt sein. In der DPR sollen hierfür ihre Verfahrensordnung (näher unten Rn 52 ff) sowie in dieser die Vorgaben im Abschnitt „Verschwiegenheitsgebot und Verwertungsverbot" (§§ 10 ff der Verfahrensordnung) sorgen. **9**

b) Die genannten Voraussetzungen müssen in gleicher Weise auf der Ebene des mit der Prüfungsdurchführung betrauten **Personals** gewährleistet sein. Jeder in der Prüfstelle mit der Durchführung von Prüfungen verantwortlich Befasste muss selbst unabhängig gegenüber den zu prüfenden Unternehmen und den mit ihnen verbunden Akteuren sein, muss über den erforderlichen Sachverstand verfügen, muss verschwiegen sein und überdies ohne Zweifel erwarten lassen, sich regelgemäß („complient") bei der Prüfung zu verhalten. Mit Blick auf das Vertrauen auf den Kapitalmärkten können insoweit an den Prüfstellen-Prüfer keine geringeren Anforderungen als an den Abschlussprüfer gestellt werden. – Alles dies ist beim **DPR-Personal** sichergestellt: Auf Sachkunde, Unabhängigkeit und Verschwiegenheit der für die Prüfungsdurchführung verantwortlichen Mitglieder der Prüfungsstelle ist schon deren Berufung durch den Nominationsausschuss (§ 8 Abs. 4 DPR-Satzung) hin angelegt. Abgestützt wird diese Berufung durch die obligatorische Zustimmung, die dem Bundesjustizministerium im Einvernehmen mit dem Bundesfinanzministerium überantwortet ist (§ 8 Abs. 5 DPR-Satzung). Insbesondere Unabhängigkeit und Verschwiegenheit des einzelnen Prüfers, aber auch seine Erfahrungen insbesondere in der Anwendung internationaler Rechnungslegungsregeln werden durch die DPR-Satzung (§ 9 Abs. 2) sowie durch die Verfahrensordnung der Prüfstelle und ihre Detailvorgaben zu den Integritätsanforderungen (§§ 9 ff) konkret unterlegt und abgesichert. Besondere Bedeutung kommt dabei der Unabhängigkeitserklärung jedes einzelnen Prüfers im konkreten Prüfungsverfahren zu (§ 15 DPR-Verfahrensverordnung). Der Verfahrenskonformität und ihrer Einhaltung dienen dem jeweiligen Prüfer, sei dieser fallverantwortlicher oder beigezogener Prüfer, Berichtskritiker oder Mitglied einer Prüfungskammer (§§ 4,6 ff Verfahrensverordnung), die eingehenden Verfahrensregeln der §§ 17 ff als Leitfaden. **10**

3. **Regulatorische Absicherung,** Belegen kann die um Anerkennung bemühte Einrichtung die unabhängige etc. Prüfung und ihre Gewährleistung nicht auf irgendeine Weise – und mag sie noch so vielversprechend und vertrauenswürdig sein. § 342b Abs. 1 S. 2 fordert vielmehr als regulatorische Grundlage dieser Gewährleistung die Satzung dieser Einrichtung und eine Verfahrensordnung. Damit soll in konkretisierender Fortschreibung der gesetzlichen Vorgaben ein fester und verlässlicher Rechtsboden für die Prüfung im Durchsetzungssystem geschaffen werden. Das dient nicht zuletzt der Gleichförmigkeit der Prüfungsverfahren und zugleich der Gleichbehandlung der betroffenen Unternehmen. **11**

Darüber hinaus nimmt der gesetzliche Verweis auf Satzung und Verfahrensordnung den Satzungsgeber der Einrichtung und ihre zuständigen Organe in Mitverantwortung für die Rechtsgrundlagen der ersten Stufe im Durchsetzungssystem. Vor dem Hintergrund eines eher kursorischen Regelwerks im Gesetz überantwortet dies der Einrichtung die Initiative zur Komplettierung und Konkretisierung der Rechtsgrundlagen in ihrer Gesamtheit.[8] **12**

---

[8] Daher konnte der Gesetzgeber von weitergehenden Detailvorgaben absehen und alles Nähere dem Anerkennungsvertrag überlassen (Begründung zu § 342b HGB, RegE BilKoG, Bundestags-Dr 15/3421, S. 13).

Allerdings verabschiedet sich der Gesetzgeber nicht vollständig aus der Regulierungsverantwortung, sondern überträgt diese auf das Bundesjustizministerium, das als Vertragspartner des Anerkennungsvertrages (§ 342b Abs. 1 S. 1) auf die Ausgestaltung von Satzung und Verfahrensordnung (im Einvernehmen mit dem Bundesfinanzministerium) mittelbar über die (zumeist konkludent) angedrohte Verweigerung des Einverständnisses Einfluss nehmen kann. Diese Verantwortung des Bundesjustizministeriums als Mitgestalter der Rechtsgrundlagen für die Prüfstelle, ihre Organisation und Verfahrensabläufe kommt in der gesetzlichen Vorgabe aus § 342b Abs. 1 S. 3 zum Ausdruck, wonach Änderungen der Satzung oder der Verfahrensordnung der Genehmigung des Ministeriums bedürfen. Wäre es dem Gesetzgeber lediglich darum gegangen, dem Justizministerium die Feststellung zu ermöglichen, ob die Voraussetzungen für die Anerkennung entfallen oder auch nur gefährdet sind, um dann gegebenenfalls den Anerkennungsvertrag zu kündigen, so hätte eine bloße Anzeige der Satzungs- oder Ordnungsänderung genügt. – Konsequent trägt § 9 Abs. 5 S. 2 der DPR-Satzung der Mitverantwortung der beiden Ministerien Rechnung und unterwirft die Verfahrensordnung ihrer Genehmigung.

II. Das Anerkennungsverfahren

13 Das Anerkennungsverfahren beginnt mit der Initiative jener Einrichtung, die Prüfungsaufgaben nach § 342b Abs. 2 übernehmen will, und endet mit einem Vertrag, in dem das Bundesjustizministerium diese Einrichtung als Prüfstelle anerkennt und ihr zugleich die Prüfungsaufgaben überträgt (§ 342b Abs. 1 S. 1). Auch nach Anerkennung der Deutschen Prüfstelle Rechnungslegung DPR behalten diese gesetzlichen Vorgaben Bedeutung, weil neben dieser Prüfstelle durchaus noch weitere Prüfstellen etabliert werden könnten (unten Rn 16).

14 **1. Das Vertragsangebot.** Da die ministerielle Entscheidung in Form eines Vertrages ergeht, leitet die an der Prüfung interessierte Einrichtung das Anerkennungsverfahren nicht durch einen Antrag, sondern durch ein Angebot ein. Dies ist auf die Übertragung der Prüfungsaufgabe im zweistufigen Durchsetzungsverfahren (oben vor § 342b Rn 1) gerichtet und schließt die dafür notwendige Anerkennung als Prüfstelle mit ein. Die Vertragsform ist keine bloße Formalie; vielmehr verbindet das Gesetz hiermit zwei materielle Anliegen: zum einen unterstreicht die Vertragsform den konsensualen, kooperativen und auf Freiwilligkeit beruhenden Grundzug der ersten Stufe des Durchsetzungsverfahrens (oben vor § 342b Rn 1)[9]. Zum anderen zielt die Vertragsform auf die Rechtsgrundlagen der Prüfstelle und ihrer Prüfungstätigkeit ab: Auf dem Boden der gesetzlichen Vorgaben sind sie primär der Einrichtung zur eigenverantwortlichen Ausgestaltung und Konkretisierung in Satzung und Verfahrensordnung zugewiesen, dann aber auch der Mitverantwortung des Bundesjustizministeriums (im Einvernehmen mit dem Bundesfinanzministerium). Als künftiger Vertragspartner der Einrichtung nimmt dies auf den konkreten Inhalt dieser Rechtsgrundlagen gleichgewichtig mitgestaltenden Einfluss und soll dies auch, wie § 342b Abs. 1 S. 3 für die Änderung von Satzung oder Verfahrensordnung erweist (oben Rn 10). Das Gleiche gilt für die statutarischen Vorgaben zur personellen Zusammensetzung und die in der Verfahrensordnung (oben Rn 8). Dieser Verknüpfung

9 Anders offenbar *Schmidt-Versteyl* Durchsetzung ordnungsgemäßer Rechnungslegung, S. 41; er will wegen der Zusammenarbeit der Prüfstelle mit den Ministerien und der Bafin den Anerkennungsvertrag dem öffentlichen Recht zuschlagen.

zwischen dem Vertrag und den Rechtsgrundlagen steht nicht entgegen, dass diese lediglich als Anlagen dem Vertrag beigefügt sind und nicht in den Vertragstext integriert. Entscheidend ist vielmehr, dass Satzung und Verfahrensordnung Bestandteile des Vertrages sind und konsequent bereits Bestandteile des Angebots, die Prüfungsaufgaben nach § 342b Abs. 2 zu übernehmen.

2. Angebotsprüfung. Das Bundesjustizministerium prüft (unter Einschaltung des Bundesfinanzministeriums) das Angebot der Einrichtung einschließlich ihrer Entwürfe für Satzung und Verfahrensordnung darauf hin, ob die materiellen Voraussetzungen für die Anerkennung als Prüfstelle (oben Rn 4 ff) und für die Übertragung der Prüfaufgabe (unten Rn 19 f) erfüllt sind. Die Einleitung der Anerkennungsprüfung kann nicht mit der Begründung verweigert werden, die Einrichtung sei **noch nicht als Verein** oder Kapitalgesellschaft registriert oder das Gründungsverfahren als Stiftung sei noch nicht abgeschlossen. § 342b Abs. 1 S. 1 verlangt lediglich eine privatrechtlich organisierte Einheit; vom Abschluss ihrer Errichtung ist keine Rede. Im frühen Gründungsstadium die Anerkennungsprüfung zu beginnen, scheint schon deshalb sinnvoll, weil es sich im Anerkennungsverfahren erweisen kann, dass sich die materiellen Anerkennungsvoraussetzungen nicht in der beabsichtigten Organisationsform sicherstellen lassen. **15**

Ebenso wenig darf die Einleitung der Anerkennungsprüfung mit der Begründung verweigert werden, für eine **weitere Prüfstelle** bestehe kein Bedarf, weil bereits eine andere Einrichtung als Prüfstelle anerkannt und beauftragt sei. Etwas anderes lässt sich § 342b Abs. 1 S. 1 nicht entnehmen. Sein Wortlaut (... eine ... Einrichtung ...) ist keineswegs eindeutig[10], weil in ihm der angeblich abschließende Charakter der Anerkennung (... nur eine ... Einrichtung ...; oder besser noch: die Anerkennung einer Einrichtung schließt die weiterer Einrichtungen aus) keinen hinreichenden Niederschlag gefunden hat. Deshalb kann auch die Gesetzesbegründung[11] nicht für die Annahme lediglich einer Prüfstelle ins Feld geführt werden. Das gesetzlich festgeschriebene Monopol einer Einrichtung als anerkannter Prüfstelle auf Dauer würde dem Grundgedanken des zweistufigen Durchsetzungsverfahrens widersprechen. Er will die Abschlussprüfung auf der ersten Stufe weithin staatsfrei stellen und konsequent die Einrichtung und Organisation der Prüfstelle privater Initiative überlassen. Private Initiative ist jedoch mit dem ersten Anerkennungsvertrag keineswegs verbraucht. Andere Initiatoren mögen der Überzeugung sein, die Durchsetzungs-Prüfungen nach § 342b Abs. 2 noch besser und mit noch größerem Vertrauensgewinn durchführen zu können. So könnte sich bei der anerkannten „Deutsche Prüfungsstelle Rechnungslegung DPR“ im Verlaufe der Zeit eine gewisse Ausrichtung auf die DAX 30-Unternehmen und auf die Regeln internationaler Rechnungslegung einstellen, die den Besonderheiten anderer Kapitalmarktakteure nicht in allem gerecht wird. Dann muss es anderen Initiatoren freistehen, eine weitere Einrichtung unter Beachtung der Anforderungen aus § 342b Abs. 1 zu etablieren. – Verweigern darf das Bundesjustizministerium die Anerkennungsprüfung erst dann, wenn die Mehrzahl der anerkannten und beauftragten Prüfstellen die zweistufige Durchsetzungsprüfung unter Einschluss der Bafin auf der zweiten Stufe nicht unwesentlich beeinträchtigen könnte. Das System zweistufiger Durchsetzung darf nicht durch eine Vielzahl von Prüfstellen außer Funktion gesetzt werden. **16**

---

[10] So aber *Schmidt-Versteyl* Durchsetzung ordnungsgemäßer Rechnungslegung, S. 39 im Anschluss an *Knorr* KoR 2004, 85, 86.

[11] RegE BilKoG, Bundestags-Dr 15/3421, S. 13: die Existenz mehrerer Prüfstellen erscheine weder erforderlich noch sinnvoll.

17 Sollte das Angebot der Einrichtung nach ministerieller Einschätzung noch nicht die Voraussetzungen erfüllen, um als Prüfstelle anerkannt werden zu können, so hat das Bundesjustizministerium (ggf. in Abstimmung mit dem Bundesfinanzministerium) durch die notwendigen Hinweise darauf hinzuwirken, dass das Übertragungsangebot in annahmefähige Form gebracht wird. Diese Verpflichtung folgt aus dem Grundkonzept des BilanzkontrollG (oben vor § 342b Rn 4), wenn irgend möglich trotz § 37n WpHG ein zweistufiges Durchsetzungsverfahren mit erster kooperativer Stufe zu etablieren.

18 **3. Prüfungs- und Entscheidungszuständigkeiten.** Für die primäre Prüfung des Übertragungsangebots (oben Rn 14) einschließlich der in diesem Zusammenhang regelmäßig notwendigen Verhandlungen mit der sich anbietenden Einrichtung ist das Bundesjustizministerium nach § 342b Abs. 1 S. 1 zuständig. Nach Abschluss seiner Prüfung erstellt es einen Entscheidungsvorschlag in der Form des Anerkennungs- und Übertragungsvertrags, den es dem Bundesfinanzministerium zur internen Zustimmung nach eigener Überprüfung dieses Entscheidungsvorschlags vorlegt. Denn das gesetzlich vorgegebene „Einvernehmen" bedeutet, dass beide Ministerien in ihrem Willen übereinstimmen müssen; anders als das bloße „Benehmen" erschöpft sich das „Einvernehmen" nicht in der Anhörung einer anderen Behörde, der auf diesem Wege die Möglichkeit eröffnet wird, ihre Vorstellungen in das Verfahren einzubringen.[12] Im zweistufigen Durchsetzungsverfahren muss daher der Anerkennungs- und Übertragungsvertrag mit der Einrichtung, die die Prüfstelle betreiben soll, vom übereinstimmenden einheitlichen Willen des Bundesjustiz- und des Bundesfinanzministeriums getragen sein.

19 **4. Der Anerkennungs- und Übertragungsvertrag.** Bei positivem Ausgang der Angebotsüberprüfung (oben Rn 15 ff) entscheiden Bundesjustiz- und Bundesfinanzministerium einheitlich (oben Rn 18) durch Abschluss des Vertrages, in dem die Einrichtung als Prüfstelle anerkannt und mit der Prüfung von Jahresabschlüssen etc. (unten Rn 33 ff) beauftragt wird (§ 342b Abs. 1 S. 1). Die Einrichtung wird also nicht durch einen auf Beleihung gerichteten begünstigenden Verwaltungsakt berufen. Schon in dieser Vertragsform kommt der auf Kooperation und möglichstes Einvernehmen ausgerichtete Grundzug des zweistufigen Durchsetzungsverfahrens auf seiner ersten Stufe (oben vor § 342b Rn 1) zum Ausdruck. – Vertragspartner der Einrichtung ist das Bundesjustizministerium. Das Einvernehmen des Bundesfinanzministeriums kennzeichnet lediglich die verwaltungsinterne Willensübereinstimmung (oben Rn 18).

20 Der Vertrag nach § 342b Abs. 1 S. 1 zielt auf die Übertragung der Prüfungsaufgabe aus § 342b Abs. 2 ab; Voraussetzung für die Wahrnehmung dieser Aufgabe ist die Anerkennung der beauftragten Einrichtung als Prüfstelle. Allein für die Aufgabenübertragung ist die Anerkennung als Prüfstelle erforderlich. Mit dieser ihrer Anerkennung wird die Einrichtung sogleich in das System der zweistufigen Durchsetzung eingebunden. Deshalb kann es keine isolierte Anerkennung ohne Übertragung der Prüfungsaufgabe geben. Konsequent muss auch der Anerkennungsvertrag, den das Bundesjustizministerium mit der Einrichtung abschließt, beide Regelungen zusammen enthalten: die Anerkennung und die Aufgabenübertragung.[13] In Übereinstimmung mit dieser Vorgabe hat das Bundesjustiz-

[12] BVerwGE 92, 258, 262; *Bonk/Sachs* in: Stelkens/Bonk/Sachs, VerwVfG, 7. Aufl. 2008, § 74 VerwVfG, Rn 242; *Wolff/Bachof/Stober/Kluth*, Verwaltungsrecht I, 12. Aufl. 2007, § 45, Rn 60 ff.

[13] So auch *Schmidt-Versteyl* Durchsetzung ordnungsgemäßer Rechnungslegung, S. 39.

ministerium den Vertrag mit der „Deutsche Prüfstelle Rechnungslegung DPR" abgeschlossen.[14]

Zur Laufzeit des Vertrages und zu seiner **Kündbarkeit** enthält das Gesetz keine ausdrücklichen Vorgaben. Da er jedoch auf Dauer angelegt ist, muss er nach allgemeinen Rechtsgrundsätzen bei Vorliegen eines wichtigen Grundes außerordentlich kündbar sein. Im Übrigen liegt es im Ermessen der Vertragsparteien, wie sie Laufzeit und Kündbarkeit im Vertrag regeln wollen. Dabei ist allerdings mit Sorgfalt darauf zu achten, dass über die Vertragsgestaltung hierzu weder die Arbeitsfähigkeit der Prüfstelle, noch ihre Unabhängigkeit beeinträchtigt werden. – Der Anerkennungsvertrag mit der „Deutsche Prüfstelle für Rechnungslegung DPR" ist auf unbestimmte Zeit geschlossen und kann mit achtzehnmonatiger Frist gekündigt werden.[15] **21**

Sobald die Voraussetzungen für die Anerkennung (oben Rn 7 ff), notfalls nach Nachbesserung (oben Rn 17), erfüllt sind, müssen Bundesjustiz- und Bundesfinanzministerium das Übertragungsangebot der Einrichtung annehmen, die Anerkennung aussprechen und den Vertrag nach § 342b Abs. 1 S. 1 abschließen. Der Vertragsschluss steht nicht im Belieben der Ministerien, diese sind vielmehr in ihrer Entscheidung gebunden. So steht es keinem der befassten Ministerien als erstes frei, durch Verweigerung des Vertragsabschlusses das zweistufige Durchsetzungsverfahren in ein stufenloses Verfahren allein nach öffentlichem Recht unter der Leitung der Bafin nach § 37n WpHG zu transformieren. Eine solche Ermächtigung ist dem „kann ... anerkennen und ... übertragen" nicht zu entnehmen.[16] Aber ebenso wenig darf diese Formulierung zum zweiten dahin ausgelegt werden, die befassten Ministerien könnten frei darüber befinden, ob sie das Angebot einer Einrichtung annehmen wollen oder nicht, oder gar: ob sie sich aus mehreren Angeboten eines zum Zuschlag auswählen wollen. Die Zuschlagsentscheidung steht vielmehr im pflichtgemäßen Ermessen der beteiligten Ministerien; dies lässt ihnen (bei Erfüllung der Anerkennungs-Voraussetzungen) allein Raum für die pflichtgemäß zu entwickelnde Einschätzung, ob Anerkennung und Aufgabenübertragung an die eine oder mehreren Prüfstellen die Gefahr heraufbeschwören, dass die größere Mehrzahl der Prüfstellen oder gar ihre Vielzahl das System der zweistufigen Durchsetzung nicht unwesentlich beeinträchtigt (oben Rn 16). Allein unter dieser Voraussetzung dürfen die befassten Ministerien den Abschluss eines Anerkennungs- und Übertragungsvertrages mit sich anbietenden Einrichtungen verweigern. **22**

5. **Bekanntmachung der Anerkennung.** Nach § 342b Abs. 1 S. 5 hat das Bundesjustizministerium die Anerkennung einer Einrichtung als Prüfstelle im amtlichen Teil des elektronischen Bundesanzeigers bekannt zu machen; nach dem Gesetzeswortlaut also nicht die Aufgabenübertragung. Aber das ist wegen der unauflöslichen Verkoppelung zwischen diesen beiden Vertragsbestandteilen (oben Rn 20) unschädlich: Die Bekanntmachung der Anerkennung informiert zugleich über die Aufgabenübertragung. Die Bekanntmachung im amtlichen Teil des Bundesanzeigers unterstreicht das öffentliche Interesse, in dem die Tätigkeit der Prüfstelle liegt, und ermöglicht jedermann, insbesondere den Zielunternehmen des Prüfungsauftrags aus § 342b Abs. 2 ohne größere Umstände **23**

---

[14] Der Anerkennungs- und Übertragungsvertrag vom 30. März 2005 (www.frep.info) spricht die Aufgabenübertragung und die Verpflichtung zu ihrer Erledigung allerdings eher incidenter an.

[15] § 5 des Anerkennungsvertrages vom 30. März 2005 (www.frep.info).

[16] S. hierzu die nicht aussagekräftige Begründung RegE BilKoG, Bundestags-Dr 15/3421 Anl 1, S. 13.

festzustellen, dass einer bestimmten Stelle dieser Prüfauftrag übertragen worden ist; hierauf können sich dann die Zielunternehmen und ihre Organe einrichten.

24 Die Bekanntmachung beschränkt sich auf die Anerkennung. Das Gesetz verlangt mithin weder die Publizität des Anerkennungsvertrages, noch die der **Satzung** und der **Verfahrensordnung**, obwohl diese Regelwerke sämtlich gesetzlich vorgegeben sind (§ 342b Abs. 1 S. 1/2). Das Gleiche gilt für mögliche Leitlinien zur Durchführung der Durchsetzungs-Prüfungen. Man wird dieser Einschränkung des Gesetzgebers nicht rechtspolitisch entgegenhalten können, damit habe er das rechtsstaatliche Transparenzgebot verfehlt. Denn er durfte davon ausgehen, dass die zur verantwortlichen Mitgestaltung aufgerufenen Ministerien (oben Rn 14) im Rahmen der Vertragsverhandlungen für eine angemessene Publizität außerhalb des amtlichen Teils des Bundesanzeigers sorgen werden. – Im Fall der „Deutsche Prüfstelle für Rechnungslegung DPR" ist dies für deren Satzung und Verfahrensordnung im Anerkennungsvertrag geschehen.[17] Diesen selbst und die Grundsätze für die stichprobenartige Prüfung[18] hat die Prüfstelle freiwillig im Internet zugänglich gemacht.

25 **6. Beendigung der Aufgabenübertragung und Anerkennung.** Der Anerkennungs- und Übertragungsvertrag endet nach den in ihm vereinbarten Regelungen, also mit Zeitablauf automatisch oder im Falle einer Kündigung mit dem jeweiligen Zeitpunkt ihrer Wirkung. Dann endet nicht allein die Aufgabenübertragung, sondern wegen der unauflöslichen Verkoppelung (oben Rn 20) die Anerkennung und damit die Eigenschaft einer Einrichtung als Prüfstelle gemäß § 342b Abs. 1 S. 1. Das gilt in gleicher Weise bei Vorliegen eines wichtigen Grundes, wenn also die anerkannte Prüfstelle die Voraussetzungen ihrer Anerkennung nicht mehr rechtsgewiss sicherstellt oder ihre Prüfungsaufgaben aus § 342b Abs. 2 (in nicht bloß vereinzelten Fällen) nicht mehr ordnungsgemäß erfüllt.[19] Dann können Anerkennung und Übertragung, da sie auf keinem Verwaltungsakt beruhen (oben Rn 19), nicht vom Bundesjustizministerium zurückgenommen werden; vielmehr ist der Anerkennungs- und Übertragungsvertrag mit sofortiger Wirkung außerordentlich zu kündigen. Für die Kündigung benötigt das Justizministerium (wie schon beim Vertragsabschluss, § 342b Abs. 1 S. 1; dazu oben Rn 18) das Einvernehmen des Bundesfinanzministeriums im Innenverhältnis. – Wie schon die Anerkennung selbst ist ebenfalls deren Beendigung im amtlichen Teil des elektronischen Bundesanzeigers durch das Bundesjustizministerium bekannt zu machen (§ 342b Abs. 1 S. 5).

III. Der Prüfungsauftrag der Prüfstelle

26 Mit dem Abschluss des Anerkennungs- und Übertragungsvertrags beauftragt das Bundesjustizministerium die Prüfstelle, Jahresabschlüsse etc. nach § 342b Abs. 2 zu prüfen. Zugleich verpflichtet sich die Prüfstelle zur ordnungsgemäßen Durchführung solcher Prüfungen. Der Vertrag kann den Beginn der Prüfungstätigkeit für einen Zeitpunkt festlegen, der nach dem des Vertragsabschlusses liegt.

---

[17] § 1 III des Anerkennungsvertrags vom 3. März 2005 (www.frep.info).

[18] Grundsätze vom 20. April 2009 (www.frep.info).

[19] *Schmidt-Versteyl* Durchsetzung ordnungsgemäßer Rechnungslegung, S. 41.

1. Die relevanten Kapitalmarkttitel. Der Durchsetzungs-Prüfung durch die Prüfstelle unterliegen nicht die Rechnungslegungsunterlagen sämtlicher Unternehmen, die zur Rechnungslegung und Publizität verpflichtet sind, sondern allein die bestimmter Kapitalmarktakteure. Welche von ihnen erfasst sind, bestimmt sich nach den von ihnen ausgegebenen Kapitalmarkttiteln. Somit werden die Prüfungsgegenstände nach § 342b Abs. 2 in einem dreistufigen Verfahren ermittelt: relevante Kapitalmarkttitel/Unternehmen/Unterlagen ihrer Rechungslegung. Das ist mit Blick auf das Hauptziel des zweistufigen Durchsetzungsverfahrens konsequent: Auf dem deutschen Kapitalmarkt soll das Vertrauen der Kapitalanleger wiederhergestellt, gestärkt und gesichert werden (oben vor § 342b, Rn 5). **27**

Um vom Durchsetzungsverfahren betroffen zu sein, muss ein Unternehmen Wertpapiere im Sinne des § 2 Abs. 1 WertpapierhandelsG ausgegeben haben (§ 342b Abs. 2 S. 2), also Aktien oder Zertifikate, die Aktien vertreten. Wertpapiere sind darüber hinaus Schuldverschreibungen, Grund- oder Optionsscheine. Nach § 2 Abs. 1 S. 1 Nr. 2 WpHG vergleichbare Wertpapiere[20] sind andere Mitgliedschaftsrechte verkörpernde Titel (wie z.B. Zwischenscheine) oder andere Titel, die Schuldverschreibungen vergleichbar sind (wie z.B. Zinsscheine). – Auf die Einzelverbriefung dieser Wertpapiere kommt es nicht an, entscheidend ist allein ihre Umlauffähigkeit.[21] **28**

Allein die Ausgabe von Wertpapieren macht ein Unternehmen noch nicht zum Durchsetzungs-betroffenen. Hinzukommen muss nach § 342b Abs. 2 S. 2 noch die Zulassung dieser Wertpapiere an einer Börse zum Handel im (öffentlichrechtlich) regulierten Markt nach §§ 32 ff BörsenG.[22] Es genügt mithin nicht die Einbeziehung der Wertpapiere in den (privatrechtlich organisierten) Freiverkehr (Open Market). Daraus folgt: das zweistufige Durchsetzungsverfahren will nicht die inländischen Kapitalmärkte in ihrer vollen Breite schützen, sondern lediglich ihre öffentlichrechtlich organisierten Segmente, eben den regulierten Markt. An der Frankfurter Wertpapierbörse unterfallen der General Standard ebenso wie der Prime Standard als Teilbereiche des regulierten Marktes[23] dem Schutz des Durchsetzungsverfahrens. **29**

Da das Durchsetzungsverfahren in seiner Anwendung die Zulassung der Wertpapiere am regulierten Markt voraussetzt (oben Rn 29), kann eine Durchsetzungs-Prüfung nicht stattfinden, wenn die Wertpapiere des Unternehmens noch nicht oder nicht mehr zugelassen sind. Mit Blick auf den Schutz des Kapitalmarkts ist das nur folgerichtig. Anders jedoch, wenn sich ein Unternehmen während eines laufenden Durchsetzungsverfahrens vom regulierten Markt zurückzieht. Auch dann ist die Prüfung in geordneter Weise zum Abschluss zu bringen.[24] Andernfalls könnte ein betroffenes Unternehmen die Verfahrensdurchführung steuern. Außerdem erfordern dies der institutionelle Schutz des Kapitalmarkts und der individuelle jener Anleger, die Wertpapiere in Händen halten oder hielten, die ehemals auf einem regulierten Markt gehandelt worden waren. **30**

2. Zielunternehmen. Als Unternehmen kommt jeder Kapitalmarkt-Akteur unabhängig von seiner **Rechtsform** in Betracht; maßgeblich sind allein Ausgabe und Zulassung **31**

---

20 Näher *Assmann* in: Assmann/Schneider, § 2 WpHG, Rn 16 f.

21 *Assmann* in: Assmann/Schneider, § 2 WpHG, Rn 10 f.

22 Hierzu im Einzelnen *Buck-Heeb* Kapitalmarktrecht, 3. Aufl. 2009, S. 37 ff, *Langenbucher* Aktien- und Kapitalmarktrecht, 2008, S. 224 f.

23 Dazu *Buck-Heeb* Kapitalmarktrecht, S. 39.

24 Im Ergebnis wie hier *Gelhausen/Hönsch* AG 2005, 511, 512; aA *Ebke/Paal* § 342b Rn 18: keine Information für den Kapitalmarkt; wie diese Bafin-Emittentenleitfaden 2009, 204 sowie Fuchs/*Zimmermann* § 37n WpHG, Rn 13.

bestimmter Wertpapiere (oben Rn 28 ff). Folglich sind nicht allein Aktiengesellschaften vom Durchsetzungsverfahren betroffen, sondern ebenfalls Gesellschaften mbH und Personengesellschaften, wenn sie relevante Wertpapiere ausgegeben haben (z.B. Schuldverschreibungen)[25], sofern diese zum regulierten Markt einer Inlandsbörse zugelassen sind.

32 In gleicher Weise unterfallen **ausländische Unternehmen** dem Durchsetzungsverfahren, wenn ihre Wertpapiere im Inland zum Handel im regulierten Markt zugelassen sind.[26] Das können Aktien, Schuldverschreibungen oder sonstige Wertpapiere nach § 2 Abs. 1 S. 1 WpHG sein (oben Rn 28). Bei den ausländischen Unternehmen kommt es ebenfalls weder auf ihre Rechtsform, noch auf ihren Sitz an.[27] Dieser kann auch außerhalb der Europäischen Union oder des Europäischen Wirtschaftsraums liegen.

33 3. **Prüfungsobjekte.** Der Prüfung durch die Prüfstelle sind die Rechnungslegungs-Unterlagen der nach Rn 28 bis 32 bestimmten Unternehmen unterworfen. Zur näheren Beschreibung des Kreises der erfassten Unterlagen verwendet das Gesetz die aus dem Unionsrecht und aus dem deutschen Recht geläufigen Begriffe. Um für erfasste Unternehmen, die **nach anderen Regeln und Standards** (etwa nach IFRS) Rechnung legen, den Kreis der von der Prüfung erfassten Unterlagen zu bestimmen, ist darauf abzustellen, ob die nach diesen Regeln und Standards vorgegebenen Instrumente der Rechnungslegung in etwas denen des deutschen und europäischen Rechts entsprechen.

34 a) Erfasst von der Möglichkeit einer Prüfstellen-Prüfung sind der **Jahresabschluss** eines Unternehmens nach Rn 28 bis 32 (§ 264 Abs. 1 S. 1) nebst **Lagebericht** (§ 289); zu diesem als dessen Bestandteil zählt auch die Erklärung zur Unternehmensführung (§ 289a). Freiwillige Ergänzungen des Einzelabschlusses/des Lageberichts wie vor allem eine Kapitalflussrechnung, ein Eigenkapitalspiegel (außerhalb von § 264 Abs. 1 S. 2) oder ein Segmentbericht können ebenfalls geprüft werden, obwohl sie unter den abschließend aufgelisteten Prüfungsobjekten in § 342b Abs. 2 S. 1 nicht aufgeführt sind.[28] Aber wie § 264 Abs. 1 S. 2 für die Konzern-freien Kapitalmarkt-orientierten Unternehmen verdeutlicht, sind diese informatorischen Zusatzinstrumente Teil des Abschlusses, wenn sich ein rechnungslegungspflichtiges Unternehmen ihrer (ggf. freiwillig) beim Einzelabschluss bedient. In gleicher Weise kann ein IFRS-Einzelabschluss, den das Unternehmen in Ausnutzung seines Wahlrechts aus § 325 Abs. 2a veröffentlicht hat, der Prüfung durch die Prüfungsstelle unterliegen.[29] Denn zum einen ersetzt ein solcher IFRS-Abschluss unter den Voraussetzungen nach § 325 Abs. 2b die Publikation des (unverändert aufzustellenden) HGB-Abschlusses, und zum anderen gebietet der Zweck des zweistufigen Durchsetzungsverfahrens es, den IFRS-Abschluss der Prüfstelle zu unterstellen. Auf ihn gründet im Falle seiner Veröffentlichung das Vertrauen der Kapitalanleger, das der deutsche Gesetzgeber mit dem Durchsetzungsverfahren wieder herstellen und stärken will (oben vor § 342b Rn 5).

---

[25] Wertpapiere iS des WpHG sind auch Schuldverschreibungen; näher *Buck-Heeb* Kapitalmarktrecht, S. 49.

[26] Begründung RegE BilKoG, Bundestags-Dr 15/3421 Anl 1, S. 14. – Zu den Rechtstatsachen im Jahre 2005 näher *Burger/Ulbrich* KoR 2005, 39, 42 f.

[27] Zur informellen Verständigung zwischen den Enforcementstellen in den EU-Mitgliedstaaten auf das „Herkunftslandprinzip" und seine bislang ausgebliebene Umsetzung in Deutschland *Schmidt-Versteyl* Durchsetzung ordnungsgemäßer Rechungslegung, S. 84 f.

[28] IE so auch KK/*Claussen/Mock* § 342b, Rn 5; *Ebke/Paal* § 342b, Rn 14 mwN; Fuchs/*Zimmermann* § 37n WpHG, Rn 15.

[29] AA *Ebke/Paal* § 342b, Rn 14; *Gelhausen/Hönsch* AG 2005, 511, 513; wie hier schon *Schmidt-Versteyl* Durchsetzung ordnungsgemäßer Rechnungslegung, S. 102.

Prüfungsobjekt kann auch der **Konzernabschluss** einschließlich der Kapitalflussrechnung, des Eigenkapitalspiegels und (falls erstattet) des Segmentberichts sein (§ 297 Abs. 1)[30]. Einbezogen in die Prüfung durch die Prüfstelle ist dann auch der **Konzernlagebericht** des Unternehmens (§ 315), aber nicht die Einzelabschlüsse der Tochter- und Enkelunternehmen. Diese Berichtsebene hat im abschließenden Wortlaut des § 342b keinen Niederschlag gefunden. – Welchen der Abschlüsse eines Mutterunternehmens sie prüfen will, stellt das Gesetz der Prüfstelle anheim: ob allein den Konzern- oder den Einzelabschluss oder beide Abschlüsse zusammen. Diese Entscheidungsfreiheit folgt aus dem „oder" in § 342b Abs. 2 S. 1. – In konzernabhängigen Aktiengesellschaften unterliegt deren **Abhängigkeitsbericht** (§ 312 AktG) ebenfalls der Durchsetzungs-Prüfung,[31] da die Schlusserklärung des Vorstands zum Abhängigkeitsbericht (§ 312 Abs. 3 S. 1/2 AktG) über den Lagebericht zu publizieren (§ 312 Abs. 3 S. 3 AktG) und damit Grundlage für das Vertrauen der Kapitalanleger und sonstiger Adressaten der Rechnungslegung ist. **35**

Schließlich unterliegen der Durchsetzungs-Prüfung durch die Prüfstelle auch die **verkürzten Abschlüsse** samt den dazugehörigen Zwischenlageberichten der Unternehmen nach Rn 28 bis 32 (§ 342b Abs. 2 S. 1). Sie sind erst durch das Transparenzrichtlinie-Umsetzungsgesetz (TUG) 2007 in den Kreis der Prüfungsobjekte im Durchsetzungsverfahren einbezogen worden.[32] Entscheidend hierfür war die Erwägung, dass Inlandsemittenten nach § 37w WpHG verpflichtet sind, den Halbjahresfinanzbericht[33] zu veröffentlichen; zu dessen Mindestbestandteilen zählen der verkürzte Abschluss und der Zwischenlagebericht (§ 37w Abs. 2 WpHG). Zwar wird der Halbjahresfinanzbericht nicht vom Abschlussprüfer geprüft; aber darauf kommt es für die Prüfung im Durchsetzungsverfahren nicht an. **36**

Dagegen sind keine Gegenstände der Prüfung im Durchsetzungsverfahren die **Buchführung** der Unternehmen und ihr **Risikomanagement**; dies und seine Prüfung durch den Abschlussprüfer findet keinen Niederschlag in Berichten an die Öffentlichkeit. Insoweit kann sich daher kein Vertrauen bei den Anlegern auf dem Kapitalmarkt bilden, das durch die Tätigkeit der Prüfstelle geschützt werden müsste.[34] – Die Buchführung kann allenfalls mittelbar in die Durchsetzungs-Prüfung einbezogen werden, falls sich deren Mängel auf einen zu prüfenden Abschluss auswirken.[35] **37**

b) Einer Durchsetzungs-Prüfung unterliegen allerdings nicht alle Prüfungsobjekte nach Rn 34 bis 36 schlechthin; vielmehr ist ihr Kreis durch **zeitliche Vorgaben** weiter eingeschränkt: Geprüft werden dürfen allein jener Einzel- und jener Konzernabschluss nebst jeweiligem Lagebericht, der *zuletzt* festgestellt oder gebilligt worden ist (§ 342b Abs. 2 S. 1). Mithin kann die Prüfstelle ein Prüfverfahren lediglich über Abschlüsse eröffnen, deren Feststellung etc. längstens ein Jahr zurückliegt; die Feststellung/Billigung des Folgeabschlusses verhindert eine Verfahrenseröffnung über den zurückliegenden Abschluss,[36] aber nicht die weitere Durchführung eines rechtzeitig eröffneten Prüfverfahrens. Mit dieser zeitlichen Eingrenzung zielt das Gesetz im Interesse des Kapitalmarkts und der **38**

30 Fuchs/*Zimmermann* § 37n WpHG, Rn 15.
31 AA *Hönsch* in: Assmann/Schneider § 37n WpHG, Rn 16; Fuchs/*Zimmermann* § 37n WpHG, Rn 15.
32 Näher *Schmidt-Versteyl* Durchsetzung ordnungsgemäßer Rechnungslegung, S. 103 f; s. auch *Heinz* Das Enforcement-Verfahren, S. 66 f.
33 *Buck-Heeb* Kapitalmarktrecht, S. 184.
34 Begründung RegE BilKoG, Bundestags-Dr 15/3421, S. 14.
35 *Gelhausen/Hönsch* AG 2005, 511, 513.
36 *Hennrichs* ZHR 2004, 383, 402.

Kapitalanleger (vor § 342b Rn 5) auf rasche Durchsetzungs-Prüfungen und zeitnahe Prüfungsergebnisse ab, zugleich aber auch auf baldige Rechtssicherheit für die Prüfungsbedrohten Unternehmen.[37] – Die Abschlussfeststellung bzw. -billigung richtet sich nach dem Gesellschaftsrecht des Unternehmens (§§ 172 f, 171 Abs. 3 S. 5[38] AktG, § 46 Nr. 1 ff GmbHG, §§ 120, 167 HGB). – Für den verkürzten Abschluss nebst Zwischenlagebericht (oben Rn 36) kommt es auf die letzte Veröffentlichung des Halbjahresfinanzberichts (§ 37w Abs. 1 S. 1 WpHG) an; sie kann durch die Veröffentlichung des Jahresfinanzberichts (§ 37v WpHG) oder durch die Feststellung/Billigung der Abschlüsse überholt werden. Daher kann über verkürzte Abschlüsse und zugehörige Zwischenlageberichte längstens ein halbes Jahr nach ihrer Veröffentlichung das Verfahren einer Durchsetzungs-Prüfung eröffnet werden.

39 4. **Prüfungsanlässe.** Die Prüfstelle wird tätig, wenn **konkrete Anhaltspunkte** für einen Verstoß gegen Rechnungslegungsvorschriften vorliegen, also bei „hinreichendem Anfangsverdacht" (§ 342b Abs. 2 S. 3 Nr. 1), oder wenn die Bafin eine Durchsetzungs-Prüfung verlangt (§ 342b Abs. 2 S. 3 Nr. 2). In beiden Fällen hat die Prüfstelle kein Handlungsermessen; sie muss vielmehr tätig werden[39] – es sei denn, trotz „Tatverdachts" besteht an einer Durchsetzungs-Prüfung offensichtlich kein öffentliches Interesse (§ 342b Abs. 2 S. 4 HS 1; unten Rn 41 f). Über solche reaktiven Prüfungen hinaus ist die Prüfstelle zu proaktiven Durchsetzungs-Prüfungen ohne besonderen Anlass verpflichtet (§ 342b Abs. 2 S. 3 Nr. 3); mit diesen **stichprobenartig durchzuführenden Prüfungen** soll die Einhaltung der Rechnungslegungsvorschriften im Interesse des Kapitalmarkts und der Kapitalanleger (vor § 342b Rn 5) präventiv sichergestellt werden;[40] vor allem um die Rechnungslegungs-pflichtigen Unternehmen zu disziplinieren, hat sich der Gesetzgeber bewusst nicht mit einem ausschließlich reaktiven Durchsetzungssystem begnügt.[41] Im Katalog der Prüfungsanlässe (§ 342b Abs. 2 S. 3) kommt der Grundgedanke „Prävention und Reaktion" klar zum Ausdruck.

40 a) Eine **Durchsetzungs-Prüfung aus konkretem Anlass** (§ 342b Abs. 2 S. 3 Nr. 1) ist einzuleiten, sobald konkrete Anhaltspunkte für einen Verstoß gegen Rechnungslegungsvorschriften vorliegen, also nicht bloß Vermutungen, Spekulationen oder Hypothesen.[42] Ein in den Medien verlautbarter Regelverstoß begründet allein für sich noch keinen konkreten Anhalt; allerdings ist die Prüfstelle gehalten, dieser Verlautbarung in geeigneter Weise weiter nachzugehen, um diese ggf. zum konkreten Anhalt zu verdichten.[43] Darüber hinaus können sich Anhaltspunkte vor allem aus eingeschränkten oder gar versagten Bestätigungsvermerken (§ 322) sowie aus Hinweisen von Aktionären, Gläubigern oder

---

[37] S. Begründung RegE BilKoG, Bundestags-Dr 15/3421, S. 13; dazu *Schmidt-Versteyl* Durchsetzung ordnungsgemäßer Rechnungslegung, S. 100 im Anschluss an *Hennrichs* ZHR 2004, 383, 402.

[38] Zur Gesellschafts-internen Billigung des Konzernabschlusses und -lageberichts *Hüffer* Aktiengesetz, 9. Aufl. 2010, S. 171, Rn 14a.

[39] *Schmidt-Versteyl* Durchsetzung ordnungsgemäßer Rechnungslegung, S. 85.

[40] Damit hat der Gesetzgeber des BilKoG die rechtspolitischen Anregungen von *Hommelhoff* Wpg-Sonderheft 2001, S. 39 f und *Tielmann* Durchsetzung ordnungsmäßiger Rechnungslegung, S. 238 ff aufgegriffen; in der Sache so auch schon zuvor *Böcken* DB 2000, 1185, 1191.

[41] Begründung RegE BilKoG, Bundestags-Dr 15/3421, S. 14.

[42] Begründung RegE BilKoG, Bundestags-Dr 15/3421, S. 14; *Gros* DStR 2006, 246, 248.

[43] *Gelhausen/Hönsch* AG 2005, 511, 515; Fuchs/*Zimmermann* § 37p WpHG, Rn 12.

anderen an der Rechnungslegung Interessierten ergeben;[44] mögliche Initianten sind aber auch die Angehörigen des Rechnungslegungs-pflichtigen Unternehmens. Zwar gebietet die arbeitsrechtliche Treue- und Verschwiegenheitspflicht es ihnen, zunächst den Abschlussprüfer auf den vermuteten Rechtsverstoß hinzuweisen und, sofern eingerichtet, die whistleblower-hotline im Unternehmen zu nutzen. Falls jedoch ein solcher Hinweis ohne Reaktion bleibt, muss der Unternehmensangehörige, ohne rechtliche Nachteile befürchten zu müssen, die Prüfstelle informieren können.[45] Denn zum einen sind deren Beschäftigte und Dritte, die an einem Prüfverfahren beteiligt sind, schon im Rahmen der Vorklärung[46] zur Verschwiegenheit verpflichtet (§ 342c Abs. 1, § 11 der DPR-Verfahrensordnung auf der Grundlage von § 9 Abs. 5 der DPR-Satzung);[47] zum anderen erstreckt sich das Compliancesystem des Unternehmens auch auf die Einhaltung der Rechnungslegungsvorschriften, die für dies Unternehmen gelten. – Dagegen sind dem Abschlussprüfer und seinen Gehilfen anhaltsbegründende Hinweise an die Prüfstelle untersagt, weil diese zur Verschwiegenheit (auch gegenüber der Prüfstelle) verpflichtet sind (§ 323 Abs. 1 S. 1);[48] zur Mitwirkung des Abschlussprüfers im eingeleiteten Durchsetzungsverfahren unten Rn 79 ff.

b) Die Durchsetzungs-Prüfung aus konkretem Anlass hat zu unterbleiben, falls offen- **41**
sichtlich **kein öffentliches Interesse** an der Prüfung besteht (§ 342b Abs. 2 S. 4 HS 1); sofern diese Voraussetzungen erfüllt sind, ist der Prüfstelle ein Tätigwerden versagt.[49] Umgekehrt ist es für die Einleitung eines Prüfverfahrens (und sei es auch nur zunächst einer Vorklärung, oben Rn 40) nicht erforderlich, das Bestehen eines öffentlichen Interesses im konkreten Einzelfall positiv zu begründen.[50] Das folgt zum einen aus der Negation in Halbsatz 1 („unterbleiben") und zum anderen aus der Zielsetzung des Durchsetzungsverfahrens selbst, im öffentlichen Interesse das Vertrauen des Kapitalmarkts und der Kapitalanleger in die Verlässlichkeit der Rechnungslegung zu sichern und zu stärken (vor § 342b Rn 5). Mithin muss die Prüfstelle tätig werden, sobald konkrete Anhaltspunkte für einen Rechtsverstoß vorliegen, es sei denn, es fehlt ausnahmsweise ganz offensichtlich am öffentlichen Interesse, eine Durchsetzungs-Prüfung durchzuführen; dies muss die Prüfstelle positiv feststellen.[51]

Das **öffentliche Interesse fehlt**, wenn der Verstoß gegen Rechnungslegungsvorschrif- **42**
ten, für den konkrete Anhaltspunkte vorliegen, weder für den Kapitalmarkt, noch für die Kapitalanleger und ihre Entscheidungen von Belang ist.[52] Das ist anzunehmen, falls der mögliche Rechtsverstoß weder die Vermögens-, Finanz- oder Ertragslage des Unter-

---

44 Begründung RegE BilKoG, Bundestags-Dr 15/3421, S. 14.

45 Anders noch *Gelhausen/Hönsch* AG 2005, 511, 514 vor der Etablierung der Compliancesysteme in der Unternehmenspraxis und der höchstrichterlichen Absicherung der Arbeitnehmerhinweise in ihnen (Europäischer Gerichtshof für Menschenrechte, Urt. v. 21.7.2011 – 28274/08 (Heinisch/Deutschland), AuR 2011, 355, 358 ff).

46 *Bräutigam/Heyer* AG 2006, 188, 189.

47 Verfügbar unter www.frep.info

48 *Gelhausen/Hönsch* AG 2005, 511, 514; *Schmidt-Versteyl* Durchsetzung ordnungsgemäßer Rechnungslegung, S. 89.

49 *Heinz* Das Enforcement-Verfahren, S. 79.

50 Tendenziell anders *Gelhausen/Hönsch* AG 2005, 511, 515, die von der Bejahung öffentlichen Interesses sprechen; ähnlich *Ebke/Paal* § 342b, Rn 24: „Feststellung eines hinreichenden öffentlichen Interesses".

51 *Heinz* Das Enforcement-Verfahren, S. 78.

52 BegrRegE BilKoG, Bundestags-Dr 15/3421, S. 14; OLG Frankfurt, DB 2007, 1913, 1914; s. auch *Heinz* Das Enforcement-Verfahren, S. 76: Verhalten der Kapitalmarktteilnehmer am Markt.

nehmens verfälscht oder auch nur verdunkelt, noch die Vertrauenswürdigkeit des Unternehmens als Kapitalnachfrager auf den Kapitalmärkten beeinträchtigt. Ein wesentliches Kriterium für das fehlende öffentliche Interesse ist die Prognose, dass der Börsenkurs des Unternehmens von dem möglichen Rechtsverstoß unbeeinflusst bleiben wird.[53] Allerdings hält das gesetzlich vorgegebene „offensichtlich“, das die ausnahmsweise Abstandnahme von einer Durchsetzungs-Prüfung eng begrenzen will, dazu an, in der Regel vom Einfluss des Rechtsverstoßes auf den Börsenkurs auszugehen.

43 Sollte das Unternehmen seinen Rechtsverstoß durch die Berichtigung des Abschlusses oder Lageberichts unter Einhaltung des in diesem Falle ggf. notwendigen Verfahrens (Nachtragsprüfung, erneute Feststellung/Billigung des geänderten Abschlusses/Lageberichts, Offenlegung) eindeutig und für die Kapitalanleger nachvollziehbar[54] aus der Welt schaffen, dann fehlt das öffentliche Interesse an einer Durchsetzungs-Prüfung, solange diese noch nicht durch eine förmliche Fehlerfeststellung zum internen Abschluss des Durchsetzungsverfahrens beendet worden ist.[55] – Dagegen hat das „offensichtlich fehlende öffentliche Interesse“ nicht die Funktion, (angeblich) missbräuchlichen Hinweisen Dritter an die Prüfstelle nicht nachgehen zu müssen.[56]

44 c) Die Bafin kann von der Prüfstelle die Einleitung einer Durchsetzungs-Prüfung **verlangen** (§ 37p Abs. 2 WpHG), wenn konkrete Anhaltspunkte für einen Verstoß gegen Rechnungslegungsvorschriften vorliegen und kein fehlendes öffentliches Interesse der Durchsetzungs-Prüfung entgegensteht (§ 37o Abs. 1 S. 1 WpHG). In diesem Falle muss die Prüfstelle das Prüfungsverfahren eröffnen (§ 342b Abs. 2 S. 3 Nr. 2). Damit kann die Bafin also die Prüfstelle zur Einleitung einer Durchsetzungs-Prüfung zwingen. Das mag für den Fall bedeutsam sein, dass die Prüfstelle das Vorliegen konkreter Anhaltspunkte verneint oder ein der Prüfung entgegenstehendes öffentliches Interesse annimmt (oben Rn 41 ff). In solchen Fällen befindet die Bafin selbst und abschließend über die Erfüllung oder Nichterfüllung dieser Voraussetzungen; hieran ist die Prüfstelle gebunden und kann zu diesen keine Entscheidung mehr fällen.[57] Dagegen räumt § 37p Abs. 2 WpHG der Bafin nicht die Entscheidung ein, ob sie aus konkretem Anlass die Durchsetzungs-Prüfung sogleich selbst durchführen oder zunächst die Prüfstelle aktiv werden lassen will. Denn eine Eigenprüfung steht der Bafin allein unter den Voraussetzungen aus § 37p Abs. 1 S. 2/4 WpHG frei.[58] – Auch die Durchsetzungs-Prüfung auf Verlangen (§ 342b Abs. 2 S. 3 Nr. 2) ist eine Prüfung der Prüfstelle und nicht etwa eine Prüfung unter der Leitung der Bafin. Deshalb führt die Prüfstelle auch eine solche Durchsetzungs-Prüfung in eigener Verantwortung durch und nicht als Verwaltungshelferin der Bafin nach § 37o Abs. 3 WpHG.[59]

---

[53] *Boxberger* DStR 2007, 1362, 1363; Fuchs/*Zimmermann* §§ 57o/p WpHG, Rn 13.

[54] S. OLG Frankfurt, BB 2007, 2060, 2063; *Heinz* Das Enforcement-Verfahren, S. 77.

[55] Weitergehend *Gelhausen/Hönsch* AG 2005, 511, 515: Anfrage der Prüfstelle an das Unternehmen, ob es die Fehlerfeststellung anerkennen will.

[56] Dazu *Schmidt-Versteyl* Durchsetzung ordnungsgemäßer Rechnungslegung, S. 91 f; anders KK/*Claussen/Mock* § 342b, Rn 19.

[57] *Gelhausen/Hönsch*, AG 2005, 511, 516; *Hönsch* in: Assmann/Schneider, § 37p WpHG, Rn 17; *Schmidt-Versteyl*, Durchsetzung ordnungsgemäßer Rechnungslegung, S. 94; *Thoma*, Regulierte Selbstregulierung, S. 274 f.

[58] Beck BilKom/*Ellrott/Grottel* § 342b, Rn 23.

[59] *Ebke/Paal*, § 342b, Rn 25; *Hönsch* in: Assmann/Schneider, § 37p WpHG, Rn 16.

d) Die **Stichproben-Prüfungen** der Prüfstelle (§ 342b Abs. 2 S. 3 Nr. 3) sollen präventiv darauf hinwirken, die relevanten Unternehmen (Rn 27–32) zu rechtgemäßer Rechnungslegung anzuhalten (oben Rn 39); sie sollen dadurch möglichst alle von Rechtsverstößen abgeschreckt werden.[60] Für die Stichproben-Prüfungen ist allein die Prüfstelle zuständig; die Bafin dagegen kann solche Prüfungen nur unter den Voraussetzungen aus § 37p Abs. 1 S. 2 und überdies nur im Rahmen dessen durchführen, was die Prüfstelle festgelegt hat.[61] Der Stichproben-Prüfung unterliegen ausschließlich Abschlüsse und Lageberichte, gemäß § 342b Abs. 2 S. 4 HS 2 nicht hingegen verkürzte Abschlüsse und die dazu gehörigen Zwischenlageberichte (oben Rn 37). Ihre Einbettung zwischen den jahresperiodischen Rechnungslegungen setzt sie in ausreichendem Maße mittelbar den Präventivwirkungen der Stichproben-Prüfungen aus; die knappen Ressourcen der Prüfstelle dürfen nicht zersplittert werden. **45**

Für die Stichproben-Prüfungen hat die Prüfstelle im Einvernehmen mit dem Bundesjustiz- und dem Bundesfinanzministerium allgemeine **Grundsätze** festzulegen (§ 342b Abs. 2 S. 5), um dies Instrument hinreichend breit angelegt, auf mögliche Problemschwerpunkte konzentriert, gleichmäßig und willkürfrei zur Anwendung kommen zu lassen. Solche Grundsätze hat die Deutsche Prüfstelle Rechnungslegung DPR unter dem 20. April 2009 statuiert.[62] Für die Auswahl der einer Stichproben-Prüfung zu unterziehenden Prüfungsobjekte kombinieren diese Grundsätze einen risikoorientierten Ansatz mit einem Ansatz des statistischen Zufalls.[63] Dabei können auch besondere Themenschwerpunkte, ggf. auch branchenspezifisch gesetzt werden. Im Arbeitsfeld der Prüfstelle kommt den Stichproben-Prüfungen herausragendes Gewicht zu; so sind von den 2010 insgesamt abgeschlossenen 118 Prüfungen nicht weniger als 106 Stichproben-Prüfungen gewesen und lediglich 8 Anhaltsprüfungen und 4 Prüfungen auf Verlangen der Bafin.[64] **46**

Sind Abschlüsse und/oder Lageberichte eines Unternehmens stichprobenartig überprüft worden, so schließt dies eine Durchsetzungs-Prüfung im Folgejahr nicht aus. Zwar hat der Gesetzgeber in der Gesetzesbegründung u.a. seine Erwartung formuliert, es solle sichergestellt werden, dass die Unternehmen über die Jahre nicht unverhältnismäßig belastet werden.[65] Aber hieraus kann keine rechtlich abgesicherte „Prüfungsfreistellung auf Zeit“ hergeleitet werden. Dies schon deshalb nicht, weil andernfalls der mit Stichproben-Prüfungen beabsichtigte Präventiv-Effekt (oben Rn 39) verwässert würde und Durchsetzungs-Prüfungen aus konkretem Anhalt (§ 342b Abs. 2 S. 3 Nr. 1) nicht durch eine (in aller Regel zudem ganz anders ausgerichtete) vorangegangene Stichproben-Prüfung „konsumiert“ werden können.[66] **47**

5. **Subsidiarität der Durchsetzungs-Prüfung.** Eine Klage nach § 256 Abs. 7 AktG auf Feststellung, dass der festgestellte Jahresabschluss nichtig sei, versperrt der Prüfstelle die Durchsetzungs-Prüfung dieses Abschlusses und ebenfalls die des dazugehörigen Lageberichts (§ 342b Abs. 3 S. 1). Das Gleiche gilt für die Sonderprüfung nach § 142 AktG, sei diese von der Hauptversammlung beschlossen oder vom Gericht angeordnet, sowie **48**

---

60 *Ebke/Paal*, § 342b, Rn 26.

61 *Hönsch* in: Assmann/Schneider, § 37p WpHG, Rn 14.

62 Verfügbar unter www.frep.info.

63 Näher *Heinz* Das Enforcement-Verfahren, S. 82; *Schmidt-Versteyl* Durchsetzung ordnungsgemäßer Rechnungslegung, S. 97 f.

64 DPR Tätigkeitsbericht 2010, S. 3; s. auch *Hüttche* Zeitschrift für internationale Rechnungslegung (IZR), 2009, 325, 328 ff sowie den Bericht von *Kemper/Strzyz* KoR 2008, 105, 108 f.

65 RegE BilKoG, Bundestags-Dr 15/3421, S. 14.

66 S. *Gelhausen/Hönsch* AG 2005, 511, 516; *Schmidt-Versteyl* Durchsetzung ordnungsgemäßer Rechnungslegung, S. 95.

für die Sonderprüfung nach § 258 Abs. 1 AktG wegen unzulässiger Unterbewertung (§ 342b Abs. 3 S. 2). Gegenüber diesen Nachprüfungen der Rechnungslegung im Einzelabschluss ist die Durchsetzungs-Prüfung subsidiär, nicht hingegen die des Konzernabschlusses, weil sich weder die Nichtigkeitsklage, noch diese Sonderprüfungen gegen den Konzernabschluss richten.[67] Die Subsidiarität der Durchsetzungs-Prüfung und die daraus folgende **Sperrwirkung**[68] sollen unterschiedliche Entscheidungen/Befunde (Feststellungen) des Gerichts oder Sonderprüfers auf der einen Seite und der Prüfstelle auf der anderen vermeiden.[69] Diese wird über die Klagerhebung oder die Bestellung eines Sonderprüfers von der Bafin informiert (§ 37p Abs. 3 WpHG); ihr gehen diese Informationen nach §§ 142 Abs. 7, 256 Abs. 7 S. 2, 261a AktG zu.

49 Klage und Sonderprüfungen sperren die Durchsetzung-Prüfung in **unterschiedlichem Umfang**. Während die Nichtigkeits-Feststellungsklage unabhängig von ihrer Begründung[70] die Durchsetzungs-Prüfungen sowohl des betroffenen Einzelabschlusses als auch des zugehörigen Lageberichts[71] vollständig sperrt[72], reicht die Sperrwirkung einer Sonderprüfung (nach dem in § 342b Abs. 3 S. 2 insoweit von S. 1 abweichenden Wortlaut) bloß soweit, wie sich der Gegenstand der Durchsetzungs-Prüfung mit dem der Sonderprüfung nach deren jeweiligen Verfahrensstand überschneidet. Damit kann es zur parallelen Sonder- und Durchsetzungs-Prüfung kommen, wenn diese sich auf je unterschiedliche Mängel in der Rechungslegung beziehen.

50 Sollte die Prüfstelle die Durchsetzungs-Prüfung **bereits eingeleitet** haben, so hat sie ihre Prüfungstätigkeit einstweilen einzustellen,[73] sobald sie von der Erhebung der Nichtigkeitsklage gegen den in ihrem Prüfverfahren befindlichen Abschluss Kenntnis erlangt (oben Rn 49). Das Gleiche gilt von der Bestellung eines Sonderprüfers, soweit sich der Gegenstand dessen Prüfungsauftrags mit dem der Durchsetzungs-Prüfung deckt (oben Rn 50); bei anderen Prüfungsgegenständen setzt die Prüfstelle ihre Tätigkeit fort. – Nach **Beendigung** des Nichtigkeitsklagverfahrens nimmt die Prüfstelle ihre Tätigkeit wieder auf, da die Sperrwirkung nur während der Klaganhängigkeit andauert (§ 342b Abs. 3 S. 1). Sollte in der Zwischenzeit schon der Jahresabschluss für das Folgejahr festgestellt worden sein, so hindert dies nicht die Fortsetzung der schwebenden Durchsetzungs-Prüfung (oben Rn 38). An das rechtskräftige Urteil im Nichtigkeitsfeststellungsverfahren ist die Prüfstelle nach §§ 256 Abs. 7 S. 1/249/248 AktG (in extensiver Interpretation)

---

[67] *Ebke/Paal* § 342b, Rn 28; s. aber auch *Gelhausen/Hönsch* AG 2005, 511, 517; *Schmidt-Versteyl* Durchsetzung ordnungsgemäßer Rechnungslegung, S. 140.

[68] Dazu *Mattheus/Schwab* BB 2004, 1099, 1104.

[69] Begr RegE BilKoG, Bundestags-Dr 15/3241, S. 14.

[70] AA *Mattheus/Schwab* BB 2004, 1099, 1105 f. Es darf jedoch das rechtliche Schicksal des angegriffenen Jahresabschlusses als Grundlage weitreichender Finanzierungsentscheidungen nicht übermäßig lange in der Schwebe bleiben (s. auch die prozessrechtliche Argumentation von *Hennrichs* ZHR 2004, 383, 406). – Für identische Sperrwirkungen plädieren KK/*Claussen/Mock* § 342b, Rn 22.

[71] Dazu *Hennrichs* ZRH 2004, 383, 407; *Schmidt-Versteyl* Durchsetzung ordnungsgemäßer Rechnungslegung, S. 140 f.

[72] *Schmidt-Versteyl* Durchsetzung ordnungsgemäßer Rechnungslegung, S. 139. Dem Vorschlag, die Einleitung einer Durchsetzungs-Prüfung zur Prozessvoraussetzung für die Erhebung einer Nichtigkeitsklage bzw. der Stellung eines Sonderprüfungsantrags zu machen (*Müller* ZHR 2004, 416, 419), ist der Gesetzgeber zu recht (s. *Mattheus/Schwab* BB 2004, 1099, 1104; vgl. auch *Schmidt-Versteyl* Durchsetzung ordnungsgemäßer Rechnungslegung, S. 145) nicht gefolgt.

[73] *Ebke/Paal* § 342b, Rn 31; Beck BilKom/*Ellrott/Grottel* § 342b, Rn 34.

gebunden,[74] soweit über den Abschlussmangel gerichtlich befunden worden ist;[75] für eine Prüfung des identischen Mangels im Durchsetzungsverfahren ist kein Raum mehr: Insoweit hat die Prüfstelle ihre Tätigkeit endgültig einzustellen,[76] nicht jedoch hinsichtlich anderer Mängel, deretwegen das Durchsetzungsverfahren eingeleitet worden war; insoweit ist die Durchsetzungs-Prüfung fortzusetzen. – Letzteres gilt auch für die abschließende Feststellung des Sonderprüfers; allerdings bindet diese nicht die Prüfstelle, so diese selbst für einen identischen Abschlussmangel (unter Berücksichtigung der Feststellung des Sonderprüfers) zu einem abweichenden Prüfungsresultat gelangen kann. Sollte die Prüfstelle hingegen zu einem übereinstimmenden Resultat gelangen, hat sie eine entsprechende eigene Feststellung (unten Rn 83) zu treffen. – Umgekehrt sind weder Gericht noch Sonderprüfer an die vorhergehenden Feststellungen der Prüfstelle gebunden.[77]

6. **Fallbezogene Voranfragen.** Über die gesetzlichen Prüfungsanlässe hinaus äußert sich die Prüfstelle zu fallbezogenen Voranfragen bei konkreten Bilanzierungsproblemen (Pre-Clearance).[78] Ziel dieses Anfrage-Verfahrens ist es, den Unternehmen Sicherheit bereits bei der Erstellung der Rechnungslegung (insbesondere bei der konkreten Anwendung der IFRS) zu geben, um Fehler gar nicht erst entstehen zu lassen. Das verstärkt die Präventivfunktion der Prüfstelle[79] und ist als vorsorgende Vorabprüfung von konkreten Einzelfragen im konkreten Einzelfall noch vom gesetzlichen Prüfungsauftrag aus § 342b Abs. 2 (oben Rn 5) gedeckt. – Für die Voranfrage hat die die Deutsche Prüfstelle DPR ein **Verfahren** festgelegt:[80] Die Voranfrage können der Durchsetzungs-Prüfung nach § 342b Abs. 2 S. 1/2 unterworfene Unternehmen (oben Rn 27–32) durch ihre gesetzlichen Vertreter[81] in schriftlicher Form stellen. Die Anfrage muss auf konkrete Bilanzierungsprobleme in der aktuellen Rechnungslegung des Unternehmens gerichtet sein. Zu jedem Bilanzierungsproblem ist ein hinreichend konkretisierter Sachverhalt vorzutragen; zu ihm ist eine bilanzielle Lösung vorzuschlagen, zu der schon in der Voranfrage der Abschlussprüfer des Unternehmens Stellung zu nehmen hat. Auf der Grundlage dieser Unterlagen entscheidet die DPR über die Annahme und darüber, ob es zu dem oder den Bilanzierungsproblemen zu einem Gespräch mit dem anfragenden Unternehmen kommen soll. Danach bildet die DPR ihren Standpunkt und teilt diesen dem Unternehmen als ihre Auffassung zum angefragten Bilanzierungsproblem mit. Diese Auffassung ist, was dem Unternehmen gegenüber ausdrücklich klargestellt wird, (schon aus Rechtsgründen) rechtlich unverbindlich und präjudiziert weder die Prüfstelle in einer anschließend möglichen Durchsetzungs-Prüfung, noch die Bafin in der möglichen zweiten Stufe des Durch- 51

74 *Ebke/Paal* § 342b, Rn 31; Beck BilKom/*Ellrott/Grottel* § 342b, Rn 34.

75 AA Beck BilKom/*Ellrott/Grottel* § 342b, Rn 34 für die rechtskräftig abgewiesene Nichtigkeitsfeststellungsklage offenbar auch, wenn in der Sache entschieden worden ist.

76 Zwar kann eine Nichtigkeitsfeststellungsklage an der ausreichenden Schwere des Abschlussmangels scheitern, so dass für den (leichten) Mangel und seine Feststellung in der Durchsetzungs-Prüfung an sich noch Raum bliebe (s. *Hennrichs* ZHR 2004, 383, 406). Aber in einem solchen Fall wird regelmäßig das öffentliche Interesse an der Durchsetzungs-Prüfung fehlen (§ 342b II 4, oben Rn 41), weil die Publizitätsadressaten schon über das Nichtigkeitsfeststellungsverfahren informiert worden sind (§§ 256 VII, 249, 246 IV, 248a AktG).

77 Für das Nichtigkeitsfeststellungsverfahren *Schmidt-Versteyl* Durchsetzung ordnungsgemäßer Rechnungslegung, S. 145 f.

78 Dazu *Meyer* BB 2010, 106.

79 S. DPR Tätigkeitsbericht 2010, S. 11.

80 Vgl. DPR Tätigkeitsbericht 2010, S. 11.

81 Mithin können weder der Aufsichtsrat, noch einzelne Kapitalanleger eine solche Anfrage stellen (vgl. in diesem Zusammenhang *Thoma* Selbstregulierung, S. 276).

setzungsverfahrens. – Die Unternehmen machen von der Möglichkeit einer Voranfrage durchaus, wenn auch moderat Gebrauch. So wurden in 2010 insgesamt 6 fallbezogene Voranfragen beschieden.[82] – Wegen dieses konkreten Fallbezugs ergeben sich keine Überschneidungen mit den Zuständigkeitsbereichen der Standard-Setzer und der ihnen zugeordneten Interpretations-Gremien RIC und IFRIC.[83]

IV. Die Durchführung des Prüfungsauftrags

52 Zum Verfahren der Durchsetzungs-Prüfung hat der Gesetzgeber nur wenige Bestimmungen zu jenen Fragen selbst getroffen, die er in seiner Verantwortung glaubte regeln zu sollen. Neben der zentralen Zielsetzung dieses Prüfverfahrens in § 342b Abs. 2 S. 1 (unten Rn 67) sind dies die Rechtsposition des betroffenen Unternehmens (§ 342b Abs. 4), die Ausrichtung der Prüfstelle und ihrer Beschäftigten auf eine gewissenhafte und unparteiische Prüfung sowie die Sanktionierung von Pflichtverletzungen (§ 342b Abs. 7), die Mitteilung des Prüfungsergebnisses an das Unternehmen (§ 342b Abs. 5) sowie die sonstigen Mitteilungen an die Bafin (§ 342b Abs. 6) und ggf. an die Staatsanwaltschaft und die Berufsaufsicht der Abschlussprüfer (§ 342b Abs. 8). Alle weiteren für die Vorsteuerung geordneter Prüfverfahren gebotenen Regelungen hat der Gesetzgeber der Verfahrensordnung zugewiesen (§ 342b Abs. 1 S. 2); ihre inhaltliche Ausgestaltung hat er der Prüfstelle überantwortet, zugleich aber hierfür das Bundesjustiz- und das Bundesfinanzministerium in Mitverantwortung genommen (§ 342b Abs. 1 S. 1/3; oben Rn 14). Über die inhaltlichen Anforderungen an die Verfahrensordnung hat der Gesetzgeber weitere Vorgaben für die Durchführung der Prüfverfahren statuiert: Der vorab festgelegte Verfahrensablauf muss eine unabhängige, sachverständige und vertrauliche Prüfung gewährleisten (§ 342b Abs. 1 S. 2). Auf der Grundlage dieser Vorgaben im Gesetz und in der Verfahrensordnung[84] ist es in der auf einvernehmliche Kooperation hin angelegten ersten Stufe des zweistufigen Durchsetzungsverfahrens (vor § 342b, Rn 1 f) Aufgabe der Prüfstelle und des konkret betroffenen Unternehmens, das Prüfverfahren, soweit geboten, für die konkrete Prüfung und ihren Ablauf noch weiter einvernehmlich auszugestalten.[85]

53 **1. Die verfahrensbezogene Organisation der Prüfstelle.** In der Deutschen Prüfstelle Rechnungslegung DPR e.V. ist die für die Durchführung der Durchsetzungs-Prüfung notwendige Aufbauorganisation in deren Satzung und in deren Verfahrensordnung[86] geregelt. Für das zentrale Geschäft der Durchsetzungs-Prüfungen hat der Verein ein besonderes Organ gebildet: die **Prüfstelle**[87] (§ 9 Abs. 1 DPR-Satzung). Innerhalb der Prüfstelle werden (neben einer Reihe von Ausschüssen)[88] Kammern gebildet; sie sind im Rahmen der einzelnen Durchsetzungs-Prüfungen für die Urteilsfindung zuständig (§ 4 Abs. 1 DPR-Verfahrensordnung; im Folgenden: VO). Die Zuständigkeiten richten sich nach dem Geschäftsverteilungsplan der Prüfstelle (§ 5 VO). Jeder Kammer gehören der Präsident der Prüfstelle (§ 1 Abs. 1 VO), ihr Vizepräsident (§ 1 Abs. 1 VO) und ein weiteres Mit-

---

[82] DPR Tätigkeitsbericht 2010, S. 11.
[83] *Meyer* BB 2010, 106.
[84] Die DPR-Verfahrensordnung ist unter www.frep.info verfügbar.
[85] *Thoma* Regulierte Selbstregulierung, S. 280.
[86] Verfügbar unter www.frep.org.
[87] Näher *Schmidt-Versteyl* Durchsetzung ordnungsgemäßer Rechnungslegung, S. 58 f; s. auch *Bangert* Organisation von Durchsetzungssystemen, S. 114 ff.
[88] Dazu näher *Schmidt-Versteyl* Durchsetzung ordnungsgemäßer Rechnungslegung, S. 48 f.

glied der Prüfstelle an (§ 4 Abs. 3 VO). Der einen Hälfte der Kammern sitzt der Präsident vor, der anderen Hälfte der Vizepräsident (s. § 4 Abs. 4 VO). In den Prozess der Urteilsfindung im Einzelfall sind mindestens zwei weitere Mitglieder der Prüfstelle einbezogen, die jedoch nicht der zur Urteilsfindung berufenen Kammer angehören: zum einen der „fallverantwortliche Prüfer" (§ 6 Abs. 1 VO); er hat sämtliche Prüfungstätigkeiten im Einzelfall durchzuführen, um der Kammer auf der Grundlage seines Prüfberichts (§ 17 Abs. 5 S. 1 VO) eine eigenständig (§ 17 Abs. 5 S. 2 VO) sachgerechte Entscheidungsfindung zu ermöglichen (§ 6 Abs. 2 VO). Zum anderen der „Berichtskritiker" (§ 8 Abs. 1 VO); seine Aufgabe ist es, die Prüfungsunterlagen des fallverantwortlichen Prüfers kritisch durchzusehen und auf dieser Grundlage zur Prüfung des fallverantwortlichen Prüfers im Einzelfall gegenüber der zuständigen Kammer Stellung zu nehmen (§ 8 Abs. 2 VO). Soweit geboten, kann die Arbeit des fallverantwortlichen Prüfers durch weitere beigezogene Prüfer (seien dies Mitglieder der Prüfstelle oder externe Honorarkräfte, § 7 Abs. 2 VO) verstärkt werden. Über ihren Beizug entscheidet der Kammervorsitzende; diese beigezogenen Prüfer dürfen ebenfalls nicht Mitglieder der zuständigen Kammer sein (§ 7 Abs. 2 VO). Anhand der Prüfungsunterlagen des fallverantwortlichen Prüfers (und ggf. des/oder der beigezogenen Prüfer) sowie der Stellungnahme des Berichtskritikers entscheidet die Kammer nach Beratung (ggf. nach Anhörung u.a. des fallverantwortlichen Prüfers, § 4 Abs. 7 VO) über das Ergebnis der konkreten Durchsetzungs-Prüfung mit der Mehrheit der Kammermitglieder (§ 4 Abs. 6 VO); der fallverantwortliche Prüfer und der Berichtskritiker sind an der Abstimmung nicht beteiligt.

Damit ist die Aufbau- und Ablauforganisation der Prüfstelle auf drei **Funktionsstellen** **54** **für die konkrete Durchsetzungs-Prüfung** hin angelegt: auf die Prüfung ohne abschließende Beurteilung durch den fallverantwortlichen Prüfer zum Ersten, auf die Kritik der Einzelprüfung durch den Berichtskritiker zum Zweiten und zum Dritten schließlich auf die abschließende und autoritative Beurteilung in der Durchsetzungs-Prüfung durch die zuständige Kammer der Prüfstelle. Diese unterschiedlichen Funktionen in der Prüfstelle hat jedes ihrer Mitglieder in den verschiedenen Prüfverfahren wahrzunehmen; dieser Rollentausch gilt allerdings nicht für den Präsident der Prüfstelle und den Vizepräsident: als „geborene" Mitglieder aller Kammern sind sie ausschließlich berufen, die Urteilsfunktion zu besetzen.

2. Der Ablauf des Prüfverfahrens

a) *Einleitung des Prüfverfahrens:* Für die anhaltsbezogenen Durchsetzungs-Prüfun- **55** gen der Prüfstelle (§ 342b Abs. 2 S. 3 Nr. 1, oben Rn 40) sammelt in der DPR der **Ausschuss der Medienanalyse** (§ 3 Abs. 1 Nr. 5 VO) aus der Wirtschaftspresse und weiteren Medien die für Durchsetzungsverfahren bedeutsamen Informationen und leitet diese an den DPR-**Vorprüfungs-Ausschuss** (§ 3 Abs. 1 Nr. 3 VO) weiter, damit dieser darüber befindet, ob eine anlassbezogene Prüfung eingeleitet werden soll. Das betroffene Unternehmen hat keinen Anspruch, über die Einleitung der Vorprüfung informiert oder gar in diesem Verfahrensabschnitt angehört zu werden;[89] die Vorprüfung ist ein bloßes Internum der Prüfstelle. – Eine solche Einleitungs-Entscheidung, welche die Beurteilung des öffentlichen Interesses (§ 342b Abs. 2 S. 4 HS 1; oben Rn 41) mit einschließt, kann der Vorprüfungs-Ausschuss auch auf der Grundlage von Eingaben Dritter fällen (§ 3 Abs. 1

[89] Anders *Bangert* Organisation von Durchsetzungssystemen, S. 117 f; *Hommelhoff/Mattheus* BB 2004, 93, 97.

Nr. 3 VO). – Mit der Entscheidung des Vorprüfungs-Ausschusses geht das Verfahren auf die nach dem Geschäftsverteilungsplan (§ 5 Abs. 1 Nr. 1 VO) zuständige **Kammer** über. Diese muss weiter tätig werden; einer Annahmeentscheidung der Kammer bedarf es nicht (arg. § 17 Abs. 1 S. 1 VO). Die als zuständig berufene Kammer kann sogar mit der Begründung nicht ihre Tätigkeit verweigern, ein Kammermitglied lasse seine Befangenheit im konkreten Prüfungsverfahren besorgen. In einem solchen Fall ist lediglich das betroffene Personal der Kammer gemäß § 4 Abs. 5 VO auszutauschen.

56 Sollte die Bafin die Einleitung einer Durchsetzungs-Prüfung nach § 342b Abs. 2 S. 3 Nr. 2 von der Prüfstelle **verlangen** (oben Rn 44), so richtet sich die zuständige Kammer ebenfalls nach dem in der Verfahrensordnung vorab und abstrakt festgelegten Geschäftsverteilungsplan (§ 5 Abs. 1 Nr. 2 VO). Die berufene Kammer kann die Durchführung des Prüfverfahrens nicht verweigern (s. oben Rn 55 aE). – Dasselbe gilt für Stichproben-Prüfungen nach § 342b Abs. 2 S. 3 Nr. 3: Für sie wählt der DPR-**Stichproben-Ausschuss** (§ 3 Abs. 1 Nr. 4 VO) anhand der nach § 342b Abs. 2 S. 5 vorab festgelegten Grundsätze die im Durchsetzungsverfahren zu prüfenden Abschlüsse und damit die betroffenen Unternehmen aus (§ 17 Abs. 1 S. 2 VO); seine Auswahlentscheidung bindet die nach § 5 Abs. 1 Nr. 3 VO zuständige Kammer: Sie muss nunmehr tätig werden.

57 b) *Benachrichtigungen und Unternehmenserklärung:* Sobald der Vorprüfungs-Ausschuss (oben Rn 55) die Einleitung eines Prüfverfahrens beschlossen hat, berichtet der Präsident der Prüfstelle dies der Bafin, damit diese ihrerseits zunächst prüft, ob der Durchsetzungs-Prüfung ein Hinderungsgrund nach § 342b Abs. 3 entgegensteht (oben Rn 48 ff); über das Ergebnis ihrer Prüfung informiert die Bafin die Prüfstelle. Ihre Benachrichtigung soll die Bafin dagegen nicht in die Lage versetzen, der Prüfstelle das weitere Prüfverfahren zu entziehen und es anstelle der Prüfstelle selbst fortzusetzen (arg. § 37p Abs. 1 S. 2 WpHG).

58 Im Anschluss an diese Vorklärungen informiert der Präsident der Prüfstelle das **betroffene Unternehmen** über die Einleitung der Durchsetzungs-Prüfung und gibt ihm Gelegenheit, an ihr mitzuwirken (§ 17 Abs. 2 S. 2 VO). Diese Mitteilung verbindet der Präsident mit der Aufforderung an das Unternehmen, sich über seine Mitwirkungs-Bereitschaft ausdrücklich zu erklären (arg. § 17 Abs. 2 S. 3 VO). Diese Aufforderung wird mit einer qualifizierten Belehrung in doppelter Hinsicht verbunden: zum Ersten darüber, dass die gesetzlichen Vertreter des Unternehmens und seine befassten sonstigen Angehörigen nach § 342b Abs. 4 S. 1 verpflichtet sind, richtige und vollständige Auskünfte zu erteilen sowie richtige und vollständige Unterlagen vorzulegen, falls das Unternehmen erklärt, mit der Prüfstelle (freiwillig) zusammenwirken zu wollen; und zum Zweiten sind die gesetzlichen Vertreter des Unternehmens und (auf dem Weg über sie) die sonstig befassten Unternehmensangehörigen über ihr Verweigerungsrecht nach § 342b Abs. 4 S. 2 zu belehren (§ 342b Abs. 4 S. 3). – Damit folgt aus den Bestimmungen in § 342b Abs. 4, die im Kooperations-Gedanken auf der ersten Stufe des Durchsetzungsverfahrens (oben vor § 342b, Rn 1) wurzeln, incidenter die gesetzliche Verpflichtung der Prüfstelle, das betroffene Unternehmen über die Einleitung einer gegen dies gerichteten Durchsetzungs-Prüfung zu informieren.[90]

59 Sollte das Unternehmen keine ausdrückliche Mitwirkungs-Erklärung in angemessenem Zeitraum abgeben oder gar die **Mitwirkung** ausdrücklich **verweigern**, so hat die

[90] AA *Thoma* Selbstregulierung, S. 280; er vermag keine gesetzliche Vorgabe für die Information des betroffenen Unternehmens zu entdecken.

Prüfstelle dies der Bafin zu berichten (§ 342b Abs. 6 Nr. 2). In diesem Falle wechselt die Durchsetzungs-Prüfung von der ersten kooperativen Stufe auf die zweite hoheitliche (arg. § 37p Abs. 1 S. 2 Nr. 1 WpHG): Die Bafin hat zu prüfen, ob konkrete Anhaltspunkte für einen Bilanzierungsverstoß vorliegen und ob ein öffentliches Klärungsinteresse nicht offensichtlich fehlt (§ 37o Abs. 1 S. 1). Die Bafin ordnet dann eine Durchsetzungs-Prüfung an, kann aber auch eine stichprobenartige Prüfung anordnen (§ 37o Abs. 1 S. 2 WpHG).

c) Der weitere *Ablauf des DPR-Prüfverfahrens* folgt ganz weitgehend bereits aus der **60** Aufbauorganisation der Prüfstelle (oben Rn 55 ff): Ihr Präsident beruft die nach § 5 VO zuständige Kammer ein; sie wiederum beschließt mit der nach § 4 Abs. 6 VO erforderlichen Mehrheit über die Einsetzung des für den konkreten Fall verantwortlichen (kammerfremden) Prüfers sowie des (ebenfalls kammerfremden) Berichtskritikers (oben Rn 55). Sollte der fallverantwortliche Prüfer nach seiner Einschätzung weitere Personalkapazität für die Durchführung der Prüfung benötigen, stimmt er sich darüber mit dem Kammervorsitzenden ab. Dieser schlägt sodann dem Präsidenten der Prüfstelle vor, wer als weiterer Prüfer beigezogen werden soll (§ 7 Abs. 3/4 VO).

Der **fallverantwortliche Prüfer** nimmt die nach seinem pflichtgemäßen Ermessen **61** erforderlichen Prüfungshandlungen (im Benehmen mit der zuständigen Kammer und ggf. nach ihren Vorgaben, § 6 Abs. 3 VO) im Einzelnen vor (§ 17 Abs. 4 S. 1 VO)[91]: Er nimmt Einblick in die Bücher und sonstigen Unterlagen des Unternehmens, verschafft sich Zugang zu seinen Geschäftsräumen und lässt sich das im Unternehmen etablierte System der Rechnungslegung und seine praktische Handhabung ggf. von den Unternehmensangehörigen erläutern oder befragt sie hinsichtlich einzelner Geschäftsvorfälle, ihrer Behandlung in der Rechnungslegung des Unternehmens und der dafür nach Ansicht der Zuständigen maßgeblichen Gründe. – Zur Mitwirkung der Unternehmensangehörigen und zu der des Abschlussprüfers unten Rn 74 ff.

Sobald und soweit im Einzelfall geboten, berichtet der fallverantwortliche Prüfer der **62** zuständigen Kammer über wesentliche **Zwischenergebnisse** seiner Prüfung (§ 17 Abs. 5 S. 1 VO). Das Gleiche gilt im Falle besonderer Vorkommnisse (§ 6 Abs. 4 VO). Unabhängig hiervon kann der Kammervorsitzende vom fallverantwortlichen Prüfer jederzeit (und ohne Angabe von Gründen) einen Bericht über seine bisherige Prüfung und deren Stand verlangen (§ 6 Abs. 4 VO).

Mit **Abschluss** seiner **Prüfungshandlungen** fasst der fallverantwortliche Prüfer seine **63** Feststellungen in einem schriftlichen Bericht zusammen und erläutert dabei auch die Durchführung seiner Prüfung (§ 17 Abs. 5 S. 1 VO); diese Unterlagen leitet er zusammen mit den übrigen Prüfungsunterlagen dem Berichtskritiker zur kritischen Durchsicht zu (§ 8 Abs. 2 S. 1 VO, oben Rn 55). Dieser kann vom fallverantwortlichen Prüfer ggf. zusätzliche Erläuterungen zum Prüfungsfall verlangen (§ 8 Abs. 2 S. 2 VO). Die Ergebnisse seiner kritischen Durchsicht fasst der Berichtskritiker in einer schriftlichen Stellungnahme zusammen und leitet diese (zusammen mit dem Bericht des fallverantwortlichen Prüfers) der zuständigen Kammer zu Händen ihres Vorsitzenden zu (§ 8 Abs. 2 S. 3 VO).

Über den Prüfungsbericht samt Berichtskritik **berät die zuständige Kammer** der Prüf- **64** stelle. Es steht in der Entscheidung der Kammer, ob sie zu ihrer Beratung den fallverantwortlichen Prüfer und beigezogene Prüfer (§ 7) hinzuziehen will oder andere Mitglieder der Prüfstelle (etwa auf einem Sachgebiet besonders Kundige). Auch eine Beiladung des

---

[91] *Thoma* Selbstregulierung, S. 280.

Berichtskritikers kommt in Betracht, obwohl § 4 Abs. 7 VO ihn nicht erwähnt. Warum er aber nicht, sofern geboten, zu einer sachgerechten Entscheidung der Kammer während ihrer Beratung beitragen sollte, ist nicht erfindlich.

65 Die abschließenden Feststellungen des fallverantwortlichen Prüfers binden die zuständige Kammer in ihrer Entscheidung zum konkreten Prüfungsfall nicht. Die **Kammer entscheidet** eigenständig, ob (und in welchen Punkten) die Rechnungslegung des Unternehmens fehlerhaft ist (§ 17 Abs. 5 S. 2). Sollte dies der Fall sein, so hat die Kammer ihr Prüfungsergebnis zu begründen (§ 17 Abs. 6 S. 2 HS 1 VO), nicht hingegen, wenn die Kammer keinen Verstoß gegen Rechnungslegungsvorschriften feststellen kann. – Zu den Mitteilungen an das Unternehmen und die Bafin unten Rn 83.

3. Prüfungsumfang, -ziel und -maßstäbe

66 a) Während sich der **Prüfungsumfang** bei der Stichproben-Prüfung (§ 342b Abs. 2 S. 3 Nr. 3, oben Rn 45) im Zuständigkeitsbereich der DPR-Prüfstelle nach den periodischen, zum Teil branchenspezifischen Themenschwerpunkten richtet, die der DPR-Stichproben-Ausschuss gemäß § 342b Abs. 2 S. 5/§ 3 Abs. 1 Nr. 4 DPR-VO[92] festgelegt hat[93], und bei der Verlangensprüfung danach, wie die Bafin (§ 342b Abs. 2 S. 3 Nr. 2) ihr Verlangen zugeschnitten hat, findet eine Anlassprüfung (oben Rn 40) bloß in jenen Grenzen statt, die sich aus den konkreten Anhaltspunkten für einen Verstoß gegen Rechnungslegungsvorschriften ergeben. Oder anders formuliert: Der hinreichend konkrete Verdacht eines Regelverstoßes im Einzel- oder Konzernabschluss eines Unternehmens führt keineswegs dazu, dass die Prüfstelle nunmehr den Einzel- oder Konzernabschluss in Gänze zu prüfen hat oder auch nur prüfen darf. Der eingeschränkte Prüfungsumfang bei der Anlassprüfung folgt aus dem Wortlaut der Nr. 1: „soweit" und findet seine Rechtfertigung in der Erwägung, dass die Prüfstelle (trotz des Verdachts eines Vorschriftenverstoßes) mitnichten gehalten ist, die Prüfung durch den Abschlussprüfer[94] noch einmal zu wiederholen. Freilich komm eine Ausweitung des Prüfungsumfangs in Betracht, sobald sich im Rahmen der Durchsetzung-Prüfung weitere konkrete Anhaltspunkte für Vorschriftenverstöße ergeben.[95]

67 b) **Ziel** der Durchsetzungs-Prüfung im Einzelfall ist die Feststellung, ob eines der nach § 342b Abs. 2 S. 1 relevanten Prüfungsobjekte (oben Rn 33 ff) den Vorschriften zur Rechnungslegung entspricht oder ob in ihm gegen solche Vorschriften verstoßen worden ist. Dies Ziel gilt für alle drei Prüfungsanlässe gemäß § 342b Abs. 2 S. 3 gleichermaßen. Bei der Anlassprüfung nach Nr. 1 zielt die Durchsetzungs-Prüfung darauf ab festzustellen, ob sich der konkrete Verdacht eines Regelverstoßes erhärtet und bestätigt oder nicht. – Sollte das Prüfungsverfahren zum Ergebnis eines Regelverstoßes gelangen, so zielt die Durchsetzungs-Prüfung weitergehend darauf ab, dass das Unternehmen seinen Fehler in der Rechnungslegung in den dafür vorgesehenen Verfahren (unten Rn 83/86) bereinigt. Auch dies gilt für die drei Prüfungsanlässe gleichermaßen.

---

92 Die DPR-Regelwerke sind unter www.frep.info verfügbar.

93 Zur Beschränkung des Prüfungsumfangs bei der Stichprobenprüfung s. *Ebke/Paal* § 342b, Rn 19 mwN.

94 *Ebke/Paal* § 342b, Rn 19; Beck BilKom/*Ellrott/Grottel* § 342b, Rn 17/20; *Hennrichs* ZHR 2004, 383, 404; *Schmidt-Versteyl* Durchsetzung ordnungsgemäßer Rechnungslegung, S. 107; *Thoma* Selbstregulierung, S. 281.

95 *Ebke/Paal* § 342b, Rn 19; *Schmidt-Versteyl* Durchsetzung ordnungsgemäßer Rechnungslegung, S. 107; tendenziell offener KK/*Claussen/Mock* § 342b, Rn 16.

c) **Prüfungsmaßstab** für die Tätigkeit der Prüfstelle sind nach § 342b Abs. 2 S. 1 zum einen die gesetzlichen Vorschriften zur Rechnungslegung einschließlich der Grundsätze ordnungsmäßiger Buchführung und zum anderen jene sonstigen Rechnungslegungsstandards, die das Gesetz zugelassen hat. Zu den so zugelassenen Standards zählen für die Konzernrechnungslegung über § 315a namentlich die IFRS und über § 292 bestimmte Rechnungslegungsvorschriften anderer EU/EWR-Mitgliedstaaten, aber auch die von Drittstaaten.[96] In der Prüfungspraxis der DPR kommt den Verstößen gegen die IFRS wegen deren Umfang und Komplexität sowohl quantitativ als auch qualitativ besonderes Gewicht zu.[97] Dagegen scheiden Satzungsbestimmungen zur Rechnungslegung als Maßstab für die Durchsetzungsprüfung aus.[98] Das folgt zum einen aus dem rechtssystematischen Abgleich mit dem Wortlaut des § 317 Abs. 1 S. 2 und dem darin enthaltenen Prüfungsmaßstab für die Abschlussprüfung sowie zum anderen aus der Kapitalmarkt-Orientierung des zweistufigen Durchsetzungssystems (vor § 341b Rn 5). Der Kapitalmarkt ist auf Standardisierung und standardisierte Anlegerinformationen hin angelegt; für unternehmensindividuelle Informationsregeln ist auf den Kapitalmärkten kein Raum. Konsequent ist die Durchsetzung ihrer Einhaltung auch kein Ziel der Durchsetzungs-Prüfung. **68**

4. Handlungsmaximen und ihre Sanktionierung. Gegenüber dem Unternehmen, dessen Rechnungslegung einer Durchsetzungs-Prüfung unterzogen wird, ist die Prüfstelle verpflichtet, diese Prüfung gewissenhaft und unparteiisch durchzuführen (§ 342b Abs. 7 HS 1). Da zwischen der Prüfstelle und dem Unternehmen durch dessen Erklärung zur Mitwirkung (unten Rn 73) ein Schuldverhältnis nach § 311 Abs. 2 Nr. 3 BGB (der Aufnahme von Vertragsverhandlungen ähnliche geschäftliche Kontakte) entsteht, aus dem die in § 342b Abs. 7 niedergelegten Pflichten erwachsen, haftet die Prüfstelle, wenn ein mit der Prüfung befasster Beschäftigter diesen Pflichten schuldhaft zuwiderhandelt, nach §§ 278, 280 Abs. 1 BGB auf **Schadenersatz.**[99] Daneben haftet der Prüfstellen-Beschäftigte für die schuldhafte Pflichtverletzung dem Unternehmen persönlich. § 342b Abs. 7 HS 2 erstreckt nicht allein die dort genannten Verhaltenspflichten auf die mit der konkreten Durchsetzungs-Prüfung Befassten, sondern für deren Eigenhaftung weitergehend auch die Haftungsgrundlage aus §§ 311 Abs. 2 Nr. 3/280 Abs. 1 BGB/§ 342b Abs. 7 HS 2. Diese Gleichstellung entspricht der bei der Haftung des Abschlussprüfers und seiner Gehilfen aus § 323 Abs. 1.[100] **69**

Allerdings haften Prüfstelle und Beschäftigte allein bei **vorsätzlicher Pflichtverletzung** (§ 342b Abs. 7 HS 2), also nicht bei grober und erst recht nicht bei leichter Fahrlässigkeit. Mit diesem Haftungsprivileg hat der Bundestag (entgegen den Vorstellungen des Bundesrats)[101] die Funktionsfähigkeit der Prüfstelle gewährleisten und die Attraktivität **70**

---

96 *Gelhausen/Hönsch* AG 2005, 511, 514; *Hommelhoff/Mattheus* BB 2004, 93, 96.

97 DPR-Tätigkeitsbericht 2010, S. 6 ff (www.frep.info); *Meyer* Zeitschrift für internationale Rechnungslegung (IRZ) 2010, 153.

98 Fuchs/*Zimmermann* § 37n WpHG, Rn 18; aA Beck BilKom/*Ellrott/Grottel* § 342b, Rn 17; *Gelhausen/Hönsch* AG 2005, 511, 514; *Schmidt-Versteyl* Durchsetzung ordnungsgemäßer Rechnungslegung, S. 101 f.

99 AA *Ebke/Paal* § 342b, Rn 52; Koller/Roth/*Morch* § 342b, Rn 11; Fuchs/*Zimmermann* § 37n WpHG, Rn 21: regelmäßig einzig deliktsrechtliche Ansprüche; Beck BilKom/*Ellrott/Grottel* § 342b, Rn 63: § 342b Abs. 2/7 als Schutzgesetz im Sinne von § 823 II BGB.

100 *Ebke/Paal* § 342b, Rn 49.

101 Zur Gesetzgebungsgeschichte *Schmidt-Versteyl* Durchsetzung ordnungsgemäßer Rechnungslegung, S. 209 mwN.

einer Mitarbeit in ihr absichern wollen.[102] In den institutionellen Funktionsschutz der Prüfstelle ist die Haftung für grobe Fahrlässigkeit zutreffend mit einbezogen worden.[103] Die Grenzlinie hinüber zur leichten Fahrlässigkeit wird in aller Regel erst in einem konkreten Haftungsprozess zu ziehen sein, und schon die drohenden Belastungen aus einem solchen Prozess würden die Tätigkeit der Prüfstelle und die ihrer Beschäftigten lähmen. – Da allein wegen vorsätzlichen Verstoßes gegen die Pflicht zu gewissenhafter und unparteiischer Durchsetzungs-Prüfung gehaftet wird, kommt eine Haftungsbegrenzung der Höhe nach (wie in §§ 342c Abs. 2/323 Abs. 2 S. 2) nicht in Betracht.

71 In der Deutschen Prüfstelle für Rechnungslegung (DPR) ist die gesetzliche Vorgabe einer gewissenhaften und unparteiischen Durchsetzungs-Prüfung in der DPR-**Verfahrensordnung** mit Regelungen zur Prüferunabhängigkeit detailliert näher entfaltet worden (§§ 13 ff DPR-VO). Im Haftungsprozess liefern diese Regelungen dem Richter freilich bloß einen Anhalt für die Feststellung, ob Prüfer und Prüfungsstelle pflichtwidrig parteiisch geprüft haben. So kann etwa aus der Tatsache, dass ein Prüfer erst vor zwei Jahren aus dem Vorstand der geprüften Gesellschaft ausgeschieden und er deshalb nach § 14 Abs. 2 Nr. 2 DPR-VO von der Durchsetzungs-Prüfung ausgeschlossen ist, mitnichten zwingend geschlossen werden, er habe parteiisch geprüft. Ein solch' zwingender Schluss lässt sich auch nicht mit der Erwägung begründen, Bundesjustiz- und Bundesfinanzministerium hätten die Verfahrensordnung im Rahmen des Anerkennungsverfahrens (§ 342b Abs. 1 S. 2, oben Rn 15) gutgeheißen. Hieraus folgt keine gesetzesgleiche Konkretisierung des Tatbestandsmerkmals „unparteiisch" in § 342b Abs. 7 HS 1.

72 Eine **Dritthaftung** der Prüfstelle und ihrer Beschäftigten gegenüber bestimmten Adressaten der Rechnungslegung des geprüften Unternehmens kommt nicht in Betracht. Die Durchsetzungs-Prüfung dient dem institutionellen Schutz der Kapitalmärkte und der Anleger auf ihnen (oben vor § 342b Rn 5), aber nicht dem Individualschutz einzelner Publizitätsadressaten.[104]

73 **5. Unternehmensmitwirkung und Folgepflichten.** Gegenüber der Prüfstelle ist das von einer geplanten Durchsetzungs-Prüfung betroffene Unternehmen **nicht zur Mitwirkung** an der Prüfung verpflichtet; die in § 342b Abs. 4 S. 1 aufgelisteten Pflichten sind Folgepflichten, die erst in dem Augenblick entstehen, da sich das Unternehmen zur Mitwirkung entschließt und eine dahingehende Mitwirkungserklärung gegenüber der Prüfstelle abgibt (oben Rn 58).[105] Die Prüfstelle hat auf der auf Kooperation hin angelegten ersten Stufe des Durchsetzungs-Verfahrens (oben vor § 342b, Rn 1) keine rechtlichen Möglichkeiten, das betroffene Unternehmen zur Mitwirkung zu zwingen. Allerdings geht das Durchsetzungs-Verfahren bei versagter Unternehmensmitwirkung auf die zweite hoheitliche Stufe über (§ 37p Abs. 1 S. 2 Nr. 1 WpHG, oben Rn 59); auf ihr kann die Bafin das Unternehmen und seine Angehörigen zur Mitwirkung zwingen (§ 37o Abs. 4 WpHG) und dies auch mit Zwangsmitteln durchsetzen.[106]

---

102 Begr RegE BilKoG, Bundestags-Dr 15/3421, S. 15/16.

103 Zweifelnd dagegen u.a. *Ebke/Paal* § 342b, Rn 52; Koller/Roth/*Morck* § 342b, Rn 11.

104 *Ebke/Paal* § 342b, Rn 53; Koller/Roth/*Morck* § 342b, Rn 11.

105 *Bangert* Organisation von Durchsetzungssystemen, S. 118; s. aber auch *Schmidt-Versteyl* Durchsetzung ordnungsgemäßer Rechnungslegung, S. 114 f mit Hinweis auf einen möglichen Verstoß der Geschäftsleitung gegen die Pflicht zu ordnungsmäßiger Geschäftsführung (§ 93 I AktG, § 43 I GmbHG), falls sie die Mitwirkung verweigert.

106 Dazu *Hönsch* in: Assmann/Schneider, § 37o WpHG, Rn 43.

a) Die **Folgepflichten** nach erklärter Mitwirkungs-Bereitschaft (oben Rn 73) treffen die gesetzlichen Vertreter des Unternehmens, also seine Vorstandsmitglieder und Geschäftsführer unabhängig davon, ob sie innerhalb der Geschäftsleitung für die Rechnungslegung zuständig sind oder nicht. Zu den gesetzlichen Vertretern sind in extensiver Interpretation des § 342b Abs. 4 S. 1 auch die Aufsichtsratsmitglieder zu zählen, da Jahres- und Konzernabschluss von ihnen nach Prüfung mit in Kraft gesetzt worden sind (§§ 172, 171 Abs. 2 S. 5 AktG).[107] Entsprechendes gilt für die Mitglieder eines Verwaltungsrats, wenn er vergleichbar für die Rechnungslegung mitverantwortlich zeichnet, und für die des SE-Verwaltungsorgans im monistischen System (Art. 43 SEVO). Aktionäre und Gesellschafter sind dagegen keine gesetzlichen Vertreter im Sinne des § 342b Abs. 4 S. 1 – auch keine Paketaktionäre, institutionellen Investoren oder Mehrheitsgesellschafter. Das muss sogar dann gelten, wenn diese über die Hauptversammlung den Jahresabschluss und/oder den Konzernabschluss nach § 173 Abs. 1 AktG gebilligt haben sollten. Für den Informationsgehalt der Rechnungslegung, den die Prüfstelle durch ihre Durchsetzungs-Prüfung mit sicherstellen soll, fällt dem Aktionärs- oder Gesellschafter-Entscheid nicht jenes Gewicht zu, das sie zu Auskunftspersonen im Prüfverfahren machen würde. 74

Folgepflichtig gegenüber der Prüfstelle sind nach der Mitwirkungserklärung des Unternehmens aber auch die **sonstigen Personen**, derer sich die gesetzlichen Vertreter bei der Mitwirkung bedienen (§ 342b Abs. 4 S. 1). Ihr Kreis bestimmt sich also nicht danach, ob jemand an der Aufstellung der Rechnungslegung beteiligt war, sondern danach, ob die gesetzlichen Vertreter des betroffenen Unternehmens bestimmte Personen zur Mitwirkung an der Durchführung der Durchsetzungs-Prüfung berufen. In der Praxis werden das vernünftigerweise jene Personen sein, die an der Abschlussaufstellung beteiligt gewesen sind. Allerdings zwingt das Gesetz die Unternehmensleitung keineswegs dazu, der Prüfstelle von Anbeginn eine Generalermächtigung zur Kontaktnahme mit Unternehmensangehörigen zu erteilen. Vielmehr bleibt es der Unternehmensleitung unbenommen, sich selbst oder ein primär verantwortliches Leitungsmitglied als Ansprechpartner für Auskünfte und die Vorlage von Unterlagen gegenüber der Prüfstelle zu benennen. Aus der Verweigerung einer Generalermächtigung darf deshalb nicht geschlossen werden, das Unternehmen verweigere seine Mitwirkung an der Durchsetzungs-Prüfung. Umgekehrt steht es jedoch im pflichtgemäßen Ermessen der Prüfstelle und der in ihr für die konkrete Prüfung zuständigen Prüfstellen-Mitglieder (oben Rn 60), die Mitwirkung bestimmter Unternehmensangehöriger zu verlangen, wenn ihnen die Mitwirkung der Unternehmensleitung allein nicht ausreicht. Sollte diese dann die „Freigabe" (also vor allem auch die Entbindung von der Verschwiegenheitspflicht) des benannten Unternehmensangehörigen verweigern, so hat die Prüfstelle darüber zu befinden, ob sie dies wegen des Gewichtes, das der Mitwirkung des Angehörigen im konkreten Durchsetzungs-Verfahren mutmaßlich zukommt, als Mitwirkungsverweigerung des Unternehmens qualifizieren will und deshalb die Prüfung an die Bafin nach § 37p Abs. 1 S. 2 Nr. 1 WpHG (oben Rn 59) abgibt, damit diese die verwaltungsverfahrensrechtlichen Zwangsmittel einsetzen kann (§ 37o Abs. 4 S. 1/§ 17 S. 1 Finanzdienstleistungsaufsichtsgesetz). 75

Somit ist für die **Entstehung der Folgepflichten** aus § 342b Abs. 4 S. 1 zu unterscheiden: Sobald die Unternehmensleitung (also in einer AG deren Vorstand nach § 78 AktG) die Mitwirkung des Unternehmens erklärt hat, sind dessen gesetzliche Vertreter (oben Rn 74) von Gesetzes wegen zur Mitwirkung verpflichtet (arg. § 342b Abs. 4 S. 1), sonstige Unternehmensangehörige dagegen erst dann, wenn die Unternehmensleitung 76

[107] Im Ergebnis so auch *Hönsch* in: Assmann/Schneider, § 37o WpHG, Rn 33.

sich ihrer bei der eigenen Mitwirkung an der Durchsetzungs-Prüfung bedient. Da diese Einschaltung die Verpflichtung der sonstigen Angehörigen begründet, muss die Leitung sie diesen gegenüber ausdrücklich erklären. Die sonstigen Unternehmensangehörigen brauchen schon deshalb Klarheit über ihre Pflichtenlage, weil ihre ungerechtfertigte Mitwirkungs-Verweigerung (unten Rn 78) der geprüften Gesellschaft erhebliche Nachteile im Durchsetzungs-Verfahren bescheren kann. Zudem sind sie über ihr Verweigerungsrecht aus § 342b Abs. 4 S. 2 zu belehren (§ 342b Abs. 4 S. 3).

77 **b**) Sobald die Unternehmensangehörigen gemäß § 342b Abs. 4 S. 1 (oben Rn 76) zur Mitwirkung verpflichtet sind, haben sie die von der Prüfstelle erbetenen **Auskünfte** richtig und vollständig zu erteilen sowie die eingeforderten **Unterlagen** richtig und vollständig vorzulegen. Die gesetzliche Verpflichtung zu Verschwiegenheit und Vertraulichkeit gilt von jenem Moment an, da das Unternehmen seine Mitwirkungs-Bereitschaft gegenüber der Prüfstelle erklärt (oben Rn 73), für Vorstands- und Aufsichtsratsmitglieder nicht mehr (§ 93 Abs. 1 S. 4/§ 116 S. 1 AktG)[108], soweit es um Informationen im Rahmen einer Durchsetzungs-Prüfung gegenüber der Prüfstelle geht. Im selben Umfang befreit eine „Freigabe" durch die Unternehmensleitung (oben Rn 75) die eingeschalteten sonstigen Unternehmensangehörigen von ihrer dienstvertraglichen Verschwiegenheitspflicht. Wer dennoch gegen das gesetzliche Gebot zu richtiger und vollständiger Information der Prüfstelle (§ 342b Abs. 4 S. 1) verstößt, ist nach § 342e mit einer Geldbuße in Höhe von bis zu 50.000 € bedroht.

78 c) Der einzelne Unternehmensangehörige kann seine Mitwirkung, also die Erteilung von Auskünften und die Vorlage von Unterlagen, nach § 342b Abs. 4 S. 2 **gerechtfertigt verweigern** (muss dies aber nicht), falls und soweit er sich selbst oder einen Angehörigen im Sinne des § 52 StPO durch die der Prüfstelle gewährte Information straf- oder ordnungswidrigkeitenrechtlicher Verfolgung aussetzen würde. Dies Verweigerungsrecht beruht auf der Überlegung, dem Verpflichteten keine Selbstanzeige zumuten zu wollen.[109] Relevante Angehörige sind Verlobte, Ehegatten, Lebenspartner und Verwandte nach näherer Bestimmung des § 52 Abs. 1 Nr. 3 StPO. Als Straf- und Ordnungswidrigkeitsvorschriften kommen namentlich die §§ 331 ff in Betracht. Die nach § 342b Abs. 1 S. 1 zur Mitwirkung Verpflichteten hat die Prüfstelle[110] über ihr Verweigerungsrecht zu belehren, wenn sie Auskünfte oder Unterlagen einfordert (§ 342b Abs. 4 S. 3). Daraus folgt, dass die Prüfstelle nicht ungezielt das betroffene Unternehmen zu Auskunft oder Unterlagenvorlage auffordern darf, sondern dies gezielt gegenüber benannten Adressaten tun muss, um diese Aufforderung mit der Belehrung über das Verweigerungsrecht zu verbinden. Belehrt werden müssen auch Vorstands- und Aufsichtsratsmitglieder. Sollte die gesetzlich vorgeschriebene Belehrung unterblieben sein, so sind die erteilten Auskünfte und die vorgelegten Unterlagen im gesamten Durchsetzungs-Verfahren, also ggf. ebenfalls auf seiner zweiten Stufe durch die Bafin unverwertbar.[111] Andernfalls liefe der mit der Belehrungspflicht intendierte Schutz bestimmter Unternehmensangehöriger leer.

---

108 Zur Gesetzgebungsgeschichte *Schmidt-Versteyl* Durchsetzung ordnungsgemäßer Rechnungslegung, S. 116 f mwN.

109 *Schmidt-Versteyl* Durchsetzung ordnungsgemäßer Rechnungslegung, S. 119 im Anschluss an *Kümpel/Assmann.*

110 *Schmidt-Versteyl* Durchsetzung ordnungsgemäßer Rechnungslegung, S. 120.

111 *Schmidt-Versteyl* Durchsetzung ordnungsgemäßer Rechnungslegung, S. 120.

6. Mitwirkung des Abschlussprüfers. Die für die sonstigen Unternehmensangehörigen (oben Rn 75) entwickelten Grundsätze gelten in gleicher Weise für den Abschlussprüfer des Unternehmens als „sonstige Personen" im Sinne des § 342b Abs. 4 S. 1.[112] Daraus folgt im einzelnen: Der Abschlussprüfer, d.h. der bestellte Einzelprüfer oder die bestellte Prüfungsgesellschaft samt ihren Prüfungsgehilfen, darf nur dann und insoweit an der Durchsetzungs-Prüfung mitwirken, wie das betroffene Unternehmen ihn hierfür „freigibt".[113] Dazu ist das Unternehmen nicht verpflichtet – weder gegenüber der Prüfstelle (was im Umkehrschluss aus § 37o Abs. 4 S. 1 WpHG folgt), noch gegenüber dem Abschlussprüfer, obwohl dieser regelmäßig von der Durchsetzungs-Prüfung mit betroffen ist, namentlich bei einer Anlassprüfung (oben Rn 40), wenn er der Rechnungslegung des Unternehmens einen uneingeschränkten Bestätigungsvermerk erteilt hat und eine Meldung an die Wirtschaftsprüferkammer nach § 342b Abs. 8 S. 2 nicht ausgeschlossen ist. Das Durchsetzungs-Verfahren der Prüfstelle hat die Ordnungsmäßigkeit der Rechnungslegung zum Ziel (oben vor § 342b, Rn 5 f), aber nicht die Ordnungsmäßigkeit der Abschlussprüfung.[114] Deshalb binden die Feststellungen der Prüfstelle nicht die Wirtschaftsprüferkammer in einem möglichen Verfahren der Berufsaufsicht;[115] in ihm ist der betroffene Abschlussprüfer aufgerufen, sich gegen den Vorwurf einer Verletzung seiner Berufspflichten zu wehren. Konsequent braucht das von ihm geprüfte Unternehmen ihm nicht die Gelegenheit zu verschaffen, sich bereits im Durchsetzungs-Verfahren gegen den Vorwurf einer pflichtwidrigen Abschlussprüfung zu verteidigen. Bei der „Freigabe des Abschlussprüfers" kann sich das betroffene Unternehmen ganz auf seine eigenen Interessen konzentrieren; ihm bleibt die freie Entscheidung, ob es den Abschlussprüfer überhaupt nicht in die Durchsetzungs-Prüfung einschalten oder ihn lediglich intern beiziehen oder ihn extern zur Mitwirkung an der Durchsetzungs-Prüfung aufrufen will.[116] Daraus folgt umgekehrt: Anders als die Bafin (§ 37o Abs. 4 S. 1 WpHG) kann die Prüfstelle die Mitwirkung des Abschlussprüfers aus allein eigener Rechtsmacht nicht erzwingen; und umgekehrt ist es ebenfalls dem Abschlussprüfer verwehrt, aus eigenem Antrieb an der Durchsetzungs-Prüfung mitzuwirken. 79

Allerdings wird das betroffene Unternehmen in aller Regel von sich aus Wert darauf legen, den Abschlussprüfer, den „Sparringspartner"[117] seines Vorstands und Aufsichtsrats in das Durchsetzungs-Verfahren einzubinden, und ihn gegenüber der Prüfstelle „freigeben" – insbesondere wenn der Gegenstand der Durchsetzungs-Prüfung im Rahmen der Abschlussprüfung zuvor zwischen den Unternehmensorganen und dem Abschlussprüfer beraten worden war. Im Falle der „Freigabe" ist der **Abschlussprüfer zur Mitwirkung verpflichtet**; gegenüber der Prüfstelle folgt dies aus § 342b Abs. 4 S. 1 (oben Rn 79), gegenüber dem Unternehmen aus der Bestellung des Abschlussprüfers (§ 119 Abs. 1 Nr. 4 AktG) und aus seinem Prüfungsauftrag (§ 111 Abs. 2 S. 3 AktG). Die Mitwirkung des Abschlussprüfers an der Durchsetzungs-Prüfung ist integraler Bestandteil der gesetz- 80

---

112 *Bräutigam/Heyer* AG 2006, 188, 192; *Ebke/Paal* § 342b, Rn 34; Beck BilKom/*Ellrott/Grottel* § 342b, Rn 39; *Gelhausen/Hönsch* AG 2005, 511, 521; *Schmidt-Versteyl* Durchsetzung ordnungsgemäßer Rechnungslegung, S. 121.

113 Die „Freigabe" reicht über die bloße Entbindung von der Verschwiegenheitspflicht (mit ihr wollen sich Beck BilKom/*Ellrott/Grottel* § 342b, Rn 39 begnügen) hinaus; allerdings wird man regelmäßig in einer Entbindung die konkludente „Freigabe" erblicken können. – Unternehmensintern ist für die Freigabe der Aufsichtsrat/Prüfungsausschuß zuständig, nicht der Vorstand (aA *Gelhausen/Hönsch* AG 2005, 511, 518; *Pfiffner* Revisionsstelle und Corporate Governance, S. 976).

114 *Ebke/Paal* § 342b, Rn 34.

115 So schon *Gelhausen/Hönsch* AG 2005, 511, 521.

116 S. *Gelhausen/Hönsch* AG 2005, 511, 521.

117 *Hommelhoff/Mattheus* BB 2004, 93, 98.

lichen Abschlussprüfung.[118] Hinsichtlich des Prüferhonorars bedarf der Prüfungsauftrag dann jedoch ggf. noch der Ergänzung. – Sollte der Abschlussprüfer dennoch die Mitwirkung verweigern, so kann die Prüfstelle dies je nach dem Gewicht, das dem Prüferbeitrag in der konkreten Durchsetzungs-Prüfung zukommt, als verweigerte Mitwirkung des Unternehmens werten[119] und damit das Durchsetzungs-Verfahren nach § 37p Abs. 1 S. 2 Nr. 2 WpHG auf die zweite Stufe vor der Bafin verlagern. Zwar handelt der Abschlussprüfer auch bei der Mitwirkung an der Durchsetzungs-Prüfung unter eigener Verantwortung (unten Rn 81); aber nur auf der zweiten Stufen stehen der Bafin die Mittel zur Verfügung, um die Prüfermitwirkung ggf. zwangsweise durchzusetzen (§ 37o Abs. 4 S. 1 WpHG/§ 17 S. 1 Finanzdienstleistungsaufsichtsgesetz), soweit dies für die Durchführung der Durchsetzungs-Prüfung geboten ist. Das Unternehmen kann dann u.U. Schadenersatz wegen schuldhafter Verletzung der Prüferpflichten verlangen (§ 323).

81 Im Rahmen der „Freigabe zur Mitwirkung" entbindet das Unternehmen den Abschlussprüfer von seiner gesetzlichen **Verschwiegenheitspflicht** (§ 322 Abs. 1), soweit es Informationen an die Prüfstelle betrifft. Verwehrt ist dem Unternehmen dagegen eine Feinsteuerung der Prüfer-Mitwirkung;[120] so kann es ihm weder die Erteilung bestimmter Auskünfte untersagen, noch die Vorlage bestimmter Unterlagen. Da die Prüfer-Mitwirkung am Durchsetzungs-Verfahren integraler Bestandteil der gesetzlichen Abschlussprüfung ist (oben Rn 80), agiert der Abschlussprüfer auch bei seiner Mitwirkung in eigener Verantwortung.[121] Aus dem „sich ... bedienen" im § 342b Abs. 4 S. 1 folgt keine Einschränkung der Prüferautonomie. Das schließt es freilich nicht aus, dass der Abschlussprüfer die Verwaltungsorgane des Unternehmens bei deren Mitwirkung an der Durchsetzungs-Prüfung unterstützt (etwa durch ergänzende Stellungnahmen),[122] sofern der Abschlussprüfer dies mit seiner eigenen Prüferverantwortung vereinbaren kann.

82 Wie jede andere zur Mitwirkung an der Durchsetzungs-Prüfung „freigegebene" Person ist der Abschlussprüfer zur Erteilung richtiger und vollständiger **Auskünfte** und zur Vorlage richtiger und vollständiger **Unterlagen** verpflichtet (§ 342b Abs. 4 S. 1). Das betrifft die Arbeitspapiere und vergleichbare Dokumente des Abschlussprüfers, soweit diese für die Durchsetzungs-Prüfung eines speziellen Fehlers in der Rechungslegung bedeutsam sind.[123] Im Übrigen steht ebenfalls dem Abschlussprüfer das Verweigerungsrecht aus § 342b Abs. 4 S. 2 (mitsamt Belehrung nach S. 3) offen (oben Rn 78); für ihn sind ein Strafverfahren nach § 332 oder ein Ordnungswidrigkeitenverfahren nach § 334 Abs. 2 relevant. In entsprechender Anwendung des § 342b Abs. 4 S. 2 steht dem Abschlussprüfer ein Mitwirkungs-Verweigerungsrecht darüber hinaus zu, wenn ihm im Gefolge der Durchsetzungs-Prüfung ein berufsgerichtliches Verfahren mit einem Tätigkeits- oder gar Berufsverbot nach §§ 111 ff WPO drohen könnte. Im Vergleich zu einer Geldbuße von bis zu 50.000 (§ 334 Abs. 3) wiegt ein Tätigkeits- und Berufsverbot immateriell und materiell erheblich schwerer; bei ihm muss daher der Gedanke der unzumutbaren Selbstbezichtigung (oben Rn 78) erst recht zum Zuge kommen.

---

[118] *Gelhausen/Hönsch* AG 2005, 511, 522; i.E. so auch *Bräutigam/Heyer* AG 2006, 188, 193.

[119] S. *Bräutigam/Heyer* AG 2006, 188, 193; Fuchs/*Zimmermann* §§ 37o/p WpHG, Rn 22; vgl. auch DPR Tätigkeitsberichte 2005, 19; 2006, 17.

[120] AA wohl *Gelhausen/Hönsch* AG 2005, 511, 522.

[121] Zur Eigenverantwortlichkeit des Abschlussprüfers u.a. *Ebke* Münchener Komm HGB, 2. Aufl. 2008, § 316, Rn 34.

[122] Vgl. *Gelhausen/Hönsch* AG 2005, 511; s. auch *Bräutigam/Heyer* AG 2006, 188, 192 f.

[123] OLG Frankfurt AG 2007, 207, 208; *Bräutigam/Heyer* AG 2006, 188, 193; KK/*Claussen/Mock* § 342b, Rn 26; *Paal* BB 2007, 1775; aA *Gelhausen/Hönsch* AG 2005, 511, 522.

7. Abschluss und Ergebnis der Durchsetzungs-Prüfung

a) Sobald die für die konkrete Durchsetzungs-Prüfung zuständige Kammer der Prüfstelle (oben Rn 60) ihre Prüfung beendet, beschließt sie mit der Mehrheit ihrer Mitglieder (§ 4 Abs. 6 DPR-VO[124]) über deren **Ergebnis**, also darüber, ob sie einen Fehler in der Rechnungslegung des Unternehmens festgestellt hat oder nicht. Das Ergebnis ihrer Durchsetzungs-Prüfung teilt die Prüfstelle dem Unternehmen mit (§ 342b Abs. 5 S. 1). Sollte die Prüfung zum Ergebnis fehlerhafter Rechnungslegung geführt haben, so hat die Prüfstelle die Entscheidung der Kammer gegenüber dem Unternehmen zusätzlich zu begründen[125] und diesem Gelegenheit zu gewähren, sich binnen angemessener Frist[126] dazu zu äußern, ob es mit diesem Ergebnis einverstanden ist (§ 342b Abs. 5 S. 2). Sollte das Unternehmen sein Einverständnis verweigern (oder sich innerhalb der gesetzten Frist überhaupt nicht äußern), so geht das Durchsetzungs-Verfahren nach § 37p Abs. 1 S. 2 Nr. 1 WpHG auf die nächste Stufe und damit in die hoheitliche Zuständigkeit der Bafin über. Diese erfährt von dieser Verfahrensentwicklung durch den Bericht der Prüfstelle über das Ergebnis der Prüfung und darüber, ob sich das Unternehmen mit diesem einverstanden erklärt hat (§ 342b Abs. 6 S. 1 Nr. 3). Auch dieser Bericht ist trotz der mit ihm für das Unternehmen verbundenen Folgen nicht mit Rechtsbehelfen angreifbar (§ 342b Abs. 6 S. 2); dies ist die letzte Konsequenz aus dem auf kooperative Gleichordnung und Freiwilligkeit hin angelegten Konzept der Durchsetzungs-Verfahrens auf seiner ersten Stufe (oben vor § 342b, Rn 1): Rechtsbehelfe stehen dem Unternehmen nach §§ 37t/37n WpHG auf der zweiten Stufe zu. Ebenfalls mit Rechtsmitteln nicht angreifbar ist das Verlangen auf Erläuterung der Durchführungs-Prüfung und Vorlage des Prüfungsberichts nach § 37p Abs. 1 S. 3 WpHG;[127] denn dies dient der Bafin zunächst allein zur internen Vorklärung. 83

Über das **Einverständnis mit der Fehlerfeststellung** der Prüfstelle entscheiden im Unternehmen sowohl der Vorstand als auch der Aufsichtsrat; verweigert nur eines der beiden Organe sein Einverständnis, so hat das Unternehmen sich mit dem Prüfungsergebnis nicht nach § 342b Abs. 5 S. 2 einverstanden erklärt. Auf das alleinige Einverständnis des Vorstands[128] kommt es deshalb nicht an, weil der Durchsetzungs-Prüfung nicht der aufgestellte Jahresabschluss unterworfen ist, sondern der nach Feststellung durch Vorstand und Aufsichtsrat gemäß § 172 AktG[129]. Das gilt in gleicher Weise für den von der Hauptversammlung nach § 173 AktG festgestellten;[130] denn auch in diesem Fall beruht die Aktionärskompetenz auf einem Entscheid des Aufsichtsrats. 84

b) Die **Bafin** ist an das ihr von der Prüfstelle nach § 342b Abs. 6 S. 1 Nr. 3 berichtete Prüfungsergebnis **nicht gebunden**. Vielmehr steht es ihr frei, das Durchsetzungs-Verfahren gegen das Unternehmen auf der zweiten Stufe hoheitlich fortzusetzen, wenn die Bafin zu der Überzeugung gelangt ist, dass erhebliche Zweifel an der Richtigkeit des Prüfungsergebnisses auf der ersten Stufe oder an der ordnungsmäßigen Durchführung der Durch- 85

124 Die DPR-Verfahrensordnung ist unter www.frep.info abrufbar.

125 Zur Funktion der Begründung näher *Bangert*, Organisation von Durchsetzungssystemen, S. 122. – Korrekturmaßnahmen hat die Prüfstelle nicht vorzugeben: *Ebke/Paal* § 342b, Rn 38; Beck BilKom/*Ellrott/Grottel* § 342b, Rn 42.

126 Zu ihr Beck BilKom/*Ellrott/Grottel* § 342b, Rn 49.

127 AA *Hönsch* in: Assmann/Schneider § 37t WpHG, Rn 5.

128 So Beck BilKom/*Ellrott/Grottel* § 342b, Rn 49; *Gelhausen/Hönsch* AG 2005, 511, 523.

129 AA *Hönsch* in: Assmann/Schneider § 37p WpHG, Rn 6.

130 AA *Mattheus/Schwab* DB 2004, 1975 mit der Begründung, die Fehlerkorrektur greife in die Rechtsposition der Aktionäre ein.

setzungs-Prüfung durch die Prüfstelle bestehen (§ 37p Abs. 1 S. 2 Nr. 2 WpHG). Dies Aufgreifrecht steht der Bafin nicht bloß dann zu, wenn die Prüfstelle keinen Fehler in der Rechnungslegung des Unternehmens feststellen konnte (oben Rn 83), sondern gleichermaßen im Falle einer Fehlerfeststellung; nämlich dann, wenn die Bafin den begründeten Verdacht weiterer Fehler in der Rechnungslegung des Unternehmens hat oder falls sie (wohl eher hypothetisch) die Fehlereinschätzung der Prüfstelle nicht teilt.[131] Daraus folgt: Das betroffene Unternehmen kann sich auf das Prüfungsergebnis der Prüfstelle in keinem Falle verlassen; insbesondere kann es aus der Mitteilung des Prüfungsergebnisses nach § 342b Abs. 5 S. 1 kein Vertrauen und dessen Schutz herleiten. Wegen des Aufgreifrechts der Bafin wäre dies Vertrauen ungerechtfertigt. – Ebenso wenig bindet das Prüfergebnis der Prüfstelle in einem gerichtlichen Verfahren, in dem die Rechnungslegung des Unternehmens Verfahrensgegenstand ist.

86 c) Sollte die Prüfstelle die Fehlerhaftigkeit der Rechnungslegung festgestellt haben, so ordnet die Bafin trotz des Einverständnisses des Unternehmens mit der Fehlerfeststellung deren **Bekanntmachung** mitsamt den wesentlichen Teilen der Begründung hoheitlich an (§ 37q Abs. 2 S. 1) – es sei denn, an der Veröffentlichung besteht kein öffentliches Interesse (§ 37q Abs. 2 S. 2) oder diese ist geeignet, den berechtigten Interessen des Unternehmens zu schaden (§ 37q Abs. 2 S. 3 WpHG[132]). Diese zwingende Publizitätsanordnung verbaut dem Unternehmen die freiwillige Veröffentlichung eines um den Fehler bereinigten Jahresabschlusses und steht damit im Gegensatz zum Freiwilligkeitsprinzip auf der ersten Stufe des Durchsetzungs-Verfahrens (oben vor § 342b, Rn 1). Ihre rechtspolitische Legitimation findet diese Zwangsanordnung aus § 37q Abs. 2 S. 1 WpHG dagegen in der Erwägung, der Kapitalmarkt und die Kapitalanleger als Publizitätsadressaten müssten mit Nachdruck auf den Fehler in der Rechnungslegung und vor allem auf dessen Begründung durch die Prüfstelle hingewiesen werden. Andernfalls bestünde die Gefahr, dass die Publizitätsadressaten von sich aus erst im mühsamen Vergleich zweier Fassungen der Rechnungslegung selbst den Fehler erkunden müssten.[133] Darüber hinaus ist es im Interesse einer substantiellen Anlegerinformation angezeigt, zusammen mit der Fehlerverlautbarung auch ggf. darüber zu berichten, dass der als fehlerhaft festgestellten Rechnungslegung das uneingeschränkte Testat (§ 322) versagt geblieben ist. Auf diese Weise wird dem Anleger bestätigt, dass er der makelbehafteten Rechnungslegung des Unternehmens zurecht misstraut hatte.

87 d) Über die Mitteilung an das Unternehmen und den Bericht an die Bafin hinaus hat die Prüfstelle die zuständige Staatsanwaltschaft und die Wirtschaftsprüferkammer zu **informieren**; dies allerdings nicht in jedem Fall, sondern allein dann, wenn Tatsachen vorliegen, die den Verdacht einer Straftat im Zusammenhang mit der Rechnungslegung des Unternehmens begründen bzw. auf das Vorliegen einer Berufspflichtverletzung durch den Abschlussprüfer des Unternehmens schließen lassen. Dann sind diese Tatsachen der Staatsanwaltschaft bzw. der Wirtschaftsprüferkammer zu übermitteln (§ 342b Abs. 8).

---

[131] S. auch *Gelhausen/Hönsch* AG 2005, 511, 523.

[132] Im Einzelnen OLG Frankfurt DB 2007, 1913, 1914 ff; Bafin-Emittentenleitfaden 2009, 210 f; s. auch *Müller* AG 2008, 438, 440 ff.

[133] OLG Frankfurt AG 2007, 675, 677.

§ 342c
Verschwiegenheitspflicht

(1) Die bei der Prüfstelle Beschäftigten sind verpflichtet, über die Geschäfts- und Betriebsgeheimnisse des Unternehmens und die bei ihrer Prüftätigkeit bekannt gewordenen Erkenntnisse über das Unternehmen Verschwiegenheit zu bewahren. Dies gilt nicht im Fall von gesetzlich begründeten Mitteilungspflichten. Die bei der Prüfstelle Beschäftigten dürfen nicht unbefugt Geschäfts- und Betriebsgeheimnisse verwerten, die sie bei ihrer Tätigkeit erfahren haben. Wer vorsätzlich oder fahrlässig diese Pflichten verletzt, ist dem geprüften Unternehmen und, wenn ein verbundenes Unternehmen geschädigt worden ist, auch diesem zum Ersatz des daraus entstehenden Schadens verpflichtet. Mehrere Personen haften als Gesamtschuldner.

(2) Die Ersatzpflicht von Personen, die fahrlässig gehandelt haben, beschränkt sich für eine Prüfung und die damit im Zusammenhang stehenden Pflichtverletzungen auf den in § 323 Abs. 2 Satz 2 genannten Betrag. Dies gilt auch, wenn an der Prüfung mehrere Personen beteiligt gewesen oder mehrere zum Ersatz verpflichtende Handlungen begangen worden sind, und ohne Rücksicht darauf, ob andere Beteiligte vorsätzlich gehandelt haben. Sind im Fall des Satzes 1 durch eine zum Schadensersatz verpflichtende Handlung mehrere Unternehmen geschädigt worden, beschränkt sich die Ersatzpflicht insgesamt auf das Zweifache der Höchstgrenze des Satzes 1. Übersteigen in diesem Fall mehrere nach Absatz 1 Satz 4 zu leistende Entschädigungen das Zweifache der Höchstgrenze des Satzes 1, so verringern sich die einzelnen Entschädigungen in dem Verhältnis, in dem ihr Gesamtbetrag zum Zweifachen der Höchstgrenze des Satzes 1 steht.

(3) Die §§ 93 und 97 der Abgabenordnung gelten nicht für die in Absatz 1 Satz 1 bezeichneten Personen, soweit sie zur Durchführung des § 342b tätig werden. Sie finden Anwendung, soweit die Finanzbehörden die Kenntnisse für die Durchführung eines Verfahrens wegen einer Steuerstraftat sowie eines damit zusammenhängenden Besteuerungsverfahrens benötigen, an deren Verfolgung ein zwingendes öffentliches Interesse besteht, und nicht Tatsachen betroffen sind, die von einer ausländischen Stelle mitgeteilt worden sind, die mit der Prüfung von Rechnungslegungsverstößen betraut ist.

Übersicht

Die Bestimmung regelt die Verschwiegenheitspflicht der an der konkreten Durchsetzungs-Prüfung beteiligten Prüfstellen-Beschäftigten und das an sie gerichtete Verwertungsgebot sowie ihre Schadenersatzpflicht für den Fall der Pflichtverletzung. Mit dieser Pflichtenregelung auf der Ebene des Gesetzes wird die Bedeutung unterstrichen, die der Gesetzgeber der Vertraulichkeit schon auf der ersten Stufe des Durchsetzungsverfahrens beimisst: Ohne sie wäre eine kooperativ-einvernehmliche Prüfung der Rechnungslegung (oben vor § 342b, Rn 1) schlechterdings nicht vorstellbar.[1] Daher hat der Gesetzgeber **1**

---

[1] S. *Ebke/Paal* § 342c, Rn 1; Beck BilKom/*Ellrott/Grottel* § 342c, Rn 1.

gut daran getan, die Vertraulichkeit in ihrem Kern selbst zu regeln und sie nicht der Prüfstelle zur Regelung in ihrer Satzung oder Verfahrensordnung zu überlassen. In der Deutschen Prüfstelle Rechnungslegung (DPR) wiederholt deren Verfahrensordnung[2] in den §§ 10 ff lediglich die gesetzliche Regelung und konkretisiert sie mit dem Ziel erleichterter Handhabbarkeit in der Praxis. Zugleich sorgt die gesetzliche Regelung der Verschwiegenheitspflicht und des Verwertungsverbots für international vergleichbare Verhaltensstandards und schafft so das notwendige Vertrauen auch im Ausland.[3]

I. Verschwiegenheitspflicht

2 Während § 342c Abs. 1 S. 1/2 die Verschwiegenheitspflicht der bei der Prüfstelle Beschäftigten im Grundsatz regelt, enthält § 342c Abs. 3 in Verbindung mit § 93 AO Sonderregeln für die Verschwiegenheit gegenüber den Finanzbehörden. Mit den zivilrechtlichen Sanktionen beim Bruch der Verschwiegenheit befassen sich die Regelungen in § 342c Abs. 1 S. 4 f/Abs. 2 zur Schadenersatzpflicht.

3 **1. Der Kreis der Verpflichteten.** Zur Verschwiegenheit verpflichtet sind die bei der Prüfstelle Beschäftigten. Mit diesem offenen Rechtsbegriff erfasst das Gesetz zum einen die in der Prüfstelle Tätigen und zum anderen die von der Prüfstelle in die Durchsetzungs-Prüfungen funktional Eingebundenen, um über einen weiten Kreis der Pflichtenträger das Vertrauen der Unternehmen (oben Rn 1) und ihre freiwillige Kooperation abzusichern.[4] In der DPR zählen zu den Beschäftigten die Mitglieder der für die konkrete Durchsetzungs-Prüfung zuständigen Prüfstellen-Kammer (§§ 4 f DPR-VO)[5], der fallverantwortliche Prüfer (§ 6 DPR-VO) sowie der Berichtskritiker (§ 8 DPR-VO). Sollte die Kammer einen weiteren Prüfer nach § 7 DPR-VO beiziehen, so unterliegt auch dieser der Verschwiegenheitspflicht – unabhängig davon, ob es sich um ein Mitglied der Prüfstelle handelt oder eine außenstehende Honorarkraft.[6] Über die an der konkreten Durchsetzungs-Prüfung Beteiligten hinaus sind gleichermaßen zur Verschwiegenheit alle anderen Personen verpflichtet, die für die Prüfstelle tätig sind – etwa Sekretärinnen oder Angehörige der Geschäftsstelle. Nach dem offenen Wortlaut des § 342c Abs. 1 S. 1 kommt es nicht darauf an, ob sie ihre Informationen im Rahmen einer Durchsetzungs-Prüfung erlangt haben oder per Zufall in der Prüfstelle.

4 **2. Gegenstände der Verschwiegenheitspflicht.** In den Schutzbereich der Verschwiegenheitspflicht sind sämtliche Geschäfts- und Betriebsgeheimnisse des von der Durchsetzungs-Prüfung betroffenen Unternehmens einbezogen (§ 342c Abs. 1 S. 1) und die der mit dem geprüften Unternehmen verbundenen Unternehmen (arg. § 342c Abs. 1 S. 4). Ob es sich um ein Geheimnis handelt, bemisst sich objektiv nach der Geheimhaltungsbedürftigkeit der Tatsache; hierfür liefert die Einschätzung der Unternehmensleitung lediglich einen Anhalt. Ob das Geheimnis gezielt im Rahmen der Durchsetzungs-Prüfung aufgedeckt worden ist, ist für dessen Schutzbedürftigkeit ohne Belang.

5 Daneben werden auch sonstige Erkenntnisse, die das geprüfte Unternehmen betreffen, von der Verschwiegenheitspflicht geschützt – allerdings bloß dann, wenn sie im Rahmen

---

[2] Verfügbar unter www.frep.info.

[3] Begründung Reg BilKoG, Bundestags-Dr 15/3421, S. 16.

[4] Im Ergebnis so auch *Ebke/Paal* § 342c, Rn 2.

[5] Abrufbar unter www.frep.info.

[6] So auch Beck BilKom/*Ellrott/Grottel* § 342c, Rn 6.

der Prüfungstätigkeit bekannt werden (§ 342c Abs. 1 S. 2). Davon umfasst sind ebenfalls jene Erkenntnisse, die im Rahmen einer Vorprüfung (oben § 342b Rn 48) zu Tage treten.

Nach diesen Grundsätzen ist zugleich das Prüfungsergebnis geschützt,[7] nicht hingegen die Tatsache, dass ein Prüfverfahren gegen das Unternehmen eröffnet worden ist.[8] 6

3. Dauer der Verpflichtung. Auch nach ihrem Ausscheiden aus den Diensten der Prüfstelle sind die (ehemaligen) Beschäftigten zur Verschwiegenheit über die vertraulichen Gegenstände nach § 342c Abs. 1 S. 1 weiterhin verpflichtet.[9] Das folgt zum einen aus der Tatsache, dass die einmal begründete Verschwiegenheitspflicht der Beschäftigten über ihnen während ihrer Zugehörigkeit zur Prüfstelle Bekanntgewordenes nicht mit ihrem Ausscheiden endet, und zum Zweiten daraus, dass das geprüfte Unternehmen unverändert schutzbedürftig bleibt. Einer extensiven Interpretation des Tatbestandsmerkmals „Beschäftigter"[10] bedarf es für diese Fortdauer der Verschwiegenheitspflicht nicht. Entsprechend bleiben externe Honorarkräfte (oben Rn 3) nach Beendigung ihres Auftrags gebunden. 7

4. Ausnahmen von der Verpflichtung. Die Verschwiegenheitspflicht der Beschäftigten gilt nicht allein gegenüber außenstehenden Dritten, sondern auch innerhalb des Systems der Durchsetzungs-Verfahren. So haben die Beschäftigten auch gegenüber den Angehörigen des Bundesjustizministeriums und des Bundesfinanzministeriums zu schweigen, sowie innerhalb der Deutschen Prüfstelle Rechnungslegung gegenüber den Organen des Trägervereins, also gegenüber dessen Vorstand, Nominierungsausschuss, der Mitgliederversammlung und auch den Mitgliedern des Vereins.[11] Lediglich innerhalb der eigentlichen Prüfstelle nach § 9 der DPR-Satzung gilt das Verschwiegenheitsgebot nicht. Auf einen freien Informationsaustausch zwischen den Kammern, den Ausschüssen und dem Präsidium ist die Prüfstelle im Interesse ihrer Funktionsfähigkeit dringend angewiesen. Der auf die einzelnen Beschäftigten zugeschnittene Gesetzeswortlaut lässt nicht erkennen, dass der freie Informationsaustausch auch innerhalb der Prüfstelle unterbunden werden sollte. In gleicher Weise wirkt das Verschwiegenheitsgebot auch nicht gegenüber der Bafin; aus § 37p WpHG kann ihre informationelle Abschottung bis zu jenem Moment, da sie die Durchsetzungs-Prüfung von der Prüfstelle übernimmt, ebenso wenig hergeleitet werden wie aus den punktierten Berichtspflichten aus § 342b Abs. 6 S. 1. 8

Verboten ist allein die *unbefugte* Informationsweitergabe, also nicht die Weitergabe aufgrund gesetzlich begründeter Mitteilungspflichten (§ 342c Abs. 1 S. 2). Zu ihnen zählen zum einen die ausdrücklichen Informationspflichten gegenüber der Bafin aus § 342b Abs. 6 sowie die Pflichten gegenüber den Strafverfolgungsbehörden nach § 342b Abs. 8 S. 1 und der Wirtschaftsprüferkammer nach § 342b Abs. 8 S. 2. Die Mitteilungspflichten gegenüber den Finanzbehörden sind speziell und differenziert in § 342c Abs. 3 geregelt (dazu unten Rn 12 ff). 9

---

7 S. Gegenäußerung der Bundesregierung zur Stellungnahme des Bundesrats, Bundestags-Dr 15/3421, S. 24.

8 AA KK/*Claussen/Mock* § 342c, Rn 3; zum Ganzen näher *Bräutigam/Heyer* AG 2006, 188, 195.

9 Beck BilKom/*Ellrott/Grottel* § 342c, Rn 6; E/B/J/S/ *Wiedmann*, § 342c, Rn 2.

10 So *Ebke/Paal* § 342c, Rn 2.

11 Die DPR-Satzung ist unter www.frep.info verfügbar.

II. Verwertungsverbot

10 Die Beschäftigten der Prüfstelle unterliegen über die Verschwiegenheitspflicht hinaus auch einem Verwertungsverbot (§ 342c Abs. 1 S. 3): Sie dürfen nicht Geschäfts- und Betriebsgeheimnisse des geprüften Unternehmens mit dem Ziel ausnutzen, sich oder einem Dritten dadurch Vorteile zu verschaffen.[12] Auf welche Weise die Geheimnisse ausgenutzt werden, lässt das Gesetz offen; es grenzt den Kreis der Verwertungshandlungen nicht ein. Eingegrenzt werden lediglich die geschützten Geheimnisse: der Beschäftigte muss sie im Rahmen seiner Prüfungstätigkeit erfahren haben. Allerdings muss dies eingrenzende Tatbestandsmerkmal im Interesse effektiven Unternehmensschutzes eng ausgelegt werden; verboten ist auch die Verwertung von Geheimnissen, die ein Beschäftigter der Prüfstelle, der nicht an der konkreten Durchsetzungs-Prüfung beteiligt war, innerhalb der Prüfstelle auf sonstigem Wege erfahren hat.

11 Überdies muss die Verwertung „unbefugt" sein; freilich ist von der Verwertung auf die mangelnde Befugnis zu schließen – es sei denn, das Unternehmen erklärt durch seine Geschäftsleitung sein Einverständnis mit der Verwertung. Eine sonstige Befugnis zur Ausnutzung von Betriebs- und Geschäftsgeheimnissen ist nicht vorstellbar; auch nicht im Zusammenhang mit den Mitteilungspflichten nach § 342b Abs. 6/8: Die Möglichkeit etwa der Staatsanwaltschaft, wegen strafbarer Fehlinformationen tätig werden zu können, ist kein „Vorteil" im Sinne des Verwertungsverbots.

III. Verschwiegenheit gegenüber den Finanzbehörden

12 Zur Verschwiegenheit verpflichtet sind die bei der Prüfstelle Beschäftigten ebenfalls gegenüber den Finanzbehörden. Sie brauchen diesen weder Auskünfte nach § 93 AO zu erteilen, noch Bücher, Aufzeichnungen oder andere Urkunden zur Einsicht und Prüfung nach § 97 AO vorzulegen (§ 342c Abs. 3 S. 1). Geschützt sind freilich allein Informationen und Urkunden aus der konkreten Durchsetzungs-Prüfung. Dagegen ist unbeachtlich, wer innerhalb der Prüfstelle über diese Informationen und Dokumente verfügt: die mit der konkreten Prüfung Betrauten oder sonstige Angehörige der Prüfstelle.

13 Abweichend von diesem Grundsatz Rn 12 tritt die Verschwiegenheitspflicht aus § 342c Abs. 1 dann jedoch hinter die Informationspflichten aus §§ 93/97 AO zurück, wenn und soweit die Finanzbehörden die Informationen, über die Beschäftigte der Prüfstelle verfügen, benötigen, um ein Steuerstrafverfahren und das damit zusammenhängende Besteuerungsverfahren durchführen zu können (§ 342c Abs. 3 S. 2). An der Strafverfolgung muss ein zwingendes öffentliches Interesse bestehen. Mit dieser Eingrenzung, welche die Informationsinteressen der Finanzbehörden qualifizierten Voraussetzungen unterwirft, will das Gesetz offenbar die Bereitschaft der Unternehmen absichern und stärken, mit der Prüfstelle kooperativ und konstruktiv innerhalb der Durchsetzungs-Prüfung auf der ersten Stufe (oben vor § 342b, Rn 1) zusammenzuarbeiten.

14 Indes – die Auskunfts- und Vorlagepflichten aus §§ 93/97 AO gelten sogar in Steuerstrafverfahren für sämtliche Tatsachen nicht, die von einer Enforcementstelle im Ausland mitgeteilt worden sind (§ 342c Abs. 3 S. 2 HS 2). Insoweit können und müssen die bei der Prüfstelle Beschäftigten die Mitwirkung gegenüber den Finanzbehörden verweigern. Auf diese Weise will das Gesetz die vertrauensvolle Zusammenarbeit mit den zuständigen

[12] *Ebke/Paal* § 342c, Rn 7.

internationalen Stellen absichern[13] – namentlich bei der einheitlichen Anwendung der IFRS.[14] Hinter diesem Interesse an internationaler Kooperation soll das Interesse an der Strafverfolgung zurückstehen.

IV. Schadenersatz

Wer als Beschäftigter der Prüfstelle schuldhaft, also vorsätzlich oder fahrlässig, gegen seine Pflicht zur Verschwiegenheit oder gegen das Verwertungsverbot verstößt, hat dem geprüften Unternehmen den daraus entstehenden Schaden zu ersetzen (§ 342c Abs. 1 S. 4). Sollten mehrere Personen schuldhaft pflichtwidrig gehandelt haben, so haften sie dem geschädigten Unternehmen als Gesamtschuldner (§ 342c Abs. 1 S. 5, §§ 421 ff BGB). Daneben haftet die Prüfstelle regelmäßig nach § 31 BGB. **15**

Falls der schuldhafte Pflichtverstoß ein anderes Unternehmen geschädigt hat, das mit dem geprüften Unternehmen nach §§ 15 ff. AktG verbunden ist (etwa im Rahmen der Durchsetzungs-Prüfung seines Konzernabschlusses), so steht der gesetzliche Schadenersatzanspruch diesem geschädigten Unternehmen selbst und unmittelbar zu (§ 342c Abs. 1 S. 4). Diesen Anspruch kann auch das geprüfte Unternehmen für das verbundene Unternehmen geltend machen, muss dies aber nicht. Verwehrt ist den Unternehmen freilich, den Schaden des verbundenen Unternehmens doppelt zu liquidieren: als dessen eigenen Schaden und als Schaden des geprüften Unternehmens. **16**

Die Haftung eines bei der Prüfstelle Beschäftigten ist der Höhe nach begrenzt, wenn er lediglich fahrlässig (und sei es: grob fahrlässig) gegen seine Pflicht zur Verschwiegenheit oder gegen das Verwertungsverbot verstoßen hat (§ 342c Abs. 2 S. 1): Seine Haftung ist auf 4 Mio. Euro pro Durchsetzungs-Prüfung beschränkt (§ 323 Abs. 2 S. 2). Diese Haftungsbeschränkung will nicht allein die Versicherbarkeit des Haftungsrisikos erleichtern; darüber hinaus und vor allem will diese Beschränkung (wie beim Abschlussprüfer)[15] für eine unvoreingenommene und Haftungsfurcht-freie Durchführung der Durchsetzungs-Prüfung im Interesse eines funktionsfähigen Enforcements sorgen.[16] Die summenmäßige Begrenzung in Höhe von 4 Mio. Euro bezieht sich auf die einzelne Durchsetzungs-Prüfung (§ 342c Abs. 2 S. 1). Deshalb kommt es nicht darauf an, ob an dem Pflichtenverstoß ein oder mehrere Beschäftigte beteiligt waren oder ob nur einmal oder mehrfach gegen die Vertraulichkeitspflichten verstoßen worden ist (§ 342c Abs. 2 S. 2); das geschädigte Unternehmen kann seinen Schaden maximal in Höhe von 4 Mio. Euro ersetzt verlangen. In dieser Höhe haften die wegen fahrlässigen Fehlverhaltens zum Schadenersatz Verpflichteten aber sogar dann nach § 342c Abs. 2 S. 2 nur, wenn einer (oder mehrere) von ihnen vorsätzlich gehandelt hat (haben); dieser (oder diese) haften dann allerdings unbeschränkt über 4 Mio. Euro hinaus. **17**

Die Summenbegrenzung erhöht sich auf insgesamt 8 Mio. Euro, falls mehrere Unternehmen im Rahmen der einen Durchsetzungs-Prüfung geschädigt werden (§ 342c Abs. 2 S. 3). Sollte die erhöhte Haftsumme nicht ausreichen, um den Gesamtschaden der mehreren geschädigten Unternehmen auszugleichen, so sind ihre Ersatzansprüche jeweils relativ und quotal zu reduzieren (§ 342c Abs. 2 S. 4). **18**

---

13 *Ebke/Paal* § 342c, Rn 19.

14 Beck BilKom/*Ellrott/Grottel* § 342c, Rn 12.

15 Dazu u.a. *Hommelhoff* FS Hellwig, 2010, S. 459 ff.

16 S. auch Begründung RegE BilKoG, Bundestags-Dr 15/3421, S. 21.

§ 342d
Finanzierung der Prüfstelle

Die Prüfstelle hat über die zur Finanzierung der Erfüllung ihrer Aufgaben erforderlichen Mittel einen Wirtschaftsplan für das Folgejahr im Einvernehmen mit der Bundesanstalt für Finanzdienstleistungsaufsicht aufzustellen. Der Wirtschaftsplan ist dem Bundesministerium der Justiz und dem Bundesministerium der Finanzen zur Genehmigung vorzulegen. Die Bundesanstalt für Finanzdienstleistungsaufsicht schießt der Prüfstelle die dieser nach dem Wirtschaftsplan voraussichtlich entstehenden Kosten aus der gemäß § 17d Abs. 1 Satz 3 des Finanzdienstleistungsaufsichtsgesetzes eingezogenen Umlagevorauszahlung vor, wobei etwaige Fehlbeträge und nicht eingegangene Beträge nach dem Verhältnis von Wirtschaftsplan zu dem betreffenden Teil des Haushaltsplanes der Bundesanstalt für Finanzdienstleistungsaufsicht anteilig zu berücksichtigen sind. Nach Ende des Haushaltsjahres hat die Prüfstelle ihren Jahresabschluss aufzustellen. Die Entlastung erteilt das zuständige Organ der Prüfstelle mit Zustimmung des Bundesministeriums der Justiz und des Bundesministeriums der Finanzen.

1 Die **Finanzierung der Prüfstelle** und die Eckpunkte ihrer Ausgestaltung hat der Gesetzgeber selbst bestimmt und dies nicht den zuständigen Bundesministerien zur Regelung durch Verordnung überwiesen. Durch diese Eigenregelung unterstreicht das Gesetz die Bedeutung, die es der Finanzierung für die Funktionsfähigkeit und die Unabhängigkeit der Prüfstelle gegenüber den der Durchsetzungs-Prüfung unterworfenen Unternehmen beimisst,[1] aber auch für die Eigenständigkeit der Prüfstelle gegenüber der Bundesanstalt für Finanzdienstleistungsaufsicht (Bafin)[2] und die Qualität ihrer Arbeit.[3] Das Finanzierungskonzept des § 342d[4] ist durch vier Merkmale gekennzeichnet: zum ersten durch die ausreichende, andauernde und auf die jeweils tatsächlich anstehenden Bedürfnisse ausgerichtete Finanzierung der Prüfstelle; zum Zweiten durch die Finanzierung durch die Gesamtheit aller der Durchsetzungs-Prüfung unterworfenen Unternehmen im Umlageverfahren; zum Dritten durch die Zuständigkeit der Bafin, die Umlage bei den Unternehmen einzuziehen; und zum Vierten durch die Distanzierung zwischen den zu prüfenden Unternehmen und der Prüfstelle, für die die Einschaltung der Bafin sorgt. – Auf diesem Wege werden einheitlich[5] für die erste Stufe des zweistufigen Durchsetzungs-Verfahrens (oben vor § 342b, Rn 1 f) sowohl die allgemeinen Kosten für Einrichtung und Betrieb der Prüfstelle gedeckt als auch die jeweiligen besonderen Kosten für die Durchführung der konkreten Durchsetzungs-Prüfungen.

2 Die Bafin schießt der Prüfstelle die dieser voraussichtlich im Verlauf eines Geschäftsjahres entstehenden Kosten vor (§ 342d S. 3). Grundlage dieses **Kostenvorschusses** ist der im Vorjahr von der Prüfstelle im Einvernehmen mit der Bafin aufgestellte **Wirtschaftsplan** (§ 342d S. 1). Er enthält eine Gesamtaufstellung aller Mittel, derer die Prüfstelle für die Erfüllung ihrer Aufgaben im Folgejahr voraussichtlich bedarf. In der Deutschen Prüf-

---

[1] Zur Bedeutung, die der Finanzierung und ihrer Organisation für die Einschaltung privater Institutionen in die Erledigung staatlicher Aufgaben zukommt, vgl. *Hommelhoff/Schwab* FS Kruse, 2001, S. 711 f mwN; für die Prüfstelle *Bangert* Organisation von Durchsetzungssystemen, S. 71.

[2] In diese Richtung auch Beck BilKom/*Ellrott/Grottel* § 342d, Rn 1.

[3] *Ebke/Paal* § 342c, Rn 3.

[4] Dazu *Schmidt-Versteyl* Durchsetzung ordnungsgemäßer Rechnungslegung, S. 217 f.

[5] *Schmidt-Versteyl* Durchsetzung ordnungsgemäßer Rechnungslegung, S. 217.

stelle Rechnungslegung ist der Vereinsvorstand (also nicht das Präsidium der Prüfstelle) nach § 7 Abs. 4 S. 2 lit b der DPR-Satzung für die Aufstellung des Wirtschaftsplans verantwortlich, über den die DPR-Mitgliederversammlung nach § 12 lit d der Satzung beschließt. Der so einvernehmlich aufgestellte Plan bedarf der Genehmigung sowohl des Bundesjustiz-, als auch des Bundesfinanzministeriums (§ 342d S. 3). Sollten bei der Prüfstelle Fehlbeträge entstanden oder vorgesehene Beträge nicht eingegangen sein, so werden diese nach dem Verhältnis des Prüfstellen-Wirtschaftsplans zum Haushaltsplan der Bafin aufgeteilt (§ 342d S. 3 HS 2) und im Rahmen des Vorschusses der Prüfstelle zugewiesen.

Die für den Kostenvorschuss benötigten Mittel beschafft sich die Bafin im Wege der **Umlage** von der Gesamtheit der den Durchsetzungs-Verfahren unterworfenen Unternehmen (§ 342d S. 3 iVm § 17d Abs. 1 S. 3 Finanzdienstleistungsaufsichtsgesetz). Die weiteren Einzelheiten regelt die Bilanzkontrollkosten-Umlageverordnung.[6] So zwischen Umlage-Erhebung auf der einen Seite und der Vorschusszahlung an die Prüfstelle auf der anderen tätig, fungiert die Bafin als ihre Inkassostelle[7] und schafft auf diese Weise für die Finanzierung die notwendige Distanz zwischen den zu prüfenden Unternehmen und der Prüfstelle (oben Rn 1). 3

Nach Ende des Haushaltsjahres hat die Prüfstelle ihren **Jahresabschluss** aufzustellen (§ 342d S. 4). Mit ihm legt sie über die ordnungsgemäße Verwendung der ihr im Wege des Kostenvorschusses (oben Rn 2) zur Verfügung gestellten Finanzmittel Rechenschaft ab. In der Deutschen Prüfstelle Rechnungslegung ist die Aufstellung des Jahresabschlusses Aufgabe des Vereinsvorstands (§ 7 Abs. 4 S. 2 lit c DPR-Satzung). Auf der Grundlage des Jahresabschlusses kann **Entlastung** erteilt werden, wenn dem das Bundesjustiz- und das Bundesfinanzministerium zustimmen (§ 342d S. 5). Für die Entlastung des Vereinsvorstands ist die DPR-Mitgliederversammlung nach § 12 lit c der Satzung zuständig.[8] 4

§ 342e
Bußgeldvorschriften

(1) Ordnungswidrig handelt, wer vorsätzlich oder fahrlässig entgegen § 342b Abs. 4 Satz 1 der Prüfstelle eine Auskunft nicht richtig oder nicht vollständig erteilt oder eine Unterlage nicht richtig oder nicht vollständig vorlegt.

(2) Die Ordnungswidrigkeit kann mit einer Geldbuße bis zu fünfzigtausend Euro geahndet werden.

(3) Verwaltungsbehörde im Sinne des § 36 Abs. 1 Nr. 1 des Gesetzes über Ordnungswidrigkeiten ist bei Ordnungswidrigkeiten nach Absatz 1 die Bundesanstalt für Finanzdienstleistungsaufsicht.

Die Bestimmung sanktioniert bestimmtes Fehlverhalten von Personen auf der Seite des von einer konkreten Durchsetzungs-Prüfung betroffenen Unternehmens. Sie können wegen schuldhaften Pflichtverstoßes mit einer Geldbuße belegt werden. Die damit verbundene Präventivwirkung steht nicht im Widerspruch zum auf Freiwilligkeit und 1

---

[6] v. 9.5.2005 BGBl. I S. (1259); s. auch *Schmidt-Versteyl* Durchsetzung ordnungsgemäßer Rechnungslegung, S. 219 f.

[7] *Ebke/Paal* § 342d, Rn 3.

[8] AA *Ebke/Paal* § 342d, Rn 4: der Nominierungsausschuss.

Kooperation hin angelegten Grundzug des Durchsetzungs-Verfahrens auf seiner ersten Stufe (oben vor § 342b, Rn 1). Denn zu dieser Bedrohung bestimmter Personen kommt erst dann, wenn und soweit das Unternehmen sich zur Mitwirkung an der konkreten Durchsetzungs-Prüfung bereit erklärt (§ 342b Abs. 4 S. 1) und das Unternehmen bestimmte Personen zur Mitwirkung „freigegeben" hat (§ 342b, Rn 75). Wenn aber auf diesem Wege die Mitwirkungspflicht bestimmter Personen begründet worden ist, will das Gesetz sicherstellen, dass sie ordnungsgemäß mitwirken. Allerdings wird allein die ordnungswidrige Mitwirkung mit Geldbuße sanktioniert, nicht hingegen die verweigerte Mitwirkung; gegen sie können die Zwangsmittel des Verwaltungsverfahrensgesetzes aktiviert werden (§ 342b, Rn 75 aE).

2 Wer nach § 342b Abs. 4 S. 1 (oben § 342b, Rn 74 ff) zur Mitwirkung verpflichtet ist, muss, wenn die Prüfstelle ihn zur Auskunft oder Vorlage von Unterlagen auffordert, richtig und vollständig Auskunft erteilen und die Unterlagen richtig und vollständig vorlegen (§ 342c Abs. 1). Unrichtig sind Auskünfte oder Unterlagen, deren Inhalt nicht mit den objektiven Gegebenheiten übereinstimmen;[1] unvollständig sind sie, wenn sie nicht den vollständigen Sachverhalt dessen umfassen, was die Prüfstelle erfragt hat. Sollte ein nach § 342b Abs. 4 S. 1 zur Mitwirkung Verpflichteter die Mitwirkung nach § 342b Abs. 4 S. 2 rechtswirksam verweigert haben, so fehlt es bereits am Tatbestand rechtswidrigen Fehlverhaltens. – Der bloße Versuch ordnungswidriger Mitwirkung ist nicht sanktionierbar (arg. § 13 Abs. 2 OWiG).

3 Der zur ordnungsmäßigen Mitwirkung Verpflichtete muss sich schuldhaft fehlverhalten, also entweder vorsätzlich oder fahrlässig gegen seine Verpflichtungen verstoßen haben (§ 342e Abs. 1). Leichte Fahrlässigkeit genügt.

4 Die Verfolgung einer solchen Ordnungswidrigkeit ist durch Verjährung binnen drei Jahren seit der Tat ausgeschlossen (§ 31 Abs. 2 Nr. 1 OWiG); dies folgt aus dem Bußgeldrahmen von bis zu fünfzigtausend Euro (§ 342e Abs. 2).

5 Für die Durchführung des Ordnungswidrigkeitsverfahrens ist die Bundesanstalt für Finanzdienstleistungsaufsicht (Bafin) zuständig (§ 342e Abs. 3).

[1] *Ebke/Paal* § 342e, Rn 1.

Sachregister

Die fetten Zahlen verweisen auf die Paragraphen, Vor = Vorbemerkung, Anh = Anhang, die mageren Zahlen verweisen auf die Randnummern